Vom St. Galler Abrogans zum Erfurter Judeneid:
Frühe deutsche Prosa von ca. 800 bis ca. 1200

Band 1: Literarisierung der Volkssprache: Die Anfänge und Fortschritte theoretischen und pragmatischen Wissens

Vom St. Galler Abrogans zum Erfurter Judeneid: Frühe deutsche Prosa von ca. 800 bis ca. 1200

Texte, Übersetzungen, Einführungen und Erläuterungen

Band 1: Literarisierung der Volkssprache:

Die Anfänge und Fortschritte theoretischen und pragmatischen Wissens

Herausgegeben von Ernst Hellgardt

DE GRUYTER

Dieser Band ist text- und seitenidentisch mit der 2022 erschienenen gebundenen Ausgabe.

ISBN 978-3-11-017609-4 (Broschur)
ISBN 978-3-11-017610-0 (Gebunden)
e-ISBN (PDF) 978-3-11-073941-1

Library of Congress Cataloging-in-Publication Data
A CIP catalog record for this book has been applied for at the Library of Congress.

Bibliografische Information der Deutschen Nationalbibliothek
Die Deutsche Nationalbibliothek verzeichnet diese Publikation in der Deutschen Nationalbibliografie; detaillierte bibliografische Daten sind im Internet über http://dnb.dnb.de abrufbar.

Einbandabbildung: Translatio barbarica psalterii Notkeri tertii (Althochdeutscher Psalter Notkers des Deutschen), Stiftsbibliothek St. Gallen, Cod. Sang. 21, p. 485.
Satz: Dörlemann Satz, Lemförde
Druck und Bindung: CPI books GmbH, Leck

www.degruyterbrill.com
Fragen zur allgemeinen Produktsicherheit:
productsafety@degruyterbrill.com

Vorwort

Die Vorbereitungen zu diesem Werk, das mir immer unter dem Arbeitstitel „Lesebuch“ vorschwebte und zunächst nur althochdeutsche und altsächsische Texte erfassen sollte, reichen mit ihren Anfängen noch in die 90er Jahren des 20. Jahrhunderts zurück. Meist waren damals für dieses Lieblingsvorhaben die frühmorgendlichen Nebenstunden vor Wahrnehmung meiner dienstlichen Alltagsverpflichtungen reserviert. Als ich etwa bald nach dem Jahr 2000 glaubte, mich dem Abschluss zu nähern, nahm ich mit dem Verlag De Gruyter Kontakt auf. Herr Heiko Hartmann, damals für solche Anfragen zuständig, bekundete sofort lebhaftes Interesse und großes Entgegenkommen. In der Folgezeit war ich jedoch weit mehr als erwartet durch Verbindlichkeiten gegenüber Drittmittelförderungen, gegenüber Kollegen, Mitarbeitern und nicht zuletzt Studierenden so sehr in Anspruch genommen, dass nebenher nur noch an kleinere Arbeiten zu denken war. Deren lagen etliche weit gediehen und mit der Aussicht auf baldige Fertigstellung in der Schublade. Das größere Vorhaben des „Lesebuchs“ geriet in den Hintergrund der Planung. Denn hier war doch ein größerer Zeitaufwand erforderlich, zumal sich im Laufe der nie ganz aufgegebenen Arbeit am „Lesebuch“ dafür nach und nach ein erheblich erweitertes Konzept entwickelt hatte. Immer deutlicher war und ist mir geworden: Das volle Spektrum der frühen deutschen Prosa entfaltet sich erst einigermaßen, wenn man es in seiner ganzen Vielfalt in den Blick nimmt, über seine Anfänge, seine Kontinuitätsabbrüche wie auch über seine Kontinuitätsbildungen, über sein allmähliches Besetzen neuer Topoi theoretischen und pragmatischen Wissens in der Volkssprache und auch teilweise deren Aufgeben bis in die Zeit um 1200. Wenn der Umfang des Werkes nun auf zwei Bände gewachsen ist, so ist doch zu bemerken, dass damit bei weitem nicht alles, sondern nur exemplarisch erfasst ist, was zu erfassen wäre, und ganze Wissensbereiche bleiben immer noch unberücksichtigt, z. B. jener der magischen Sprüche und Segen.

Im Herbst 2019, gerade zu der Zeit, als der Druck hindernder Verpflichtungen wich, sprach mich bei guter Gelegenheit, aber für mich völlig überraschend Herr Robert Forke auf das „Lesebuch“ an – im Auftrag von Herrn Jacob Klingner, der inzwischen (und damals noch) Lektor für Mediävistik und Frühneuzeitstudien beim Verlag war. Zu meiner Freude hatte Herr Klingner mich und mein Vorhaben trotz der langen Jahre des Wartens nicht vergessen! Von nun an galt denn tatsächlich dem alten Vorhaben mein ganzes Bemühen. Es ist mir schmerzlich gegenwärtig, dass Herr Klingner den Abschluss dieser Arbeiten und meine Danksagung an ihn jetzt nicht mehr erleben kann.

Entstanden sind die Bände nach Konzept und fachlicher Ausführung so gut wie ganz im Alleingang. Wissenschaftliche Hilfskräfte, wie sie für derlei im günstigen Fall wohl manchem verfügbar sind, standen mir so gut wie gar nicht zu Gebote. Dafür hat aber besonders in den letzten zwei Jahren mein Freundeskreis am Fortgang des Unternehmens mit ständigen Nachfragen, Ermunterungen und Ermutigungen lebhaften und immer wieder motivierenden Anteil genommen. Stellvertretend für wohl ein Dutzend weiterer nenne ich hier in Liebe und großer Dankbarkeit aus der jüngeren Generation Ellen Bosnjak, Ulla Bucarey, Alexandra Dunkel, Stephan Cramer, Markus Kitzberger und unter den älteren Kollegen besonders Hans Unterreitmeier.

Dem Verlag sehe ich mich dafür zu großem Dank verpflichtet, dass er sich des Werkes in diesen doch beträchtlichen Dimensionen in großzügiger Gestaltung angenommen hat. Für alle kundige, geduldige Beratung und Begleitung bei der Herstellung der Bände danke ich herzlich den Mitarbeiterinnen des Verlages, anfangs namentlich Frau Laura Burlon und im weiteren Fortgang Frau Kathleen Prüfer sowie Frau Eva Locher. Die vielfach ungewöhnliche Satzgestaltung der Texte stellte die Setzerei vor außergewöhnliche Herausforderungen. Hier bin ich der Professionalität, Erfahrung und Geduld von Herrn Marc Telthörster als Setzer und einer ungenannten Setzerin Dank und große Anerkennung schuldig.

München, im Mai 2022

Ernst Hellgardt

Inhaltsverzeichnis

Einleitung

uuanan bistu? *unde es tu?*
Unde uenis? uuanna quimis?
Guane guest tu? – *id est: unde tu uenis?*
Guare gan cher heutho? *id est: ubi pergitis hodie?*
Kasseler Gespräche – Pariser / Vatikanische Gespräche

Mehrere, einander mehr oder weniger überblendende Aspekte sind hier zu behandeln: Der literaturgeschichtliche Ausschnitt (Ende des 8. bis Anfang des 13. Jahrhunderts), oder die Anfangsschwierigkeiten bei der Verschriftlichung des Deutschen und die Fortentwicklung deutschen Schrifttums. Zu reden wird sein von dem formalen Aspekt, d. h. davon, was hier als Prosa verstanden ist, und von dem inhaltlichen (Auswahl und Anordnung der Texte). Hinzukommen Bemerkungen zur leserorientierten Präsentation der Texte und schließlich Überlegungen zu der Art, wie hier versucht wird, durch den übersetzerischen Gebrauch des Gegenwartsdeutschen eine Verständnisannäherung an die alten, zum Teil sehr alten Texte zu ermöglichen.

*

Diese Bände bieten eine Auswahl von deutschen Prosatexten aus den vier Jahrhunderten von ca. 800 bis ca. 1200. Der zeitliche Rahmen ergibt sich daraus, dass diese Jahrhunderte die erste Großepoche der schriftdeutschen Literatur bilden. Davor gab es die Volksprachen ausschließlich oder doch fast ausschließlich mündlich, als gesprochene Sprache. Schriftlich gab es nur Literatur in den klassischen Sprachen der Antike, für die hier gegebene Sachlage heißt das: auf Latein. Das ist eine Tatsache, deren fundamentale Bedeutung man sich kaum gründlich genug bewusst machen kann. Und was man sprach, diese Volkssprachen der werdenden Literatur, werden erst viel später, etwa ab dem elften Jahrhundert mit der Sammelbezeichnung „deutsch“ benannt.

Um sich das Problem der Verschriftlichung des Deutschen in seinen Anfängen bewusst zu machen, stelle man sich versuchsweise die Aufgabe, ein Gespräch, das man von Mund zu Ohr mit einem Mundartsprecher hatte, oder auch nur ein Wort, eine Wortgruppe aus diesem Gespräch schriftlich in einem unvertrauten Alphabet, z. B. dem griechischen oder dem kyrillischen, aufzuzeichnen. Das ist in etwa die Situation, in der man sich zu Beginn der Verschriftlichung des Deutschen und damit auch der deutschen Literaturgeschichte befand. Es galt, in der eigenen, bisher nur mündlich bestehenden Sprache etwas aufzuschreiben. Und vom handwerklich Technischen, vom Schreiben selbst im Umgang mit den Schreibutensilien, Feder, Tinte und Pergament, ist mit diesem Experiment noch gar nicht die Rede. Entsprechende Schwierigkeiten kann man sich ausmalen, wenn es darum ginge, Geschriebenes, das so entstanden ist, zu lesen und zu sprechen: einen deutschen Mundarttext, geschrieben in kyrillischem Alphabet.

Seit dem Ende des achten Jahrhunderts also gibt es überhaupt und allererst eine „deutsche“ Schriftüberlieferung. Im Zusammenhang mit den allgemeinen Entwicklungen der Geistes-, der politischen und der Kirchengeschichte entfaltet sich von da an bis zum Beginn des dreizehnten Jahrhunderts in großen Schüben unterschiedlich starker Dynamik allererst eine volkssprachlich deutsche Schriftkultur aus zunächst noch tastenden Anfängen, bis um 1200 ein Status erreicht ist, mit dem fast alle Bereiche des geistigen Lebens zum Teil bereits in hoher Vollkommenheit, zu großen Teilen aber mindestens ansatzweise in deutscher Sprache durch die Schrift erfasst sind.

Die Prosa der Epoche zwischen diesen Eckdaten spiegelt vielseitig und doch nur fragmentarisch, was sich in der Zwischenzeit seit den allerersten Anfängen und bis zum Erreichen einer relativen Autonomie der volkssprachigen Schriftkultur getan hat. Kontinuität im Sinne von Ausbreitung, Vermehrung und Entwicklung, besteht in den verschiedenen Bereichen in mehr oder weniger großem Umfang. Zeitweise kommt es fast zum Stillstand. Aber auf dem technisch elementaren Gebiet des Schreibens,[1] der schriftlichen Verwendung der Volkssprache, reißt die Kontinuität nie ganz ab, bis am Ende um 1200 ein weit entwickelter, aber doch noch nicht vollkommener Zustand erreicht ist.

Die Obergrenze um 800 ist natürlich, denn erst ab dem Ende des achten Jahrhunderts sind Schriftzeugnisse in deutscher Sprache überliefert oder bezeugt. Soweit es sich um Prosa handelt, überall in der Orientierung am lateinischen Schrifttum der Vergangenheit und der Gegenwart. Hier fängt der Betrachter kurz nach Null an. Älteres in der Volkssprache ist aus früherer Aufzeichnung nicht erhalten und auch kaum in größerem Umfang als verloren vorauszusetzen. Die untere Grenze um 1200 ist fließend. Man könnte auch sagen, dass sich von der Mitte des zwölften bis in die Mitte des dreizehnten Jahrhunderts eine neue Epoche bildet. Sie wird in der Literaturgeschichtsschreibung gewöhnlich Hochmittelalter genannt, und auf sie folgt von der Mitte des dreizehnten Jahrhunderts an das Spätmittelalter. In den hochmittelalterlichen Jahrzehnten werden die älteren, überwiegend geistlichen Typen der volksprachigen Dichtung des zwölften Jahrhunderts „verbraucht“. Sie werden nicht mehr oder nur ausnahmsweise abgeschrieben und weiter tradiert, höchstens umgearbeitet, und wirken auch nicht mehr impulsgebend weiter, anders als die „klassische“ Dichtung des Hochmittelalters es tat. Mit und gleichzeitig mit ihr hat sich in den neuen, lyrischen und epischen Textgattungen der europäisch internationalen Hochkultur des Rittertums eine neue laikale, im engeren Sinne literarische und literarästhetische Kultur herausgebildet. Aber auch in der klerikalen und laikalen Prosa der volkssprachigen Sachliteratur kann man jetzt eine allmählich und immer schneller fortschreitende Emanzipation vom Latein im Übergang zu Institutionalisierung und literari-

1 Das überbrückt die viel diskutierte „Lücke“ der deutschen Literaturgeschichte zwischen der überlieferungsarmen Schriftüberlieferung vom Anfang des zehnten bis in die zweite Hälfte des elften Jahrhunderts. Dazu beispielweise Bergmann, Emanzipation. – Fromm, Lücke.

scher Professionalität beobachten. Die Arten der Prosaliteratur, in der Vielseitigkeit ihrer Funktions- und Sachtypen der Dichtung überlegen, entwickeln sich jetzt weit mächtiger fort, als die seltenere, und „verbrauchte" Dichtung der Frühzeit. Sie wird überholt durch die bald hochentwickelte Dichtung der höfischen Laien-Dichtung, deren Weiterentwicklung hier nicht mehr ins Auge gefasst werden muss.

Zurück zu den Anfängen. Die frühen Autoren und Schreiber des Deutschen standen vor der Aufgabe, in ihrer bisher nur und ausschließlich mündlich existierenden Sprache in Dichtung und Prosa noch einen anderen Transfer zu leisten, den man sich, ebenso wie den Übergang zur Schriftlichkeit, kaum schwierig genug vorstellen kann. Gemeint ist damit der geforderte Anschluss an eine vorausliegende fremde, weiter- und übermächtig fortbestehende, fremdsprachig lateinische Tradition sozialer, politischer, profaner und religiöser Schrift-, Gesellschafts- und Bildungskultur der griechisch-römischen, jüdischen und christlichen Antike und Spätantike. Dabei ist es für das Deutsche und die Deutschen von größter Bedeutung, dass Annäherung, Angleichung und Aneignung sich nicht Zeit lassen konnten. Sie konnten nicht wie in den romanischen Ländern und ihren Volkssprachen gleitend erfolgen, weder sprachlich und erst recht noch nicht schriftlich. In der Romania setzt der Übergang zur Schriftlichkeit später ein und entwickelt sich über viel längere Zeiträume als bei den Deutschen kontinuierlich gleitend und grundsätzlich bruchlos als Prozess einer allmählichen Umbildung von Bestehendem. Entsprechendes war der entstehenden deutschen Schriftkultur von Natur aus verweigert. Sie hatte sofort und in einem Sprung mündlich und schriftlich eine Kluft zu überwinden: die Kluft zwischen der eigenen, nur mündlich existierenden Sprache und den mündlich wie schriftlich bruchlos überlieferten Sprachen der alten Kulturen. Für das Deutsche gab es da nichts, das man weiterentwickeln und woran man sich hätte anpassen können, es gab dagegen in der eigenen mündlich-kulturellen Tradition Vieles, wovon man sich verabschieden musste. Und das Neue, zu Sagendes und zu Schreibendes, war dem Inhalt nach in den meisten Fällen etwas, das auch mündlich in der eigenen Sprache noch kein Dasein, geschweige denn eine Geschichte hatte. Von Grund auf musste es geistig erst angeeignet werden und aus einer fremden Sprache in die eigene überführt werden, aus einer kulturellen Tradition, die für das Denken auf Deutsch und gar das Schreiben auf Deutsch weitgehend neu und fremd war. Die frühesten Fälle deutscher Schriftlichkeit sind zunächst alle an mindestens elementare Kenntnisse des Lateins als Fremdsprache und an Einübung in die durch sie tradierte und in ihr präsente, fremde Kultur gebunden. Was hier in der Überlieferung erscheint, besteht daher in den allermeisten Fällen in Gestalt von Übersetzungstexten aus dem Lateinischen. Und diese erscheinen in verschiedenen Überlieferungsformen, die den übersetzten Text zunächst und lange noch nur zweisprachig lateinisch-deutsch aufzeichnen, in der Form von Glossen und Bilinguen, genauer, in deutschen Einwort-Glossen zu lateinischen Texten, in horizontal-interlinearen Bilinguen oder in vertikal-synoptischen. Näher dazu unten.

Denkbar ist der Vermittlungsvorgang nur aufgrund von Lateinkenntnissen, die nur durch den mündlichen und schriftlichen Unterricht zweisprachiger und schriftkundiger Leute erworben werden konnten, sei es durch zweisprachige und schriftkundige Muttersprachler und Kulturangehörige aus den romanisch-germanischen Grenzgebieten und ihren Sprachen und Kulturen, sei es durch Menschen, welche die fremde Sprache und Kultur bereits durch Zweisprachler sekundär, also als Fremd- oder Zweitsprache schriftlich und mündlich erlernt hatten, oder durch jene, die von solchen Sekundärsprachlern als Lehrern die Kenntnis der fremden Sprache sozusagen tertiär erworben hatten, usw. Bei alledem muss ein empfindlicher Druck der fremden Kultur, Sprache, Schrift und Schriftkultur angenommen werden, sei es als willig aufgenommene Anziehungskraft oder auch als harte Nötigung durch die Vorbildkultur. Ältere, autochthone Phänomene der eigenen sprachlichen Kultur existierten zugleich und existierten fort, blieben aber weitgehend schriftlos „unterliterarisch" und bildeten nun durch ihren Kontrast zur Schriftkultur ein eigenes Kulturphänomen, das nur in nie ganz verschwindenden Reflexen fassbar ist, die es doch in der neuen Schriftliteratur auslöste.

So konnte sich ein höher entwickeltes Selbstverständnis und Selbstbewusstsein der eigenen, schriftlich gewordenen Kultur und Sprache als Schrift- und Kultursprache erst in langwierigen Entwicklungen herausbilden. Ein solcher Bewusstseinsstand ist für das Deutsche, für die deutsche Literatur und Kultur, um 1200 oder bis zum Ende des ersten Drittels des dreizehnten Jahrhunderts, manchmal auch bis zu dessen Mitte, mit der klassischen laikalen mittelhochdeutschen Literatur erreicht, besonders mit der höfischen Dichtung, aber nicht nur mit ihr. Auch die ehemals nur mündlich existierenden und mündlich weiterbestehenden Gattungen, z. B. die der Heldendichtung, drängen nun danach, schriftlich und, wo möglich, höfisch-literarisch zu werden. Nach ersten Ansätzen, die schon am Ende des elften Jahrhunderts deutlich werden,[2] beginnt sich die deutsche Literatur selbst zu verstehen als fortschreitend in einer sprachlich, literarisch und literaturgeschichtlich eigenständigen Entwicklung oder teilnehmend an ihr. Nun erst entsteht deutsche Literaturgeschichte als geschichtliches Phänomen. Merklich wird das zunächst daran, dass die Texte und Autoren sich gegenseitig kennen, sich aus- und abschreiben, sich verweishaft zitieren und aufeinander Bezug nehmen, sich miteinander auseinandersetzen. Bloße Abschriften, Übernahmen und Bearbeitungen von Texten oder Textteilen in andere Kontexte lassen sich auch früher schon beobachten, aber dann handelt es sich eher um Übernahmen, die sich als brauchbar anboten, noch kaum um die Aufnahme und Weiterentwicklung vorausliegender Impulse in einem entwicklungsgeschichtlichen Sinne.

Mit einiger Übertreibung, aber doch nicht ganz mit Unrecht kann man sagen, dass bis um 1200 die deutsche Literatur weitgehend Sachliteratur war. Mit dem Status, den die höfische Dichtung erreichte, wird für das Deutsche die Unterscheidung eines

2 Ezzos Gesang und die zugehörigen zeitgeschichtlichen Überlieferungen; dazu Kuhn, Gestalten und Lebenskräfte.

engeren und eines weiteren Literaturbegriffs sinnvoll und nötig. Ansetzbar ist sie bei den Trägern deutscher Schriftliteratur überhaupt, bei Autoren, Rezipienten und Distribuenten und im Blick auf neue Gestaltungen der Schriftkultur, technisch (paläographisch und kodikologisch) und sprachlich (stilistisch und ästhetisch). Die primär an ethisch-ästhetischen Werten orientierte volkssprachliche Literatur der internationalen höfischen Adelskultur differenziert sich aus gegenüber einer primär sachorientierten, die sich volkssprachlich nun auch in den verschiedenen Sachbereichen profiliert, als eigenständig versteht und weiterentwickelt, so z. B. in Natur- Medizin- und Rechtskunde. Besonders die deutsche Rechtsliteratur wird aufsteigen aus mündlicher Tradition zu neuer, funktionaler und repräsentativ herausragender Buch- und Schriftgestaltung der eigenen, volkssprachig-mündlichen Rechtstradition. Enorme Wandlungen haben sich seit den Anfängen deutscher Schriftlichkeit in religiöser, gesellschaftlicher, politischer, kirchenpolitischer, bildungsgeschichtlicher und überhaupt kultureller, eben auch schrift- und literarisch-kultureller Hinsicht vollzogen. Sie sind zu einem Etappenabschluss und zum Übergang auf neue Inhalte und Formen einer neuen Epoche gekommen.

Hier muss es genügen, damit den Einschnitt zu begründen, den diese Textsammlung inhaltlich mit ihren jüngsten Stücken macht, die teilweise nach Überlieferungs- und Entstehungsalter noch bis ins dreizehnte Jahrhundert reichen. Ihrem Charakter nach dokumentieren sie aber merklich das Auslaufen der alten Traditionen, wenn sie sich nicht doch schon keimhaft dem Beginn neuer Entwicklungen zuordnen lassen.

*

Anfängliches Motiv für die Zusammenstellung dieser Sammlung von Texten früher deutscher Prosa war der Eindruck, dass die poetischen Texte des deutschen Frühmittelalters – ‚Wessobrunner Schöpfungshymnus', ‚Hildebrandslied', ‚Muspilli', ‚Ludwigslied' und später ‚Ezzos Gesang', ‚Annolied', die Mariensequenzen aus Muri und Seckau/St. Lambrecht – um nur ein paar Beispiele zu nennen, fast immer größeres Interesse erweckt und größere Wertschätzung erfahren haben als die prosaischen Texte. Das entspricht eher einem literarästhetischen Interesse aus neuzeitlicher Sicht, aber nicht dem geschichtlichen Überlieferungsbefund und damit gewiss nicht dem Interesse und der Wertschätzung, die den Prosa-Texten der gleichen Zeit einst entgegengebracht wurden. Eine geschichtsbewusste Sicht muss dem auch heute wieder Rechnung tragen.

Steinmeyers ‚Kleinere ahd. Sprachdenkmäler',[3] erfassen in Vers und Prosa nur die Texte der althochdeutschen Zeit, vom Ende des achten bis zu dem des zehnten Jahrhunderts und klammern unter ihnen die umfänglicheren Texte dieser Zeit aus. Mit den

3 Die kleineren althochdeutschen Sprachdenkmaler. Hg. von Elias von Steinmeyer. 2. Aufl. Berlin/Zürich 1963 (Nachdruck der Ausgabe Berlin 1916).

kleineren präsentieren sie unter ihren 88 Stücken nur 25 Verstexte; der Unterschied Vers/Prosa ist hier kein Ordnungsgesichtspunkt. Nur die Verstexte sind rein deutschsprachig, in die Prosatexte sind bedeutende, lateinische Bestandteile integriert. Müllenhoff/Scherers Textsammlung[4] umfasst erstmals die ganze Zeitspanne sowohl für Dichtung als auch für Prosa, wie bei Steinmeyer mit Ausschluss der umfangreichen Texte. Unter der Prosa ist als einziges Stück des Glossenschrifttums nur das ‚Carmen ad deum' aufgenommen (Nr. 6). Die beiden Abteilungen Poesie und Prosa zählen gleich viele Stücke, beide fünfzig. Allerdings sind nur die Prosastücke eindeutig keine Verstexte; freilich enthalten sie auch viel Lateinisches. In der Abteilung „Poesie" bestehen nicht wenige Texte nicht aus Versen. Hier liegt ein schwierig zu bestimmender Begriff von Poesie zugrunde. Man könnte diese Texte hilfsweise als spielerisch, als empfindsam oder gemüthaft-emotional, rhythmisch, aber nicht versmäßig zugespitzt, manche auch als magisch-numinos kennzeichnen, aber Verse im Sinne einer Versmetrik überliefern sie nicht. Sind sie damit wirklich der Dichtung und nicht doch der Prosa zuzurechnen? Andere der Poesie zugewiesene Stücke dieser Art sind nicht deutsch, sondern lateinisch und wiederum manchmal keine Vers- sondern Prosatexte. Für die Aufnahme dieser Stücke war nicht ihre Sprache, sondern ihre Herkunft aus Deutschland maßgeblich, dann durften sie auch lateinisch sein, in Prosa wie in Versen. Einen ganz besonderen Fall bildet das ‚Galluslied' Ratperts von St. Gallen vom Ende des neunten Jahrhunderts. Dessen althochdeutsches Original ist verloren und nur in der lateinischen Übersetzung Ekkeharts IV. von St. Gallen aus dem elften Jahrhundert erhalten.[5] Es war damals schon fast vergessen, und Ekkehart ging es auch mehr um die Bewahrung seiner schönen Melodie als um die seines Textes. Wie auch immer man all dies im Hinblick auf die Frage Prosa oder Poesie, deutsch oder lateinisch beurteilt, deutlich wird: das scheinbare Gleichgewicht von fünfzig poetischen und fünfzig prosaischen Stücken muss man nicht fraglos hinnehmen, und auch wie weit Lateinisches zu berücksichtigen ist, wäre zu entscheiden. Eindeutiger sind die Verhältnisse nur in Wilhelms ‚Denkmälern',[6] die wiederum die althochdeutsche Zeit ausklammern. Hier gibt es, beschränkt auf das elfte und zwölfte Jahrhundert, tatsächlich nur Prosa- und keine Verstexte, es gibt auch nicht wie bei Müllenhoff/Scherer rein lateinische Texte, aber etliche der Prosatexte enthalten doch nicht unbeträchtliche lateinische Bestandteile. Ganz ausgeklammert sind die Glossendenkmäler aller Art, die in der hier vorliegenden Sammlung beträchtlichen Raum einnehmen. Haug/Vollmanns Sammlung ‚Frühe deutsche Literatur'[7] umfasst seit Müllenhoff/Scherers

4 Denkmäler deutscher Poesie und Prosa. Hg. von Karl Müllenhoff und Wilhelm Scherer. Vierte Ausgabe von Elias von Steinmeyer. Berlin/Zürich 1964 (Nachdruck der 3. Aufl. Berlin 1892).

5 Osterwalder, Das althochdeutsche Galluslied.

6 Denkmäler deutscher Prosa des 11. und 12. Jahrhunderts. Hg. von Friedrich Wilhelm. München 1960 (Nachdruck der Ausgabe München 1914).

7 Frühe deutsche Literatur und lateinische Literatur in Deutschland 800–1150. Hg. von Walter Haug und Benedikt Konrad Vollmann. Frankfurt a. M. 1991.

‚Denkmälern' wieder den ganzen Zeitraum von den Anfängen bis um 1200. Die größeren Texte bietet sie auszugsweise (‚Altsächsische Genesis', ‚Heliand', ‚Otfrid', ‚Wiener Genesis'). Der Schwerpunkt liegt auf der Dichtung, hier immer in Versen. Prosa ist etwa ab ca. 1100 nicht mehr erfasst, dafür große Stücke aus lateinischer Dichtung, wenn sie aus Deutschland stammt (‚Waltharius', ‚Ecbasis captivi', ‚Ruodlieb'), Glossenschrifttum bleibt ausgeschlossen.

Was sollte also in eine Sammlung deutscher Texte von den Anfängen bis um 1200 aufgenommen werden, wenn es um deutsche Prosa gehen soll? Nur deutsche Texte und keine lateinischen, nur Prosa- und keine Verstexte? Wenn bei Müllenhoff/Scherer so viele Stücke zur Poesie gerechnet werden, die keine Verstexte sind, während unter der Prosa tatsächlich keine Verstexte stehen aber viel Lateinisches, so ergibt sich die Nötigung, über den Poesie-Prosa-Begriff und über die Zugehörigkeit von Lateinischem Klarheit zu gewinnen. Und wenn bei Müllenhoff/Scherer unter den poetischen Stücken so viele lateinische stehen, während unter den Prosastücken Lateinisches fast gar nicht vorkommt, und wenn auch die Prosa bei Wilhelm an einigen Stellen beträchtliche lateinische Passagen enthält, dann stellt sich noch einmal die Frage, wie das Verhältnis Deutsch-Latein gewichtet werden sollte.

*

Gehören lateinische Texte in eine Sammlung deutscher Prosa? Hier ist sogleich klar: ohne Latein geht es nicht, am wenigsten bei der Prosa.

Das Latein ist immer präsent. Nur ganz wenige Texte erscheinen seit den Anfängen und bis um 1200 in ihren Aufzeichnungen ohne jeden lateinischen Quelltext. Dies erklärt sich bei einigen aus der Gebrauchsbestimmung, für die sie verfasst sind. Es sind performative Sprechtexte, Ich-Reden, für lateinunkundige Sprecher, Texte, die von ihren Sprechern unbedingt verstanden werden und deshalb volkssprachig sein mussten, und bei jenen, denen sie zugesprochen wurden, musste die Gewissheit bestehen, dass ihre Sprecher und Hörer sie verstanden. Schriftlich brauchten sie für die Sprecher keinen lateinischen Begleittext. Dennoch erscheinen sie in der Mehrzahl zusammen mit den durch sie übersetzten lateinischen Texten. Es sind vor allem sakramentale Texte. Nur die sog. Taufgelöbnisse (Nr. 72) und die Beichten (Nr. 85–92) sind ohne lateinische Begleitung aufgezeichnet, obwohl doch oft lateinische Formeln hinter ihnen stehen. Unter den katechetischen Texten ist das ‚St. Galler Pater noster und Credo' (Nr. 73) als einziges ohne die zugrundeliegende lateinische Formel aufgezeichnet. Bei allen anderen werden die lateinischen Formeln mitgeführt (Nr. 74–78). Als Sprechtexte zum Vor- und Nachsprechen in der Form von Ich-Reden nenne ich im säkularen Bereich ‚Verfahren beim Gottesurteil' (Nr. 62, aber nur teilweise), die ‚Schwäbische Trauformel' (Nr. 63), unter den Eiden den ‚Klerikereid' (Nr. 61) und den ‚Erfurter Judeneid' (Nr. 64). Sie sind ohne lateinische Entsprechungstexte aufgezeichnet. Die berühmten zweisprachigen, romanisch-deutschen ‚Straßburger Eide' (Nr. 60) sind im Ursprung natürlich auch solche Sprechtexte, aber sie sind in der Überlieferung ins Latein eingebunden: als Zitate in den Erzählkontext der vier lateinischen Bücher „Geschichten" des Geschichtsschreibers Nithart.

Wirklich ohne lateinische Umgebung begegnen nur ganz wenige, nicht performative Stücke. Zunächst die Inschriften (Nr. 1–4). Im Unterschied zu den anderen lateinisch quellenlosen Texten sind sie keine Sprechtexte wie die sog. Taufgelöbnisse und die Eide. Das liegt an ihrer Medialität als Inschriften, die den Leser informieren (Nr. 3) oder ansprechen (Nr. 1). Sie setzen voraus, dass ihre Leser in der Volkssprache lesefähig waren. Bei analphabetischen Betrachtern konnten sie nur durch Vorlesen zur Sprache kommen. Im Fall der Hausinschrift (Nr. 4) ist ein „Wicht", angesprochen, nämlich der Teufel. Bei ihm glaubt man also, dass er lesen kann und deutsch versteht. Nur selten darf man mit gänzlicher Unabhängigkeit von lateinischen Quellen rechnen. So vielleicht bei ‚Himmel und Hölle' (Nr. 108). Doch ist hier das Thema eines der lateinischen, also letztlich schriftlichen Welt der kirchlichen Lehre.

Alle deutschen Prosatexte des achten bis zwölften Jahrhunderts sind also ohne das Latein undenkbar, auch wenn sie schriftlich nicht zusammen mit lateinischen Entsprechungstexten überliefert sind. Fast immer handelt es sich in verschiedener Gestalt um Übersetzungstexte, die in der Überlieferung zweisprachig, d. h. in unmittelbarer Verbindung mit ihren lateinischen Übersetzungsvorlagen erscheinen. So ist es selbstverständlich bei den Texten des Glossenschrifttums (fast alles unter „Spracharbeit", s. auch Nr. 71, den ‚Indiculus superstitionum' mit seinen altsächsischen Einsprengseln) und so ist es bei allen Interlinearversionen und Bilinguen der Frühzeit (Nr. 28, Nr. 32, Nr. 103–105). Aber auch Stücke, in denen der lateinische Quelltext und der deutsche zwar nicht synoptisch aufgezeichnet sind, die lateinische Quelle dem deutschen Text jedoch unmittelbar folgt (Nr. 52 ‚Alkuins Traktat'), zeigen die enge Bindung von Latein und Deutsch. Und wo die Forschung sie ermittelt hat, sind hier auch solche lateinischen Quellen mitgegeben, die nicht in der gleichen Handschrift, sondern an anderen Fundorten stehen als ihre deutsche Übersetzung (Nr. 14 ‚Gernroder Psalmen', Nr. 44 Lucidarius, Nr. 51 ‚Physiologus', Nr. 106, ‚Allerheiligen-Predigt'). Meist trifft man in diesen Fällen also Latein und Deutsch zusammen an, sei es als andernorts nachgewiesene Quelle oder sei es am selben Ort handschriftlich hintereinander, neben- oder übereinander, nicht aber ineinander. Doch auch das gibt es, und darauf wird noch näher einzugehen sein. Hier nur soviel: Noch enger miteinander verbunden, unauflöslich miteinander legiert wie zwei Metalle sind in Texten der sog. deutsch-lateinischen Mischprosa die beiden Sprachen vereint, als zweisprachiger Text- und Redefluss aus lateinisch-deutsch gemischten, syntaktisch konsistenten Satzteilen und Sätzen bei Notker, Williram und noch einmal im ‚Innsbrucker Arzneibuch' Nr. 48); man hat hier vom Klostersoziolekt deutscher Mönche gesprochen (Notker, die Kommentarteile der dritten Schicht seines Schichtenmodells: Nr. 20, Nr. 40–43; Williram, die Kommentarteile der rechten Spalte: Nr. 24).

Im Ergebnis zeigt sich also: Es gibt in dieser Zeit fast keine rein deutsche Prosa, sondern nur in unterschiedlicher Weise verbundene zweisprachige deutsch-lateinische Prosa. Es gibt aber auch keine rein lateinischen Texte, die hier zur „deutschen"

Literatur gerechnet werden müssen, weil sie von deutschen Verfassern stammen. Als lateinische Texte mögen sie auf deutsche, lateinkundige Leser zählen (‚Galluslied‘, ‚Waltharius‘, ‚Ruodlieb‘), aber ihrer literarischen Kultur nach, nicht nur sprachlich, sind sie durch und durch lateinisch.

Ausgenommen sind in der vorliegenden Sammlung nur die rein lateinischen Stücke, die dem Komplex ‚St. Galler Wissenschaft‘ vorangestellt sind: zuerst ‚Notkers Brief‘, in dem Notker sein Lebenswerk aus zahlreichen deutsch-lateinischen und lateinischen Schriften und seine Arbeitsmethode vorstellt (Nr. 35); und dann die Texte Ekkeharts IV. (Nr. 36–39), Gedenktexte, in denen Ekkehart als Zeitzeuge über seinen Lehrer und dessen Wirken und Sterben spricht. Es sind Texte, die den bildungsgeschichtlichen Hintergrund zu Notkers Schriften beleuchten, aus Ekkeharts Sicht vor allem zum Psalter (Nr. 20) und zu Notkers verlorener Hiob-Bearbeitung. Zugleich wird man bei ihnen aber auch an Notkers Artes-Schriften denken (Nr. 40–42), zu denen auch sein geographisch-astronomischer Exkurs (Nr. 43) zu zählen wäre. Dasselbe wie für Notkers Brief gilt für die ‚Praefatio‘ Willirams zu seiner Hohelied-Bearbeitung und für die Widmungszuschrift seines Werks an König Heinrich III. (unter Nr. 24).

*

Zur Frage Prosa/Poesie: Die deutsche Versgeschichte, für die hier eine grobe Beschreibung nach ihren wichtigsten Merkmalen ausreichen möge – genetische Fragen bleiben unberührt – kennt in der ältesten deutschen Textüberlieferung zunächst noch gar keine Verse. Von den Stabreimversen ist dabei abzusehen. Die große Stabreimdichtung des ‚Heliand‘ aus der Mitte des neunten Jahrhunderts und einige kleine Stabreimgedichte bilden keine weiter reichende Tradition mehr aus. Erst ab dem letzten Drittel des Jahrhunderts sind mit Otfrids Evangelienbuch und einigen kleineren Gedichten deutsche Verstexte erhalten. Sie bestehen aus Langversen mit Zäsurreim unterschiedlich vollständigen Gleichklangs, jeder Halbvers zu vier ziemlich regelmäßig verteilten Hebungen; Strophenbildung ist nicht eindeutig nachweisbar, gesanglicher Vortrag wohl in allen Fällen annehmbar, wenn auch nur in Spuren bezeugt und konkret kaum rekonstruierbar. Dieser Vers taucht, von ganz vereinzelten kleinen Stücken abgesehen, nach langer Pause erst wieder ab der Mitte des elften Jahrhunderts in gewandelter Form auf, vielleicht unter Einfluss der altfranzösischen Laissen-Epik (strophenartige Reimtiraden, Chanson de geste). Der Reim ist geblieben, die Versmetrik hat sich verändert: Kurzverse, in ihrem Inneren mit weniger regelmäßiger Abfolge und Zahl der Hebungen und Silben. Von gesanglichem Vortrag epischer Verse dieser Art sind keine konkreten Spuren mehr erkennbar. Die weitere Entwicklung wird zu den epischen Versen der klassischen mittelhochdeutschen Dichtung führen.

Das Ausscheidungsprinzip für die hier aufgenommenen Texte ist also einfach. Grundsätzlich alle Texte, die in diesen frühen Versformen gestaltet sind, scheiden aus, und was an deutschhaltigen Texten bleibt, gilt als Prosa. Allerdings nur prinzipiell. Ausnahmen wurden zugelassen, wenn besondere Gründe hinzukamen. So sind z. B. die bereits erwähnten Inschriften, ‚Kölner Inschrift' (Nr. 1) und die ‚Zürcher Hausbesegnung' (Nr. 4) aufgenommen. Auf beide Texte sollte wegen ihrer medialen Besonderheit als Inschriften nicht verzichtet werden – trotz ihrer (wahrscheinlichen) Form als Verstexte. Deutschsprachige Inschriften sind sonst nur noch mit der ‚Altsächsischen Münzumschrift' auf dem Gittelder Pfennig (Nr. 3), der ‚Binger' Inschrift (Nr. 2) auf einem Binger Grab- oder Memorienstein erhalten und später dann als älteste deutsche Siegellegende zu einer lateinischen Urkunde (Nr. 59, hier den Rechtstexten zugeordnet, weil sie zur Diplomatik gehört). – Ganz anders ist eine andere Ausnahme begründet. Mit der ‚Wessobrunner Gebetsprosa' (Nr. 93) sind die stabreimenden Verse des ‚Wessobrunner Schöpfungshymnus' so eng verbunden, dass sie nicht von der Prosa abgetrennt werden durften (dazu näher unten).

Also: Zur Prosa rechne ich alles deutsch Geschriebene in seiner mehr oder weniger engen Verbindung mit dem Lateinischen, wenn es nicht in Versen verfasst ist, auch wenn es, was häufig geschieht, glossierend lateinische Versdichtung begleitet (Nr. 6–8, teilweise auch die Versvorlagen in Nr. 40 [Boethius] und Nr. 41 [Martianus Capella], Nr. 80–81 [Hymnen]) oder die Psaltertexte (Nr. 13–23), denn auch die sind ja Dichtung. Bei alledem entstehen aber natürlich nicht deutsche Verse. Insbesondere in einer Sache unterscheidet sich die vorliegende Sammlung von allen anderen: Ich habe in beträchtlichem Umfang auch Glossenschrifttum berücksichtigt.

*

Es wird somit für das Übersetzungsschrifttum der frühen deutschen Literatur ein erweiterter Prosa-Begriff zugrunde gelegt. Dafür, wie er zu fassen ist, skizziere ich eine Typologie. Zunächst eine für das Glossenschrifttum mit Hinweisen auf die Texte der vorliegenden Sammlung. Weitere Typen lassen sich dann aus ihrer typologischen Nähe oder Ferne zum Glossenschrifttum verstehen, nicht entwicklungstypologisch (genetisch) als aufbauend auf dem Glossenschrifttum, sondern phänotypisch als unterschiedliche Realisierungs- und Funktionstypen von Übersetzungsprosa. Das Glossenschrifttum bildet gleichsam ein Leitgestirn, von dem aus sich ein Blick über das Panorama der frühen deutschen Prosa auftut. Drei Funktionstypen lassen sich unterscheiden: das lateinisch-deutsche Wörterbuch (Glossar/Vokabular), die Textglosse und die Interlinearversion.

Die Wörterbücher oder Glossarien/Vokabularien sind hier durch den gern als „ältestes deutsches Buch" bezeichneten ‚Deutschen Abrogans' (Nr. 5) vertreten und durch den ‚Vocabularius St.i Galli' (Nr. 10). Auch die Glossar-Teile der ‚Kasseler Glossen' und der sog. ‚Altdeutschen Gespräche' gehören hierher (Nr. 11 und Nr. 12). Es sind Sammlungen von einzelnen Wörtern, angelegt nach unterschiedlichen, mehr oder weniger streng durchgeführten Ordnungsgesichtspunkten 1. der Wortfolge im Ganzen, etwa alphabetisch oder nach Sachgruppen, 2. beim einzelnen Wort (Artikel, Lemma) in bestimmter Strukturierung seines Eintrages in das Vokabular, 3. beim einzelnen Artikel des Wörterbuches durch die Bindung des Lemmas an seine semantische Erklärung, das Interpretament, dem es jeweils schriftlich zugeordnet ist, und zwar in diesen Wörterbüchern in der Folge Latein-Deutsch, nicht umgekehrt, wie sich das jemand, der sich damals als volkssprachiger Sprecher mit Hilfe des ihm fremden Lateins verständigen wollte, vielleicht gewünscht hätte. Die Folge Deutsch-Latein alphabetisch einzurichten wäre allein deswegen kaum möglich gewesen, weil es noch keine alphabetisierbare Normschreibung für deutsche Wörter gab. Auch gab es noch kein geschriebenes Korpus deutscher Texte, das man hätte exzerpieren und alphabetisch sortieren können. Der historische Grund für die Folge Latein-Deutsch ist aber noch ein anderer. Die lateinisch-althochdeutschen Wörterbücher sind letztlich Bearbeitungen von einsprachigen lateinisch-lateinischen Wörterbüchern des spätantiken Schulbetriebs, sie sind also übersetzte Wörterbücher.

So ist gleich der ‚Deutsche Abrogans' (Nr. 5) eine Bearbeitung des alphabetisch angelegten ‚Lateinischen Abrogans'. Im ‚Deutschen Abrogans' werden nicht nur die lateinischen Lemmata des ‚Lateinischen Abrogans', sondern auch noch seine lateinischen Interpretamente althochdeutsch erklärt. Das bringt natürlich bei einer Anordnung des Materials als Fließtext das Alphabet durcheinander, so in der ältesten Handschrift, dem St. Galler Kodex 911. Dennoch muss man den ‚Deutschen Abrogans' als ein Hilfsmittel für deutsche Lateinlerner betrachten. Umgekehrt haben wir dagegen mit dem ‚Vocabularius St.i Galli' (Nr. 10) und den ‚Kasseler Glossen' (Nr. 11) Hilfsmittel für Deutschlerner, bei den ‚Kasseler Glossen' für italoromanische, beim ‚Vocabularius St.i Galli' für angelsächsische, in beiden Fällen also für nicht lateinische Muttersprachler, sondern für solche, die das Latein selbst erst erlernt hatten und denen es als eine Art *lingua franca* verfügbar war. Hier erwies sich die Folge Latein-Deutsch, die eigentlich aus der einsprachig lateinischen Lexikographie der Antike stammte, im Sekundäreffekt als praktisch. Andersherum haben wir in den ‚Altdeutschen Gesprächen' (Nr. 12) die Folge Volkssprache-Latein dann doch. Mit den „deutschen" Sätzchen dieses kleinen Sprachführers für „französische" (galloromanische) Sprecher sind aber auch hier natürlich die lateinischen Übersetzungen als Interpretamente an zweiter Stelle verbunden.

Der nächste Funktionstyp des Glossenschrifttums ist die Textglosse aus Einzelwörtern oder kleinen, syntaktisch verbundenen Einzelwörtern (Syntagmen) zu Einzelwörtern eines glossierten lateinischen Textes. Die Textglosse als Kommentartyp hat sich die lateinische Schul- und Gelehrtenpraxis der Antike und Spätantike zum Vorbild genommen. Dort ist sie einsprachig lateinisch-lateinisch, lateinische Texte werden durch lateinische Glossen erläutert. Jetzt aber verfährt man zweisprachig: lateinische Texte werden deutsch erläutert. In den Handschriften stehen außer den deutschen Glossen oft lateinische, meist älterer Schultradition; ein schönes Beispiel dafür ist die Tegernseer Vergilglossierung (Nr. 8). Textglossen sind für die frühe deutsche Literatur ebenso bedeutend wie die Vokabularien. Zwar handelt es sich auch hier wie bei den Wörterbüchern/Glossaren um deutsche Einzelwörter. Die Wortfolge der Textglossen bindet sich jetzt aber an die Folge der Wörter des glossierten lateinischen Textes, dessen Sinn sie erläutern will: 1. mit der schriftlich-räumlichen Zuordnung einer Glosse als Interpretament zu einem Textwort als Lemma und 2. mit der Bedeutungsangabe durch die Glosse als Interpretament, bei Nomina und Verba in der Flexionsform dieses Lemmas (dazu gleich noch). Vokabularien und Textglossen sind ineinander übergängliche Typen. Eine Textglosse kann in ein Wörterbuch aufgenommen werden und umgekehrt kann man aus einem Wörterbuch eine Textglosse gewinnen. Denn auch die Textglossen funktionieren ja als Übersetzungen (Interpretamente) der glossierten Textwörter (Lemmata). Man findet sie nicht planmäßig, sondern nach Bedarf oder Können hier oder da nachträglich eingetragen. Erhalten sind sie meist abschriftlich, seltener original (spontan). Sie stehen entweder interlinear, d.h. über den Textwörtern – das ist der häufigste Fall – oder marginal am Rand des Schriftspiegels der Textseite, dann vielleicht auch mit Verweiszeichen vom Textwort auf die zu ihm gehörende Glosse am Seitenrand. Für den mittelalterlichen Leser und auch für den heutigen können diese Glossen, wenn er sie im Zusammenhang der glossierten Texte und Textstellen betrachtet, als Zeugnisse für das Verständnis der glossierten Texte in größerem Zusammenhang verstanden werden. Dann hat man die Glossen geradezu als eine eigene Art Texte gelesen. Bei den Glossaren, deren Lemmata ja in keinem Textzusammenhang aufscheinen, ist das nicht möglich. Auch damit lässt sich die Aufnahme von Textglossen in eine Sammlung früher deutscher Prosa begründen.

Die Textglossen, sowohl die lateinischen als auch die deutschen, sind in der Regel formkongruent, d.h. das Interpretament gibt bei Nomina und Verba nicht eine „lemmatisierte“ Normalform des Wortes an, etwa den Infinitiv beim Verbum. Es gibt stattdessen genau die Form des Lemmas wieder, wie es im glossierten Text steht, bei lateinischen Glossen auf Lateinisch, bei deutschen auf Deutsch: Kasus, Numerus, Genus, Tempus, Modus usw. Das diente also für den deutschen Benutzer nicht nur der Bedeutungserläuterung, sondern auch seiner Einübung in das lateinische Flexionssystem.

Seltener ist eine Form der Textglossierung, bei der die Glossen innerhalb der Zeile hinter dem glossierten Wort stehen. Die lateinische Wortfolge des glossierten Textes in der Zeile ist dann unterbrochen. Das Interpretament steht hinter dem Lemma innerhalb (*intra*) der Textzeile, nicht über ihr zwischen (*inter*) den Textzeilen. Die intralineare Glosse ist also ein planmäßiger, nicht nachträglicher und nicht spontaner Eintrag, sondern abschriftlich nach einer Vorlage, in der er nachträglich zwischen die Zeilen geschrieben war (Nr. 6, Nr. 17, auch Nr. 9 kann man hierher stellen). Die Entstehung solcher intralinearen Textglossen wird man sich normalerweise als Umarbeitungsergebnis einer Vorlage mit interlinearen Textglossen vorstellen.

Eine eigene, von den Glossen zu unterscheidende Art von Einwortüberlieferung bilden die Einsprengsel in lateinische Texte, obwohl sie ähnlich aussehen wie die Intralinearglossen, denn sie erscheinen wie diese innerhalb der Textzeile in der Umgebung lateinischer Wörter. Aber es sind keine Interpretamente zu lateinischen Lemmata, also keine Übersetzungswörter. Sie finden sich dann zwischen die Wörter der lateinischen Texte eingefügt, wenn es für diese keine passenden lateinischen Wörter gab. So sind die ‚Malbergischen Glossen‘ der ‚Lex Salica‘ (Nr. 54) intralinear erscheinende Rechtswörter der merowingischen Rechtssprache, für die es keine Äquivalente im Lateinischen gab; ursprünglich werden sie wohl aus dem Zeileninneren wiederholt am Textrand (marginal) gestanden haben und dort zusätzlich die Funktion eines Registers zur schnelleren Auffindung bei der Rechtsprechung jeweils benötigter Texte. Einige der ‚Malbergischen Glossen' sind hier in die Behandlung der ‚Althochdeutschen Lex Salica' einbezogen, weil sie der ältesten, noch auf den Anfang des sechsten Jahrhunderts zurückweisenden Schicht deutscher Sprachüberlieferung angehören. Auch die bloß vier altsächsischen Wörter aus dem Gebiet des Aberglaubens in der sonst rein lateinischen Prosa des ‚Indiculus superstitionum' (Nr. 71) sind Einsprengsel. Auf dieses ansonsten rein lateinische Prosastück sollte nicht verzichtet werden, weil es durch seine Einsprengsel für die Arbeit der Missionare bei den Sachsen des achten Jahrhunderts von beträchtlichem Interesse ist, darüber hinaus für abergläubiges Brauchtum, das zum Teil bis heute anzutreffen ist.

In welchen Anwendungsbereichen begegnen inter- oder intralineare Textglossen? Sie erscheinen z. B. in der Bibelarbeit. Dafür steht die hier gebotene Auswahl aus Glossen zum Matthäusevangelium (Nr. 30). Auch die sprachliche und sachliche Erschließung der nichtbiblischen Literatur aus der klassischen antiken und der christlichen lateinischen Dichtung der Spätantike, die man in der Kloster- oder Domschule fleißig las,[8] geschieht mithilfe von Textglossen. Ein Beispiel bieten die schon genannten Vergilglossen der schon erwähnten großen, reich glossierten Tegernseer Vergilhandschrift des elften Jahrhunderts, die das ganze Korpus der Dichtungen Vergils enthält. Daraus wird hier nur eine einzige, die linke Spalte einer Seite mit Glossen zum Text der ‚Aeneis' geboten (Nr. 8). Da lässt sich schön studieren, wie die deutschen Glossen verschiedener Herkunft und Funktion dichtgedrängt und in dichter Verbindung mit lateinischen Glossen erscheinen. – Für die christliche Dichtung der Spätantike steht hier das spätantike Hexameterepos vom Kampf der Tugenden und Laster, die ‚Psychomachie' des Prudentius (Nr. 7), dessen Dichtungen die am reichsten deutsch glossierten Werke unter der in den Schulen gelesenen christlich-lateinischen Dichtung waren. – Das weit verbreitete, aber nur einmal mit intralinearen deutschen Glossen versehene, in seinem Latein sprachlich schwierige Reimgedicht ‚Carmen ad deum' (‚Sancte sator' Nr. 6), stehe für die Nachwirkung der angelsächsischen Mission des siebenten noch in der ersten Hälfte des neunten Jahrhunderts. Erst vor kurzem konnte man Theodor von Canterbury als Autor höchst wahrscheinlich machen. – Umfassendes Wissen bietet viel später das vom elften bis ins 15. Jahrhundert in zahlreichen Handschriften überlieferte ‚Summarium Heinrici' (Nr. 9). Ziemlich dicht ist es intralinear, aber nicht Wort für Wort glossiert. Grundlage waren die ‚Etymologien' Isidors, das bekannteste Kompendium enzyklopädischen Wissens aus der christlichen Spätantike. In Verbindung mit seinem großen Wissensreichtum war das ‚Summarium' das vielleicht wichtigste Lehrbuch der Klosterschulen im lateinischen Wortschatz-Unterricht. Mit der Wissensvermittlung in enzyklopädischer Sachordnung verbindet sich hier im Sachzusammenhang

8 Glauche, Schullektüre.

der Enzyklopädie weit hinaus über die knappen, frühen Sachglossare der ‚Kasseler Glossen' (Nr. 11) und der ‚Altdeutschen Gespräche' (Nr. 12) sehr praktisch die Einprägung reichen lateinischen Wortguts. Oder umgekehrt: Lateinisch-deutsche Wortschatzübungen im Schulunterricht vermitteln zugleich vielfältiges Sachwissen.

Auf einer sprachlich, literarisch und buchtechnisch ganz anderen und sehr anspruchsvollen Stufe der Textglossierung spricht man von Interlinearversionen.[9] Hier ist der glossierte Text im Prinzip lückenlos von Wort zu Wort deutsch glossiert, manchmal nur für eine begrenzte Strecke des glossierten Textes (Nr. 26), im Idealfall aber und tendenziell für den ganzen Text (so bei Nr. 27, Nr. 53 und besonders in den vielen, oft schön gestalteten Handschriften mit Interlinearversionen des Psalters (Nr. 13, Nr. 15 bis Nr. 19, Nr. 21–22). Der Eintrag wurde in der Regel, anders als es bei den Textglossen geschah, planmäßig vorgenommen, wie man in den Handschriften auch an vormarkierten Linien nicht nur für die Text-, sondern auch für die Glossenzeile erkennt. In der klassischen und in der spätantiken Diskussion über das rechte Übersetzen würde die Technik der Interlinearversion etwa als ein Übersetzen *verbum pro verbo* („Wort durch Wort") bezeichnet, im Unterschied zu einer freieren Art *sensus pro sensu* („Sinneinheit gemäß Sinneinheit").[10] Auch die Interlinearversionen glossieren formkongruent. Die so entstandenen Wortfolgen in der Glossenzeile ergeben aber nacheinander von links nach rechts gelesen gerade deshalb meist keine syntaktisch korrekten deutschen Sätze, weil sie sich an die Wortfolge und Wortstellung des lateinischen Textes binden und nicht den deutschen Wortstellungsregeln entsprechen. Auch entsprechen die lateinischen Verbvalenzen den deutschen oft nicht: lateinisch *adiuvare* „helfen" führt den Akkusativ bei sich *adiuvo te*, deutsch „helfen" geht mit Dativ „ich helfe dir", die formkongruente Glossierung würde lauten „ich helfe dich", wäre also von links nach rechts gelesen ein Fehler. Aber vertikal entspricht dem lateinischen *te* im Deutschen ganz korrekt ein „dich". Bei einer zweckwidrigen horizontalen Lektüre von links nach rechts erscheinen die Interlinearversionen als unbeholfene und sklavisch am lateinischen Text klebende Übersetzungen. Das ist ein Missverständnis, dem man in der älteren Forschung wirklich öfters begegnet. Diese Glossen wollen nicht horizontal von links nach rechts im Zeilenverlauf gelesen werden, sondern vertikal von unten nach oben oder umgekehrt, jeweils im Blick auf das Text-Lemma bzw. das Glossen-Interpretament. Die Absicht zielt wie bei den Einzelglossen des Typs Kontextglosse grundsätzlich zunächst darauf, zu einem Lemma des glossierten Textes morphologisch genau dessen Form und semantisch seine Bedeutung zu erläutern, um auf den Ebenen der Form- und der Bedeutungslehre ein genaues Verständnis des lateinischen Lemmas zu erzeugen. Und zugleich soll natürlich auch auf der syntaktischen Ebene klar werden, in welchem Bezug das glossierte Wort im lateinischen Satz zu verstehen ist. Aber das leistet die Interlinearversion nicht mehr selbst, sie gibt nur die Hilfestellung dazu. Für

9 Voetz, Durchgehende Textglossierung.
10 Hellgardt, Hieronymus und die Folgen.

die Interlinearversion kommt eine Umstellung der Wortfolge des glossierten Textes nicht in Frage, etwa im Sinne eines *ordo naturalis* der Satzteile wie bei Notker (dazu s. unten). Man darf annehmen, dass für die syntaktische Erläuterung des lateinischen Textes bei Bedarf der mündliche Unterricht nachhalf. Dass mit den Glossen der Interlinearversion wie mit den Textglossen auch die Bedeutung der Wörter erklärt wird, läuft übrigens als – selbstverständlich erwünschte und beabsichtigte – semantische Information sozusagen nur automatisch zugleich mit der Formerläuterung mit. Aber manchmal kommt es auf die semantische Erläuterung sogar gar nicht an, z. B. wenn es sich um ein lateinisches Wort handelt, dessen Bedeutung als bekannt vorausgesetzt werden kann, dessen Form aber vielleicht als erklärenswert oder -bedürftig erscheint, und sei es nur als grammatische Übung im Unterricht. Es gibt sogar Fälle, in denen die Glossen in verkürzter Form erscheinen. Mit dem schriftlich auf wenige Buchstaben abgekürzten Interpretament wird dann primär gar nicht die Bedeutung, sondern nur die Form bestimmt, die das Übersetzungswort haben müsste, wenn man es vollständig schriebe (so z. B. in Nr. 27 und Nr. 80). Mindestens bei solchen Glossen muss man mündliche Erklärungen annehmen, die der Lehrer den Klosterschülern zur Technik ihrer Verkürzung gegeben hat.[11]

Es ist also klar, dass die Interlinearversionen nicht Übersetzungen im Sinne grammatisch konsistenter Satzfolgen liefern wollen, die den lateinischen Text durch einen deutschen ersetzen könnten. Sie bezwecken nichts Anderes als aus dem Lateinischen selbst heraus das morphologisch, semantisch und syntaktisch genaue Verständnis des glossierten Textes als Sinnzusammenhang. Zielsprache im übersetzungstheoretischen Sinne ist genau genommen nicht das Deutsch der Interlinearversion, sondern das Latein des glossierten Textes. Das, was geleistet wird, ist gar nicht, wie eine Übersetzung, als Ersatz des Originals aufzufassen, und es gilt nur im sachlichen und schriftlichen Zusammenhang mit ihm. Man wird einer Interlinearversion erst dann gerecht, wenn man sie nach ihrer (didaktischen) Leistung für das Verständnis des glossierten Textes aus sich selbst heraus beurteilt.

Ein frühes und berühmtes Beispiel für die Anwendung der Interlinearversion ist die St. Galler althochdeutsche Interlinearversion der Benediktinerregel (Nr. 53). Erst viel später haben wir dann wieder interlinear glossierte Benediktinerregeln, z. B. aus dem ersten Viertel des 13. Jahrhunderts eine aus dem Kloster Zwiefalten (Anhang zu Nr. 53). Der hauptsächliche Anwendungsbereich für die Interlinearversion war zunächst aber der lateinische Psalter, das Grundbuch der mittelalterlichen Frömmigkeit. Nach der Benediktinerregel wurden im Verlauf einer Woche alle 150 Psalmen im täglichen Stundengebet, dem Offizium der Mönche, gesungen. Dabei fiel den im Knabenalter stehenden, vielleicht sogar noch analphabetischen Klosterschülern eine gesanglich liturgische Aufgabe zu, für die sie im Singe-Unterricht Tag für Tag eingeübt wurden. Sie werden die Texte des Psalters bald auswendig gekonnt haben. Aber haben sie das Psal-

11 Henkel, gekürzte Glossen.

terlatein auch verstanden? Dabei können im Unterricht die Interlinearversionen geholfen haben. Der Psalter gilt vielleicht sogar mit Recht als das wichtigste Buch, anhand dessen der lateinische Spracherwerb deutscher Klosterschüler stattfand. Deutsche Interlinearversionen des Psalters sind durch den ganzen Zeitraum der frühen deutschen Prosa hindurch in vielen Fassungen und oft schön gestalteten Handschriften aus dem ganzen deutschen Sprachbereich überliefert, von denen hier mit den Nummern 13–22 längst nicht alle aufscheinen. Dass sie tatsächlich im Schulunterricht verwendet wurden, zeigen z. B. sehr schön die gelegentlichen kleinen deutschen Randkommentare des ‚Windberger Psalters' (Nr. 22), die man als Scholien bezeichnen sollte, nicht als Glossen, denn sie bestehen nicht von Einzelwort zu Einzelwort aus Spracherläuterungen, sondern aus frei formulierten, syntaktisch verbundenen Prosa-Sätzen zur Sacherläuterung einer Stelle des Psalmtextes (Nr. 23). Dasselbe wie für den Psalter gilt für die Hymnen des klösterlichen Stundengebets. Deren Murbach/Reichenauer Interlinearversion des frühen neunten Jahrhunderts (Nr. 80) steht in einer Handschrift, die nach ihren Mitüberlieferungen eindeutig für die Schule bestimmt war. Typisch ist für die Hymnen aber auch ihre Überlieferung als Teil von Interlinearversionen des Psalters. In Deutschland sind Interlinearversionen des Hymnars erst wieder am Ende des zwölften Jahrhunderts durch die ‚Millstätter Hymnen' im ‚Millstätter Psalter' belegt (Nr. 81).

Auffällig ist, dass die Technik der Interlinearversionen in anderen Bereichen als in denen der Benediktinerregel, des Psalters und des Hymnars nur gelegentlich, dafür aber schon ganz früh begegnet. Hierher zählen die beiden fragmentarisch erhaltenen Interlinearversionen des Lukas- und von Stellen des Johannesevangeliums aus dem deutschen Südwesten (Nr. 26, Nr. 27). Diese Interlinearversionen sind beide auf der Basis altlateinischer Evangelienübersetzungen in uralte Evangelienhandschriften gegen Ende des achten Jahrhunderts nachträglich eingetragen. Sie korrigieren stellenweise sogar den alten Evangelientext nach der nun maßgeblichen Fassung der Vulgata. Dass dabei das Deutsche verwendet wird, ist erstaunlich. Man darf diese Arbeiten als Fälle früher Bibelphilologie betrachten. Dem schulischen Elementarunterricht sind sie wohl kaum zuzuordnen. Von Einzelfällen geringen Textumfangs abgesehen gibt es sonst kaum bedeutendere Interlinearversionen in der frühen deutschen Prosa. Vielleicht kann man es für den Rechtstext des Kapitulars Ludwigs des Frommen annehmen (Nr. 55), aber das ist aufgrund der späten Sekundärüberlieferung im Druck nicht ganz sicher.

Soweit zu den verschiedenen Typen des Glossenschrifttums. Nun ist auf eine Übersetzungsprosa einzugehen, die man phänotypisch als Zwischenstufe zwischen Interlinearversion und deutscher Prosa ohne unmittelbare Bindung an einen übersetzten Text verstehen kann. Das sind die großartigen Arbeiten Notkers des Deutschen von St. Gallen (ca. 950–1022). Für seine zweisprachigen, lateinisch-deutschen Bearbeitungen lateinischer Texte zum Gebrauch der St. Galler Schule[12] hat er ein Schichtenmodell

12 Hierzu s. Notkers Brief (Nr. 36), wo Notker selbst Umfang und Methode seiner Arbeiten darstellt.

entwickelt, das er konsequent anwendet und das in den Handschriften, besonders in der einzig vollständig erhaltenen seines Psalters (Nr. 20), durch schriftliche Auszeichnungen auch sehr genau markiert ist. Es stellt ein herausragendes, freilich einmalig bleibendes Modell deutscher Prosa im Lateinkontext des frühen Mittelalters dar und sei hier in groben Zügen beschrieben (Nr. 20, Nr. 40–42).

Zunächst wird das ganze Korpus eines bearbeiteten Textes in überschaubare Kapitel gegliedert, denen selbständig formulierte, lateinische Titel gegeben werden. An erster Stelle steht dann satzweise das Zitat des behandelten lateinischen Textes (Psalter, Boethius, Martianus Capella, Boethius/Aristoteles). Es ist aber bereits umgearbeitet, indem seine oft komplizierte lateinische Wortfolge Wort für Wort nach dem sog. *ordo naturalis*, der „natürlichen" Ordnung der Satzteile umgestellt ist; „natürlich" meint hier die syntaktisch funktionale Rangfolge der Satzteile: Subjekt, Prädikat, Objekt usw. Dabei ist ohne Ausnahme jedes Wort des Originaltextes beibehalten, aber umgestellt in eine neue „natürliche" Folge der Wörter. Wenn es schon um eine Übersetzung ginge, dann entspräche das übersetzungstheoretisch dem Prinzip *verbum pro verbo*. Ein Schüler, besonders ein deutscher, der beim Lesen des Originaltextes mit dessen Wortfolge Verständnisschwierigkeiten hatte, konnte sich schon auf dieser vorübersetzerischen Stufe Hilfe holen. Denn es ergibt sich dabei meist, dass der umgeordnete lateinische Text nun eher den deutschen Wortstellungsregeln entspricht. Darauf kommt es aber eigentlich gar nicht an, sondern vor allem darauf, dass mit der Umordnung der Wortfolge das Latein des Originals syntaktisch durchsichtig wird und damit zugleich leichter durchsichtig auch auf das Deutsche hin. Auf der zweiten Schicht der Bearbeitung folgt jetzt die völlig frei formulierte deutsche Übersetzung des zitierten Textsegments. Sie scheint oft davon auszugehen, dass der nach dem *ordo naturalis* umgeordnete lateinische Text bereits verstanden war und nun eine freie Sinnparaphrase *sensus pro sensu* möglich ist, die sinnvoller ist als eine eng am Text bleibende, sklavische Übersetzung. – Als dritte Schicht wird dieser Sinnparaphrase nun noch ein knapper Kommentar angeschlossen, mit dem Notker Zweckdienliches aus Quellen der lateinischen Kommentatorik oder eigenem Wissen schöpft. Diese dritte Schicht ist in der sog. notkerschen Mischsprache formuliert; der Ausdruck meint nur die Sprache dieser dritten Schicht, nicht das Nebeneinander von Deutsch und Latein in den beiden anderen Schichten. Die lateinischen Bestandteile dieser Mischsprache sind hier, anders als dort, in den syntaktischen Rahmen deutscher Sätze morphologisch integriert; man hat von einer Art Klostersoziolekt gesprochen. Ob das wirklich für eine etwa im Kloster gesprochene Sprache zutrifft, kann man fragen. In einigen großen Exkursen zu Themen der bearbeiteten Texte verselbständigt sich diese Kommentarschicht zum Umfang ganzer Kapitel (Nr. 33, ‚Fides Athanasii', Nr. 43 kosmologischer Exkurs), die dann auch wie die Textkapitel eigene, lateinische Titel tragen können. Auf allen drei Schichten kann Notkers Textbearbeitung mit kleinen glossenartigen und verständnisfördernden Ergänzungen in Latein aufgelockert und angereichert sein. Sie werden entweder eingeleitet mit *id est:* ... („das heißt ...") oder mit *subauditur:* ... („hier ist ... zu ergänzen"). Die *id est*-Glossen tun in der Regel dasselbe wie Textglossen als

Erklärungen zu Wörtern des bearbeiteten Textes, die *subauditur*-Glossen füllen in ihm elliptisch Ausgespartes verdeutlichend auf. In seinen Aristoteles-Bearbeitungen (z. B. Nr. 42) und in denen des Psalters hat Notker dieses Schichtenmodell teilweise sachangemessen modifiziert, vereinfacht und auch verfeinert[13] (Nr. 20, s. auch Nr. 33, Nr. 43).

Alle bis hierher beschriebenen Texttypen sind auf unterschiedliche Art zweisprachig, bilingual. Im engeren Sinn nennt man aber solche Stücke Bilinguen, in denen der althochdeutsche Übersetzungstext in vertikaler Synopse dem übersetzten lateinischen Text gegenübergestellt ist. Links steht das Latein, rechts das Althochdeutsche, entweder spaltig auf derselben Seite (Nr. 29 ‚Tatian'; Nr. 32 Isidors Traktat; Nr. 105 ‚Exhortatio A') oder auf den gegenüberliegenden Rück- und Vorderseiten der aufgeschlagenen Handschrift (Nr. 28 Mondseer Matthäusevangelium; Nr. 103 Predigt ‚De vocatione gentium': Nr. 104 Predigt Augustins; Nr. 105 ‚Exhortatio B'). So traut man sich an die wichtigsten und teilweise intellektuell schwierigsten Texte des kirchlichen Schrifttums heran. Diese Übersetzungen verstehen sich bereits als gleichwertig mit der Vorlage, auf die dennoch nicht verzichtet werden darf. Durch die Synopse mit den Vorlagen demonstrieren sie diesen Ersatzanspruch als Übersetzungen und bieten die Kontrolle dafür an, nicht aus Ängstlichkeit, sondern um zu zeigen, zu welchen Leistungen man fähig und willig ist. Die je besondere kodikologische Gestaltung der Synopsen bei den Texten der sog. Isidorgruppe einerseits – (Nr. 28 Mondseer Matthäusevangelium; Nr. 32, Isidor, Traktat; Nr. 103 Predigt ‚De vocatione'; Nr. 104 Sermo Augustins) – und im ‚Tatian' andrerseits (Nr. 29) geschieht unmittelbar im Zusammenhang mit den unterschiedlichen Übersetzungskonzepten dieser Arbeiten. Sie führt bei der Isidorgruppe und beim ‚Tatian' zu kodikologisch unterschiedlichen Lösungen, aus denen wiederum die unterschiedlichen Übersetzungskonzepte deutlich werden, wie sie sich bei der Isidor-Gruppe einerseits, dem des ‚Tatian' andrerseits bei voller Kompetenz in beiden Sprachen an die Vorlage binden, sei es übersetzerisch souveräner oder doch enger.

Auf den ganz außerordentlichen Fall von Willirams Hoheliedbearbeitung (Nr. 24) sei nur noch kurz hingewiesen. Die ältesten, das Original vertretenden Handschriften bieten eine dreispaltige, vertikale Synopse. Auf jeder Seite der Handschrift steht in der mittleren Spalte der Text des biblischen Hohen Liedes, links und rechts davon stehen Stücke, in denen der Hoheliedtext paraphrasiert und kommentiert wird, links eine lateinische Textparaphrase und eine Textauslegung, beides metrisch in gereimten Hexametern. Rechts steht in Prosa die Übersetzung des Hoheliedtextes, rein deutsch, und noch einmal eine Textauslegung in Prosa, und zwar hier in deutsch-lateinischer Mischsprache (vergleichbar der notkerschen Mischsprache). Alle Teile sind durch schriftliche Markierungen genau voneinander abgesetzt. Beide Rahmenteile stehen sowohl zum Text des Hohen Liedes als auch untereinander im Verhältnis von Übersetzung/Paraphrase einerseits, Auslegung andrerseits. Es handelt sich um eine gelehrte

13 Tax, Psalter

Arbeit hohen ästhetisch-intellektuellen Anspruchs, sowohl literarisch (gereimte lateinische Hexameter) als auch kodikologisch durch die Markierung der verschiedenen Funktionsteile auf den äußeren Spalten und nicht zuletzt auch durch aufwendige Gestaltung in Prachthandschriften. Das Werk war eine Art Qualifikationsarbeit, mit der sich Williram in der Hoffnung auf eine angesehene Stelle im Reich dem König, Heinrich III., zu empfehlen gedachte.

Dass ein deutscher Prosatext ganz ungeschützt ohne seine lateinische Vorlage geschrieben ist, kommt nur sehr selten vor und dann in ganz kurzen Stücken, auf die schon hingewiesen wurde, in den Inschriften (Nr. 1–4), den sog. Taufgelöbnissen (Nr. 72), im ‚St. Galler Pater noster und Credo' (Nr. 73) und in den Eiden (Nr. 60, Nr. 61, Nr. 64). Im Extremfall begegnet sogar zu ganz kurzen Stücken die nachträgliche Rückversicherung am Latein, wo dieses in der Vorlage fehlte, so beim ‚Fränkischen Gebet' (Nr. 94). Hier hat der Schreiber seiner Aufzeichnung des deutschen Gebettextes den Text von dessen weit verbreiteter lateinischer Fassung, den er auswendig kannte, beigefügt, ausdrücklich um ihn mit dieser Rückbindung an das lateinische Original sozusagen zu autorisieren. Entsprechendes passiert im Falle der ‚St. Galler Beichtpredigt' (Nr. 109). Da wurde nachträglich und vermutlich abschriftlich zwischen die Zeilen der lateinischen Predigt deren lateinischem Text eine deutsche Fassung beigefügt, und zwar in syntaktisch konsistenten deutschen Sätzen, nicht etwa in der Art der Interlinearversionen und sicherlich nicht als schulische Übung. Auch hier wird es um die wechselseitige Absicherung inhaltlicher und sprachlicher Korrektheit der Predigt gegangen sein. Oder wir können das Stück als Vorbereitungsarbeit eines Predigers verstehen, der sich aus lateinischer Quelle einen zuverlässigen deutschen Text zurechtmachte, den er für eine Predigt verwenden konnte.

Das sind zwar besondere Fälle von Bilinguen. Sie sind aber insofern aufschlussreich, als dass sie die zuerst selbständig sich hervortrauende Übersetzung nachträglich wieder an das lateinische Original zurückbinden oder umgekehrt eine deutsche Übersetzung nachträglich an der lateinischen Vorlage kontrollieren. Im Regelfall haben wir in den meisten Fällen zweisprachige Texte in der Art, dass von vornherein satz- oder abschnittsweise dem Zitat des lateinischen Textes die Übersetzung folgt, gegebenenfalls angereichert mit Kommentarelementen. So machen es z. B. gewöhnlich die katechetischen Stücke (Nr. 74, mehrere in Nr. 75, Nr. 78).

Freilich stehen auch solche Prosatexte, die sich in den Handschriften nicht unmittelbar als Übersetzungen an lateinische Vorlagen binden, meist immer noch nicht ganz unabhängig vom Latein. Sie sind in der Regel mitüberliefert im Verbund von verschiedenen lateinischen Texten, gelegentlich sogar zusammen mit ihrem Vorlagetext, aber nicht synoptisch zu ihm (Nr. 52 Alkuins Traktat). Die Mitüberlieferungen wären in jedem Fall besonderer Aufmerksamkeit wert. Bei Steinmeyer sind sie immer ausführlich und mit großer Sorgfalt dokumentiert. Da die Texte meist kurz sind und sich schon wegen ihrer sehr unterschiedlichen Art nicht gut in inhaltlich homogenen Sammelhandschriften bündeln ließen, ist es ganz verständlich und kein Zeichen für Geringschätzung, dass man dafür freigebliebenen oder absichtlich ausgesparten

Schreibraum in lateinischen Handschriften nutzte oder vorsah, möglichst in solchen, die für den Bedarfsfall leichte Auffindbarkeit der deutschen Inserate gewährten. Ein typischer Mitüberlieferungsort ist z. B. das Reisehandbuch des Bischofs, in dem ihm Texte, auch volkssprachige zur Verfügung gestellt wurden, die er bei der Visitationsreise durch die Kirchen seines Sprengels benötigte. Das konnten oder mussten gelegentlich auch deutsche Texte sein (Nr. 61 ‚Klerikereid', Hs. A), wenn sie von den für sie bestimmten und dem Bischof anvertrauten Gläubigen verstanden werden sollten. Für die deutschen Beichten sind Sakramentare als Aufzeichnungsort typisch und häufig (Nr. 86–88), denn die Beichttexte brauchte man bei Messfeiern bestimmter Art, und im Sakramentar wurden Texte für solche Messfeiern zusammengestellt. Besonders die Beichten sollten natürlich von den illiteraten Pönitenten verstanden werden, wenn sie ihnen zum Nachsprechen, zur Bestätigung oder Verneinung vom beichthörenden Priester vorgesprochen wurden. Die Annahme, dass ein Aufzeichnungsort zufällig auf zufällig freigebliebenem Schreibraum gewählt wurde, ist methodisch unzulässig. Es ist immer zuerst nach einem pragmatischen oder systematischen Motiv für die Wahl des Aufzeichnungsortes zu fragen.[14]

*

Überblickt man das Inhaltsverzeichnis beider Bände dieser Textsammlung, so wird auf jeden Fall eine erstaunliche Vielseitigkeit der Gegenstände und Themen deutlich. Das ist es vor allem, was wahrgenommen werden sollte. Es liegt aber eine große Schwierigkeit darin. Um das Ganze in eine schlüssige Ordnung zu bringen, wurde für die Folge der Texte eine Systematik versucht, die auf den ersten Blick als sachangemessen erscheinen möge, und die hoffentlich einen gewissen pragmatischen Wert für die Auffindung gesuchter Texte hat. Band 1: Vom Elementaren zum Komplexen, vom Profanen zum Religiösen, vom Pragmatischen zum Theoretischen, von der Bibelarbeit zur Theologie, von der Kosmologie im Großen zur Naturkunde im Kleinen, von der Moral zu Recht und Verwaltung. Band 2: Von den elementaren Gebrauchstexten für Laien in Mission, Bekehrung und Katechese, zur Liturgie für Kleriker und Mönche, und von da wieder zu Texten sowohl des Bedarfs der Kleriker als auch der Laien. Die Untergruppen sind wieder nach Möglichkeit systematisch und innerhalb ihrer Systemposition chronologisch geordnet.

Aber dieses schöne Bild trügt an vielen Stellen und damit auch im Ganzen. Es hat immer wieder Kompromisse erzwungen. Einige besonders auffällige Beispiele dafür: Unter „Theologie" steht nur Isidors Trinitätstraktat (Nr. 32) mit ganzem Recht. Die beiden Bearbeitungen der ‚Fides Athanasii' (Nr. 33, Nr. 34) gehören eigentlich in den Kontext der Psalterbearbeitungen – oder besser noch in den Sachzusammenhang der Katechetik? Auch die ‚Fides Athanasii' des ‚Weißenburger Katechismus' (in Nr. 75)

---

14 Zu diesen Fragen Hellgardt, Pragmatik und Hellgardt, Althochdeutsche Texte.

sollte von Rechts wegen bei der Katechetik aufscheinen. Dort stehen aber überwiegend Texte für die Laienkatechese, und die ‚Fides Athanasii' dürfte kaum für den elementaren katechetischen Laienunterricht gedient haben. Eher ist sie zur Unterweisung von Klerikern gedacht, sozusagen als Bestandteil eines „Großen Katechismus". Diese sehr frühe ‚Fides' findet sich nun aber weder bei der Theologie noch überhaupt an sichtbarer Stelle in der Systematik, sondern nur „versteckt" im ‚Weißenburger Katechismus' (Nr. 75). Die Psalterbearbeitungen bilden nur als Interlinearversionen eine homogene Gruppe. Nun stehen hier auch die ganz andersartigen Stücke der ‚Gernroder Psalmen' (Nr. 14) und die Proben aus Notkers Psalter (Nr. 20); zu den Interlinearversionen des Psalters passen sie dort gemäß ihrer chronologischen Position als Arbeiten zum Psalter. Aber stünden sie nicht besser in der notkerschen Abteilung „St. Galler Wissenschaft" als Arbeiten zu den *ecclesiastici libri*, in denen Notker selbst seine eigentliche, gelehrte Aufgabe sah? Ist doch sein Psalter als einziges Werk zusammen mit seiner verlorenen Hiob-Bearbeitung von Ekkehart IV. erwähnt und gerühmt (Nr. 37)? Und wenn man die Stücke aus Notkers Psalter schon unter die Interlinearversionen mengt, wäre es nicht sinnvoller, sie hier von diesen abzusondern und neben die einzigen Stücke zu stellen, die keine Interlinearversionen sind und an Gehalt und Methode Notkers Psalter vergleichbar sind, also neben die ‚Gernroder Psalmenfragmente' (Nr. 14), und dann beide zusammen unter einem Titel „Bibelexegese"? Ziemlich verirrt erscheint unter „Kosmologie" Notkers Exkurs zu diesem Thema aus seiner Bearbeitung der ‚Consolatio' des Boethius (Nr. 43); sollte auch er nicht mit viel größerem Recht zur Abteilung „St. Galler Wissenschaft" gehören? Sollte nicht die Gruppe „Gebete" von deren ehrwürdigstem, dem ‚Vaterunser', angeführt werden? Nun steht es entfernt davon unter den Stücken der eher nüchternen Rubrik Katechese zusammen mit seinen verschiedenen Übersetzungsversionen (Nr. 73–78) und fehlt als der wichtigste Text der Frömmigkeitspraxis unter „Gebete und Andachtstexte". Das ‚Apostolische Glaubensbekenntnis' in seinen verschiedenen Versionen (Nr. 73, Nr. 78 und versteckt unter Nr. 75 im ‚Weißenburger Katechismus') teilt das gleiche Los mit ihm. Warum steht das ‚Merseburger Gebetsbruchstück zur Elevation des Messkelches' (Nr. 79) nicht bei den Gebeten? Es nimmt als sakraler, nur für den Priester bei der Messfeier und nicht für die Laien bestimmter Text unter den Gebeten eine so außerordentliche Stellung ein, dass es besser schien, es unter den Komplex „Liturgie" zu stellen. Hätte nicht um der Systematik willen der ‚Weißenburger Katechismus' in seine Teile aufgelöst werden sollen, damit sie zu den entsprechenden Stücken der Systematik hätten gestellt werden konnten (Gebet, Liturgie usw.)? Wer weiter und genauer zusieht, könnte noch eine ganze Weile so fortfahren. Ich breche hier ab und verzichte darauf, die Gründe der gewählten Zuordnungen aufzudecken, die sich hoffentlich meist unschwer erkennen und billigen oder auch verwerfen lassen. Für den vergeblich und vielleicht kopfschüttelnd Suchenden sei resigniert auf das Verzeichnis der in den beiden Bänden erfassten Texte dieser Sammlung als freilich unvollkommenes Hilfsmittel verwiesen.

*

Ich komme noch einmal auf die Vielfalt, mit der sich die frühe deutsche Prosa dem Betrachter des Gesamtbildes darstellt. Zu vielen Texten ist ja in dem bisher Ausgeführten einiges angedeutet. Es kann hier nun, von Ausnahmen abgesehen, nicht darum gehen für jede Textgruppe und jeden einzelnen Text ausführliche Beschreibungen und Würdigungen zu geben. Dazu muss auf die Einführungen zu den einzelnen Stücken verwiesen werden, so knapp sie auch meist gehalten sind. Eigentlich wichtig ist aber im Blick auf das Ganze nicht der einzelne Text dieses vielfältigen Schrifttums, sondern die Tatsache, dass sich mit jedem seiner Stücke bereits ein deutscher Vorläufer späterer deutscher Prosa findet. Das kann hier nicht weiter ausgeführt werden. Aber soviel sei gesagt: Diese frühen Texte haben insgesamt ihre Bedeutung als Ansätze zu einem später mehr und mehr Wirklichkeit werdenden deutschen Prosaschrifttum, nach und nach in allen zuvor nur lateinisch bearbeiteten Wissensbereichen. Die hier gesammelten frühen Texte dokumentieren noch keine systematische Grundlegung deutscher Prosa, enthalten aber die Keime dessen, was später Wirklichkeit wird und sich sprachlich wie systematisch ausentwickeln und ausdifferenzieren wird.

*

Maßgeblich für die Sammlung waren Steinmeyers ‚Sprachdenkmäler' für das Althochdeutsche, für das Altsächsische Wadsteins ‚Kleinere altsächsische Sprachdenkmäler', und für die jüngeren Texte waren es Wilhelms ‚Denkmäler'; für den ganzen Zeitraum schließlich auch Müllenhoff/Scheres ‚Denkmäler'. Außer diesen Sammelausgaben benutzte Werke, besonders neuere, sind jeweils angegeben. Nicht alles, was sich in diesen Sammeleditionen findet, ist berücksichtigt worden, manches auch darüber hinaus, vor allem bei den umfangreichen Texten, aus denen nur Auswahlstücke geboten werden konnten.

Bei den Beichten ist der jüngere Typ ‚Glauben und Beichte' in der vorliegenden Sammlung unterrepräsentiert. Die liturgienahen Stücke dieses Typs, Steinmeyer Nr. 52–54, 56–61, sind ausgelassen. Sie sind sämtlich jüngeren Datums (Ende elftes bis Anfang 13. Jahrhundert). Allenfalls ist der Typ doch durch die teilparallelen Stücke ‚Bamberger Glauben und Beichte und Erster Wessobrunner Glauben und Beichte' (Nr. 92) hier vertreten. Doch ist dessen Bamberger Stück für die Gruppe ‚Glauben und Beichte' eigentlich untypisch. Wenn es hier doch aufgenommen wurde, so wegen seines eigenartigen „literarischen" und durchaus unliturgischen Charakters. Die übrigen hierher gehörigen Texte gehören sämtlich in den Zusammenhang der Beichtpredigtliturgie. Ihre Beichten sind nicht mehr wie die früheren als Einzelbeichten eines Pönitenten vor dem Priester gedacht, sie vertreten vielmehr die Form der sog. „offenen Schuld", d. h. der gemeinsamen Gemeindebeichte im Predigtgottesdienst. Um seines Predigt-, nicht um seines Beichtteils willen ist allein Steinmeyers Nr. 55 ‚Sangaller Glauben und Beichte II' hier unter den Predigten und nicht unter den Beichten als Nr. 109 aufgenommen, zumal der Beicht-Teil dieser Predigt ohnehin nicht recht zum Typ ‚Glauben und Beichte' passt.[15] –

15 Zur Beichtpredigt-Liturgie anhand eines Neufunds ausführlich Honemann, ‚Beichte' und ‚Glauben'.

Ferner weggelassen sind hier als ganze Gruppe die Zaubersprüche/Segen.[16] Alle Stücke dieser Art, die Müllenhoff/Scherer aufgenommen haben, stehen dort unter „Poesie“ (MSD Nr. 4.1–8). Bei Steinmeyer ist die Gruppe erheblich vermehrt (dort Nr. 62–78) und ob es sich für ihn um Poesie oder Prosa handelt, bleibt offen, diese Unterscheidung bildet ja in seiner Sammlung kein Ordnungsmerkmal. Auch ich möchte die Frage hier nicht besprechen. Sie war für mich aber nicht letztlich entscheidend. Wenn ich schematisch danach gegangen wäre, dass keiner dieser Texte versmetrisch im Sinne der oben gekennzeichneten Art verfasst ist, hätten sie unter einem erweiterten Prosabegriff alle dazu gehört. Ich meine aber, dass diese inhaltlich und formal vielgestaltige Textgruppe einer eigenen Sammlung vorbehalten bleiben sollte. Viele der magischen Sprüche und Segen, wenn nicht die meisten, gehören zum Sachbereich Medizin, bilden dort aber einen differenten Texttyp zu den Stücken, die ich unter „Naturkunde/ Medizin“ aufgenommen habe; entschieden „magische“ sind unter diesen nicht. Manche als magische Sprüche angesehene Stücke lassen sich als dem Typus Gebet benachbart verstehen; von diesen habe ich aus den Gebetbüchern der Sammlung Wilhelms etliche Stücke aufgenommen, Stücke, die zwar kaum verkennbar magischen Charakter haben und doch alles andere als Zaubersprüche sind.[17]

Hier ist nun als ganz besonderer Fall auf die Prosa des ‚Wessobrunner Gebets‘ (Nr. 93) doch noch kurz einzugehen. Diese Prosa folgt in der Handschrift ohne Eingangsmarkierung auf die Verse des ‚Wessobrunner Schöpfungshymnus‘ (Nr. 93). Als Prosa-Gebet hat der Text kaum Beachtung gefunden, anders aber im Zusammenhang mit den stabreimenden Versen des Hymnus. Ute Schwab hat beide Stücke als zusammengehörig im Sinne eines gebetsmagischen Textes gedeutet.[18] Dann stünden die der Gebetsprosa vorangehenden Stabreimverse mit ihrer feierlichen Vergegenwärtigung der Schöpfung Gottes, des allmächtigen, des Gebers größter Geschenke (*manno miltisto*), typgemäß für die Vorbildhandlung (*historiola*) einer zweiteiligen Beschwörung, auf die sich die Prosa des Gebets als Vorbildhandlung bezöge.[19] Im klassischen Zauberspruch soll aber im zweiten Teil imperativisch, in Befehlsform, die Wiederherstellung eines durch Unheil verlorenen Heilszustands erzwungen werden. Die Prosa lässt sich zwar als wörtlich bezogen auf den Hymnus verstehen, der die Schöpfung als Gnadengabe des allmächtigen Gottes preist, des Gottes, der die Welt aus dem Nichts erschuf. Was die Prosa aber erbittet, nicht befiehlt, obwohl grammatisch in der Form des Imperativs, richtet sich auf alle frommen Tugenden, die einen künftigen Heilsstand nicht durch magischen Zwang, sondern durch eigenen Einsatz ermöglichen sollen. Entscheidend ist letztlich ein wenig beachteter Umstand. Hymnus und Gebet können beide für sich genommen als selbständige Texte gelesen werden, die nicht aufeinander angewiesen sind. Erst in der Zusammenstellung erscheinen sie als Einheit arrangiert und zwar für den Gebrauchszusammenhang von Beichte und Buße. Nach der Beichte, wenn dem Pönitenten eine Bußleistung auferlegt worden ist, kann er Vershymnus und Prosa-Gebet in ihrer Bezogenheit aufeinander als Bittgebet an den Schöpfer richten, als Gebet, mit dem er von Gott alle Fähigkeiten erbittet, die für eine gültige Bußleistung nötig sind.

Wenig beachtet ist die frühe Gebets- und Andachtsprosa, der hier doch einige eigene Bemerkungen gewidmet seien. Nach den beiden frühen und sehr unterschiedlichen Stücken dieses Texttyps (Nr. 79, Nr. 93) entwickelt sich erst ab der zweiten Hälfte des elften Jahrhunderts eine immer

---

16 Alles hierher Gehörige hat in den letzten 30 Jahren sehr viel neue Aufmerksamkeit auf sich gezogen. Ich verweise beispielsweise auf Monika Schulz, Magie. – Dieselbe, Beschwörungen. – Kiening, Performativität. – Holzmann, „Ich beswer dich“. – Haeseli, Magische Performativität. – Auch auf meine Arbeit zur Pragmatik und Überlieferung der Zaubersprüche sei hingewiesen, Hellgardt, Pragmatik.

17 Unter Nr. 99 die Waffen- und Ausfahrtssegen des Gebetbuches von Muri und des Uppsala-Wiener Gebetbuches.

18 Schwab, ‚Wessobrunner Gebet‘, S. 352–353.

19 Schwab, ‚Wessobrunner Gebet‘.

reichere Gebets- und Andachtsliteratur,[20] zum Teil noch in Einzelstücken (Nr. 95–97). Sie nehmen ihre Quellen aus prominenten lateinischen Vorlagen, traditionell etwa den Ezechiel-Homilien Gregors des Großen (Nr. 95 ‚Geistliche Ratschläge'), modern dem großartigen Eucharistiegebet Anselms von Canterbury (Nr. 101). Ein Einzelfall ist das sogar autograph und als Autortext erhaltene Gebet Otlohs (Nr. 96) aus entschieden mönchischem Milieu. Bald aber erscheinen deutsche Textsammlungen eines neuen Typs (Frauen-)Gebetbuch, dem eine lange Weiterentwicklung beschieden sein sollte. Typisch sind die winzigen Formate dieser Gebetbüchlein (Engelberg, Muri, Uppsala-Wien), man kann sie sich als persönliche Devotionalien der Besitzerinnen vorstellen. Als Sonderformat findet sich einmal auch ein kleiner Codex rotundus (Nr. 102). Die neuen Gebetbücher sind besonders in klösterlichen Frauenkonventen entstanden, die oft an Männerklöster verschiedener Observanz angebunden waren (Engelberg, Muri, Rheinau, Seckau). Viele Stücke dieser Sammlungen sind nun nicht mehr nur als unikale Texte, sondern mehrfach in Parallelüberlieferung aus verschiedenen Handschriften und Sammlungen erhalten. Das belegt Austausch und damit eine eigene Art lebendigen literarischen Lebens. Die Texte sind oft ausdrücklich, aber nicht nur von oder für Frauen formuliert (Nr. 100–102), wie das auch bei Beichten vorkommen kann (Nr. 92 Bamberg/Wessobrunn), und geben intensive Einblicke in die private Frömmigkeitspraxis besonders der Frauen in ihren Kommunitäten. Stellt man sie sich im Gebrauch von Männern vor, so ist dabei an klösterliche Konversen zu denken, nicht an Mönche. In Gestalt von Segen oder Benediktionen lassen die Texte oft volks- und brauchtümliches, magienahes Frömmigkeitsbrauchtum aufscheinen (Morgen-, Reise-, Ausfahrts- und Waffensegen; Fürbittgebete für Menschen, die der Beterin/dem Beter persönlich nahestanden). Oft haben sie die Form der beispielhaften Bezugnahme auf einen reichen Schatz biblischer Frömmigkeitsvorbilder, nur ganz gelegentlich nehmen sie das Vorbild auch einmal aus Naturbeobachtung. So in den ‚Rheinauer Gebeten' mit dem rührenden Bild des hilflos, nackt und blind in seinem Nest liegenden Vögleins, das der Nahrung entgegen *ginet* (giert), die es von seinem *getruwen* erwartet wie die Beterin den rettenden Trost des Herrn.[21]

*

Am Ende des einleitenden Vorspanns zu jedem Text ist angegeben, nach welcher Ausgabe er geboten wird. Auch bei den Auszügen aus größeren Texten sind die jeweils verwendeten und heute maßgeblichen Ausgaben angegeben. Diese Hinweise beziehen sich prinzipiell nur auf die Mikroebene der Textgestaltung nach diesen Ausgaben, auf ihre historische Schreibung/Orthographie, Interpunktion, auf die Setzung von diakritischen und Sonderzeichen, auf Schriftarten, auf die Markierung von Texteinheiten und Ähnliches. Vieles davon musste natürlich bleiben, bewusst habe ich diese Dinge aber nicht in allen Einzelheiten übernommen. Deshalb kann der Hinweis auch lauten: „Text nach ..." oder „Text auf der Grundlage von ...". Über die verwendeten Ausgaben hinaus wurde gern auch das im Entstehen begriffene „Referenzkorpus Mittelhochdeutsch" der Korpuslinguisten herangezogen. Wichtig war es mir, regelmäßig auch auf die vielen, heute über das Internet zugänglichen Digitalisate der Handschriften aufmerksam zu machen; ich habe sie immer wieder wenigstens stichprobenartig bei der Texterstellung eingesehen. Der Hinweis auf sie soll nicht zuletzt auch dazu verlocken, diese heute so schön und vielfach gegebene Möglichkeit wahrzunehmen,

20 Ausführlich dargestellt von Palmer, Prayers.

21 Hierfür habe ich kein biblisches Vorbild finden können, obwohl es das vielleicht doch gibt.

den großen Abstand gedruckter Texte, auch der hier vorgelegten, von den Handschriften zu erkennen, und der Aura der Originalhandschriften ein Stück weit näher zu kommen. Und nicht zuletzt die schuldige Hochachtung vor den älteren Herausgebern kann man sich recht gut auf diesem Wege aneignen.

Auf der Makroebene löst sich meine Einrichtung der Texte aber oft bedeutend vom Vorbild der älteren Editionen. Dort wird Prosa gewöhnlich im engen Anschluss an die Handschriften als Fließtext mit wenigen Unterbrechungen und Markierungen gedruckt. Die einfache oder auch komplexe Geformtheit Texte erschließt sich dem Leser dann nicht leicht. Die Lektüre wird bei längeren Stücken ermüdend. Ich verweise auf z. B. die ‚Basler Rezepte' (Nr. 45), obwohl die noch kurze Texte sind, und besonders auf die langen Beichten Nr. 85–92), auch auf die Texte der Bereiche Recht (Nr. 58, 59) und Verwaltung/Wirtschaft (Nr. 65–70). Die hier in den herkömmlichen Ausgaben vorherrschende Eintönigkeit der Fließtexte sollte fernbleiben. Deshalb habe ich in vielen Stücken auch anderer Bereiche eine wenig übliche Verfahrensweise eingeführt, besonders bei den ‚Gebeten und Andachtstexten' (Nr. 93–102). Die Texte werden auch dort optisch gegliedert durch Zeilenumbrüche, Zeileneinzüge und Absatzsetzungen, Einfügung von Leerzeilen, unter Umständen auch mit neuer Interpunktion usw. Dem liegt immer eine einfache Textanalyse zugrunde. Maßgeblich ist die Wahrnehmung gedanklicher Komplexe der Texte und ihre sprachlich-stilistische Gestaltung. Die Gedankenfolgen im Großen, im Kleinen die Glieder langer Ketten von Parallelismen, Anaphern, Asyndeta, Polysyndeta usw. sollen im Schriftbild der Textseite anschaulich werden und in ihren Feinheiten vielleicht überhaupt erst deutlich, eben sichtbar. Dahinter steht auch eine Vorstellung davon, wie man diese Texte sprechen müsste, und wie sie wahrscheinlich auch gesprochen wurden. All das bedeutet aber auf keinen Fall, dass ich diese Prosa als „Kunstprosa" betrachte und ihr in jedem Fall mehr oder weniger hohe literarästhetische Qualität beimesse. Die Texte sollen nur und zunächst einmal leichter lesbar werden. Das ästhetische Qualitätsurteil müsste einzeln für jedes Stück gesprochen werden. Es kann sehr unterschiedlich ausfallen, sehr bescheiden für bloß oder überwiegend aufzählende Texte (z. B. die Beichten und die Texte des Bereichs „Verwaltung", sehr hoch für die ganz besonderen Fälle ‚Himmel und Hölle' (Nr. 108) und ‚St. Trudperter Hohes Lied' (Nr. 25); für diesen Fall hat ja Ohly in seiner Ausgabe bereits einen ähnlichen wie den hier gewählten Weg beschritten und ausführlich begründet.

*

Die Texte sind neu, oft zum ersten Mal übersetzt, besonders die lateinischen. Die Aufgabe war hier eine doppelte, sowohl dem alten Deutsch als auch dem Latein, das von ihnen übersetzt wird, gerecht zu werden und dazu noch dem Verhältnis, in dem beide zueinander stehen. Die Rede muss hier nicht nur von meinen Übersetzungen sein, sondern zugleich von denen der mittelalterlichen Übersetzer.

Erst einmal sollte man meine Übersetzungen gar nicht lesen und erst dann, wenn man glaubt, die Texte, lateinisch oder deutsch, selbst verstanden zu haben, möge man prüfen, ob meine Übersetzungen davor Bestand haben. Nur wenn man gar nicht weiterweiß, kann man versuchen, sie als Verständnisangebot zu nutzen.

Ich habe oft sehr „wörtlich" übersetzt, das Deutsche wie das Lateinische. Und das hätte ich wohl noch öfter tun sollen. Ich habe aber grundsätzlich keine Kompromisse von der Art „möglichst wörtlich, aber gut lesbar" zugelassen, eher sollte die gute Lesbarkeit der Wörtlichkeit geopfert werden. Hinsichtlich der klassischen Alternative *verbum pro verbo* und *sensus pro sensu* neige ich hier also, d.h. zu dem hier gegebenen Zweck, dem Prinzip *verbum pro verbo* zu. Diese Alternative versteht sich ursprünglich ja im Blick auf Ziel und Zweck des Übersetzens aus einer fremden Sprache. Nun ist aber das Deutsche des achten bis zwölften Jahrhunderts welcher Zeit und Region auch immer für den Deutschen in Wirklichkeit keine Fremdsprache. Das heutige Deutsch bietet viele Möglichkeiten, ohne den Umweg über elegante und wortreiche oder umständlich bemühte Umschreibungen die alten deutschen Texte direkt aus sich selbst heraus zu verstehen. Man erinnere sich der Wörter und Wendungen, wie sie vielfach bis heute bestehen, oft ohne dass man sich dessen gleich bewusst ist. Oder man schaue auf die lateinischen Begleittexte, und man wird ihre alten deutschen Entsprechungen verstehen, auch wenn man sie im heutigen Deutsch nicht mehr findet. Gehobene Lateinkenntnisse sind dafür meistens nicht nötig, aber freilich, ganz ohne Latein versagt diese Hilfestellung. Und was im alten Deutsch an der Oberfläche anders aussieht oder klingt als heute, haftet der Sprache doch nur äußerlich an, ist oft leicht zu durchschauen und meist mithilfe weniger, einfacher Regeln verständlich, so dass Übersetzungen eigentlich überflüssig wären. Bedeutungsverschiebungen gibt es natürlich. Aber auch sie sind meist leicht durchschaubar, und wenn man sie durchschaut, gewinnt man nicht wenig für die eigene Sprachkompetenz. Manchmal allerdings ist für sehr bemüht-angestrengt scheinende Wörter und Formulierungen der alten deutschen Texte das Latein der Vorlagen die Ursache, wenn Übersetzungen für Inhalte und Aussagen gefordert waren, mit denen auf Deutsch bisher nie Gesagtes und nie Gedachtes wenigstens versuchsweise ausgedrückt werden musste; vielleicht auch Inhalte, die heute inzwischen wieder unvertraut geworden sind. Es lohnt sich immer, über die Lösungen nachzudenken, welche die alten Texte gefunden haben. Zum Anlass dafür konnten besonders die drei deutschen Versionen der theologisch schwierigen ‚Fides Athanasii' werden (Nr. 33, Nr. 34 und in Nr. 75 die älteste Übersetzung dieses Textes im ‚Weißenburger Katechismus'). Die Sprachgeschichte ist für solchen Krampf kaum dankbar gewesen. Was er erzeugt hat, wurde vergessen. Aber auch, wenn man das erkennt, hat man einen Gewinn für das eigene Sprachbewusstsein und vielleicht sogar für das bessere Verständnis dieser Texte selbst. Anderswo wiederum darf man in derlei nicht bloß die Not und Mühe erkennen, kaum verstandene oder sagbare Dinge auszudrücken, sondern auch wohl den Ehrgeiz des alten Übersetzers bemerken, sich als Stilist mit gesuchter Künstlichkeit in unerhörten Kreationen neuer Wörter hervorzutun; dafür können ‚Bamberger Glauben und Beichte' stehen (Nr. 92). Und doch wieder: gerade in der Prosa ‚Himmel und Hölle' (Nr. 108), die vielleicht sogar vom selben Autor stammt wie ‚Bamberger Glauben und Beichte', ist solches Bemühen offenbar geglückt.

Ich möchte mit meinen kompromisslosen Übersetzungen die Bereitschaft des Lesers aufrufen, kritisch reflektiert die eigene Sprachkompetenz zu prüfen, in die Tiefen der eigenen Sprachkompetenz hinab zu steigen, hinunter, hinauf und umher zu horchen. Man wird dabei vielfach eine wertvolle und schöne Erfahrung machen: die alten Sprachstände des Deutschen vom achten bis zwölften Jahrhundert sind selbst in ihren verschiedenen Regionalsprachen noch bis heute nichts anderes als Sprachstände eben des Deutschen, der Sprache, die durch Zeiten und Wandlungen hindurch ununterbrochen gesprochen wurde, noch heute gesprochen wird und weiter lebt, sich weiter entwickelt, im Guten wie im Schlechten.[22] Die Wandlungsvorgänge der Sprachgeschichte lassen sich öfter als man meint durch bewusste und kritische Spurensuche in der eigenen Sprachkompetenz zurück verfolgen. Dazu sollen meine Übersetzungen anregen. Ich möchte sie als Rohmaterial auf einer Vorstufe des Textverständnisses verstanden wissen. Der Benutzer soll Anregung bekommen, selbst zu verstehen, oder besser noch, sich seines immer schon irgendwie vorhandenen Verständnisses inne zu werden, es zu kontrollieren, es möglichst zu verfeinern und das ihm aus ihm selbst sich Bietende zu berichtigen, wo er es als nötig erkennt.

Im Übrigen ist mit den harschen Ergebnissen, die diese Auffassungen in meinen Übersetzungen zeitigen, gar nicht gemeint, dass es nicht auch einen Weg gebe, es anders und viel besser zu machen: im mündlichen Gespräch, spontan und auch in wortreichen Umschreibungen experimentierend mit umgangssprachlichen, mundartlichen, provokativ „unfeinen" Ausdrücken und versuchsweisen Lösungen jeder Art. Die Beweglichkeit des mündlichen Gesprächs beim Bemühen um das Verstehen aus der eigenen Sprachkompetenz, bei dem in jedem Augenblick Richtigstellungen falscher oder schiefer Lösungen, Rücknahmen von Fehlversuchen und neue Ansätze möglich sind, und bei dem in der Summe ein unübertreffliches, schriftlich nicht fixierbares Ergebnis herauskommen kann: das dürfte im Verlauf mündlicher Verständigung der beste und schönste Weg zum Verständnis der Texte sein. Ich war so glücklich, etwas davon als Student wie auch als akademischer Lehrer zu erfahren.

---

22 Vgl. die langen Listen noch heute vorhandener Wörter aus dem Wortschatz des achten und neunten Jahrhunderts bei Seebold, ChWdW8 und Seebold, ChWdW9.

Band 1:
Literarisierung der Volkssprache
Die Anfänge und Fortschritte theoretischen und pragmatischen Wissens

Inschriften

1 ‚Kölner Inschrift' Bergmann VL ahd. und as Lit.

[2]VL: 11 (2002), Sp. 864–865 (John M. Jeep). – **VL** ahd. und as Lit. (2013), S. 231–232 (Rolf Bergmann).
Ü.: Köln, Historisches Archiv der Stadt, Arnold Mercator, Stadtplan von Köln vom Jahre 1571, Plankammer 2/5/1, Kupferstich von Arnold Mercator, großflächige Stadtansicht von Köln gefertigt durch Arnold Mercator im Jahr 1571. – Weitere erhaltene Exemplar in Weimar, Anna Amalia Bibliothek, in der Königlichen Bibliothek Stockholm und bei der Kreissparkasse Köln. – Vgl. auch unten unter Abb. Das (verlorene?) Kölner Exemplar hatte die Maße 103x171 cm und den Titel *COLONIA AGRIPPINA ANNO DOMINI M. D. L XXI. EXACTISSIME DESCRIPTA* „Köln im Jahre des Herrn 1571 aufs Genaueste beschrieben."
Als Maße des Stockholmer Exemplar sind 122x185 cm angegeben.
Der außerordentlich genaue und detailreiche Kupferstich enthält u. a. eine Wiedergabe der unten folgenden ahd. Inschrift. Die Inschrift selbst ist nur durch dieses Zeugnis erhalten. – Vgl. auch unten unter Abb.
Abb.: Kruse, Abb. 6, S. 386 (Ausschnitt). – Bergmann, Ahd. Inschrift aus Köln, S. 67 (Ausschnitt). – Drei erhaltene Exemplare sind bekannt: Köln, Kreissparkasse. – Stockholm, Königliche Bibliothek. – Weimar, Anna Amalia Bibliothek. – Vollständige Wiedergabe des Planes im Internet über: https://altes-koeln.de/images/9/9a/Köln-Mercator.png (15.06.2021).
Dat. des Originals der Inschrift zwischen 850 und 858 (?)
Spr.: mfr.
Ed.: Frenken, Kölnische Funde. – Braune/Ebbinghaus, Ahd. Lesebuch 17. Aufl. Nr. 4.1, S. 8 (Text). – Jeep, Alliterating Word-pairs. – Bergmann, Inschrift aus Köln. – Müller S. 13 (Text). –
Lit.: Frenken, Kölnische Funde. – Braune/Ebbinghaus, S. 148 (Kommentar). – Kruse, Die Kölner volkssprachige Überlieferung. – Bergmann, Ahd. Inschrift aus Köln. – Müller, S. 13–15 (Text und Kommentar). – https://de.wikipedia.org/wiki/Kölner_Stadtansicht_von_1570#Mercators_Zeichnung_und_Kupferstich. (18.04.2021) Kössinger, Diesseits des Codex.

Drei inschriftliche Zeilen. Die aus ihnen rekonstruierten beiden binnengereimten, aber auch den Schmuck der Alliteration nicht verschmähenden Langverse sollen inschriftlich am Gebäude der Kölner Domschule oder Dombibliothek angebracht gewesen sein, das Bischof Gunthar zwischen 850 und 858 errichten ließ; so vermerkt es der Kupferstich von Arnold Mercator 1571: *Inscriptio hęc forte Wandalica extat prope summum templum in aede prępositi.* „Diese vielleicht wandalische Inschrift ist erhalten nahe dem Dom am Haus des Propstes." Wenn sie richtig datiert und lokalisiert ist, wäre die Inschrift ein frühes Zeugnis ahd. Endreimdichtung, noch vor Otfrid. Ich übernehme im übrigen hier den kaum zu übertreffenden Artikel Bergmanns in VL ahd. und as Lit.:[1] „Die ahd. Inschrift muss als inhaltlich wie formal außergewöhnliches und singuläres Denkmal bezeichnet werden. Mit deutlicher lokaler Deixis spricht eine Bildungsinstitution den Leser an [...]. In einer Zeit, in der alles Lernen lat. geprägt war, ist schon die Verwendung der Volkssprache [...] für eine solche Inschrift sensationell. Zu ergänzen ist nach Kruse (S. 165) am wahrscheinlichsten *siginuft*, sowie *rvom* „Ruhm" als Reimwort zu *wisdvom*. Die Inschrift bestand also wohl aus zwei Verspaaren mit Endreim und Alliteration *welog / wi[s]dvom*, vielleicht auch zwischen *sigi* und dem fehlenden nächsten Wort, wo N. Kruse *saligdvom* erwägt. Für die Rekonstruktion *-nuft inde rvom* spricht allerdings, dass dann auch die dritte Zeile[2] wie

---

1 Vgl. aber auch den feinen Aufsatz von Norbert Kössinger.
2 die dritte Zeile: die dritte Zeile der Inschrift, nicht der dritte Halbvers ihrer Rekonstruktion.

die beiden erhaltenen exakt 20 Buchstaben enthielte. Die zu erwerbenden Schätze sind im biblischen Sinne und im Horizont karolingischer Bibelauslegung übertragen zu verstehen (N. Kruse, S. 172–175)."

Text nach Bergmann, Ahd. Inschrift aus Köln.

Text

HIR MAHT THVLER NANGVL
BEWER VAN WEL^{O}G IN DE WI
DVOM SIGI

Rekonstruktion

HIR MAHT THV LERNAN GUL<D>BEWERVAN
WELOG INDE WI[S]DVOM SIGI[*NVFT INDE RVOM*][3]

Übersetzung

Hier[4] kannst Du lernen Gold zu erwerben,
Reichtum und Weisheit Siegnahme[5] und Ruhm.

Abb. 1: Ausschnitt des Mercator-Stadtplanes Köln. Detailzeichnungen, von Mercator als „antiquitates Coloniae" bezeichnet, umranden den Kölner Stadtplan, 1571, Arnold Mercator, Public domain, via Wikimedia Commons.

3 Zu den Ergänzungen Bergmann, Ahd. Inschrift aus Köln.
4 „Hier" verweist auf das Gebäude, an dem die Inschrift angebracht war. Als Sprecher-Ich ist das Gebäude gedacht, das ein Du des Lesers der Inschrift anspricht.
5 SchWb schlägt „Sieg(espalme?) vor. Ähnlich Splett, AhdWb. I,2, S. 812: „Triumph, Sieg(espalme), Siegeszeichen"; vgl. ebda. S. 662.

2 ‚Binger Inschrift' (‚Rheinfränkische Grabinschrift') Steinmeyer Nr. 85

[2]**VL:** kein Eintrag. – **VL** ahd. und as Lit. (2013), S. 55–56 (Heinrich Tiefenbach).
Ü.: Landesmuseum Mainz, Grab- oder Memorienstein eines Dietrich S. 3089.
Abb.: Tiefenbach, Binger Inschrift. – Das erste Jahrtausend, Tafelband Nr. 448.
Dat.: um 1000.
Spr.: rheinfr.
Ed.: Steinmeyer, Nr. 85, S. 403 (Text). – Braune/Helm, Ahd. Lesebuch Nr. 4.2, S. 12 (Text). – Tiefenbach, Binger Inschrift (Text).
Lit.: Braune/Helm, Ahd. Lesebuch Nr. 4.2, S. 148 (Kommentar). – Ehrismann LG I, S. 363 (mit Text). – Haubrichs, Die Anfänge, S. 38. – Mainzer Urkundenbuch I (1932), Nr. 242. – Como, Der Dietrichstein. – Tiefenbach, Binger Inschrift (Kommentar). – Das erste Jahrtausend (1962), Tafelband Nr. 448. – Krois, Inschrift. – Zu Erzbischof Willigis LexMa 9 (1998), Sp. 214–216 (Alois Gerlich).

Mit der ‚Binger Inschrift' liegt das einzige epigraphische Denkmal des Althochdeutschen vor, das im Original (fragmentarisch) in Gestalt eines Grab- oder Memoriensteines erhalten ist, während das andere Denkmal dieser Art, die ‚Kölner Hausinschrift', nur durch eine frühneuzeitliche Abbildung bezeugt ist. Der heute im Mainzer Landesmuseum aufbewahrte Stein wurde 1900 in Bingen beim Abbruch der Domkellerei unmittelbar neben der Kirche St. Martin und ihrem Friedhof gefunden.

Zur Beschreibung des Denkmals Ehrismann, LG I, S. 363: Darstellungen auf fünf Feldern des Steines. „Erhalten ist da mittlere von fünf Feldern, worauf eine männliche Figur über deren Kopf der Name *Diederih* [...] steht. Von dem ersten Felde links ist nur noch der untere Teil einer Frauenfigur vorhanden. Unter den Figuren steht die verstümmelte Inschrift. [...] die Frau auf dem ersten Felde links war wohl die Mutter, auf dem fünften Felde rechts wird der Vater abgebildet gewesen sein."

Nach Como handelt es sich bei dem Dietrich der Inschrift vielleicht um den Grundherrn *Thidrich*, der im Jahre 1006 als Stifter der Pfarrkirche Mörschbach im Hunsrück durch Erzbischof Willigis zusammen mit dem Ortsnamen *Kozzolfes* urkundlich genannt ist.

Text nach Tiefenbach.

Text

Vorderseite des Steins:

GEHVGI DIEDERIHES· GO[ZZOLFES][1]
INDE DRVLINDA · SON[*ES*][2]

Rückseite des Steins:

Erkennbar sind hier noch die Oberlängen der Buchstaben

LF (?) G(?)OT

Vielleicht sind dies Steimetzproben zu dem für die Vorderseite des Steines vorgesehenen Text. Sie lassen sich vielleicht ergänzen zu

(HI[3])LF GOT

Übersetzung

Vorderseite:

Gedenke des Dietrich, des Sohnes von Go[zzolf] und Drulinda!

Rückseite:

Helf (?) Gott!

---

1 Zur der Ergänzung vgl. Tiefenbach im Anschluss an J. Como.
2 *Nach dem* N *vermutlich Rest eines* E.
3 Sollte es sich um den Segenswunsch „Gott helfe" handeln, wäre als Ergänzung eigentlich (HE)LF GOT zu erwarten.

3 ‚Altsächsische Münzumschrift aus Gittelde'
Holthausen

VL: kein Eintrag. – **VL** ahd. und as Lit. (2013): kein Eintrag.
Ü.: sehr zahlreiche, in der Münzstätte Gittelde am Harz (Kreis Gandersheim) geprägte Exemplare; es handelt sich hier also um den zugleich kleinsten und am weitesten verbreiteten as. Text. – Karte zum europaweiten Verbreitungsgebiet der Fundstätten in Gittelde geprägten Münzen: Kipp, S. 52.
Abb.: Alle Varianten der verschiedenen Prägezeiten fotographisch und mit Umrisszeichnungen bei Kipp, S. 47 und S. 53–58.
Dat.: erste Prägungen nach 965, dann 1056–1062; weitere Prägungen bis um 1080.
Spr.: altsächsisch.
Ed.: Edward Schröder, Münzinschrift. – Holthausen, Elementarbuch, S. 14. – Kipp, Gittelder Pfennige.
Lit.: Die ältere Literatur bei Tiefenbach, AsHwb, S. XXXIV. – Kipp, Gittelder Pfennige.

Durch Otto den Großen ging Gittelde als Schenkung an das Mauritius-Kloster in Magdeburg. Im Jahr 965 erteilte Otto dem Ort Gittelde das Münz- und Zollrecht. Die alte Form des Ortsnamens Gittelde lautet Jelithis. Die heutige Schreibung ist seit dem 14. Jh. üblich. Der Ortsname Jelithis erscheint auf den älteren Münzen dieser Prägungsstätte noch nicht. Nach dem Tode Kaiser Heinrichs III. (05.10.1056) traten die Gittelder Münzen erstmalig aus der Anonymität heraus und wiesen sich direkt als Prägungen aus Gittelde aus. Die Umschriften sind sowohl in der Sprachform als auch in ihrem Wortlaut einzigartig dadurch, dass sie erstmals im Münzwesen statt des Lateinischen die (nieder)deutsche Sprachform verwenden.

Die Münzen zeigen außer den Schriftprägungen je nach Prägungszeit unterschiedliche figurale Darstellungen, Einzelbuchstaben (als Namensinitien oder -bestandteile) und Portrait-Repräsentationen der je nach Prägungszeit aktuellen Bischöfe und ihrer Münzvögte.

Text nach Holthausen, Elementarbuch.

Die Inschriften sind auf allen bekannten Exemplaren „fragmentiert", d. h. nie sind die Buchstaben, aus denen die Rekonstruktion der Umschrift besteht, auf den erhaltenen Exemplaren *alle* lesbar. Das *T* in „te biscop" ist nur auf der Abbildung eines Exemplars bei Kipp, Gittelder Pfennige, S. 58 lesbar. Dieses anderwärts ergänzte *T* ist wohl als gekürztes *TH* zu verstehen. Sonst müsste TE mit „zu" übersetzt werden, was hier keinen Sinn ergibt.

Text

Münzumschrift, Vorderseite:

*HIRSTEIDTEBISCOP

hir steid te biscop.

Münzumschrift, Rückseite:

*JELITHISPENING

Jelithis pening

Übersetzung

Münzumschrift, Vorderseite:

Hier steht der Bischof.[1]

Münzumschrift, Rückseite:

Pfennig von Gittelde

1 D, h. „hier ist der Bischof dargestellt", nämlich der Erzbischof von Magdeburg als Münzherr und Garant für die Gültigkeit der Münze.

4 ‚Zürcher Hausbesegnung'
‚Ad signandum domum contra diabolum'
Steinmeyer Nr. 75

[2]**VL:** 10 (1999), Sp. 1603–1604 (Hans-Hugo Steinhoff). – **VL** ahd. und as Lit. (2013), S. 534–541 (Andreas Nievergelt).
Ü.: Zürich, ZB, Ms. Car. C 176, fol. 154r, Z. 3–5; aus St. Gallen.
Abb.: Digitalisat der Seite im Internet: http://www.marburger-repertorien.de/abbildungen/pr/Zuerich_ZB_Cod_Car_C176_Bl154r.jpg.
Dat.: 11. Jh., früh.
Spr.: spätalemannisch.
Ed.: [4]MSD II, S. 305 unter Nr. 47,4 (Text und Kommentar). – Steinmeyer, Nr. 75. – Haug/Vollmann, S. 154 (Text). – Müller, S. 282 (Text).
Lit.: Ehrismann, LG I, S. 116. – Haug/Vollmann, S. 1154–1156 (Kommentar). – Müller, S. 402 (Kommentar).

Das Stück, dessen Zweckbestimmung der lateinischen Überschrift zufolge eindeutig als Inschrift zur Besegnung eines Hauses feststeht, wurde mit Blick auf den medialen Typ „Inschrift" bisher so gut nicht behandelt. Freilich ist es nur handschriftlich, nicht inschriftlich überliefert, und es ist unbekannt, ob es tatsächlich je als Inschrift verwendet wurde, doch die Zweckbestimmung ist ausdrücklich formuliert und mit der Möglichkeit ist auf alle Fälle zu rechnen.

Für das Verständnis des Textes ist dessen letztes, sonst nirgendwo belegtes Wort *chnospinci* entscheidend. Doch dessen Bedeutung ist, vielen Deutungsversuchen zum Trotz, nach wie vor unbekannt.[1] Ich lasse es unübersetzt. Jede Deutung sollte aber mit der Zweckbestimmung des Stückes als Hausinschrift vereinbar sein.

Text nach Steinmeyer und dem Digitalisat, aber mit eigener Zeichensetzung und Zeilenabsetzung. Das begreift freilich eine Deutung des Spruches in sich, die ich hier nicht thematisieren möchte.

1 zu den vielen Deutungsversuchen s. Nievergelt, im VL ahd. und as Lit., S. 538–539.

Ad signandum domum contra diabolum

Uuola uuiht,
taz tu uueist,
taz tu uuiht heizist,

Taz tu neuueist
noch nechanst cheden:
chnospinci.

Zur Besegnung des/eines Hauses gegen den Teufel
Gut Wicht,
dass du weißt
dass du Wicht heißt,

dass du weder verstehst
noch sagen kannst:
chnospinci.

Spracharbeit

„Vatersprache“ Latein

5 Das älteste deutsche Wörterbuch Aus dem ‚deutschen Abrogans‘ StSG Nr. 1

[2]**VL** 1 (1978), Sp. 12–15 (Jochen Splett); [2]**VL** 11 (2004) Sp. 9. – **VL** ahd. und as Lit. (2013), S. S. 3–8 (Jochen Splett). – BStK: s. zu den einzelnen Hss.

Ü.: Pa: Paris, NB ms. lat. 7640, 124r-132v; 9. Jh., nach der 1. Hälfte, wohl aus Regensburg; Sprache bair. mit alem. Einflüssen. – BStK Nr. 747.
Sg: St. Gallen, Stiftsbibl. cod. 911, pag. 4–289; 8. Jh., Ende; Schrift südwestdt., nicht St. Gallen; Sprache alem. – BStK Nr. 253.
Ra: Karlsruhe, BLB, cod. Aug. CXI, fol. 76r-90r; Schrift 9. Jh., wohl 1. Viertel, Südwestdeutschland, vielleicht Reichenau; Sprache alem. mit bair. Spuren. – BStK 298, I+II.
Ad: Admont, Stiftsbibliothek, Fragm. D 1: Schrift südwestdt. Minuskel; Sprache alem.
Pr: Prag, NB Cod. XXIII.E.54, fol. 22r-47v, Palimpsest, Erstschrift 9. Jh., südwestdt. Skriptorium, reskribiert mit dem ‚Summarium Heinrici‘ 13. Jh., Anfang. – BStK Nr. 786.

Abb.: PA: vollständiges Digitalisat der Hs. in s/w: https://gallica.bnf.fr/ark:/12148/btv1b9077678f. – Baesecke, Lichtdrucke S. 1–20. (s/w Vollfacsimilie).
Sg: vollständiges Digitalisat der Hs. in Farbe: https://www.e-codices.unifr.ch/de/list/one/csg/0911. – Abrogans, Faksimile. – Fischer, Schrifttafeln, Taf. 1a (pag. 4 und 5).
Ra: vollständiges Digitalisat der Hs. in Farbe: https://digital.blb-karlsruhe.de/urn/urn:nbn:de:bsz:31-18963. – Baesecke, Lichtdrucke, S. 24–25 (fol. 76r und 90r).
Pr: vollständiges Digitalisat der Hs. in Farbe: http://www.manuscriptorium.com/apps/index.php?direct=record&pid=AIPDIG-NKCR__XXIII_E_54__1JSBOO9-cs#search.

Dat.: Werk 8. Jh., etwa Mitte, zu den Hss. s. o.

Spr.: s. zu den Hss.

Ed.: StSG I, 1–270; dazu Berichtigungen StSG V, 87–89. – Baesecke, Abrogans (Teilausgabe). – Schlosser, S. 308–309 (Textprobe). – Müller, S. 220–223 (Textprobe).

Lit.: Kelle, LG 1, S. 45 und S. 306. – Kögel, LG I,2, S. 426 – S. 437. – Ehrismann, [2]LG 1, S. 255–256. – Haubrichs, Die Anfänge, S. 192–195. – Müller, S. 370–372 (Kommentar). – Splett, Abrogansstudien – Ders., Einsetzen althochdeutscher Schriftlichkeit. – Ders., Arbeo von Freising. – Riecke, Frühgeschichte. – Im übrigen s. die reiche Bibliographie im VL ahd. und as. Lit. (Jochen Splett) und die einschlägigen Nummern in BStK; ferner Jochen Splett, Das Abrogans-Glossar. In: BStH Bd. 1, S. 725–741. – Haubrichs/Müller, Admonter Abrogans.

Text nach StSG I, vgl. aber auch unten, Fußnote 1.

1: Proben der Textanordnung.
2: Abrogans: Lemma-Auswahl.

Proben der Textanordnung nach den handschriftlichen Aufzeichnungen

Sankt Galler Handschrift (Sg)

Abrogans · **d**heomodi · **h**umi
lis : **s**amftmoati · **a**bba · **f**a
terli**h** : **p**ater · **f**at*er* : ·
abnuere · **f**erlaucnen ·
renuere · **p**auhnen · **r**ecusare ·
faruuazzan : **r**efutare :
fartriban · [...]
[...]

abstru
hum · **u**ncafori · **c**landestinu*m* ·
uuidarzoami · **l**atens · **c**a
porgan · **o**ccultum · **t**unclo ·
remotum · **c**aroarit [...]

Pariser Handschrift (Pa)

aot	mot ·
A brogans	**humiles ·**

fat*er*lih ·	fater ·
A bba	**pater ·**

pauhan ·	pauhan ·
A bnuere	**enuere ·**
faruuazzan ·	fartripan ·
recusare	**reputare ·**

[...]

ungafori ·	uuidarzoomi ·
A bstrusu*m*	**clandestinum ·**
gaborgan ·	tuncli ·
latentes	**occultum ·**

cahrorit ·
remotum ·

[...]-

artopit ·	aralt& ·
A nus	**u&tula ·**
follun ·	sprehan ·
A ffare	**alloqui ·**
follun ·	sprehanti ·
A ffatus	**locutus ·**

Reichenauer Handschrift (Ra)

A nus · artop& · u&ula · arhalt& · ;
A bba · faterlih · pater · fater · ;
A brogans · theomoti · humilis · samftmoti · ;

[...]

uuideron
A bnuere · farlaugnen · renuere · laugnen
recusare · faruuazan · refutare · fartriban · ;
A lternati*m* · einstritan · uicarie · untar zueim ·
id est · daz ist · ad inuicem · untar mitte*m* · re
cip*ro*ca · kiskeit · ;

Abrogans: Lemma-Auswahl[1]

2,1

es beginnen die Glossen aus dem Neuen und Alten Testament
INCIPIUNT GLOSAE EX NOUO ET UETERIS TESTAMENTI[2]

	demütig	sanftmütig
	aotmot *Pa* / **dheomodi** *Sg*	**samftmoati**
2,12	**ABROGANS:**	humilis
		unedel / demütig

	ungebührlich	widerspenstig	verborgen	dunkel	bewegt
	uncafori	**uuidarzoami,**	**caporgan,**	**tunchlo,**	**caroarit**
2,32	**ABSTRUSUM:**[3]	clandestinum,	latens,	occultum,	remotum
		geheim	*verborgen*	*geheim*	*entlegen*

	(durch Alter?) verdummte	gealterte
	artopet	**araltet**
4,31	**ANUS:**[4]	uetula
		alte Frau

	reichlich	sprechen
	follun[5]	**sprehan** *Pa*
6,18	**AFFARE:**	alloqui
		ansprechen

---

1 Die drei Haupthandschriften sind die St. Galler, **Sg** (auch K ist als Sigle üblich, Ende 8. Jh.), die Pariser, **Pa** (1. H. 9. Jh.) und die Karlsruher von der Reichenau, **Ra** (frühes 9. Jh.). – Text nach Sg, auf der Grundlage von Steinmeyers Edition (StSG I, 1–270). Kleine Besserungen nach Pa und Ra sind durch Schrägschrift angezeigt. Bei größeren Varianten sind die Siglen der Handschriften angegeben. Die lateinischen Lemmata und ihre lateinischen Interpretamente sind mit Angabe der Fundstelle bei Steinmeyer auf eine Zeile gesetzt, die ahd. Interpretamente stehen über ihren lateinischen Bezugwörtern; zuoberst steht die Übersetzung der ahd. Wörter, zuunterst die der lateinischen. Ständig herangezogen wurde Jochen Splett, Abrogans-Studien.

2 Der Titel wurde nach *Pa* gewählt. INCIPIUNT CLOSAS EX UTEREÆ TESTAMENTO *Sg* INCIPIUNT GLOSÆ NOUI ET UETERIS *Ra*. Zur Berechtigung des Titels s. Splett, Einsetzen und ders., Arbeo.

3 Statt *abstrusus*, „verborgen", ist *absurdus*, „unpassend" übersetzt; danach zu *clandestinum*, „geheim", die Übersetzung *uuidarzomi*, „widerspenstig".

4 Das Lemma *Anus*, -us f., bedeutet als Substantiv „Greisin"; *uetula*, Subst., ist synonym dazu, wird aber vom Übersetzer als Adjektiv „alte (Frau)" aufgefasst; von daher ist auch das Lemma adjektivisch verstanden und übersetzt. Über diese Interpretation des Interpretaments *uetula* kommt schließlich die Übersetzung des Lemmas *anus* durch das Part. Prät. von *artoben*, „den Verstand verlieren", zustande; tatsächlich kommentiert der lat. Abrogans das spätere Lemma *anilia*, „Altweiberhaftigkeit" durch *amentia*, „Unverständigkeit", vgl. u. 50,11.

5 *affare*, „anreden", als Adv. aufgefasst und ist verwechselt mit *affatim* „zur Genüge reichlich".

	Nagel	Natter
	ung nagal *Sg* / *Ra* **nagal** *Pa*	**natra**
12,36	**ANGUIS:**[6]	serpens
		Schlange

	Fangender	Fangender oder Jagender die Vögel
	pifahandi	**habendi edho iacondi focala**
16,22	**A*U*CUPATOR:**	captator uel uenator auium
		Fänger oder Jäger der Vögel

	herrlich / geheim	zugetan	weggenommen	geheim	verhohlen / abgesondert
	fraon*i*sc *Pa* / **caholan** *Sg*	**zoacatan**	**farnoman**	**ainrati,**	**caholan / farbannan**
26,16	**ARCHANA** *Pa*:	adita,	al*b*dita	secreta,	occulta
		Heiligtum	*Verborgenes*	*Geheimes*	*Verborgenes*

	Mohren	Geschlecht gegen Sonnenuntergang
	mori	**chunni incagan sunnun sedhale**
30,24	**AE*THIOP*S:**[7]	gens sub occasu
		Volk hinter dem Sonnenuntergang

	„Eineswisser"	Vielheit und „Vielwisser"
	ainlisteo	**filu endi filulisteo**
36,35	**ARIOLUS:**	uatis qui et fariolus
		Seher der auch Wahrsager

	Vogelart	Adler
	focalkhunni	**aro**
48,25	***AE*THON:**	aquila
		Adler

	Glaube	Waffe himmlische
	kilaupo	**uuaffan himilischu**
48,34	**ANCILIA:**[8]	arma caelestia
		Waffen himmlische

6 *anguis*, *„Schlange"*, ist mit *unguis*, „Nagel" (an Hand und Fuß) verwechselt. *ung* bei der Lemma-Übersetzung in Sg und Ra könnte darauf deuten, dass der Fehler bemerkt oder vermutet wurde.
7 Die Lemma-Übersetzung bietet die Entsprechung zu dem Appellativ *aethiops*, *-opis*, „Mohr", die Übersetzung des Interpretaments ist als Erläuterung des Völkernamens *Aethiobs*, „Äthiopier" gefasst.
8 *ancilia* eigentlich der heilige Schild des römischen Königs Numa. Hier christlich umgedeutet; vgl. Epheserbrief 6,16 *scutum fidei*, „Schild des Glaubens".

zeichenhafte Geschichte — das eine sagt es, das andere meint es und bezeichnet es
spelpauhan *Pa* — **andher quidit, andher rechit endi zaihinit**
48,37 **ALLEGORIAM:** aliut pro aliud significans
eines durch ein anderes bezeichnend

Lieblichkeit — Minnesamkeit
liuplihhi — **minneontlih***i*
50,11 **ANILIA:**[9] amentia
Unverständigkeit

Einrichtung(?)[10] — Ort, wo Plato forschte
kimahchot — **stat, thar Plato trahtot***a*
52,6 **ACHADEMIA:** locus, ubi Plato tractab*at*
Ort, wo Platon forschte

Gewässerart — See
uuazzarchunni — **seuui**
52,17 **ANFRETI:**[11] mare
See

die alten — die alten
furnike — **andiske**
56,21 **BACCHI:**[12] antiqui
des alten

Schlange — Name einer Schlange
uurm — **namo natrun**
56,27 **BATIS:** nomen serpent*is*
Name einer Schlange

---

9 Das Interpretament *amentia* „Unverständigkeit" ist als *amantia,* „Lieblichkeit", missverstanden; von daher auch das Lemma *anilia,* „Altweiberhaftigkeit", als „Lieblichkeit". Vgl. o. zu 4,31.
10 *kimahchot* als Übersetzung des Lemmas *Achademia* ist unklar; vielleicht ist es auf *stat,* die Übersetzung des Interpretaments *locus* zu beziehen und mit „eingerichtete" wiederzugeben.
11 *Anfreti* aus ursprünglich *Amfitrite (Amphitrite),* Gemahlin des Neptun = „Meer, Ozean".
12 Die Glosse ist verderbt; sie hat ursprünglich gelautet: *Bacchi* (als Ausdruck für „Wein") *ueteris: uini antiqui.* Die ahd. Glosse leitet die Bedeutung des unverstandenen Lemmas *Bacchi* aus *antiqui,* dem Rest des ehemaligen Interpretaments ab, das als Nom. Plur. verstanden wird.

	Schlangenart	*-schleiche?*
	uurmchunni	**einslihhin**
56,30	**BATUS:**[13]	anfor*a*
		Amphore

	Einfalt und Eintracht	Kind einer Taube
	einfalti enti eintrafti	**khind tupun**
60,15	**BARIONA:**	filius colum*b*e
		Sohn einer Taube

	ich bedenke	ich wähne	ich bin im Glauben,	ich falle	fruchttragend
	huckiu	**uuaniu,**	**ana uuan pim,**	**hriusu**[14]	**inperandi**[15]
62,13	**CONITIO:**	estimo	arbitror,	reor,	opinor
		ich schätze	*ich urteile*	*ich glaube*	*ich meine*

	sprudelnde Quelle	Sumpf oder Wasser
	prunchullę	**musse edho uuazzar**
68,3	**CARENE:**[16]	nimpha uel aqua
		Nymphe oder Wasser

	oben schwimmende ist	antreibende ist	plötzlich schwimmende ist
74,2	**opa suuepenti ist**	**spanantio ist**	**farunka suuimmandi ist**
	COHORTA EST:[17]		subito nata est
			plötzlich entstanden ist

	Schlangenart	Nattern, gehörnte
	uurmkhunni	**natarun hornohteo**
88,12	**CERASTES:**	serpens cornuta
		Schlange, gehörnte

---

13 *batus*, „Gefäß", wird wie das unmittelbar voranstehende *batis*, als „Schlange" verstanden. Das Synonym *anforta* zu *batis* wird auf undurchsichtige Weise übersetzt. Vielleicht liegt eine Bildung wie in „Blind-schleiche" vor.

14 *reor* ist als Form von von *ruere* „fallen, stürzen" aufgefasst.

15 *opinor* wurde als *opimor* (von *opimare* „fruchtbar, ertragreich machen") verlesen.

16 *Carene* eigentlich *Cyrene*, Name einer bei Vergil erwähnten Nymphe, der poetisch anstelle von „Wasser" gebraucht werden konnte. Der Zusammenhang ist hier nicht erkannt, und eine Deutung wird ausgehend von den Interpretamenten *aqua* und *nimpha* versucht.

17 Das Interpretament *nata* ist irrig von *natare* „schwimmen" abgeleitet statt von *nasci* „entstehen". Entsprechend ist in *Pa* auch das Lemma *cohorta* erklärt, das richtig von *co-oriri* „entstehen" abzuleiten wäre. Die Lemma-Glossierung *spananti ist* in Sg versucht eine Ableitung des *cohorta* von *cohortari* „antreiben".

	Krug	ist im Griechischen der gleiche Ausdruck;	er hat drei Hörner
	cadus	**in crekiskhun kilihchida**[18] **ist;**	**habet horn triu.**
94,32	**CADUS:**	gregum anfora est,	habet cornas[19] tres:
		heißt griechisch ‚amphora',	*fasst drei Urnen.*

	Künstler	kluger, geistreicher oder höchster Künstler
	smaidar *P*	**spahi, firuuizlihher edho zimbarari herosto**
100,12	**DEDALUS**[20] *Pa*:	ingeniosus, uarius uel artifex summus
		geistreicher, vielseitiger oder größter Künstler

	Tremisia[21]	macht eineinhalb Denar
	trimisa	**ist ander halp scaz**
114,31	**DRAGMA:**	est *scripulas* tres
		macht drei Skrupel

	sprechen	sprechen
	munthile*n*	**sprehan** *Pa*
120,16	**EFFARE:**	loquere
		sprechen

	Mangel	Hunger, Ruhm
	unrad	**huncar, maritha**
128,35	**EOLOGIUM:**[22]	famam
		(den) Ruhm

	den kostbaren	den beinernen
	diurlihhem[23]	**peineom**
134,24	**EBURNEIS:**	osseis
		den knöchernen

---

18 *kilihchida* „das Gleiche"; mit dieser Wendung wird auf eine Übersetzung verzichtet.
19 *cornas* (als *horn* verstanden) durch Verschreibung aus ursprünglich *urnas* „Urne" (Hohlmaß).
20 Das Adjektiv *daedalus*, „kunstreich", ist in der Lemma-Übersetzung *smaidar*, „Künstler" als der appellativisch gebrauchte Name *Daedalus* aufgefasst. Die Übersetzung der Interpretamente zum Adjektiv *daedalus* ist dagegen als Erläuterung zur Person des Daedalus gefasst.
21 Münzeinheit: Drittel einer As.
22 Das Interpretament *fama* „Ruhm" wurde mit *fames* „Hunger" verwechselt; daher die Übersetzung des Lemmas *eulogium* durch *unrat*.
23 erläuternde Übersetzung anstelle von wörtlich „den elfenbeinernen".

	das Gleiche[24]	den Herzen	Nachkommen oder Kindern
	kilihhitha	**hercin** *Pa,*	**aftar*a* edho khindum**
154,26	**Fidibus**[25]	cordibus *Pa*,	citera(e), uel fili(i)s
		den Saiten	*(der) Kithara, oder den Fäden*

	Philipp	Mund der Lichtfässer
	philippus	**munt leohtfazzo**
158,24	**PHILIPPUS:**	os lampadarum
		Mund der Lampen

	Schnurrbart oder	Stelle über dem Mund
	crana edho	**stat *upar* mund**
164,2	**GE*N*E:**[26]	loc*us* super *b*ucca*m*
		Stelle über der Backe

	Zeugeglieder oder	schamhafte Stelle, zur Scham
	kiziuki edho	**stat scamalih, ze sk[*amu*]**
164,5	**GENITALIA:**	loca uerecundiosa
		schamhafte Stellen

	Gamaliel	Lohn Gottes
	gamaliel	**lon kotes**
166,11	**Gamaliel**[27]	retributio dei
		Lohn Gottes

	(es) endet	Ende
166,13	**·::·Finit:**	**endi**

24 soll heißen: „das Gleiche wie *cordibus*".

25 Die Glosse muss ursprünglich gelautet haben: *Fidibus: chordis citharae uel filis*, „*fidibus*: den Seiten der Kithara oder den Fäden". Aus *chordis* wurde *c(h)ordibus* („den Herzen") mit der Endung *-ibus* in Angleichung an *fidibus*; *fili* wurde zu *filiis*, „den Söhnen / Töchtern"; in Angleichung daran wurde *cytera* als *cetera* („das Übrige"), „die Nachkommen", verstanden.

26 *bucca* bedeutetete im ursprünglichen Glossenzusammenhang „Backe"; hier ist es nach mittellateinischem Gebrauch mit *mund* übersetzt. Von daher versteht der Übersetzer dann das ihm unverständliche *genae*, „Wangen", als *grana*, „Schnurrbart".

27 Der Name *Gamaliel* ist der letzte Eintrag zum Buchstaben G. : *Finit* ***endi*** (166,13) ist das in *Sg* mit roter Schrift übernommene, als Lemma missverstandene und übersetzte Explizit der dem deutschen Abrogans vorausliegenden lateinisch-lateinischen Version des Abrogans in seiner ursprünglichen Fassung, die später auf das ganze Alphabet ergänzt wurde.

	Opfer	oder was Gott willkommen ist und ein Gebot Gottes
	cepar	**edho daz kote antfenki ist endi kotes pipot**
170,29	**HOSTIA:**	uictima
		Opfer

	Jerusalem	Schau der Versöhnung
	hierusalem	**kisiht kisonitha**
172,26	**HIERUSALEM:**	uisio pacis
		Schau des Friedens

	Joseph	Ansehen
	ioseph	**ortfruma**[28]
200,3	**IOSEPH:**	auctus
		vermehrter

	Johannes	gebende Gunst und Huld Gottes
	iohannes	**kepanti anst anti huldi kotes**
200,7	**IOHANNES:**	gratia [dei]
		Gnade Gottes

	heiliger Hain	selbst aufstehend oder sich erhebend
	haruga	**selpo irstantenti edho irhefendi**
	LUCAS[29]	ipse consurgens siue eleuans
205,33		*selbst aufstehend oder sich erhebend*

	Manna, was ist das?	das ist Speise himmlische
	manna, huuaz ist daz?	**daz ist moas himillih**
	MANNA, QUOD HOC?	[id est caelestis cibus]
206,37		*das ist die himmlische Speise*

	Erzählung	Erdichtungen oder übermäßige Sachen
	racha	**spel edho sahha upar kimez**
215,11	**NENIAS:**	fabulas uel res superuacuas
		Fabeleien oder überflüssige Dinge

---

28 *auctus* von *augere*, „vermehren" wurde als Substantiv auf *-us* aufgefasst und im Sinne von *auctoritas*, „Ansehen" missverstanden.
29 Der Name *Lucas* ist mit *lucus*, „heiliger Hain" verwechselt und wird mit dem entsprechenden ahd. Wort *harug* erklärt.

Nachtigall Nachtvogel [einige ...,] dass es der Uhu wäre, einige, dass es wäre ein Vogel im Osten, den sie ‚Nachtvogel' nennen.

nah*t*ekela nahtfokal; [*sume* ...,] daz iz *uuig[gi]la* uuari, [*sume* ...,] daz iz uuari focal in ostanond, d*en* se ‚nahtfocal' heizzant.

217,28 **NOCTICORAX:** noctua; *multi* bubone*m* esse contendunt ; alii in auem oriente, que*m* ‚nocturnus cor*u*us' appellant.
Nachteule; viele behaupten, es sei der Uhu; andere, dass er ein Vogel im Orient sei, welchen sie ‚Nachtrabe' nennen.

	unablässig	in gleicher Weise,[30]	oft oder besorgt
	simplum	**kilihho,**	**ofto edho unpihucdic**[31]
247,13	**SEDUL*US*:**	assiduus,	frequens uel [sollicitus]
		ununterbrochen	häufig oder beunruhigt

	Stecken, Spieß,		Stab (?) scharfer
	stakulle		**rap**[32] **uuas**
249,16	**SUTIS:**	fustis acuti	
		des spitzen Stockes	

30 *assiduus* ist „in gleicher Weise" zu verstehen wie *sedulus*, also als *simplun*, „unablässig".
31 *unpihuctig* nicht als *un-bihuctig* „uneingedenk" zu verstehen, sondern als *umbi-huctig*, „besorgt"
32 Das Verständnis des Wortes macht Schwierigkeiten. Die Deutung „Stab" setzt eine Verschreibung *stap* > *rap* voraus; denkbar ist aber z. B. auch, dass *fustis* als *furtum*, „Diebstahl", missverstanden wurde und mit *raup* [verschrieben zu *rap*], „Raub", übersetzt wurde.

6 Das lateinisch-althochdeutsche Reimgebet ‚Sancte sator' (sog. ‚Carmen ad deum') Theodor von Tarsus/Canterbury zugeschrieben Steinmeyer Nr. 37

[2]VL 1 (1978), Sp. 1174–1177 (Fidel Rädle). – **VL** ahd. und as Lit. (2013), S. 67–70 (Ernst Hellgardt).
Ü.: München, BSB, clm 19410, pag. 39–41; aus Passau (später Ilmmünster, Tegernsee). Diese Hs. (Sigle E) enthält als einzige die deutschen Teile des Textes. Der lat. Text allein ist darüber hinaus in sieben Hss. überliefert, von denen je eine aus dem 11. bzw. aus dem 16. Jahrhundert stammt, die übrigen aus dem 9. Jh.; dazu im einzelnen Kurzbeschreibungen bei Gretsch/Gneuss; Beschreibung des clm 19410 ferner bei Bischoff, Die südostdeutschen Schreibschulen, hier Bd. I, S. 163 f.
Abb: vollständiges Digitalisat der Hs. in Farbe: https://daten.digitale-sammlungen.de/0006/bsb00061517/images/index.html?id=00061517&groesser=&fip=193.174.98.30&no=&seite=43.
Dat.: Hs.: clm 19410 Schrift zwischen 840 und 866 (Bischoff, Paläographische Fragen, S. 125). – Text: vor der Mitte des 9. Jh.s.
Spr.: bair.
Ed.: [4]MSD I, Nr. 61, S. 221–222 (lat./ahd. Text). – Steinmeyer, Nr. 37, S. 290–292 (Text). – Lat. Text: Schönbach, S. 113–114 (mit Übersetzung S. 114). – Blume, AH 51 (1908), Nr. 229. (Verbesserungen dazu: W. Bulst, ZfdA 80 [1944], S. 157 ff). – Baesecke, Carmen ad deum, S. 21–22 (mit Übersetzung S. 23–24). – Lapidge, S. 241–244 (mit englischer Übersetzung). – Gneuss bei Gretsch/Gneuss, S. 11–12 (Text mit der Übersetzung von Lapidge) nach der einzigen insularen Hs.: Cambridge Cod. Ll I 10, dem berühmten ‚Book of Cerne', Sigle A. – Schlosser, S. 234. – Müller, S. 212–215.
Lit.: Kelle, LG 1, S. 99–100 und S. 340. – Kögel, LG I,2, S. 471–472. – Ehrismann, LG I, S. 269–270. – Haubrichs, Die Anfänge, S. 220. – [4]MSD II, Nr. 61, S. 353–356 (Kommentar). – Schönbach, Carmen ad Deum. – Baesecke, Carmen ad Deum. – Brown, Book of Cerne. – Lapidge, Theodore and Anglo-Latin Octosyllabic Verse. – Gretsch/Gneuss, Anglo-Saxon Glosses? – Hellgardt, ‚Sancte sator'. – Müller, S. 367–369 (Kommentar).

Die lat.-ahd. Bilingue des ‚Sancte sator' ist als Intralinearversion geschrieben: auf die je übersetzten lateinischen Wörter folgt je deren ahd. Übersetzung in der Zeile (wie im Folgenden unter 1).

Text nach Steinmeyer, Hellgardt, ‚Sancte sator' und dem Digitalisat.

1 Zeilengleiche Transkription des handschriftlichen Textes im clm 19410 mit Beibehaltung seiner Interpunktion

(clm 19410 pag. 39)
Sancte sator·*uuiho fater·*
suffragator·*helfari*·legum lator·*eono*
sprehho·largus dator·*milter kepo*·Iure
pollens·*pi rehte uuasanti*·es qui potens·
du pist der mahtigo·nunc in ethra firma
petra·*nu in himile fester stein*·A quo creta
cuncta freta·*fana demo kamahhot sint alle*
uuagi·quae aplaustra uerrunt flostra·
de fana skeffe forrent plomun·quando ce
lox currit uelox·*denne cheol laufit sni*
umo·cuius numen creuit lumen·*des maht ka*
scof leot·simul solum supra celum·*saman erda*
opa himile prece posco prout nosco p&tono *pittiu*
soso ich chan·

(pag. 40)
Caeliarche Christe parce·*himiles nolle*
Ch[r]ist porge frido ł spare·et piacla
dira iacla·*enti meintati ungahiure scozila·*
Trude tetra tua cetra·*skurgi de suuarzun*
mit dinu skiltu·quae capesso et facesso·
dei fornimu·enti gatom·in hoc sexu car
nis nexu·*in desemo heite fleisc kapuntan·*
Christi umbo meo lumbo·*krists rantbouc·*
minera lancha·sit ut atro cedat latro·
si daz der suarzo kilide murdreo·
pater parma procul arma·*fater skilt rumo*
uuaffan·arce hostis uti collis·*nolle fian*
tes·pruuhhan rippeo·Immo corde sine
sorde·*noh mer hercin·ano unsupari·*
Tunc deinceps·*denne frammort*·Trux et
anceps·catapulta cedat multa·*ungahi*
uri·enti zuifoli·allaz sper snidit managiu·
Alma tutrix atque nutrix·uuihu *skirmari·*
enti fotareidi·fulci manus me ut sanus·
stiuri hant daz mih heilan·corde reo
prout queo·*sculdigemo herzin soso ich mac·*

(pag. 41)
Christo theo qui est leo·*Krist (dem) cote der ist*
leo·Dicam deo·grates geo·*ih quidu·*
cote dancha·toon·Sicque ab eo·me
ab eo·*so fana imo·mih fana imo·*

2
Lateinischer Text mit moderner Interpunktion und Lesarten am Rand, mit althochdeutscher Interlinearversion und mit Übersetzungen

	heiliger Vater	*Helfer*	
	uuiho fater·	**helfari·**	
1	Sancte sator·,	suffragator,·	
	Heiliger Schöpfer („Säer“),	*Fürsprecher,*	
	der Gesetze Sprecher	*großzügiger Geber*	
	eono sprehho·	**milter kepo·**	
2	legum lator,·	largus dator!·	
	der Gesetze Bringer,	*reicher Schenker!*	
	durch Recht wachsender	*du bist der mächtige*	
	pi rehte uuasanti·	**du pist der mahtigo·**	
3	Iure pollens·	es, qui potens·	
	Aufgrund von Recht gewaltig	*bist du, der mächtig*	
	nun im Himmel	*fester Stein*	
	nu in himile	**fester stein·**	
4	nunc in ethra	firma petra;·	
	nun im Himmel	*ein fester Fels (ist);*	
	von dem gemacht sind	*alle Wogen*	
	fana demo kamahhot sint	**alle uuagi·**	
5	a quo creta	cuncta freta,·	
	von dem geschaffen sind	*alle Meere,*	
	die vom Schiffe	*führen Blumen*	
	de fana skeffe	**forrent plomun·**	
6	quae aplaustra	uerrunt, flostra,·	aplustra .... ferunt flustra
	welche die Schiffe	*durchstreichen, die ruhigen Fluten,*	

	dann wenn Kiel	*läuft schleunig·*	
	denne cheol	**laufit sniumo·**	
7	quando celox	currit uelox;·	
	wenn die Yacht	*läuft schnell;*	
	dessen Macht	*erschuf Licht*	
	des maht	**kascof leo*ht*·**	
8	cuius numen	creuit lumen,·	
	dessen Walten	*erschuf das Licht*	
	zugleich Erde	*über dem Himmel*	
	saman erda	**opa himile**	
9	simul solum	supra celum.·	polum
	zugleich den Erdengrund,	*darüber den Himmel.*	
	(der) Bitten ich bitte	*so wie ich kann*	
	petono pittiu	**soso ich chan·**	
10	Prece posco	prout nosco:	
	Mit (meiner) Bitte, verlange ich,	*so wie ich es verstehe:*	
	Himmels (dem) Gipfel	*Krist gewähre Frieden ł (oder) verschone*	
	himiles nolle	**Christ porge frido ł spare·**	
11	Caeliarche,	Christe, parce!·	caeli arce
	Himmelsherrscher,	*o Christus, schone (mich)!*	
	und böse Taten	*ungeheuerliche Geschosse*	
	enti meintati	**ungahiure scozila·**	
12	Et piacla	dira iacla·	
	Und (meine) Sünden,	*die grausen Geschosse,*	
	stoße die schwarzen	*mit deinem Schild*	
	skurgi de suuarzun	**mit dinu skiltu·**	
13	trude tetra	tua cetra!·	
	stoße weg, die häßlichen,	*mit deinem Schild!*	
	die (ich) vernehme	*und tue*	
	dei fornimu·	**enti gatom·**	
14	Quae capesso	et facesso·	
	Was ich angreife	*und ausrichte*	

	in dieser Geschlechtlichkeit	*Fleisch gebunden*	
	in desemo heite	**fleisc kapuntan·**	
15	in hoc sexu,	carnis nexu:·	sarci nexu
	in dieser Geschlechtlichkeit,	*in des Fleisches Fessel:*	
	Krists Schildbuckel	*meiner Lende („Flanke“)*	
	Christes rantbouc·	**minera lancha·**	
16	– Christi umbo	meo lumbo·	
	– Christi Schildbuckel	*(vor) meiner Lende*	
	sei, dass der schwarze	*weggehe Mörder*	
	si daz der suarzo	**kilide murdreo·**	
17	sit, ut atro	cedat latro·	
	sei, auf dass mit dem unheilvollen	*weiche der Räuber*	
	....	....	
[18	*mox sugmento*	*fraudulento!]*	
	[sogleich, mit dem	*dem betrügerischen! Wuchern,]*	
	Vater Schild	*fern Waffen*	
	fater skilt	**rumo uuaffan·**	
19	Pater, parma,	procul arma·	parmę
	Vater, mit dem Schild	*weit die Waffen*	*o Schild!*
	(dem) Gipfel Feindes	*gebrauchen (der) Rippen*	
	nolle fiantes·	**pruuhhan rippeo**	
20	arce hostis,	uti collis·	costis
	wehre ab des Feindes,	*wie*	*von den Rippen*
	noch mehr (von dem) Herzen	*ohne Unsauberkeit.*	
	noh mer hercin·	**ano unsupari·**	
21	Immo corde	sine sorde!·	imo corde
	mehr noch vom Herzen	*ohne Beschmutzung!*	*vom innersten Herzen*
	dann weiterhin	*ungeheuerlich und zweifelhaft*	
	denne frammort·	**ungahiuri· enti zuifoli·**	
22	Tunc deinceps·	trux et anceps·	tum
	Dann sogleich	*das schreckliche und trügerische*	

	alles Sper	*schneidet vieles*	
	allaz sper	**snidit managiu·**	
23	catapulta	cedat multa!·	cadat
	Geschoß	*weiche, das viele!*	
	heilige Schirmerin	*und Nährmutter*	
	uuihu skirmari·	**enti fotareidi·**	
24	Alma, tutrix	atque nutrix,·	
	Du Gütige, Schützerin	*und Amme,*	
	Beisteuer leiste *(den) Händen*	*dass mich geheilten*	
	stiuri hant	**daz mih heilan·**	
25	fulci, manus,	me ut sanus,	fulce
	stütze, o Hand,	*mich, damit ich heil,*	
	(vom) schuldigen Herzen	*so wie ich kann*	
	sculdigemo herzin	**soso ich mac·**	
26	corde reo,	prout queo,·	
	bei schuldigem Herzen,	*wie ich nur kann,*	
	Krist (dem) Gott	*der ist Löwe*	
	Christe cote	**der ist leo·**	
27	Christo theo,	qui est leo,·	
	Christus, dem Theos,	*welcher der Löwe ist,*	
	ich sage (dem) Gott	*Danksagungen tue*	
	ih quidu·cote	**dancha·toon·**	
28	dicam: „Deo:·	grates geo,·"	
	sagen könne: „Gott	*„gebe ich Dank."*	
	so von ihm	*mich von ihm*	
	so fana imo·	**mih fana imo·**	
29	sicque ab eo·	me ab eo.·	sicque beo
	und so von ihm	*mich von ihm*	*Und so erfreue*

3
Zusammenhängende Übersetzung des lateinischen Textes

Heiliger Schöpfer,   Fürsprecher,
der Gesetze Bringer,   reicher Schenker!

Aufgrund von Recht gewaltig   bist du, der mächtig
nun im Himmel   ein fester Fels (ist);
Von dem geschaffen sind   alle Meere,
welche die Schiffe   durchstreichen, die ruhigen Fluten,
wenn die Yacht   schnell dahinläuft;
dessen Walten   das Licht erschuf,
zugleich den Erdengrund,   darüber den Himmel.
Mit (meiner) Bitte verlange ich,   so wie ich es verstehe:
Himmelsherrscher,   o Christus, schone (mich)!
Und (meine) Sünden,   die grausen Geschosse,
stoße weg, die hässlichen,   mit deinem Schild!
Was ich angreife   und ausrichte
in dieser Geschlechtlichkeit,   in des Fleisches Fessel, –
Christi Schildbuckel   sei (vor) meiner Lende,
auf dass mit seinem unheilvollen Wuchern   zurückweiche der Räuber
sogleich, mit seinem betrügerischen!   (Vater, mit dem Schild)
Vater, o Schild,   weit wehre die Waffen
ab des Feindes,   wie von den Rippen
(mehr noch vom Herzen)
vom innersten Herzen   ohne Beschmutzung!
Dann sogleich   das schreckliche und trügerische
Geschoß   weiche, das vielfältige!
Du Gütige, Schützerin   und Amme,
stütze, o Hand,   mich, damit ich heil,
bei schuldigem Herzen,   wie ich nur kann,
Christus, dem Theos,   welcher der Löwe ist,
sagen könne: „Gott   gebe ich Dank,“
und so von ihm   mich erfreue.
(und so von ihm   mich von ihm)

7 Aus den ahd. Glossen zur ‚Psychomachie' des Prudentius

Zweikampf der Patientia mit der Ira

(Vers 109–177)

[2]**VL** 11 (2004), Sp. 1270–1279 (Stefanie Stricker), hier besonders Überblick zur mal. dt. Prudentius-Rezeption und zu den ahd. und as. Glossen Sp. 1272–1277. – **VL** ahd. und as Lit. (2013), Prudentius-Glossierung S. 376–384 (Stefanie Stricker).
Ü.: reiche Überlieferung in Handschriften des 9. –13. Jahrhunderts; s. BStK, Online unter Prudentius, Psychomachie. – Prudentius ist mit Abstand der am häufigsten glossierte Autor der christlichen Antike.
Abb.: können hier nicht verzeichnet werden; verwiesen sei auf Stricker [2]VL 11 und die dort gegebenen Hinweise sowie auf BStK, Online.
Dat.: zahlreiche Hss. des 9. –13. Jahrhunderts.
Spr.: die Überlieferung erstreckt sich – auch sprachlich – über weite Bereiche des hoch- und niederdt. Raumes; Schwerpunkte lagen in St. Gallen, auf der Reichenau und in Frauenstift Werden.
Ed.: StSG Bd. II, S. 382–596, hier 545, 46 – 592,44. – Text der Psychomachie: Prudentius, Psychomachie ed. Cunningham. – Prudentius, Psychomachie ed. Frisch, 86–89 (Text mit Übersetzung).
Lit.: Ehrismann, LG I, S. 261–263. – Haubrichs, Die Anfänge, S. 189. – Prudentius, Psychomachie ed. Frisch, S. 233–248 (Kommentar). – BStK. – BStK, Online. – BStH. – Tiefenbach, as. Glossen zur Psychomachie.

1. Vers 109–177 der Psychomachie des Prudentius mit möglichst wörtlicher Übersetzung und Unterstreichung der glossierten Stellen.

2. Die Glossen zu Vers 109–177 nach der Ausgabe von Steinmeyer/Sievers (StSG Bd. 2, S. 382–596) mit Übersetzung der Glossenwörter.

Die ‚Psychomachie' des Prudentius (*348, † nach 405) zählt zum Kanon der frühmittelalterlichen Schullektüre, (s. Glauche, Schullektüre, Register). Sie stellt eine Art christliches Heldenepos dar und tritt damit als christliches Gegenstück neben Vergils Aeneis (Nr. 8).

Im ausgewählten Text der Psychomachie (Vers. 109–177) sind die Wörter unterstrichen, zu denen es Glossen gibt. Diese stehen auf der gegenüberliegenden Seite mit der Seitenangabe und fortlaufenden Nummerierung der Glosse pro Seite der Ausgabe (StSG Bd. 2, S. 382–596). Steinmeyer hat 25 Handschriften ausgewertet. Sie sind bei ihm im Kopftitel der Seiten mit römischen Ziffern gezählt. Immer wo die Auswertung einer Handschrift beginnt, ist diese nach Aufbewahrungsort und Signatur identifiziert. Mit diesen Identifizierungen gelangt man zu den modernen Beschreibungen in Bergmann/Strickers Katalog (BStK bzw. BStK online).

109 *graui*: **frambaremo** 545, 46 – „dem hervorragenden"

111 *pilis: telis* sive **tartin** 545,47 – „den Pfeilen"
pilis: **fil** 592,25 – „Pfeil" (Nom.)
pilum dicitur **thuitizze tart** 594,6 – „pilum heißt auf deutsch Pfeil"

112 *lenta*: **lindiu** 545,48 – „die linde, milde" (Nom.)

113 *spumanti*: **seimantemo** 531,7 **mitseimantemo** 592,26 – „dem schäumenden, mit dem schäumenden"

feruida: **grimiv** 522,16 – „die grimmige" (Nom.)
feruida: **stredantiu** 592,27 – „die zischende" (Nom.)

rictu: **rohozoda** 592,28 – „der Rachen"

114 *intorquens*: **xxfntkntp (= uuentinto)** 524,42 – „dem wendenden"

115 *lacessit*: **kfgrxpztb (= kegruozta)** 524,43 – „sie sprach an (‚grüßte')"

116 *morae*: **tualo** 545,49 und 592,29 – „dem Verzug"

conto: **stanga** (st. Nom.) 386,44 und 398,10; 568,5 **stango** (sw. Dat.) 462,78; **stanga** und **stbn gb (= stanga)** 568,5 – – „die/der Stange"
contus: **stanga, ruadar** 498,16 – „die Stange, das Ruder"
conto: **mit stanno** *uel* **cholbo** 532,31 – „mit der Stange *oder*: der Kolben"
conto: **stango, colbin** 545,50 **kolben –** „der Stange, dem Kolben"
conto: **colbo** 592,30 – „der Kolben"
conto: **kolben** 522,17 „dem Kolben"

petit: **anlôfit** 522,19 – „sie rennt an, läuft an"

conto petit:
mit stangun gisuohta sia und: *id est* **mitstango gisuahta siâ** 383,66
mit stangu gisuohta sia 530,23
mktstbngpgksxbhtbskb (= mit stango gisuohta sia) 524,44 – „mit einer Stange griff sie sie an, ‚suchte' sie sie"

increpat: **schiltit** 522,20 – „sie schilt"

Siehe, besonnen mit würdevoller[1] Miene stand Patientia
109 Ecce modesta graui stabat Patientia uultu

unbewegt inmitten der Schlachtreihen und verschiedener Getümmel
110 per medias inmota acies uariosque tumultos

und die Wunden und von harten Pfeilen offengelegten Eingeweide
111 uulneraque et rigidis uitalia peruia pilis

betrachtete sie mit gesenkten Augen und gelassen blieb sie.
112 spectabat defixa oculos et lenta manebat.

Ira greift sie vom weitem aufgebläht an, die wütende mit schäumendem Rachen
113 hanc procul Ira tumens, spumanti feruida rictu,

114 die blutunterlaufenen, rollend und mit von Galle getränkten Augen,
sanguinea intorquens subfuso lumina felle,

um die am Krieg nicht teilnehmende mit Geschoss und Ruf aufzureizen,
115 ut belli exsortem teloque et uoce lacessit,

nicht ertragend Aufschub, mit dem Wurfspieß greift sie an, und schreit,
116 inpatiensque morae conto petit, increpat ore,

1 Zu den unterstrichenen Wörtern gibt es ahd. Glossen.

117 *hirsutas*: **ruhon** 532,35 – „die rauhen“ (Akk.)
hirsutas: **ruho** 545,54 – „rauh“ (Nom.)
hirsutas: **dieruhan** 592,31 – „die rauhen“ (Akk.)
cristas: **hursti** 398,13 – „Gestrüppe“ (Akk.)
hirsuta bis *crista*: **burstahti kambo** 498,19 – „der borstige Helmbusch (‚Kamm‘?[2])“
cristas: **wîera** 522,21 – „Kleinodien“ – hier des Waffenschmucks (Akk.)
cristas: **chbmbb (= chamba[3])** 524,48 – „Kämme“ (Akk.)
cristas: **champa** 592,32 – s. o.

121 *stridens*: **ruzzanto** 592,33 – „der zischende“

conuitia: **scheltuuort** 530,27 – „Scheltworte“ (Akk.)

121/122 *pinus* bis *crispata*: **kiuueniter** 545,56 – „geschleuderter“

122 *crispata*: **chlingesinta** 398,14 – „die tönende“ (Nom.)
crispata: **suachazenti** 463,3 und 530,28 – „die zitternde“ (Nom.)
crispata: **sxbchbzfntk (= suachazenti)** 524,50 – s. o.

123 *defertur*: **braht** 522,22 – „er wird gebracht“

illiditur: **widir ::: braht** 522,23 – „wieder: ‚er wird gebracht‘“[4]

ictu: **slaga** 592,34 – „der Schlag“

124 *lorica*: **brunia** 498,21 – „Brünne“ (Nom.)
loricae: **olbergo ([h]alsbergo)** 484,3 – „der Brünne“ (Gen.)
repulsu: **widerstoz(z)e** 522,24 und 545,57 – „dem Zurückstoß“

125 *prouida*: **gevvarnotiv** 522,25 – „die ausgerüstete“ (Nom.)
prouida: **kiuuariu** 545,58 – „die achtsame“ (Nom.)

conserto: **kihaftimo** 545,59 – „dem zusammengefügten“

126 *thoracam*: **prunni** 398,15 – „Brünne“ (Akk.)
torax: **brustroch, brustroc** 498,22 – „der Brustpanzer“ (‚Brustrock‘)

---

2 Das Wort ist hier schwach flektiert und daher nicht ohne weiteres mit ‚Kamm‘ in Zusammenhang zu bringen.
3 Die Form lässt sich hier als stark flektiert verstehen, daher die Deutung als ‚Kamm‘ (des Helmbuschs).
4 Die Glosse verweist auf die vorangegangene zurück.

den struppigen Helmbusch schüttelnd auf dem behelmten Scheitel:
117 hyrsutas quatiens galeato in uertice cristas:

„Da, für dich von Mars", sagt sie, „du, unsere müßige Zuschauerin;
118 „en tibi, Martis", ait, „spectacrix libera nostri;

nimm mit deiner sorglosen Brust das todbringende Eisen!
119 excipe mortiferum securo pectore ferrum,

Jammere nicht, denn es wäre schimpflich für dich, den Schmerz beseufzet zu haben."
120 nec doleas, quia turpe tibi gemuisse dolorem."

So sagt sie, und zischend folgt den Beschimpfungen der Kiefernpfeil,
121 sic ait, et stridens sequitur conuicia pinus

der gedrehte, durch die leichten Lüfte, und sicher
122 per teneros crispata notos, certa sub ipsum

trifft er direkt unter dem Magen auf, und mit geradem Wurf wird er aufgestoßen.
123 defertur stomachum rectoque inliditur ictu,

Aber er prallt zurück, abgeschüttelt von der Brünne hartem Rückschlag.
124 sed resilit duro loricae excussa repulsu;

Denn die vorsorgliche Tugend hatte, dreifach zusammengefügt aus Stahldrähten,
125 prouida nam uirtus conserto adamante trilicem

angetan einen Brustpanzer den Schultern und hatte das Eisengewebe,
126 induerat thoraca umeris spamosaque ferri

127 *per intortos*: **gfxxntinfn (= geuuntinen)** 568,8 – „die gewundenen“ (Akk.)

neruos: **cnopf** 463,5 – „der Knopf, Knoten, die Verknüpfung“
neruos: **rkngb (= ringa)** 524,52 – „Ringe, Verbindungen“
neruos: *circulos uel*: **choffa** 545,60 – „die Windungen“ (Akk.)

129 *nimbos*: **anuthuti**[5] 398,16 – „Anstürme“ (Akk.)

non penetrabile: **undurhfaranlicho** 592,35 – „undurchdringlich“ (Adv.)

130 *monstri:* **unaholdun** 545,62 – „des Ungeheuers“ (‚Unholds‘)

sine more: **ân sitte** 522,26 – „ohne Sitte“

133 *barbara*: **missararta** 545,63 – „die fremdsprachige, die unharmonische“ (Nom.)

impenderat: **erpôt** 545,64 – „sie hatte gezeigt“ (‚erboten‘)

134 *nube*: **tichi** 398,17 – „Schwarm“ (‚Dichte‘) (Nom.)

irrita: **ergremitv** 592,37 – „die erzürnte“ (‚ergrämte‘) (Nom.)

137 *capulum*: **helza** (stF) 398,18, 498,24 und 545,65 – „den Schwertgriff“
capulum **helza** *dicitur a capiendo* 463,7 – s. o.[6]
capulus: **hel(z)za** 532,59 – s. o.
capulum: **heltes** (stM/N) 557,36 – s. o.[7]
capulum: **hilzk (= hilzi)** 568,9 – s. o.
ad capulum: **hilte** 579,33 – s. o.

138 *conisa*: **zilenti, cilenti** 383,70 **cklfntk (= cilenti)** 524,53 – „die eilende“ (Nom.)

139 *cerebrum*: **hirni** 463,10 – „Hirn“ (Akk.)

140 *cassis*: **helm** 498,27 und 532,62 – „der Helm“

---

5 *anuthuti* < *anatuhti*.
6 „den *capulus* nennt man *helza* von *capiendo* („fassen, halten“); *helza* vielleicht volksetymologisch aus „halten“ abgeleitet.
7 *heltes* verschschrieben aus *heltse*?

das schuppige, verbunden überall durch eingedrehte Riemen.
127 texta per intortos conmiserat undique neruos.

Daher bleibt Patientia ruhig, stark gegenüber allen
128 inde quieta manet Patientia, fortis ad omnes

Wolken von Geschossen und bleibt undurchdringlich hart.
129 telorum nimbos et non penetrabile durans,

Und unbewegt bleibt sie vom Wurf des Ungeheuers, das ohne Zögern rast.
130 nec mota est iaculo monstri sine more furentis,

zuwartend, dass Ira durch die eigenen Kräfte sich vernichten werde.
131 opperiens propriis perituram uiribus Iram.

Freilich, nachdem ihre unbezähmbaren Arme voll Wut
132 scilicet indomitos postquam stomachando lacertos

die rohe Kriegerin gemüht hatte, und sie die durch eine von Geschossen
133 barbara bellatrix inpenderat et iaculorum

wütende Wolke ermüdet hatte, die nutzlose Rechte,
134 nube superuacuam lassauerat inrita dextram,

weil wegen windigen, leichten Flugs die Geschosse niedergefallen waren,
135 cum uentosa leui cecidissent tela uolatu

und die sinnlos geworfenen Lanzen zerbrochen dalagen,
136 iactibus et uacuis hastilia fracta iacerent,

da wendet sie zum Schwertgriff die frevlerische Hand, und mit blitzendem Schwert
137 uertitur ad capulum manus inproba et ense corusco

die zum Schlag aufgereckte Rechte über das Ohr
138 conisa in plagam dextra sublimis ab aure

reißt sie herauf, und mitten schlägt sie die geschwungene aufs Hirn.
139 erigitur mediumque ferit librata cerebrum.

Der eherne Helm aber, geformt aus gekochtem Metall,
140 aera sed cocto cassis formata metallo

141 *tinnitum*: **galum**[8] 398,21 **galm** 463,11 und 545,68 – „den Krach" (das ‚Gellen')
tinnicum: **scal** 532,63 – „den Schall"

aciem: **wassi** 592,38 – „Schärfe" (Akk.) (‚Wetze')

142 *uena*: **ýda** 398,23 – „Ader" (Erzader)

143 *calibs*: **stahal** 498,28 – „den Stahl"
calibem: **ecchôl** 545,70; **echol** 592,39 – „den Stahl"

cedere: **entwichen** 522,27 – „entweichen"

144 *adsultus*: **slege** 410,70 – „Schläge" (Akk.)
assultus: **dioslegi** 592,40 – „die Schläge" (Akk.)

146 *partes* bis *minutas*: **cleniu** 545,71 – „die kleinen" (Akk. Plur. Neutr.)

crepuisse: **prfstfn (= presten)** – 524,54 „brechen"

148 *inops*: **unguhap**[9] 398,24 – „nicht habend" (Nom.)

ebur: **helza** 410,71 – „den Schwertgriff"[10]
ebur: *uaginam, id est:* **underhilze** 532,64 – „die Schwertscheide" (Akk.)[11]

pudendi decoris: **sconi** 498,29 – „der Schönheit" (Gen.)

151 *missile*: *a mittendo dicitur aliter* (*missile* kommt von *mittere*, anders [nämlich auf deutsch]): **spirilin** 383,72 und 568,12 – „Geschoss" (‚Speerlein')
missile: **gusoz**[12] 398,25 – „Geschoss" (Akk.)
missile **giscefti / giscesti** *iaculum quod mitti potest* **spirilin** 463,13 – „den Wurfspieß" (‚Speerlein') – „Geschoss" (Akk.)
missile: **spkrklk (= spirili)** 524,55; **spirilin** 530,13 – s. o.
missile: **sperilin** 532,65 – s. o.
missile: **scoz** 545,72 – „Geschoss" (Akk.)

---

8 *galum* verschrieben aus *galm*.

9 *unguhap* Schreibung für *ungahap*; vgl. in der selben Handschrift zu Vers 151 *gusoz* für *gascoz* und Vers 153 *guscabanu* für *gascabano*; ferner *anuthuti* für *anatuhti* zu Vers 129 und *purahtun* für *parahtum* zu Vers 166.

10 *ebur* eigentlich „Elfenbein", hier metonymisch für den Schwertgriff.

11 Die Glosse erklärt lateinisch den metonymischen Wortgebrauch als *uagina* („Schwertscheide") für *ebur*; danach das deutsche, nur hier belegte Wort wohl ad hoc gebildet.

12 *gusoz* verschrieben aus *gascoz*; vgl. o., Anm. 9.

ein Klirren wirft er geschlagen zurück und macht stumpf die Schneide,
141 tinnitum percussa refert aciemque retundit

der harte, die zurückprallende, auch zerbricht das trotzige Erz
142 dura resultantem, frangit quoque uena rebellis

den aufschlagenden Stahl, indes die von Zurückweichen nichts Wissende die unnützen
143 inlisum chalybem, dum cedere nescia cassos

Angriffe annimmt und der Dreinschlagenden sicher standhält.
144 excipit adsultus ferienti et tuta resistit.

Als Ira die Trümmer des zerbrochenen Schwertes sah,
145 Ira ubi trucati mucronis fragmina uidit,

und dass weithin in Teile das Schwert zerbrochen ist, in kleine Teile
146 et procul in partes ensem crepuisse minutas,

als sie nur noch den Griff in der Hand behält ohne das Gewicht des Eisens, –
147 iam capulam retinente manu sine pondere ferri,

der Sinne nicht mächtig das Elfenbein, das unselige, ihres Ruhmes und ihrer Schmach
148 mentis inops ebur infelix decorisque pudendi

treulose Zeichen wirft sie weg, und diese traurigen Denkzeichen, gänzlich
149 perfida signa abicit monumentaque tristia longe

verachtet sie sie, und ist wild entbrannt auf den eignen Tod.
150 spernit, et ad proprium succenditur effera letum.

Von den vielen Geschossen, die sie vergeblich verstreut hatte, eines
151 missile de multis, quae frustra sparserat, unum

aus dem Staub des Feldes nimmt sie zu verkehrten Zwecken:
152 puluere de campi peruersos sumit in usus:

153 *rasile*: **guscabanu**[13] 398,26 – „der geschabte“ (Nom.)
rasile: **giscoran** 498,31 – „das geschorene“ (Akk.)
rasile bis *lignum*: **giscabanholz** 530,32 – „geschabtes (= geglättetes) Holz“
rasile: **scabilih** 545,73 „geschabt“

cuspide: **uuassun** 410,72 „Schärfe“ – (Akk. von *wassa*) (‚Wetze‘)

cuspide: **xxbssk (= uuassi)** 524,57 – s. o. (Akk. von *wassi*)

154 *pulmonem*: **lungen** 522,28 – „Lunge“ (Akk.)

156 *exultans*: **daz chelzenta** 398,27 – „das hüpfende“?[14]

162 *secat*: *id est* **scied** 410,73 **kisciet** 592,42 – „sie trennte, schied“

choortes: **schare** 522,29; **scara** 592,43 – „Scharen“ (Akk.)

165 *seuerus*: **roer** 398,28 – „roher“
seuerus: **rkxbfr (= riuber)** 524,58 und **riuber** 545,74 – ?[15]

funere: **suhte** 545,75 –“„der Krankheit“ (Dat.)

13 die Endung *-anu* aus *-ano* verschrieben.
14 Nicht eindeutig erklärtes Wort; s. Graff, Sprachschatz 4,384.
15 Nicht eindeutig erklärtes Wort; s. Graff, Sprachschatz 2,361.

das geglättete Holz heftet sie an die Erde und mit der hergewendeten Spitze
153 rasile figit humi lignum ac se cuspide uersa

durchbohrt sie sich und die Lunge durchschneidet sie mit heißer Wunde.
154 perfodit et calido pulmonem uulnere transit.

Patientia, die über ihr steht, sagt: „Wir haben gesiegt,
155 quam superadsistens Patientia: „uicimus", inquit,

aufjubelnd das Laster,[16] mit gewohnter Mannhaftigkeit
156 „exultans uitium solita uirtute, sine ullo

ohne eine Gefahr für Blut und Leben. Es gibt dieses Gesetz:
157 sanguinis ac uitae discrimine; lex habet istud

Das ist unsere Art des Krieges: die Furien und der Übel das ganze
158 nostra genus belli, furias omnemque malorum

Heer und die rasenden Kräfte durch Dulden auszulöschen.
159 militiam et rabidas tolerando extinguere uires.

Die Raserei ist Feind ihrer selbst, und sich selbst durch ihr Wüten,
160 ipsa sibi est hostis uaesania seque furendo

tötet sie, und es stirbt durch die eignen Geschosse die brennende Ira."
161 interimit moriturque suis Ira ignea telis."

Dies sagte sie und durchschneidet mittendurch ohne Gefahr die Scharen
162 haec effata secat medias inpune cohortes

begleitet von einem vortrefflichen Mann; denn als Nächster hatte Hiob
163 egregio comitata uiro; nam proximus Iob

angehangen in harten Kämpfen der unbesiegten Meisterin
164 haeserat inuictae dura inter bella magistrae,

seine Stirn ist noch finster, und vom vielen Töten atemlos ist er
165 fronte seuerus adhuc et multo funere anhelus,

16 ***das Laster***: gemeint ist die Ira als das Laster, das hier besiegt wird.

166 *clausa*: **purahtun** 398,29 – „die geschlossenen“ (Akk.)[17]
clausa bis *ulcera*: **biraftata** 545,76 – „die geschlossenen“ (Akk.)

truci: **egislichemo** 545,78 – „dem schrecklichen“

167 *cicatrix*: *ulcer*; **animali / anamali** 498,32 – „Narbe“ (‚Mal‘)

recensens: **cfllkntp (= cellinto)** 524,59 – „der zählende“

169 *diua*: **guttin** 532,67 – „Göttin“ (Nom.)

171 *opibus*: **ehtin** 545,79 – „den Reichtümern“
referre: **pringin** 545,80 – „bringen“

176 *luctamen*: **strit** 592,44 – „Streit“ (Akk.)

17 Schreibung *purahtun* für *pirahtun*; vgl. auch das folgende *biraftata*.

doch bei schon geschlossenen Wunden lächelt er unter der finsteren Miene,
166 sed iam clausa truci subridens ulcera uultu

und mit der Narben Zahl die durchschwitzten überschlägt er
167 perque cicatricum numerum sudata recensens

die Tausenden von Schlachten, – seine Belohnungen, die Schande des Feindes.
168 milia pugnarum, sua praemia, dedecus hostis.

Die Göttliche befiehlt ihm, endlich zu ruhen von allem
169 illum diua iubet tandem requiescere ab omni

Lärm der Waffen und alles Verlorene von den erbeuteten
170 armorum strepitu, captis et perdita quaeque

Reichtümern zu vervielfältigen und, was nicht mehr verlierbar sein wird, zurückzuholen.
171 multiplicare opibus, nec iam peritura referre.

Sie selbst, die Haufen der Legionen und der Zusammenrennenden durchbricht sie
172 ipsa globos legionum et concurrentia rimpit

und durchschreitet die Heeresmassen unberührt durch den wundbringenden Hagel.
173 agmina uulniferos gradiens intacta per imbres.

Allen Tugenden als einzige Begleiterin verbindet sie sich,
174 omnibus una comes uirtutibus adsociatur,

und ihre Hilfe, – die starke Patientia bringt sie ein.
175 auxiliumque suum fortis Patientia miscet.

keine Tugend, – in keinen bedenklichen Kampf begibt sie sich ohne jene
176 nulla anceps luctamen init uirtute sine ista

Tugend und verwitwet ist, die nicht Patientia stärkt.
177 uirtus, et uidua est, quam non Patientia firmat.

8 Tegernseer Glossen zu Vergils ‚Aeneis' oder Wie man im deutschen Frühmittelalter Vergils Aeneis las Aeneis, Buch II, Vers 328–377

[2]**VL10** (1996) Sp. 247–284, besonders, besonders Sp. 265–266 (Franz Joseph Worstbrock). – **VL** ahd. und as Lit. (2013), S. 472–480 (Nikolaus Henkel).
Ü.: München, BSB, clm 18 059, hier fol. 184va; aus Tegernsee .
Abb.: vollständiges Digitalisat der Hs. in Farbe: https://daten.digitale-sammlungen.de/0003/bsb00034661/images/index.html?id=00034661&groesser=&fip=fsdrxdsydxdsydeayafsdrxdsydenyztseayaxssdas&no=&seite=1.
Dat.: Vergiltext 11. Jh., zweites Viertel; Glossen von zwei Schreibern 11. Jh., Ende (um 1070) und 12. Jh., Anfang.
Spr.: bair.
Ed.: StSG II, S. 625–671.
Lit.: BStK Nr. 634. – Velthuis, De Tegernseer Glossen – Hellgardt, Glossen des clm 18059 zu Vergils Aeneis (mit 3 Abb. und ausführlichem Kommentar). – Henkel, Text – Glosse – Kommentar, hier S. 242.

Dargeboten sind im Folgenden aus der großen Tegernseer Handschrift mit Vergils Werken nur der Vergiltext auf der linken Spalte des clm 18 059 fol. 184va und die dort teils am Rand, teils über den Zeilen stehenden 77 lateinischen und 14 althochdeutschen Glossen.

Der Vergiltext wurde laufend mit Göttes Ausgabe verglichen. Abweichungen des clm 18059 von Göttes Text stehen als Varianten im zweiten Apparat (Sigle G).

Zu den Glossen gebe ich laufend auch einen beschreibenden Apparat.

Zur Unterscheidung der beiden Glossenschreiberhände wurden die Glossen der zweiten Hand (s. o.) unterstrichen, auch deren Korrekturen am Vergiltext (Vers 331, 352, 355). Die althochdeutschen Glossen sind fett gedruckt. Abkürzungen wurden in Schrägschrift aufgelöst, eine moderne Interpunktion wurde eingeführt.

Zum Erzählzusammenhang: Aeneas, auf der Flucht aus dem zerstörten Troja schiffbrüchig bei Dido aufgenommen, erzählt von der schrecklichen Einnahme Trojas durch die Griechen.

Als Glossentypen lassen sich der Funktion nach unterscheiden (Funktionskombinationen sind nicht selten):
Ergänzungsglossen: fiktiv mit der „Stimme" Vergils gesprochen; die Glossen, auch die althochdeutschen, sind syntaktisch in den Vergiltext eingepasst, als spräche in ihnen Vergil selbst.

Vers329–330: *incendia miscet scilicet caedibus*
Vers 333: *mucrone* ***plechentemo*** (statt *corusco*)

Ersatzglossen: Sie empfehlen den Ersatz eines Vergilwortes durch ein anderes, geläufigeres, lateinischen oder althochdeutsches, selten auch durch eine kleine, syntaktisch gebundene Wortgruppe; implizit ist mit diesen Glossen auch die morphologisch-syntaktische Funktion des kommentierten Wortes gegeben.

Vers 333–334: *acies* bis *nuda* (statt *stricta*)
333–334: *mucrone* ***plechentemo*** (statt *corusco*)

Beifügungsglossen für Lateinlerner; einem Wort des Vergiltextes ist eine Präposition (*cum, de, in* [...]) beigefügt zur Erklärung Deklinationsform / oder ein Personalpronomen (lat. *ego*, Vers 337, ahd. *ir* Vers 348) zur Erklärung einer Konjugationsform; für Nichtlateiner.

Vers 353 *una salus* cum *victis* (statt *una salus victis*)
Vers 331: *de magnis Mycenis* (statt *magnis Mycenis)*
Vers 337: in arma ego feror
Vers 348: o iuvines, (o) ir fortissima *bis* pectora

Kommentarglossen:

Vers 328–329: *armatos* bis *fundit equos:* Kommentrar: *ab equo exeunt armati*
Vers 364–366: *sternuntur* bis *corpora* [...] *per* [...] *relligiosa deorum limina: geminatur ‚l' popter metri necessitatem.*
Vers 369: *plurima mortis imago: aut difinitio timoris est aut uarietas mortis ostenditur*

Quellen der Glossen: soweit sie aus dem spätantiken Kommentar des Servius zu den Dichtungen Vergils ermittelbar waren, ist das in den Anmerkungen mit S gekennzeichnet. Wo dieser Zusatz fehlt, sind die Quellen unbekannt. – Zu Servius: Diehl, Vergil.

Zur Auswertung der Quellenbefunde ausführlich Hellgardt, Glossen des clm 18059 zu Vergils Aeneis.

Text nach Hellgardt, Glossen des clm 18059 zu Vergils Aeneis (Autopsie der Handschrift, Digitalisat). Die Übersetzung wurde möglichst in wortwörtlicher Entsprechung zum Vergiltext neu formuliert.

ubi arx fuerat *pro* ,stans' & est prothesis
„Arduus armatos mediis in moenib*usque* asstans

**propositi effector*
ab equo exie*runt* armati fallax scilicet ,cędib*us*'
Fundit equus, *uictorq*ue* Sinon incendia miscet

*quia geminę s*unt* portae
ubi due portę simul diuident*ur*
Insultans. portis alii *bipatentibus assunt,

de
Milia quot magnis numquam venere Mycenis:

cum uicos & *est* ut ,strata uiar*um*'
Obsedere alii telis angusta uiarum

plechentemo
Oppositi; stat ferri acies mucrone corusco

nuda
arzoganiu ad mort*em*
Stricta parata neci; uix primi proelia temptant

Portarum uigiles, & cęco Marte resistent."

*subaudis ,tali' hoc *est* ,mala inicienti desideria'
nimphę manu*um*
Panthu *cum* potestate deor*um*
Talib*us* Otryade dictis & numine *diuum

---

328 Vergil zitiert ab hier die Rede des Panthus; 9 ü.d.Z. S zu *mediis*: „wo die Burg gewesen war"; ü.d.Z S zu *asstans*: „anstelle „von ,stans' (stehend) und es ist eine Prothesis" (d. h. es steht anstelle von *stans ad*).

329 a.R. S zu *uictorque*: „(Sieger) als Bewirker des Vorsatzes."– ü.d.Z.: *ab equo exierunt armati*: „aus dem Pferd (dem trojanischen) gingen Bewaffnete heraus" – ü.d.Z. zu *Sinon*: *fallax* „der Betrüger" (Sinon hatte die Trojaner über das Pferd getäuscht) – zu (*incendia*) *miscet*: scilicet cędibus: „er mischst die Brände: nämlich mit Gemetzeln."

330 a.R.: zu (*portis* [...]) *bipatentibus*: „weil die Tore zweiflüglich sind." – Ü.d.Z.: S zu *bipatentibus*: *ubi due portę simul diuidentur*: „wo zwei (Tor)flügel zugleich sich teilen"

331 ü.d.Z. zu *magnis: de* (magnis [...] Mycenis). „aus (dem großen [...] Mykene").

332 ü.d.Z.: zu *cum* (*telis*): „mit (den Geschossen)" – ü.d.Z S zu (*obsedere* [...]) *angusta*: *uicos & est ut ,strata uiarum'*: „(besetzen [...]) die Engen: die Gassen, und das heißt: die Pflaster der Wege."

333 ü.d.Z. zu (*mucrone*) *corusco*: ahd. **plechentemo** „der blitzenden (Schneide)."

334 ü.d.Z. wahrscheinlich S zu (*mucrone* [...]) *stricta* (*parata neci*): ahd. **arzoganiu** „die herausgezogene (Schneide, [...] bereit zum Mord)." ü.d.Z. S zu (*mucrone* [...]) *stricta*: *nuda* „nackte (Schneide)." ü.d.Z. zu *neci*: *ad mortem*:„zum Tod."

Bericht des Panthus[1] an Aeneas,
wie die Katastrophe der Einnahme Trojas verläuft

(328) „Steilauf Bewaffnete, mitten in den Mauern dastehend,

ergießt das Pferd. Sinon als Sieger die Brände mischt er

(330) hohnredend. Bei den zweiflügligen Toren die Anderen stehen

zu Tausenden, wieviele auch kamen von der großen Mykene.

Inne hielten sie mit Geschossen die Engpässe der Wege, die Anderen,

die entgegengerichteten. Es steht des Eisens Schärfe mit glänzender Schneide

gezogen bereit zum Mord. Kaum nehmen in Angriff Kämpfe die ersten,

(335) die Wächter der Tore, und widerstehen dem blinden Mars."

(Vergil erzählt weiter:)
Durch solche, des Othryaden, Worte und den Willen der Götter

---

336 ab hier erzählt Aeneas weiter; a.R. S zu *talibus* ([...] *dictis & numine diuum*): *subaudis ‚tali' hoc est ‚mala inicienti desideria'*: „durch einen solchen (Willen der Götter), d. h. durch einen solchen Willen, ‚der ‚böse Wünsche einflößt'." – a.R. zu *numine diuum* (?): *nimphę manuum* „die Nymphe(n) der Hände".

Lesarten

Text
329 equos G
331 numquam < umquam (n *über der Zeile*)
333 oppositis G
335 resistunt G
336 divom G

---

1 Sohn des Othrys (s. Vers 336) und Priester des Apollon in Troja.

pagalin

'Inpatienti*a* animi' ego **dara** deus belli

hoc loco In flammas et in arma feror, quo tristis Erynis,

praht & unde sublat*us*

Quo fremitus uocat & sublatus ad ethera clamor.

mihi in

Addunt se socios Ripheus & maximus armis

per luce*m* lunę frat*er* Hecubę

Ipitus oblati p*er* lunam Hypanisque Dimasque

pro ,adglomerant*ur*' de alia patria; uoluit

& lateri agglomerant *nos*tro; iuuenisque Corebus

accipere filiam Pria

mi

patronomicv*m*

Migdonides: qui illis ad Troiam forte diebus

filia*m* Priami

Venerat insano Cassandrę incensus amore

nomen Troianis

Et gener auxilium Priamo Frigibus*que* ferebat

p*r*oph&antis

Infelix qui non sponsę precepta furentis

uaticinantis

Audierat.

337 a.R S zu *Eryns* (ohne Verweiszeichen): ,*Inpatientia animi*' *hoc loco*: „(steht für) ,die Ungeduld des Sinnes' an dieser Stelle." – ü.d.Z. zu *feror: ego*: „ich werde hinweggerafft". – ü.d.Z. zu *quo*: ahd. **dara**: „dorthin, wo". – ü.d.Z. zu *Eryns*: *deus belli*: „Gott des Krieges" – ü.d.Z. zu *Eryns*: ahd. **pasgalin**: „Furie" (von ahd. **bâgan** „streiten").

338 ü.d.Z. zu *fremitus*: ahd. **praht**: „Geschrei". – ü.d.Z. S zu *& sublatus*: *& unde sublatus*: „und von wo getragen."

339 ü.d.Z. zu (*addunt*) *se*: *mihi*: „(es schließen sich) mir (an Ipidus und [...])." – ü.d.Z. zu *maximus armis*: *in*: „der Größte in den Waffen."

340 ü.d.Z. S auctus zu *per lunam*: *per lucem lunę*: „durch das Licht des Mondes." – ü.d.Z. zu *Dimasque*: *frater Hecube*: „der Bruder der Hecuba."

341 ü.d.Z. S zu *agglomerant*: *pro ,adglomerantur'*: „anstelle von ,werden geheftet'." – ü.und u. d.Z. *de alia patria uoluit accipere filiam Priami*: „aus anderer Heimat; er wollte (zur Frau) nehmen die Tochter des Priamus."

342 ü.d.Z. S zu *Migdonides*: *patronomicvm*: „Patronym."

in Flammen und in Waffen werde ich fortgerissen, dorthin wo die traurige Erynis

wohin das Geschrei ruft, und erhoben ist zum Himmel der Lärm.

Es tun sich mir bei als Kameraden Riphaeus und der größte in Waffen

Ägyptus, herbeigetragen durch das Mondlicht, und Hypanis und Dymas,

und der Seite anschließen sich fest, der unsrigen, der Jungmann Coroebus,

der Mygdonide: nach Troja in jenen Tagen durch das Schicksal

war er gekommen, entbrannt in wahnsinniger Liebe zu Kassandra.

Und als Schwiegersohn Hilfe brachte er dem Priamos und den Phrygern,

unseliger, da er nicht auf der Braut Gebote, der rasenden,

gehört hatte.

---

343 ü.d.Z. zu *Cassandrę*: *filiam Priami*: „Tochter des Priamus."
344 ü.d.Z. zu *Priamo*: *nomen*: „(das ist ein) Name." – ü.d.Z. *Troianis*: „den Trojanern."
345 ü.d.Z S zu *furentis*: *proph&antis*: „der prophezeienden." – u.d.Z. zu *furentis*: *uaticinantis*: „der wahrsagenden,"

Lesarten

Text

339 ripheus < repheus
340 Ipitus] Aegyptus G (Verwechslung mit dem Trojaner Iphitus)
341 adglomerant G
342 qui fehlt G
346 audierit G

Glossen

345 uaticinantis < uaticinantes

collectos
Quos ubi confertos audere in proelia uidi,

His incipio sup*er* *his* quia iam audiebant

dictis o ir
Incipio sup*er* his: ,iuuenes, fortissima frustra

me
*u*el* audentem

moriendi **tun**
Pectora, si uobis *audendi extrema cupido

subaudimus ,me'
Certa sequi quę sit reb*us* fortuna uidetis:

**templis deor*um*

quia *runt* **in husin**
Excessere omnes *aditis arisq*ue* relictis

*subaudimus ,auxiliantib*us*'

pi den regnum
Di, *quib*us* imperium hoc steterat: succurritis urbi

Incensę: moriamur & in media arma ruamus.

diu *cum* timere
Vna salus uictis nullam sperare salutem.'

---

347 ü.d.Z. zu *confertos*: collectos: „zusammengedrängte."
348 (bis 354: Aeneas spricht zu den Trojanern) a.R (ohne Verweiszeichen) S zu *dictis*: *His incipio super his quia iam audiebant dictis*: „ich beginne über diese (Worte) hinaus." – ü.d.Z. S zu *super his*: *dictis* „über diese gesagten (Worte) hinaus." – ü.d.Z. zu *iuvenes fortissima (frustra) pectora*): **o ... ir: ahd.** „o, ... ihr"; Anzeigung des Vokativs „o, ihr Jungmannen, (umsonst eure) tapfersten Herzen."
349–350 Die Funktion der Glossen zu 349–350 ist kaum verständlich; s. dazu das Folgende und Hellgardt, Exemplarische Analyse, S. 429–431.
349 a.R. S zu *audendi*: me / *uel audentem*: „mir, oder: dem Wagenden." – ü.d.Z. zu *audendi*: *moriendi*: „zu sterben." – ü.d.Z. zu *extrema*: **ahd. (aftros)tun**: „das Letzte" (gekürzte Glosse).
350 ü.d.Z. S zu *sequi*: *subaudimus ,me'*: „wir hören darunter ,mir' (zu folgen)."
351 a.R. zu *aditis: templis deorum*: „(nachdem) die Tempel der Götter (verlassen sind)" – ü.d.Z. zu *excessere*: *quia*: „weil (sie wichen hinaus ...)." – ü.d.Z. zu *excessere*: *-runt*; die gekürzte Glosse zeigt an, dass *excessere* eine Alternativform zu *excesse-runt* ist, „sie wichen hinaus." – ü.d.Z. zu *aditis* (... *relictis*): **ahd. in husin:** „(nachdem die Altäre) in den Tempeln (verlassen sind)".
352 a.R. zu *quibus*: *subaudimus ,auxiliantibus'*: „wir hören darunter: (,die Götter,) durch deren Hilfe (dieses Reich Bestand hatte)'. – ü.d.Z. zu *quibus: **pi den**: (die Götter,) durch die (dieses Reich Bestand hatte).
354 ü.d.Z. zu *Vna*: **ahd. diu:** dieses (ist das einzige Heil) – ü.d.Z. zu *uictis*: *cum*: bei (den Besiegten) – ü.d.Z. zu *sperare*: *timere*: „zu fürchten", im Sinne von „sich fürchten Heil zu erhoffen"?

Als ich diese zusammengedrängt in die Schlachten sich wagen sah,

beginne ich außer jenen (Worten) so: ‚Jungmannen, ihr tapfersten umsonst,

ihr Herzen, wenn euch zum Wagen das äußerste Verlangen

(350) sicher ist, ihr, die ihr, was das Schicksal sei in diesen Dingen, seht:

hinweg sind gewichen alle, nachdem sie Tempel und Altäre zurückgelassen haben,

die Götter, durch die dieses Reich Bestand hatte: zu Hilfe eilt ihr der Stadt,

der angezündeten: lasst uns sterben und in die Mitte der Waffen uns stürzen!

Ein einziges Heil gibt es für die Besiegte: kein Heil zu hoffen!’

Lesarten

Text

349 audentem Mynors

350 certast, qui, quae G

352 hoc: *Korrekturnachtrag über der Zeile*

parabola
Sic animis iuuenum furor additus. inde lupi ceu

Raptores atra in nebula, quos improba uentris

,*compulit*' *uel* ,exclusit de latebris'
Exegit cęcos rabies catuli*que* relicti

duruh
***hungragen** Faucib*us* expectant *siccis, p*er* tela, p*er* hostes

Vadimus haud dubiam in morte*m* medie*que* tenem*us*

cum
Urbis iter; nox atra caua circumuolat umbra.

<u>etii*am* Grecoru*m* ut quis talia fando</u> *loquendo*
Quis cladem illius noctis, quis funera fando

memoret *cum*
Explicet aut possit lacrimis ęquare labores?

Vrbs antiqua ruit multos ominate p*er* annos;

*<u>sine p*rae*scientia</u> Plurima p*er*q*ue* uias sternuntur *inertia passim

---

355 (Aeneas erzählt weiter) ü.d.Z. zu *animis*: *parabola*: „Gleichnis", Stilerläuterung zum ganzen Vers.
357 ü.d.Z. S zu *exegit*: ,*compulit*' *uel* ,*exclusit de latebris*': „,dahintreibt' oder ,aus ihren Höhlen ausschließt'."
358 a.R. **ahd. *hungragen:** „den Hungrigen" – ü.d.Z. zu *per*: **ahd. duruh:** „durch (Geschosse)."
360 ü.d.Z. zu *caua*: *cum*: „mit (hohlem Schatten)."
361 ü.d.Z. S zu *quis*: <u>*etiiam Grecorum ut quis talia fando*</u>: „(Wer) selbst von den Griechen, wie „,wer solches durch reden'." – ü.d.Z. zu *fando*: *loquendo*: „durch reden."
362 ü.d.Z. zu *explicet*: *memoret*: „ruft in Erinnerung." ü.d.Z. zu *lacrimis*: *cum*: „mit (Tränen)."
364 a.R. zu *inertia: *<u>sine praescientia</u>: „ohne Vorherwissen." (dies keine zum Kontext passende Glosse, s. zu ihr Hellgardt, Analyse, S. 439).

Lesarten

Text
355 additus < aditus *zweites* d *über der Zeile*
358 hostis G

Glossen
357 latebris: i < a *korr. von zweiter Hand*

So den Herzen der Jungmannen Wut wird beigegeben. Daher, ganz wie

Wölfe als Räuber in grässlichem Nebel, welche die unbillige,

des Bauches hinaustreibt wie Blinde, die Raserei, während die Welpen, die verlassenen,

mit trocken Schlünden zuwarten, so durch die Geschosse des Feindes

gehen wir ohne Zögern in den Tod, und den mittleren

von den Wegen der Stadt halten wir inne. Grässliche Nacht umflattert die hohlen Schatten.

Wer wird das Unheil jener Nacht, wer die Leichenbegängnisse durch Reden

entfalten oder kann mit Tränen aufwiegen die Leiden?

Die Stadt, die alte, stürzt ein, nachdem sie durch viele Jahre hindurch geherrscht hat.

Die meisten durch die Straßen sind hingestreut kraftlos allenthalben

per gradatim ascendit

*geminatur uel propter metri necessitatem — **(365)** Corpora perque domos & *relligiosa deorum

cum Troiani

Limina. nec soli pęnas dant sanguine Teucri;

uvanta ,ofta'
aut aliquando Troianis

Quondam etiam uictis redit in praecordia uirtus,

Greci

Victoresque cadunt Danai. crudelis ubique

*aut difinitio timoris est aut uarietas mortis ostenditur — Luctus, ubique pauor & plurima *mortis imago;

---

365 a.R. S zu **relligiosa*: **geminatur uel propter metri necessitate*: „verdoppelt wird das l (in relligiosa) wegen metrischer Notwendigkeit." Die Glosse hat für „l" irrtümlich das Kürzel für ‚uel' (durgestrichenes kleines ‚l'). – ü.d.Z S zu *deorum*: *per gradatim ascendit*: „stufenweise steigt er (sc. Vergil) auf." Das *per* ist der Glosse von anderer Hand hinzugefügt, im Sinne von *per (gradus)*. – Das Ganze ist ein Hinweis auf die Stilfigur der „Gradatio" (Klimax); gemeint ist die Steigerung *uias*, [...] *domos*, [...] *deorum limina* (Vers 364–365), „Wege, [...] Häuser, [...] und (sogar) die Schwellen der Götter (=Tempel)."
366 ü.d.Z. zu sanguine: *cum*: „mit (Blut)". – ü.d.Z. zu *Teucri*: *Troiani*: „die Trojaner."
367 ü.d.Z. zu *Quondam*: *aut aliquando*: „oder auch gelegentlich." – ü.d.Z. zu *Quondam*: **ahd.** ***uvanta ‚ofta'***: „nämlich ‚oft'." – ü.d.Z. zu *redit*: *Troianis*: „(nämlich oft gibt zurück) den Trojanern (die Mannhaftigkeit)."
368 ü.d.Z. zu *Danai*: *Greci*: „die Griechen".
369 a.R. S zu **mortis (imago)*: *aut difinitio timoris est aut uarietas mortis ostenditur*: „(‚Bild des Todes') ist entweder ein Begriff für ‚Furcht' oder es wird die Verschiedenartigkeit der Todes(arten) angezeigt."

Lesarten

Glossen
365 (Rand) *statt* l *steht irrtümlich das Kürzel für uel* (*durchgestrichenes* l)

als Leichen, durch die Häuser hin und in die heiligen der Götter,
die Schwellen. Aber nicht einzig Strafen geben mit Blut die Teukrer:
manchmal sogar den Besiegten kehrt zurück in die Herzen der Mannesmut
und – obwohl Sieger – fallen die Danaer. Blutiger überall
Jammer, überall Furcht und das größte Schreckbild des Todes.

sibi
Primus se Danaum magna comitante ca*e*rua

*putau*it* nos suos socios esse
Androge*us* *offert nobis, socia agmina credens,

alloquit*ur* nos
Inscius atq*ue* ultro uerbis conpellat amicis:

*quę seros fac*it* *id est* tardos ut ,mors pallida'
increpantis es*t* uos
,Festinate uiri, nam quę tam *sera moratur

giroufi
segnities? alii rapiunt incensa feruntq*ue*

troiana pr*o* ,uenitis'
Pergama; uos celsis nunc prim*um* a nauib*us* itis?'

illi
Dixit, & ex timplo – neque enim responsa dabant*ur*

manifestos
Fida satis – sensit medios delapsus in hostes.

---

370 ü.d.Z. zu ü.d.Z. zu *comitante*: *sibi*: „ihn (den Androgeus [Vers 371]) begleitend."
371 a.R. zu **offert (nobis)*: **putauit nos suos socios esse*; „Er glaubte, dass wir seine Kameraden seien."
372 (Aeneas zitiert die Worte des Androgeus) zu *compellat*: *alloquitur*: „er redet an (mit freundlichen Worten)." – ü. d. Z. zu *amicis*: *nos*: „uns (im Glauben, wir seien seine Kameraden)"
373 a.R. S zu **sera (segnities* [Vers 374]): **quę ,seros' facit id est ,tardos' ut mors pallida*: „(,späte' Trägheit'), (eine Trägheit), die ,spät' macht, das heißt ,säumig' wie (man auch sagt:) ,der bleiche Tod'." – ü.d.Z. S zu *festinate (viri)*: *increpantis est*:" ,Männer' ist (die Anrede) des (Soldaten) Kommandierenden." – ü.d.Z. zu (*quae* [...] *segnities* [Vers 374]) *moratur*: *uos*: „(welche Trägheit hält) euch auf?"
374 ü.d.Z. zu *feruntque* (*Pergama*): **ahd. giroufi**: „Beute" (ganz Pergamon als Beute).
375 ü.d.Z. zu *Pergama*: *troiana*: „das trojanische (Pergama)." – ü.d.Z. S zu *itis*: *pro ,uenitis'*: „mit *itis* wird anstelle des Verbums *ire* [,gehen'] das Verbum uenire [,kommen'] gebraucht.
376 (Aeneas erzählt weiter) ü.d.Z. zu (*neque responsa*) dabant: illi: „(nicht gaben sie Antworten) ihm."
377 ü.d.Z. S zu *medios*: *manifestos* ([...] *hostes*): „die handgreiflichen ([...] Feinde)."

Lesarten

Text
371 Androgeos G
376 extemplo G
377 hostis G

Glossen
371 socios: *vom anlautenden* s *nur der obere Bogen ausgeführt*
373 *Hs.* es

Als erster, ihn der Danaer eine große Schar begleitend,

Androgeos liefert sich uns aus sich, verbündete Scharen vermutend;

ahnungslos und von sich aus mit Freundesworten treibt er an:

‚Eilt, Männer, denn welche hält auch auf, so späte

Trägheit? Die Anderen rauben und tragen fort das brennende

Pergamus. Ihr geht jetzt zuerst her von den hohen Schiffen?'

Sprach's und sogleich – denn nicht Antworten wurden gegeben

genügend getreue – bemerkte er, mitten in die Feinde gefallen zu sein.

9 Glossen zur Enzyklopädie des ‚Summarium Heinrici' Hildebrandt/Ridder

[2]**VL:** 9 (1994), Sp. 510–519 (Reiner Hildebrandt) und 11 (2005) Sp. 1479. – VL ahd. und as Lit. (2013), S. 444–458 (Stefanie Stricker). – Killy-Lit.Lex. 11 (2011), S. 400–401 (Ernst Hellgardt).
Ü.: 46 Handschriften des 11./12. bis 15. Jh., vollständig verzeichnet im **VL** ahd. und as Lit. (2013), S. 447–452, Stand 2013.
Abb.: BStK Bd. 6, Nr. 4 (Admont), Nr. 34c (Basel), Nr. 34d (Basel), Nr. 53 (Berlin), Nr. 66 (Bern), Nr. 269 (Graz), Nr. 786 (Prag).
Dat.: Hss.: s. bei Ü.; **Werk:** letztes Drittel des 11. Jh.?; um 1150?
Spr.: mitteldt./oberdt. Sprachbereich.
Ed.: Summarium Heinrici, ed. Hildebrandt/Ridder. – Wegstein, Studien.
Lit.: Haubrichs, Die Anfänge, S. 195. – BStK. – BStH Bd. I, S. 665–682. Riecke, Frühgeschichte, S. 188–198.

Das planmäßig, aber nur z. T. deutsch glossierte ‚Summarium Heinrici', vielleicht das wichtigste Lehrbuch der Klosterschulen für den Elementarunterricht im Lateinischen (Hildebrandt VL Sp. 511), war in zahlreichen Handschriften des 11./12. bis 15. Jh. weit über den mitteldt./oberdt. Sprachbereich verbreitet. Entstehungsort (kaum Worms, möglicherweise Lorsch oder Würzburg) u. -zeit (letztes Drittel des 11. Jh.?; um 1150?) sind strittig. Ausgeschlossen scheint, dass der Name Heinrich, der einem wohl nicht zum urspr. Textbestand gehörigen Widmungsgedicht als Akrostichon einbeschrieben ist, den Autor bezeichnet. Neue Handschriftenfunde und Editionen haben die Forschungsdiskussion belebt. Erhalten ist eine ursprüngliche Elf-Bücher- u. eine wenig jüngere Sechs-Bücher-Fassung. Die Langfassung stellt in ihren ersten zehn Büchern eine straffende Bearbeitung der *Etymologiae* Isidors von Sevilla dar. Den Kürzungen stehen Erweiterungen gegenüber, zur Grammatik nach Priscian, Cassiodor u. Beda, in anderen Bereichen nach anonymen Quellen. Dem systematischen Teil tritt in Buch 11 – als stoffliche Ergänzung – ein umfangreicher alphabetischer zur Seite. In drei Reihen werden unter jedem Buchstaben hebräische, griech. u. lat. Lemmata gebucht. Dieses wiederum in Lang- u. Kurzfassung erhaltene, z. T. für sich überlieferte Buch fehlt der Sechs-Bücher-Fassung.

Beide Fassungen bieten eine umfassende Aufzählung von Realien; die Begriffe werden allenfalls kurz definiert. Dabei geht es nur sekundär um Sprachkunde. Im Rahmen einer systematischen Grobsortierung durch die Buchgliederung zählt der Sachteil Begriffe und Dinge aus allen traditionellen Wissensgebieten auf und glossiert sie durch lat. Definitionen oder Synonyme und deutsche Interpretamente. Die deutsche Glossierung ist integraler Bestandteil des Werks, doch erfasst sie ganze Bücher nicht, andere in sehr unterschiedlicher Dichte. Die Sechs-Bücher-Fassung lässt in großem Umfang die Teile ohne deutsche Glossen fort; neue deutsche Glossen bringt sie kaum. Der alphabetische Teil bietet als hebräische Lemmata fast ausschließlich Namen des AT mit lat. Interpretamenten nach dem einschlägigen Traktat des Hieronymus. Deutsche Glossen finden sich erst zu den griech. u. lat. Lemmata neben den lat. Interpretamenten, gelegentlich sogar allein und ohne diese. Auch dies zeigt den primären Charakter des Werks als Realienkunde und die Möglichkeit der Verwendung deutscher Glossen in solchem Funktionszusammenhang an.

Der hier nach Hildebrandt/Ridders Text (Bd. 1, S. 124–134) wiedergegebene Ausschnitt stellt einen klassischen Teil der Sachglossare dar, die Glossen zu den menschlichen Körperteilen nach dem Schema „von Kopf bis Fuß" (*a capite ad calcem)*; vgl. schon die ‚Kasseler Glossen' (Nr. 11). Das Stück kann wie eine Übung zur physischen Anthropologie gelesen werden. Deswegen ist es hier ausgewählt. Durch seine „Etymologien" bietet es zugleich eine Sprach- und Sachkunde zum Thema „Mensch".

III, 6 De membris hominis
Über die Teile des Menschen

-Caput **houbit** a capiendo quinque sensus, vel initium omnium nervorum.
-Vertex **sceitila** quia cesaries vertitur in ea.
-Calvaria **gibilla / gebil** a calvis ossibus et neutraliter pronuntiatur.
-Calvitium **caluwa.**
-Cerebrum **hirni.** Cerebella **hirniscala.**
-Menica **hirnivel.**
-Sinciput anterior pars capitis, sicut occiput posterior, quod sit contra capitium.
-Extrex **nac.**

-*Caput*: **Haupt** von ‚fassen' (*a capiendo*) der fünf Sinne, oder vom Anfang ‚nehmen' (*a capiendo*) aller Kräfte.
-*Vertex*: **Scheitel**, weil das Haar sich an ihm ‚teilt' (*vertitur*).
-*Calvaria*: **Schädel** (‚Giebel') von den ‚kahlen' (*a calvis*) Knochen, wenn sie neutral bezeichnet werden.
-*Calvitium*: **Glatze** (‚Kahle').
-*Cerebrum*: **Hirn.** *Cerebella*: **Hirnschale.**
-*Menica*: **Hirnhaut** (‚-fell').
-*Sinciput* (Vorderkopf): vorderer Teil des Kopfes, so wie *occiput* der hintere Teil ist, weil er auf der anderen Seite (*contra*) des Kopfes ist.
-*Extrex*: **Nacken.**

-Capilli **lochi** quasi capitis pili.
-Pilos dictos a pelle, de qua prodeunt, sicut et pilum dicitur a pila, ubi pigmentum contunditur.
-Cincinni vel cirri (**cruseht** vel **crispe**) **lochi.**
-Capillicium vel capillatura dicuntur spissi capilli.
-Cesaries est proprie virorum a cedendo. Crines mulierum a discriminando.
-Comę utrorumque in tonsę.

-*Capilli*: **Locken**, sozusagen des ‚Kopfes Pfeile' (*capitis pili*).
-*pili* (Haare) werden sie genannt von der ‚Haut' (*a pelle*), aus der sie hervorgehen, wie auch der Wurfspieß (*pilum*) nach dem ‚Mörser' (*a pila*) benannt ist, in dem die ‚Farbe' (*pigmentum*) [seiner Bemalung] zerrieben wird.
-*Cincinni* oder *cirri*: (**gekräuselte** oder **krause**) **Locken.**
-*capillitium* oder *capillatura* werden dichte Haare genannt.
-*Caesaries*, ist das besondere Wort (für Haar) bei Männern vom ‚Schneiden' (*a caedendo*), *Crines* bei Frauen zur ‚Unterscheidung' (*a discriminando*).
-*Comae* (Haare) bei beiden, wenn sie nicht geschnitten (*intonsę*) sind.

-Timpora **tunnewanga / tinnewangen** dicta, quod moveantur mobilitate quasi tempora.
-Facies **antluzzi** ab effigie, quod ibi tota figura est hominis.
-Vultus (**wille**), quod per eum voluntas cordis ostenditur.
-Frons **tinna / stirna** ab oculorum foraminibus.

-*Timpora*: **Schläfen** (Stirn,wangen') so genannt, weil sie in Bewegung sind, so wie die ‚Zeiten' (*tempora*).
-*Facies*: **Antlitz** von ‚Bild' (*effigies*), weil dort das ganze ‚Bild' (*figura*) des Menschen ist.
-*Vultus*: **Wille**, weil durch es [das Gesicht] der ‚Wille' (*voluntas*) des Herzens gezeigt wird.
-*Frons*: **Stirne** von den ‚Öffnungen' (*a foraminibus*) für die Augen.

-Oculi **ougun**, quia eos ciliorum tegmina occulunt vel quod occultum lumen habent.
-Ocellus **ougilin**.
-Pupilla (**ovpra** vel) **ougaphel**, in qua quia parvę imagines videntur,
-pupillę dicuntur; nam parvuli dicuntur pupilli. Phisici dicunt easdem pupillas, quas in oculis videmus, morituros ante triduum non habere, quibus non visis certa est desperatio.
– Acies **seha / gespicz**.
-Corona dicitur circulus, qui ambit pupillam.
-Volvi dicuntur ipsi vertices oculorum.
-Palpebra **ougbrawa** a palpitatione.[1]
-Lacrimę **trahene** / **zäher** a laceratione mentis.
-Cilia dicuntur pelles, quibus teguntur oculi, et dicta sunt, quod celent oculos.
---Supercilia **uberbrawa** dicta, quia superposita sunt ciliis.
-Intercilium (**wetenbra**)[2] spacium, quod est inter cilia et supercilia.[3]

Oculi: **Augen**, weil die Bedeckungen der Augenbrauen sie ‚verbergen' (*occultunt*) oder weil sie ein ‚verborgenes' (*occultum*) Licht haben.
-*Ocellus*: **Äuglein**.
-*Pupilla*: (**Augenbraue** oder:) **Augapfel**, weil in ihm kleine Bilder erscheinen, werden sie *pupillae* genannt; denn kleine Kinder nennt man *pupilli*. Die Ärzte sagen, dass binnen dreier Tage Sterbende diese kleinen Bilder, die wir in den Augen sehen, nicht haben; wenn man sie nicht sieht, gibt es sicher keine Hoffnung.
-*Acies:* (‚Scharfblick'): **Sehkraft / Spitze**.
-*Corona* wird der Kreis genannt, der die Pupille umgibt.
-*Volvi:* (gerollte) werden die Wirbel (das Rollen?) der Augen genannt.
-*Palpebra:* **Augenbrauen** (= -lider) vom ‚Zucken' (*a palpitatione*).
-*Lacrimae:* **Tränen**, **Zähren** von der ‚Zerfleischung' (*a laceratione*) des Geistes.

1 Vgl. u. zu *pulpa* (Muskelfleisch)
2 zu *-wete* vgl. ahd. *wetan* „verbinden, verknüpfen, zugesellen."
3 Isidor: *Intercilium vero est medium illud inter supercilia, quod sine pilis est.* „Das *intercilium* ist die Mitte zwischen den Augenbrauen, die nicht behaart ist."

-Cilia: werden die Häute genannt, mit denen die Augen bedeckt werden, und so werden sie genannt, weil sie die Augen ‚verhüllen' (*celent*).

-Supercilia: **Brauen** (‚Überbrauen') sind so benannt, weil sie ‚über den Brauen' (= Lidern) liegen (*superposita ciliis*).

-Intercilium: (**Brauenverbindung**) ist der Platz, der ‚zwischen' (*inter*) den ‚Lidern' (*ciliis*) und den Brauen ist.[4]

-Genę **hufeli**, quod ibi barba gignitur;[5] cuius diminitivum est geniculi.
-Malę **wange** dictę propter rotunditatem, vel quod sint prope maxillas.[6]
-Maxilla **kinnibaccho** per diminutionem a malis, sicut paxillus a palo, taxillus a talo.
-Mandibula **baccho / ein kew.**
-Barba **bart.**
-Granones **grani / granen.**

-Genae: **Backen**, weil dort der Bart ‚erzeugt wird' (*gignitur*); dessen Diminutiv ist *geniculi.*

-Malae sind die **Wangen** genannt wegen der Rundheit[7] oder weil sie neben den ‚Kinnbacken' (*maxillas*) sind.

-Maxilla: **Kinnbacke** durch Diminutivbildung von *mala* (Kinnbacke) wie *paxillus* (Pflock) von *palus* (Pfahl), *taxillus* (Würfelchen) von *talus* (Würfel).

-Mandibula: **Backe / eine Kinnbacke** (‚Kiefer') Barba:
Bart.

Granones: **Barthaare.**[8]

-Maxilla: **Kinnbacke** durch Diminutivbildung von *mala* (Kinnbacke) wie *paxillus* (Pflock) von *palus* (Pfahl), *taxillus* (Würfelchen) von *talus* (Würfel).

-Mandibula: **Backe / eine Kinnbacke** (‚Kiefer')

-Barba: **Bart.**

-Granones: **Barthaare.**[9]

-Auris **ora** a vocibus hauriendis.
-Austiria **orismero.**
-Pinnula summitas auris ab acumine. Pinnum enim antiqui acutum dicebant, unde et bipennis et pinna.

---

4 Vgl. o, Anm. 3 (zu *intercilium*).

5 Isidor: *Nam Graece ‚geneion' barbae. Hinc et genae, quod inde incipiant gigni barbae.* ‚Denn griechisch heißt ‚geneion' ‚Barthaare'. Daher auch ‚genae' weil von da an die Barthaare anfangen zu ‚sprießen' (*gigni*).'

6 Isidor: *Vocatae autem ‚malae', sive quod infra oculos prominent in rotunditatem, quam Graeci ‚mela' appellant.* „Sie werden ‚malae' genannt, weil sie unter den Augen in einer Rundheit vorspringen, welche die Griechen ‚*mela*' (‚Äpfel' = Metapher für ‚Backen') nennen."

7 Vgl. o., Anm. 6 (zu *malae*).

8 Es wird das st. F. *gran* und das sw. F. *grana* angeführt.

9 Es wird das st. F. *gran* und das sw. F. *grana* angeführt.

-*Auris*: **Ohr** vom ‚Schöpfen' (*a hauriendo*) der Laute.
-*Austiria*: **Ohrenschmalz**.
-*Pinnula* (Federchen) wird die oberste Stelle des Ohres genannt von ‚Spitze' (*acumen*). *Pinnum* nämlich nannten die Alten ‚das Gespitzte' (*acutum*), woher auch ‚zweischneidig' (*bipennis*) und ‚[gefiederter] Pfeil' (*pinna*).

-Nasus vel naris **nasa** dicta, quod aer vel odor vel spiritus manare[10] non desinit, vel quia nos odore admonent, ut norimus aliquid; unde contra rudes ignari dicuntur.
-Columna dicitur naris porrecta.
-Sanna rugositas naris.
-Pirula extremitas naris a formula pomi piri.
-Pinnulę latera nasi, ab alarum similitudine.
-Interfinium **nasacrustala / nasecrosela.**[11]

-*Nasus* oder *naris*: **Nase**, so genannt, weil die Luft oder der Geruch oder der Atem nicht aufhört zu ‚fließen' (*manare*)[12] oder weil sie uns durch einen Geruch ‚gemahnen' (*admonent*), dass wir etwas ‚erkennen' (*norimus*); deshalb werden umgekehrt Ungebildete als ‚Unwissende' (*ignari*) bezeichnet.
-*Columna* (Säule) wird die ausgestreckte Nase genannt.[13]
-*Sanna* (Grimasse) ist ein Rümpfen der Nase.
-‚Birnchen' (*pirula*) heißt das Ende der Nase von der Frucht des ‚Birnbaums' (*pomus piri*).
-‚Flügelchen' (*pinnula*) heißen die Seiten der Nase wegen der Ähnlichkeit mit Flügeln.
-*Interfinium* **Nasenknorpel** (‚-kruste').

-Os **munt**, quod sit ostium corporis vel bucca.
-Labium a lambendo superius.
-Labrum autem inferius **lefse**.
-Lingua a lingendo vel quod verba liget **zunga**.

-*Os*: **Mund**, weil er die ‚Tür' (*ostium*) des Körpers ist oder Maul.
– Labium vom ‚Lecken' (*a lambendo*) der oberen (Lippe).
-*Labium superius* (Oberlippe)
-*Labrum inferius* aber: (vom ‚Lecken') der **(Unter)lippe** (‚Lefze').[14]
-*Lingua* vom ‚Lecken' (*a lingendo*) oder weil die **Zunge** Worte ‚verbindet' (*liget*).

---

10 Isidor: *nare* ‚fließen'.
11 Vgl. u. *crostila / crosela* ‚Knorpel des (Brustbeins)'.
12 Vgl. o. Anm. 10 (zu *nare*).
13 Isidor: *Narium recta pars, propter quod aequaliter sit in longitudine et rotunditate porrecta, columna vocatur.* „Der gerade Teil der Nase, weil er in Länge und Rundung sich gleich erstreckt, wird ‚Säule' genannt."
14 Isidor: *Quod auten superius est, labium dicimus; quod inferius, eo quod grossior sit, labrum.* „Was aber darüber ist, nennen wir ‚labium'; was darunter ‚labrum', weil es größer ist."

-Dentes **ceni / czend**, quod dividant cibum.
-Precisores dicuntur anteriores **vorderceni / vorderncende / varreceni** a precidendo.
-Canini (**scharpceni**), quod ad similitudinem caninorum existant.[15]
-Molares vel genuini **bacchoceni / baccenzende / vahenczend** a molendo cibum.
-Gingivę **pilorni / bolorni**[16] / **zendfleisch** a gignendis dentibus vel ingines dicitur caro, que circa dentes est.

-*Dentes:* **Zähne**, weil sie die Speise ‚teilen' (*dividant*).
-*Praecisores* (Zerschneider): werden die vorderen genannt: **Vorderzähne** vom ‚Zerschneiden' (*a praecidendo*).
-*Canini*: **Scharfzähne**, weil sie Ähnlichkeit mit Hündchen (*caninorum*) haben.[17]
-*Molares* (Mahlzähne) oder *genuini* (Backenzähne): **Backenzähne** / **Raffzähne** (= Eckzähne, ‚Fänger'-zähne) vom ‚Mahlen' (*a molendo*) der Speise.
-*Gingivae*: **Zahnfleisch** vom ‚Erzeugen' (*a gignendis*) der Zähne oder *ingines* wird das Fleisch genannt, das um die Zähne ist.

-Fauces a fundendis vocibus **guomun**.
-Palatus vel baratrum **slunt** a polo per derivationem.
-Arterię per quas sonus vocis egreditur, dictę quod artis meatibus spiritum retineant.
-Tolę sunt, que vulgo per diminutionem tusillas vocant, in faucibus turgescere solent.
-Mentum **kinni / kindpain** dictum, quod mandibulę inde oriantur vel iungantur.

-*Fauces*: von dem ‚Hervorbringen' (*a fundendis*) der Laute: **Gaumen**.
-*Palatus* oder *baratrum*: **Vordergaumen** (‚Schlund') von ‚Pol', ‚Himmel' (*a polo*) durch Derivation.
-*Arteriae* (Luftröhren) heißen die, durch welche der Klang der Stimme hervordringt, weil sie den Atem durch Wege des *ars* (Kunst) regulieren.
-*Tolae* (Mandeln) welche man gewöhnlich durch Diminution *tusillae* (Mandeln) nennt, pflegen im Rachen anzuschwellen.
-*Mentum*: das **Kinn, Kinnbein** wird so genannt, weil die ‚Kiefer' (*mandibulae*) von dort ausgehen oder sich dort verbinden.

-Gurgulio a gutture nomen trahit, cuius meatus ad os et nares pertendit (**gurgela**).
-Sublinguium **racho** quasi parva lingua, quę foramen linguę recludit aperitque.
-Submentum **underkinne / ünderkinpain.**
-Rumen (?) a ruminando **sluntbein.**
-Collum quod sit rigidum et rotundum ut columna (**hals**).
-Cuius anterior pars gula, posterior cervix dicitur.

15 Isidor: *Et dicti canini, quia ad similitudinem caninorum existunt, et canis ex ipsis ossa frangit, sicut et homo.* „[...] der Hund zerbricht mit ihnen die Knochen, wie auch der Mensch."
16 StWG *bilarn – gingiva* ‚Zahnfleisch'.
17 Vgl. o. Anm. 15 (zu *caninorum*).

-Cervix quasi cerebri via. (**halsadara**)[18].
-(Spondile **halsbein.**)
-Gula vel guttur **kela.**
-Vua **blat.**
-Struma **croph.**
-Frumen pars gulę quę prominet.

-*Gurgulio* (Schlund) bezieht den Namen von *guttur* (Schlund), dessen Weg sich zu Mund und Nase erstreckt: **Gurgel.**
-*Sublinguium* (Zäpfchen): **Rachen**, gleichsam eine kleine ‚Zunge' (*lingua*), die die Öffnung der Zunge verschließt und öffnet.
-*Submentum*: **Unterkinn / unter dem Kinnbein.**
-*Rumen* (?) vom ‚Wiederkäuen' (*a ruminando*) **Schlund** (‚Schlundbein').
-*Collum*, was ausgestreckt ist und rund wie eine ‚Säule' (*columna*): **Hals.**
-Dessen vorderer Teil wird *gula* (Kehle) genannt, der hintere *cervix* (Nacken).
-*Cervix* ist sozusagen der Weg des ‚Gehirns' (*cerebri*): **Genicksnervenstrag** (‚Halsader').[19]
-*Spondile*: **Halswirbel** (‚Halsbein').
-*Gula vel guttur*: **Kehle.**
-*Uva* („Traube"): **Zäpfchen.**
-*Struma*: **Kropf.**
-*Frumen*: der Teil der Kehle, der vorsteht.

-Humerus **ahsela** quasi armi, ad distinctionem hominis a pecudibus, ut hii humeros, illi armos habeant.
-Ala summi humeri pars posterior.
-Brachium **arm** a fortitudine, quia bari grece forte dicitur.
-Tori **musi**, quod ibi viscera torta sint. Idem lacerti vel musculi.
-Cubitus **elin** a cubando.
-Alenus **elinbogo.**
-Ulna utriusque manus extensio est. Item ulna est cubitus.
-Alę vel ascellle **uochesun**, quod brachia ex his cellantur, id est moveantur.
-Idem subhirci dicuntur, quod in quibusdam hircorum fetorem dent.

-*Humerus*: **Schulter** (‚Achsel'), sozusagen vom Bug (armus), zur Unterscheidung des ‚Menschen' (*hominis*) von den Tieren, dass diese Schultern (*humeros*) haben, jene Buge (*armi*).
-*Ala* (‚Achsel') ist der hintere Teil der obersten Schulter.
-*Brachium*: **Arm** von der Stärke, weil *bari* griechisch ‚stark' heißt.
-*Tori*: **Oberarmmuskel**, weil dort das Fleisch ‚gedreht' (*torta*) ist. Ebenso die Muskeln (*lacerti*) oder die Muskeln (*musculi*).
-*Cubitus*: **Elle** von ‚sich krümmen' (*cubare*).

---

18 Isidor: *Cervix autem vocata, quod per eam partem cerebrum ad medullam spinae dirigitur, quasi cerebri via.* „*Cervix* (Nacken) wird sie genannt, weil durch diesen Teil das Hirn in den Kern des Rückgrats geleitet wird."
19 Zu dieser Deutung vgl. o. Anm. 18 (zu *cervix*).

-Alenus **Ellenbogen**
-*Ulna* (der Ellenbogen) hat die Ausdehnung beider Hände. *Ulna* ist dasselbe wie *cubitus*.
-*Alae* oder *ascellae*: **Achselhöhlen**, weil die Arme aus ihnen ‚gerührt werden' (*cellantur?*), das heißt bewegt werden.
-Ebenso werden sie *subhirci* (Unterböcke) genannt, weil sie bei manchen einen Bocksgestank abgeben.

-Manus **hant**, quod sit totius corporis munus.
-Dextra **zesuwa / zesuna** a dando.
-Sinistra **winstera / ein tenkew hant** a sinendo, et leva, quod aptior sit ad levandum.
-Palma dicitur ab expansis palmę ramis.
-Est autem manus expansis digitis, sicut pugnus contractis.
-Pugnus a pugillo **fust.**
-Vola **bal.**
-Ir vel clessal est medietas palmę.
-Digiti **vingere**, quod decem sint.
-Pollex **dumo**, quod inter ceteros polleat.
-Index vel salutaris demonstratorius id est **zeigare / mvsvingir.**
-Impudicus vel medius **lancmar**, quod per eum probri insectatio exprimitur.
-Anularis vel medicinalis, quod in ipso anulus geritur, vel quod ipso colliria a medicis colliguntur **goltvinger.**
-Auricularis **orvinger**, quod eo aurem scalpimus.
-Vngula **nagel** a greco, quod est onicen.
-Articulus **lidilin / klidlein.**

-*Manus*: **Hand**, weil sie ‚Dienst' (*munus*) für den ganzen Körper ist.
-*Dextra*: **die Rechte** vom ‚Geben' (*dando*).
-*Sinistra*: **die Linke / eine linke Hand** vom ‚Lassen' (*a sinendo*), auch *laeva* (die Linke), weil sie geeigneter ist *ad levandum* (zum Schwächen).
-*Palma* (die Handfläche) wird so genannt von den ausgebreiteten Zweigen der Palme (*palmae*).
-Es heißt *manus* (Hand) bei ausgebreiteten Fingern, *pugnus* (Faust) bei zusammengezogenen.
-*Pugnus* von *pugillus* (Faustkämpfer): **Faust.**
-*Vola*: **Handballen.**
-*Ir* oder *clessal* (Innenhand, Handhöhle) ist die Mitte der Handfläche.
-*Digiti*: **die Finger**, weil es ‚zehn' (*decem*) sind.
-*Pollex*: **Daumen**, weil er unter den übrigen ‚stark ist' (*polleat*).
-*Index* oder *salutarius*, der Zeigende, das ist **der Zeigefinger / Breifinger.**
-*Impudicus* oder *medius*: **Langmahr**[20], weil durch ihn Verhöhnung wegen ‚Unzucht' (*probri*) ausgedrückt wird.
-*Anularis* oder *medicinalis* (Ringfinger), weil an ihm der Ring getragen wird oder weil durch die Ärzte von ihm Augensalben gewonnen werden: **Goldfinger.**
-*Auricularis*: **Ohrfinger**, weil wir mit im das Ohr auskratzen.

20 Obszönes Wort: Mahr: Inkubus; „Langmahr": Inkubus mit langem Penis. Das Herausstrecken des Mittelfingers gilt als obszöne Geste. Grimm, Fingernamen, hier S. 438–441.

-*Ungula*: **Nagel** vom Griechischen, wo es *onicen*[21] heißt.
-*Articulus*: **Fingerglied** (‚Gliedlein‘).

-Truncus media pars corporis a collo usque ad inguinem.
-Torax a Grecis dicitur anterior pars trunci, quam nos arcam ab arcendo dicimus.
-Pectus **brust**, quod sit pexum.[22]
-Cartilago **brustleffil** vel **crostila / crosela** dictę, quod leni attritu carent dolore dum flectuntur.
-Vbera vel mammę **duttun** (vel **dezce**). Inde mamillę (**dvttelin**), quia rotundę quasi malę.
-Papillę capita mamillarum, quod eas infantes quasi pappant.

-*Truncus* (Rumpf) ist der mittlere Teil des Körper vom Hals bis zum Unterleib.
-*Torax* (Brustkorb) wird von den Griechen der vordere Teil des Rumpfes genannt, den wir (Lateiner) *arcam* (Kasten) von *arcendo* (einschließen, bewahren) nennen.
-*Pectus*: **Brust**, weil sie ‚gekämmt‘ (*pexus*) ist.[23]
-*Cartilago*: **Brustbein** (‚Brustlöffel‘, Rippe) oder **Knorpel** (‚Kruste‘), weil sie bei sanftem Reiben Schmerz ‚nicht haben‘ (*carent*), wenn sie gebogen werden.
-*Ubera* oder *mammae*: **Brustwarzen** (‚Zitzen‘); daher *mamillae* (**Zitzlein**), weil sie rund sind, sozusagen *malae* (‚Äpfelinnen‘).
-*Papillae* (Brustwarzenspitzen) sind die Köpfe der *mamillae*, weil die Säuglinge sie sozusagen ‚als Brei essen‘ (*pappant*).

-Cutis ab incisione **hut.**[24]
-Inde corium **leder** vel per derivationem a carne.
-Pellis autem detracta iam corium dicitur.[25]
-(Sudor a sudando **svveiz.**)
-Pori **sweizlochir** grece, latine spriramenta dicuntur, quod per eos vivificus spiritus exterius ministretur.

-*Cutis* vom ‚Schneiden‘: **Haut.**
-Davon *corium:* **Leder** oder durch Derivation von ‚Fleisch‘ (*a carne*).[26]

21 griech. *onyx* ‚Nagel‘.
22 Isidor: [...] *quod sit pexum inter eminentes mamillarum partes; unde et pectinem dici, quod nexos capillos faciat.* „was gekämmt ist zwischen den hervorstehenden Teilen der Brustwarzen; daher wird ‚Kamm‘ genannt, was gekämmte Haare macht."
23 Vgl. o. Anm. 22 (zu *pexum*)
24 Isidor: *Cutis est, quae in corpore prima est, appellata, quod ipsa corpori superposita incisionem prima patiatur: ‚kytis‘ enim Graece ‚incisio‘ dicitur.* „Die Haut (*cutis*), die das Äußerste am Körper ist, wird so genannt, weil sie – als über den Körper gelegt – ein Schneiden als erste erleidet. ‚das Schneiden‘ heißt nämlich auf Griechisch *kytis.*"
25 Isidor: *Corium autem per derivationem caro appellavit, quod eo tegatur.* „Corium hat durch Derivation von *caro* die Benennung, weil es dieses bedeckt."
26 Vgl. o. Anm. 25 (zu *corium*).

-Die schon abgezogene *pellis* („Fell, Pelz") aber heißt *corium* („Leder").
-(*Sudor* vom ‚Schwitzen' *[a sudando]*: **Schweiß.**)
-Griechisch *pori*: **Poren** (‚Schweißlöcher') heißen lateinisch *spiramenta*, weil durch sie der lebendige Geist des Lebens (*vivicus spiritus*) versorgt wird.

-Arvina **smero.**[27]
-Pulpa (**magerfleichs**) caro sine pinguedine, dicta quod palpitet.[28]
-Membra **lide / lider / glid**, que corporis partes sunt.
-Artus, quibus colliguntur membra, ab artando **gileichi**, quorum diminutivum est articuli.
-Venę **adrun**, quod vię sanguinis sint. Et venę minores.[29]
-Nervi maiores ab inherendo.
-Compago capita ossium a conpingendo.
-Vertibulę sunt summę ossium partes, a vertendo nodis crassioribus conglobatę.
-(Pili pubertatis vel famis **hungerhar.**)
-Ossa **bein** ab usto, propter quod cremarentur ab antiquis, sive ab ore, quod ibi pateant.
-Medulla **marc**, quod madefaciat ossa.
-Costa **ribbi** a custodiendo interiora dicitur.
-Latus **sita**, quod nobis iacentibus latet.

-*Arvina*: **Talg** (‚Schmiere').[30]
-*Pulpa* **Muskelfleisch**: Fleisch ohne Fett so genannt, weil es ‚zuckt' (*palpitet*).
-*Membra*: **Glieder,** die Teile des Körpers sind.
-Die *artus* (Gelenke), durch die die Glieder verbunden werden, heißen so vom ‚Einengen' (*ab artando*) **Gelenke**, deren Diminutiv ist *articuli* (kleine Gelenke).
-*Venae*: **Adern**, weil sie die ‚Wege' (*viae*) des Blutes sind. Auch kleinere Adern.
-*Nervi* (die Sehnen), die größeren, heißen so vom Festhaften (*ab inhaerendo)*.
-*Compago* (Bindemittel), die Köpfe der Knochen, heißen so vom ‚Zusammenfügen' (*a compingendo*).
-*Vertibulae* (Wirbel) heißen die obersten Teile der Knochen *a vertendo* (vom ‚Wenden'); sie sind in dickeren Knoten zusammengeballt.
-(Bartflaum der Jugend oder des Hungers: **Milchbart** [‚Hungerhaar']).
-*Ossa*: **Knochen** (‚Gebeine') vom ‚Verbrannten' (*ab usto*), weil sie von den Alten verbrannt wurden, oder von ‚Mund' (*ab ore*), weil sie dort offenliegen.[31]
-*Medulla*: **Mark**, weil es die Knochen ‚befeuchtet' (*madefaciat*).
-*Costa*: **Rippe** wird vom Schützen (*a custodiendo*) des Inneren benannt.
-*Latus*: **Seite**, weil sie verborgen ist (*latet*), wenn wir liegen.

---

27 Isidor: *Arvina est pinguedo cuti adhaerens.* ‘*Arvina* ist Fettigkeit, die an der Haut haftet.’
28 Vgl. o. zu *palpebra* (‚Augenlid').
29 Isidor: *Venae dictae, eo quod viae sint natantis sanguinis, atque rivi per corpus omne divisi, quibus universa membra inrigantur.* „Venen heißen sie, weil sie *viae* des fließenden Blutes sind und wie Bäche über den ganzen Körper verteilt, durch welche alle Glieder benetzt werden."
30 Vgl. o. Anm. 27 (zu *arvina*).
31 Gemeint sind die Zähne als „offenliegende" Knochen.

-Dorsum, tergum **ruggo** dicitur, quod sit durum et ad perpetiendum et ad portandum; et terga, quia in ea supini iacemus in terra.
-Scapula **scultera.**
-Interscapilium spacium, quod inter scapulas est, unde et nominatum est.
-Palę sunt dorsi dextra lęvaque eminentia membra **ruggebratun.**
-Spina **ruggebein** dicta, quod radiolos acutos habeat.[32]
-Sacra spina est ima spinę, quam gentiles diis suis primum offerebant, unde et sacra spina dicitur.

-*Dorsum, tergum*: **Rücken**, so genannt, weil er hart (*durum*) ist, sowohl zum Ausdauern als auch zum Tragen; und ‚die Rücken', weil wir auf ihnen rücklings ruhend auf der ‚Erde' (*terra*) liegen.
-*Scapula*: **Schulter**.
-*Interscapilium* (‚Zwischenschulter'), der Raum, der zwischen den Schultern ist, woher er auch benannt ist.
Palae (‚Spaten') sind die rechts und links hervortretenden Teile des Rückens: **Rückenfleisch**.
-*Spina*: **Wirbel** (die Rückenknochen), so genannt, weil sie spitze Stäbchen haben.[33]
-Heiliger Wirbel ist das Unterste des Wirbels, das die Heiden ihren Göttern zuerst opferten, woher es auch ‚heiliger Wirbel' heißt.

-Renes **lenten / lendi**, quod rivi ab his obsceni liquoris decurrant.
-Ren vel rien **lentibrato.**
-Lumbi **lancha / lanchen / lumben** ob libidinis lasciviam.

-*Renes*: **Nieren** (‚Lenden'), weil von ihnen ‚Bäche' (*rivi*) unsauberer Flüssigkeit herablaufen.
-*Ren oder rien*: **Nierenfleisch**.
-*Lumbi*: **Lenden** wegen der Ausschweifung der ‚Lust' (*libidinis*).

Umbilicus **nabulo**, quod sit umbus iliorum vel ventriculus.

Umbiculus: **Nabel**, weil er der ‚Schildbuckel' (*umbus*) der *iliorum*[34] ist oder das Bäuchlein.

---

32 Isidor: *Spina est iunctura dorsi, dicta eo quod habeat radiolos acutos; cuius iuncturae spondilia appellantur propter partem cerebri, quae fertur per eos longo tractu ad ceteras corporis partes.* „Spina ist ein Bindeglied am Rücken, so genannt, weil es spitze Stäbchen hat, dessen Verbindungen *spondilia* heißen wegen eines Teils des Gehirns, das durch einen langen Verlauf zu den übrigen Teilen des Körpers gebracht wird."

33 Vgl. o. Anm. 32 (zu *spina*).

34 Im ‚Summarium' ist die Stelle nicht verstanden. Sie erklärt sich von Isidor her. Bei ihn heißt es: „[...] *umbus iliorum, Vnde et umbo appellatur locus in medio clypei, a quo pendet. Ex eo enim infans in utero pendet, ex eo etiam et nutritur. Ilium Graeco sermone appellatum, quod ibi nos obvolvamus. Grece enim +ilios+ obvolvere dicitur.* „[...] Schildbuckel der Ilier. Von daher wird auch die Stelle in der Mitte des Schilds *umbo* ‚Schildbuckel' genannt, an der er aufgehängt ist. An ihm nämlich (am *umbus / umbiculus* „Nabel') hängt das Kind in der Gebärmutter, und von ihm wird es auch ernährt. *Ilium* heißt er im Griechischen, weil wir uns dort einhüllen. Auf Griechisch hieß nämlich +*ilios*+ ‚einhüllen'."

-Clunes **goffun** vocatę, quod sit iuxta culum.
-Posteriora **hinderteil**.
-Culus vel podex **ars** (vel **after**).
-Podiscus **arswisc**.
-Anus **arsloch** foramen culi.
-Nates **arsbelle**, quod in ipsis innitimur, dum sedemus.

Clunes: **Hinterbacken** genannt, weil sie beim ‚Hintern' (*culum*) sind.
Posteriora: **Hinterteile**.
-*Culus oder podex*: **Arsch** (oder **After**).
-*Podiscus*: **Arschwisch**.
-*Anus*: **Arschloch**, Öffnung des Arschs.
-*Nates*: **Arschbacken**, weil wir uns auf sie ‚stützen' (*innitimur*), wenn wir sitzen.

-Virilia **gimachti**. Hęc pudenda pro verecundia, vel a pube;
-et genitalia a gignendo sobolem, et inhonesta ob turpitudinem dicuntur;
-idem et veretrum (**cunpo**[35]).
-Testiculi **hoden** diminutivum a testibus.
-Viror id est humor fluens a natura viri.
-Viscus pellis, in qua testiculi sunt.
-Gurgulio crinis genitalium.
-Languo **stuphar / strupha / stroupha**.
-Meatus, quia per eum meant stercora.
-Femura **huffi**, quod ea parte a femina sexus viri discrepet. Femina autem per derivationem femorum partes sunt.[36]
-Ingues **heigdruose / hegedruose / hageldruose**.
-Glans vel tolis **druos**. Glandula vel tosilla **druosilin**.
-Coxę quasi coniunctę axes vel gossę **diech**.
-Quarum concava vertebra dicuntur.[37]
-Suffragines, quibus franguntur subtus id est flectuntur (**hamen**).

-*Virilia*: **männliche Teile** (‚Gemächte'). Und wegen dieser muss man sich schämen aus Anständigkeit oder vor Scham,
-auch heißen sie *genitalia* („Zeugeglieder") von ‚Erzeugen' (*a gignendo*) der Nachkommenschaft und als schändlich werden sie erklärt wegen ihrer Hässlichkeit;

35 StWG s. v. *zumpfo* „Penis". – Isidor: *veretrum quia viri est tantum, sive quod ex eo virus emittitur. Nam virus proprie dicitur humor fluens a natura viri.* „*Veretrum* weil es nur der ‚Mann' (*vir*) hat oder weil aus ihm „Schleim" (*virus*) entsandt wird. Denn „Schleim" (*virus*) heißt eigentlich die Flüssigkeit, die von der Natur des ‚Mannes' (*viri*) ausfließt."

36 Isidor: [...] *femorum partes sunt, quibus in equitando tergis equorum adhaeremus.* „[...] die Teile der Oberschenkel, mit denen wir beim Reiten am Rücken der Pferde haften."

37 Isidor: *Quarum concava vertebra vocantur, quia in eis capita femorum vertuntur.* „Deren Gelenkhöhlen werden *vertebra* genannt, weil in ihnen die Gelenkköpfe der Oberschenkel *vertentur* (sich drehen)."

-ebenso *veretrum* (**Penis**).[38]
-*Testiculi*: **die Hoden;** Diminutiv von *testes* („die Hoden").
-*Viror*[39]) ist die Flüssigkeit, die aus der Natur des Mannes (*viri*) fließt.
-*Fiscus* (Korb) heißt die Haut, in der die Hoden sind.
-*Gurgulio* (Schlund) heißt das Haar der Genitalien.
-*Languo*: **Bartstoppel** (,Stupfhaar').
-*Meatus* (Gang), weil durch ihn die Exkremente ,gehen' (*meant*).
-*Femora* (die Oberschenkel): **Hüften**, weil in diesem Teil sich das Geschlecht des Mannes von dem der ,Frau' (*femina*) unterscheidet. *Femina* aber sind durch Derivation die Teile des Oberschenkels (*femorum*).[40]
-*Ingues*: **Geschlechtsdrüsen** (,Hegedrüsen').
-*Glans* („Eichel", „Drüse") oder *tolis* („Halsmandel"): **Drüse**. *Glandula* oder *tosilla* (Halsmandel) **kleine Drüse**.
-*Coxae* („Haxe", „Hüfte") oder *gossae*, sozusagen ,verbundene' (*coniunctae*) axes („Bohlen") oder *gossę*: **Hüften**.
-Deren Gelenkhöhlen werden *vertebra* („Gelenk," „Wirbel") genannt.[41]
-*Suffragines* heißen die, mit denen man unten (das Bein) bricht, das heißt biegt: (**Kniekehlen**).

-Genua **knie**, quod in utero genis sint opposita.
-Pobles **knierado**.
-Crura **bein** a currendo.
-Tibię **scinkun** quasi tubę.
-Surę **wadun**.
-Talus **enkil / enkilin** a tolo id est rotunditate.
-Locus corrigie **riho**.
-Pedes **fuozi** a greco podas.
-Planta **sola** a planitie.
-Calx **versina** a calcando, unde calcaneus.
-Solum inferior pars pedis.

-*Genua*: **Kniee**, weil sie im Mutterleib den „Wangen' (*genis*) gegenüberliegen.
-*Pobles*: **Kniekehle**.
-*Crura*: **Unterschenkel** vom ,Laufen' (*a currendo*).
-*Tibiae*: **Schienenbeine**: (Unter-,schenkel', –,schinken'), sozusagen ,Trompeten' (*tubę*).
-*Surae*: **Waden**.
-*Talus:* **Ferse** (,Enkel') von ,Kuppeldachtempel' (*tholus*), das heißt, von der Rundung.
-*Locus corrigiae* (,Stelle des Riemens'): **Unterschenkel**.
-*Pedes*: **Füße** vom Griechischen ,Füße' (*podas*).
-*Planta*: **Sohle** von der ,Ebene' (*a planitie*).
-*Calx*: **Ferse** von ,mit Fersen treten' (*a calcando*), daher auch *calcaneus*.
-*Solum* (,Sohle'): unterer Teil des Fußes.

38 Vgl. o. Anm. 37 (zu *vertebra*).
39 Isidor hat hier *virus*; vgl. o. Anm. 35.
40 Vgl. o. Anm. 36 (zu *femora*).
41 Vgl. o. Anm. 37 (zu *vertebra*).

Deutsch als Fremdsprache

10 Vocabularius Sancti Galli (‚Deutsche Hermeneumata') StSG III und IV

[2]**VL** 10, Sp. 479–482. (Heinz Mettke). – VL ahd. und as Lit. (2013), S. 494–500 (Stefanie Stricker). – Killy-Lit.Lex. 12 (2011), S. 1 (Ernst Hellgardt).
Ü.: St. Gallen, Stiftsbibliothek, Cod. 913, p. 181–206.
Abb.: vollständiges Digitalisat der Hs. in Farbe: http://www.cesg.unifr.ch/virt_bib/handschriften.htm. – Fischer, Schrifttafeln, Taf. 1b (pag. 192 und 193).
Dat.: Hs. (abschriftlich, in insularer [nicht irischer] Halbunziale), 8. Jh., 2. Hälfte, kontinental (Deutschland), an unbekanntem Ort. – Werkentstehung wohl nicht wesentlich früher.
Spr.: teils obd., teils fränk.
Ed.: StSG III, Nr. 931, S. 1–8. – Müller, S. 220–221 (Textprobe).
Lit.: Kelle, LG 1, S. 45 und S. 306. – Kögel. LG I,2, S. 437 – S. 443. – Ehrismann, LG 1, S. 258–259. – Baesecke, LG 2,1, S. 147–149 und S. 155–166. – Baesecke, Der Vocabularius Sancti. – Haubrichs, Die Anfänge, S. 187–188. – BStK Nr. 254. – Stefanie Stricker, Der Vocabularius Sti. Galli. In: BStH Bd. 1 (2009), S. 749–759. – Glossen und Glossare. RGA 12 (1998), 218–226 (Jochen Splett) und S. 226–234 (Gert Kreuzer). – Baesecke, LG II, S. 147–149 und S. 155–166. – Georg Baesecke, Der Vocabularius Sancti Galli in der angelsächsischen Mission. 1933. – Rolf Bergmann, Die ahd. Glossen-Überlieferung des 8. Jh.s. Göttingen 1983 (Nachrichten der Akademie der Wissenschaften in Göttingen 1). – Thomas Klein, Zu Herkunft, Sprache und Übersetzter des Vocabularius Sti. Galli. ZfdPh 131 (2012), S. 3–32. – Müller, S. 370 (Kommentar zur Textprobe).

Wörterbuch eines ags. Missionars, geschrieben in insularer (nicht irischer) Halbunziale, 8. Jh., 2. Hälfte; zur Schriftheimat Bischoff, Paläographische Fragen, S. 118: „Repräsentant jenes englischen Einflusses, der für das deutsch-angelsächsische Gebiet am Main, in Hessen und im nördlichen Bayern die Grundlagen der lateinisch-kirchlichen Kultur schuf." Taschenkodex, Kleinstformat (8,5x8,5 cm), Baesecke, Der Vocabularius: „eine Art Diarium, in dem allerhand Lesefrüchte neben Schulaufzeichnungen gesammelt und auch leergebliebene Plätzchen liebevoll ausgestopft wurden." In St. Gallen später fälschlich dem Hl. Gallus zugeschrieben.

Der Vocabularius steht am Schluss der Hs., p. 181–206 in 4 Teilen:

1. **Sachglossar** (1,1–7,10, Sprachstand teils obd., teils fränk.) nach den Gruppen (Daraus hier S. 70–77)

Bäume, Pflanzen, Gewässer. – Der Mensch: Stand, Körperteile,[1] Eigenschaften, Verwandtschaft, Krankheiten. – Tiere. – Die Erde: Ackerbau, Straßen, Häuser. – Der Himmel: Wettererscheinungen, Jahreszeiten.

Grundlage: Hermeneumata des Ps.-Dositheus (3. Jh.), Hermeneumata Pseudodositheana Leidensia hg. von Guiseppe Flammini. München [u.a.], 2004. (Bibliotheca scriptorum Graecorum et Roman-

1 Riecke, Frühgeschichte, S. 159, S. 161–164.

orum Teubneriana). Dieses Büchlein ist vermutlich mit den Griechen Theodor von Tarsus, Erzbischof von Canterbury, und Abt Hadrian um 670 nach England gekommen. Dort wurden die griechischen Lemmata weggelassen und die lateinischen Interpretamente ins Ae. übersetzt und diese später ins Deutsche übertragen; dabei scheinen die ae. Lautungen teilweise noch durch. Die Glossen sind nahe verwandt mit den Kasseler Glossen (s. diese). Sie sollten dem Verständnis des Deutschen, nicht des Latein dienen und setzen einen nichtdeutschen, lateinkundigen Benutzer voraus.

2. **Gesprächsreste** (?) (7,11–15, z.B. *indiga **zeigo***, hier nicht erfasst).

3. **Reste eines alphabetischen Glossars** (7,16–8,1; N-O: 7,16–20; C-G: 7,21–43; L. 8,1, daraus hier S. 77–78).

4. **Glossen zu Aldhelm** (um 640–709), ‚Carmen de laudibus virginum' (8,2–24, hier nicht erfasst).

5. **Zusatz: altenglische (ahd.) Scholien und Glossen der Vocabularius-Handschrift aus dem Kommentar Theodors und Hadrians zu Leviticus, cap. 11,5–34** (daraus hier S. 79–91).

Der Vocabularius hier nach StSG III, Nr. 931, S. 1–8 und dem Digitalisat.

Aus dem Hauptteil: nach Sachen geordnete Glossen

StSG III, S. 1, Z. 12–33

p. 181b Cod. SG 913

Materia **zimpar** – „(Bau)stoff" („Zimmer").
Domus **huus** – „Haus".
Palatius **phalanze** – „Palast" („Pfalz").
Templus – **hus za petonne** – „Haus zum Beten".
Columna ***sul*** – *„Säule"*.
Parietas **uuanti** – „Wände".
Trapi **gepretta** – „Balken".
Culmes **first** – „First".
Laterculi **scintilun** – „Schindeln".

p. 182a Cod. SG 913

Tectus **gadacha** – „Dach".
    Tegitur **dachit** – „(er) deckt" („bedacht").
Cinulus **dil** – „Brett" („Diele").
Cellarius **puur** – „Vorratshaus" („Bau").
Stabulus – **stal** „Stall".
Cupiculus **camara** – „Schlafkammer".
    Lectus **petti** – „Bett".
    Throrus **petti** – „Bett".

Ostium **turi** – „Türe".
Poste **turisuli** – „Türpfosten („-säulen").

p. 182b Cod. SG 913

Sublimitare **drisgufli** – „Türschwelle".
Superlimita*r* **ubarturi** – „Türsturz".

Sepes **zuun** – „Zaun".

*

StSG III, S. 2, Z. 9–13
p. 183b Cod SG

Quadrus **feorha*hi*** – „Quaderstein" („vier-").
Lapis **stain** – „Stein".
Petra **stain** – „Stein".
Saxus **stain** – „Stein".
Cimentus **calc** – „Kalk".

StSG III, S. 2, Z. 14–25
p. 184b Cod. SG

Ortus **garto** – „Garten".
Cl*ausu*ra **piunte** – „eingezäuntes Grundstück" („Be-einigte"?).
Campus **feld** – „Feld".
Ager **accar** – „Acker".

Cultura **azuuisc** – „Anpflanzung".
Germinat **archinit** – „(er) erzeugt".
Nascit[2] **arrin*n*it** – „(er) stammt ab".
Semen **samo** – „Same".

Pallea **spriu** – „Spreu".
Festuca **halma** – „Halme".

2 *nascit* vermutlich anstelle von *nascitur*.

Triticus **corn** – „Korn“ (Weizen).
Spicas **hahir** – „Ähren“.

*

StSG III, S. 2, Z. 38–59

p. 185a Cod. SG 913

Mare **mari** – „Meer“.
Fluctus **unde** – „Welle“, „Flut“.
Gurgus **uuag** – „Woge“.
Profunditas **diufi** – „Tiefe“.
Fundus **grunt** – „Grund“.
Alto **hoho** – „hoher“.
Riba **stat** – „Ufer“ (Ge“stade“).
Alueus **greoz** – „Sand“ („Gries“).
Arena **sant** – „Sand“.
Lacus **seo** – „See“.
Stagnus **sae(d)o** – „See“.
Fons **prunno** – „Brunnen“, „Quelle“ („Born“).
Surgit **springit** – „entspringt“.

p. 185a Cod. SG 913

Fluet **fliuzit** – „fliesst“.

Natat **suuimmit** – „schwimmt“.
Riuos **pa*che*** – „Bäche“.
Flumen **aha** – „Wasser“, „Fluss“.
Pontes **prucge** – „Brücken“.
Naues **scef** – „Schiffe“.
Peanius[3] **stec** – „Steg“.
Pisces **fisca** – „Fische“.

p. 186a Cod. SG 913

locuste – **crepazun** – „Krebse“.

3 romanisiert aus *pedaneus*, „Fußsteig“?

StSG III, S. 2, Z. 65–66

p. 186b Cod. SG 913

Homo **man** – „Mann“, „Mensch“.
Himines (< homines) **manniscunt (<mannisun)** – „Menschen“.

StSG III, S. 2, Z. 67 – S. 3,6

Rex **cuninc** – „König“.
Regina **cuningin** – „Königin“.
Dux **herizoho** – „Herzog“.
Ducissa **herizohin** – *„Herzogin“*.

p. 187a Cod. SG 913

Preses **graue** – „Graf“.
Tribunus **sculthaizeo** – „Schultheiß“.
Centurius **scario** – „Verwalter“.
Uillicus **ampaht** – „Verwalter“.
Ulilla **dorf** – „Dorf“.
Habitat **puuuit** – „wohnt“ („baut“).

StSG III, S. 3,7–12

Seruus **scalc** – „Sklave“ („Schalk“).
Ancella **diu** – „Sklavin“.
Pastor **hirti** – „Hirte“.
Iudex **sonari** – „Richter“ („Sühner“).

Farisei **artailta** – „(die) Verurteilten“[4].

p. 187b Cod. SG 913

Puplicani **suntiga** – „(die) Sündigen“[5].

---

4 Die Pharisäer als Sünder.
5 Die *publicani* des Evangeliums, die Zöllner als Sünder.

StSG III, S. 3,13–21

Coniunctio **hiuuida** – „Heirat".
Uir **uuer** – „Mann".
Con*iunx* **quena** – „Ehefrau".
Uirgo **magad** – „Jungfrau".
Meretrix **huore** – „Hure".
Casta **gahaltana** – „Keusche" („Bewahrte", „Behaltene").
Repudiata **ungahaltana** – „Unkeusche".
Uidia **uuitua** – „Witwe".

p. 188a Cod. SB 913

Contaminata **farlegana** – „Ehebrecherin".

StSG III, S. 3,22–31

Sapiens **uuizzo** – „Kundiger". („Wisser").
Scitus **uuiser** – „Weiser".
Prudens **froter** – „Kluger".
Fidelis **holder** – „Getreuer".
Firmus **fasti** – „Zuverlässiger" („Fester").

Audax **gaturstic** – „waghalsig".
Ropustus **snel** – „kräftig".
Fortis **starc** – „stark".
Uirtus **craft** – „Kraft".

p. 188b Cod SG 913

Potestas **maht** – „Macht".

StSG III, S. 3,32–37

Pulcher **sconi** – „schöner".
Albus **huuiz** – „weiß".
Niger **suuarz** – „schwarz".
Fuscus **erpfer** – „dunkelfarbiger".
Ballidus **ualauuer** – „falber".

StSG III, S. 3,38–47

H*u*manus **milter** – „Wohlwollender".

p. 189a Cod SG 913

Mansuetus **mitiuuari** – „Sanftmütiger".
Modestus **gaduadi** – „Bescheidener".
Pudicus **scamahaft** – „Schamhafter".
Sanus **hailer** – „im Heil Befindlicher".
Perfectus **durohgoot** – „vollkommen Guter".
Probatus **cacostot** – „Erprobter".
Stabilis **static** – „Stetiger".
Malus **ubiler** – „Übler".
Effeminatus **uncusger** – „Unkeuscher".

StSG III, S. 3,48

Statua **manaliho** – „Standbild" („Menschengleiches").

StSG III, S. 3,49
p.189b Cod SG 913

Umbra **scato** – „Schatten".

StSG III, S. 3,50–4,19

Membra **lidi** – „Glieder".
Coniunctura **galaza** – „Gelenke".
Caput **haupit** – „Haupt".
Uertix **scaitila** – „Scheitel".
Testa **ancha** – „Nacken".
Ceruellus **hirni** – „Hirn".

p. 190a Cod SG 913

Oculos **augun** – „(die) Augen".
Nares **nasa** – „Nase".
Os **mund** – „Mund".

Gula **cela** – „Kehle“.
Mandilla **cinnipeini** – „Kinnbacken“ („Kinnbein“, „Kiefer“).
Maxillares **cinnizeni** – „Backenzähne“.
Mentus **cinni** – „Kinn“.
Palatus **goomo** – „Gaumen“.
Lingua **zunga** – „Zunge“.
Labia **leffura** – „Lippen“ („Lefzen“).

p. 190b Cod. SG 913

Supercilia **opara prauua** – „obere Braue“.
Popus **seha** – „Pupille“.
Facies **uuanga** – „Wange“.
Aspectus **gasiuni** – *„Angesicht“*.
Uultus **antluzi** – „Antlitz“.
Capilli **fahs** – „Haare“.
Pilus **har** – „Haar“.

p. 191a Cod. SG 913

Collus **hals** – „Hals“.

Sanguis **ploot** – „Blut“.
Uene **plot adra** – „Blutadern“.
Ner*ui* **adra** – „Adern“ („Sehnen“?).

Prachia **arma** – „Arme“.
Manus **hant** – „Hand“.
Cu*b*ito **elinpogo** – „Ellenbogen“.
Umerus **ahsla** – „Achsel“.
Scapula **hartin** – „Schulterblatt“.
Polix **thumo** – „Daumen“.

p. 191b Cod. SG 913

Palma **preta** – „Handfläche“ („Breite”?).
Pugna **fust** – *„Faust“*

Pectus **prust** – „Brust“.
Ubera **tilo** – „Zitze“.
Mamilla **tutto** – „Zitze“.
Babille **tutten haubit** – „Kopf der Zitze“.

Cor **herza** – „Herz".
Iegor **lebara** – „Leber".
Pulmones **lungunne** – „Lungen".
Stomahus **mago** – „Magen".
Umpiculo **nabulo** – „Nabel".

Aus dem Anhang: die alphabetisch geordneten Glossen[6]

StSG III

7,21–8,1

C

p. 203 Cod SG 913

Colus (ae. wulfmod) **uuollameit** – „Spinnrocken".
Cornicula (ae. crauue) **caha** – „Dohle".
Crecuculus (< cuculus ae. gaec) **gauh** – „Kuckuck", „Dummkopf".
Cardelle (ae. þisteltuige) **zuuistilauinco** – „Distelfink".
Cicer (ae. bean) **baona** – „Kichererbse" („Bohne").
Crus (ae. scia) ***scena*** – „Schienenbein".
Clatica (ae. welf *vel* owef) **uueual** – „Einschlag des Gewebes".

D

Dedascalus **meister** – „Lehrer" („Meister").

p. 204° Cod. SG 913

E uastigio (< e uestigio) (ae. on lande, on laste) **an spore** – „auf der Spur".
Erpica (< erpex) (ae. egðe) **egida** – „Egge".
Tendal*ia* (< Dentalia) (ae. sules reost) ***fh*logreost**[7] (<phlogreost) – „Pflughaupt" (Scharbaum am Pflug).

---

6 Reste eines alphabetischen Glossars, dessen Lemmata in der Hs. durcheinandergeraten, von Baesecke 1933, S. 65–68 wiederhergestellt und hier entsprechend (?) in alphabetische Folge gebracht worden sind. (N-O: 7,16–20; C-G: 7,21–43; L. 8,1). Die Glossen dieses Teils des ‚Vocabularius' sind nahe verwandt den altenglischen des sog. Corpusglossars (Hs. aus Canterbury, 2. Viertel 9. Jh., jetzt Corpus Christi College, Cambridge, MS. 144; ed. H. Sweet, A Second Anglo-Saxon Reader. 2. Aufl. Oxford 1978, S. 1–101). Die ae. Glossen des Corpus-Glossars sind hier nach Steinmeyer in () hinzugefügt.

7 In *-reost* ist die ae. Lautung beibehalten.

E

Essox (ae. laex) **lahs** – „Lachs".
Examurs (< ex amore, ae. geornlice) **gernliho** – „gern".

F

Fofet (< fouet) (ae. feormat, broedeth) **formot** – „(er) versorgt", „pflegt", „begünstigt".
Fulix (ae. gonot *uel* doppaenid) ***ganazzo*** – *„Gänserich"*.
Fungus (ae. suom) **suam** – „Pilz" ("Schwamm").
Fringilla (ae. finc) **uinco** – „Fink".
Fibra (ae. þearm) **darm** – „Darm".
Farelas (< phalerae) (ae. hryste) **hrusti** – „Pferdeschmuck", „Rüstung" (Plur.).

/p. 204b Cod. SG 913/

G

Crus (ae. gruis, cornoch) **cranuh** – „Kranich".
Gurgustium (ae. ceosol) **celur** – „Kehle".
Gladiator (ae. cempan zu gladiatores) **cempheo** – „der Kämpfer".
Gibulum (< gabalus) **galga** – „Galgen".

L

Leciua (< lix4ium) (ae. laeg) **lauga** – „Lauge".

5. Zusatz: altenglische (ahd.) Scholien und Glossen aus dem Kommentar Theodors und Hadrians in der Vocabularius-Handschrift Cod. SG 913

Glossen zu Leviticus, cap. 11,5–34
Cod. SG p. 139–145
StSG IV, S. 459 Z. 35–461 Z. 78

Diese altenglischen Stücke (p. 139–145 Cod. SG 913) sind hier aufzunehmen, weil u. a. gerade durch ihre Stellung in der St. Galler Handschrift die Zuordnung des ahd. ‚Vocabularius Sancti Galli' zur angelsächsischen Mission in Deutschland zu begründen ist.

Die Scholien mit ihren altenglischen Glossen sind hier nach der Textherstellung der reich kommentierten und mit Literaturhinweisen versehenen Ausgabe von Bernhard Bischoff und Michael Lapidge wiedergegeben:

Biblical Commentaries from the Canterbury School of Theodore and Hadrian. Ed. by Bernhard Bischoff (†) and Michael Lapidge. Cambridge 1994 (Cambridge Studies in Anglo-Saxon England 10), hier besonders S. 534–541 (Text der St. Galler Handschrift mit Stellenkommentar) und S. 364–367 bzw. 482–485 (kritischer Paralleltext mit englischer Übersetzung und Stellenkommentar nach der Handschrift Mailand, Biblioteca Ambrosiana M. 79 sup. [**Mil.**]).

Abdruck nach der St. Galler Handschrift p. 139 – p. 145 bei StSG IV, S. 460–461.

Die St. Galler Handschrift enthält als Exzerpte aus dem Kommentarwerk Theodors und Hadrians[8]: hintereinander zwei voneinander abweichende Fassungen der Scholien zu Leviticus 11,5–34 nach verschiedenen Vorlagen:

> in einer ersten Reihe die eine Fassung (**Sg. a** 1–26 nach der Zählung bei Bischoff/Lapidge S. 534–535)
>
> und in einer zweiten Reihe die andere (**Sg b** 27–37 nach der Zählung bei Bischoff/Lapidge S. 534–535).

In der hier gebotenen Textdarbietung folgt nach dem Zitat des biblischen Textes auf jedes Scholion der ersten Reihe (**Sg. a)** das entsprechende der zweiten (**Sg. b**) oder eine Fehlanzeige, wo kein Parallelstück vorliegt; schließlich sind unter **Mil.** auch die parallelen Scholien der Mailänder Handschrift Nr. 354–362 nach deren Zählung bei Bischoff/Lapidge (S. 364–366) wiedergegeben.

Die meisten Glossen sind ae.; nur Sg. b 27 ist ahd., und bei Sg. a 26 liegt vielleicht Einfluss des Ahd. vor.

Die folgenden Erläuterungen greifen ständig auf den Kommentar bei Bischoff/Lapidge zurück.

Das elfte Kapitel des Leviticus (3. Buch Mose) zog schon früh in der jüdischen und christlichen Exegese besonderes Interesse auf sich, weil hier die rituellen Speisevorschriften der Juden behandelt werden,

---

8 Zu diesem vgl. u. Anm. 19.

besonders was den Verzehr von tierischer Nahrung betrifft. Von welchen Tieren hier die Rede ist, wollte und sollte man buchstäblich genau wissen. In der Folge dieses Interesses entwickelte anhand von Lev. 11 eine Art biblischer Tierkunde *ad litteram*, ganz anders als in der geistlichen Auslegung der Tiere beim ‚Physiologus'. Die Spuren dieser Leviticus-Exegese findet man an vielen Stellen der mittelalterlichen Schulliteratur und Naturkunde.[9]

Leviticus 11,5
Choerogryllus qui ruminat, ungulamque non diuidit, immundus est.

Sg. a 1 SG 913 p. 139 (StSG IV, S. 460, Z. 2)

‚Cherogillus': animal spinosum, maior quam hiricis.[10]

„Choerogryllus" (Felsenkaninchen): – *ein stacheliges Tier, größer als der Igel.*

Sg. b 37 SG 913 p. 144 (StSG IV, S. 460, Z. 73)

‚Cherogillum': et hirix[11] unum sunt, pene in omni sililitudine ut porcus, nisi quod minores sunt quam porci, sed tamen longi statura sunt; et in Monte Sinaiin scissuris petrarum maxime habundant.

Mil. 354

‚Cyrogillum': et hirax unum sunt, paene in omni similitudine ut porcus, nisi quod minores sunt quam porci, sed tamen longi sunt statura; et in Monte Sinai in scissuris petrarum maxime habundant.

(Den) „Choerogryllus": – (er) und das Felsenkaninchen sind fast dasselbe nach aller Ähnlichkeit wie das Schwein,[12] *sie sind aber von langem Wuchs; und auf dem Berg Sinai sind sie in Steinspalten sehr häufig.*

9 Vgl. z. B. Müller, Klippdachs.
10 Grundlage ist griech. υραξ, „Felsenkaninchen", das hier wohl mit *ericius*, „Igel", verwechselt ist; vgl. zu Mil. 354.
11 Vermutlich aus *hirax*, „Felsenkaninchen", verschrieben; vgl. Fußnote zu Mil. 354.
12 χοιρογυλλοσ: „Felsenkaninchen"; der erste Bestandteil (χοιροσ–) bedeutet „Schwein"; υραξ: „syrisches Kaninchen"; das Scholion vermischt beide Bedeutungen.

Leviticus 11,13
Haec sunt, quae de avibus comedere non debetis et vitanda sunt vobis:
Aquilam et **gryphem** et halieetum.

Sg. a 2 SG 913 p. 139 (StSG IV, S. 460, Z. 5)
‚Griphem'[13]: **giig**; ita graece dicitur; qui uncas ungulas et rostrum habet.

„Griphem": – „(den) Geier" („Greif");[14] so wird er auf griechisch genannt; er hat krumme Krallen und einen Schnabel.

Sg. b –

Mil. 355
– ‚Gripem': **giig**

„(den) Geier" („Greif")

Leviticus 11,13
... gryphem et **halieetum**.

Sg.a 3 SG 913 p. 139 (StSG IV, S. 460, Z. 6)
‚Aletum'[15]: similem est aquilae; maior auis, tamen minor quam uultur [...]

(Den) „Aliaieton, Seeadler": – ähnlich dem Adler; ein größerer Vogel (als jener), jedoch kleiner als der Geier.

Sg. b 27 SG 913 p. 142 (StSG IV, S. 460, Z. 47)
‚Alietum': **museri** (ae. / ahd.) modicus.

(Den) „Alietum": – „Mäusebussard" / „Mäuse-Aar",[16] mäßig großer

Mil. –

---

13 *gryps* (griech. γρυψ), „Geier", bedeutet eigentlich „Knochenbrecher" als Name des Bartgeiers; wenn aber hier auf die Krallen und den Schnabel des Tieres Bezug genommen wird, dann vielleicht, weil unter *gryps* auch das indische Fabeltier „Greif" verstanden ist, ein Mischwesen aus Löwe und Raubvogel.
14 Zu *giig* „Geier" vgl. spätae. *giw*.
15 Griech. αλι–αετοσ; der zweite Bestandteil -αετοσ bedeutet „Adler", daher die Erklärung „adlerähnlich"; eine Rolle spielt dabei vielleicht auch, dass der Vogel bei Plinius als Mischling aus verschiedenen Adlerarten erklärt wird.
16 αλι–αετοσ: der erste Bestandteil bedeutet „See", der zweite „Adler" (vgl. Anm. zu Sg. a 3); der Vogel ist hier aber merkwürdigerweise nicht als „Seeadler" verstanden, sondern als Landvogel; *museri* kann als Nomen agentis auf *-ari* / *-eri* erklärt werden (etwa „Mausfänger") als Anleitung zu *mus* „Maus", und *aro* „Adler".

Leviticus 11,14
et **milvum** ac vulturen iuxta genus suum, [...]

Sg. a –

Sg.b 28 SG 913 p. 142 (StSG IV, S. 460, Z. 48)
‚Miluum‘: **glida** – *(den) „Geier“*

Mil. –

Leviticus 11,14
et milvum ac **vulturen** iuxta genus suum, [...]

Sg. a –

Sg. b 29 SG 913 p. 142 (StSG IV, S. 460, Z. 49)
‚Vultor‘[17]: modico maior quam aquila et per c*entum* milia sentire potest cadauera.

Mil. 356
‚Vultur‘: modico maior quam aquila, et per centum milia sentire potest cadauera.

„Geier“: – er ist mäßig größer als der Adler und kann auf hundert Meilen die Kadaver riechen.

Leviticus 11,15
et omne **corvine** generis in similitudinem suam, [...]
Sg. a 4 SG 913 p. 139 (StSG IV, S. 460, Z. 8)
‚Garrula‘[18]: **hroc** – *„Krähe“*

Sg. b. –

Mil. –

17 In der hebräischen Bibel und in der Septuaginta steht eigentlich das Wort für den Falken; die Einheitsübersetzung hat „Bussard“; *vultur* in der Vulgata ist ein Übersetzungsfehler; aus ihm ist die zum Geier passende Erklärung des Scholions abgeleitet.
18 An dieser Stelle steht nicht *garrula* im Leviticus, sondern *omne coruini generis* „von allen Rabenarten“; *garrula* wahrscheinlich eine korrupte Form von *graculus*, „Dohle“; von daher ist die ae. Glosse *hroc* „Krähe“ (ne. *rook*) verständlich.

Leviticus 11,16
struthionem, et **noctuam**, et larum, et accipitrem iuxta genus suum
Cod. SG 913 p. 140

Sg. a 5 SG 913 p. 139–140 (StSG IV, S. 460, Z. 9)
‚Noctuam‘: **necstrepin** (naehtraefn)– *„Nachteule“ (den „Nachtraben“)*

Sg. b –

Mil. –

Leviticus 11,16
struthionem, et noctuam, et **larum**, et accipitrem iuxta genus suum

Sg. a 7 SG 913 p. 140 (StSG IV, S. 460, Z. 11)
‚Larum‘: **meu** uel **meg** (mæw) – *„Möwe“ (Akk.)*

Sg. b 30 SG 913 p. 143 (StSG IV, S. 460, Z. 52)
‚Larum‘: **hragra**; Adrianus dicit **meum**[19] esse.

(den) „Reiher“. Adrianus[20] *sagt, es sei eine „Möwe“.*

Mil. –

Leviticus 11,17
bubonem et mergulum et ibin,

Sg. a 6 SG 913 p. 140 (StSG IV, S. 460, Z. 10)
‚Bubonem‘: – **uuf** – *„Eule“ (Akk.)*

Sg. b –

Mil. –

---

19 *meum* latinisierte Form von ae. *meu.*
20 Diese Nennung belegt Hadrian als Autor des Bibelkommentars, zu dem die Leviticus-Scholien gehören. Der in griechischer Gelehrsamkeit bewanderte Hadrian stammte aus Nordafrika (vgl. zu Sg. a 9), wurde Abt eines bei Neapel gelegenen Klosters und war später von ca. 670–709/10 Abt in Canterbury neben dem ebenfalls gelehrten, aus kleinasiatischen Tarsus stammenden Erzbischof Theodor von Canterbury. Unter Hadrian entstand in Canterbury eine berühmte Schule. Theodor und Hadrian brachten die antiochenische Tradition buchstäblicher Bibelauslegung nach England. – Hadrian hat *larum* nach der vorliegenden Stelle anscheinend zunächst als „Reiher“ erklärt und dies später durch die Erklärung als „Möwe“ berichtigt.

Leviticus 11,17
bubonem et **mergulum** et ibin,

Sg. a 8 SG 913 p. 140 (StSG IV, S. 460, Z. 12)
‚Mergulum': niger auis; mergit sub aquam, pisces quaerere, *id est* **dobfugul**

„(den) Taucher": – ein schwarzer Vogel; er taucht ins Wasser, um Fische zu finden, das ist der „Tauchvogel".

Sg. b –

Mil. –

Leviticus 11,17
bubonem et mergulum et **ibin**

Sg. a 9 SG 913 p. 140 (StSG IV, S. 460, Z. 14)
‚Ibin': auis in Africa[21] habens longum rostrum.

(Den) „Ibis": – „Vogel in Afrika; er hat einen langen Schnabel."

Sg. b 31 SG 913 p. 143 (StSG IV, S. 460, Z. 54)
‚Ibinen': id est **screb**, qui mittit aquam de ore suo in culum suum, ut possit degerere; indeque medici ipsam artem dedicerunt.[22]

(Den) „Ibinen": – das ist der „Ibis" (Kormoran?), der Wasser aus seinem Mund in seinen Hintern eingibt, damit er verdauen kann; und davon haben die Ärzte diese Kunst gelernt.

Mil. 357 ‚Ibin': qui mittit aquam de ore suo in culum, ut possit gegerere; indeque medici ipsam artem didicerunt.
(Den) „Ibis" (Kormoran?): – der Wasser aus seinem Mund in seinen Hintern eingibt, damit er verdauen kann; und davon haben die Ärzte diese Kunst gelernt.

---

21 Der Hinweis auf das Vorkommen des Ibis in Afrika stimmt zu der afrikanischen Herkunft Hadrians; vgl. zu Sg. b 30.
22 Zu den zahlreichen Quellen dieser kuriosen Erläuterung vgl. Bischoff/Lapidge, Biblical Commentaries, S. 483.

Leviticus 11,18
[...] et **cygnum** [...]

Sg.a 10 SG 913 p. 140 (StSG IV, S. 460, Z. 16)[
‚Cicnum‘: **suon** – *„Schwan“*

Sg b –

Mil. –

Leviticus 11,18
et **onocratalum**, [...]

Sg. a 11 SG 913 p. 140 (StSG IV, S. 460, Z. 18)
‚Onocratulum‘: auis, que sonitum facit in aqua, **raeredumlae** uel **[felufor]**[23]

„onocratulum“ (Kropfgans, Pelikan):
ein Vogel, der im Wasser einen Laut – gibt, „Rohrdommel“ oder „Krammetsvogel“

Sg. b 32 SG 913 p. 143 (StSG IV, S. 460, Z. 58)
‚Onocratulum‘: quasi anatra; non eadem est tamen, nec nos habemus.

ähnlich wie eine Ente, dennoch nicht dieselbe und bei uns gibt es sie nicht.[24]

Mil. 358 ‚Onocrotalum‘: quasi anatra; non eadem est tamen, nec nos habemus.
„Onocrotalum“ *(Kropfgans, Pelikan): – ähnlich wie eine Ente, dennoch nicht dieselbe, und bei uns gibt es sie nicht.*

---

23 *felufor* gehört eigentlich zu *porphirio* des folgenden Scholions.
24 Das sagt Theodor seinen Schülern in Canterbury mit Bezug auf die englischen Verhältnisse; so auch ausdrücklich zum *porphyrio* Lev. 11, 18; vgl. noch zum *attacus* Lev. 11,22, zum *ophiomachus* Lev. 11,22 und zum *mygale* Lev. 11,30.

Leviticus 11,18
et **porphionem**, [...]

Sg. a 12 SG 913 p. 149 (StSG IV, S. 460, Z. 20)
,Porphirionem': **[felufor]**, non fit in Brittania.[25]

Den „porphyrio": – [Purpurhuhn],[26] es gibt ihn nicht in Britannien.

Sg. b 34 SG 913 p. 143 (StSG IV, S. 460, Z. 64
,Porphirionem': dicitur, quod ipsa in Libia[27] sit, esseque auium pulcherrima; ideoque eam uolunt reges habere in domibus suis saepissime.

(Den) „Porphyrvogel": – es heißt, dass er in Lybien lebt und der schönste Vogel ist; deshalb wollen ihn die Könige sehr oft in ihren Häusern haben.

Mil. 360 ,Porphirionem': dicitur, quod ipsa in Libia sit, esseque auium pulcherrima pene; ideoque eam uolunt reges habere in domibus suis sepissime.
(Den) „Porphyrvogel": es heißt, dass er in Lybien lebt und fast der schönste Vogel ist; deshalb wollen ihn die Könige sehr oft in ihren Häusern haben.

Leviticus 11,19
herodionem, [...]
Cod. SG p. 141

Sg. a 13 SG 913 p. 139–140 (StSG IV, S. 460, Z. 21)
,Erodionem': **ualuchaebuc** (wealhhafoc) – (den) *„Falken"*

Sg. b –

Mil. –

25 Der Hinweis auf fehlendes Vorkommen des Vogels in *Brittannia* belegt die Entstehung des Kommentars in England; vgl. Mil. 358, 359 und auch Sg. a 18 und 19.
26 *porpyrio* wird ahd. mit *isaro*, „Eis-adler" = „Eisvogel" glossiert; StWG s. v. s. v.
27 Wieder ein Hinweis auf die afrikanische Herkunft Hadrians; vgl. zu Sg. b 30 und Sg. a 9.

Leviticus 11,19
et **charadrion** iuxta genus suum [...]

Sg. a 14 SG 913 p. 141 (StSG IV, S. 460, Z. 22)
‚Charadrion‘: [***lauuercae**][28] – *„Lerche“*

Sg. b 33 SG 913 p. 143 (StSG IV habemus; sed tamen dicitur et ipsa uolare per medias noctes in sublimitate celi.
„Charadrion“: – auch diesen haben wir nicht; von ihm aber heißt es, dass auch er mitten in der Nacht hoch am Himmel fliegt.

Mil. 359 ‚Charadrion‘: et ipsam non habemus; sed tamen dicitur ipsa uolare per medias noctes in sublimitatem caeli.
„Charadrion“: – auch diesen haben wir nicht; von ihm aber heißt es, dass er mitten in der Nacht hoch am Himmel fliegt.

Leviticus 11,19
upupam quoque [...]

Sg. a 15 SG 913 p. 141 (StSG IV, S. 460, Z. 23)
‚Opupam‘: **hupupa** – *„Wiedehopf“*

Sg. b –

Mil. –

Leviticus 11,19
et **vespertilionem**.

Sg. a 16 SG 913 p. 141 (StSG IV, S. 460, Z. 24)
‚Vespertilionem‘: **quelderede** (cwelderaede) – *„Fledermaus“*

Sg. 2 –

Mil. –

---

28 *charadrius*, „Regenpfeifer“; die ae. Glosse fehlt hier und ist in Anlehnung an jüngere ae. Glossare von Bischoff/Lapidge, S. 539, erschlossen.

Leviticus 11,21–22
Quidquid autem ambulat quidem super quatuor pedes,
sed habet longiora retro crura, comedere debetis,
ut est **bruchus** ingenere suo, [...]

Sg. a 17 SG 913 p. 141 (StSG IV, S. 460, Z. 25)
‚Bruchus': similis est locustae, tamen maior.

Der „Bruchus":– er ist der Heuschrecke ähnlich, aber größer.

Sg. b –

Mil. –

Leviticus 11,22
et **attacus,** [...],

Sg. a 18 SG 913 p. 141 (StSG IV, S. 460, Z. 27)
‚Attacus': ignotum

„Attacus": – (bei uns) unbekannt.

Sg. b –

Mil. –

Leviticus 11,22
atque **ophiomachus** [...]

Sg. a 19 SG 913 p. 141 (StSG IV, S. 460, Z. 28)
‚Opimachus': ignotum – *Der „Ophiomachus" (Hargol-Heuschrecke):*

– (bei uns) unbekannt.

Sg. b –

Mil. –

Leviticus 11,22
ac **locusta,**

Sg. a 20 SG 913 p. 141 (StSG IV, S. 460, Z. 29)
‚Locusta', **greshoppae** – *‚Locusta' (Hagab-Heuschrecke) „Grashüpfer"*

Sg. b –

Mil. –

Leviticus 11,29
Haec quoque inter polluta reputabuntur de his quae moventur in terra,
mustela et mus et **crocodilus**
singula iuxta genus suum [...]

Sg. a 22 SG 913 p. 141 (StSG IV, S. 460, Z. 30)
‚Corcodillus': bestia in flumine similis lacerate, *id est* **adexan**, tamen maior est, ita ut homines manducat.
„Krokodil": – ein Untier im Fluss, ähnlich der ‚lacerta', d. h. der „Eidechse"; aber es ist um so viel größer, dass es Menschen frisst.

Sg. b –

Mil. –

Leviticus 11,30: mygale, [...]
Cod. SG 913 p. 142

Sg. a 23 SG 913 p. 142–143 (StSG IV, S. 460, Z. 33)
‚Migale': ignotum, nisi similis est camelioni.
Das ‚mygale' (Spitzmaus? Gecko?): – es ist (bei uns) unbekannt, es sei denn, es ähnelt dem Chameleon.

Sg. b 35 SG 913 p. 144 (StSG IV, S. 460, Z. 68)
‚Migale': modicus quasi **catte.**
„mygale": – es ist etwa von der Größe einer Katze.[29]

Mil. –

29 griech. *mygale* zusammengesetzt aus *mys*, „Maus" und *gale*, „Wiesel, Katze"; doch ist die Bedeutung von ae. ***catte***, „Katze" nicht sicher.

Leviticus 11,30
et **chameleon** [...]

Sg. a 24 SG 913 p. 142 (StSG IV, S. 460, Z. 35)
‚Camelion': similis est lacertae, tamen sub aspectu motat colores.
„Chameleon": – es ist der Eidechse ähnlich, aber während man es anschaut, verändert es seine Farbe.

Sg. b –

Mil. –

Leviticus 11,30
et **stellio**, et **lacerta.**

Sg. a 25 SG 913 p. 142 (StSG IV, S. 460, Z. 42)
‚Stelio': bestia inuenta[30] est similis, scilicet lacerte.
– „stellio" (Sterneidechse, Gecko): ein seltsames / giftiges Tier ähnlich etwa der Eidechse.

Sg. b 36 SG 913 p. 144 (StSG IV, S. 460, Z. 69)
‚Stelio': minor est quam lacerta, id est **adexe**, ualdeque uenenosa; omnemque parietem penetrat, licet lapidium non resistit.
„stellio": – er ist kleiner als die ‚lacerta', d. h. die Eidechse, und ist sehr giftig und dringt durch jede Wand, denn Steinernes hält ihn nicht auf.

Mil. 361 ‚Stilio': minor est quam lacerta ualdeque unenosa; omnemque parietem potest penetrare, licet lapideum non resistit ei.
„stellio": – er ist kleiner als die Eidechse und ist sehr giftig; er kann jede Wand durchdringen, denn Steinernes hält ihn nicht auf.

30 *inuenta* vielleicht verschrieben aus *insueta*, „ungewöhnlich, seltsam"; oder aus *uenenosa*, „giftig" (vgl. die Lesart von Mil.); vgl. Bischoff/Lapidge, Biblical Commentaries S. 540.

Leviticus 11,34
Omnis cibus, quem comedetis, si fusa fuerit super eum aqua, immundus erit:
et omne liquens, quod bibitur de uniuerso **vase**,
immundum erit.

Sg. a 26 SG 913 p. 142 (StSG IV, S. 460, Z. 44)
‚si fusa fuerit super eum aqua': *id est*: in aqua labuntur hec **vassa.**[31]
„Wenn Wasser auf es gegossen ist sein sollte": – Das heißt: in Wasser sollen diese Gefäße gewaschen werden.[32]

Sg. b –

Mil. 362 ‚Omnis cibus, quem comedetis, si fusa fuerit super eum aqua, immundus erit': *id est:* si aliquid desuper cadens de qualibet re coinquinauit eum; ideoque debetis omnia cooperire, hoc est mensa **uasaque** reliqua, ne perstillare aliquid possit.
„Und jede Speise, die ihr esst, wenn Wasser darüber gegossen sein sollte, wird unrein sein": Das heißt: wenn irgend etwas wovon auch immer darauf herabfällt und es besudelt; deshalb sollt ihr alles zudecken, d.h. den Tisch und alle Gefäße, damit nichts hindurchtropfen kann.

---

31 *labuntur* wahrscheinlich verschrieben aus *lauuntur*; die Schreibung *vassa* zeigt möglicherweise Interferenz mit dem deutschen Wort *vaz(z)*, „Gefäß".
32 Zum Kontext vgl. das Scholion in Mil.

11 ‚Kasseler Glossen und Gespräche' StSG III

[2]VL 3 (1981), Sp. 61–63 (Werner Schröder).– **VL** ahd. und as Lit. (2013), S. 225–227 (Stefanie Stricker).
Ü.: Kassel, UB/LMB, Ms. 4° theol. 24, fol. 15r–17v; aus Fulda; im Anschluss an die ‚Exhortatio ad plebem christianam' (s. diese). Davor die Canones conciliorum (Dionysio–Hadriana), danach ein Ordo ad dandam paenitentian und ein Paenitentiale.– Die Hs., die in Bayern geschrieben wurde, befand sich noch um 1500 in Fulda.
Abb.: Grimm, Exhortatio und Glossae Casselanae (Vollfacsimile).– Vollständiges Digitalisat der Hs. in Farbe: https://orka.bibliothek.uni-kassel.de/viewer/image/1296741392003/31/.
Dat.: Hs. wohl im 1. Viertel des 9. Jh.s. Bischoff, Paläographische Fragen, S. 123; vielleicht aus Regensburg oder Umgebung.
Spr.: bair.
Ed.: von Eckhart, Commentarii. – Grimm, Exhortatio und Glossae Casselanae. – StSG III, Nr. 932 (S. 9–13); Nachtrag III, S. 723. – Müller, S. 224–225 (Textprobe).
Lit.: BStK, Nr. 337.– Grimm, Exhortatio und Glossae Casselanae. – Kelle, LG 1, S. 46–47 und 306–307. – Kögel, LG I,2, S. 502–506.– Ehrismann, LG 1, S. 259–260.– Haubrichs, Die Anfänge, S. 157–159 (zum Thema Fremdsprachenerlernung).– Baesecke, Vocabularius.– Penzl, „Gimer min ros".– Herbert Penzl, „Stulti sunt romani".– Bischoff, Foreign Languages, hier S. 217.– Broszinski, Kasseler Handschriftenschätze.– Schubert, 1200 Jahre Deutsch, besonders S. 54 ff (auch zu den Pariser Gesprächen).– Mettke, Zum Kasseler Codex.– Hellgardt, Mehrsprachigkeit.– Müller, S. 373–375 (Kommentar zur Textprobe). – Glück, Deutsch als Fremdsprache, hier S. 68.– Klein, Vocabularius.– Kragl, Neue Thesen.– Händl, Il tedesco come lingua straniera – Riecke, Frühgeschichte.

Das Gesprächsbüchlein ist bestimmt für einen Italoromanen zur Verständigung in Bayern.

Übereinstimmungen mit Nr. 10, dem ‚Vocabularius St.i Galli', sind zusammengestellt bei Baesecke, Der Vocabularius S. 36 f., 44–49, 53–55, 76 f. (siehe [2]VL 10, 1999, H. Mettke, Sp. 479–487). Letzte Quelle sind wohl die ‚Hermeneumata' des Ps.-Dositheus, ein Lehrbuch des Griechischen für Lateiner aus dem 3. Jh. nach Chr., bestehend aus einem alphabetischen und einem systematischen Glossar und gefolgt von einem Gesprächsbüchlein: Hermeneumata Pseudodositheana.– Nach England gebracht wurde es wohl im 7. Jahrhundert durch Theodor und Hadrian.

Die ‚Kasseler Glossen und Gespräche' bestehen aus folgenden Teilen:

9,1–12,23 Sachglossar (mit integrierten Gesprächsstücken):

Körperteile (9,1–10,14),
Haustiere (10,15–43),
Teile des Hauses (10,44–11,1),
Kleidung (11,2–10),
Hausgerät (11,11–42),
Vermischtes (11,43–12,23)
Gespräche (12,24–13,22)

1. Aus dem Zusammenhang von Körperteilglossen
2. Aus dem Zusammenhang von Hausratsbezeichnungen
3. Kasseler Gesprächsbüchlein

Text nach Steinmeyer StSG III, S. 9–13.

1. Aus dem Zusammenhang von Körperteilglossen[1]

9,1 Homo **man** – „Mann“[2]
9,2 Caput **haupit** – „Haupt“
9,3 Uerticem **skeitila** – „Scheitel“
9,4 Capilli **fahs** – „Haare“

9,16 Tondit **skirit** – „(er) schert“
9,17 Tundi meo capilli! **skir min fahs!** – „Schere mein Haar!“
9,18 Radi me meo colli! **skir minan hals!** – „Schere meinen Hals!“
9,19 Radi meo parba! **skir minan part!** – „Schere meinen Bart!“
9,20. Radices **uurzun** – „Wurzeln“[3]

9,13 Collo **hals** – „Hals“
9,29 Innuolu[4] **chniu** – „Knie“
9,35 Ordigas[5] **zaehun** – „Zehen“

2. Aus dem Zusammenhang von Hausratsbezeichnungen

11,25 Caldaro*l*a **chezi** – „Der Kessel (Kochtopf)
11,27 Implenus[6] est **fol ist.** – ist voll.“
11,26 Cr*a*mailas[7] **hahla** – „Haken, Kesselhaken“

Aus den vermischten Glossen

11,47 Ua! **canc!** – „Gehe!“
11,48 Fac iterum! **to auar!** – „Tue (es) abermals!“

11,49 Citius **sniumo** – „schleunig“
12,1 Uiuaziu[8] **iilic** – „eilig“
12,2 Argudu[9] **skeero** – „schier“ (= „schnell“)

---

1 Riecke, Frühgeschichte, S. 159, S. 200.
2 Die Zählung bezieht sich auf StSG III, S. 9–13.
3 *Radices* hier wohl wegen der (irrtümlichen) Annahme etymologischer Zugehörigkeit zu *radere* „kratzen, schaben“.
4 *Innuolu < genuculum.*
5 *Ordigas < articulus.*
6 *Implenus <impletus est* oder *<plenus.* Grimm, GlossaeCasselanae.
7 *Cramailas <cramacula* „Kesselhaken“.
8 *Uiuaziu <uiuacius* „lebhaft“.
9 *Argudi <argutum* „scharf“ im Sinne von „schnell“.

3. Kasseler Gesprächsbüchlein

12,24 Indica mi(h), **sage mir,** – „Sage mir, ..
12,25 Quomodo **uueo** – wie
12,26 Nomen habet **namun habet** – (einen) Namen hat
12,27 Homo iste! **deser man!** – dieser Mann!“

12,28 Unde es tu? **uuanna pist du?** – „Von wo bist du?“
12,29 Quis es tu? **uuer pist du?** – „Wer bist du?“

12,30 Unde uenis? **uuanna quimis?** – „Von wo kommst du?“

12,31 De quale patria **fona uueliheru lantskeffi** – „Von welcher Landschaft
12,33 Pergis? **sindos?**[10] – kommst du?“

*

12,34 Transiui **foor** – „Ich fuhr.“
12,35 Transierunt **forun** – „Sie fuhren.“
„12,36 Transiunt **farant** – „Sie fahren.“

12,37 Uenistis **quamut** – „Ihr kamt.“
12,38 Uenimus **quamum** – „Wir kamen.“

*

12,39 Ubi fuistis? **uuar uuarut?** – „Wo wart ihr?“

[...][11]

12,40 Quid quisistis? **uuaz sohtut?** – „Was suchtet ihr?“

12,41 Quesiuimus, **sohtum,** – „Wir suchten,
12,42 Quod nobis **daz uns** – was uns
12,43 Necesse fuit. **durft uuas.** – nötig war.“

---

10 *sindon* sw. V. „sich auf den Weg machen, fahren“.
11 Hier scheint eine Antwort zu fehlen.

Latein	Althochdeutsch	Übersetzung
12,44 Quid fuit	**uuaz uuarun**[12]	– „Was waren
12,45 Necessitas?	**durfti?**[13]	– (eure) Bedürfnisse?“
12,46 Multum.	**manago**	– „Viel
12,47 Necessitas est	**durft ist**	– Bedarf ist
12,48 Nobis,	**uns**	– uns
12,49 Tua	**dina**	– deine
12,50 Gratia	**huldi**	– Huld
12,51 Habere.	**za hapenne.**	– zu haben.“

*

Latein	Althochdeutsch	Übersetzung
12,52 Intellexisti?[14]	**fvrnimis?**[15]	– „Verstehst du?“
12,53 Non ego.	**ni ih firnimu.**	– „Ich verstehe nicht.“
12,54 Ego intellego.	**ih firnimu.**	– „Ich verstehe.“
12,55 Intellexistis?	**firnamut?**	– „Verstandet ihr?“
12,56 *Intellegimus*[16]	**firnemames.**[17]	– „Wir verstehen.“
12,57 Mandasti.	**caputi.**	– „Du gebotest.“
12,58 Mandaui	**capaot.**	– „Ich gebot.“
12,59 Et ego.	**ih auar.**	– „Ich wiederum (=auch).“
12,60 *Remando*[18]	**capiuti.**	– „Ich gebiete.“
12,61 Tu manda!	**du capiut!**	– „Gebiete du!
12,62 Et ego facio.	**ant iih tom.**	– Und ich tue (es)“
12,63 Quare non	**uuanta ni**	– „warum tust du
12,64 Facis [sic][19]?	**tois [so]?**	– nicht [so]?“
12,65 Sic potest	**so mac**	– „So kann (er)
12,66 Fieri	**uuesan**[20]	– sein
12,67 Sapiens homo.	**spaher man.**	– (ein) weiser Mann.“

---

12 im Lateinischen Singular.
13 im Lateinischen Singular.
14 *intellexisti vermutlich statt intellegis*; *vgl. 12,55;* Emendation Grimm, Glossae Casselanae.
15 *v* aus *i* korrigiert.
16 *Hs. Intellexistis*; von Grimm (Glossae Casselanae) > *intellegimus* emendiert.
17 Im Lateinischen Perfekt: „*intellexistis?*“ – „Habt ihr verstanden?“
18 Hs. *Remanda*; von Grimm (Glossae Casselanae) > *Remando* emendiert.
19 am Zeilenschluss *sicp* radiert; vgl. die folgende Glosse.
20 Lateinisch *fieri* Passiv („werden“, „geschehen“).

13,1 Stultus	**toler**	– „(ein) dummer (Mann)“
13,2 Stulti sunt	**tole sint**	– „Dumme (Leute) sind
13,3 Romani.	**uualha,**	– die Welschen.“
13,4 Sapienti sunt	**spahe**[21] **sint**	– „Weise (Leute) sind
13,5 Paioari.	**peigira.**	– die Bayern.“
13,6 Modica est	**luzic ist**	– „Wenig ist
13,7 *Sapientia*[22]	**spahe**[23]	– Weisheit
13,8 In romana.	**in uualhum.**	– unter den Welschen.“
13,9 Plus habent	**mera hapent**	– „Mehr haben sie
13,10 Stultitia	**tolaheiti**	– Dummheit
13,11 Quam sapientia.	**denne spahi.**	– als Weisheit.“

*

13,12 Uolo.	**uuille.**	– Ich will.
13,13 Uoluerunt.	**uueltun.**	– Sie wollten.
13,14 Uoluisti.	**uueltos.**	– Du wolltest.
13,15 Cogita	**hogazi**	– „Denke
13,16 De temet ipsum!	**pi dih selpan!**	– bei dir selbst!“
13,17 Ego cogitaui	**ih hogazta**	– „Ich dachte ..
13,18 Semper	**simplum**	– immer
13,19 De me ipsum.	**fona mir selpemo.**	– selbst von mir (aus).“

*

13,20 Bonum est.	**cot ist.**	– „(Es) ist gut.“
13,21 Malas	**upile**	– „üble (Leute)“
13,22 Bonas	**cotiu**	– „gute (Leute)“

21 *spâhî*, Adj. „klug, weise, schlau“.
22 Emendation Eckharts (Commentarii); wahrscheinlich steht *sapienti* hier versehentlich statt *sapientia*, vgl. 13,11.
23 *spâhî* / *spâhe* st. F. „Klugheit, Weisheit, Schlauheit“.

12 Pariser und Vatikanische Bruchstücke eines Körperteil-Glossars und eines Gesprächsbüchleins (sog. ‚Altdeutsche Gespräche') StSG V

[2]**VL** 1 (1978), ‚Altdeutsche Gespräche', Sp. 284–285 (Stefan Sonderegger). – **VL** ahd. und as Lit. (2013), S. 347–350 (Wolfgang Haubrichs)
Ü.: a: Hs. Paris, BN, lat. 7641, Eintrag einer Hand vom Ende des 9. oder Anfang des 10. Jh.s auf die Ränder und Leerstellen der Blätter 1r, 2v, 3r (Hauptinhalt lat.-lat. ‚Abavus'-Glossar) und 4v-16r. – In der Pariser Hs. im Bereich von Blatt 4v bis 16r Exzerpte aus dem ahd. Tatian (s.u.) Kapitel 244–185 im Kontext des ‚Tatian' von hinten nach vorn fortschreitend; diese Exzerpte vielleicht von derselben Hand wie die ‚Pariser Gespräche' (?).
b: das ursprünglich erste Blatt der Pariser Hs., das später entfernt wurde und sich nun im vatikanischen Bibl. Apost. Vatic., Cod. Regin Lat. 566, fol. 50b befindet.
Abb.: a (Paris) vollständiges Digitalisat der Hs. in Farbe: https://gallica.bnf.fr/ark:/12148/btv1b847898 5p/f1.item.zoom.
b (vatikanische Handschrift) https://digi.vatlib.it/view/MSS_Reg.lat.566 sw-Digitalisat (Bild 106).
Dat. Hs. spätes 9. / frühes 10. Jh. (Bischoff, Paläographische Fragen S. 133).
Spr. mittelfränk./ niederfränk./ westfränk.
Ed. Grimm, Altdeutsche Gespräche. – StSG V, S. 517–542. – Huisman, Die Pariser Gespräche. – Haubrichs/Pfister, „In Francia fui". – Gusmani, Testo e Glossario. – Schlosser, S. 334–335 (Textprobe). – Müller, S. 226–229 (Textprobe).
Lit.: Grimm, Altdeutsche Gespräche. – Grimm, Altdeutsche Gespräche, Nachtrag. – Kelle, LG 1, S. 46. – Ehrismann, LG I, S. 264–266. – Bischoff, Foreign Languages. – Haubrichs, Die Anfänge, S. 157–159 (zum Thema Fremdsprachenerlernung). – Penzl, „Gimer min ros". – Haubrichs, Zur Herkunft. – Meinecke, Pariser Gespräche. – Haubrichs/Pfister, „In Francia fui". – Huisman, Die Pariser Gespräche. – Hellgardt, Mehrsprachigkeit. – Endermann, Tatian-Fragmente. – Klein, Zur Sprache der Pariser Gespräche. – Schubert, 1200 Jahre Deutsch als Fremdsprache. – Müller, S. 374–375 (Kommentar zur Textprobe). – Gusmani, Testo e glossario. – Gusmani, Analisi linguistica. – Schmid, Die Pariser Tatian-Zitate. – Glück, Deutsch als Fremdsprache. – Händl, Gueliche lande cum en ger? – Kragl, Neue Thesen. https://doi.org/10.13130/interfaces-4917.

1. Körperteilglossen
2. Gesprächsbüchlein
3. Exzerpte aus dem ahd. Tatian

Text nach StSG V, S. 517–542 unter Beiziehung von Haubrichs/Pfister, „In Francia fui".

1. Körperteilglossen[1]

1 ***Hobethe:*** *caput* – Haupt.
2 **Fassen** *capilli* – Haare.
3 **Auren:** *auris* – des Ohres.
4 **Ogen:** *oculi* – Augen.
5 **Munda:** *bucca* – die Münder.[2]
6 **Zunguen:** [*linguae*] – die Zungen.
6a **[Zeni]:** *dentes* – die Zähne.
7 **Bart:** *barba* – Bart.
8 ***Han***[3]**:** *manus* – Hand.
9 ***Hansco***[4]**:** *Guanti* – Handschuh.
10 **Brust:** *pectus* – Brust.
11 **Guanbe:** *uenter* – Bauch („Wampe").
12 **Follo guanbe:** *plenus uenter* – volle Bauch[5]
13 ***Helpe:*** *adiuua* – (er) helfe.[6]
14 **fro min:** *domnus* – mein Herr.[7]

2. Gesprächsbüchlein in Fragen und Antworten[8]

Woher, wohin, wozu?

15 **Guare uenge *hinahts*[9] selida, gueselle (*vel*: guenoz)?**
id est pariter quod: ubi habuisti
mansionem hac *nocte, compagn?*

1 Riecke, Frühgeschichte, S. 199–201.
2 im Lat. Sing. „der Mund".
3 Abfall des auslautenden *t* kommt in der Handschrift häufig vor.
4 Ausfall von *t* zwischen Konsonanten *han-t-sco.*
5 *wamba* ist ahd. fem., die korrekte Form des Adj. müsste *folla* lauten.
6 *adiuva!* ist Imperativ („hilf!"), *helpe* ist Optativ („er möge helfen").
7 Nr. 13 und 14 gehören vielleicht schon als Gesprächsanrede zusammen: *Helpe, fro min!* – „Hilf, mein Herr!"; vgl. auch Tat. 204,1; 230,5; 233,7.
8 Die Zählung bezieht sich auf Steinmeyer; jedoch wurden unabhängig von ihr Sinngruppen gebildet. Die Übersetzung des ahd. Textes versucht die Lernersprache des galloromanischen Verfassers mit ihren Fehlern nachzuahmen; vgl. dazu Klein, Zur Sprache der Pariser Gespräche. Nicht selten sind die hier gebotenen Möglichkeiten unsicher. Es ist im hier gegebenen Rahmen nicht möglich, die denkbaren Alternativen aufzuzeigen; im einzelnen ist immer die angegebene Spezialliteratur zu vergleichen.
9 Lesung Haubrichs / Pfister.

16 **Ze garaben (*h*us)**[10] **selida.** *id est: ad mansionem comitis.*

„Wo bekamst du heute nacht Herberge, Geselle (oder: Genosse)?“
„In des Grafen Haus (erhielt ich) Herberge.“[11]

*

17 **Guane cumet ger**[12]**, brothro?** *id est: unde uenis, frater?*
18 **E*h* *cum***[13] **[--]**[14] ***mino* dodon**[15] ***hus*.** *id est: de domo domni mei.*
19 *vel*: **E*h* cum mer**[16] **[--]min**[17] ***herre h*us** *id est: de domo senioris mei*
20 – **Gueliche lande cumen**[18] **ger?** *id est: de qua patria [--]?*
21 **E*h* guas mer**[19] ***in* gene Francia.** *[id est:] in Francia fui.*
22 **Guęz ge dar daden?** *id est: quid fecisti ibi?*
23 **Enbez mer**[20] **dar.** *id est: disnaui me ibi*
100 **Inbizt mer d*a*re.**[21] *id est: [--]*
103 **Ads ih en andre[m]**[22] **durf.** *id est: – ad alteram uillam.*
104 **Guats tatta[n]**[23] **cher dare?** *id est: quid fecisti ibi?*
105 **Guas tare guesenda[n].** *id est: missus fui.*

„Von wo kommt ihr, Bruder?“[24]
„Ich komme aus meinem Patrons Haus.“
Oder: „Ich komme mir [aus] mein Herr Haus.“

---

10 *hus* getilgt und durch *selida* ersetzt.
11 Vgl. auch Tatian nach 226,3.
12 Zu den verschiedenen, nördlich-ingwäonischen Formen des Pronomens ‚ihr‘ (*ger, cher, grs. Haubrichs/Pfister, S. 66–68.*
13 Lesung Haubrichs / Pfister.
14 Eine Präposition (etwa *uz* „aus“) fehlt wie auch in Nr. 19, Nr. 20, Nr. 38 und Nr. 72.
15 *dodo* Koseform für *domnus* (Herr) wie *papa* für *pater*, *mama* für *mater*. Huisman S. 280.
16 undeutsche Reflexivkonstruktion infolge Interferenz mit altfrz. *s'en venir*; analog auch Nr. 21, 23 und 100; vgl. Haubrichs/Pfister, S. 39.
17 Zur weitgehenden lernersprachlichen Reduktion der pronominalen Flexion in den ‚Gesprächen‘ Klein, S. 49–51.
18 Zur verbalen Pluralendung *-en* vgl. Haubrichs/Pfister, S. 65 und Klein, Zur Sprache der Pariser Gespräche, S. 52 (alemannisch/südrhfr. und nordseegerm. „Einheitsplural“ oder lernersprachliche Formenreduktion?).
19 Interferenz mit altfrz. *soi ester* „verweilen“; vgl. Nr. 19, 23 und 100.
20 das hochdt. *z* in *enbez* aus Korrektur; ursprünglich stand *t*; *enbez mer*: Interferenz mit altfrz. *se disner* „die Hauptmahlzeit einnehmen“; vgl. Nr. 19, 21 und 96; *disnare*: vgl. frz. *dîner.*
21 Versehentliche Wiederholung von Nr. 23; zur Interferenz mit altfrz. *se disner* s. Nr. 23.
22 Lesung Haubrichs/Pfister.
23 Lesung Haubrichs/Pfister.
24 s. auch Tatian 197,7

„[Aus] welche Lande kommen ihr?“
„Ich war mir in jene Franzia“
„Was ihr dort tatet?“
„Ich nahm mir dort einen Imbiß.“ (ein Frühstück)
„Ich nahm (mir) dort einen Imbiß.“ (ein Frühstück)
„Aß ich in anderem Dorf.“
„Was tatet ihr dort?“
„Ich war dorthin gesendet.“[25]

*

87 **Guane guest tu?**[26] *[id est:] unde tu uenis?*
88 **derre oua.** *[id est:] – in[sula]*

89 **Guare gan cher**[27] ***heutho?*** *id est: ubi [--]?*
90 **Begotte, eh ne uitst**[28] **ne*n***[29] **hurt.** *id est: nullum uerbum scio de hoc.*
91 **Ca thenens**[30] **cindes!** *id est: uade uiam!*
uel: **ca dhenens huegues!**

„Von wo (von wannen) gehst du?“
„Von Insel[31].“

„Wohin geht ihr heute?“
„Bei Gott, ich wusste (dazu) nicht ein Wort.“[32]
„Geh deinens Weges!“
oder: „Geh deinens Straße!“[33]

---

25 Vgl. auch Tatian 187,2; 207,2; 219,1.
26 Lesung Haubrichs/Pfister.
27 *cher* als Korrektur für ursprüngliches *tu*.
28 Vermutlich Präteritum statt Präsens (oder Konjunktiv *wizzi* statt *weiz*?), vgl. Klein, S. 51;
29 zum möglichen Anschluss von *nen* (<*nigên*) an as. *nên*, ae. *næn* s. Klein, S. 47
30 *dhenens* lernersprachlicher Fehler.
31 „Insel“: Ortsname, vgl. Huisman, Die Pariser Gespräche, S. 293.
32 Vgl. auch Tatian 186,4; 188,5.
33 S. auch Tatian 239,3.

Besuch der Mette

24	**Guarin ger *hinahts*[34] ze metina?**	*[id est:] fuisti [--]?*
25	**Terue *ge ih!*[35]**	*[--]*
26	**E*h* ne quesa*h* ti*h* dar.**	*id est: ego non te ibi uidi.*
27	*uel*: **E*h* ne quasa*h*[36] u thar.**	*id est: uos[37] non uidi ibi.*
28	**Quesa*h*sti[38] min *h*erre ze metina?**	*id est: uidisti seniorem meum ad matutinas?*
29	**Terue nain i*h*.**	*id est: non.*

„Wart ihr heute nacht in der Mette?“
„Meiner Treu, ja ich!“
„Ich sah dich dort nicht.“
oder: „Ich sah euch dort nicht.“
„Sahst du mein Herr in der Mette?“
„Meiner Treu, nein ich!“

*

60	**Guandi[39] nae guarin ger za metin*a*?**	*id est: quare non fuisti ad matutinas?*
61	**E*hn* uolde.**	*id est: ego nolui.*
62	**Ger ensclephen bi*t* te *u*ip in ore bette.**	*id est: tu iacuisti ad feminam in tuo lecto.*
63	**Guez[40] or *h*erre *d*az, – pe desem *h*auda ger ensclephen pe dez uip, sest er *iu*[41] rebulga*n*.**	*id est: si sciuerit hoc senior tuus. iratus erit tibi per meum caput.*

„Warum wart ihr nicht zur Mette?“
„Ich wollte nicht.“
„Ihr schlieft bei das Weib in eure Bett.“
„Weiß euer Herr, dass – bei diesem Haupte – ihr schliefen bei das Weib, so ist er (auf) euch erzürnt.“

---

34 Lesung Haubrichs/Pfister.
35 *ge ih*: vgl. Huisman, Die Pariser Gespräche, S. 282; die Hs. schreibt *geu.*; *ge*, „ja“, ist eine spezifisch ae.-afries.-as. Form; vgl. Klein, S. 48.
36 *quasah*: das erste *a* in der Hs. aus *e* korrigiert.
37 *uos*: die Spitzenstellung betont das *uos* der Höflichkeitsform als Alternative zu Nr. 26.
38 Zur Form vgl. Klein, Zur Sprache der Pariser Gespräche, S. 48; die ahd. (ostfränk.) Normalform müsste *gisâhi [thu]?* („sahst du?“) lauten.
39 die ahd. (ostfränk.) Normalform lautet *(h)wanta*.
40 *guez* (*ueiz*): Indikativ statt Konjunktiv, vgl. Nr. 13 und Klein, S. 50.
41 zu *iu*: in der Hs. steht *ai*, wohl aus *iu* entstellt; Huisman, S. 288; vgl. Nr. 86.

Die Frau, der Mann

59 **Guar es*t* taz uip?** — *id est: ubi est tua femina?*
92 **Guar is tin quenna?** — *id est: ubi est tua femina?*
93 **Guer es tin man?** — *id est: ubi est tuus homo?*

„Wo ist die Frau?“
„Wo ist deine Frau?“
„Wo ist dein Mann?“[42]

Herr und Diener – Derbheiten

30 **Guaz guildo?** — *id est: quid uis tú?*

„Was willst du?“

31 **Guer is*t* [*zi sine*[43]] *h*erro?** — *id est: ubi est senior tuus?*
32 **ne guez.** — *id est: nescio.*
33 *uel*: **er is zi sine**[44] ***h*erro.** — *id est: ad seniorem suum.*
37 **Cver ist?** — *id est: ubi est?*

„Wo ist dein Herr?“
„Ich weiß nicht.“[45]
oder: „Er ist zu seine Herrn.“
„Wo ist er?“

*

43 **Min *h*erro guillo**[46] **tin esprachen**[47] — *id est: senior meus uult loqui tecum.*

„Mein Herr (ich) will dein sprechen/sprachen.“

---

42 vgl. auch Tatian 185,11; 221,3; 206,2; 206,3.
43 Lesung Haubrichs/Pfister; *zi sine* aus Nr. 33 versehentlich hierher übertragen?
44 die voll flektierte Form würde *sinemo* lauten.
45 Vgl. auch Tat. 186,4.
46 Wohl auf die Normalform *willu* („ich will“) zu deuten
47 Das anlautende *e* in *esprachen* ist romanischer Vokalvorsatz, vgl. Nr. 34 und 35; das *a* falsche Übertragung des präteritalen Stammvokals („ich sprach, du sprachst“) auf den Infinitiv Präsens?

44	***H*er[r]o, su guillo.**	*id est: et ego sic uolo.*

„Herr, so will ich.“

*

80	**Quesan ger *h*iuda min *h*erra?**	*id est: uidisti hodie seniorem?*
81	**Be gotta! – gistra ne casa*h* i*h* or *h*erra.**	*id est: heri nec hodie uidi.*
82	**En gualiche steta c*a*lernen[48] ger *[--]*?**	*id est: in quo loquo hoc[49] didicisti?*
83	**Guanna sarden ger?**	*id est: quot uices fotisti?[50]*
84	**Terue, nast e*h*[51].**	*id est: scio non.*

„Saht ihr heute mein Herr?“
„Bei Gott! *[heute nicht und]* gestern nicht sah ich euer Herr.“[52]
„In welcher Stätte lernen ihr *[solche Rede]*?“
„Wie oft fickten ihr?“
„Meiner Treu, ich wüsste (es) nicht.“

*

67	**Narra [*d*]er sarda gerra.[53]**	*id est: stultus uoluntarie fottit.*

„Der Narr, der fickte gern.“

*

101	**Gauathere, latz mer serte!**	--
102	**in mehthi thi[n][54].**	--

„Gevatterin, lass mir ficken!“
„In deiner Macht.“[55]

*

48 Präsens und Präteritum verwechselt, vgl. Nr. 99 und Klein, Zur Sprache der Pariser Gespräche, S. 51

49 *hoc* und damit die ganze Frage kann man auf den groben Fluch *begotta!* beziehen; Huisman, Die Pariser Gespräche, S. 286.

50 Huisman, Die Pariser Gespräche, S. 286, deutet die Frage als übertölpelnde Gegenfrage zu Nr. 82.

51 *naste* < *nast eh* <*nest eh* < *newest eh* „ich wüsste nicht“; Huisman, Die Pariser Gespräche, S. 286 f.

52 Vgl. auch Tat. 217,6.

53 Als sprichwörtliche Wendung formuliert; dabei in *sarda* Präteritum statt Präsens (lat. *fottit*); vgl. Nr. 90 und Klein, S. 51.

54 Lesung Haubrichs/Pfister.

55 D.h.: „Ich bin bereit.“

64	**Guaz queten ger, *herra*?**	*id est: quid dicitis uos?*
65	***Cah*ores tu, narra!**	*id est: ausculta, fol!*
66	**Gualdes[56] tu *haben* de*m* tinen rose[57]**	*id est: uelles coriu[m] de tuo equo*
	***ter hut*[58] ze tine ruge?**	*habere in collo tuo?*

„Was sagen ihr, Herr?“[59]
„Du sollst hören, Narr!“
„Wolltest du haben dem deinen Rosse [etwas von] der Haut[60]
zu deine Rücken?“

*

36	**Ubele cane*ht*, en mine teruae!**	*id est: malus uassallus*
34	**Esconae[61] cane*ht***	*[id est:] bellus uasallus*
35	**Isnel cane*ht***	*[id est:] uelox uasallus*
68	**Got man**	*id est: bonus homo*
38	***Slaph en*[62] [--][63] sin *h*als!**	*id est: da illi in collo!*
39	**habeo[64] dinen!**	*[--]*
40	**Ghanc [*h*]utz![65]**	*id est: i fors!*
41	**Sairu!**	*[id est:] tost!*[66]
42	***Hv*ndes ars in tine naso![67]**	*id est: canis culum in tuo naso!*

---

56 die Normalform der 2. P. Sing. des Opt. Prät. von *wellen/wollen* müsste *woltis* lauten.

57 übersetzt *dem tinen rose* „wörtlich“ *de tuo equo*? oder ist *de* als lat. Restwort im deutschen Kontext stehen geblieben? *tinen [rose]* das Possesivpronomen steht im Akk. Mask., der Dativ müsste *tinemo [rose]* lauten („deinem Rosse“); *tine [ruge]* Akk.Fem., der Akk. Mask. müdsste *tinemo [ruge]* lauten („zu deinem Rücken“).

58 *ter hut* partitiver Gen. („von der Haut“); im Lat. steht „Hals, Nacken“ (*collum*) statt „Rücken“ (*tergum*), vgl. Nr. 38.

59 S. auch Tatian 187,3; 187,4; 188,5; 193,2; 197,8.

60 *tinen rose ter hut*: etwas von vom Leder (*corium*), von der Haut (*ter hut*) deines Rosses; das meint die Peitsche aus Pferdeleder.

61 Das anlautende *e* ist romanischer Vokalvorsatz; vgl. Nr. 35 *isnel* („schnell“), 43 *esprachen* („sprachen“).

62 Lesung Huisman; zum Verbum *sclaphen*, „schlagen“ vgl. Klein, S. 48.

63 Zum Fehlen der Präposition (hier für „an“, „auf“) vgl. o., Anm. 14.

64 *habeo*: mit *o* verstärkter Imperativ zu *habên*; Huisman, S. 284.

65 Hyperkorrekte Schreibung des *h* in *hutz* wie im Romanischen und Flämischen; Huisman, S. 284; die anonyme Vita Ludwigs des Frommen berichtet als letzte Worte des sterbenden Kaisers im Angesicht einer dämonischen Erscheinung: *„hutz! hutz!“ quod significat ‚foras!‘* („Hutz! hutz!“, das heißt: ‚hinaus!‘). Rau, Nithart, S. 381, Z. 15f.

66 *tost* afrz. „schnell“; Huisman, Die Pariser Gespräche, S. 285.

67 Ahd. korrekt *nasa* Fem., Akk. *nasun* (sw.) oder *nasa* (st.); wenn *naso* als Mask. in Analogie zu lat. *nasus* aufgefasst ist (Huisman, Die Pariser Gespräche, S. 285), müsste der Akk. *nasun/nason* lauten,

„Übler Knecht, bei meiner Treue!“[68]
„Schöner (guter) Knecht“
„Schneller (tapferer) Knecht“
„guter Mann“[69]

„Schlage ihn [*auf*] sein Hals!“[70]
„Hüte deinen!“
„Geh hinaus!“
„Schnell!“[71]
„Hundsarsch in deine Nase!“

47 **E*h* minen terua, ne roche be taz.** *id est: in fide, non curo, quod dicis.*

„Ich meiner Treu, kümmere mich nicht um das.“

Wünsche und Befehle

79 **Bozze mine sco*h*!** *id est: emenda meam cabattam!*

„Bessere mein Schuh (aus)!“

*

45 **Guesatilae min ros!** *id est: mitte sellam!*
46 **E*h* guille thar uthz rite.** *id est: fors uolo ire.*

„Sattle mein Ross!“
„Ich will ausreiten.“

*

51 **Gimer min ros!** *id est: da mihi meum equum!*
52 **Gimer min schelt!** *id est: scutum!*
53 **Gimer min spera!** *[--]*

---

das Possessivum dazu *tinan*. Mit dem Hundsarsch ist wohl redensartlich der Arsch des Teufels gemeint; Huisman, ebda.

68 Vgl. Tatian 187,5.

69 Vgl. auch Tatian 212,2.

70 Vgl. auch Tatian 221,6.

71 Zu *sairu* „schnell“ Huisman, Die Pariser Gespräche, S. 285.

54 **Gimer min suarda!** *id est: spata*[72]
55 **Gimer min *h*ansco*h*!** *[id est:] guantos*
56 **Gimer min stap!** *id est: fustum!*
57 **Gimer min matzer!** *id est: cultellum!*
58 **Gimer cherize!** *id est: candela*

„Gib mir mein Ross!“
„Gib mir meinen Schild!“
„Gib mir meinen Speer!“
„Gib mir mein Schwert!“[73]
„Gib mir mein Handschuh!“
„Gib mir mein Stab!“
„Gib mir mein Messer!“
„Gib mir Kerze!“

*

85 ***H*abe hu got, frau me[n]!** *id est: deus uos salv domne!*[74]
86 **Guolo *geb*[75] *iu*[76] got!** *id est: bene te donet deus!*

„Erhalte euch Gott, mein Herr!“
„Gebe euch Gott wohl!“[77]

*

49 ***H*erro, ian sclaphen!** *id est: – dormire.*
50 **cit est.** *id est: tempus [--]*

„Herr, gehn schlafen!“
„Es ist Zeit.“[78]

72 *spatha* (griech.) „zweischneidiges Schwert“.
73 Vgl. auch Tatian 185,3, 185,4, 185 nach 4, 185,7.
74 Rekonstruktion Haubrichs/Pfister.
75 In der Handschrift steht *gob* mit *o* unter Einfluss der umgebenden *o*.
76 In der Handschrift steht *ei*, da aus *iu* verschrieben sein wird; vgl. Nr. 63.
77 Vgl. auch Tatian 230,2.
78 S. auch Tatian 205,6.

Essen und Trinken

69	**haben e*h* gonugo**	*[id est:] habeo satis,*
70	*uel*: **luzzil**	*id est: parum*
71	***Herro,* e*h* guille trenchen.**	*id est: ego uolo bibere.*

„Ich haben genug."
(oder): „wenig"[79]

„Herr, ich will trinken."[80]

*

75	***Herro,* guillis[81] trenchen guali got guin?**	*id est: si uis bibere bonum uinum?*
76	***So uill eh*[82], mine terue!**	*id est: sic uolo in fide.*

„Herr, willst du wohl trinken einen guten Wein?"
„So will ich (es), meiner Treu!"[83]

*

94	**Guiltu dere ouetzes?**	*id est: – de pomis?*
95	**Terua, taz guill i*h*.**	*id est: si uolo.*

„Willst du von dem Obst?"
„Meiner Treu, das will ich."

96	**Adst cher heuto?**	*id est: disnasti te hodie?*
97	**Hiich atz heuto brot.**	*[--]*
98	**Hiich atst heutu fles[84].**	*[--]*

„Aßet ihr heute?"
„Ich aß heute Brot."
„Ich aßt heute Fleisch."

---

79 Vgl. auch Tatian 231,1.
80 Vgl. auch Tatian 208,1.
81 Normalform wäre *wili*; das Endungs *s* in falscher Analogie zu den Formen der starken und schwachen Verba; vgl. Klein, Zur Sprache der Pariser Gespräche, S. 51
82 Lesung nach Haubrichs/Pfister.
83 Vgl. auch Tatian 185,3; Tatian nach 209,1.
84 Lesung Haubrichs/Pfister.

99 **Hi*h* trench[85] huin.** *[--]*
„Ich trink Wein."

*

106–107 **Trenchet cher guole in gotes min[n]e, in aller gotes heli[g]en min[n]e, [in] sancte Maria frauv[e] vnd der ihuer min[n]e hu!**
id est: bibite in dei amore, domne sancte Marie, mee amore [et] in amore uestra![86]

„Trinkt ihr wohl in Gottes
Minne, in aller Gottes Heiligen Minne,
in der Minne der Herrin Sankt Maria und
in eurer Minne eurer!"

Versorgung der Pferde

72	**Habes corne [--]**[87] **min rossa?**[88]	*id est: habes annonam ad equos?*
73	**So thon ich, *h*erro.**	*id est: sic habeo.*
74	**Ne haben ne trophen.**	*id est: non habeo quid,*
	uel: **Gonoi**	*id est : satis,*
	uel: **luzec**[89]	*id est: parum.*
48	**semergot *h*elfe, ne habe*m***[90] **ne trophen.**	*id est: si me deus adiuuet, non habeo nihil.*

„Hast du Korn (=Hafer) meine Rosse?"
„So tue ich, (Ich habe es) Herr."
„Ich haben nicht einen Tropfen (= gar nichts)"
oder „genug"
oder „wenig"
„So (wahr) mir Gott helfe, ich habem nicht
einen Tropfen."

85 Nach dem Kontext ist vielleicht das Präteritum zu erwarten; dann wäre irrtümlich die Präsensform eingesetzt; vgl. *colernen* Nr. 82 und Klein, Zur Sprache der Pariser Gespräche, S. 51.
86 Text in Anlehnung an Haubrichs/Pfister.
87 Zum Fehlen der Präposition (hier mit der Bedeutung „für") vgl. o., Anm. 14.
88 Akk. Plur. würde korrekt *miniu ros* lauten.
89 Hs. *luzer*; vielleicht verschrieben aus *luzec*.
90 Lesung Haubrichs/Pfister.

Frage

77 **Gued**[91] **est taz?** *id est: quid est hoc?*
78 ***Ic***[92] **ne guez.** *id est: nescio.*

„Was ist das?"
„Ich weiß nicht."[93]

3. Exzerpte der Pariser Gesprächshandschrift für Gesprächswendungen übernommen aus einer Handschrift des ahd. Tatian[94]

Tatian 242,2

In namen fater inti sunes inti thes heilangen[95] **geistes**
in nomine patris et filii et spiritus sancti (Mt. 28,19)
„Im Namen des Vaters und des Sohnes und des heiligen Geistes"

Tatian 233,7

Min trohtin inti min got!
domine mi et deus meus! (Joh. 20,18)
„Mein Herr und mein Gott!"

Tatian 239,3

thu mir folge!
tu me sequere! (Joh. 21,15)
„Folge mir!"

91 *gued* = afrz. *qued*? vgl. Thomas Klein, Zur Sprache der Pariser Gespräche, S. 47.
92 Lesung Haubrichs/Pfister.
93 Vgl. auch Tatian 186,4; 187,4; 207,2.
94 In diesen Stücken begegnet, anders als in den übrigen Nummern der „Gespräche", rein althochdeutscher und rein lateinischer Text. – Text nach Sievers, Tatian, S. 290–292. Die Exzerpte stehen auf den Rändern der Pariser Handschrift (s. o. die Einführung). An den oberen Rändern ist der lateinische Text durch Beschneiden der Handschrift verloren gegangen. Er ist hier wie bei Sievers *kursiv* nach der Tatian-Edition ergänzt; nicht kursiver lateinischer Text nach der Pariser Handschrift.
95 Verschreibung für *heilagen*.

Tatian 242,1 (Mt. 28,18)

In himele inti in erdu
in caelo et in terra (Mt. 28,18)
„im Himmel und auf der Erde"

Tatian 243,2

Natrun nement.
serpentes tollent.(Mc. 16,18)
„sie werden Schlangen(gift) vertragen"

Tatian 242,4

ther uuirdit heil
saluus erit (Mc. 16,16)
„der wird gerettet"

Tatian 244,2

himil
ferebatur in caelum (Luc. 24,53)
„(in den) Himmel"

Saz in ceso gotes
sedit a dextris dei (Mc. 16.19)
„saß an der Rechten Gottes"

mit mihilemo giúehen
cum gaudio magno (Mc. 16,19)
„mit großer Freude"

Tatian 230,2

Sibba si iu!
pax uobiscum! (Luc. 24,36)
„Friede[96] mit euch!"

96 „Sippe" als Friedensbereich (im Tatian und auch sonst öfter).

Tatian 230,5

mino henti, min foozi gisehet, greifot!
manus meas, pedes meos, uidete palpate! (Luc. 24,39)
„meine Hände, meine Füße seht, greift!"

Tatian 219,1

giúehen mihil
gaudium magnus (Mt. 28,8: *gaudio magno*)
„große Freude"

mit forohtu
cum timore (Mt. 28,8)
„mit Furcht"

Tatian 230,5

[...] Fleisg, gibeini ni habet, so ir mih gisehet haben.
[...] *carnem et ossa non habet* sicut me uidetis habere. (Luc. 24,39)
[...] „Fleisch und Knochen hat er nicht, wie ihr mich haben seht."

Tatian 231,1

habet ir hier uuaz, thaz man ezzan megi?
habetis hic aliquid, quod manducetis? (Luc. 24,41)
„Habt ihr hier etwas, das man essen könne?"

Tatian 212,2

guot man inti reht[97]
uir bonus et iustus (Luc. 23,50)
„guter Mann und gerechter"

Tatian 208,4

Gientot ist
consummatum est (Joh. 19,30)
„es ist beendet"

97 Vgl. o., Nr. 68 (S. 104).

Tatian 209,1

fon obanentic zunzan nider
a summo usque deorsum (Mt. 27,51)
„vom oberen Ende bis hinunter“

ohne Fundstelle im Tatian[98]

trench tu, brother![99]
„trinke, Bruder!“

Tatian 224,4

Burit gitruobit
estis tristes (Luc. 24,17)
„ihr seid betrübt“

Tatian 226,3

giengun
abierunt (Luc. 24,24)
„sie gingen“

ohne Fundstelle im Tatian

ne guille ingangan in tinen *h*usa.
nolo intrare in domum tuam.
„ich will nicht hineingehen in deinen Haus.“

Tatian 221,3

Uuib, uuaz uuvofis, uuenan suochis?
mulier, quid ploras, quem queris? (Joh. 20,15)
„Weib, was weinst du, wen suchst du?“

---

98 Nach den Tatian-Exzerpten 209,1, 226,3 und 185,4 stehen drei Sätzchen fremder Herkunft. Während die Tatian-Exzerpte genau zur Überlieferung der St. Galler Hs. stimmen, teilen diese Zusätze die sprachlichen und orthographischen Eigenarten des Hauptteils der ‚Pariser Gespräche‘. Vgl. Klein, Zur Sprache der Pariser Gespräche, S. 43.
99 Vgl. o., Nr. 71, Nr. 75, Nr. 99, Nr. 106–107.

Tatian 221,6

Ni curi mih ruoran!
noli me tangere! (Joh. 20,17)
„nicht versuche, mich zu berühren!“

Tatian 217,6

Nist er hier, quaemet Inti gisehet thia stat!
non est hic, uenite et uidete locum! (Mt. 28,6)
„Er ist nicht hier, kommt und seht die Stelle!“

Tatian 219,1

Loufente sagen
currentes nuntiare (Mt. 28,8)
„Laufende sagen“

Tatian 220,2

Liofun zuuene saman
currebant duo simul (Joh. 20,4)
„Es liefen zwei miteinander“

Tatian 208,3

Liof
currens (Mt. 27,48)
„er lief“

Tatian 217,1

Engil gotes steig fon himile inti zuog[u]angenti aruuvalzta then stein.
angelus dei descendit de celo et accedens reuoluit lapidem. (Mt. 28,2)
„Der Engel Gottes stieg vom Himmel und herzugehend wälzte er weg den Stein.

Tatian 217,2

inti ubar inan
et super eum (Mt.28,2)
„und über ihn“

Tatian 205,6

Trothin, gihugi min, mit diu thu cumist in thin rihhi!
domine, memento mei, cum ueneris in regnum tuum! (Luc. 23,42)
„Herr, gedenke mein, wenn du kommst in dein Reich!"

Tatian 206,2

Uuib, senu thin sun!
mulier ecce filius tuus! (Joh. 19,26)
„Weib, siehe nun, dein Sohn!"

Tatian 206,3

Inti senu thin mother!
et ecce mater tua! (Joh. 19,27)
„Und siehe nun, deine Mutter!"

Tatian 207,2

Rioft[100] mihileru stemmu.
clamauit magna uoce. (Mt. 27,46)
„Er rief mit lauter Stimme."

Got min, got min, ziu forliezi thu mih?
deus meus, deus meus, utquid dereliquisti me? (Mt. 27,46)
„Mein Gott, mein Gott, warum hast du mich verlassen?"

Tatian 208,1

Ih thrustu.
sitio. (Joh. 19,28)
„Ich dürste."

100 Das auslautende *t* wird mit dem in der St. Galler Tatian-Handschrift folgenden *ther* erklärt. Der Text lautet dort: *riof ther heilant mihileru stemnu.*

Tatian 204,1

Obar min[101] houbit
super caput eius (Mt. 27,37)
„über mein Haupt“

Tatian 205,1

In zeso int in sina uuinistra. Thiob[102]
a dextris et alterum a sinistris eius[103] (Mt. 27,38; Mc. 15,27)
„an der Rechten und an seiner Linken. Dieb“

thioba
latrones (Mt. 27,38; Mc. 15,27)
„Diebe“

Tatian 199,8

Landeri[104]
latro (Joh. 18,40)
„Räuber“

Tatian 197,7

uuanan bistu?
unde es tu? (Joh. 19,9)
„von wo bist du?“

Tatian 197,8

Mir ni sprichis?
mihi non loqueris? (Joh. 19,10)
„Du sprichst nicht mit mir?

101 *min* versehentlich statt *sin*; vgl. den lat. Text.
102 *Thiob* Vorwegnahme der folgenden Glosse durch den Abschreiber.
103 Der nach dem Tatian rekonstruierte Text passt schlecht zum ahd. Interpretament.
104 Das Wort ist nur hier und im Tatian überliefert; vgl. aber *land, lotha, sw. f. als Glosse zu lat *praeda* „Beute“, StWG.

Tatian 193,2

Uuaz zi uns? thu gisehes.
quid ad nos? tu uideris. (Mt. 27,4)
„Was zu uns?[105] Du wirst sehen."

Tatian 196,8

Uuarun tho giuuortan friunta themo tage
facti sunt amici in ipsa die (Luc. 23,12)
„Sie[106] waren da Freunde geworden an diesem Tage"

Tatian 195,5

Bistu cuning?
rex es tu? (Joh. 18,31)
„Bist du (‚der' oder ‚ein') König?"

Tatian 189,1

Morgane
mane (Mt. 27,1; Mc. 15,1)
„dem Morgen (=morgens)"

Tatian 190,1

Ih bisueru thih bi themo lebenten gote.
adiuro te *per deum uiuum.* (Mt. 26,63)
„Ich beschwöre dich bei dem lebendigen Gott."

Tatian 191,1

Sleiz min[107] giuuati. Bismarota
scidit uestimenta sua. – blasphemauit (Mt. 26,65)
„zerriss mein Gewand. Lästerte"

---

105 „Was geht das uns an?"
106 Herodes und Pilatus Luc. 23,12.
107 Wie o., s. Anm. 101.

Tatian 191,2

Bismarunga
blasfemiam (Mt. 26,65)
„Lästerung“

Tatian 191,3

Sculdic is*t* todes.
reus est mortis. (Mt. 26,66)
„schuldig ist er des Todes.“

Tatian 186,4

Uuaz thu quidis, ne uuiz ih.
quid dicas neque scio (Mc. 14,68)
„Was du sagst, weiß ich nicht.“

Tatian 186,5

thie ambahta *zi t*heru gluoti Uuermitun sih.
ministri ad prunas calefaciebant (Joh. 18,18)
„die Diener bei der Glut wärmten sich.“

Tatian 188,4

Scalcont[108]
seruus[109] (Joh. 18,26)
„den Sklaven“

Tatian 186,5

that enti; *s*ih uuermenti
finem; calefaciens se (Mt. 26,58; Joh 18,18)
„das Ende; sich wärmend“

---

108 Zum auslautenden *t* vgl. o., Anm. 100; Text des Tatian hier *ein fon scalcon thes bisgoffes*. Vgl. u. Anm. 112.
109 Tatian *seruis*.

Tatian 187,2

Offano sprechen
palam locutus sum (Joh. 18,20)
„öffentlich sprechen"

Tatian 187,3

Uuaz frages mih? frage thie diz gihortun!
quid interrogas me? interroga eos qui audierunt! (Joh. 18,21)
„Was fragst du mich? Frage die, die es hörten!"

Tatian 187,4

So mir ne *ant*lingis themo?[110]
sic mihi respondes? (Joh. 18,22)
„So antwortest du mir diesem nicht?"

Tatian 188,2

Ziuuare, thu bist fon ten. Thin spraha offanot thih.
uere et tu ex illis es; tua loquela manifestum te facit. (Mt. 26,73)
„Fürwahr, du bist von denen. Deine Sprache offenbart dich."

Tatian 187,5 (?)

Ubile
malus (Joh. 18,23)[111]
„auf üble Weise"

Tatian 188,4

scalcon[112]
seruus (Joh. 18,26)
„den Sklaven"

---

110 Der Text lautet in der Pariser Handschrift entstellt *So ant. mir ne lingis themo*; vgl. Tatian *sic respondes pontifici? / so antlingis themo bisgoffe?*

111 Das Bezugswort lautet im Tatian *male (locutus).*

112 Wiederholung des o. nach Tat. 188,4 (S. 117) stehenden.

Tatian 188,5

Ni ueiz ih, uuaz thu sages.
nescio ego, quid tu dicis. (Mt. 26,70)
„Ich weiß nicht, was du sagst."

Tatian 185,11

Ein man
unus homo (Joh. 18,14)
„Ein Mensch"

Tatian 185,3

Ni trinku inan. Senti thin suert in sceidun!
non bibam illum. mitte tuum gladium in uaginam. (Joh. 18,11)
„Ich trinke ihn nicht. Sende dein Schwert in die Scheide!"

Tatian 185,4

foruuerdent in suerte.
peribunt gladio (Mt. 26,52)
„Sie gehen unter durch das Schwert."

ohne Fundstelle im Tatian

Neguil bittan minan brother sin suert.
nolo rogare meum fratrem suum gladium.
„Ich will nicht bitten meinen Bruder (um) sein Schwert."

Tatian 185,7

Ir mit suerton Inti mit stangon
cum gladiis et cum fustibus (Mt. 26,55)
„ihr mit Schwertern und mit Stangen"

Bibelarbeit

Psalmen und Cantica

Vergleichspsalmen (Übersicht)

Für folgende Psalmen und für das Canticum Annae bieten sich diese Vergleichsmöglichkeiten:

Nr. 13 Alt-alemannisch	Nr. 18 Lublin. Wittenberg	Nr. 16 Rhein-fränk.	Nr. 20 Notker	Nr. 21 Millstatt	Nr. 22 Windberg
Ps. 114,2–8	Ps. 114,2–9		Ps. 114,1–9	Ps. 114,1–9	Ps. 114,1–9
			Ps. 120,1–8	Ps. 120,1–8	Ps. 120,1–8
		Cant. Annae 1–2 und 5–10	Cant. Annae 1–10	Cant. Annae, 1–10	Cant. Annae, 1–10

13 ‚Altalemannische Interlinearversion des Psalters' (Bruchstücke) Steinmeyer Nr. 38

²**VL** 1 (1978) Sp. 272–273 (Stefan Sonderegger). – **VL** ahd. und as Lit. (2013), S. 384–395 (Lothar Voetz)
Ü.: a: Dillingen, Studienbibliothek, Sign. SDL XV Fragm. 3 (ein Doppelblatt).
b: München, BSB, cgm 5248/1 (zwei Einzelblätter). – a und b Fragmente aus derselben Hs. Südwestdeutschland, alemannisches Sprachgebiet (Einsiedeln?).
Abb.: farbiges Digitalisat daten.digitale-sammlungen.de/~db/bsb00005834/images/index.html.
Dat.: Hs. 9. Jh., 2. Drittel (Bischoff, Paläographische Fragen, S. 119). – Werk vermutlich in den ersten Jahrzehnten des 9. Jh.s.
Spr.: alem.
Ed.: Steinmeyer, Nr. 38, S. 293–300 (Text). Diese Ausgabe löst die interlineare Anlage der Hs. auf und druckt die lat. und dt. Bestandteile in synoptischen Spalten. Die unten folgende Anlage des Textes macht das rückgängig. – Kritischer Bericht zur Editionsgeschichte bei Voetz (s. o.), S. 386–389. – Piper, Nachträge S. 309–310 (nur die Münchener Fragmente). – Haug/Vollmann, S. 32–35 (Texte)
Lit.: Kelle, LG 1, S. 103 und S. 342. – Kögel, LG I,2, S. 472–477. – Ehrismann, LG I, S. 270–271. – Zur Bedeutung des Psalters im Mittelalter allgemein Haubrichs, Die Anfänge, S. 204–211. – Wolf, Psalter. – Heinzer, Erstlesebuch. – Zur altalemannischen Interlinearversion der Psalmen Haubrichs, Die Anfänge, S. 206–207. – Haug/Vollmann, S. 1054–1056 (Kommentar). – Sehr reichhaltige Hinweise im **VL** ahd. und as Lit. (2013), S. 393–395 (Lothar Voetz).

Fragmente einer ehemals vollständigen Interlinearversion des Psalters (wohl mit Einschluss der Cantica und vielleicht auch katechetischer Stücke), der älteste erhaltene Fall dieser Art, größtenteils nur noch schlecht lesbar. Der lat. Text wurde methodisch streng Wort für Wort und Form für Form ins Ahd. übersetzt, ohne Rücksicht auf syntaktische Konsistenz im Deutschen, wie das allgemein die Eigenart von zweisprachigen interlinearen Textbearbeitungen ist.

Die Hs. war sorgfältig und aufwendig angelegt: lat. Text in Schwarz, interlineare dt. Bearbeitung in Rot, reichlich Platz für die interlinearen deutschen Eintragungen auf vorliniierten Zeilen, auch die Schrift der deutschen Wörter ist nicht wesentlich kleiner als die der lateinischen. Große, rote über zwei Zeilen das lat. Textes reichende Initialen am Anfang jedes Psalms. Kleine, über den Spiegel herausgerückte rote Initialen am Anfang jedes Psalmverses.

Die unten folgende Anlage des Textes versucht anhand der Ausgabe Steinmeyers eine Rekonstruktion des ursprünglichen kodikologischen Befunds. Dafür wurden auch die Digitalisate der Hs. herangezogen. In dieser Form wurde der Text bisher nie ediert.

Vergleichstexte: Nr. 18, Nr. 16, Nr. 20, Nr. 21 und Nr. 22.

Übersicht Altalemannische Psalmen-Fragmente mit Hinweisen auf die Bildnummern des Digitalisats

Steinmeyer fol.	Psalm	Dillingen	München
1a	Ps. 107,7–12	Bild 1	
1b	Ps. 107,13–14 +108,2–5	Bild 2	
2a	Ps. 113,12–114,2a	Bild 3	
2b	Ps. 114,2b-8	Bild 4	
3a	Ps. 123,2–8 vollst.		Bild 4
3b	Ps. 124,1–5 vollst.		Bild 5
4a	Ps. 128,7–8 + Ps. 129,1–5		Bild 6
4b	Ps. 129,6.7.8–130,2		Bild 7

Texte nach Steinmeyer und den Digitalisaten.

Psalm 107 (108), Vers 7–14
fol. 1r Dillingen SDL-Hss. XV Fragm. 3
Bild 1 oben

CVII.

7.

Bewahrte mache (die) rechte deine und
kahaltana[1] **tua** **cesuun** **dina** ***inti***[2] **....................**
Saluum fac dextera tua et ex*audi me.*

8.

Gott sprehender ist in Heiligem seinem
cot **sprehhanter** **ist** **in uuihemo** **sinemo**
deus locutus est in sancto suo .

(ich) freue (mich) und will verteilen Schafland
froon **inti** **ceteilo**[3] **euuilendi**[4] **......................**
Exaltabo *enim*[5] et diuidam sicimam . *et conuallem*

(der) Hütten (ich) messe
selidono **mizzu**[6]
tabernaculorum dimetiar !

9.

meiner ist Gilead und meiner ist Manasse
miner ist galaad . **inti miner ist mana*sses*** **... ....**
Meus est galaad . et meus est man*asses* *et ephraim*

---

1 Steinmeyer, S. 299–300: „Der Übersetzer verdolmetscht [...] *saluum fac dextera tua* als stände *saluam fac dexteram tuam*." Der Sinn der Stelle müsste etwa sein: „Schaffe Heil mit deiner Rechten."

2 Kursiver Satz kennzeichnet ergänzte Buchstaben oder Worte, die durch Randbeschneidung der Hs. verloren gegangen aber bei Steinmeyer ergänzt sind; „..." steht für nicht mehr Lesbares. Zur Fehlerhaftigkeit der Übersetzung vgl. Kögel, LG I,2, S. 473.

3 *ceteilo* 1. P. Sg. Konj. Präs. wie im Lat. *diuidam*.

4 *ewi-lenti* „etymologisch" interpretierende „Übersetzung" des Ortsnamens Sichem (Sicima): *eo/ou* „weibliches Schaf" + *lenti* „Land"; den Anlass dazu gab Gen. 37,12–13: „Als seine (Josephs) Brüder fortgezogen waren, um die Herden ihres Vaters bei Sichem zu weiden, sagte Israel zu Joseph: ‚Deine Brüder weiden bei Sichem die Schafe'"; s. Steinmeyer zur Stelle und Hellgardt, Interlinearversionen, S. 278–280.

5 Die Handschrift hat für *enim* die tironische Note (waagerechter Strich mit Punkt darüber und darunter); deshalb wird das Wort nicht interlinear übersetzt.

6 *mizzu* 1. P. Sg. Ind. Präs. (anders als *ceteilio* im gleichen Satz).

Empfang[7]	des Ha*uptes*	
antfanc	**des hou*bitis***	**.....**
susceptio	cap*itis*	*mei*

10.

Judas	König	meiner	Moab	Topf	des
iudas	**chuninc**	**miner -**	**moab**	**uueref**[8]	**des ....**
Iuda	rex	meus !	moab	lebes	spe*i meae*

In	Edom	dehne ich	Schuhwerk	
in	**idumea**	**kidennu**[9]	**kescuoi**	**.........**
In	idumeam	extendam	calci*amentum*	*meum*

mir	fremden Volkes	Freunde	gewordene	
mir	**helidiota**	**friunt**	**uuo*rtana***	**.......**
mihi	aliegenae	amici	fact*i*	*sunt*

11.

Wer	geleitet mich i	in Stadt		
uuer	**kileittit mih**	**in buruc**	**................**	**.........**
Quis	deducet me	in ciuitatem	*munitam,*	*quis*

geleitet mich	bis	nach	Edom
kileittit mih .	**uncin**	**in**	**idumea**
deducet me .	usque	in	idumeam,

12.

wenn nicht	du Gott	du	vertriebst	uns	und	
inu ni	**du cot**	**du**	**fartribi**	**unsih**	*inti*	
Nonne	tu deus,	qui	reppulisti	nos	*et*	*non exibis deus*

in	Kräften	unseren
in	**creftin**	**unseren .**
in	virtutibus	nostris.

---

7 D. h. „der Helm“.

8 *uuer-ef* wohl Fehler statt *uuer* („Gefäß“); zum *uuer-ef* der Hs. erläutert Steinmeyer, dass dies entstanden sein werde durch ein als *-ef* missverstandenes *-es* der Schluss-Silbe von *lebes*, geschrieben mit langem s, das in der Vorlage als Nachtragskorrektur in die Zwischenzeile geraten war und bei der Abschrift als Endsilbe des Übersetzungswortes *uuer* missverstanden wurde.

9 *kidennu* 1. P. Sg. Ind. Präs., gegen den lat. Konj. von *extendam*.

fol. 1v Dillingen Bild SDL-Hss. XV Fragm. 3
Bild 2 oben

13.

				Mühsal
..	.....	....	...	***a*rabeiti**
Da	*nobis*	*auxilium*	*de* *t*ribulatione .	

			des Menschen.	14.			Krafttat	und er selbst	zu Nichts
....	......	.....	**des mannes**	...	....	......	**craft .**	**inti er selbo**	**ce niuuuihti**
quia	*vana*	*salus*	hominis .	*In*	*deo*	*faciemus*	uirtutem !	et ipse	ad nihilum

	Feinde unsere
....	***fiant*a unsera**
deducet	*inimi*cos nostros.

Psalm 108 (109), Vers 2–5
fol. 1v Dillingen SDL-Hss. XV Fragm. 3
Bild 2 unten

***CVIII*. Psalmus. Dauid.**

2.

		mein	mögest nicht schweigen	denn	Mund	des sündigen
......	....	**minas**	**nisuuiges .**	**danta**	**mund**	**des suntigen**
Deus	*laudem*	*me*am	ne tacueris .	quia	os	peccatoris .

				mich	aufgeschlossen	ist
...	....	....	....	**mih**	**intlohhan**	**ist**
et	os	dolosi	super	me	apertum	est .

3.

		gegen	mich	Zunge	schmerzliche
....	....	***uui*der**	**mih**	**zunga**	**seriu**[10]
*L*ocuti	sunt	adversum	me	lingua	dolosa .

---

10 Zur Stelle s. Steinmeyer, S. 299–300; *lingua dolosa* ist mit *zunga seriu* als Nominativ missverstanden; richtig wäre die Übersetzung des Ablativs *lingua dolosa* durch *zungu* (st.) oder *zungun* (sw.) und eine entsprechende Form von *ser* (*sereru/sererun*). – Verwechslung von *dolus* und *dolor*. Richtig wäre eine Übersetzung von *dolosus* etwa im Sinne von „hinterhältig". Zu korrekten ahd. Übersetzungsmöglichkeiten für *dolosus* s. Goetz, Lat.-ahd.-nhd. Wb. s. v. *dolosus*.

	Feindschaft	umgaben	mich
.. ..	***f*iantscaffi .**	**umbiseliton**	**mih**
et sermonibus	*od*ii !	circumdederunt	me .

	mich grundlos
... .	**mih arauuingu**
et expugnauerunt	me gratis .

4.

	liebten	verleumdeten	mich
... .	***minn*otin[11] .**	**pisprahhun**	**mih**
*P*ro eo ut me	diligerent .	detrahebant	mihi !

....
ego autem orabam

5.

	mich	üble (Dinge)	anstelle von guten
.. ..	**mih**	**ubili**	**pi guotun**
Et posuerunt aduersum	me	mala	pro bonis !

Psalm 113 (115), Vers 12–18
fol. 2r Dillingen SDL-Hss. XV Fragm. 3
Bild 3 oben

CXIII.

12.

weihte	Geschlecht	israelischem	weihte	Geschlecht Aarons
uuihta	**hiuuiski**	**israhelo .**	**uuihta**	**hiuuiski arones**
Benedixit	domui	israhel	benedixit	domui aaron

11 3. P. Plur. Konj. Prät.

13.

weihte	alle	die fürchten	Herrn	kleine
uuihta	**alle**	**dia furihtant**	**truhtinan .**	**luzcile**
Benedixit	omnibus	qui timent	dominum .	pusillis

mit größeren
mit meron
cum maioribus

14.

zu	vermehre	Herr über euch	über euch	und	über	Söhne (Kinder)	eure
						khind	
zuo	**auhhe**[12]	**truhtin uber hiuuuih**	**uber hiuuih .**	**inti**	**uber**	**suni**[13]	**euuueriu**
Adiciat		dominus super uos .	super uos .	et	super	filios	uestros .

15.

geweihte	ihr	(dem) Herrn	der machte	Himmel	und	Erde
kiuuihta	**ier**	**truhtine**	**der teta**	**himil**	**inti**	**erda**
Benedicti	uos	domino	qui fecit	caelum	et	terram

16.

Himmel	Himmel	Herrn	Erde	aber	gab	Kinder	(der) Menschen
himil	**himilo**[14]	**truhtine**	**erda**	**auur**	**kap**	**barn**[15]	**manno**
Caelum	caeli	domino	terram	autem	dedit	filiis	hominum

17.

weder	Tote	loben	dich	Herr	noch	alle
nales	**tote**	**lobont**	**dih**	**truhtin .**	**noh**	**alle**
Non	mortui	laudabunt	te	domine	Neque	omnes

die niedersteigen	in Hölle
dia niderstigant	**in hellu**
qui descendunt	in infernum .

12 *Ad-iciat* : *zuo auhhe* gesonderte Übersetzung der Wortbildungsteile.

13 Steinmeyer: suni] s *nicht sicher; über dem Worte steht* khind".

14 Gen. Plur.

15 Zu erwarten wäre *barnum*, Dat. Plur., „den Kindern"; *filiis* ist mit *barn* wohl als *filius* missverstanden (Steinmeyer S. 300).

18.

aber	wir	die wir	leben	lobsagen	(dem) Herrn	von		nun
uzzan	**uuer**	**der**[16]	**lebemes**	**uuolquedemes**	**truhtine .**	**fona**	**……**	**nu**
Sed	nos	qui	uiuimus	benedicimus	domino	ex	hoc	nunc

und	bis		Ewigkeit
inti	***uncin***	**in**	**uuerolt .**
et	*usque*	*in*	saeculum .

Psalm 114 (116), 1–8
fol. 2r Dillingen SDL-Hss. XV Fragm. 3
Bild 3 unten

P*salm*us Dauid. CXIIII

1.

(ich) liebte	denn	hörte	Herr	Stimme	des Gebetes	meines
minnota	**pidiu**	**kehorta**[17]	**truhtin .**	**stimma**	**des kebetes**	**mines**
D*ilexi*	quoniam	exaudiet	dominus .	uocem	orationis	meae

2.

denn	neigte	Ohr	seines	mir	und	in Tagen meinen
danta	**keneicta**	**ora**	**sinaz**	**mir .**	**inti**	**in tagon minen .**
Quia	inclinauit	aurem	suam	mihi .	et	in diebus meis

fol. 2r Dillingen SDL-Hss. XV Fragm. 3
Bild 4

nenne	dich
kinemmu	**dih**
inuocabo	te .

3.

umsiedelten	mich	Schmerzen	des Todes	Bedrängnisse
umbiseliton	**mih**	**seher**	**des todes**	**zaala**
Circumdederunt	me	dolores	mortis	pericula

16 Relativpartikel *uuer der* „wir, die wir".
17 Das Futur *exaudiet* ist mit *kihorta* als Prät. missverstanden (Steinmeyer, S. 300).

der Hölle	fanden	mich
dera hella	**funtun**	**mih**
inferni	inuenerunt	me .

Mühsal	und	Schmerz	fand
arabeit	**inti**	**seher**	**fand .**
Tribulationem	et	dolorem	inueni .

4.

und	Namen	(des) Herrn
inti	**namon**	**truhtines**
et	nomen	domini

nannte
kinamta
inuocaui .

						5.	
ach	Herr	erlöse	Seele	meine	gnädiger	Herr	und gerechter
uuolago	**truhtin**	**erlosi**	**sela**	**mina .**	**kenadiger**	**truhtin**	**inti rehter**
O	domine	libera	animan	meam !	misericors	dominus	et iustus

und	Gott unser	ist gnädig
inti	**got unser**	**kenadit**
et	deus noster	miseretur .

6.

erhaltend	kleine	Herr	gedemütigter bin
kehaltanti	**luzcila**	**truhtin .**	**kediomoter pim**
Custodiens	paruulos	dominus !	humiliatus sum

und	erlöste mich
inti	**arlosta mih**
et	liberauit me .

7.

wende	Seele meine	in Rast	deine
uuerbi	**sela mina in resti**	**dina**	
Conuertere	anima mea	in requiem	tuam .

denn	Herr	wohltat	dir
danta	**truhtin**	**uuolateta**	**dir**
quia	dominus	benefecit	tibi ;

8.

	denn	erlöste	Seele	meine	von	Tode	Augen meine
	danta	**erlosta**	**sela**	**mina**	**fona**	**tode .**	**ougun miniu**
Quia		eripuit	animam	meam	de	morte .	oculos meos

von	Tränen	Füße meine	von	Ausgleiten
fona	**zaharim .**	**fuozzi mine**	**fona**	**slippe .**
a	lacrimis !	pedes meos	a	lapsu .

Psalm 123 (124), Vers 2–8

CXXIII.

fol. 3r München BSB-Hss Cgm 5248(1
Bild 4

2.

außer	dass	Herr	war mit uns
uzzan	**daz**	**truhtin**	**uuas in uns**
Nisi	quia	dominus	erat in nobis

3.

wenn	aufstehen	Menschen	gegen uns	vielleicht	(als) lebende
denne	**arstantant**[18]	**man**	**in unsih**	**odouuila**	**lebente**
Cum	exsurgerent	homines	in nos .	forte	uiuos

verschlingen uns
farslintant unsih
deglutissent nos .

wenn	erzürnt worden ist	Zorn	ihrer	auf uns
denne	**arbolgan ist**[19]	**heizmuoti**	**iro**	**in unsih**
Cum	irasceretur	furor	eorum	in nos

---

18 *arstantant* Ind. Präs, für *exsurgerent* Konj. Prät.
19 *arbolgan ist* Ind. Präs., *irasceretur* Konj. Prät.

4.

vielleicht Wasser ersäufte uns
odouuila wazzer pisoufta[20] **unsih**
forsitan aqua absorbuisset nos

5.

Sturzbach durchfuhr Seele unsere vielleicht
leuuinnun duruhfuor sela unseriu odouuila
T*orr*entem pertransiuit anima nostra *fo*rsitan

durchfuhr Seele unsere Wasser unerträglich(es)
duruhfuar[21] **sela unseriu wazzer unfardraganlih**
pertransisset anima nostra aqua intollerabilem

6.

geheiligter Herr der nicht gab uns in Gefangenschaft
kiuuihter truhtin der nikap unsih in gifangida
Benedictus dominus qui non dedit nos in captionem

(den) Zähnen ihrer
cenim iro
dentibus eorum

7.

Seele unsere wie Spatz entrissene ist
sela unseriu . soso sparo kecriftiu ist
Anima nostra sicut passer erepta est

von Schlinge der Jagenden
fona seide uueidenontero
de laqueo uenantium .

Schlinge zermüllt ist und wir erlöste sind
seid farmulitaz ist . inti uuer erlosta pirumes
Laqueus contritus est ! et nos liberati sumus ;

20 *absorbuisset* Konj. Plusquamperf., *pisoufta* Ind. Prät.
21 *pertransisset* Konj. Plusquamperf., *duruhfuar* Ind. Prät.

8.

Unterstützung	unsere	im Namen	des Herrn
zuohelpha[22]	**unseriu**	**in namin**	**truhtines .**
Adiutorium	nostrum	in nomine	domini .

fol. 3v München BSB-Hss Cgm 5248(1
Bild 5 oben

	machte	Himmel	und Erde
……..	***te*ta**	**himil**	**inti herda**
qui	*f*ecit	caelum	et terram

Psalm 124 (125), Vers 1–5

CXIIII. Canticum graduum

fol. 3v München BSB-Hss Cgm 5248(1
Bild 5 unten

1.

die vertrauen	in	(dem) Herrn	so wie	Berg Sion
dia ketruhent	**in**	**truhtine**	**soso**	**berac sion**
Qui confidunt	in	domino,	sicut	mons sion .

nicht ist	bewegt	in Ewigkeit
nist	**eruuegit**	**in euuun**
non	commouebitur	in aeternum.

2.

der wohnt	in Jerusalem
der buit	**in hierusalem**
qui habitat	in hierusalem

Berge	Umkreis seiner	und Herr		Umkreis	Volkes seines
beraga	**umbinciric sin .**	**inti truhtin**		**umbinciric**	**folkes sines**
*M*ontes	in circuitu eius .	et dominus .	in	circuitu	populi *sui*

22 *zuo-helpha* : *Ad-iutorium* gesonderte Übersetzung der Wortbildungsteile.

von	dem	nun	und	bis in	**in** Ewigkeit
fona	***demo***	**nu**	**inti**	**unzan**	**in uuerolt**
ex	hoc	*nunc*	et	usque	in saeculum .

3.

denn	nicht ließ weg	Gerte	(der) Sündigen	über
danta	**nifarliez**	**kerta**	**suntigero**	**uber**
Quia	non *dimisit*[23]	uirgam	peccatorum	super

Los	(der) Gerechten	damit	nicht ausstrecken	(die) Gerechten
loz	**rehtero .**	**daz**	**nikidennen**	**rehte**
sortem	iustorum .	ut	non extendant	iusti .

zum	Unrecht	Hände ihre
ce	**hunrehte**	**henti sino**[24]
ad	iniquitatem	manus suas

4.

tue wohl	Herr	Guten	und	(den) Gerechten	(dem) Herzen
uuolatua	**truhtin .**	**cuatem**	**inti**	**rehtem**	**herzin**
*B*enefac	domine	bonis	et	rectis	corde .

5.

abwendenden	aber	in (das) Binden	möge herbeiführen	(der) Herr	
***che*rante**	**auur**	**in bintanne .**	**zuakeleite**[25]	**truhtin**	....[26]
*Declinan*tes	autem	in obligationes .	adducet	dominus	cum

wirkenden	Unrecht	Friede über Israel
***uurchan*tem**	**unreht**	**fridu uber israhel .**
*operanti*bus	iniquitatem .	pax super israhel !

23 *dimisit* ist Lesart der Vetus Latina; die Vulgata hat *relinquet dominus* (Anm. Steinmeyer zur Stelle).

24 Zu erwarten wäre *iro* statt *sino*; vgl. [15]Ahd. Gr (2004) § 284: „für [...] den ganzen Pl. gibt es im Ahd. kein Possessivpronomen; es wird durch die entsprechenden Genitive des Pron. 3. P. ersetzt: *ira* ‚ejus' f., *iro* ‚eorum, earum'.

25 Das Futur *adducet* ist mit *zuakeleite* als Konj. Präs. missverstanden (Steinmeyer, S. 300).

26 Steinmeyer zur Stelle: „Für ein dem *cum* entsprechendes *mit* scheint der Raum zu fehlen."

Psalm 128 (129), 7–8

CXXVIII.

fol. 4r München BSB-Hss Cgm 5248(1
Bild 6 oben

7.

und	Schoß seinen	der Garben	sammelt
inti	**puasum sinan**	**der garba**	**samanot**
et	sinum suum	qui *manipulos*	*col*liget

8.

und	nicht sagten	die	vorbeigingen	Segen	des Herrn
inti	**niquatun**	**die**	**furifuo*ru*n**	**uuihi**	**truhtines**
Et	non dixerunt	qui	preteribant	benedictio	domini

über	euch	wir segnen	euch	im Namen	des Herrn
uber	**euuuih**	**uuihtomes**	**euuuih**	**in namin**	**truhtines**
super	uos	benediximus	uobis	in nomine	domini .

Psalm 129 (130) 1–8

CXXVIIII. CANTICUM GRADUUM.

fol. 4r München BSB-Hss Cgm 5248(1
Bild 6 unten

1.

von	Tiefen	schrie	zu dir Herr
fona	**tiuffem**	**hereta**	**ce dih truhtin**
De	profundis	clamaui	ad te domine !

2.

Herr	höre	Stimme meine
truhtin	**kehori**	**stimma mina**
domine	exaudi	uocem meam .

seien	Ohren	deine	antwortende	auf Stimme
sin	**oren**	**diniu**	**anauuartontiu**	**in stimm*a***
Fiant	aures	tuae	intendentes	in uocem

des Gebetes	meines
des kebetes	**mines**
deprecationis	meae .

3.

	wenn	unrechtes	du beobachtest	Herr	Herr	wer	hält Stand für sich
	ubi	**unreht**	**haltis**	**truhtin .**	**truhtin**	**uuer**	**kestat im*o***
Si		iniquitates	obseruabis	domine .	domine	qui	sustinebit ;

4.

denn	mit dir	Gnade	ist	wegen Gesetz
danta	**mit tih**	**kenada**	**ist .**	**duruh uuizzud**
Quia	apud te	propitiatio	est !	propter legem

deinem	hielt ich mich an	dich Herr
tinan	**fardolata**	**dih truhtin**
tuam	sustinui	te domine ;

fest hielt sich	Seele meine	an Wort seinem
fardolata	**sela miniu**	**in uuorte sinem*o***
Sustinuit	anima mea	in uerbo eius !

5.

hoffte	Seele meine	auf Herrn
uuanta	**sela miniu**	**in truhtine .**
sperauit	anima mea	in domino ;

fol. 4v München BSB-Hss Cgm 5248(1
Bild 7 oben

6.

(von)	(der) Wache	morgenlicher	bis	zu	Nacht
...	***k*ihaltidu**	**morganlihera**	**uncin**	**ce**	**naht**
A	*cus*todia	matutina	usque	ad	noctem

möge hoffen	Israel	auf	Herrn
uuane	**israhel**	**in**	**truhtine**
speret	israhel	in	domino .

7.

denn	mit	Herrn	Gnade	und	überreiche
danta	**mit**	**truhtinan**	**kenada**	**inti**	**kenuhtsamiu**
Quia	apud	dominum	misericordia !	et	copiosa

bei ihm	Erlösung
mit inan	**erlosida**
apud eum	redemtio !

8.

und	er	erlöst	Israel	von	allen	unrechten (Dingen)
inti	**her**	**erlosit**	**israhelan**	**fona**	**allen**	**unrehtun**
Et	ipse	redimet	israhel !	ex	omnibus	iniquitatibus

seinen
sinen
eius ;

Psalm 130 (131),Vers 1–2

***CXXX*. CANTICUM GRADUUM.**

fol. 4v München BSB-Hss Cgm 5248(1
Bild 7 unten

1.

Herr	nicht ist	überhobenes	Herz meines
truhtin .	**nist**	**erhabanaz**	**herza minaz**
Domine .	non est	exaltatum	cor meum !

auch nicht	übermütig gewordene	sind	Augen meine
noh ni	**erkeilidiu**	**sint**	**ougun miniu**
Neque	elati	sunt	oculi mei ;

auch nicht ging	in großen (Dingen)	auch nicht	in wunderhaften (Dingen)
noh nikienc	**in mihilem .**	**noh**	**in uuunteron**
Neque ambulaui	in magnis .	Neque	in mirabilibus

über mich
uber mih
super me .

2.

wenn	nicht	in Erniedrigung	(ich) würde verstehen	sondern	(ich) erhöbe (mich)
ubi	**ni**	**in deohmuat*i***	**farstuanti**[27] **.**	**uzzan**	**arhuobi**
Si	non	h*u*militer	sentiebam **!**	sed	exaltaui

……..	mina
*anima*m	meam ;

so wie	entwöhntes (Kind)	über	Mutter seiner
……..	***intu*uenitaz**	**uber**	**muoter sinero**
Sicut	ablactatum	super	matre sua **!**

27 *farstuanti* Konj. Prät., *sentiebam* Ind. Prät.

14 ‚Altsächsische Übersetzung und Auslegung der Psalmen' aus Gernrode/Dessau Wadstein Nr. 2

[2]**VL** 2 (1980), Sp. 1262 (Willy Sanders), dort als „Gernroder Predigt" bezeichnet. – **VL** ahd. und as Lit. (2013), S. 409–410 (Heinrich Tiefenbach).
Ü.: Dessau, ehem. Herzogl. Residenzschloss, ohne Signatur, verschollen; Bibliotheksheimat: vermutlich Damenstift Gernrode am Harz; Schriftheimat: Essen, Damenstift. Zwei stark zerstörte Blätter, 1856 im Herzoglichen Archiv zu Bernburg entdeckt. – Die von Bernhard Bischoff für möglich gehaltene Gernroder Provenienz der Hs. wurde mit paläographischer Argumentation von Hartmut Hoffmann (s. Lit.) revidiert; er spricht sich für die Entstehung im Skriptorium des Essener Damenstifts aus. Die west-, nicht ostfälische Sprache der Fragmente stimmt dazu.
Abb.: Gallée, Facsimile-Sammlung, Nr. IX a-c; vgl. bei Gallée, Sprachdenkmäler seine neben der gedruckten Textedition stehende manuelle Nachbildung der Handschrift.
Dat.: Hs. spätes 10. Jh. (Bischoff, Paläographische Fragen, S. 130); Textentstehung wenig früher als die Handschrift.
Spr.: südwestfälisch (ausführliche Analyse bei Kögel und Klein).
Ed.: Heyne, Altndt. Denkm., S. 60–63. – MSD I Nr. 71, S. 233–236 (Text). – Gallée, Sprachdenkmäler Nr. 9, S. 224–232. – Wadstein Nr. 2, S. 4–15 (Text). – Schlosser, S. 40–41 (Text und Übersetzung). – Müller, S. 122 (Text und Übersetzung Ps. 5,8–9).
Lit.: Kelle, LG 1, S. 103 und S. 342–343. – Kögel, LG I,2, S. 566–571. – Ehrismann LG I, S. 272–273. – [4]MSD 2 Nr. 71, S. 372–375 (Kommentar). – Gallée, Sprachdenkmäler Nr. 9, S. 219–223 (Kommentar). – Wadstein, S. 121–123 (Kommentar). – Klein, as. Psalmenkommentar.– Zur Bedeutung des Psalters im Mittelalter Haubrichs, Die Anfänge, S. 204–211. – Wolf, Psalter.-Heinzer, Erstlesebuch. – Haubrichs, die Anfänge, S. 208–209 (zum Werk). – Lasch, Die as. Psalmenfragmente. – Schlosser, S. 344 (Kommentar). – Müller, S. 334–335 (Kommentar). – Hoffmann, Essen.

Dass der Text Bruchstücke einer Predigt wiedergebe, hatte Gallée, Sprachdenkmäler S. 221, gemeint. Für die Berechtigung dieser Annahme gibt es keine hinreichenden Anhaltspunkte; so überzeugend schon Kögel, LG, I,2, S. 570–571, und dann wieder Wadstein, S. 122–123. Dagegen spricht allein schon, dass die Fragmente aufeinander folgende Auslegungen zweier Psalmen abdecken, was für eine Predigt völlig ungewöhnlich wäre.

Die Fragmente bezeugen den einzigen deutschen Psalmenkommentar vor Notker dem Deutschen. Vor und nach Notker gibt es zum Psalter bis ins Hochmittelalter nur Interlinearversionen des Psalters. Da die Herkunft des Psalmenkommentars aus dem Essener Frauenstift paläographisch gesichert erscheint, liegt damit neben dem interlinear und marginal volkssprachig bearbeiteten ‚Essener Evangeliar' (unten, Nr. 30) des 10. Jh.s ein weiteres Zeugnis für die volkssprachigen Aktivitäten an diesem Ort vor. – Zur Glossographie des Stifts s. im Überblick noch Tiefenbach, Die altsächs. Schreiblandschaft, besonders S. 1218–1221.

Die lateinische Quelle des Psalmen-Kommentars ist nicht eindeutig ermittelt. Jedoch steht sie dem Psalmenkommentar des Cassiodor, dem ‚Breuiarium in Psalmos' eines Ps.-Hieronymus (Clavis Nr. 629) und einer Kommentarkompilation des clm 3729 nahe; vgl. dazu die Hinweise und Textabdrucke bei Steinmeyer in [4]MSD II, S. 373–375 sowie Wadstein, S. 12–15 und S. 122; hinzu kommt noch Hieronymus, Tract. in psalmos, s. Wadstein S. 122.

Text nach der ergänzten Version bei Wadstein, S. 12–15, mit Zählung der handschriftlichen Zeilen und neuer Interpunktion. Fortgelassen sind die zahlreichen (), zwischen welche Wadstein seine Ergänzungen oder unsicheren Lesungen setzt. Im vorliegenden Text stehen zwischen () Ergänzungen nach der Ausgabe von Gallée, Sprachdenkm.; diese Lesungen haben meist nur den Wert mehr oder weniger annehmbarer Vermutungen. An einigen Stellen differiert Gallées Text so sehr von dem Wadsteins, dass die entsprechenden Zeilen alternativ zum Text Wadsteins geboten, durch Ga gekennzeichnet und eingerückt wurden. Sonst stimmen Wadstein und Gallée weitgehend überein.

Psalm 4

[4,1–7 ....]

Blatt 1 r

4, 8

[a fructu frumenti et uini eorum repleti sunt]

[...] [...] [...] thing [.............] ‚*Sia sindun mid thero fruhti iro vuetes endi vuines gifulda*‘[1]. Thiu heliga samnunga vuiruid tote them, thia the thar befundane uuerthed an iro githankon gerna flesclikero thingo,[2] endi thia the thar niauuiht gimanagfaldoda[3] sindun an thero ginuftsamidu thero geuono, neuan thia the thar gifulda sindun mid then vuirsiston erthlikon dadion endi themo vueroltlikon vuillion.[4] (**In pace**)

4, 9

[In pace in idipsum dormiam, et requiescam]

‚*Ik scal sclapan endi restian an themo frethu*‘, the ther an nana vuisa beuuandlod vuerthan ne mag,[5] endi thena[6], the then erhtlikon dadion angehafted vuerthan ne mag,[7] neuan the vuirthid imo gigeuan geuuisso the thar tuovuardig endi ungi-

---

1 *gifulda* : *repleti* – „angefüllt", Psalterium Romanum, Cassiodor.

2 *flesclikero thingo* : *rebus carnalibus* – „fleischlichen Dingen", clm 3729.

3 *gimanagfaldoda* : *multiplicati* – „vervielfältigt", Psalterium Gallicanum und Cassiodor, vgl. 1 r, 10.

4 *gifulda sindun mid then vuirsiston erthlikon dadion endi themo vueroltlikon vuillion* : *pessimus actibus id est mundana uoluntate completi*. – „mit den schlechtesten Taten, das heißt mit weltlicher Lust angefüllt", Cassiodor.

5 *ther an nana vuisa beuuandlod vuerthan ne mag* : *quod nulla rerum uicissitudine commutatur*. – „was durch keinen Wechsel der Dinge verändert wird", Cassiodor.

6 *thena*: vielleicht zu streichen; die Form, eigentlich Akk. Sg. Masc., ist im Kontext syntaktisch unklar; Wadstein, Glossar, S. 230, Sp. 2 verzeichnet sie mit ?.

7 *frethu ... thena the then erhtlikon dadion angehafted vuerthan ne mag*: *pacem ... quam habere non posunt qui saecularibus actibus implicantur*. – „Frieden, ..., den die nicht haben können, die in zeitliche Handlungen verstrickt sind", Cassiodor.

Psalm 4

[4,1–7 ....]

Blatt 1 r

4,8

[Von ihrer Frucht des Kornes und Weines sind sie angefüllt.]

[....] [....] [....] [...............] *‚sie sind mit der Frucht ihres Weizens und Weines angefüllt.'* Die heilige Versammlung[8] wendet sich gegen die, die da gefunden werden in ihren Gedanken verlangend nach fleischlichen Dingen, und die, die da in keiner Weise gemannigfaltigt sind in der Genügsamkeit der Gaben, sondern die, die da angefüllt sind mit den schlimmsten irdischen Taten und dem weltlichen Willen (**Im Frieden**)

4,9

[Im Frieden, in ihm selbst, möge ich schlafen und ruhen.]

‚Ich soll schlafen und rasten in dem Frieden' der da auf nicht eine Weise verwandelt werden kann, und den[9], der den irdischen Taten angehaftet werden nicht kann, außer der wird ihm gegeben gewisslich, der da zukünftig und von un-

---

8 Der Ausdruck meint die Kirche als Institution, so auch 1v, Zeile 7 und Ga 13b.

9 „den" syntaktisch unkorrekt, vgl. die Anm. zum Text.

17 rimendes fristes is.[10] Thius guodlica rasta[11] vuirthid
18 (gigeuan then heligon), endi the frithu,[12] the ther
19 (an euuithon endi) unbeuuandlondelik is.
20 (vuan that is gekuthid an) themo uuorde ‚ik
21 (scal sclapan endi restian) that ik an themo

Blatt 1 v

1 frethu sclapu‘ [.....................................]

[**4,10** ....]

**
*****
**

---

10 *the thar tuovuardig. endi ungi rimendes fristes is*: *‚Requiescam‘ futuram beatitudinem indicare monstratur* – „*‚ich werde ruhen‘* – die zukünftige Glückseligkeit wird angezeigt“, Cassiodor.
11 *guodlica rasta* : *gloriosa pausatio* – „ruhmreiche Rast“, Cassiodor.
12 *rasta vuirthid (gigeuan then heligon)* : *requies dabitur sanctis* – „Ruhe wird gegeben werden den Heiligen“, Cassiodor.

17 zählbarer Frist ist. Diese herrliche Rast wird
18 (gegeben den Heiligen) und der Friede, der da
19 (in Ewigkeit und) unverwandelbar ist.
20 Denn das ist verkündet mit dem Wort: ‚Ich
21 (soll schlafen und rasten'), dass ich an dem

Blatt 1 v

1 Frieden schlafe [....................................]
2 [....]

[4,10 ....]

**
*****
**

Psalm 5

5, 1

[In finem pro ea, quae hereditatem consequitur. Psalmus Dauid]

2 [...]
3 [...]
4 [...]
5 (Uui horad, that godes erui scal) kuman (an) thia
6 (cristes heligun kirikun.)[13] Bi gerehton anfahit
7 thiu heliga samnunga that erui,[14] that is that euuiga
8 lif, thuru usan drohtin then neriondon crist. Thes
9 euuigon liues erui, that ther an themo anaginne
10 [..........]uerth [..........]n an themo endi the-
11 ro vueroldes, (that is that erui), that (uui) haddun
12 (so an themo) an(aginne. so) an themo
13a endi.

5, 2

[Verba mea auribus percipe domine, intellege clamorem meum.]

13b **Verba mea.** Thiu helega samnuga bidid
14 mid theson vuordon, that the salmsangas iro mu-
15 thes gihoride uuerthen fan gode, endi that fan imo
16 fernoman vuerthe the vuillo thes thurugthige-
17 non herton, the alla thing ne fernimid mid then
18 oron, neuan mid themo liahte sinaro godhedies.[15]

---

13 *godes erui scal kuman an thia cristes heligun kirikun* : *‚heriditatem consequitur‘ ecclesiam significat* [...] *hereditatem uero ideo consequi dicitur, quia Christo resurgente ad eam bona spiritualia peruenerunt.* –„das ‚Erbe erlangt (sie)‘ meint die Kirche [...] dass das Erbe nämlich eben dadurch erlangt wird, wird gesagt, weil sie mit dem auferstehenden Christus zu den geistlichen Gütern durchdrangen“, Cassiodor.

14 *Bi gerehton anafahit thiu heliga samnunga that erui* : *recte enim pro ecclesia, quae heriditatem [...] accipit* – „mit Recht nämlich für die Kirche, die das Erbe [...] empfängt“ clm 3729.

15 Z. 13b-18: *His uerbis ecclesia rogat ut eius oris psalmodia adeo audiatur et perfectus cordis affectus intellegatur ab eo qui non auribus sed lumine suae diuinitatis intelligit cuncta.* „mit diesen Worten bittet die Kirche, dass der Psalmengesang ihres Mundes so sehr gehört werde und die vollkommene Zuneigung ihres Herzens erkannt werde von dem, der nicht mit den Ohren, sondern mit dem Licht seiner Gottheit alles erkennt“ – clm 3729. – *ne fernimid mid then oron neuan mid themo liahte sinaro godhedies* : *non auribus audiri, sed mentis lumine [...] intellegi* – „nicht mit den Ohren gehört werde, sondern mit dem Licht des Geistes [...] erkannt werde“ Cassiodor.

Psalm 5

5,1

[Zum Ende für die, welche in der Erbfolge steht. Psalm Davids]

3 [...]
4 [...]
5 wir hören, dass Gottes Erbe soll kommen an die
6 heilige Kirche Christi. Mit Recht empfängt
7 die heilige Versammlung das Erbe, das ist das ewige
8 Leben durch unseren Herrn, den rettenden Christus. Des
9 ewigen Lebens Erbe, das da an dem Anfang
10 [......................................]an dem Ende der
11 Welt, (das ist das Erbe) das (wir) hatten
12 (so wie an dem) An(fang, so an dem
13a Ende.[16]

5, 2

[Meine Worte vernimm mit den Ohren Herr, erkenne mein Schreien.]

13b **Meine Worte** Die heilige Versammlung bittet
14 mit diesen Worten, dass die Psalmengesänge ihres Mun-
15 des gehört werden von Gott, und dass von ihm
16 vernommen werde der Wille des vollkomme-
17 nen Herzens (von Gott), der alle Dinge nicht vernimmt
18 mit den Ohren, sondern mit dem Licht seiner Gottheit.

---

16 Scherer paraphrasiert: „die kirche ist diejenige, die das erbe erlangt. das ist der ewige besitz der geistigen güter, die sie Jesu Christo verdankt. dessen ist das erbe, der von anbeginn bei dem vater war und an dem ende der welt als richter kommen wird." [4]MSD II, S. 374.

5,2
[Verba mea auribus percipe domine, intellege clamorem meum.]

Ga 13b **Verba mea** Thiu heliga samnunga bidid,
Ga 14 that gelesan vuerthe, that the stimna endi iro ge-
Ga 15 screge gihorid uuerthe fan gode endi fan imo
Ga 16 fernoman vuerthe. (**Intende**) Thu uilo thurugthige-
Ga 17 no herro, hore thu mik an mid thinon
Ga 18 oron, neuan mid the oron thera godehedies!

5,3
[Intende uoci orationis meae rex et deus meus.]
19 Thu bist min god [................................],
20 vuan thu bist min craft[17] (mid thineru hederun)
21 an thesa [....]

[5,4–6 ....]

**
*****
**

17 *Thu bist min god [....] vuan thu bist min craft : Tu es deus meus [...] quoniam tu uirtus es* – „du bist mein Gott [...] denn du bist die Kraft“, Ps.-Hieronymus, Breuiarium in Psalmos.

5,2
[Meine Worte vernimm mit den Ohren Herr, erkenne mein Schreien.]

Ga 13b [..........] **Meine Worte** Die heilige Versammlung bittet,
Ga 14 dass gelesen werde, dass die Stimme und ihr Ge-
Ga 15 schrei gehört werde von Gott und von ihm
Ga 16 vernommen werde. (**Höre**) Du sehr vollkomme-
Ga 17 ner Herr, höre du mich an mit deinen
Ga 18 Ohren, aber den Ohren der Gottheit

5,3
[Höre auf die Stimme meines Gebetes mein König und mein Gott]
19 Du bist mein Gott [.....................................]
20 denn du bist meine Kraft mit deiner heiteren
21 an diese(r)
[5,4–6 ....]

**
*****
**

Blatt 2 r

5,7
[Odisti omnes qui operantur iniquitatem; perdes omnes, qui loquuntur mendacium. Virum sanguinum et dolosum abominabitur dominus.]

0 [.......................................] **Odisti** ,*Thu ha-*
1 *tos, then that unreht vuorkid*'. vuan the that un-
2 reht vuorkid, ne gisclahit neuan tho sines selues
3 sialun; eft ,*the thia lugina ther sprekat*' – sia giscla-
4 hed also mangan man, so sia thia lugina anbrenged.[18]
5 The is ,*man thero bluodo*', the thar beuuollan vuir-
6 thid mid mennisscemo bluodo,[19] endi the thar io
7 vuid thia fremithan handflitid[20] thia fervuurdi te
8 vuerkenne. vui sculun ferneman, that thit is [........]
9 [...] thero [...] o [...] thia the iogivuelik ,*unreht*'
10 [........] h [...] the [...] is ,*fekni*', the
11 n [..] od. That is ,*fekni*', that man bikan thia
12 bosa endi otherimu undat geframot.[21] Geuuisso the
13 heretikeri is ,*man thero bluodo*', the ther da-

Ga 6 thid mid mennisscemo bluodo, endi the dithod,[22]
Ga 7 vuo he thia fremida hand aflitid,[23] thia ferevelhed to
Ga 8 vuerkenne. vui sculun ferneman, that the dro-
Ga 9 htin hatod thia rotta,[24] thia ther iogivuelik ,*unreht*
Ga 10 (*vuorkid*', endi thena the ther is fel[25] mid hethi-
Ga 11 nun he hatod. That is fereueldat managfold,
Ga 12 †bosu endi otheri misdad gerstlikamodu.† Githen-
Ga 13 ked, that heretikeri is ,*man thero bluodo*', the da-

---

18 Z. 1–4 *vuan the – lugina anbrenged* : *Qui enim operatur iniquitaten, suam tantum animam occidit: qui autem ... loquitur mendacium, tot occidit homines quot induxerit.* – „denn wer Unrecht verübt, tötet nur seine eigene Seele: wer aber ... Lüge spricht, tötet so viele Menschen, wie er in (die Lüge) hineinführte", Ps.-Hieronymus, Breviarium in Psalmos.

19 *The is man thero bluodo. the thar beuuollan vuirthid mid mennisscemo bluodo* : *Vir quidem sanguinum est qui humano cruore pollitur.* – „Mann nämlich der Blutströme ist, wer mit menschlichem Blute besudelt wird", Cassiodor.

20 Von *andflitan*; *hand* zwischen *fremithan* und *thia* wohl über die Zeile geschrieben.

21 *That is fekni that man bikan thia bosa endi otherimu undat geframot* : ,*dolosus*' *autem illos significat qui scientes malum alienum operari nituntur exitium.* – „ ,arglistig' aber bezeichnet jene, welche das Böse kennend danach streben, dass ein anderer das Verderben bewirkt", Cassiodor.

Blatt 2 r

5,7
[Du hassest alle, die Unrecht tun, du verdirbst alle, die Lüge sprechen. Den Mann der Blutströme und den arglistigen verabscheut der Herr]

0 [............................] **Du hassest** *‚Du has-*
1 *sest den, (der) das Unrecht wirkt‘*. Denn der *‚das Un-*
2 *recht wirkt‘*, schlägt nicht(s) außer seine eigene
3 Seele; oder *‚der die Lüge da spricht‘*, – sie schlagen
4 ebensoviele Menschen, wie sie in die Lüge hineinbringen.
5 Der ist *‚Mann der Blutströme‘*, der da besudelt wird
6 mit menschlichem Blute und der da immer
7 durch die fremden (=anderen) danach strebt, das Verderben
8 zu wirken. Wir sollen vernehmen, dass dies ist [......]
9 [....] derer [...] die da jegliches *‚Unrecht‘*
10 [.........] h [..] der [...] ist *‚arglistig‘*, der
11 n [..] n [....] das ist *‚arglistig‘*, dass ein Mann erkennt das
12 Böse und durch einen anderen eine Untat vollbringt. Gewisslich, der
13 Häretiker ist ein *‚Mann der Blutströme‘*, der da tag-

Ga 6 mit menschlichem Blute und immer darauf sinnt,
Ga 7 wie er die fremde Hand verleitet, die Frevelheit zu
Ga 8 wirken. Wir sollen vernehmen, dass der Herr
Ga 9 hasst die Rotte[26] die da jegliches *‚Unrecht*
Ga 10 *wirkt‘* und den, der da ist gottlos mit Hei-
Ga 11 den, hasst er. Das ist mannigfaltige Freveltat
Ga 12 † bös- und ander- Untat ???.† Beden-
Ga 13 ket, dass der Häretiker ist ein *‚Mann der Blutströme‘*, der

---

22 Ga merkt an: „Unsicher ob *thihtod* oder *dihtod*. Vgl. ags. *dihton* ‚to dispose‘."
23 Vgl. Anm. 20.
24 *rotta* in der as. Lexikographie nicht nachweisbar.
25 *fel* in der as. Lexikographie nicht nachweisbar, mndt. und mniederl. „gottlos".
26 Vgl. die Anm. zum Text.

14 gavuelikes fergiutid that bluod thero manno,[27]
15 endi the is vuarliko manslago endi fekni
16 the is naiston gislclahit bethiu an sialun endi an
17a likhamon.

5,8

[Ego autem in multitudine misericordiae tuae introibo domine in domum tuam; adorabo ad templum sanctum tuum in timore tuo.]

17b **Introibo** *‚Ik scal an thin hus gangan,*
18 *endi ik scal bedon an thinero forhto tote thi-*
19 *nemo heligon temple.'* Thurug thia *‚mikili*
20 *thero ginathono'* so is that godes hus, that
21 is thiu himilika hierusalem,[28] getimberid[29] mid

Blatt 2 v

1 then leuindigon stenon, that is mid theru *‚menigi'*
2 mines drohtines heligeno.[30] Thar *‚scal ik bedon te*
3 *themo heligon temple'*, that is te mines drohtines
4 likhamon thes helires[31] mid theru manungu thero
5a *‚forhtu'*.[32]

---

27 *Geuuisso the heretikeri is man thero bluodo. the ther dagavuelikes fergiutid that bluod thero manno* : *Vir sanguinum omnis hereticus est, quotidie animarum sanguinem fundit.* – „Mann der Blutströme ist jeder Häretiker, täglich vergießt er das Blut der Seelen", Ps.-Hieronymus, Breviarium in Psalmos.
28 *that is thiu himilika hierusalem* : *id est caelestem Hierusalem* – „das ist das himmlische Jerusalem", clm 3729.
29 Zwischen *hierusalem* und *getimberid*: über der Zeile *that is* Hs.
30 *mid then leuindigon stenon. that is mid theru menigi mines drohtines heligeno* : *Jerusalem lapidibus uiuis sanctorum creditur multitudine construenda.* – „Jerusalem, glaubt man, müsse aus den Heiligen als lebenden Steinen erbaut werden", Cassiodor.
31 *‚te themo heligon temple'. that is te mines drohtines likhamon* : *templum sanctum corpus est domini saluatoris* – „der heilige Tempel ist der Leib des Herrn, des Heilandes", Cassiodor.
32 *mid theru manungu thero forhtu* : *cum compunctione timoris* – „mit Zerknirschung der Furcht", clm 3729.

14 täglich vergießt das Blut der Menschen,
15 und dieser ist wahrlich beides Totschläger und arglistig[33]
16 der seinen Nächsten erschlägt, beides an der Seele und am
17a Leib.[34]

5,8

[Ich aber in der Vielheit deines Erbarmens werde hineingehen Herr in dein Haus; ich werde beten bei deinem heiligen Tempel in deiner Furcht.]

17b **Ich werde hineingehen.** ‚*Ich werde in dein Haus gehen.*
18 *und ich werde beten in deiner Furcht bei dei-*
19 *nem heiligen Tempel.*' Wegen der ‚*Größe*
20 *der Gnaden*' so ist das Haus Gottes, das
21 ist die himmlische (Stadt) Jerusalem, gezimmert mit

Blatt 2 v

1 den lebendigen Steinen, das ist mit der ‚*Menge*'
2 der Heiligen meines Herrn. Dort ‚*werde ich beten bei*
3 *dem heiligen Tempel*', das ist bei meines Herrn
4 Leichnam, des Heilandes[35], mit der Mahnung der
5a ‚*Furcht*'.

---

33 Zeile 15 lautet bei Ga *endi the .h.* *mansclagon* . Über *mansclagon* verzeichnet er die lateinische Glosse *homicidia*.

34 *endi the is vuarliko bethiu mansclago endi fekni the is naiston gisclahid bethiu an sialun endi an likhamon* : *uir sanguinum est qui in anima uel in corpore proximum extinguit*. – „Mann der Blutströme ist, wer in der Seele oder im Körper den Nächsten auslöscht", clm 3729

35 Kögel leitet *helir* von *heilison* „*expiare*, aussöhnen" ab und bevorzugt den Bedeutungsansatz „Sühner"; dagen spricht *saluator* in der Quelle.

5,9
[Domine deduc me in iustitia tua; propter inimicos meos dirige in conspectu tuo uiam meam.]

5b **Domine deduc me.** ‚*Vuola thu drohtin, uth-*
6 *ledi mik an thinemo rehte thuru mina fianda;*[36] *en-*
7 *di gereko minan vueg an thinero gesihti.*‘ vuola
8 thu drohtin, ‚*gereko*‘ min lif tuote thineru hederun
9 ‚*gesihti*‘.[37] thuru thin emnista ‚*reht*‘, tote then euui-
10 gon mendislon ‚*thuru mina fianda*‘ endi thia here-
11 tikere endi thia hethinun. that is min te duonne,
12 that ik mina fuoti sette an thinan vueg. endi that
13 is thin te duonne, that thu minan *gang girekos*
14 Velik is the vueg, ne uuari thiu leccia heligero ge-
15a scriuo.

5,10
[Quoniam non est in ore eorum ueritas; cor eorum uanum est.]

15b ‚*Thiu vuarhed nis an themo muthe*‘ thero
16 heretikero, vuan thiu ‚*idalnussi*‘ beuualdid ‚*iro her-*
17 *tono*‘;[38] vuan thiu tunga folgod thena selfkuri thes
18 muodes; vuan sia ne hebbed ‚*thia uuarhed an iro*
19 *muthe*‘, that is cristen;[39] vuan sia ne hebbed sia an
20 ‚*iro herton*‘, vuan alla thia besuikid the fiand,
21 the he ‚*ideles herton*‘ findid.

[5,11–13 ....]

---

36 Die as. Übersetzung trennt die Vershälften des Psalms wie das Gallicanum und anders als die Vulgata.

37 *gereko min lif tuote thineru hederun gesihti* : *uitam meam perduc ad tuae serenitatis aspectum* – „mein Leben führe hindurch zum Anblick deiner Heiterkeit“, Cassiodor.

38 *thiu idalnussi beuualdid iro hertono vuan thiu tunga folgod thena selfkuri thes muodes* : *quorum cor uanitas possidebat; lingua enim sequitur mentis arbitrium* – „deren Herz die Eitelkeit besaß; die Zunge nämlich folgt der Willkür der Gesinnung“, Cassiodor.

39 *vuan sia ne hebbed thia uuarhed an iro muthe. that is cristen vuan sia ne hebbed sia an iro herton* : *non habent Christum ueritatem in ore suo, quia nec in corde habent.* – „sie haben nicht Christus, die Wahrheit, in ihrem Mund, weil sie (ihn) nicht im Herzen haben“, Ps.-Hieronymus, Breuiarium in Psalmos.

5,9
[Herr, führe mich weg in deiner Gerechtigkeit; wegen meiner Feinde richte in deinem Anschauen meinen Weg]

5b **Herr führe mich.** ‚*Wohlan Herr, du leite*
6 *mich hinaus in deinem Recht wegen meiner Feinde;*
7 *und leite meinen Weg in deinem Anblick*‘. Wohlan,
8 du Herr ‚*leite*‘ mein Leben hin zu deinem heiteren
9 ‚*Anblick*‘ um deines ebensten ‚*Rechtes*‘ willen zu den ewi-
10 gen Freuden ‚*wegen meiner Feinde*‘ und der Häre-
11 tiker und der Heiden. Das ist an mir zu tun,
12 dass ich meine Füße setze an deinen Weg, und das
13 ist an dir zu tun, dass du meinen ‚*Weg leitest*‘.
14 Welches ist der Weg, wäre nicht die Lectio heiliger

15a Schrift.**5,10**
[Denn es ist nicht in ihrem Munde Wahrheit]
15b ‚*Die Wahrheit ist nicht in dem Mund*‘ der
16 Häretiker, denn die ‚*Eitelkeit*‘ beherrscht ‚*ihre Her-*
17 *zen*‘, denn die Zunge folgt der Willkür der
18 Gesinnung, denn sie haben nicht die ‚*Wahrheit*‘ in ihrem
19 *Mund,* das ist Christus. Denn sie haben sie nicht in
20 ‚*ihren Herzen*‘. Denn sie alle betrügt der Feind,
21 er, der da ‚*eitles Herz*‘ findet.

[5,11–13 ....]

15 Aus der ‚Altniederfränkischen / Altmittelfränkischen Interlinearversion der Psalmen (und Cantica)' (Bruchstücke) sog. ‚Wachtendonckscher Psalter' Ps. 2 und Ps. 59 (60) Quak

[2]**VL** 1(1978), S. 311–313 (Willy Sanders). – **VL** ahd. und as Lit. (2013), S. 396–401 (Thomas Klein).
Ü.: und Dat.: sehr detaillierte Angaben zu der verwickelten frühneuzeitlichen Überlieferung aus niederländischen Gelehrtenkreisen des 17. und 18. Jh.s in Drucken und Handschriften (6 fragmentarische Textzeugen unterschiedlicher Art) jetzt bei Quak, Zu den Handschriften, S. 177–181.

Grundlage der Überlieferung ist die verlorene Hs. B. Diese Handschrift hat Justus Lipsius um 1591 bei dem Lütticher Kanonikus Arnold Wachtendonck gesehen und von ihr eine nicht mehr erhaltene Kopie D genommen oder nehmen lassen. Aus D floss in der zweiten Hälfte des 16. Jh.s eine bis heute erhaltene Teilabschrift Berlin SB Ms. Diez C. quart. 90 (Dietzsche Blätter). Die verlorene Haupthandschrift B war ehemals Besitz der schon in der Merowingerzeit gegründeten Frauenabtei Munsterbilzen (westl. von Maastricht) und ist dort schon vor der Mitte des 15. Jh.s nachweisbar. Sie enthielt eine altniederfränkische, in den ersten drei Psalmen mittelfränkisch geprägte Interlinearversion des Psalters. Als Entstehungszeit, die in etwa auch für die Textentstehung wie für die Aufzeichnung gelten muss, wird die zweite Hälfte des 10. Jh.s als wahrscheinlich angesehen. Als Vorlage von B wird eine Handschrift *A erschlossen, in welcher die Interlinearversion (zum Teil?) mittelfränkischen Sprachstand gehabt haben sollen; die Datierung von *A schwankt in der Forschung wieder sowohl für die Textentstehung als auch für die Textaufzeichnung zwischen 9. Jh., Mitte/3. Drittel und 10. Jh. Anfang. – Über eine weitere verlorene Handschrift C, die sich ehemals im Besitz von Ferdinand Wilhelm Emil Roth befunden haben soll, scheint so gut wie nichts konkret bekannt zu sein.[1]

Abb.: einzelne Abb. nach frühneuzeitlichen Abschriften, Drucken und Bearbeitungen aufgrund mittelalterlicher Überlieferung bei Quak, Studien, S. 93; jetzt auch bei Quak, Zu den Handschriften, S. 178, S. 180 und S. 187.
Spr.: altmittel- und altniederfränkisch.
Ed.: Gysseling, Wachtendoncksche Psalmen. – Quak, Die altmittel- und altniederfränkischen Psalmen, S. 16–19. – Schlosser, S. 38–39 (Text). – Müller, S. 116–118 (Text).
Lit.: Minis, Bibliographie. – Zur Bedeutung des Psalters im Mittelalter allgemein Haubrichs, Die Anfänge, S. 204–211. – Wolf, Psalter. – Heinzer, Erstlesebuch. – Ehrismann, LG I, S. 271–272. – Haubrichs, Die Anfänge, S. 207–208. – Schlosser, S. 344 (Kommentar). – Müller, S. 331–332 (Kommentar). – Quak, Studien. – Quak, Psalmenfragmente – Quak, Zu den Handschriften.

Texte nach Quak, S. 16–19, S. 44–47.

---

1 Ferdinand Wilhelm Emil Roth, in ZfdPh 26 (1894), S. 70. Dieser Hinweis steht unter erheblichem Fälschungsverdacht, s. Klaus Graf, archivalia.hypotheses.org; vgl. jetzt auch Quak, Zu den Handschriften, S. 179–180 mit Anm. 5.

Der Komplex Wachtendoncksche Psalmen

Nach Klein, **VL** ahd. und as Lit. (2013)

1.	9. Jh. Mitte oder 3. Drittel / 10. Jh. Anfang	Psalter: Altmittelfränkische und Altniederfränkische Interlinearversion *A (Vorlage der sog. Wachtendoncksche Psalmen)	Hs. *A, erschlossen
2.	10. Jh. 2. Hälfte	Psalter: Altmittelfränkische und altniederfränkische Interlinearversion B (sog. Wachtendoncksche Psalmen)	Hs. B bezeugt aus Munsterbilzen, verschollen (= Vorlage von Hs. D, der Abschrift für Lipsius)
3.	um 1591	Psalter: Fragmente einer altmittelfränkischen und altniederfränkischen Interlinearversion D	D: Abschrift für Lipsius von Hs. B, verloren um 1591
4.	16. Jh.	Psalm 53,7–73,9	Berlin SB Ms. Dietz C Quart Dietzsche Blätter Teilabschrift von D
5.	Alter unbekannt	Psalter: Fragmente einer altmittelfränkischen und altniederfränkischen Interlinearversion C	Hs. C 1874 im Besitz von Ferdinand Wilhelm Emil Roth, Herkunft unbekannt, verschollen (= Exzerpte aus Hs. B [?] oder aus Hs. A [?])

Im Folgenden je ein Psalm aus dem „mittelfränkischen“ (Psalm 2) und aus dem „niederfränkischen“ Bereich der Überlieferung (Psalm 59). Für Psalm 2 liegt dieser Ausgabe Ms. 149 der Provinciale Bibliotheek in Leeuwarden zugrunde, für Psalm 59 die Handschrift Berlin SB Ms. Diez C. quart 90. Die Texte sind auf der Grundlage der Ausgabe von Arend Quak hergestellt. Schrägschrift kennzeichnet Emendationen dieser Ausgabe.

Psalm 2[2]

	warum	bissen	Völker
	umbe uuath	**bizzedon**	**thiede**
01	Quare	fremuerunt	gentes,

	und Leute	dachten	eitle Dinge
	inde luide	**thahten**	**idele thing!**
	Et populi	meditati sunt	inania?

	zusammenstanden	Könige (der) Erde
	Samenstuendon	**kuninga erthen**
02	Adstiterunt	reges terrae,

	und Fürsten	zusammen kamen	in eins
	in fursten	**samenquamen**	**in en**
	Et principes	conuenerunt	in unum

	gegen	Gott	und gegen	Gesalbten seinen
	***uu*ithar**	**got**	**inde *uu*ithar**	**crist sinan.**
	Adversus	dominum,	et aduersus	christum eius.

	zerbrechen wollen wir	Bande ihrer
	Cebrecan uuir	**gebende iro**
03	Disrumpamus	uincula eorum,

	und abwerfen wollen wir	von uns	Joch ihrer
	in ueruuerfon uuir	**fan unsih**	**ioh iro.**
	Et proiiciamus	a nobis	iugum ipsorum

	der wohnt	in Himmeln	verhöhnen wird sie
	Ther buit	**in himelen**	**bescoffen sal si:**
04	Qui habitat	in caelis	inridebit eos.

	und Gott	verhöhnen wird sie
	in got	**bescoffon sal si.**
	Et dominus	subsanabit eos.

2 Text aus der Handschrift Ms. 149 (Sigle Lw) der Provinciale Bibliotheek in Leeuwarden. – Quak, Die altmittel- und altniederfränkischen Psalmen S. 16–19 und Quak, Zu den Handschriften, S. 179.

	dann sprechen wird	zu ihnen	in Wut seiner
	Than sprecan sal	**ce hin**	**in abulge sinro:**
05	Tunc loquetur	ad eos	in ira sua,

in Heißmut seinem	verwirren wird er sie
in heiz*mu*ode sinro	**druouon sal her si.**
In furore suo	conturbabit eos

	ich gewisslich	gesetzt bin	(als) König von ihm
	Ik *giuuisso*	**gesatzt bin**	**ku*ning* fan himo**
06	Ego autem	constitutus sum	rex ab eo

über Sion	Berg	heiligen seinen
uuer Syon	**berg**	**heilegen sinan**
Super Sion,	montem	sanctum eius,

sagender	Gebote seine
sagende	**gebot sina**
Praedicans	praecepta[3] eius,

	Gott	sagte zu mir	Sohn mein bist du
	Got	**quad ce mir**	**sun min bis th*u***
07	Dominus	dixit ad me:	filius meus es tu;

ich	heute	zeugte dich
ik	**hi*u*do**	**gebar thik**
Ego	hodie	genui te.

	fordere von mir	und geben werde ich dir	Völker (zum) Erbe[4]	deine
	Bidde fan mir	**inde geuan sal ik thir**	**thiede hereue**	**thine[5]**
08	Postula a me,	et dabo tibi	gentes hereditatem	tuam,

und (als) Habe deine	Grenzmarken (der) Erde
inde heuode thine	**gemerke erthon**
Et possessionem tuam	terminos terrae.

3 *praeceptum* Vulgata; *sina* (Akk. Plur.) scheint auf einem Plural *praecepta* in der lat. Vorlage zu beruhen, doch ist *praecepta* in der Vulgata-Überlieferung hier nicht belegt. Vielleicht ist *sina* aus *sinat / sinaz* verschrieben.

4 „Erbe“ neutr. im Sinne von „Erbschaft“; *ervi*, st. Neutr., j-Stamm.

5 *thine*: zu erwarten wäre zu *hereve* (Neutr. „das Erbe“) ein neutrales Pronomen *thinat / thinaz*. Anscheinend wird hier aber *thine* in mechanischer Entsprechung zu *tuam* gesetzt.

	richten wirst du	(sie)	in Rute eiserner
	Gerihten saltu	---	**in ruod*un* *i*sernero:**
09	**R**eges	eos	in uirga ferrea,

	ganz wie	Gefäß Bildners	zerbrechen wirst du	sie
	also	**uaz bilitheres**	**cebrekan saltu**	**si**
	ut	uas figuli	confringes	eos.

	und nun Könige vernehmt
	Inde nu kununga fornemot,
10	**E**t nunc reges, intellegite;

	belehrt werdet	ihr die ihr da	richtet Erde
	gelierot u*u*erthet	**ir ther**	**duomot ertha**
	Erudimini,	qui	iudicatis terram.

	dient	Gott	in Furcht
	Thie*no*t	**god*e***	**in uorton[6]:**
11	**S**eruite	domino	in timore,

	und	zujubelt ihm	mit Beben
	in	**mendi*l*ot himo**	**bit be*u*ungon[7]**
	Et	exultate ei	in tremore.

	begreift	die Lehre	dass niemals	erzürnt werde	Gott
	Biuet	**the lera**	**that *niu*uanne**	**gebulgan uuerthe**	**got:**
12	**A**dprehendite	disciplinam,	nequando	irascatur	dominus,

	und	zugrunde geht	von	(dem) Weg	rechtem
	in	**ueruuerthet**	**fan**	***u*uege**	**rehta.**
	Et	pereatis	de	uia	iusta.

	Dann wenn	entbrennt	in kurzer Frist	Zorn sein
	Then	**herbri*nn*ot**	**in kurtur*o* uriste**	**abulge sin**
13	**C**um	exarserit	in breui	ira eius,

---

6 *forhton* wohl als Dat. Plural („Furchtregungen") zu verstehen, also nicht formkongruent mit dem Sing. *timore*. Als Dat. Sing. wäre *forht/u/o/a* zu erwarten.

7 *beuungon* Dat. Plur. nicht formkongruent mit *tremore* Dat. Sing.; vgl. im vorigen Vers zu *forhton / timore*.

	selg alle	die vertrauen	in ihm
	selige alle	**thie getru*uu*nt**	**in[8] himo.**
	Beati omnes	qui confidunt	in eo.

Psalm 59 (60)[9]

	Gott	(du) verwarfst uns	und	(du) zerstörtest uns
	Got	**faruurpe unsig**	**in**	**testordos unsig**
03	**D**eus,	ereppulisti nos	et	destruxisti nos;

	du erzürntest dich	und begnadigtest uns
	thu irbulgi thi	**in genathodos unsig**
	Iratus es	et misertus es nobis.

	du rührtest auf (die) Erde	und betrübtest sie
	Thu irruordos *e*rtha	**in gedruuedos sia**
04	**C**ommovisti terram	et turbasti eam:

	heile Zerbrochenheiten ihre	denn aufgerührt ist (sie)
	heile tebrocannussi iro	**uuanda irruort ist**
	Sana contritiones eius,	quia commota est.

	du zeigtest	(dem) Volk deinem	harte Dinge
	T*hu* ougedos	**folki thinin**	**harda thing**
05	**O**stendisti	populo tuo	dura;

	(du) tränktest uns	(mit dem Wein)	(der) Bereuung
	drencodos unsig	----------	**bereu*n*issi**
	Potasti nos	vino	conpunctionis.

	du gabst (den)	Fürchtenden dich	(ein) Zeichen
	Thu geui	**andradondi*n* thi**	**teikin**
06	**D**edisti	metuentibus te	significationem

8 Dieses *in* ist überflüssig; und in der Wendung *getruuunt in* nur schriftlich als mechanische Entsprechung zu *confidunt in* gesetzt; s. SchWb s. v. *ga-truen*[1]: das Wort wird ohne Präposition mit Dat. der Pers. gebraucht, „jemandem (hier *himo*) vertrauen".

9 Text nach der Handschrift Berlin, SB, Ms. Diez C. quart 90. – Quak, Die altmittel- und altniederfränkischen Psalmen S. 44–47 und Quak, Zu den Handschriften, S. 177.

	damit	sie fliehen	vor (dem)	Erscheinen	(des) Bogens
	that	**sia flien**	**fan**	**antsceine**	**bogin**
	Vt	fugiant	a	facie	arcus;

	damit	errettet werden	(die) Geliebten deine
	That	**generoda uuerthin**	**lieua thina**
	Vt	liberentur	dilecti tui,

	bewahrt mache	mit (der) Rechten deiner	und höre mich
	behalda*n* duo	**mit forthoron thinro**	**in gehori mi**
07	Salvum fac	dextera tua,	et exaudi me.

	Gott sprach	in Heiligem seinem
	Got sprak	**an heiligin sinin**
08	Deus locutus est	in sancto suo:

	ich werde froh sein	und	teilen werde ich Sichem
	blithon sal	**in**	**deilon sal ic Sicimam**
	Laetabor	et	partibor Sicimam.

	und (das) Tal	(der) Hütten	werde ich messen
	in dal	**selithono**	**sal ic metan**
	Et convallem	tabernaculorum	metibor.

	mein ist Gilead	und mein ist	Manasses
	Min ist Galaad	**in min ist**	**Manasses**
9	Meus est Galaad	et meus est	Manasses;

	und Ephraim	Stärke Hauptes meines
	in Effram	**sterke houidis minis**
	Et Effraim	fortitudo capitis mei.

	Juda König mein
	***J*uda cuni*n*g min**
	Iuda rex meus;

	Moab Topf	(des) Zuhoffens meines
	Moab ula	**tohopis minis**
10	Moab olla	spei meae.

auf Edom werde ich dehnen Schuhwerk mein
An Idumeam sal ic thenan gescue min
In Idumeam extendam calciamentum meum:

mir Fremdgeborene unterworfen sind
mi fremitborona undi*r*thudiga sint
Mihi alienigenae subditi sunt.

Wer wird leiten mich zu Stadt fester
Uue sal leiden mi an burg fastero
11 Quis deducet me in civitatem munitam?

wer wird leiten mich bis nach Edom
uue sal leidon mi untes an Idumeam
Quis deducet me usque in Idumeam?

Wenn nicht wirst du Gott der du verwarfst uns
Ne salt tu go*t* thia faruuirpi unsig
12 Nonne tu Deus, qui reppulisti nos?

und nicht wirst du gehen Gott in Kräften unseren
in ne saltu gan got an creftin unsin
Et non egredieris, Deus, in virtutibus nostris?

gib uns Hilfe von Plage
Gif unsig hulpa fan arbeide
13 Da nobis auxilium de tribulatione

und eitlem Glück (des) Menschen
in idil[10] salda mannis
Et vana salus hominis.

an Gott tun werden wir Kraft
an gode duon sulun uuir craft
14 In deo faciemus uirtutem

und er zu (dem) Nichts leiten wird (die) Plagenden uns
in hie te nieuuihte leiden sal uuitt*on*onda unsig
Et ipse ad nihilum deducet tribulantes nos.

10 Form korrekt? Zu erwarten wäre kongruent zum lateinischen Ablativ ein niederfränkischer Dativ.

16 ‚Rheinfränkische Interlinearversion des Psalters: Cantica-Fragmente' Steinmeyer Nr. 39

[2]**VL:** 8 (1992) Sp. 31–32 (Kurt Erich Schöndorf). – **VL** ahd. und as Lit. (2013), S. 401–408 (Lothar Voetz).
Ü.: Paris, NB, Ms. Neérl. 107, die größere obere Hälfte zweier Einzelblätter; planmäßig für die Interlinearversion eingerichtet, deutsche Wörter von der gleichen Hand wie die lateinischen; zur weiteren Einrichtung der Hs. ausführlicher Voetz (**VL** ahd. und as. Lit.). Die Blätter gehörten ursprünglich wohl dem Cantica-Anhang eines vollständigen Psalters an, vielleicht folgte noch ein Teil mit katechetischen Texten. Möglicherweise war die Hs. zum Gebrauch von Frauen bestimmt (Steinmeyer, S. 304).
Abb.: Hellgardt, Interlinearversionen, Abb. 9 und 10 (vollständig).
Dat.: Hs. Wende 10./11. Jh. oder spätes 10. Jh.; Werk kaum später als um 900.
Spr.: ursprünglich rheinfr.
Ed.: Steinmeyer, Nr. 39, S. 293–300 (Text; Herauslösung des interlinearen Textes und Überführung in eine zweispaltige Synopse mit dem Cantica-Text). – Schlosser, S. 52–57 (Text, zweispaltig wie Steinmeyer). – Müller S. 124–125 (Text).
Lit.: Ehrismann, LG I, S. 271. – Zur Bedeutung des Psalters im frühen Mittelalter allgemein Haubrichs, Die Anfänge, S. 204–211. – Wolf, Psalter. – Heinzer, Erstlesebuch. – Schlosser, S. 345 (Kommentar). – Müller, S. 335–336 (Kommentar). – Hellgardt, Interlinearversionen.

Übersicht Rheinfränkische Cantica

fol. 1r
Canticum Ezechiae
(Is. 38,10–20, hier das Ende 18–20)

Canticum Annae (1. Sm. 2,1–10 hier der Anfang 1–2)

fol1v
Canticum Annae
(1. Sm. 2,1–10 hier das Ende 5–10

nach fol. 1 und vor fol. 2 zwei verlorene Blätter, vermutlich enthaltend:
Canticum Moysi (Ex. 15,1–19, vollständig)
Canticum Habacuc (Habacuc 3,1–17, hier der Anfang 1–17)

fol. 2r
Canticum Habacuc
(Habacuc 3,1–19, hier das Ende 17–19)

Canticum Moysi
(Dt. 32,1–43, hier der Anfang 1–4, die Verse 5–7 fehlen)

fol. 2v
Canticum Moysi
(Dt. 32,1–43, hier 8–13, die Verse 5–7 fehlen)

Vergleichstexte:
Zum Canticum Annae Nr. 20, Nr. 21, Nr. 22

Text nach Steinmeyer mit Heranziehung der Abb. bei Hellgardt, Interlinearversionen.

Psalmus David *Canticum Annae* (Reg. 2,1) Vers 1–10

	sich freut Herz meines	in (dem) Herrn	
	erurouuit[1] herza minaz	**in drohtino**	**unde uferhaban ist**
01	Exultauit cor meum	in domino!	et exaltatum est

und emporgehoben ist	Horn mein	in (dem) Gott meinem
unde uferhaban ist	**horn min**	**in gode minemo**
et exaltatum est	cornu meum	in deo meo.

auseinandergebreitet ist	Mund mein	über Feinde meine
zespret ist	**mund min**	**uber uiende mine**
Dilatatum est	os meum	super inimicos meos!

denn	erfreut bin	in Heil deinem
uuanda	**geurouuet bin**	**in heili dinemo**
quia	lętata sum	in salutari tuo.

	nicht ist	Heiliger	so wie ist Herr
	nist	**heileger**	**also ist drohtin**
02	*N*on est	sanctus	ut est dominus!

noch gewiss	nicht ist anderer	außer dir
noh geuuisse	**nist ander**	**uone[2] dir**
neque enim	est alius	extra te.

und nichts ist stark	so wie Gott unser
unde nist stirker[3]	**als got unser**
et non est fortis	*sicut deus noster.*

beabsichtigt nicht
neruochet[4]
03 *Nolite multiplicare loqui sublimia gloriantes:*

Recedant uetera de ore uestro:

---

1 Lat. Perfekt, ahd. Präsens.
2 *uone* als Übersetzung für *extra* ist sicherlich nicht besonders gelungen, Steimeyer, S. 304.
3 *stirkir* als Komparativ zum Adj. „stark" („stärker"), die lat. Entsprechung müsste *fortior* lauten und dann müsste *quam* folgen; wahrscheinlich aber die längere Form des st. Adj., die Übersetzng wäre dann „starker" und mnl. „als" wäre nicht eine auf den Komparativ bezogene Vergleichspartikel.
4 Zu Vers 3–5 gibt es hier keine weiteren Glossen. Vgl. Notkers Version (unter Nr. 20) und die Interlinearversion des Millstätter Psalters (Nr. 21). – Text der Einheitsübersetzung: „(3) Redet nicht immer so vermessen, kein freches Wort komme aus eurem Mund; denn der Herr ist ein wissender Gott, und bei ihm werden die Taten geprüft. (4) Der Bogen der Helden wird zerbrochen, die Wankenden aber gürten sich mit Kraft. (5) Die Satten verdingen sich um Brot, doch die Hungrigen können feiern für immer. Die Unfruchtbare bekommt sieben Kinder, doch die Kinderreiche welkt dahin."

quia deus scientiarum dominus est,

et ipsi praeparantur cogitationes

04 *Arcus fortium superatus est*

et infirmi accincti sunt robore.

05 *Repleti prius, pro panibus se locauerunt:*

Et famelici saturati sunt,

Donec sterilis peperit plurimos:

	hatte Kinder	entkräftet wurde
	hata kint	**guncreftigot uuart**
et quae multos	habebat filios,	infirmata est.

	Herr	tötet	und belebt
	drohtin	**gedothaftigot**	**unde gelifhaftigot**
06	**D**ominus	mortificat	et uiuificat!

leitet	zu (den) Höllen und	leitet zurück
geleidit	**ze helon**	**unde uuidarleidit**
deducit	ad inferos	et reducit.

	Herr	(den) Armen macht	und macht reich
	drohtin	**aremen duot**	**unde gerichesot**
07	**D**ominus	pauperem facit	et ditat!

demütigt	und aufhebt
hotmudigot	**unde ufhebit**
humiliat	et sublimat.

	erquickender	von (dem) Staub	(den) Elenden
	ercuuikende	**uone stuppe**	**elelendun**
08	**S**uscitans	de puluere	egenum!

und von (dem) Mist	aufrichtend (den)Armen
unde uone miste	**ufrihtende armen**
et de stercore	erigens pauperem.

	damit er sitze	mit (den) Fürsten
	daz her sizze	**mit uurstin**
	Vt sedeat	cum principibus!

	und (den) Stuhl	(der) Herrlichkeit	habe
	unde stuol	**guoliche**	**haba**
	et solium	glorię	teneat.

	(des) Herrn	gewiss	sind Angeln (der) Welt
	drohtinis	**geuuisse**	**sint uuerbon erdon**
	Domini	enim	sunt cardines terrę!

	und	(er) setzte	über sie	Ring
	unde	**gesazta**	**uber sie**	**rinc**
	et	posuit	super eos	orbem.

	Füße	(der) Heiligen seiner	bewahrte[5]
	uuoze	**heilegeno sinro**	**beuuareda**
09	Pedes	sanctorum suorum	seruabit!

	und (die) Bösen	in Finsternis[6]	verstummen
	unde ubili	**in uinisternissi**	**erstummunt**
	et impii	in tenebris	conticescent!

	denn	noch	in Stärke seiner	gestärkt nicht wird	Mann
	uuanda	**noh**[7]	**in sterchi sinro**	**gesterkit neuuirdit**	**man**
	quia	non	in fortitudine sua	roborabitur	uir.

	(den) Herrn fürchten	Entgegenstehende seine
	drohtin eruortent	**uuedaruuerdigi sin**
10	Dominum formidabunt	aduersarii eius![8]

	über sie selbst	in Himmeln erschallt
	uber sie selbon	**in himilin erskillit**
	super ipsos	in celis tonabit.

---

5 Lat. Futur, ahd. Präteritum; so auch im Folgenden.

6 Lat. Dat. Plur., ahd. Nom./Akk. Sing./Plur. zu *finstarnissi* st. N.

7 mnl. ***noh*** ist als Übersetzung für *non* unpassend, wohl der Regel geschuldet, dass zu jeden lat. Wort ein deutsches stehen soll.

8 ***et*** hinter *eius* in der in der Form einer tironischen Note in die Handschrift später als die Interlinearversion eingetragen. Steinmeyer.

Herr urteilt	Enden (der) Erde
drohtin erdeilit	**endi erdun**[9]
Dominus iudicabit	fines terrę!

und gibt Gewalt	(dem) König seinem
unde gibit geuualt	**cuninge sinemo**
et dabit imperium	regi suo!

und erhöht Horn	dem Gesalbten seinem
unde erhoit horn	**cristo sin*emo***
et sublimabit cornu	*Christi sui*[10]

---

9 Ahd. Nom. / Akk. Plur., lat. Gen. Sg.

10 In der ahd. Interlinearversion eingesprengter lat. Dativ; im nach der Vulgata ergänzten Bibeltext lat. Gen.; aber *Christi sui* ist in der Hs. nicht vorhanden; vgl. zur Stelle St. S. 302 Anm. 3 rechts.

17 ‚Altostfriesische Intralinearversion des Psalters' (Bruchstücke) – Langbroek

[2]**VL:** kein Eintrag. – **VL** ahd. und as Lit. (2013) kein Eintrag.
Ü.: Groningen, UB, Hs 404, unterer Teil eines Doppelblattes, vermutlich des äußersten eines Quaternio (fol. 1 und 2 bei Gallée, Bruchstücke bzw. fol. 1 und 8 bei Gysseling und Langbroek); rechts mit Textverlust beschnitten; zwei verschiedene aber gleichzeitige Schreiber: fol. 1: Schreiber 1, fol. 2: Schreiber 2. – Aufgefunden wurde das Doppelblatt als Umschlag eines Rechtsregisters des Notars Albertus Bork aus Assen (NL, Provinz Drenthe) zu den Jahren vom Jahre 1583–1589; der Umschlag umfasst zugleich verschiedene lateinische Handschriftenfragmente des 14. und 15. Jahrhunderts.
Abb.: Langbroek, AbäG 30–32 Abb. VI (fol. 8v / 1r) und VII (fol. 1v / 8r), hinter S. 541 des Bandes.
Dat.: der Hs. unklar, möglicherweise 12. Jh., 3. Viertel oder 13. Jh.; Text (Abschrift einer älteren Vorlage) vielleicht noch 11. Jh.? Möglicherweise aus der Provinz Groningen.
Spr.: altostfriesisch.
Ed.: Gallée, Bruchstücke. – Gysseling, Groningse Psalmglossen. – Langbroek, Altfriesische Psalmen.
Lit.: s. das knappe, aber detaillierte Forschungsreferat bei Langbroek, S. 256–257. – Ausführliche Hinweise auch bei Gysseling. – Zur Bedeutung des Psalters im frühen Mittelalter allgemein Haubrichs, Die Anfänge, S. 204–211. – Wolf, Psalter. – Heinzer, Erstlesebuch.

Im Folgenden werden eine Transkription der Handschrift und ein rekonstruierter Text geboten. In der Transkription, die auf den genannten Ausgaben und der Abbildung bei Langbroek beruht, sind alle Kürzel aufgelöst und in Schrägschrift wiedergegeben. Für lat. *et* verwenden beide Schreiber regelmäßig als Kürzel 7, die tironische Note. Ansonsten begegnen durchweg die üblichen Kürzungen (meist Zusammenziehungen); sie sind im lateinischen Text häufig, im deutschen Text begegnet nur das -er-Kürzel und das nur beim Schreiber 2.[1] Darüber hinaus wird ebenfalls kursiv wiedergegeben, was unsicher lesbar ist. Auch die in der Handschrift nicht ausgeführten Initialen der Psalmen-Versanfänge sind in Schrägschrift und vergrößert gegeben. Im rekonstruierten Text, der die interlineare Version des Stückes rekonstruiert, wird auf alle Kursivierungen verzichtet. Hier werden die Zeilen nach der Versabteilung der Psalmen umbrochen bzw. eingerückt.

Die Groninger Handschrift ist als intralineare Kontextglossierung angelegt: die friesischen Interpretamente folgen ohne farbliche oder Schriftgrad-Markierung den lat. Lemmata auf gleicher Höhe in der Zeile. Dass dem eine Version mit interlinearen Interpretamenten zugrunde gelegen hat, ergibt sich zweifelsfrei aus folgenden Stellen:

1r Z. 1–2, 6–7
2(8)r Z. 6–7, 7–8, 10–11, 12–13, 14–15.
2(8)v Z. 1–2, 2–3, 6–7, 7–8, 10–11, 12–13, 14–15

1. Transkription
2. rekonstruierte Version

Text nach Langbroek mit Markierung der volkssprachlichen Wörter.

Anmerkung: Inzwischen wurden weitere altfriesische Psalterglossen gefunden; s. hierzu *BStK Online:* https://glossen.germ-ling.uni-bamberg.de/bstk/1103 [Stand *05.05.2021]*.

---

1 8r: sund*er* 1; with*er* 6 und 15; und*er* stoden 8. – 8v: be rot*er*h 4; h*er*tan 6; c*r*eft 11; und*er*fengest 15.

1
Transkription

1r

Psalm 17,10–12

10 00 *Inclinauit caelos et descendit* **geng**

01 **nethre** *et* caligo **thuster / nesse** sub
02 pedibus **under tha uot /** ***um*** *eius*
11 03 *E*t ascendit . sup*er* cherub / *im uola*
04 um uolauit **flah** sup / *er pennas*
05 **fetheran** uento*rum* **the /** ***ra winda***
12 06 ***E***t posuit **sette** *tene / bras* ***thuster***
07 **nesse** latibulu*m* **scul** / [*suum*] *in circui*
08 tu ***in*** **da umbe gunge** / *eius taberna*
09 culu*m* **paulun** eius *tene / brosa* **thu**
10 **sternesse** aqua wet / *er in nubibus*

*

1v

Psalm 17,17–19

17 00 *Misit de summo et accepit me*

01 *[...] assumpsit* / me deaquis **fon weter**
18 02 ***um*** *multis* / **fule** ***E***ripuit **grep**
03 *me deini* / micis **fonta fiundum**
04 *meis fortiss* / imis **sterkesta** *et* ab
05 *his* ***tham*** / qui oderunt **hata**
06 ***den*** *me quonia* / m confortati **crefte**
19 07 ***gad*** *sunt* su /per **uppa** me ***P***reue
08 *nerunt* / **bi folgaden** me
09 *in die* / **deí** afflictionis **pína**
10 *nostre* **u / se** *et* factus **makad**
11 *est domin* / *us* protector **biskirmere**

*

Psalm 27,3–7
2r (8r)

Psalm 27,3–7

3 00 *Qui loquuntur pacem cum proximo suo mala* **euila**

01 **thing** aute*m* **sunder** *in* cordibus **inda hertum**
4 02 ***D**a* illis **ief hím** *secundum* op*era* **werkum** eoru*m* **hira**
03 *Et secundum* nequíciam **skalkhede** ad ínuencío
04 num **thera fundenra thínga** ipsoru*m Secundum*
05 oper*a*[2] manuu*m* **hondena** eoru*m* tríbue **ief** .
06 illis redde **rek** re*tri*butionem **thet wither**
5 07 **lan** eoru*m* ipsis **Q**uoni*am* non íntellexerunt
08 **under stoden** . op*e*ra domíní *et in* op*e*ra ma
09 nuu*m* eius destrue **urdue** illos *et non* ediffi
6 10 cabis **tímbrige** eos ***B**enedictus* **benedia**
11 **da** domínus *quoni*am exaudíuít **thethade**[3]
7 12 uoce*m* dep*re*cationís mee ***D**omínus* adíu
13 tor **helpre** meus *et pro*tector **skírmere** meu*s*
14 *et* ínipso sperauít **hopade** cor meu*m et* ad
15 iutus **hulpen** . su*m* ***E**t* refloruít **wither** [...]

*

2v (8v)

Psalm 28,7–29,1

7 01 *uox* domini *inter*cidentis **delende** flammam
8 02 ***fiur*** ignis uox d*omin*í *con*cucientis **to skeld**
03 ***eiande***[4] *desertum* **tha wostnesse** . *et* commo
04 *uebit* **beroterh .** *dominus desertum* ca~~m~~des[5]
9 05 ca*des* ***U**ox* d*omi*ni preparantis **redicgande**
06 ceruos **tha hertan** *et* reuelabit **hí epern**

---

2 *Hs.* opera

3 ***thethade*** verschrieben für *ther harde*; Langbroeks Konjektur *thet harde* ergibt keinen guten Sinn; ein Objekt zu „hören" (*exaudiuit*) ist im Lat. schon mit *uocem deprecationís mee* gegeben.

4 ***toskeldeiande***: Langbroeks Verweis auf Holthausen *skeldegia* sw. Vb. „beschuldigen" beruht auf einem Versehen. Holthausen hält das Wort für korrupt überliefert und vermutet stattdessen *(te)skedleia* wie ahd. *scutilon* (*concutere*). – Holthausen. Altfriesisches Wb. S. 96.

5 Das *m* ist in der Hs. durch Rasur getilgt.

	07	***beriath*** condensa **tha urhouia** *et* in temp
	08	lo **bedhuse** eius o*mn*es dicens **sprekath**
10	09	gl*oria*m **hera *D***omínus diluuíum **se** in
	10	habitare **onbogeia** facit **deth** *et* sedebit
11		***sitith*** dom*in*us rex íneternu*m* ***D***om*in*us uírtute*m* **creft**
	12	pop*u*lo suo dabit **ie*f*th** . **D**om*in*us benedicet
	13	**benediath** populo suo in pace ***frethe***
29,2[6]	14	***E***xaltabo **ik heie** te d*o*m*i*ne qu*o*n*ia*m ***huan***
	15	***da*** suscepisti **unde*r*fengest** me nec dele*c*

2
Rekonstruierte Version

Psalm 17 (18),10–12

1r

ging nieder
geng nethre
10 [Inclinauit caelos et descendit]

Düsternis unter den Füßen
thusternesse under tha fotum
Et caligo sub pedibus eius

11 ***E***t ascendit . super cherubim et uolauit

flog Federn der Winde
flah fetheran thera winda
Uolauit super pennas uentorum

setzte Düsternisse Versteck
sette thusternisse scul
12 ***E***t posuit tenebras latibulum [suum]

in dem Umkreis Zelt (Pavillon)
in da umbegunge paulun
In circuitu eius tabernaculum eius

6 Vers 29,1 *Psalmus canti, in dedicatione domus David*, der Titel des Psalms, fehlt in der Handschrift.

Düsternis	Wasser
thusternesse[7]	**weter**
Tenebrosa	aqua in nubibus

Psalm 17 (18),17–19

1v

17 [**M**isit de summo et accepit me]

	von Wassern	viele
	fon weterun	**fule**[8]
Et assumpsit me	de aquis	multis

	griff	von den Feinden		stärkste	denen	hassten
	grep	**fona fiundum**		**sterkesta**[9]	**tham**	**hataden**
18	***E***ripuit me	de inimicis	meis	fortissimis et ab	his qui	oderunt me

	gekreftigt	über
	crefte*gad*	**uppa**
Quoniam	confortati sunt	super me

	beifolgten	(dem) Tag	(der) Pein	unsrer
	bifolgaden	**deí**	**pina**	**use**
19	***P***reuenerunt [me] in	die	afflictionis	nostre

gemacht	Beschirmer
makad	**biskirmere**
Et factus est dominus	protector [meus]

7 ***thusternisse*** st.F. ô-Stamm; zu erwarten wäre in Entsprechung zum lat. Adj. *tenebrosa* (*aqua*) ein altfriesisches Adj.

8 ***fule*** nicht formkongruent mit *multis*; zu erwarten wäre *fulun/m*.

9 ***sterkesta*** nicht formkongruent mit *fortissimis*; zu erwarten wäre *sterkestun/m*.

Psalm 27 (28),3–7

2r

3 [Qui loquuntur pacem cum proximo suo]

üble Dinge	jedoch	in den Herzen
euila thing	**sunder**	***in* da hertu*m***
Mala	autem	in cordibus eorum

	gib	ihnen	(den) Werken	ihrer
	ief	**him**	**werku*m***	**hira**
4	***D*a**	illis secundum	opera	eorum

	Verbrechen	der erfundenen Dinge	
	skalkhede	**thera fundenra thinga**	
Et secundum	nequiciam ad	inuentionum	ipsorum

	(der) Hände	gib
	hondena	**ief**
***S*ecundum opera**	manuum eorum	tribue illis

reiche dar	das Vergelten
rek	**thet witherlan**[10]
Redde	retributionem eorum ipsis

		(sie) verstanden
		und*er*stoden
5	***Q*uoniam non**	intellexerunt opera domini et in opera manuum eius

zerstöre!	zimmere
urdue[11]	**timbrige**[12]
Destrues illos et non	edificabis eos

	gebenedeit
	benediada
6	***B*enedictus dominus**

---

10 ***wither-lan***: wörtlich „das Wieder(zu)lassen".

11 ***urdue*** Imperativ für *destrues* Optativ.

12 ***timbrige*** Imperativ für *edificabis* Futur.

dieser hörte
the*r* ha[r]de
*Q*uoniam exaudiuit uocem deprecacionis mee

Helfer Beschirmer
helpre skirmere
7 *D*ominus adiutor meus et protector meus

hoffte geholfen (wurde mir)
hopade hulpen
Et in ipso sperauit cor meum et adiutus sum

wiederum [blühte]
wither[..........][13]
*E*t refloruit [caro mea]

Psalm 28 (29),7–29,1

2v

(des) (zu)teilenden (das) Feuer
delende fiur
7 Uox domini intercidentis flammam ignis

(des) erschütternden die Wüste
toske*ld*eiande tha wostnesse
8 Uox domini concucientis desertum

berührt
berorith
Et commouebit dominus desertum Cades

bereit machend die Hirsche
redicgande[14] **tha he*r*tan**
9 *U*ox domini preparantis ceruos

---

13 ***wither-*** Präfix zu einem Verbum der Bedeutung „erblühen"; vgl. *wither-lan* zu Ps. 27,4.
14 ***redicgande*** zu *redigia* sw. Vb. „bereit machen" (vgl. engl. *ready*).

	die abgesonderten (?) (Dinge)
	tha[15] **urhouia**[16]
Et reuelabit	condensa

	Bethause		(sie) sprechen	Ehre
	bedehuse		**sprekath**	**hera**
Et in	templo	eius omnes	dicen*t*	gloriam[17]

		See	bewohnen	macht („tut")
		se	**onbogeia**	**deth**
10	***D***ominus	diluuium	inhabitare	facit

	sitzt
	sitit
Et	sedebit dominus rex in eternum

		Kraft	gibt
		creft	**iefth**
11	***D***ominus	uirtutem populo suo	dabit

	benedeit	Frieden
	benediath	**frethe**
Dominus	benedicet populo suo in	pace

Psalm 29 (30),2[18]

2v

[29,1 *Psalmus canti, in dedicatione domus Dauid*]

	ich erhöhe	denn	unterstütztest („unterfingtest")
	ik heie	**huandda**	**und*er*fengest**[19]
29,2	***E***xaltabo te domine	quoniam	suscepisti me

Nec delec[tasti inimicos meos super me]

15 „die" Akk. Plur. Neutr.

16 ***urhouia*** ungeklärtes Wort; Langbroek erwägt einen Zusammenhang mit *uthua* st. Vb. „absondern"

17 Der Psalmvers bezieht sich auf die Zubereitung eines Hirschopfers im Tempel.

18 Vers 29,1 *Psalmus canti, in dedicatione domus David*, der Titel des Psalms, fehlt in der Handschrift.

19 ***underfengest*** von *underfa* st. Vb. „unterfangen, -fassen"; *suscipere* ist silbenweise übersetzt.

18 Die altsächsischen Psalmenfragmente aus Lublin/Warschau und Wittenberg
Tiefenbach

[2]**VL** 1 (1978), S. 318–319 (Kurt Erich Schöndorf). – **VL** ahd. und as Lit. (2013), S. 410–412 (Heinrich Tiefenbach).

Ü.: Fragmente aus ein und derselben Handschrift, 2 Spalten, ursprünglich mehr als 190 Blätter umfassend, in Warschau (ehemals Lublin) und Wittenberg: Schreibregion zwischen Corwey und Quedlinburg, aber Westfalen nicht auszuschließen (Tiefenbach). Vorgeritzte Zeilen für die Interlinea; ausführlich zur aufwändigen Ausstattung der Handschrift Tiefenbach, Die Altsächsische Psalmenübersetzung, S. 386–388.

a: Warschau, Nationalbibliothek, Cod. 8098 IV, Bl. 1–4, zwei Doppelblätter; aus dem Bernhardinerkloster Radecznica, südl. Lublin.

b: Lutherstadt Wittenberg, Bibliothek des Evangelischen Predigerseminars, ein Einzelblatt als nicht aufgeklebtes Vorsatzblatt in einer Inkunabel mit Briefen des Hieronymus (Nicolaus Kesler, Basel 1492) unter der Signatur 2° H. Th. 677.

Abb.:

a: farbiges Digitalisat https://polona.pl/item/altsachsische-psalmen,NzY0Mjg2MA/0/#info:metadata. – Hellgardt, Interlinearversionen, S. 284–291 (s/w vollständig, Abb. 1–8). – Zalewski (vollständig);

b: Winter (beide Seiten).

Dat.: Schrift fortgeschrittenes 10. Jh. (Bischoff, Bischoff, Paläographische Fragen, S. 130).

Spr.: westfälischer Formenbestand und eher ostfälischer Wortschatz mit hochdeutschen Merkmalen in der Schreibung (Tiefenbach).

Ed.:

a: Zalewski, Psalterii versionis. – Kleczkowski, Neuentdeckte altsächsische Psalmenfragmente.

b: Winter, Neues zu den altsächsischen Psalmen-Fragmenten.

a und b: Tiefenbach, Die Altsächsische Psalmenübersetzung, S. 430–449. – Schlosser, S. 40–41 (Text). – Müller, S. 122–123 (Text).

Lit.: Zur Bedeutung des Psalters im frühen Mittelalter allgemein Haubrichs, Die Anfänge, S. 204–211. – Wolf, Psalter. – Heinzer, Erstlesebuch. – Zalewski und Kleczkowski (s. Ed.). – Lasch, Die altsächsischen Psalmenfragmente. – Schöndorf, Psalmenübersetzung, S. 50–53. – Quak, Psalmenfragmente. – Winter (s. Ed.). – Hellgardt, Interlinearversionen, hier S. 267–268. – Tiefenbach (s. Ed., grundlegend in allen Fragen, so besonders auch zur Frage einer mutmaßlich hochdt. Vorlage in lautlichem und lexikalischem Bereich). – Haubrichs, Die Anfänge, S. 208. – Schlosser, S. 344 (Kommentar). – Müller, S. 334–335 (Kommentar).

Lat. Psalmtext nach der Version des Psalterium Gallicanum (jedoch mit Varianten des Psalterium Gallicanum selbst), daneben Elemente des Psalterium Romanum und der Version Iuxta Hebraeos.

Vergleichstexte:
Zu Psalm 114: Nr. 13, Nr. 20, Nr. 21, Nr. 22.

Textwiedergabe nach Tiefenbach, Psalmenübersetzung, ohne die Kennzeichnung unsicherer Lesungen oder Ergänzungen. Die Zeilenteilung ist nach der Vulgata eingerichtet. Dazu tendiert die Handschrift ebenfalls, aber nicht ganz konsequent; auch in der Auszeichnung der Versanfänge mit vergrößerten Initialen ist das sichtbar.

Übersicht Lublin / Wittenberg

Lublin erstes Doppelblatt

1ra Collecta zu Ps. 28, Schluss
Psalm 28,1–3a
1rb Psalm 28,3b-7
1va Psalm 28,9–11
Collecta zu Psalm 28
Titel zu Psalm 29
1vb Psalm 29,2–6

*

2ra Psalm 32,9–13
2rb Psalm 32,13–17
2va Psalm 32,18–22
Collecta zu Psalm 32, Anfang
2vb Collecta zu Psalm 32, Schluss
Psalm 33 Titel und 2–5

*

Wittenberg, ein Einzelblatt

ra Psalm 84, 7–10
rb Psalm 84,11–14
Collecta zu Psalm 84, Anfang
va Collecta zu Psalm 84, Schluss
Psalm 85,1–4a
vb Psalm 85,4b-9

*

Lublin zweites Doppelblatt

3ra Psalm 110,10a
Gloria
Requiem
Collecta zu Psalm 110, Anfang
3rb Collecta zu Psalm 110, Schluss
Psalm 111,1
3va Psalm 111,2–6
3vb Psalm 111,7–10

*

4ra Psalm 114,2–7
4rb Psalm 114,7–9
Collecta zu Psalm 114
Titel zu Psalm 115

*

4va Psalm 115,10–16
4vb Psalm 115,16–19
Collecta zu Psalm 115
Titel zu Psalm 116

[Lublin fol. 1ra-va]

[Schluss der Collecta zu Ps. 27 (28)][1]

1ra Fortitudo omnium fortissime deus
salua populum tuum a descenden-
tibus in lacum, et da nobis in templo sancto
tuo unanimiter nocte ac die
laudes meditationis tuę refer-
re, ut pacem cum proximis ore profe-
rimus et cordibus teneamus. per dominum
[*nostrum Ihesum Christum*][2]

Übersetzung der Collecta:
Kraft aller, kraftvollster Gott, errette dein Volk von denen, die in den See niedersteigen, und gib uns in deinem heiligen Tempel einmütig bei Nacht und bei Tag die Lobgesänge zu deinem Gedenken darzubringen, auf dass wir den Frieden mit den Nächsten mit dem Mund bekennen und mit den Herzen festhalten, durch unseren Herrn Jesus Christus.

[Psalm 28 (29)]
psalmus dauid

	darbringt dem Herrn	Kinder Gottes
	brengiad drahtine	**kind godes**
01	Afferte domino	filii dei,
	darbringt dem Herrn	Kinder der Widder
	brengiad drohtine	**kind thero[3] uethara**
	afferte domino	filios arietum.

1 Zu den Collectae s. des Lublin/Wittenberger Psalters Tiefenbach, Psalmenübersetzung, S. 392. Eine Psalmen-Collecta (auch schlicht *oratio* genannt, so im Windberger Psalter [Nr. 22]) ist ein kurzes Gebet, das nach dem Singen/Beten des Psalms gebetet werden kann. Es stellt eine kurze Zusammenfassung oder Betrachtung des Psalminhalts dar; Literaturhinweise hierzu bei Kirchert, Der Windberger Psalter, Bd. 1, S. 79).
2 Schluss der Collecta zu Psalm 27 (28).
3 Artikel beim Substantiv ungewöhnlich in Interlinearversionen.

	bringt (dem) Herrn	Ruhm und Ehre
	brengiant[4] drohtine	**godliki ende aera**
02	Afferte domino	gloriam et honorem,

bringt (dem) Herrn	Ruhm	Namen	seines
brengiant drohtine	**godlike**	**noman**	**is**
afferte domino	gloriam	nomine	eius,

zubetet (dem) Herrn	in (dem) Vorhof	heiligem seiner
tobedant drohtine	**an frithoue**	**helegemo is**
adorate dominum	in atrio	sancto eius.

	Stimme (des) Herrn	über (die) Wasser
	stemme drohtines	**oƀer uuazer[5]**
03	Vox domini	super aquas,

Gott (der) Großkraft	laut machte
god maeginkrafti	**hludasade**
deus magistatis	intonuit,

	Herr	über (die) Wasser viele
	drohtin	**ouer uuazer menege**
1rb	dominus	super aquas multas.

	Stimme (des) Herrn	in (der) Kraft
	stemne drohtines	**an krafti**
04	Vox domini	in uirtute,

Stimme	(des) Herrn	in (der) Größe
stemne	**drohtines**	**an mikillicki**
uox	domini	in magnificentia.

	Stimme (des) Herrn	(des) Zerbrechenden	(die) Zedernbäume
	stemne drohtines	**tibrekandies**	**cederboumas**
05	Vox domini	confringentis	cedros,

---

4 Die Form weicht von der in Vers 1a gebrauchten ab.
5 ***uuazer***: hochdt. Form, as. wäre *watar* zu erwarten.

	und zerbricht (der) Herr	(die) Zedernbäume	(des) Waldes
	ende tibrikid drohtin	**cederboumas**	**uualdies**
	et confringet dominus	cedros	libani.

	und bringt in Not	sie	so wie	(die) Kälber	(des) Waldes
	ende ginodiad	**sia**[6]	**soso**	**kaluiru**[7]	**uualdies**
06	Et comminute	eos	tamquam	uitulos	libani,

	und (der) liebe	zu dem Maße	(wie das) Kind (der) Einhorne
	ende liaua	**ti thamu mete**[8]	**kind enhornira**
	et dilectus	quemadmodum	filius unicornium.[9]

	(die) Stimme (des) Herrn	(des) niederlegenden	(eine) Flamme	(des) Feuers
	stemne drohtines	**niderleggiandes**	**logna**	**fiuris**
1va 07	Vox domini	intercidentis	flammam	ignis,

	(die) Stimme (des) Herrn	(des) erschütternden	(die) Wüste
	stemne drohtines	**giscuttiandies**	**uuostenne**
08	uox domini	concutientis	desertum,

	und aufrührt (der) Herr	(die) Wüste Cades
	ende girorid drohtin	**uuostunne cades**
	et commouebit dominus	desertum cades.

	(die) Stimme (des) Herrn	(des) zubereitenden	(die)Hirsche
	stemne drohtines	**gigerugiandies**[10]	**hirzas**
09	Vox domini	preparantis	ceruos,

6 ***sia*** in Übereinstimmung mit *eas* im Psalterium Gallicanum; die Lesung *eos* der Hs. ist unsicher, vielleicht wäre *eas* zu lesen. Tiefenbach, Psalmenübersetzung, S. 393.

7 ***kaluiru*** (Plur.) stimmt zu *uitulos* gegen *uitulum* (Sg.) des Psalterium Gallicanum. Tiefenbach, Psalmenübersetzung, S. 393.

8 Zu ***ti thamu mete*** als Übersetzung von *quemadmodum* (s. auch u. 32,22 *zi thamu gimeze*) als mutmaßlicher Spur einer hochdt. Vorlage s. Tiefenbach, Psalmenübersetzung, S. 402–403.

9 Der *vitulus Libani*, das Kalb von den saftigen Weiden des Libanon, galt als besonders wertvolles Opfertier. Die patristische Psalmenauslegung deutet den *dilectus filius unicornium* auf Christus, den geliebten Sohn Gottes, der aus dem Judenvolk geboren ist. Das Einhorn steht, da es nicht wie normale Horntiere zwei Hörner hat, für das Volk der Juden, weil sie nur ein Testament anerkennen.

10 ***gigerugiandies***: von Part. Präs. zu *garwian, gerwian*, swV. „bereit machen".

und eröffnet	
ende eroffenođ	---[11]
et reuelabit[12]	condensa,[13]

und	in (dem) Gebetshaus	seiner	jedwelcher sagt Ruhm
ende	**an bedehuse**	**is**	**gihuilik quiđit godliki**
et	in templo	eius	omnis dicet gloriam.

	(der) Herr	(die) Flut	bewohnen	tut
	drohtin	**flode**	**anbuen**	**doiđ**
10	Dominus	diluuium	inhabitare	facit,[14]

und sitzt	(der) Herr	(als) König	in Ewigkeit
ende siziđ	**drohtin**	**kuning**	**an euun**
et sedebit	dominus	rex	in aeternum.

	(der) Herr	(der) Kräfte	Volke seinem	gibt
	drohtin	**kraftia**[15]	**liude sinemu**	**gibit**
11	Dominus	uirtutum	populo suo	dabit,

(der) Herr	weiht	Volke seinem	in Frieden
drohtin	**giuuihit**	**liude sinemu**	**an friđie**
dominus	benedicet	populo suo	in pace.

Collecta

Dona domine uirtutem
populo tuo, et effice nos templum
spiritus sancti, vt tibi de corde puro
holocaustum acceptabile prę-
paremus. per dominum [*nostrum Jesum Christum*]

Übersetzung der Collecta:
Herr, gib Kraft deinem Volk und mache uns zum Tempel des heiligen Geistes, damit wir dir aus reinem Herzen ein angenehmes Opfer darbringen mögen. Durch unseren Herrn Jesus Christus [...].

---

11 Zu den fehlenden Übersetzungen Tiefenbach, Psalmenübersetzung, S. 397; Ursache sind offensichtlich textkritische Probleme der Vorlage(n).

12 Psaltervariante *revelauit* (Psalt. Gall.).

13 Psaltervariante *silvas* (Psalt. Rom.).

14 Nach biblischer Kosmologie befinden sich über dem Firmament Gewässer; dort stellt man sich den Wohnort Gottes vor.

15 ***uirtutem***: Akk. Sg. Psalterium Romanum statt *uirtutum* Gen. Plur. Gallicanum, so hier auch durch *kraftia* Gen. Plur. übersetzt.

XXVIIII psalmus dauid

[Psalm 29 (30), 2–6]

[ein Psalmlied Davids zur Tempelweihe]
[01 Psalmus canti in dedicatione domus dauid]

[Lublin fol. 1vb]

		(ich) erhebe dich Herr	denn	empfingst mich
		erhaebbiu thik drohtin	**huande**	**anfengi mik**
1vb	02	Exaltabo te domine	quoniam	suscepisti me,

	nicht ausbreitetest	Feinde meine	über mich
	ni gibreidest[16]	**fiundas mine**	**ouer mik**
	nec delectasti	inimicos meos	super me.

	Herr! Gott mein	(ich) rief	zu dir	und heiltest mich
	drohtin god min	**riof**[17]	**toti thi**	**ende giheldis mik**
03	Domine deus meus	clamaui	ad te,	et sanasti me.

	Herr!	hinausleitetest	von (der) Hölle	Seele meine
	drohtin	**uzgileddes**	**from helliu**	**sele mine**
04	Domine	eduxisti	ab inferno	animam meam,

	heiltest mich	von (den) niederfahrenden	in (die) Grube
	gihelti mik	**from nitheruarandiun**	**an grouun**
	saluasti me,	a descendentibus	in lacum.

	singt (dem) Herrn	(ihr) Heiligen seiner
	singađ drohtine	**helagan is**
05	Psallite domino	sancti eius,

	und bekennt	(dem) Gedenken	(der) Heiligkeit seiner
	ende bigiant	**gihuhti**	**helegdomes is**
	et confitemini	memorie	sanctitatis eius.

---

16 ***gibreidest*:** hochdeutsche Form? im Lat. Perfekt; *gibredian*, „ausbreiten, verbreiten" setzt *dilatare* (Psalterium iuxta Hebraeos) statt *delectare* „erfreuen" voraus; zu diesem forschungsgeschichtlich interessanten Fall ausführlich Tiefenbach, Psalmenübersetzung, S. 394–395 und S. 400–401.
17 ***riof*:** hochdeutsche Form? Dazu ausführlich Tiefenbach, Psalmenübersetzung, S. 398–421, hier besonders S. 401.

		weil (der) Zorn	im Unwillen seiner
		huande torn	**an unuuerđnussi is**
	06	**Q**uoniam ira	in indignatione eius,

[...]

[Lublin fol. 2ra-vab]

[Psalm 32 (33), 9b-22]

[...]

		er selbst gebot	und	geschaffene wurden
		he selua gibod	**ende**	**giscafene uurdun**
2ra	9b	ipse mandauit	et	creata sunt.

	(der) Herr versprengt	(den) Rat (der) Völker
	drohtin zisprengiđ	**red**[18] **liuda**
10	**D**ominus dissipat	consilia gentium,

verwirft gewißlich	(die) Gedanken (der) Völker
forkiusiđ giuuisso	**thonkas liudia**
reprobat autem	cogitationes populorum,

und verwirft	Ratschlüsse (der) Fürsten
ende forkiusiđ	**redas furistona**
et reprobat	consilia principum.

	(der) Rat	gewisslich	(des) Herrn	in Ewigkeit bleibt
	red	**giuuisso**	**drohtines**	**an euun uuanađ**[19]
11	**C**onsilium	autem	domini	in ęternum manet,

(die) Gedanken	Herzens seiner	in Geschlecht	und in (das) Geschlecht
thonkas	**herzan is**	**an kunni**[20]	**ende an kunni**
cogitationes	cordis eius	in generatione	et generationem.[21]

18 as. ***red*** Singular, lat. *consilia* Plur.; *consilium* durch Psalterium iuxta Hebraeos belegt.
19 ***uuanat*** 3. P. Sg. Ind. Präs zu *wonon / wanon* sw.Vb. „bleiben" („wohnen").
20 ***kunni***: Nom./Akk. Sg.; zu erwarten wäre der Dativ *kunnie*
21 ***in generatione et generationem*** „von Geschlecht zu Geschlecht."

	glücklich Volk	dessen da ist	(der) Herr	Gott seiner
	selig thiad	**thes the is**	**drohtin**	**god is**
12	**B**eata gens	cuius est	dominus	deus eius,

Volk das da	(er) erwählte	an (das) Erbe ihm (=sich)
liud than the	**erkos**	**an aerđi imu**
populus quem	elegit	in hereditatem sibi.

	von (dem) Himmel	sieht	(der) Herr
	fron himile	**gisigiđ**	**drohtin**
13	**D**e celo	respexit	dominus,

	sah	alle	Kinder	(der) Menschen
	sae	**alle**	**kind**	**monna**
2rb	uidit	|omnes	filios	hominum.

	von		Wohnung seiner
	from	---[22]	**selithu sineru**
14	**D**e	preparato	habitaculo suo,

(er) schaute	über	alle	die bewohnen Erde
scauuade	**ouer**	**alle**	**thie anbuođ**[23] **aerđe**
respexit	super	omnes	qui habitant terram.

	der da			Herzen ihrer
	thiethe	-------	---[24]	**herzan ira**
15	**Q**ui	finxit	sigillatim	corda eorum,

der da versteht	alle Werke ihrer
thiethe forstaiđ	**alle uuerk ira**
qui intellegit	omnia opera eorum.

	gerettet nicht wird	(der) König	durch viele Kräfte
	gihalden ni uuirđit	**kuning**	**thur monege krafti**[25]
16	**N**on saluatur	rex	per multam uirtutem,

---

22 S. Anm. 11; zu *preparato* die Variante *firmissimo solio* (Psalt. Hebr.).
23 as. ***an-buođ*** lässt auf die Romanum-Lesart *in-habitant* schließen statt auf *habitant*. Tiefenbach Psalmenübersetzung, S. 395.
24 S. Anm. 11; Psaltervarianten *fixit* und *sigillatim*, *singulatim* (Psalt. Gall.).
25 Im Lat. Singular.

	und (der) Riese	gerettet nicht wird	in (der) Kraft seiner
	ende uurisio[26]	**gihalden ni uuirđit**[27]	**an miniu**[28] **krafti sineru**
	et gigans[29]	non saluabitur	in multitudine uirtutis suę.

	trügerisches	Pferd	zum Heil
	luinlik[30]	**hars**	**zi heli**
17	**F**allax	equus	ad salutem,

	in (der) Fülle	gewisslich	(der) Kraft seiner	gerettet nicht wird
	an nutsomiđi[31]	**giuuisso**	**krafti sineru**	**gihalden ni uuirđit**
	in habundantia	autem	uirtutis sue	non saluabitur.

	sieh Augen (des) Herrn	über	fürchtende ihn
	seh ougan drohtines	**ouer**	**forhtiande ine**
2va 18	**E**cce oculi domini	super	metuentes eum,

	und auf ihnen	die da hoffen	über Gnade seiner
	ende an im	**thiđie githingiant**	**ouer ginađu is**
	et in eis[32]	qui sperant	super misericordia eius

	dass (er) errette	vom Tode	Seelen ihrer
	thaz areddie	**from dode**	**sele ira**
19	**V**t eruat	a morte	animas eorum,

	und füttere sie	im Hunger
	endi fodi sie	**an hungre**
	et alat eos	in fame.

	Seele unser	wartet	(den) Herrn
	sele user	**beidođ**[33]	**drohtin**
20	**A**nima nostra	sustinet	dominum,

---

26 *uurisio* (Nom. Sg., j-Stamm) kongruent mit *gigans* (Nom. Sg.).
27 ***non saluabitur* : *gihalden ni uuirđit*** deutsche Wortstellung, für Interlinearversionen ungewöhnlich; so auch im folgenden Vers.
28 Normalform *menigi*.
29 ***giga***^{n}***s***: *n* nachgetragen; zahlreiche Hss. des Gallicanums lesen *gigas*. Tiefenbach, Psalmenübersetzung, S. 393.
30 ***luinlik*** zu *luginlik* Adj. „lügnerisch".
31 ***nutsomiđi*** zu *nuhtsamiđi* st. N. „Genüge, Fülle".
32 ***et in eis***: fehlt im Gallicanum ursprünglich, ist aber seit dem 9. Jh. in die Gallicanum-Hss. eingegangen. Tiefenbach, Psalmenübersetzung, S. 393
33 Zu ***beidođ*** als Spur einer mutmaßlich hochdt. Vorlage Tiefenbach, Psalmenübersetzung, S. 402.

	denn (der) Helfer	und Beschirmer	unser ist
	huanne helpheri[34]	**ende biscirmiri**	**unser ist**
	quoniam adiutor	et protector	noster est.

	denn	an ihm	erfreut sich	Herz unser
	huande	**an imu**	**frouuid**	**herze unser**
21	**Q**uia	in eo	letabitur	cor nostrum,

und	im Namen	heiligem	seiner	hoffen wollen wir
ende	**an noman**	**helegemu**	**is**	**githingi[35] uue[36]**
et in	nomine	sancto	eius	sperauimus.

	werde	Gnade deine	Herr über uns
	uuerde	**ginode thin**	**drohtin ouer unsik**
22	***F*iat[37]**	misericordia tua	domine super nos

	zu dem Maße	(wie) hoffen wir	auf dich
	zi thamu gimeze	**githingi uue**	**an thik**
2vb	quemadmodum	sperauimus	in te.

Collecta

Pasce domine plebem tuam in
fame uerbi et eripe a-
nimas nostras de morte
peccati, vt repleti mi-
sericordia tua aggregari ius-
torum gaudiis te imper-
ante mereamur. per dominum
[*nostrum Jesum Christum*]

Übersetzung der Collecta:
Weide, Herr dein Volk im Hunger nach dem Wort und entreiße unsere Seelen dem Tod der Sünden, damit wir verdienen mögen, erfüllt von deinem Erbarmen, zugeschart zu werden auf dein Geheiß den Freuden der Gerechten. Durch unseren Herrn Jesus Christus [...].

---

34 ***helpheri*** zu as. *helperi* st. M. „Helfer"

35 ***githingi uue*** Opt. Präs.; der Form fehlt vermutlich ein auslautendes *-n*. Tiefenbach, Psalmenübersetzung, S. 396.

36 Pronomen beim Verbum ungewöhnlich für Interlinearversionen; s. auch im folgenden Vers.

37 Hs. *V* > *f* korrigiert.

[Lublin fol. 2vb]
[Psalm 33 (34), 2–5]

XXXIII psalmus dauid

	(ich) weihe	(den) Herrn	in allen Zeiten
	gihuuihiu	**drohtinen**	**an allen tidiu**
02	**B**enedicam	dominum	in omni tempore,

immer	Lob	seiner	in Munde meinem
simlun	**lof**	**is**	**an munde minemu**
semper	laus	eius	in ore meo.

	im Herrn	lobt	Seele mein
	an drahtine	**louat**	**sela min**
03	**I**n domino	laudabitur	anima mea,

hören sollen	(die) sanften	und	(sie) freuen sich
gihorien	**smođie**	**ende**	**frouiađ**
audiant	mansueti	et	letentur.

	macht groß	(den) Herrn	mit mir
	mikkiliađ	**drohtinen**	**mid mi**
04	**M**agnificate	dominum	mecum,

und lasst uns erheben	(den) Namen seiner	in das selbe
ende ærhebbien	**noman is**	**an that selua**
et exaltemus	nomen eius	in id ipsum

	(ich) suchte (den) Herrn	und (er) erhörte	
	ersohte drohtinen	**ende gihorde**	
05	**E**xquisiui dominum	et exaudiuit	[...]

[Wittenberg rab / va]
[Psalm 84 (85), 7–14]

[....]

	uns	und	Volk dein	freut (sich)	an dir
	unsik	**endi**	**folk thin**	**frađ**[38]	**an thi**
ra | 07	nos,	et	plebs tua	letabitur	in te.

	beaugenscheine	uns Herr	Gnade deine
	giagi[39]	**uns drohtin**	**ginathe thine**
08	**O**stende	nobis domine	misericordiam tuam,

und Heilkraft	deine	gib uns
ende heli[40]	**thine**	**geb uns**
et salutare	tuum	da nobis.

	(ich) höre	was spreche	in mir	(der) Herr Gott
	gihariu	**huat spreke**	**an mi**	**drohtin god**
09	**A**udiam	quid loquatur	in me	dominus deus,

denn spreche	Frieden	in Volk sein	
huande spreke[41]	**friđu**	**an folk sin**	
quoniam loquetur		pacem	in plebem suam.

und über	(die) Heiligen seine
ende oƀer	helegan sine
Et super	sanctos suos,

und in die da	bekehrte werden	zum Herzen
ende an theie the	**bikaerde uuerđađ**	**zi herzan**
et in eos qui	conuertuntur	ad cor.

---

38 ***frađ*** 3. P. Sg. Ind. Präs. zu *frowian* sw. V. „sich freuen".
39 ***giagi*** Imp. Sg. Präs. zu *gi-ogian* sw. V. „sich zeigen".
40 ***heli*** st. Fem, daher *heli thine*, etwa „deine Heilkraft".
41 Im lat. Futur as. übersetzt durch Konj. Präs. *spreke* „er spreche", vgl. *githingi(n) uue* 32,21 und 22. Tiefenbach, Psalmenübersetzung, S. 396.

	doch	nahe	(die) fürchtenden ihn	(das) Heil seiner selbes
	tha[42]	**nae**	**anforhtiandi ine**	**heli is selues**
10	Uerumtamen	prope	timentes eum	salutare ipsius,

	auf dass einwohnt	Herrlichkeit	auf (der) Erde unserer
	thaz anbuđ[43]	**diurđe**	**an erđu unseru**
	ut inhabitet	gloria	in terra nostra.

	(die) Gnade	und (die) Wahrheit	begegneten ihnen (=sich)
	ginathe	**endi uuerhed**	**angeindun**[44] **im**
rb | 11	Misericordia	et ueritas	obuiauerunt sibi,

	(das) Recht	und (der) Frieden	küssten (sich)
	reht	**endi friđu**	**kustun**
	iusticia	et pax	osculate sunt.

	Wahrheit	von (der) Erde	entstand
	uuerhed	**from aerđu**	**ufran**[45]
12	Veritas	de terra	orta est,

	und (das) Recht	von (dem) Himmel	voransah
	endi reht	**from himile**	**forhtse**[46]
	et iusticia	de celo	prospexit.

	und gewisslich	(der) Herr	gibt Wohlwollenheit
	endi giuuisso	**drohtin**	**gibit uueluuillighed**
13	Et enim	dominus	dabit benignitatem,

	und Erde unsere	gibt Wachstum seinen
	endi aerđe user	**gibiđ uuasmon sinen**
	et terra nostra	dabit fructum suum.

	Recht	vor ihm	geht
	reht	**fore imu**	**gongiđ**
14	Iusticia	ante eum	ambulabit,

---

42 ***tha*** zu *thoh*, „doch".

43 ***anbuđ*** Indikativ vs. anderwärts belegtem *inhabitet* Konj.; Tiefenbach, Psalmenübersetzung, S. 396.

44 ***angeindun*** 3. P. Sg. Ind. Prät. zu *andgeginian* sw. V. „begegnen".

45 ***ufran*** 3. P. Sg. Ind. Prät „heraufrann" zu *upp-rinnan* „hervorwachsen, aufgehen" („heraufrinnen").

46 ***forhtse*** 3. P. Sg. Ind. Prät. zu *forth-sehan* st. V. „heraussehen".

und setzt	am Wege	Gänge seine
endi sezid	**an uuege**	**gongas sine**
et ponet	in uia	gressus suos.

Collecte.

Remitte domine iniquitatem
plebis tue, et ostende nobis
misericordiam tuam que
va | nos in uiam pacis iusti-
cia precedente perducat. per
[*dominum nostrum Jesum Christum*]

Übersetzung der Collecta:
Vergib, Herr, das Unrecht deines Volkes und zeige uns dein Erbarmen, das uns durch das Vorangehen der Gerechtigkeit auf den Weg des Friedens ans Ziel führt. Durch unseren Herrn Jesus Christus

[Wittenberg vab]
[Psalm 85 (86), 1–9]

LXXXV psalmus dauid

	neige Herr	Ohr dein	und höre mich
	ginaegi drohtin	**ore thin**	**endi gihori mik**
01	Inclina domine	aurem tuam	et exaudi me,

denn bedürftig	und arm	bin ich
huande thurhtig	**endi aerm**	**bim ik**
quoniam inobs	et pauper	sum ego.

	erhalte Seele meine	denn heilig bin
	gihald siale mine	**huande heleg bim**
02	Custodi animam meam,	quoniam sanctus sum,

erhalten tue Knecht deinen	Gott mein	(den) vertrauenden auf dich
gehaldenen do scalk thinne	**god min**	**gitrondine**[47] **an thik**
saluum fac seruum tuum,	deus meus	sperantem in te.

47 ***gi-trondine*** Akk. Part. Präs. zu *gi-truon* sw. V. „vertrauen".

	gnädig sei meiner	Herr!	denn zu dir	rufe allen Tag
	ginatha min	**drohtin**	**huande zi thi**	**rofu allene dag**
03	Miserere mei	domine	quoniam ad te	clamabo tota die,

	an Freude hefte	Seele Knechtes deines
	bliđhafta	**siale scalkes thines**
04	lętifica	animam serui tui,

	denn zu dir	Herr	Seele meine aufhob (ich)
	huande zi the	**drohtin**	**siale mine ufhof**
vb	quoniam ad te	domine	animam meam leuaui.

	denn du Herr	süß und sanft
	huande thu drohtin	**suozi endi smođi**
05	Quoniam tu domine	suauis et mitis,

	und großer Gnade	allen anrufenden dich
	endi mikileru ginathe	**allun anrofandiun thik**
	et multae misericordiae	omnibus inuocantibus te.

	mit Ohren	empfange Herr	Gebet mein
	mid orun	**antfo drohtin**	**gibed min**
06	Auribus	percipe domine	orationem meam,

	und anschaue Stimme	Gebetes meines
	endi anscauua stemne	**gibedes mines**
	et intende uoci	deprecationis meę.

	am Tage (des) Leidens meines	(ich) rief hin zu dir
	an dage arbithies mines	**riaf zozi thi**
07	In die tribulationis meę	clamaui ad te,

	denn hörtest mich
	huande gihordes mik
	quia exaudisti me.

	nicht ist	gleicher dir	in Tagen Herr
	ni is	**gilik thi**	**an dagun[48] drohtin**
08	Non est	similis tui	in diis domine,

---

48 ***an dagun*** setzt *in dies* „an Tagen" voraus, nicht *in diis* „unter den Göttern", so verschiedentlich belegt. Tiefenbach, Psalmenübersetzung, S. 396.

und nicht ist nach Werke deine
endi ni is after[49] uuerk thine
et non est secundum opera tua.

alle Völker so welche wie tatest
alle thiade so huilike so dedes
09 **O**mnes gentes quascumque fecisti

kommen und anbeten vor dir
kumađ endi zobaediađ fori thi
uenient et adorabunt coram te

[...]

[Lublin fol. 3 rab]

[Psalm 110,10]
[Gloria]
[Requiem]
[Collecta]

Anfang der Weisheit Furcht (des) Herrn
anagin thies uuisdomes forhta drohtines
3ra 10 initium sapientie timor domini.

Vernunft gut allen tuenden ihn
fornumft god allun dondiun ine
Intellectus bonus omnibus facientibus eum,

Lob seiner bleibt in Zeitalter des Zeitalters
lof is unat an uuerald uueralddi
laudatio eius manet in saeculum saeculi,

[Gloria]

Ruhm (dem) Vater und (dem) Sohn und (dem) heiligen Geiste
Godliki fadur ende sunie endi heilagan geiste
Gloria patri et filio et spiritui sancto

49 Sinn etwa „nicht ist etwas deinen Werken nach(folgend)" im Sinne von „kommt ihnen gleich [...]".

so wie war	am Anfang	und nun und immer
sosome erat	**an anaginne**	**endi nu endi simlun**
Sicut erat	in principio	et nunc et semper

und	in Weltalter		
endi	**an uueraldiu**	-----	----[50]
et	in saecula	saeculorum. amen.	

Rast ewige	gib ihnen Herr
raste euuige	**gef im drahtin**
Requiem eternam	dona eis domine

und Licht ewig(es)	leuchte ihnen
endi liaht euuig	**liuhttie im**
et lux perpetua	luceat eis.

collecta

Sanctorum omnium gloriosa confes-
sio deus, tribue nobis timo-
rem nominis tui, quod esse
3rb | [initium sapientiae prae-]
dixisti, ut tuorum ad-
mixti consciliis mise-
ricordiae tuae dapibus
saginemur. per
[*dominum nostrum Jesum Christum*]. Alleluia.

Übersetzung der Collecta:
Ruhmreiches Bekenntnis aller Heiligen, Gott, verleihe uns die Furcht deines Namens, von der du verkündet hast, dass sie der Anfang der Weisheit sei, auf dass wir beigemischt den Versammlungen der Deinen mit den Festmahlen deiner Barmherzigkeit gesättigt werden.

Omnipotens sempiterne deus qui peccantium animas non uis perire sed culpas, contine quam meremur iram et quam precamur super nos effunde clementiam, ut de merore in gaudium perpetuum transferamur. Per dominum [nostrum Jesum Christum].

Übersetzung des Gebets ‚Omnipotens …':
Allmächtiger, ewiger Gott, der du die Seelen der Sünder nicht vernichten willst sondern die Vergehen, halte zurück den Zorn, den wir verdienen, und die Güte, wir erbitten, gieße über uns aus, auf dass wir aus Leid in ewige Freude hinübergeführt werden. Durch unseren Herrn Jesus Christus.

50 s. Anm. 11.

[Lublin fol. 3 rb-3 vb]
Psalm 111 (112), 1–10]

CXI
alleluia
reversionis aggei et zacharia
psalmus dauid

	selig Mann	der fürchtet	Herrn
	selihc man	**the antforhtid**	**drahtin**
01	**B**eatus uir	qui timet	dominum,

in Geboten seiner	will Viel
in gibodun is	**uuili filu,**
in mandatis eius	uolet nimis.

	gewaltig	auf Erde	ist	Geschlecht	seiner
	giuualdihc	**an erthu**	**uuisit**	**cunni**	**is**
3va 02	**P**otens	in terra	erit	semen	eius,

Geschlecht (der) Gerechten	geweiht wird
cunni rehttena	**giuuihid uuirthit**
generatio rectorum	benedicetur.

	Ruhm und Reichtümer	in Hause seiner
	godliki endi adas[51]	**an huse is**
03	**G**loria et diuitię	in domo eius,

und Recht seiner	bleibt	in (das) Weltalter	(des) Weltalters
endi reht is	**unat**	**an uerald**	**uueraldi**
et iusticia eius	manet	in saeculum	saeculi.

	aufgeronnen ist	in Düsternissen	Licht (den) Gerechten
	uprannen is	**an thiusternusiun**	**liaht rehtun**
04	**E**xortum est	in tenebris	lumen rectis,

gnädig und Gnade wirkender	und Gerechter
ginathic endi ginatheri	**endi reht**
misericors et miserator	et iustus.

---

51 ***adas*** Nom. Plur. zu *od* „Reichtümer“.

wonnevoll Mann der Gnade wirkt und sich gefällig erweist
uunnisam man the ginathat endi giuorsamat[52]
05 Iucundus homo qui miseretur et commodat,

Worte seine im Urteil
---[53] **uuord sinu an urdeli**
disponit sermones suos in iuditio.

denn in Ewigkeit nicht erschüttert wird
huuanne an euun ni girod[54] **uuirthit**
06 quia in aeternum non commouebitur.

in Gedenken ewigem ist der Gerechte
an gihufti euuigaru uuisit the rehta
3vb 07 | In memoria aeterna erit iustus

von nicht fürchtet
fon --- -----[55] **ni anforhtit**
ab auditione mala non timebit.

bereitet Herz seiner zu vertrauen im Herrn
gigerugid herze is gitraugian an drahtine
Paratum cor eius sperare in domino,

gefestigt ist Herz seiner
giuasttanad is herze is
08 confirmatum est cor eius,

nicht erschüttert wird bis dass herabsehe
ni girorid uuirthit iuunthat forsca[56] **------ ---**
non commouebitur donec despiciat inimico[s] suos.

---

52 Zu ***giuorsamat*** als mutmaßliche Spur einer hochdt. (fränk.) Vorlage Tiefenbach, Psalmenübersetzung, S. 403.

53 S. Anm. 11; Psaltervariante *disponet*.

54 ***gi-rod*** Nom. Part. Prät. zu *gi-hrorian* „erschüttern".

55 S. Anm. 11; Psaltervariante *auditu malo* (Psalt. Rom. und Hebr.).

56 ***for-sca*** 3. Pers. Sing. Konj. Präs. zu *for-skauwon* sw. V.; hier auch zu dem fehlerhaften *inimico* und *despiciat* statt *dispiciat*.

09 **D**ispersit dedit pauperibus,

iusticia eius manet in saeculum saeculi,

cornu eius exaltabitur in gloria.

10 **P**eccator uidebit et irascetur,

dentibus suis fremet et tabescet,

[Lublin fol. 4 rab]
[Psalm 114, 2–9]

[1 Alleluia. Dilexi quoniam exaudiet dominus uocem orationis meae]

		denn	(er) neigte	Ohr	sein	mir
		huanne	**ginaegde**	**ore**	**sin**	**mi**
4ra	02	**Q**uia	inclinauit	aurem	suam	mihi,

	und	in Tagen meinen	anrufe dich
	endi	**an daegun minun**	**anrhopu thek**
	et	in diebus meis	inuocabo te.

	(es) umgeben	mich	Leiden Todes
	umbibigeuun[57]	**mik**	**leđ dotthes**
03	**C**ircumdederunt	me	dolores mortis,

Gefahren (der) Hölle	fanden mich
fresun helli	**fundun mik**
pericula inferni	inuenerunt me.

Qual	und Leid	fand ich
erbithi	**endi leiđ**	**fand ik**
Tribulationem	et dolorem	inueni,

	und	Namen (des) Herrn	anrief (ich)
	endi	**noman drohtines**	**anrhiap**
04	et	nomen domini	inuocavi:

57 Im Lat. Präteritum.

	wohlan	Herr	erlöse	Seele meine
	uuala	**drahtin**	**erlosi**	**siale mine**
		domine	libera	animam meam,

	gnädig	Herr	und gerecht
	ginathig	**drohtin**	**endi reht**
05	misericors	dominus	et iustus

	und Gott unser	erbarmt (sich)
	endi got unser	**ginathađ**
	et deus noster	miseretur.

	erhaltend	(die) Kleinen	Herr
	gihaldandi	**luzile**	**drohtin**
06	**C**ustodiens	paruulos	dominus

	gedemütigt (war)	und erlöste mich
	giađmodigot[58]	**endi erlosde mek**
	humiliatus	et liberauit me.

	hingekehrt werde	Seele meine	an Rast	deine
	bikaerd uuerđ	**siale min**	**an rae	ste**	**thine**
4rb 07	**C**onuertere	anima mea	in re	quiem	tuam,

	denn	(der) Herr	wohltat dir
	huanne	**drohtin**	**uuoledede the**
	quia	dominus	benefecit tibi.

	denn	(er) errettete	Seele meine	von Tode
	huanne	**erredde**	**siale mine**	**from dothe**
08	**Q**uia	eripuit	animam meam	de morte,

	Augen meine	von Tränen
	ougan mine	**from traeniun**
	oculos meos	a lacrimis,

	Füße meine	von (dem) Fall
	fozi mine	**from falle**
	pedes meos	a lapsu.

---

58 ***gi-ađ-modigot*** „ge-de-mütigt“, Part. Prät. zu *ođ-mod-igon* sw. V. „demütigen.“

	wohl (ich) gefalle	(dem) Herrn
	uuole likiu	**drohtine**
09	**P**lacebo	domino,

in (dem) Reich	lebender
an rikie	**libbiandira**
in regione	uiuorum.

Collecta

Ablutor[59]peccaminum domine
qui animam te fideliter inuo-
cantem uelociter consolaris,
rogamus, ut nos a pericu-
lis inferni erutos in re-
gione uiuorum ablata
peccati morte restituas. per [*dominum nostrum Jesum Christum*]

Übersetzung der Collecta
Abwascher der Sünden, Herr, der du die Seele, die dich gläubig anruft, schnell tröstest, wir bitten, dass du uns, herausgerissene aus den Gefahren der Hölle, nach Entfernung der Sünden vom Tode zurückversetzt ins Reich der Lebenden.

[Lublin fol. 4 rb-vab]

[Psalm 115, 10–19]
[Collecta]
[CXVI psalmus dauid]
[...]

[CXV] psalmus dauid

4va	(ich) glaubte	weil	ich sprach
	gilobte	**thur that**	**ik spak**
10	**C**redidi	propter quod	locutus sum,

ich gewisslich	gedemütigt bin	gar sehr
ik giuuisso	**giađmodigad bim**	**thredo**
ego autem	humiliatus sum	imis.

59 Hs. *Oblator*

	ich sagte	in Entrückung	meiner
	ik quađ	**an utfardi**	**mineru**
11	Ego dixi	in excesso	meo,

	ein jeder	Mensch	lügnerisch
	gihuilik	**man**	**luinlik**
	omnis	homo	mendax.

	was (dem) Herrn			
	huat--------[60]	**drohtine**	**for allun**	**thie forgiuiđ mi**
12	Quid retribuam	domino,	pro omnibus	que retribuit mihi

	(den) Kelch Heils	(ich) empfing	
	kelik	**heli**	**anfou**
13	Calicem	salutaris	accipiam,

	und (den) Namen	des Herrn	(ich) anrufe
	endi noman	**drohtines**	**anhropu**
	et nomen	domini	inuocabo.

	Verheißung meine	(dem) Herrn	(ich) entgelte	vor allem	(dem) Volk seiner
	bihet min	**drohtine**	**gildu**	**biuoran allemu**	**liude is**
14	Vota mea	domino	reddam	coram omni	populo eius,

	kostbar	in (der) Gegenwart				
	diuri	**an geinuuardi**	---	---	---	---[61]
15	preciosa	in conspectu	domini	mors	sanctorum	eius.

	---	---	---	---	---	---[62]
16	O	domine	quia	ego	seruus	tuus,

	ich Knecht dein	und Sohn	(der) Magd deiner
	ik scolk thin	**endi sunu**	**thiuuue thinere**
4vb	ego seruus tuus	et filius	ancillę tue.

(du) zerbrachst Bande meine
tibreki gibend mine
Disripuisti uincula mea,

---

60 S. Anm. 11; Psaltervarianten *retribuet* (Psalt. Rom.) und *reddam* (Psalt. Hebr.).
61 S. Anm. 11 zu dieser Stelle Tiefenbach, Psalmenübersetzung, S. 398.
62 S. Anm. 11.

	dir (ich) opfere	Opfer Lobes
	thir oppraiu[63]	**opper lobes**
17	tibi sacrificabo	hostiam laudis,

	und an	(den) Namen (des) Herrn	(ich) anrufe
	endi an	**noman drohtines**	**anhropu**
	et	nomen domini	inuocabo.

	Verheißungen meine	(dem) Herrn	ich entgelte
	bihet mine	**drohtine**	**gildu**
18	Vota mea	domino	reddam

	in Gegenwart	alles Volkes	seiner
	an geginuuardi	**alles liudis**	**is**
	in conspectu	omnis populi	eius,

	in den Vorhöfen	Hauses	(des) Herrn
	an frithouun	**huses**	**drohtines**
19	in atriis	domus	domini,

	in (der) Mitte	dein Jerusalem
	an middian	**thin hierusalem**
	in medio	tui hierusalem.

Collecta

Talis sit quaesumus domine uita suppli-
cum, sicut est in conspectu
tuo mors preciosa sanctorum, ut
a uinculis peccati liberati
mereamur futuri hie-
rusalem gaudia praelibare. per [*dominum nostrum Jesum Christum*].

Übersetzung Collecta:
Wir bitten Herr, so sei das Leben ein Opfer, wie in deinem Anblick der kostbare Tod der Heiligen, auf dass wir, von den Fesseln der Sünde befreit, verdienen mögen die Freuden des künftigen Jerusalem vorzuschmecken durch [unseren Herrn Jesus Christus].

CXVI psalmus dauid

[...]

63 ***oppraiu*** zu *oppraian* sw. V. „opfern".

19 ‚Paderborner Psalter' (Bruchstück) (Ps. 37[38], 2–6) Quak

[2]**VL** kein Eintrag. – **VL** ahd. und as Lit. (2013), S. 412–413 (Heinrich Tiefenbach).
Ü.: Paderborn, Erzbischöfliche Bibliothek, Fra 6, oberer Teil eines Blattes (verschollen); aus dem Benediktinerkloster Abdinghof (gegr. 1015)?
Abb.: http://www.marburger-repertorien.de/abbildungen/pr/Paderborn_Fra_6.jpg.
Dat.: Werk: sprachlich 950 (Quak) / frühes 11. Jahrhundert (Tiefenbach); Hs. 10. Jh., Ende (Hellgardt, Interlinearversionen).
Spr.: as.
Ed.: Quak, Paderborner Fragment. – Ders., Nachträge.
Lit.: Zur Bedeutung des Psalters im frühen Mittelalter allgemein Haubrichs, Die Anfänge, S. 204–211. – Wolf, Psalter. – Heinzer, Erstlesebuch. – Quak, Paderborner Fragment. – Hellgardt, Interlinearversionen, hier S. 268–269 und S. 282.

Text zeilengleich mit der Handschrift nach Quak, Paderborner Fragment, und dem Digitalisat.

Psalm 37(38),2–6

		in Erzürntheit		deiner	tadelst	mich	denn	Schafte	dein[e]
		an [gibu]lgani		thinera	repsies	mik	uuande	scahti	thin[ ]
1	(2)	**in**	**ira**	**tua**	**corripias**	**me:** (3)	**quoniam**	**sagittę**	**tuę**
		in	Zorn	deinem	(nicht) strafe	mich	denn	Pfeile	deine

	gesteckt	sind	mir	und	befgestigtest	über	mich	Hand
	[st]ek[]	sind	mi	[en]di	fastinodes	ouer	mik	hand
2	**infixe**	**sunt**	**mihi:**	**&**	**confirmasti**	**super**	**me**	**ma-**
	eingeheftet	sind	mir	und	du hast festgemacht	über	mich	Hand

		deine	nicht ist	Heilheit	in	Fleisch	meinem	von	Gesicht
		thine	nis	heli	an	flesk[ ]	minemu	fan	[gi]s[iune]
3	**num**	**tuam** (4)	**non est**	**sanitas**	**in**	**carne**	**mea**	**a**	**facie**
		deine	nicht ist	Gesundheit	in	Fleisch	meinem	von	Angesicht

	Erzürntheit	deiner	nicht ist	Friede	Beinen	meinen	von	(dem) Gesicht	[der Sünden]
	[ ]ul[ ]	[di]nis	f[rithu]	ben[ ]	minun	fan		[gi]siune	sundig
4	**irę**	**tuę .**	**non est**	**pax**	**ossibus**	**meis**	**a**	**facie**	**pecca-**
	Zornes	deines	nicht ist	Friede	Knochen	meinen	von	Angesicht	der Sünden

			weil	Ungerechtigkeiten	meine	übergangene
	[.........................]		uuande	unrehte	mine	ouer gang[ane]
5	**torum**	**meorum** (5)	**quoniam**	**iniquitates**	**meę**	**super gres-**
		meiner	denn	Ungerechtigkeiten	meine	überschritten

		sind	?	mein[?]	so	?	[.........]
		sind	[.]acu[.]	min[..]	so	tarz[.][1]	[.........]
6	**sę**	**sunt**	**caputl**	**meum :**	**sicut**	**onus**	**graue.**
		haben	Kopf	meinen	wie	Last	schwere

	beschwert	sind	über	mich	erfaulten	und	
	giheuigade	sind	ouer	mik	afuleden	[en]di	[ ]
7	**grauate**	**sunt**	**super**	**me** (6)	**putruerunt**	**&**	**corrup-**
	beschwert	haben	über	mich	verfault sind	und	

Einheitsübersetzung

(2) (Herr strafe mich nicht) in deinem Zorn
und züchtige mich nicht in deinem Grimm!
(3) Denn deine Pfeile haben mich getroffen,
deine Hand lastet schwer auf mir.
(4) Nichts blieb gesund an meinem Leib vor dem Angesicht deines Zorns,
im Angesicht meiner Sünden blieb an meinen Gliedern nichts heil.
(5) Denn meine Sünden schlagen mir über dem Kopf zusammen,
sie erdrücken mich wie eine schwere Last.
(6) Mir schwären, mir eitern (die Wunden) [...].

1 ***tarz[ ]***: Lesung Quak; vielleicht ist *barg* zu lesen „Last (von zwanzig Fudern)"? (Tiefenbach, AsHWb).

20 Sieben Stücke aus dem Psalter Notkers des Deutschen
Tax

[2]VL 6 (1987), Sp. 1212–1236, besonders Sp. 1221 (Stefan Sonderegger). – **VL** ahd. und as Lit. (2013), S. 293–314, besonders S. 298–299 (Sonja Glauch).
Ü.: St. Gallen, Stiftsbibliothek, Cod. 21; aus aus der Benediktinerabtei Einsiedeln; außerdem zahlreiche Fragmente.
Abb.: vollständiges Digitalisat der Hs. SG Cod. 21 in Farbe:
https://www.e-codices.unifr.ch/de/csg/0021/16/0/Sequence-238.
Dat.: Hs. zwischen 1125 und 1150. – Werk um 1015.
Spr.: alem.
Ed. Tax, Notker, Der Psalter. – Schlosser, S. 44–50 (Text Ps. 138). – Müller, S. 118–123 (Text, Ps. 1).
Lit.: Kelle, LG 1, S. 236–243. – Schöndorf, Psalmenübersetzung. – Zur Bedeutung des Psalters im frühen Mittelalter allgemein Haubrichs, Die Anfänge, S. 204–211. – Wolf, Psalter. – Heinzer, Erstlesebuch. – Kleiber, Pauline, Notker-Glossator. – Reiche Angaben ferner bei Sonja Glauch im **VL** ahd und as. Lit. (2013), S. 313. – Schlosser, S. 345 (Kommentar Ps. 1). – Müller, S. 332–333 (Kommentar Ps. 138). – Müller, Deutsche Glossen.

Der St. Galler Cod. 21 von Notkers Psalter enthält bis Psalm 109 eine reiche, in den späteren Psalmen aber aus ungeklärten Gründen weitgehend versiegende interlineare, viel beachtete und gewürdigte deutsche Glossierung der lateinischen Restwörter des Notkerschen Textes durch den sog. Notker-Glossator. Sie dürfte zum größten Teil auf Notkers sog. „Lieblingsschüler“, Ekkehart IV. von St. Gallen, zurückzuführen sein; ausführlich hierzu Sonderegger, Althochdeutsch in St. Gallen, S. 113–123 und sehr differenziert weiterführend Tax, Notkler, Der Psalter, Bd. 1, S. XLI–XLIV; zusammenfassend Bergmann/Tax, Ekkehart IV., BStH, Bd. 2, hier besonders S. 1627–1633.

Zur bewundernswert sorgfältigen und sachangemessenen Einrichtung des Textes in der St. Galler Handschrift detailliert Tax, Notker, Der Psalter, 1–50, Einleitung, S. XXI–XXII (Rubrizierung, Initialsetzung in verschiedenen Größen, Schriftgrößen, Schriftarten); zur Umsetzung dieses Bearbeitungs- und Verschriftlichungskonzepts nach einem auch in den anderen zweisprachigen Werken Notkers durchgeführten drei-Schichten Modell (Grundtext – deutsche Paraphrase – Kommentar) in den hier gebotenen Texten Hellgardt ‚Singet dem Herrn ein neues Lied‘, S. 140–141; hinzu kommen bis Psalm 109 noch die deutschen Glossen des sog. Notker-Glossators, immer interlinear über dem betreffenden lateinischen Stellen. – Es wäre auch auf die vorbildliche Umsetzung der handschriftlichen Gestaltung in der Erstedition des Psalters durch Schilter, Thesaurus hinzuweisen.

Psalm 5, Hs. pag. 16
Psalm 95, Hs. pag. 354
Psalm 114, Hs. pag. 429
Einleitung Stufenpsalmen, Hs. pag. 480
Psalm 120 Levavi ocvlos meos ad montes, Hs. pag. pag. 486
Psalm 129 de profundis, Hs. pag. 496
Canticum Annae, Hs. pag. 544

Vergleichstexte
zu Psalm 114: Nr. 134, Nr. 18, Nr. 21, Nr. 22.
Zu Psalm 120: Nr. 21, Nr. 22.
Zum Canticum Annae: Nr. 16, Nr. 21, Nr. 22.

Text nach Tax und und Digitalisat.

[Psalm 5]

001 **PRO EA QVĘ HEREDITATEM ACCEPERAT**

02a **VERBA MEA PERCIPE DOMINE**
Fernîm *mit ôron* mîniu uuórt truhten

kótes prût
chît dîu des érbes langêt. Daz ist ecclesia

02b **INTELLEGE CLAMOREM MEVM**
Fernîm mîn háren.

Daz fône hérzen chôme daz férnim. Ménnischo gehôret den múnt, dû fernim daz herza.

003 **INTENDE VOCEM ORATIONIS MEĘ**
Dénche ze mînero bétestimmo,
diê ih ze dir frúmo, sô íngrundo.

004 **REX MEVS ET DEVS MEVS.**
Chuninch mîn unde gót mîn,

05a **QVONIAM AD TE ORABO DOMINE MANE EXAVDIES VOCEM MEAM**
Vuanda ih ze dír béton, sô der mórgen chúmet, sô gehôrest dû míh.
Sô diû naht mínero súndon hína uuírt, sô gehôrest dû míh.

05b **MANE ASTABO TIBI ET VIDEBO.**
In mórgen fôre stân ih dir unde gesiêho díh
So dísu uuérlt hína uuírt, unde daz êuuíga tages liêht pegínnet chomen, danne gesiêho ih díh.

05c **QVONIAM NON DEVS VOLENS INIQVITATEM TV ES.**
Vuánda dû nebist der únreht uuéllento gót.
Fone diu negesêhent dih unréhte.

001 **PRO EA QVĘ HEREDITATEM ACCEPERAT**
Für jene, die das Erbe empfangen hatte

02a **VERBA MEA PERCIPE DOMINE**
Vernimm *mit den Ohren*, Herr, meine Worte,

Gottes Braut
sagt die, welche nach dem Erbe verlangt. Das ist ecclesia

02b **INTELLEGE CLAMOREM MEVM**
Vernimm mein Schreien!

Das vom Herzen komme, das vernimm! Der Mensch hört den Mund, du vernimm das Herz!

003 **INTENDE VOCEM ORATIONIS MEĘ**
Achte auf die Stimme meines Gebets,
die ih zu dir schicke, so inbrünstig,

004 **REX MEVS ET DEVS MEVS.**
mein König und mein Gott!

05a **QVONIAM AD TE ORABO DOMINE MANE EXAVDIES VOCEM MEAM**
Denn ich bete zu dir, wenn der Morgen kommt, dann wirst du mich hören,
wenn die Nacht meiner Sünden vergeht, dann wirst hörst du mich hören.

05b **MANE ASTABO TIBI ET VIDEBO.**
Am Morgen stehe ich vor dir, und ich werde dich sehen.
Wenn diese Welt dahin sein wird und das ewige Tageslicht zu kommen beginnt, dann werde ich dich sehen.

05c **QVONIAM NON DEVS VOLENS INIQVITATEM TV ES.**
Denn du bist nicht der das Unrecht wollende Gott
Deshalb werden dich die Ungerechten nicht sehen.

06a **NON HABITAT IVXTA TE MALIENVS.**
Sáment dir nebûet der úbeluuílligo,
doh er ad iudicium *chóme.*

06b **NEQVE PERMANEBVNT INIVSTI ANTE OCVLOS TVOS.**
Noh únrehte nefólleuuérênt fóre dînen oûgon.
Doh siê dih kesêhen in carne, *also iz chît:*

SÎ GESÊHENT IN VVEN SIÊ STÉCHOTON
VIDEBVNT IN QVEM COMPVNXERVNT[1] *siê negesêhent dih*

in guôtlichi Ferstôzzen uuérde der úbelo
áber in gloria. *Also diû scrîft chît:* TOLLATVR IMPIVS

ne ir negesêhe kótes guotlichi
NE VIDEAT GLORIAM DEI[2]

07a **ODISTI OMNES QVI OPERANTVR INIQVITAEM.**
Du házzest alle, diê daz únreht uúrchent,
nals diê iz uuorhton, núbe diê iz únz zénde íro lîbes uúrchent.

07b **PERDES OMNES QUI LOQVVNTVR MENDACIVM**
Ferliûsest diê, diê lúgi ságent.

unrechte in íro gelôubo
Also heretici *tuônt, diê mit lúginen îlent diê ménniscen besuîchen.*

07c **VIRVM SANGVINEM ET DOLOSVM ABHOMINABITVR DOMINVS.**
Mánneslekken unde uízesare,

daz chît: trûgerare

leîdezet *ûnser* trûhten.
Pediû nelâzet er siê sáment ímo.

---

1 Vgl. Ev. Io. 19,37 und Zach. 12,10; Joh. 19,37.

2 Vgl. besonders Is. 26,10 und 35,3 und 66,19: auch Ev. Io. 1,14 und 12,14. – Hier paraphrasiert Notker Vers 11 des Psalms im Vorgriff, s. u.

06a **NON HABITAT IVXTA TE MALIGNVS.**
Mit dir wohnt nicht der übelwollende.
wenn er auch zum Gericht *komme.*

06b **NEQVE PERMANEBVNT INIVSTI ANTE OCVLOS TVOS.**
Auch nicht bleiben dauernd die Ungerechten vor deinen Augen.
Obwohl sie dich im Fleisch sehen mögen, wie es heißt:

SIE SEHEN IHN, DEN SIE STACHEN
VIDEBVNT IN QVEM COMPVNXERVNT, sie sehen nicht dich

in Herrlichkeit Verstoßen werde der Böse
dagegen in deiner gloria. *Wie die Schrift sagt:* TOLLATVR IMPIVS,

auf dass er nicht sehe Gottes Herrlichkeit
NE VIDEAT GLORIAM DEI

07a **ODISTI OMNES QVI OPERANTVR INIQVITAEM.**
Du hasset alle, die das Unrecht wirken,
nicht die es (überhaupt) wirkten, sondern die es bis ans Ende ihres Lebens wirken.

07b **PERDES OMNES QUI LOQVVNTVR MENDACIVM**
Lässt verloren werden diejenigen, die Lüge sagen.

unrechte in ihrem Glauben
Wie es die heretici *tun, die mit Lügenreden eilen, die Menschen zu betrügen.*

07c **VIRVM SANGVINEM ET DOLOSVM ABHOMINABITVR DOMINVS.**
Den Menschenerschlager und den Peiniger,

das heißt: den Betrüger,

verabscheut *unser* Herr.
Deshalb lässt er sie nicht mit sich sein.

08a **EGO AVTEM IN MVLTITVDINE MISERICORDIĘ TUĘ INTROIBO IN DOMVM TVAM.**
Àber in déro mánigi déro guôtun,

diê multitudo misericordię *tuę mit rechte heîzzent*

kan oûh ih in dîn hûs.

chúnftiga ánasiht fridis
Vuélez ist daz, âne diû futura ierusalem?

08b **ADORABO AD TEMPLVM SANCTVM IN TIMORE TVO**
Ze démo dînemo heîlegen hûs péton ih *hínnan dára* in dînero fórhtun.
Sô ih tára chúmo, dar uuírdo ih âne fórhtun,

durnochta minna *diû ûz stôzzet*[3] *fôrhtun*
uuanda dar ist perfecta caritas, quę foras mittit timorem.

09a **DOMINE DEDVC ME IN IVSTITIA TVA PROPTER INIMICOS MEOS.**
Leîte mih trúhten in dînemo rehte umbe mina fíenda,
diê mih îlent dar ábachêren.

Leîte mih in dînemo rehte nals in ménnischon,
diên ioh reht tunchet

úbilis mit ubele lonon
malum pro malo reddere.

09b **DIRIGE IN CONSPECTV TVO VIAM MEAM**
Keríhte mînen uueg in dînero gesihte.
Daz herza geríhte, daz ist in dînero gesíhte, nals in ménnischon.

010 **QVONIAM NON EST IN ORE EORVM VERITAS.**
Vuârhêit neist in íro munde.
In déro ménnischon munde, mînero fíendo, neist si.

3 Die Glosse greift wie in Vers 6 auf das Schriftzitat in Vers 11 vor.

08a **EGO AVTEM IN MVLTITVDINE MISERICORDIĘ INTROIBO IN DOMVM TVAM.**
Aber in der Menge der Guten,

welche multitudo misericordię tuę *mit Recht heißt,*[4]

gehe auch ich in dein Haus.

das künftige Schauen des Friedens[5]
Welches ist das, wenn nicht die die futura ierusalem?

08b **ADORABO AD TEMPLVM SANCTVM IN TIMORE TVO.**
In deinem heiligen Haus bete ich *von hier dorthin* in deiner Furcht.
Wenn ich dorthin komme, dort werde ich ohne Furcht (sein),

vollkommene Liebe, *die hinaus stößt die Furcht*
denn dort ist perfecta caritas, quę foras mittit timorem.

09a **DOMINE DEDVC ME IN IVSTITIA TVA PROPTER INIMICOS MEOS.**
Leite mich, Herr, in Gerechtigkeit wegen meiner Feinde,
die beeilt sind, mich davon abzukehren!

Leite mich in deiner Gerechtigkeit und nicht in jener der Menschen,
die nämlich Recht dünkt,

Übles mit Üblem zu lohnen
malum pro malo reddere.

09b **DIRIGE IN CONSPECTV TVO VIAM MEAM.**
Richte meinen Weg in deinem Anschauen.
Das Herz richte aus, das meint in deinem Anschauen, nicht in dem von Menschen.

010 **QVONIAM NON EST IN ORE EORVM VERITAS.**
Wahrheit ist nicht in ihrem Munde.
Im Munde dieser Menschen, meiner Feinde, ist sie nicht.

---

4 Notker setzt hier zu *multitudo* „semantisch" den ahd. Plural *heîzzent* „sie heißen".
5 Etymologie des Namens Jerusalem *visio pacis* „Schau des Friedens". Hieronymus, Liber interpretationis, S. 121, Z. 10–11.

11a **COR EORVM VANVM EST.**
Ìro herza ist uppig.
Vuiê mag ténne uuâr in íro múnde sîn?

11b **SEPVLCHRVM PATENS EST GVTTUR EORVM.**
Ìro chéla ist óffen gráb.
Vuâre daz gráb betân, sô nestúnche iz. Noh íro chéla, úbe siê suîgetin.

11c **LINGVIS SVIS DOLOSE AGEBANT.**
Mit diên zúngon fárent sê trúgelicho,
pisuuîch
uuanda eîn chôsont, ánder uuéllen siê. Daz ist dolus.

11d **IVDICA ILLOS DEVS!**
Ríhte got úber siê!
Daz ist kehêiz, nals fluôh.[6]

11e **DECIDANT A COGITATIONIBVS SVIS.**[7]
Siê stúrzên ábe íro gedánchen,
daz chit: ín gebréste an íro gedíngi.

11f **SECVNDVM MVLTITVDINEM IMPIETATVM EORVM EXPELLE EOS!**
After íro míchelun úbeli stôz siê ûz.
Nim ín daz érbe, des sancta ęcclesia *bîtet.*

11g **QVONIAM IRRITAVERVNT TE DOMINE.**
Vuanda siê dih crámdon truhten.
Fóne diû tuô siê érbelos.

---

6 *prophetia est, non maledictio* „Es ist eine Prophetie, kein Fluch.“ Augustin nach Tax, Notker, Der Psalter, 1–50, S. 13 zu 18,17.

7 *‚decidere‘ enim proprie dicitur, qui spei suae amissione fraudatur.* „‚Herabfallen‘ sagt man nämlich auf besondere Weise, wenn jemand durch den Verlust seiner Hoffnung getäuscht werden soll.“ Cassiodor.

11a **COR EORVM VANVM EST.**
Ihr Herz ist leer.
Wie kann dann Wahrheit in ihrem Munde sein?

11b **SEPVLCHRVM PATENS EST GVTTUR EORVM.**
Ihre Kehle ist ein offenes Grab.
Wäre das Grab bedeckt, so stänke es nicht. Auch nicht ihre Kehle, wenn sie schweigen würden.

11c **LINGVIS SVIS DOLOSE AGEBANT**
Mit den Zungen kommen sie betrügerisch daher.
Betrug
Denn sie reden das Eine, das Andere wollen sie. Das ist dolus.

11d **IVDICA ILLOS DEVS!**
Möge Gott über sie richten!
Das ist eine Verheißung, nicht ein Fluch.

11e **DECIDANT A COGITATIONIBVS SVIS.**
Mögen sie von ihren Gedanken herabstürzen!
das heißt: Möge ihnen Mangel in ihrer Hoffnung sein!

11f **SECVNDVM MVLTITVDINEM IMPIETATVM EORVM EXPELLE EOS!**
Gemäß ihrer großen Bosheit stoße sie aus!
Nimm ihnen das Erbe, auf das sancta ęcclesia *wartet!*

11g **QVONIAM IRRITAVERVNT TE DOMINE.**
Denn sie bereiteten dir Gram, Herr.
Deshalb mache sie erbelos!

12a **ET LĘTENTVR OMNES QVI SPERANT IN TE.**
Vnde fréuuen sih alle, diê síh ze dír fersehent.

12b **IN ĘTERNVM EXVLTABVNT ET HABITATIS IN EIS.**
Iêmer fréuuent siê sih und du bûest in ín.
Des sínt siê iêmer frô, daz siê dîn hûs sint.

12c **ET GLORIABVNTUR IN TE OMNES, QVI DILIGVNT NOMEN TVVM.**
Vnde an dír guôllichont síh âlle, diê dînen námen mínnont.
An dír hâbent siê daz érbe.

13a **QVONIAM TV BENEDICIS IVSTO.**
Vuanda du gíbest ségen démo rehten.
Fóne ségene hábet er daz érbe, nals fóne réhte.

13b **DOMINE VT SCVTO BONE VOLVNTATIS TVĘ CORONASTI NOS.**
Sámo so mit skílte guôtis uuíllen hábest dû únsih trúhten gecorônot.
Dîn guôt uuíllo ist uns skérm unde êra.

12a **ET LĘTENTVR OMNES QVI SPERANT IN TE.**
Und es dürfen sich alle freuen, die sich deiner versehen.

12b **IN ĘTERNVM EXVLTABVNT ET HABITATIS IN EIS.**
Für immer freuen sie sich, weil du in ihnen wohnst.
Darüber freuen sie sich für immer, dass sie deine Wohnung sind.

12c **ET GLORIABVNTUR IN TE OMNES, QVI DILIGVNT NOMEN TVVM.**
Und deiner rühmen sich alle, die deinen Namen lieben.
An dir besitzen sie das Erbe.

13a **QVONIAM TV BENEDICIS IVSTO.**
Denn du gibst Segen dem Gerechten.
Von dem Segen her besitzt er das Erbe, nicht von rechtswegen.

13b **DOMINE VT SCVTO BONE VOLVNTATIS TVĘ CORONASTI NOS.**
Gleichwie mit dem Schild guten Willens hast du uns, Herr, gekrönt.
Dein guter Wille ist uns Schirm und Ehre.

[Psalm 95 (96)]

01a **Canticvm David, qvando domvs aedificabatvr post captivitatem.**
Sus sang Dauid, do daz hûs kezímberot uuard nâh éllende.
Vuélih ist daz hus? Iû uuárd hus kezímberot
nâh éllende, dô Zorobabel, der Sohn des Salathiel,[8]

dero éllendi
fone captiuitate Babyloniȩ *iruuúndener,* Salomonis *hus,*
daz fone Chaldeis *zestôret uuas, ánderêst zímberota.*
Ságet diser salmo fóne démo?
Gotes hus ist
Neîn. Er ságet fone sancta ȩcclesia, *diû* domus dei *ist,*
uuiêo sî mit cantico nouo fidei, spei, et caritatis[9]

ellendi dero ungeloubo
kezímberot uuard nâh déro captiuitate infidelitatis.

Cantate Domino canticvm novvm, cantate domino omnis terra!
01b Síngent trúhtene niúuuez sang, *daz sínge* álliû erda!

mínnasami niúuue sang niúuue gebot
Dilectio *ist* canticum nouum, *uuanda si* mandatvm novvm[10] *ist.*

Gotes hûs mit minno
Omnis terra ist sancta ȩcclesia.[11] *Sî ist* domus dei *unde uuirt mit* caritate

gezimbere steina ein stêin
gezímberot. An dero structura *uuerdint alle* lapides unus lapis.[12]

an dero eînigcheite geîstes an frídes pánde
Vuiêo uuirt daz? In unitate spiritus, in uinculo pacis.[13]

02a **Cantate domino!**
Singent truhtene!
Singent niûuuez sang, so zímberont ir niúuuez hus!

02b **Benedicite nomen eivs!**
Lóbont sînen námen!
Vuieo?

---

8 Esdras 5,4.
9 I Cor. 13,13.
10 Jo. 13,34.

[Psalm 95 (96)]

01a **Canticvm David, qvando domvs aedificabatvr post captivitatem.**
So sang David, als der Tempel gezimmert wurde nach dem Exil.
Welches ist der Tempel? Einstmals ward ein Tempel gezimmert
nach dem Exil, als Zorobabel, der Sohn des Salathiel,

dem Exil
aus captiuitate Babylonię *zurückgekehrt,* Salomonis *Tempel,*
der von den Chaldeis *zerstört war, zum zweiten Mal zimmerte.*
Spricht dieser Psalm von dem?

Gottes Tempel
Nein, er spricht von sancta ęcclesia, *welche* domus dei *ist,*
wie sie mit cantico nouo fidei, spei, et caritatis

Exil des Unglaubens
gezimmert ward nach der captiuitate infidelitatis.

Cantate Domino canticvm novvm, cantate domino omnis terra!
01b Singet dem Herrn einen neuen Gesang, *den singe* die ganze Erde!

Liebe der neue Gesang das neue Gebot
Dilectio *ist* canticum nouum, *weil sie* mandatvm novvm *ist.*

Gottes Haus
Die ganze Erde, das ist die heilige Kirche. *Sie ist* das Haus Gottes *und wird*

mit Liebe Zimmerwerk Steine ein Stein
mit caritate *gezimmert. Bei dieser* structura *werden alle* lapides unus lapis

In der Einigkeit des Geistes in des Frieden Band
Wie geschieht das? In unitate spiritus, in uinculo pacis.

02a **Cantate domino!**
Singet dem Herrn!
Singet neuen Gesang, so zimmert ihr einen neuen Tempel!

02b **Benedicite nomen eivs!**
Lobt seinen Namen!
Wie?

---

11 Eph. 4,2.
12 Mt. 24,1–2 ; Marc. 13,1–2.
13 Eph. 4,3.

02c **BENE NVNTIATE DE DIE IN DIEM SALVTARE EIVS!**
Vuola tuônt chúnt sinen háltare *Christum* fóne táge ze táge,
daz er iêo chúndero unde chúndero sî!

003 **ADNVNTIATE INTER GENTES GLORIAM EIVS,**
IN OMNIBVS POPVLIS MIRABILIA EIVS!
Chundent under diêten sîna guôllichi,
unde sîniu uuunder under allen liûten!
So uuóla getuônt ín chunt, unde so uuît hûs zímberont ímo!

004 **QVONIAM MAGNVS DOMINVS ET LAVDABILIS NIMIS,**
TERRIBILIS SVPER OMNES DEOS.
Vuanda er mahtig hêrro ist, unde lóbelih harto,
unde brûttelîh uber alle Gota.
Vuaz suln uuir danne fone ín geloûben?

05a **QVONIAM OMNES DII GENTIVM DOEMONIA.**
Daz alle Góta heîdenero tiêuela *sint.*

irricheit tiêfela
Diê error *fant, die sint* dęmones.

05b **DOMINVS AVTEM CĘLOS FECIT.**
Áber truhten téta diê himela,
ába diên er sie falta; so mahtig ist er!

06a **CONFESSIO ET PVLCHRITVDO IN CONSPECTV EIVS.**
Keiíht unde scôni sint *fore ímo.*

píiiht sundon scôni
Lâ fore gân confessionem peccatorum, *sô uolget sâr* pulcritudo.
So du dih irspuôlest, so bist dû scône fore ímo.

06b **SANCTITAS ET MAGNIFICENTIA IN SANCTIFICATIONE EIVS.**
Heîli *ze êrist,* unde mícheluuerchunga *dára nâh* sint in sînero hêiligmachungo.

antreht heilichmacha heiligi
Den ordinem *hâbe sîn* sanctificatio, *daz si dih prínge fone* sanctitate *ze*

michiluuurchte míchiluuurchig mit zeîchenin unde mit [uuúnderen]
magnificentia. *Vuíle dû êr* magnificus *sîn in* signis et miraculis,

er dû sanctus *uuerdêst: des nemag niêht keskéhen.*

02c **BENE NVNTIATE DE DIE IN DIEM SALVTARE EIVS!**
Angemessen rühmt seinen Erlöser *Christum* von Tag zu Tag,
auf dass er immer berühmter und berühmter sei!

003 **ADNVNTIATE INTER GENTES GLORIAM EIVS,**
IN OMNIBVS POPVLIS MIRABILIA EIVS!
Verkündet unter den Heiden seinen Ruhm,
und seine Wunder unter allen Völkern!
So gut macht ihn kund und ein so weites Haus zimmert ihm!

004 **QVONIAM MAGNVS DOMINVS ET LAVDABILIS NIMIS,**
TERRIBILIS SVPER OMNES DEOS.
Denn er ist ein mächtiger Herr, und sehr rühmenswert,
und Ehrfurcht gebietend über alle Götter.
Was sollen wir dann von denen glauben?

05a **QVONIAM OMNES DII GENTIVM DOEMONIA.**
Dass alle Götter der Heiden *Teufel sind.*

Irrtum Teufel
Die, welche error *erfand, die sind* dęmones.

05b **DOMINVS AVTEM CĘLOS FECIT.**
Aber der Herr hat die Himmel geschaffen,
von denen er sie zu Fall brachte; so mächtig ist er!

06a **CONFESSIO ET PVLCHRITVDO IN CONSPECTV EIVS.**
Bekenntnis und Schönheit sind *vor ihm.*

Beichte Sünden Schönheit
Lass confessionem peccatorum *vorangehen, so folgt gleich* pulcritudo.
Wenn du dich reinwäschst, so bist du schön vor ihm.

06b **SANCTITAS ET MAGNIFICENTIA IN SANCTIFICATIONE EIVS.**
Die Heiligkeit *zuerst* und große Dinge wirken *kommt danach* in der Heiligmachung durch ihn.

Reihenfolge Heiligmachung Heiligkeit
Diesen ordinem *soll seine* sanctificatio *haben, dass sie dich bringe von* sanctitate *zu*

Großwirksamkeit großwirksam mit Zeichen und mit [Wundern]
magnificentia. *Willst du zuvor* magnificus *sein in* signis et miraculis,

bevor du sanctus *würdest: das kann nicht geschehen.*

007 **AFFERTE DOMINO, PATRIĘ GENTIVM, AFFERTE DOMINO GLORIAM ET HONOREM!**
Ir diêtpurge, bríngent trúhtene guôllichi unde êra,
bríngent sia ímo, náls[14] *iû selben noh anderên menniscon!*

08a **AFFERTE DOMINO GLORIAM, NOMINI EIVS!**
Pringent *imo ze lóbe* guôllichi, sînemo námen,

sus: ‚nals uns, hêrro, nals uns, nube dinimo námin gib kuôllichi an uns!'
chedent: NON NOBIS, DOMINE, NON NOBIS, SED NOMINI TVO DA GLORIAM![15]

08b **TOLLITE HOSTIAS ET INTROITE IN ATRIA EIVS!**
Nément ópher, *dîu ímo gerîsen*, unde gânt *mit diên* in sîna hóua!

tráhinin firmúlitimo herzin
Chóment mit lacrimis *unde mit* corde contrito *in sîne hóua, die ze*

biscôufin andren prédiaren
sînemo hûs leîtent. Ínnont iûh ze apostolis, *ze* prędicatoribus,

daz sie iû pringen in sanctam ęcclesiam, *diû sîn hûs ist.*

09a **ADORATE DOMINEM IN ATRIO SANCTO EIVS!**
Sô ir dára chóment, dar bêtont trúhtenen in heîligemo hóue sînemo!

Uuer ist der hóf? Daz ist aber sî, sancta ęcclesia.
Hûs diên, diê in íro bûent,
hóf diên, die durh sîa ze hímele fárent.

09b **COMMOVEATVR A FACIE EIVS VNIVERSA TERRA!**

ze riúuuo
Álliû diû erda uuerde iruuéget *ad pęnitentiam* fone sînemo ánasiûne.

in fleîsce
Sô ér în carne *sih keoûge,*
unde er în chunt uuerde,
dannan bézzeroen sih álle!

14 Hs. *also.*
15 Ps. 113,1.

007 **AFFERTE DOMINO, PATRIĘ GENTIVM, AFFERTE DOMINO GLORIAM ET HONOREM!**
Ihr Heidenstädte, bringt dem Herrn Ruhm und Ehre dar,
bringt sie ihm dar, nicht aber euch selbst noch anderen Menschen!

08a **AFFERTE DOMINO GLORIAM, NOMINI EIVS!**
Bringt *ihm* zum *Lob* Ruhm dar, seinem Namen!

so: ‚nicht uns, Herr, nicht uns, sondern deinem Namen gib Ruhm in uns!'
Sagt: NON NOBIS, DOMINE, NON NOBIS, SED NOMINI TVO DA GLORIAM!

08b **TOLLITE HOSTIAS ET INTROITE IN ATRIA EIVS!**
Nehmt Opfer, *die ihm gefällig sind*, und geht *mit denen* in seine Vorhöfe!

Tränen zermalmtem Herzen
Kommt mit lacrimis *und mit* corde contrito *in seine Vorhöfe, die zu*

Bischöfen anderen Predigern
seinem Tempel führen. Gesellt euch zu den Aposteln, *zu* prędicatoribus

dass sie euch bringen in sanctam ęcclesiam, *die sein Tempel ist!*

09a **ADORATE DOMINEM IN ATRIO SANCTO EIVS!**
Wenn ihr dorthin kommt, dort betet zum Herrn in seinem heiligen Vorhof!

Welcher ist der Vorhof? Das ist wiederum sie, sancta ęcclesia ,
Tempel denen, die in ihr wohnen,
Vorhof denen, die durch sie zum Himmel fahren.

09b **COMMOVEATVR A FACIE EIVS VNIVERSA TERRA!**

zur Reue
Die ganze Erde werde erschüttert *ad pęnitentiam* von seinem Anblick!

Im Fleisch
Wenn er in carne sich zeige,
und er ihnen kund werde,
davon mögen sich alle bessern!

10a **DICITE IN NATIONIBVS: DOMINVS REGNAVIT A LIGNO.**

holze
In allen diêten chédent *danne*: truhten rîchesota fone ligno.

crucis holze
Fone ligno crucis *pegonda er rîcheson, also fóre* diabolus

beuuéritemo holze zartkártin
rîchesota a ligno uetito paradysi.

10b **ETENIM CORREXIT ORBEM TERRĘ,**
QVI NON COMMOVEBITVR.
rinch dero erdo
Dánnan hábet er geríhtet *orbem terrę,*
der furder intríhtet neuuírdet.

Sîd daz hus kezímberot ist, furder stât iz.

10c **IVDICABIT POPVLOS IN ĘQVITATE.**
So des zît uuírdet, so irteîlet er liûten in rehte.

an dero andrun chúnfte
Vuánne ist daz? In secundo aduentu.

11a **LĘTENTVR CĘLI**
ET EXVLTET TERRA.
Sînes rîches fréuuen sih die *regenonten* hímela
unde diu *fone ín berégenota* erda.

11b **COMMOVEATVR MARE ET PLENITVDO EIVS.**

diu uuerlt állichêit
Aber dára uuídere bélge sih *is* sęculum unde sîn uniuersitas,

áhtunga
unde dannan chome persecutio.

012 **GAVDEBVNT CAMPI ET OMNIA, QVĘ IN EIS SVNT.**

líntmuotige, mammende die Gotis kefildir
Lenes, *mites,* diê *campi dei sint, unde iro fólgara* méndên *is.*

10a **DICITE IN NATIONIBVS: DOMINVS REGNAVIT A LIGNO.**

holz
In allen Völkern sagt *dann*: „Der Herr herrschte von ligno."

dem Holz des Kreuzes
Von ligno crucis *begann er zu herrschen, ganz wie zuvor* diabolus

vom verwehrten Holz des Paradiesgartens
herrschte a ligno uetito paradysi.

10b **ETENIM CORREXIT ORBEM TERRĘ,**
QVI NON COMMOVEBITVR.

Ring der Erde
Von da an hat er beherrscht *orbem terrę*,
der fürderhin nicht vom rechten Wege abgebracht werden wird.

Seit der Tempel gezimmert ist, fürderhin hat er Bestand.

10c **IVDICABIT POPVLOS IN ĘQVITATE.**
Wenn die Zeit dafür kommt, so urteilt er über die Menschen in Gerechtigkeit.

bei der zweiten Ankunft
Wann ist das? In secundo aduentu.

11a **LĘTENTVR CĘLI**
ET EXVLTET TERRA.
Seiner Herrschaft mögen sich freuen die *regentriefenden* Himmel
und die *von ihnen beregnete* Erde.

11b **COMMOVEATVR MARE ET PLENITVDO EIVS.**

die Welt Allheit
Aber dagegen möge sich *sęculum* erzürnen und seine *uniuersitas*,

Verfolgung
und von daher möge kommen persecutio.

012 **GAVDEBVNT CAMPI ET OMNIA, QVĘ IN EIS SVNT.**

Gelind sanftmütig die Gefilde Gottes
Lenes, mites, sind die campi dei, und ihre Gefolgsleute werden sich *dessen* freuen.

13a **TVNC EXVLTABVNT OMNIA LIGNA SILVARVM A FACIE DOMINI, QVIA VENIT.**
Danne fréuuent sih *sînero êrerun chunfte* alle uuáltpoûma,

zimbere GOTES hûsis die hêidenin,
uuanda sie gebrûchet uuerdent ze ędificio domus dei. *Daz sint* pagani,

ábasnítine aba uuiltstocche, unde geímpitote ûffen ólebôume
pręcisi de oleastro, et inserti in olivam.[16]

13b **QVONIAM VENIT IVDICARE TERRAM.**
Sie mendent oûh, daz er *anderest* chumet, ze úberteilenne *die ménniscen, die [in]*[17] érda *sint,*

chóment hara mînis fáter geuuiêhten
uuanda sie dâr gehôrent: VENITE BENEDICTI PATRIS MEI![18]

13c **IVDICABIT ORBEM TERRĘ IN ĘQVITATE,**
ET POPVLOS IN VERITATE SVA.
Er úberteîlet den érdering in réhte,

állelîchi kuôtero unde úbilro
– *dâr uuirt fernómen* uniuersitas bonorum et malorum –

unde liûte in sînero uuarheite

dar uuerdent fernómen, die gesceîdenen

ze zeseuuuun unde ze uuínstrun
ad dexteram et ad sinistram.[19]

16 Rom. 11,24.
17 *in* fehlt Hs.
18 Mt. 25,34.
19 Mt. 25,33.

13a **TVNC EXVLTABVNT OMNIA LIGNA SILVARVM A FACIE DOMINI, QVIA VENIT.**
Dann erfreuen sich *seiner früheren Ankunft* alle Waldbäume,

Zimmerwerk des Gotteshauses
denn sie werden gebraucht für das ędificio domus dei. *Das sind*

die Heiden abgeschnittene vom Wildstock und geimpfte auf den Ölbaum
pagani, pręcisi de oleastro et inserti in olivam

13b **QVONIAM VENIT IVDICARE TERRAM.**
Sie freuen sich auch, dass er zum zweiten Mal kommt zu urteilen *über die Menschen, die auf* der Erde *sind,*

kommt her meines Vaters geweihte
Denn sie hören dort: VENITE BENEDICTI PATRIS MEI!

13c **IVDICABIT ORBEM TERRĘ IN ĘQVITATE,**
ET POPVLOS IN VERITATE SVA.
Er urteilt über den Erdenring in Gerechtigkeit

Allheit der Guten und der Bösen
– *da wird erkannt* uniuersitas bonorum et malorum –

und über die Völker in seiner Wahrhaftigkeit.

Da werden erkannt die Geschiedenen

zur Rechten und zur Linken
ad dexteram et ad sinistram.

Psalm 114

Allelvia

001 **Dilexi qvoniam exavdiet dominvs vocem orationis meę**
Got minnota ih, uuanda er gehôrta dîe stimma mines kebétes

002 **Qvia inclinavit avrem svam mihi.**
Vuanda er mir gehalta[20] sîn ôra.

Vuannan uueîz daz mennisco âne fóne spe?

02b **Et in diebus meis invocabo evm.**
Vnde in mînen tágen ána háro ih ín

Daz sint dies miserię meę, dies mortalitatis meę, *die mir fone unge[r]hosami geskehen sint.*

003 **Cirvmdedervnt me dolores mortis, pericvla inferni invenervnt me.**
An diên tágen umbe fiêngen mih diû sêr des tôdes, héllo urreîsun irfuôren mih.

Vuâr irfuôren siê mih, uuâr fúnden sie mih? Aberrantem a te. *Sie fúnden mih, ih ne chónda sie irchénnen.* In prosperis sęculi, *an dien meîst sint* pericula inferni, *an diên hafteta ih, diu ne liêzen mih sie uuízen, bediu chlágeta ih sîe dir.*

004 **Tibvlationem et dolorem inveni, et nomen domini ivocabo.**

Ih cham âber ze mir unde behúgeta mih

unde fant *an mir* arbêite unde sêr,

diû mir únuuizzentemo ana uuâren,

unde anahareta Gotes námen,

uuanda ih do uuissa, uuer ih uuas.

20 ***gehalta***: zu hélden, swV. „zuneigen".

Psalm 114

ALLELVIA

001 **DILEXI QVONIAM EXAVDIET DOMINVS VOCEM ORATIONIS MEę**
Gott liebte ich, denn er hörte die Stimme meines Gebetes

002 **QVIA INCLINAVIT AVREM SVAM MIHI.**
Denn er neigte mir sein Ohr zu.

Woher weiß das der Mensch, wenn nicht aufgrund von spe?

02b **ET IN DIEBUS MEIS INVOCABO EVM.**
Und in meinen Tagen schreie ich zu ihm.

Das sind die dies miserię meę, dies mortalitatis meę, *die mir wegen Ungehorsam zugestoßen sind.*

003 **CIRVMDEDERVNT ME DOLORES MORTIS, PERICVLA INFERNI INVENERVNT ME.**
An diesen Tagen umfingen mich die Schmerzen des Todes, der Hölle Schrecknisse ereilten mich.

Wo ereilten sie mich, wo fanden sie michl? Aberrantem a te. *Sie fanden mich, ich konnte sie nicht erkennen.* In prosperis sęculi, *an denen am größten* pericula inferni *sind, an denen haftete ich, die ließen nicht zu, sie zu erkennen,deshalb klagte ich sie dir.*

004 **TIBVLATIONEM ET DOLOREM INVENI, ET NOMEN DOMINI IVOCABO.**

Ich kam aber zu mir und bedachte mich

und fand *an mir* Mühen und Schmerzen,

die bei mir Unwissendem waren,

und ich schrie zu Gottes Namen,

denn da wusste ich, wer ich war.

04b **O DOMINE LIBERA ANIMAM MEAM.**
Vuola truhten, *chad ih*, lôse mîna sêla.

Des ist mánnolîchemo durft, daz er île finden dia miseriam, *diû imo unuuízzentermo ána ist, unde er chéde:* TRIBVLATIONEM ET DOLOREM INVENI, DOMINE LIBERA ANIMAM MEAM, *und er chlágoe, daz er nu dúrftig ist írdiskéro lábo écchert ze disses lîbes lézzi, démo er irbóten uuard hímelskîu séti ze éuuîges lîbes stâtigi. Der daz uuile ueuêînon, den getuôt sâligen, der unsih iêo uuolta ne uuesen uuênige.*

005 **MISERICORS DOMINVS ET IVSTVS ET DEVS NOSTER MISERETVR.**
Kenâdig hêrro unde réhter unde GOT unser genâdet.

Kenâdig quia inclinauit aurem suam mihi,
rehter, quia flagellat,
áber genâdig, quia recipit.

06a **CVSTODIENS PARVVLOS DOMINVS.**
Lúzzele behuotenter hêrro

uuanda er sie tuôn uuíle grandes heredes.

06b **HVMILIATVS SVM ET SALVAVIT ME.**
Diemuôte uuard ih, pedîu heîlta er mih.

Sectionem uulneris *leîd ih, daz diemuota mih; daz ne ist* poenale *nub* salubre.

007 **CONVERTERE ERGO ANIMA MEA IN REQVIEM TVAM, QVIA DOMINVS BENEFICIT MIHI!**
Sêla mîniu uuirt bechêret in dîna râuua, habe gedingi ze êuuigen râuuon!

08a **QVONIAM EXEMIT ANIMAM MEAM DE MORTE.**
uuanda *GOT habet mir uuola getân dâr ána*, daz er mîna sêla nam ûzer tôde.

daz chît: ûzer incredulitate

08b **OCVLOS MEOS DE LACRIMIS, PEDES MEIS A LAPSV**
Nam mîniu oûgen fóne tráne,nmîne fuôzze fóne slípfe,

dar ist daz ánder. Hiêr ist iz in spe, *doret ist iz* in re.

009 **PLACEBO DOMINO IN REGIONE VIVORVM**
Hína füre ist iz, dar lîchen ih GOTe in dero lébenden lánde

Dâr ne sint lacrimę, *dar ne ist* lapsus.

04b **O DOMINE LIBERA ANIMAM MEAM.**
O Herr, *sagte ich,* erlöse meine Seele.

Das ist für jeden Menschen nötig, dass er eile, zu finden dia miseriam, *die ihm unbewusst anhaftet, und er soll sagen:* TRIBVLATIONEM ET DOLOREM INVENI, DOMINE LIBERA ANIMAM MEAM, *und er klage, dass er jetzt bedürftig ist irdischer Labung nur gegen dieses Leibes Hinfälligkeit, für den ihm erboten wurde himmlische Sättigung zu ewiger Beständigkeit des Leibes. Der das beweinen wolle, den macht zu einem Seligen, der für uns immer schon wollte, dass wir nicht Erbärmliche seien.*

005 **MISERICORS DOMINVS ET IVSTVS ET DEVS NOSTER MISERETVR.**
Barmherzig ist der Herr und gerecht und unser Gott erbarmt sich.

Gnädig, quia inclinauit aurem suam mihi,
gerecht, quia flagellat,
abermals gnädig, quia recipit.

06a **CVSTODIENS PARVVLOS DOMINVS.**
Die Kleinen behütender Herr,

denn er will sie machen zu grandes heredes.

06b **HVMILIATVS SVM ET SALVAVIT ME.**
Demütig wurde ich, deswegen heilte er mich

Sectionem uulneris *hatte ich erlitten, das demütigte mich; das ist nicht* poenale, *sondern* salubre.

007 **CONVERTERE ERGO ANIMA MEA IN REQVIEM TVAM, QVIA DOMINVS BENEFICIT MIHI!**
Mine Seele, werde bekehrt zu deiner Ruhe, habe Hoffnung auf ewige Ruhe!

08a **QVONIAM EXEMIT ANIMAM MEAM DE MORTE.**
Denn Gott hat *mir wohlgetan damit,* dass er meine Seele herausnahm aus dem Tod.

das heißt: aus der incredulitate.

08b **OCVLOS MEOS DE LACRIMIS, PEDES MEIS A LAPSV**
Er nahm meine Augen fort von Tränen, meine Füße vom Ausgleiten,

dort ist das Andere. Hier ist es in spe, *dort ist es* in re.

009 **PLACEBO DOMINO IN REGIONE VIVORVM**
Künftig ist es, dort gefalle ich Gott in der Lebenden Land.

Dort sind nicht lacrimę, *dort ist nicht* lapsus.

Cantica graduum (Ps. 119 [120] – 133[134)]
Die Stufenpsalmen

[Einleitung][21]

01 *E*înen *Iudeum*[22] in sîna uuîs uuízzegen frâgeta man, uuannan *cantica graduum* so genámot uuârin. Der antuuúrta alsus:

02 Do Dauid uuillen hábeta *templum domino ędificare*, dô ébenôtér *montem templi* unde scûoff in al nâh diû, so er daz *templum* pildon uuolta, Vnde begruôb in alsô, daz ûffen demo *monte* ein *monticulus* uuart; dar ûffe uuolta er daz *templum* zimberon. Vffen den *monticulum* uuorchta er *ter quinque gradus*, tríustunt umbe unde umbe undirtâne, daz diê uuérchliûte unde alle liûte *clementer* ûf unde níder gân mahtin. Vnde uuanda er sih peuuânda, daz er daz uuerch folle frûmmen selbo solti, so liêbsángoter sâr demo selben uuerche, ih mêino diên *quindecim gradibus* mit also mánigemo *psalmo*. Vnde skeînet sâr an demo *primo cantico*, daz er *inuidos et contradictores* umbe daz selba uuerch hábeta. Dannan chuád er: „DOMINE, LIBERA ANIMAM MEAM A LABIIS INIQVIS ET LINGVA DOLOSA!“ *et cętera.*[23]

03 *Vsque huc Iudeus, quantum ad corticem non credo* SPERNENDVS.

04 **V**be aber uuir fóne diên *fidelibus*, dîe diê *medullam expresserant*, iêuuiht suôzzeren dinges kesmécchet eîgen unde – so fîlo des an uns uuesen mag – *in medium* bringen uuellen, den uuillen ne nemme niêman *superbiam*, uuanda er ne skêinet *inuidiam superbię pedissequam.*

05 ***CANTICA QVINDECIM GRADUUM.*** Ne fîrrônt noh an selbero zálo, *ut patribus uidetur*. Diû selba zála diû ist ûzzer zeuuélfen unde drîn, alde ûzzer zênen unde fúnfen, alde ûzzer niûnen unde séhsen, alde ûzzer áhtouuen unde sîbinen, alde ûzzer *bis septem et uno*, alde *quatuor et undecim*, alde *septem et octo multis noto mysterio compacta*. Vnde ist si an dísen *septem modis* des hêiligen geîstes ziêredon fól. Vuieo aber álliû *ęcclesia*, diû after déro leîtero *uirtutum* – daz chuît: gûottâto – an íro líden ze himele stiget, in iêgelichemo *cantico* liûte, daz ist uuúnnesam ze gechiêsenne.

---

21 Die Einleitung stammt wohl von Ekkehart IV., dem am besten bekannten Schüler Notkers, s. Tax, Einleitung zu den Stufenpsalmen.
22 Vgl. hierzu Tax im ‚Notker latinus‘ zu Psalm 101–150, S. 627. Einen Juden, der besonders auf den buchstäblichen Sinn von Stellen des Psalters befragt wird, erwähnt eine der sicherlich von Ekkehart stammenden Ziermarginalien zum Psalter Notkers, näher hierzu auch Hellgardt, Ekkehart IV. und Notkers Psalter, hier S. 51–54. Auch in Ekkeharts ‚Liber benedictionum‘ wird dieses Juden gedacht. Er soll aus Jerusalem stammen, im Umkreis St. Gallens erzogen, und schließlich getauft worden sein; darauf verwiesen schon Heinzel/Scherer, Notkers Psalmen, S. XLVI, Anm. *.
23 Ps. 119,2.

01 Einen auf seine Weise kundigen *Juden* fragte man, woher *die Stufenpsalmen* so genannt wären. Der antwortete also:

02 Als David den Willen hatte, *einen Tempel dem Herrn zu erbauen*, da ebnete er *den Tempelberg* und bereitete ihn ganz so, wie er *den Tempel* gestalten wollte; und grub genau so viel Erde auf ihn, daz auf dem *Berg* ein *kleiner Berg* entstand. Darauf wollte er *den Tempel* zimmern. Auf den *kleinen Berg* machte er *dreimal fünf Stufen*, dreimal rundherum daruntergesetzt, so dass die Werkleute und alle Leute *bequem* hinauf und hernieder gehen könnten. Und weil er hoffte, dass er das Werk selbst vollenden würde, so sang er eben diesem Werk sogleich einen Lobgesang – ich meine, den *fünfzehn Stufen* – mit ebenso vielen *Psalmen*. Und es wird gleich an dem *ersten Lobgesang* deutlich, dass er *Neider und Widersacher* wegen eben diesem Werk hatte. Daher sagte er: *„HERR, ERRETTE MEINE SEELE VOR LÜGENMÄULERN, VOR FALSCHEN ZUNGEN“ usw.*

03 *Bis hierher der Jude, inwieweit ich es hinsichtlich der Schale für unverächtlich halte.*

04 **W**enn wir aber von den *gläubigen (Christen)*, die, welche *den Kern auspressten*, etwas irgend Süßeres gekostet haben, und – so viel davon an uns liegen kann – (wenn wir das) *zur Mitteilung* bringen wollen, – die Absicht nenne niemand *Überheblichkeit*, denn sie tut nicht kund *Missgunst als Fußfolgerin der Überheblichkeit.*[24]

05 *Die fünfzehn Stufenpsalmen* sind nicht müßig in ebendieser Zahl, *wie es von den Kirchenvätern gesehen wurde*. Ebendiese Zahl ist aus zwölf und drei oder aus zehn und fünf oder aus neun und sechs oder aus acht und sieben oder aus *zweimal sieben und eins* oder *vier und elf* oder *sieben und acht zusammengesetzt nach einem vielen gewissen Geheimnis*. Und sie ist in diesen *sieben Arten (der Zusammensetzung)* voll von Zierden des heiligen Geistes. Wie aber die ganze *Kirche*, die nach der Leiter *der Tugenden* – das heißt: der guten Werke – in ihren Stufen zum Himmel steigt, nacheinader in einem jeden der Stufenpsalmen erklingt, dass ist ergötzlich zu erkennen.

24 Sprichwörtlich.

06 **S**i chuît allero êrest sih hiêr nídanan búuuen mit *habitantibus cędar,*[25] die sia uuendent, daz si ne stîge.

07 **D**ára nâh chuit sî, daz si iro oûgen *ad apostolos* ûf héue,[26] unde siê an iro zeuuélfo *gradum* steffen uuelle, die déro burg *fundamentum* sint, in dia si ze iúngest folle stîgen uuelle unde dánne dar ín chómeniu *exultans cantare*: „ECCE NVNC BENEDICITE."[27]

08 **D**ára nah stéphet si an den dritten *gradum. In uoce suspirantis ad supernam Ierusalem,* dara nâh *prophetę et apostoli* trôston ze fóllechómenne. Vnde chuît *iocunda exultatione*, daz si gelêistet êigin, also si iro[28] gehiêzzen *i(d est) in his, quę dicta sunt mihi:* ‚IN DOMVM DOMINI IBIMVS'.[29]

09 **A**n démo fiêrden gradu, der *numerus perfectorum* ist, so héuet *ęcclesia* iro oûgen ad *deum ipsum, flebiliter* tróuuente, daz si diu oûgen ab ímo fíllinten êr ne néme, êr er íro genâda sénde.[30]

10 **Á**n démo fúnftin sprózzen so nímet si *martyres* in hánt unde stephet also fasto, daz si ioh andero *ordines fidelium* mit démo *robore* hôhor unde hohor sézzet únzin an den zênden, der iro selbero sundersprozzo uuirdit.[31]

11 **D**er séhsto *gradus* der ist *confessorum,*[32]

12 **D**er síbendo dero, die in zît riúuuoton. Daz ne téta Iudas. IAM ENIM IVDICATVS ERAT.[33]

---

25 Ps. 119 (120),5 – erster Stufenpsalm.

26 Ps. 120 (121),1 – zweiter Stufenpsalm; zu dem Abschnitt über den zweiten Stufenpsalm vgl. u., „ECCE NVNC BENEDICITE *(dominum)*!" Ps. 133 (134),1 (letzter Stufenpsalm).

27 Ps. 133 (134),1.

28 ***iro***: ihr, der Stadt Jerusalem.

29 Ps. 121, (122),1 – dritter Stufenpsalm; der dritte Stufenpsalm hat bei Notker die Überschrift: *VOX SUSPIRANTIS AD SUPERNAM IERUSALEM*. Er beginnt dort mit den Worten: *iocundatus sum in his, quæ dixerunt mihi: ‚in domum domini ibimus'*: (Überschrift und Anfang in der Vulgata anders).

30 Ps. 122 (123),1 – vierter Stufenspsalm. Der vierte Stufenpsalm beginnt mit *„Ad te levavi oculos meos, qui habitas in caelis"*: zu dir erhob ich meine Augen, der du in den Himmeln weilst.

31 Ps. 123 (124) – fünfter Stufenpsalm; der fünfte Stufenpsalm ist bei Notker mit VOX MARTYRUM überschrieben; die Märtyrer bilden den ersten Stand der Gläubigen.

32 Ps. 124 (125) Titel (*Qui confidunt in domino*) – sechster Stufenpsalm; die *confessores (Bekenner)* bilden den zweiten Stand der Gläubigen.

33 Ps. 125 (126) – siebenter Stufenpsalm; die rechtzeitig Bereuenden bilden den dritten Stand der Gläubigen; *iam enim ivdicatvs erat* (sc. Judas): Joh. 3,18.

06 **S**ie sagt zu allererst, dass sie hienieden wohne mit *den in der Finsternis Weilenden,* die sie hindern, dass sie aufsteige.

07 **D**anach sagt sie, dass sie ihre Augen *zu den Aposteln* aufhebe und dass sie auf *die Stufe* dieser zwölf schreiten wolle, welche *die Grundfeste* der Stadt sind, in die sie zuletzt schreiten wolle und dann als da hinein Gekommene *jubelnd singen* wolle: „SIEHE, NUN LOBET [DEN HERRN.]"

08 **D**anach schreitet sie auf die dritte *Stufe mit der Stimme eines nach dem himmlischen Jerusalem Seufzenden,* wohin *die Propheten und Apostel* Zuversicht geben, dass man (dereinst) wirklich kommen werde. Und sie sagt *mit freudiger Begeisterung,* dass sie [die Propheten und Apostel] erfüllt hätten, was sie ihr [der Stadt Jerusalem] verheißen hatten, *das heißt: in jenen [Worten], die zu mir gesagt sind:* ‚WIR WERDEN IN DAS HAUS DES HERRN HINEINGEHEN'.

09 **A**uf der vierten *Stufe,* welche die *Zahl der Vollkommenen hat,* da hebt die *Kirche* ihre Augen *zu Gott selbst* auf, *tränenvoll* darauf vertrauend, dass sie die Augen von ihm als Geißelndem nicht eher wegnehme, als er ihr Gnade sende.

10 **A**uf der fünften Sprosse da nimmt sie [die Kirche] die Märtyrer *bei der Hand* und schreitet so kraftvoll, dass sie auch die anderen *Stände der Gläubigen* mit dieser *Kraft* höher und höher setzt bis auf die zehnte [Sprosse], die ihr selbst als besondere Sprosse zuteil wird.

11 **Die** sechste *Stufe* der ist jene [der] *der Bekenner.*

12 **D**ie siebente gehört denen, die rechtzeitig bereuten. Das tat Judas nicht: DENN ER WAR SCHON VERURTEILT.

13 Der áhtodo ist *sanctę* MARIĘ *cum uirginibus et uiduis.*[34]

14 Der niûndo ist *coniugatorum.*[35]

15 Der zêndo ist *ęcclesię, ut diximus;*[36] *i(d est) simul omnium antecedentum.* An disemo *gradu* sámenôt sî sih, iro fíando undanches, *in horreum – in manipulis suis – zizaniis tanquam fęno tectorum abiectis.*[37]

16 So daz die *profundi peccatores* danne gesêhent, diê filo nâh *tempus acceptabile* ferloren hábeton, so beginnent si íro selbero furhten, niê si *fasciculi* ne uuerden *ad comburendum,* unde stéphent danne spâto – *i(d est): in undecima hora* – an den eînluften sprózzen DE PROFVNDIS unde uuerdent danne mit *superabundanti gratia* irlôset.[38]

17 Der zeuuélfto *gradus* der ist *infantum et innocentum*; diê ne darf *ęcclesia* sámenôn. *Mater gratia* souget sie an íro arme.[39]

18 An demo dríttezênden sprózzen so gariuuint sih die fóllechómenen hírta unde hérta mit *stola prima*, mit dero siê *cum sponso* prûten súlen,

Vel: VIDI IERUSALEM ORNATAM TANQUAM SPONSAM UIRO SUO
also iz chuît: „OMNES QVI IN CHRISTO BAPTIZATI ESTIS, CHRISTVM INDVISTIS."[40]

---

34 8. Stufenpsalm – Ps. 126 (127); die Enthaltsamen (*continentes*) bilden den vierten Stand der Gläubigen.

35 9. Stufenpsalm – Ps. 127 (128); die Verheirateten bilden den fünften Stand der Gläubigen.

36 S. Segment 05.

37 10. Stufenpsalm – Ps. 128 (129); *manipulis suis*: mit ihren Garben, d. h. mit den in ihr, der Kirche, Verbundenen; *zizaniis, faeno tectorum abiectis*: Unkraut, Gras von den Dächern, vgl. 2. Kön. 19,26 und Mt. 13, 30; Gras, das auf Dächern wächst, verdorrt, bevor es geschnitten wird, und daher wertlos ist.

38 11. Stufenpsalm – Ps. 129 (130), vgl. u.; der elfte Stufenpsalm ist bei Notker mit *VOX PECCATORIS* überschrieben – elf gilt als Zahl der Sünde – und beginnt mit DE PROFUNDIS; *fasciculi [...] ad comburendum*; vgl. Mt.3,12 / Luc. 3,17; *in undecima hora*: vgl. das Gleichnis von den Arbeitern im Weinberg (Mt.20,6); dem Gleichnis wird hier der elfte Stufenpsalm zugeordnet; *tempus acceptabile*: *Ecce nunc tempus acceptabile, ecce nunc dies salutis.* 2. Kor. 6,2.

39 12. Stufenpsalm – Ps. 130 (131), s. Vers 2 *qui ablactatus est a lacte super matrem suam, sic retributio in animam meam.*

40 13. Stufenpsalm – Ps. 131 (132); *stola prima*: vgl. das Gleichnis vom verlorenen Sohn (Luc. 15,22); *omnes [...] indvistis*: Gal. 3,27; *vel: vidi [...] viro suo*: vgl. Apoc. 21,2.

13 **D**ie achte ist jene [der] *der heiligen* MARIA *mit den Jungfrauen und Witwen.*

14 **D**ie neunte ist jene *der Verheirateten.*

15 **D**ie zehnte ist jene *der Kirche, wie wir gesagt haben; das heißt: zugleich all jener, die vorangehen.* Auf dieser Stufe sammelt sie für sich, zum Unwillen ihrer Feinde, *in die Scheune – in ihren Garben, – nachdem das Unkraut gleichsam wie Gras von den Dächern weggeworfen worden ist.*

16 **W**enn das *die tief Versündigten* dann sehen, die beinahe *den anerkennbaren Zeitpunkt* versäumt haben, so beginnen sie, für sich selbst zu fürchten, dass sie *Garben zum Verbrennen* werden könnten, und schreiten dann spät, *das heißt: in der elften Stunde*, auf die elfte Sprosse AUS DER TIEFE und werden dann mit *überströmender Gnade* erlöst.

17 **D**ie zwölfte *Stufe* ist jene der *Kleinkinder und der Unschuldigen*, die braucht *die Kirche* nicht zu versammeln. *Mutter Gnade* säugt sie auf ihrem Arm.

18 **A**uf der dreizehnten Sprosse da rüsten sich die vollkommenen Hirten und Herden mit *dem besten Gewand*, mit dem sie *mit dem Bräutigam* Hochzeit, halten werden,

oder: ICH SAH JERUSALEM GESCHMÜCKT WIE EINE BRAUT FÜR IHREN MANN
wie es heißt: „ALLE, DIE IHR IN CHRISTUS GETAUFT SEID, ZIEHT CHRISTUS AN."

19 **A**n demo fîerzênden sô héuent siê pruoderlicho sámint *ymnum et canticum lętitię:* „ECCE, QVAM BONVM [...]!“ unde stephent in *regnum cęlorum, quoniam illic mandauit dominus benedictionem.*[41]

20 **D**es funfzênden *gradus canticum* singent sie ûffen des prûtestuôles hôhi gesézzene alsus: „ECCE NVNC BENEDICITE, QVI STATIS IN DOMO DOMINI, IN ATRIIS DOMVS [...] !“ *et ut in apocalypsi est:* „ALLELVIA! Amen. BENEDICTIO ET CLARITAS ET SAPIENTIA.“

i(d est): finstri
Mit demo trôste sprîchet nu ze lézzest *ęcclesia* ze diên noh *habitantibus cedar.*[42]

21 Sîd iû an dien iûuuéren *extremis* sus kenâdechlîcho bescêhen múge, *„confidenter in noctibus omnes extollite manus uestras in sancta et benedicite domino.*“ daz *‚noctibus‘* dissis iúngistin *cantici* gehíllet demo *‚cedâr‘* des êristin.[43] „ALLELVIA. *Laudate nomen domini, qui statis [...]*“ *sicut et supra.*[44]

22 ***S**ed et quid in quindecim musici monochordi distributionibus – i(d est): quatuor tetrachordis*[45] *– hęc ipsa uis ualeat, si quis non ignarus perspexerit spiritus sancti, qui continens omnia scientiam habet uocis, mirabilia inueniet* ORNAMENTA.

---

41 14. Stufenpsalm – Ps. 132 (133); ECCE, QUAM BONUM: Anfang des vierzehnten Stufenpsalms; *quoniam illic mandauit dominus benedictionem*: Ps. 132 (133), Vers 3.

42 15. Stufenpsalm – ECCE NVNC BENEDICITE, QVI STATIS: Ps. 133 (134), 2; ECCE NVNC BENEDICITE ALLELVIA! Amen. BENEDICTIO ET CLARITAS ET SAPIENTIA: Apoc. 7,12; *habitantibus Cedar*: Ps. 119 (120),5 (1. Stufenpsalm, s. o.).

43 *‚noctibus‘* [...] gehíllet demo *‚cedâr‘* des êristin: vgl. Ps. 119 (120),5: *habitaui in habitantibus Cedar.*

44 *in noctibus [...] benedicite domino*: Ps. 133 (134),2; HALLELUJAH *[...] sicut et supra*: Ps. 134 (135),1–2; der Hinweis *sicut et supra* bezieht sich darauf, dass die beiden Psalmen fast gleichlautend beginnen.

45 In den Modi der Kirchentonarten.

19 **A**uf der vierzehnten [Sprosse] da heben sie brüderlich zusammen an *den Hymnus und das Lied der Freude:* „SIEHE, WIE GUT [...]" und schreiten *in das Himmelreich, denn dort spendete der Herr den Segen.*

20 (**D**en) *Gesang* der fünfzehnten *Stufe* singen sie sitzend auf der Höhe des Brautthrones so: WOHLAN, NUN PREISET DEN HERRN, DIE IHR IM HAUSE DES HERRN STEHT, IN DEN VORHALLEN DES HAUSES [...]! *und wie es in der Apokalypse heißt:* HALLELUJA, Amen, LOB UND HERRLICHKEIT UND WEISHEIT. Mit diesem Trost

das heißt: in der Finsternis

spricht nun zuletzt *die Kirche* zu den noch *in Cedar Weilenden,*

21 weil es euch an euren letzten Zeiten so gnadenvoll ergehen möge, *„gläubig in nächtlichen Stunden möget ihr alle erheben eure Hände zum Heiligtum und lobet den Herrn!"* Das ‚*in nächtlichen Stunden*' dieses letzten *Stufenpsalms* ist ein Echo zu dem ‚Finsternis' (Cedar) des ersten, HALLELUJA! *Lobt den Namen des Herrn [...] Die ihr steht [...]. wie auch oben.*

22 *Aber was in den fünfzehn Abteilungen des Monochords der Musik – das heißt: in den vier Tetrachorden – diese Kraft vermag: wunderbare* ZIERDEN *wird der finden, welcher (es) mit dem heiligen Geist begabt ergründet, der zusammenfassend alle Kenntnis der Stimme hat.*

[Psalm 120 (121)]

Canticum Gradvvm (2. Stufenpsalm)

001 **Levavi ocvlos meos ad montes,**
vnde veniet avxilivm mihi.
Ih sah ûf an diê berga – *daz sint apostoli* –
dannan chumet mir helfa.

Sîe hábent uns euangelium prędicando *gezeîgot, uuannan diû helfa chomen sol.*

002 **Avxilivm mevm a domino, qvi fecit cęlvm et terram.**
Fóne Gote chúmet mir helfa, der dir himel unde erda teta.

Daz uuirt fone in gelírnêt.

03a **Ne des ad movendvm pedem tvvm**[46]
Ne lâ, *truhten*, mînen fuôz slíphen

fone úbermuôti.

03b **Neqve dormitet,**
qvi cvstodit Israhel.
Noh der ne náphze,
der din huôtet, Israhel.

004 **Ecce, non dormitabit neqve dormiet,**
qvi cvstodit Israhel.

Noh er ne tuot.

Er ne náphezit noh ne slâffet,
der Israhelem behuôtet.

„Israhel" chit: „uir uidens deum." Der incarnationem domini *geloubet, der ist* Israhel, *uuanda er follechúmet* ad inspectionem uultus dei.

---

46 Die beiden ersten Verse des Psalms sind in der Vulgata als ich-Rede eines Beters an Gott formuliert.: ***leuaui*** *oculos* ***meos*** *[...]* ***mihi*** *[...] auxilium* ***meum*** *[...]* Ab Vers 3a findet bis zum Ende des Psalms Übergang zu er-Rede statt: *ne* ***det*** *ad mouendum pedem* ***tuum*** („**er** wird **deinen** Fuß nicht straucheln lassen"). Notkers Psalm-Text ist an dieser Stelle fehlerhaft: *ne* ***des*** *ad mouendum pedem* ***tuum***. Das ergibt im Kontext einer Gebetsanrede an Gott keinen Sinn. („**du** wirst **deinen** Fuß nicht straucheln lassen"). Notker bleibt bei dem korrupten ***ne des*** seiner Textvorlage und übersetzt in ich-Rede *ne lâ, truhin* [...], ignoriert aber, dass dann *pedem tuum* nicht in den Kontext passt und „übersetzt" *pedem meum* durch *mînen fuôz*. Spätestens ab Vers 4 des Psalms geht Notkers Übersetzung dann zur er-Rede des Psalms über.

LEVAVI OCVLOS MEOS AD MONTES,
001 **VNDE VENIET AVXILIVM MIHI.**
Ich sah hinauf auf die Berge – *das sind* apostoli –
von wo mir Hilfe kommt.

Sie haben uns euangelium prędicando *gezeigt, von dem die Hilfe kommen wird.*

002 **AVXILIVM MEVM A DOMINO, QVI FECIT CĘLVM ET TERRAM.**
Von Gott kommt mir Hilfe, der da Himmel und Erde machte.

Das wird von ihnen (den Aposteln) gelernt.

03a **NE DES AD MOVENDVM PEDEM TVVM**
Lass nicht, *Herr*, meinen Fuß ausgleiten

aufgrund von Hochmut.

03b **NEQVE DORMITET,**
QVI CVSTODIT ISRAHEL.
Und der möge nicht schlummern,
der dich behütet, Israel.

004 **ECCE, NON DORMITABIT NEQVE DORMIET,**
QVI CVSTODIT ISRAHEL.

Und er tut das nicht:

Er schlummert nicht, noch schläft er,
der Israel behütet.

„Israel" bedeutet: *„uir uidens deum.". Der, welcher* incarnationem domini *glaubt, der ist* Israel, *denn er wird ganz kommen* ad inspectionem uultus dei.

005 **DOMINVS CVSTODIET TE,**
DOMINVS TEGIMENTVM TVVM
SVPER MANVM DEXTERĘ TVĘ.
Got pehuôtet dih.
Got ist dîn décchi
unde dîn skérm an demo geuualte dînero zéseuuun,

daz chit: „an démo geuualte dinero saligheite", uuanda du geuuáltig pist filius dei fieri et ad dexteram esse.[47] *So skírmet er dih,* ne plus tempteris, quam potes ferre.

006 **PER DIEM SOL NON VRET TE**
NEQVE LVNA PER NOCTEM.
Tages ne tárôt dir diu sunna
noh der mâno náhtes.

Prospera *unde* aduersa *ne táront dir.*

007 **DOMINVS CVSTODIT TE AB OMNI MALO**
CVSTODIAT ANIMAM TVAM DOMINVS.
Got huôtet din fóre allemo ubele,
Got pehuôte dina sêla.

Vbe oûh der lîchamo irslágen uuérde, daz diu sêla gehaltan sî.

08a **DOMINVS CVSTODIAT INTROITVM TVVM**
ET EXITVM TVUM
Got pehuote dîna ínfart,

so dih ána begínne gân temptatio, *daz er din ne lâzze hárto gechórot uuérden,*

unde dina uzfart,

daz du dâr ûz chómest kebézzerôte also Iob.

08b **EX HOC NVNC ET VSQVE IN SĘCVLVM:**
Nu *huote er dîn* unde iêmer.

47 Vgl. das Gleichnis vom Weltgericht Mt. 25,33 „Und er wird die Schafe auf seine rechte, die Böcke aber auf seine linke Seite Stellen."

005 **DOMINVS CVSTODIET TE,**
DOMINVS TEGIMENTVM TVVM
SVPER MANVM DEXTERĘ TVĘ.
Gott behütet dich.
Gott ist deine Deckung
und dein Schutzschirm in der Gewalt deiner rechten (Hand),

das heißt: „in der Gewalt deiner Seligkeit“, denn du hast die Gewalt, filius dei fieri et ad dexteram esse.[48] *So beschirmt er dich,* ne plus tempteris, quam potes ferre.[49]

006 **PER DIEM SOL NON VRET TE**
NEQVE LVNA PER NOCTEM.
Am Tag schadet dir die Sonne nicht,
noch der Mond in der Nacht.

Prospera *und* aduersa *schaden dir nicht.*

007 **DOMINVS CVSTODIT TE AB OMNI MALO**
CVSTODIAT ANIMAM TVAM DOMINVS.
Gott behütet dich vor allem Übel,
Gott behüte deine Seele.

Wenn schon der Leib erschlagen werde, damit (doch) die Seele bewahrt sei.

08a **DOMINVS CVSTODIAT INTROITVM TVVM**
ET EXITVM TVUM
Gott behüte deine Einfahrt,

wenn dich anzugehen beginnt Versuchung, *dass er dich nicht lasse zu sehr versucht werden,*

und deine Ausfahrt,

dass du da herauskommen mögest gebessert wie Hiob.

08b **EX HOC NVNC ET VSQVE IN SĘCVLVM:**
Jetzt *behüte er dich* und immerzu.

---

48 *filius dei fieri et ad dexteram esse*: „Sohn Gottes zu werden und zur Rechten zu sein.“
49 *ne plus tempteris, quam potes ferre*: „auf dass du nicht mehr versucht wirst, als du es ertragen kannst.“

Psalm. 129 (130)

Canticvm Gradvvm. et Vox Peccatoris
(11. Stufenpsalm. Worte eines Sünders)

01a **Canticvm Gradvvm. et Vox Peccatoris**

De profvndis clamavi ad te, domine,
01b Vzzer dero tiêfi *déro sundon ruôfta ih* ze dír truhten,

s(ubauditur): non sicvt impivs, qvi cvm venerit in profvndvm peccatorvm, contemnit.[50]

02a **domine exavdi vocem meam!**
truhten, gehôre mina stimma!

02b **Fiant avres tvę intendentes in vocem deprecationis meę!**
Ze mminero dígî *lóseen* dîniu ôren!

003 **Si iniqvitates observaveris domine,**
domine, qvis svstinebit?
Vuile du *manlîchemo* sîn únreht kehalten, truhten,
truhten, uuer mag iz danne liden?

04a **Qvoniam apvd te propitiatio est**

Ze dír ruôfta ih,

uuanda an dír suôna ist.

Du suôndost únsih mit dinemo bluôte.

04b **Propter legem tvam svstinvi te, domine.**[51]
Vmbe dina êa bêit ih dîn, trúhten.

Vuelicha, ane diû dir chit: Alter alterivs onera portate, et sic adimplebitis legem Christi?[52] *Vuanda ih diê îlta uuérên, bediû beît ih kenâdon. Ze dînen geheîzzen fersah ih mih.*

---

50 *Impius, cum in profundum uenerit peccatorum, contemnit.* „Der Unredliche, wenn er in den Abgrund der Sünden gerät, empfindet Verachtung." Prov. 18,3.

51 Der Schluss des Psalmverses *Sustinuit anima mea in domino* fehlt hier sowohl lat. als auch ahd. im Wortlaut; er ist aber in der Paraphrase *ze dînen geheîzzen fersach ih mih* am Ende der Behandlung von Vers 4 enthalten.

52 Gal. 6,2.

Psalm 129

01a **Canticvm Gradvvm. et Vox Peccatoris**
[Stufengesang. Stimme eines Sünders]

De profvndis clamavi ad te, domine
01b Aus der Tiefe *der Sünden* rief ich zu dir, Herr

s(ubauditur): non sicvt impivs, qvi cvm venerit in profvndvm peccatorvm, contemnit.[53]

02a **domine exavdi vocem meam.**
Herr, höre meine Stimme.

02b **Fiant aures tuę intendentes in uocem deprecationis meę.**
Auf mein Gebet mögen deine Ohren hören.

003 **Si iniqvitates observaveris domine,**
domine, qvis svstinebit?
Willst du *jedem* sein Unrecht anrechnen, Herr,
Herr, wer kann das dann erdulden?

04a **Qvoniam apvd te propitiatio est**

Zu dir rief ich.

denn bei dir ist Versöhnung.

Du sühntest uns mit deinem Blute.

04b **Propter legem tvam svstinvi te, domine.**[54]
Um deines Gesetzes willen harrte ich deiner, Herr.

Um welches willen, wenn nicht um dessentwillen, das da sagt: Alter alterivs onera portate, et sic adimplebitis legem Christi? *Weil ich eifrig war, dieses [Gesetz] zu erfüllen, deswegen harrte ich auf Gnade. Auf deine Verheißungen verließ ich mich.*

---

53 „ergänze: nicht wie ein Unfrommer, der, wenn er in den Abgrund der Sünden käme, Verachtung hegt." Vgl. Anm. 51.

54 Der Schluss des Psalmverses *Sustinuit anima mea in domino* fehlt hier sowohl lat. als auch ahd. im Wortlaut; er ist aber in der Paraphrase *ze dînen geheîzzen fersach ih mih* am Ende der Behandlung von Vers 4 enthalten.

005 **SPERAVIT ANIMA MEA IN DOMINO.**
A VIGILIA MATVTINA VSQVE AD NOCTEM.[55]
006 Fone dero ûohtûn unz ze náht
kedingta *ih* an *mînen* trúhtenen.

Fore tâge irstuônt CHRISTVS, custoditus a militibus. *Fone dero frûoi unz an mîn ende gedingo ih an ín. Vuanda er irstuônt* non moriturus amplius, *daz er oûh mih sô heîze irstân.*

007 **QVONIAM APVD DOMINVM MISERICORDIA**
ET MVLTA APVD ILLVM REDEMPTIO.

Fone diu gedingo ih an ín,

uuanda mit ímo irbármehérzeda *ist*
unde fólleglîh irlôseda.

i(d est): ad se respicientem turbato oculo ab ira, vt supra in sexto psalmo[56]

008 **ET IPSE REDIMET ISRAHEL**
EX OMNIBVS INIQVITATIBVS EIVS.
Vnde er irlôset *Israhelem*
ûzer allen sînen unréhtin.

---

55 Vers 6.b *Speret Israel in domino* fehlt lat. und ahd.

56 Der Verweis zielt auf Wortlaut und Auslegung von Ps. 6,8 bei Notker: „Turbatus est prę ira oculus meus. *Mîn oûga ist trûobe fóre dînemo zórne. Dîn zorn fúrhtendo hábo ih keuuêinot sô filo, daz iz truôbe ist.*" „Verwirrt ist vor Zorn mein Auge. *Deinen Zorn fürchtend habe ich so viel geweint, daz es trübe ist.*"

005 **SPERAVIT ANIMA MEA IN DOMINO.**
A VIGILIA MATVTINA VSQVE AD NOCTEM.[57]

006 Von der Morgenfrühe bis in die Nacht
hoffte *ich* auf *meinen* Herrn.

Vor Tage erstand CHRISTVS, custoditus a militibus. *Von früh an bis an mein Ende hoffe ich auf ihn. Denn er erstand (vom Tode) auf* non moriturus amplius, *auf das er auch mich so aufzuerstehen heiße.*

007 **QVONIAM APVD DOMINVM MISERICORDIA**
ET MVLTA APVD ILLVM REDEMPTIO.

Deshalb hoffe ich auf ihn,

denn bei ihm ist Erbarmen des Herzens
und vollständige Erlösung.

Das ist (gesprochen) im Blick auf sich selbst mit (von Reuetränen) getrübtem Auge wegen des Zornes (Gottes) wie oben im sechsten Psalm.

008 **ET IPSE REDIMET ISRAHEL**
EX OMNIBVS INIQVITATIBVS EIVS.
Und er erlöst *Israhelem*
von all seinen unrechten Taten.

57 Vers 6.b *Speret Israel in domino* fehlt lat. und ahd.

Canticum Annę
(1. Reg. 2,1–10)

01a **Exvltavit cor mevm in domino et exaltatvm est cor mevm in deo meo.**
Mîn herza freúta sih an trúhtene,

chit sancta ęcclesia, *uuanda er mir lango únbirigero die uuomba indân hábet, unde min geuualt ist hôh irbúret an ímo. Daz ih* regina *bín unde ih uuîto uuâlto, daz ist fone ímo.*

01b **Dilatatvm est os mevm svper inimicos meos.**
Mîn munt ist uuîto indân úber mîne fíenda,

uuanda sermo dei *úngebunden ist ioh ín* angustiis pressurarum, *ioh selbên dien* pręconibus alligatis, sicut Paulus alligatus[58] non tácuit.

01c **Qvia lętata svm in salvtari tvo.**
Vuanda ih an CHRISTO *dînemo háltâre gefróuuet bin.*
Ziú?

002 **Non est sanctvs vt est dominvs et non est fortis sicvt devs noster neqve enim est alivs extra te.**
Samo heíliger unde sámo starcher ne ist so trúhten GOT *unser, noh ánderer ne ist âne dih heíliger unde stárcher, uuanda oûh du andere geheîlegon und starche getuôn maht.*

03a **Nolite mvltiplicare loqvi sublimia gloriantes.**
Ir iûh kuôllichonten Iudei, *lâzent iûuuerigiû mánigen hônchôse sîn, sámo sô iûh múge* lex iustificare sîne gratia.

03b **Recedant vetera de ore vestro, qvia devs scientiarvm dominvs.**
Altiû gechôse fírrên sih fóne iûuuermo munde, fermîdent inaniloquia, *daz chît:* nolite gloriari in lege, *uuanda* GOT *ist hêrro dero uuízzentheíto, er íst* arbiter *iûuuerro gedáncho.*

03c **Et ipsi preparabvntvr cogitationes.**
Vnde imo uuerdent siê irbarot.

Er uuêiz siê báz danne ír selben. Vuésent, quoniam qui se putat aliquid esse dum nihil sit, ipse se seducit.

004 **Arcvs fortivm svperatvs est et infirmi accincti svnt robore.**
Déro stárchon bógo ist keuueîchet,

déro, die sih peuuândôn uirtutis *fone ín selben,*

unde uueîche sint uuorden starche,

die fóne herzen chédent: MISERERI MEI DOMINE, QVONIAM INFIRMVS SVM.[59]

---

58 Act.Ap. 20,22.
59 Ps. 6,3.

Lobegesang Annas

01a **EXVLTAVIT COR MEVM IN DOMINO ET EXALTATVM EST COR MEVM IN DEO MEO.**
Mein Herz freute sich im Herrn,

sagt die heilige Kirche, denn er hat mir lange unfruchtbarer den Leib aufgetan, und meine Macht ist hoch empor gehoben durch ihn. Dass ich regina *bin und ich weithin herrsche, das kommt von ihm.*

01b **DILATATVM EST OS MEVM SVPER INIMICOS MEOS.**
Mein Mund ist weit aufgetan über meine Feinde,

denn der sermo dei *ist ungebunden auch* in angustiis pressurarum *und selbst den* praeconibus alligatis, sicut Paulus alligatus non tacuit.[60]

01c **QVIA LĘTATA SVM IN SALVTARI TVO.**
Denn ich bin in Christo, *deinem Erlöser erfreut.*
Warum soll ich nicht?

002 **NON EST SANCTVS VT EST DOMINVS ET NON EST FORTIS SICVT DEVS NOSTER NEQVE ENIM EST ALIVS EXTRA TE.**
Es ist nicht ein ebenso heiliger und starker wie der Herr, unser Gott, noch ist ein anderer, außer dir ein heiliger und starker, denn du kannst auch andere heiligen und stark machen

03a **NOLITE MVLTIPLICARE LOQVI SVBLIMIA GLORIANTES.**
Ihr euch rühmenden Judei, *lasst eure vielen Hohnreden sein, als ob euch könne* lex iustificare sîne gratia.

03b **RECEDANT VETERA DE ORE VESTRO, QVIA DEVS SCIENTIARVM DOMINVS.**
Alte Reden sollen sich fern halten von euerm Mund, vermeidet nutzlose Reden. Das heißt: nolite gloriari in lege, *denn Gott ist Herr der Erkenntnisse, er ist* arbiter *eurer Gedanken.*

03c **ET IPSI PREPARABVNTUR COGITATIONES.**
Und ihm werden sie bloßgelegt.

Er weiß sie besser als ihr selbst. Seid demütig, quoniam qui se putat aliquid esse dum nihil sit, ipse se seducit.[61]

004 **ARCVS FORTIM SVPERATVS EST ET INFIRMI ACCINCTI SVNT ROBORE.**
Der Bogen der Starken ist weich gemacht,

derer, die wähnten Kraft zu haben von sich selbst,

und weiche sind zu starken geworden,

die mit dem Herzen sagen: MISERERI MEI DOMINE, QUONIAM INFIRMUS SVM.

---

60 *praeconibus alligatis, sicut Paulus alligatus non tacuit*: „den gefesselten Herolden, so wie Paulus nicht schwieg, obwohl gefesselt."
61 Gal.6,3: „denn wer sich einbildet, etwas zu sein, wo er nichts ist, verführt sich selbst."

005 **REPLETI PRIVS PANIBVS MINORATI SVNT.**
Israhelitę, iú êr irfúlte *diuinis eloquiis,* uuurden gemínnerot *an íro fernumiste,*

uuanda sie án dero lege terrena *fernâmen:* ET ESVRIENTES TRANSIERVNT TERRAM – *unde húngerge* gentes *úberfuoren diê erda –, uuanda sie* ad fidem *chómene in* eloquiis dei cęlestia *smahton nals* terrena. *Vbe uuír lesen:*

05a **REPLETI PRIVS PRO PANIBVS SE LOCAVERVNT ET FAMELICI SATVRATI SVNT,**

sô chit iz: Êr sáte Iudei *uuurden so brôtelos, daz sie* sih fersazton *dar umbe, uuanda sie sih chêrton* in alienum intellectum carnalem, *nals* spiritalem, *aber hungergo* gentes *uuurden gesátot réhtero fernúmeste.*

05b **QVIA STERILIS PEPERIT SEPTEM ET MVLTA IN FILIIS INFIRMATA EST.**

Vuanda gentilitas *kebár síbene, an diên uuírt fernómen* perfectio ęcclesię, *aber filo chindo hábentiû* synagoga *uuard siêh, uuanda mit iro ist* infirmitas litterę, *nals* uirtus spiritus.

06a **DOMINVS MORTIFICAT ET VIVFICAT.**
Trúhten tôdet *diê chinthábentun* unde chícchet *dîa chíndelôsun.*

06b **DEDVCIT AD INFEROS ET REDVCIT.**
Er leîtet ze hello unde fone hello.

Christum leîtet er dára unde dána.

subautitur: eum, qui pro nobis pauper factus est

007 **DOMINVS PAUPEREM FACIT**

subauditur: nos

ET DÎTAT,

subauditur: illum subauditur: nos

HVMILIAT ET SVBLIMAT.
Der *fáter* hêrro tuôt *sînen sún* armen unde rîchet *únsih,*
níderet *ín,* unde irhôhet *únsih.*

005 **REPLETI PRIVS PANIBVS MINORATI SVNT.**
Die Israeliten, schon früher erfüllte divinis loquiis, wurden vermindert *an ihrer Vernunft,*

denn sie vernahmen an der lege terrena: ET ESVRIENTES TRANSIERVNT TERRAM – *und als hungrige* gentes *fuhren sie über die Erde –, denn als* ad fidem *gekommene schmähten sie in den* eloquiis dei *die* cęlestia *anstelle von* terrena. *Wenn wir lesen: ...*

05a **REPLETI PRIVS PRO PANIBVS SE LOCAVERVNT ET FAMELICI SATVRATI SVNT,**

... so heißt das: Die zuvor *satten Juden wurden so brotlos, dass sie eine falsche* Richtung einschlugen, *darum dass sie sich wendeten* in alienum intellectum carnalem, *statt* spiritalem; *aber die hungrigen* gentes wurden gesättigt *mit richtiger Erkenntnis.*

05b **QVIA STERILIS PEPERIT SEPTEM ET MVLTA IN FILIIS INFIRMATA EST.**

Denn die gentilitas *gebar Sieben, an denen vernommen wird* perfectio ęcclesię, *aber die viele Kinder habende* Synagoga *wurde krank, denn bei ihr ist* infirmitas litterę, *statt* uirtus spiritus.

06a **DOMINVS MORTIFICAT ET VIVFICAT.**
Der Herr tötet *die, welche Kinder haben* und macht lebendig *die kinderlosena.*

06b **DEDVCIT AD INFEROS ET REDVCIT.**
Er leitet zur Hölle hin und von der Hölle weg.

Christus leitet er dorthin und von dort weg.

subautitur: eum, qui pro nobis pauper factus est[62]

007 **DOMINVS PAVPEREM FACIT**

subauditur: nos[63]

ET DÎTAT,

subauditur: illum[64] subauditur: nos[65]

HVMILIAT ET SVBLIMAT.
Der Vater, Herr, macht *seinen Sohn* zu einem Armen und macht *uns* reich, erniedrigt *ihn* und erhöht *uns.*

62 *subautitur: eum, qui pro nobis pauper factus est*: „ergänze: ihn, der für uns arm geworden ist."
63 *subauditur: nos*: „ergänze: uns (macht er reich)."
64 *subauditur: illum*: „ergänze: jenen (den Sohn demütigt er)."
65 *subauditur: nos*: „ergänze: uns (erhöht er)."

08a **SVSCITANS DE PVLVERE EGENVM ET DE STERCORE ERIGENS PAVPEREM.**
În dûrftigen fone *erdo* chícchender

so spuôtigo, daz er ne gesâhe corruptionem, sicut illud: *NON DABIS SANCTVM TVVM VIDERE CORRVPTIONEM.*[66]

unde în armen ûf rihtender fone míste,

fóne Iudeis, *die in sluôgen, die mit rehte ,mist' heîzent, uuanda sie* in terrenis cogitationibus et carnis uoluptatibus *lébeton. Also ouh* Paulus *iro uuerch heîzet* ,sterchora', *dâr er chît:* QVĘ MIHI FVERVNT LVCRE, HĘC PROPTER CHRISTVM DAMNA ESSE DIXI, NEC SOLVM DETRIMENTA VERVM ETIAM STERCORA EXISTIMAVI ESSE.[67]

08b **VT SEDEAT CVM PRINCIPIBVS ET SOLIVM GLORIĘ TENEAT.**
Daz er sízze mit diên hêristen,

diên er zuo chad: SEDEBITIS SUPER SEDES DUODECIM,[68]

unde er den *hímeliscen* stuol behábe.

08c **DOMINI ENIM SVNT CARDINES TERRĘ ET POSVIT SVPER EOS ORBEM.**
Truhtenes sint diê skéderstefta déro erdo, an diên stalta er dísa uuérlt.

Sîn sint quatuor clymata mundi, *an diên er sazta* orbem sanctę ęcclesię, *daz sîn lob úber ál sî.*

09a **PEDES SANCTORVM SVORVM OBSERVABIT.**
Sînero hêiligon fuôze behaltet er,

daz sie únrehten uueg ne gânt.

09b **ET IMPII IN TENEBRIS CONTICESCENT.**
Vnde *Iudei* uuerdent gesueîget *in iro ignorantia,*

so euangelium *begínnet skéllen.*

09c **QVIA NON IN FORTITVDINE SVA ROBORATVR VIR.**
Vuanda *fidelis populus* ne uuirt kestérchet fone sînero chréfte,

nube fone Gotes chrefte.

66 Ps. 15,10; Act.Ap. 2,27 und 31.
67 Phil. 3,8.
68 Mt. 19,28 (Mt. 19,28).

08a **SVSCITANS DE PVLVERE EGENVM ET DE STERCORE ERIGENS PAVPEREM.**
Ihn, den dürftigen, aus Erde zum Leben erweckend,

so sputig, dass er nicht sehen sollte corruptionem, sicut illud: *NON DABIS SANCTUM TUUM UIDERE CORRUPTIONEM.*

und ihn, den Armen, aufrichtend aus dem Dreck,

(nämlich:) von den Iudeis, *die ihn töteten, die mit Recht ‚Dreck' heißen, weil sie* in terrenis cogitationibus et carnis uoluptatibus *lebten. Ebenso nennt auch Paulus ihre Werke* ‚sterchora', *dort wo er sagt:* QVĘ MIHI FVERVNT LVCRE, HĘC PROPTER CHRISTVM DAMNA ESSE DIXI, NEC SOLVM DETRIMENTA VERVM ETIAM STERCORA EXISTIMAVI ESSE.

08b **VT SEDEAT CVM PRINCIPIBVS ET SOLIVM GLORIĘ TENEAT.**
auf dass er sitze mit den Fürsten,

zu denen er sagte: SEDEBITIS SVPER SEDES DVODECIM[69],

und er den himmlischen Stuhl innehabe.

08c **DOMINI ENIM SVNT CARDINES TERRĘ ET POSVIT SVPER EOS ORBEM.**
Des Herrn sind die Pole der Erde, auf die er stellte diese Welt.

Sein sind die quatuor clymata mundi, *auf denen er einsetzte den* orbem sanctę ęcclesię, *auf dass sein Lob überall sei.*

09a **PEDES SANCTORVM SVORVM OBSERVABIT.**
Die Füße seiner Heiligen behüte er,

auf dass sie unrechten Weg nicht gehen.

09b **ET IMPII IN TENEBRIS CONTICESCENT.**
Und die *Iudei* werden zum Schweigen gebracht *in iro ignorantia*,

sobald das Evangelium *beginnt zu erschallen.*

09c **QVIA NON IN FORTITVDINE SVA ROBORATVR VIR.**
Denn der *fidelis populus* wird nicht gestärkt von seiner eigenen Kraft,

sondern von Gottes Kraft.

69 *sedebitis super sedes duodecim*: „ihr werdet sitzen auf zwölf Thronen."

10a **DOMINVM FORMIDABVNT ADVERSARII EIUS ET SVPER IPSOS IN CĘLIS TONABIT.**
Truhtenen furchtent *in iudicio* sine uuídersachen, unde er donerot *danne* uber sie: *ITE MALEDICTI IN IGNEM ĘTERNUM.*[70]

10b **DOMINVS IVDICABIT FINES TERRĘ.**

Terrę *sint ménniscen; sô iro* ende *chóment,*
so erteîlet *ín* druhten *fáter.*

10c **ET DABIT IMPERIVM REGI SVO ET SVBLIMABIT CORNV CHRISTI SVI.**
Vnde gîbet er cheísertuom sînemo chúninge *christo* unde irhôhet *sînen geuualt.*

70 Mt. 25,41.

10a **DOMINVM FORMIDABVNT ADVERSARII EIVS ET SVPER IPSOS IN CĘLIS TONABIT.**
Den Herrn fürchten *in iudicio* seine Widersacher, und er donnert *dann* über sie: *ITE MALEDICTI IN IGNEM ĘTERNVM.*[71]

10b **DOMINVS IVDICABIT FINES TERRĘ.**

Terrę *sind die Menschen; wenn ihre* Enden kommen,
dann urteilt über sie der Herr, *der Vater*.

10c **ET DABIT IMPERIVM REGI SVO ET SVBLIMABIT CORNV CHRISTI SVI.**
Und er gibt das Kaisertum seinem König *Christo* und macht erhaben *seine Macht*.

71 *ite maledicti in ignem ęternum*: „Geht, Verfluchte, ins ewige Feuer!" (Mt. 25,41).

21 Vier Stücke aus der ‚Millstätter Interlinearversion des Psalters' Törnquist

[2]**VL 6** (1987) Sp. 534–538 (Klaus Kirchert).
Ü.: Wien, ÖNB, Cod. 2682, fol. 4v-123v Interlinearversion des Psalters; nach Peter Wind geschrieben für die Frauen des Doppelklosters Klosters Admont.
Abb.: einige bei Törnquist 1934 und 1937; weitere bei Wind.
Dat.: Hs. 12. Jh., Ende (lat. Text); Schrift nicht vor 1200 (Karin Schneider, Gotische Schriften I, S. 37).
Spr.: bair.-österr.
Ed.: Törnquist, Cod. Pal. Vind. 2682. – Referenzkorpus Mittelhochdeutsch (1050–1350) nur bis Psalm 48,21, https://www.linguistics.rub.de/rem/pub/texts//M193_norm.pdf.
Lit.: Schöndorf, Psalmenübersetzung. – Zur Bedeutung des Psalters im frühen Mittelalter allgemein Haubrichs, Die Anfänge, S. 204–211. – Wolf, Psalter. – Heinzer, Erstlesebuch. – Klaus Kirchert, Der Millstätter Psalter (Kommentare). – Wadl, Das Scriptorium von St. Peter/Salzburg. – Wind, Lokalisierung. – Unterkircher, Der deutsche und der lateinische Millstätter Psalter. – März, Von der Interlinea zur Linea.

Psalm 95
Psalm 114
Psalm 120
Cant. Annae

Vergleichstexte:
zu Psalm 114: Nr. 13, Nr. 18, Nr. 20, Nr. 22
zu Psalm 120: Nr. 20, Nr. 22
zum Canticum Annae: Nr. 16, Nr. 18, Nr. 20, Nr. 22

Text nach Törnquist und eigenem Digitalisat der Handschrift.

Psalm 95 (96)

Psalmus Dauid

	singt	Gott	ein Lied	neues
	Singet	**got**	**ein gesanch**	**niwez**
01	CANTATE	domino	canticum	nouum :

	singt	Gott	alle	Erde
	singet	**got**	**elliv**	**erde**
	Cantate	domino	omnis	terra

	singt	Gott	und	lobt	den Namen	seiner
	Singet	**got**	**uñ**	**lobet**	**den namen**	**sin**
02	Cantate	domino	et	bendicite	nomini	eius :

	kündet	von	Tag	zu	Tag	Heil	seines
	chundet	**uon**	**tage**	**ze**	**tage**	**heil**	**sinez**
	annuntiate	de	die	in	diem	salutare	eius

	kündet	unter	Völkern	Ehre	seine
	chundet	**unter**	**dieten**	**ere**	**sin**
03	Annuntiate	inter	gentes	gloriam	eius :

	bei	allen	Leuten	Wunder	seine
	in	**allen**	**livten**	**wnter**	**siniv**
	in	omnibus	populis	mirabilia	eius .

	denn	großer	Herr	und	löblicher	sehr
	want	**michiler**	**herre**	**uñ**	**loblicher**	**harte**
04	Quoniam	magnus	dominus	et	laudabilis	nimis :

	schrecklicher	ist er	über	alle	Götter
	eislicher	**ist er**	**uber**	**alle**	**goter**
	terribilis	est	super	omnes	deos .

	denn	alle	Götter	der Völker	sind Teufel
	want	**alle**	**goter**	**der diete**	**sint tieuel**
05	Quoniam	omnes	dii	gentium	demonia :

	Gott	aber	die Himmel	schuf		
	got	**abe**	**die himele**	**geschuf**		
	dominus	autem	celos	fecit .		

	Bekenntnis	und	die Schönheit	bei	Schau	seiner
	begihte	**uñ**	**div schone**	**ze**	**ansihte**	**siner**
06	Confessio	et	puchritudo	in	conspectu	eius :

	Heiligheit	und	Großheit	in	Heiligheit	seiner
	heilicheit	**uñ**	**michilheit**	**in**	**heilicheite**	**siner**
	sanctimonia	et	magnificentia	in	sanctificatione	eius .

	bringt	Gott	die Lande	der Völker
	brint	**got**	**div lant**	**der diete**
07	Afferte	domino	patrie	gentium .

	bringt	Gott	Lob	und	Ehre
	bringet	**got**	**lob**	**uñ**	**ere .**
	afferte	domino	gloriam	et	honorem :

	bringt	Gott	Ehre	Namen	seines
	bringet	**got**	**ere**	**namen**	**sines**
08	afferte	domino	gloriam	nomini	eius .

	nehmt	das Opfer	und	geht	in	Hofe	seinen
	nemet	**daz opfer**	**uñ**	**get**	**in**	**houe**	**sinen**
09	Tollite	hostias	et	introite	in	atria	eius :

	anbetet	Gott	in	Hofe	heiligem	seinem
	anbetet	**Gott**	**in**	**houe**	**heiligem**	**sinem**
	adorate	dominum	in	atrio	sancto	eius .

	bewegt werde	von	Antlitz	seinem	alle die Welt
	beweget werde	**uon**	**antluce**	**sinem**	**elliv div werelt**
10	Commoueatur	a	facie	eius	universa terra :

	sprecht	bei	Völkern	dass	Gott	herrscht
	sprechet	**in**	**dieten**	**daz**	**got**	**richsenot**
	dicite	in	gentibus	quia	dominus	regnauit .

wahrlich er stetigt die Welt die nicht bewegt wird
zeware er stetenot die werelt -- div niht beweget wirt
etenim correxit orbem terre qui non commouebitur :

er spricht Urteil über die Leute nach Recht
er erteilet div livte nach rehte
iudicabit populos in equitate .

freuen sich die Himmel und die Erde
frŏwen sich die himele uñ div erde
11 Letentur celi et exultet[1] terra :

bewegt werde das Meer und die Fülle sein
beweget werde daz mer uñ div fůllunge sin
commoueatur mare et plenitudo eius :

freuen sich die Felder und alles das in ihnen ist
frŏwen sich div uelt uñ allez daz in in ist[2]
12 Gaudebunt campi et omnia que in eis sunt .

so werden froh alle Hölzer des Waldes
so werdent fro elliv holz des waldes
Tunc exultabunt omnia ligna siluarum

vor Antlitz Gottes denn er kommt
uor antlůce gotes want er chumet
13 ante faciem domini : quia uenit

weil er kommt zu urteilen über die Welt
want er chumet erteilen die werelt
quoniam uenit iudicare terram .

er urteilt über die Welt nach Recht
er erteilet div werelt . nah rehte
Iudicabit orbem terre in equitate :

und Leute in Wahrheit seiner
uñ livte in warheit siner
et populos in uritate sua .

1 ***exultet***: Übersetzung fehlt.
2 ***daz in in ist***: für ***que in eis sunt*** falsche Übersetzung.

Psalm 114

PSALMUS DAUID

	ich liebte	denn	erhörte	Gott
	Ich minnete	**want**	**erhorte**	**got**
01	DILEXI	Quoniam	exaudiet	dominus

	Stimme	Gebetes	meines
	stimme	**gebetes**	**mines .**
	uocem	orationis	mee .

	denn	er neigte	Ohr	seines	mir
	want	**er neigete**	**or**	**sinez**	**mir**
02	Quia	inclinauit	aurem	suam	michi :

	und	in	den Tagen	meinen	ich anrufe	dich
	uñ	**in**	**den tagen**	**minen**	**ich anrůfe**	**dich**
	et	in	diebus	meis	inuocabo	te .

	umfingen	mich	die Schmerzen	des Todes
	umbehabeten	**mich**	**div sere**	**des todes**
03	Circumdederunt	me	dolores	mortis :

	und	Schrecken	der Hölle	fanden	mich
	uñ	**freise**	**der helle**	**funden**	**mich .**
	et	pericula	inferni	inuenerunt	me .

	Nöte	und	Leid	fand ich
	note	**uñ**	**leid**	**uand ich**
04	Tribulationem	et	dolorem	inueni :

	und	Namen	Gottes	ich anrief
	uñ	**namen**	**gotes**	**ich anrufte**
	et	nomen	domini	inuocaui .

	o	Herr	erlöse	Seele	mein
	ô	**herre**	**erlôse**	**sele**	**min**
	O	domine	libera	animam	meam :

	gnädiger	Herr	und	gerechter
	genædiger	**herre**	**uñ**	**rehter**
05	misericors	dominus	et	rehter :

	und	Gott	unser	ist gnädig
	uñ	**got**	**unser**	**genadet**
	et	deus	noster	miseretur .

	behütet	die Kleinen	Gott
	behuotet	**die wenige**	**got**
06	Custodiens	paruulos	dominus :

	gedemütigt	bin ich	und	erlöste mich
	gediemůtet	**bin ich**	**ūn**	**erloste mich**
	humiliatus	sum	et	liberauit me .

	kehre um	Seele	mein	in	Ruhe	dein
	chere wider	**sele**	**min**	**in**	**ruwe**	**din**
07	Conuertere	anima	mea	in	requiem	tuam :

	denn	Gott	wohlgetan hat	dir
	want	**got**	**wol getan hat**	**dir**
	quia	dominus	benefecit	tibi .

	denn	er erlöst hat	Seele	mein	von	dem Tode
	Want	**er erloset hat**	**sele**	**min**	**uon**	**dem tode**
08	Quia	eripuit	animam	meam	de	morte .

	Augen	mein	von	Tränen
	ovgen	**min**	**uon**	**zæheren**
	oculos	meos	a	lacrimis :

	Füße	mein	von	Fall
	fůze	**min**	**uon**	**ualle**
	pedes	meos	a	lapsu .

	ich gefalle	Gott
	ich geliche	**got**
09	Placebo	domino :

	in	dem Lande	der Lebendigen
	in	**dem lande**	**der lebentigen**
	in	regione	uiuorum .

Psalm 120 (121)

(ohne Titel)

	ich hob auf	die Augen	mein	in die Berge
	Ich uf hub	**div ovgen**	**min**	**in die perge**
01	LEVAVI	oculos	meos	in montes :

	von dort	kommt	Hilfe	mir
	dannen	**chumet**	**hilfe**	**mir**
	unde	ueniet	auxilium	michi .

	Hilfe	mein	von	Gott
	hilfe	**min**	**von**	**got**
02	Auxilium	meum	a	domino :

	der da	schuf	Himmel	und	die Erde
	der da	**geschuf**	**himel**	**uñ**	**die erde**
	qui	fecit	celum	et	terram .

	nicht	gebe er	in	die Bewegung	Fuß	deinen
	niht	**geb er**	**in**	**die bewegunge**	**fuz**	**dinen**
03	Non	det	in	commotionem	pedem	tuum :

	noch	entschlafe	der da	hütet dein
	noh	**enslafe**	**der da**	**hutet din**
	neque	dormitet	qui	custodit te .

	siehe	nicht	schläft ein	noch	entschläft
	sich	**niht**	**ennaphzet**	**noch**	**enslæfet**
04	Ecce	non	dormitabit	neque	dormiet

	der da	behüte	Israel
	der da	**behutet**	**Isr*ae*l**
	qui	custodit	Israel .

	Gott	bewar(t)	dich
	got	**bewar**[3]	**dich**
05	Dominus	custodit	te :

---

3 ***bewar***: wohl Schreibfehler statt *bewart*.

Gott Schirmer dein über Hand rechte deine
got schirmær din uber hant ceswe dine
dominus protectio tua super manum dexteram tuam .

über Tag die Sonne nicht brennt dich
uber tach div sunne niht brennet dic
06 Per diem sol non uret te :

noch der Mond über Nacht
noh *der* mane uber naht
neque luna per noctem .

Gott behütet dich vor allem Übel
got behutet dich uor allem ubele
07 Dominus custodit te ab omni malo :

behüte Seele deine Gott
behute sele dine got
custodiat animam tuam dominus .

Gott behüte Eingang deinen und Ausgang deinen
got behute inganch dinen uñ uzganch dinen
08 Dominus custotiat introitum tuum et exitum tuum :

von nun bis zu Ewigkeiten
uon nu unze -- ze ewen
ex hoc nunc et usque in seculum .

Canticum Annae

(1. Reg. 2,1–10)

sich freute Herz mein in Gott
Sich frovte herce min in got
01 EXVLTAVIT cor meum in domino :

und erhöht ist das Horn mein in Gott meinem
uñ gehohet ist das horen min in gote mine*m*
et exaltatum est cornu meum in deo meo .

auf getan ist Mund mein über Feinde meine
uf getan ist mund min uber uiande mine
Dilatatum est os meum super inimicos meos :

denn erfreut bin in Heil deinem
want gefrôvt bin in heile dinem
quia letata sum in salutari tuo .

nicht ist Heiliger wie ist Gott noch wahrlich ist andrer außer dir
niht ist heiliger als ist got noch zeware ist ander an dich
02 Non est sanctus ut est dominus neque enim est alius extra te .

und nicht ist starker wie Gott unser
uñ niht ist starcher als got unser
et non est fortis sicut deus noster .

nicht viel redet zu uns übermütig mit Ruhm
niht uil redet ze uns ůbermůtlichen mit rume
03 Nolite multiplicare loqui sublimia gloriantes .

mögen fahren die alten zu Mund eurem
uaren div altiv zu munde ivrem
Recedant uetera[4] de ore uestro

denn Gott der Künste Herr ist und ihm offen sind die Gedanken
want got der chunste herre ist uñ im offen sint die gedanche
quia deus scientiarum dominus est et ipsi preparantur cogitationes .

Bogen Starker überwunden ist
boge starcher[5] uberwnden ist
04 Arcus fortium superatus est :

und Kranke angelegt sind mit Stärke
uñ siechen angeleit sint mit sterche
et infirmi accincti sunt robore .

---

4 ***uetera***: „die alten Dinge." Gemeint ist: „was in alten, vergangenen Zeiten gegolten hat, die vormals geltenden Reden." Vgl. die Bearbeitung Notkers (Nr. 20). – „Kein freches Wort komme aus euerm Mund." Einheitsübersetzung.

5 ***starcher***: Gen. Plur. des substantivierten Adj. *starch* „der Starken".

	erfüllt	zuvor	des	Brotes	sich	niederlegten	und	hungrige	satt	sind
	erfullet	**ê**	**des**	**protes**	**sich**	**nider leiten**	**uñ**	**hungerige**	**sat**	**sint**
05	Repleti	prius	pro	panibus	se	locauerunt	et	famelici	saturati	sunt.

bis	die Unfruchtbare	gebar	viele
unze	**div unberhaftiv**	**gebar**	**mange**
Donec	sterilis	peperit	plurimos:

und	die	viel	hatte	Söhne	schwach geworden	ist
uñ	**div**	**uil**	**hete**	**sůne**	**ersiechet**	**ist**
et	que	multos	habebat	filios	infirmata	est.

	Gott	tötet	und	belebt
	got	**tôtet**	**uñ**	**erchuchet**
06	Dominus	mortificat	et	uiuificat:

führt	zu	der Hölle	und	her wieder
fůrt	**zu**	**der helle**	**uñ**	**her widere**
deducit	ad	inferos	et	reducit.

	Gott	armen	macht	und	macht reich
	got	**armen**	**machet**	**uñ**	**richet**
07	Dominus	pauperem	facit	et	ditat:

demütigt	und	erhöht
dimůtet	**uñ**	**erhohet**
humiliat	et	sublimat.

	er hebt	aus	dem Staub	den Waisen
	er hebet	**zu**	**dem stovbe**	**den wæisen**
08	Suscitans	de	puluere	egenum:

und	von	dem Mist	aufreckt er	den Armen
uñ	**von**	**miste**	**rechet[6] er**	**den armen**
et	de	stercore	erigens	pauperem.

auf dass	er sitze	mit	den Fürsten	und	Stuhl	der Ehre	habe
daz	**er sice**	**mit**	**den fůrsten**	**uñ**	**stul**	**der eren**	**habe**
Ut	sedeat	cum	principibus	et	solium	glorie	teneat.

6 ***rechet***: zu *recken, rechen*, sw. Verb „vergrößern".

Gottes	wahrlich	sind	die Gemarkungen	der Erde
gotes	**zeware**	**sint**	**div gemerche**	***der* erde**
Domini	enim	sunt	cardines	terre :

und	setzte	über	die	die Welt
uñ	**sazte**	**uber**	**dei**	**die werelt**
et	posuit	super	eos	orbem .

	Füße	Heiligen	seiner	er behütet
	fůze	**heiligen**	**siner**	**er behutet**
09	Pedes	sanctorum	suorum	seruabit .

und	die Bösen	in	der Finsternis	schweigen
uñ	**die ubelen**	**in**	**der uinster**	**geswigent**
et	impii	in	tenebris	contitescent :

denn	nicht	in	Kraft	seiner	gestärkt wird	der Mann
want	**niht**	**in**	**chrefte**	**siner**	**gesterchet wirt**	**der man**
quia	non	in	fortitudine	sua	roborabitur	uir .

	Gott	fürchten	die Widersacher	seine
	got	**furhtent**	**die widerwarten**	**sine**
10	Dominum	formidabunt	aduersarii	eius :

und	oberhalb	ihnen	zu	Himmel	er donnert
unt	**ob**	**in**	**ze**	**himel**	**er donert**
et	super	ipsos	in	celis	tonabit .

Gott	spricht Urteil über	die Enden	der Welt
got	**erteilet**	**div ente**	**der werelt**
Dominus	iudicabit	fines	terre :

und	gibt	das Reich	(dem) Könige	seinem
uñ	**gibit**	**daz rich**	**chunge**	**sinem**
et	dabit	imperium	regi	suo :

und	erhöht	das Horn	Christs	seines
uñ	**erhohet**	**daz horen**	**christes**	**sines**
et	sublimabit	cornu	christi	sui .

22 Vier Stücke aus dem ‚Windberger Psalter'
Kirchert

[2]**VL 10** (1999), Sp. 1192–1197 (Dorothea Klein).
Ü.: München, BSB, cgm 17; aus dem Prämostratenserkloster Windberg.
Abb.: vollständiges Digitalisat der Hs. in Farbe: https://daten.digitale-sammlungen.de/0008/bsb00088326/images/index.html?fip=193.174.98.30&id=00088326&seite=1.
Dat.: Hs. 12. Jh., Anfang des 4. Viertels (Karin Schneider, Gotische Schriften I, S. 36); Werk nicht viel früher.
Spr.: nördl. Westmittelbair.
Ed.: Klaus Kirchert, Der Windberger Psalter. – Referenzkorpus Mittelhochdeutsch (1050–1350) http://www.linguistics.rub.de/rem/.
Lit.: Kelle LG 2, S. 80 und S. 288. – Wilhelm Walther, Bibelübersetzung, hier Sp. 566–568. – Schöndorf, Psalmenübersetzung, S. 45–46. – Zur Bedeutung des Psalters im frühen Mittelalter allgemein Haubrichs, Die Anfänge, S. 204–211. – Wolf, Psalter. – Heinzer, Erstlesebuch. – Matzel, Zum Windberger Psalter. – Müller, Die Schrift zwischen den Zeilen.

Psalm 95
Psalm 114
Psalm 120
Cant. Annae

Vergleichstexte:
zu Psalm 114: Nr. 13, Nr. 16, Nr. 20, Nr. 21.
zu Psalm 120: Nr. 20, Nr. 22
zum Canticum Annae: Nr. 16, Nr. 20, Nr. 22.

Text nach Kirchert, Digitalisat und und Referenzkorpus; das Canticum Annae auch nach dem Digitalisat und Schmeller, Deutsches des XII Jahrhunderts, hier S. 122–124.

Psalm 95 (96)

Gesang Davids als das Haus gezimmert ward nach der Gefangenschaft
Sanch dauidis do daz hus gecimeret wart nah dere uancnusside
Canticum Dauid quando domus edificabatur post captiuitatem

singt dem Herrn Sang das neue
singet dem herren sanch daz niuwe
01 **CANTATE DOMINO** canticum nouum !

singt dem Herrn alle die Erde
singet deme herren elliu diu erda
cantate domino omnis terra .

singt dem Herrn und wohl sprechet Namen seinem
singet deme herren unde wole sprechet namen sinem
02 Cantate domino et bendicite nomine eius !

kündet von Tag zu Tag Heil sein
chundet uone tage ze tage heil sin
adnunciate de die in diem salutare eius .

kündet unter den Völkern Ehre.Herrlichkeit seine
Chundet unter den dieten ere.guotliche sine
03 Annuntiate inter gentes gloriam eius !

(Dinge)
bei allen Leuten wundergleiche seine
in allen liuten wunterlih siniu
in omnibus populis mirabilia eius .

denn groß Herr und löblich sehr
Wande michil herro unde lobelih harto
04 Quoniam magnus dominus et laudabilis nimis !

schrecklich ist über alle Götter
egeslih ist uber alle gote
terribilis est super omnes deos .

	Denn	alle	Götter	der Völker	(will sagen:)	sind	Teufel
	Wande	**alle**	**gote**	**dere diete**	**.s.**[1]	**sint**	**tiuvele**
05	Quoniam	omnes	dii	gentium			demonia !

der Herr	aber	die Himmel	getan hat
der herre	**aue**	**die himile**	**getan hat**
dominus	autem	cęlos	fecit .

	Bekenntnis	und	Schönheit	bei	Beschauung	seiner
	Vrgiht	**unde**	**schone**	**in**	**beschowede**	**sinere**
06	Confessio	et	pulchritudo	IN	conspectu	eius !

Heiligheit	und	Großheit	in	Heiligheit.Heiligmachung	seiner
heilicheit	**unde**	**michilliheite**	**in**	**heilicheite.heilchmachunge**	**siner**
sanctimomia	et	magnificencia	in	sanctificatione	eius.

	zu bringt	dem Herrn	o ihr Heimaten	der Völker
	Zuo bringet	**deme herren**	**ó ire heimote**	**der diete**
07	Afferte	domino	patrię	gentium

zu bringt	dem Herrn	Herrlichkeit	und	Ehre
zuo bringit	**deme herren**	**guotliche**	**unde**	**ere**
afferte	domino	gloriam	et	honorem !

	zu führt	demHerrn	Ehre.Herrlichkeit	Namen	seinem
	zuo fuoret	**dem herren**	**ere.guotliche**	**namen**	**sinem**
08	Afferte	domino	gloriam	nomine	eius .

nehmt	die Opfer	und	ein geht	in	Höfe	seine
Nemet	**diu oppher**	**unde**	**in get**	**in**	**houe**	**sine**
Tollite	hostias	et	introite	in	atria	eius !

	anbetet	den Herrn	in Hof	heiligen	seinem
	anebetet	**den herren**	**in houe**	**heiligen**	**sinem**
09	adorate	dominum	in atrio	sancto	eius .

Bewegt werde	von (dem)	Antlitz	ganze		die Erde
Beweget werde	**uone**	**antluze**	**sinem**	**elliu**	**diu erde**
Commoueatur	a	facie	eius	uniuersa	terra !

1 *.s. sint*: *subauditur: sint*: „will sagen: sind".

sagt in den Völkern dass der Herr herrschte
saget in den dieten wande der herro richesete
10 dicite in gentibus quia dominus regnauit .

auch wahrlich hat er gerichtet den Umkreis der nicht bewegt nicht wird
Ouh zeware hat er gerihtet den umberinch der niht beweget ne wirdit
Et enim correxit orbem qui non commouebitur !

er urteilt.richtet die Leute in der Ebenheit
er erteilit.rihtit die liute in dere ebene
iudicabit populos in ęquitate .

freuen sich die Himmel und auf springe die Erde
Frowen sih die himile unde uf springe diu erde .
11 Lętentur cęli et exultet terra .

bewegt werde das Meer und Fülle sein
beweget werde daz mere unde uolle sin
commoueatur mare et plenitudo eius !

noch freuen sich die Felder und alle (Dinge) die in ihnen sind
noh[2] mendent dei uelt unde elliu die in in sint
12 gaudebunt campi et omnia quę in eis sunt .

so dann auf schrecken alle die Hölzer der Wälder
So denne uf schrechent elliu dei holzere dere walde
Tunc exultabunt omnia ligna siluarum

vom Antlitz des Herrn denn er kam
uone antlucze des herren wande er chom.
13 a facie domini quia uenit !

denn er kommt zu urteilen über die Erde
wande er chumit erteilen die erde
quoniam uenit iudicare terram .

er richtet noch den Umkreis der Erde in der Gelichheit.Ebenheit
Er rihtet noh den umberinch der erde in der gliche.ebene .
Iudicabit orbem terrę in ęquitate !

---

2 *noh*: hinzugefügt zur Kennzeichnung des Futurs im lateinischen *gaudebunt*.

und	die Leute	in	Wahrheit seiner
unde	**die liute**	**in**	**warheit siner**
et	populos	in	ueritate sua .

Oratio[3]

Macher	des Himmels	und der Erde	Schöpfer	o Gott
Machære	**des himilis**	**und der erde**	**schephære**	**ó[4] got**
Factor	cęli	terręque	creator	deus .

den	all	die Erde	Gesanges	des neuen	„Weise“[5] . „Messung“	durch läutet
den	**elliu**	**diu erda**	**sanges**	**des niuwen**	**wisunge.mazzunge**	**durh liutet**
quem	omnis	terra	cantici	noui	modulatione	persultat[6] .

bitten wir	dass	so wie	dich	von	dem Holze	herrschenden	flehentlich	wir bekennen
dige wir,	**daz**	**also**	**dih**	**uone**	**deme holze**	**rihesenten**	**flegliche**	**wir ueriehen**
precamur,	ut	sicut	te	a	lingo	regnantem	supplices	confitemur .

so wie	verlassenem	allem	der Heidenschaft	dem Irrtum
also	**uerlazzenem**	**alleme**	**dere heidinschefte**	**dem irrituome**
ita	amisso	omni	gentilitatis	errore .

der künftigen	(der) Ankunft	einer	Herrlichkeit
der noh[7] chunftigen	**zuo chunfte**	**diner**	**guotliche**
future	aduentus	tui	gloriam

mit andächtigen	Sinnen	wir erbitten	von Ewigkeit zu Ewigkeit. Amen
mit an dahtigen	**sinnen**	**wir erbiten**	
intentis	sensibus	prestolemur. Per [sęcula sęculorum. Amen]	

3 *Oratio*: meist, so auch im Lublin/Wittenberger Psalter (Nr. 18) *collecta* genannt, ein kleines Gebet, das nach dem Singen/Beten des Psalms gebetet werden kann. Es stellt eine kurze Zusammenfassung oder Betrachtung des Psalminhalts dar; Literaturhinweise hierzu bei Kirchert, Der Windberger Psalter, Bd. 1, S. 79.

4 ***ó***: hinzugefügt zur Kennzeichnung des Vokativs im lateinischen *deus*.

5 *wisunge.mazzunge*: „Weise“, „Messung“: Übersetzungsalternativen für *modulatio* „Melodie“.

6 ***persultat***: wohl verschrieben für *personat* „durchtönt“; *persultat*: zu *persulto*, „umherspringen, durchstreifen“.

7 *noh*: wieder zur Kennzeichnung des Futurs.

Psalm 114

ALLELUIA ALLELVIA.

	ich liebte	denn	erhört	der Herr
	Ih minnote	**wande**	**erhoret**	**der herro**
01	DILEXI !	QVONIAM	EXAUDIET	DOMInus .

die Stimme	Gebetes	meines
die stimme	**gebetes**	**mines**
uocem	orationis	meę

	Denn	er	neigte	Ohr	sein	mir
	Wande	**er**	**geneicte**	**ore**	**sin**	**mir**
02	Quia		inclinauit	aurem	suam	mihi !

und	in	Tagen	meinen	vorlade ich
unde	**in**	**tagen**	**minen**	**lade[8] ih**
et	in	diebus	meis	inuocabo .

	umgaben	mich	die Schmerzen	des Todes
	Vmbegaben	**mih**	**dei ser**	**des todes**
03	Circumdederunt	me	dolores	mortis !

die Schrecken	der Hölle	fanden	mich
die freise	**dere helle**	**funden**	**mih**
pericula	inferni	inuenerunt	me .

	Not.Dreschen	und	Schmerz	fand ich
	Not.dreskunge[9]	**unde**	**ser**	**uant ih .**
04	Tribulationem	et	dolorem	inueni !

und	Namen	des Herrn	ich anrief
unde	**namen**	**des herren**	**ih ane rief**
et	nomen	domini	inuocaui

---

8 *lade*: zu ahd. *ladên*: „vorladen, auffordern zu".
9 *dreskunge*: zu ahd. *drescunga*; „tritura", „das Dreschen" (Graff V. 265).

	Oweh	Herr	erlöse	Seele	meine
	Owi	**herro**	**erlose**	**sele**	**mine**
	O	domine	libera	animam	meam .

	barmheriger	Herr	und	gerechter
	barmhercer	**herro**	**unde**	**rehter .**
05	misericors	dominus	et	iustus !

	und	Gott	unser	begnadet.erbarmt sich
	unde	**got**	**unser**	**gnadet erbarmet sih**
	et	deus	noster	miseretur

	behütender	die Kleinen.winzigen	Herr
	Behuotenter	**die luzelen.wenigen**	**herro**
06	Custodiens	paruulos	dominus !

	gedemütigt bin ich	und	erlöste	mich
	gediemuotiget bin ih	**unde**	**erloste**	**mih**
	humiliatus sum	et	liberauit	me .

	werde umgewendet	Seele	mein	zu	Ruhe	deine
	Wirt becheret	**sele**	**min**	**in**	**ruowe**	**dine**
07	Conuerte	anima	mea	in	requiem	tuam !

	denn	der Herr	wohl tat	dir
	wande	**der herro**	**wole tet**	**dir**
	quia	dominus	benefecit	tibi .

	denn	er hat errettet	Seele	meine	von	dem Tode
	Wande	**er hat errettet**	**sele**	**mine**	**uone**	**dem tode**
08	Quia	eripuit	animam	meam	de	morte .

	Augen	meine von	den Tränen
	ougen	**miniu uone**	**den zæheren**
	oculos	meos a	lacrimis !

	Füße	meine	von	Ausgleiten
	fuoze	**mine**	**uone**	**sliphe .**
	pedes	meos	a	lapsu .

	ich werde gefallen	dem Herrn
	Ich liche noh[10]	**deme herren**
09	Placebo	domino !

in	der Gegend	der Lebendigen
in	**der gegende**	**dere lebentigen .**
in	regione	uiuorum .

Oratio

Abwascher	der Sünden	Herr	du der	die Seele	dich
Abewaskare	**dere sunten**	**herro**	**du der**	**die sele**	**dih**
Ablutor	peccaminum	domine	qui	animam	te

getreulich	gläubig	ergeben	anrufende	schleunig	tröstest
getriuliche.geloubliche.holdliche			**aneruoffente**	**slunige**	**troestest**
	fideliter		inuocantem	uelociter	consolaris .

wir bitten	dass	uns	von	den Schrecken	der Hölle	errettete
wir biten	**daz**	**unsih**	**uon**	**den freisen**	**dere helle**	**erratte**
rogamus	ut	nos	a	periculis	inferni	erutos .

in	der Wohngegend	der Lebendigen	weggenommenen	der Sünden	Tode	wiederherstellst
in	**der gebiurde**[11]	**dere lebentigen**	**benomenem**	**dere sunten**	**tode**	**widererstates**
in	regione	uiuorum	ablata	peccati	morte	restituas .

Von [Ewigkeit zu Ewigkeit. Amen]
Per [sęcula sęculorum. Amen]

Psalm 120 (121)

Canticvm graduum

	ich hob auf	Augen	meine	an	die Berge
	Ich uf huob	**ougen**	**mine**	**an**	**die berge**
01	**Levavi**	**coculos**	**meos**	in	montes !

---

10 *noh*: Die Interlinearversion verwendet *noh* zur Kennzeichnung des lateinischen Futurs.
11 *gebiurde*: *gibûrida* für *regio*, s. Götz, Lat.-ahd.-nhd. Wb.

	von wo	kommt	Hilfe	mir
	dannen	**chumet**	**hilfe**	**mir**
	unde	ueniet	auxilium	mihi .

	Hilfe	mein	von	dem Herrn
	Hilfe	**min**	**uone**	**deme herren**
02	**A**uxilium	meum	a	domino !

	der da	getan hat	Himmel	und	Erde
	derder	**getan hat**	**himil**	**unde**	**erde**
	qui	fecit	celum	et	terram

	weder	gebe er	in	die Bewegung	Fuß	deinen
	Nihne	**gebe er**	**in**	**die bewegede**	**fuoz**	**dinen**
03	**N**on	det	in	commotionem	pedem	tuum !

	noch	entschlafe	der da	behütet	dich
	nohne	**entslaffe**	**derder**	**behuottet**	**dih .**
	neque	dormitet	qui	custodit	te .

	siehe nun	weder	entschläft	noch	schläft
	Sehenu	**nihne**	**entslaffet**	**nohne**	**slæffet**
04	**E**cce	non	dormitabit	neque	dormiet

	der	da behütet	das Gottes Volk
	derder	**behuottet**	**den gotes liut**
	qui	custodit	Israel .

	der Herr	behütet	dich
	Der herro	**behuottet**	**dih .**
05	**D**ominus	custodit	te !

	der Herr	will sagen:	ist	Beschirmung	dein	über	Hand	rechte	deine
	der herro	**.s.**[12]	**ist**	**schirmunge**	**din**	**uber**	**hant**	**zeswen**	**dine**
	dominus			protectio	tua	super	manum	dexteram	tuam .

	über	den Tag	die Sonne	weder	brennt	dich
	Vber	**den tach**	**diu sunne**	**nihne**	**brennet**	**dih .**
06	**P**er	diem	sol	non	uret	te !

12 *.s.*: *subauditur*: „will sagen."

	noch	die Mondin	über	die Nacht
	noh	**diu maninne**	**uber**	**die naht**
	neque	luna	per	noctem .

	der Herr	behüte	dich	von	allem	Übel
	Der herro	**behuote**	**dih**	**uone**	**alleme**	**ubele .**
07	Dominus	custodit	te	ab	omni	male !

	behüte	Seele	deine	Gott
	behuote	**sele**	**dine**	**got**
	custodiat	animam	tuam	deus .

	der Herr	behüte	ein Gang	deinen	und	zu Gang	deinen
	Der herro	**behuote**	**in ganch**	**dinen**	**unde**	**uz ganch**	**dinen**
08	Dominus	custodiat	introitum	tuum	et	exitum	tuum !

	von	jetzt an	nun	und	bis	in	die Weltzeitalter
	uone	**dannen**	**. nu .**	**unde**	**unze**	**in**	**die werlte .**
	ex	hoc	nunc	et	usque	in	seculum

Oratio

beschirme	Volk	dein	weder	Eingeschlafener
Beschirme	**uolch**	**din**	**nihne**	**entslaffener**
Protege	plebem	tuam	non	dormitans

noch	Schlafender	o Herr	Gott	Schirmer	deines Volkes
noh	**slaffenter**	**ó herro**	**got**	**schirmære**	**dines liutes.**
neque	dormiens	domine	deus	protector	Israel

und	dass irgend	wir gebrannt werden	am	Tag
unde	**daz iht**	**wir gebrennet werden**		
et	ne	uramur	per	diem

Bewahre uns vor den Ärgernissen dieser Welt. Von Ewigkeit zu Ewigkeit. Amen.

--- --- --- --- --- --- --- --- --- --- --- --- ---

tu nos ab scandalis huius mundi defende.

Von Ewigkeit zu Ewigkeit. Amen.

Per [sȩcula sȩculorum. Amen]

CANTICUM ANNAE MATRIS SAMUHELIS

1. Samuel (Reg.), 2,1–10[13]

	aufsprang	. hüpfte	Herz	mein	in	dem Herrn
01	**Vfscrechete**	**. spilite**	**herce**	**min**	**in**	**deme herren**
	Exultauit		cor	meum	in	domino

und	erhöht	ist	Horn . Festigkeit	mein	in	Gott
unde	**gehohet**	**ist**	**horn . ueste**	**min**	**in**	**gote**
et	exaltatum	est	cornu	meum	in	deo

geweitet	ist	Mund	mein	über	Feinde	meine
Gewitet	**ist**	**munt**	**min**	**uber**	**uiante**	**mine**
Dilatatum	est	os	meum	super	inimicos	meos,

denn	froh gemacht	ich bin	in	Heil	deinem
wande	**gefrowet**	**ih bin**	**in**	**heilliche**	**dineme**
quia	lętata	sum	in	salutari	tuo.

	nicht	ist	Heiliger	ganz so wie	ist	der Herr	noch	nämlich
	Nihne	**ist**	**heiliger**	**also**	**ist**	**der herro**	**noh**	**greht**
02	Non	est	sanctus	ut	est	dominus,	neque	enim

ist	ein anderer	außer	dir	und	nicht	ist	starker	ganz so wie	Gott
ist	**ein anderre**	**uzzer**	**din**	**unde**	**nihne**	**ist**	**starcher**	**also**	**got**
est	alius	extra	te,	et	non	est	fortis	sicut	deus.

---

13 Dankgebet Hannas dafür, dass sie nach langen Jahren der Unfruchtbarkeit und Schmach ihren Sohn Samuel geboren hat. Schmeller, Deutsches des XII. Jahrhunderts.

	nicht wollet	vielerlei	reden	überhebliche Dinge	rühmend
	Nihne wellet	**manichualten**	**chosen**	**hohlichiu**	**guotlichente**
03	**N**olite	multiplicare	loqui	sublimia	gloriantes!

weggehen sollen	die alten[14]	von	Mund	eurem
Furder gen	**dei alten**	**uon**	**munde**	**iuwereme**
Recedant	uetera	de	ore	uestro,

denn	Gott	der Wissenschaften ist	der Herr
wande	**got**	**dere guizzene (s. ist)**[15]	**der herre**
quia	deus	scientiarum	dominus,

und	ihm selbst	vorgezählt werden	die Gedanken
unde	**imo selbeme**	**uoregerechenet werdent**	**die gedanche**
et	ipsi	preparantur	cogitationes.

	Bogen	der Starken	erobert . überwunden	ist
	Boge	**dere starchen**	**geoberet . uberwunten**	**ist**
04	**A**rcus	fortium	superatus	est,

und	die Unkräftigen	gegürtet	sind	mit der Stärke
unde	**die unchreftigen**	**zuogegurtet**	**sint**	**mit dere sterche**
et	infirmi	accincti	sunt	robore.

14 Gemeint sind die Schmähreden, die Anna erfahren musste.
15 *s. ist*: *subauditur: ist* – „ergänzt wird: ‚ist'."

	die Erfüllten	ehemals	mit den	Broten	sich	versorgten[16]
	Die erfulten	**e**	**umbe**	**dei brot**	**sih**	**bestatten**
05	Repleti	prius,	pro	panibus	se	locauerunt,

und	die Hungrigen	gesättigt	sind
unde	**die hungrigen**	**gesatet**	**sint**
et	famelici	saturati	sunt.

bis	die Unfruchtbare	gebar	Viele
Vnze	**diu unbarige**	**gebar**	**manige**
Donec	sterilis	peperit	plurimos,

und	die	mannigfache . viele	hatte	an Kindern	kraftlos geworden	ist
unde	**diu**	**manige . uile**	**hete**	**chinde**	**unchreftich worden**	**ist**
et	quę	multos	habebat	filios	infirmata	est.

	der Herr	tötet	und	macht lebendig
	Der herro	**totiget**	**unde**	**libhaftiget**
06	Dominus	mortificat	et	uiuificat,

er leitet	zu	den Höllen	und	zurückleitet
er beleittet	**ze**	**den hellen**	**unde**	**widerbeleittet**
deducit	ad	inferos	et	reducit.

	der Herr	arm tut .	macht	und	macht reich
	Der herro	**arm tuot .**	**machet**	**unde**	**richet**
07	Dominus	pauperem	facit	et	ditat,

erniedrigt	und	erhöht
nideret	**unde**	**hohet**
humiliat	et	sublimat.

16 *sih bestatten*: soll heißen „sie mussten sich versorgen".

	erweckender	von	dem Staub	den bedürftigen
	Chuchunter	**uon**	**dem molten**	**den durftigen**
08	Suscitans	de	puluere	egenum,

und	von	dem Kot	aufrichtender	den armen
unde	**uon**	**dem miste**	**berihtenter**	**den armen**
et	de	stercore	erigens	pauperem.

dass	er sitze	mit	den Fürsten
Daz	**er sizce**	**mit**	**den fursten**
Ut	sedeat	cum	principibus,

und	den Hochstuhl	der Ehre	innehabe
und	**den hohstuol**	**dere er**	**behabe**
et	solium	glorię	teneat.

des Herrn	nämlich	sind	die Angeln	der Erde
Des herren	**wande**	**sint**	**die angen**	**der erde**
Domini	enim	sunt	cardines	terre,

und	er hat gesetzt	auf	sie	den Umkreis
unde	**er hat gesezcet**	**uf**	**sie**	**den umberinch**
et	posuit	super	eos	orbem.

	die Füße	(der) Heiligen	seiner	bewahrt er
	Die fuozze	**heiligen**	**siner**	**behaltet er**
09	Pedes	sanctorum	suorum	seruabit,

und	die unguten	in	den finsteren	verstummen . werden still
unde	**die unguoten**	**in**	**den uinsteren**	**gesuigent . gestillent**
et	impii	in	tenebis	conticescent,

denn	nicht	in Stärke	seiner	gekräftigt	wird	der Mann
wande	**niht**	**in sterche**	**siner**	**gechreftiget**	**wirdit**	**der man**
quia	non	in fortitudine	sua	roborabitur		uir.

den Herren	(sie) fürchten	Widersacher	seine
Den herren	**furhtent**	**widerwarten**	**sine**
Dominum	formidabunt	aduersarii	eius,

und	über	sie selbst	in	den Himmeln	donnert er
unde	**uber**	**sie selbe**	**in**	**den himilen**	**doneret er**
et	super	ipsos	in	celis	tonabit.

der Herr	richtet	die Gemarken	der Erde
Der[17] herro	**berihtet**	**dei gemerche**	**dere erde**
Dominus	iudicabit	fines	terre,

		die Gewalt		
		den gualt		
und	gibt	das Gebot . das Reich	(dem) König	seinem
unde	**gibit**	**daz gebot . daz riche**	**chunige**	**sinem**
et	dabit /208v/	imperium	regi	suo,

und	erhöht	das Horn . die Festigkeit	(des) gesalbten	seines
unde	**erhohet**	**daz horn. die ueste**	**gesalbeten**	**sines**
et	sublimabit	cornu	xpicti	sui.

17 ***der***: Hs. *den*.

23 Windberger Unterricht zum Psalter

Die Randkommentare des Windberger Psalters Kirchert

[2]**VL 10** (1999), Sp. 1192–1197 (Dorothea Klein).
Ü.: München, BSB, cgm 17; aus dem Prämostratenserkloster Windberg.
Abb.: vollständiges Digitalisat der Hs. in Farbe: https://daten.digitale-sammlungen.de/0008/bsb00088326/images/index.html?fip=193.174.98.30&id=00088326&seite=1.
Dat.: Haupttext 12. Jh., Anfang des 4. Viertels; die Randkommentare nicht viel später (Karin Schneider, Gotische Schriften I, S. 36).
Spr.: nördl. westmittelbair.
Ed.: Klaus Kirchert, Der Windberger Psalter. – Referenzkorpus Mittelhochdeutsch (1050–1350). https://www.linguistics.rub.de/rem/pub/texts//M195_mod.pdf
Lit.: Walther, Bibelübersetzung, hier Sp. 566–568. – Zur Bedeutung des Psalters im frühen Mittelalter allgemein Haubrichs, Die Anfänge, S. 204–211. – Wolf, Psalter. – Heinzer, Erstlesebuch.

Der Windberger Psalter enthält an 21 Stellen kleine Kommentare zum Text der Psalmen. Sie sind an den Rändern der Handschrift vom Schreiber der Interlinearversion angebracht, oft mit Verweiszeichen vom Psalmtext auf den Randkommentar. Diese Stückchen geben einen ganz einmaligen Einblick in den Schulunterricht zum Psalter. Sie sind sind damit zugleich ein Indiz für die Verwendung der Interlinearversion des Psalters im klösterlichen Schulunterricht und weisen die Handschrift als ein *classroom book* aus, um es mit dem hierfür in der im angelsächsischen Forschung üblichen Wort zu sagen.

Inhaltlich sprechen die Randkommentare folgende Themenbereiche an:

- Grammatik, (Konjugationsübungen ‚*Quatio, ich scute*‘ 11; ‚*Consummo ih uolebringe*‘ vs. ‚*Consumo*‘ ‚*ih uerwise*‘, hierfür wird der Terminus *gedeclinit* gebraucht 19; Wortbildungslehre *holcaustis* 2; *benededico* 14).
- Etymologien zu biblischen Personennamen nach Hieronymus, Liber interpretationis (*Jacob, Israhel* 4, 5); manchmal übernimmt die Glosse selbst diese Funktion in Gestalt von „Übersetzungen“ der Namen: *oreb, zeb, zebae, samana* 5).
- Bibelkunde (*liber principalis* 1; *Cham* 9).
- Erklärungen zur (kontextbedingten) Bedeutung bestimmter Begriffe, Wörter und Wendungen des Psalmtextes (*confessio* 6; *iubilum* 6; Götter 7; *concupiscentia / desiderium* 10; *domus* 13; *mandatum / praeceptum* 15; *iustificationes* 16; *adolescentia* 18; *consumo / consummo* 19).
- Erklärungen zur Bedeutung „seltsamer“ oder sonst „interessanter“ Wörter (*holocaustis* 2, *inaquoso* 10, *quassatio* 11, *scandalum* 12, *adolescentia* 18).
- Informatonen zum Sachverständnis des Psalms (*holcaustis* 2; *Herodius* 8).
- Übersetzungsvarianten einzelner Psalmverse oder der interlinearen Übersetzung (3, 17).
- Paraphrase des Psalmtextes (20, 21).

Die Redeweise der Kommentare lässt durch das Lehrer und Schüler zusammenfassende „wir“ die Stimme des Lehrers im Lehrvortrag vernehmen: mit unmittelbaren Anreden an die Schüler und mit Bezugnahmen auf deren Alltagserfahrungen und -kenntnisse, auf aktuelle Bräuche, und nicht zuletzt mit Aufforderungen zur Aufmerksamkeit:

- 2: also me **unsih nu** in dere niuwen ê mit dem wihbrunnen besprenget.
- 6: **so ir ofte uernomen habet** uon den geburen iouh uone den chindelinen, die dennoh dere worte gebileden neweder nemagen noh nechunnen.
- 7: **Ir sult merchen** in den salmen, sua **so ir leset** – also an disem salmen – [...] **daz ir ieht wænet,**
- 8: Herodius ist **ein uns unchunder uogel.** [...]
- 14: daz **sult ir merchen:** [...]
- 16: ‚Iustificationes' **heizze wir** [...]

Die Stimme des Lehrers artikuliert sich nicht zuletzt auch dadurch, dass die Texte mit Merkmalen der Sprechsprachlichkeit aufgezeichnet sind. Das wird u. a. besonders hörbar durch die häufigen Verschleifungen des „man" zu „me" in Verbindung mit dem nachfolgenden oder vorangehenden Wort, manchmal sogar in Zusammenschreibung:

- 2: also **me** unsih nu [...]
- 7: daz **me** so getane ‚gote' hie nante [...]
- 10: unde **uindetme** iz ie doh [...]
- 12; nihwan **dazme** se diuten muoz [...]
- 12: doh so **me** iz rehtiste unde eiginlichiste gediuten mach [...]
- 14: oder suaz so **me** ze der wis gedenchen unde gesprechen mach [...]
- 15: ‚inbot', daz **me** den heimlichen truten [... ‚inbiutet'. [...]
- 15: daz gebot, daz **me** iouh diche den losen [... ‚gebiutet' [...]
- 19: Nu merchet, daz **me** uolebringit, deiz si; unde deiz **me** uerwisit, deiz nihne si; [...]
- 19: also daz guant daz **me** machet, daz **me** iz gebiderben mach [...]
- 19: daz guant aue ‚consumptum', daz **me** gebiderbet unze iz newiht ist, [...]

Hierher gehören auch die Zusammenschreibungen von *ze*, mündlich abgeschwächtem „zu", mit dem folgenden Wort:

- 2: **zeheiltuome**
- 2: **zedem** altare
- 2: **zegeistlicher** bezeichnunge
- 6: unde [...] **zebihte** chumet
- 11: **zemuon** unde ze noten geziehent
- 12: **zehoenden** (interlinear)
- 13: **zeeinem** hiwiske, [...], **zeeinem** geslahte [...
- 14: uone gote here **zeuns** [...]
- 14. suaz so me **zeder** wis gedenchen unde gesprechen mach [...]
- 14: uon uns hin **zegote** gerihtit [...]
- 14: daz tuon ih **zedinem** lobe, zedinen eren. [...]
- 15: daz ziuhet **zeder** uorhten, ienez gehabet sih **zeder** minne.
- 19: **zeder** wis [...]

Im Folgenden ist den kleinen Kommentaren der jeweilige Psalmvers mit seiner interlinearen Übersetzung und Markierung des Stichworts vorangestellt, auf das der Kommentar referiert.

Text nach Kirchert und dem Digitalisat.

1 Oratio zu Ps. 39
Lemma: *libri principalis

Erwartung	der deinen	alleinige	der Knechte. Sklaven
Bitunge	**dinere**	**einigiu**	**schalche.chnehte**
Expectatio	tuorum	unica	famulorum

Gott	den kommen werdenden	in die Welt
got	**den chomen scolenten**	**in die werlt**
deus .	quem uenturum	in mundum

das Haupt	Buches	des vordersten	lehrte
daz houbet	**buoches**	**des furstlichen**	**leerte**
caput	libri	*principalis	edocuit .

Daz anegengeliche buoh

***Principalis** liber ist ana der stete Genesis, da Moises

erste uon Christes geburt wihsagete.

Das Anfangsbuch

Principalis liber meint an dieser Stelle die Genesis, wo Moses zuerst von Krists Geburt weissagte

---

einpfropfe	bitten wir	Gesetz	deines	inmitten	Herzens	unseres
in belce	**wir bitten**	**Gesetz**	**deines**	**in mitten**	**hercen**	**unseres**
insere	precamur	legem	tuam	in medio	cordis	nostri .

auf dass	deine	Rechtsprechungen	wir kündende (seiende)
daz	**dine**	**rihtunge**	**wir chundente**
ut	tuas	iusticias	nunciantes

von	den bestürmenden	Schrecken	wir entlastet werden
uone	**den anelicgenten**[1]	**freisen**	**wir erlediget werden**
ab	imminentibus	periculis	eruamur .

---

1 *anelicgenten*: zur Bedeutung s. Splett, Ahd.Wb. unter *liggen* und Götz, Lat.-ahd.-nhd. Wb. unter *imminere*.

2 zu Ps.50.18
Lemma: *holocaustis

denn	wenn	du wollen würdest	das Opfer	ich hätte es gegeben
wande	**ob**	**du woltes**	**daz opher**	**ih hiete iz ge[geben]**
Quoniam	si	uoluisses	sacrificium	dedissem !

gewisslich	mit den Opfern	nicht du erfreut werden würdest
guisliche	**mit den opheren**	**niht du geliebet wirdis .**
utique	***holocaustis**	non delctaberis .

***Holocaustum** chuit aluerbrantez, wande sumelichiu opher wurden gare uf dem altare uerbrennet ze asken, unde besprenctem die liute der mite, also me unsih nu in dere niuwen ê mit dem wihbrunnen besprenget.

So ist *sacrificium* allichen brot unde win, daz die ewarte do ehaltliche[2] ze ire nuzce biderbten; aue wir nu in der christenheite haben iz zeheiltuome des lihnamen und des bluotes unseres herren *Ihesu Christi*.

Endriu dei opher, dei me deweder do in der alten ê oder nu in dere niuwen ê ce kirchen oder zedem altare brahte oder noh bringet: wande si missichlih waren unde sint, so heten si unde habent manigerslaht namen, also cehenten; huregiu;[3] antheizze (um die sunte, umbe fride); oblei; wisode; cehentbuozze und endriu chirhreht, dei nu elliu zegeistlicher bezeichnunge gecheret sint.

> ‚Holocaust' bedeutet ‚Ganzverbranntes', denn manche Opfer wurden ganz auf dem Altar verbrannt zu Asche, und man besprengte die Leute damit, ganz wie man uns jetzt unter dem neuen Gesetz mit dem Weihwasser besprengt.
>
> So ist *sacrificium* (Opfer) allgemein, Brot und Wein, das die Priester das Gesetz einhaltend zu ihrem Nutzen verwendeten. Aber wir jetzt in der Christenheit haben es zum Heiltum (Sakrament) des Leibes und des Blutes unseres Herrn Jesu Christi.
>
> Die anderen Opfer, die man entweder unter dem alten Gesetz oder jetzt unter dem neuen Gesetz in der Kirche oder auf dem Altar darbrachte oder noch darbringt: weil sie unterschiedlich waren und sind, so hatten sie und haben vielerart Namen wie der Zehnte; die Pacht; das Gelübde (wegen der Sünden, um Frieden); Opfergaben, Abgaben, Zehntbuße und andere Kirchenrechte, die jetzt alle zu geistlicher Bedeutung gewendet sind.

---

2 ***ehaltliche*:** so Hs.; Kirchert *chaltliche*.
3 *huregiu*: zu mhd. *hûr* „Miete, Pacht" (Kirchert).

3 zu Ps. 59.3b
Übersetzungsvariante des Halbverses

anstelle von:

zornig	bist du	und	erbarmt	bist du	uns
zornich	**bis du**	**unde**	**erbarmet**	**bis du**	**uns**
iratus	es	et	misertus	es	nobis

gezürnt hast und erbarmt hast du dich unser

die Variante:

du	bist	uns	erzürnt	und	gnädig	gewesen	streng	und	lind.
Du	**bis**	**uns**	**erbolgen**	**unde**	**gnadich**	**gewesen.**	**serphe**	**unde**	**linde.**
Du	bist		erzürnt auf uns	und	gnädig	gewesen.	scharf	und	lind.

4 zu Ps.77.71
Lemma: Vers 71, ganz

Nähren. Weiden		Knecht	seinen	und		Erbe	sein
Fuoren.Weiden	**--**	**schalch**	**sinen**	**unde**	**--**	**erbe**	**sin**
Pascere	***iacob**	seruum	suum !	et	***israhel**	hereditatem	suam:

***Iacob** unde ***israhel** sint eines mannes namen beide.

‚Iacob' hiez in sin muoter, daz chiut ‚unterscuphære'. daz ist ‚der den anderen uber houbet wirfet'. Dannen sprah sin bruoder Esau: „Rehte ist er genant Iacob; er hat mih nu ze dem anderen male unterscuphit."[4]

Israhel hiez in der engel, da er mit ime ranch; unde chuit. ‚Mann sehenter got'.[5]

> ‚Jakob' und ‚Israel' sind beide eines Mannes Namen.
>
> Jakob nannte ihn seine Mutter. Das bedeutet ‚Unterschupfer' das ist „der den Anderen kopfüber wirft". Deshalb sagte sein Bruder Esau: „Rechtens heißt er ‚Jakob'. Er hat mich jetzt zum zweiten Mal kopfüber geworfen."
>
> ‚Israel' nannte ihn der Engel, als er mit ihm rang, und das bedeutet „Gott sehender Mann".

---

4 Gen. 27,36: *Iacob: supplatator*: Hieronymus, Liber interpretationis, S. 67,19, ebenso S. 136,27 und S. 157,5). – *underschupfære, underschupfen* nur im Windberger Psalter belegt; vgl. nhd. *schubsen, schupsen* „umstoßen", Grimm DWB; an der hier gegebenen Stelle im Sinne von „betrügen", „Betrüger"; zum Erzählzusammenhang s. Gen. 27,36: *iuste uocatum est nomen eius Iacob: supplantauit enim me in altera uice*. „Rechtens wird sein Name ‚Jakob' genannt: denn er warf mich zum zweiten Mal kopfüber." Vgl. den Beleg in der Zürcher Bußpredigt (Nr. 111, Segment 13 mit Anm. 8).

5 zu Ps. 82.12
Lemma: Vers 12 ganz

setze	Fürsten	ihre	ganz wie	die Dürre
sezce	**fursten**	**ire**	**also**	**die durre**
Pone	principes	eorum !	sicut	oreb

und	den Wolf	und	den Frischling	und	den Schatten der Erschütterung
und	**den wolf**	**unde**	**den frisckinch**	**unde**	**den scate bewegede**
et	zeb	et	zebae	et	salmana.[6]

Dise namen alle bezeichinent die gote uiante, den tiuvel unde sin here, die geistlichen ubile disses luftes: die achuste, dei laster, dei den gotes liut misslichen aneuehtent; wider den uns tagelih strit unde champh ist, die wile wir in dirre werlte leben, da so getane fursten inne rihesent.

> Alle diese Namen bedeuten die Feinde Gottes, den Teufel und sein Heer, die geistigen Übel dieser Luft:[7] die Sünden, die Laster, die das Volk Gottes auf verschiedene Weise anfechten, gegen die uns täglich Streit und Kampf ist, so lange wir in dieser Welt leben, in der so beschaffene Fürsten herrschen.

---

5 *Israhel est uidere deum siue uir autem mens uidens deum. Et hoc in libris hebraicarum quaestionum plenius diximus.* Hieronymus, wie Anm. 4, S. 75, 21, Z. 21–22. „‚Israel', das ist ‚Gott sehen' oder ‚Mann' oder aber ‚Geist Gott sehend'. Und darüber haben wir in den Büchern zu Fragen des Hebräischen ausführlicher gesprochen."

6 Die Genannten sind Midianiter, Feinde Israels, von deren Besiegung im biblischen Buch der Richter (cap. 7 und 8) erzählt wird. – Zur hier verwendeten Etymologie der Namen: *Oreb*: *Coruus aut siccitas*, „Rabe oder Trockenheit" Hieronymus (wie Anm. 4) S. 101, Z. 12; *Zeb*: *lupus*, „Wolf" ebd., Z. 31; *Zebee*: *uictitima siue hostia* „Opfertier oder Schlachtopfer", ebd. 120, Z. 9; *Salmana*: *umbra prohibendi uel umbra conmotionis*, „Schatten des Verbietens oder Schatten der Bewegung", ebd. S. 101, Z. 20–21;

7 *disses luftes*: dieses Luftraums, nämlich der sublunaren Sphäre, in der die Dämonen sich aufhalten.

6 zu Ps. 94.2
Lemma: *confessione
Lemma: **Iubilum

Lasst uns fahren vor	Antlitz	sein	in derm Bekenntnis	und	in den Psalmem	lobsingen	wir	ihm
Fure uahe wir	**antluzce**	**sin**	**in dere urgihte**	**unde**	**in den salmen**	**iuwe**[8]	**wir**	**ime**
Preoccupemus	faciem	eius	in ***confessione** !	et	in psalmis	****iubilemus**		ei.

---

*‚**Confessio**' chuit bihte und uergiht in zuein ente: beidiu dere sunten iouh des lobes.

So menniske erfurhtet unde erchennet sin unreht unde sine sunte, unde ire zebihte chumet unde ire einem ewarte uergihit: daz heizzit confessio peccatorum.

So der menniske enzuntet wirdit uone der gnade des heiligen geistes in dere minne des almahtigen gotes unde des ewigen libes; unde diu liebe, diu froude beginnit uz brehten durh dei wart: daz heizzit confessio laudis.

> ‚Confessio' bedeutet „Beichte" und „Bekenntnis" in zwei Hinsichten: sowohl der Sünden als auch des Lobes.
>
> Wenn der Mensch Furcht bekommt und erkennt sein Unrecht und seine Sünde, und zur Beichte kommt und sie einem Priester bekennt: das heißt ‚confessio peccatorum' („Bekenntnis der Sünden").
>
> Wenn der Mensch entflammt wird von der Gnade des heiligen Geistes in der Liebe des allmächtigen Gottes und des ewigen Lebens; und wenn das Liebesempfinden, die Freude hervor zu brechen beginnt durch die Worte: das heißt ‚confessio laudis' („Bekenntnis des Lobes")

‚Iubilum**' et ‚iubiliatio', daz ir diche uindet in dem saltare; daz chiut rehte in diutisken „iu" unde „iuwezunge";[9] daz ist, so der menniske so fro wirdit, daz er uore froude neweiz, waz er in al gahen sprechen oder singen mege, unde heuet ime ein sange ane wort, so ir ofte uernomen habet uon den geburen iouh uone den chindelinen, die dennoh dere worte gebileden neweder nemagen noh nechunnen.

> ‚Iubilum' und ‚iubilatio' („Jubel" und „das Jubeln"), Wörter, die ihr oft findet in dem Psalter, das bedeutet auf Deutsch richtig ‚Lobsingen', ‚Anstimmen eines Lobgesanges'.
>
> Das ist, wenn der Mensch so froh wird, dass er vor Freude nicht weiß, was er in allem Andrang sprechen oder singen könnte, und bei sich einen Gesang anhebt ohne Worte, wie ihr es oft vernommen habt von den Bauern, auch von den kleinen Kindern, die Worte noch nicht weder bilden möchten noch können.

---

8 *iuwe*: zu *iuwen, juwen* „einen Lobgesang singen", nur im Windberger Psalter nachgewiesen.
9 *iu unde iuwezunge*: auch diese Wörter nur im Windberger Psalter.

7 Ps. 94.3.
Lemma: *omnes deos

Denn	Gott	großer	Herr	und	König	groß	über	alle	Götter
Wande	**got**	**michil**	**herro**	**und**	**chunich**	**michil**	**uber**	**alle**	**gote**
Quoniam	deus	magnus !	dominus.	et	rex	magnus	super	***omnes**	**deos.**

*Ir sult merchen in den salmen, sua so ir leset – also an disem salmen – ‚super omnes deos': daz ir ieht wænet, die heidenisken got da gemeinet sin; wande daz wære wole unwert deme heiligen geist, uone des meisterscefte die salmen gescriben sint, daz me so getane ‚gote' hie nante; er meinet die guoten liute, die gotes holden, den er gualt gab, *filios dei fieri*, dannen er in dem euangelio sprah; daz ouh an einem anderem salmen gescriben stet: ‚Ego dixi: dii estis et filii excelsi omnes.'

Ihr sollt aufpassen: überall wo ihr in den Psalmen lest – ganz wie in diesem Psalm – ‚super omnes deos': dass ihr nicht glaubt, dass die heidnischen Götter da gemeint sind; denn das wäre wohl des heiligen Geistes unwert, von dessen Meisterschaft die Psalmen geschrieben sind, dass man so beschaffene hier ‚Götter' genannt hätte; er meint die guten Leute, die Gott Ergebenen, denen er Gewalt gab *filios dei fieri* („Söhne Gottes zu werden"), was auch in einem anderen Psalm geschrieben steht: *‚Ego dixi: dii estis et filii excelsi omnes.'*[10] („Ich habe gesagt: Götter seid ihr und Söhne des Höchsten alle.")

8 zu Ps. 103.17
Lemma: *Herodii

dort	die Sperlinge	nisten.	des Falken	Haus	Leiter	ist	ihrer
da	**die sperlinge**	**nistent**	**des ualchen**	**hus**	**leitare**	**ist**	**ire**
illic	passeres	nidificabunt.	***Herodii**	domus	dux	est	eorum !

***Herodius** ist ein uns unchunder uogel. unde ist desthalbe ein edile unde ein chreftich uogel.

Der Herodius ist ein uns unbekannter Vogel und er ist dieserhalb ein edler und ein kräftiger Vogel.[11]

---

10 Ps. 81,6.

11 Die Übersetzung der Interlinearversion – *des ualken* für *Herodii* – wird durch den kleinen Kommentar korrigiert. Es handelt sich um ein beliebtes Stück Schulwissen. Die hier erläuterte Übersetzung *ualke* für *Herodius* steht bereits in den Leviticus-Glossen Theodors von Canterbury, s. unter Spracharbeit (Nr. 10).

9 zu Ps. 104.23
Lemma: *Cham

und	Israel	Bauer.Hausgenosse[12]	war	an	der Erde.in dem Lande	Chams
und	**israhel**	**buman . seledar**	**was**	**an**	**der erde.in deme lante**	**chames**
et	Iacob	accola	fuit	in	terra	***Cham.**

***Cham** was Noe sun, der mittere; der des uater spotte, do si uz dere arche chomen; dannen waren burtich die Egiptii.

Cham war Noahs Sohn, der mittlere; dieser spottete über den Vater, als sie aus der Arche gekommen waren; von daher waren die Ägypter gebürtig.

10 zu Ps. 105.14
Lemmata: *concupiscentiam und **inaquoso

Und	begehrten	die Gier Begierde Lust	in der Wüste
Vnde	**gerten**	**die giride.giticheit gelust**	**in der wuoste.**
Et	concupierunt	***concupiscentiam**	in deserto !

und	verführten. versuchten	Gott	in	der Wasserlosigkeit
unde	**bechorten.uersuohten**	**got**	**in**	**der unwazzeruolle**
et	temptauerunt	deum	in	****inaquoso**

***‚Concupiscentia'** unde ‚desiderium', dei lutent beidiu „giride"; so ist ‚desiderium' ettewenne in guote, ettewenne in ubile gesprochen; seltene wirdit ‚concupiscentia' in guot gesprochen. halt allezane ist si in ubil gemeinet; unde uindetme iz ie doh in guote, aue uil selten.

* ‚*Concupiscdentia*' und ‚*desiderium*' die bedeuten beide „Begierde", und zwar ist ‚*desiderium*' manchmal im guten Sinn, manchmal im üblen gesagt; selten wird ‚*concupiscentia*' im guten Sinn; doch meistens ist die ‚*concupiscentia*' im üblen Sinn gemeint, und man findet es dennoch im guten, aber sehr selten.

****inaquoso** Daz ist gesprochen an der truchene, an der durrene, da des wazzeres nihne was.

**Das ist gesagt von der Trockenheit, von der Dürre, wo kein Wasser war.

12 *seledar*: s. *selidari* Graff, Sprachschatz 6, 178, StWG 2, 515 *mansionarius* „Hausgenosse, Mitbewohner, einer, der kein eigenes Haus hat".

11 zu Ps. 105.30
Lemma: *quassatio

Und	stand	Aarons Enkel	und	huldigte	und	stillte	die Erschütterung
Unde	**stuont**	**aaronis eninchil**	**unde**	**huldigte**	**unde**	**gestilte**	**diu zescutunge**
Et	stetit	Finees	et	placauit !	et	cessauit	***quassatio**

*‚**Quassatio**' hat manich gediute, die elliu zemuon unde ze noten geziehent; Iz chumit uone einem worte, daz chuit: Quatio, ich scute. quatis, du scutis, quatit er scutit.

*‚*Quassatio*' hat viele Bedeutungen, die sich alle alle auf Mühen und Nöte beziehen; es kommt von einem Wort das heißt: *Quatio*, ich schüttle. *quatis*, du schüttelst, *quatit* er schüttelt.

---

12 zu Ps. 105.36
Lemma: *scandalum

und	dienten	Skulpturen.Abgöttern	ihrer	und	ward getan	ihnen	ihnen
unde	**dienten**	**ergrabenen.abkoteren**	**ire**	**unde**	**ward getan**	**in**	**in**
et	seruierunt	sculptilibus	eorum !	et	factum est	illis	in

zu Schanden
zehoenden.
***scandalum** .

*‚**Scandalum**' ist ein fromedez wort; nehat eigenes gediutes niht, also gniugiu wort endriu, die anegenges unde geslahtes[13] nihne habent, nihwan dazme se diuten muoz. nah anderen worten, dei dar umbe stent.

Dizce wort stet allezane unde allent halben in ubeler bezeichenunge; doh so me iz rehtiste unde eiginlichiste gediuten mach, so chiut iz „wirserunge“, etewenne „uerdruchunge“, also an dirre stete, des ir iuh lihte maget entsten.

---

*‚**Scandalum**' ist ein Fremdwort;[14] es hat keine eigentliche Bedeutung, wie genug andere auch, die Ursprung und Abstammung nicht haben, außer dass man sie deuten muss gemäß anderen Worten, die in ihrer Umgebung stehen.

Dieses Wort steht immer und überall mit übler Bedeutung; wenn man es trotzdem und in seiner eigentlichen Bedeutung deuten kann, so besagt es „Verschlechterung“, manchmal „Verderben“ wie an dieser Stelle, dessen ihr euch leicht vergewissern könnt.

---

13 *anegenges unde geslahtes*: grammatische Termini, wohl im Sinne von „Etymologie“, wie sie zur Bedeutungsermittlung nützlich sein kann; hier mit „Ursprung und Abstammung“ übersetzt (s. u.).
14 Fremdwort: oder besser: „ein seltsames Wort“?

13 zu Ps. 113.17
Lemma *Domus / huse

Familie[15]	Israels	harrte	auf	den Herrn
Hiwisk	**israhelis**	**gewartte**	**an**	**dem herren.**
***Domus**	israhel	sperauit	in	domino !

Helfer	---	und	Schirmer	ihrer	ist er
helfære	**---**	**unde**	**schirmare**	**ire**	**ist er**
adiutor	eorvm	et	protector	erorum	est.

Mit dem ***huse** sint bemeinet, die in dem hus sint; die gehorent unde treffent ze einem hiwiske, ze einem chunne, ze einem geslahte; daz in ein geziuhet.

> Mit dem *Haus sind gemeint, die in dem Haus sind; die gehören und sind zutreffend zu einem *hiwiske*, zu einer Familie, zu einem Geschlecht, zu einer Abstammung; das bezieht sich auf ein und dasselbe.

14 zu Ps. 113.20
Lemma *Benedixit

der Herr	eingedenk	war	unser	und	hat gesegnet	uns
Der herro	**gehuct**	**was**	**unser**	**unde**	**hat gesegenet**	**uns**
Dominus	memor	fuit	nostri !	et	***benedixit**	nobis .

***Benedico** daz ist ein zesamene gesazcetes wort uon zuein sprichen[16]: ‚wole‘ unde ‚ih spriche‘.

daz sult ir merchen: so iz uone gote here zeuns gerihtit wird, so chiut iz: ‚ih segene dih‘ oder ‚dir‘, ‚ih zeche di[...] dinch wole‘, oder suaz so me zeder wis gedenchen unde gesprechen mach, do got sinen liuten mite heil tuot unde salich machet.

So iz aue uon uns hin zegote gerihtit wird, so chiut iz nah sinem rehten gediute: ‚ih wolespriche dir‘, also: suaz sos ih gespriche, daz tuon ih zedinem lobe, zedinen eren.

> **Benedico* das ist ein zusammen gesetztes Wort aus zwei Aussprüchen: ‚wohl‘ und ‚ich spreche‘.

---

15 Das Scholion zählt alle Bedeutungen auf, die sich auch in den heutigen mhd. Wörterbüchern finden.

16 *sprichen*: zu *spriche* st.F./.N „Wort“, in dieser Bedeutung nur hier belegt.

Das sollt ihr bemerken: wenn es von Gott her zu uns gerichtet wird, dann besagt es: ‚ich segne dich‘ oder ‚dir‘, ‚ich ordne deine Dinge gut‘, oder was man auf diese Weise denken oder sagen kann, womit Gott seinen Leuten Heil bewirkt und sie selig macht.

Wenn es aber von uns hin zu Gott gerichtet wird, dann besagt es nach seiner richtigen Deutung: ‚ich spreche auf gute Weise zu dir‘, also: was immer ich spreche, das tue ich zu deinem Lob, zu deinen Ehren.

---

15 zu Ps. 118.4
Lemma: *mandata

du gibst Auftrag.	hast Auftrag gegeben	Aufträge	deine	wahren	gar sehr
Du inbote.	**hast inboten**	**inbot**	**diniu**	**behuoten**	**harte**
Tu mandasti !		***mandata**	tua .	custodire	nimis .

---

*‚**Mandatum***‘ heizzet ‚inbot‘, daz me den heimlichen truten unde den sunterfriunten ‚inbiutet‘.

‚Preceptum‘ ist daz gebot, daz me iouh diche den losen, den widerbruchtigen schalchen ‚gebiutet‘;

daz ziuhet zeder uorhten, ienez gehabet sih zeder minne.

*‚*Mandatum*‘ bedeutet einen ‚Auftrag‘, den man vertrauten Freunden und den besonderen Freunden ‚aufträgt‘.

‚*Preceptum*‘ ist das ‚Gebot‘, das man jedoch oft den unzuverlässigen, den widerspenstigen Knechten ‚gebietet‘.

Dieses (*preceptum*) bezieht sich auf die Furcht, jenes (*mandatum*) verhält sich zur Liebe

---

16 zu Ps. 118.5
Lemma: *iustificationes

O wie wenn	werden gerichtet	Wege	meine	zu wahrende	Recht Machungen	
O wie wenne	**werden gerihtet**	**wege**	**mine**	**ze behuottene**	**reht machunge**	
Utinam	dirigantur	uiae	meae !	ad custotiendas	***iustificationes**	tuas .

*,**Iustificationes** heizze wir dei gotes gebot, dei unsih rehte machent, so si uon uns behalten unde eruollet werdent.

*,*Iustificationes*' („Gerechtmachungen") nennen wir die Gebote Gottes, die uns ,gerecht machen', wenn sie von uns eingehalten und erfüllt werden.

17 zu Ps. 118.5
Vers 5 (ganz):

O, dass doch gerichtet wurden	Wege meine	zum Behüten	Gerechtmachungen deine
O wie wenne wurden gerihtet	**wege mine**	**ze behuotenne**	**reht machunge dine**
Utinam. dirigantur	uiae meae!	ad custodiendas	iustificationes.

Ersatz für die interlineare Übersetzung

Gott wolle, dass meine Wege ausgerichtet werden, zu halten die Gebote Gottes
Got welle daz mine wege gerihtet werden ze behaltenne dei gote gebot.
Utinam dirigantur uiae meae ! ad custotiendas iustificationes tuas .

18 zu Ps. 118.9
Lemma: *adolescentior

an	was	ausrichtet	der Jüngere	Weg	seinen
Ane	**wiu**	**rihtet**	**der iungere**	**wech**	**sinen**
In	quo	corrigit	***adolescentior**	uiam	suam !?

am Behüten	Reden	deine
ane behuottene	**rede**	**dine**
custodiendo	sermones	tuos .

***‚Adolescentia'** ist ein alter des mennisken inzuisken dere chindiske unde dere stercheren iungede; daz ist, so dem chnappen der bart aller erist beginnit springen, unde dere magede die bruste wohsen beginnent.

*‚*Adolescentia*' ist ein Lebensalter des Menschen zwischen der Kindheit und der stärkeren Jugend; das ist, wenn dem Jüngling der Bart zum ersten Mal zu sprießen beginnt und dem Mädchen die Brüste zu wachsen beginnen.

---

19 zu Ps. 118.87
Lemma: *consummauerunt

ein wenig kleiner.fast	voll	brachten	sie	mich	an	der Erde
Ein luzzel minner.uilenah	**uole**	**brahten**	**si**	**mih**	**an**	**der erde**
Paulo minus	***consummauerunt**			me	in	terra !

ich	aber	nicht	verließ	Gebote	deine
ih	**aue**	**niht**	**uerlie**	**inbote**	**diniu**
ego	autem	non	dereliqui	mandata	tua .

***‚Consummo'** daz chiut: ih uolebringe. ‚*Consummas*': „du uolebringis". ‚*Consummat*': „er uolebringit" – daz dinch, daz iz si.

So ist ein ander wort: ‚*Consumo*', daz chuit „ih uerwise". ‚*Consumis*', „du uerwisist". ‚*Consumit*', „er uerwisit"; zeder wis heizzet gedeclinit,[17] deiz nihne si.

---

17 *gedeclinit*: „gebeugt"; dekliniert hier im Sinne von „konjugiert" gebraucht; *declinen* mhd., nur hier belegtes Fremdwort.

Nu merchet, daz me uolebringit, deiz si; unde deiz me uerwisit, deiz nihne si;

dere ietwederez ist „an daz ente braht“.

daz eine deiz si, also daz guant, daz me machet, daz me iz gebiderben mach – daz ist ‚*consummatum*‘, daz ist: „uolebraht an den ente“, also unser herro Ihesus Christus an dem cruce sprah: „*Consummatum est*“, do iz allez geleistet unde eruollet was, daz gewihsaget unde uone ime gescriben was.

So ist daz guant aue ‚*consumptum*‘, daz me gebiderbet unze iz newiht ist, unze iz zeniehte newirdit; daz ist ouh in die wis „an den ente braht“.

> ‚*Consummo*‘ das heißt: „ich vollbringe“, ‚*consummas*‘: „du vollbringst“, ‚*consummat*‘: „er vollbringt“ – das Ding, das es sei.
>
> Ähnlich gibt es ein anderes Wort: ‚*consumo*‘, das heißt: „ich verbrauche“, ‚*consumis*‘ „du verbrauchst“, ‚*consumit*‘ „er verbraucht“, in dieser Weise gebeugt, „dass es nicht sei“.
>
> Nun beachtet, dass man etwas vollbringt, auf dass es sei, und dass man verbraucht, so „dass es nicht sei.“
>
> Jedes von diesen bedeutet: „an das Ende gebracht“.
>
> Das eine, auf dass es sei, wie das Gewand, das man fertig stellt, damit man es gebrauchen kann – das ist ‚*consummatum*‘, das heißt: an ein Ende gebracht, ganz wie unser Herr Jesus Christus an den Kreuz sprach: „Es ist vollbracht“ (*Consummatum est*), als es alles geleistet und erfüllt war, das geweissagt und über ihn geschrieben war.
>
> Dagegen aber ist das Gewand verbraucht (‚*consumptum*‘), das man gebraucht, bis es nichts ist, bis es zu nichts wird; auch das ist auf diese Weise „an das Ende gebracht“.

20 zu Psalm 125.6
Lemma: ganzer Vers

gehende	gingen sie	und	weinten	werfende.säende	Samen	ihre
geente	**giengen si**	**unde**	**weinten**	**werfende.saente**	**samen**	**ire**
Euntes	ibant	et	flebant !	mittentes	semina	sua.

Kommende	aber	kommen sie	mit	Freude	tragende	Garben	ihre
Chomente	**aue**	**choment si**	**mit**	**mandunge**	**tragente**	**garbe**	**ire .**
Uenientes	autem	uenient	cum	exulatione !	portantes	manipulos	suos.

Si

Si saeten guotiu werh. unde sameneten den ewigen lib. Si fuoren in den tot. Si choment ersteente uone dem tode.

Sie säten gute Werke und ernteten das ewige Leben. Sie gingen fort in den Tod. Sie werden kommen als Auferstehende von dem Tod.

---

21 zu Ps. 140.10
Lemma: ganzer Vers

Sie fallen	in	Netz	seinem	die Sünder
Geuallent	**in**	**nezzeline**	**sineme**	**die suntære**
Cadent	in	reciaculo	eius	peccatores !

besonders .	einzeln	bin	ich	bis	ich	an ihnen	vorüber gehe
sunterlichen .	**einzliche**	**bin**	**ih**	**unze**	**ih**	**si**	**ubergen**
singulariter		sum	ego	donec			transeam.

Also er spræche: „ih bin iz eine, der uber die striche gnozzen chumit."

Als ob er spräche: „Ich bin es allein, der über Stricke (?) hinweg kommt, das genutzt habend." (?)[18]

---

18 ***Also er*** bis ***chumit***: Die genaue Bedeutung des Satzes ist ungeklärt. Sicher ist er als imaginierte Rede Jesu zu verstehen. Die *striche* sind vielleicht die „Stricke" des Netzes, das der Teufel nach den Sündern auswirft. Jesus ist es allein, der ihnen entgeht (*transeam*?), dem es gelingt, dies zu nutzen (*gnozzen*?).

Hohes Lied

24 Williram von Ebersberg
Aus der Bearbeitung des ‚Hohen Liedes'
Lähnemann/Rupp

²VL 10 1999, Sp. 1156–1170 (Kurt Gärtner).
Ü.: 30 Textzeugen vom 11. bis zum 16. Jh. Autornah:
Hs. Eb: München BSB cgm 10, fol. 9r-fol. 64v; aus Ebersberg.
Hs. Br.: Breslau, UB cod. R 347, Kriegsverlust.
Hs. Pal.: Rom (Vatikanstadt) Cod. Pal. lat. 73, fol 1r-74r Prachthandschrift; Süddeutschland, aus dem Umfeld der Freisinger Malerschule?.
Hs. Ley: UB Leiden BPL 130.
Abb.: Hs. Eb: https://daten.digitale-sammlungen.de/0005/bsb00059252/images/index.html?id=00059252&groesser=&fip=193.174.98.30&no=&seite=25.
Hs. Pal.: vollständiges Digitalisat in Farbe: https://digi.ub.uni-heidelberg.de/diglit/bav_pal_lat_73/0009.
Dat.: Hs. Eb: 11. Jh., zweite Hälfte.
Hs. Br: 11. Jh., Ende; einzelne Abb. bei Bartelmez, Schützeichel/Meineke und Lähnemann/Rupp.
Hs. Pal.: 11. Jh., Ende, nicht vor 1080.
Hs. Ley: um 1100.
Textentstehung vor 1080, frühestens um 1060.
Spr.: Hs. Eb: ostfr.
Hs. Br: ostfr.
Hs. Pal.: ostfr.
Hs. Ley: Mischsprache, teilweise aus dem Ostfr. umgesetzt ins Nordholländische.
Ed.: Bartelmez, Williram (nach Br). – Schützeichel/Meineke, Williram (nach Eb), – Lähnemann/Rupp, Williram, (nach Br mit kritischer Korrektur und Ergänzung nach Eb unter Heranziehung von Ley; mit Nennung der älteren Ausgaben, mit Abdruck und Übersetzung des Hohelied-Kommentars Haimos von Auxerre und ausgewählter Forschungsliteratur). – Referenzkorpus Mittelhochdeutsch (1050–1350) https://www.linguistics.rub.de/rem/pub/texts//M244_mod.pdf. (Hs. Br). – Original des Hohen Liedes: Reichert, Das HL (hebräisch-deutsch).

Lit.: Kelle, LG 2, S. 56–59. – Ehrismann LG II,1, S. 18–29. – Scherer, Leben Willirams. – Schupp, Williram. – Ziegler, Gesamtwerk. – Zerfass, Die Allegorese Willirams. – Gärtner, Williram-Hss. – Gärtner, Variation im Mittelhochdeutschen. – Gärtner, Der Hohelied-Kommentar Willirams. – Hellgardt, *Mysteria regni celestis*. – Lähnemann/Rupp, Leiblichkeit. – Lähnemann, „Neniae meae". – Lähnemann, Reimprosa. – Bohnert, Textkritik Williram, (mit Auflistung der bis 2006 bekannten Hss. und Drucke, S. 14–16). – Rahner, Mandragora.

Die Auslegung und Bearbeitung des Hohelied-Textes ist von Williram (* vor 1010; † 3. Januar 1085) in dem ältesten Handschriften dreispaltig angelegt. Am schönsten kann man das im Digitalisat der Vatikanischen Prachthandschrift sehen.

In der Mitte
der biblische Vers in großer Schrift beginnend mit sehr großem Buchstaben
links
– 1. lateinische Paraphrase des biblischen Verses in gereimten Hexametern, beginnend mit vergrößertem Buchstaben
– 2. lateinische Auslegung des biblischen Verses in gereimten Hexameter beginnend mit vergrößertem Buchstaben
rechts
– 1. eine rein deutsche Übersetzung des biblischen Verses beginnend mit vergrößertem Buchstaben. Diese Übersetzung wird sich später der Bearbeiter des ‚St. Trudperter Hohen Liedes' zunutze machen.
– 2. eine Auslegung des biblischen Verses in lateinisch-deutsch gemischter Prosa

Im hier vorliegenden Text ist
– die lateinische Paraphrase des biblischen Textes ganz fett gegeben, ebenso die deutsche Prosa-Übersetzung.
– Die lateinische Versparaphrase des Hohen Liedes beginnt mit einem fettem Buchstaben, ebenso die deutsche Prosa-Übersetzung.
– Die Auslegung des Bibelverses in gereimten lateinischen Hexametern beginnt mit einem fettem Buchstaben, ebenso die lateinisch-deutsch gemischtsprachige Auslegung des Bibelverses

Willirams Übersetzungen des biblischen Hoheliedtextes werden in der Mitte des zwölften Jahrhunderts vom Autor des ‚St. Trudperter Hohen Liedes' (Nr. 25) benutzt werden. Willirams Werk war von Anfang an weit verbreitet und zeigt auch hierin seine Wirkung.

1 Widmungsgedicht an Heinrich III.
2 Willirams Vorrede
3 Willirams HL-Bearbeitung Versikel 22–29 und Versikel 128

Texte nach Lähnemann/Rupp (Handschrift Br). – Übersetzungen: Hellgardt abgeglichen mit Lähnemann/Rupp.

1 Versvs Wilrammi Eebersperginsis Abbatis ad regem Heinricvum[1]

Heinrico regi   veniat de culmine caeli
Gloria, vita, salus   pacis et ordo ratus!

Cum tua diversum   mens abripiatur in estum,
Rex bone, pauca tibi   corde loquor humili:

Iussa tui patris   subii iuvenilibus annis
Praeditus exiguo   pauper ego ipse loco.
Híc sterilis agri,   sed in his paucae quoque mansi
Quae bis centenum   non superent numerum.
Haec toleranda mihi   genitoris gratia vivi
Fecerat esse tui   munere multiplici:
Nam vacuis manibus   nunquam rediit mihi missus.
Sed plus grata mihi   gratia colloquii.

Flebilis híc regno   multum mihi flendus egeno.
Mortem quando luit   spes mea tota ruit.
Exhinc te parvo,   cum res mea staret in arto,
Haec tamen haec mea spes,   si iuvenis fieres.

Affuit interea   solatrix parva camena,
Rex invicte, librum   quae tibi dat modicum.
Sit meus híc monitor   qui spe languente fatigor,
Quem tardat senium,   quem gravat exilium!

Si subducis opem,   saltem praecide laborem
Meque monasterium   da repedare meum.

1 Nur in Hs. Eb.

Verse Willirams, des Abtes von Ebersberg, an König Heinrich[2]

Auf König Heinrich komme vom höchsten Himmel herab
Ruhm, langes Leben und Heil und sichere Ordnung des Friedens!

Da dein Geist von vielfältigen Dingen beansprucht wird,
Edler König, sage ich dir nur wenig aus demütigem Herzen.

Den Befehlen deines Vaters gehorchte ich in Jugendjahren
Und wurde, selbst arm, mit einem ärmlichen Platz bedacht.
Unfruchtbar die Äcker hier, freilich auf ihnen auch spärliche Anwesen,[3]
Die die Zahl von zweihundert nicht überschreiten werden.
Dies machte mir zu seiner Lebzeit die Huld deines Vaters
erträglich mit vielen Geschenken:
Denn mein Bote kam nie mit leeren Händen zurück.
Aber noch wertvoller war mir die Gunst des Gesprächs (mit ihm) gewesen.

Beweinenswert war er für das Reich und sehr beweinenswert mir Armem.
Als er den Tod erlitt,[4] brach meine ganze Hoffnung zusammen.
Von da an, weil du noch klein warst, und da meine Lage misslich war,
War dies doch, dies meine Hoffnung, wenn du erwachsen wärest.

Mir stand unterdessen als Trösterin meine geringe Muse bei,
Die dir, unbesiegter König, dieses bescheidene Buch darbringt.
Es soll dich an mich erinnern, der ich in schwindender Hoffnung müde werde,
Den das Alter entkräftet, den das Exil bedrückt!

Wenn du mir Hilfe entziehst, so beende wenigstens mein Leid,
Und gewähre, dass ich in mein Kloster[5] zurückkehre.

---

2 Gemeint ist Heinrich IV.
3 *mansi*: zinspflichtige Höfe.
4 5.10.1056.
5 Gemeint ist das Kloster Fulda, aus dessen Konvent Williram stammte. Ebersberg betrachtet Williram als Exil (Vers 20).

2 Expositio in Cantica Canticorum

Incipit prefatio Wilrammi Babinbergensis scolastici Fuldensis monachi in Cantica Canticorvm

1 Cum maiorvm studia intveor, qvibus in diuina pagina nobiliter floruêre, cogor huius temporis feces defl*ere*, cum iam fere omne litterale defecit stud*ium*, solumque auaritię, inuidię et contentionis remansit exercit*ium*. Nam et si qui sunt, qui sub scolari ferula grammaticę et dialecticę studiis imbu*untur*, hęc sibi sufficere arbitrantes, diuinę paginę omnino obliuisc*untur*, cum ob hoc solum christianis liceat gentiles libros leg*ere*, ut ex his quanta distantia sit lucis ac tenebrarum, ueritatis et erroris possint discern*ere*. Alii uero cum in diuinis dogmatibus sint ual*entes*, tamen creditum sibi talentum in terra abscond*entes* cęteros, qui in lectionibus et canticis peccant der*ident*, nec imbecillitati eorum uel instructione uel librorum emendatione quicquam consulti exh*ibent*.

2 Unum in Francia comperi LANTFRANCVM nomine antea maxime ualentem in dialect*ica*, nunc ad ęcclesiastica se contulisse stud*ia* et in ępistulis Pauli et psalterio multorum sua subtilitate exacuisse ingen*ia*. Ad quem audiendum cum multi nostratum confl*uant*, spero quod eius exemplo etiam in nostris prouinciis ad multorum utilitatem industrię sunę fructum prod*ucant*.

Auslegung des Hohen Liedes

Beginn der Vorrede Willirams des Bamberger Lehrers Mönchs von Fulda zum Hohen Lied

1 Wenn ich die Studien der Alten betrachte, durch die sie in der heiligen Schrift vortrefflich in Blüte standen, muss ich den Abschaum dieser Zeit beweinen, weil es bereits beinah an allem literarischen Studium mangelt, und allein rastlose Geschäftigkeit in Habsucht, Missgunst und Streit übrig blieb. Und auch wenn es noch Leute gibt, die unter der Zuchtrute der Schule mit den Studien der Grammatik und der Dialektik benetzt werden, so meinen sie, dass ihnen dies genüge und denken überhaupt nicht an die heilige Schrift, obwohl es für Christen allein deswegen erlaubt ist, die heidnischen Bücher zu lesen, damit sie aus diesen erkennen mögen, ein wie großer Abstand zwischen Licht und Finsternis, Wahrheit und Irrtum sei. Andere wiederum, obwohl sie in den göttlichen Lehren stark sind, verbergen dennoch das ihnen anvertraute Pfund in der Erde[6] und verlachen jene, die bei der Lesung und beim Singen Fehler machen.[7] Und sie gewähren ihrem Unvermögen weder durch Belehrung noch durch Berichtigung der Bücher auch nur den geringsten Rat.

2 Von einem einzigen in Frankreich, Lantfrank mit Namen, erfuhr ich, der zuvor in der Dialektik Größtes vermochte, dass er sich nun den kirchlichen Studien zugewandt habe und in seiner Erklärung der Paulusbriefe und des Psalters[8] den Geist Vieler mit seinem Genauigkeit geschärft habe. Da viele unserer Landsleute zu ihm strömen, um ihn zu hören, hoffe ich, dass sie nach seinem Vorbild auch in unseren Landen zum Nutzen Vieler die Frucht seines Bemühens hervorbringen mögen.

---

6 Vgl. das Gleichnis Jesu von den anvertrauten Pfunden, Mt. 25,14–30, besonders Vers 25.

7 Bezieht sich auf Fehler bei der Lesung von biblischen Texten und beim Singen der Psalmen und Cantica im Gottesdienst, die besonders im klösterlichen Offizium als ernste Vergehen galten.

8 *In omnes epistolas commentarii cum glossula interiecta*: PL 150, Sp. 101–406; ein Psalmenkommentar Lantfrancs ist nicht überliefert.

3 Et quia sepe contingit, ut impetu fortium equorum etiam caballi ad cursum concitentur, quamuis segnitiem ingenioli mei non ign*orem*, deum tamen bonę uoluntatis sperans adiut*orem* decreui etiam ex mea part*icula* studioso lectori aliqua emolumenti prębere admin*icula*. Itaque cantica canticorum quę sui magnitudinem ipso nomine testantur, statui, si deus annuerit, et uersibus et teutonica planiora reddere, ut córpus in medio positum his utrimque cing*atur*, et ita facilius intellectui occurrat, quod inuestig*atur*.

4 De meo nihil addidi sed omnia de sanctorum patrum diuersis expositionibus eruta in unum comp*egi* et magis sensui quam uerbis tam in uersibus quam in teutonica operam d*edi*. Eisdem uersibus interdum utor, quia quę spiritus sanctus eiusdem uerbis sępius repeti*uit*, hęc etiam me eisdem uersibus sępius repetere non indecens uisum f*uit*.

5 Expositionis tenorem sponso et sponsę sicut in corpore sic in uersibus et teutonica placuit asscribi, ut maioris auctoritatis uide*atur*, et quiuis legens personarum alterna locutione delectabilius affici*atur*.[9]

6 Nescio an me ludit amabilis error, aut certe qui Salomoni pluit, mihi etiam uel aliquantulum stillare dignatur. Interdum mea legens sic delectabiliter affici*or*, quasi hęc probatus aliquis composuerit auct*or*.

7 Opusculum hoc, quamdiu uix*ero*, doctioribus emendandum off*ero*; si quid peccaui, illorum monitu non erubesco er*adere*; siquid illis placuerit, non pigritor *addere*.[10]

---

9 Die Sprecherrollen, u.a. *vox christi, vox ecclesiae* [...]; dazu Anm. 13.

10 Zur Reimprosa s. Manitius LG 2, 593f.; dort auch eine Übersetzung; s. auch Lähnemann, Reimprosa.

3 Und wie es oft geschieht, dass durch das Ungestüm starker Rösser auch schlechte Gäule zum Rennen angefeuert werden, habe ich beschlossen, obwohl ich mir über die Trägheit meiner schwachen Begabung im Klaren bin, in der Hoffnung auf Gottes Hilfe für meinen guten Willen auch meinerseits dem eifrigen Leser ein paar Stückchen dessen, was ich herausbekommen habe, zur Stütze darzubieten. Ich habe mir also vorgenommen, das Hohe Lied, das seine Größe durch seinen Namen selbst bezeugt, wenn es Gott gefällig wäre, sowohl in Versen als auch in deutlicheren deutschen Worten wiederzugeben, dergestalt dass das in die Mitte gesetzte Textkorpus selbst von diesen auf beiden Seiten umkränzt werde und so um so leichter dem Verständnis das begegne, was (hier) aufgespürt wird.

4 Aus Eignem tat ich nichts hinzu, sondern fügte alles in Eins, was ich aus den verschiedenen Auslegungen der heiligen Väter ausgehoben hatte. Und ich mühte mich sowohl in den Versen als auch im Deutschen mehr um den Sinn als um Wörtlichkeit.[11] Zuweilen gebrauchte ich dieselben Verse. Denn bei dem, was der heilige Geist öfters mit den gleichen Worten wiederholt,[12] schien es auch mir nicht unpassend, es mit denselben Versen öfters zu wiederholen.

5 Es gefiel mir, dass die Sprecherrolle der Auslegung dem Bräutigam und der Braut ebenso im Textkorpus wie in den Versen und im Deutschen beigeschrieben werde,[13] damit sie (die Auslegung) mit um so größerer Autorität erscheine und damit jeder Leser durch die abwechselnde Rede der Personen um so angenehmer berührt werde.

6 Ich weiß nicht, ob ein lieblicher Irrtum sein Spiel mit mir hat,[14] oder ob es jener für wert befand, der Salomo wahrlich strömenden Regen verlieh, auch mir vielleicht es ein wenig tröpfeln zu lassen. Manchmal, wenn ich meine Worte lese, fühle ich mich so angenehm berührt, als ob dies irgendein anerkannter Verfasser aufgesetzt hätte.

7 Dieses Werkchen biete ich gelehrteren Leuten, solange ich lebe, zur Verbesserung dar. Wenn ich etwas falsch gemacht habe, werde ich nicht erröten, und es ausradieren. Und ich werde, wenn sie es wünschen, nicht zu träge sein, etwas hinzuzufügen.

---

11 Stellungnahme in der übersetzungstheoretischen Frage, ob man wörtlich oder sinngemäß übersetzen solle. Dazu Hellgardt, Hieronymus und die Folgen. – Literatur im Artikel „Bibelübersetzung iii" TRE 6 (1980), S. 228–246 (Hinweis Lähnemann/Rupp, Williram, S. xiii, Anm. 18).

12 Bezieht sich darauf, dass im Hohen Lied mehrfach Stellen gleichen Wortlauts begegnen.

13 Diese Rollenangeben sind in der handschriftlichen Überlieferung nur unzureichend erhalten geblieben; vgl. jetzt die Rekonstruktion bei Lähnemann/Rupp, Williram, nach der Leidener Handschrift.

14 Horaz, Carmen iii 4,5: *an me ludit amabilis insania?* Dazu Lähnemann/Rupp, S. xiv.

3 Aus Willirams Expositio in Cantica Canticorum

Versikel 22 (Cant. 1,14)

	[Vox Christi ad ecclesiam]	
Pro facie nitida mihi pulchra uideris amica.	**Ecce tu pulchra es amica mea, ecce tu pulchra,**	**Síno, scône bíst tu, frûintin mîn, síno, scône bíst du.**
Teque columbini mitem testantur ocelli;	**Oculi tui columbarum.**	**dîn ôugon sint tûbon ôugon.**
Munditiam mentis factis testando uerendis: Nilo fictum simulas, nec fraudem pectore versas.*		Scône bist tú an gûoten uuérchon, scône bist tú an rêinen gedánkon. Dîn êinuáltige skînet in állen dînen uuérchon; uuanta dú fêichenes unte glîhnisses nîet ne rûochest.

* uersas] celas Eb – „du verhüllst“

Versikel 22

	[Rede Christi an die Kirche]	
Mit deinem leuchtenden Gesicht erscheinst du mir schön, Freundin,	**Siehe meine Freundin, du bist schön, siehe du bist schön,**	**Siehe nun, schön bist du, meine Freundin, siehe nun, schön bist du.**
Und deine Taubenaugen bezeugen, dass du sanft bist:	**Deine Augen sind wie Taubenaugen**	**Deine Augen sind der Taube Augen.**
Indem du mit züchtigem Handeln Reinheit der Gesinnung bezeugst, Täuschst du nicht Erfundenes vor und denkst keinen Betrug in der Brust.		Schön bist du an guten Werken, schön bist du an reinen Gedanken. Deine Einfalt scheint auf in deinen Werken; du denkst nicht an Betrug und Heuchelei.

Versikel 23 (Cant. 1,15a)

<table>
<tr><td></td><td>[Vox Ecclesiae]</td><td></td></tr>
<tr><td>Immo te solum
dicam mi sponse decorum.</td><td>Ecce tu pulcher es dilecte mi et decorus.</td><td>Síno, scône bist tu, uuíne mîn, unt êrlich.</td></tr>
<tr><td>Quem mihi naturę
commendat gloria duplę;
Tu pulcher proprie,
decus omne sed est mihi de te.</td><td></td><td>Du quîst, dáz íh scône sî, ábo al mîn scône, díu ist mír uóne dír cúman. Du bist súnterlîcho scône prę filiis hominum, bêdíu et per diuinitatem et per uirgineam natiuitatem.</td></tr>
</table>

Versikel 24 (Cant. 1,15b)

<table>
<tr><td></td><td>[Vox Ecclesiae, Forts.]</td><td></td></tr>
<tr><td>Stramen habet nostrum
redimicula plurima florum.</td><td>Lectus noster floridus.</td><td>Vnser bétte ist uuóla geblûomet.</td></tr>
<tr><td>Si requiem prębes
uernant uirtute fideles.
Floret honestatis
plus copia tempore pacis.</td><td></td><td>So íh dechêina uuîla gerûouuet bín a persecutione, so uuíl íh des de mêr bíderbe scêinan durh dînen uuíllon in contemplatione, uigiliis, ieiuniis, elemosinis et cęteris bonis operibus.</td></tr>
</table>

Versikel 23

	[Rede der Kirche]	
Ja, dich allein **mein Bräutigam nenne ich schmuck,**	**Siehe du bist schön mein Geliebter und schmuck.**	**Siehe nun, schön bist du, mein Geliebter, und herrlich.**
Du, den mir die Herrlichkeit zweifacher Natur empfiehlt, du bist im eigentlichen Sinn schön, all meine Schönheit aber kommt von dir.		Du sagst, dass ich schön sei, aber all meine Schönheit, die ist mir von dir gekommen. Du im besonderen bist schön *prae filiis hominum*[15] beides, *et per divinitatem et per virgineam nativitatem.*[16]

Versikel 24

	[Rede der Kirche, Forts.]	
Unser Lager hat ganz viele **Blumengirlanden:**	**Unser Bett ist blumig.**	**Unser Bett ist mit Blumen schön bestückt.**
Wenn du Ruhe darbietest, so werden die Gläubigen in [Tugend erfrischt; Eine größere Fülle an Ehre erblüht in der Zeit des Friedens.		Wenn ich nur eine Weile ausgeruht bin *a persecutione,*[17] so will ich desto mehr tüchtig erscheinen um deinetwillen *in contemplatione, uigiliis, ieiuniis, elemosinis, et cęteris bonis operibus.*[18]

15 *prę filiis hominum*: vor den Söhnen der Menschen.
16 *et per diuinitatem et per uirgineam natiuitatem*: sowohl durch Göttlichkeit als auch durch jungfräuliche Geburt.
17 *a persecutione*: von der Verfolgung.
18 *in contemplatione, uigiliis, ieiuniis, elemosinis, et cęteris bonis operibus*: in geistlicher Betrachtung, Nachtwachen, Fasten, Almosen und den übrigen guten Werken.

Versikel 25 (Cant. 1,16)

	[Vox Ecclesiae, Forts.]	
Cedros nostrarum ponemus tigna domorum,	**Tigna domorum nostrarum cedrina,**	**Díu gespérre únser hûisero sint cêdrin,**
Compositaque domo fiet laqueare cypresso.	**Laquearia nostra cypressina.**	**díu getáuele sint* cypressîn.**
Robore doctorum firmatur uita minorum: Sed nitet in populo uarię uirtutis imago. Suntque tuę domui partes utręque decori.		So íh *pacem* hábon, so skînent in únseren *conuenticulis* *bê*díu: *doctores*, dîe der ándere geuéstenont mít íro *doctrina* unte uuîteno stínkent mit démo stánke *bonę opinionis*, unte *auditores*, dîe der mit *simplicitate* unte mít manigsláhtigen *uirtutibus* dîn hûs zîerent.

*sínt ábo Eb

Versikel 25

	[Rede der Kirche, Forts.]	
Lass uns Zedern als Balken unserer Häuser setzen,	**Die Balken unserer Häuser sind aus Zedern,**	**Die Balken unserer Häuser sind aus Zedern,**
Und dem errichteten Hause werde die Täfelung aus Zypresse;	**Unsere Vertäfelungen aus Zypressen.**	**die Getäfel sind aus Zypresse.**
Mit der Kraft der Lehrer wird das Leben der Kleinen gestärkt: Aber es leuchtet im Volk das Bild verschiedener Tugend. Und es gereichen deinem Haus beide Teile zur Zierde.		Wenn ich *pacem*[19] habe, so leuchten in unseren *conventiculis*[20] beide: *doctores*,[21] die da andere fest machen mit ihrer *doctrina*[22] und weithin duften mit dem Duft *bonae opinionis*,[23] und die *auditores*,[24] die da mit *simplicitate*[25] und mit vielfältigen *virtutibus*[26] dein Haus zieren.

19 *pacem*: Frieden.
20 *conventiculis*: Zusammenkünften.
21 *doctores*: die Lehrer.
22 *doctrina*: Lehre.
23 *bonae opinionis*: guter Gesinnung.
24 *auditores*: Hörer.
25 *simplicitate*: Einfalt.
26 *virtutibus*: Tugenden.

Versikel 26 (Cant. 2,1)

	[Vox Christi]	
Flos ego sum campi et lilium amabile ualli.	**Ego flos campi Et lilium conuallium.**	**Íh bin uéltblûoma unte lília dero télero.**
Flos ego uirgineus paruisque parentibus ortus. Gloria sum mundi ueluti flos gloria campi Semper amans mentes nullo turgore tumentes.		Also daz uélt úngeáran bírit dîe blûomon: sámo bín íh *sine uirili semine* gebóran uon déro mágede unte bín ôuh *habitator humilium mentium,* *quę per conualles figurantur.*

Versikel 26

[Rede Christi]

Blume bin ich des Feldes
und liebliche Lilie des Tales.

Ich bin eine
Blume des Feldes
und eine Lilie
der Täler.

Ich bin eine Feldblume
und Lilie der Täler.

Ich bin eine jungfräuliche Blume,
geboren von niedrigen Eltern.
Ich bin die Herrlichkeit der Welt
wie die Blume die Herrlichkeit des
[Feldes:
immer liebend Gesinnungen,
die durch kein Protzen sich
[aufblähen.

Wie das Feld ungeackert
die Blumen trägt: so bin
ich *sine virili semine*[27]
geboren von der Jungfrau
und bin auch *habitator*
humilium mentium, quae
per convalles figurantur.[28].

27 *sine virili semine*: ohne männlichen Samen.
28 *habitator humilium mentium, quae per convalles figurantur:* ein Bewohner demütiger Gesinnungen, die durch die Täler bezeichnet sind.

Versikel 27 (Cant. 2,2)

	[Vox Christi]	
Lilium ut ex densis emergit nobile spinis:	**Sicut lilium inter spinas:**	**Álso díu *lilia* ist únter den dórnon,**
Sic tua femineum pręcellit gloria coetum.	**Sic amica mea inter filias.**	**sámo bist du, frîuntin mîn, unter ánderen tóhteron.**
Sic tibi uiuendum sic censes esse cauendum Ne tibi candorem seu et uirtutis odorem Nequam uicini deperperdant aut inimici.		**D**îe dórna ne múgen dîe lílion bedûhan, sîu nevuáhse unte blûoie unter ín: íetemer múgin dih geírren devuéder *pagani* óder *mali christiani,* dúne blûoiest ána *in uirtutibus.*

Versikel 27

	[Rede Christi]	
Wie die edle Lilie aus dichten Dornen herausragt:	**Wie die Lilie unter Dornen:**	**Wie die *lilia*[29] unter den Dornen ist:**
So übertrifft deine Herrlichkeit die Schar der Mädchen.	**So ist meine Freundin unter den Töchtern.**	**ebenso bist du meine Freundin unter anderen Töchtern.**
So meinst du leben zu sollen, [so achtzuhaben, dass dir den Glanz oder den [Duft der Tugend nicht irgendwie Nachbarn [verderben oder Feinde.		Die Dornen können die Lilie nicht bedrücken, dass sie nicht wüchse und blühe unter ihnen: ebensowenig können dich weder *pagani*[30] noch *mali christiani*[31] beirren, dass du nicht blühest immerfort *in virtutibus*[32].

---

29 *lilia*: die Lilie.
30 *pagani*: Heiden.
31 *mali christiani*: schlechte Christen.
32 *in virtutibus*: in den Tugenden.

Versikel 28 (Cant. 2,3.a)

	[Vox Ecclesiae Forts.]	
Germina siluarum **prȩcellit nobile malum.**	**Sicut malum inter ligna siluarum:**	**Mîn uuíne íst unter ánderen lûiten**
Sic mihi dilectum **prȩ cunctis dico decorum.**	**Sic dilectus meus inter filios.**	**sámo áffaltera unter ándremo uváltholza.**
Ipse tamen proprie natiuo clarus honore Fecit adoptiuos sibi fratres, fecit amicos.		Álso díu áffaltera scôner ist danne ander uuáltholz, uuánte síu dîe scônon unte dîe sûozen épfele bíret: sámo hábet mîn *sponsus* súnterlîche scône *prȩ ceteris electis*, uuanta ér ist gótes sún *per naturam, speciosus forma prȩ filiis hominum*; ándere *electi* sint *filii dei* unde sîne brûodera *per adoptionis gratiam*.

Versikel 28 (Cant. 2,3.a)

	[Rede der Kirche, Forts.]	
Die Schösslinge der Wälder übertrifft der edle Apfel.	**So wie ein Apfelbaum unter den Hölzern der Wälder**	**Mein Geliebter ist unter anderen Leuten**
So nenne ich mir meinen Geliebten vor allen anderen schmuck.	**So ist mein Geliebter unter den Söhnen.**	**wie der Apfelbaum unter dem anderen Waldholz.**
Obwohl er auf besondere Weise berühmt ist durch seinen Ehrenstand [von geburtswegen, macht er sich Adoptivbrüder, macht er sich Freunde.		Ganz wie der Apfelbaum schöner ist als anderes Waldholz, denn er trägt die schönen und süßen Äpfel: ebenso hat mein *sponsus*[33] eine besondere Schönheit *prae ceteris electis*,[34] denn er ist Gottes Sohn *per naturam*[35], *speciosus forma prae filiis hominum*;[36] die anderen *electi*[37] sind *filii dei*[38] und seine Brüder *per adoptionis gratiam*.[39]

33 *sponsus*: Bräutigam.
34 *prae ceteris electis*: vor den übrigen Erwählten.
35 *per naturam*: der Natur nach.
36 *speciosus forma prae filiis hominum*: (er ist) schön aufgrund seiner Wesensform über die Söhne der Menschen hinaus.
37 *electi*: Erwählten.
38 *filii die filii dei*: Söhne Gottes.
39 *per adoptionis gratiam*: durch das Gnadengeschenk der Adoption.

Versikel 29 (Cant. 2,3.b)

	[Vox Ecclesiae, Forts.]	
Qui mihi iocundam nunc prębet ab ęstibus umbram:	**Sub umbra illius, quam desideraueram, sedi;**	**Îh saz unter sînemo scáte, des íh îe gérota,**
Is quoque maturum concedet carpere fructum;	**et fructus eius dulcis gutturi meo.**	**unte sînes óbezes nîetet míh.**
Cuius in aduersis me saluat dextera fortis: Ipse sua facie satiabit me sine fine.		Wanta íh sînen skírm îe hábeta *in persecutionibus* unte in *feruore temptationis*: uóne dánnan díngen íh, daz er míh uolle brínge *ad contemplationem suae diuinitatis.*

Versikel 29

	[Rede der Kirche, Forts.]	
Der mir nun darbietet gegen die Hitze wohltuenden Schatten,	**In seinem Schatten, nach dem ich verlangt hatte, saß ich;**	**Ich saß unter seinem Schatten, wonach mich seit je verlangte;**
Wird auch die reife Frucht zu pflücken erlauben.	**und seine Frucht schmeckt meinem Gaumen süß.**	**und von seinem Obst genieße ich.**
Er, dessen starke Rechte mich im Unglück errettet, Er selbst wird mich mit seinen Angesicht sättigen ohne Ende.		Denn ich hatte seinen Schutzschirm immer *in persecutionibus*[40] und *in feruore temptationis*[41]: von daher hoffe ich, dass er mich ganz bringe *ad contemplationem suae diuinitatis*[42].

40 *in persecutionibus*: in Verfolgungen.
41 *in feruore temptationis*: in der Glut der Versuchung.
42 *ad contemplationem suae diuinitatis*: zur Schau seiner Göttlichkeit.

Versikel 128 (Cant. 7,13a)

	[Vox Ecclesiae]	
Limine portarum redolet uîs mandragorarum.	**Mandrágorae dederunt odorem in portis nostris.**	**Dîe arzatuvúrze stínchent uíle drâho in únseren pórton.**
Dant operam quando populis tua uerba sonando Spargere doctores mirę uirtutis odores, Erigit intentum plebs auditoria sensum; Nam per eos portas uitę sibi credit apertas.		*Odor uirtutvm* án dén *apostolis* únte án íro *successoribus*, dér lókket íro *auditores*, dáz sîe *per eos ueluti per portas* îlen *intrare ad uitam*.
Mandragorę radix, ut cernitur imitatrix Corporis humani:		*Íro prędicatio* dîu íst ôuh *quasi odor mandragorę, quę in radicibus suis similitudinem hábet humani corporis*;
sic subiectis similari Doctores norunt passiuo glutine morum,		uvánte sîe sínt *omnibus omnia facti* únte kúnnon *compati et consimilari auditorum infirmitati*,

43 *Odor virtutum*: der Duft der Tugenden.
44 *apostolis*: den Aposteln.

Versikel 128 (Cant. 7,13a)

	[Rede der Kirche,]	
Es duftet die Kraft der Alraunen auf der Schwelle der Pforten.	**Die Alraunen geben Duft in unseren Pforten.**	**Die Heilwurzeln duften sehr kräftig an unseren Pforten.**
Wenn die Lehrer sich mühen, den Völkern durch das Ertönenlassen deiner Worte die Düfte wunderbarer Tugend zu verstreuen:		*Odor virtutum*[43] bei den *apostolis*[44] und bei ihren *successoribus*,[45]
dann richtet das hörende Volk gespannte Aufmerksamkeit auf; denn durch sie* glaubt es die Pforten des Lebens offen für sich.		der lockt ihre *auditores*,[46] dass sie *per eos veluti per portas*[47] eilen, *intrare ad vitam*.[48]
Wie man sieht, dass die Alraunwurzel Nachahmerin des menschlichen Körpers ist:		Ihre *praedicatio*[49] die ist auch *quasi odor mandragorae, quae in radicibus suis similitudinem habet humani corporis*;[50]
so verstehen es die Lehrer, sich ihren Untergebenen anzugleichen durch den zähen Leim** ihrer Sitten.		denn sie (die Prediger) sind *omnibus omnia facti*[51] und können *compati et consimilari auditorum infirmitati*.[52]

* durch sie: durch die Worte
** Die Lehrer „leimen" sich die Schüler fest an durch ihre vorbildlichen Sitten.

---

45 *successoribus*: Nachfolgern.
46 *auditores*: Hörer.
47 *per eos veluti per portas*: durch sie wie durch Pforten hindurch.
48 *intrare ad vitam*: einzutreten in das Leben.
49 *praedicatio*: Predigt.
50 *quasi odor mandragorae, quae in radicibus suis similitudinem habet humani corporis:* gleichsam der Duft der Alraune, die in ihren Wurzeln Ähnlichkeit hat mit dem menschlichen Körper.
51 *omnibus omnia facti*: für alle alles geworden.
52 *compati et consimilari auditorum infirmitati:* mitleiden und sich angleichen der Schwäche der Hörer.

Versikel 128 (Cant. 7,13a)

[Vox Ecclesiae]

Paulus ut enumerat, cum se infirmantibus equat.	álso Paulus quît: „*Quis infirmatur, et ego non infirmor? Quis scandalizatur, et ego non uror*“[53] *Et alibi: „Omnibus omnia factus sum, ut omnes lucri facerem.*“[54]
Mandragorę pomum uelut ob medicamina potum Dat somnos ęgris post longa insomnia fessis:	Álso dáz *pomum mandragorę, quod simile est malo terrę, haustum in uino má*chet dîe sláffelôson *dormire et requiescere:*
Sic quoque doctores, quos mundi ferre labores Et strepitus cernunt, uerbi medicamine uertunt In requiem mentis	Sámo tûont *doctores, eos qui laborant strepitu mundanarum rerum*, dîe máchent sîe *dormire inter medios cleros; id est inter duos testamenta, uetus et nouvm,*
non iam gaudere retentis Sed magis amissis opibus ludisque relictis.	dáz sîe mêr lústet *diuina mysteria scrutari, quam ludis et fabulis aut turpibus cantilenis occupari.*

53 „*Quis infirmatur, et ego non infirmor? Quis scandalizatur, et ego non uror?*“: II. Cor. 11,29.
54 „*Omnibus omnia factus sum, ut omnes lucri facerem.*“ vgl. I Cor. 9,22.

Versikel 128 (Cant. 7,13a)

[Rede der Kirche]

Wie es Paulus es aufzählt, wenn er sich den Schwachen [gleichstellt.	Wie Paulus sagt: *„Quis infirmatur, et ego non infirmor? Quis scandalizatur, et ego non uror?“*[55] *Et alibi: „Omnibus omnia factus sum, ut omnes lucri facerem.“*[56]
Wie die Frucht der Alraune getrunken als Heilmittel [Schlaf gibt nach langer Schlaflosigkeit [ermüdeten Kranken:	Ganz so wie das *pomum mandragorę, quod simile est malo terrę, haustum in uino*[57] die Schlaflosen *dormire et requiescere*[58] macht:
So auch die Lehrer; sie wenden jene, die sie die Mühen und den Lärm der Welt [ertragen sehen, durch das Heilmittel des Wortes zur Ruhe des Geistes:	ebenso tun die *doctores:*[59] *eos qui laborant strepitu mundanarum rerum,*[60] die machen sie *dormire inter medios cleros, id est inter duo testamenta, vetus et novum,*[61]
nicht länger sich zu freuen an [festgehaltenen, sondern mehr an verlorenen Reichtümern nach dem [Aufgeben von Vergnügungen.	so dass sie mehr gelüstet, *diuina mysteria scrutari, quam ludis et fabulis aut turpibus cantilenis occupari*[62].

---

55 *„Quis infirmatur, et ego non infirmor? Quis scandalizatur, et ego non uror?“* : „Wer wird schwach und ich werde nicht schwach? Wer wird geärgert, und ich brenne nicht (vor Zorn) mit ihm?“– In Anlehnung an Hebr. 4,15.

56 *Et alibi: „Omnibus omnia factus sum, ut omnes lucri facerem.“* : Und an anderer Stelle: „Ich bin für alle alles geworden, damit ich für alle Gewinne mache.“ (II. Cor. 11,29 und I. Cor. 9,22).

57 *pomum mandragorę, quod simile est malo terrę, haustum in uino*: die Frucht der Alraune, die dem Erdapfel ähnlich ist, getrunken in Wein.

58 *dormire et requiescere*: schlafen und ausruhen.

59 *doctores*: die Lehrer.

60 *eos qui laborant strepitu mundanarum rerum*: jene, die unter dem Getöse weltlicher Dinge leiden.

61 *dormire inter medios cleros, id est inter duo testamenta, vetus et novum*: schlafen in der Mitte zwischen den Klerikern, d. h. zwischen den beiden Testamenten, dem Neuen und dem Alten.

62 *diuina mysteria scrutari, quam ludis et fabulis aut turpibus cantilenis occupari*: die göttlichen Geheimnisse zu erforschen, als sich von Vergnügungen und erdichteten Geschichten oder hässlichen Liedern einnehmen zu lassen.

Versikel 128 (Cant. 7,13a)

[Vox Ecclesiae]

<table>
<tr><td>Sic quoque doctores,
quos mundi ferre labores
Et strepitus cernunt,
uerbi medicamine uertunt
In requiem mentis</td><td>Sámo tûont doctores, eos qui laborant strepitu mundanarum rerum, dîe máchent sîe dormire inter medios cleros; id est inter duos testamenta, uetus et nouvm,</td></tr>
<tr><td>non iam gaudere retentis
Sed magis amissis
opibus ludisque relictis.</td><td>dáz sîe mêr lústet diuina mysteria scrutari, quam ludis et fabulis aut turpibus cantilenis occupari.</td></tr>
<tr><td>Eiusdem pomi
bibito uelut exteriori
Cortice non sentit,
quem pro medicamine tangit
Vstio uel ferrum:</td><td>Áls ába dîu ûzzera rínta eiusdem pomi in vuîne getrúnkeníu duálm máchet dén, dîe man scál snîdan óder brénnan:</td></tr>
<tr><td>sic cum medicabile uerbum
Plebi sorbendum
prębetur ab ore docentum:
Ipsa superficies
eius solet addere uires
Mentibus egrotis
sensumque fugare timoris,
Ne pro spe uitę
metuant aduersa subire.</td><td>sámo tûont doctores; mít sola superficie diuini uerbi geárzenont sîe dîe infirmos auditores únte máchont sîe quodámmodo insensibiles ad mundi mala toleranda.</td></tr>
</table>

63 *doctores*: die Lehrer.
64 *eos qui laborant strepitu mundanarum rerum*: jene, die unter dem Getöse weltlicher Dinge leiden.
65 *dormire inter medios cleros, id est inter duo testamenta, vetus et novum*: schlafen in der Mitte zwischen den Klerikern, d. h. zwischen den beiden Testamenten, dem Neuen und dem Alten.
66 *diuina mysteria scrutari, quam ludis et fabulis aut turpibus cantilenis occupari*: die göttlichen Geheimnisse zu erforschen, als sich von Vergnügungen und erdichteten Geschichten oder hässlichen Liedern einnehmen zu lassen.

Versikel 128 (Cant. 7,13a)

So auch die Lehrer; sie wenden jene, die sie die Mühen und den Lärm der Welt ertragen sehen, durch das Heilmittel des Wortes zur Ruhe des Geistes:	[Rede der Kirche]	ebenso tun die *doctores:*[63] *eos qui laborant strepitu* *mundanarum rerum,*[64] die machen sie *dormire inter* *medios cleros, id est inter duo* *testamenta, vetus et novum,*[65]
nicht länger sich zu freuen an festgehaltenen, sondern mehr an verlorenen Reichtümern nach dem [Aufgeben von Vergnügungen.		so dass sie mehr gelüstet, *diuina mysteria scrutari,* *quam ludis et fabulis aut tur-* *pibus cantilenis occupari*[66].
Wie einer, der gleichsam von dieser Frucht äußerer Schale getrunken hat, wenn ihn als Heilmittel berührt Brand oder Eisen, nichts spürt:		Wie aber die äußere Rinde *eiusdem pomi,*[67] in Wein getrunken, denen Schlaf bereitet, die man schneiden oder brennen wird,
so pflegt, wenn dem Volk heilsames Wort zum Schlürfen dargeboten wird vom Mund der Lehrenden dessen Oberfläche Kräfte hinzu zu fügen den kranken Gemütern und das Empfinden der Furcht (pflegt) zu [fliehen, damit sie nicht, statt auf das Leben zu hoffen, fürchten, Widerwärtiges zu ertragen.		ebenso machen es die *doctores*[68]: mit *sola super-* *ficie diunini uerbi*[69] ver- arzten sie die *infirmos* *auditores*[70] und machen sie *quodámmodo insensibiles ad* *mundi mala toleranda.*[71]

---

67 *eiusdem pomi*: ebendieser Frucht.
68 *doctores*: die Lehrer.
69 *sola superficie diunini uerbi*: allein der Oberfläche des göttlichen Wortes.
70 *infirmos auditores*: kranken Zuhörer.
71 *quodámmodo insensibiles ad mundi mala toleranda*: zum Ertragen der Übel der Welt.

25 Fünf Stücke aus dem ‚St. Trudperter Hohen Lied' „Eine Lehre der minnenden Gotteserkenntnis" Ohly

[2]**VL 9** (1995) Sp. 1089–1106 (Friedrich Ohly).
Ü.: Älteste Hs. Nürnberg, GMN, Hs. 42518, Fragment, 1 Doppelblatt. – Haupthandschrift Wien, ÖNB, Cod. 2719 (Sigle A). – Neun weitere Handschriften/Fragmente des späten 12. bis frühen 16. Jh.s.
Abb.: Proben aus vier Hss. bei Menhardt, Einleitung und bei Schneider, Gotische Schriften, Abb. 50 (Hs. A). – Das älteste Fragment: GNM Digital Library. URI: http://dlib.gnm.de/item/Hs42518/2. (farbiges Digitalisat).
Dat.: Nürnberger Fragment: 12. Jh., 3. Viertel (Karin Schneider, Neue Funde, S. 393). – Wien Cod. 2719 (Sigle A) 13. Jh. 1. Viertel, nicht vor dem ersten Jahrzehnt (Karin Schneider, Gotische Schriften 1, S. 105). – Textentstehung wahrscheinlich im benediktinischen Doppelkloster Admont um oder bald nach 1160 (Ohly, VL).
Spr.: alem. nach bair. Vorlage (Hs. Wien, ÖNB, Cod. 2719, Sigle A).
Ed.: Menhardt, St. Trudperter HL. – Ohly, Eine Lehre. – Referenzkorpus Mittelhochdeutsch (1050–1350) https://www.linguistics.rub.de/rem/pub/texts//M113_mod.pdf. nach Handschrift A Wien, ÖNB Cod. 2719. – Original des Hohen Liedes: Reichert, Das Hohe Lied (hebräisch-deutsch).
Lit.: Kelle, LG 2, S. 124–125 und S. 325. – Ehrismann LG II,1, S. 29–39. – Vor allem ist hier aber auf die Ausgabe Ohlys mit Übersetzung, reichem Kommentar und ausführlichen bibliographischen Informationen zu verweisen; s. ferner die Monographie von Küsters, Der verschlossene Garten. – Zu den einzelnen Abschnitten der vorliegenden Auswahl: zu 1: Küsters, S. 291–293; zu 2: Rahner, Mandragora. – Original des Hohen Liedes: Reichert, Das HL (hebräisch-deutsch).

Das St. Trudperter Hohe Lied ist sicher nicht im Kloster St. Trudpert entstanden. St. Trudpert kam in den Titel des Werks durch einen Besitzeintrag der Haupthandschrift (A, Wien ÖNB 2719), der diese als Eigentum des Schwarzwaldklosters St. Trudpert im Obermünstertal (südlich von Freiburg i. Br.) ausweist, freilich erst in der zweiten Hälfte des 14. Jahrhunderts. Als Hinweis auf den Entstehungsort ist das nicht zu werten.

Ohly schlägt als Titel die Selbstbezeichnung vor: „Eine Lehre der minnenden Gotteserkenntnis", wie sie im Epilog des Werkes formuliert ist (s. u. 5). Als Entstehungszeit setzt er „um 1160" an, als Entstehungsort nimmt er das benediktinische Doppelkloster St. Admont in der Steiermark an, für dessen Frauenkonvent das Werk von einem anonym bleibenden, männlichen Autor verfasst sei. Ohly verweist dabei auf personelle und institutionelle Verbindungen St. Admonts zu alemannischen Klöstern hiersauischer Reformobservanz, aus denen sich auch die bair.-alem. Sprachmischung erklären ließe.

Der Sprachstand der Handschrift A wird als „alem. nach bair. Vorlage" charakterisiert (Karin Schneider, Gotische Schriften I, S. 106–108). Ohly ediert den Text mit Rücksicht auf eine leichtere Lesbarkeit in rekonstruiertem „Normalmittelhochdeutsch". Wenn das hier übernommen wird, so ist doch darauf hinzuweisen, dass diese Sprachgestaltung keinem der überlieferten Textzeugen entspricht, insbesondere nicht irgendeinem Sprachstand der Entstehungszeit des Werkes (um 1160).

Mit dem Blick auf seinen geistigen, spirituellen und literarästhetischen Rang kann diese „Lehre der minnenden Gotteserkenntnis" als das bedeutendste Prosawerk der deutschen Literatur im zwölften Jahrhundert angesehen werden. Seine exegetische Gelehrtheit und Originalität und besonders seine spirituelle Kombinatorik von dogmatischen wie devotionalen Topoi und theologischen Diskurselementen steht in der Nachfolge der zisterziensisch-viktorinischen Kontemplativität des zwölften Jahrhunderts, eines Wilhelm von Saint-Thierry, eines Richard und Hugo von St. Viktor und nimmt mit damit – gleichwohl auf ganz in eigene Art – die Spiritualität Bernhards von Clairvaux auf, wie sie – in Opposition zu den französischen Anfängen der Scholastik – bald auch in Deutschland Widerhall fand (Gerhoch von Reichersberg, Rupert von Deutz, Honorius Augustodunensis). Die hier gemeinte literarästhetisch-spirituelle Technik der geistlichen Kontemplation, umgesetzt etwa in sprachästethisch und intellektuell wie begrifflich eindrucksvollen Reihen von Anaphern und Parallelismen und anderen Stilfiguren wird beispielweise und besonders immer wieder auf der Grundlage des Lehrstücks von den sieben Gaben des heiligen Geistes in Kombination mit anderen theologisch zentralen Lehrstücken geübt. Beispiele dafür sind in der hier vorliegenden Auswahl unten die ausgewählten Stücke 3 und 5.

Seinen „Sitz im Leben" könnte das Werk in Gestalt von sogenannten *Confabulationes* bei der außerliturgischen, abendlichen *Collatio* nach der Komplet des Klosteralltags gehabt haben, wenn man sich vorstellt, dass der biblische Text bei solcher Gelegenheit nach und nach in der Art einer *lectio continua*, also in fortlaufender Lesung und Auslegung als geistliche „Vortragsreihe" den Damen eines hiersauisch reformierten Frauenkonvents von einem mit ihrer Seelsorger befassten Priester kolloquial zu Mitvollzug und Erbauung dargeboten wurde, etwa um die Zeit von Mariae Himmelfahrt (15. August).[1] Es gibt auch Indizien, dass diese Vorträge im Anschluss an eine Reihe gleichartiger Stücke zum biblischen Buch der Proverbia Salomonis dargeboten wurden (Ohly, S. 506; vgl. Küsters, S. 29–30). Als Ort solcher Andachtsübungen ist beispielsweise der Frauenkonvent des hiersauisch reformierten Doppelklosters Admont (Steiermark) vorstellbar.

Bemerkenswert als Zeugnis literarischen und spirituellen Austauschs in der deutschsprachigen Literatur des zwölften Jahrhunderts ist die Tatsache, dass für die Übersetzungen des Hoheliedtextes im ‚Trudperter Hohen Liede‘ die Übersetzungen der Hoheliedbearbeitung Willirams (Nr. 24) benutzt sind.

Text: normalisierte Gestaltung, Absatzsetzung, Interpunktion und Übersetzung in freier Anlehnung an Ohly.

1 Hierzu ausführlich Küsters, Der verschlossene Garten, S. 24–39.

1 Hohes Lied II,6–8
Ohly S. 82–85

01 [LAEVA EIUS SUB CAPITE MEO
ET DEXTERA ILLIUS AMPLEXABITUR ME (HL II,6)]

SÎN WISTERE IST UNDER MÎNEME HOUBETE,
SÎN ZESEWE UMBEGRÎFERT MICH.[2]

02 Daz quît: swenne ich an SÎNEME WINSTEREN ARME lige, daz ist dirre lîp, sô beschirmet er mich unde hüetet mîn, daz mich nieman wecke noch erschrecke nehein unrehtiu vorhte noch nehein unrehtiu minne.

03 Swenne ich entslâfe, sô wîset er mîne sêle in troumes wîs an die veizten weiden des heiligen geistes und mîne inneren sinne in den schîm des himelischen wîstuomes. Daz ist diu hoeheste wunne, die man in den ellenden gehaben mac.

04 Wan diz aber daz vinstere und daz ellende lant ist, sô ist disiu wunne mêre ein troum denne ein wârheit.[3]

05 [ADIURO VOS, FILIAE IERUSALEM
PER CAPRAS CERVOSQUE CAMPORUM,
NE SUSCITETIS, NEQUE EVIGILARE FACIATIS DILECTAM
QUOADUSQUE IPSA VELIT (HL II,7)]

ICH BESWERE IUCH, TÖHTERE IERUSALEM,
BÎ DEN RÊHEN UNDE BÎ DEN HIRZEN,
DAZ IR MÎNE WINEGE NEWECKET NOCH NEMUNTERET,
UNZ SIU SELBE WELLE!

06 Daz quît: ir heiligen sêle, ir dâ hoeret unde treffent in die himelischen Ierusalem, ICH BESWERE IUCH bî den tugenden iuweres lîbes unde bî der reine iuwere sêle, daz ir mîne lieben NIENE WECKET mit weltlichen maeren noch mit üppegen spellen[4] noch mit enheineme ungestüeme, daz ir sinne getrüeben müge, UNZ SIU SELBE WELLE.

---

2 Dieser und der folgende Vers begegnen noch einmal im Hohen Lied gegen dessen Ende VIII,3–4, s. unter 3; zur Auslegung an der hier vorliegenden Stelle im Sinne einer geistlichen Erotik s. besonders Küsters, S. 291–293.

3 *mêre ein troum denne ein wârheit*: die Ernüchterung darüber, dass eine beständige Einung mit dem Geliebten unter den Bedingungen dieser Welt unmöglich ist; wie ein verhaltener Vorklang auf das, was bei Mechthild von Magdeburg immer wieder mit größter Intensität ausgesagt, im St. Trudpert Hohen Lied hier aber und auch sonst nur nüchtern anklingt, nicht aber leidenschaftlich ausgestaltet ist.

4 *weltlichen maeren noch mit üppegen spellen*: diese Mahnung, hier zu HL 2,7 (Ohly S. 84) auch zu HL 3,11 (Ohly S. 114) und 4,14 (Ohly, S. 144 mit Kommentar S. 713); sie gehört auch in den ahd. Beichten öfters zu den Sünden, die ein Konfitent beichtet. So ist in der Würzburger Beichte von *unnuzun spellun ente mit itelen* die Rede, in der Bamberger u. a. von *lúgiságilon, lúgispéllen, huorlieden, scántsangen*, in der Sächsischen Beichte gar von *hêthinussia* und *unhrênion sespilon* (heidnisch-kultische Gesänge z. B. beim Totenkult). Gemeint sein dürften unterhaltsam-fiktive, manchmal auch moralisch und reli-

01 [Seine Linke ist unter meinem Kopf,
Und seine Rechte wird mich umarmen.]

Seine Linke ist unter meinem Haupt,
seine Rechte umfasst mich.

02 Das besagt: Wenn ich an seinem linken Arm liege, das ist dieser Leib, so beschirmt er mich und behütet mich, auf dass mich niemand wecke noch erschrecke, weder irgendeine unrechte Furcht, noch irgendeine unrechte Liebe.

03 Wenn ich in Schlaf sinke, so weist er meine Seele in Traumes Weise auf die feisten Weiden des heiligen Geistes und meine inneren Sinne in den Glanz der himmlischen Weisheit. Das ist die höchste Wonne, die man in diesen Fremdlanden haben kann.

04 Weil dieses aber das finstere und das fremde Land ist, so ist diese Wonne mehr ein Traum als eine Wahrheit.

05 [Ich beschwöre euch, ihr Töchter Jerusalems
bei den Ziegen und den Hirschen der Felder:
unternehmt es nicht, dass ihr etwa meine Geliebte aufwachen macht
bis dann, wenn sie es denn selbst wolle!]

Ich beschwöre euch, ihr Töchter Jerusalems,
bei den Rehen und bei den Hirschen,
dass ihr meine Geliebte nicht weckt noch munter macht,
bis sie selbst es wolle!

06 Das besagt: Ihr heiligen Seelen, die ihr da zu- und hingehört zum und in das himmlische Jerusalem, ich beschwöre euch bei den Tugenden eures Leibes und bei der Reinheit eurer Seele, dass ihr meine Geliebte auf keinen Fall wecken sollt weder mit weltlichen Erzählungen noch mit verführerischen Erdichtungen, noch mit irgendeiner Aufreizung, die ihre Sinne trüben könnte, bevor sie es denn selbst wolle.

giös anstößige Stücke der mündlichen Dichtungstradition in Vers und Prosa, gesprochen und gesungen. Dass im St. Trudperter HL die Klosterfrauen an immerhin drei Stellen vor derlei gewarnt werden, ist auffällig. – Zu der ganz andersartigen Auslegung der Dublettenverse auf ein tätig-mitmenschliches Leben der erwachenden Geliebten vgl. unter 3.

07 [VOX DILECTI MEI; ECCE ISTE VENIT! (HL II,8a)]

DIZ IST DIU STIMME MÎNES WINES.

08 Er ist mir sô holt, daz er niene mac vertragen, daz mich iemen wirsere oder WECKE von sîner minne.

09 [SALIENS IN MONTIBUS, TRANSILIENS COLLES HL II,8b)]

MÎN WINE DER VERT ALLEZ IN SPRÜNGEN durch mînen willen AN DEN HÔHEN BERGEN UNDE ER ÜBERSPRINGET ALLE BÜHELE.

10 Daz quît:

Durch mîne sêle spranc er

vone himele in diu wambe der magede,
von der wambe ze der krippe,
von der krippe ze der toufe,
von der toufe an daz kriuze,
von dem kriuze ze deme grabe,
von deme grabe ze der helle,
von der helle ze der urstende.
von der urstende vuor er ze himele.[5]

5 Diese Sprünge, eigentlich ein heroisches Motiv, ausgelegt auf die Heilstaten Christi, ausgehend von der mitternächtlich-heilsgeschichtlichen Zeitenwende mit Christi Geburt, haben eine reiche exegetische Tradition seit der frühen Kirchväterzeit, s. sehr ausführlich Ohly, S. 714–721; hinter all dem steht wohl auslösend das neben dem Hohen Lied andere „salomonische", freilich apokryphe Buch der Bibel, die Sapientia „Salomonis", hier Sap. 18,14–15: *Cum enim quietum silentium continerit omnia, et nox in suo cursu medium iter haberet, omnipotens sermo tuus de caelo a regalibus sedibus durus debellator in mediam exterminii terram prosilivit* [...] „Als tiefes Schweigen das All umfing und die Nacht bis zur Mitte gelangt war, da sprang dein allmächtiges Wort vom Himmel vom königlichen Thron herab als harter Krieger mitten in das dem Verderben geweihte Land [...]."

07 [STIMME MEINES GELIEBTEN; SCHAU, ER SELBST KOMMT! (HL II,8a)]

DIES IST DIE STIMME MEINES FREUNDES.

08 Er ist mir so hold, dass er es gar nie vertragen kann, dass mich irgendjemand beeinträchtige oder WECKE bei seiner Liebe.

09 [ER SPRINGT AUF DEN BERGEN, ER ÜBERSPRINGT DIE HÜGEL (HL II,8b)]

MEIN FREUND, DER BEWEGT SICH ALLENTHALBEN IN SPRÜNGEN um meinetwegen AUF DEN HOHEN BERGEN
UND ER ÜBERSPRINGT ALLE HÜGEL.

10 Das besagt:

Um meiner Seele willen sprang er

vom Himmel in den Bauch der Jungfrau,
von dem Bauch zu der Krippe,
von der Krippe zu der Taufe,
von der Taufe auf das Kreuz,
von dem Kreuz in das Grab,
von dem Grab in die Hölle,
von der Hölle zu der Auferstehung,
von der Auferstehung fuhr er zum Himmel.

2 Hohes Lied VII, 13 Ohly S. 264–267

01 [MANDRAGORAE DEDERUNT ODOREM IN PORTIS]

DIE EDELEN WURZEN DIE STINKENT IN UNSEREN PORTEN.
DAZ IST VÜRTREFFECLÎCHEN MANDRAGORA.[6]

02 Der WURZE ist gelîch eines menneschen bilde unde heizet tiutischen ‚alrûn'.

03 Der ir stimme vernimet, der muoz des tôdes sîn, sô man si ûzzucket.

04 Si STINKET wol, ir wuocher ist kreftec zuo arzentuom.

05 Ir rinde machet twalm.

06 Disiu WURZE bezeichenet got, des bilde was Christ. In der erde was er eineme menneschen gelîch.

07 Er ist uns ein arzentuom und ein pfant des êwigen lîbes. Er ist diu WURZE, dannen da gesprochen ist: „deus, de quo bona cuncta procedunt".[7]

08 Er ist diu gruntveste, dâ sich ûf gebreitet unde zeworffen hât diu êwige goteheit. Wan bî ime unde von ime ist uns gesendet der wuocher der êwigen saelecheit.

09 Sin rinde, daz ist der twalm, der slâfende machet alle, die minnaere des heiligen Christes.

10 Sîn stimme, daz ist sîn gewalteclich urteile. Diu ertoetet alle sîne reizaere.

11 Daz er STINKEN SOL IN UNSEREN PORTEN, waz ist daz?

12 Diu PORTE ist unser munt,
dâ gêt got ûz, sô wir sîn wort sprechen.

13 Unseriu ougen, daz ist diu andere PORTE,
dâ got în gêt, sô wir gerne lesen die heiligen schrift.

14 Unseriu ôren,
dâ gêt got în, sô wir gotes wort hoeren.

15 Unser herze, daz ist diu edele PORTE,
dâ got inne wonet, ube wir uns vlîzen reiner gedanke.

16 Daz quît, daz got niemer enkome[8] von unsereme herzen unde vil selten[9] von unsereme munde.

17 Daz wizzen mîne iuncvrouwen, die dâ gedingen habent, daz siu noch küneginne werden. Gewonent siu sîn in ir iugende, sô habent si ez sanfte unde mit vollen in ir altere.

---

6 Zur Mandragora s. die schöne und umfassende Abhandlung von Hugo Rahner; vgl. auch den Physiologus-Abschnitt über den Elefanten (Nr. 51,8).
7 *Omne datum optimum et omne donum perfectum decursum est descendens a patre luminum.* (Iac. I,17)
8 *niemer enkome*: doppelte Verneinung „niemals nicht komme" in Emphase, „auf gar keinen Fall [...]."
9 *vil selten (enkome)*: mhd. Ironie und doppelte Verneinung in Emphase: „ganz bestimmt niemals [...]."

01 [Die Mandragoren dufteten an unseren Pforten]

Die edlen Wurzeln, die duften in unseren Türen,
am meisten die Mandragora.

02 Diese Wurzel gleicht der Gestalt eines Menschen und heißt auf deutsch ‚Alraun'.

03 Wer ihre Stimme vernimmt, der wird des Todes sein, wenn man sie herauszieht.

04 Sie duftet gut, ihre Frucht hat Kraft als Heilmittel.

05 Ihre Rinde wirkt als Betäubungsmittel.

06 Diese Wurzel bedeutet Gott, dessen Bild Christ war. In der Erde war er einem Menschen gleich.

07 Er ist uns ein Heilmittel und ein Unterpfand des ewigen Lebens. Er ist die Wurzel, von der gesagt ist: *„deus, de quo bona cuncta procedunt"*.[10]

08 Er ist die Grundfeste, auf der sich hoch erhebt und weit verbreitet hat die ewige Gottheit. Denn durch ihn und von ihm ist uns gesendet die Frucht der ewigen Seligkeit.

09 Seine Rinde, das ist das Betäubungsmittel, das alle zum schlafen bringt, die Liebhaber des heiligen Christs.

10 Seine Stimme, das ist sein machtvolles Urteil. Das tötet alle, die ihn aufreizen.

11 Dass er duften wird in unseren Türen, was bedeutet das?

12 Die Türe ist unser Mund,
da geht Gott heraus, wenn wir sein Wort sprechen.

13 Unsere Augen, das ist die zweite Türe,
in die Gott hinein geht, wenn wir mit Verlangen die heilige Schrift lesen.

14 Unsere Ohren,
da geht Gott hinein, wenn wir Gottes Wort hören.

15 Unser Herz, das ist die edle Türe,
da (hin), wo Gott wohnt, wenn wir uns reiner Gedanken befleißigen.

16 Das besagt, dass Gott nie je aus unserem Herzen heraus komme und nie jemals nicht komme aus unserem Mund heraus.

17 Das sollen meine Jungfrauen wissen, die da Hoffnung haben, dass sie noch Königinnen werden. Gewöhnen sie sich daran in ihrer Jugend, so werden sie es ohne Mühe und in vollem Umfang im Alter innehaben.

---

10 „Gott, aus dem alles Gute hervorgeht".

3 Hohes Lied VIII,3–4
Ohly S. 272–281–283

01 [LAEVA EIUS SUB CAPITE MEO
ET DEXTERA ILLIUS AMPLEXABITUR ME.][11]

SÎN WINSTERE IST UNDER MÎNEME HOUBETE,
SÎN ZESEWE UMBEGRÎFET MICH.

02 Nû sehen, waz daz HOUBET sî unsere sêle.

03 Daz ist unser wille, der rihtet unsere sêle, alsô daz HOUBET alliu diu lit.

04 Unser vernunst ist daz herze, unser gehuht ist vüeze unde bein.

05 Nû vernemen:

Elendiu brût, dû bist an einer steckelen stete. An der slifest dû zallen wîlen. Sô ûfhabet dich diu WINSTERE hant dînes karles. Wande die âküste die stôzent uns aller wiegelîch, als ez quît: „Sie stiezen mich, daz ich viel. Aber got der enpfienc mich."[12] Wan got ist der aller diemüegeste under aller sîner geschepfede. Von diu stêt er in deme tale niderhalp unser, sô daz er uns enpfâhe mit sîner WISTEREN.

06 Daz ist sîn erbarmede, diu ist under unsereme willen. Wande ez geschihet dicke von den geburtlichen sünden oder von den natiurlichen, daz unser wille gevellet alsame unseriu werc unde unseriu wort. Sô rihtet in aber ûf diu gotes erbarmede, diu in deme ellende mêre mit uns wirbet denne der wîstuom oder der gewalt.

07 Wande daz ist sîn ZESEWE. Die nemugen wir hie niht bevâhen. Von diu werden wir in der künftegen welte erfüllet mit sîneme wîstuom unde umbehalset mit sîneme gewalte. Dâ wir hinnen vür ruowen, daz ist der êwige lîp unde heizet sîn ZESEWE. Aber diu WINSTERE, daz ist sîn erbarmede. Diu ist sô UNDER UNSEREME HOUBETE, daz er uns behütet vor den meintâten. Wan anders enmac niemen gestên in deme ellende.

08 Wir suln noch sehen, wie got sîne WINSTERE hant UNDER UNSER HOUBET leget.

09 Diu wâre gotes wesende, daz ist:

pater
potentia et
magnificentia et
iustitia aeternitatis.

10 Dannen racte er sînen arm, daz ist:

filius
sapientia
et virtus
et veritas.

---

11 Vgl. HL II,6–7, s. o. unter 1.

12 *Impulsus et eversus sum, utcaderem; Et dominus suscepit me.* Ps. 117,13.

13 Wille: *voluntas*, Vernunft: *ratio*, Gedächtnis: *memoria*: Proprietäten der göttlichen Trinität; sie haben ihre Entsprechungen in der menschlichen Seele.

01 [Seine Linke ist unter meinem Kopf,
und seine Rechte wird mich umarmen.]

Seine Linke ist unter meinem Haupt,
seine Rechte umfasst mich.

02 Nun lasst uns sehen, was das Haupt sei unserer Seele.

03 Das ist unser Wille, der lenkt unsere Seele, genau wie das Haupt all die Glieder.

04 Unsere Vernunft ist das Herz, unser Gedächtnis[13] Füße und Beine.

05 Nun wollen wir vernehmen:

Du Braut im fremden Land, du bist an einer steilen Stätte. An der gleitest du immerfort aus. Doch hebt dich diel linke Hand deines Mannes empor. Denn die Laster, die stoßen uns auf jede nur denkbare Weise, wie es heißt: „Sie stießen mich, dass ich fiel. Aber Gott der fing mich auf." Denn Gott ist der allerdemütigste in seiner ganzen Schöpfung. Deshalb steht er in dem Tal unterhalb von uns, auf dass er uns auffange mit seiner Linken.

06 Das ist seine Erbarmung, die ist unter unserem Willen. Denn es geschieht oft von den angeborenen Sünden oder von den naturbedingten, dass unser Wille fällt ganz so wie unsere Werke und unsere Worte. Dann richtet ihn wieder auf die Erbarmung Gottes, die in dem Fremdland mehr mit uns tut als die Weisheit oder die Macht.[14]

07 Denn das ist seine Rechte. Die können wir hier nicht ergreifen. Deshalb werden wir in der künftigen Welt erfüllt werden mit seiner Weisheit und umhalst mit seiner Macht. Dort wo wir fürderhin ruhen werden, das ist das ewige Leben und es heißt seine Rechte. Die Linke wiederum, das ist seine Erbarmung. Die ist so unter unserem Haupt, dass er uns behütet vor den Freveltaten. Denn anders kann niemand aufrecht stehen in diesem Fremdland.

08 Wir werden noch sehen, wie Gott seine linke Hand unter unser Haupt legt.

09 Die wahre Wesenheit Gottes, das ist:

pater
potentia et
magnificentia et
iustitia aeternitatis.[15]

10 Von dort reckte er seinen Arm aus, das ist:

filius
sapientia
et virtus
et veritas.[16]

---

14 Wille, Erbarmung, Weisheit, Macht stehen für die trinitarischen Proprietäten *voluntas, bonitas, sapientia* oder *potentia*.

15 *pater potentia et magnificentia et iustitia aeternitatis*: Der Vater – Macht und Größe und Gerechtigkeit der Ewigkeit.

16 *filius – sapientia et virtus et veritas*: Der Sohn – Weisheit und Tapferkeit und Wahrheit.

11 Mit deme worhte er hie kreftigiu dinc. Wan er racte in an den grunt der helle. Dô zôch er sînen arm widere in sînen schôz.

12 Dar nâch recte er sîne HANT her widere. Daz was

spiritus sanctus,
pietas unde
misericordia et
gratia.

13 Die legete er aller êrest under der boten HOUBET, sô daz er ir willen ûfrihte von vleischlicher girde.

14 Also tuot er noch anderen. Daz ist diu HANT unsere muoter. Wan diu muoter beruochet mêre daz übele kint danne daz guote. Wan daz anderen swaere ist, daz machet *misericordia* geringe.

15 Diu gotes güete, diu machet sich uns heimlich, daz wir ir kintlîche volesagen unde klagen, swaz uns wirret. Daz behandelete si alsô einer guoten muoter HANT. Diu neversmaehet niht die armecheit des kindes.

16 Des dwinget si diu gotes erbarmede, diu dâ gêt von deme herzen sîner vorbesihte. Diu was unde ist ie in der êwigen wesende sîner magenkrefte unde sînes gewaltes. Von diu ist siu sîn HANT.

17 Diu nerüeret niemen, newane dar si daz herze wîset, daz ist sîn vorbesihte. Von diu hab gedingen! Swen sîn vinger berüeret, der ist behalten. Sîn wesende ist *potentia*. Von dannen ist er „unser vater“ genennet. Sîn herze, daz ist sîn vorbesihte. Mit der schuof er unde ordenete allez, daz ie wart.

18 Sîn arm, daz ist sîn sun, in deme er allez mankunne erloesete in sîneme wîstuome.

19 Von deme lîbe unde von deme arme racte er sîne HANT. Daz was der heilige geist, der dâ kom von deme sune unde von deme vatere. Den sande uns Christ, unser bruoder. Wande er diu enste ist der gotes güete, sô mugen wir in muoter nennen. Er würket muoterlichen mit uns. Wan diu muoter erbarmet mêre daz sieche kint danne daz gesunde, daz brôde mêre danne daz kreftege. Irne versmaehet noch sie nebetrâget niht, si beruoche iegelich kint nâch sîner armecheit unde nâch sîner durfte.

11 Mit dem (Arm/Sohn) wirkte er hier kraftvolle Dinge. Denn er reckte ihn in den Grund der Hölle. Dann zog er seinen Arm zurück in seinen Schoß.

12 Danach reckte er seine HAND wiederum hierher. Das war:

spiritus sanctus,
pietas und
misericordia et
gratia.[17]

13 Diese (Hand) legte er zuerst unter der Apostel HAUPT, auf dass er ihren Willen aufrichtete von fleischlicher Begierde.

14 Genauso tut er es noch anderen. Das ist die HAND unserer Mutter.[18] Denn die Mutter sorgt sich mehr um das böse Kind als um das gute. Denn was für andere schwer ist, das macht *misericordia* leicht.

15 Gottes Güte,[19] die macht sich uns vertraut, auf dass wir alles sagen und klagen, was uns zuwider ist. Dazu gab sie ihre HAND ganz wie die HAND einer guten Mutter. Die verachtet nicht die Erbärmlichkeit des Kindes.

16 Dazu zwingt sie die Erbarmung[20] Gottes, die da ausgeht von dem Herzen seiner Voraussicht. Die war und ist immer in der ewigen Wesenheit seiner gewaltigen Kraft und seiner Macht.[21] Deshalb ist sie seine HAND.

17 Die berührt niemanden, außer wohin sie das Herz weist, das ist seine Voraussicht. Deshalb: habe Hoffnung! Jeder, den sein Finger berührt, der ist errettet. Seine Wesenheit ist *potentia*. Von daher ist er „unser Vater“ genannt. Sein Herz, das ist seine Voraussicht. Mit der schuf er und ordnete allez, das je wurde.

18 Sein Arm, das ist sein Sohn, mit dem er alle Menschheit erlöste in seiner Weisheit.

19 Von diesem Leib und von diesem Arm reckte er seine HAND aus. Das war der heilige Geist, der da von dem Sohn und von dem Vater kam. Den (heiligen Geist) sandte uns Christ, unser Bruder. Weil er die Gunst ist der Güte Gottes, so können wir ihn „Mutter“ nennen. Er wirkt mütterlich an uns. Denn die Mutter erbarmt mehr das kranke Kind als das gesunde, das schwächliche mehr als das kräftige. Sie verachtet es nicht und sie ist nicht zu träge dazu, dass sie sich um ein jedes Kind kümmere je nach seiner Erbärmlichkeit und nach seinem Bedarf.

---

17 *spiritus sanctus – pietas et misericordia et gratia*: Der heilige Geist – Güte und Erbarmen und Gnade.
18 Das ist die HAND unserer Mutter: Das ist bei uns die Hand einer Mutter.
19 Gottes Güte: *pietas*.
20 Erbarmung: *misericordia*.
21 Seiner gewaltigen Kraft und seiner Macht: *potentia*.

20 Alsô würket der arm des wîstuomes unde diu HANT der güete mit den vünf vingeren.

Der ist
einer diu vernunst,
der andere der rât,
der dritte diu sterke,
der vierde daz gewizzede,
der vünfte diu vorhte.[22]

21 Mit disen vingeren worhte er wunderlîche unde tougenlîche in dere ordenunge sîner vorbe-
sichte,
sô daz er einen ûfhebet, den anderen verwirfet;
unde einen villet, deme anderen entlîbet,
daz er lât einen guoten kestigen, einen boesen bezzeren
unde er si beide behaltet.

22 War umbe er sîn himelrîche ziere mit meintaeten mannen, unde lât ein wênigez kint unge-
touftez ze helle varn?

23 Daz suln wir allez guotlîche betrahten. Wande ez ist allez in sîner rehten erbarmede unde in
voller genâde, daz er eineme mêre gît, deme anderen minner:[23]

unsere geloube
vüret unser gehuht
etewenne vür sînen gewalt;
dâ sweiget uns *iustitia*,
wande wir unreht sîn;[24]

unsere gedinge
vüret unsere vernunst
etewenne vür sînen wîstuom.
dâ sweiget uns diu wârheit,[25]
want wir lügenaere sîn.

unseren willen
vüeret allezane die minne
ane die güete.
dâne sweiget uns niemen.[26]
dâ vürsprichet uns sîn *misericordia et gratia*.

---

22 Vernunft, Rat, Stärke, Wissen, Furcht: *intellectus, consilium, fortitudo, scientia, timor* – fünf der sieben „Gaben des heiligen Geistes", s. Jes. 11,2–3: *spiritus sapientiae et intellectus / spiritus consilii et fortitudinis / spiritus scientiae et pietatis / et replebit eum spiritus timoris domini*; vgl. Anm. 31.
23 Zum Folgenden: Glaube, Hoffnung, Wille/Liebe: *fides, spes, caritas*; die drei „theologischen" Tugenden. *Nunc autem manent fides, spes, caritas: tria haec; maior autem horum est caritas*. I Cor. 13,13.
24 *memoria, potentia, iustitia*: trinitarische Proprietäten.
25 Vernunft, Weisheit/Wahrheit: *ratio, sapientia, veritas*: trinitarische Proprietäten.
26 Wille, Liebe, Güte: *voluntas, amor, benignitas*: trinitarische Proprietäten.

20 Ganz so wirkt der Arm der Weisheit und die HAND der Güte mit den fünf Fingern.

Derer ist
einer die Vernunft,
der andere der Rat,
der dritte die Stärke,
der vierte das Wissen,
der fünfte die Furcht.

21 Mit diesen Fingern wirkte er auf wunderbare und geheime Weise in der Ordnung seiner Voraussicht,
so dass er den einen emporhebt, den anderen verwirft;
und den einen züchtigt, von dem anderen ablässt,
daz er einen guten kasteien lässt, einen bösen verbessern
und er sie beide erlöst.

22 Warum er sein Himmelreich ziere mit freveltätigen Menschen, und lässt ein weinendes, ungetauftes Kind zur Hölle fahren?

23 Das sollen wir alles in gutem Sinne betrachten. Denn es ist alles aufgrund seiner gerechten Erbarmung und in voller Gnade, dass er dem einen mehr gibt, dem anderen weniger:

unser Glauben
führt unser Gedächtnis
bisweilen vor seine Gewalt hin;
da bringt uns zum Schweigen *iustitia*,
denn wir sind im Unrecht;

unsere Hoffnung
führt unsere Vernunft
bisweilen vor seine Weisheit hin;
da bringt uns zum Schweigen die Wahrheit;
denn wir sind Lügner;

unseren Willen
führt ganz ebenso die Liebe
an die Güte hin;
da bringt uns niemand zum Schweigen;
da ist unser Fürsprecher seine *misericordia et gratia*.

24 Wan der vater villet uns durch daz reht.
Unser bruoder refset uns durch die wârheit,
Unser muoter weget uns umbe den vater unde umbe den bruoder.

25 Wande daz ist ir natûre:

swen si beschirmet,
den begenâdet sîn vorbesiht,
den erhoehet sîn magenkraft,
deme entlîbet sîn reht.
den entliuhtet sîn wîstuom,
den ervüllet sîn tugent,
den rihtet sîn wârheit.

den minnet sîn güete,
den heilet sîn erbarmede,
den underleget sîn genâde, sô daz si sînen willen ûfrihtet.

26 Daz ist sîn WINSTERE. Dâ wirt sîn name zesamene gesprochen.

Den ungesprechlichen,
den nemac diu zunge genennen,
diu sterben sol,
den nemac daz herze verstên,
daz mac bekort werden.
Sunder daz staete gemüete, daz erkennet in.

27 Unde daz erkennen, daz ist diu ZESEWE, diu uns her nâch umbevâhet dâ ze deme êwigen lîbe.

24 Denn der Vater züchtigt uns um des Rechtes willen,
unser Bruder tadelt uns um der Wahrheit willen,
unsere Mutter hilft uns um des Vaters und des Bruders willen.

25 Denn das ist ihre Natur:

wen sie beschirmt,
den begnadet seine Voraussicht,
den erhöht seine gewaltige Kraft,
von dem lässt sein Recht ab,
den erleuchtet seine Weisheit,
den erfüllt seine Tapferkeit,
den richtet seine Wahrheit.

den liebt seine Güte,
den heilt seine Erbarmung,
dem legt sich unter seine Gnade, so dass sie seinen Willen empor richtet.

26 Das ist seine LINKE. Damit wird sein Name auf einmal genannt.

Den unsprechbaren,
den kann die Zunge nicht nennen,
die sterben wird
den kann das Herz nicht verstehen,
das versucht werden kann.
Aber das beständige Gemüt, das erkennt ihn.

27 Und das Erkennen, das ist die RECHTE, die uns nachher umfängt, da in dem ewigen Leben.

28 [ADIURO VOS, FILIAE IERUSALEM,
NE SUSCITETIS, NEQUE EVIGILARE FACIATIS DILECTAM
DONEC IPSA VELIT. (HL VIII,3–49)][27]

ICH BESWERE IUCH, guoten sêle, ir da bint die TÖHTERE IERUSALEM,
DAZ IR MÎNE GEMAHELEN NIHT NEWECKET,
Ê SI SELBE WELLE.

29 Nû muget ir sehen, daz er ir den slâf erloubet hât, sît er will, daz si NIEMAN NEWECKE.

30 Er will iedoch, daz si zwô wahte getân habe, ê si slâfe.[28]

31 Alse er selbe sprach ze sînen jungeren ein lützel vor sîner martere, „daz si wacheten, daz si niht gevielen in die bekorunge".[29] Dar nâch begunden si aber nafzen.

32 Dô kom aber unser herre unde hiez si aber wachen. Er quat, „ez waere daz zît, daz er gegeben würde in die hende der sündaere".

33 Ze dem dritten mâle, dô sprach er: „Slâfet unde ruowet!"[30]

34 Alse sprichet er ze uns:

35 Er heizet uns wachen wider unseren âküsten, unz wir sie vertrîben von unsere sêle. Daz ist, daz sie danne der unrehte slâf anegêt der trâcheite.

36 So heizet sie got anderstunt wachen, unz sie gewinnen die heiligen tugende.

37 Sô heizet er sie ze dem dritten mâle slâfen unde gebiutet denne den anderen[31], DAZ SIE NIEMEN NEWECKE, Ê SIU SELBE WELLE.

38 Der slâf ist denne, daz si mit ûf enthabeneme muote komen suln ze der gotes erkennüsse,

39 unde suln

vliehen die irdischen,
suochen die himelischen,
lâzen die zerganclichen
minnen die êwigen,
versmâhen die vleischlichen,
emezigen die geistlichen.

40 Den slâf, den minnet got an sînen lieben briuten.

41 Sô hât si mit arbeiten zwîre gewachet.
Sô hât si vil minneclichen geruowet und geslâfen mit gote.
Sô danne si ûf stêt, sô mac si anderen menneschen[32] vrume sîn.

---

27 Die Verse begegneten hier als Dublette zu HL II,6–7; vgl. die ganz andersartige Auslegung o. unter 3.
28 Zum Folgenden s. Mt. 26,36–45 / Marc. 14,32–41.
29 *Vigilate et orate, ut non intretis in tentationem!* Mt. 26,41 / Marc. 14,38.
30 *Dormite iam et requiescite!* Mt. 26,45 / Marc. 14,41.
31 *den anderen:* s. u. Segment 41 *anderen menneschen.*
32 *anderen menneschen*: s. o. Segment 37: *den anderen.*

28 [ICH BESCHWÖRE EUCH, TÖCHTER JERUSALEMS,
UNTERNEHMT ES NICHT, DASS IHR ETWA MEINE GELIEBTE AUFWACHEN MACHT
BIS SIE ES DENN SELBST WOLLE!]

ICH BESCHWÖRE EUCH, gute Seelen, die ihr da seid die TÖCHTER JERUSALEMS
DASS IHR ETWA MEINE BRAUT NICHT WECKT
EHE SIE ES DENN SELBST WOLLE!]

29 Nun könnt ihr sehen, dass er ihr den Schlaf erlaubt hat, weil er will, dass sie NIEMAND WECKE.

30 Er will jedoch, dass sie zwei Nachtwachen getan habe, bevor sie schlafe.

31 Ganz wie er selbst sprach zu seinen Jüngern ein wenig vor seiner Marter, „dass sie wachen sollten, auf dass sie nicht fielen in die Versuchung“. Danach begannen sie aber schläfrig zu werden.

32 Da kam unser Herr abermals und hieß sie abermals zu wachen. Er sagte, „es wäre an dieser Zeit, dass er gegeben würde in die Hände der Sünder“.

33 Zum dritten Male, da sprach er: „Schlafet und ruhet!.“

34 Ganz so spricht er zu uns:

35 Er heißt uns wach zu sein gegen unsere Laster, bis wir sie vertreiben von unserer Seele. Das ist, dass sie dann der unrechte Schlaf angreift der Trägheit.

36 So heißt sie Gott beim zweiten Mal zu wach zu sein, bis sie gewönnen die heiligen Tugenden.

37 So heißt er sie beim dritten Mal zu schlafen, und gebietet dann den anderen, DASS SIE NIEMAND WECKE, BEVOR SIE ES SELBST WOLLE.

38 Dieser Schlaf ist dann der, dass sie mit emporgehobenem Sinn kommen sollen zu der Erkenntnis Gottes,

39 und dass sie sollen

fliehen die irdischen,
suchen die himmlischen,
lassen die vergänglichen,
lieben die ewigen
verschmähen die fleischlichen,
emsig sein mit den geistlichen Dingen.

40 Diesen Schlaf, den liebt Gott an seinen lieben Bräuten.

41 So hat sie mit Mühen zweifach gewacht.
So hat sie sehr liebevoll geruht und geschlafen mit Gott.
So sie dann aufsteht, so kann sie für andere Menschen nützlich sein.

4 Hohes Lied VIII,14
Ohly S. 302–305.

01 [FUGE, DILECTE MI, ET ASSIMILARE CAPREAE
HINNULOQUE CERUORUM SUPER MONTES AROMATUM]

FLIUCH VON MIR, MÎN WINE, WIS GELÎCH DER RÊCHGEIZE
UND DEM HINTKALBE AN DEME BERGE DER STANCWURZE!

02 Daz quît:

ich nemac niht haben die küneclichen gegenwurte dîner mitewiste. Nû hilf mir, daz ich niht gevalle an die trügelichen gegenwurte der sterbenden welte! Wande swer sich des ellendes troestet mit der welte, der negewinnet niht der süezen trähene.

03 NÛ SCHEIT VON MIR
alle vûle sêle unde lîbes! Nû lâ mir die süezen trähene dîner enstelichen gestungede.[33]

04 NÛ SCHEIT VON MIR!
Dû vüerest an dir von mir diu milten wort dînes gegenwürtigen gekôses. Des gedinge ich an der iüngesten urstende. Unde lâ mir hie in dem ellende diu scharpfen wort dîner vîende!

05 NÛ SCHEIT VON MIR
unde vüre ane dir von mir daz vroeliche gesiune, dâ ich zuo gedinge an der iüngesten urteile, und lâ mir hie daz scharpf gesiune dîner aehtaere!

06 NÛ SCHEIT VON MIR
unde vüere an dir von mir den gegenwürtigen zart aller lîplichen ruowe, unde lâ mir hie allez, daz dû lite in dem ellende, allez daz aehtesal der verkornen menneschen,

07 und habe wider mich den site der RÊCHGEIZE, diu nestîget niemer sô hôhe, sine huge wider ze ir neste, dâ si die iungede lâzen hât. Swie hôhe dû sîst in dîner magenkrefte, sô gehuge unser armen, wir an deme herten neste ligen und dîn in micheleme hungere bîten!

08 Habe den siten des KALBES! Daz nespringet nie sô hôhe, ezne kêre widere zuo sîneme geswisterede und zeiget sich etewenne. Alsô tuo dû! Zeige mir etewenne mit etelicheme bouchen dîner getougenen süeze, daz dû mîn niht vergezzen nehabest in diesem ellende,

09 unde tuo daz an den BERGEN DER STANCWURZE! Daz sint die gotes erwelten, dâ dû mir etewenne ruowe mit schaffest unde mîner beswaerde ringerest; daz ist daz arzentuom, daz die guoten einander gebent in diseme angestlichen wege des ellendes. Daz ist der BERG der guoten pîmentWURZE, die ir herze reinent. Dâ samenet sich got mit den guoten ûf den BERG. Wan geschriben ist: „Swâ sich zwên oder drîe gesamenent in mîneme namen, dâ bin ich mit in.“[34]

---

33 *gestungede*: zu *stungen*, swV, „stechen, stoßen, antreiben“; Menhardt, Wörterverzeichnis; „zur Ader lassen“, Splett, AhdWb.

34 Matth. 18,20.

4

01 [Fliehe, von mir, mein Geliebter,
und werde gleich dem Reh
und dem Hirschkalb auf dem Berg der Duftkräuter!]

Fliehe vom, mein Geliebter, sei gleich der Rehgeiss
und dem Hirschkalb an dem Berg der Duftkräuter!

02 Das besagt:

ich kann nicht haben die königliche Gegenwart seines Mit-mir-Seins. Nun hilf mir, auf dass ich nicht verfalle der trügerischen Gegenwart der sterbenden Welt! Denn wer sich mit der Welt tröstet über das Im-Fremdland-Sein, der erringt nicht die süßen Tränen.

03 Nun scheide von mir
alle Fäulnis der Seele und des Leibes! Nun lasse mir die süßen Tränen deines gunstvollen Gestochenseins.[35]

04 Nun scheide von mir!
Du führst an dir von mir (weg) die sanften Worte deiner Gesprächsgegenwart. Darauf hoffe ich bei der jüngsten Auferstehung. Und lasse mir hier im Fremdland die scharfen Worte deiner Feinde (zurück)!

05 Nun scheide von mir
und führe an dir von mir (weg) das fröhliche Anschauen, auf das ich hoffe bei dem jüngsten Urteil, und lasse mir hier die schroffen Worte deine Feinde (zurück).

06 Nun scheide von mir
und führe an dir von mir (weg) die gegenwärtige Zartheit aller leiblichen Ruhe und lass mir hier (zurück) alles, was du littest in dem Fremdland, all die Verfolgung der (von dir) weg gekommenen Menschen.

07 Und behalte gegen mich die Sitte der Rehgeiss, die nie so hoch steigen wird, dass sie nicht daran dächte, wieder zu ihrem Nest zu kommen, wo sie die Jungen zurück gelassen hat. Wie hoch du auch seiest in deiner gewaltigen Kraft, so gedenke doch unserer Armen, derer, die wir in dem harten Nest liegen und deiner in großem Hunger warten!

08 Behalte die Sitte des Kalbes! Das springt nie so hoch, dass es nicht wiederkehren würde zu seinem Geschwister und sich manchmal zeigen würde. Ganz so tue du! Zeige mir manchmal mit manchen Zeichen etwas von deiner heimlichen Süße (zum Zeichen), dass du meiner nicht vergessen habest in diesem Fremdland,

09 und tue das auf den Bergen der Duftkräuter! Das sind die Erwählten Gottes, mit denen du mir manchmal Ruhe schaffen und meine Bedrücktheit erleichtern mögest; das ist die Arznei, welche die Guten einander geben auf diesem angstvollen Wege des Fremdlandes. Das ist der Berg der guten Pigmentkräuter, die ihr Herz reinigen. Da versammelt sich Gott mit den Guten auf dem Berg. Denn es ist geschrieben: Wo sich zwei oder drei versammeln in meinem Namen, da bin ich mit ihnen.“

35 Die Passion Jesu als stellvertretender „Aderlass“, dessen Blut wie „süße Tränen“ Leib und Seele von aller „Fäulnis“ reinigen.

5 [Epilog] Ohly S. 306–313

01 Nû vernemet:

02 Diz buoch vienc ane mit einer küneclîchen mandunge,[36]
ez endet sich mit eineme ellentlichen jâmere.

03 Ez vienc ane mit eineme künecllichen sange,
nû gêt ez ûz mit inneclicheme weinenne.

04 Ez vienc ane mit eineme götlichen kusse,
nû scheident[37] sie sich mit einer durnahtigen minne.

05 Wan ez ist ein lêre der minneclichen gotes erkennüsse.

06 An diseme buoche suln diu briute des almehtigen gotes ir spiegel haben und suln besihteclîche ware tuon ir selber antlützes und ir naehesten, wie sie gevallen ir gemahelen, want er sie zallen zîten schouwet mit holden ougen.

07 daz ist:
sô daz vleisch küelen beginnet
unde der geist warmen beginnet;

08 daz quît:
sô an dir küelet diu üppege minne,
unde sô an dir heizet diu minne des êwigen lîbes;

09 sô an dir küelet diu hitze des zornes,
sô enbrinnet an dir diu minne des naehesten;

10 sô küelet an dir diu hitze der unkiusche,
sô heizet an dir aller êrest diu minne des gotes geistes hin ze dînem rehten karle,

11 daz ist:
dîn schepfaere,
dîn erloesaere,
dîn minnaere.

36 Das bezieht sich auf den ersten Vers des Hohen Liedes: *Osculetur me oris sui*. „Er küsse mich mit dem Kuss seines Mindes."
37 *scheident*: s. unter 3, 3–5.

5 [Epilog]

01 Nun vernehmt:

02 Dieses Buch fing an mit einer königlichen Freude,
es endet sich mit einem kläglichen Jammer.

03 Es fing an mit einem königlichen Gesang,
nun geht es aus mit einem inniglichen Weinen

04 Es fing an mit einem göttlichen Kuss,
nun scheiden sie voneinander mit einer vollkommenen Liebe.

05 Denn es ist eine Lehre der liebenden Gotteserkenntnis.

06 An diesem Buch sollen die Bräute des allmächtigen Gottes ihren Spiegel haben und sollen sorgfältig wahrnehmen ihr eigenes Angesicht und das ihres Nächsten, wie sie ihrem Gemahl gefallen, denn er beschaut sie zu allen Zeiten mit huldvollen Augen.

07 Das ist:
wenn das Fleisch zu beginnt zu erkühlen
und der Geist warm zu werden beginnt;

08 das besagt:
wenn an dir erkühlt die unnütze Liebe,
und wenn an dir heiß wird die Liebe zum ewigen Leben;

09 wenn an dir erkühlt die Hitze des Zorns,
so entbrennt an dir die Liebe zum Nächsten;

10 wenn an dir erkühlt die Hitze der Unkeuschheit,
so wird an dir erst wirklich heiß die Liebe des Gottesgeistes hin zu deinem rechten Manne,

11 das ist:
dein Schöpfer,
dein Erlöser,
dein Liebhaber.

12 Nû solt dû ware tuon, wenne er dîn gewîset mit den siben geben des heiligen geistes.[38]

13 Den geist der sunlichen vorhte,
den leitet diu süeze riuwe ze dîneme herzen,
in staetiget aber dâ diu durnahte diemuot.
Wande diemuot unde riuwe unde gotes vorhte die newerdent ze langere vrist[39] niht gescheiden.

14 Den geist der heiligen güete,
den bringet dir der süeze gedinge,
dir staeteget in, daz dû guot tuost wider übele. Daz machet, daz dîn gedinge wähset unz ez wirt ein wârheit.
Von diu sô newirt der geist der güete unde der gedinge und der dunahtige antlâz ze langere vrist[40] niht gescheiden;

15 Den geist des gewizzedes,
den sendet dir got bî sîneme boten, daz ist diu heilige gehôrsame;
dir staetigent in die süezen trähene und die gewizzenlichen trähene;
Wande swer gehôrsame ist, an deme rîchset der geist des gewizzedes, der mac süeze gestungede haben unde reine anedâht.

16 Aber den geist der sterke,
den bringet dir diu gedult,
den staeteget dir der gotes ande;
Wan dû solt durch dîne gedult niemer verzagen ane gotes rehte. So wahsent dir aller slahte tugende.

17 Welch tugent mac mêre unde tiurer sîn, denne sô der mennesche sih selben ervihtet unde er sîner site gewaltec wirt in sîneme trüebesale? Der den geist hât der sterke, der wirt erkennet bî sîner temperunge unde bî sîner mâze. Beidiu an sîner gedult unde an sîner veste, dar ane hât er rehte mâze.

---

38 Zu den sieben Gaben s. o. Anm. 22; hier sind vier aus ihnen angeführt: *vorhte (timor), güete (pietas), gewizzede (scientia), sterke (fortitudo).* Die übrigen drei folgen in Segment 19, 20 und 21: *rât (consilium), vernunst (intellectus), wîstuom (sapientia).*

39 *newerdent ze langere vrist niht*: „für gar keine Frist", doppelte Verneinung in Emphase, mhd. Ironie.

40 *newirt [...] ze langere vrist [...] niht*: doppelte Verneinung in Emphase, mhd. Ironie.

12 Nun wirst du wahrnehmen, wenn er dich besucht mit den sieben Gaben des heiligen Geistes.

13 Den Geist der Sohnesfurcht,
den leitet die süße Reue zu deinem Herzen,
ihn macht aber beständig die vollkommene Demut.
Denn Demut und Reue und Gottesfurcht, die werden für gar keine Frist voneinander geschieden.

14 Den Geist der heiligen Güte,
den bringt dir die süße Hoffnung,
er macht ihn dir beständig, auf dass du Gutes tust gegen Böses. Das macht, dass deine Hoffnung wächst bis sie eine Wahrheit wird;
Von daher wird der Geist der Güte und der Hoffnung und die vollkommene Vergebung für gar keine Frist voneinander geschieden.

15 Den Geist der Wissenschaft,
den sendet dir Gott durch seinen Boten, das ist der heilige Gehorsam;
dir machen ihn beständig die süßen Tränen und die Tränen des Gewissens;
Denn wer gehorsam ist, an dem wird mächtig der Geist der Wissenschaft. Der kann süße Hingabe haben und reine Andacht.

16 Den Geist der Stärke,
den bringt dir die Geduld;
den macht dir beständig die Ahndung Gottes.
Denn du sollst um deiner Geduld willen niemals an Gottes Gerechtigkeit verzagen. Dann wachsen dir alle Arten von Tugenden.

17 Welche Tugend kann größer oder kostbarer sein, als wenn der Mensch sich selbst besiegt und er über seine Gewohnheit Gewalt gewinnt in seiner Trübsal? Der den Geist der Stärke hat, der wird erkannt an seiner Mäßigung und an seinem Maßhalten. Sowohl an seiner Geduld als auch an seiner Festigkeit, daran hat er sein rechtes Maßhalten.

18 Nû solt dû erkennen,[41]

19 wenne dîn der geist des râtes gewîse;

daz ist, sô dich virwitze verlât, daz dû niht negerest ze sehenne noh ze hoerenne vremdiu dinc, der dich niht enbestêt; daz heizet gedigenheit unde tugentliche gehebede;

hâstu denne die gotes erbarmede, sô staetegest dû in[42] dir ze micheleme trôste.

20 Sô dîn gewîset der geist der vernunste;

daz soltû erkennen bî deme: sô ist an dir gelegen aller der vlîz, des dû ze nihte bedarft an deme lîbe unde an deme gewande unde an allen übervlüzzigen dingen. Sunder aller dîn vlîz der gêt denne ze der inwertigen schoene dînes gebetes unde dîner anedâhte.

Den geist staeteget dir diu tugent *benignitas*, daz ist wolwillicheit.

21 Obe dû wellest wizzen, wenne dîn der geist des wîstuomes gewîset hât,

daz ist, sô dû von alleme dîneme herzen swîgen minnest unde ruowe suochest in allen dingen. Ist, daz dû des bedarft, daz dû sprichest, sô vürbringest dû dîne kôse mit unmanegen worten vür, alsô geschriben ist: „Der wîse kôset mit unmanegen worten.“[43]

Den geist behüetet dir lancmütekeit.

22 Daz ich dir ez kürze:[44]

Alsô wîse, sô dû bist,
alsô behüest dû dîn zungen.

Alsô vernunstec, so dû bist,
alsô versmâhest dû den lîp.

Alsô vil, sô dû guotes râtes hâst,
sôvil minre hâst dû virwitze.

Alsô stark, sô dû bist,
sô geduldec bist dû.

Alsô gewizzen, sô dû bist,
alsô gehôrsam bist dû.

Alsô vil dû hâst der güete,
alsô vil tuost dû wider übele; wan daz entuont niht die gelîchesaere ze langer vrist.[45]

Alsô vil dû hâst der gotes vorhte,
alsô diemüte bist dû.

---

41 Im Folgenden wieder Bezug auf die sieben Gaben des heiligen Geistes (vgl. Anm. 44), hier auf vier von ihnen: *rât (consilium), vernunst (intellectus), wîstuon (sapientia). gewizzen (scientia), güete (pietas), vorhte (timor).*

42 *in*: „ihn“ (den Geist des Rates).

43 Vgl. Eccl. 21,8: *Labia imprudentium stulta narrabunt; verba autem prudentium statera ponderabuntur*. „Die Worte der Weisen aber werden auf der Waage gewogen; und: Prov. 14,3: *In ore stulti virga superbiae; labia autem sapientium custodiunt eos*. „Im Mund des Toren ist eine Rute für seinen Hochmut; die Lippen der Weisen behüten sie.“ Zum klösterlichen Schweigegebot s. die RB Kap. 6 und Kap. 7,56 (neunte Stufe der Demut).

18 Nun sollst du erkennen,

19 wann dich der Geist des Rates besuche;

Das ist, wenn dich Fürwitz verlässt, auf dass du nicht begehrst zu sehen noch zu hören seltsame Dinge, die dich nichts angehen. Das heißt Gereiftheit und tugendhaftes Verhalten;

hast du dann Gottes Erbarmen, so machst du ihn[46] dir zu großem Trost beständig.

20 Wenn dich besucht der Geist der Vernunft;

das wirst du erkennen bei diesem: wenn an dir liegt dir darnieder all der Eifer für das, was du überhaupt nicht brauchst am Leib und an dem Gewand und an allen überflüssigen Dingen, sondern wenn all dein Eifer dann geht auf die nach innen gewendete Schönheit deines Gebets und deiner Andacht.

Den Geist den macht dir beständig die Tugend der *benignitas*, das ist die Wohlwollenheit.

21 Wenn du wissen wolltest, wann dich der Geist der Weisheit besucht hat,

das ist, wenn du mit deinem ganzen Herzen das Schweigen liebst und Ruhe suchst in allen Dingen. Ist es so, dass du dessen bedarfst, dass du sprichst, so bring dein Reden nicht mit vielen Worten vor, wie geschrieben ist: „Der Weise spricht nicht mit vielen Worten."

Den Geist behütet dir deine Langmut.

22 Auf dass ich es dir kurz mache:

Ganz so weise, wie du bist,
ganz so behütest du deine Zunge.

Ganz so vernünftig, wie du bist,
ganz so verachtest du den Leib.

Ganz so viel, wie du an gutem Rat hast
um soviel weniger hast du an Fürwitz.

Ganz so stark, wie du bist,
so geduldig bist du.

Ganz so wissend, wie du bist,
ganz so gehorsam bist du.

Ganz so viel, wie du an Güte hast,
ganz so viel tust du wider das Böse; denn das tun die Heuchler zu kurzer Frist.

Ganz so viel, wie du hast an Gottesfurcht,
ganz so demütig bist du.

---

44 Im Folgenden noch einmal Bezug auf die sieben Gaben des heiligen Geistes (vgl. Anm. 41), dieses Mal auf sechs von ihnen: *wîse (sapientia), vernunstec (intellectus), rât (consilium), stark (fortitudo), vorhte (timor).*

45 *entuont [...] niht [...] ze langer vrist*: doppelte Verneinung in Emphase, mhd. Ironie.

46 *ihn*: den Geist des Rates.

23 An diseme briefe solt dû erkennen die gemahelen des almehtegen gotes; einweder daz sie diz haben, oder sô si mit vlîze dar nâch werben.

24 Swer ez ernestlîche wirbet, nehât er ouch niht vile dirre tugende: er heizet doch von sîneme guoten willen unde von sîneme erneste ein brût des almehtegen gotes.

Nehât er vlîzes niht und hât er den willen *die*[47] ze gewinnene: die werdent geheizen iuncvrouwen.

Nehât er noch den willen noch den ernestlichen gewerb, ze gewinnene die tugende in diseme lîbe: die neheizent weder iuncvrouwen noch briute, sunder sie heizent die erbelôsen kebese, die doch got etewenne ernert durch die kurzen zît der riuwe.[48]

AMEN, herre.

47 ***die***: Konjektur, Ergänzung im Anschluss an Ohlys Übersetzung.

48 Die Gruppierung in *briute, iuncvrouwen* und *kebese* im Anschluss an die Frauen (Salomos) nach Cant. 6,8: *reginae, concubinae, adulescentulae; durch die kurzen zît der riuwe*: die Reue in der Todesstunde als letzte Möglichkeit, das Heil zu erlangen.

23 Durch diese Kurzfassung wirst du erkennen die Geliebten Gottes, sei es entweder, dass sie dieses haben, oder sei es, dass sie mit Eifer darum werben.

24 Wer mit Ernst darum wirbt, und hat er auch nicht viele von diesen Tugenden: er heißt doch nach seinem guten Willen und nach seinem Ernst eine Braut des allmächtigen Gottes.

Hat er nichts an Eifer und hat doch den Willen, (diese Tugenden) zu gewinnen: diese werden Jungfrauen genannt.

Hat er weder den Willen, noch das ernstliche Werben, diese Tugenden zu gewinnen in diesem Leben: diese heißen weder Jungfrauen noch Bräute, sondern sie heißen die erbelosen unehelichen Frauen, die jedoch Gott manchmal errettet wegen der kurzen Zeit der Reue.

AMEN, Herr.

Evangelium

26 St. Galler Interlinearversion zu Joh. 19,38 (Bruchstück) Sonderegger S. 47–48

[2]**VL** kein Eintrag. – [2]**VL** ahd. und as Lit. (2013), S. 93–100 (Lothar Voetz).
Ü.: St. Gallen, Kantonsbibliothek, VadSlg Ms. 70a, fol. 1r, linke Spalte einer zweispaltigen Handschrift; Fragment, zwischenzeilige Einträge in eine im 5. Jh. in Italien geschriebene lateinische Evangelienhandschrift (Vetus Latina-Text), von der sich noch zahlreiche weitere Fragmente in St. Gallen (Stiftsarchiv) und Chur (Bischöfliches Archiv) erhalten haben; althochdeutsche Einträge gibt es aber nur in dem genannten, hier wiedergegebenen Fragment. Der Grundtext des Evangeliums ist in unzialer Schrift geschrieben, die ahd. Einträge in karolingischer Minuskel mit kursiven Elementen; St. Gallen.
Abb.: s/w Sonderegger, Althochdeutsch in St. Gallen, Abb. 5.
Dat.: biblischer Grundtext 5./6. Jh., Italien; ahd. Einträge 8. Jh., Ende, St. Gallen.
Spr.: alem.
Ed.: StSG IV, S. 304, Nr. CCXC (Text). – Sonderegger, Althochdeutsch in St. Gallen, S. 47 (Text). – Müller, S. 114–115 (Text).
Lit.: Sonderegger, Althochdeutsch in St. Gallen, S. 47–48. – StSG IV, S. 441 (Nr. 148, Kurzbeschreibung der Hs.); BStK, S. 456–457 (Nr. 169). – Müller, S. 329–330 (Kommentar). – Voetz, Joh. 19,38 (mit Textabdruck). – Gamper u. a., Die Vetus Latina-Fragmente.

Die wohl originalen, nicht abschriftlichen interlinearen ahd. Einträge dieses Fragments werden seit Sonderegger (1970) als die älteste ahd. Interlinearversion eines lateinischen Grundtextes, hier des Johannesevangeliums, angesehen. Es scheint sich nicht um syntaktisch isolierte Einzelglossen zu handeln, wie es sonst die Regel in deutsch glossierten lateinischen Texten des Frühmittelalters ist, sondern um mehr: Tatsächlich ergeben die Einträge sogar nicht nur eine Interlinearversion üblicher Art, sondern einen syntaktisch korrekten, vollständigen deutschen Satz, also eine kleine deutsche Texteinheit und damit etwas kategorial Anderes als gewöhnliche Interlinearversionen. Allerdings lässt sich bei dem minimalen Umfang dieser Einträge und deren Singularität im ganzen, sonst bekannten Korpus der Handschrift wohl nicht sicher ausschließen, dass es sich damit um ein Zufallsprodukt handelt und nicht um eine absichtsvoll so formulierte Eintragung.

Text nach Sonderegger, Althochdeutsch in St. Gallen und der Abbildung 5 dort.

after desiu so pat POST HAEC AUTEM RO	nach diesen nämlich bat (er) NACH DIESEN[1] ALSO BAT
CAUIT PILATUM IO	(den) PILATUS JOSEPH
SEPH AB ARIMATHI	VON ARIMATHIA,
der uuas disco A QUI FUIT DISCIPU	dieser war Schüler WELCHER WAR SCHÜLER
taucono so LUS IHU OCCULTE AU	heimlich nämlich JESU, HEIMLICH NÄM-
duruh forahtun TEM PROPTER METUM	durch (der) Furcht LICH WEGEN FURCHT
iudeono IUDAEORUM UT TOL	(der) Juden VOR DEN JUDEN), DASS ER WEG-
LERET CORPUS IHU	NÄHME[2] DEN LEICHNAM JESU.

Interlinearer Text fortlaufend:

After desiu so pat Pilatum Ioseph ab Arimathia, der uuas disco IHU, taucono so duruh forahtun Iudeono ut tollerit corpus Iesu.

„Danach bat dann den Pilatus Joseph von Arimathia, der war Schüler Jesu, heimlich aber aus Furcht vor den Juden, dass er wegnähme den Leichnam Jesu.

Es ergibt sich ein syntaktisch korrekter deutscher Satz, in dem nur die Namen ‚Pilatus', ‚Joseph' und ‚Arimathia' in ihrer lateinischen Form belassen sind. Namen sind ja allenfalls etymologisierbar, aber nicht übersetzbar. Einzige Ausnahme: die Präposition *ab* („von") bleibt unübersetzt; dann fährt der Text fort mit dem nicht übersetzten Objektsatz *ut tolleret* zu *rogauit*.

1 ***NACH DIESEN***: d. h. „nach diesen Dingen", wohl als gebräuchliche Redewendung für „danach" aufzufassen; unmittelbar vorher hat Johannes die Kreuzigung Jesu geschildert.
2 ***WEGNÄHME***: Konjunktiv, entsprechend zu *tolleret* : „(dass er) wegnehmen dürfe."

Die Schreibung des Evangeliums in der alten, unzialen Schrift des 5. Jahrhunderts kennt als sogenannte *scriptio contiunua* noch keine Spatien („Leerzeichen“) zwischen den Wörtern. Man sollte sich das handschriftliche Erscheinungsbild etwa so vorstellen:

after desu so pat
POSTHAECAUTEMRO

CAUITPILATUMIO

SEPHABARIMATHI

der uuas disco
AQUIFUITDISCIPU

taucono so
LUSIHUOCCULTEAU

duruh forahtun
TEMPROPTERMETUM

iudeono
IUDAEORUMUTTOL

LERETCORPUSIHU

27 Aus den St. Pauler Bruchstücken einer Interlinearversion des Lukasevangeliums

Lucas 2,1–20

Voetz

[2]**VL** 11 (Nachtragsband., 2004) Sp. 1168–1170 (Lothar Voetz). **VL** ahd. und as Lit. (2013), S. 351–357 (Lothar Voetz).
Ü.: Stift St. Paul (Lavanttal), Cod. 1/8, Fragment einer Evangelienhandschrift des 6./7. Jh.s in Halbunzialis geschrieben; inneres Doppelblatt einer Lage; möglicherweise von der Reichenau.
Abb.: Voetz zwischen S. 176 und S. 177, vollständiges Faksimile der Hs. in Farbe.
Dat.: Lukas-Text der Hs. 6./7. Jh. (Voetz, S. 29); lat. und ahd. Glossierung um die Wende von 8. zum 9. Jh. (Bischoff, Paläographische Fragen, S. 103, Anm. 3); lat. und ahd. Glossen von der gleichen Hand. Originale, nicht abschriftliche Glossierung.
Spr.: alem.
Ed.: Voetz, St. Pauler Lukasglossen. – Müller, S. 114–117 (Text).
Lit.: Kögel, LG I,2, S. 506–509. – Müller, S. 330–331 (Kommentar). – Voetz, (s. Ed.). BStK, Nr. 777.

Der Grundtext des Evangeliums, hier nicht nach einer Evangelienhandschrift, sondern nach einer für den liturgischen Gebrauch auswählenden und anordnenden Handschrift von Evangelienperikopen, einem Evangelistar also, ist hier nach einer älteren, altlateinischen Version aufgezeichnet, wie sie als sog. *vetus latina* im Umlauf war, bevor sich die Übersetzung des Hieronymus allgemein verbreitete, die sog. „Vulgata". Der von dem/den Bearbeiter/n der Interlinearversion als veraltet erkannte Text des Evangeliums ist durch die lateinischen (und ahd.) Glossen (teilweise) korrigiert worden – ein frühestes Beispiel mittelalterlicher Bibelphilologie. Die Glossen sind original, nicht abschriftlich.

Vereinfachter Lesetext nach Voetz und dem Faksimile mit möglichster Verdeutlichung der Glossenzuordnung.

(1) FACTUM EST AUTEM DIE
ausging Aussage
uzkeanc kechuuit
BUS ILLIS EXIIT EDICTUM

				alle Umdrehung
von	(dem) Kaiser	ehrwürdigem		**alliu umbiuurft**
f(ona)[1]	**kheisure**	**eruuirdikemu**	discrib[erentur]	uniuersus orbis
A	CAESARE	AUGUSTO,	UT PRO	

FITERENTUR CENSUM OMN

ES PER URBEM TERRAE.

	diese	Schriftstück		erstes
	deze	discriptio	**kescrip**	**erist**
(2)	HAEC	PROFESSIO		PRIMA

	von	dem	Vorgesetzten
	a **fona**	**demu**	**forakesa[ztin]**
FACTA	EST	PRAESIDE	SYRIAE
uuortanaz			**d(e)ra siri[a]**
gewordenes			der (Provinz) Syria

CYRINO NOMINE (3) ET IBANT
keangu[n]
(sie) gingen

OMNES	UT	PROFITERENTUR
(al)le	**daz**	**sie fuarin**
alle	dass	sie führen

UNUSQUISQUE		IN	SUAM	CI
singuli	**ainluze**	**in**	**iro**	**(pu)r[uc]**
	einzelne	in	ihre	Burg

1 Verkürzte Glosse; diese Technik, die auch im folgenden mehrfach angewendet wird, ist typisch für Reichenauer, Murbacher und St. Galler Interlinearversionen. Im folgenden sind die Verkürzungen aufgelöst. – Henkel, Verkürzte Glossen.

UITATEM (4)	ASCENDIT	IOSEPH
	ufsteic	autem
	aufstieg	

A GALILEA DE CIVITATE

NAZARETH IN IUDEAM IN

		die	ist
		diu	**ist**[2]
CIVITATEM	DAVID	QUE	UOCA
(pu)ruc	**dauides**		
Burg	Davids		

TUR	BETHLEM,	EO QUOD	ESSIT
		pidiu daz	**uuas**[3]
		durch dieses dass	war

DE DOMO	ET PATRIA	DAVID,
huse	familia **hiuuiske**	
(dem) Hause	Geschlechte	

(5)	UT PROFETERETUR	CUM	MARIA
	er fuari	**(mi)t**	**(mari)un**
	er führe	mit	Marien

SPUNSA	SUA	PRIGNATA.	
[disp]onsata	**kemahaltera** sibi **imu**	uxore **chuuenun**[4]	pregnante
	suuangrera /		
	suuangrera		
	(der) Verlobten ihm	(der) Frau	schwangerer

(6)	FACTUM	EST AUTEM	DUM	IBI
	(ke)tan	**keuuisso**	**denne**	**dar**
	getan	gewißlich	dann (als)	dort

---

2 Auch hier ist die Glossierung gekürzt; es fehlt ein Wort für *vocare*, „nennen"; oder das ahd. *ist* bezeichnet das Passiv der Form *uocatur*.

3 Im Lat. Konjunktiv.

4 Die ahd. Glossen *kemahaltera, imu* und *chuuenun* stehen hier als sog. Kontextglossen hinter (nicht über oder unter) den lat. Bezugswörtern.

ESSENT,	IMPLETI	SUNT	DIES
[uu]arun[5]	**eruulte**	**(uua)run**	**(ta)ga**
waren	erfüllte	waren	(die) Tage

UT	PARERET.	(7) ET	PEPERIT	FILIUM	SUUM	IRA
	pari		**par**	**chindh**		
	gebäre		gebar	Kind		ihr

PRIMOGENITUM,	ET PANNIS
[e]ristporanaz	**lachanum**
erstgeborenes	(mit) Laken

EUM	CONVOLUIT		ET	POSUIT
[i]nan	in[6]	**piuuant**	reclinauit	**kesazta**
ihn		bewand		setzte

EUM	IN	PRAESEPIUM,			QUIA
					(dan)ta
inan		**in parnin** /	**in parnin**	**in chripiun**	
ihn		in Krippe /	in Krippe	in Krippe	weil

NON	ERAT		LOCUS	IN	EO DIVER
	uuas ei[7]	**imu**	**stat**	**in**	**casthuse**
	war	ihm	Stätte	in	(dem) Gasthause

SURIO. (8)	ET	PASTORES	AUTEM
		(hir)te	
		Hirten	

ERANT	IN	ILLA	REGIONEVIGI
(uua)run	in	**lantscafi**	eadem **dera selbun**
waren		Landschaft	der selben

LANTES ET	CUSTODIENTES
[arebe]itente	**haltente**
arbeitende	einhaltende

5 Im Lat. Konjunktiv.

6 Das *in* ist als Korrektur des *convoluit* zu *involuit* zu verstehen.

7 Die Vulgata liest *eis* statt *ei*.

VIGILIAS	NOCTIS SUAE SU
[uu]ahta	**d(e)ra naht**
Wacht	der Nacht

PRA	GREGEM	SUUM.
[u]b(er)	**chortar**	**iro**
über	Herde	ihrer

(9) ET	ECCE	ANGELUS	DOMINI	STETIT
	inu	**(an)gil**	**(trohti)nes**	**stuant**
	siehe	(der) Engel	(des) Herrn	stand

CIRCA	ILLOS	ET	CLARITAS	CIR
[iu]xta **pi**	**im**		**perhti** / **perehti** dei **cotes**	
bei	ihnen		Glanz Gottes	

CUMFULSIT	ILLOS,	ET	TIMUE
[pis]kein	**sie**		**forah**
beschien	sie		fürch-

RUNT	TIMORE	MAGNO.
ton	**forahtun**	**michilleru**
teten	(mit) Furcht	großer

(10) ET	DIXIT	ILLIS	ANGELUS:	NOLI
	(chuua)dh	**im**	**(an)gil**	**ni churit**[8]
	sagte	ihnen	(der) Engel	nicht wählt

TE	TIMERE	ECCE	ENIM
	furahtan	**inu**	
	fürchten	siehe	

NUNTIO		VOBIS	GAUDIUM
[euange]lizo	**cuatspellon**	**iu**	**mendi**
	(ich) gutsage	euch	Freude

8 Statt **kioset* (Imperativ Präsens) ist der Optativ des Präteritum von *kiosan* (*churit*: „ihr würdet wählen mögen") in der Funktion des Imperativ verwendet; s. Ahd. Gr. I, § 322, Anm. 2.

MAGNUM,	QUOD	ERIT	OMNI
michila[9]	**daz**	**ist**	**eocouuelichemu**
große	das[10]	ist	jegwelchem

POPULO, (11)	QUIA	NATUS EST	VO
(fol)che	**daz**	**keporaner**	**iu**
Volke	dass	geborener	euch

BIS	HODIE	CONSERVATOR	
	hiutu	saluator	**heilant**
	heute	(der) Heiland	

SALUTES,	QUI EST	CJRISTUS	DOMINI DEUS
			DOMINUS
	(de)r	**uuiher**	**(troh)tin**
	der	geweihter	Herr

IN	CIVITATE DAVID, QUAE DI
	(pu)riki
	(der) Burg

			est	
DICITUR BETLEHEM. (12) ET	HOC			VOBIS
	daz		**ist**	**iu**
	das		ist	euch

Zeichen	findet ihr
zeichan	**findat ir**
SIGNUM:	INVENIETIS

	gesetztes		
	et **kesaztaz**		
INFANTEM	POSITUM	IN	
chindh	pannis **lachanum**	inuolutum	**piuuntanaz**
Kind	(mit den) Laken		bewundenes

9 Die Übersetzung richtet sich im grammatischen Geschlecht nach dem ahd. Femininum *mendi*, nicht nach dem lat. Neutrum *gaudium magnum*.
10 Die Übersetzung richtet sich wieder nach dem lat. Neutrum; vgl. Anm. 9.

PRAESEPIO.
in parnin
in (der) Krippe

mit (dem) Engel
cum angelo **mit angele**
(13) ET SUBITO FACTA EST MULTI
chahun cahun (ke)tan uuardh

heri[11] Heer
TVDO EXERCITUS CAELES
manaki militiæ **dera chamfheiti d(e)ra himiliski**[12]
Menge der Ritterschaft der himmlischen

TES LAUDANTIUM DEUM ET DI
lobontero[13] **(co)tan**
der lobenden Gott

DICENTIUM: (14) GLORIA IN ALTISSI
(chuuedan)tero (tiuri)da excelsis **in hohem**
der sagenden Herrlichkeit in (den) hohen

MIS DEO ET IN TERRA PAX HO
(co)te (er)du frido fridu
(dem) Gott (der) Erde Friede

MINIBUS BONE VOLUNTATES.
(man)num d(e)s cuatin uuillin
(den) Menschen des guten Willens

(15) FACTUM EST AUTEMUT DISCES

---

11 Der Genitiv *exercitus* scheint irrtümlich mit dem Nominativ *heri* übersetzt zu sein. Aber *exercitus* wurde durch die Korrektur *militiae* im Genitiv ersetzt. So meint die Übersetzung des eigentlich eliminierten Wortes *exercitus* offensichtlich unabhängig vom Kontext dessen Nominativ; eine andere Erklärung bei Voetz, S. 73–74.

12 Der Übersetzer hat erkannt, dass es caelest**is** *statt caelestes* lauten müßte, denn er übersetzt *caelestes*, das er unkorrigiert läßt, mit dem Gen. *dera himiliski* des starken Fem. *himiliski* („das Himmlische"); anders wiederum Voetz, S. 73–74.

13 Der Plur. *lobontero* ist abhängig von *manaki* (*multitudo [...] laudantium, manaki [...] lobontero*, „Menge [...] der lobenden").

SERUNT AB EIS ANGELI IN

		loquebantur
CAELO.	PASTORES ILLI	DIXE
	(hir)te	**sprachun**
	Hirten	sprachen

RUNT AD	INVICEM:	TRANSEA
	untar im	**farames**
	unter ihnen	fahren wir!

MUS	SQUE	IN	BETHELM
	(un)zi	**in**	**bedhlem**
	bis	nach	Bethlehem

				(uerb)um
ET	VEDEAMUS	DE[14]	HOC	VERBO,
	kesehemes		**daz**	**uuort**
	sehen wir!		das	Wort

QUOD	FACTUM	EST,	SICUT
			quod **daz**
daz	**(ke)tan**	**ist**	
das	getan	ist	

DOMINUS	OSTENDIT	NOBIS. (16) ETVE
	keaucta	**uns**
	zeigte	uns

NERUNT	FESTINANTES,
chuuamun	**illante**
(sie) kamen	eilende

ET	INVENERUNT	MARIAM
	funtun	**(Mari)un**
	(sie) fanden	Marien

14 *de* wurde vom Übersetzer im Einklang mit der Korrektur *uerbum* statt *hoc uerbo* getilgt.

ET IOSEPH ET	INFANTEM
	chindh
	Kind

POSITUM	IN	PRAESEPIO. (17) ET		
kesaztaz	**in**	**parnin**	uidentes au(tem)	**keseante /**
gesetztes	in	Krippe		sehende

	COGNOVERUNT	DE VERBO,
/ kesehante	**er(chan)ton**	**pi uuorte / pi uuorte**
/ sehende	erkannten	bei (dem) Worte

QUOD	DICTUM	EST	ILLIS DE
daz	**kechuuetan**	**uuas**	**im**
das	gesagt	war	ihnen

DE	POERO	HOC. (18) ET	OMNES	QUI
fona	**chinde**	**demu**	**(al)le**	**(de)a**
von	Kinde	diesem	alle	die

AUDIERUNT,	MIRATI	SUNT
kehorton	**eruuntrote**	**uuarun**
hörten	verwunderte	waren

DE	HIS,	QUE	DICTA	ERANT
pi	**dei**	**dei**	**kechuuetan**	**uuarun**
bei	diesen	die	gesagt	waren

A	PASTORIBUS	AD	IPSOS.
f(o)na	**hirtum**	**ze**	**im**
von	(den) Hirten	zu	ihnen

(19) MARIA AUTEM	CONSERVABAT
	kehealt
	behielt

		Worte	
	uerba	**uuort**	
OMNIA	HAEC	CONFERENS	
(al)liu	**deisu**	**ebano ketraganti / ebano ketraganti**	
alle	diese	ebenmäßig getragende	tragende

IN CORDE SUO. (20) ET REVERSE SUNT
(her)zin **ira** **uuarpante** **(uua)run**
(in dem) Herzen ihrem wendende waren

PASTORES LAUDANTES ET MAG
hirte glorificantes **ruamante** laudantes **lobonte**
Hirten rühmende lobende

NIFICANTES DEUM IN OMNIBUS,
(co)tan **(al)lem**
Gott (in) allen (Dingen)

die hörten sahen
dei **kehorton** **kesahun**
QUAE AUDIERANT ET VIDE

gesagt zu ihnen
dictum est **chuuetan** ad illos **ze im**
RANT, SICUT DOMINUS OSTENDIT ILLIS.

28 Bruchstücke einer Übersetzung des Matthäus-Evangeliums aus Mondsee (Auswahl)

[2]VL 1 (1978) Sp. 296–303: ‚Althochdeutscher Isidor und Monsee-Wiener Fragmente' (Klaus Matzel) und 11 (2000) Sp. 81. – **VL** ahd. und as. Lit. (2013), S. 204–213: Isidor von Sevilla ‚De fide Catholica' Althohdeutsche Übersetzung und ‚Mon(d)seer Fragmente' (Elke Krotz).

Ü.: Fragmente einer ehemals Mondseer Handschrift:

a: Wien ÖNB Cod. 3093*, Reste von mindestens 47 Blättern.

b: Hannover LB Ms. I 20b, zwei Blätter aus derselben Handschrift wie a.

c: Wien ÖNB Cod 2997, hinterer Innendeckel, zur selben Handschrift gehörig wie a und b.

Abb.: a: Gesamtbestand der Wiener Fragmente in Farbe: https://digital.onb.ac.at/RepViewer/viewer.faces?doc=DTL_5736858.

b: http://digitale-sammlungen.gwlb.de/sammlungen/sammlungsliste/werksansicht/?no_cache=1&tx_dlf%5Bid%5D=7451&tx_dlf%5Bpage%5D=5&tx_dlf%5Bdouble%5D=0&cHash=c65e3d99371e0551c1226d8a4abda5d9.

Dat.: Textentstehung 8. Jh., Ende, Hs. 9. Jh., 1. Jahrzehnt oder 1. Drittel (Bischoff, Die südostdeutschen Schreibschulen, S. 21–22 bzw. derselbe, Katalog, Teil I, Nr. 1502).

Spr.: lat.-ahd. Bilingue, das Ahd. „bajuwarisierende Abschrift eines Originals im Dialekt der Gegend von Metz" (Krotz, **VL** ahd. und as. Lit.).

Ed.: Hench, The Monsee Fragments, hier S. 2–39: Evangelium secundum Matthaeum.

Lit: Ausführliche Bibliographie bei Krotz, **VL** ahd. und as. Lit., S. 211–213. – Hellgardt, Killy-Lit.Lex Bd. 6 (2009), S. 59–62. – Krotz, Auf den Spuren des althochdeutschen Isidor. – Krotz, *Hear saget fona godspelle*.

Lateinischer Text auf der (ehemaligen) Versoseite, dt. Text gegenüber auf der (ehemaligen) Rectoseite (Seitensynopse im Unterschied zur Spaltensynopse des ahd. Isidor Nr. 32).

Text zeilengleich mit der Handschrift nach Hench unter Hinzuziehung von Braue/Ebbinghaus, Ahd. Lesebuch S. 23–27 (Worttrennung, Interpunktion, Großschreibung der Namen); die kursiven Passagen des lateinischen Textes sind in den Fragmenten der Handschrift nicht erhalten; Ergänzung nach Hench (Vulgata-Text, Codex Amiatinus).

Das Stück gehört zu den Mondseer Fragmenten der sog. „Isidor-Gruppe" (Nr. 32 ‚Isidor', Nr. 103 ‚Homilia de vocatione gentium', Nr. 104, Augustin, Sermo).

1. Matthäus 12,1–50
2. Mathäus 21,45–23,36

Zu vergleichen sind die Glossen in Nr. 30 und die Übersetzungen in Nr. 31.

1. Matthäus 12,1–50

Fragment IV: Mt. 12,1–14
Hannover, LB Ms. I 20b
Hench, S. 4/5
dt. Hannover Bild 5

In dieser Zeit ging Jesus am Rasttag[1] durch die Saaten.
In deru ziti fuor Ihesus in restitage[2] after satim;
12.1. In illo tempore abiit Iesus sabbato per sata;

Seine Jünger aber waren hungrig, begannen zu raufen
sine iungirun auh uuarun *h*ungrage,[3] bigunnun raufen
discipuli autem eius esurientes coeperunt uellere

die Ähren und zu essen. Die Pharisäer, da das se-
diu ahar enti ezan. Pharisera dhuo daz ga-
spicas et manducare. 2. Pharisaei autem

hend, sagten ihm: „Sieh, deine Jünger tun,
sehante quuatun imo: See, dine gungirun tuoant,
uidentes dixerunt ei: „Ecce, discipuli tui faciunt

das sie nicht tun sollen an Feiertagen." Und er
daz si ni mozun tuoan in feratagum." enti aer
quod non licet facere sabbatis"; 3. at ille

sagte ihnen: „Nun, laset ihr nicht, was David tat, als
quuat im: „Inu ni larut ir, huuaz Dauid teta, duo
dixit eis: „Non legistis[4] quid fecerit Dauid, quando

ihn hungerte und die mit ihm waren, wie er
inan hungarta enti dea mit imo uuarun: hueo aer
esuriit et qui cum eo erant: 4. quomodo

1 d. h. am Sabbat.
2 In der Handschrift steht die Form *restitago* (Nachbildung des lat. Ablativ).
3 Hs. *hrungrage*.
4 1. Sam. 21,2–7.

ging in das Gotteshaus und aß das heilige Brot, das
genc in daz gotes hus enti az uuizodbroth, daz
intrauit in domum dei et panes propositionis comedit, quos

er nicht essen sollte noch die mit ihm waren, sondern
aer ezan ni mvosa noh dea mit imo uuarun, nibu
non licebat edere neque his qui cum eo erant, nisi

nur die Priester als Einzige?
dea einun euuarta?
solis sacerdotibus?

Oder laset ihr nicht im Gesetz, dass (an) den Sabbattagen
Odho ni larut ęr in ęuu, daz dem uuehhatagum[5]
5. Aut non legistis in lege, quia sabbatis

die Priester in dem Tempel beflecken den Rasttag
dea ęuuarta in demo temple bismizant restitac
sacerdotes in templo sabbatum uiolant

und sind doch ohne Makel? Ich sage euch aber, dass
enti sint doh anu lastar? Ih sagen iu auh daz
et sine crimine sunt? 6. Dico autem uobis quia

mehr ist hier als (der) Tempel. Wenn ihr aber wüßtet,
mero ist hear danne tempel. Ibu ir auh uuistit,
templo maior est hic. 7. Si autem sciretis

was (das) ist: ‚Barmherzigkeit will ich, keineswegs Opfer'
huaz ist ‚armhaerzin uuillu enti nalles gelstar',
quid est: ‚misericordiam uolo et non sacrificium,'[6]

niemals schadet ihr[7] den Unschuldigen.
neo ni gaschadot ir dem unscolom.
numquam condemnassetis innocentes.

---

5 *uuehhatagum* Dat. Plur. von *uuehhatag* „Wohentag, Tag der Woche" als Nachbildung des lat. Ablativs.

6 Hos. 6,5.

7 die Übersetzung wählt den Indikativ Präsens statt des Konjunktiv Präteritum „würdet ihr schaden".

Herr ist gewißlich des Menschen Sohn auch
Truhtin ist gauuisso mannes sunu ioh
8. Dominus est enim filius hominis etiam

die Rasttage.“[8]
restitaga.“
sabbati.“

Und als er von dort (weg)ging, kam er in ihr Dinghaus.
Enti so aer danan fuor, quuam in iro dhinchus.
9. Et cum inde transisset, uenit in synagogam eorum;

Und siehe, (da war) alsbald (ein) Mann, der hatte eine verdorrte
enti see, dar saar man, der hapeta ardorreta
10. et ecce, homo manum habens

Hand, und sie fragten ihn sagend: „Darf man
hant; enti fragetun inan quuedante: „Muoz man
aridam, et interrogabant eum dicentes: „Si licet

an Feiertagen heilen?“ – auf dass sie ihn anklagten.
in uirratagum heilan?“ daz inan leidotin.
sabbatis curare?“ ut accusarent eum.

Er aber sagte ihnen: „Welcher von euch ist der Mann, der
***Aer*[9] auh quuat im: „huuelih iuuuer ist dęr man, dęr**
11. Ipse autem dixit illis: „quis erit ex uobis homo, qui

ein Schaf hat, und wenn das in (eine) Grube fällt an Rasttagen,
ein scaf habet, enti ibu daz in gropa fallit in restitagum,
habeat ouem unam, et si ceciderit haec sabbatis in foueam,

nun – nimmt es der nicht und hebt es heraus? Um wieviel
inu nimit iz dęr enti heuit iz uz? huue mihhiles
nonne tenebit et leuabit eam? 12. quanto magis

---

8 *restitaga* übersetzt den Genitiv Singular der Wendung *dominus [...] sabbati* („Herr [...] über den Sabbat“) als Nominativ/Akkusativ Plural („die Samstage“).
9 Hs. *Iaer*.

ist besser (ein) Mensch als (ein) Schaf? Deshalb also
ist bezira man danne scāf? Bidiu danne
melior est homo oue? Itaque

darf man (an) Feiertagen wohl tun." Da sagte Jesus
muoz man firatagum uuela tuoan." Duo quat Ihesus
licet sabbatis benefacere." 13. Tunc ait

dem Mann: „Strecke deine Hand (vor)!" Und er streckte (sie vor),
demo manne: „strechi dina hant!" Enti aer strechita
homini: „extende manum tuam!" Et extendit,

und sie wurde sogleich ebenso heil wie die andere.
enti uuart saar so sama heil so diu ander.
et restituta est sanitati sicut altera.

Fortgingen da hinaus die Pharisäer, machten (eine) Beratung
Argengun duo uz Pharisara, uuorahtun garati
14. Exeuntes autem Pharisaei consilium faciebant

Fragment V: Mt. 12,14–25
Wien ÖNB 3093*
Hench, S. 6/7
dt. Wien Bild 13
lat. Hannover Bild 6

gegen Jesus, wie sie ihn zugrunde richten könnten.
uuid*ar* Ihesuse, huueo sie inan forleosan mahtin.
aduersum eum, quomodo eum perderent.

Jesus aber wußte es, ging von dort weg und (es) folgten ihm
Ihesus auh *uu*ista iz, fuor danan, enti folgetun imo
15. Iesus autem sciens secessit inde, et secuti sunt eum multi,

Viele und er heilte sie alle und gebot ihnen, dass
manag*e*, enti aer gaheilta siae alle. enti gabot im, daz
et curauit eos omnes; 16. et praecepit eis, ne manifestum

sie ihn nicht berühmt machten. Damit erfüllt würde, das
sie inan *ni* martin; Daz arfullit uurti, dhaz
eum facerent. 17. ut adimpleretur quod dictum

gesagt wurde durch den Vorhersager Jesaias
gaque*tan* uuart durah forasagun Esaiam
est per Esaiam prophetam dicentem:

den Sagenden: „Siehe, mein Sohn, den ich erwählte (als) meinen
quued*antan*: „See, miin sunu, den ih gachos, minan
18. „Ecce, puer meus, quem elegi, dilectus meus, in quo

Lieben, an ihm erfreute sich meine Seele. Ich will über ihn setzen meinen
leoban, in imo galihheta mineru seulu. Seczu ih minan
bene conplacuit animae meae. ponam spiritum meum

Geist und mein Recht verkündet er den Völkern.
gheist *ubar* inan; Enti miin urteili chundit deotom.
super eum, et iudicium gentibus nuntiabit.

Er streitet nicht herum, noch schreit er, noch hört irgendeiner
Ni uuid*ar*stritit noh ni hrofit noh ni gahorit einich
19. Non contendit neque clamabit neque audiet aliquis

auf den Wohnplätzen seine Stimme. (Ein) geknicktes Rohr
in heim*ing*um sina stimna. rorea gafaclita
in plateis uocem eius. 20. Harudinem quassatam

zerbricht er nicht und (einen) rauchenden Docht löscht er nicht,
ni for*brihhit* enti riuhhantan flas ni leschit.
non confringet, et linum fumicans non extinguet,

bis dass er durchbringt zum Sieg (das) Recht, und
Innan *diu aer* durahbringit za sigiu urteili; enti
Donec eiciat ad uictoriam iudicium: 21. et in nomine

auf seinen Namen haben die Völker Hoffnung.“
in sina*n* namun eigun deotun uuaan.“
eius gentes sperabunt.“[10]

Da wurde ihm vorgebracht (einer), der den Teufel (in sich) hatte;
Duo uu*art* imo frambrungan, der tiubil hapta
22. Tunc oblatus est ei daemonium habens,

---

10 Jes. 42,1–4.

(er war) blind und stumm. Und er heilte ihn so,
uuas, *blint*er enti stummer; enti gaheilta inan, so
caecus et mutus, et curauit eum, ita ut loque-

dass er sprach und sah.
daz a*er gas*prah enti gasah.
retur et uideret.

Und verwundert wurden alle die Leute und sagten:
Enti *uuntr*entiu uurtun elliu dhiu folc enti quatun:
23. Et stupebant omnes turbae et dicebant: „numquid

„Nun, ist dieser nicht Davids Sohn?"
„inu*nu*, *des*e ist Dauites sunu?"
hic est filius Dauid?"

Die Pharisäer aber, das hörend, sagten:
Phari*saera auh* daz gahorrente quuatun:
24. Pharisei autem audientes dicebant:

„Dieser treibt die Teufel nicht aus, wenn nicht durch Beelze-
„dese *ni uz tri*bit tiubila nibu durah B*eelze*-
„hic non eicit daemones nisi in Beelzebub,

bub, den Fürsten der Teufel."
bub, ti*ubi*le furostun."
principem daemoniorum."

Jesus aber wußte ihre Gedanken, sagte ihnen: „Jedes
Ihesus auh *uui*ssa iro gadancha, quuad im: „allero
25. Iesus autem sciens cogitationes eorum dixit eis:

von allen Reichen, das entzweit ist,[11] geht unter.
rihho *gah*uuelich in zuei zasceitan zagengit,
„omne regnum diuisum contra se, desolabitur:

Und so [...]
enti so h [...]
et omnis ciuitas uel domus diuisa contra se,

11 Wörtlich: *in zwei gespalten.*

[*desolabitur: et omnis ciuitas uel domus diuisa contra se, non stabit. 26. Et Satanas Satanam eiicit, adversus se diuisus est: quomodo ergo stabit regnum eius? 27. Et si ego in Beelzebub eiicio daemones, filii uestri, in quo eiiciunt? Ideo ipsi iudices uestri erunt. 28. Si autem ego in spiritu dei eiicio daemones, igitur peruenit in uos regnum dei. 29.*/ Wien Bild 14[12] / Aut quomodo potest quisquam intrare in domum fortis, et uasa eius diripere, nisi prius alligauerit fortem? et tunc domum illius diripiet. 30. Qui non est mecum, contra me est; et qui non congregat mecum, spargit.]

Fragment VI: Mt. 12, 31–39
Wien ÖNB 3093*
Hench, S. 6 / 7
dt. Wien Bild 18
lat. Wien Bild 14

[...]Deshalb sage ich
[...] Bidiu quuid*u* [...]
31. Ideo dico uobis:

[...] werden
[...] uuerdant [...]
Omne peccatum et plasphemia remittitu*r* homi-

....
....
nibus, spiritus autem plasphemia non remitte*tur*.

werden nicht vergeben. Und jeder, der sagt,
[...] *ni* uuerdant forlazan. E*nti so h*uuer so *quu*idit
32. et quicumque dixerit uerbum contra

[ein lästerliches] Wort gegen des Menschen Sohn, – vergeben wird ihm .
[*los*][13] *uuort* uuidar mannes *sune*, *for*lazan i*mo* uuir*dit*.
filium hominis, remittetur ei.

Wer aber lästerlich spricht gegen den heiligen Geist,
***D*aer auh los sprihhit uuidar *he*ilegemo gheiste,**
Qui autem dixerit contra spiritum sanctum, non *remit*te-

12 Das Fragment war Hench noch nicht bekannt. Es wird hier nach seinem Abdruck des Vulgata-Textes wiedergegeben.
13 *los*, das in der Hs.fehlt, ist vermutlich zu ergänzen, s. die folgende Zeile.

nicht wird ihm vergeben, weder hier in der (zeitlichen) Welt,
***ni* uuirdit imo forlazan noh hear in uue-**
tur ei neque in hoc seculo neque

noch in Ewigkeit.
***r*alti noh in euuin.**
in futuro.

Entweder schafft ihr einen guten Baum, und sein Obst (ist) gut.
***O*do uurchet ir guotan baum enti siin obaz guot,**
33. Aut facite arborem bonam et fructum eius *b*onum,

Oder ihr schafft einen schlechten Baum, und sein Obst (ist)
***o*do gauurchet ir ubilan baum enti siin obaz**
aut facite arborem malam et fructum *e*ius

übel. So auch von des Baumes Obst wird erkannt
***u*bil. So auh fona des baumes obaze arcennit**
malum. Siquidem ex fructu arbor cognos*ci*tur.

der Baum. Geschlecht von Nattern, wie
uui*rdit*[14] daer baum. natrono chnosles, hueo
34. Progenies uuiperarum, quomodo potest*is*

könnt ihr Gutes sprechen, nun, da ihr so übel seid?
magut ir guot sprehhan, nu ir so ubile birut?
bona loqui, cum sitis mali?

Aus übervollem Sinn spricht der Mund.
***f*ona genuhtsamemo muote sprihhit munth.**
ex abundantia enim cordis os loq*uit*ur.

(Ein) guter Mensch zeigt Gutes von gutem Hort, und
Guot man fona guotemo horte augit guot, enti
35. Bonus homo de bono thesauro profert *bon*a,

(ein) böser Mensch von üblem Hort bringt Übles hervor.
ubil man fona ubilemo horte ubil frambringit.
et malus homo de malo thesauro prof*e*rt *m*ala.

---

14 *Hs. u*iuir.

Ich sage euch aber, dass von allen unnützen Worten,
Ih sagem auh iu, daz allero uuorto unbidarbero,
36. Dico autem uobis, quoniam omne u*er*bum *otio*sum

die (die) Menschen sprechen, sie davon Rechenschaft geben werden
diu man sprehhant, redea sculun dhes argeban
quod locuti fuerint homines, reddent rat*ion*em

am Gerichtstag. Von deinen Worten selbst gewißlich
in tuomtage. fona diin selbes uuortum gauuisso ga-
de eo in die iudicii.

rechtfertigst du dich und von deinen Worten selbst
rehtsamos enti fona diin selbes uuortum
37. *Ex uerbis enim tuis iustificaberis, et ex uerbis*

als Sündigen verurteilst du dich."
suntigan dih gisahhis."
tuis condemnaberis."

Da antworteten ihm gewisse von den Schriftgelehrten und
Duo antuurtun imo einhuuelihhe scribero enti[15]
38. *Tunc responderunt ei quidam de scribis et*

von den Phariäern sagend: „Meister, wir wollen
Pharisero quuedante: „Meistar, uuellemes
Pharisaeis dicentes: „Magister, uolumus

von dir irgendein Wunderzeichen sehen."
fona dir sum zeihhan gasehan."
a te signum uidere."

Er antwortete, sagte ihnen: „(Ein) übles Menschengeschlecht und arg-
Er antuurta, quuat im: „ubil manchunni enti ur-
39. *Qui respondens ait illis: „generatio mala et*

15 Hs. *scribero enti* | Zeilenwechsel |-*nti pharisero.*

wöhnisches verlangt Wunderzeichen, und nicht wird (es) ihm gegeben,
triuuui sohhit zeihhan, enti ni uuirdit imo gageban
adultera signum quaerit, et signum non dabitur ei,

wenn nicht (das) Wunderzeichen Jonas', des Propheten.
nibu zeihhan Ione, dhes forasagin.
nisi signum Ionae prophetae.

Fragment VII: Mt. 12,40–13,1
Hannover, LB Ms. I 20b
Hench, S. 8 / 9
lat. Wien Bild 19 (ab Mt. 40, 42b)
dt. Hannover Bild 7

Genauso auch wie Jonas war in des Wales Bauch drei Tage
so selb auh, so Ionas uuas in uuales uuambu dri taga
40. *Sicut enim fuit Ionas in uentre coeti tribus diebus*

und drei Nächte, so wird sein des Menschen Sohn in (der) Erde
enti drio naht, so scal uuesan mannes sunu in haerda
et tribus noctibus, sic erit filius hominis in corde

Schoß drei Tage und drei Nächte. Die Ninevitischen
hreuue dri taga enti drio naht. Dea Nineuuetiscun
terrae tribus diebus et tribus noctibus. 41. *Uiri Nineuitae*

Männer erstehen am Gerichtstag auf mit diesem Geschlecht[16]
man arrisant in tomtage mit desemo chunne
surgent in iudicio cum generatione ista

und erniedrigen es, weil sie ihre Reue
enti ganidarrent daz, huuanta sie iro hriuuun
et condemnabunt eam, quia paenitentiam

bewirkten, wie sie Jonas gelehrt hatte. Und siehe, hier (ist) mehr als
uuorahtun, so sie Ionas lerta; enti see, hear mero danne
egerunt in praedicatione Ionae; et ecce, plus quam Iona hic.

16 Mit dem Geschlecht von argwöhnisch nach Wunderzeichen verlangenden Menschen.

Jonas. Die Königin aus dem Süden[17] ersteht auf am Gerichtstag mit
Iona. Cunincgin sundan arrisit in tomtage mit
42. *Regina austri surget in iudicio cum generatione*

diesem Männergeschlecht und erniedrigt es, weil
desemo manchunne enti ganidrit daz, huuanta
[18]ista *et* condem*nabit* eam, quia uenit

sie gekommen war von den Enden der Erde zu hören die Weisheit
siu quam fona entum lantes, *h*orren[19] uuistom
a fin*ib*us terr*ae au*dire sapientiam Salom*onis;*

Salomons. Und siehe, hier (ist) mehr als Salomo.
Salomones; enti see, hear mero danne Salomon.
et ecce, plus quam Salamon hic.

Wenn aber der unreine Geist hinausgeht aus dem Menschen,
So auh daer unhreino gheist uz argengit fona manne,
43. Cum autem inmundus spiritus exierit ab homine,

fährt er nach dürren Stätten, sucht Ruhe und
ferit aftar durrem stetim, suohhit roa enti ni
ambulat per loca arida querens requiem et

findet (sie) nicht. Dann sagt er: ‚Ich kehre zurück in mein Haus, von wo
findit. Danne quuidit: ‚ih huuirfu in miin hus, danan
non inuenit. 44. Tunc dicit: ‚reuertar in domum me*am*,

ich fortfuhr.‘ Und (zurück)gekommen findet er ein leeres Haus, mit Besen
ih uz fuor;‘ enti quhoman findit ital hus, besmom
unde exiui;‘ et ueniens inuenit uacantem, scopis

gekehrt und verschönt. Dann geht er und holt
gacherit enti gasconit. Danne gengit enti gahalot
mundatam et ornatam. 45. Tunc uadit et ad-

---

17 Die Königin von Saba; 1. Kön. 10,1–10.
18 Ab hier Wien, Bild 19.
19 Hs. *hrorren*.

sieben andere Geister mit sich, schlimmere als er, und
sibuni andre gheista mit imo uuirsirun danne aer, enti
sumit septem alios spiritus secum nequiores se,

hineingehend wohnen sie dort. Und (es) werden
ingangante artont dar; enti uuerdant
et intrantes habitant ibi; et fiunt nouissima

die späteren (Leiden) des Menschen ärger (gegenüber) den früheren. So
dea aftrun des mannes argorun dem erirom; so
hominis illius peiora prioribus;

wird es sein (mit) diesem Männergeschlecht, dem schlimmsten."
scal uuesan desemo manchunne argostin."
sic erit generationi huic pessime.

Währenddessen er das sprach zu den Leuten, siehe, seine Mut-
Innan diu aer daz sprah za dem folchum, see, siin muo-
46. Adhuc eo loquente ad turbas, ecce, mater eius

ter und (seine) Brüder standen draußen, suchten sein Ge-
ter enti bruoder stuontun uze, sohhitun siin ga-
et fratres stabant foras querentes loqui ei.

spräch. (Es) sagte ihm da ein Gewisser: „Siehe, deine Mutter
sprahhi. Quuat imo duo ein huuelih: „see, diin muoter
47. Dixit autem ei quidam: „ecce, mater tua et fra-

und (deine) Brüder stehen draußen, suchen dich."
enti bruoder stan*t*ant[20] uze, suohhent dih!"
tres tui fores stant querentes te."

Und er antwortete dem, (der) zu ihm gesprochen hatte, sagte:
Enti aer antuurta demo za imo[21] sprah, quad: h[22]
48. at ipse respondens dicenti sibi ait:

---

20 Hs. *stanstant*.
21 Hs. *za imo* zweimal.
22 Das *h* wurde in der Handschrift versehentlich statt als erster Buchstabe der folgenden Zeile zunächst als letzter Buchstabe dieser Zeile geschrieben; danach vergaß man, es wegzuradieren.

„Wer ist meine Mutter und wer sind meine Brüder ?“
„Huuer ist miin muoter enti huuer sintun mine bruoder?“
„Que est mater mea et qui sunt fratres mei?“

Und er reckte seine Hand (aus) über seine Jünger, sagte:
Enti rehhita sina hant ubar sine iungirun, quuat:
49. Et extendens manus in dicipulos suos dixit:

„Siehe, meine Mutter und meine Brüder. Jeder, der nämlich
„See, miin muoter enti mine bruoder! so huuer so auh
„Ecce, mater mea et fratres mei!“ 50. quicumque

im Ernst[23] den Willen wirkt meines Vaters, der in den Himmeln ist,
in ernust uuillun uurchit mines fater, der in himilum ist,
enim fecerit uoluntatem patris mei, qui in caelis e*st*,

der ist mein Bruder und (meine) Schwester und (meine) Mutter.“
der ist miin bruoder enti suester ioh moter.“
ipse meus frater et soror et mater est.“

An dem Tage ging Jesus hinaus fon dem Haus, saß bei dem See [...]
In demo tage genc Ihesus uz fona hus, saz bi seuue [...]
13,1. In illo die exiens de domo sedebat secus mare. [...]

2. Mathäus 21,45–23,36

(ohne Fragment XVI[24]: Mt. 22,13–29)
Fragment XV: Mt. 21,45–22,13
Wien ÖNB 3093*
Hench, S. 22 / 23
kein Digitalisat (s. Wien, Bild 49)

[Und als die Hohenpriester und die Pharisäer seine Gleichnisse hörten, da]
21,45. *[Et cum audissent principes sacerdotum et Pharisaei parabolas eius,]*

23 ***in ernust***: ohne Entsprechung im lateinischen Text der Hs.; zu erwarten wäre etwa eine Wendung wie: *fecerit omnino uoluntatem patris mei*. Vulgata-Lesart?
24 Fragment XVI hat außer dem lateinischen Text nur geringfügige Reste des ahd. Übersetzung.

erkannten sie, dass er sie meinte, und suchten,
bicnaitun, daz aer umbi sie meinita, enti sohhitun
cognouerunt, quod de ipsis diceret, 46. et quaerentes

(dass) sie ihn fingen, fürchteten die Leute, denn
sie *ina*n kafengin, for*a*htun d*iu folc*, *huuanta*
eum tenere timuerunt turbas, quoniam

sie hielten ihn gleich wie einen Propheten.
sie inan habetun so selb so forasagun.
sicut prophetam eum habebant.

Und es antwortete ihnen Jesus, sprach wieder in Gleichnissen:
Enti antuurta im Ihesus auuar in biuuortum, quuad:
22,1 *et respondens Iesus dixit iterum in parabolis eis dicens:*

„Gleich ist beschaffen das Reich der Himmel einem Mann, einem König,
„Kalih ist katan himilo rihhi man chuninge,
2. *„simile factum est regnum caelorum homini regi,*

der ein Brautfest ausrichtete seinem Sohn und sandte
der frumita bruthlauft sinemo sune enti sentita
qui fecit nuptias filio suo, 3. et misit

seine Knechte, zu holen die Geladenen zu dem Braut-
sine scalcha halon dea kaladotun za demo brut-
seruos suos uocare inuitatos ad nuptias,

fest. Und sie wollten nicht kommen. Abermals sandte er andere
hlaufte, enti ni uueltun queman. Auuar sentita andre
et nolebant uenire. 4. Iterum misit alios

Knechte, sagte: ‚Sagt den Geladenen: Siehe, meine Ochsen
scalcha, quad: ‚Saget dem kaladotom: See, farri mine
seruos dicens: Dicite inuitatis: ‚Ecce, prandium meum paraui,

und die höchsten[25] (Dinge) sind geschlachtet und alles ist hergerichtet:
enti daz hohista sintun arslagan, enti elliu karo:
tauri mei et altilia occisa et omnia parata;

kommt zum Brautfest!‘ Sie beachteten das aber nicht
quemet za bruthlaufte;’ Sie des auuar ni rohhitun
uenite ad nuptias.‘ 5. *Illi autem neglexerunt*

und gingen für sich, der eine in sein Dorf, der andere wiederum zu seinem
enti fuorun im, sum in siin dorf, sum auh za sinemo
et abierunt, alius in uillam suam, alius uero ad

Laden. Andere wiederum fingen seine Knechte
caufe. Andre auh sume kafengun dea sine scalcha
negotiationem suam. 6. *Reliqui uero tenuerunt seruos eius*

und, die verhöhnt habend, erschlugen sie. Der König
enti dea kahonte arslogun. Der chuninc,
et contumelia adfectos occiderunt. 7. *Rex*

da, als er es hörte, wurde erzürnt und
duo so ęr iz kahorta, uuart arbolgan enti
autem, cum audisset, iratus est, et

sandte seine Heere, tötete die Mörder und
santa siniu heri, forlorta dea manslagun enti
missis exercitibus suis perdidit homicidas illos et

verbrannte ihre Stadt. Da sagte er seinen Knechten:
forbrennita iro burc. Duo quad sinem scalchum:
ciuitatem illorum succendit. 8. *Tunc ait seruis suis:*

‚Das Brautfest ist zwar hergerichtet, doch die geladen
‚Bruthlauft ist gauuisso garo, oh, dea kaladote
‚Nuptiae quidem paratae sunt, sed qui inuitati

25 *altilia*, „Mastvieh“ ist mißverstanden als *altissima*, „die höchsten Dinge (das Beste?)“; vgl. bei Nr. 30 die Glossen z.St.

waren, waren dessen nicht würdig. Geht abermals aus an das
uuarun, ni uuarun es uirdige. Ferit auuar uz in daz
erant, non fuerunt digni. 9. *Ite ergo ad*

Ende der Wege, und einen jeden, den ihr
kalaz dero uuego, enti so huuenan so ir
exitus uiarum, et quoscumque

findet, ladet zum Brautfest!‘ Und es gingen aus
findet, ladot za bruthlaufte!‘ enti fuorun uz
inueneritis uocate ad nuptias.‘ 10. *Et egressi*

seine Knechte auf die Wege und sammelten alle,
sine scalcha in dea uuega enti kasamnotun alle
serui eius in uias, congregauerunt omnes,

einen jeden, den sie fanden, Üble und Gute. Und es wurde
so huuelihhe so sie funtun, ubile ioh guote, enti uuarth
quos inuenerunt malos et bonos, et

gefüllt des Brautfestes Saalgestühl.
arfullit des bruthlaufte(s) kastuoli;
impletae sunt nuptiae discumbentium.

Es ging hinein der König da, dass er sähe die Sitzenden.
Kenc in der chuninc duo, daz kasahi dea sizzentun
11. *Intrauit autem rex, ut uideret discumbentes,*

Und er sah dort einen Mann, einen nicht gekleideten
enti kasah dar mannan ungaueritan
et uidit ibi hominem non uestitum

mit brautfestlichem Gewand. Und er sagte ihm: ‚Freund,
bruthlauftiges kauuates, enti quad imo: ‚Friunt,
ueste nuptiali, 12. *et ait illi: ‚Amice,*

wie kamst du herein? Nicht hast du ein brautfestliches Gewand.‘
hueo quami du hera, in ni habes bruthlauftic kauuati?‘
quomodo huc intrasti non habens uestem nuptialem?‘

Und er verstummte. Da sagte der König den Amtleuten:
enti aer arstummeta. Duo quad der chuninc dem ambahtum
at ille obmutuit. 13. *Tunc dixit rex ministris:*

[Bindet ihm Hände und Füße und werft ihn hinaus in die Finsternis draußen. Dort wird sein Heulen und Zähneknirschen. 14. Denn Viele sind berufen, wenige aber rwählt.']

[,*Ligatis manibus et pedibus eius, mittite eum in tenebras exteriores: ibi erit fletus et stridor dentium.* 14. *Multi enim sunt uocati, pauci uero electi.*']

Fragment XVII: Mt. 23,15–25
Wien ÖNB 3093*
Hench, S. 26 / 27
dt. Wien Bild 60

15. [Wehe euch, ihr Schriftgelehrten und Pharisäer, ihr Heuchler, dass ihr über das Meer und das trockene Land geht, um nur einen Proselyten zu machen, und wenn er dazu gemacht ist,]

15. [*Vae uobis, scribae et Pharisaei, hypocritae, quia circuitis mare et aridam, ut faciatis unum proselytum, et cum fuerit factus,*]

dann (macht ihr ihn zu) einem Sohn der Qual, zweimal mehr als euch selbst.
15. [...] denne qualu sunu zuifalt mer danne iuuih.
facitis eum filium gehennae duplo quam uos.

Wehe euch, ihr Leiter des Blinden,[26] ihr sagt, jeder, der
Uæ iu, leidita blintes, ir quedet, so huuer so
16. *Uae uobis, duces caeci, qui dicitis: Quicumque*

bei dem Tempel schwört, (das) sei nichts. Wer aber auf das
bi temple suerit, neouuiht sii. Der auuar *in* d*emo*
iurauerit per templum, nihil est. Qui autem

26 *duces caeci* ist nicht aufgefaßt als „blinde Führer", sondern als „Führer des Blinden"; vgl. die Übersetzung derselben Wendung bei Nr. 30, Mt. 23,24.

Gold des Tempels schwört, (das) sei ein verpflichtender Eid. Ihr törichten
temples golde suerit, sculdic eidh sii. Kame*ite*
iurauerit in aurum templi, debet. 17. *Stulti*

und blinden! Was von beidem ist in Wahrheit mehr (wert), das Gold oder
enti blinte, huuedar ist zauuare mera, gold *odo*
et caeci, quid enim maius est, aurum an

die Kirche, die das Gold weiht? Und jeder, der bei
kirihha, diu daz golth uuihit? Enti so huuer *so in*
templum, quod sanctificat aurum? 18. *Et quicumque*

dem Altar schwört, – das ist nichts. Jeder der aber schwört
altare suerit, neouuiht ist. So huuer so auuar *suerit*
iurauerit in altare, nihil est. Qui autem iurauerit

bei den Gaben, denen, die darauf sind, – das sei ein verpflichtender Eid.
in dem kebem, dem dar oba sint, sculic eidh *sii.*
in dono, quod est super illud, debet.

Ihr Blinden! Was von beidem ist mehr (wert), die Gabe, oder der Altar,
Blinte, huuedar ist mera, deo gheba odo altar*i*
19. *Caeci, quid enim maius est, donum an altare,*

der die Gabe weiht? Der, welcher aber bei dem Altar schwört,
der deo keba uuihit? Der auuar in altare *suerit,*
quod sanctificat donum? 20. *Qui ergo iurat in altare,*

schwört bei diesem und allen (Dingen), die darauf sind.
suerit in demo ioh in *a*llem, dem dar oba sintu*n.*
iurat in eo et in omnibus, quae super illud sunt.

Und der, welcher schwört bei dem Tempel, schwört bei diesem
Enti dęr suerit bi demo temple, suerit in dem*o,*
21. *Et qui iurauerit in templo, iurat in illo*

und bei dem, (der) darin wohnt. Und der, welcher schwört beim
ioh in demo dar inne artot. Enti dær suerit *bi*
et in eo, qui inhabitat in ipso. 22. *Et qui iurat in*

Himmel, schwört beim Hochsitz Gottes und bei dem, der darauf (ist).
himile, suerit bi hohsedle gotes, ioh bi demo dar *oba* [...]
caelo, iurat in throno dei et in eo, qui sedet super eum.

Wehe euch, ihr Gesetzesschaffer und Pharisäer, ihr Heuchler!
Uæ iu, euuascaffina enti Pharisæra, triugara!
23. *Uae uobis, scribae et Pharisaei, hypocritae! quia*

Ihr gebt als Zehnten Minze, Dill und Kümmel und unterlaßt
tehmot minzun enti tilli enti chumin enti for*leazut*
decimatis mentam et anetum et cynimum, et reliquistis

das Gewichtigere des Gesetzes: Gerechtigkeit und Erbarmung
daz heuigora dera euua: Tuomida enti ga*barmida*
quae grauiora sunt legis, iudicium et misericordiam

und Glauben. Diese (Dinge) würden euch geziemen zu tun, und
enti kalaubin. Dhesiu kazami[27] iu za tuoanne *enti*
et fidem; haec opportuit facere et

die anderen, nicht zu unterlassen.
diu andriu ni za forlazanne.
illa non ommittere.

Ihr den Blinden Leitende, ihr die Mücke Aussiebende, das Kamel
Leitende blintan, sihante uz muccun, olbant*un*
24. *Duces caeci, excolantes culicem, camelum*

aber Verschlingende!
auuar slintante!
autem gluttientes.

Wehe euch, ihr Gesetzesschaffer[28] und ihr Pharisäer, ihr Heuchler!
***U*ae eu, euua sceffina enti Pharisæra, triugar*a*!**
25. *Uae uobis, scribae et Parisei hypocritae!*

---

27 ***kazami*** (Sing.) verschrieben für *kazamin* (Plur.).
28 „Schöffen"; vgl. 23 *euua sceffina*.

Denn ihr säubert, das (was) außen ist am Kelch
huuanta ir furbit, daz uzana ist des khelihhes
quia mundatis, quod deforis est calicis

und der Schüssel, innen drin
***en*ti ghebita *in*nana [...]**
et paropsadis, intus autem pleni sunt

[aber sind sie voll von Raub und Unsauberkeit! 26. Blinder Pharisäer, säubere zuerst das Innere des Bechers und der Schüssel, damit das, was außen ist, sauber werde! 27. Wehe euch, ihr Schriftgelehrten und Pharisäer, ihr Heuchler, weil ihr ähnlich seid den Gräbern,]

[*rapina et immunditia! 26. Pharisaee caece, munda prius, quod intus est calicis et paropsidis, ut fiat id, quod deforis est, mundum! 27. Uae uobis, scribae et Pharisaei, hypocritae, quia similes estis sepulchris*]

Fragment XVIII: Mt. 23,27–36
Wien ÖNB 3093*
Hench, S. 26 / 27
dt. Wien Bild 64
lat. Wien Bild 61

den weiß gemachten, die den Menschen scheinen außen
kahuuizitem, diu mannum schinant uzana
*deal*batis, quae foras apparent hominibus

schön, innen drin sind sie aber voll der toten Gebeine
sconi, innan sintun auuar fol totero kapeinnono
*spe*ciosa, intus uero plena sunt ossibus mortuorum

und aller Unreinheit. Und ebenso zeigt ihr euch
enti allera unhreinida. Enti so se(l)b kalihho aug*et*
et omni spurcitia; 28. sic et uos

nach außen den Menschen (als) Gerechte, innen drin
ir iu uuih uzana mannum rehtuuisige, innana
*afor*is quidem apparetis hominibus iusti, intus autem

seid ihr aber Erfüllte von Heuchelei und Neid.
birut auuar folle trugida enti nidhes.
*ple*ni estis hypocrisi et iniquitate.

Wehe euch, ihr Gesetzesschaffer und Pharisäer, ihr Heuchler!
Uæ iu, euua sceffina enti Pharisæra, triugera!
29. *Uae* uobis, scribae et Pharisęi hypocritae!

Ihr zimmert Gräber der Propheten und verschönert der Ge-
ir zimbrit grabir forasagono enti sconit reht-
qui aedificatis sepulchra propheta*ru*m et ornatis

rechten Grabmäler. Und ihr sagt: ‚Wenn wir gewesen wären
uuisigero grapehus. Enti quidit: ‚Ibu uuir uuarim
*mo*numenta iustorum: 30. et dicitis: ‚si fuissemus in diebus

in unserer Vorfahren Tagen, nicht wären wir gewesen ihre Ge-
in unserero fordrono tagum, ni uuarim uuir iro k*a*-
*patr*um nostrorum, non essem*u*s socii eorum

fährten in (der Schuld an) der Propheten Blut.‘ Und darin seid ihr euch
mahhun in forasagono bluote.‘ Ioh des birut ir iu
*in sa*nguine prophetarum. 31. Itaque testimonium estis *uobismet*

selbst Zeugen, dass ihr derer Söhne seid,
selbun urchundun, daz ir dero suni birut
ipsis, qui*a* fili*i* æst*is* eor*um*

derer, die die Propheten erschlugen.
dero, dea forasagun sluogun.
qui prophetas occiderunt.

Und erfüllt eurer Väter Weise! Nattern,
Enti irfullit iuuuarero fatero uuisun! Natru*n*,
32. *Et u*os implete mensuram patrum uestrorum. 33. Serpent*e*s,

Geschlecht von Nattern, auf welche Weise entflieht ihr dem
natrono knosles, hueo fleohet ir fona demo
*ge*mina uiperarum, quomodo fugietis

Urteil der Qual?
urteile dera quala[29]?
*a iu*dicio gæhennę?

Deshalb siehe, ich sende zu euch Propheten und Weise
See, bidiu ih sentu za iu forasagun enti uuisæ
34. *Ideo* ecce, ego mitto ad uos prophetas et sapientes

und Meister, und von denen erschlagt ihr etliche. Etliche
enti meistra, enti dero slahet ir sume. Sume
*et s*cribas, et ex illis occidetis et crucifigetis,

hängt ihr ans Kreuz und etliche von denen geißelt ihr in euern Syna-
hahet in cruci, enti sume dero fillet in iuuuarem *syna-*
*et f*lagellabitis in synagogis uestris

gogen. Und die jagt ihr von Stadt zu Stadt.
gogum. Enti dea iagot fona burgi za burg*i*,
*et p*ersequuimini de ciuitate in ciuitatem;

Dass doch über euch komme alles rechtschaffene
daz ubar iuuuih queme al daz rehtuuisiga
35. *ut u*eniat super uos omnis sanguis iustus,

Blut, das auf die Erde ist gegossen, von
bluoth, daz ubar ærda ist kagozan, Fona
qui effusus est super terram, a sanguine

Abels Blut, des rechtbegehrenden, bis zu Zacharias'
Abeles bluote des rehtkernin untaz Zacharias*es*
Abel iusti usque ad sanguinem Zachariae[30]

Blut, des Sohnes des Barachias, den ihr erschlugt
bluoth, des Barachies sunes, den ir arsluogut
filii Barahh*iae*, quem occidistis inter

29 *quala* als Übersetzung von *gehenna* „Hölle".
30 Sacharia 2. Chron. 20,21

zwischen dem [Tempel und dem Altar]!. Wahrlich, ich sage [euch],
untar demo [...] Uuar, *iu* saghem [...]
*templ*um *et altare*. 36. *Amen d*ico uo*bis*,

[das alles wird über dieses Geschlecht kommen.]
[*uenient haec omnia super generationem istam.*]

29 Aus dem althochdeutschen Tatian
Masser

[2]VL 9 (1995), Tatian, Sp. 620–628 (Achim Masser). – **VL** ahd. und as. Lit. (2013), S. 459–466 (Achim Masser). – Killy-Lit.Lex. 11 (2011), S. 433–435 (Ernst Hellgardt).

Ü.: a: Volltext St. Gallen, Stiftsbibliothek, Cod. 56; aus Fulda.
b: Exzerpte in Paris, NB Ms. lat. 7641, fol. 4v-16r, Ränder; aus Nordfrankreich.
Verlorene, aber mehr oder weniger sicher bezeugte Handschriften: s. Hellgardt, Mehrsprachigkeit, S. 31–49.

Abb.: a: vollständiges Digitalisat der St. Galler Hs. in Farbe: http://www.cesg.unifr.ch/virt_bib/handschriften.htm.
Fischer, Schrifttafeln, Taf. 9, St. Galler Hs., pag. 25.
b: vollständiges Digitalisat der Pariser Hs. in Farbe: https://gallica.bnf.fr/ark:/12148/btv1b8478985p/f16.item.

Dat.: a: Hs. St. Gallen: 2. Viertel 9. Jh. (Bischoff, Paläographische Fragen S. 106).
b: Hs. Vatikan/Paris 9./10 Jh., Wende (Bischoff, Paläographische Fragen, S. 133).

Spr.: ostfränkisch.

Ed.: Sievers, Tatian. – Masser, Tatianbilingue. – Schlosser, S. 96–98, 104–105, 124, 148–149, 152–158, 162–163, 180–183, 192–195, 222 (Texte). – Müller, S. 130, 159, 172 (Texte).

Lit.: Kelle, LG 1, S. 111–112 und S. 347. – Kögel, LG I,2, S. 524–527. – Ehrismann, 1, S. [2]LG, S. 286–290. – Haubrichs, Die Anfänge, S. 212 u. ö. – Reiche Hinweise bei Masser, VL ahd. und as. Lit. – Lippert, Isidorgruppe, Tatian. – Ganz, Junius 13. – Rathofer, Diatessaronforschung. – Hellgardt, Mehrsprachigkeit. – Stackmann, Die Göttinger Abschriften. – Endermann, Tatian-Fragmente. – Schmid, Tatian-Zitate. – Schmid, Unum ex quattuor. – Schlosser (Kommentar zu den ausgewählten Stücken). – Müller, S. 338, 343, 349 (Kommentar zu den ausgewählten Stücken).

Übersetzungs- und Verschriftungskonzept: strenge Wortgleichheit am Anfang und Ende der synoptischen Zeilen, bei möglichster Freiheit der deutschen Wortfolge im Zeileninneren, s. Vaterunser als Beispiel in Nr. 76 und die Erläuterung dazu.

Zu vergleichen sind die Glossen in Nr. 30 und die Übersetzungen Nr. 28 und Nr. 31.

Text nach Masser in vereinfachter Form mit moderner Interpunktion, Worttrennung und Orthographie.

cap. 57 (Mt. 12, 38–45)

[Ubi scribae signum petunt ab eo & eis multa dicit][1]

pag. 92,21

Tunc responderunt ei quidam	Thó antlingitun imo sume
de scribis & Phariseis	fon then buohharin inti Phariseis
dicentes: „Magister, uolumus	sus quendante: „meistar, uuir uuollen
a te signum uidere."	fon thir zeichan gisehan."
Qui respondens ait illis:	tho antlinginti quad ín:
„generatio mala & adultera	„ubil cunni inti furlegan
signum quęrit, & signum	suohhit zeihhan, inti zeihhan
non dabitur ei, nisi signum	niuuirdit imo gigeban nibi zeihhan
Ionæ proph&tę. sicut enim fuit	Ionases thes uuizagen. soso uúas
Ionas in uentre c&i	Ionas in thes uuales uúambu
tribus diebus & tribus noctibus,	thrí taga inti thriio naht,
sic erit filius hominis in corde terrę	só ist mannes sún in herzen erdu

pag. 93,1

tribus diebus & tribus noctibus.	thrí taga inti thriio[2] naht.
Uiri Nineuitæ surgent	thie Nineuiscon mán arstantent
in iudicio cum generatione ista	In tuome mit thesemo cunne
& condemnabunt eam,	Inti furniderent íz,
quia poenitentiam egerunt	uuanta sie riuua tatun
in predicatione Ionę,	in predigungu Íonases:
& ecce, plus quam Iona hic.	senu, hier ist mera thanne Ionas.
Regina austri surg&	sundirinu cuningin arstentit
in iudicio cum generatione ista	in tuome mit thesemo cunne
& condemnabit eam, quia uenit	inti furnidirit íz, uuanta siu quam
a finibus terrę audire sapientiam	fon ente erdu zihorrenne spahida
Salomonis. et ecce, plus quam	Salamonis: senu, hier ist mera thanne
Salomon hic. +[3]dico autem uobis,	Salamon. ih quidu íu,
quia multi uenerunt	uuanta manage quamun
a finibus terrę audire sapientiam	fon ente erdun horen spahida
Salomonis, & ideo maior Salomon hic.+	Salamones, Inti bithiu hier ist mera Salamone.

1 Die Überschriften sind dem Inhaltsverzeichnis der Handschrift entnommen. Sie stehen in der Handschrift nur dort, nicht über den Kapiteln (fol. 19–24; Masser, Tatianbilingue, S. 57–62).

2 *thiio* Hs. (Masser, Tatianbilingue).

3 Die Stelle zwischen + + (Z. 13–16) steht weder bei Mt., noch bei Lc. (Mc. hat die ganze Passage nicht).

cap. 57 (Mt. 12, 38–45)

[Wo die Schriftgelehrten ein Wunderzeichen von ihm verlangen, und er ihnen Vieles sagt]

pag. 92,21

Da antworteten ihm einige
von den Buchgelehrten und *Phariseis*
so sprechend: „Meister, wir wollen
von dir ein Wunderzeichen sehen."
Da sagte er ihnen antwortend:
„Ein übles Geschlecht und (ein) verhurtes
verlangt ein Wunderzeichen, und ein Wunderzeichen
wird ihm nicht gegeben, außer das Wunderzeichen
Jonas', des Weissagers. So wie
Jonas war in des Wales Bauch
drei Tage und drei Nächte,
so ist des Menschen Sohn im Herzen der Erde

pag. 93,1

drei Tage und drei Nächte.
Die Ninevitischen Männer erstehen auf
am Gericht mit diesem Geschlecht
und erniedrigen es,
weil sie Reue verrichteten
gemäß der Predigt des Jonas.
Siehe nun, hier ist mehr als Jonas.
die südliche Königin ersteht auf
am Gericht mit diesem Geschlecht
und erniedrigt es, weil sie kam
vom Ende der Erde, zu hören die Weisheit
Salomons. Siehe nun, hier ist mehr als
Salomon. +Ich sage euch,
dass Viele kamen
vom Ende der Welt, zu hören die Weisheit
Salomons. Und ebenso ist hier mehr als Salomo.+[4]

4 S. o. Anm. 3.

pag. 93,18–32

Cum immundus spiritus exierit de homine, ambulat per loca arida quęrens requiem & non inuenit. Tunc dicit: 'reuertar in domum meam unde exiui.' & ueniens inuenit uacantem scopis mundatam et ornatam. Tunc uadit & assum& septem alios spiritus secum nequiores sé, & intrantes habitant ibi, & fiunt nouissima hominis illius peiora prioribus. sic erit & generationi huic pessimae.'

Thanne ther unsubiro geist úzg& fon themo manne, gengit thuruh thurro st&i, suohhit resti Inti nifindit. thanne quidit: 'ih uuirbu in mín hús thanan ih úzgieng.' inti quementi findit zuomigaz mit besemen gifurbit inti gigaruuit. thanne ferit inti nimit sibun geista andere mit imo uuirsiron thanne her si, Inti ingangente artont thar, inti sint thanne thie iungistun thes mannes uuirsirun then eriron só ist thesemo cunne themo uuirsisten.'

cap. 60 (Mt. 12, 46–50)

[Ubi nuntiatur Ihesu, quia „mater tua & fratres tui uolunt te uidere"]

pag. 94,9–23

Adhuc eo loquente ad turbas, ecce, mater eius & fratres stabant foris quaerentes loqui ei. dixit autem ei quidam: „ecce, mater tua & fratres tui foris stant quęrentes té." At ille respondens dicenti sibi ait: „Quæ est mater mea & qui sunt fratres mei?" & extendens manum in discipulos suos dixit: „ecce, mater mea & fratres mei. " Quicumque fecerit uoluntatem patris mei, qui in cælis est, ipse meus & frater & soror & mater est."

imo noh thanne sprehhentemo zi thén menigin, senu, sín muoter inti sine bruoder stuontun úze suohtun inan zi gisprehhanne tho quad imo sum: „senu, thín muoter inti thine bruoder stantent úze suohhente thih." hér thó ántlinginti imo sus quedantemo quad: „uuer ist mín muoter inti uuer sint mine bruoder?" thenita sina hant in sine iungiron inti quad: „senu, mín muoter inti mine bruoder só uuer só tuot uuillon mines fater, ther in himile ist, ther ist mín bruoder Inti suester inti muoter."

Dann, wenn der unsaubere Geist ausgeht von dem Menschen, geht er durch dürre Stätten, sucht Rast und findet (sie) nicht. Dann sagt er: ‚Ich Kehre zurück in mein Haus, von wo ich ausging. Und kommend findet er (es) leer, mit Besen gereinigt und hergerichtet. dann geht er und nimmt sieben andere Geister mit sich, Schlimmere als er (es) ist. Und hineingehend wohnen sie dort. Und (es) sind dann die letzten (Leiden) des Menschen schlimmer (gegenüber) den früheren. So ist (es mit) diesem Geschlecht, dem schlimmsten.‘

cap. 60

[Wo Jesus gemeldet wird, dass „deine Mutter und deine Brüder wollen dich sehen.“]

pag. 94–23

Indem er da noch sprechend war,[5] zu den Mengen, – siehe nun, seine Mutter und seine Brüder standen draußen, verlangten ihn zu sprechen. Da sagte ihm jemand: „Siehe nun, deine Mutter und deine Brüder stehen draußen, dich verlangend. Er da antwortend dem zu ihm so sprechenden sagte: Wer ist meine Mutter und wer sind meine Brüder?“ Er streckte seine Hand über seine Jünger und sagte: „Siehe nun, meine Mutter und meine Brüder. Jeder der den Willen meines Vaters tut, der im Himmel ist, der ist mein Bruder und (meine) Schwester und (meine) Mutter.“

5 Nachbildung der lat. Konstruktion des absoluten Ablativs im Ahd.

cap. 61[6]

[Ubi Pharisæi dicunt de Ihesu: „in Behelzebub hic eiicit daemonia“]

pag. 97,29–32

Pharisei autem dicebant:	Thie Pharisei quadun thó:
„In Beelzebub, principe demoniorum,	„In Belzebube, heristen thero diuualo,
hic eicit demones.“	theser uuirphit thie diuuala.“
ipse autem, ut uidit cogitationes eorum,	só hér thó gisah iro githanca,

pag. 98,1–32

dixit eis: „omne regnum	quad ín: „íogiuuelih rihhi
in seipsum diuisum desolabitur,	in imo selbemo ziteilit uuirdit ziúuorphan,
& domus diuisa aduersus se	inti hús ziteilit uuidar imo selbemo
non stabit. si autem & Satanas	ni gistentit. oba Satanas
in seipsum diuisus est,	in imo selbemo ziteilit ist,
quomodo stabit regnum ipsius?	uuvo gistentit thanne sin rihhi?
Non potest stare, sed finem hab&.	íz nimag gistantan, ouh enti hab&.
quia dicitis in Beelzebub	uuanta ír qued& in Belzbube
eicere mé demonia:	míh uuerphan diuuala:
Si autem ego in Beelzebub eicio	oba ih in Belzebube fóruuirphu
demonia, – filii uestri, in quo	diuuala, – íuuaru kind, in hiu
eiciunt? ideo ipsi iudices uestri erunt.	uuerphent sie? bithiu sint sie íuuare tuomon.
porro, si in digito dei eicio	zisperi, oba ih in gotes fingare uuirphu
demonia, profecto peruenit in uos	diuuala, giuuesso quimit in íuuih
regnum dei. aut quomodo potest	gotes rihhi. odo uuvo mag
quisquam intrare in domum fortis	einig ingangan in hús strenges
& uasa eius diripere in quibus	inti sinu uas gineman in thiu hér
confidebat, nisi prius	anagitruuueta, nibi her ér
alligauerit fortem. & tunc	gibinte then strengon, inti thanne
domum illius diripiat?	sín hús imo binimit?
Qui non est mecum, contra me est,	ther mit mir nist, ther ist uuidar mír,
Et qui non congregat mecum,	inti ther mit mir ni samanot,
spargit. ideo dico uobis:	ther zispreitit. bithiu quidu ih íu:
omne peccatum & blasphemia	iogiuuelih sunta inti bismarunga
remitt&ur hominibus;	uuirdit furlazzan mannon;
spiritus autem blasphemia	thes geistes bismarunga
non remitt&ur. & quicumque	niuuirdit furlazan. inti só úuer
dixerit uerbum contra filium hominis,	só quidit uuort uuidar then mannes sún,
remitt&ur ei; qui autem dixerit	uuirdit imo fúrlazan; thie thar quidit
contra spiritum sanctum,	uuidar themo heilagen geiste,
non remitt&ur ei	niuuirdit imo furlazan
neque in hoc sęculo neque in futuro.	noh in therro uuerolti noh in thero zuoúuartun.,

6 Cap. 62 (97,29–98,21) kombiniert Stellen aus Mt. 9,34; Lc. 11,15.17–20 + Mt. 12,25 + Mc. 2,26; Mt. 12,29–30 + Lc 11,22. (Masser). – Ab 98,22 bis 99,17 wieder nur Mt. 12, 30–37.

cap. 61

[Wo die Pharisäer über Jesus sagen: „durch Beelzebub ...“]

pag. 97
Die Pharisäer sagten da:
„Durch Beelzebub, den höchsten der Teufel,
vernichtet dieser die Teufel.“
Indem er da ihre Gedanken sah

pag. 98,1–32
sagte er ihnen: „jedwedes Reich,
in sich selbst zerteilt, wird vernichtet.
Und ein Haus, gegen sich selbst zerteilt,
besteht nicht. Wenn der Satan
in sich selbst zerteilt ist,
auf welche Weise besteht dann sein Reich?
Er kann nicht bestehen bleiben, sondern hat ein Ende.
Weil ihr sagt, dass ich in Beelzebub
vernichte die Teufel:
Wenn ich in Beelzebub vernichte
die Teufel, – eure Kinder, auf welche Weise
vernichten sie? Also sind sie eure Richter.
Aber wenn ich mit Gottes Finger vernichte
die Teufel, gewisslich kommt auf euch
Gottes Reich. Oder auf welche Weise kann
irgendeiner hineingehen in das Haus des Starken
und seine Gefäße[7] nehmen, auf welche er
vertraute, wenn er nicht
binde den Starken und dann
sein Haus ihm wegnimmt.
Der mit mir nicht ist, der ist gegen mich,
und der mit mir nicht sammelt,
der zerstreut. Deshalb sage ich euch:
Jede Sünde und Beschmutzung
wird erlassen den Menschen.
Des Geistes Beschmutzung
wird nicht erlassen, und jeder, der
sagt ein Wort gegen den Sohn des Menschen,
(es) wird ihm erlassen. Der da spricht
gegen den heiligen Geist,
nicht wird ihm (es) erlassen
weder in dieser Welt, noch in der zukünftigen.

---

7 *vasa* bedeutet hier im übertragenen Sinn „Hausrat, Ausrüstung“, wird aber im eigentlichen Sinn des Wortes („Gefäß“) übersetzt.

pag. 99,1

Aut facite arborem bonam & fructum eius bonum; aut facite arborem malam & fructum eius malum; siquidem ex fructu arbor agnoscitur. prognies uiperarum, quomodo potestis bona loqui, cum sitis mali? Ex abundantia enim cordis ós loquitur. Bonus homo de bono thesauro profert bona, & malus homo de malo thesauro profert mala. dico autem uobis, quoniam omne uerbum otiosum, quod locuti fuerint homines, reddent rationem de eo in die iudicii. ex uerbis enim tuis iustificaueris & ex uerbis tuis condemnaberis.“

odo tuot guotan boum Inti sinan uuahsmon guotan, odo tuot ubilan boum inti sinan uuahsmon ubilan; giuuesso fon themo uuahsmen ther boum uuirdit furstantan. barn natrono, uuvo mugut ír guotu sprehhan, mit thiu ír ubile birut? fon ginuhtsami thes hérzen sprihhit ther mund. guot man fon guotemo tresouue bringi*t* guotu, inti ubil man fon ubilemo tresouue bringi*t*[8] ubilu. ih quidu íu, thaz iogiuuelih uuort unnuzzi, thaz man sprehhenti sint, geltent reda fon themo in tuomes tage. fon thinen uuorton uuirdistu girehfestigot Inti fon thinen uuorton uuirdistu fornidarit.“

8 *bringi* Hs., Masser, Tatianbilingue.

pag. 99,1

Entweder macht einen guten Baum,
und (ihr macht) seine Frucht gut;
oder macht einen üblen Baum,
und (ihr macht) seine Frucht übel.
Gewisslich von der Frucht der Baum
wird erkannt. Kinder der Nattern,
auf welche Weise könnt ihr gute Dinge sprechen,
indem ihr Üble seid? Aus Überfülle
des Herzen spricht der Mund.
Ein guter Mensch aus übervollem Tresor[9]
bringt gute (Dinge hervor), und ein übler Mensch
von üblem Tresor bringt üble (Dinge hervor).
Ich sage euch, dass (für) jegliches Wort,
unnützes, das Menschen sprechende sind,
sie Rechenschaft geben von dem am Gerichtstag.
Von deinen Worten wirst du gerechtfertigt,
und von deinen Worten wirst du erniedrigt."

---

9 Die ahd. Übersetzung gebraucht das auf *thesaurus* zurückgehende Fremdwort *treso*, „Tresor".

cap. 68[10]

[Ubi acusabant discipulos eius]

pag. 105

Et factum est in Sabbato secundo
primo, cum transir& Ihesus
per sata, uellebant esurientes
discipuli eius spicas
& manducabant confricantes
manibus. Quidam autem Pharisæorum.
dicebant illis: „Quid facitis
quod non lic& in Sabbatis?“
& respondens Ihesus ad eos dixit:
“nec hoc legístis, quod fecit Dauid,
cum esurir& ipse & qui cum ipso
erant, quomodo intrauit
in domum dei, & panes propositionis
sumpsit & manducauit & dedit hís,
qui cum eo erant, quos non licebat
ei manducare, nisi solis
sacerdotibus?“ & dicebat illis:
“Aut non legistis in lege,
quia in Sabbatis sacerdotes

uuas giuuortan in Sambaztag afteren
eriren, mit thiu ther heilant fuor
ubar sati, ababrachun hungerente
sine iungiron thiu ehir.
inti azun skelente íz
mit iro hanton. sume thero Phariseorum
quadun ín: „ziu tuot ir thaz,
thaz íu arloubit nist in Sambaztag?“
tho antlingita ther heilant zi ín inti quad:
“noh ír thaz lasut thaz Dauid t&ta,
mit thiu ín hungirita inti thie mit imo
uuarun, uuvo her íngieng
in thaz gotes hús, inti brót fora gote gisaztu
nám inti áz inti gáb then,
thie mit imo uuarun, thiu erloubit ni uuarun
imo zi ezzanne, nibi then einon
heithafton mannon?“ Inti quad in
eno, ni lasut ír in thero euu,
bithiu in Sambaztag heithafte mán

pag. 106,1

in templo Sabbatum uiolant,
& sine crimine sunt? dico autem uobis,
quia templo maior est hic.
Sabbatum propter hominem factum est,
& non homo propter Sabbatum.“

in themo templo Sambaztag niuiront,
inti uzar lastar sint? ih sagen íu,
thaz hier mera ist thanne tempal.
Sambaztag thuruh man gitan ist,
nalles man thuruh then Sambaztag.“

---

10 Cap. 68 (105,14–106,5) kombiniert Stellen aus Lc. 6,1–5 (+ Mt. 12,5); Mt. 12, 5–6; Mc. 2,27; Masser, Tatianbilingue.

cap. 68

[Wo sie seine Jünger beschuldigten]

pag. 105

Es war geworden da am Sabbat, dem zweiten (gegenüber) dem ersten, als der Heiland reiste über die Saaten, (es) brachen ab, hungernde, seine Jünger die Ähren und aßen (sie), es Schälende mit ihren Händen. Einige der Pharisäer sagten ihnen: „Wozu tut ihr das, das euch nicht erlaubt ist am Sabbat?“ Da antwortete der Heiland ihnen und sagte: „Laset ihr nicht auch das, was David tat, als ihn hungerte und die mit ihm waren? Auf welche Weise er hineinging in das Gotteshaus und die Brote, die vor Gott gesetzten, nahm und aß und gab denen, die mit ihm waren, die (Brote), die nicht erlaubt waren, ihm zu essen außer den einzigen zum Priesterstand gehörigen Männern?“ und er sagte ihnen: „Nun, last ihr etwa nicht in dem Gesetz, dass am Sabbat die zum Priesterstand gehörigen Männer

pag. 106,1

in dem Tempel den Sabbat nicht feiern und sind ohne Makel? Ich sage euch, dass hier mehr ist als der Tempel. Der Sabbat ist um des Menschen willen gemacht, keineswegs der Mensch um des Sabbats willen.“

cap. 69[11]

[Ubi die Sabbato In synagoga curauit manum aridam]

pag. 106,6

Factum est autem in alio Sabbato, ut intrar& in sinagogam & docer&. & erat ibi homo & manus eius dextera arida. obseruabant autem scribę & Pharisei, si in Sabbato curar&, ut inuenirent accusare illum. Ipse uero sciebat cogitationes eorum. & ait homini, qui habebat manum aridam: „surge & sta in medium!“ & surgens st&it. Ait autem ad illos Ihesus: „Interrogo uos, si lic& Sabbato bene facere an male, animam saluam facere an perdere?“ At illi <ta>cebant. & circumspectis omnibus dixit homini: „extende manum tuam!“ & extendit. & restituta est sanitati manus eius sicut & altera. & dixit ad eos: „Quis erit ex uobis homo, qui habeat ouem unam, & si ceciderit Sabbato in foueam, Nonne tenebit & leuabit eam? quanto magis melior est homo oue! Ideoque lic& Sabbato bene facere.“ Ipsi autem repl&i sunt

uuas thó giuuortan in anderemo Sambaztag, thaz her gieng in thie samanunga inti lérta. Inti uuas thár man, thes zesua hant thurri uuas.[12] ín bihieltun thó thie scribara inti thie Pharisei, oba her in Sambaztag heilti, thaz sie fundin zi ruogenne inan. her uuarlihho uuésta iro githanca. thó quad her themo man, thie thar hab&a thia thurrun hant: „arstant inti gistant in mitten!“ her thó úf stantanti gistuont. tho quad ther heilant zi ín: „ih fragen íuuih, oba iz arloubit sí, in Sambaztag uuola tuon oda ubilo, séla heila tuon oda fúrliosan?“ thó suig&on sie. inti umbi scouuonten allen quad themo manne: „ártheni thina hant!“ inti hér arthenita. inti arsezit uuard heili sín hánt samosó thíu anderu. tho quad her zi in: „uúer ist fon íu mán, thie thar habe ein scaf, Inti oba íz bifellit in Sambaztag in gruoba, nibi hér neme inti íz úf héue? mihhiles bezira ist ther man themo scafe! bithiu gilimphit, in Sambaztag uuola zi tuonne.“ sie thó gifulte uuarun

---

11 Cap. 69 (106,6–107,19) kombiniert Stellen aus Lc. 6,6–11 (+ Mc. 3,4 + Mt. 12,13); Mt. 12,11–12; Mt. 12,15–21. Masser, Tatianbilingue.

12 Hier stimmen die deutsche Syntax und die deutsche Wortfolge nicht zum Lateinischen.

cap. 69

[Wo er am Sabbattag in der Synagoge eine verdorrte Hand heilte]

pag. 106,6

Es war da geworden an einem anderen Sabbat,
dass er ging in die Versammlung
und lehrte. Und es war da ein Mann,
dessen rechte Hand dürr war.
Ihn beobachteten da die Schriftgelehrten
und die Pharisäer, ob er am Sabbat
heilen würde, dass sie (etwas) fänden, zu rügen
ihn. Er gewisslich wusste
ihre Gedanken. Da sagte er dem Mann,
der dort hatte die dürre Hand:
„Stehe auf und stehe in der Mitte!"
Er da aufstehend stand.
Da sagte der Heiland zu ihnen:
„Ich frage euch, ob es erlaubt ist am Sabbat
wohl zu tun oder übel, die Seele heil
zu machen oder zu verderben.?" Da schwiegen sie.
und (bei) allen Umherschauenden[13] sagte er
dem Manne. „Strecke deine Hand aus!"
Und er streckte (sie) aus. Und ersetzt wurde
zum Heilsein seine Hand ebenso wie die andere.
Da sagte er zu ihnen: „Wer ist von euch
der Mann, der da habe ein Schaf,
und wenn es fällt am Sabbat in eine Grube,
dass er nicht (es) nehme und es aufhebe?
Viel besser ist der Mensch (gegenüber) dem Schaf!
Deshalb ist es erlaubt, am Sabbat wohl
zu tun. Sie da waren Erfüllte

13 Nachbildung der lat. Konstruktion des absoluten Ablativs im Ahd.

pag. 107

insipientia & conloquebantur	únuuistuome inti sprahhun
ad inuicem, quidnam facerent	untar zuisgen, uúaz sie tatin
Ihesu. Ihesus autem sciens	themo heilante. ther heilant uuizenti tház
secessit inde. et secuti sunt eum	fuor thanana. inti folg&un imo
multi et curauit eos omnes	manage inti heilta sie alle,
& precepit eis, ne manifestum eum facerent,	gibot in, thaz sie inan ougazorohtan nitatin,
ut adimpler&tur, quod dictum est	thaz uuari gifullit, thaz thar giqu&an ist
per Esaiam proph&am dicentem:	thuruh Esaiam, then uuizagon sus quedantan:
„Ecce, puer meus, quem elegi,	„Senu, min kneht, then ih gicós,
dilectus meus, in quo bene conplacuit	mín giminnoto, in themo uuola gilihh&a
animæ meæ! ponam spiritum meum	minero selu! ih sezzu minan geist
super eum. & iudicium gentibus nuntiabit.	ubar inan. Inti tuom thioton sag&.
non contend& neque clamabit	nistritit noh niruofit
neque audi& aliquis in plateis	noh nihorit síhuúer in strazu
uocem eius. harundinem quassatam	sina stemma. rora giknusita
non confring& & linum fumigans	nibibrihhit. Inti lín riohhenti
non extingu&, donec eiciat ad uictoriam	nileskit, unzan úzgileite zi sige
iudicium. & in nomine eius	tuom. inti in sinemo namen
gentes sperabunt.“	thiota gitruuent.“

pag. 107

(mit) Unweisheit und sie sprachen
untereinander, was sie täten
dem Heiland. Der Heiland wissend das
reiste von dort und es folgten ihm
Viele. Und (er) heilte sie alle
gebot ihnen, dass sie ihn augenscheinlich nicht machten,
dass erfüllt wäre, das da gesagt ist
durch *Esaiam*, den so redenden Weissager:
„Siehe nun, mein Knabe, den ich erwählte,
mein Geliebter, in dem (es) wohl gefällig war
meiner Seele. Ich setze meinen Geist
über ihn, und das Recht sagt er den Völkern.
Er streitet nicht, noch schreit er,
noch hört irgendeiner auf der Straße
seine Stimme. Ein geknicktes Rohr
bricht er nicht, und einen rauchenden Docht
löscht er nicht, bis er hinausgeleite zum Sieg
das Recht. Und in seinem Namen
vertrauen die Völker."

30 Glossen zum Matthäusevangelium (Auswahl) Zu Matthäus cap. 12 und cap. 22–23

StSG I, S. 712 und 716–717

StSG IV, S. 288–289 und 716–717

StSG IV, S. 712 und 716–717

Ü.: Brüssel, BR, 18723, entstanden am Hof Ludwigs des Fr. in Aachen; aus dem Kanonikerstift St. Victor, Xanten; Beschreibung: StSG IV, S. 397; BStK Nr. 84.
Abb.: ---
Dat.: Hs. 9. Jh., 1. Viertel und 3. Drittel; Glossen wohl im 10. Jh. in Xanten eingetragen.
Spr.: vorwiegend mfrk.
Ed.: StSG I, S. 712 und 716–717. – Wadstein S. 49–50 und 51–52.
Lit.: s. BStK Nr. 84

Ü.: Essen, Münsterarchiv und Münsterschatzkammer, Hs. 1, vielleicht als Geschenk Altfrids von Hildesheim nach Essen gekommen; Beschreibung: Wadstein S. 139–140. – BStK Nr. 149.
Abb.: bei Tiefenbach, Exemplarische Interpretation S. 388–389.
Dat.: Hs. um 800 im nordwestl. Austrasien oder in Nordfrankreich; Glossen wohl im 10. Jh. in Essen eingetragen.
Spr.: hdt. und ndt. (as.)
Ed.: StSG IV, S. 288–289 und 716–717. – Wadstein S. 49–50 und 51–52.
Lit.: BStK Nr. 149. – Hellgardt, Philologische Fingerübungen. – Tiefenbach, Exemplarische Interpretation.

Ü.: Mainz, SB, Hs. I 371 (früher C 13) aus dem Kartäuserkloster Mainz; Beschreibung: StSG IV, S., 498, Nr. 282. – BStK Nr. 426.
Abb.: BStK Bd. 6, S. 2828–2829.
Dat.: Hs. 9. Jh., 3. Viertel; Glossen wohl im 11. Jh. eingetragen.
Spr. obdt.
Ed.: StSG IV, S. 712 und 716–717; Wadstein S. 49–50 und 51–52.
Lit. s. BStK Nr. 426.

Ü.: Mainz, SB, Hs. II 3 (früher ohne Signatur), aus St. Mauritius, Mainz; Beschreibung: StSG I, Nr. 283. – BStK Nr. 427.
Abb.: BStK Bd. 6, S. 2830–2835.
Dat.: Hs. um 1000 oder 11. Jh., 1. Hälfte; Glossen: keine Angaben.
Spr.: frk.
Ed.: StSG I, S. 712 und 716–717. – Wadstein S. 49–50 und 51–52.
Lit.: s. BStK Nr. 427.

Ü.: Karlsruhe, BLB, Aug. CLXXVIII, wohl von der Reichenau; Beschreibung: StSG IV, S. 407 Nr. 63. – BStK Nr. 309.
Abb.: BStK Bd. 6, S. 2746–2749.

Dat.: Hs. 11. Jh.; Glossen vom 11. Jh. und z. T. vom 13. Jh.
Spr.: alem.; obdt. mit frk. Einschlägen.
Ed.: StSG. IV, S. 712 und 716–717.
Lit.: s. BStK Nr. 309. – Lit. allgemein zur Glossenfrequenz in biblischen Büchern BStH Bd. 1, S. 53–82 (Rolf Bergmann).

Die folgende Sammlung von Glossen zu Mt. 12 und 22–23 ist so in keiner einzelnen Handschrift überliefert. Sie ist hier nicht eigentlich als Edition zu verstehen, sondern lehnt sich an das Sammelverfahren bei StSG an. Es soll in einer Art Querschnitt gezeigt werden, welche Wörter/Stellen des ausgewählten Evangelientextes durch fünf verschiedene Handschriften hindurch in der Zeit von 9. Jh. bis zum 13. Jh. überhaupt glossiert wurden.

Der Rang ist nicht leicht zu bestimmen, den das Matthäus-Evangelium bei der Glossierung seines Textes im Rahmen der Textglossierung biblischer Bücher einnimmt. Deutlich ist aber, dass unter den Evangelien für Matthäus gegenüber den anderen Evangelium eine stärkere Glossierung erkennbar ist (Bergmann BStH, S. 79).

Bei StSG folgen auf jedes glossierte Wort („Lemma") des lat. Mt.-Textes die Glossen („Interpretamente") hintereinander, oft mehrere nach verschiedenen Handschriften. In manchen Fällen steht zu dem Bezugswort des Textes außer der deutschen Glosse noch eine lateinische.

Zu vergleichen sind die hier verzeichneten Übersetzungen der Textbelege mit den Mt.-Texten in den Monseer Fragmenten (Nr. 28) sowie in den Fragmenten aus München/Oxford/Wien (Nr. 31).

Zur Einrichtung der vorliegenden Wiedergabe (vgl. die abweichenden Verfahren bei den Vergil- und den Prudentiusglossen, Nr. 7 und Nr. 8): In der hier gegebenen Darbietung wird zu jeder Glosse ein nicht zu knapp bemessenes Stück des lat. Mt.-Textes nach der Vulgata zitiert und unter der Zeile übersetzt. Über dem Bezugswort des Mt.-Textes steht die bei StSG zuerst angeführte ahd. Glosse, darüber ihre (möglichst formgetreue) Übersetzung. Zu den Glossen weiterer Hss. wird unter dem Evangelientext das Lemma des Mt.-Textes wiederholt; hinter ihm stehen dann die Interpretamente der übrigen Hss. Hier sind zum Schluss gewöhnlich auch die Glossen des Essener Evangeliars nach Wadstein angeschlossen. Jeder Glosse ist die Belegstelle bei StSG bzw. bei Wadstein beigefügt. Zu StSG IV wird nur die Seitenzahl und die Lemmanummer angegeben, zu Wadstein zusätzlich ein W. Nur wo die von StSG benutzten Hss. zu einem Bezugswort des Mt.-Textes keine Glosse haben, erscheint – falls vorhanden – die Essener Glosse mit Übersetzung über dem Zitat des Mt.-Textes. – Die Essener Hs. enthält an ihren Rändern auch lateinische, gelegentlich (z.B. zu Mt. 22,16) sogar deutsche Kommentare zum Mt.-Text. Diese lat. Kommentare, im folgenden Scholien genannt, können ihrerseits ahd. glossiert sein. Solche Kommentare kommen gelegentlich auch in den Hss. vor, die StSG heranziehen. In all diesen Fällen wird das Scholion als solches gekennzeichnet und in seinem Wortlaut wiedergegeben und übersetzt, soweit das nach StSG IV und Wadstein möglich ist (die Scholien sind dort nicht immer vollständig ediert). Die zu den Scholien gehörigen Glossen erscheinen mit Übersetzung auch hier wieder über den Bezugswörtern. In der Essener Hs. stehen sie als sog. „Kontextglossen" oft hinter ihnen, intralinear (Wadstein, S. 139). – Mache Glossen sind geheimschriftlich aufgezeichnet: jeder Vokal ist durch den im Alphabet folgenden Konsonanten ersetzt. Solche Glossen werden in einer Anmerkung aufgeschlüsselt. Zum Thema: Andreas Nievergelt, Geheimschriftliche Glossen. In: BStH, S. 240–268.

1. Zu Matthäus cap. 12 und cap. 22–23
2. Zu Matthäus cap. 22–23

1. Zu Matthäus cap. 12

Mt. 12,1

		abbrechen	
		ababrechen 712,43	
discipuli autem eius	*esurientes coeperunt*	*vellere*	*spicas*
seine Jünger aber,	hungernd, begannen	abzubrechen	die Ähren

uellere: **afbrechan** 712,43 / **afbrekan** W 49,32

Mt. 12,2

		(den) Dulttagen
		tulditagen 712,45
quod non licet	*facere*	*Sabbatis*
was nicht erlaubt ist	zu tun	an Sabbattagen

Sabbatis: **tuldetágen** 712,45

Mt. 12,16

		nicht offenbar machten		
		ne gibarodin W 49,34		
praecepit eis,	ne	manifestum	eum	facerent.
er befahl ihnen,	dass sie nicht	offenbar	ihn	machen sollten

Mt. 12,18

		gut	gefiel	*d.h.* mir
		wola	**gilicheta** 712,47	*id est* **mir** 712,50
Ecce, puer meus, [...]	*in quo*	*bene*	*complacuit*	*animae meae*
Siehe, mein Knabe,	an dem	gut	gefiel	meiner Seele

bene complacuit: **vuola glicheta** 712,47 / **uuala lichoda** 712,47

Scholion zu 12,18:

	(er) würde versöhnen	
	gisuondi W 49,36	
iesus [...]ut [...] hunc mundum	*pacificaret*	*deo*
Jesus, [...] damit er diese Welt	versöhnen sollte	dem Gott

Mt. 12,19

nicht streitet (er)	
nistridit 712,52	
Non contendet,	*neque clamabit*
Er wird nicht Streiten	und nicht schreien

Mt. 12,23

	dies ist	guten Geschlechts Mann
	diz ist	**cuotero slahto man** 712,53
Numquid	*hic est*	*filius David?*
Etwa nicht	dieser ist	Sohn Davids?

hic est filius David: **guoderu slahdu man** 712,53 / **thid ist guodera slatta man** 712,53

Mt. 12,25

	einer entgegen dem andren	
	ein uuider anderemo 712,57	
Omne regnum,	*divisum contra se,*	*desolabitur,*
Jedes Reich,	gespalten gegen sich,	wird verwüstet werden

Wohnsitz		
hûssazza 712,60		
et omnis civitas vel domus,	*divisa contra se,*	*non stabit.*
und jede Stadt oder jedes Haus,	gespalten gegen sich,	wird nicht bestehen

divisa contra se: **ein uuidar anderemo** 712,57 / **ein uuither anderemo** 712,57
domus: **hûssazze** 712,60

Mt. 12,30

	wirft
	xxkrfit 712,62 [1]
	destruet
qui non congregat mecum,	*spargit*
wer nicht mit mir sammelt,	zerstreut

1 geheimschriftlich: **uuirfit**

spargit: destruet **uuirfit** 712,62 / **zeruuirfit** 712,62

zerwirft
spargit: **teuuirpit** W 50,1

Mt. 12,38

			Buchgelehrte
		scribę	**buocheria** W 50,2
responderunt ei	quidam		de scribis
es antworteten ihm	gewisse	von den Schriftgelehrten	

Mt. 12,42

	von der südlichen Seite		
	sunthalbun 712,64		
Regina	*austri*	*surget*	*in iudicio*
	Die Königin	aus dem Süden	aufersteht im Gericht

austri: **sunderhalbun** 712,64

Mt. 12,47

	Verwandtschaft	Sippe
	familiaritatem	**sibbia** W 50,3
Ecce, mater tua	*et fratres tui*	*foris stant*
Siehe, deine Mutter	und deine Brüder	stehen draußen!

2. Zu Matthäus cap. 22–23

Mt. 22,4

		erschlagene Rinder		Mastvögel
		slegirindir 716,19		**mbstfugala** 716,21 [1]
Ecce, prandium meum	*paravi,*	*tauri mei*	*et*	*altilia*
Siehe, mein Gastmahl	habe ich bereitet,	meine Ochsen	und	das Mastvieh

occisa sunt.
sind geschlachtet.

1 geheimschriftlich: das erste *a* wird durch den im Alphabet folgenden Konsonanten ersetzt.

tauri: **slegirinder** 716,19 / **slegirinder** 716,19 / **slegerinder** 716,19
altilia: **mastfogela** 716,21 / **mastuogola** 716,21

Mt. 22,5

	nach Hause zu seiner Wohnung	
	heimortes. zi sinemo giúuore 716,23	
abierunt,	*alius in villam suam*	*alius vero ad negotiationem suam.*
sie gingen weg	der eine in sein Dorf	der andere aber in seinen Laden.

in villam suam: **heimordes. zi sinemo giúuore** 716,23 / **heimordes. ce sinemo gefúore** 716,23

Mt. 22,9

	Wegscheiden
	xxfgfschfkd 716,26 [1]
ite ergo	*ad exitus viarum*
geht also	hinaus auf die Kreuzwege!

1 geheimschriftlich: **uuegescheid**

Mt. 22,16

Magister, scimus,	*quia verax es [...]*	*et non est tibi cura*
Meister, wir wissen,	dass du wahrhaftig bist	und nicht ist dir eine Sorge

		Gewalt, Erhabenheit
		keuualt hertuom 716,35
de aliquo:	*non enim respicis*	*personam hominum.*
um irgendwen:	denn nicht berücksichtigst du	die Person der Menschen

personam: **keuualt hertuom** 716,35 / **giuualt. hêrdôom** / 716,35 / **geuualt herduôm** 716,35

Scholion zu: *quia verax es*:

du bist sehr gelehrt, bist ein wahrhaftiger Mann
du bist uuola gilerit bist uuarhaft man 716,28
thu bist uuala gelerit. bist uuaraft man 716,28

Zwei Scholien zu: *non enim respicis*:

1

Ob nullius potestatis	*timorem*	*iustum dicere*	*formidas,*
Wegen keines Macht	die Furcht	das Rechte zu sagen	fürchtest du,

du siehst dabei nicht	auf Erhabenheit
Ne sihist darana	**hêrduomes** 716,31

2

du siehst nicht	dabei auf Erhabenheit
Ne siist	**tharana herdûomes** 716,31

Mt. 22,34

	dass er sie zum Schweigen gebracht hätte
	daz ersia gesueigit habeti 716,38
Pharisaei autem audientes,	*quod silentium imposuisset Sadduceis*
Die Pharisäer aber hörend,	dass er Schweigen auferlegt hatte den Sadduzäern

quod silentium imposuisset:: **daz hersie gesueget habeti** 716,38

Mt. 23,1

Tunc Iesus locutus est	*ad turbas*	*et ad discipulos suos*
Da sprach Jesus	zur Menge	und zu seinen Jüngern

Scholion:

		und zur Erziehung
fieret	*ad disciplinam*	**endi te zuhti** W 51,17
es sollte geschehen	um der Lehre willen	

Mt. 23,5

sie machen breit	Kopfbänder
preitent 716,41	**houitbant** 716,43
dilatant [...]	*phylakteria sua, et magnificant fimbrias*
sie machen breit	ihre Gebetsriemen und vergrößern die Fransen

dilatant:: **breitent** 716,41
phylakteria: **houidbandos** W 51,18

Scholion:

		Lappen
		lappon W 51,21
preceperat eis Moyses,	*ut in quattuor*	*angulis [...]*
Moses hatte ihnen vorgeschrieben,	dass in vier	Zipfeln [...][1]

Scholion:

	Fransen
	fiteri W 51,22
palliorum	*fimbrias*
der Pallien[2]	die Fransen

1 Nach 4. Moses/Num. 15,38–40 sollten die Israeliten an den vier Zipfeln des aus einem rechteckigen Stück Tuch bestehenden Mantels Quasten anbringen, um sich an die Gebote Gottes zu erinnern.
2 Pallium: Schulterbinde des (Erz-)Bischofs, vom Papst als Zeichen seiner Amtswürde verliehen.

Mt. 23,15[3]

genötigterweise jüdischen
nodago iudeiscan W 51,24
aduenam

ut faciatis *unum proselytum,* *et cum fuerit factus, facitis eum*
damit ihr macht einen Proselyten und wenn er gemacht ist, macht ihr ihn

filium *gehennae*
zu einem Sohn der Hölle

Zwei Scholion zu: *et cum fuerit factus*:

1

dass er es sofort anging
daz er iz sar anagigieng 716,44
quia dum esset gentilis *quod talem uitam aggressus est*
weil er doch heidnisch war, dass er so ein Leben angefangen hat

aggressus: **anageing** W 51,28

2

wird genötigterweise jüdisch
vuerthid nodago iudeisk W 51,25

Mt. 23,16
qui autem iuraverit *in auro templi,* *debet.*
wer aber schwören würde beim Gold des Tempels, muss (zahlen)

Scholion zu: *qui autem iuraverit in auro*:

uersutiam (List) 716,48
uncust (Sünde) 716,48
Pharisei hanc traditionis *stropham inuenerunt*
die Pharisäer haben diesen traditiosbegründeten Schlich erfunden,

et mox in quo iuraverat *cogebatur exoluere*
und wer dabei geschworen hatte, musste die Schuld auslösen.

stropham: **unkust** W 51,30

Scholion zu:

dass er sogleich auslösen sollte das selbe das er beschworen hatte
et mox [...] exoluere: **that he sán fargéldan scóldi** **that selua thár**[4] **hé bisuor** W 51,32

3 Vgl. von hier an die o. Anm. xxx genannte Edition des Essener Evangeliars (Mt. 23,11–26).
4 *thár* (dort) wohl Schreibfehler anstelle von *that* (das).

Mt. 23,17

	vornehmer	
	forderara 716,51	
quid enim	*maius est?*	*aurum an templum?*
denn was	ist gewichtiger,	das Gold oder der Tempel?

maius: **forthara** 716,51 **forderra** 716,51

Mt. 23,20

qui ergo iurat in altari,	*iurat in eo, et in omnibus,*	*quae super illud sunt.*
wer also schwört beim Altar,	schwört bei ihm und allem,	was auf ihm ist.

Scholion zu: *qui ergo iurat in altari*:

	vornehmer
	forethora 716,53
si iurat per dominum,	*maius est*
wenn er beim Herrn schwört	*ist es vornehmer*

maius: **fórderora** 716,53

Mt. 23,23

		Minze (Akk.)	Dill	den Kümmel
		minzun 716,56	**tille** 716,56	**chxmkn** 716,60[1]
Vae [...] hypocritae	*qui decimatis*	*mentham,*	*et anethum,*	*et cyminum*
Wehe, ihr Heuchler,	die ihr als Zehnten gebt	Minze	und Dill	und Kümmel

	Sühne
	sóna 716,61
et reliquistis [...]	*iudicium*
und vernachlässigt	die Gerechtigkeit

1 geheimschriftlich: **chumin**

mentham: **min zun** 716,56 / **mintun** W 51,35
anethum: **dkllk (= dilli)** 716,58 / **dilli** 716,58 / **dilli** 716,58 / **dilli** W 51,36
cyminum: **cumin** 716,60 / **chumi** 716,60 / **chumin** W 51,36
iudicium: **suona** 716,62 / **suona** W 51,38

Mt. 23,24

	ausseihende	Mücke (Akk.)	
	uzsihande 716,63	**mxkkun** 716,65[1]	
Duces caeci,	*excolantes*	*culicem,*	*camelum autem glutientes!*
Ihr blinden Führer,	die ihr aussiebt	die Mücke,	das Kamel aber verschluckt

1 geheimschriftlich: **mukkun**

excolantes: **uzflozende** 716,63 / **uzzeante** 716,63 / **utflotiad** W 52,2
culicem: **mukkun** 716,65 / **muggiun** W 52,2

Mt. 23,25

		auswärtig	(des) Kelchs	Salzkübel
		vzuuertig 716,67	**chopfes** 716,69	**sulzcar** 716,69
Vae [...],	*quia mundatis,*	*quod deforis est*	*calicis*	*et paropsidis*
Wehe,	dass ihr reinigt,	was außen ist	am Kelch	und an der Schüssel

deforis: **uzuuerdig** 716,67 / **uzuuerdich** 716,67 / **utana** W 52,3
calicis: **chophes** 716,69

	Salzfass
paropsidis	**saltfat** 716,69

Mt. 23,26

Pharisaee caece,	*munda prius*	*quod intus est calicis*	*et paropsidis*
Blinder Pharisäer,	reinige zuerst	was innerhalb ist des Kelchs	und der Schüssel

ut fiat id, quod deforis est, mundum.
damit das, was außen ist, rein werde.

Scholion:

helaga uúerthan W 52,5
vt opera sanctificentur
damit die Werke heilig werden

Mt. 23,27

		gekalkten
		gikelcton W 52,7
similes estis	*sepulchris*	*dealbatis*
gleich seid ihr	den Gräbern	den weißgefärbten

Mt. 23,31

ihr seid Zeugen	euch selbst
gisindun giuuihtun[5]	**iu seluon** W 52,9
testimonio estis	*vobismetipsis*
ihr seid zum Zeugnis	durch euch selbst

Mt. 23,35

veniat super vos	*omnis sanguis iustus [...]*	*a sanguine Abel [...]*
es komme über euch	alles gerechte Blut	vom Blut Abels

usque ad sanguinem	*Zachariae, [...]*	*quem occidistis*	*inter templum et altare.*
bis auf das Blut	des Zacharias,	den ihr tötetet	zwischen Tempel und Altar.

Scholion zu: *inter templum et altare*:

in dem Fletz
in demo ulezze 717,3
In atrio templi
in der Vorhalle des Tempels

Mt. 23,37

quoties volui	*congregare filios tuos,*	*quemadmodum*	*gallina congregat*
wie oft wollte ich	sammeln deine Söhne	ebenso wie	die Henne sammelt

pullos suos	*sub alas!*
ihre Küken	unter den Flügeln!

Scholion zu *gallina congregat pullos suos sub alas*:

	Weihe (Raubvogel)
	wigo (Nom.)
protegit contra	*miluum*

5 *giwito* altsächs. sw. M. „Zeuge"

31 Aus den Evangelienfragmenten München/Oxford/ Wien
Kriedte Nr. 1
Aus den Wiener Fragmenten

[2]VL 2 (1980) Sp. 653–654 (Kurt Ruh), Nachttrag Bd. 11 (2004), Sp. 429 (Kurt Ruh).
Ü.: Fragmente aus ein und derselben Handschrift:
a: München, BSB, cgm 5250/1.
b: Oxford, Bodleian Library, MS germ. 6. b., 3, fol. 15.
c: Wien, ÖNB cod. ser. nova 249 (+ ungedruckte Fragmente).
Einzelne Abb.: s. Handschriftencensus.
Dat.: um 1200 (Karin Schneider, Gotische Schriften I, S. 128).
Spr.: bair. nach alem. Vorlage.
Ed.: Haupt, Bruchstücke. (Erstdruck der Wiener Fragmente). – Kriedte, Bibelfragmente, S. 64–123. – Ganz, Gospel Fragments. – Referenzkorpus Mittelhochdeutsch (1050–1350) https://www.linguistics.rub.de/rem/pub/texts//M067_mod.pdf.
Lit.: Walther, Bibelübersetzung, Sp. 455–465. – Kriedte, Bibelfragmente, S. 11–22. – Tomanetz, Bruchstücke. – Suolahti, Rezension zu Kriedte. – Palmer, Vortragsweise.

Es sind insgesamt 51 Bruchstücke einer einzigen Handschrift erhalten, die in verschiedenen Inkunabeleinbänden entdeckt wurden. Alle vier Evangelien sind vertreten. Es handelte sich um eine sehr schöne und relativ kleinformatige schmale Evangelienhandschrift, in der die Verwendung der einzelnen Textabschnitte als Perikopen in der Messe zwar durch lateinische Rubriken gekennzeichnet wurde, eine Umordnung nach dem Kirchenjahr aber noch nicht erfolgt war (Palmer). Die Rubriken sind nachträglich von anderer Hand an den Rändern der Texte verdeutscht. Da sie u. a. zur Freisinger Perikopenordnung passen, stammt die Handschrift vielleicht aus Freising.

Wiedergegeben sind hier von den Wiener Fragmenten W 4rv (Matth. 22,15–33), W 5rv und W 6rv (Matth. 22,34–46; 23,1–39); bei Kriedte die Zeilen 164–208, 209–233, 234–258, 259–316317–331.

Zu vergleichen sind die Mondseer Matthäus-Übersetzung Nr. 28 und die Matthäus-Glossen in Nr. 30.

Text nach Kriedte im Abgleich mit dem Erstdruck von Haupt; Kriedtes Ausgabe gilt als recht fehlerhaft (Palmer), eine sehr erwünsche Neuausgabe ist bisher nicht erschienen.

Matthäus 22, 15–33
Domenica XXIII post octavam pentecostes
an dem tri vnd zwainzigsten svntac nach phingsten
Kriedte Z. 164–208

22,15 **W 4a [...]** Do giengen enwec di Pharisei unt wrden ze rate, wie si Ihesum geuiengen an der rede.
16 Vnt santon im di ir iungere mit den luten Herodis unt sprachen: „Meister, wir wizzen, daz du warhaft bist unt den wec gotes in der warheite lerist. dirn ist niht ruch umbe ieman, du nesihest niht an die underschidunge der mennischen.

17 Sage uns, waz dunchet dih des: gezimt, dem cheîser den zins ze gebinne oder niht?“

18 Vnt Ihesus erchante ir ubile, vnt sprach: „Wes uersuochet ir truginare mihc?
19 Zeigent mir die iungesten munize!“ Vnt si brahten einen phfenninc.
20 Vnt Ihesus sprach: „Wes ist diz bilde unt disiu uberscrift?“
21 Vnt si sprachen: „Des cheîsiris.“ Do sprach er zin: „Gebet dem che**[W 4b]**iser, daz sin si, unt gebet got daz sin si!“
22 Vnt irhorten daz, unt wnderoten sih, unt uerliezen in, unt giengen dan.
23 An dem tage do chomen zuo zim die uerleitare[1], di da niht gelôben die urstende, unt uragiton in
24 unt sprachen: „Maister, Moyses sprach, Swer so irsturbe, unt enhete der niht sunes, daz sin brůder name sin wîp, unt erchuhte an ir den samen sines brůder. (5. Mos. 25,5–6)
25 Vnt ez waren bi uns siben brůder; unt der erste nam ein wip unt starp unt gewan bi ir niht chindes, unt ter lie[2] sinem bruoder sin wîp;
26 unt der ander lie si dem dritten, untze an den sibenden.
27 Vnt ze iungest do erstarp das wip.
28 Von div so sage uns: an der urstende, welhem dirre sibinen wirt daz wip, wan si hetens alle.“
29 Vnt Ihesus antwrte in unt sprach: „Ir irret. Ir en wizzet niht die scrift nohc des gewaltes gotes.
30 An der urstende enbrutet man niht noh ensint niht brutlofte. Wan si sint alse die engile gotes in dem himile.
31 Enhat ir niht gelesen uon der urstende der toten, daz da ist gesprochen uon gote sprechinde zů:
32 ‚Ego sum Ihesus; bin got Abrahames unt got Ysaaches unt got Iacobes, vnt niht got der toten, wan der lebindigen‘.“ (2. Mos. 3,6)
33 Vnt daz erhorte div menige unt wnderton sih siner lere.

1 ***uerleitare:*** „Versucher“, in der mhd. Übersetzung anstelle von *saddducei* (Vulgata); die Sadduzäer leugneten die Auferstehung.
2 lsi *nach* lie *getilgt Hs.*

22,15 Da gingen hinweg die Pharisäer und wurden zu Rate, wie sie Jesus fingen in der Rede.

16 Und sie sandten ihm die ihrigen Jünger mit den Leuten des Herodes,
und sie sprachen: „Meister, wir wissen, dass du wahrhaft bist und den Weg Gottes
in der Wahrheit lehrst. Du kümmerst dich nicht um irgendjemanden,
du siehst nicht an den Unterschied zwischen den Menschen.
17 Sage uns, was dünkt dich darüber: Geziemt (es), dem Kaiser den Zins zu geben
oder nicht?
18 Und Jesus erkannte ihre Bosheit und sprach: „Warum versucht ihr Heuchler mich?
19 Zeigt mir die neueste Münze!" Und sie brachten einen Pfennig.
20 Und Jesus sprach: „Wessen ist dies Bild und diese Überschrift?"
21 Und sie sprachen: „Des Kaisers." Da sprach er zu ihnen: „Gebt dem
Kaiser, das seines sei, und gebt Gott, das seines sei!"
22 Und sie hörten das und wunderten sich und verließen ihn und gingen von dort.
23 An dem Tage, da kamen zu ihm die Versucher,[3] die da nicht glauben an die Auferstehung,
und fragten ihn
24 „Meister, Moses sprach, jeder der stürbe und hätte keinen Sohn, dass sein Bruder nehmen
sollte sein Weib und lebendig machen sollte an ihr den Samen seines Bruders.
25 Und es waren bei uns sieben Brüder. Und der erste nahm ein Weib und starb und gewann von
ihr kein Kind. Und er hinterließ seinem Bruder sein Weib.
26 Und der Zweite hinterließ sie dem dritten bis zu dem Siebenten.
27 Und zuletzt da starb das Weib.
28 Daher, so sage uns: Bei der Auferstehung, welchem dieser Sieben wird
das Weib (zuteil werden)? Denn sie besaßen sie alle."
29 Und Jesus antwortete ihnen und sprach: „Ihr irrt. Ihr kennt weder die Schrift noch die Gewalt
Gottes.
30 Bei der Auferstehung heiratet man nicht, noch gibt es Hochzeiten. Denn sie sind ganz so wie
die Engel Gottes in dem Himmel.
31 Habt ihr nicht gelesen von der Auferstehung der Toten, was da gesprochen ist
von Gott, sprechend zu (euch):
32 ‚Ich bin der Gott Abrahams, Isaaks und Jakobs und nicht Gott der Toten, sondern der Leben-
digen.' "[4]
33 Und das hörte die Menge, und sie wunderten sich über seine Lehre.

---

3 In der mhd. Übersetzung Umschreibung für „Sadduzäer".

4 Vgl. 2. Mos., 3,6; dort aber nur der erste Teil der Rede; „und nicht Gott der Toten [...]" ist vom Übersetzer zum Zitat gezogen.

Matthäus 22, 34–46
Domenica XVIII post octavam pentecostes
an dem ahczhentem svntach nach phingsten
Kriedte Z. 209–233

22,34 Do die pharisei gehorten, daz Ihesus **[W 5a]** hate gesweigit die uerleittare, do chomen si zesamine,
35 unt uragite in ein lerare uze der ê, unt uersůhte in unt sprach:
36 „Maister, weles ist das maiste gebot in der ê?“
37 Vnt Iheses antwrte im unt sprach: ‚Minne got dinen herren uon allem dime herzen unt uon aller diner sele uon allem dime gemv̊te.‘
38 Diz ist daz maiste unt daz erste gebot in der ê.
39 Daz ander ist disseme gelihc: ‚Minne dinen nahisten als dihc selben.‘
40 An disen zwein geboten hanget alliv div ê unt die wissagen.“
41 Do gesamineten sih di pharisei. Vnt uragite si Ihesus
42 sprechinde: „Wes bedunchet ivhc uon Criste, wes sun er si?“ vnt si sprachen: „Dauides.“
43 Vnt er sprach zin: „Wel wis hiez in Dauid herren in dem geiste sprechinde:
44 ‚Dir herre sprach ze mime herren: sizze ze miner zwesiwe. vnt gesezze dine uiande zeime schamel diner uv̊ze.‘ (Ps. 110,1)
45 Vnt ob in Dauid heizet herren, wie mac er sin sun sin?“
46 Vnt si ne mahton im niht geantwrten eines wortes. Noh engetorste deheiner destages iht uvrbas geuragen.

Matthäus 22, 34–46

22,34 Als die Pharisäer hörten, dass Jesus zum Schweigen gebracht hatte die Versucher, da kamen sie zusammen,
35 und es fragte ihn ein Lehrer des Gesetzes und versuchte ihn und sprach:
36 „Meister, welches ist das größte Gebot in dem Gesetz?"
37 Und Jesus antwortete ihm und sprach: ‚Liebe Gott, deinen Herrn, von deinem ganzen Herzen und von deiner ganzen Seele und von deinem ganzen Gemüt.' (5. Mos. 6,5)
38 Dies ist das größte und das erste Gebot in dem Gesetz.
39 Das zweite ist diesem gleich: ‚Liebe deinen Nächsten wie dich selbst!' (3. Mos. 19,18).
40 An diesen zwei Geboten hängt das ganze Gesetz und die Propheten."
41 Da versammelten sich die Pharisäer, und Jesus fragte sie,
42 sprechend: „Was bedünkt euch von Christus, wessen Sohn er sei?" Und sie sprachen: „Davids."
43 Und er sprach zu ihnen: „Auf welche Weise hieß ihn David „Herrn", im Geist sprechend:
44 ‚Der Herr sprach zu meinem Herrn: Sitze zu meiner Rechten und setze deine Feinde als einen Schemel deiner Füße!'
45 Und wenn ihn David ‚Herrn' heißt, wie kann er sein Sohn sein?"
46 Und sie konnten ihm nicht antworten ein Wort, noch wagte nicht irgendeiner an dem Tage irgendetwas weiter zu fragen.

Matthäus 23, 1–12
Domenica II in XL feria III
an dem [...] nach dem [...]
Kriedte Z. 233–258

23,1 Do redite Ihesus ze der menige unt ze sinen iungeren
2 sprechinde: „Den stůl Moysi besazen die scribare unt die pharisei.
3 Alliv div dinc, die si ivh heizent tůn, div behalten unt *tůt*[5] si. Nah ir werchen entůnt si niht. Wan des si sagent, des entůnt si niht.
4 Wan si bindent die swaren burde unt die ubele sint ze traginne, **[W 5b]** vnt legint si ûf die ahsel der mennischon; mit ir uinger weln si si niht růren,
5 vnt tůnt alliv ir werch, daz si gesehen werden uon den mennischin. Si lengirn ir gebende unt michilint ir uasen,
6 vnt minnent div ersten gesaze an dem ezzine unt die ersten stůle in den synagogen,
7 unt den grůz an dem marchite, unt daz si geheizen werden uon den mennischen ‚maister'.
8 Irn sult niht heizen maister, wan ir sit alle gebrůder.
9 Niht ensprechet iv ‚uater' ûf der erde. Wan einer ist iwer uater, der in dem himile ist.
10 Niht enheizet maistere. Wan Crist eine ist iwer mâister.
11 Der under iv der mere, der wirt der minre.
12 Wan swer so sih gehohet, der wirt gedemv̊tet. Vnt der sih gedemv̊tet, der wirt gehohet."

5 *Hs.* tů

Matthäus 23, 1–12

23,1 Da redete Jesus zu der Menge und zu seinen Jüngern
2 sprechend: „Auf dem Stuhl des Moses nahmen Platz die Schreiber und die Pharisäer.
3 Alle die Dinge, die sie euch heißen zu tun, die haltet ein und tut sie. Nach ihren Werken handeln sie nicht. Denn was sie sagen, das tun sie nicht.
4 Denn sie binden die schweren Bürden und die übel sind zu tragen und legen sie auf die Achsel der Menschen. Mit ihrem Finger wollen sie sie nicht berühren.
5 Und sie tun alle ihre Werke, damit sie gesehen werden von den Menschen. Sie verlängern ihren Kopfputz[6] und vergrößern ihre Kleidersäume.
6 Und sie haben gern die ersten Sitze bei dem Essen.[7] und die ersten Stühle in den Synagogen.
7 und den Gruß auf dem Markt, und dass sie geheißen werden von den Menschen ‚Meister'.
8 Ihr sollt sie nicht heißen Meister, denn ihr seid alle miteinander Brüder.
9 Nicht sprecht ihr ‚Vater' auf der Erde. Denn einer ist (allein) euer Vater, der in dem Himmel ist.
10 Nicht heißt (irgendwelche Leute) ‚Meister'. Denn Christ allein ist euer Meister.
11 Wer unter euch sei der größere, der wird der kleinere.
12 Denn jeder, der sich erhöht, der wird gedemütigt. Und der sich demütigt, der wird erhöht."

---

6 Vulgata: *phylacteria*; das Wort wurde in dieser Übersetzung nicht verstanden; Tatian 141,3 (Sievers): *ruomgiscrib*; Einheitsübersetzung: „Gebetsriemen" mit der Erläuterung: „An den Gebetsriemen werden Kapseln (Phylakterien) befestigt; sie enthalten Texte aus der Schrift und werden am Arm oder an der Stirn getragen. (vgl. Ex. 13,9)." Luther: „Denkzettel" nach Ex. 13,19.

7 Die Ehrenplätze bei Gastmählern.

Matthäus 23, 13–33
Domenica VIII post octauam Pentecostes
An dem fritach nach dem ahtum [svntach] nach phingsten
Kriedte Z. 259–315

23,13 „We aber iv scribaren, unt iv pharisei! Ir truginarer[8] besliezet das himiriche uor den mennischen[9], unt ir newelt drin niht, nohc die dar in wolton, die nelat ir.

15[10] We iv scribaren unt iv pharisei, ir truginare! wan ir umbe uarnt die mer unt die erde und machet iwer ge [...][11]; so daz wirt gemachet, so machit ir zwiualt helle sun me denne ivhc.

14 We iv̂ scribaren unt iv pharisei, ir truginare! Ir berobent der witiwen huser mit iwerme langen gebete. dar umbe wirt iv daz urtaile deste mere.

16 We iv leitare der blinden, **[W 6a]** ir da sprechet, swer so swer[12] bi dem tempel, daz ensi niht. Swer aber so swert bi dem golde des tempels, das ders engelte.

17 Ir tumben, ir blinden! Werderz ist mere, diz golt oder daz tempel, daz da geheiliget daz golt?

18 Vnt sprechet, swer da swer bi dem altare, daz daz niht si, swer da swer bi der gabe, div dar ûf ist, der engeltes.
19 Ir blinden, wederz ist mere, div gabe oder der altare, der da geheiliget die gabe?

20 Der da swert bi dem altare, der swer dabi unt bi allem dem, daz dar ûf ist.
21 Vnt swer da swert bi dem *templo*, der swert da bi unt bi allem dem, daz da inne ist.

22 Vnt der da swert bi dem himili, der swert bi dem stůle gotes unt bi dem, dær da ûffe sizzet.

23 We iv scribare pharisei, ir trugenare! Ir da zehent die minze unt das tille unt chume, unt lat div swarre sint der ê: daz reht, unt erbarmherze, unt triwe. Diz ist ze tůne unt enz niht ze lazinde.

24 We nu, leitare der blinden! Ir spient uz die mucgen unt slindent die olbinten.
25 We iv scribare pharisei, ir truginare! Ir wahschet daz uzer tâil des kelches unt des nafphfes, unt sint innen uol hůres unt unreinichêit.
26 Pharisee blinde, wahsche zeme ersten daz inre tail des chelches und des nafphfes, daz ez gelih werde dem uzer taile reinez.

---

8 Hs. *truginarenr.*
9 Hs. *mennisehen.*
10 Umkehrung der Verse 14 und 15 in der Hs.
11 Haupt fand die Stelle bis auf *ge* unlesbar; Kriedte setzt *gesamine*; Matth. hat hier *unum proselytum.*
12 Hs. *Swer so spreche swer*, doch *spreche* getilgt.

23,13 „**W**ehe aber, euch Schriftgelehrten! Und ihr Pharisäer, ihr Heuchler, ihr verschließt das Himmelreich vor den Menschen. Und ihr werdet nicht darein (kommen), und auch die dort hinein wollten, die lasst ihr nicht.

15 Wehe, euch Schriftgelehrten und euch, ihr Pharisäer, ihr Heuchler! Denn ihr fahrt auf den Meeren umher und auf der Erde und macht euer Gefolge. Wenn das gemacht wird, so macht ihr zwiefältig mehr Höllensöhne als ihr (selbst es seid).

14 Wehe, euch Schriftgelehrten und euch, ihr Pharisäer, ihr Heuchler! Ihr beraubt die Häuser der Witwen mit euerm langen Gebet. Darum wird euch die Verurteilung desto mehr (zuteil werden).

16 Wehe euch, ihr Führer der Blinden,[13] ihr, die ir da sprecht, wer auch immer schwöre ‚bei dem Tempel', das sei nichts. Wer auch immer aber schwört ‚bei dem Golde des Tempels', dass der es entgelte.

17 Ihr Törichten, ihr Blinden! Welches von beidem ist mehr (wert), dieses Gold oder der Tempel, der da heiligt das Gold?

18 Und ihr sprecht, wer auch immer der da schwöre ‚bei dem Altar', dass das nichts sei. Wer auch immer da schwöre bei der Gabe, die darauf ist, der entgelte es.

19 Ihr Blinden! Welches von beidem ist mehr (wert), die Gabe oder der Altar, der da heiligt die Gabe.

20 Der da schwört bei dem Altar, der schwöre dabei und bei allem, das darauf ist.

21 Und wer auch immer da schwört bei dem *templo*, der schwört dabei und bei allem, das darinnen ist.

22 Und der da schwört bei dem Himmel, der schwört bei dem Stuhle Gottes und bei dem, der darauf sitzt.

23 Wehe euch, ihr Schriftgelehrten, ihr Pharisäer, ihr Heuchler, die ihr da als Zehnten gebt die Minze und den Dill und Kümmel und (unter)lasst die (Dinge), die schwerer sind (von Bedeutung) bei dem Gesetz: das Recht, und Barmherzigkeit, und Treue. Dieses ist zu tun, und jenes nicht zu lassen.

24 Wehe nun, ihr Führer der Blinden! Ihr speit aus[14] die Mücke und verschlingt das Kamel.

25 Wehe, ihr Schriftgelehrten, ihr Pharisäer, ihr Heuchler! Ihr wascht das äußere Teil des Kelches und des Napfes, und sie sind innen voll der Hurerei und der Unreinheit.

26 Blinder *Pharisæe*, wasche zum ersten das innere Teil des Kelches und des Napfes, dass es gleich werde dem äußeren Teil (als ein) reines.

---

13 Die Vulgata liest *duces caeci* „blinde Führer".

14 Die Vulgata liest *excolantes*, „die Aussiebenden".

23,27 We iv sribaren pharisei, ir truginare! Wan ir sit gelih den gewizten
gre **[W 6b]** birin, di uzen schinint den mennischen schonîv, unt innen sint uolliv gebeines der toten unt unsubircheît.
28 Also sit ir, ir schinit uzen rehthaftige den mennischen, unt sit innen uol trugeheît unt ubiles.

29 We îv, scribare pharisei, ir truginare! Ir da buwent div grebir der wissagen, unt zieret div grebir der rehten,
30 unt sprechet: Waren wir gewesen in den tagen unserre uater der wissagen.[15]
31 vnt ir gebet gezivch uon iv selben. wan ir sit der svn, die di wissagen irslůgen.

32 Vnt ir eruvllet die maze iwerre uater.
33 Slangen, uiper geslahte, wie welt ir enphliehen uon dem urtaile der angeste?

Matthäus 23, 34–39
Alivd
in natale sancti Stephani.
Kriedte Z. 317–331

23,34 Seht ich sende iv wissagen unt wise unt scribare, unt ir erslahen si unt crucigont si unt uillent si in iweren synagogen, unt ir ahtet ir zu einer stat in die an [...][16]

36 Gewarliche sage ih ez iv: alliv disiv chomen uf diz geslahte.
37 Hierusalem, Hierusalem, du irslehist die wissagen unt steinestes, die ze dir sint gesant. Ofte wollte ich saminen dine sun alse div henne saminet ir hûnlin under ir ůetiche, unt du ne woltes.
38 Darumbe beliben iweriv huse vv̊ste.
39 Vnt ich sagez îv: Niht en geseht [...]“

15 ***waren*** bis ***unserre uater***: wäre zu ergänzen nach Matth. 23,30: *non essemus socii eorum in sanguine prophetarum* – „wären wir nicht ihre Gleichgesinnten gewesen im Hinblick auf das Blut der Propheten.“ – d. h. Mitschuldige am Tod der Propheten.

16 ***zu einer stat in die an***: wäre zu ergänzen nach Matth. 23,34–35: *de ciuitate in ciuitatem: ut ueniat super uos omnis sanguis iustus.* Mt. 23,35 fehlt Hs.

23,27 Wehe euch Schriftgelehrten, ihr Heuchler! Denn ihr seid gleich den weißgemachten Gräbern, die von außen den Menschen schön erscheinen, und innen sind sie voll des Gebeins der Toten und der Unsauberkeit.
28 Ganz so seid ihr. Ihr scheint den Menschen von außen rechtschaffen und seid innen voll der Heuchelei und des Übels.
29 Wehe euch, Ihr Schreiber, ihr Pharisäer, ihr Heuchler! ihr, die ihr da baut die Gräber der Propheten und verziert die Gräber der Gerechten
30 und sprecht: ‚Wären wir gewesen in den Tagen unserer Väter, [...] der Propheten.
31 Und ihr gebt Zeugnis von euch selbst, denn ihr seid die Söhne derer, die die Propheten erschlugen.
32 Und ihr erfüllt das Maß eurer Väter.
33 Ihr Schlangen, ihr Viperngeschlecht! Wie wollt ihr entfliehen von dem Gericht der Angst?

Eine andere Perikope
Am Geburtsfest des heiligen Stephan

23,34 **S**eht, ich sende euch Propheten und Weise und Schriftgelehrte. Und ihr erschlagt sie und kreuzigt sie und geißelt sie in euren Synagogen. Und ihr verfolgt sie aus einer Stadt in die *andere*
35 Auf dass über euch komme alles gerechte Blut, das da vergossen ist auf der Erde von dem Blut Abels, des Gerechten, bis zu dem Blut Zacharias', des Sohnes *Bachariae*, den ihr erschlugt zwischen dem Tempel und dem Altar.
36 Gewisslich, ich sage es euch: all diese Dinge kommen auf dies Geschlecht.
37 Jerusalem, Jerusalem! Du erschlägst die Propheten und steinigst, die zu dir sind gesandt. Oft wollte ich sammeln deine Söhne, ganz wie die Henne sammelt ihre Hühnlein unter ihre Fittiche; und du wolltest nicht.
38 Darum bleiben eure Häuser wüst.
39 Und ich sage es euch: Nicht seht [...]“

Theologie (s. auch Katechese)

32 Aus der Übersetzung von Isidors Traktat ‚De fide catholica contra Iudeos' Hench

cap. 4

²**VL** 1 (1978), Sp. 296–303 (Klaus Matzel) und 11 (2000), S. 81. – **VL** ahd. und as Lit. (2013), S. 204–213 (Elke Krotz). – Killy-Lit.Lex. 6 (2009), S. 59–62 (Ernst Hellgardt).
Ü.: Paris, BN, Ms. lat. 2326, fol. 1r-22r, hier fol. 7r-11r; seitensynoptische Bilingue (Versoseite lat., Rectoseite deutsch); Schreibort: austrasisches Gebiet.
Abb.: Fischer, Schrifttafeln, Taf. 4 (fol. 2v und 5v). – Vollständiges Digitalisat der Hs. in Farbe: https://gallica.bnf.fr/ark:/12148/btv1b84260348/f25.item.zoom – Facsimile: Hench (s. u. Edition);
Dat.: Hs. um 800 (Bischoff, Paläographische Fragen, S. 131–132; Text 8. Jahrhundert, letztes Viertel.
Spr.: Sprache der Gegend von Metz (deutschsprachiges Lothringen).
Ed.: Holzmann, De nativitate Domini. – Hench, Isidor. – Eggers, Der ahd. Isidor. – Schlosser, S. 58–79 (Texte). – Haug/Vollmann, S. 38–45 (Text). – Müller, S. 232–239 (Text).
Lit.: Ausführliche Bibliographie bei Elke Krotz im s. VL ahd. und as. Lit. (2013), S. 211–213. – Kelle, LG, S. 92 und S. 336–338. – Kögel, LG I,2, S. 477–499. – Ehrismann, LG 1, S. 273–280. – Haubrichs, Die Anfänge, S. 253–256. – Lippert, Isidorgruppe, Tatian. – Matzel, Isidor-Sippe. – Krotz, Auf den Spuren. – Haug/Vollmann, S. 1060–1062 (Kommentar). – Müller, S. 375–376 (Kommentar).

Übersetzter Text: Isidor von Sevilla (um 560 – 636) ‚De fide catholica contra Iudaeos', PL 83, Sp. 0449 C – Sp. 0538 A. – Die ahd. Bearbeitung dieser Schrift ist nur unvollständig erhalten. Außer den Stücken der Pariser Handschrift sind weitere (nur zum Teil parallel) in einer etwas jüngeren Handschrift aus Mondsee erhalten (Nr. 28). Der hier aus der Pariser Handschrift ausgewählte Text entspricht PL 83, Sp. 0457 B-460 A, das sind aus dem Kapitel 4 die §§ 1–11 des ersten Buches von Isidors Schrift, das auch ‚De nativitate domini' genannt wird.

Die Fragmente des ‚Althochdeutschen Isidor' gehören zu einem größeren Komplex erster deutscher, hochkompetenter Übersetzungen/Verschriftlichungen von lateinischen Texten der klerikalen Tradition: Nr. 28 ‚Matthäus-Evangelium', Nr. 103, ‚Homilia de vocatione gentium', Nr. 104, Augustin, ‚Sermo' und Bruchstücke einer hier nicht berücksichtigen, sonst unbekannten Predigt. Diese vier Stücke sind in Fragmenten einer ehemals Mondseer Handschrift erhalten, die jetzt in der Wiener Nationalbibliothek aufbewahrt wird. Ein weiteres Fragment der selben Handschrift befindet sich nun in der Landesbibliothek Hannover.

Die Stücke zeichnen sich außer durch ihre hervorragende Übersetzungsleistung noch besonders durch eine konsequent konzipierte, vor allem im ‚Isidor' befolgte Orthographie des Deutschen aus.

Es handelt um ein Textkorpus, das vermutlich von Anfang an programmatisch als zusammengehöriges Ganzes angelegt war und im Ursprung sicherlich aus einer Werkstatt, wenn nicht sogar von einem Verfasser stammt. Darauf deuten sowohl inhaltlich als auch formal auffällige Eigenheiten hin. Formal: im Ganzen die hohe zweisprachige, lateinisch-deutsche Sprachkompetenz; im Detail die grammatisch-orthographischen Regelungen für die eigentlich noch illiterate Volkssprache; und nicht zuletzt die kodikologisch planmäßige Verschriftlichungstechnik (lateinisch-deutsche Synopsen). Inhaltlich wiederum lassen die Stücke einen lockeren programmatischen Zusammenhang hinreichend deutlich werden: als Werkzeuge der Kleriker-, nicht der Laien-Bildung, einmal in dogmatischer Hinsicht (Isidors Trinitäts-Traktat denkbar als Instrument bei der um 800 aktuellen Auseinandersetzung mit der Adoptianismus-Häresie), ein andermal in pastoraler aber auch kirchenpolitischer Hinsicht (der Sermo Augustins, eine Petrus-Predigt, die mit ihrer Thematisierung der Glaubensfestigkeit instrumentalisiert sein dürfte für die Förderung der Autorität des Papstes als Petrus-Nachfolger), und schließlich mit dem eigenartigen Stück ‚De vocatione gentium', das gern im Hinblick auf missionarische Zwecke verstanden wird oder auf die Konsolidierung kirchlichen Lebens bei den neu oder schon längst Bekehrten ausgerichtet sein könnte. Nicht an die Laien unmittelbar richten sich diese Arbeiten insgesamt, wohl aber an die für sie verantwortlichen Kleriker.

Gern möchte man bei alledem an eine wie auch immer geartete unmittelbare Wirkung bestimmter gesetzgeberischer Erlasse durch Kapitularien Karls des Großen glauben und an hieraus folgende Aktivitäten der Hofschule seiner Residenz in Aachen oder an von dort ausgehende Wirkungen in gelehrten Kreisen um 800. Solche Vermutungen werden konkret freilich nur durch Indizien, nicht durch bestimmte Nachrichten gestützt. Indizien bieten sich zum einen überlieferungsgeschichtlich durch die Chronologie und die regionale Herkunft der Handschriften: Pariser Isidor um 800, austrasisches Gebiet, Mondseer Fragmente 9. Jh., erstes Drittel, Bayern/Salzburger Gebiet. Dabei fällt für die Mondseer Fragmente noch ein personengeschichtliches Argument bedeutend ins Gewicht. Karl hatte den Kölner Erzbischof Hildebold mit dem Kloster Mondsee belehnt. Seit 797 regierte er als Bischof Köln und seine persönlichen Lehen von Aachen aus, nachdem Papst Hadrian I. ihm einen entsprechenden Dispens von der Residenzpflicht in Köln erteilt hatte. In Aachen zählte Hildebold als Erzkaplan der Hofkapelle zu den ersten Beratern Karls und stand mit den bedeutendsten Persönlichkeiten in Karls Umgebung in unmittelbarem Kontakt. Von solchen Projekten wie den Arbeiten des ahd. Isidorkomplexes muss er gewusst haben, wenn sie denn in Aachen oder von Aachen aus betrieben wurden. Als Bischof ist er für eine bedeutende Ausstattung Kölns mit Büchern bekannt. Auch nach Karls Tod 814 behielt er unter Ludwig dem Frommen seine Stellung wohl bis zu seinem 818 in Köln erfolgten Tod. So wäre es denkbar, dass er seine Mondseer Mönche zu irgendeinem Zeitpunkt veranlasst hätte, eine Kopie der Schriften des ahd. Isidorkomplexes herzustellen, die uns in den Mondseer Fragmenten direkt oder indirekt als deren Abschrift erhalten ist.

Die Isidor-Handschrift ist eine Spaltensynopse. Die Seiten der Handschrift sind durch einen von oben nach unten gezogenen Strich in eine linke Spalte für den lateinischen Text und eine rechte für den ahd. Übersetzungstext eingeteilt. Anders die Mondseer Fragmente. Sie sind als Seitensynopse angelegt: die linke, d. h. die Versoseite mit dem lateinischen Text, die rechte, d. h. die Rectoseite mit dem althochdeutschen. Übersetzungstext.

Der hier folgende Text wird zeilen- und seitengleich mit der Pariser Handschrift nach Hench, S. 14–22 und dem Digitalisat wiedergegeben, mit allen Verschiebungen innerhalb der handschriftlichen Synopse.

Isidor von Sevilla ‚De fide catholica contra Iudeos' cap. 4[1]

De trinitatis significantia

Hear quhidit umbi dhea bauhnunga dhero dhrio heideo gotes

Über Stellen, welche die Trinität anzeigen

Hier spricht er[2] über die Kennzeichnungen der drei Personen Gottes

fol. 7r

Latein	Übersetzung	Althochdeutsch
§1.[3] *patet ueteris*	Erzeigt ist in des alten	**§1. Araugit ist in dhes aldin**
testamenti apicibus	Gesetzes Büchern, dass Vater	**uuizssodes boohhum, dhazs fater**
patrem et filium et spiritum	und Sohn und heiliger Geist Gott	**endi sunu endi heilac gheist got**
sanctum esse deum. Sed hinc is-	sei. Aber daran sind ungläu-	**sii. Oh dhes sindun unchilau-**
ti filium et spiritum sanctum non	big die Leute der Juden, dass der Sohn	**bun iodeoliudi, dhaz sunu**
putant esse deum, eo quod	und der heilige Geist Gott sei, des-	**endi heilac gheist got sii, bi-**
in monte sina uocem	wegen weil sie hörten	**dhiu huuanda sie chihordon**

1 Hench, The Monsee Fragments, S. 14–22, Hs. fol. 7r-11r.
2 Gemeint ist Isidor als Autor des Traktats.
3 Die Paragraphenzahlen sind aus Isidor, Contra Iudaueos nach der Ausgabe von Faustino Arevalo (Rom 1802) übernommen (PL 83,449–538).

13.	*dei intonantis au-*	Gottes Stimme laut auf dem Sianiberge **gotes stimna hluda in sinaberge**
14.	*dierint: ‚Audi, israel,*	sagend: ‚Höre du, Is- **quhedhenda: ‚Chihori dhu, is-**
15.	*dominus, deus tuus, deus unus*	rael, der Herr, dein Gott ist einzig **rahel, druhtin, got dhin, ist eino**
16.	*est.‘[4] Ignorantes in tri-*	Gott.‘ Unwissende sind sie, **got.‘ Unbiuuizssende sindun,**
17.	*nitate unum esse deum*	wie in der Dreiheit sei ein (einziger) **huueo in dheru dhrinissu sii ein**
18.	*patrem et filium et*	Gott: Vater und Sohn und heiliger **got: fater endi sunu endi heilac**
19.	*spiritum sanctum. Nec tres*	Geist. Keineswegs drei Götter sie, **gheist. Nalles sie dhrie goda,**
20.	*deos, sed in tribus perso-*	sondern es ist in diesen drei Personen ein **oh ist in dhesem dhrim heidem ein**
21.	*nis unum nomen*	Name der ungeteilten Macht. **namo dhes unchideiliden meghines.**

fol. 7v

22.	*indiuiduæ maiesta-*	Lasst uns nun aber suchen in der al- **§2. Suohhemes nu auuer in dhemu al-**
23.	*tis.* **§2.** *Queramus ergo*	ten heiligen Schrift eben die- **din heileghin chiscribe dhesa sel-**
24.	*in scriburis ueteris tes-*	se Dreiheit. In dem ersten Tei- **bun dhrinissa. In dhemu eristin dei-**
25.	*tamenti eandem trinita-*	le der Bücher der Könige ist tatsächlich so **le chuningo boohho sus ist chiuuisso**
26.	*tem: In libro quippe pri-*	geschrieben: „Es sagte David, Isais Sohn, **chiscriban: „Quhad dauid isais sunu,**
27.	*mo regum ita scribtum est:*	es sagte, der Mann, dem es geboten **quhad gomman, dhemu izs chibodan**

4 Deut. 6,4.

		wurde, über den Gesalbten des Gottes Jakobs,
„Dixit dauid filius isai, dixit	**uuard umbi christan iacobes gotes,**	der vortreffliche Sänger der Israeliten: ‚Got-
uir cui constitutum est	**dher erchno sangheri israhelo: ‚Go-**	tes Geist ist sprechend durch mich
de christo dei iacob, egregi-	**tes gheist ist sprehhendi dhurah mih,**	und sein Wort ergeht durch meine
us psalta israel: ‚Spiritus domini	**endi siin uuort ferit dhurah mina**	Zunge‘.“ Und gleich danach in offenkundiger Weise
locutus est per me et sermo	**zungun’.“ Endi saar dhar after offono**	erzeigte er, wer dieser Geist sei, als
eius per linguam meam’.“[5] *Quis autem*	**araughida, huuer dher gheist sii, dhuo**	er sagte: ‚Der Israeliten Gott war zu mir
esset, adiecit: ‚Deus israel	**ir quhad: ‚Israhelo got uuas mir zuo**	sprechend, der in gerechter Weise über die Men-
mihi locutus est, domina-	**sprehhendi, dher rehtuuisigo man-**	schen Waltende, starke (Herr) der Israeliten.
tor fortis israel hominum	**no uualdendo, strango israhelo.‘**	
iustus.’“[6] **§3.** *Dicendo enim*	**§3. Dhar ir quhad ‚christ iacobes gotes‘,**	Da, wo er sagte ‚der Gesalbte des Gottes Jakobs‘ – gewisslich meinte er dort den Sohn und
‚christum dei iacob‘ et filium	**chiuuisso meinida ir dhar sunu en-**	den Vater. Da wo er ferner sagte ‚Gottes
et patrem ostendit. Item	**di fater. Dhar ir auh quhad ‚Gotes**	Geist ist sprechend durch mich‘,
dicendo ‚Spiritus domini loqu-	**gheist ist sprehhendi durah mih,‘**	

5 2. Sam. 23, 1–2.
6 2. Sam. 23,3.

41.	*tus est per me‘ sanctum spiritum*	da meinte er – lichtvoll zu er- **dhar meinida – leohtsamo zi ar-**
42.	*euidenter aperuit.*	kennen – den heiligen Geist. **chennenne – dhen heiligan gheist.**
43.	*Idem quoque in psalmis:*	Abermals ferner über dasselbe **Auur auh umbi dhazs selba**

fol. 8r

44.	*‚Uerbo‘, inquit, ‚domini celi*	sagte David in den Psalmen: ‚Durch des Her- **quhad dauid in psalmon: ‚Druhti-**
45.	*firmati sunt et spiritu*	ren Worte sind die Himmel gefe- **nes uuordu sindun himila chifes-**
46.	*oris eius omnis uir-*	stigt, und (durch) seines Mundes Geist **tinode, endi sines mundes gheistu**
47.	*tus eorum.*[7] *In persona*	steht fest all ihre Macht.‘ In der **standit al iro meghin‘. In dhemu**
48.	*enim ‚domini‘ patrem ac-*	‚des Herren‘ Benennung erkennen wir **‚druhtines‘ nemin archennemes**
49.	*cipimus, in ‚uerbo‘ fi-*	mit Gewissheit den Vater; in dem ‚Worte‘ **chiuuisso fater; in dhemu ‚uuorde‘**
50.	*lium credimus, in ‚spiritu*	glauben wir (an) den Sohn; unter ‚seines Mun- **chilaubemes sunu; in ‚sines mun-**
51.	*oris eius‘ spiritum sanctum in-*	des Geiste‘ verstehen wir mit Ge- **des gheiste‘ instandemes chi-**
52.	*tellegimus. Quo testi-*	wissheit den heiligen Geist. **uuisso heilegan gheist.**
53.	*monio et trinitatis*	In dieser Bezeugung ist wahrhaft **In dheseru urchundin ist ziuuare**
54.	*numerus et commu-*	erzeigt der Dreiheit **araughit dhera dhrinissa**

7 Ps. 32,6.

55.	*nio cooperationis os-*	Zahl und die Gemeinsamkeit ihres ein- **zala endi chimeinidh iro ein-**
56.	*tenditur.* **§4.** *Sic in con-*	mütigen Wirkens. Wenn hiernach der- **uuerches. §4. So hear after dher**
57.	*sequentibus idem prophe-*	selbe Prophet sagte: ‚Er sendet **selbo forasago quhad: ‚Ir**
58.	*ta ait: ‚Mittit*	sendet sein Wort und macht weich **sendit siin uuort endi chiuueih-**
59.	*uerbum suum et lique-*	die (Dinge); (es) atmet sein Geist **hit dhea; adhmuot siin gheist**
60.	*faciet ea, flat spiritus eius*	und rinnen (die) Wasser' – siehe **endi rinnant uuazssar‘ – see,**
61.	*et fluent aque.‘*[8] *Ecce tria:*	(so) meint er hier nun drei(erlei): (der) Vater ist (es), **hear meinit nu dhri: ‚fater‘ ist,**
62.	*‚pater‘, qui mittit, et ‚uer-*	der sendete; und (das) ‚Wort‘ ist **dher sendida; endi ‚uuort‘ ist**
63.	*bum‘, quod mittitur, et*	das Gesendete; und ‚sein Geist‘ **dhazs chisendida; endi ‚siin gheist‘**
64.	*‚spiritus eius‘, qui flat.*	ist (es), der atmet. Und **ist, dher adhmot. Endi**
65.	*Nam et cum dicitur in genesi:*	auch *in Genesi* sagt er: **auh in genesi quhidit:**

fol. 8v

66.	*‚In principio fecit deus celum*	‚An dem ersten schuf Gott **‚In dhemu eristin chideda got**
67.	*et terram, et spiritus dei fere-*	Himmel und Erde, und Gottes **himil endi aerdha, endi gotes**
68.	*batur super aquas.‘*[9]	Geist schwebte über (den) Wassern.‘ **gheist suueiboda oba uuazsserum.‘**

---

8 Ps. 147,18.
9 Gen. 1, 1–2.

		Dort ist auch in der Benennung ‚Gottes'
69.	*Ibi in ‚dei' uocabulo pater*	**Dhar ist auh in dhemu ‚gotes' ne-**
		der Vater zu verstehen; an
70.	*intellegitur. In ‚prin-*	**min fater zi firstandanne; in**
		‚dem ersten' ist (der) Sohn zu erken-
71.	*cipio' filio agnos-*	**‚dhemu eristin' ist sunu zi archen-**
		nen, denn er selbst sagte:
72.	*citur, qui dicit:*	**nanne, huuanda ir selbo quhad:**
		‚Am Kopf des Buches zuerst
73.	*‚In capite libri scrip-*	**‚In haubide dhes libelles azs erist**
		ist geschrieben über mich, dass
74.	*tum est de me, ut faci-*	**ist chiscriban umbi mih, dhazs**
		ich deinen Willen tun möge.' ‚Gott'
75.	*am uoluntatem tuam.'*[10]	**ih dhinan uuillun duoe.' ‚Got'**
		ist (es), der (hier) ‚redete', und ‚Gott' (ist es), der ‚schuf'.
76.	*Qui dixit deus et fecit*	**ist dher ‚quhad', endi ‚got' dher ‚deta'.**
		Darin auch dann, dass er ‚über
77.	*deus. In eo uero, qui*	**in dhiu auh dhanne, dhazs ir ‚oba**
		den Wassern schwebte' –
78.	*‚superferebatur aquis'*[11],	**dhem uuazsserum suueiboda' –**
		den heiligen Geist machte er dort kennt-
79.	*spiritus sanctus significa-*	**dhen heilegun gheist dhar bauh-**
		lich. Denn, wenn auch gewiss dort
80.	*tur.* **§5.** *Nam et cum ibi*	**nida. §5. Inu so auh chiuuisso dhar**
		Gott sagte: ‚Lasst uns (einen) Menschen machen,
81.	*dicit deus: ‚Faciamus*	**quhad got ‚Duoemes mannan**
		einen (uns) angeglichenen und uns glei-
82.	*hominem ad imagi-*	**anachiliihhan endi uns chi-**

10 Ps. 39, 8–9.
11 Gen. 1,2.

		chen‘: durch der Perso-
83.	*nem et similtudinem nostram.‘*[12]	**lihhan’: dhurah dhero hei-**
		nen Mehrzahl ist dort offen-
84.	*Per pluralitatem per-*	**deo maneghin ist dhar chi-**
		bart der Dreiheit Kenn-
85.	*sonarum patens sig-*	**offonot dhera dhrinissa bauh-**
		zeichen. Und doch hinwie-
86.	*nificatio trinita-*	**nunc. Endi dhoh dhiu huue-**
		derum nun, damit er die
87.	*tis est. Ubi tamen, ut unitatem*	**dheru nu, dhazs ir dhea**

fol. 9r

		Einheit Gottes hier erzeigte,
88.	*deitatis ostenderet, con-*	**einissa gotes araughida hear,**
		sagte er sogleich danach: ‚Gott er-
89.	*festim admonet dicens:*	**saar after quhad: ‚Got chiuuo-**
		schuf den Menschen (als) ihm angegliche-nen.‘
90.	*‚Fecit deus hominem ad imagi-*	**rahta mannan imu anachiliihhan.‘**
		Und auch, wenn danach Gott sagte:
91.	*nem suam.‘*[13] *Et cum dicit idem deus*	**Endi auh so dhar after got quhad:**
		‚Siehe, Adam ist dem gleich gewor-
92.	*‚Ecce adam factus est quasi*	**‚See, adam ist dhiu chiliihho uuor-**
		den wie ein jeder von uns‘: eben je-
93.	*unus ex nobis‘*[14]*: ipsa plura-*	**dan so einhuuelih unser‘: dhiu sel-**
		ne Mehrzahl der Benennungen er-
94.	*litas personarum trini-*	**ba maneghiu chinomideo arau-**
		zeigt das machtvolle Geheimnis der
95.	*tatis demonstrat mys-*	**ghit dhazs meghiniga chiruni dhera**

12 Gen. 1,26.
13 Gen. 1,27.
14 Gen 3,22.

	Latein	Althochdeutsch
96.	*terium.* **§6.** *Cuius trinitatis*	Dreiheit. Derselben Dreiheit **dhrinissa. §6. Dhera selbun dhrinissa**
97.	*sacramentum et aggeus pro-*	heiliges Geheimnis – Haggeus, der Prophet, **heilac chiruni – aggeus dher forasago**
98.	*pheta ita aperuit ex per*	so erzeigte es im Namen des Herrn **sus araughida in druhtines nemin**
99.	*sona domini dicens: ‚Spiritus meus erit*	sagend: ‚Mein Geist soll sein **quhedhendi: ‚Miin gheist scal uuesan**
100.	*in medio uestri.‘*[15] *Ecce deus,*	unter euch (als) mittleren.‘ Seht, Gott sprach **undar eu mittem.‘ Seegi, got dhar**
101.	*qui loquitur, ecce spiritus eius*	dort; seht, sein Geist ist auch **sprah; seegi, siin gheist ist auh**
102.	*post hec de tertia persona,*	nach diesem sogleich gemeint. Über **after dhiu saar chimeinit. Umbi**
103.	*id est de filio, ita subie-*	die dritte Person, die (jene) von **dhen dhrittun heit, dher fona**
104.	*cit: ‚Quia ecce, ego com-*	(dem) Sohn ist – so sagte derselbe Pro- **suni ist – sus quhad dher selbo fo-**
105.	*mouebo celum et ter-*	phet: ‚Denn siehe, ich erschüt- **rasago: ‚Huuanda see, ih chihruo-**
106.	*ram et ueniet desidera-*	tere Himmel und Erde, und (es) kommt **ru himil endi ęrdha, endi quhi-**
107.	*tus cunctis gentibus.‘*[16] **§7.** *In*	der allen Völkern Erwünschte.‘ **mit dher uilligo allem dheodom‘.**
108.	*esaia quoque sub propri-*	Ebenso ist auch erzeigt in **§7. So sama so auh araughit ist in**
109.	*a cuiusque persona*	(des) Jesaias Büchern einer jeden **isaies buohhum eochihuueliihhes**

15 Aggaeus 2,6.
16 Aggaeus 2,7–8.

fol. 9v

		der Personen besondere Unterscheidung,
110.	*distinctio trinitatis dicen-*	**dhero heideo sundric undarscheit,**
		durch ebendenselben Gottessohn, den sprechen-
111.	*te eodem filio ita osten-*	**selbemu dhemu gotes sune quhedhende-**
		den: ‚Ich, der erste und ich der letzte, meine
112.	*ditur: ‚Ego primus et ego nouis-*	**mu: ‚Ih eristo endi ih aftristo, mino**
		Hände erschufen auch (die) Erde, und
113.	*simus. Manus quoque mea*	**hendi chifrumidon auh ęrdha, endi**
		meine Rechte war messend (die) Him-
114.	*fundauit terram et dextera*	**miin zesuua uuas mezssendi himi-**
		mel, und von den ersten (Dingen an) war ich ver-
115.	*mea mensa est cęlos. Nam a prin-*	**la, ioh fona eristin uuas ih chiholo-**
		hohlen sprechend von (den) Zeiten, und ehe
116.	*cipio in abscondito locutus*	**no sprehhendi fona ziidi, endi aer**
		eine Zeitspanne entstand, ich war da.‘ Danach
117.	*sum. ex tempore antequam fi-*	**huuil uurdi, ih uuas dhar.‘ Dhar after**
		sofort sagte er auch: ‚Und nun sendete mich
118.	*eret, ibi eram.‘[17] et consequenter*	**saar auh quhad: ‚Endi nu sendida mih**
		(der) Herr, Gott und sein Geist.‘ Sieh hier
119.	*adiecit: ‚et nunc dominus deus misit*	**druhtin got, endi siin gheist.‘ See hear**
		zwei der Personen: ‚Gott‘ und ‚sein Geist‘,
120.	*me et spiritus eius.‘[18] Ecce duę per-*	**zuuene dhero heido, ‚got‘ endi ‚siin gheist‘,**
		die ‚sendeten‘; und die dritte Person
121.	*sone: ‚dominus‘ et ‚spiritus eius‘, qui mit-*	**dhea ‚sendidon‘; endi dher dhritto heit**

17 Is. 48, 12–13.
18 Is. 48,16.

122.	*titur; et tertia persona eiusdem*	ist (die des) ,Herrn' selbst: Krists, des gesen-	**ist selbes ,druhtines': christes, dhes chisen-**
123.	*domini, qui mittitur.* **§8.** *Item alibi*	deten. Genauso wurde auch an anderer Stelle durch	**didin. §8. So auh in andreru stedi dhurah**
124.	*per eundem prophetam trinita-*	den selben heiligen Propheten	**dhen selbun heilegun forasagun uuard**
125.	*tis sic demonstratur signifi-*	das Erkennungszeichen der Dreiheit so er-	**dhera dhrinissa bauhnunc sus arau-**
126.	*cantia: ,Ecce', inquit, ,puer*	zeigt: (Es) sagte Gott: ,Siehe, mein Knabe, ich	**ghit: Quhad got: ,see, miin chnecht, ih**
127.	*meus, suscipiam eum; dilec-*	empfange ihn, (er ist) mir (ein) Geliebter, es war	**inan infahu; chiminni mir, chiliihhe-**
128.	*tus meus, complacuit sibi in*	meiner Seele für sich eine Freude an ihm. Ich gab	**da iru in imu mineru seulu. Ih gab**
129.	*illo anima mea; dedi*	über ihn meinen Geist.' (Der) Vater mein-	**ubar inan minan gheist.' Fater mei-**
130.	*spiritum meum super eum.'*[19] *Pater*	te da seinen Sohn, als er (ihn) ,ge-	**nida dhar sinan sun, dhuo ir ,chi-**
131.	*filium ,dilectum puerum' uocat,*	liebten Knaben' nannte, über	**minnan chneht' nemnida, ubar**

fol. 10r

132.	*super quem ,dedit spiritum sanctum'. De*	den er ,seinen Geist gab'. Über	**dhen ir ,sinan gheist gab'. Umbi**
133.	*quo dominus, iesus christus, propria*	diesen (der) Herr, der erlösende Krist, mit seiner	**dhen druhtin, nerrendo christ, sineru**

19 Is. 42,1.

134.	*uoce testatur: ‚Spiritus domini*	eigenen Stimme gab Zeugnis, als er sagte:	**selbes stimnu urchundida, dhuo ir quhad:**
135.	*super me.‘*[20] **§9.** *Alio quoque in loco*	‚(Des) Herrn Geist ist über mir.‘	**‚Druhtines gheist ist ubar mir.‘**
136.	*idem isaias totam trinita-*	Und auch er selbst, Jesaias, an anderer	**§9. Endi auh ir selbo, isaias, in andreru**
137.	*tem in digitorum numero*	Stelle – die ganze Dreiheit in der Finger	**stedi – alle dhea dhrinissa in fingro**
138.	*comprehendens sic predicat*	Zahl fasste er, als er wie folgt *prędicando*	**zalu bifenc, dhuo ir sus *prędicando***
139.	*dicens: ‚Quis mensus est pugil-*	sagte: ‚Wer war messend in ei-	**quhad: ‚Huuer uuas mezssendi in eine-**
140.	*lo aquas, et celos pal-*	nem Handgriff (die) Wasser? Und wer	**mu hantgriffa uuazssar? Endi huuer**
141.	*mo quis ponderauit?*	wog (die) Himmel in seiner Handfläche? Wer	**uuac himila sineru folmu? Huuer**
142.	*Quis appendit tribus digitis*	wog (mit) drei Fingern alle Erd-	**uuac dhrim fingrum allan aerdh-**
143.	*molem terre?‘*[21] *In ‚tribus‘ quip-*	masse?‘ In ‚(mit) drei Fingern‘ gewisslich	**uuasun?‘ In ‚dhrim fingrum‘ chiuuisso**
144.	*pe ‚digitis‘ propheta trinam*	der heilige Prophet die dreifal-	**dher heilego forasago dhea dhrifal-**
145.	*diuinę omnipotentię equa-*	tige Gleichgestaltigkeit der allmäch-	**dun ebanchiliihnissa dhera almah-**
146.	*litatem sub quadam myste-*	tigen Gottesgestalt mit eines gewissen Geheimnisses	**tigun gotliihhin mit sumes chirunes**
147.	*rii lance liberauit. Et pa-*	Waage wog. Und auch mit der	**uuagu uuac. Endi auh mit dhes**

20 Luc. 4,18; vgl. Is. 61,1.
21 Is. 40,12.

Macht Gleichheit – (die) Kraft des
148. *rilitate uirtutis coope-* **meghines chiliihnissu – chraft dhes**

gleichen Wirkens und (die) Einheit der
149. *rationem potentię et uni-* **ebanuuerches endi einissa dhera**

allmächtigen Wesenheit, die eine (einzige) und
150. *tatem substantię, quę* **almahtigun spuodi, dhiu ein ioh**

eine gemeinsame in der Dreiheit ist in
151. *una eademque in trinita-* **samalih in dheru dhrinissu ist, in**

‚mit drei Fingern' verkündete er (sie) von Grund auf.
152. *te est, in ‚tribus digitis' de-* **‚dhrim fingrum' dhurahchundida.**

Derselbe Prophet – auch an anderer
153. *clarauit.* **§10.** *Cuius trinitatis* **§ 10. Dher selbo forasago – auh in andreru**

fol. 10v

Stelle gab (er) kund, dass er der Drei-
154. *mysterium alias se cog-* **stedi chundida, dhazs ir dhera dhrinis-**

heit Geheimnis erkannt habe, als er so sagte:
155. *nouisse testatur idem pro-* **sa chiruni bichnadi, dhuo ir sus quhad:**

‚Ich sah (den) Herrn den sitzenden auf sehr
156. *pheta dicendo: ‚Uidi dominum* **‚Ih chisah druhtin sitzendan oba dhrato**

hohem Hochsitz, und (die) Seraphin, die
157. *sedentem super solium excelsum.* **hohemu hohsetle, endi seraphin, dhea**

Engel, standen über diesem; sechs Fit-
158. *Seraphin stabant super* **angila stuondun dhemu oba; sehs feth-**

tische hatte der eine, sechs der andere; mit
159. *illud, sex alę uni, et sex* **dhahha uuarun eines, sehse andres; mit**

zweien bedeckten sie sein Antlitz und
160. *alę alteri. Duabus uela-* **zuuem dhehhidon siin antlutti, endi**

mit zweien bedeckten sie seine Füße und
161. *bant faciem eius, et duabus* **mit zuuem dhecchidon sine fuozssi, endi**

		mit zweien flogen sie.‘ Damit der Prophet
162.	*uelabant pedes eius, et dua-*	**mit zuuem flugun.‘ Dhazs dher forasago**
		ferner denselben dreifältigen Herrn
163.	*bus uolabant.‘*[22] *Quem, ut tri-*	**auh dhen selbun druhtin dhrifaldan**
		in seinen Personen erzeigte und als einen
164.	*num in personis ostenderet*	**in sinem heidim araughida endi einan**
		in seiner Gottheit kündete, sagte er
165.	*et unum in diuinitate mon-*	**in sineru gotnissu chichundida, dhar**
		danach von den Engeln:
166.	*straret, sequenter ait:*	**after quhad fona dhem angilum:**
		‚Und (sie) riefen einer dem anderen (zu),
167.	*‚Et clamabant alter ad al-*	**‚Endi hreofun ein zi andremu quhe-**
		sagend: ‚heilig, heilig, heilig
168.	*terum et dicebant: ‚sanctus, sanctus,*	**dhande: ‚heilac, heilac, heilac**
		(der) Herr, (der) Heervölker Gott; voll
169.	*sanctus dominus deus exercituum; ple-*	**druhtin, uuerodheoda got; folliu**
		ist die ganze Erde deines Ruhmes.’
170.	*na est omnis terra gloria eius.‘*[23]	**ist al ęrdha dhinera guotliihhin.‘**
		Siehe hier nun – die dreifaltige Heilig-
171.	§**11.** *Ecce trinam sanctificationem*	**§11. See hear nu – dhea dhrifaldun hei-**
		keit in einem Bekenntnis:
172.	*sub una confessione celes-*	**lacnissa undar eineru biihti**
		das himmlische Volk preist (sie) so.
173.	*tis persultat exercitus, unam*	**dhazs himilisca folc so mendit.**
		Und doch: (die) alleinige Herrlichkeit der Drei-
174.	*gloriam trinitatis Seraphin*	**Endi dhoh eina guotliihhin dhera dhri-**
		heit meinten die Seraphin mit dem dreifaltigen
175.	*trina repetitione proclamant.*	**nissa syrafin mit dhemu dhrifaldin**

22 Is. 6, 1–2.
23 Is. 6,3.

fol. 11r

		Ruf. Denn, was an anderem
176.	*Nam quid ter ‚sanctus' indicat,*	**quhide meinidon. Inu huuazs andres**
		bezeichnet da das dreimal gerufene *‚sanctus'*,
177.	*nisi eiusdem trinę omnipoten-*	**zeihnit dhar dhea dhri *‚sanctus'* chiquhe-**
		wenn nicht derselben allmächtigen
178.	*tię gloria demonstrata*	**dan, nibu dhera selbun almahtigun**
		Dreiheit Herrlichkeit (damit) erzeigt ist?
179.	*est? In deitate trium persona-*	**dhrinissa guotliihhin ist araughit?**
		Und doch hinwiederum: unter dieser
180.	*rum significatio non autem si-*	**Endi dhoh dhiu huuedheru: in dhemu**
		Kennzeichnung der drei Personen Gottes
181.	*cut tres persone ita et tres*	**bauhnunge dhero dhrio heido gotes**
		darf nicht geglaubt werden, dass sie drei
182.	*dii credendi sunt, sed in*	**ni sindun zi chilaubanne, dhazs sii dhrii**
		Götter seien, in gleicher Weise wie diese drei
183.	*eis personis una diuinitas*	**goda siin, so sama so dhea dhrii heida**
		Personen sind; sondern in den drei Perso-nen soll
184.	*praedicanda est. Secundum*	**sindun; oh in dhem dhrim heidim scal**
		man wahrhaft eine (einzige) Gottheit dar-bieten.
185.	*moysi sententiam dicen-*	**man ziuuaare eina gotnissa beodan,**
		Nach des Moses Aussagen, dort wo er sagte:
186.	*tis: ‚Audi, israel, dominus, deus*	**after moyses quhidim, dhar ir quhad:**
		‚Höre du, Israel, (der) Herr, dein Gott,
187.	*tuus, deus unus est.'[24] Et*	**‚Chihori dhu, israhel, druhtin, got dhiin,**
		ist ein (einziger) Gott.' Und abermals ist auch ge-
188.	*iterum: ‚Ego sum deus*	**ist eino got.'[25] Endi auur ist auh chiscri-**

24 Deut. 6,4.

25 Damit kehrt das Kapitel zu seinem Eingangszitat zurück. Die jüdische Auffassung der Stelle ist im christlichen Sinn durch die vorangegangenen Ausführungen zurückgewiesen; die voneinander abweichenden nhd. Übersetzungen des Zitats zu Beginn und am Ende des Kapitels wollen dem Rechnung tragen.

		schrieben: ‚Ich bin allein Gott und außer mir
189.	*et preter me non est ali-*	**ban: ‚Ih bim eino got endi ano mih**
		ist nicht (ein) anderer.‘
190.	*us.‘*[26]	**nist ander.‘**

26 Deut. 4,35; Is. 45,21.

33 Das Glaubensbekenntnis des Ps.-Athanasius ‚Quicumque vult salvus esse [...]‘ (sog. ‚Fides Sancti Athanasiani Episcopi‘) in der Bearbeitung Notkers des Deutschen

Tax

²VL 6 (1987), Sp. 1212–1236 (Stefan Sonderegger). – **²VL** 11 (2000), Sp. 529–542, hier Sp. 537 (Georg Steer). – **VL** ahd. und as Lit. (2013), S. S. 293–315 (Sonja Glauch).

Ü.: a: Hs. V² Fragment: Augsburg UB Cod. I.3.2° 23 und Augsburg UB Cod. I.3.4° 15, aus St. Gallen.
b: St. Gallen, Stiftsbibliothek, Cod. 21, pag. 568–575, aus Einsiedeln (Notkers Psalter, Hs. R).
c: Wien, ÖNB, Cod. 2681, fol. 229rb-232rb (‚Wiener Notker‘).

Abb.:
a: s. Handschriftencensus.
b: vollständiges Digitalisat der St. Galler (Einsiedler) Hs. in Farbe: http://www.cesg.unifr.ch/virt_bib/handschriften.htm.
c: http://www.marburger-repertorien.de/abbildungen/pr/Wien_OeNB_Cod_2681_Bl_229r.jpg.

Dat.: Die Augsburger Fragmente: 11. Jh., 1. Viertel (Reste des St. Galler Originals?). – St. Gallen Cod. 21: 12. Jh., 1. Drittel. – ‚Wiener Notker‘: um 1100. – Textentstehung: vor 1017.

Spr.: alem.: Augsburger Fragment und St. Galler Codex; bair.: ‚Wiener Notker‘.

Ed.: Tax, Notker, Der Psalter. Ps. 101 – 150, S. 568–575 (St. Galler Hs.) und S. 568a-575b = Beilage zu Bd. 10 (Augsburg UB Cod. I.3.4° 15). – Heinzel/Scherer, Notkers Psalmen, Wiener Handschrift, hier S. 322–327.

Lit.: Notker, Der Psalter 101–150, Notker Latinus 10 A S. 742–747 (Kommentar). – Tax, Notker, Athanasianisches Glaubensbekenntnis. – Wiesner, Persona-Begriff. – Hellgardt, *Notker magister.* – Zur Fides Sancti Athanasii: Denziger/Hünermann, Glaubensbekenntnisse, S. 50–52. – Drekoll, Symbolum Quicumque.

Das pseudo-athanasianische Glaubensbekenntnis – besser ‚Symbolum Quicumque‘ benannt – ist neben dem apostolischen und dem nikäno- bzw. nikäno-konstantinopolitanischen eines der drei wichtigen Glaubensbekenntnisse der christlichen Kirche. Die traditionelle Zuschreibung an Athanasius von Alexandria (4. Jh.) als Autor ist nicht zutreffend. Athanasius schrieb griechisch, aber es ist von diesem Text keine griechische Fassung erhalten oder bezeugt. In den orthodoxen Kirchen des byzantinischen Ostens, wo Athanasius hohes Ansehen besaß, war die Formel unbekannt, im Westen ist sie es erst ab dem Ende des siebenten Jahrhunderts. Es handelt sich um eine spätantike Zusammenstellung verschiedener Zitate lateinischer Kirchenväter augustinischer Tradition, vermutlich zum Zweck der Klerikerausbildung).[1] Bis ins Reformationszeitalter war die Formel fester Bestandteil der Liturgie. Gegenwärtig findet sie in der katholischen und evangelischen Liturgie nur noch gelegentliche Verwendung. In der anglikanischen Kirche hat sie ihren festen Platz bewahrt.

Das ‚Symbolum quicumque‘ ist erhalten als Bestandteil der zweisprachigen Bearbeitung des ‚Psalters‘, die Notker für die Schule St. Gallens verfasst hat. Die Psalmen bildeten, wie im Mittelalter üblich,

1 Drekoll, Symbolum Quicumque.

zusammen mit katechetischen Stücken wie hier dem ‚Vaterunser' und dem Ps.-Athanasianischen ‚Symbolum Quicumque' und mit neun sog. ‚Cantica' den ‚Psalter'. Die ‚Cantica' sind psalmenartige Stücke aus dem Alten und dem Neuen Testament, die im klösterlichen Stundengebet täglich gesungen wurden.

Das Stück ist hier wegen seiner z. T. besonders ausführlichen und für Notkers Schulunterricht typischen Kommentierung ausgewählt. An seinem Schluss steht das Distichon, das Ekkehart IV. von St. Gallen, Notkers bedeutendster Schüler, auf den Tod seines Lehrers und zugleich auf die Vollendung von dessen Psalter- bzw. ‚Hiob'-Bearbeitung dichtete (Nr. 39). Oder vielleicht stand es ursprünglich als Memorialgedicht für Notker am Ende einer verlorenen, zweibändigen Handschrift, die dem Psalter Notkers noch dessen verlorene ‚Hiob'-Bearbeitung beifügte. Den ‚Hiob' soll Notker an seinem letzten Lebenstag vollendet haben (vgl. Nr. 36, Nr. 37, Nr. 39).

Zu Notkers Bearbeitung des Stückes sind diejenigen des ahd. ‚Weißenburger Katechismus' (Nr. 75,7) und des Windberger Psalters (Nr. 34) zu vergleichen. Auch der Windberger Psalter enthält eine Version des Stückes (Nr. 34). Sie hat die gleiche Segmentierung der Abschnitte wie bei Notker.

Text nach Tax, (wie o., unter Ed.) jedoch mit einer an die St. Galler Handschrift angelehnten Textstrukturierung und moderner Interpunktion unter Beiziehung des Digitalisats der St. Galler Hs. – Zur Strukturierung der Notkerschen Texte s. Hellgardt, Singet dem Herrn ein neues Lied.

FIDES
SANCTI ATHANASIANI EPISCOPI

GLAUBENSBEKENNTNIS
DES HEILIGEN BISCHOFS ATHANASIUS

01 **QUICUMQUE UULT saluus esse, ante omnia opus est, ut teneat catholicam fidem.**[2]
Souuér gehalten uuíle sîn, demo ist durft fóre allen díngen, daz er habe die gemeinun geloûba.

Jeder, der erlöst sein will, für den ist es vor allen Dingen nötig, dass er das allgemeine Glaubensbekenntnis einhalte.

02 **Quam nisi quisque integram inuiolatamque seruauerit, absque dubio in ęternum peribit.**[3]
Souuer sîa nehabet ólanga unde úniruuárta, der uuirt ze êuuon ferlorn.

Wer ihn nicht vollständig und unversehrt innehat, der wird in Ewigkeit verloren.

03 **Fides autem catholica hęc est, ut unum deum in trinitate et trinitatem in**
04 **unitate ueneremur. Neque confundentes personas, neque substantiam separantes.**[4]
Daz ist diû állelîcha geloûba, daz uuir eînen GÓt êreen an *trinitate* unde *trinitatem* an *unitate*, noh *personas* mískente, noh *substantiam* scêidente.

Vngescêideniu *substantia* ouget uns eînen Got. Trî gescêidene *personę* ougent uns trî gágennémmeda dero *trinitatis*. Vuaz sint gagennemmeda, âne daz *latine* sint *relationes*? Ein *relatio* ist *patris ad filium*, ánderiû ist *filii ad patrem*, diu dritta ist *spiritus sancti ad patrem et filium*. Dero iêglich habet sina *personam*. Also iz hara nâh chit:

Das ist der für alle gleiche Glaube, dass wir einen Gott ehren an *trinitate* (der Trinität) und *trinitatem* (die Trinität) an *unitate* (der Einheit), weder *personas* (die Personen) mischend, noch *substantiam* (die Substanz) unterteilend.

---

2 Jeder, der da selig werden will, der muss vor allem den katholischen Glauben festhalten.

3 Jeder, der diesen nicht unversehrt und unverletzt bewahrt, wird ohne Zweifel auf ewig verloren gehen.

4 Dies aber ist der katholische Glaube: Wir verehren den einen Gott in der Dreifaltigkeit und die Dreifaltigkeit in der Einheit, ohne Vermischung der Personen und ohne Trennung der Wesenheit.

Die ungeschiedene *substantia* (Substanz) zeigt uns einen einzigen Gott. Drei unterschiedene *personę* (Personen) zeigen uns drei Verhältnisbenennungen der *trinitatis* (der Trinität). Was sind Verhältnisbenennungen außer dem, was *latine* (auf lateinisch) *relationes* (Relationen) sind. Die eine *relatio* (Relation) ist die *patris ad filium* (des Vaters zum Sohn), die zweite ist die *filii ad patrem* (des Sohnes zum Vater), die dritte ist die *spiritus sancti ad patrem et filium* (die des heiligen Geistes zum Vater und zum Sohn). Jede von ihnen hat ihre *personam* (Person). Wie es hiernach heißt:

05 **Alia est enim persona patris, alia filii, alia est spiritus sancti.**[5]
Ein *persona* ist *patris*, ánderiû *filii*, diu drítta *spiritus sancti*.

Eine *persona* (Person) ist die *patris* (des Vaters), die andere die *filii* (des Sohnes), die dritte die *spiritus sancti* (des heiligen Geistes).

[Exkurs zum Personabegriff]

Personę *neuuerdent niêht so fernomen an Gote so an* creaturis. In creaturis *sint* tres personę tres substantię; *aber* in deo *sint* tres personę *ein* substantia. *Michahel, Gabrihel, Raphahel. alde ouh Abraham, Isaac, Iacob sint* tres personę *unde* tres substantię. *Aber* pater, filius, spiritus sanctus *nesint* tres substantię, *nube drî geoûgeda dero* relationum, *die an Gote fernomen uuerdent.*

E1 ‚Personae'[6] *werden bei Gott nicht so verstanden wie bei* creaturis[7]. *In* creaturis *sind* tres personae tres substantiae[8], *aber in* deo[9] *sind die* tres personae[10] *eine* substantia[11]. *Michael, Gabriel, Raphael oder auch Abraham, Isaac, Jakob sind* tres personae[12] *und* tres substaniae[13]. *Hingegen* pater, filius, spiritus sanctus[14] *sind nicht* tres substantiae[15], *sondern drei Aufzeigungen* relationum[16], *die an Gott erkannt werden.*

5 Denn eine Person ist die des Vaters, eine andere die des Sohnes; eine andere die des Heiligen Geistes.
6 die Personen
7 den Geschöpfen
8 drei Personen, drei Substanzen
9 in Gott
10 die drei Personen
11 Substanz
12 drei Personen
13 drei Substanzen
14 Vater, Sohn, heiliger Geist
15 drei Substanzen
16 der Relationen

Aber unsemfte ist ze diûtenne ‚personam', *uuanda der namo férrenan genómen ist. Do* ueteres *íû* in skena *ze spíle sâzen, do uuas uuîlon iro* delectatio *ze fernemenne* luctuosa carmina, *diu* tragedię *héizent. An diên uuurden geántrôt* fletus miserorum *nah demo únderskeîte* sexus et ętatis, *daz man* fictis uocibus *ketâte* representationem Priami, *alde* Hectoris, *alde* Eccubę, *alde* Andromachę, *alde ételiches, fone des mísseburi diû* fabula *ságeta.*

E2[17] *Aber schwierig ist es,* ‚personam' *zu übersetzen, weil die Bezeichnung von weit her genommen ist. Als* veteres[18] *einst* in skena[19] *beim Schauspiel saßen, da war es damals ihre* delectatio[20], luctuosa carmina[21] *zu vernehmen, die* ‚tragoediae'[22] *heißen. In denen werden* fletus miserorum[23] *nachgeahmt, je nach Unterschied* sexus et aetatis[24], *so dass man* fictis vocibus[25] repraesentationem[26] *erzeugte entweder* Hectoris[27] *oder* Hecubae[28] *oder* Andromachae[29] *oder irgendeines Menschen, von dessen Missgeschick die* fabula[30] *erzählte.*

Vuanda diê ántrunga histriones *tâten* ora contorquendo, *daz chit flannendo, unde daz iro* spectatoribus *únzimig tuôhta, dannan begondon sie iro ánasiûne ferlégen* cauatis lignis, *diu latini nû* ‚laruas' *heîzent. Ûzer diên scullen sâr durh diê hóli lûtreisteren stimma; unde fone diû hîez man síu* a personando ‚personas'.

E3 *Weil* histriones[31] *die Nachahmung* ora contorquendo[32] *machten, das heißt durch wechselndes Minenspiel, und weil das ihren* spectatoribus[33] *unpassend vorkam, deswegen begannen sie, ihre Gesichter zu verdecken mit ausgehöhlten Hölzern, welche* latini[34] *jetzt* ‚larvas'[35] *nennen. Aus denen erschollen sogleich durch das Loch wohltönende Stimmen, und deswegen nannte man sie* a personando ‚personas'[36].

17 Die Segmente E2 bis E7 sind im ‚Wiener Notker' weggelassen.
18 die Alten
19 im Theater
20 Ergötzung
21 traurige Gesänge
22 Tragödien
23 die Tränen der Unglücklichen
24 des Geschlechts und des Alters
25 mit verstellten Stimmen
26 die Vorstellung
27 des Hektor
28 der Hekuba
29 der Andromache
30 Sage
31 die Schauspieler
32 durch Verstellung ihrer Gesichter
33 Zuschauern
34 die Lateiner
35 Masken
36 von Hindurchtönen ‚Hindurchtöner' („Per-sonen")

Dâr fiêng ana der námo ‚personarum', *diê* greci ‚prosopas' *heîzent fone bedécchene daz analiûte. Dáranâh uuúrden geheizen* ‚personę' singuli homines *unde iêgeliche* rationabiles creaturę, *die sih an iro* proprietate *fone ánderen skeîdent; also in* skena *mit mísselichi dero stimmon* sexus *unde* etas *kesceîden uuard.*

E4 *Von daher nahm die Bezeichnung* personarum[37] *ihren Ursprung, welche* graeci[38] ‚prosopas' *nennen, vom ‚Bedecken des Antlitzes'. Danach (wiederum) wurden* singuli homines[39] ‚personae' *genannt und jegliche* rationabiles creaturae[40], *die sich durch ihre* proprietate[41] *von anderen unterscheiden; wie* in skena[42] *durch Unterscheidung der Stimmen* sexus[43] *und* aetas[44] *unterschieden wurde.*

Fone diu heîzent ouh in grammatica tres personę ‚ego', ‚tu', ‚ille', *uuanda mit ín alle* representationes *unde* discretiones rationabilium *uuerdent. Dára râmet oûh, daz uuir lésen in* euangelio: NON ENIM RECIPIS PERSONAM HOMINVM (Mt. 22,16), *daz uuir diûten múgen „dû neními̇est uuára dero mánskeite."*

E5 *Daher heißen auch* in grammatica[45] tres personae[46] ‚ego', ‚tu', ‚ille',[47] *weil mit ihnen alle* repraesentationes[48] *und* discretiones rationabilium[49] *entstehen. Darauf bezieht sich auch, was wir lesen* in Evangelio: NON ENIM RECIPIS PERSONAM HOMINUM, *das wir so übersetzen können: „Du nimmst nicht wahr den Menschen in seiner persönlichen Besonderheit."*

Also ist chomen unde feruuállot propter similitudinem *der namo* ‚personarum' *ze dêmo underscеîte* sanctę trinitatis.

E6 *Auf solche Weise ist entstanden und übertragen worden* propter similitudinem[50] *die Bezeichnung* personarum[51] *auf die Unterschiedenheit* sanctae trinitatis[52].

37 der Personen
38 die Griechen
39 die einzelnen Menschen
40 vernunftbegabten Geschöpfe
41 Besonderheit
42 auf dem Theater
43 das Geschlecht
44 das Alter
45 in der Grammatik
46 die drei Personen
47 ‚ich', ‚du', ‚er'
48 Vorstellungen
49 Unterscheidungen der Vernunftwesen
50 aufgrund der Ähnlichkeit
51 der ‚Personen'
52 der heiligen Trinität

Aber uns ist ze dénchenne, uuaz er bezéichenne, nals uuannan er gespróchen si; unde ze chédenne, úbe iz muôza ist, tres personas, tres representationes: *trî geoûgeda. Vues? dero* relationum, *also iz fóre geságet ist.*

E7 *Aber wir müssen bedenken, was sie (die Bezeichnung) bedeute, und nicht, aus welchem Grund sie gesagt sei, und (wir müssen) sagen, wenn es angezeigt ist:* „tres personae – tres repraesentationes“[53]: *drei Aufzeigungen.“ Wessen?* relationum,[54] *wie zuvor gesagt.*

[Exkurs Ende]

06 **Sed patris et filii et spiritus sancti una est diuinitas, equalis gloria, coeternal maiestas.**[55]
Aber eîn Góteheît ist des fater, unde des suns unde des heiligen Geîstes, kelîh kuôllichi, ébenêuuig mágenchraft.

Aber eine einzige Gottnatur ist die des Vaters und des Sohnes und des heiligen Geistes, gleiche Herrrlichkeit, gleichewige Großkraft.

07 **Qualis pater, talis filius, talis spiritus sanctus.**[56]
Sólih der fater ist sinero máhte, sinero chréfte, sînero Góteheite, solih ist der sun, sólih ist der hêiligo Geîst.

Wie beschaffen der Vater ist in seiner Macht, seiner Kraft, seiner Gottheit, so beschaffen ist der Sohn, so beschaffen ist der heilige Geist.

08 **Increatus pater increatus filius increatus spiritus sanctus.**[57]
Vngescáffen ist der fater, úngescaffen ist der sun, ungescaffen ist der hêiligo Géist.

Ungeschaffen ist der Vater, ungeschaffen ist der Sohn, ungeschaffen ist der heilige Geist.

53 „drei Personen – drei Vorstellungen“
54 der Relationen
55 Aber des Vaters und des Sohnes und des heiligen Geistes ist eine einzige Gottheit, gleicher Ruhm, gleichewige Majestät.
56 Wie beschaffen der Vater, so beschaffen der Sohn, so beschaffen der heilige Geist.
57 Ungeschaffen der Vater, ungeschaffen der Sohn, ungeschaffen der Heilige Geist.

09 **Inmensus pater, inmensus filius, inmensus et spiritus sanctus.**[58]
Vnmâzig ist der fater, unmâzig der sún, unmâzig der hêiligo GEîst.

Irmézen unde begrîfen nemág ín nehéin sín, uuanda er presens *unde* totus *ist in állen stéten.*

Ohne Maß ist der Vater, ohne Maß der Sohn, ohne Maß der heilige Geist.

Ermessen und begreifen kann ihn kein Verstand, denn er ist praesens (gegenwärtig) *und* totus (ganz) *an allen Stätten.*

10 **Ęternus pater ęternus filius, ęternus et spiritus sanctus.**[59]
Êuuîg der fáter, êuuîg der sun, êuuîg der heîligo GÉist;

daz chit: sine initio et sine fine.

Ewig der Vater, ewig der Sohn, ewig der heilige Geist;

das heißt: sine initio et sine fine (ohne Anfang und ohne Ende).

11 **Et tamen non tres ęterni, sed unus ęternus.**[60]
Vnde doh niêht trî êuuíge, nube eîner êuuiger.

Und doch nicht drei ewige, sondern ein einziger ewiger.

12 **Sicut non tres increati nec tres inmensi sed unus increatus et unus inmensus.**[61]
Also ouh nesint trî ungescáffene noh trî unmâzige nube eîner ungescáffener unde eîner unmâziger.

Wie auch nicht sind drei ungeschaffene, und nicht drei unermessliche, sondern ein einziger ungeschaffener und ein einziger unermesslicher.

58 Unermesslich der Vater, unermesslich der Sohn, unermesslich der Heilige Geist.
59 Ewig der Vater, ewig der Sohn, ewig der Heilige Geist.
60 Und doch sind es nicht drei Ewige, sondern ein Ewiger.
61 Wie es auch nicht drei Ungeschaffene oder drei Unermessliche sind, sondern ein Ungeschaffener und ein Unermesslicher.

13 **Similiter omnipotens pater, omnipotens filius, omnipotens spiritus sanctus.**[62]
Sosamo ist almahtig der fater, almahtig der sûn, almahtig der heiligo Geîst.

Mahti er ubelo tuôn, alde irsterben, alde geéndot uuerden, alde betrógen uuerden: daz zúge ze únmáhten.

In gleicher Weise ist allmächtig der Vater, allmächtig der Sohn, allmächtig der heilige Geist.

Könnte er böse handeln oder sterben oder an ein Ende gebracht werden, oder betrogen werden: das zöge ihn zu Unmächtigkeiten.

14 **Et tamen non tres omnipotentes, sed unus omnipotens.**[63]
Vnde doh niêht trî almahtige, nube eîner almáhtiger.

Und doch nicht drei allmächtige, sondern ein einziger allmächtiger.

15 **Ita deus pater, deus filius, deus et spiritus sanctus.**[64]
Also ist der fater Got, ist der sun Got, ist der heiligo Geîst Got.

So ist der Vater Gott, ist der Sohn Gott, ist der heilige Geist Gott.

16 **Et tamen non tres dii, sed unus est deus.**[65]
Vnde doh nesint siê drî Góta, nube eîn Got.

Und doch sind es nicht drei Götter, sondern ein einziger Gott.

17 **Ita dominus pater, dominus filius, dominus et spiritus sanctus.**[66]
Also ist der fáter herro, ist der sun hêrro, ist der heîligo Geîst hêrro.

Ganz so ist der Vater Herr, ist der Sohn Herr, ist der heilige Geist Herr.

62 Ebenso ist allmächtig der Vater, allmächtig der Sohn, allmächtig der Heilige Geist.
63 Und doch sind es nicht drei Allmächtige, sondern ein Allmächtiger.
64 So ist der Vater Gott, der Sohn Gott, der Heilige Geist Gott.
65 Und doch sind es nicht drei Götter, sondern ein Gott.
66 Ebenso ist Herr der Vater, Herr der Sohn, Herr auch der heilige Geist.

18 **Et tamen non tres domini, sed unus est dominus.**[67]
Vnde doh nesint sie drî hêrren, nube êin hêrro.

Und doch sind sie nicht drei Herren, sondern ein einziger Herr.

19 **Quia sicut singillatim unamquamque personam deum et dominum confiteri christiana ueritate conpellimur, ita tres deos aut dominos dicere catholica religione prohebimur.**[68]
Vuanda also uuir iéhen suln iêogelicha *personam* sunderiga Got uuesen unde herren, so nemuôzen uuir chéden drî Góta alde *dri* herren nah uuârheite unde nâh *rehtero geloûbo*.

Denn wie wir sagen sollen, dass eine jede *persona* (Person) im besonderen Gott sei und Herr, so dürfen wir nicht nennen drei Götter oder *drei* Herren gemäß der Wahrheit und gemäß *rechtem Glauben*.

20 **Pater a nullo est factus nec creatus nec genitus.**[69]
Der fáter neist ketâner noh kescáffener noh kebórner.

Der Vater ist nicht ein Gemachter noch ein Erschaffener noch ein Geborener.

21 **Filius a patre solo est non factus nec creatus sed genitus.**[70]
Der sún ist fone einemo demo fater nals ketâner noh kescáffener, nube gebórner.

Der Sohn ist von dem Vater als einzigem weder ein Gemachter, noch ein Geschaffener, sondern ein Geborener.

---

67 Und doch sind es nicht drei Herren, sondern ein Herr.
68 Denn wie uns die christliche Wahrheit zwingt, jede Person einzeln für sich als Gott und als Herrn zu bekennen, so verbietet uns der katholische Glaube, von drei Göttern oder Herren zu sprechen.
69 Der Vater ist von niemandem gemacht, weder geschaffen noch gezeugt.
70 Der Sohn ist vom Vater allein, nicht geworden noch geschaffen, sondern gezeugt.

22 **Spiritus sanctus a patre et filio non factus nec creatus nec genitus, sed procedens.**[71]
Der heîligo Geîst ist fóne démo fater unde fóne demo súne nals ketâner, noh kescáffener, noh keborner, nube chómener.

Der heilige Geist ist von dem Vater und von dem Sohn weder ein Gemachter, noch ein Geschaffener, noch ein Geborener, sondern ein Gekommener.

23 **Vnus ergo pater, non tres patres; unus filius, non tres filii; unus spiritus sanctus, non tres spritus sancti.**[72]
Vnde ist eîn fater, nals drî fátera; eîn sun, nals drî súne: eîn héilig keist, nals dri héilige Gêista.

Und es ist ein einziger Vater, nicht drei Väter; ein einziger Sohn, nicht drei Söhne; ein einziger heiliger Geist, nicht drei heilige Geiste.

24 **Et in hac trinitate nihil prius aut posterius, nihil maius aut minus.**[73]
Vnde an dirro *trinitate* neíst neheîn daz fórderôra, neheîn daz hinderôra,[74] nehêin daz mêra, neheîn daz mínnera.

Und an dieser *trinitate* (Trinität) ist keines das Vordere, keines das Hintere, keines das Größere, keines das Kleinere.

Sed totę tres personę coęternę sibi sunt coęquales.[75]
Núbe alle drî *personę* sint ébenêuuig unde ébenmâze.

Sondern alle drei *personae* (Personen) sind gleichewig und gleichen Maßes.

71 Der Heilige Geist ist vom Vater und vom Sohn, nicht geworden noch geschaffen noch gezeugt, sondern hervorgehend.

72 Es ist also ein Vater, nicht drei Väter, ein Sohn, nicht drei Söhne, ein Heiliger Geist, nicht drei Heilige Geiste.

73 Und in dieser Dreifaltigkeit ist nichts früher oder später, nichts größer oder kleiner.

74 ***neheîn daz fórderôra, neheîn daz hinderôra***: sicherlich nicht räumlich, sondern im Sinne des zeitlich Früheren oder Späteren gemeint.

75 sondern alle drei Personen sind einander gleichewig und gleichrangig.

25 **Ita ut per omnia, sicut iam supra dictum est, et trinitas in unitate, et unitas in trinitate ueneranda sit.**[76]
So daz in alle uuîs, so ouh fore geságet ist, ze êrenne sî drîsgheit in einigheîte, unde êinighêit in drîsghêite.

So dass auf jede Weise, wie auch zuvor gesagt ist, zu ehren sei die Dreiheit in der Einzigkeit und die Einzigkeit in der Dreiheit.

26 **Qui uult ergo saluus esse, ita de trinitate sentiat.**[77]
Der gehalten uuelle sîn, der ferneme iz so fone *trinitate*.

Der gerettet sein wolle, der verstehe es so von *trinitate* (der Trinität).

27 **Sed necessarium est ad ęternam salutem, ut incarnationem quoque domini nostri Iesu CHRISTI fideliter credat.**[78]
Sô ist áber durft ze déro êuuigun sâldo, daz er ouh keloube mit triúuon *diê ménneskehêit* unseres hêrren, des keuuiêhten haltâris.

So ist es wiederum nötig für die ewige Seeligkeit, dass er auch glaube mit Aufrichtigkeit die Menschnatur unseres Herrn, des geweihten Erlösers.

28 **Est ergo fides recta, ut credamus et confiteamur, quia dominus noster IESVS CHRISTVS, dei filius, deus et homo est.**[79]
Daz ist réhtiû triúuua, daz uuir geloûben unde iéhen, daz únser hêrro, der geuuiêhto haltâre, GÓtes sun, GOt unde mennisco ist.

Das ist der rechte Glaube, dass wir glauben und bekennen, dass unser Herr, der geweihte Erlöser, Gottes Sohn, Gott und Mensch ist.

76 so dass in allem, wie bereits oben gesagt worden ist, die Einheit in der Dreifaltigkeit und die Dreifaltigkeit in der Einheit zu verehren ist.

77 Wer also selig werden will, soll diese Auffassung von der Dreifaltigkeit haben.

78 Aber zum ewigen Heil ist es nötig, auch an die Fleischwerdung unseres Herrn Jesus Christus aufrichtig zu glauben.

79 Der richtige Glaube ist also dass wir glauben und bekennen, dass unser Herr Jesus Christus, der Sohn Gottes, Gott und Mensch ist.

29 **Deus est ex substantia patris ante sęcula genitus; et homo est ex substantia matris in sęcula natus.**[80]
Er ist GOT êr uuerlte gebórner fone des fater uuíste, unde ist mennisco hiêr in uuerlte gebórner fone dero mûoter uuíste.

Er ist vor dem Weltzeitalter aus der Wesenheit des Vaters geborener Gott und ist ein von der Wesenheit der Mutter hier in der Welt geborener Mensch.

30 **Perfectus deus, perfectus homo ex anima rationali et humana carne subsistens.**[81]
Dúrnohte GOT, durnohte ménnisco; fone rédehaftero *mannes* sêlo unde mannes fleîske bestânder.

Diû zuêi machont ménnisken. Vuaz ist ánderes ménnisco, ane rationabilis anima in carne? Diu sint an CHRISTO; bediû ist er uuâre ménnisco.

Vollkommener Gott, vollkommener Mensch, ein aus der vernünftigen Seele *eines Mannes* und dem Fleisch eines Mannes Bestehender.

Diese beiden machen den Menschen (aus). Was ist der Mensch anderes, als rationabilis anima in carne (eine vernünftige Seele im Fleisch)? *Diese (beiden) sind an* Christo. *Deswegen ist er wahrer Mensch.*

31 **Ęqualis patri secundum diuinitatem, minor patre secundum humanitatem.**[82]
Des fater genôz after GÓteheite, sîn úngenoz áfter mánheîte.

Des Vaters Gleichgestellter nach der Gottheit, ihm ungleich gestellt nach der Menschheit.

32 **Qui licet deus sit et homo, non duo tamen, sed unus est CHRISTVS.**[83]
Vnde doh er GOT si unde ménnisco, umbe daz nesint zuuêne *CHRISTI* nube éiner.

Und obwohl er Gott ist und Mensch, deswegen sind (dennoch) nicht zwei *Christi*, sondern einer.

---

80 Gott ist er aus der Wesenheit des Vaters vor den Zeiten gezeugt, und Mensch ist er aus der Wesenheit der Mutter in der Zeit geboren.
81 Vollkommener Gott, vollkommener Mensch, bestehend aus einer vernünftigen Seele und menschlichem Fleisch.
82 Dem Vater gleich der Gottheit nach, geringer als der Vater der Menschheit nach.
83 Doch obwohl er Gott und Mensch ist, sind es nicht zwei, sondern ein Christus.

33 **Vnus autem non conuersione diuinitatis in carnem, sed assumptione humanitatis in deum.**[84]
Eîner ist er, nals daz diû Gótehêit sih uuéhselôti in mánhêit, nube daz diu Gótehêit . an síh nam diâ mánhêit.

Vngeuuéhselote stânt peîde naturę, Gótes ioh mánnes; íro neuuéderiu neuuard ze ánderro.

Einer ist er, nicht indem sich die Gottheit gewandelt hätte in Menschheit, sondern indem die Gottheit an sich nahm die Menschheit.

Unverwandelt bestehen beide Naturen, Gottes und des Menschen; keine von beiden wurde zu der anderen.

34 **Vnus omnino non confusione substantię, sed unitate personę.**[85]
Eîner ist er, nals fóne mískelungo déro uuíste, nube fone uuordeni eînero personę.

An zuêin naturis ungeuuehseloten unde úngemiskeloten ist ein persona.

Ein einziger ist er, nicht von Vermischung der Wesenheit, sondern von der Gewordenheit einer einzigen personae (Person).

An zwei unveränderten naturis (Naturen) *und unvermischten ist eine einzige* persona (Person).

35 **Nam sicut anima rationalis et caro unus est homo, ita deus et homo unus est christvs.**[86]
Vuanda also redehaftiû sêla unde fleîsg eîn mennisco ist, so ist Got unde mennisco êin *CHRISTVS*.

Denn so wie vernünftige Seele und Fleisch (zusammen) ein Mensch ist, so ist Gott und Mensch ein *Christus.*

---

84 Einer aber nicht dadurch, dass die Gottheit in Fleisch verwandelt worden wäre, sondern dadurch dass Gott die Menschheit angenommen hat.
85 Er ist ganz und gar einer nicht durch eine Vermischung der Wesenheit, sondern durch die Einheit der Person.
86 Denn wie vernünftige Seele und Fleisch ein Mensch sind, so Gott und Mensch ein Christus,

36 **Qui passus est pro salute nostra, descendit ad inferos, resurrexit a mortuis.**[87]
Der umbe unsera hêili not leît unde ze héllo fuôr unde fóne tôten irstuônt.

Der um unseres Heiles willen Not gelitten hat und zur Hölle fuhr und von den Toten auferstand.

Ascendit ad cęlos, sedet ad dexteram dei patris omnipotentis.[88]
Ze hímile fuôr, dâr sízzet ze zeseuuun sînes fater, des almahtigen Gótes.

Zum Himmel fuhr, dort sitzt zur Rechten seines Vaters, des allmächtigen Gottes.

37 **Inde uenturus iudicare uiuos et mortuos.**[89]
Dannan chúmftiger ze irteîllenne lébende unde tôte.

Von dort ein künftiger, um zu richten Lebende und Tote.

38 **Ad cuius aduentum omnes homines resurgere habent cum corporibus suis.**[90]
Ze dés chúmfte suln álle ménniscen irstân mit iro lîchamon.

Allero menniscon sela suln danne iruuinden ad corpora. *unde mit ín chomen* ad iudicium.

Zu dessen Ankunft werden alle Menschen auferstehen mit ihren Leibern.

Die Seelen aller Menschen werden dann zurückkehren ad corpora (zu den Körpern) *und mit ihnen kommen* ad iudicium (zum Gericht).

Et redditurі sunt de factis propriis rationem.[91]
Vnde suln dâ réda irgében iro tâto.

Und werden da Rechenschaft geben für ihre Taten

---

87 Er hat gelitten um unseres Heils willen, ist herabgestiegen zur Unterwelt, am dritten Tage auferstanden von den Toten.
88 Er ist aufgestiegen zum Himmel, er sitzt zur Rechten des allmächtigen Vaters, von wo er kommen wird, um die Lebenden und die Toten zu richten.
89 von wo er kommen wird, um die Lebenden und die Toten zu richten.
90 Bei seiner Ankunft werden alle Menschen mit ihren Leibern auferstehen
91 und über ihre Taten Rechenschaft ablegen.

39 **Et qui bona egerunt, ibunt in uitam ęternam, qui uero mala, in ignem ęternum.**[92]
Vnde diê uuola tâten, fárent ze êuuigemo lîbe, die úbelo tâten, ze êuuígemo fíure.

Und die gut handelten, fahren zum ewigen Leben, die übel taten, zum ewigen Feuer.

40 **HAEC EST FIDES CATHOLICA, QVAM NISI QVISQVE FIDELITER AC FIRMITER CREDIDERIT, SALVVS ESSE NON POTERIT.**[93]
Diz ist diu gemeîna gelouba; souuér dîe fásto unde getriûuuelicho nehábet, der nemag kehalten uuerden.

Das ist das allgemeine Glaubensbekenntnis; keiner, der das nicht fest und beständig einhält, kann erlöst werden.

NOTKER TEVTONICVS DOMINO FINITVR AMICVS
GAVDEAT ILLE LOCIS IN PARADYSIACIS.[94]

NOTKER TEUTONICUS, DEM HERRN FREUND, FINDET SEIN ENDE.
FREUDE SEI IHM VERGÖNNT AN PARADIESISCHEN STÄTTEN.

92 Und die Gutes getan haben, werden ins ewige Leben eingehen, die hingegen Böses, in das ewige Feuer.

93 Dies ist der katholische Glaube. Jeder, der ihn nicht aufrichtig und fest glaubt, kann nicht selig werden.

94 Das gereimte elegische Distichon Ekkeharts IV. steht am Ende der Psalterhandschrift folgend auf das ps.-athanasianische Glaubensbekenntnis. Sein ursprünglicher Platz war aber wohl am Ende einer – vielleicht zweibändigen – Handschrift, die sowohl den Psalter (Nr. 20) als auch das nicht erhaltene Buch Hiob in Notkers Bearbeitung enthielt; *Notker ... finitur* ist dann mit Ekkeharts Nachricht, dass Notker den ‚Hiob' am letzten Tage seines Lebens vollendete (Nr. 36), in Verbindung zu bringen und bedeutet dann sowohl den Abschluss von Notkers Werk, als auch das Ende seines Lebens; vgl. die Anm. zu Notkers Sterbegebet. (Nr. 38) – Wolf, Ekkehart IV. und Notker Labeo. – Ernst Hellgardt, *Notker magister.*

34 Fides Athanasii Windberger Fassung Schmeller

^{2}**VL** 11 (2001) Sp. 529–542, hier Sp. 537 (Georg Steer).
Ü.: München, BSB, cgm 17, fol. 219r-222v; aus dem Prämostratenserkloster Windberg.
Abb.: vollständiges Digitalisat der Hs. in Farbe: https://daten.digitale-sammlungen.de/0008/bsb00088326/images/index.html?id=00088326&groesser=&fip=qrsqrsxdsydeayaxseayaqrseayaxsfsdr&no=1&seite=444.
Dat.: Hs. 12. Jh., Anfang des 4. Viertels (Karin Schneider, Gotische Schriften I, S. 36); Werk nicht viel früher.
Spr.: nördl. Westmittelbair.
Ed.: Johann Andreas Schmeller, Deutsches des XII Jahrhunderts, hier S. 141–145.

Zu vergleichen sind die Fassungen des Weißenburger Katechismus (Nr. 75) und die Bearbeitung in Notkers Psalter (Nr. 33). Die Nummerierung der Segmente folgt der handschriftlichen Textauszeichnung. Sie stimmt mit der Zählung bei Notker (Nr. 33) überein.

Zum Grundtext der sog. Fides Athanasii s. die Übersetzung in Nr. 33, Fußnoten.

Text nach Schmeller und dem Digitalisat.

Glaube	die allgleiche	von	dem	seligen	(Athanasius)
Gloube[1]	**diu allichi**	**uón**	**dem**	**saligen**	**---**
Fides	catholica	a		beato	Athanasio.

der alexandrinischen	der Stadt	(dem) Bischof
dere alexandrinisken	**dere burge**	**bischoue**
alexandrinę	urbis	episopo[2]

1 ***Gloube***: *gloube* mhd./ahd. Femininum „das Glaubensbekenntnis".
2 In der Handschrift ist *-ge* von *burge* und *-bis* von *ur-bis*, ebenso *episcopo/bischoue* als Füllung der Zeilen auf fol. 219r/v nachgetragen.

	Jeder der	will	im Heil	sein . selig werden
	Suerso	**will**	**heil**	**wesen . gnesen**
01	**Q**uicumque	vult	salvvs	esse an-

vor	allen Dingen	Bedarf ist	dass	er habe	die allgemeine	Glaube
uore	**allen**	**durft ist**	**daz**	**er habe**	**die allichen**	**gloube**
te	omnia	opus est,	ut	teneat	catholicam	fidem.

	die	wenn nicht	jeder . ein jeglicher
	Die	**nihwan**	**suerso . ein ieglicher**
02	**Q**uam	nisi	quisque

(als) ganze	und unbefleckte	bewahrt
ganze	**unde unbewollene**	**behaltet**
integram	inuiolatamque	seruauerit

ohne	Zweifel	in Ewigkeit	wird er verloren
ane	**zuiuil**	**zen ewen**	**wirdit er uerlorn**
absque	dubio	in eternum	peribit

	Glaube	aber	die allgemeine	diese	ist
	Gloube	**aue**	**diu alliche**	**die**	**ist**
03	Fides	autem	catholica	hec	est,

dass	einen	Gott	in	der Drei-nis
daz	**einen**	**got**	**in**	**der drinusside**
ut	unum /219v/	deum	in	trinitate

und	die Drei-niss	in	der Ein-nis	wir ehrwürdigen
unde	**die drinusside**	**in**	**der einusside**	**wir erwirden**
et	trinitate	in	unitate	uceneremur,

	weder	zusammenschüttende	die Namen
	Noh	**zesameneschutente**	**die namen**
04	**N**eque	confundentes	personas

noch	Habe . (das) Seiende	sondernde seiende
noh	**gehebede[3] . wesende**	**sunderente wesende**
neque	substantiam	separantes.

---

3 ***gehebede*** **(*gehabe* 29):** st. Fem., eigentlich „Besitz(stand), Habe" als Übersetzung von *substantia* ziemlich ungeschickt.

	Eine andere	ist	nämlich	die Benanntheit	des Vaters
	Ein anderiu	**ist**	**wande**	**diu genennede**	**des uater**[4]
05	Alia	est	enim	persona	patris

eine andere	des Sohnes	eine andere	auch	(des) Geistes	des heiligen
ein andriu	**des sunes**	**ein andriu**	**ouh**	**geistes**	**des heiligen**
alia	filii,	alia	et	spiritus	sancti.

	aber	des Vaters	und	des Sohnes	und	Geistes	des heiligen
	Ave	**des uater**	**unde**	**des sunes**	**unde**	**geistes**	**des heiligen**
06	Sed	patris	et	filii	et	spiritus	sancti

eine (einzige)	ist die Gottheit	ebenso gleiche	(die) Ehre	ebenso ewige	(die) Majestät
einiu	**ist diu goteheit**	**eben glichiu**	**ere**	**eben ewigiu**	**magenchraft**
una	est diuinitas,	equalis	gloria,	coeterna	maiestas.

	solcher (*subauditur* ist)	der Vater	ganz ein solcher	der Sohn
	Solher (s. ist)	**der uater**	**alsolih**	**der sun**
07	Qualis	pater	talis	filius

ganz ein solcher	auch	(der) Geist	der heilige
alsolih	**ouh**	**geist**	**der heilige**
talis	et	spiritus	sanctus.

	ungeschaffen (*subauditur*: ist)	der Vater	ungeschaffen	der Sohn
	Vngescaffen (s. ist)	**der uater**	**ungescaffen**	**der sun**
08	Increatus	pater,	increatus	filius

ungeschaffen	auch (der)	geist	der heilige
ungescaffen	**ouh**	**geist**	**der heilige**
increatus	et	spiritus	sanctus.

	ungemessener (*subauditur*: ist)	der Vater	ungemessen	der Sohn
	Vnmazzener (s. ist)	**der uater**	**unmazzen**	**der sun**
09	Inmensus	pater,	inmensus	filius,

ungemessen	auch (der)	geist	der heilige
unmazzen	**ouh**	**geist**	**der heilige**
inmensus	et	spiritus	sanctus.

---

4 ***uater***: überall noch die alte Genitiv-Form des Verwandtschaftsnamens, s. Ahd. Grammatik § 235.

ewiger (*subauditur*: ist) der Vater ewig der Sohn
Ewiger (s. ist) der uater ewich der sun
10 Ęternus pater, eternus filius,

ewig auch (der) geist der heilige
ewich ouh geist der heilige
ęternus et spiritus sanctus.

und nicht doch nicht drei ewige sondern ein ewiger
Vnde ie doh niht dri ewige halt ein ewiger
11 Et tamen non tres eterni, sed unus ęternus.

ganz so nicht drei ungeschaffene noch drei ungemessene
Also niht dri ungescaffene noh dri unmaz- zene
12 Sicut non tres increati nec tres in- /220r/ mensi,

sondern ein einziger ungeschaffener und ein einziger ungemessener
halt ein ungescaffener unde ein unmazzener
sed unus increatus et unus inmensis.

ganz gleich . gleichartig allmächtiger (*subauditur*: ist) der Vater
Alsame . Gliche almahtiger (s. ist) der uater
13 Similiter omnipotens pater,

allmächtiger der Sohn allmächtiger auch (der) Geist der heilige
almahtiger der sun almahtiger ouh geist der heilige
omnipotens filius omnipotens et spiritus sanctus.

und nicht doch (*subauditur*: nicht sind) drei allmächtige
Vnde ie doh (s. ensint) niht dri almahtige
14 Et tamen non tres omnipotentes,

sondern ein einziger allmächtiger
halt ein almahtiger
sed unus omnipotens.

sondern ein einziger allmächtiger
halt ein almahtiger
Sed unus omnipotens

ganz so (*subauditur*: ist) Gott der Vater Gott der Sohn
Also (s. ist) got der uater got der sun
15 Ita deus pater, deus filius,

Gott auch (der) Geist der heilige
got ouh geist der heilige
deus et spiritus sanctus.

Und nie doch (*subauditur*: sind nicht) drei Götter sondern ein einziger ist Gott
Vnde ie doh (s. ensint niht) dri gote halt ein ist got
16 Et tamen non tres dii, sed unus est deus.

ganz so (*subauditur*: ist) Herr der Vater Herr der Sohn
Also (s. ist) herro der uater herro der sun
17 Ita dominus pater, dominus filius,

Herr auch (der) Geist der heilige
herro ouh geist der heilige
dominus et spiritus sanctus.

und doch (*subauditur*: nicht sind) drei Herren sondern ein einziger ist Herr
Vnde doh (s. ensint niht) dri herren halt ein ist herro
18 Et tamen non tres domini sed unus est dominus.

denn ganz so einzeln . abgesondert eine jegliche Benanntheit
Wande also einizlichen . sunterlichen eine iegliche genennede
19 Quia sicut singulatim unamquamque personam

Gott und (den) Herrn bekennen
got unde herren ueriehen
deum et dominum confiteri

von christlicher Wahrheit wir getrieben . genötigt werden
von christenlicher warheite wir getriben . genottet werden
xpiana ueritate compellimur,

ganz so drei Götter oder Herren (zu) sagen
Also drie gote oder herren sprechen
Ita tres deos aut dominos dicere

von der allgemeinen Gesetzeinhaltigkeit werden wir abgewehrt
uon dere allichen ehalticheite werde wir beweret
catholica religione /220v/ prohibemur.

	der Vater	weder von einem	ist	getan . gemacht
	Der uater	**uon neheinem**	**ist**	**getan. gemachet**
20	Pater	a nullo	est	factus

noch	geschaffen	noch	geboren
noh	**gescaffen**	**noh**	**geboren**
nec	creatus	nec	genitus

	der Sohn	von	dem Vater	(dem) einen	ist
	Der sun	**uon**	**dem uatere**	**einime**	**ist**
21	Filius	a	patre	solo	est,

nicht	gemachter	nicht	geschaffener	sondern	geborener
niht	**gemacheter**	**niht**	**gescaffener**	**halt**	**geborner**
non	factus	nec	creatus,	sed	genitus.

	Geist	der heilige	von	dem Vater	und	von dem Sohn
	Geist	**der heilige**	**uon**	**dem uatere**	**unde**	**uon dem sune**
22	Spriritus	sanctus	a	patre	et	filio,

nicht	getaner	noch	geschaffener	noch	geborener	sondern	hervorgehender
niht	**getaner**	**noh**	**gescaffner**	**noh**	**geborner**	**halt**	**furegeenter**
non	factus	nec	creatus	nec	genitus	sed	procendens.

	ein einziger	also	(der) Vater	nicht	drei	Väter
	Einer	**greht**	**uater**	**nicht**	**dri**	**uatere**
23	Unus	ergo	pater,	non	tres	patres,

ein einziger	(der) Sohn	nicht	drei	Söhne
ein	**sun**	**niht**	**dri**	**sune**
unus	filius	non	tres	filii

ein einziger	Geist	heiliger	nicht	drei	Geiste	heilige
ein	**geist**	**heiliger**	**niht**	**drei**	**geiste**	**heilige**
unus	spiritus	sanctus,	non	tres	spiritus	sancti.

	und	an	dieser	Dreiniss	nichts	Eheres . vorher	oder	Hintereres . seit
	Vnde	**an**	**dere**	**drinusside**	**niht**	**ereres . e**	**oder**	**hintereres . sît**
24	Et	in	hac	trinitate	nihil	prius	aut	posterius

nichts mehrer oder minder
niht merer oder minner
nihil maiuus aut minus.

sondern alle drei Genanntheiten eben ewig sind und eben gleich
Halt alle dri genennede[5] eben ewige sint unde eben gliche
Sed totę tres personę coeternę sibi sunt et coequales.

so über alle (Dinge) ganz so jetzt oberhalb gesagt ist
So uber elliu also iezuo oberhalbe gesprochen ist
25 Ita ut per omnia sicut iam supra dictum est

auch die Dreiniss in der Einniss
ouh diu drinusside in der einnusside
et trinitas in unitate,

und die Einniss in der Dreiniss zu ehrwürdigen sei
unde diu einnusside in der drinusside zeerwirdinne si
et unitas in trinitate ueneranda sit.

Wenn einer will also heil . genesen sein
Der will greht heil. gnesen wesen
26 Qui uult ergo saluus esse

so von der Dreiniss der verstehe sich
so uon dere drinussi der uerste sih
ita de trinitate sentiat. /221r/

Aber notdürftiglich ist zu dem ewigen Heil
Aue notdurfticlih ist ze dem ewigen heile
27 Sed necessarium est ad ęternam salutem

dass die Leichnamung auch (des) Herrn unseres
daz die lihnamunge ouh herren unseres
ut incarnationem quoque domini nostri

Heilandes Krists getreulich (er) glaubt
heilantes christes getriuliche gloubt
IHCOY XPICTI fideliter credat.

5 ***genennede***: Hs. *gen.*

es ist also Glaube die richtige dass wir glauben und bekennen
Iz ist greht gloube die rehte daz wir glouben unde ueriehen
28 Est ergo fides recta, ut credamus et confiteamur

dass Herr unser Heiland Krist Gottes Sohn Gott und Mensch ist
wande herro unser heilant christ gotes sun got unde mennisk ist
quia dominus noster IHCOYC XPC dei filius deus et homo est.

Gott ist er von der Habe[6] des Vaters vor den Welten geborener
Got ist er uon der gehabe des uater uore den werlten geborner
29 Deus est ex substantia patris ante sęcula genitus

und Mensch ist er von der Habe der Mutter in der Welt geborener
unde mennisk ist er uon der gehabe dere muoter in der werlte geborner
et homo est ex substantia matris in sęculo natus.

vollkommener Gott vollkommener Mensch von (der) Seele der vernünftigen
Durhnahtiger[7] got durhnahtiger menniske uon sele dere redlichen
30 Perfectus deus, perfectus homo ex anima rationali

und von menschlichem Fleisch bestehender
unde uon mennisklichem fleiske gestenter
et humana carne subsistens.

gleicheer . ebener dem Vater nach der Gottheit
Glicher . ebener dem uater nah der goteheite
31 Ęqualis patri secundum diuinitatem

minder dem Vater nach der Menschheit
minner dem uatere nah der menniskheite
minor patre secumdum humanitatem.

der wie immer . jedoch Gott er sei und Mensch nicht zwei jedoch
Der suie . doh got er si unde man niht zuene iedoh
32 Qui licet deus sit et homo, non duo tamen

sondern ein einziger ist Krist
halt einer ist christ
sed unus est XPICTOYC.

---

6 ***Habe*** (*substantia*): s. die Anm. 3 (zu 04) **gehebede**.
7 ***Durhnahtiger***: *durhnatiger* Hs.

	ein einziger	aber	nicht	von der Verwandlung	der Gottheit
	Einer	**aue**	**niht**	**uon der uerwandelunge**	**der goteheite**
33	Unus	autem	non	conuersione	diuini /221v/ tatis

in	das	Fleisch	sondern	von der Hinzunahme	der Menschheit	in Gott
in	**die**	**lih**[8]	**halt**	**von der zuonumfte**	**dere mennischeite**	**in got**
in		carnem,	sed	assumptione	humanitatis	in deum.

Dass Krist	Daz christ
in unverwandelter Weise	unuerwantinlichen
in beiden Arten seiner Natur	dewederre siner natur
Gott und Mensch	got unde mennisk
vollkommen ist	uollichen ist
in jedweder Natur.	in ietwederre natura.[9]

	ein einziger	allhinsichtlich	. allbezüglich	nicht	von der Mischung	der Habe
	Einer	**alanch**	**. alzoges**	**niht**	**uon dere miskunge**	**dere gehebe**
34	Ununs	omnino		non	confusione	substantię,

sondern	in	der Einnisse	der Genanntheit
halt	**in**	**der einnusside**	**dere genemmede**
sed	in	unitate	personę.

	denn	ganz so (wie)	(die) Seele	die vernünftige	und	Fleisch	ein ist Mensch
	Wande	**also**	**sele**	**diu redeliche**	**unde**	**lih**	**ein ist menniske**
35	Nam	sicut	anima	rationalis	et	caro	unus est homo

ganz so	Gott	und	der Mensch	ein einziger
also	**got**	**unde**	**der mennisk**	**ein**
ita	deus	et	homo	unus .

	dieser der	gemartert ward	für	(das) Heil	unser	nieder fuhr	zu den	Höllen
	Der der	**gemarteret wart**	**fure**	**heil**	**unser**	**nider fuor**	**ze den**	**hellen**
36	Qui	passus est,	pro	salute	nostra,	descendit	ad	inferos,

erstand	von	den Toten
erstuont	**uon**	**den toten**
resurrexit	a	mortuis.

---

8 Ahd. *lîh* st. F. N. „Fleisch."

9 Dies ist zur Füllung des Endes der zweiten Zeile auf der handschriftlichen Seite ein kleiner Kommentar zur Stelle, ein Scholion, wie sie öfter auch zu den Psalmen der Handschrift gegeben werden; s. Nr. 23.

	er fuhr auf	zu den	Himmeln	sitzt	zu der	Rechten
	Er uf fuor	**ze den**	**himilen**	**sizet**	**ze der**	**zeswen**
	Ascendit	ad	cęlos,	sedet	ad	dexteram

	Gottes	(des) Vaters	(des) allmächtigen
	gotes	**uater**	**almahtiges**
	dei	patris	omnipotentis.

	von dort	künftiger	er ist	(zu) urteilen	Lebendige	und	Tote
	Dannen	**chunftiger**	**er ist**	**erteilen**	**lebentige**	**unde**	**tote**
37	Inde	venturus	est	iudicare	uiuos	et	mortuos.

	zu	des	Ankunft	alle	Menschen	(zu) auferstehen	haben
	Zuo	**des**	**chumfte**	**alle**	**mennisken**	**ersten**	**habent**
38	Ad	cuius	aduentum	omnes	homines	resurgere	habent

	mit	Leibern	ihren
	mit	**lihnamen**	**ire**
	cum	corporibus	suis.

	und	geben	sollende sind	von (den)	Taten	den eignen	Rechenschaft
	Vnde	**ergeben**	**scolente sint**	**uone**	**getæten**	**den eiginen**	**rede**
	Et	reddituri	sunt	de	factis	propriis	ratio.

	und	die welche	gute (Dinge)	getan haben	fahren	in	(das) Leben	das ewige
	Vnde	**die der**	**guotiu**	**getan haben**	**uaren**	**in**	**lib**	**den ewigen**
39	Et	qui	bona	egerunt	ibunt	in	uitam	ęternam,

	die welche	wahrlich	böse (Dinge)	in	(das) Feuer	das ewige
	die der	**zeware**	**ubeliu**	**in**	**fiur**	**daz ewige**
	qui	uero	mala	in	ignem	ęternum. /222r/

	diese	ist	(die) Glaube	die allgemeine	die	außer	wer immer
	Diu	**ist**	**gloube**	**diu alliche**	**die**	**nihwan**	**suerso**
40	Hęc	est	fides	catholica,	quam	nisi	quisque

	getreulich	und in fester Weise	glaubt	selig	sein	nicht	kann er
	getriulichen	**unde uestlichen**	**gloubet**	**heil**	**wesen**	**nihne**	**mag er**
	fideliter	firmiterque	crediderit	salus	esse	non	poterit.

St. Galler Wissenschaft: Notker der Deutsche und Ekkehart IV. von St. Gallen

35 Notkers des Deutschen Brief an Bischof Hugo von Sitten King/Tax

²**VL** 6 (1987), Sp. 1212–1236, (Stefan Sonderegger). – VL ahd. und as Lit. (2013), S. 293–315 (Sonja Glauch). – Killy-Lit.Lex. 8 (2010), S. 644–649 (Ernst Hellgardt).
Ü.: Bruxelles, BR, Cod. 10 615–729, fol. 58ra; aus St. Eucharius-Matthias, Trier.
Abb.: vollständiges Digitalisat der Hs. in Farbe https://opac.kbr.be/Library/doc/SYRACUSE/18349465/miscellanea-latina-ms-10-615-729. Nur der Brief bei Hellgardt (s. u.), neben S. 176 und bei King / Tax (s. u.), S. 347.
Dat.: Hs. 12. Jh., Mitte (B. Bischoff, bei Hellgardt, S. 175 und Anm.10). – Text ca. 1017.
Spr. lat.
Ed.: Hellgardt, Notkers Brief (Text). – King/Tax, Notker, Die kleineren Schriften, S. CXXIX–CXXXII und S. 347–349 (Text). – Schlosser, S. 332 (nur Übersetzung). – Haug/Vollmann, S. 262 – 267 (Text).
Lit.: Bibliographie: Firchow, Notker-Bibliographie; dazu Hellgardt/Kössinger ZfdA 133 (2004), S. 363–380. – Kelle, LG I, S. 232–233 und S. 395–396 (Text). – Kögel, LG I,2, S. 601–603. – Ehrismann, LG I, S. 416–458, zum Brief S. 421–426 (Übersetzung S. 421–422). – Haubrichs, Die Anfänge, S. 223–224. – Hellgardt, Notkers Brief (Kommentar).[1] – Haug/Vollmann, S. 1223–1227 (Kommentar). – King/Tax, Notker latinus zu den kleineren Schriften, S. 195–200 (Kommentar).

1 Korrekturen und Ergänzungen zu diesem Artikel: Hellgardt, *Notker magister*, hier S. 161, Anm. 1.

Domino sancto Sedunensi episcopo H(ugoni) Notkerus coenobita sancti Galli salutem!

Valde letatus svm, quando per relatum nuntii sospitatem uestram audiui. Commonitus autem super meis responsionibus –, quid possvm dicere, nisi dictis facta compensare?[2] Uolui et uolo, sed conclusi sumus in manu domini, et nos et opera nostra;[3] et pręter quod annuit, amplius nihil facere possumus.[4] Est enim, quę nos trahit, necessitas, non uoluntas, et iniunctis instare nequimus; et eo minus uota exequimur.

Artibus autem illis, quibus me onustare uultis, ego renunciaui, neque fas mihi est, eis aliter quam sicut instrumentis frui. Sunt enim ecclesiastici libri – et pręcipue quidem in scolis legendi –, quos impossibile est sine illis pręlibatis ad intellectum integrum duci. Ad quos, dum accessvm habere nostros uellem scolasticos, ausus svm facere rem pene inusitatam, ut latine scripta in nostram [linguam] conatus sim uertere, et syllogystice aut figurate aut suasorie dicta per Aristotelem uel Ciceronem uel alium artigraphum elucidare.

Quod dum agerem in duobus libris Boetii, – qui est ‚De consolatione Philosophiae' et in aliquantis ‚De sancta trinitate',[5] – rogatus [sum][6] et metrice quedam scripta in hanc eandam linguam traducere, ‚Catonem' scilicet ut ‚Bucolica' Virgilii et ‚Andriam' Terentii. Mox et prosam et artes temptare me uoluerunt, et transtuli ‚Nuptias Philologię' et ‚Cathegorias' Aristotilis et ‚Pergermenias' et principia arithmetice.[7] Hinc reuersus ad diuina totvm psalterivm et interpretando et secundum Augustinum exponendo consummaui; ‚Iob' quoque incepi, licet uix tertiam partem exegerim.[8] – Nec solvm hec sed et nouam rhethoricam et computvm nouum et alia quedam opuscula latine conscripsi.[9]

---

2 ***dictis facta compensare***: Sallust, Catilinae coniuratio, S. 4, Z. 13: *quod facta dictis exequenda sunt*; zitiert bei Ionas, Vitae Columbani libri ii, S. 146, Z. 6f: *cum facta dictis non exsequentur* (eine Hs. dieses Textes in St. Gallen). – Ferner vgl. Johannes Affligensis, De musica S. 117: *ut facta dictis exaequet [...]* (freundliche Hinweise von Mechthild Pörnbacher).

3 ***conclusi sumus in manu domini, et nos et opera nostra***: Sap. 7,16–17: *In manu enim illius et nos et sermones nostri et omnis sapientia et operum scientia et disciplina. Ipse enim dedit mihi horum quae sunt scientiam veram.*

4 ***uolumus – possumus***: s. das Preloquium zu den Casus Ekkeharts mit Hinweis auf Terenz, Andr. 805 f.; vgl. auch Rom. 7, 19 (Haefele FS Wehrli, Anm. 4).

5 ***in aliquantis ‚De sancta trinitate'***: nicht erhalten.

6 Die alten, neuerdings wieder aufgetauchten Zweifel daran, dass Notker den Cato, die Bucolica und die Andria tatsächlich behandelt habe, halte ich für unberechtigt. Dass Notker hier nur sagt, er sei um Bearbeitungen dieser Werke gebeten worden, nicht aber, dass er dieser Bitte nachgekommen sei, ist kein hinreichender Grund, ihm diese Werke abzusprechen. Notkers Ausdrucksweise (*rogatus sum*) gehört zur Topik der Demutsformel bei Autoren, die von ihren eigenen Werken sprechen; vgl. hierzu Hellgardt, Notker magister, S. 161, Anm. 1.

7 Notkers ‚Principia arithmeticae' sind nicht erhalten.

8 Dass der ‚Hiob' vollendet wurde, ist durch Ekkehart IV. bezeugt; hierzu und zu der Verlustgeschichte ausführlich Hellgardt, Notker magister, S. 173–175.

9 Die Rhetorik und der Komputus sowie die *alia quedam opuscula latine conscripta* jetzt in der neuen Notker-Ausgabe von King / Tax, Bd. 7 (Texte) und 7A (Kommentare).

Dem heiligen Herrn, dem Sittener Bischof Hugo [wünscht] Notker, Mönch des heiligen Gallus, Heil.

Ich habe mich sehr gefreut, als ich durch den Bericht des Boten von Eurem Wohlergehen gehört habe. Aber wegen meiner Antworten ermahnt, – was kann ich sagen, außer Taten aufzuwiegen durch Worte: Ich habe gewollt und ich will, aber wir sind beschlossen in der Hand des Herrn, sowohl wir selbst als auch unsere Werke; und über das hinaus, wozu er seine Zustimmung gibt, können wir mehr nicht tun. Denn was uns dahinzieht, ist eine [höhere] Notwendigkeit, nicht [unser eigener] Wille, und dem Auferlegten können wir nicht widerstehen; und um so weniger erfüllen wir vollständig unsere Versprechungen.

Jenen Artes aber, mit denen Ihr mich beladen wollt, habe ich entsagt, und es ist mir nicht bestimmt, sie anders als wie Werkzeuge zu genießen. Es sind nämlich die Bücher der Kirche – und vor allem jene, die man in der Schule lesen muss – bei welchen es unmöglich ist, sie zu einem unversehrten Verständnis zu bringen, ohne zuvor von jenen [Artes] gekostet zu haben. Weil ich wollte, dass unsere Schüler zu diesen [Büchern der Kirche] Zugang haben sollten, habe ich es gewagt, etwas gänzlich Ungebräuchliches zu tun, dass ich versucht habe, lateinisch Geschriebenes in unsere [Sprache] zu wenden und syllogistisch oder figürlich oder rhetorisch Gesagtes durch Aristoteles oder Cicero oder einen anderen Artes-Schriftsteller zu erhellen.

Als ich dies in zwei Büchern des Boethius tat, der über die ‚Tröstung der Philosophie‘ und in einigen recht bedeutenden [Schriften] über die heilige Trinität [zur Hand] ist, wurde ich gebeten, auch gewisse metrisch verfasste Schriften in eben diese Sprache zu überführen, nämlich ebenso den ‚Cato‘ wie die „Bucolica‘ des Vergil und die ‚Andria‘ des Terenz. Bald darauf wollte man, dass ich mich auch in der Prosa und in den Artes versuchen sollte, und ich übertrug die „Nuptiae Philologiae‘ und die „Kategorien‘ des Aristoteles und die „Peri Hermeneias‘ und die Anfangsgründe der Arithmetik. Von hier kehrte ich zu den göttlichen [Schriften] zurück, indem ich im Übersetzen und im Erklären nach Augustin den ganzen Psalter zum Abschluss brachte; auch den ‚Hiob‘ habe ich angefangen, konnte aber [bis jetzt] kaum ein Drittel [von ihm] bewerkstelligen. – Aber nicht nur diese [Arbeiten], sondern auch eine neue Rhetorik und einen neuen Komputus und gewisse andere Werkchen habe ich lateinisch verfasst.

Horum nescio, an aliquid dignum sit uenire in manus uestras. Sed si uultis ea – sumptibus enim indigent – mittite plures pergamenas et scribentibus prę mia, et accipietis eorum exempla. Quę dum fuerint ad uos perlata, me prę sentem aestimate. Scio tamen, quia primum abhorrebitis quasi ab insuetis, sed paulatim forte incipient se commendare uobis, et prę ualebitis ad legendvm et ad dinoscendvm, quam [s]cito capiuntur per patriam linguam, quę aut uix aut non integre capienda forent in lingua non propria.

Oportet autem scire, quia uerba theutonica sine accentv scribenda non sunt, prę ter articulos; ipsi soli sine accentu pronuntiantur, acuto et circumflexo.

Ego autem, quando dominus uoluerit, ueniam. Stare autem diucius uobiscum non potero ob causas plurimas, quas dicere in prę senti non opus est.

Libros uestros, id est ‚Philippica' et ‚Commentvm in topica Ciceronis', peciit a me abbas de Augia pignore dato, quod maioris precii est. Pluris namque est rethorica Ciceronis et Victorini nobile commentvm, que pro eis retineo, et eos nonnisi uestris repetere non ualet. Alioquin sui erunt uestri, et nullum dampnum erit uobis.

Dominus meus episcopus in ę ternum ualeat!

Ich weiß nicht, ob etwas davon würdig ist, in Eure Hände zu gelangen. Aber wenn Ihr diese [Schriften] haben wollt – sie verlangen nämlich einigen Kostenaufwand –, so schickt viel Pergament und den Lohn für die Schreiber, und ihr werdet Abschriften von ihnen erhalten. Wenn Euch diese überbracht sein werden, so haltet mich für gegenwärtig. Ich weiß aber, dass Ihr zunächst [vor diesen Schriften] wie vor etwas Unerhörtem zurückschrecken werdet, aber allmählich werden sie vielleicht beginnen, sich Euch zu empfehlen, und Ihr werdet es als Vorteil schätzen beim Aussprechen[10] und beim Verstehen, wie schnell man in der Muttersprache begreift, was entweder kaum oder nicht richtig in einer anderen als der eigenen Sprache begriffen werden wird.

Es ist aber von Vorteil, zu wissen, dass deutsche Wörter nicht ohne Akzente geschrieben werden dürfen, außer den Artikeln; diese allein werden ohne Akzent ausgesprochen, ohne den Akut oder ohne den Zirkumflex.

Ich aber will kommen, sobald der Herr es wünschen wird. Ich werde aber nicht sehr lange bei Euch bleiben können, aus sehr vielen Gründen, welche zu nennen jetzt nicht nötig ist.

Eure Bücher, die ‚Philippica' und das ‚Commentum in Topica Ciceronis', verlangte der Abt von Reichenau von mir gegen Leistung eines Pfandes, das von höherem Wert ist. Denn mehr wert ist die Rhetorik des Cicero und der berühmte Kommentar des Viktorin, die ich für jene [als Pfand] behalte. Und diese kann er nicht zurückfordern, ohne die Eurigen [zu erstatten]. Andernfalls werden seine [Bücher] Euch gehören, und es wird Euch kein Schaden entstehen.

Möge der Bischof, mein Herr, in Ewigkeit Heil haben!

---

10 ***legere*** ist im Sinne von „aussprechen" zu verstehen; dazu Hellgardt/Saller, Notker digitalis. – Saenger, Space between words.

36 Ekkeharts IV. von St. Gallen Memoriale auf Notker den Deutschen Egli

[2]**VL** 2 (1980), zu Ekkehart IV. Sp. 455–456, besonders Sp. 457 und 461 (Hans F. Haefele).
Ü.: St. Gallen, Stiftsbibliothek, Cod. 393, pag. 155–156; aus St. Gallen. – Spätere Abschrift: St. Gallen, Stiftsbibliothek, Cod. 613.
Abb: vollständiges Digitalisat des St. Galler Cod. 393 in Farbe:
https://www.e-codices.unifr.ch/de/csg/0393/155/0/.
Dat.: Hs. 11. Jh., Autograph Ekkeharts IV.; Text zwischen 1022 und 1025.
Spr. lat.
Ed.: Egli, Ekkehart IV., Liber Benedictionum, hier S. 230–234 (Nr. 44, Verse 62–83).
Lit.: Kelle, LG 2, S. 233 und S. 394–395 (Text). – Alfred Wolf, Ekkehart IV. und Notker Labeo, hier S. 155. – Ochsenbein/Schmucki, Notker der Deutsche, (mit einer Paraphrase des Textes). – Hellgardt, *Notker magister*, hier besonders S. 165–191.

Textvorlagen des vorliegenden Textes waren die Ausgabe Eglis, hier Nr. 44: *Item de aliis sincellitis amborum*, V. 62–83, S. 230–234 und das Digitalisat der Handschrift; die Positionierung der Glossen lehnt sich soweit wie möglich an die Handschrift an. Die längeren Scholien sind allerdings zu den Versen gestellt, auf die sie sich beziehen so bei Vers 67 und Vers 73; in der Handschrift füllen sie z. T. auch die Zeilenzwischenräume unter der Schriftzeile.

Der Text stellt den Ausschnitt aus einem Gedicht Ekkeharts dar, das in seinem ‚Liber Benedictionum' auf ein Preisgedicht für Gallus und Otmar, die Patrone von St. Gallen, unter dem Titel *Item de aliis sincellitis amborum* folgt („Ferner über andere Zellengenossen der beiden"). Es feiert nun im Anschluss an Gallus und Otmar andere herausragende Mönche des Klosters, darunter eben auch Notker.

Teutonice propter caritatem discipulorum plures libros exponens.
62 **Primus barbaricam / scribens faciensque saporam**

ipsa die, qua obiit, librum Iob finivit, opus mirandum.
63 **Notker mox obiit, / ubi Iob calamo superavit,**

confessionem palam faciens. cucullatus. non multum dolens in corpore.
64 **– Facta palam fassus, / residens neque grandia passus -**[1]

librum Iob in quartam linguam exponens. nimis.
65 **Quem vas in quartum**[2] **/ transfundens fecit apertum**[3]**.**

moralia teutonice. ab illo.
66 **Gregorii pondus / dorso levat ille secundus**[4]

psalterium, in quo omnes, qui barbaricam legere sciunt, mul-
67 **Post Davidis dicta / simili iam robore victa.**
multum delectantur. Kisila imperatrix operum eius avidissima, psalterium ipsum et Iob sibi exemplari sollicite fecit.

68 **Pneumate mactorum / hic tertius ęquivocorum**[5]

nam vespere in eclesia eius ipse tunc
69 **Vespere natalis Petri**[6] **petit astra priore,** in lacrimis cantabat.
In memoriis eius ubicumque erat assiduus orabat. Mihi quoque dicere solebat: roga, Ekkehart, clavigerum cęli, ut tibi aperiat. spera in eum et ipse faciet.

---

1 Die Folge der Verse 63 und 64 ist bei Egli vertauscht.
2 Vgl. Hiob-Widmung V. 3 *quartum vas*; vielleicht denkt Ekkehart bei *vas in quartum transfundens* auch an die Weinzubereitung, „d.h. an das sicher auch in seinem Kloster geübte Abziehen des jungen Mostes, der auch erst im dritten oder vierten Fasse klar und wirklich reif und abfüllbar wird." Alfred Wolf, Ekkehart IV. und Notker Labeo, S. 150, Anm. 5.
3 Vielleicht Anspielung auf Apoc. 5, 2: *quis est dignus aperire librum?*
4 Gregor als erster Ausleger des ‚Hiob', Notker als zweiter.
5 ***tertius ęquivocorum*** meint Notker als den dritten unter den Notker benannten Mönchen von St. Gallen.
6 Der Peterstag ist der 29. Juli. Es ist unklar, ob *vespere natalis Petri* den Vorabend des Peterstages meint oder den Peterstag selbst.

indem er viele Bücher aus Liebe zu seinen Schülern auf Deutsch darlegte.

62 **Er, der als erster die barbarische Sprache schrieb und sie schmackhaft machte,**

am gleichen Tage, an dem er starb, vollendete er den ‚Hiob', ein bewundernswürdiges Werk.

63 **Notker starb, sobald er den Hiob mit der Feder bezwang, –**

indem er öffentlich beichtete. in der Kukulle

64 **als er öffentlich seine Taten bekannt hatte, aufrecht sitzend**

unter keinen großen körperlichen Leiden

und ohne sehr zu leiden,

das Buch ‚Hiob' in die vierte Sprache darlegend gar sehr

65 **– den er ins vierte Gefäß umgoss und verständlich machte.**

die ‚Moralia in Iob' auf deutsch nach jenem (Gregor)

66 **Gregors Last hebt er als zweiter vom Rücken**

den Psalter, an dem sich viele, die die Volkssprache lesen können

67 **nachdem er schon die Reden Davids mit ähnlicher Kraft besiegt hatte.**

sehr freuen. Die Kaiserin Gisela war am Besitz seiner Werke höchst interessiert. Jenen Psalter und den ‚Hiob' ließ sie sich sorgfältig abschreiben.

68 **Dieser dritte unter den im Geist verherrlichten gleichen Namens**

noch am selben Abend hat er in dessen

69 **strebt Abend des Geburtstages Petri zu den Sternen.**

Kirche damals unter Tränen gesungen. Zu seinem Gedenken, wo immer er war, betete er unablässig. Auch mir pflegte zu sagen: „Bitte, Ekkehart, den Schlüsselträger des Himmels, dass er dir öffne. Hoffe auf ihn, und er wird es tun."

70 **Assertor magnus / semper suus atque benignus.**
domum per se de sancto Petro regressus[7] nobisque in proximo eum finiri non sperantibus.

71 **Ergo genu figens / fratres monuit prece lugens:**

iam enim sonabatur. exitum significans.
72 **„Psallite completam[8] / Petrus ut faciat mihi lętam.“**

nam et pauperibus fassus est.[9] gravissimum autem erat in confessione eius, quod lupum
73 **Tunc: „Aperite fores, / iam deficiunt mihi vires,**
iuvenis in monachico habitu occiderit et, quod pudet, in somnis bis passus est septuagenarius. Sed presbyterorum quidam simplicior: „utinam omnes lupos, qui usquam sunt, inquit, occisos haberetis.“[10]

74 **Ut veniant ad nos, / rogo, quosque petatis egenos,**

75 **Hos peto vescentes / videam moriensque bibentes.“**

plena domo pauperibus, clamore, ut solent, etiam nos inquietantibus.
76 **His ita patratis / manibus quoque stando levatis** stando

quam tunc erat. post obitum. in roco, capitium habens in capite.[11]
77 **Ne mage nudetur, / rogat utque stetit tumuletur.**

78 **Quod sanxit Gallus, / lumbis ne cerneret ullus,**[12]

---

7 Die Peterskapelle lag im Bereich des Friedhofs etwa 50 m vom Kloster entfernt. Vgl. die Planskizze bei Horat, Medieval Architecture, hier S. 192.
8 Die Komplet ist das im Tageslauf letzte der klösterlichen Stundengebete, das vor der Nachtruhe gesungen wird.
9 ***nam et pauperibus fassus est*** bezieht sich auf *Tunc*, das erste Wort des Verses: „Dann, als er [...].“
10 zum Typus von Notkers Sterbebeichte vgl. Hautkappe, Beichten, S. 117–118. – Zur Schilderung von Benedikts Tod bei Gregor dem Großen, Der hl. Benedikt, hier Kap. 37,2 (dazu Hellgardt, *Notker magister* S. 183–184 und S. 187). – Zur Lendenkette Hellgardt, *Notker magister*, S. 187–189; s. ferner Wetti, Gallus-Leben, Buch 2, Kap. 41 (MGH SS rer. merov. 4, S. 279–280) und Walahfrids Gallus-Vita, Buch I, Kap. 32 (MGH SS rer. merov. 4, S. 309) sowie Ratperts Gallus-Lied Str. 15,3; (Osterwalder, Das althochdeutsche Galluslied, S. 99 und S. 200).
11 ***in roco, capitium habens in capite***: Zum Wert, den Ekkehart auf die traditionelle, vorreformatorische Mönchskleidung legte, Dümmler, Ekkehart IV., hier S. 6 und Hellgardt, Notker magister, S. 189.
12 Dieser Vers wurde nachträglich (teilweise auf Rasur) in die Glossenzeile eingetragen.

70 **(Petrus war) immer sein großer und gütiger Beschützer.**

nach Hause aus eigner Kraft zurückgekehrt von der Peterskirche, so dass wir nicht glaubten, dass er bald sterben werde.

71 **Also mahnt er, das Knie beugend, die Brüder weinend mit der Bitte:**

denn man läutete gerade zur (Komplet) er meinte seinen Tod.

72 **"Singt die Komplet, auf dass Petrus mir eine fröhliche bereite."**

denn auch vor den Armen hat er gebeichtet. Das schwerste Vergehen seiner Beichte aber

73 **Dann (sagte er): „Öffnet die Tür, schon schwinden mir die Kräfte,**

war, dass er einen Wolf als junger Mann in Mönchskleidung getötet habe und, was beschämend ist, im Schlaf zweimal erlitten hat als Siebzigjähriger. Aber ein gewisser, recht einfältiger Priester (sagte): „Ach, dass du doch alle Wölfe, die es irgend gibt, getötet hättest!"

74 **damit, ich bitte, zu uns alle Armen kommen können, die ihr nur findet.**

75 **Diese möchte ich sterbend essen und trinken sehen."**

indem das Haus voll von Armen war, die mit ihrem üblichen Lärmen auch uns behelligten.

76 **Als dies so geschehen war, mit erhobenen Händen** im Stehen

als er es jetzt war nach dem Tod

77 **dass er nicht weiter entblößt werde, bittet er,**

in der Kutte, mit der Kapuze auf dem Kopf

und dass er, wie er dastand, bestattet werde,

78 **was Gallus geheiligt hat, auf dass niemand an seinen Lenden sehen sollte**

79 **Utque catenatum / corpus maneat tumulatum.**

80 **Hinc paucis orat / et mox recidendo soporat.** obiit.

81 **Hic finis hominis / post imparis eruditoris,**

82 **Pneumate quem fotum / replevit gratia totum.**[13]

83 **Hunc merito flebunt, / simili qui deinde carebunt.**

13 Auch dieser Vers wurde nachträglich (teilweise auf Rasur) in die Glossenzeile eingetragen.

79 **und damit sein bestatteter Leichnam in eine Kette geschlagen bleibe.**

er starb

80 **Danach spricht er ein kurzes Gebet und entschläft alsbald, indem er rückwärts umsinkt.**

81 **Dies das Ende eines Menschen, eines Lehrers, wie es später keinen gab,**

82 **den voller Glut die Gnade ganz mit dem heiligen Geist erfüllte.**

83 **Ihn werden mit Grund beweinen, denen seither ein Vergleichbarer fehlt.**

37 Ekkehart IV. von St. Gallen Widmungsgedicht zu Notkers ‚Hiob' Wolf

²VL: 2 (1980), Sp. 455–465 (Hans F. Haefele) zu Ekkehart IV. allgemein.
Ü.: St. Gallen, Stiftsbibliothek, Cod. 1408, pag. 396–397. – Das Stück, das höchstwahrscheinlich zuerst von Ekkehart IV. am Schluss der verlorenen Hiob-Bearbeitung Notkers eingetragen war, ist erst in Abschriften des 15. und 16. Jahrhunderts erhalten: in der Chronik des Jodocus Metzler (1574–1639), St. Gallen, Stiftsbibliothek, Cod. 1408, pag. 396–397, und als Nachtrag des 15. Jahrhunderts in Ekkeharts IV. ‚Liber benedictionum' St. Gallen, Stiftbibliothek, Cod. 393 pag. 246.
Abb.: vollständiges Digitalisat der St. Galler Hs. 393 (Ekkeharts ‚Liber benedictionum') in Farbe, hier pag. 246:
https://www.e-codices.unifr.ch/de/csg/0393/246/0/.
Dat.: Text bald nach 1022.
Spr.: lat.
Ed.: Wolf, Hellgardt (s. Lit.).
Lit.: Wolf, Ekkehart IV. und Notker Labeo, S. 145–158; zur Überlieferung S. 146, Anm. 2; Text S. 146, Übersetzung S. 155. – Hellgardt, *Notker magister*, hier besonders S. 191–196.

Notkers ‚Hiob'-Bearbeitung ist auch in Nr. 33, Nr. 35, Nr. 36 und Nr. 39 erwähnt.

Text

Panditur ecce liber / solvit signacula Notker
Abdita perspicuis / septem speculatus ocellis.
Gusta quam sapiant[1] / quia quarto vase nec obstant.
Balbus erat Notker, / Piperisgranum fuit alter,
Tertius hic labio / datus est agnomine lato[2]
Pectore mandatum / gestans labio quoque latum.[3]
Latior hinc labio / puto nemo videbitur illo,
Ecce favos labio / quales stillat tibi lato.

Übersetzung[4]

Offen liegt nun das Buch, sieh, Notker erbricht seine Siegel
Mit durchdringendem Blick die Geheimnisse sieben[5] erschauend.
Wie wird munden der Trank, im vierten Fasse[6] nun schmackhaft!
Stammler hieß Notker der Erste, das Pfefferkorn nannt' man den Zweiten,
Unserem dritten hier gab breite Lippe den Namen:
Waren Herz doch und Lippen ihm Sitz der weitesten Liebe.
Und mit breiterer Lippe wird keiner, glaub' ich, sich finden:
Nimm vom Honig, den hier Breitlippe Dir liebevoll spendet.

---

1 Zu *sapire* „wohlschmecken" im Bezug auf Sprache vgl. Ekkehart IV., Liber Benedictionum XLIV, 62, wo im Bezug auf Notker gesagt ist *barbaricam faciensque saporam* (Wolf, S. 153).

2 Zum Doppelsinn von *latus* „breit" und „liebevoll" Wolf, S. 152–153.

3 Zu *mandatum [...] latum* vgl. Ekkehart IV., Liber Benedictionum III, V. 28 mit Glosse. Wolf, Ekkehart IV. und Notker Labeo, S. 152–153.

4 Von Alfred Wolf, Ekkehart IV. und Notker Labeo, S. 155 (s. Lit.).

5 Anspielung auf das „Buch der sieben Siegel", Apoc. 5, 5 und 5, 2.

6 Vgl. *vas in quartum transfundens*, Ekkeharts Memoriale (s. Nr. 36), V. 65.

38 Ekkehart IV. von St. Gallen
Notkers Sterbegebet und Ekkeharts Fürbittgebet
Wolf

²**VL** 2 (1980), Sp. 455–456 (Hans F. Haefele).
Ü.: Das Stück ist (wie das des Memoriale Ekkeharts IV. auf Notker, s. Nr. 36) in Ekkeharts ‚Liber benedictionum', der „Ausgabe letzter Hand" von Ekkeharts Gedichten, erhalten, hier allerdings erst als Nachtrag einer Hand des 15. Jh.s: St. Gallen, Stiftsbibliothek Cod. 393, pag. 246.
Abb.: vollständiges Digitalisat der St. Galler Hs. 393 in Farbe:
hier: https://www.e-codices.unifr.ch/de/csg/0393/246.
Dat.: 15. Jh. (später Nachtrag in der Hs.); Text nach 1022.
Spr.: lat.
Ed: Text nach dem Digitalisat und Wolf, Ekkehart IV. und Notker Labeo.
Lit.: Hellgardt, *Notker magister*, besonders S. 196–197. – Alfred Wolf, Ekkehart IV. und Notker Labeo, hier S. 155, Anm. 1.

Text

Obsecro peccator, / tu cor compunge, creator.
Tu mihi da multas / lacrymis extinguere flammas
Et misero dignos / inferni perpetis ignes.
Salvifica populum / clemens extolleque cunctum,
Et super ecclesiam / tua sit benedictio sponsam.
Rex, tibi per cuncta / loca tempora, laus sit et ultra.

Notker Theutonicus / domino finitur amicus:
Gaudeat ille locis / in paradysiacis.

Übersetzung

Als Sünder flehe ich: Schöpfer, zerknirsche mein Herz,
Verleih mir, alle Flammen auszulöschen mit Tränen,
Und, mir Armseligem, die verdienten Feuer ewiger Hölle!
All dein Volk mache heil, Gütiger, und nimm es heraus[1]
Und über der Kirche, deiner Braut, sei dein Segen!
Lob sei dir, König, durch alle Zeiten und Räume und drüberhinaus!

Notker Teutonicus, dem Herrn Freund, findet sein Ende.
Freude sei ihm vergönnt an paradiesischen Stätten![2]

---

1 Aus den Flammen der Hölle.

2 Das Fürbittgebet im abschließenden Distichon Ekkeharts hat wohl seinen ursprünglichen Ort am Ende von Ekkeharts Exemplar einer zweibändigen Ausgabe der Notkerschen Psalter- und Hiobbearbeitung. Noch in der Einsiedler Abschrift der Psalterbearbeitung aus der Mitte des 12. Jh.s steht das Distichon am Ende des Psalters. Die Hs. ist heute als Cod. 21 Eigentum der Stiftsbibliothek St. Gallen, hier folgen die Verse in schöner Capitalis rustica auf pag. 575 auf die Auslegung des sog. ‚Athansianischen Glaubensbekenntnisses', das den Beschluss des katechetischen Teils von Notkers Psalter bildet. *Notker ... finitur* ist in diesem Kontext wohl zu verstehen als „Notker beendet sein Werk" (= die Psalter- und die Hiob-Bearbeitung). – Vgl. Hellgardt, Ekkehart IV. und Notkers Psalter.

39 Ekkehart IV. von St. Gallen Distichon zu Notkers Psalterbearbeitung Tax

²VL: 2 (1980), Sp. 455–465 (Hans F. Haefele), zu Ekkehart IV. allgemein.

Ü.: **Hs. a:** St. Gallen, Stiftsbibliothek, Cod. 21, pag. 575. (Hs. von Notkers Psalter, Fürbittgebet in schöner Capitalis Rustica).
Hs. b: St. Gallen Stiftsbibliothek Cod. 393, pag. 246 (Nachtrag des 15. Jahrhunderts in Ekkeharts IV. ‚Liber benedictionum').

Dat.: Text: nach 1022.
Hs. a: 12. Jh., 2. Viertel.
Hs. b: Nachtrag in Ekkeharts Liber benedictionum, Hand des 15. Jh.s.

Abb.: **Hs. a** vollständiges Digitalisat des St. Galler Cod. 21 in Farbe: https://www.e-codices.unifr.ch/de/csg/0021/575.
Hs. b: https://www.e-codices.unifr.ch/de/csg/0393/246.

Spr.: lat.

Ed.: Tax, Notker, Der Psalter 101–150, S. 575.

Lit.: Hellgardt, *Notker magister*, hier S. 196–197. – Wolf, Ekkehart IV. und Notker Labeo, hier S. 155, Anm. 1.

Text und Übersetzung

NOTKER TEVTONICVS DOMINO FINITVR AMICVS
GAVDEAT ILLE LOCIS IN PARADYSIACIS.

NOTKER TEUTONICUS, DEM HERRN FREUND, FINDET SEIN ENDE.
FREUDE SEI IHM VERGÖNNT AN PARADIESISCHEN STÄTTEN.

40 Aus Notkers Bearbeitung der ‚Consolatio Philosophiae' des Boethius Buch III, metrum 9 Tax

[2]VL 6 (1987), Sp. 1212–1236, (Stefan Sonderegger). – **VL** ahd. und as Lit. (2013), S. 293–315 (Sonja Glauch).

Ü.: A: St. Gallen, Stiftsbibliothek, Cod. 825, vollständig, hier pag. 148–151.
D: Zürich ZB Ms. C 121 fol. 49v-51v. (Exzerpt, nur Consolatio III, m. 9); aus St, Gallen.

Abb.: A: vollständiges Digitalisat der Hs. in Farbe:
https://www.e-codices.unifr.ch/de/csg/0825/148
D: Fischer, Schrifttafeln, Taf. 11a (fol. 51r). – vollständiges Digitalisat der Hs. B in Farbe, hier fol. 49v:
https://www.e-codices.unifr.ch/de/zbz/C0121//49v.

Dat.: Werk vor 1017, Hs. St. Gallen „wohl um 1025", Hs. D (Zürich) „um 1040" (Tax).

Spr.: alem.

Ed.: Tax, Notker, Boethius III, hier S. 148–151 (Text). – Schlosser, S. 196–199, 314–328 (Texte). – Haug/Vollmann, S. 286–293 (Text). – Müller, S. 238–246. – Boethius, Consolatio Philosophiae (lat., ed Büchner). – Boethius, Trost der Philosophie, Übersetzung (von Büchner).

Lit.: Zu Notker allgemein: Kelle, LG 1, S. 232–274 und S. 393–412. – Kögel, LG I,2, S, 598–626. – Ehrismann, LG 416–458. – Haubrichs, Die Anfänge, S. 221–226. – Naaber, Die Quellen von Notkers Boethius. – Naumann, Notkers Boethius. – Tax, Notker Latinus zu Boethius III (Kommentar), hier S. 134–139. – Haug/Vollmann, S. 1239–1249 (Kommentar mit reichen Literaturangaben). – Müller, S. 378–380 (Kommentar). – Schröbler, Notkers Boethius – Braungart, Notkers Boethius. – Gruber, Kommentar. – Hehle, Boethius in St. Gallen. – Grotans, Reading in Medieval St. Gall (zum St. Galler Schulwesen der Zeit Notkers und zur lateinisch-deutschen Zweisprachigkeit St. Gallens). – Love, Latin Commentaries on Boethius's De consolatione.

Text nach Tax, Notker Boethius und dem Digitalisat von Hs. A.

Boethius, ‚Consolatio' Buch III, Metrum 9 ‚*O qui perpetua [...]*'
Text Boethius
Übersetzung Boethius
Notkers Bearbeitung: *Oratio Philosophiae* (Buch III, cap. 72)

Boethius

‚De consolatione Philosophiae'
Buch III, Metrum 9[1]

O qui perpetua mundum ratione gubernas,
terrarum caelique sator, qui tempus ab aevo
ire iubes stabilisque manens das cuncta moveri,
quem non externae pepulerunt fingere causae
materiae fluitantis opus, verum insita summi
forma boni livore carens, tu cuncta superno
ducis ab exemplo, pulchrum pulcherrimus ipse
mundum mente gerens similique in imagine formans
perfectasque iubens perfectum absolvere partes.
Tu numeris elementa ligas, ut frigora flammis,
arida conveniant liquidis, ne purior ignis
evolet aut mersas deducant pondera terras.
Tu triplicis mediam naturae cuncta moventem
connectens animam per consona membra resolvis;
quae cum secta duos motum glomeravit in orbes,
in semet reditura meat mentemque profundam
circuit et simili convertit imagine caelum.
Tu causis animas paribus vitasque minores
provehis ut levibus sublimes curribus aptans
in caelum terramque seris, quas lege benigna
ad te conversas reduci facis igne reverti.
Da, pater, augustam menti conscendere sedem,
da fontem lustrare boni, da luce reperta
in te conspicuos animi defigere visus.
Dissice terrenae nebulas et pondera molis
atque tuo splendore mica; tu namque serenum,
tu requies tranquilla piis, te cernere finis,
principium vector dux semita terminus idem.

1 Text hier nach Boethius, Consolatio Philosophiae (ed. Büchner) . – Das Gedicht folgt in metrischer Form (Hexameter) und Aufbauschema dem antiken Götterhymnus: V.1–6a: Anrufung Gottes (επκλησεις) – V. 6b-21: Preis seiner Werke (αρεταλογια) – V. 22–28: Gebetsbitten (ευχαι); dazu Hehle S. 230–231 nach Gruber, S. 277–278.

Übersetzung von Karl Büchner[2]

Du, der das Weltall in ewiger Satzung beherrschest, des Himmels
und der Erden Schöpfer, der du von Ewigkeit wandeln
hießest die Zeit und in Ruh selbst, gibst, dass sich alles bewege,
den nicht äußere Gründe getrieben, aus flutendem Stoffe
auszuformen das Werk, sondern eingeborene Form des
höchsten Guten, das frei von Missgunst: du leitest alles
ab vom Vorbild droben, im Geist das herrliche Weltall
tragend, selber am schönsten, es formend in ähnlichem Abbild,
und befiehlst dem Vollkommnen vollendete Teile zu bilden.
Du erbändigst durch Zahlen den Urstoff, dass sich die Kälte
schickt in die Flamme, das Trockne dem Flüssigen, dass nicht das Feuer
zu rein entfliege oder die Massen die Erde versenken.
Du bists, der füget als Mitte die alles bewegende Seele
dreigeteilter Natur und sie löset in einträcht'ge Glieder;
da sie zerteilt die Bewegung in doppeltem Kreise geballt hat,
läuft sie ins Selbst sich zu kehrn und umkreiset die Tiefe des Geistes,
dreht auch herum zugleich nach ähnlichem Bilde den Himmel.
Du führst geringere Seelen und Wesen hervor durch gleichen
Grund und die flüchtigen fügend an leichte Gefährte, verteilst du
diese der Erde, jene dem Himmel; nach gütiger Satzung
dir zugewendet lässt du sie heimkehrn geleitet durchs Feuer.
Gib dem Geiste, o Vater, den erhabenen Sitz zu erklimmen;
gib die Quelle des Guten zu schaun; wenn das Licht so gefunden,
gib, dass von Angesicht auf dich das Auge des Geistes sich hefte!
Schlage entzwei Gewicht und Nebel der irdischen Schwere!
Strahle in deinem dir eigenen Glanze; denn du bist das Heitre,
du bist ruhige Rast allen Frommen, dich sehen ist Endziel,
Anfang, Beweger du, Führer und Pfad und Ende im gleichen!

2 Boethius. Trost der Philosophie. Deutsch

Boethius, ‚Consolatio' Buch III, Metrum 9 (Notker cap. 72)

ORATIO PHILOSOPHIAE AD DEUM UT SUMMUM BONUM IPSE DEMONSTRET[3]

01 **O sator terrarum cęlique,**
Tû sképfo hímeles únde érdo,[4]

02 **Qui gubernas mundum perpetua ratione,**
Tû dísa uuérlt *órdenôst únde scáffôst* únde ríhtest mít tînemo êuuîgen uuîstûome,[5]

03 **Qui iubes tempus ire ab ęuo,** – *id est: qui iussisti tempora incipere ab exordio mundi*
Tû die zîte hîeze *íro férte* begínnen sáment tero uuérlte,
uuánda êr neuuâren zîte, núbe êuuighéite.[6]

04 **Stabilisque manens das cuncta moueri,**
Únde sélbo státêr állíu díng *uuérbest únde uuéhselôst,*
Uuánda der hímel uuárbelôt únde álliu díng uuándônt.

05 **Quem non pepulerunt externę causę fingere opus fluitantis materię,**
– *id est: informis et indiscretę* –
Tíh nehéiniu ánderíu díng nescúntôn, daz *scáffelôsa zímber* ze máchônne,
ûzer démo dísiu uuérlt uuárd. Sî[7] *méinet tîa sámenthâftigûn mássa, dîa er ze êrest téta, an déro nîeht keskéidenes neuuás.*[8]

06 **Uerum** – *id est: nisi* – **insita forma boni carens liquore,**
Âne dîn sélbes *ínniglicha gûoti* nîeht *nîdes* hábentíu,

07 **Tu gerens mente pulchrum mundum pulcherrimus ipse,**
Tû in dînemo mûote *íu* trágende dísa scônûn uuérlt, scônero sélbo,

08 **Ducis cuncta ab *ęterno*[9] exemplo,**
Scûofe dû iz ál *nâh téro uuîsûn únde* nâh témo êuuigen bílde *dînes mûotes;*[10]

09 ***Similique imagine*[11] formans,** – *id est: formasti* –
Únde *démo* gelîch tâte dû iz,
sô dír in mûote uuás. Tír nebíldôta nîoman fóre.[12]

---

3 Ausführliche Behandlung dieses Kapitels bei Christine Hehle, Boethius in St. Gallen, S. 228–280. Im Folgenden wird auf Remigius und den sog. Anonymus Einsiedliensis hingewiesen, aus denen Naumann, Notkers Boethius, S. 47–48, Quellen für Notker ausgehoben hat. – Zur sehr unübersichtlichen Überlieferung und den (Teil-)Editionen dieser Kommentare zur ‚Consolatio' s. Love, Latin Commentaries, S. 103–108.

4 *sator>sképfo*: Remigius; vgl. den lat.-ahd. Reimhymnus ‚Sancte sator' des ‚Carmen ad deum' (Nr. 6). – Anklang an das apostolische Glaubensbekenntnis: *Patrem omnipotentem, Creatorem caeli et terrae.*

5 *uuîstûome: sapientia* Remigius.

6 *uuánda êr neuuâren zîte, núbe êuuighéite*: *nam antea non erat tempussed auuum, id est: perpetuitas quaedam.* Remigius.

7 Gemeint ist die personifizierte Philosophie.

8 zu Segment 05: *uocat illam informem materiam, quae in mente dei fuit, antequam mundus fuerit, quando omnia fluitabant neque enim adhuc facies terrae et aeris apparebat.* Remigius

Gebet der Philosophie zu Gott, dass er selbst das höchste Gut zeige[13]

01 **O Schöpfer der Erden und des Himmels,**
Du Schöpfer des Himmels und der Erde,

02 **Der du lenkst die Welt mit ewigem Ratschluss,**
Der du die Welt *ordnest und gestaltest* und regierst mit deiner ewigen Weisheit

03 **Der du der Zeit zu gehen befiehlst von Ewigkeit an** – *das heißt: der du den Zeiten befahlst zu beginnen vom Anfang der Welt an;*
Du hießest die Zeiten *ihre Fahrten* beginnen zugleich mit der Welt,
denn vorher gab es keine Zeiten, sondern Ewigkeit.

04 **Und unbewegt bleibend gibst du, dass alles bewegt wird,**
und selbst als Unbewegter alle Dinge *drehst und veränderst,*
denn der Himmel dreht sich und alle Dinge wandeln sich.

05 **Den nicht äußere Gründe trieben, das Werk der flutenden Materie zu formen,** – *das heißt: der formlosen und ununterschiedenen*
Dich nötigten keine anderen Dinge, den *gestaltlosen Werkstoff* zu machen,
aus dem diese Welt wurde. Sie meint die zusammenhaftende Masse, die er zuerst machte, an der nichts Unterschiedenes war.

06 **Sondern** – das heißt: außer – **die eingesäte Form des Guten, die keine Missgunst hat,**
außer deiner eigenen im Inneren befindlichen nichts an Hass habenden Güte,

07 **Du, der im Geist trägt die schöne Welt, selbst der Schönste,**
Du, *stets* tragend in deinem Sinn diese schöne Welt, selbst *noch schöner*,

08 **Du leitest alles ab vom *ewigen* Vorbild**
Schufst du es alles *nach der Weise und* nach dem ewigen Vorbild *in deinem Geist*;

09 **Nach ähnlichem Bilde gestaltend** – *das heißt: hast du gestaltet* –
Und *dem* gleich machtest du es,
wie es in deinem Geist war. Dir bildete niemand (etwas) vor.

---

9 *ęterno*: Boethius: *supremo*.
10 Zu Segment 07–08: *nâh têmo êuuigen bîlde dînes mûotes*: a temet ipso, Anonymus. – *sicut in tua dispositione cuncta imaginata erant*. Remigius.
11 *Similique imagine*: Boethius: *similique in imagine*.
12 Zur Problematik neuplatonischen Gedankenguts in Notkers Segmenten 07–09 Hehle, Boethius in St. Gallen, S. 243–244. Notker gibt die Handlungen des Schöpfers stets im Vergangenheitstempus wieder. Damit vermeidet er die platonische Vorstellung einer permanenten Tätigkeit des Schöpfers.
13 Vgl. zu den ab hier folgenden Übersetzungen stets die Übersetzungen in den Fußnoten bei Hehle, Boethius in St. Gallen, S. 323–278.

10 **Iubensque** – *id est : iussisti* – **perfectas partes absoluere perfectum,** – *subauditur: opus.*[14]

Únde hîeze dû uuóla getánív stúcche *máchôn* uuóla getân uuérh.

Uuánda álso uuâlliche líde máchônt uuâllichen mán, sô geskáh óuh táz, táz állero téilelîh tero uuérlte dúrhskáffenêr sîa máchôta dúrhskáffena. Prâste íro téilen, sô brâste íro sélbûn.

11 **Tu ligas elementa numeris,**[15] – *subauditur: certis;*

Quasi diceret:[16] „*Quatuor elementa ligas.*"[17]

Fîer elementa bíndest tu *sô* zesámine,

12 **Ut conueniant frigida flammis, arida liquidis,**

Táz *héiz* únde chált – *sô fíur únde uuázer íst* – únde dúrre únde *náz* – *sô érda únde lúft íst* – nîeht nestrîtên.

13 **Ne euolet purior ignis,**

Sô fásto, dáz *fóre lîehti* hína ûf neflîege daz lîehtera[18] fíur, *in démo nehéin trûobi ne íst, uuánda iz ze óberôst íst.*

14 **Aut pondera deducant mersas terras.**

Nóh tiu suâri tia érda níder nesénche.[19]

15 **Tu conectens mediam animam**[20] **resoluis per consona membra** – *id est: conectis et resoluis animam per consona membra.*

Tû gehéftest tia sêla zu *dîen íro* gemínnên líden *únde* zetéilest *sia áfter dîen,*

íh méino dia súnnûn gânda an míttemo *hímele únde in* míttemen *gânda dero* septem planetarum, *Tîa* philosophi *hîezen* animam mundi, *uuánda ál, dáz tir grûet únde uuáhset, táz túrhkât sî, álso diu sêla die líde tûot.*

16 **Triplicis naturę,**

Tíu drískero naturę *íst,*

uuánda si skînet, prûotet únde brénnet. Ánderíu fíur brénnent óuh, síu nebrûotent áber nîeht.[21]

---

14 Bei Boethius stehen Subjekt (*perfectum*) und Objekt (*perfectas partes*) des Satzes in Inversionsstellung. In Notkers Verständnis des Satzes sind Subjekt und Objekt vertauscht.

15 Ab hier bis Segment 23 steht als Erstquelle des Textes bei Boethius (Verse 10–21) immer die Kosmologie und Philosophie des platonischen Timaios im Hintergrund. Dazu Gruber, Kommentar und laufend zu deren Rezeption bei Notker Hehle, Boethius in St. Gallen.

16 d.h.: *Quasi Philosophia diceret.*

17 *Quatuor elementa*: *nam quatuor sunt elementa*. Remigius.

18 Hs. A (St. Gallen) *lîehtera* : Hs. D (Zürich) *luterera*; s. zur Stelle Haug/Vollmann, Kommentar S. 1241; vgl. in meiner Übersetzung die Anmerkung zur Stelle.

19 Zu Segment 11–14: *Nam quatuor elementa sunt elementa. ; terra frigida coniungitur igni, terra arida coniungitur aquae. ; quia illius natura talis est, ut semper superior petit*. Remigius.

20 Zu Segment 15–17: Für die Verse 13 und 14 des boethischen Textes nimmt Notker hier eine sehr freie Umstrukturierung vor, wie sie seiner Interpretation dienlich ist; s. dazu ausführlich Hehle, Boethius in

10 **heißend** – *das heißt: du hießest* – **vollkommene Teile, ein Vollkommenes** – *ergänze: Werk* –, **abzusondern.**

Und du hießest wohlgeschaffene Teile, ein wohlgeschaffenes Werk *machen.*

Denn wie wohlgestaltete Glieder einen wohlgestalteten Menschen ausmachen, so geschah auch dieses, dass jedes aller vollkommen gestalteten Teile der Welt sie zu einer vollkommen gestalteten machte. Zerbräche eines ihrer Teile, so zerbräche sie selbst.

11 **Du verbindest die Elemente durch Zahlen** – *ergänze: durch bestimmte*

Als ob sie[22] *sagen würde: „Die vier Elemente verbindest du."*

Die *vier* Elemente bindest du *so* zusammen,

12 **Dass die kalten Dinge zu den Flammen passen, die trockenen Dinge zu den feuchten,**

Dass *Heißes* und Kaltes – *wie es Feuer und Wasser ist* – und Dürres und *Nasses* – *wie es Erde und Luft ist* – nicht im Streit liegen,

13 **Dass nicht entfliege das reinere Feuer**

so fest [bindest du sie zusammen], dass *wegen Leichtigkeit* weder hinauffliege das lichtere[23] Feuer, *in dem keine Trübheit ist,*

denn es ist zuoberst;

14 **Oder die Gewichte hinabführen versenkte Erdenmassen.**

Noch die Schwere die Erde niedersenke.

15 **Du, indem du die in der Mitte befindliche Seele [ihnen] verbindest, verteilst du sie durch einhellige Glieder hindurch** – *das heißt: du verbindest und verteilst die Seele durch* einhellige Glieder *hindurch*

Du heftest die Seele an *die untereinander in* Liebe verbundenen Glieder und verteilst sie *denen gemäß.*

Ich meine die Sonne, die mitten *am Himmel geht und in der* Mitte *der sieben Planeten geht, welche* die Philosophen die Weltseele *nannten; denn alles, das da grünt und wächst, das durchdringt sie, wie die Seele es mit den Gliedern tut.*

16 **[Als Seele von] dreifacher Natur,**

(als Seele,) die dreifacher Natur ist,

denn sie leuchtet, spendet Leben[24] *und verbrennt. Andere Feuer verbrennen auch, sie spenden aber kein Leben.*

St. Gallen, S. 254–256. Bei Boethius ist im neuplatonischen Sinne die Weltseele gemeint. Notker versteht diese *anima*, deren Annahme gegen die christliche Lehre verstieße und für den Christen Boethius nicht unterstellt werden dürfte, als poetisches Bild für die Sonne, die bei ihm – nach mittelalterlicher Kosmologie – als mittlerer der Planeten und als das lebebensbewirkende Prinzip auf der Erde ihrerseits wiederum als Bild für die menschliche Seele aufgefasst ist; vgl. das bei Notker Folgende.

21 Zu Segment 16: *solem dicit, quia lucet, fouet et incendit*. Anonymus.

22 **sie:** die Philosophia.

23 Haug/Vollmann übersetzten gemäß ihrer Textherstellung *daz lutere*, „das reinere". – Hehle, Boethius in St. Gallen, S. 248, übersetzt: „das leichtere Feuer".

24 ***prûotet*:** „brütet".

17 **Mouentem cuncta** – *subauditur: ad crescendum.*
Állíu díng *chícchenta,*
álso únseren lîchamen diu sêla chícchet.[25]

18 **Quę, cum glomerauit motum secta in duos orbes,** – *id est: quę cum circumducit cursum sectum in duo hemisperia* – **meat reditura in semet,** – *id est: in suum ortum*
Únde sô sî gechrúmbet íro fárt, ketéilta in zuêne bógen, – *éinen óbe érdo, ánderen únder érdo,* – sô gât si uuídersínnentíu ze íro *ortu.*

19 **Circuitque mentem profundam, et conuertit** – *id est: conlustrat* – **cęlum simili imagine.**
Únde *náhtes* erstrîchet si *dîa tóugenûn fárt únder déro érdo,* únde ze sámelichero uuîs erstrîchet *si táges* ten hímel *óbe dero érdo.*[26]

20 **Tu prouehis** – *id est: producis* – **animas uitasque minores paribus causis**[27] – *hoc est causis, ut essent, qui deo gratis obedirent.*
Úmbe gelîchíu díng scûofe du *ángelos* únde dîe ín hínderôren *ménnisken.*
Uuáz uuás tíu causa? *Táz sie díh, íro sképfen, bechénnên únde êreên.*

Uel sic: Mít kelîchên díngen hábest tu *ángelos únde hómines* fúre gezúcchet *fúre ánderíu tîer,*
íh méino: ratione et intellectu.[28]

21 **Et aptans sublimes leuibus curribus**
Únde sîe hóho erhéuende in spûotîgên sínnen[29]

22 **Seris in cęlum terramque,**
Sézzest tu sie in hímele únde in érdo,
Angelos *in hímele,* homines *in érdo.*[30]

---

25 Zu Segment 15 und 17: *sol enim medius est inter planetas. Philosophi animam mundi solem dixerunt esse, quia sicut calificat corpus anima, ita solis calore uiuificant omnia; eius calor diffusus per creaturas facit eas gignere et re uera, ut phisici dicunt, calore illius omnia gignit et gignitur.* Remigius.

26 Segment 19: Hier löst sich Notkers Wiedergabe des Textes im Sinne seines Verständnisses gänzlich von Wortlaut und eigentlicher Bedeutung der Stelle bei Boethius. – Zusammenfassend Segment 18–19 (Boethius V. 13–17): Quellen Notkers: *Cursum ducit in duos circulos, unum super terram, alterum subtus.* Anonymus. – *Sol et occidit et reuertitur ad ortum suum.* Remigius. – *diuisa per diem et noctem* Anonymus. – *„nahtes“ – „tages“*: *profundam – occultam* (*„tougenun“*) Anonymus. Notker denkt hier an den sich wiederholenden Tagesumlauf der Sonne um die Erde (vgl. das Folgende). – Die „zwei Kreise“ bei Boethius dürften unter dem kosmologisch-astronomischen Aspekt eher den doppelten Umlauf der Sonne im Tages- und Jahreskreislauf meinen, der seinerseits ein Abbild des Vorbildes der Weltseele darstellt, eines Vorbildes, das nach seiner Emanation in den materiellen Kosmos wieder in sich selbst zurückkehrt (vgl. *meat reditura in semet*); s. Gruber, Kommentar, S. 184; Hehle, Boethius in St. Gallen, S. 251–252.

27 Hier bringt Notker ausnahmsweise zwei Übersetzungs- und Verständnisalternativen, die erste im Anschluss an seine Paraphrase *prouehis – id est: producis*, die zweite im Sinne eines Verständnisses von *prouehere* als „bevorzugen“.

17 **die alles bewegt** – *ergänze: zum Wachsen.*
Alle Dinge *belebend,*
wie [auch] unseren Leib die Seele belebt.

18 **Welche, wenn sie die Bewegung in zwei Kreise geballt hat,** – *das heißt: welche, nachdem sie den in zwei Halbkugeln geteilten Lauf in die Runde geführt hat* – **zurückkehrend in sich selbst geht,** – *das heißt: an ihren Ausgangspunkt*
Und wenn sie ihre Fahrt krümmt, die in zwei Bögen geteilte, – *einen über der Erde, einen unter der Erde* – dann geht sie zurücklaufend zu ihrem Aufgang,

19 **und umkreist ihren tiefen Geist und dreht herum** – *das heißt: erleuchtet rundum* – **den Himmel nach ähnlichem Vorbild.**
und *des nachts* durchstreicht sie *die verborgene Fahrt unter der Erde*, und in gleicher Weise durchstreicht sie *am Tage* den Himmel *über der Erde.*

20 **Du bringst auf die Bahn** – das heißt: du bringst hervor – **Seelen und geringere Lebewesen aus gleichen Gründen** *das heißt „Gründen", damit es (Wesen) gäbe, die Gott freiwillig gehorchen würden.*
Wegen gleicher Gründe schufst du die Engel und die ihnen hintangestellten *Menschen.*
Was war die causa*? Dass sie dich, ihren Schöpfer, erkennen und ehren mögen;*

Oder so: Aus den gleichen Gründen hast du die Engel und die Menschen vorgezogen vor *anderen Lebewesen,*
ich meine: wegen Verstand und Vernunft.

21 **Und indem du die Erhabenen leichten Fahrzeugen anpasst,**
und indem du sie hoch erhebst in geschwinden Gedanken

22 **pflanzest du die in den Himmel und auf die Erde,**
setzest du sie in die Himmel und auf die Erde
die Engel *in die Himmel,* die Menschen *auf die Erde.*

---

28 Zu Segment 20: *paribus causis: sapientia et ratione.* Anonymus. – *Quidam ita intellexerunt, ut animas dicat angelos, uitas uero minores homines.* Remigius. – Zu *uel sic*: *paribus causis dicit esse homines et angelos prouectos et honoratos scilicet sapientia et religione, ut deum intellegerent et ipsum crederent uel colerent.* Anonymus.
29 Zu Segment 21: *hóho Adv.* für *sublimes* Adj. bei Boethius. – *in spûotîgên sínnen: subtili copntemplatione* Remigius.
30 Zu Segment 22: *inmittit angelos in caelum, homines in terram.* Remigius.

23 **Quas** – *subauditur: animas et uitas* – **facis *tu* conuersas benigna mente[31] conuerti ad te reduci igne.**
Tîe tûost tû uuíder sínnen ze dír, án díh keuuánte, mít tînero uuólauuílligi.

24 **Da, pater, menti** – *subauditur: eius*[32] – **conscendere augustam sedem,**
Tû dáz tûost, kíb sînemo mûote, dáz iz hína ûf kestîgen múge ze dînemo chéiserlîchem stûole,
táz iz hímeliskíu díng fernémen múge.[33]

25 **Da lustrare** – *id est: inuenire*[34] – **fontem boni.**
Ketûo sînen sín *finden* gûotes úrspríng.

26 **Luce reperta**
Únde sô er dáz lîeht fínde,

27 **Da defigere in te conspicuos uisus animi.**
Sô getûo ín fásto háben an dír clátiu *óugen sînes sínnes.*

28 **Dissice nebulas et pondera[35] terrenę molis,**
Zeirfûore *dîa blíndi* únde *dîe súndâ* des írdisken *lîchámen.*

29 **Atque mica tuo splendore.**
Únde skîn *ín âna* mít tînemo skîmen.

30 **Tu namque serenum,**
Tû bíst tiu héiteri.

31 **Tu tranquilla requies piis,**
Tû bíst tiu kemáchíu râuua dien gûotuuílligên.

32 **Te cernere finis**
Sô man díh kesíhet, *táz íst* taz énde.

33 **Idem principium, uector, dux, semita,[36] terminus.**
Tû bíst taz ánagénne, *tû bíst*, tér únsih fûoret – *subauditur: ze demo énde* – ;
tû bíst uuégouuîso *únde sélbêr* der uuég *únde* daz énde,
ze démo uuír râmeên.

---

31 Boethius im Editionstext (Büchner) *benigna lege.* – Zu benigna lege: uoluntate Anonymus.

32 *menti – subauditur: eius*: gemeint ist Boethius, für den Philosophia betet.

33 Zu Segment 24: *mûote, dáz iz* Hs. D (Zürich): *sinne, daz er himeliskiu ding fernémen múge*; – Hs. A (St. Gallen): *táz iz hímeliskíu díng fernémen múge.* – *hímeliskíu ding*: *ad consideranda caelestia.* Remigius.

34 ***inuenire***: *investigare* Anomymus.

35 ***pondera:*** *peccata* Remigius.

36 ***semita***: *semita per quam te perueniamus.* Remigius

23 **bei welchen** – ergänze: Seelen und Lebewesen – **als bei Bekehrten du in gütigem Sinn bewirkst, dass sie als Bekehrte zu dir durch das Feuer zurückgeführt werden.**
Bei denen bewirkst du, dass sie wieder auf dich sinnen, als dir Zugewendete, mit deinem Wohlwollen.

24 **Gib, Vater, dem Geist** – ergänze: seinem – **das Ersteigen des erhabenen Sitzes,**
(der) du das tust, gib seinem Geist, dass er hinaufsteigen könne zu deinem kaiserlichen Stuhl
auf dass er himmlische Dinge vernehmen vermöge.

25 **Gib das Schauen –** *das heißt: das Finden* – **der Quelle des Guten,**
Mache, dass sein Geist die Quelle des Guten *finde*.

26 **bei gefundenem Licht**
Und wenn er das Licht finde,

27 **Gib das Heften der durchdringenden Blicke der Seele auf dich.**
so mache, dass er fest halte an dir die klaren *Augen seines Geistes*.

28 **Zerstöre die Nebel und die Lasten irdischer Masse**
Zerstöre *die Blindheit* und die *Sünden* des irdischen *Leibes*.

29 **Und strahle mit deinem Glanz.**
Und scheine *ihn an* mit deinem Schein.

30 **Denn du bist das Klare,**
Du bist das Heitere

31 **Du die ruhige Rast den Frommen.**
Du bist die passende Ruhe denen guten Willens.

32 **Dich sehen, ist Ziel.**
Wenn man dich sieht, das ist das Endziel.

33 **(Du bist) gleichermaßen Anfang, Fahrer, Führer, Pfad, Grenzmaß.**
Du bist der Anfang, *du bist es*, der uns voranbringt – *ergänze: zu dem Ende*,
du bist der Wegweiser *und selber* der Weg *und* das Ende,
zu dem wir hinstreben.

41 Drei Stücke aus Notkers Bearbeitung der ‚Nuptiae Philologiae et Mercurii' des Martianus Capella King

²**VL** 6 (1987), Sp. 1212–1236, (Stefan Sonderegger). – **VL** ahd. und as Lit. (2013), S. 293–315 (Sonja Glauch).
Ü.: St. Gallen, Stiftsbibliothek, Cod. 872.
Abb.: Fischer, Schrifttafeln, Taf. 11b (pag. 2). – vollständiges Digitalisat der Hs. in Farbe, hier pag. 123: https://www.e-codices.unifr.ch/de/csg/0872/123/0.
Dat.: Text vor 1017, Handschrift 11. Jh.
Spr.: alem.
Ed.: King, Notker, Martianus Capella. – Glauch, s. Lit.
Lit.: Zu Notker allgemein: Kelle, LG 1, S. 232–274 und S. 393–412. – Kögel, LG I,2, S, 598–626. – Ehrismann, LG 416–458. – Haubrichs, Die Anfänge, S. 221–226. – King, Notker latinus zum Martianus Capella (Kommentar). – Backes, Notkers Martian-Übersetzung. – Glauch, Die Martianus-Capella-Bearbeitung Notkers.
Zu Martianus Capella: Martianus Capella, Ed. Dick.[1] – Remigius, Commentum. – Martianus Capella and the Seven Liberal Arts. – Martianus Capella, Zekl, Übersetzung. – Cristante et alli, traduzione.

1 NOTKER II,23 MARTIAN 134–137.1 PURGAT ATHANASIA King S. 123–125; Notker latinus S. 185–190.

2 NOTKER II,24 MARTIAN 138–139 3.2 DE UARIETATE COLLECTORUM King S. 125–128; Notker latinus S. 186–190.

3 NOTKER II,39 MARTIAN 138–139 3.3 SOLEM ADORAT (SONNENHYMNUS) King S. 153–157; Notker latinus S. 224–233.

Text nach King, Notker, Martianus Capella, S. 123–125; Remigius, Commentum S. 173–175. – Remigius hier nach Notkers des Deutschen Werke, Sehrt/Starck. – Notker latinus zum Martianus Capella S. 185–190.

---

1 Zur noch nicht vollständigen neuen Ausgabe: Martianus Capella, neue Ausgabe (s. Literaturverzeichnis). – Diese Ausgabe, von der für Notker besonders der erste Band relevant wäre, ist hier noch nicht berücksichtigt.

1

NOTKER II,23 MARTIAN 134–137. King, S. 123–125. Notker latinus, S. 184–185.

PURGAT ATHANASIA PER UOMITUM A MORTALITATE EAM

01 **Ante hanc** – *subauditur: lecticam* – **prçminebat quçdam femina augustioris uultus ac sacro lumine çtherioque resplendens uenerabili antistitio**[2] – *id est: prçsulatu.*

Dâr fóre fûor éin fróuua chéiserlichero getâte in héiligemo únde in hímeliskemo lîehte skînentíu únde in êruuirdigero bíscofheite.[3]

02 **Quam cum omnes, qui affuere, conspicerent, reueriti sunt**[4] **inclitam maiestatem ut deorum omnium mundique custodem.**

Álle, dîe dâr uuâren únde sîa ersáhen, dîe êretôn íro mârun mágenchráft sámo so háltarun dero góto állero ióh tero uuérlte.[5]

03 **Huic Athanasiç nomen fuit.**

Téro uuás námo *immortalitas.*

Sî máchot deos immortales et çternos *únde* mundum perpetuum.[6]

04 **Et „heus," inquit, „uirgo,**

Únde „hôre hára mágeti," chát si:

05 **„Precepit deorum pater hac regali lectica in cçli palatia subueharis,**

„Tero góto fáter hábet kebóten, dáz tû ûfen dísemo chúninglichen trágebétte fárêst ze hímele,

06 **Quam quidem nulli fas attrectare**[7] **terrigenç,**

Dáz nehéinemo dero írdiskôn mûoza ne íst ze híndelonne.

07 **Sed nec tibi quidem licet ante poculum nostrum."**

Nóh tír sélbun êr mînemo tránche."[8]

---

2 ***antistium***: „Vorsteheramt"; im Altertum nur bei Martian belegtes Wort; Notkers Übersetzung lehnt sich an mlat. *antistes* als Amtsbezeichnung des Bischofs an.

3 ANTE HANC *subaudis lecticam* PRAEMINEBAT QUAEDAM FEMINA ANGUSTIORIS UULTUS *id est nobilioris uel praestantioris*, RESPLENDENS *ipsa* UENERABILI ANTISTITIO *id est praesulatu uel primatu*, ET RESPLENDENS SACRO ET AETHEREO LUMINE. Remigius.

4 ***sunt*** fehlt Martian.

5 REUERTI subaudis INCLYTAM MAIESTATEM eius, VT CUSTODEM OMNIUM DEORUM ET MUNDI. Remigius.

6 *Et bene Athanasia, id est immortalitas, et* MUNDI CUSTOS *esse dicitur, quia dii aeterni sunt, mundus uero perpetuus.* Remigius.

7 ***attractare*** Martian.

8 ***ne tibi quidem ipsi ante nostrum poculum licet.*** Martian.

Athanasia reinigt [die Philologie] durch Erbrechen von der Sterblichkeit

01 **Vor dieser** – will sagen: der Sänfte – **ragte heraus eine Frau von erhabener Miene und strahlend in heiligem und himmlischem Licht aufgrund ihres ehrwürdigen Vorsteheramts** – das heißt: hohen geistlichen Amtes

Davor ging eine Frau kaiserlichen Aussehens, leuchtend in heiligem und himmlischem Licht und in ehrwürdiger Art eines Bischofs.

02 **Als diese alle, die anwesend waren, erblickten, erwiesen sie Verehrung ihrer berühmten Majestät als der Hüterin aller Götter und des Weltalls.**

Alle, die dort waren und sie erblickten, die erwiesen Ehre ihrer berühmten Majestät als Hüterin aller Götter und der Welt.

03 **Diese hatte den Namen Athanasia.**

Deren Name war *Immortalitas.*

Sie macht deos immortales et aeternos *und* mundum perpetuum.

04 **Und „Ach," sagte sie, „Jungfrau:**

Und „höre zu, Mädchen," sagte sie:

05 **„Der Vater der Götter befahl, dass du auf dieser königlichen Sänfte in die himmlischen Paläste getragen werdest,**

„Der Vater der Götter hat geboten, dass du auf diesem königlichen Tragbett zum Himmel fahrest.

06 **welche zu berühren freilich keinem Erdgeborenen bestimmt ist**

an das keinem der Irdischen bestimmt ist, die Hand zu legen,

07 **aber auch nicht einmal dir ist es erlaubt vor unserem Trank."**

auch selbst dir nicht vor meinem Trank."

08 **Et cum dicto leniter dextra pertractat pulsum cordis eius pectusque**

Ûnde mít témo uuórte ergréifota sî íro brúste únde dén sprúngezôd íro hérzen.

09 **Ac respiciens, nescio qua intima plenitudine, distentum** – *subauditur: ipsum pulsum* – **magno cum turgore „ni hęc," inquit, „quibus plenum pectus geris, uomueris coactissima egestione forasque diffuderis, immortalitatis sedem nullatenus optinebis."**

Ióh sî sâr geuuár uuérdende ín fône neuuéiz uuélero fúlli erspárten únde inbláhenen – *dáz chît: fône inbláheni únde fône irspérredo* – uuórtenen „sôse," chád si, „tû ne irspîêst tísen glónken, dés tû fólle brúste hábest, únde dû neuuérfêst tén ûz, nóh tû dára nechúmest, târ dû úndôdig sîst."

10 **At illa omni nisu magnaque ui, quicquid intra pectus semper senserat,**[9] **euomebat.**

Tô erspêh sî sâr hírlicho síh péitendo ál dáz, tés sî ín íro guuár uuárd.

11 **Tum uero illa nausia ac uomitio laborata**[10] **conuertitur in copias omnigenum literarum.**

Dáranâh uuárd, táz sî mít árbeiten irspêh, ze állero sláhto bûochen,
Uuánda fóne éinemo fonte rationis *chôment álle bûohlíste.*

12 **Cernere erat, qui libri quantaque uolumina, quot linguarum opera ex ore uirginis defluebant.**

Târ máhtist tu séhen, uuîo mánigîv bûoh *súnderigiu* únde zesámine gebúndeniu únde uuîo mánigero sprâchon scrífte ûzer íro múnde fûoren.

---

9 ***quicquid intra pectus perpenderat*** Martian.

10 ***elaborata*** Martian. – Zum Folgenden vgl. Birt, Das antike Buchwesen, S. 121; es werden die verschiedenen Buchformen des Altertums aufgezählt: Buchrollen (*rotuli*) aus Papyrus oder Leinen, gebundene Bücher (*codices*) aus Schafspergament, Schriften auf Lindenborke. Diese Buchformen gab es im vierten und fünften Jahrhundert; die Rollenform herrschte noch vor, aber der gebundene Kodex ersetzte sie bald. – Zum Rotulus als Buchform ausführlich Kössinger, Schriftrollen 2020.

08 **Und mit diesem Wort untersucht sie sanft mit der Rechten ihren Puls und ihre Brust.**

Und mit diesem Wort ergriff sie ihre Brüste und den Puls ihres Herzens.

09 **Und indem sie bemerkte, dass er aufgebläht war** – *will sagen: eben der Puls* – **ich weiß nicht durch was für eine innere Fülle mit einer großen Schwellung, sagte sie: „Wenn du nicht diese Dinge, von denen du die Brust voll hast, erbrichst und mit ganz gewaltsamer Entleerung ausfließen lässt, wirst du den Sitz der Unsterblichkeit auf keine Weise erlangen."**

Und, sogleich gewahr werdend ihn als einen, ich weiß nicht von welcher Fülle aufgeschwollen und aufgebläht – *das heißt: durch Aufblähung und Schwellung* – gewordenen, „Wenn," sagte sie, „du nicht ausspeist diesen Schleim, von dem du die Brüste voll hast, und du den nicht auswirfst, kommst du auch nicht dorthin, wo du unsterblich bist.

10 **Aber jene erbrach mit aller Anstrengung und großer Gewalt, was immer sie jemals in ihrer Brust wahrgenommen hatte.**

Da spie sie sogleich aus heftig sich anstrengend all das, dessen sie in sich gewahr wurde.

11 **Dann aber verwandelt sich jene Übelkeit und das mühevoll Erbrochene in Massen von Schriften aller Art.**

Danach wurde, was sie mit Mühen ausgespien hatte, zu Büchern aller Arten.

Denn von einem (einzigen) fonte rationum *kommen alle Buchkundigkeiten.*

12 **Es war zu sehen, welche Bücher und wieviele Buchrollen, welche Werke in wie vielen Sprachen aus dem Mund der Jungfrau niederflossen.**

Da konntest du sehen, wieviele *einzelne* Bücher und (wieviele) zusammengebundene und Schriften wie vieler Sprachen aus ihrem Mund kamen.

13 **Alia**[11] **ex papiro, quę cedro** – *id est: resina cedri* – **perlita fuerat, uidebantur,**
Súmelichiv vuâren geuuórht ûzer demo egypzisken bíneze, dér mít *cêdrinemo flîede* besmízen uuás,
táz er nefûleti.[12]

14 **Alii libri carbasinis implicati uoluminibus,**
Súmelichiu bûoh peuuv́ndeniu in lînninen bízucchen,[13]

15 **Ex ouillis quoque multi tergoribus,**
Ióh scáphinis pérgaminis mánigiv,

16 **Rari vero in phillire cortice subnotati.**
Únmánigíu uuâren gescrîben án déro ríndun dés póumes *phillire,*
álso iz ív síto uuás.[14]

17 **Erantque quidam sacra nigredine colorati,**
Uuâren súmelichiu mít tínctun gescríbeniu.[15]

18 **Quorum literę animantium**[16] **credebantur effigies,**
Téro bûocho scrífte óugton dero lîbhafton bílde,
uuánda phisiologia *ságet* de naturis animantium.[17]

19 **Quasque librorum notas Athanasia conspiciens quibusdam eminentibus saxis iussit asscribi atque intra specum per egiptiorum adita**[18] **collocari.**
Dîe réiza dero bûocho Athanasia geséhendíu hîez sî sie gescrîben in díuren stéinen únd gehálten ín dîen érdlúcheren dero egýpziscon chîlechon.
Uuánda dô íu líste zegángen uuâren, dô vuúrton sie erníuuot fóne egyptiis.[19]

20 **Eadem saxa ‚stellas'**[20] **appellans deorum stemmata pręcepit continere.**
Únde dîe stéina *stellas* némmende hîez sî dero góto chúnnezála darána stân,
uuánda dîe sámo zórft sínt sô stérnen.[21]

---

11 ***alii*** Martian, auf das vorangehende *libri* bezogen; *alia* in Notkers Vorlage wohl mit Bezug auf das folgende Relativpronomen *quae*; doch bezieht sich dieses auf das Femininum *papyrus*. Notker übersetzt intuitiv als ob *alii* dastünde.

12 *Apud aegiptios ex biblo fiunt libri, qui est genus papyri.* Remigius; – griech. βιβλοσ, fem. „Bast der Papyrusstaude, Papier, Buch". – *Papyrus autem suco cedri lillitus imputribilis est.* Remigius.

13 Was für eine Buchform gemeint ist, wird nicht recht klar. Zekl, (Martianus Capella, Zekl, Übersetzung) übersetzt: „andere Bücher waren eingeschlagen in Bände feinen Nesseltuchs." Dem entspricht Notkers Übersetzung ziemlich genau.

14 CORTICE PHYLLIRAE *Phillire species est arboris, de cuius arboris cortice ueteres uolumina faciebant.* Remigius; – griech. φιλυρα „Lindenbast"; Notker lässt das griechische Wort unübersetzt; vermutlich hat er es nicht verstanden und hält sich einfach an seine Quelle. – Gemeint ist wohl eine Art Schreibtäfelchen für kurze Notizen, s. Cristante et al.

15 COLORATI *id est descripti*, SACRA NIGREDINE *hoc est incausto.* Remigius. – Gemeint sind hieroglyphische Schriften, darauf deutet *sacra nigredine*, s. Cristante et al.

16 ***animantum*** Martian; Martian hat die irrige Vorstellung, dass die Hieroglyphen Tierdarstellungen als Schriftzeichen benutzen.

17 LITTERAE ergo illae ANIMALIUM EFFIGIES CREDEBANTUR, *quia sapientia de mundo disputat et de naturis animalium philosophatur.* Remigius.

13 **Die einen sah man aus Papyrus, der mit Zeder** – *das heißt: mit dem Harz der Zeder* – **bestrichen worden war,**

Einige waren gewirkt aus der *ägyptischen Binse*, die mit zedernem Harz beschmiert (worden) war,

damit sie nicht faulen sollte.

14 **Andere Bücher waren umwickelt mit leinenen Bändern,**

Einige Bücher waren umwunden in leinenen Bezügen,

15 **auch (gab es) viele aus den Rückenhäuten von Schafen,**

und aus schafenem Pergament (gab es) viele,

16 **seltene aber waren aufgezeichnet auf der Borke der Linde.**

nicht viele waren geschrieben auf der Rinde des Baumes *phillirae*,

so wie es einstmals Sitte war.

17 **Es gab gewisse, die mit heiliger Schwärze gefärbt waren,**

Es gab einige, die mit Tinte geschrieben waren,

18 **deren Buchstaben man für Bilder von Lebewesen hielt**

Die Schriften dieser Bücher zeigten Bilder der Lebewesen,

denn die phisiologia *spricht* de naturis animantium.

19 **Als Athanasia die Schriftzeichen dieser Bücher erblickte, gebot sie, dass sie auf gewissen, hochragenden Steinen aufgeschrieben und dass sie innerhalb einer Höhle überall in den ägyptischen Heiligtümern aufgestellt würden.**

Athanasia, die Zeichnungen dieser Bücher sehend, gebot, sie zu schreiben auf kostbare Steine und sie aufzubewahren in den Erdlöchern der ägyptischen Kirchen.

Denn als einst die Wissenschaften untergegangen waren, da wurden sie erneuert von den egyptiis.

20 **Und indem sie diese Steine „Sterne" nannte, schrieb sie vor, dass sie die Stammbäume der Götter enthalten sollten.**

Und indem sie diese Steine *stellas* nannte, gebot sie, dass der Götter Stammbäume darauf stehen sollten.

Denn diese (Stammbäume) sind ebenso glänzend wie die Sterne.

---

18 griech. αδυτον „das Allerheiligste" (innerster Raum des Tempels).

19 In quibusdam eminentibus saxis *id est praecipuis uel praetiosis lapidibus* iussit ascribi atque iussit collocari *illa supradicta* intra specum *id est antrum* [...] Per adita *id est templa* Aegyptiorum. *Tangit hoc loco quod cum omnes artes pessumdatae essent, id est annullatae, et defecissent in toto mundo, ab Aegyptis reparatae sunt*. Remigius.

20 ***stelas*** Martian; die falsche Lesart *stellas* veranlasste schon Remigius zu der von Notker übernommenen Deutung: appellans illa saxa stellas pro claritate originis deorum. *Illa ergo saxa stellas appellauit quia claram et nobilem deorum originem continebant*. Remigius.

21 Praecepit Athanasia continere eadem saxa stemmata *id est genealogias uel origines*. Remigius; *zórft* als Beiwort zu *chúnnezála* metaphorisch, die Stammbäume „glänzen"; ebenso sind die *stellae* als steinerne Träger der Inschriften metaphorisch als „Sterne" verstanden.

2

Notker II,24 Martian 138–139. King, S. 125–128. Notker latinus, S. 186–190.

De uarietate collectorum

01 **Sed dum talia uirgo undanter euomeret, puellę quamplures, quarum ‚Artes' alię, alterę dictę sunt ‚Disciplinę',[22] subinde, quę ex ore uirgo effuderat, colligebant in suum unaquęque illarum necessarium usum facultatemque corripiens.**

Únz sî sólchero díngo fílo spêh, sô ráspotôn, dáz ûzer íro múnde fûor, súmeliche dîernun, dîe ‚Líste' únde ‚Lírnunga'[23] hîezen, íro îogelichiu iz zúcchende ze íro núzzedo únde ze íro gezívge.[24]

02 **Ipse etiam Musę, pręsertim Vranię Caliopeque, innumera gremio congessere uolumina.**

Ióh sélben die *Camenę*[25] – állero méist tíu natûrlicha in hímele: Urania, únde díu erdâhta in érdo: Caliope, – gesámenotôn mánigíu bûoh in íro scôza.

Állêr dér líst íst fóne dîen zuéin gescríben.[26]

03 **In aliis quippe formatę sunt paginę, distinctę ad tonum ac deductę,**[27]

An dîen bûochen súmelichen uuâren gebíldot *paginę*, ál after *tonis* keskídote únde gelángte

nâh téro geskéfte brítero. Uuánda in musica octo modi *gemâlet uuérdent álso léitera, bedíu sínt tíu féld keskáffeníu álso* paginę *únd bríteliu, díu únderzuísken dien únderslâhten sínt tero* tonorum *únde dero* semitoniorum. *Díe sélben* modi *uuérdent sáment kebíldot, sámoso áhto léiterun óbe éinánderên geléinet uuérden únde îogelichíu dia ándera fúreskîeze éines sprózen.*[28]

---

22 Zu *Artes / Disciplinae*: s. Remigius in Fußnote 24; vgl. ferner Fußnote 23 und auch die Sacherläuterung bei Cristante et al.

23 Zu *‚Líste' únde ‚Lírnunga'* vgl. *líste / uuíste* in Fußnote 22.

24 Quarum aliae dicta sunt artes, aliae disciplinae. *Inter artem et disciplinam hoc distat: disciplina est cum discitur, ars autem cum ad perfectum animi habitum, id est intelligentiam, peruenerit* (vgl. líste / *uuíste* in Abschnitt 7). – Subinde id est frequenter et saepe colligebant quae effuderat uirgo ex ore suo corripiens illa unaquaeqva illarum, id est puellarum, in suum necessarium usum et facultatem, *id est possibilitatem. Facultas est uniuscuiusque rei possibilitas. Quod enim ex uno fonte rationis procedit, multiformiter in species artium diuisum est, et ideo dicuntur singulae artes* in suum usum et facultatem *necessaria rapuisse ex his* quae effuderat *Philologia*. Remigius.

25 *Camena*: dafür bei Notker dreimal *sáng-cúten* „Gesangesgöttin" belegt, Sehrt, Notker-Wortschatz.

26 Vranie Calliopeque *Ideo hae duae prae ceteris libros illos colligebant [...], nam Urania caelestis musicae, Calliope autem artificialis musicae est presul*. Remigius.

27 Der Sinn von *distinctae ad tonum ac deductae paginae* bei Martian ist nicht eindeutig geklärt; Zekl (Martianus Capella, Zekl, Übersetzung) übersetzt: „In einigen davon waren die Seiten von oben bis herab nach unten mit Zeichen der Betonung ausgestattet." Cristante et al.: „Perché in alcuni di essi vi erano colonne più sottile e divise a seconda della loro tonalitá." Wahrscheinlich ist *tonus* im Sinne von

Über die Vielfalt des Eingesammelten

01 **Aber als die Jungfrau solches in Strömen[29] erbrach, sammelten sogleich mehrere Mädchen, von denen die einen ‚Artes', die anderen ‚Disciplinae' genannt sind, zusammen, was die Jungfrau aus dem Mund ausströmen ließ, eine jede von ihnen aufraffend gemäß ihrem notwendigen Bedarf und ihrer Veranlagung.**

Während sie viel von solchen Dingen ausspie, da rafften zusammen, was aus ihrem Mund herausfuhr, einige Mädchen, die ‚Wissenschaften' und ‚Gelehrsamkeiten' hießen, indem eine jede es zu ihrem Nutzen und zu ihrem Handwerkszeug heran zog.

02 **Auch die Musen selbst, besonders der Urania und der Kalliope, häuften zahllose Volumina in ihrem Schoß auf.**

Und eben die *Camenae* – am meisten von allen die natürliche im Himmel: Urania, und die erdachte auf der Erde: Kalliope, – sammelten viele Bücher in ihre Schöße.

All diese Kunst ist von den beiden aufgeschrieben.

03 **In den einen sind die Seiten unterschiedlich gestaltet auf die Tonart hin und verlängert,**

In einigen dieser Bücher waren die *paginae* ganz gemäß den *tonis* als unterschiedene und verlängerte,

nach der Beschaffenheit von Brettern. Weil in der musica *die* octo modi *gezeichnet werden wie Leitern, deshalb sind die Felder beschaffen wie* paginae *und Brettchen, die zwischen den Abständen der* tonorum *sind und der* semitinorum. *Eben diese* modi *werden zusammen abgebildet, gleichsam als ob acht Leitern übereinander gelehnt werden und jede die andere um eine Sprosse überragt.*

„Akzent" zu verstehen; dann wäre die Rede von „Seiten, auf denen ausgeprägte Akzente geschrieben waren und sorgfältig gezogene Linien"; oder soll man verstehen: „Seiten, auf denen Verse in langen, je nach Versart unterschiedlich gestalteten Spalten geschrieben standen"? Vgl. zu alledem Cristante et. al.; soviel zu Martian. Notker bezieht *tonus* im Anschluss an Remigius (seine Kommentarquelle s. u.) und darüber hinaus an Boethius *De musica* auf das System der *modi* in der antiken Musiktheorie (nicht auf die Kirchentonarten); diese *modi* wurden in einem Diagramm dargestellt, das acht Leitern abbildet, von denen jede folgende die vorangehende um eine Sprosse übersteigt; hierzu die Zeichnung bei King (Notker latinus zum Martianus Capella) gegenüber von S. 169; vgl. zur Stelle Cristante et al., S. 300–301 und Wickens, Music, S. 446.

28 In aliis quippe libris distinctae erant paginae ac deductae in tonum *Paginulae proprie sunt in musica ubi tropi in altitudinem ascendunt per differentiam tonorum*, distinctaeque per tropos videlicet, deductae *id est extensae, et hic musicam tangit*. Remigius.

29 *undanter* vielleicht besser in der Bedeutung „sich windend, krampfhaft".

04 **In aliis circuli lineęque hemisperiaque**

An súmelichên uuâren rínga gebîldot únde réiza únde hálbíu téil des hímeles,

âlso uuír in astronomia *séhên.*

05 **Cum trigonis et quadratis**

Mít tríscozên únde fierscôzên bílden,

sô uuír in geometria *séhên.*

06 **Multianguleque formę**

Ióh mánigscoziu bílde uuâren dar ána gebîldot

07 **Pro diuersitate theorematum** – *id est: contemplationum* – **et elementorum** – *id est: creaturarum*

Áfter déro mísselichi dero mûotpîldungon, – dîe *in geometria* sínt – únde déro natûrlichôn geskéfto – dîe *in astronomia* sínt.

Táz in geometria *gebîldôt uuírt, táz sínt líste; dáz uuír séhên in* astronomia, *dáz sínt uuíste.*[30] Doctrinaliter *uérdent* corpora *geóuget* in geometria, naturaliter *uuérdent sie geóuget* in astronomia[31]. Geometria *chît, tâz* spera *sî* quędam ęqualis a centro in omnem partem circumductio. *Dâr íst si geóuget* in theoremate. *Áber* in astronomia *uuírdet si geóuget* in elemento, *sô man dia súnnun chíuset álde den mânen.*[32]

---

30 *líste / uuíste*: vgl. ,*Líste*' *únde* ,*Lírnunga*' in Fußnote 22 und 23.

31 Bei der Geometrie handelt es sich nach der hier von Notker gemeinten Vorstellung um eine theoretische Wissenschaft, deren Gegenstände ihren Ort im Intellekt haben. Bei der Astronomie dagegen um eine Naturwissenschaft, deren Gegenstände materielle Realität außerhalb des Intellekts haben (Himmelskörper, ihre Umlaufbahnen, Bewegungen usw.). Vgl. Remigius: *Est autem theorema speculatio rationis. [...] Proprie autem theorema ad geometriam, elementa ad astrologiam pertinent.*

32 Pro diuersitate theorematum [...] Vel elementorum: *Elementa uocat in geometrica punctum, lineam, uel omnes planas figuras. Proprie autem theoremata ad geometricam, elementa ad astrologiam pertinent. Quod enim geometrica fingit in geometricis figuris, hoc describit astrologia in naturalibus corporibus.*

04 **auf anderen sind Kreise, Linien und Halbkugeln**

Auf einigen waren Ringe abgebildet und Striche und die halben Teile (=Halbkugeln) des Himmels,

wie wir es in astronomia *sehen.*

05 **mit Dreiecken und Quadraten**

mit dreieckigen und viereckigen Abbildungen

wie wir es in geometria *sehen.*

06 **und vieleckige Figuren**

und vieleckige Abbildungen waren darin abgebildet.

07 **je nach Verschiedenheit der Lehransichten** – *das heißt: der Betrachtungen* – **und der Grundbestandteile** – *das heißt: der geschaffenen Dinge* –

Nach der Verschiedenheit der inneren Vorstellungen – *die* in geometria *sind* – und der natürlichen Geschöpfe – *die* in astronomia *sind.*

Das, was in geometria *abgebildet wird, das sind gedankliche Vorstellungen; das, was wir* in astronomia *sehen, das sind (reale) Wesenheiten.* Doctrinaliter *werden* corpora *gezeigt* in geometria. *Die* Geometria *sagt, dass eine* spera *sei* quaedam aequalis a centro in omnem partem circumductio. *Damit ist sie* in theoremate *gezeigt. Aber* in astronomia *wird sie gezeigt in* elemento, *wie man die Sonne erblickt oder den Mond.*

08 **Dehinc complicabat pictura multigenum animalium membra in unam speciem.**[33]

Dára nâh pegréif táz kemâle állero tîero líde ze éinemo bílde.

Dáz pílde héizet cosmographia – *dáz chît*: descriptio mundi – *dâr állero* regionum *únde állero* animalium *gesképfeda an éinemo bláte sáment pegríffen uuérdent.*[34]

09 **Erant etiam libri, qui prȩferenbant mela sonorum signaque numerorum et cantandi quȩdam opera.**

Uuâren óuh târ bûoh, tíu dero níumon sûozi lêrton,

– *íh méino, díu sûozi an* diatessaron *íst únde an* diapente –

únde zéichen dero *numerorum.*

– *álso* v *zéichen íst* quinarii numeri *únde* x denarii numeri –

únde uuás óuh târ, dáz ze síngenne getân íst,

álso lîed únde léicha.[35]

10 **Postquam igitur diffudit uirgo illam bibliothecalem copiam, nixa** – *id est: parturiens*[36] – **imitatus** – *id est: imitationes*[37] –

Sô sî dô erspêh tîa bûohchámerigun fólleglichi ûzprâht hábentíu, dáranâh sî síh îo rárta

– dáz chît: táz sî îo lírneta.

11 **exhausto pallore confecta postulauit opem Athanasię, quę conscia fuerat tanti laboris.**

Pléih uuórteniu íóh erlíteniu pát si *Athanasiam* hélfo, díu sólcha íro bînun bechénnen chónda.

12 **Tum illa:**

Dô chád si íro zûo:

13 **„Accipe tibi hoc sorbillandum, ut refectior et sublimis cęlum conscendas.“**

„Nû ním, daz íh tír gébe ze trínchenne, dáz tû mít tíu gelábetiu únde gebúrlichotíu ze hímele fárest.“

---

33 Auch hier meint Martian tiergestaltige Hieroglyphen, s. Cristante et al.

34 DEHINC COMPLICABAT *id est conformabat uel compingebat*, IN UNAM SPECIEM MEMBRA MULTIGENUM id *est diuersorum animalium, cosmographiam tangit. Totus enim mundus cum regionibus et animalibus in una imagine et ueluti quadam specie comprehenditur et aspectu oculis monstratur.*

35 ERANT ETIAM IBI LIBRI QUI PRAEFEREBANT MELA SONORUM. PRAEFEREBANT *id est praemonstrabant, musicam tangit.* ET SIGNA *id est figuras numerorum, arithmeticam tangit uel astronomiam.* ET QUAEDAM OPERA CANENDI *Musica enim in uno libro quasi in una imagine describitur per tonos et tropos ceterosque modos et horum singula per notatos numeros et litteras.* Remingius.

36 NIXA *id est parturiens.* Remigius.

37 Zur Stelle s. Cristante et al.; Martian hat hier das seltene Adverb *imitus*, „innerlich“ *(imi[ta]tus* Dick, so auch Cristante et al.). Stahl et al. (Martianus Capella and the Seven Liberal Arts) übersetzen „from deep inside herself“, Cristante et al. „completamente“. Notker versteht das Wort mit Remigius als Substantiv *imitatus* (u-Deklination, Akk. Plur.) und glossiert es wie Remigius mit dem Synonym *imitationes*. Darunter versteht er wohl die „Buchimitationen“, welche Philologia erbrochen hat.

08 **Danach schlang ein Bild ineinander die Glieder vieler verschiedener Lebewesen in ein einziges Schaubild.**

Danach fasste die Zeichnung aller Tiere Glieder zu einem einzigen Bild zusammen.

Das Bild heißt cosmographia *– das heißt:* descriptio mundi –, *worauf aller* regionum *und aller* animalium *Geschöpfe auf einem einzigen Blatt zusammengefasst werden.*

09 **Es gab auch Bücher, welche die süßen Eigenschaften der Klänge und die Zeichen der Rhythmen und einige Werke zum Singen kundtaten.**

Es waren da auch Bücher, welche die Süße der Gesänge lehrten

– *ich meine die Süße, die im* diatessaron *ist und im* diapente –

und die Zeichen der *numerorum,*

– *so wie sie* V *das Zeichen des* quinarii numeri *ist und* X *das des* denarii numeri –

und es war auch (solches) da, daz zum Singen gemacht ist

wie Lieder und Leiche.

10 **Nachdem die Jungfrau also ergossen hatte jenen bibliotheksumfänglichen Vorrat, angestrengt,** – *das heißt: gebärend* – **die Imitate,** – *das heißt: die Imitationen* –

Als sie da ausspie, die bücherkammergleiche Masse vollständig herausgebracht habend, um deren Nachahmung sie sich stets bemüht hatte,

– *das heißt: das, was sie jemals gelernt hatte* –

forderte sie, – erschöpft und mit der Blässe der Ermattung – den Beistand
11 **der Athanasia, die Zeugin so großer Anstrengung gewesen war.**

Als bleich Gewordene und Erschöpfte bat sie *Athanasiam* um Hilfe, die diese ihre Pein erkennen konnte.

Darauf jene:
12 Da sagte sie zu ihr:

„Nimm dir dieses, um es zu schlucken, damit du besser wiederhergestellt
13 **und erhaben zum Himmel aufsteigest."**

„Nun nimm das, was ich dir zu trinken gebe, auf dass du als damit Gelabte und Emporgerichtete zum Himmel fahrest."

3

Martian 185–193

Martians Sonnenhymnus[38]

01 Ignoti uis celsa patris **02** uel prima propago,
Du, des unbekannten Vaters Kraft oder erster Ursprung

03 Fomes sensificus, **04** mentis fons, **05** lucis origo,
Sinnestiftender Zündstoff, Quelle des Verstandes, Ursprung des Lichtes,

06 Regnum naturae, **07** decus atque assertio diuum,
Herrscher der Natur, Ruhm und Garant der Götter,

08 Mundanusque oculus, **09** fulgor splendentis Olympi,
Auge des Weltalls, Glanz des leuchtenden Olymps,

10 Ultramundanum fas est cui cernere patrem
Du, dem es bestimmt ist, jenseits des Weltalls zu erblicken den Vater

11 Et magnum spectare deum, **12** cui circulus aethrae
Und den großen Gott zu betrachten, du, dem die Sphäre des Äthers

Paret, **13** et immensis moderaris raptibus orbis:
Gehorcht, du, der du mäßigst mit gewaltig reißenden Umläufen die Himmelskreise,

14 Nam medium tu curris iter **15** dans solus amicam
Denn du läufst die mittlere Bahn, du allein gibst den Göttern des Himmels freundliche

Temperiem superis, **16** compellens atque coercens
Temperatur, du treibst an und zügelst die heiligen Gestirne,

38 Die inserierten Zahlen 1–39 entsprechen der Zählung der Textsegmente, in die Notker Martians Verse eingeteilt hat.

Sidera sacra, deum **17** cum legem cursibus addis.
wenn du den Bahnen der Götter ihr Gesetz auferlegst.

18 Hinc est quod quarto ius est te currere circo,
Davon kommt es, dass es dein Recht ist, den vierten Kreis zu durchlaufen,

19 Ut tibi perfecta numerus ratione probetur:
Auf dass dir diese Zahl von vollkommener Berechnung zugebilligt werde.

20 Nonne hac principio geminum tu das tetrachordon?
Stiftest du etwa nicht durch diese (Berechnung) ursprünglich das Zwillingspaar der Tetrachorde?

21 Solem te Latium uocitat, quod solus honore
Latium nennt dich *Sol* (Sonne), weil allein (*solus*) du in kultischer Verehrung

Post patrem sis lucis apex, **22** radiisque sacratum
nach dem Vater das höchste der Lichter bist. Man sagt, dass dein heiliges

Bis senis perhibent caput aurea lumina ferre,
Haupt zweimal sechs Leuchten, goldene durch Strahlen, trage,

23 Quod totidem menses, totidem quod conficis horas.
weil du ebensoviele Monate, ebensoviele Stunden vollendest.

24 Quatuor alipedes dicunt te flectere habenis,
Man sagt, dass du lenkst vier geflügelte Rösser mit Zügeln,

25 Quod solus domites quam dant elementa quadrigam.
weil allein du das Viergespann zähmst, das die Elemente ergeben.

26 Nam tenebras prohibens retegis quod caerula lucet,
Denn du hinderst das Dunkel und deckst auf, was der Himmel leuchten lässt.

27 Hinc Phoebum perhibent prodentem occulta futuri,
Deshalb nennt man dich Phoebus, weil du dartust das Verborgene der Zukunft,

28 Uel quia dissoluis nocturna admissa, **29** Lyceum,[39]
oder Lyceus, weil du vernichtest, was die Nacht zuließ.

Te Serapin Nilus, Memphis[40] ueneratur Osirim,
Dich verehrt der Nil als Serapis, Memphis als Osiris,

30 Dissona sacra Mit<h>ram Ditemque Horumque Typhonem,
Anders tönende Kulte als Mithras, Dis, Horus und Typhon,

31 Attis pulcher item, **32** curui et puer almus aratri,
Du bist auch der schöne Attis und der liebliche Knabe mit dem gebogenen Pflug,

33 Hammon et arentis Libyes, **34** ac Byblius Adon.[41]
Hammon aus dem dürren Lybien und der Adonis der Byblier (=Phönizier).

35 Sic uario cunctus te nomine conuocat orbis.
So ruft gemeinsam zu dir unter verschiedenen Namen die ganze Welt.

36 Salue uera deum facies uultusque paterne,
Heil dir, wahres Gesicht der Götter, väterliches Antlitz,

37 Octo et sexcentis numeris, cui littera trina
dem ein dreifacher Buchstabe mit sechshundertacht Zahlen

Conformat sacrum mentis cognomen et omen.
gestaltet den heiligen Namen und Beinamen des Geistes.[42]

---

39 ***Lyaeum*** (Cristante et al.).
40 ***Nilus*** steht für Unter-, *Memphis* für Oberägypten.
41 29–34: *Lyceus, Serapis, Osiris, Mithras, Dis, Horus, Typhon, Attis, Hammon, Adon*: lauter ägyptisch-vorderasiatische Gottheiten, die Martian mit der Sonne bzw. Apollon in Verbindung bringt; Einzelheiten bei Cristante et al.
42 Der ägyptische Sonnengott heißt *Phre*; die griechischen Buchstaben φ ρ η haben den Zahlwert 608; der Anklang von *phre* zu *phren* „Vernunft, Geist" ergibt die hier gemeinte Etymologie.

38 Da pater aetherios mentis conscendere coetus
Verleihe, Vater, meinem Geist, aufzusteigen in die himmlischen Versammlungen

39 Astrigerumque sacro sub nomine noscere caelum.
und den sterntragenden Himmel unter deinem heiligen Namen zu erkennen.

Notker II,39 Martian 185–193

Solem adorat (Sonnenhymnus)[43]
King S. 153–157; Notker latinus S. 224–233.

Solem adorat

01 **Ignoti uis cęlsa patris,**
Tû hóha chráft tes únchúnden *Iouis,*
uuánda ér incomprehensibilis *íst,*[44]

02 **Uel prima propago,**
Álde sîn êristpórno,
Iouis *tér íst* generalis mundi anima; *nâh téro íst* Apollo consilium*; únde dára nâh* Mercurivs sermo.[45]

03 **Fomes sensificus,**
sínmachig zínselôd,
Uuánda álte líute uuândon síh sêla únde sín hában fóne sole *únde lîchamen fóne* luna.[46]

04 **Mentis fons,**
Mûotes úrspring,
Táz íst óuh nâh témo uuâne.

05 **Lucis origo,**
Lîehtes ánagenne,
Sô íst óuh táz.

06 **Regnum naturę,**[47]
Chúning téro *bérohafti,*
Súnna gebérehaftot álliu ding.[48]

07 **Decus atque assertio diuum,**
Zîerda únde lób tero góto,[49]

08 **Mundanus oculus,**
Únde óuga dero uuérlte,
Tíu uuâre blínt âne dia súnnun,

09 **Fulgor splendentis Olympi,**
Glízemo des scônes *hímeles, – táz chît: tero lúfte, –*

10 **Ultramundanum fas est cui cernere patrem,**
Dû den óberôsten fáter séhen mûost
Úbe ęther Iouuis *íst, tén írskéinet tiu súnna,*

---

43 Zur Stellung von Martians Sonnenhymnus im Rahmen der spätantiken „philosopischen" Hymnographie Cristante et al., S. 331–332.

44 O celsa uis *id est uirtus uel potestas* ignoti patris *id est Iouis.* ignoti *id est incomprehensibilis.* Remigius.

45 *Secundum fabulam primus Iovis filius est Apollo, secundus Mercurius.* Remigius.

Sie betet zur Sonne

01 **Du, des unbekannten Vaters erhabene Kraft**
Du hohe Kraft des unbekannten *Iouis*
weil er incomprehensibilis *ist,*

02 **oder erster Ursprung,**
oder sein Erstgeborener,
Iouis, *der ist* generalis mundi anima; *nach dieser ist* Apollo consilium*;*
und danach Merkurius sermo.

03 **sinnestiftender Zündstoff,**
sinnemachender Zündstoff,
Denn die alten Völker glaubten, dass sie Seele und Sinn hatten von sole
und den Leib von luna.

04 **des Geistes Quelle,**
des Geistes Ursprung,
Das ist auch (gesagt) nach diesem Glauben,

05 **des Lichtes Ursprung,**
des Lichtes Anfang,
ebenso auch das.

06 **Königreich der Schöpferkraft,**
König der Fruchtbarkeit,
Die Sonne macht alle Dinge fruchtbar.

07 **Ruhm und Garant der Götter,**
Zierde und Lob der Götter,

08 **Auge des Weltalls,**
und Auge der Welt,
die wäre blind ohne die Sonne.

09 **Glanz des leuchtenden Olymps,**
Glanz des schönen *Himmels, – das heißt: der Luft –*

10 **dem es bestimmt ist, jenseits des Weltalls den Vater zu sehen,**
der du den obersten Vater sehen sollst
Wenn der aether Iouis *ist, dann macht den die Sonne sichtbar.*

---

46 FOMES *id est nutrimentum et* ORIGO *uel ignis* SENSIFICUS *id est sensualis, uel sensum faciens. Ex sole enim uis sentiendi procedit.* [...] *natura sentiendi id est aethicon, de sole, crescendi autem natura id est phisicon, de lunari ad nos globositate peruenit*. Remigius.

47 REGNUM NATURAE *id est princeps et rex.* Remigius.

48 Vgl. *hic [sol] uices temporum annumque semper renascentem ex usu naturae temperat*. Remigius.

49 ASSERTIO *id est declaratio uel demonstratio siue laus.* Remigius.

11 **Et magnum spectare deum,** – *id est: cęlum uel ętherem*
úndе dén máhtigen *iouem* ánaskînen,

12 **Cui circulus ęther**[50] – *id est: mundanę sperę* – **paret,**
Tír sélber der hímel lôset,
uuánda dû tuélist ín sînes suéibes.[51]

13 **Et inmensis moderaris raptibus orbes,**[52] – *subauditur: planetarum.*
Únde mít tînen férten gemétemêst tu die *planetas,*[53]

14 **Nam medium tu curris iter,**
Uuánda únder ín míttên gâst tû,
Íro sínt trî óbe dír, drî níder dír.[54]

15 **Dans solus amicam temperiem superis,**
Lîeba mézchûoli gébende dien stérnon,[55]

16 **Compellens atque coercens sydera sacra deum,** – *id est: planetarum,*
Iágonde ióh stâtende die *planetas,*[56]

17 **Cum legem cursibus addis.**
sô dû scáffunga tûost íro férten.

18 **Hinc est, quod quarto ius est decurrere**[57] **circo,**
Hínnân íst tír gelâzen, dáz tû mûost kân án dero fîerdûn stéte,
Nídenân ûf, álde óbenân níder íst îo diu súnna fîerda.[58]

19 **Ut tibi perfecta numerus** – *subauditur: perfectus* – **ratione probetur.**
Dáz tír díu sélba zála guíssôt uuérde an dúrnohtero áhto.
Tîa dúrnohti mâchôt denarius, *dér án* quaternario *fúnden uuírt, sô man chît: éinez, zuéi, dríu, fîeriu.*

20 **Nonne hac** – *subauditur: ratione* – **principio geminum tu das tetrachordum?**[59]
Nemáchôst tû sâr mít tíu zuéi *tetrachorda* na?
Fône septem *uuérdent zuéi* coniuncta, *álso fône* octo *zuéi uuérdent* disiuncta.[60]

---

50 *aethrae* Martian.

51 Circulus aethrae *id est spera mundi. Sol einm contra mundum ut suo cursu contrario frenet et sustineat impetum mundi.* Remigius.

52 *orbis* Martian; *orbes* Remigius.

53 Orbes *subauditur sperae caelestis siue planetarum circulos* inmensis raptibvs *id est cursibus tuis.* Remigius.

54 Curris medium iter *in medio planetarum constitutus, habens supra te tres planetas, tres iterum infra.* Remigius.

55 Dans *id est dum das* tu solus amicam temperiem superis *diis, id est stellis. Stellae enim frigidae calore solis temperantur.* Remigius.

56 *Radiis enim solis nunc incitantur planetae, nunc retrogradantur.* Remigius.

57 *decurrere*: *te currere* Martian.

58 *In ordine enim planetarum quartum locum tenet sol.* Remigius.

59 *tetrachordon* Martian.

11 **und den großen Gott zu betrachten,** – *das heißt: caelum uel aetherem,*
und den mächtigen *Iouem* bescheinen,

12 **dem der Ätherkreis** – *das heißt: die Kugelschalen des Weltalls* – **gehorcht,**
auf dich hört selbst der Himmel,
denn du hemmst ihn bei seinem Umlauf.

13 **und der du mäßigst mit unermesslichen, reißenden Umläufen die Himmelskreise,** – *ergänze: der Planeten.*
und mit deinen Fahrten mäßigst du die *planetas.*

14 **Denn du läufst die mittlere Bahn,**
Denn du gehst unter ihnen in der Mitte,
Von ihnen sind drei über dir, drei unter dir.

15 **indem du allein freundliche Temperatur gibst den Oberen,**
indem du den Sternen liebliche *Kühle nach Maß* gibst,

16 **indem du antreibst und zurückhältst die heiligen Gestirne der Götter,** – *das heißt der planetarum,*
jagend und aufhaltend die *planetas,*

17 **wenn du den Bahnen ihr Gesetz auferlegst.**
wenn du Anweisung tust ihren Fahrten.

18 **Davon kommt es, dass es dein Recht ist, den vierten Zirkel zu durchlaufen,**
Von hier aus ist dir zugelassen, dass du an der vierten Stelle gehen sollst,
Von unten herauf oder von oben herunter ist die Sonne immer die vierte.

19 **auf dass dir mit vollkommener Berechnung die Zahl** – *ergänze: die vollkommene* – **zugebilligt werde.**
auf dass dir ebendiese Zahl bestimmt werde aufgrund der vollkommenen Acht.
Diese Vollkommenheit erzeugt der denarius, *der an dem* quaternario *gefunden wird, wenn man sagt: eins [+] zwei [+] drei [+] vier.*

Stiftest du nicht durch diese – *ergänze: Berechnung* – **vom Prinzip her das**
20 **Zwillingspaar der Tetrachorde?**[61]
Machst du etwa nicht sogleich dadurch die zwei *tetrachorda*?
Von septem *entstehen zwei* coniuncta, *wie von* octo *entstehen zwei* disiuncta.

---

60 *An dîen fínfzên séitôn zálton sie* quatuor tetrachorda. *Án ahto sêitôn zuéi* disiuncta, *am síbenen zuéi* coniuncta, *dáz chît zuéi geskéidenîu, zuéi úngeskéidenîu.* King im Notker latinus nach Notker, De musica.

61 Gemeint ist erstens das *tetrachordum coniunctum*, das aus sieben Tönen in zwei Quarten besteht, von denen die zweite mit dem letzten Ton der ersten beginnt: c, d, e, f // f, g, a, h. Zweitens ist das *tetrachordum disiunctum* gemeint, bei dem die zweite Quarte die erste mit dem nächst höheren Ton fortsetzt: c, d, e, f // g, a, h, c'; vgl. Notkers Erläuterung.

21 **Solem te Latium uocitat, quod solus honore post patrem sis lucis apex.**
Latini héizent tíh *solem*, uuánda dû *solus* píst nâh *Ioue* des lîehtes hóubethafti.

22 **Radiisque sacratum bis senis perhibent caput aurea lumina ferre,**
Únde ságent sie díh éinen trágen in hóubete zuélif cúldine skîmen.

23 **Quod totidem menses, totidem quod conficis horas.**
Uuánda dû máchôst zuélif mânoda únde zuélif stúnda.

24 **Quatuor alipedes dicunt te flectere hábenis,**[62]
Tíh chédent sie mít prîdele chêren fîer rós,

25 **Quod solus domites quam dant elementa quadrigam.**
Uuánda dû éino ríhtest tîa réitâ, dîa *quatuor mundi elementa* máchont.[63]

26 **Nam tenebras prohibens retegis** – *id est: aperis* – **quod cerula lucet** – *id est: quantum illustratur nox.*[64]
Tû rûmest tero náht fóre dero fînstri únde gíbest íro sô fîlo[65] sî lîehtes hábet.

27 **Hinc Phoebum perhibent, prodentem occulta futuri** – *subauditur: temporis,*
Fóne díu chédent sie díh tóugeníu ding, chúmftigíu, mélden

28 **Uel, quia dissoluis nocturna admissa,**[66]
Àlde fóne díu, dáz tû mít táges lîehte irbárost tie náhtscúlde.[67]

---

62 Der Akzent auf *hábenis* könnte die metrische Verschleifung von *flectere habenis* andeuten.

63 DOMITES QUADRIGAM QUAM DANT QUATTVOR ELEMENTA *id est regas et gubernes fabricam mundi, quam quattuor elementa faciunt*. Remigius.

64 QUOD LUCET CERULA *id est quantum illustretur nox cerulam noctem dicit*. Remigius.

65 *sô filo*: die Übersetzung Notkers versteht Martians ***quod** cerula lucet* mit Remigius im Sinne von ***quot** cerula lucet*; s. die vorige Anm.

66 Notkers Text ist hier entstellt. Martian hat: *Vel, quia dissoluis nocturna admissa, Lyaeum*, „oder Lyaeus, weil du vernichtest, was die Nacht zuließ." Den Namen *Lyaeum* (Cristante et al.) bzw. *Lyceum* (Dick) zieht sein Text in der Form *Iseum* an den Anfang des folgenden Verses; s. dort.

67 VEL QUIA DISSOLUIS *id est detegis et manifestas*, NOCTURNA ADMISSA *id est crimina quae admittuntur noctibus*. Remigius.

21 **Sonne (*Solem*) nennt dich Latium, weil du allein (*solus*) nach dem Vater in Verehrung die Krone des Lichtes bist.**

Die *Latini* heißen dich *solem*, denn du *solus* bist nach *Ioue* des Lichtes Hauptquelle.

22 **Und dein durch Strahlen geheiligtes Haupt, sagt man, trage zweimal sechs goldene Leuchten,**

Und sie sagen, dass du allein trägst auf dem Haupt zwölf goldene Strahlen,

weil du ebensoviele Monate, weil du ebensoviele Stunden vollendest.

23 denn du erzeugst zwölf Monate und zwölf Stunden.

Vier geflügelte Rösser, sagt man, dass du lenkst mit Zügeln,

24 Sie sagen, dass du mit Zügeln lenkst vier Rösser,

Weil du allein zähmst das Viergespann, das die vier Elemente ergeben.

25 weil allein du lenkst den Wagen, den die *quatuor elementa* erzeugen.

Denn das Dunkel hindernd deckst du auf – *das heißt: öffnest du* –, **was die**
26 **Bläue des Himmels leuchten lässt** – *das heißt: um wieviel die Nacht erhellt wird.*

Du verschaffst Raum der Nacht vor der Finsternis und gibst ihr soviel sie an Licht hat.

Deshalb nennt man dich Phoebus, der die verborgenen Dinge der künfti-
27 **gen** – ergänze: Zeit – **aufdeckt,**

Von daher sagen sie, dass du verborgene Dinge, künftige, meldest,

oder weil du entkräftest die nächtlichen Vergehen,

28 oder von daher, dass du mit dem Licht des Tages enthüllst die nächtlichen Vergehen.

29 **Iseum,**[68] – *id est: iustum*[69] – **te Serapin Nilus, Memphis ueneratur Osyrim,**[70]

30 Díh pétot *Nilus* cnâdigen *Serapin;* únde *Memphis Osyrim.*

Dissona sacra Mitram Ditemque Forumque[71] **Typhonem,**

Díh pétont mísseliche *sacerdotes*[72] *Coronam,*[73]

– *uuánda dû sie trégist mít* duodecim gemmis;

únde *Diuitem,*[74]

– *uuánda dû sie álle getûost* diuites;

únde *Forum – dáz chît:* publicum*;*

uuánda nîeht sô únuerbórgenes ne íst;

31 únde *Typhonem – dáz chît:* superbum *álde* sublimem.[75]

Attis pulcher item,

Dû bíst ter scôno blûomo,

dér íu chínt uuás, tén Berezinthia *mínnôt, táz chît:* Terra, *uuánda sî íst in uuíntere betân; únde lánget sia des lénzen, sô blûomen sínt.*[76]

32 **Curui et puer almvs aratri,**

Dû bíst taz chínt mít temo flûoge;

dû bíst ter fûorogébo Triptolemus,[77]

33 **Hammon et arentis Lybies** – *id est:* ***Lybię***

Dv bíst tes héizes lándes *Hammon.*

---

68 Martian *Lyaeum* (Cristante et al.) bzw. *Lyceum* (Dick); gemeint ist *Lynceus*, der alles sehende Gott. – Das Wort gehört bei Martian zum vorangehenden Vers, s. Anm. 67.

69 ISAEUM *id est iustum uel aequum. Isos enim grece aequs uel iustus dicitur.* Remigius.

70 Osiris: ägyptischer (Toten-)Gott.

71 ***Horumque*** Martian.

72 *Dissona sacra / mísseliche sacerdotes*: *per dissona sacra quia diuerso modo coleris sicut appellaris.* Remigius.

73 Das Missverständnis *Mitram / coronam* nach VENERANTUR TE MITRAM – *id est diadema – uel coronam, sic te quidam uocant.* Remigius.

74 DITEM *id est diuitem.* Remigius.

75 *Vocant te* TYPHONEM *quaedam* SACRA *id est superbum uel magnum.* Remigius.

76 ATTHIS *secundem fabulam puer fuit quem amauit Berecinthia.* ATTHIS *interpretatur flos, in cuius figura adoratur sol, quia ipse est princeps et causa florum omnium, quem amauit Berecinthia, id est terra. Terra enim constricta frigore hiemis desiderat relaxari et refoueri calore solis.*

77 ALMVS PUER CURUI ARATRI *id est triptolemus. Triptolemus puer quidam fuit qui, iubente Cereri, docuit agriculturam per totum orbem.*

29 **Dich verehrt als *iseum*** – *das heißt: als gerechten* – **Seraph der Nil; Memphis als Osiris,**

Dich betet an der Nil als gerechten Serapis; Memphis als Osiris,

30 **verschiedene Kulte (verehren dich) als Mithras, Dis, Forus und Typhon.**

dich beten an verschiedene *sacerdotes* als *Coronam*

– *denn du trägst sie mit* duodecim gemmis.

und *Diuitem*

– *denn du machst sie alle* diuites.

und *Forum* – *das heißt:* publicum;

denn nichts ist so unverborgen.

und *Typhonem* – *das heißt:* superbum *oder* sublimem.

31 **Du bist auch der schöne Attis**

Du bist die schöne Blume,

die einstmals der Jüngling war, den Berezinthia liebte – das heißt: die Terra; *denn sie ist im Winter verschlossen; und es verlangt sie nach dem Lenz, wenn es Blumen gibt.*

32 **und der gütige Knabe mit dem gebogenen Pflug**

Du bist der Jüngling mit dem Pflug,

– *du bist der Speisegeber* Triptolemus.

33 **und Hammon der dürren Lybies** – *das heißt:* Lybiae

du bist Hammon aus diesem heißen Lande,

34 **Ac Biblius Adon** – *id est: cantans*:
Tû bíst *taz chínt* fóne *Biblo.*
– ciuitate Egypti, *daz* Venus *uuéinota erslágenez fóne demo ébere.*[78]

35 **Sic uario cunctus te nomine conuocat orbis.**
Sô mísselicho némmet tíh tiu uuérlt.

36 **Salue uera deum facies uultusque paterne,**
Héil dû uuâra bílde dînes fáter únde dero góto,
Dáz tû fóne díu bíst, uuánda dû gíbest uultum *únde* aspectum *dien anderên stérnon.*

37 **Octo et sexcentis numeris cui litera trina** – *id est: T H T* – **conformat sacrum Mentis cognomen et omen.**
Drî bûohstaba bíldônt tînen námen *Dux* únde des námen héilesôd *in sexcentis et octo numeris.*
Uuánda tau *bezéichenet* CCC, eta *bezéichenet* octo, *áber* tau CCC. *Uués* dux *íst ér, âne dero* planetarum*?*[79]

38 **Da, pater, ętherios menti conscendere cętus**
Tû fáter hílf mír hína ze chómenne ze dero ûfmánige!

39 **Astrigerumque sacro sub nomine** – *subauditur: tuo* – **noscere cęlum.**
Únde den hímel chúnnên in dînemo námen.

78 *Ac uocaris tu* BIBLIUS ADON BIBLIUS *id est Aegyptius. In Aegypto biblus genus papiri abundat. Quidam dicunt Biblos ciuitatem esse Aegypti. In Biblo enim ciuitate Aegypti uocaris.* ADON: ADON *cantans interpretatur. Fuit autem puer amasius Veneris ab apro interfectus et a Venere multum fletus.* Remigius.
79 COGNOMEN *id est* HYC; *nomen est* THT. *Sic enim Macrobius solem dicit appellari, id est ducem et principem caelestium orbium.* OCTO ET EEXCENTIS NUMERIS Tau *enim trecentos,* H *octo, item* T *trecentos.* Remigius.

34 **und Adonis der Biblier** – *das heißt: der singende:*

du bist der Jüngling von *Biblo*

einer Stadt Ägyptens, den Venus *beweinte als von dem Eber Erschlagenen.*

35 **So ruft zu dir unter verschiedenem Namen die ganze Welt.**

So nennt dich auf verschiedene Weise die Welt.

36 **Heil dir, wahres Gesicht der Götter, väterliches Antlitz,**

Heil dir, wahres Abbild deines Vaters und der Götter,

dass du davon stammst; denn du gibst Aussehen und Anblick den anderen Sternen.

37 **dem mit acht und sechshundert Zahlen ein dreifacher Buchstabe** – *das heißt: Tau, Eta, Tau* – **formt den heiligen Beinamen und das gute Vorzeichen des Geistes.**

drei Buchstaben bilden deinen Namen *Dux* und dieses Namens günstige Vorbedeutung *in sexcentis et octo numeris.*

Denn Tau *bezeichnet* CCC, Eta *bezeichnet* octo, *wiederum* Tau CCC. *Wessen* dux *ist er, wenn nicht der der* planetarum?

38 **Verleihe, Vater, meinem Geist, aufzusteigen in die himmlischen Versammlungen**

Du, Vater, hilf mir, hin zu kommen zu der Menge der Himmlischen

39 **und den gestirnten Himmel unter dem heiligen Namen** – *ergänze: deinem* – **zu erkennen.**

und den Himmel zu erkennen in deinem Namen.

42 Drei Stücke aus Notkers Bearbeitung der Schrift ‚Peri hermeneias'/‚De interpretatione' des Aristoteles / Boethius King, Saller

[2]**VL 6** (1987) Sp. 1212, besonders 1218–1219 (Stefan Sonderegger). – **VL** ahd. und as Lit. (2013), S. 293–315, besonders S. 298 (Sonja Glauch).
Ü.: St. Gallen, Stiftsbibliothek, Cod. 818, p. 143–246.
Abb.: vollständiges Digitalisat der Hs. in Farbe: https://www.e-codices.unifr.ch/de/csg/0818/143/0/Sequence-670.
Dat.: Hs. 11. Jh.; Werk vor 1017.
Spr.: alem.
Ed.: King, Notker, ‚De interpretatione' (Text). – Die beiden hier gebotenen Stücke auch bei Saller (s. Lit.).
Lit.: Zu Notker allgemein: Kelle, LG 1, S. 232–274 und S. 393–412. – Kögel, LG I,2, S, 598–626. – Ehrismann, LG 416–458. – Haubrichs, Die Anfänge, S. 221–226. – King, Notker latinus zu ‚De interpretatione' (Kommentar). – Saller, De interpretatione, hier S. 80–93 (mit Übersetzung). – Aristoteles, Peri Hermeneias (Weidemann).

Notker gestaltete seine lat.-ahd. Bearbeitung und Kommentierung der Schrift des Aristoteles nach deren lateinischer Übersetzung und Kommentierung durch Boethius, PL 64, 293–639. – Aristoteles, De interpretatione (Aristoteles latinus).

Notkers Text unter Berücksichtigung des Digitalisats auf der Grundlage von Kings und Sallers Ausgaben mit moderner Interpunktion und Absatzsetzung gemäß den Segmenten, in die der Text bei Notker eingeteilt ist.

Auf die Musteredition und die sehr gründliche Kommentierung durch Saller sei nachdrücklich hingewiesen.

1 Praefatiuncula in Periermeneias
2 Cap. 1: Intentio libri prima est
3 Cap. 2: Quid sit nomen

1

Notker, De interpretatione. King, S. 3–4.

Præfatiuncula in periermenias

01 Aristoteles scréib *cathegorias*, chúnt ze tûenne, uuáz éinlúzzíu uuórt pezéichenên. Nû uuíle er sámo chúnt ketûon *in perierminiis*, uuáz zesámine gelégitíu bezéichenên, an dîen *uerum* únde *falsum* fernómen uuírdet, tíu *latine* héizent *proloquia*. Án dîen áber neuuéder uernómen neuuírdet, tíu *eloquia* héizent, téro uersuîgêt er án dísemo bûoche.

02 Uuánda óuh *proloquia* geskéiden sínt, únde éiniu héizent *simplicia*, dâr éin *uerbum* íst, – *ut „homo uiuit“* –, ánderíu *duplicia*, dâr zuéi *uerba* sínt, – *ut „homo, si uiuit, spirat“* –, sô lêret er hîer *simplicia*.

03 *In topicis* lêret er *duplicia*.

04 Fóne *simplicibus* uuérdent *prędicatiui syllogismi*, fóne *duplicibus* uuérdent *conditionales syllogismi*.

05 Nâh *perierminiis* sól man lésen *prima analitica*, târ er béidero *syllogismorum* keméina *regula ‚syllogisticam‘* héizet. Tára nâh sól man lésen *secunda analitica*, târ er súnderîgo lêret *prędicatiuos syllogismos*, tîe er héizet *apodicticam*. Ze iúngest sól man lésen *topica*, án dîen ér óuh súnderîgo lêret *conditionales*, tîe er héizet *dialecticam*.

06 Tíu *partes* héizent sáment *logica*.

07 Nû uernîm, uuîo er díh léite zûo dien *proloquiis*!

Kleines Vorwort zu Perihermeneias

01 Aristoteles schrieb die *cathegorias*, um kund zu tun, was einzelne Wörter bezeichnen. Nun will er *in periermeniis* ebenso kundtun, was zusammengelegte [Wörter] bezeichnen, an denen *uerum* und *falsum* vernommen wird, [und] die *latine* ‚*proloquia*' heißen. Die [Sätze], an denen aber keines von beidem [wahr oder falsch] vernommen wird, [und] welche ‚*eloquia*' heißen, von denen schweigt er in diesem Buche.

02 Weil [nun] auch die *proloquia* unterschieden sind, und die einen [von ihnen] *simplicia* heißen, bei welchen es [nur] ein *uerbum (Zeitwort)* gibt, – *ut:* „*homo uiuit*", – die anderen *duplicia*, bei denen es zwei *uerba* gibt, – *ut:* „*si homo uiuit, spirat*" – deswegen lehrt er hier [nur] die *simplicia*.[1]

03 *In topicis* lehrt er *duplicia*.[2]

04 Aus *simplicibus* entstehen *praedicatiui syllogismi*, aus *duplicibus* entstehen *conditionales syllogismi*.

05 Nach *periermeniis* soll man die ‚*prima analytica*'[3] lesen, wo er die gemeinsame *regula* beider *syllogismorum* ‚*syllogisticam*' nennt. Danach soll man die ‚*secunda analytica*'[4] lesen, wo er im besonderen die *praedicatiuos syllogismos* lehrt, welche er ‚*apodicticam*' nennt. Zuletzt soll man die ‚*topica*' lesen, in denen er auch im besonderen die *conditionales*[5] lehrt, welche [Schrift] er ‚*dialecticam*' nennt.

06 Diese *partes (Teile)* heißen zusammen *logica (Logik)*.

07 Nun vernimm, wie er dich zu den *proloquiis* leite!

---

1 die *proloquia simplicia*.
2 die *proloquia duplicia*.
3 die ‚Erste Analytik'.
4 die ‚Zweite Analytik'.
5 **conditionales:** *die conditionales syllogismos.*

2

King, S. 4–7
Cap. 1
Intentio libri prima est

01 **Primum oportet constituere, quid sit nomen et quid uerbum; postea quid negatio et affirmatio,**

Ze êrist sól man ságên, uuáz *nomen* únde *uerbum* sî,
ûzer dîen negatio *uuírdet únde* affirmatio;
tára nâh, *uuáz sîe sélben sîn.*

02 **et enuntiatio,**

Únde *uuáz íro zuéio genus sî, id est:* enuntiatio.

03 **et oratio.**

Únde *uuáz óuh tés genus sî, id est:* oratio.

04 **Sunt ergo ea, quę sunt in uoce** – *id est: ipse uoces,* – **earum, quę sunt in anima, passionum** – *id est: conceptionum* – **notę, et ea, que scribuntur,** – *id est: literę* – **eorum, que sunt in uoce,** – *id est: uocum.*

Fernîm ze êrist, táz tíu genámden séhsíu uoces *sínt. Samo so er cháde:* „Nomen, Verbum, Negatio, Affirmatio, Enuntiatio, Oratio *sínt óffenúngâ únde* zéichen *dero gedáncho, únde âber íro* zéichen *sínt literę.*" *Tîe sélben gedáncha tûont tero sêlo ételîcha* dólúnga, *sô sie* conceptę *uuérdent* in anima. *Pedíu héizet er sie* passiones animę.

05 **Et quemadmodum nec literę omnibus eędem, sic nec eędem uoces.**

Únde álso állero *líuto* scrífte nîeht kelîh nesínt, tána mêr nesínt íro sprâcha.

06 **Quorum autem hę primorum notę, eędem omnibus passiones animę sunt.**

‚*Quorum*' *únde* ‚*primorum*' *dáz sínt* neutra *fúre* feminine.[6]
Íz chît:

„***Eędem passiones animę sunt omnibus* gentibus, *quarum primarum*** – *subauditur: passionum* – ***hę uoces notę sunt.***"
„*Állên líuten sínt tie uóregedáncha gelîh, téro zéichen die* uoces *sínt.*"

---

6 *Quorum primorum* ist bei Aristoteles Neutrum, weil es sich grammatisch auf „die Dinge" (*quorum* als Neutrum verstanden) bezieht, was eigentlich und allererst (*primorum*) durch Worte oder Schriftzeichen angezeigt ist: das sind sprachlich Feminina: die *passiones animae*. Notker stellt nun – ohne Vorbild in den Kommentaren des Boethius – den Bezug auf das Femininum der *passiones animae* auch grammatisch her und meint deshalb, dass die neutralen Formen des *quorum primorum* durch feminine ersetzt werden können. Entsprechend formuliert er den ganzen Satz neu und übersetzt anstelle

Kapitel 1
Von der prinzipiellen Absicht des Buches

01 **Zuerst muss man festsetzen, was ein Nomen sei und was ein Verbum; danach, was eine Negation und was eine Affirmation,**

Zuerst soll man sagen, was ein Nomen und was ein Verbum sei,

aus denen die negatio *und die* affirmatio *wird;*

danach, *was diese selbst seien,*

02 **und (was) eine Enuntiatio (sei),**

und *was ihrer zweier* genus, *das heißt:* die enuntiatio,

03 **und (was) eine Oratio (sei).**

und *was auch dessen* genus *sei, das heißt:* die oratio.

04 **Es sind nun die Erscheinungen, die in der Stimme sind,** – *das heißt: die Stimmlaute selbst* – **Zeichen der Widerfahrnisse** – *das heißt: der empfangenen Eindrücke* –**, die in der Seele sind, und das, was geschrieben wird,** – *das heißt: die Buchstaben* – **[sind Zeichen] der Dinge, die in der Stimme sind** – *das heißt: des Gesagten.*

Vernimm zuerst, was die genannten sechs voces *bedeuten. [Es ist] als ob er [Aristoteles] sagen würde:* „Nomen, Verbum, Negatio, Affirmatio, Enuntiatio, Oratio *sind Kundgebungen und Zeichen der Gedanken, und Zeichen für sie wiederum sind die* literae." *Eben diese Gedanken fügen der Seele gewisse Erduldungen zu, wenn sie* conceptae *werden* in anima. *Deshalb nennt er sie* passiones animae.

05 **Und wie nicht die Buchstaben bei allen die gleichen [sind], so [ist] auch nicht das Sagen [bei allen] das Gleiche.**

Und wie die Schriften aller *Menschen* nicht gleich sind, umso mehr sind es nicht ihre Sprachen.

06 **Das, wovon aber diese [Sagungen] an erster Stelle Zeichen sind, eben das sind die Allen gleichen Erduldungen der Seele.**

‚Quorum' und ‚primorum' das sind Neutra anstelle von Feminina.

Es heißt (also):

„Die gleichen Erduldungen der Seele gibt es bei allen Völkern, von welchen als vorgängigen** – ergänze: **‚Erduldungen'** – **diese Sagungen Zeichen sind."

[Bei] allen Völkern sind *die vorausliegenden Gedanken gleich, deren* notae *(Zeichen) die* voces *(Sagungen)* sind.

---

des Originals seine Neufassung. Diese schränkt im übrigen den Bezug der *notae* auf die *voces* ein; bei Aristoteles steht *notae* als gemeinsame Bezeichnung für *voces* und *literae*.

07 **Et quorum hę similitudines, res etiam eędem.**

id est:

res etiam eędem sunt, quarum hae *– subauditur: passiones –* ***similitudines sunt:***

Ióh tíu díng, téro gelîhnísse *die gedáncha* sínt, sínt *in állên stéten* î*o* diu éinen, *sô éiueríu díng sínt únde sûezíu, únde hólz íst únde stéina, góld únde sílber únde ándere creaturę. Tíu bíldôt taz mûot, sô iz tar ána dénchit.*

08 **De his quidem dictum est in his, quę sunt dicta de anima.**

Íz chît: „In his, quę dicta sunt de anima, – id est: de intellectibus animę, – de his quidem satis dictum est.“[7]

Fóne déro sêlo uernúmiste íst nû ze mâle gnûoge geságet.

09 **Alterius est negotii.**

Éines ánderes uuérchis íst,

fóne íro passionibus ze ságenne.

10 **Quemadmodum autem est in anima aliquotiens quidem intellectus sine uero uel falso, aliquotiens autem,** *– subauditur: est –* **cum iam necesse est, horum alterum inesse: sic etiam in uoce.**

Tíu uuórt hábint kelîhnísse dero gedáncho. Álso uuîlôn gedáncha sínt nóh uuâr nóh lúgi, únde áber sâr éin uuéder sínt: sô sínt óuh tíu uuórt, tíu ín uólgent.

11 **Circa compositionem autem et diuisionem est falsitas ueritasque.**

Substantiam únde accidens zesámene légendo *álde* skéidendo uuírdet uuâr *álde* lúgi.

Lege ‚homo' únde ‚currit' zesámine, sô chît iz: ‚homo currit.' Táz íst uuâr álde lúgi. Skéid síu mít temo aduerbio ‚non', sô chît iz: ‚homo non currit.' Táz íst áber éin uuéder: uuâr álde lúgi.

---

7 Der Satz ist bei Notker – im Anschluss an die Kommentare des Boethius – falsch verstanden (und im vorliegenden Text entsprechend interpungiert). Es müsste heißen: „Von diesen Dingen ist in jenen Ausführungen gesprochen worden, die über die Seele gesprochen haben." Aristoteles bezieht sich nach heutigem Verständnis auf Ausführungen seiner Schrift ‚De anima'; zu den hier in Frage kommenden Stellen vgl. Aristoteles, Peri Hermeneias (Weidemann), S. 152–153.

07 **Und auch das, wovon diese etwas Ähnliches [sind], die Dinge, sind [bei allen] die selben.**

id est:

res etiam eaedem sunt, quarum hae *– subauditur: passiones –* ***similitudines sunt***

Auch sind die Dinge dieselben, von denen diese *– ergänze: Erduldungen –* ***Abbilder sind.***

Auch die Dinge, deren Gleichnisse *die Gedanken* sind, sind *überall immer* ein und dieselben, *wie es bittere Dinge sind und süße, und Holz und Steine, Gold und Silber und andere creaturae. Von denen macht sich der Sinn ein Abbild, wenn er an sie denkt.*

08 **Über diese [Bilder in der Seele] nämlich wurde gesprochen in dem, was über die Seele gesagt wurde.**

es heißt: ***In his, quae dicta sunt de anima,*** *– id est: de intellectibus animae –* ***de his quidem satis dictum est.***

In diesen (Worten), die über die Seele gesagt sind, – d.h. über die Erkenntnisse der Seele, – über diese ist nun genug gesagt.

Von *der Erkenntnis der Seele* ist nun für dieses Mal genug gesagt.

09 **Das ist ein anderes Geschäft.**

Es ist eine andere Aufgabe,

von ihren passionibus [mehr] zu reden.

10 **Wie aber in der Seele nun zuweilen ein Gedanke ist, ohne wahr oder falsch [zu sein], zuweilen aber einer,** *– subauditur: ‚est' –* **wenn es sehr wohl notwendig ist, dass in [der Seele] eines von diesen beiden ist: so auch in der Sagung.**

Die Wörter haben Abbilder der Gedanken. Wie zuweilen Gedanken weder wahr noch lügenhaft sind, und wiederum zugleich eines von beidem sind: so sind [es] auch die Wörter, die [aus] ihnen folgen.

11 **Je nach Zusammensetzung aber und Trennung gibt es Wahrheit und Falschheit.**

Indem man substantiam und accidens zusammenlegt oder scheidet, entsteht entweder Wahres oder Lüge.

Lege ‚homo' und ‚currit' zusammen, so heißt es: ‚homo currit'. Das ist wahr oder Lüge. Scheide sie mit dem adverbio ‚non', so heißt es: ‚homo non currit'. Das ist wiederum eines von beiden, wahr oder Lüge.

12 **Nomina igitur ipsa et uerba consimilia sunt intellectui sine compositione uel diuisione** – *id est: sine ‚est' uel ‚non est'*.

Sléhtiu uuórt sínt kelîh sléhtero uernúmiste, tánne siu béidíu sínt âne uéstenúnga únde âne lóugen,

uuánda íro neuuéder íst tânne lúgi nóh uuâr.

13 **Ut ‚homo' uel ‚album', quando non additur aliquid. Neque enim adhuc uerum aut falsum est.**

Álso *déro neuuéder* nóh tanne uuâr nóh lúgi ne íst, *úbe man dénchit álde chît* ‚homo' vel ‚album', mán nelége îeht tára zû.

14 **Huius autem signum hoc est:**

Íh kíbo dir dés exemplum,

táz uuâr nóh lúgi ne íst, tóh iz sî compositum:

15 **Hircoceruus enim significat aliquid,**

Hircoceruus pezéichenet, *táz péidíu sáment íst,*

póg ióh hírz, únde íst compositum nomen.

16 **sed quod nondum est uerum uel falsum,**[8]

Íz íst áber *sólih nomen, dáz* uuâr nóh lúgi *nebezéichenet,*

17 **si non uel ‚esse' uel ‚non esse' addatur – uel simpliciter uel secundum tempus.**

mán nespréche *uerbum* dára zûo, sléhto *âne tempus*, álde mít tempore.

Dáz chît er, uuánda pręsens échert keskéite dero temporum *íst únde áber pręteritum ióh futurum sélbin die* tempora *sínt.*

Tu nechédêst: ‚hircoceruus est', uel ‚fuit', uel ‚erit', ánderes nemág iz sîn uuâr nóh lúgi, dóh iz compositum sî.[9]

---

8 Boethius: *sed nondum uerum uel falsum.*

9 Aristoteles meint mit *compositio* die Hinzufügung des Verbum substantivum *esse* zum Nomen, also die Bildung eines Satzes, der wahr oder falsch sein kann. Das Beispiel des imaginären, nicht realen „Bockhirschen" soll demonstrieren, dass mit der bloßen Nennung sogar eines Wortes für etwas nicht real Existierendes (wie „Bockhirsch") weder Wahres noch Falsches ausgesagt wird. Im Anschluss an die Kommentare des Boethius, die in dem Beispiel des Kompositums „Bockhirsch" eine bewundernswerte Subtilität sehen, wird *compositio* bei Notker hier aber nicht auf die Syntax eines Satzes mit *esse* als Verbum, sondern auf die Wortbildung des Kompositums „Bock-Hirsch" bezogen: obwohl es – im Sinne der Wortbildung – ein „Kompositum" ist, sagt seine bloße Nennung weder Wahres noch Falsches aus. Bei Aristoteles ist aber mit „Bockhisch" an die Nennung von etwas real nicht Existierendem gedacht, nicht an die Bildungselemente des Wortes als Kompositum aus Grund- und Bestimmungswort.

12 **Für sich genommen gleichen Nomina und Verba einer Erkenntnis ohne Zusammensetzung bzw. Scheidung** – *das heißt: ohne ‚est' bzw. ‚non est'*:

Bloße Wörter gleichen bloßem Vernehmen, dann wenn sie sowohl ohne Bestätigung als auch ohne Leugnung stehen,

denn in keinem von beiden Fällen gibt es dann weder Lüge noch Wahres.

13 **Wie [bei] ‚Mensch' oder ‚weiß', wenn nicht etwas hinzugefügt wird. Denn insoweit ist es weder wahr noch falsch.**

Wie *keines von diesen beiden* dann weder wahr ist noch Lüge, wenn man denkt oder sagt ‚homo' *bzw.* ‚album', außer man legt etwas dazu.

14 **Dafür aber ist dies ein Zeichen:**

Ich gebe dir dafür ein *exemplum*,

das weder wahr ist noch Lüge, obwohl es ein compositum ist.

15 **Denn [das Wort] „Bockhirsch" bezeichnet etwas,**

Hircoceruus bezeichnet [etwas], *das beides zugleich ist,*

Bock und Hirsch, und [es] ist compositum nomen.

16 **was aber noch nicht wahr oder falsch ist,**

Es ist aber [dennoch] ein solches *nomen*, das weder Wahres noch Lüge *bezeichnet,*

17 **wenn nicht entweder „sein' oder ‚nicht sein' hinzugetan wird – sei es schlechthin oder sei es in Verbindung mit einem Tempus.**

wenn man nicht ein *uerbum* dazu sagt, schlicht ohne ein *tempus*, oder mit einem *tempus*.

Das sagt er, weil praesens nur die Scheide der temporum ist und wiederum praeteritum und futur die eigentlichen tempora sind.

Wenn du nicht sagst: „hircoceruus est", oder „fuit" oder „erit", kann es [das Wort ‚hircoceruus'] andernfalls nicht wahr sein bzw. Lüge, obwohl es ein compositum ist.

3

King, S. 7–10.
Cap. 2
Quid sit nomen

01 **Nomen est uox significatiua**
nomen íst éin bezéichenlîh uuórt *tes dínges, tes námo iz íst,*
02 **Secundum placitum,**
Âfter dero gelúbedo, *dîe iz êrest fúnden,*
03 **Sine tempora.**
Âne *dia bezéichennússida* temporis, *tíu an* uerbo *íst.*
Diffinitum:
Kuíssa uernúmist hábintiz únde guíssa bezéichnníssida.

04 **Cuius nulla pars est significatiua separata.**
Tés *syllaba álde dés litera* dúrh síh *nîeht nebezéichenit.*
05 **In nomine enim, quod est ‚equiferus' <ferus>[10] nihil per se significat,**
Uuánda éin uuórt íst ‚equiferus', *fóne díu nehábet* túrh síh *nîeht bezéichennússedo sîn pars* ‚ferus',

06 **Quemadmodum in oratione, quę est ‚equus ferus'.**
Sô iz hábet án déro rédo – *id est* ‚péitîg rós' –
uuánda ‚ferus' *tánne nîeht neist pars nominis, núbe sélbez nomen.*
07 **At uero non quemadmodum in simplicibus nominibus sic se habet et <in>[11] compositis.**
Íz ne uérit nîeht kelîcho in éinlien uuórten únde zesámene gesázten.

08 **In illis enim nullo modo pars significatiua est, in his autem uult quidem,**
id est: imaginationem habere[12] significationis.
Án dien simplicibus *neíst nóh tés kelîh, an dîen* compositis *péitet iz síh taz pars, únde tûot kelîh, sámoso iz îeht pezéichenne.*

09 **Sed nullius separati** – id est: nulla separatae partis – **significatio est,**
Îo dóh nepezéichenet iz nîeht túrh síh.

---

10 **<ferus>** *fehlt in der Hs.*
11 **<in>** *fehlt Hs.*
12 ***habere***: habet *Hs.*

Cap. 2
Was ein nomen sei

01 **Ein Nomen ist ein bedeutungstragendes Stimmklanggefüge.**
ein Nomen ist ein zeichenhaftes Wort *für das Ding, dessen Name es ist*

02 **Gemäß Belieben**
nach Übereinkunft *derjenigen, die es zuerst erfanden,*

03 **ohne Zeitbestimmungen**
ohne die Kennzeichnung der Zeitstufe, *die an dem Verbum ist.*
Festgelegt
ein bestimmtes Verständnis habendes (nomen) und eine bestimmte Bedeutung (habendes nomen).

04 **Kein Teil von ihm ist abgetrennt bedeutungstragend.**
Dessen *Silbe oder dessen Buchstabe* durch sich selbst *nichts bezeichnet.*

05 **In dem Nomen, das ‚Wildpferd' lautet, bedeutet ‚-wild' durch sich selbst nichts**
Denn ein einziges Wort ist ‚Wildpferd', *von daher hat sein Teil* ‚-wild' durch sich selbst *keine Bedeutung.*

06 **auf solche Weise wie in dem Redeteil, der ‚wildes Pferd' lautet.**
wenn es zu jenem Redeteil gehört – *das heißt zu ‚wildes Pferd'* –
denn ‚wild' ist dann nicht Teil des Nomens, sondern selbst ein Nomen.

07 **Aber doch verhält es sich nicht auf dieselbe Weise in einfachen Nomina wie in zusammengesetzten.**
Es verhält sich nicht in gleicher Weise in einfachen Worten wie in zusammengesetzten.

08 **Denn in diesen ist das Teil keineswegs bedeutungstragend, in jenen will es das freilich**
das heißt: den Anschein einer Bedeutung haben.
Bei den einfachen gibt es dergleichen noch nicht, bei den zusammengesetzten strebt das Teil danach, und tut dem gleich, als ob es etwas bezeichne.

09 **Aber keines abgetrennten** – *das heißt keines von einem abgetrennten Teil* – **ist eine Bedeutung**
Dennoch bezeichnet es durch sich selbst nichts.

10 **Ut in ‚equiferus'.**

Álso iz skînet *án* demo nomine ‚*equiferus*'.

Sîn pars tûot, álso iz hábe dúrh síh significationem, *téro iz nîeht nehábit.*

11 **Secundum placito uero, quoniam naturaliter nominum nihil est, sed quando fit nota** – *subauditur: illa naturalis est.*

Íh chád nomen uuésen bezéichenlîh áfter gelúbedo, uuánda iz natûrlicho neuuírdet, *so súmelîh ándir* zéichenúnga *tûot.*

12 **Nam designant et inliterati soni, ut ferarum, quorum nihil est nomen.**

Táz chád íh[13] *fóne díu,* uuánda dero tîero stímma *hábent natûrlîcha bezéichennissida, únde nesínt* nîeht nomina.

Pedú sínt nomina geskéiden fóne dîen stímmon dero tîero.

---

13 ***chád íh***: Notker spricht in der Rolle des Aristoteles.

10 **Wie bei ‚Wildpferd'**

Wie *es aufscheint* bei dem Nomen ‚Wildpferd'

Sein Teil tut so, als ob es durch sich selbst Bedeutung habe, von er es (aber) nichts hat.

11 **Gemäß Belieben aber, da es ja von Natur aus nichts an Nomina gibt, außer wenn es gekannt ist** – *ergänze: jenes (andere aber) ist natürlich.*

Ich sagte, dass ein nomen zeichenhaft ist nach Belieben, weil es von Natur aus nicht entsteht, *wie manches andere Zeichen es tut.*

12 **Denn es haben Bedeutung auch die nicht buchstabierbaren Schälle, wie die der Tiere, von denen (aber) keiner ein Nomen ist.**

Das sagte ich deswegen, weil die Stimmen der Tiere *natürliche Bedeutungen haben und* nicht Nomina sind.

Deswegen sind die Nomina verschieden von den Stimmen der Tiere.

Kosmologie / Geographie

43 Notker der Deutsche Geographisch-kosmologischer Exkurs zu Boethius, De consolatione Philosophiae Buch II, cap. 45 Tax, Notker, Boethius

²VL 6 (1987) Sp. 1212–1236 (Stefan Sonderegger). – **VL** ahd. und as Lit. (2013), S. 293–315 (Sonja Glauch).
Ü.: St. Gallen, Stiftsbibliothek, Cod. 825, pag. 4–271 (Hs. A, hier pag. 95–97).
Abb.: vollständiges Digitalisat der Hs. in Farbe: https://www.e-codices.unifr.ch/de/csg/0825/95/0/Sequence-673.
Dat.: Handschrift um 1025 in St. Gallen, Text bald nach 1001 (Abt Burchard II.).
Spr.: alem.
Ed.: Tax, Notker, Boethius, hier Buch I/II., S. 95–97 (Text). – Schlosser, S. 324–329 (Text).
Lit.: Zu Notker allgemein: Kelle, LG 1, S. 232–274 und S. 393–412. – Kögel, LG I,2, S, 598–626. – Ehrismann, LG 416–458. – Haubrichs, Die Anfänge, S. 221–226. – Tax, Notker Latinus zu Boethius, S. 86–87 (Kommentar). – Schlosser, S. 396 (Kommentar). – Ptolemäus, Handbuch. – Naaber, Die Quellen von Notkers Boethius, hier S. 38–40. – Schröbler, St. Galler Wissenschaft – Lindgren, Gerbert. – Hellgardt, Geographie. – Hehle, Boethius in St. Gallen, hier S. 198–200. – Glauch, Notker, Martianus Capella, hier S. 193–207.

Den Anlass zu diesem großen Exkurs in Notkers Bearbeitung der ‚Consolatio Philosophiae' des Boethius bietet eine Anspielung des Boethius auf die ursprünglich griechische μαθηματική σύνταξις des Ptolemäus (Mitte 2. Jh. n. Chr.), später unter dem Titel ihrer arabischen Übersetzung ‚Almagest' bekannt. Dieses Werk wurde im Mittelalter in lateinischer Sprache erst seit 1175 über den Umweg seiner arabischen Übersetzung und durch die Zwischenstufe von deren altkastilischer Version in der Übersetzung des Gerhard von Cremona bekannt, war also zu Notkers Zeit lateinisch noch nicht zugänglich.

Das Gespräch zwischen Boethius und der personifizierten Philosophie ist hier an den Punkt gekommen, wo Boethius eingesteht, dass ihm – bei aller Verzichtsbereitschaft im Übrigen – an der Verbreitung seines Ruhms als Politiker doch gelegen wäre. Philosophia, die als Therapeutin hier noch nicht mit der Schärfe philosophisch-rationaler, sondern vorbereitend mit den linderen Heilmitteln der Rhetorik ansetzt, weist den Boethius darauf hin, wie extrem gering für den Ruhm die Verbreitungsmöglichkeit auf der Erde ist, welche – selbst bloß ein winziger Punkt im Weltall – doch nur zu einem Viertel von Menschen bewohnt sei, *Ptolemeo probante* – wie es Ptolemäus darlege und beweise (s. u., Anm. 6).

Notker nimmt diese Anspielung auf Ptolemäus zum Anlass für ein umfassendes Lehrstück in Geographie/Astronomie und führt den ptolemäischen Lehrsatz breit aus, wobei er implizit auf den kosmologischen Exkurs des ‚Somnium Scipionis' in Ciceros ‚De re publica' Bezug nimmt und auf den Kommentar des Macrobius zu diesem.[1]

Text nach Tax und dem Digitalisat, jedoch in eigener, gezählter Abschnittsbildung. Die Schriftauszeichnungen der Abschnitte sind der Handschrift entnommen.

1 Diese Schriften waren Notker nachweislich bekannt, s. Hellgardt, Geographie, S. 59.

Quam uana sit terrena gloria
quia terra nihil est in comparatione caeli[2]

01 **Omnem terrę ambitum constat obtinere rationem puncti ad spatium cęli, sicut accipisti[3] astrologicis demonstrationibus.**

Tír íst uuóla chúnt, chad si, álla dia érda síh kezíhen uuíder demo hímele gágen démo méze éines stúpfes, álso du lírnetôst in *astronomia*.

02 **Id est, ut nihil prorsus[4] spatii iudicetur habere, si conferatur ad magnitudinem cęlestis globi.**

Íh méino, dáz sî mícheli nîeht nehábet uuíder déro mícheli des hímeles.

03 Aristotiles lêret in *cathegoriis*,[5] dáz *punctvm* sî ánauáng *lineę* únde ûzlâz, únde íro *partes* mít *puncto* únderskídôt uuérden únde dóh *punctum* fóre lúzzeli nehéin déil nesî dero *lineę*.

04 Uuáz mág mínneren sîn dánne daz neuuéder nehábet léngi nóh préiti?

05 Sîd iz an *linea*, déro *terminus* iz íst, nehéinen téil nehábet, sô neíst iz óuh nehéin téil dés *circuli*, dés *medietas* iz íst.

06 Ze déro sélbûn uuîs nehábet óuh tiu érda nehéina mícheli uuíder demo hímele, dés *punctum* sî íst.

07 **Huius igitur tam exiguę regionis in mundo quarta fere portio est – Ptolomeo probante, sicut didicisti[6] – quae incolatur a cognitis nobis animantibus.**

Téro sélbun érdo also lúzzelero uuíder demo[7] hímele íst échert ter fîerdo téil besézen fóne úns chúnden ménniskôn.

08 Táz sî chit ‚*nobis cognitis*', táz chit si ex *persona hominum*[8] úmbe die *antipodas*, uuánda úns tîe únchúnt sínt.

---

2 ***in comparatione*:** Mit dieser Überschrift deutet Notker an, dass Philosophia als Dialogpartnerin des Boethius hier den rhetorischen Topos *a comparatione* im Modus *a maiori* anwendet, um den verzweifelten Boethius aus seiner Lethargie heraus und zu ruhiger Besinnung zurück zu holen. – Vgl. Notkers Schrift ‚De partibus logicae' und hierzu näher Hellgardt, Die Sprichwörter, hier S. S. 243–246, zum Topos *a comparatione* S. 268. – Zusammenfassend zu den *argumenta* der Topik Hehle, Boethius in St. Gallen, S. 179–186.

3 ***sicut accepiscis astrologicis demonstrationibus*:** vgl. Fußnote 6; die personifizierte Philosophie spricht ihren Dialogpartner Boethius an.

4 ***prorsus*** „geradezu": das Adverb ist wichtig; Notker versteht die Rede des Boethius als rhetorisch-hyperbolische Übertreibung. Selbstverständlich hat die Erde für Boethius und entsprechend auch für Notker eine im Weltall freilich relativ geringe Ausdehnung, wie sich ja aus dem Folgenden ergibt.

5 Aristoteles, Kategorien im Kapitel 6 über die Quantität, hier Abschnitt 5a über die Quantität im Modus des Kontinuierlichen (S. 29–37); dazu Notkers Kommentar, Notker der Deutsche, ‚Categoriae', S. 42.

6 Vgl. Fußnote 3. – *Ptolomeo probante*: Boethius, bzw. die Philosophia spielt hier (Cons. II, pr. 7) auf des Ptolemäus Handbuch der Astronomie (μαθηματική σύνταξις, 2,1) an: „Die Erde wird durch den

Wie eitel irdischer Ruhm ist weil die Erde nichts ist im Vergleich mit dem Himmel

01 **Es steht fest, dass der ganze Umfang der Erde im Verhältnis zum Himmelsraum die Größe eines Punktes einnimmt, wie du es akzeptiert hast aufgrund der Beweise der Astronomen.**

Dir ist gut bekannt, sagte sie, dass die ganze Erde sich verhält gegenüber dem Himmel im Verhältnis des Maßes eines Punktes, wie du es im Fach *Astronomie* gelernt hast.

02 **Das bedeutet, dass ihr (der Erde), übertrieben gesagt, gar keine Ausdehnung zuerkannt wird, wenn sie mit der Größe der Himmelskugel verglichen wird.**

Ich meine, dass sie nichts an Größe hat gegenüber der Größe des Himmels.

03 Aristoteles lehrt in den *‚Kategorien'*, dass der *Punkt* der Anfang der *Linie* sei und das Ende, und dass ihre *Teile* mit dem *Punkt* unterschieden werden, und dass doch der *Punkt* wegen seiner Kleinheit kein Teil der *Linie* sei.

04 Was kann kleiner sein außer dem, das weder Länge noch Breite hat?

05 Weil es (das *punctum*) von der *Linie*, deren Grenze es ist, kein Teil ist, deswegen ist es auch kein Teil des *Kreises*, dessen *Mittelpunkt* es ist.

06 In der selben Weise hat auch die Erde keine Größe gegenüber dem Himmel, dessen (Mittel-)*Punkt* sie ist.

07 **Von dieser also so winzigen Region im Weltall ist es etwa der vierte Teil, – Ptolemäus beweist es, wie du es gelernt hat –, welcher von uns bekannten Lebewesen bewohnt wird.**

Von derselben Erde, der so kleinen im Verhältnis zum Himmel, ist nur der vierte Teil besiedelt von uns bekannten Lebewesen.

08 Dass sie sagt *„von uns bekannten"*, das sagt sie *aus der Position von Menschen* in Bezug auf die *Antipoden*, denn uns (als Menschen) sind die unbekannt.

Erdäquator und einen durch seine Pole gezogenen (Meridian-) Kreis in vier Viertel geteilt. Auf das eine von beiden nördlichen Vierteln beschränkt sich nahezu die Ausdehnung des zurzeit bewohnten Gebietes der Erde […]", Ptolemäus, Handbuch, S. 58. – Notker, zu dessen Zeit Ptolemäus im lateinischen Westen noch nicht zugänglich war, verfolgt hier für die Erdbeschreibung im Prinzip denselben Argumentationsgang wie Ptolemäus. Die genauen Quellen, aus denen Notker schöpft, sind allerdings unbekannt.

7 Hs. *der demo*.

8 Philosophia stellt sich in der Rolle (*persona*) eines Menschen dem Menschen Boethius gleich.

09 Uír uuízen, dáz tia érda dáz uuázer úmbe gât únde der fíerdo téil náhôr óbenân erbárôt íst. Án démo sízzent tie ménnisken.

10 Ter hímel lêret únsíh, táz iz ter fíerdo téil íst.

11 Álle dîe *astronomiam* chúnnen, dîe bechénnent, táz *ęquinoctialis zona*[9] den hímel réhto in zuéi téilet únde fóne íro ze dien ûzerostên *polis* îouuederhálb ébenfílo íst, íh méino ze demo *septemtrionali* únde ze demo *australi*.

12 Sô íst tiu érda sínuuelbiu,[10] únde íst úns únchúnt, úbe si úndenân erbárot[11] sî; óbenân, dâr sî erbárôt íst, târ sízzent tie líute *ab ęthiopico oceano usque ad sciticum oceanum*.[12]

13 Tîe férrôst sízzent *ad austrum*, dîe sízzent *in ęthiopicis insulis*;[13] tîen íst tiu súnna óbe hóubete, sô si gât ûzer *ariete inuerno tempore*, únde sô si begínnet kân in *libram* in *autumno*. [14]

14 Tîe hára báz sízzent *in litore ęthiopico*, tîen íst si óbe hóubete, sô si gât *in tauro* únde *in uirgine*.

15 Tîe óuh hára báz sízzent *in Meroe*,[15] tîen íst si óbe hóubete, sô si gât *in geminis* únde *in leone*.

16 Tîe óuh hára báz sízzent târ *Siene*[16] íst, *ciuitas ęgypti*, tîen íst si óbe hóubete *in solstitio*, sô si gât *in cancrum*.

17 Tánnân gât nórdert *humana habitatio* únz ze *Tile insula*,[17] díu férrôst íst in *scithico mari*. Tîe dâr sízzent, tîe sízzent únder demo *septentrionali polo*.[18]

18 Táz skînet tánnân, uuánda, sô súmeliche *cosmografi* scrîbent, târ íst átaháfto tág *per sex menses* fóne *uernali ęquinoctio* únz ze *autumnali*, únde átaháfto náht *per alios sex menses* fóne *autumnali ęquinoctio* únz ze *uernali*.

9 Der „Himmelsäquator"; zum Gebrauch des Ausdrucks *zona aequinoctialis* für den Himmelsäquator anstelle von *aequinoctialis circulus* s., Hellgardt, Geographie S. 63, Anm. 27.

10 ***sin-welb*** wörtlich „immer, überall gewölbt" (‚wölbig').

11 Augustinus, De civitate dei VI.ix gebraucht in diesem Zusammenhang den Ausdruck *ab aquarum congerie nuda* „von der Ansammlung von Wasser nackt", s. Notker latinus Bd. 1A, S. 87; vgl. im Notker-Glossar, S. 11, den Artikel *erbâron*: lat. *renudare, denudare* „bloßlegen, entblößen".

12 ***ab ęthiopico oceano usque ad sciticum oceanum***: d.h. von dem Ozean, der die Erde im Osten bespült (der äthiopische Ozean), bis zu jenem, der sie im Norden bespült (der skythische Ozean). Damit ist ein Viertel der ganzen Erdkugel umschrieben, nämlich die östliche, von Menschen bewohnte Hälfte der nördlichen Halbkugel, s. Anm. 6.

13 ***in ęthiopicis insulis***: im Besonderen auf der zwischen Äthiopien und Indien liegenden Ozeaninsel Taprobane (Sri Lanka / Ceylon).

09 **W**ir wissen, dass das Wasser um die Erde herum geht und der vierte Teil (von ihr) näher nach oben hin (von Wasser) entblößt ist. Auf dem (Teil) sitzen die Menschen.

10 **D**er Himmel lehrt uns, dass es ein Viertel (der Erde) ist.

11 **A**lle, welche *die Astronomie* kennen, die wissen, dass die *Äquinoktialzone* den Himmel genau in zwei (Teile) teilt, und (dass) von ihr zu den äußersten *Polen* auf beiden Seiten gleich viel ist, ich meine (bis) zu dem *nördlichen* (äquinoktialen) und bis zu dem *südlichen* (australen) (Pol).

12 **N**un ist die Erde kugelförmig, und es ist uns unbekannt, ob sie nach unten hin (von Wasser) entblößt ist; nach oben hin, wo sie (von Wasser) entblößt ist, dort sitzen die Menschen *vom äthiopischen Ozean bis zum skythischen.*

13 **D**ie am fernsten sitzen *nach Süden hin*, die sitzen *auf den äthiopischen Inseln*; denen steht die Sonne über dem Kopf, wenn sie aus *dem Widder in der Frühlingszeit* geht, und wenn sie beginnt zu gehen *in die Waage im Herbst.*

14 **Di**e etwas näher hierher *an der äthiopischen Küste* sitzen, denen ist sie über dem Kopf, wenn sie *im Stier* geht und *in der Jungfrau.*

15 **D**ie wiederum näher her *in Meroe* sitzen, denen ist sie über dem Kopf, wenn sie geht *in den Zwillingen* und *im Löwen.*

16 **D**ie wiederum näher her dort sitzen, wo *Syene* ist, eine *ägyptische Stadt*, denen ist sie über dem Kopf zur Zeit der *Sommersonnwende*, wenn sie *in den Krebs* geht.

17 **V**on dort geht nach norden hin das *menschliche Wohngebiet* bis zur *Insel Thule*, die am fernsten ist *im skythischen Meer*. Die dort sitzen, die sitzen unter dem *Himmelsnordpol.*

18 **D**as erhellt von daher, weil wie etliche *Kosmographen* schreiben, dort ununterbrochen Tag ist *sechs Monate* hindurch vom *Frühjahrs-* bis zum *Herbstäquinoktium* und ununterbrochen Nacht *die anderen sechs Monate hindurch* vom *Herbst- bis zum Frühjahrsäquinoktium.*

---

14 An den Tagen des Frühlings- und Herbstäquinoktiums steht ihnen die Sonne senkrecht über dem Kopf, d.h. im Zenit des Himmels; die äthiopischen Inselbewohner werfen also an diesen Tagen keinen Schlagschatten.
15 ***Meroe*:** die untergegangene, einst am oberen Nil gelegene Hauptstadt des Königreiches Meroe.
16 ***Syene*:** heute Assuan, ägyptische Stadt am östlichen Ufer des Nils unterhalb des ersten Katarakts. Hier soll der legendäre tiefe Brunnen gelegen haben, in dem die Sonne am Tag der Sonnenwende im Zenit stehend sich spiegelte, s. ‚Lucidarius' Anm. 114. Der Brunnen diente der Legende nach als einer der Messpunkte für die annähernd genaue Bestimmung des Erdumfangs durch Eratosthenes (*276/273 † 195 v. Chr.); von daher hat Syene eine herausragende Bedeutung für die geographische Forschung und Kosmologie des Altertums.
17 ***Tile insula*:** Thule (Island); hier irrtümlich vorgestellt als unter dem Himmelsnordpol liegend.
18 ***septentrionalis polus*:** der Himmelsnordpol.

19 Táz keskíhet fóne díu, uuánda ín sínt ferbórgenív únder érdo *sex signa omni tempore*, pedíu íst ín náht, sô diu súnna in dîen gât; ánderíu *sex* sínt ín óbe érdo *semper*, pedíu íst ín dág, sô diu súnna in dîen gât.

20 Uuánda *septemtrionalia sex signa* ín échert ze óugôn sînt, tánnân skînet, táz ín der *polus septentrionalis* óbe hóubete íst únde ín dér állero hôhesto íst.

21 Táz mág man uuóla séhen án déro *spera*, díu *in cella Sancti Galli nouiter* gemáchôt íst *sub Purchardo abbate*.[19] Sî hábet állero *gentium* gestélle; únde fóne díu, sô man sia sô stéllit,[20] táz ter *polus septemtrionalis* ûf in rîhte síhet, sô sínt *sex signa zodiaci* ze óugôn *septentrionalia*, *sex australia* sínt kebórgen.

22 Tánnân uuízen uuir uuóla, dâr sie begínnent sízzen férrôst *in austro*, únz tára târ sie férrôst sízzent *in septentrione* – úbe iz *maria* únde *paludes*[21] ne úndernâmûn, – dáz iz uuóla uuesen máhti *quarta pars terrae*.[22]

23 **Si abstraxeris huic quartę parti, quantum premunt maria paludesque, quantumque distenditur regio** – *id est: deserta* – **siti uasta** – *id est: ariditate* – **uix relinquitur hominibus angustissima area inhabitandi.**

Ténchest tu dánne, uuîo fílo uuázer únde fénne únde éinote skértent tés sélben fîerden téiles, sô íst tes ándres échert éin énge hóuestat tero ménniskôn

24 **In hoc igitur minimo puncti quodam puncto circumsepti atque conclusi cogitatis de peruulganda fama, de proferendo nomine?**

Kedénchent ir nû in sô smáles téiles smálemo téile beslózene únde behálbôte íuueren lîument únde íuueren námen ze bréitenne?

---

19 ***sub Purchardo abbate***: Abt Burchard II. von St. Gallen 1001–1022. – Die hier erwähnte *spera* aus der Zeit des Abtes Burchard ist nicht erhalten. Gern wüsste man Genaueres über sie. Jedenfalls hat es sich um einen kombinierten Himmels- und Erdglobus mit verstellbaren Teilen gehandelt. Es ist gut denkbar, dass Notker an dessen Konstruktion persönlich beteiligt war. Im Hintergrund stehen sicherlich die verschiedenen Himmelsglobus-Konstruktionen Gerberts von Aurillac/Reims (um 950–1003); zu diesen Lindgren, Gerbert, S. 28–31. Gerberts wissenschaftliche Forschungen zu den *artes* dürften in Notkers St. Gallen wenigstens teilweise bekannt gewesen sein; dazu Schröbler, St. Galler Wissenschaft, und präzisierend Glauch, Notker, Martianus Capella, S. 46–47. Notkers *spera* unterscheidet sich aber von denen Gerberts dadurch, dass in ihr nicht nur Himmelsphänomene verortet sind, sondern auch Orientierungspunkte oder -linien und Regionen auf der Erde, und dass beides durch Einstellungen (s. *gestélle, stéllit*, Abschnitt 21) mit beweglichen Teilen des Globus in Bezug zueinander gesetzt werden konnte.

20 ***gestélle, stéllit***: zu dem Ausdruck s. Anm. 19.

19 **Das geschieht von daher, weil ihnen verborgen sind unter der Erde diese *sechs Sternzeichen die ganze Zeit hindurch*, deswegen ist bei ihnen Nacht, wenn die Sonne in diesen (Sternzeichen). geht; die anderen *sechs* sind (währenddessen) *immer* über der Erde; deswegen ist bei ihnen Tag, wenn die Sonne in diesen (Sternzeichen) geht.**

20 **Weil die *sechs nördlichen Sternzeichen* ihnen einzig vor Augen sind, von daher erhellt, dass ihnen der *Himmelsnordpol* über dem Kopf ist und ihnen der allerhöchste (Punkt) von allen ist.**

21 **Das kann man gut sehen an der Himmels*kugel*, die *im Kloster des heiligen Gallus neuerdings* gemacht wurde *unter dem Abt Burchhard*. Sie hat die örtliche Einstellung aller *Völker*; und deswegen, wenn man sie so einstellt, dass der *Himmelsnordpol* geradewegs hinauf sieht, dann sind die *sechs nördlichen Zeichen des Tierkreises* (dem zu ihm Aufschauenden) vor Augen, die *sechs südlichen* sind (für ihn) verborgen.**

22 **Von daher wissen wir genau, von dort wo sie (die Menschen) am weitesten *im Osten* zu siedeln beginnen, bis dorthin, wo sie am weitesten *im Norden* sitzen – wenn es ihnen *Meere* und *Sümpfe* nicht hinderte – dass es gut der *vierte Teil der Erde* sein konnte.**

23 **Wenn du von diesem vierten Teil abziehst, wieviel die Meere und die Sümpfe bedecken, und wieweit sich das leere Gebiet** – das heißt: das aufgegebene – **wegen Durst** – das heißt: wegen Dürre – **ausdehnt, dann verbleibt den Menschen kaum eine allerengste Fläche zur Bewohnung.**

Bedenkst du dann, wieviele Gewässer und Sümpfe und Einöden dieses Viertel mindern, so bleibt von dem anderen nur eine enge Wohnstatt der Menschen.

24 **In diesem also kleinsten Punkt quasi eines Punktes umzäunt und umschlossen denkt ihr über die Verkündung von Ruhm nach, über die Verbreitung eures Namens?**

Gedenkt ihr nun in einem so schmalem Teil eines schmalen Teiles eingeschlossen und abgesondert euern Ruhm und euern Namen zu verbreiten?

---

21 ***maria*** **únde** ***paludes*:** Hiermit stellt Notker im Vorgriff auf Abschnitt 23 den Anschluss an den folgenden Text bei Boethius her, s. Abschnitt 23.

22 Wenn Euklid den Beweis eines geometrischen Lehrsatzes abgeschlossen hat bemerkt er regelmäßig *quod erat demonstrandum*. In diesen Sinne beschließt Notker mit ***Tánnân uuizen uuir uuóla***, *[...] dâz iz uuóla uuesen máhti quarta pars terrae* seinen Exkurs zu der Anspielung des Boethius auf Ptolemäus *tam exiguę regionis in mundo quarta fere portio est, – Ptolomeo probante, – quae incolatur a cognitis nobis animantibus* (Abschnitt 7).

44 Aus den ältesten Fragmenten des deutschen ‚Lucidarius' (Buch I) Wilhelm Nr. 44

[2]**VL 5** (1984/85) Sp. 939–947 (Georg Steer).
Ü.: Göttingen, S+UB, 2° Cod. Ms. theol. 101[n] Cim., drei fast vollständige Bll., zwei Längsstreifen, ein Querstreifen und weitere, kleine Reste eines Blattes.
Abb.: 1v: Gottschall/Steer S. 42*; Ulmschneider (2005), S. 603; Ulmschneider (2011), S. 112.
3r: Heidlauf DTM; Eis S. 61.
Dat.: Handschrift 13. Jh., 2. Viertel/Mitte; zur Werkdatierung s. unten.
Spr.: westobdt. mit mitteldt. Einschlag.
Ed.: Die Göttinger Fragmente: Wilhelm I, S. 115–131 (Text). – Dittrich, Lucidarius. – Referenzkorpus Mittelhochdeutsch (1050–1350) https://www.linguistics.rub.de/rem/pub/texts//M132G_mod.pdf. – Berliner Handschrift mgo 26: Heidlauf, Lucidarius. – Textgeschichtliche Ausgabe nach der gesamten Überlieferung: Der deutsche Lucidarius. Bs. 1 (Text).
Lit.: Kelle, LG 2, S. 224–228 Und S. 390–394. – Wilhelm II, S. 222–240 (Kommentar). – Sturlese, Philosophie. – Haug, Literaturtheorie. – Bumke, Lucidarius-Prolog. – Steer, Replik. – Hamm, in: Der deutsche Lucidarius, Bd. 3 (Kommentar). – Ulmscheider in: Der deutsche Lucidarius Bd. 4 (Überlieferungsgeschichte). – Ulmschneider, Weltkarte.

Der deutsche ‚Lucidarius' ist ein umfangreiches, als Schüler-Lehrer-Dialog gestaltetes Werk, eine Art populärwissenschaftliches Buch, das in deutscher Prosa das frühmittelalterliche naturwissenschaftliche und theologische Wissen in drei Büchern für Laien darstellen möchte. Das erste Buch handelt von der Schöpfung und bietet in diesem Zusammenhang eine kosmographische Welt- und Erdbeschreibung mit ausführlicher, teils mirakulöser Länderkunde. Die unten wiedergegebenen Stücke stammen aus diesem Teil. Der zweite Teil des ‚Lucidarius' behandelt Fragen des christlichen Glaubens und der Liturgie. Gegenstände des dritten Buches sind eschatologische Themen: das Leben nach dem Tod, die sog. „letzten Dinge" und das Jüngste Gericht.

In den hier folgenden Stücken stützt sich der ‚Lucidarius' vor allem auf zwei Werke des Honorius Augustodunensis (um 1088-um 1137), sein ‚Elucidarium' und seine ‚Imago mundi' (Imago); hierzu und zu Honorius überhaupt s. Hartmut Freitag in: [2]VL 4 (1983), S. 122–132; Einiges ist auch aus der ‚Philosophia mundi' des Wilhelm von Conches (1080–1154, Philos.) nachgewiesen, zu diesem Nigel Palmer in: [2]VL 11, (2004), Sp. 1663–1668. Diese Quellen sind – hier vorläufig – nach Wilhelms Kommentar in den Fußnoten wiedergegeben; laufend wäre darüber hinaus – auch zur Sacherläuterung – der Kommentar von Marlies Hamm zu vergleichen, der sich allerdings nicht speziell auf den Text des Göttinger Fragments bezieht.

Ort der Entstehung und die Entstehungsumstände des ‚Lucidarius' sind umstritten. Seit spätestens der Mitte des dreizehnten Jahrhunderts ist er in 66 Handschriften bis ins 16. Jahrhundert überliefert. Dazu kommen zahlreiche sekundär bezeugte bzw. erschlossenen handschriftliche Zeugen sowie mehr als 80 Inkunabeln und Frühdrucke (alles verzeichnet bei Ulmschneider 2011). Die Forschung unterscheidet im Wesentlichen eine A- und eine B-Rezension der Überlieferung, jeweils mit einem Prolog in Reimen. Nach dem Prolog der Rezension A soll ein Herzog (oder Herr) Heinrich seinen Kaplänen den Auftrag zur Abfassung des Werks gegeben haben, und zwar

Zv brunsswic in der stat
wart ez getichtet vnde geschriben.

Dabei hätte sich der von seinen Kaplänen unterstützte *meister* des Buches durchaus aufs Reimen verstanden.

Ez enwere an dem meister niht bliben,
er hette ez gerimet, ab er solde,

aber das war ihm und seinen Helfern ausdrücklich untersagt. Herzog/Herr Heinrich
[...]
bat, daz sie ez tihten
an (ohne!) *rimen wolden,*
wan sie ensolden
nicht schreiben wan die warheit,
als ez zv latine steit [...].
(Prolog-Text hier nach Ulmschneider (Der deutsche Lucidarius Bd. 4, S. 412–415).

Prosa sollte also die Gewähr für die Wahrheit des Dargestellten bieten; unterstellt wird dabei, dass eine Reimfassung als „Dichtung" diesem Anspruch nicht genügen könne.

Bezieht man all dies auf Herzog Heinrich den Löwen als Braunschweiger Auftraggeber, so kommt man auf eine Datierung des Werks in die Jahre zwischen 1185 und 1195, oder noch genauer zwischen 1190 und 1195.

Nun hat aber der Reimprolog der B-Rezension die Nennung Braunschweigs und eines Herzogs/Herrn Heinrich gar nicht und auch nicht die „literaturtheoretisch" viel diskutierte Anweisung zu einer nicht gereimten Fassung. Deshalb und besonders auch aus sprach- und überlieferungsgeschichtlichen Gründen kann man die Richtigkeit der aus den Nachrichten des A-Prologs erschlossenen Lokalisierung in Frage stellen. Georg Steer hat das getan und plädiert für eine Entstehung des Werks durch einen elsässischen Regularkanoniker, der in Verbindung mit der Marbacher Reformgruppe dieser Kanoniker gearbeitet haben könnte. Dazu gab es Zustimmung, Widerspruch und alternative Vorschläge.[1] Die Datierung des Werks in die Zeit um 1190 bleibt jedoch durch diese Meinungsverschiedenheiten unberührt.

Text der Fragmente nach Wilhelm und Referenzkorpus Mittelhochdeutsch unter Beiziehung von Gottschall/Steer, Der deutsche Lucidarius Bd. 1. Die Ziffern am Rand beziehen sich auf diese Ausgabe. Die Quellenhinweise in den Fußnoten – wie gesagt – nach Wilhelm, Kommentar; außerdem weitere, hier nur gelegentlich genutzte Hinweise in dem reichen Kommentar von Marlies Hamm.

Elucidarium:	Honorius Augustodunensis, ‚Eluciarium'.
Imago:	Honorius Augustodunensis, ‚Imago mundi'.
Philos.:	Wilhelm von Conches, ‚Philosophia mundi'.

1 Referat der Forschung bis 2003 bei Ulmschneider (Der deutsche Lucidarius Bd. 4), S. 1–9.

I.6 Do sprach der Junger:
Waz er ie eine, e er die welt gescv̊f,?

Do sprach der Meister:
Erne waz niht eine, wan div gescophede allir dirre welte waz ie vor ime von anegenne.

I.7 Do sprach der Junger:
Dvrch waz gescv̊f er die welt?

Do sprach der Meister:
In gote sint drie nature: daz ist der gewalt vñ div wisheit vñ div michil gvte. Durch daz gescvf er die welt, daz er die drie nature dar an erzeigete:[2]

Mit sime gewalte geschv̊f er dise welt,

Mit sinir wisheite hat er sie gezierit,

Mit sinir gvte hat er sie gestatigot vñ den menischin irlost.

I.8 Do sprach der Junger:
Wie stvnt iz, e div welt wurde?

Do sprach der Meister:
Do waz niwan ein vinsteri, div hiez *kaos*,[3] wan do warin div vierv *elementa* samint.

I.9 Do sprach der Junger:
Welhiv warin div uierv elementa?

Do sprach der Meister:
Daz fivr, vñ daz wazzir, vñ div erde, vñ der luft.[4]

I.10 Do sprach der Junger:
Waz gescv̊f got allir erst?

Do sprach der Meister:
Do det er den himil vñ die erde, dar nach die engile, vñ dar nach alliv dinc dirre welte; ze allir ivngist den menischin.

---

2 *In hac Divinitate omnium conditrice, et omnia gubernante, dixerunt philosophi inesse potentiam operandi, sapientiam, voluntatem [...] Est ergo in Divinitate potentia, sapientia voluntas, quas sancti tres personas vocant.* Philos.
3 *de chao, id est elementorum confusione [...] quod aqua et aer, et spissi, et obscuri erant: quod in superioribus stellae non apparebant, vocaverunt chaos, id est confusionem elementorum.* Philos.
4 *Elementa dicuntur [...] ignis, aer, aqua, terra.* Imago.

I.6 Da sprach der Jünger:[5]
War er immer allein, ehe er die Welt erschuf?

Da sprach der Meister:
Er war nicht allein, denn die Erschaffung aller dieser Welt war stets vor ihm[6] von Anfang an.

I.7 Da sprach der Jünger:
Wozu erschuf er die Welt?

Da sprach der Meister:
In Gott sind drei Naturen: das ist die Gewalt und die Weisheit und die große Güte. Dazu erschuf er die Welt, auf dass er die drei Naturen an ihr aufzeigte:

Mit seiner Gewalt erschuf er diese Welt,

Mit seiner Weisheit hat er sie geschmückt,

Mit seiner Güte hat er sie beständig gemacht und den Menschen erlöst.

I.8 Da sprach der Jünger:
Wie stand es, ehe die Welt entstand?

Da sprach der Meister:
Da war nichts außer eine Finsternis, die hieß *Chaos* denn da waren die vier *Elemente* ungesondert zusammen.

I.9 Da sprach der Jünger:
Welche waren die vier *Elemente*?

Da sprach der Meister:
Das Feuer und das Wasser und die Erde und die Luft.

I.10 Da sprach der Jünger:
Was erschuf Gott zu allererst?

Da sprach der Meister:
Da machte er den Himmel und die Erde, danach die Engel und danach alle Dinge dieser Welt; zu allerletzt den Menschen.

5 *Junger* (für lat. *discipulus*) und *Meister* (aus lat. *magister*) werden in der Übersetzung immer als „Jünger" und „Meister" belassen; die beiden Ausdrücke haben gegenwartssprachlich die Bedeutung „Schüler" und „Lehrer".
6 *vor*: „vor seinen Augen".

I.11 Do sprach der Junger:
Wie hiez der erste engil?

Do sprach der Meister:[7]
Natael. Den hete got so sconin geschaffin, daz er betrogin wart von deme grozin vbirmv̊te, daz er virstozin wart vom himile in daz abgrunde.

I.12 Do sprach der Junger:
Wie lange waz er in den himilischin erin?

Do sprach der Meister:
Niht wan ein halbe wile.[8]

I.13 Do sprach der Junger:
Dur waz gescv̊f in got, do er wol wuste, daz er vallin sollte?

Do sprach der Meister:
Daz er die irweltin engile mite gestatigote. Wan fur daz, daz der tivuel wart virstozin, do wurdin die andirin engile so veste in der gotis minne, daz sie niemir mohtin gewichin von deme gotis lobe.[9]

I.14 Do sprach der Junger:
Wie kvmit daz?

Do sprach der Meister:
Do der Lucifer vñ sine volgere gevielin, do newustin die engile vmbe daz hellewize niht. Do sie do gesahin, ze welhin notin der tivuel kom von der gotis krefte vñ irkanton do in welhin erin sie got behalten heti, da von viengin sie da ze der statin gotis minne.

I.15 Do sprach der Junger:
Wanne wart div helle geschaffin?

Do sprach der Meister:[10]
In der selbin wile, do der Sathanas des gedahte, daz er sich wider got sazte, do wart div helle von deme gotis geboti.

I.16 Do sprach der Junger:
Wa ist div helle?[11]

Do sprach der Meister:
Div helle, die wir da heizin die inre helle, div ist an dem ende der erde[12] vñ ist an der stete, da vor nebile vñ vor vinstri[13] niemir dechein lebinder menische chomin enmac.

I.17 Do sprach der Junger:
Hat div helle grvnt?

Do sprach der Meister:
Div helle ist obine enge vñ vndine wit, daz der witi nieman ahte wez. Wan dv bv̊ch sprechint, daz manige sela ewicliche dar in vallin*t*, vñ doch den grvnt niemir besochint.

---

7 Redeansage fehlt Gö.
8 *Quandiu mansit in coelo? – Non plenam horam.* Elucidarium.
9 *Post lapsum illorum mox ita confirmati sunt, ut nunquam cadere ncc peccare possint. – Cum enim viderent illos malum superbiendo eligere indignati sunt, et summo bono fortiter inhaeserunt: unde continuo in remuneratione confirmationem acceperunt.* Elucidarium.

I.11 Da sprach der Jünger:
Wie hieß der erste Engel?

Da sprach der Meister:
Natael. Den hatte Gott als so schönen erschaffen, dass er getäuscht ward von dem großen Hochmut, so dass er verstoßen ward vom Himmel in den Abgrund.

I.12 Da sprach der Jünger:
Wie lange war er in den himmlischen Ehren?

Da sprach der Meister:
Nicht länger als eine halbe Stunde.

I.13 Da sprach der Jünger:
Wozu erschuf ihn Gott, da er genau wusste, dass er fallen werde?

Da sprach der Meister:
Auf dass er der die er erwählten Engel dadurch beständig machte. Denn durch das, dass der Teufel verstoßen ward, wurden da die anderen Engel so beständig in der Liebe zu Gott, dass sie niemals mehr abweichen konnten von dem Lob Gottes.

I.14 Da sprach der Jünger:
Wie kann das geschehen?

Da sprach der Meister:
Als der Luzifer und seine Gefolgsleute fielen, da wussten die Engel von der Höllenstrafe nichts. Als sie da sahen, zu welchen Nöten der Teufel kam von der Kraft Gottes und da erkannten, in welchen Ehren sie Gott behalten hätte, da ergriffen sie deshalb die beständige Liebe zu Gott.

I.15 Da sprach der Jünger:
Wann ward die Hölle geschaffen?

Da sprach der Meister:
In demselben Augenblick, als der Satan darauf dachte, dass er sich gegen Gott setzen wollte, da entstand die Hölle von dem Gebot Gottes.

I.16 Da sprach der Jünger:
Wo ist die Hölle?

Da sprach der Meister:
Die Hölle, die wir da die innere Hölle nennen, die ist an dem Ende der Erde und ist an der Stätte, wohin vor Nebel und Finsternis kein lebender Mensch kommen kann.

I.17 Da sprach der Jünger:
Hat die Hölle einen Boden?

Da sprach der Meister:
Die Hölle ist von oben her eng und von untern her weit, so dass von der Weite niemand eine Schätzung weiß. Denn die Bücher sagen, dass viele Seelen ewiglich dahinein fallen und doch den Boden nie erreichen.

---

10 Redeansage fehlt Gö.
11 Vgl. auch unten I.20.
12 *novissima terra dicitur* Imago.
13 *Est autem locus, igne et sulphure horridus*. Imago.

I.18 Do sprach der Junger:
Wie manigin namin hat dv helle?[14]

Do sprach der Meister:
Zehene.

I.19 Do sprach der Junger:
Die soltv mir sagin vñ waz sie betvtin.

Do sprach der Meister:
Sie heizit an der scrift[15] *Lacus mortis*, daz ist „ein se des todis", wan die selin, die in den selbin helle komint, die nekomint niemir dar vz.

Sie heizit ovch *Stagnum ignis*, daz ist „ein hitze des fivris", wan alse der stein an des meris grunde niemir trucken wirt, also irkvolint die selin niemer, die darinne komint.

Sie heizit ovch *Terra obliuionis*, daz ist „div erde der virgezzvnge", wan die sele, die darin chomint, der newirt vor gote ze gvte niemir gedaht.

Sie heizit ovch *Terra tenebrosa*, daz ist, „div vinsteriv erde", wan div zůvart der erde, div zv der helle get, div ist iemir vol nebilis vñ rovchis.

Sie heizit ovch *Tartharus*, daz kit „ein martire", wan da ist iemir weinin der ovgen von deme rovche vñ grisgramen der zene von deme vroste.

Sie heizit ǒch *Gehenna*, daz ist „ein fivr der erde", wan daz fivr der helle ist so starc, daz vnsir fivr vil kume sin schate were.

Sie heizit ovch *Erebus*, daz kit „drake", wan div zůvart vñ div tiefe der helle ist vol vivriner natoren, die níemir ir sterbint.

Sie heizit ǒch *Baratrum*, daz kit „zwarzv ginvnge", wan sie ginet biz an den ivngisten tac, wie sie die sele virslinden mvgin.

Sie heizit ǒch *Stix*, daz ist vnfrode, wan da ist div ewige vnfrode.

Sie heizit ovch *Acheronta*, daz ist *phnezzvnge*, wan da varint die tiefele vz alse die geneiste ín deme eitovine.

Sie heizit ǒch *Flegetonta* von einime wazzire, daz dur die helle rinnit. Daz stinkit von deme beche vñ von deme swebele vñ ist doch so kalt, daz iz allv hellewize vbertriffit.

---

14 *Hic lacus vel terra mortis dicitur, quia animae illuc descendentes veraciter moriuntur. Hic et stagnum ignis dici tur, quia ut lapis mari, ita animae illi immerguntur. Hic terra tenebrosa vocatur, quia fumo et foetorris nebula obscuratur. Hie terra oblivionis nuncupatur, quia sicut ipsi obliti sunt Dei, ita eorum obliviscitur Deus misereri. Hic dicitur Tartarus ab horrore et tremore, quia ibi est fletus et stridor dentium. Hic et gehenna, id est terra ignis nominatur. Ge enim terra dicitur, cuius ignis noster ignis umbra esse*

I.18 Da sprach der Jünger:

Wieviele Namen hat die Hölle?

Da sprach der Meister:

Zehn.

I.19 Da sprach der Jünger:

Die sollst du mir nennen und was sie bedeuten.

Da sprach der Meister:

Sie heißt in der Literatur *Lacus mortis*, das heißt: „ein See des Todes", denn die Seelen, die in diese Hölle kommen, die kommen niemals mehr dort heraus.

Sie heißt auch *Stagnum ignis*, das heißt: „eine Hitze des Feuers", denn wie der Stein auf dem Grund des Meeres nimmermehr trocken wird, so werden die Seelen nimmermehr gekühlt, die da hinein kommen.

Sie heißt auch *Terra obliuionis*, das heißt: „die Erde des Vergessenbleibens", denn die Seelen die da hinein kommen, derer wird vor Gott nimmermehr gedacht.

Sie heißt auch *Terra tenebrosa*, das heißt: „die finstere Erde", denn die Zufahrt der Erde, die zu der Hölle geht, die ist für immer voll von Nebel und Rauch.

Sie heißt auch *Tartarus*, das heißt: „eine Marter", denn da ist für immer Weinen der Augen von dem Rauch und Knirschen der Zähne von dem Frost.

Sie heißt auch *Gehenna*, das heißt: „ein Feuer der Erde", denn das Feuer der Hölle ist so stark, dass unser Feuer kaum ein Schatten dessen wäre.

Sie heißt auch *Erebus*, das heißt: „Drache", denn die Zufahrt und die Tiefe der Hölle ist voll feuriger Nattern, die nie sterben werden.

Sie heißt auch: *Baratrum*, das heißt: „schwarze Gähnung", denn sie gähnt bis an den jüngsten Tag, wie sie die Seele verschlingen könne.

Sie heißt auch *Stix*, das heißt: „Unfreude", denn da ist die ewige Unfreude.

Sie heißt auch *Acheronta*, das heißt: „Schnauben", denn da fahren die Teufel heraus wie die Funken aus dem Brandofen.

Sie heißt auch: *Phlegeton* nach einem Wasser, das durch die Hölle rinnt. Das stinkt von dem Pech uns von dem Schwefel und ist doch so kalt, dass es alle Höllenstrafe übertrifft.

---

dicitur. Huius profunditas et recessus dicitur Erebus, draconibus et igneis vermibus plenus. Hic patens os dicitur, et barathrum, quasi atra vorago. Huius loca fetorem exhalantia dicuntur Acheronta, id est spiracula immundos spiritus emittentia. Hic est Styx, quod Graece sonat tristitia. Dicitur et Phlegeton, qui est fluvius infernalis, ob vicinitatem ignis et sulphuris, fetore er ardore horribilis. Imago.

15 Mit der *scrift* ist hier die Imago des Honorius gemeint, nicht die Bibel.

I.20 Do sprach der Junger:
Wa ist dv ober helle?[16]

Do sprach der Meister:
Div ist in maniger stete dirre welte: vf den hohen bergin, vñ in den insele in deme mer. Da brinnit swebel vñ bech, da die sela inne werdent gewizegot, die do svln werdin irlost.[17]

I.21 Do sprach der Junger:
Wie ist der himel gescaffin?

Do sprach der Meister:
Den himel heizint dv bvch *firmamentum* daz kit festenvnge. Der ist also gescaffin, daz er iemir lo̊fit von ostirt hin in westirt. Da ingegine lo̊fit div svnne vñ der mane vñ die planetin.

I.22 Do sprach der Junger:
Wie mac daz werdin? Wan wir sehin wol, daz div svnne vñ der mane ostirt hin in westirt lo̊fint.

Do sprach der Meister:
Daz chvmet da von, wan der himel ist so kreftic, daz er die svnnin vñ den manin vñ die sternin in ir vngewelde hin in westirt vůrit, swie ir reht doch were, daz sie ostirt vndirgiengin.

I.23 Do sprach der Junger:
Dur waz gescv̊f got diz alsus?

Do sprach der Meister:
Dur daz div himelisce gescaft iht zerbreche.[18]

I.24 Do sprach der Junger:
Wie chvmet daz der himel iemer lo̊fit?

Da sprach der Meister:
Undir deme himele ist kein gescaft, da der himel vffe ste. Der ist sinuel vñ ist allir ebine gewegin. Vñ hat von dv in got so gescaffin, daz er iemir lo̊fe, wan er an einir stat niht mohte gestan.

---

16 Auch o. I.16.
17 *Sunt et alia multa loca, sive in insulis poenalia, aut frigore et vento saeve horrentia, aut igne et sulphure jugiter ferventia. Ignea inferni multa loca, sive in insulis poenalia, aut frigore et vento saeve horrentia, aut igne et sulphure jugiter ferventia. Ignea inferni loca inspeximus et refigerium aquarum confugiamus.* Imago.
18 *Generalis ergo sententia omnium philosophorum est, firmamentum ab ortu ad occasum volvi, solem vero et alios planetas contrario motu. Sed quamvis contra firmamentum deferantur, firmamentum tamen defert eas secum ad occasum et inde ad ortum. Cum firmamentum ab ortu in occasum volvatur, si planetae similiter moverentur, esset tantus impetus, quod in terra nihil stare vel vivere posset.* Philos.

I.20 Da sprach der Jünger:

Wo ist die obere Hölle?[19]

Da sprach der Meister:

Die ist an vielen Stätten dieser Welt: auf den hohen Bergen und auf den Inseln in dem Meer. Da brennt Schwefel und Pech, worin die Seelen gestraft werden, die da erlöst werden sollen.

I.21 Da sprach der Jünger:

Wie ist der Himmel beschaffen?

Da sprach der Meister:

Der Himmel, den wir da nennen *firmamentum*, das bedeutet „Festung", der ist ganz so beschaffen, dass er immerzu läuft von Osten hin nach Westen. Dem entgegen läuft die Sonne und der Mond und die Planeten.

I.22 Da sprach der Jünger:

Wie kann das geschehen? Denn wir sehen genau, dass die Sonne und der Mond von Osten hin nach Westen laufen.

Da sprach der Meister:

Das kommt davon: denn der Himmel ist so kräftig, dass er die Sonne und den Mond und die Sterne in ihrer Ohnmächtigkeit gegen Westen hin führt, obwohl es doch ihr Recht wäre, dass sie gegen Osten hin untergingen.

I.23 Da sprach der Jünger:

Weswegen erschuf Gott dies genau so?

Da sprach der Meister:

Um dessentwillen, dass die Himmelseinrichtung nicht zerbreche.

I.24 Da sprach der Jünger:

Wie kommt es, dass der Himmel immerzu läuft?

Da sprach der Meister:

Unter dem Himmel ist keine Einrichtung, auf der der Himmel stehen bleibe. Der ist kugelrund und ist als ganzer gleichmäßig bewegt. Und es hat deswegen ihn Gott so geschaffen, auf dass er immerzu laufe, weil er an einer Stelle nicht stillstehen könnte.

---

19 S. o. I.16.

I.25 Do sprach der Junger:
Welhir slahte ist der himel?

Do sprach der Meister:
Der himel ist gescaffin vzir den vier *elementis*, den wir da heizin *firmamentum* vñ ist gelich deme gefrornin wazzire.[20]

I.26 Do sprach der Junger:
Wie maniger ist der himile?

Do sprach der Meister:
Der himile sint drie.

Der eine ist von der erde vnz an den manin,[21]
der ander ist von deme manin vnz an daz gestirne,
der dritte ist unz obe deme *firmamento*, da got selbe inne ist vñ sine lieben.[22]

I.27 Do sprach der Junger:
Ist in den zwein himelen iht?

Do sprach der Meister:
Von der erde vnz anden manin sint die vbilin geiste. Die heizint *cacodemones, id est malum scientes.*[23] Die sint dazv gesetzit, daz sie den meniscen [Lücke] mvgin, die in den luftin werdint gewizegot vnz an den ivngisten tac. Von deme lufte nemint sie den lip, so sie uns irschinint.[24]

Von dem manen vnz an daz gestirne so ist der either vivrin. Die engile sint dar inne. Die sint dazv gesezit, daz sie die menischin bewarin.[25]

I.28 fehlt Gö

20 *Est (firmamentum) autem ex aquis instar glaciei in modum chrystalli solidatum; unde et firmamentum dicitur*. Imago.
21 *Aer est omne, quod inani simile a terra usque ad lunam conspicitur*. Imago (nach Hamm, der deutsche Lucidarius Bd. 3).
22 *Tres caeli dicuntur: unum corporale, quod a nobis viedetur; aliud spirituale, quod spirituales substantiae, scilicet angeli, inhabitare creduntur; tertium intellectuale, in quo trinitas sancta a beatis facie ad faciem contemplatur*. Elucid. (nach Hamm, Der deutsche Lucidarius Bd. 3).
23 *Isti vero dicuntur cacodemones id est malum scientes*. Philos. – *In hoc (aere) commorantur daemones, cum tormento diem iudicii praestolantes*. Imago.
24 *Ex quo (aere) sibi corpora sumunt, dum hominibus apparent*. Imago.
25 *Ignis [...] a luna usque ad firmamentum extenditur [...] De hoc angeli corpora sumunt, cum ad homines missi veniunt*. Imago.

I.25 Da sprach der Jünger:
Aus welchem Stoff ist der Himmel?

Da sprach der Meister:
Der Himmel, den wir da nennen *firmamentum*, ist erschaffen aus den vier *elementis* und ist dem gefrorenen Wasser gleich.

I.26 Da sprach der Jünger:
Wie viele an Himmeln gibt es?

Da sprach der Meister:
An Himmeln gibt es drei.

Der eine reicht von der Erde bis an den Mond.
Der andere reicht von dem Mond bis an das Gestirn.
Der dritte ist über dem *firmamento*, wo Gott selbst drinnen ist und seine Heiligen.

I.27 Da sprach der Jünger:
Ist in den zwei Himmel etwas?

Da sprach der Meister:
Von der Erde bis an den Mond sind die bösen Geister. Die heißen *Cacodaemones*, das ist „Böses Wissende". Die sind dazu eingesetzt, dass sie den Menschen [Plage bereiten können], die in den Lüften gestraft werden bis an den jüngsten Tag. Von der Luft nehmen sie den Körper, wenn sie uns erscheinen.

Von dem Mond bis an das Gestirn ist der Äther aus Feuer. Darin sind die Engel drinnen. Die sind dazu eingesetzt, dass sie die Menschen schützen.

I.28 fehlt Gö

I.29 *Do sprach der Junger:*

Waz liehtes waz, e die sunne schein?[26]

Do sprach der Meister:

Svmelichiv buch sprechint, min trehtin heti gescaffin ein vil liechtis wolkin, da von div welt waz intluhtit.

I.30 Do sprach der Junger:

Wa wart Adam gescaffin?

Do sprach der Meister:

In der stat div heizit Ebron. Da irstarb er ovch. Do er geschaffin wart, do det in got in daz paradise.[27] Da gab er namin[28] allin den dingin die got gescaffin heti.

I.31 Do sprach der Junger:

Wa wart Eua gescaffin?

Do sprach der Meister:

In dem paradise vzzir Adamis rippe.[29]

I.32 Do sprach der Junger:

Wa ist daz paradise?

Do sprach der Meister:

Daz paradise ist ostirt in dirre welte vñ also nahe in deme himile, daz ez hohir ist denne div erde.

I.33 Do sprach der Junger:

So lange so daz paradýse uffe dirre erde ist, war vmbe nemvgin wir dar ín niht chomin?

Do sprach der Meister:

Da stat groz gebirge vor vñ gewalde vñ so gedan nebil, daz nieman dar in mag komin wan mit gvtin werkin.[30]

---

26 Redeansage und Frage fehlen in Gö.

27 *Ubi Adam est creatus? – In Hebron, ubi etiam post mortuus est et sepultus, et positus est in paradiso.* Elucidarium.

28 *tertia hora vir creatus imposuit nomina animalibus* Elucidarium (nach Hamm, Der deutsche Lucidarius Bd. 3).

29 *Ubi fuit creata mulier? – In paradiso, de latere viri dormientis.* Elucidarium.

30 Vgl. I.52.

I.29 Da sprach der Jünger:
Was an Licht war da, ehe die Sonne schien?

Da sprach der Meister:
Einige Bücher sagen, mein Herr habe geschaffen eine sehr lichte Wolke, wovon die Welt erleuchtet wurde.

I.30 Da sprach der Jünger:
Wo ward Adam erschaffen?

Da sprach der Meister:
In der Stadt, die Ebron heißt. Da verstarb er auch. Als er erschaffen ward, da tat ihn Gott in das Paradies. Da gab er Namen allen Dingen, die Gott erschaffen hatte.

I.31 Da sprach der Jünger:
Wo wurde Eva erschaffen?

Da sprach der Meister:
In dem Paradies, aus Adams Rippe.

I.32 Da sprach der Jünger:
Wo ist das Paradies?

Da sprach der Meister:
Das Paradies liegt nach Osten hin in dieser Welt und so nahe an dem Himmel, dass es höher ist als die Erde.

I.33 Da sprach der Jünger:
So lange wie das Paradies auf dieser Erde ist, warum können wir da hinein nicht kommen?

Da sprach der Meister:
Davor steht ein großes Gebirge und Wäldereien und so beschaffener Nebel, dass niemand da hinein kommen kann, außer mit guten Werken.

I.34 Do sprach der Junger:
Wie lange was Adam in dem *paradýso*?

Do sprach der Meister:
Niht wan siben wile.[31]

I.35 Do sprach der Junger:
Daz obiz, daz in deme paradise waz, daz waz dur den menischen gescaffin. Wa zv sol daz obiz nv, do der menische dar vz virstozin wart?

Do sprach der Meister:
Daz obiz wahsit vmbe sus niht. Ez niezint die heiligin geisti, die in dem paradise sint.

I.36 Do sprach der Junger:
Die geisti bidurfin ezinnis noch trinkinnis niht. Wan swer izzit, der mv̊z daz ezzin dŏwin.

Do sprach der Meister:
Nv redistv von deme liplichen ezzinne. Des inspvlgit nieman in dem paradýse. Wan alse die sela geistlich sint, also ist ŏch daz ezzin geistlich.

I.37 Do sprach der Junger:
Wie dowent sie daz ezzin?

Do sprach der Meister:
Alse daz wazzir von der svnnín truckenet.

I.38 Do sprach der Junger:
Wie soltin die menischen haben gekindet, obe sie volle standin werin in deme paradýse?

Do sprach der Meister:
Also da man zwo hende zesamene leit, ane gelvst vñ ane svnde.[32]

I.39 (D)o. sprach der Junger:
Wie lange lebite Adam?

Do sprach der Meister:
Nivn hvndert iar vñ drizzec iar. Do irstarb er ze Jerusalem. Darnach wart er begrabin in Ebron, vñ wart dv selbe grvbe mit ime irfullit, da er vz gescaffin wart.[33]

I.40 Do sprach der Junger:
Wie alt waz Abel, do in sin brvder irslvg?

Do sprach der Meister:
Do er waz drizzic iar alt do wart er ze Damasco irslagin.[34]

I.41 fehlt Gö

---

31 *Quandiu fuerunt in Paradiso? – septem horas*. Elucidarium.

32 *Qualiter gignerent, si in paradiso permansissent? – Quemadmodum manus manui, ita sine concupiscentia jungerentur, et sicut oculus se levat ad videndum ita sine delectatione illud sensibile membrum suum perageret officium*. Imago.

33 *Ipse (sc. Adam) vero post nongentos et triginta annos in Jerusalem obiit. In loco Calvariae sepultus aliquandiu requievit. Deinde in Hebron translatus in terram, de qua sumptus est, rediit*. Imago.

34 *Abel filius Adae triginta annorum a fratre Cain apud Damascum occiditur.* Imago.

I.34 Da sprach der Jünger:
Wie lange war Adam in dem *Paradiso*?

Da sprach der Meister:
Nicht mehr als sieben Stunden.

I.35 Da sprach der Jünger:
Das Obst, das in dem Paradies war, das war um der Menschen willen geschaffen. Wozu ist das Obst nun, da der Mensch daraus verstoßen war?

Da sprach der Meister:
Das Obst wächst nicht umsonst. Es genießen die heiligen Geister, die in dem Paradies sind.

I.36 Da sprach der Jünger:
Die Geister bedürfen Essens und Trinkens nicht. Denn wer isst, der muss das Essen verdauen.

Da sprach der Meister:
Nun redest du von dem leiblichen Essen. Das benötigt niemand in dem Paradies. Denn ganz wie die Seelen geistlich sind, ist auch das Essen geistlich.

I.37 Da sprach der Jünger:
Wie verdauen sie das Essen?

Da sprach der Meister:
Ganz so wie das Wasser von der Sonne trocknet.

I.38 Da sprach der Jünger:
Wie sollten die Menschen Kinder gezeugt haben, wenn sie ganz geblieben wären in dem Paradies?

Da sprach der Meister:
Ganz so wie wenn man zwei Hände zusammen legt, ohne Lust und ohne Sünde.

I.39 Da sprach der Jünger:
Wie lange lebte Adam?

Da sprach der Meister:
Neunhundert und dreißig Jahre. Da verstarb er zu Jerusalem. Danach wurde er begraben in Ebron, und es ward dieselbe Grube mit ihm gefüllt, aus der er geschaffen ward.

I.40 Da sprach der Jünger:
Wie alt war Abel, als ihn sein Bruder erschlug?

Da sprach der Meister:
Als er dreißig Jahre alt war, da ward er zu *Damaskus* erschlagen.

I.41 fehlt Gö

I.42 Do sprach der Junger:

Wer was der erste ‹m›an der ie der gezeilte began?

Do sprach der Meister:

Daz waz Iobel. Lamechis sv‹n› der heti einin bruder der hiez Iobal. der waz der erist, der ie mvsicam [vant]. ‹D›er dritte b‹ru›dir was der er‹is›te man der ie smiden began [mit] isjne vnd mit [ere.] [die] [selbin] ‹drie› ‹bruder› ‹h›[attin] eine swestir div hiez Neom‹ina› div vant all[irerist] [d]en ‹lis›[t] da die li[vte] [begon]din webin.

I.43 Do sprach der Junger:

Wier waz der eriste kvnic nah der sintflv̊t?

Do sprach der Meister:

Daz waz Sem, Noes svn. Der wart sit geheizin Melchisedech. In des kvningin zitin wurdin die livte geteilit in driv. Von Seme komin die vrien, von Jauet chomin die rithere, von Cham komen die eiginin livte.[35]

I.44 Do sprach der Junger:

Wir svln dise rede die wile lazin belibin, vñ soltv mir sagin von der ordenvnge dirre welte.

Do sprach der Meister:

Div welt ist sineuel[36] vñ ist vmbeflozin mit dem wendelmer.[37] Dar inne swebit dv erde alse der dottir in dem wizin des eigis.[38]

I.45 Do sprach der Junger:

Wa von wirt div erde gefestinot, daz sie nine mac gewichin?

Do sprach der Meister:

Die erde habit niht wan der gotis gewalt,[39] wan sie swebit in deme sintgewege.[40] Vñ rinnit des wazzires so vil dar vmbe, swer obene in den luftin were, den dvhte div erde niht breitir denne ein phennig. Twerhis dur die erde gent lochir. Div heizint *dracones*. Dar inne rinnint div wazzir. Da von wirt div erde alliv gefvtit.[41]

---

35 *Sem filius Noe ipse est idem qui et Melchisedec, uixit DCII annos. Huius tempore diuisum est genus humanum in tria: in liberos, milites, seruos. Liberi de Sem, milites de Iaphet, serui de Cham*. Imago.

36 *sineuel*: „kreisrund, kugelrund"; aus *sin-welb* „immer (überall) gewölbt (wölbig)".

37 *wendelmer*: das die festen Gebiete der Erde umwindene Weltmeer, der Ozean.

38 *Huius (mundi) figura est in modum pilae rotunda. Sed instar oui elementis distincta. Ovum quippe exterius testa undique ambitur, testae albumen, albumini uitellum, uitello gutta pinguedinis includitur. Sic mundus undique coelo, ut testa, circumdatur, coelo vero purus aether ut album, aetheri turbidus aer, ut uitellum, aeri terra, ut pinguedinis gutta includitur*. Imago.- *Est ergo terra elementum in medio mundi situm, atque ideo infimum. In omni enim sphaerico solum medium est infimum. Mundus nempe ad similitudinem oui est dispositus. Narnque terra est in medio, ut uitellus in ouo. Circa hanc est aqua, ut circa uitellum albumen. Circa aquam est aer, ut panniculus continens albumen. Extra uero concludens omnia est ignis ad modum testae oui*. Philos.

39 *nullis fulcris, sed diuina potentia sustentatur*. Imago.

I.42 Da sprach der Jünger:

Wer war der erste Mann, der je der begann, Zelte zu machen?

Da sprach der Meister:

Das war Jobel, Lamechs Sohn. Der hatte einen Bruder, der hieß Jobal. Der war der erste, der je die Musik erfand. Der dritte Bruder war der erste Mann, der je zu schmieden begann mit Eisen und mit Erz. Diese drei Brüder hatten eine Schwester, die hieß Neomida. Die erfand zu allererst diese Kunst, als die Leute zu weben begannen.

I.43 Da sprach der Jünger:

Wer war der erste König nach der Sintflut?

Da sprach der Meister:

Das war Sem, Noahs Sohn. Der ward dann Melchisedek genannt. In den Zeiten dieses Königs wurden die Leute aufgeteilt in drei. Von Sem kamen die Freien, von Javet kamen die Herrscher, von Cham kamen die Eigenleute.

I.44 Da sprach der Jünger:

Wir sollen diese Rede nun bleiben lassen, und du sollst mir sagen von der Anordnung der Welt.

Da sprach der Meister:

Die Welt ist kugelrund und ist umflossen von dem Wendelmeer.[42] Darin schwimmt die Erde wie das Dotter in dem Weißen des Eies.

I.45 Da sprach der Jünger:

Wovon wird die Erde festgehalten, so dass sie nicht wegweichen kann?

Da sprach der Meister:

Die Erde hält nichts hoch außer der Macht Gottes, denn sie schwebt in der kosmischen Flut. Und es rinnt an Wasser so viel da herum, wer oben in den Lüften wäre, den däuchte die Erde nicht breiter als ein Pfennig. Quer durch die Erde gehen Löcher. Die heißen *„Drachen“*. Dahinein rinnen die Gewässer. Davon wird die ganze Erde befeuchtet.

---

40 *sintgewege*: *sint-gewege*, „das überall Wogene“, hier dasselbe wie *wendelmeer*, sonst auch „Sintflut“.

41 *Haec in circuitu Oceano, ut limbo cingitur .... Interius meatibus aquarum, ut corpus uenis sanguinum penetratur, quibus ariditas ipsius ubique irrigatur. Unde ubicunque terra infoditur, aqua reperitur.* Imago.

42 Wendelmeer: das Wasser, der Ozean, der die festen Landmassen der Erde umspült.

I.46 Do sprach der Junger:

Wa von kvment die vrsprvnge?

Do sprach der Meister:

Da div wazzir vzir dem mer rinnint vnder der erde in den drachin, so daz loch, daz da heizit drache[43], ende genimit, so brichet daz wazzir vber die erde vñ rinnit iemer mere vnze iz hinwider kvmet in daz mer. Von div sprechint div bvch,[44] daz alliv wazzir rinnin widere ze ir rehteme vrsprvnge.

I.47 Do sprach der Junger:

Nv sage mir, wie div welt si geteilet.

Do sprach der Meister:

Ein straze[45] gat in mitten dur die welt. Div ist so verbrennit von der svnnin, daz da necheinis menischen wesin mac gesin.

Die vzirrin straze zwo die sint so vnrebuwen.

Alsus soltv daz merkin, daz dirre welte niht irbvwen si wan daz driteil,[46] also da vor dir gemalot ist.[47]

I.48 Do sprach der Junger:

Wie ist daz selbe dritteil geteilit, daz wir da buwen?

Do sprach der Meister:

Div welt in in driv geteilit. Daz eine heizit *Asia*, daz andir heizit *Europa*, daz dritte heizit *Affrica*.[48]

I.49 Do sprach der Junger:

Nv sage mir von deme teile, daz da heizit *Asia*.

Do sprach der Meister:[49]

Asia hebit sich, da dv svnne ufgat, vñ gat nordirentalb an daz mer. In dem teile ist daz paradise, rehte da div svnne vf gat.

In dem paradýse springit ein brunne. Da rinnínt vz vier wazzir.

Daz eine heizit *Fýson* in dem paradýso; so iz denne dar vz kvmet, so heizit *Ganges*.

Daz ander heizit *Geon*; so ez denne vz deme paradýse kvmit, so heizit ez *Nilus*[50]

Daz dritte heizit *Týgris*, daz vierde *Eufrates*; div zwei virwandelont ir namen niht.

---

43 *drache*<lat. *traco*, „Erdhöhle, unterirdischer Wasserlauf"; s. **drache*, Der deutsche Lucidarius, Bd. 1, Glossar.

44 Kohelet 1,7.

45 *straze*: gemeint sind die fünf Klimazonen der Erde. In I.79 bezeichnet *strâze* dagegen die zwölf Tierkreizeichen.

46 *Quinque autem zonis, id est circulis terra distinguitur. Quorum duo extremi sunt inhabitabiles algore; medius inhabitabilis calore, a quo sol nunquam recedit, ad illos nunquam accedit. Medii duo habitabiles, hinc ardore inde rigore temperati*. Imago.

I.46 Da sprach der Jünger:

Woher kommen die Quellen?

Da sprach der Meister:

Dort wo die Gewässer aus dem Meer rinnen unter der Erde in den unterirdischen Wasserläufen, wenn das Loch, das da *draco* heißt, ein Ende nimmt, so bricht das Wasser über die Erde und rinnt immer mehr und mehr, bis es zurück kommt in das Meer. Deshalb sagen die Bücher, dass alle Wasser zurück rinnen zu ihren rechten Ursprung.

I.47 Da sprach der Jünger:

Nun sage mir, wie die Welt aufgeteilt sei.

Da sprach der Meister:

Eine Straße geht mitten durch die Welt. Die ist so verbrannt von der Sonne, dass da keines Menschen Aufenthalt sein kann.

I.48 Die äußeren zwei Straßen sind so unbewohnt.

So sollst du bemerken, dass diese Welt nicht bewohnt sei, außer zum dritten Teil, ganz wie da vor dir gemalt ist.

I.49 Da sprach der Jünger:

Wie ist eben dieses Drittel aufgeteilt, das wir da bewohnen?

Da sprach der Meister:

Die Welt ist in drei Teile geteilt. Das eine heißt *Asia*, das andere heißt *Europa*, das dritte heißt *Afrika*.

Da sprach der Jünger:

Nun sage mir von dem Teil, das da *Asia* heißt.

I.50 Da sprach der Meister:

Asia fängt da an, wo die Sonne aufgeht, und geht gegen Norden hin in das Meer. In dem Teil ist das Paradies, gerade dort, wo die Sonne aufgeht.

In dem Paradies entspringt eine Quelle. Da heraus rinnen vier Wasser.

Das eine heißt Physon in dem Paradies.; wenn es dann da heraus kommt, so heißt es Ganges

Das andere heißt Geon; wenn es dann aus dem Paradies kommt, so heißt es Nil.

Das dritte Tigris, das vierte Euphrates; die zwei verändern ihre Namen nicht

47 Gö hat hier die angefangene Skizze einer Weltkarte, s. die Abbildung bei Gottschall/Steer S. 42* und bei Ulmschneider, Weltkarte und in: Lucidarius Bd. 1, S. 112. Es handelt sich um die erste Weltkarte in einer volkssprachigen Weltbeschreibung.

48 *Habitabilis zona, quae a nobis incolitur in tres partes Mediterraneo mari dirimitur, quarum una Asia, altera Europa, tercia Africa dicitur.* Imago.

49 *Asia a septentrione per orientem usque ad meridiem [...] extenditur.* Imago.

50 Gö hat hier versehentlich *Ganges*.

I.50 Do sprach der Junger:
Rinnent div wazzir dur daz paradýse?

Do sprach der Meister:
Zwei wazzir sint so groz, rvnnin sie dur daz paradýse, sie verderbitin ein michilteil. Davon sagint vns dv bvch, daz div wazzir rinnin in dem paradýse vnder der erde. So siv denne dar vz komint, so brechint sie vbir die erde.

I.51 Do sprach der Junger:
Nv sage mir, wa springint div wazzir?

Do sprach der Meister:
Daz eine heizit Ganges. Daz springet in Índia vzir einíme berge, der heizit Orcobare vñ rinnit *ostirt*[51] in daz wendilmere.[52]

Daz ander heizit Nilus. Daz springit vzir einime berge, der heizit Atlas vnde vellit also balde in die erde vnz an daz Rote Mer.[53] Da hat iz zweni vrsprvnge vñ rinnit also dur Morlant[54] vñ dur Egiptelant. Da gewinnit ez siben abervnse. Vñ hien ze Alexandria, da vellit ez in daz Michil Mer.[55]

Týgris vñ Evfrates, div springiint beidiv in Normenia vz einime berge, der heizit Parchoatra vñ rinnent beidv svnder[56] in daz mer.[57]

I.52 Do sprach der Junger:
Welchis lant lit dem paradýso allirnahist?

Do sprach der Meister:
Alse dv bvch sagint, in daz paradýse inmac níeman komin wan mit gvtin werchin.[58]

Da get ein mvre vmbe, div reigit in den himel. Da vor stent berge vñ gewalde, da nah lit ein groz wusti. Div ist vol *dracon* vñ tiere. Von dv nemac nieman da durkomin.[59]

Dar nah lit ein lant allirnahist, daz heizit *India*. Daz lant heizit nah einíme wazzire, daz heizit *Indus*. Daz springit vzir einime berge, der heizit Cacasus. Daz wazzir rinnit svnder an daz Rote Mere. In daz lant ist mvlich ze kominne, wan einhalb rinnet daz wendilmer, anderhalb Indvs. Vñ ist so michil gewalde, daz nieman in vier endin da dur mac komin.

In india ist ein *insula*, div heizit Taprobanes. Da rinnet daz mer vmbe. Da ligint inne zehin burge.[60]

[I*n der ynsuln werden alle iar zwene sumere vnde zwene wintere. Die selbe ynsula ist uber iar gru*ͤ*ne*.][61]

I.53-I.57 fehlen in Gö
mit I.58 beginnt die Beschreibung von Mesopotamien.

---

51 *nostirt* Gö, emendiert nach Gottschall/Steer.
52 *wendilmere* meint hier den heutigen Bengalischen Meerbusen; s. Hamm, in: Der deutsche Lucidarius, Bd. 3.
53 rotes Meer: Teil des südlichen Ozeans von der Südküste Arabiens bis Ceylon, persischer und arabischer Meerbusen; s. Hamm, in: Der deutsche Lucidarius, Bd. 3.
54 *Morlant*: Äthiopien, Mauretanien.
55 *Michil Mer*: Mittelmeer; s. Hamm, in: Der deutsche Lucidarius, Bd. 3.
56 *svnder*: nach Süden.
57 *In hoc etiam fons oritur, qui in quatuor flumina diuiditur. Quae quidem flumina infra paradisum terra conduntur; sed in aliis longe regionibus funduntur. Nam Physon qui et Ganges in India de monte Orcobares nascitur, et contra orientem fluens Oceano excipitur. Geon, qui et Nilus iuxta montem Athlantem surgens, mox a terra absorbetur, per quam occulto meatu currens, in littore Rubri maris denuo funditur,*

I.50 Da sprach der Jünger:

Rinnen die Wasser durch daz Paradies?

Da sprach der Meister:

Zwei Wasser sind so groß, rännen sie durch das Paradies, sie würden einen großen Teil verderben. Davon sagen uns die Bücher, dass diese Wasser in dem Paradies unter der Erde rinnen. Wenn sie dann heraus kommen, so brechen sie über die Erde hin.

I.51 Da sprach der Jünger:

Nun sage mir, wo entspringen die Wasser?

Da sprach der Meister:

Das eine heißt Ganges. Das entspringt in Indien aus einem Berg, der heißt Orcobare und rinnt nach Norden hin in das Wendelmeer.

Das andere heißt Nil. Das entspringt aus einem Berg, der heißt Atlas und fällt sogleich in die Erde bis an das Rote Meer. Da hat es zwei Quellen und rinnt alsbald durch Morland und durch Ägypten. Da bekommt es sieben Abflüsse. Und in Richtung Alexandria, da fällt es in das Mittelmeer.

Tigris und Euphrat die entspringen beide in Armenien aus einem Berg, der heißt Parchoatra, und sie rinnen beide nach Süden in das Meer.

I.52 Da sprach der Jünger:

Welches Land liegt dem Paradies zu allernächst?

Da sprach der Meister:

Wie die Bücher sagen, in das Paradies kann niemand kommen außer mit guten Werken.

Darum geht eine Mauer herum, die reicht in den Himmel. Davor stehen Berge und Waldungen, da nach liegt eine große Wüste. Die ist voller Drachen und Tiere. Deswegen kann niemand da durchkommen.

Danach liegt zu allernächst ein Land, das heißt *India*. Das Land heißt nach einem Wasser, das heißt *Indus*. Das entspringt aus einem Berg, der heißt *Kaukasus*. Das Wasser rinnt nach Süden in das Rote Meer. In das Land zu kommen ist mühsam, denn auf der einen Seite rinnt das Wendelmeer, auf der anderen der *Indus*. Und es gibt so großen Waldungen, dass niemand an vier Enden da durch kommen kann.

In *India* ist eine Insel, die heißt Taprobanes (Ceylon). Um die herum rinnt das Meer. Darin liegen zehn Städte.

[*In der Insel geschehen alle Jahre zwei Sommer und zwei Winter. Dieselbe Insel ist das Jahr über grün.*]

I.53-I.57 fehlen in Gö

mit I.58 beginnt die Beschreibung von Mesopotamien.

Aethiopiam circumiens per Aegyptum labitur, in septem ostia diuisus, magnum mare iuxta Alexandriam ingreditur. Tigris autem et Euphrates in Armenia de monte Barchoatro funduntur, et contra meridiem uergentes Mediterraneo mari iunguntur. Imago.

58 Vgl. I.33.

59 *locus (sc. paradysus) videlicet omni amoenitate conspicuus, inadibilis hominibus, qui igneo muro usque ad coelum est cinctus. – Post paradisum sunt multa loca deserta et inuia, ob diuersa serpentium et ferarum genera*. Imago.

60 *In quo etiam est sita Taprobanes insula, decem ciuitatibus inclyta*. Imago. – *Taprobanes*: Ceylon

61 fehlt Gö; ergänzt nach Gottschall/Steer.

I.58 In der *ist* ein stat Niniue. Div ist drier tageweide wit.

In dem selbin lande ist Babilonia. Die zimborote ein gigant, der hiez Nemrot. Div burcmv̊re div ist fvnzig eln breit vñ zwei hvndirt eln hoch. Vñ ist div burc vier hvndirt mile vñ sibenzig wit. Da giengin in hvndirt erin burgetor.[62]

In dem lande ist ein gegine, div heizit Arabia vñ Saba. Dannan kvmit daz wirovch. Da lit der berc Oreb, da Moýsi div é wart vffe gegebin.[63]

Dar nach lit ein lant, daz heizit Sýria. Dar inne lit ein burc Damascus. Die zimborote Abrahamis geswige. Dar inne lit ein berc, der heizit Libanus. Dar vz springit der Iordan.

In dem lande ist Scalvne.

In dem selbin lande lit Jerusalem. Die zimborote Sem, Noes svn.

Darnach hebit sich ein lant, daz heizit Palestina. Da swebit daz Rote Mer,[64] Daz ist alse lvtir, daz dechein visch ist so cleine an dem grunde, der obe deme wazzir ist, den dvnkit, daz er in mohte gevahin mit der hende.

Anderhalb an dem Roten Mer dar lit ein burc, div heizit Thebe. Da inne wart sante Mauricius herzoge.

An daz selbe lant stozit ein berc, der heizit Cavcasus. Der reichit anderhalb an daz Rote Mer. Vf dem berge sint wip, die heizint *Amazones*. Die vehtint alse die rithere.[65]

Da bi ist ein burc, div heizit Seres. Da vindet man die allirbesti seide.

Da bi ist ein walt, der heizit Ircana. Da inne sint vogile, die schinent nahtis alse daz fivr.[66]

Da bi sint zwene berge, die heizint Armeníj. Da stet vffe Noes archa. Daz holz enmac nieman mit necheinime fvre gewinnin.[67]

Da lit ein gegine, div heizit Capadocia. Da gewinnent div vt ros voln von deme winde. Die voln werdint niht denne drier iar alt.[68]

Da bi ist div minre Asia. Da inne ist Ephesus, da sante Iohannes restit.

Dar nach ist Frigia. Da lit div mere Troia.

Da bi lit Lycaonia. Da rinnit vz ein wazzir, daz heizit Hermus. Da bi vindit man gvldine grieze.

Da bi rinnit Ponticum daz mer. Da lit ein *insula*, div heizit pont. Da in wart Ovidius vñ sante Clemens virsant.[69]

Div lant ligent alliv in Asia. – Daz ist daz dritte teil dirre welte.

---

62 *In hac (Mesopotamia) est civitas Ninive, itinere .iiii. dierum. (Babiloniam) Nemroth gygas fundaverit.* [...] *Cuius muri latitudo est .l. cubbitorum, ambitus civitatis .cccc.lxxx. stadiorum, .c. portis aereis firmata.* Imago.

63 *In ea et Arabia, quae etiam Saba dicitur, a Saba filio Chus. In hac thus colligitur; in hac est mons Sina, qui et Oreb, in quo lex a Moyse scribitur accepta.* Imago.

64 *Rote Mer*: irrtümlich statt Totes Meer; s. Hamm, Der deutsche Lucidarius, Bd. 3.

65 *Mons Caucasus a Caspio mari orientis attollitur [...] Hunc inhabitabant Amazones feminae videlicet ur viri praeliantes.* Imago.

66 *Seres est oppidum Orientis [...] Huic conjungitur Hyrcania ab Hyrcana sylva nominata, in qua sunt aves, quarum pennae splendent per noctes.* Imago.

I.58 In dem liegt eine Stadt Ninive. Die ist drei Tagereisen lang.

In demselben Land ist Babylon. Die zimmerte ein Gigant, der hieß Nimrod. Die Burgmauer die ist fünfzig Ellen breit und zweihundert Ellen hoch. Und die Burg ist vierhundert und siebzig Quadratmeilen groß. Da hinein gingen hundert eherne Burgtore.

In dem Land ist eine Gegend, die heißt Arabia und Saba. Von dort kommt der Weihrauch. Da liegt der Berg Oreb, auf dem Moses das Gesetzt gegeben wurde.

Dahinter liegt ein Land, das heißt Syrien. Darin liegt eine Stadt Damaskus. Die zimmerte Abrahams Schwager. Darin liegt ein Berg, der heißt Libanon. Aus dem entspringt der Jordan.

In dem Land liegt Askanlon.

In demselben Land liegt Jerusalem. Die zimmerte Sem, Noahs Sohn.

Danach erhebt sich ein Land, das heißt Palästina. Da wogt das Rote Meer. Dass ist ganz so klar, dass kein Fisch so klein ist an dem Grund, wenn einer über dem Wasser ist, so dünkt ihn, dass er ihn fangen könnte mit der Hand.

Auf der anderen Seite an dem Roten Meer, da liegt eine Stadt, die heißt Theben. Darin wurde Mauritius Herzog.

An das selbe Land stößt ein Berg, der heißt Kaukasus. Der reicht auf der anderen Seite an das Rote Meer. Auf dem Berg sind Frauen, die heißen Amazonen. Die fechten ganz so wie die Ritter.

Da bei ist eine Stadt die heißt Seres. Da findet man die allerbeste Seide.

Daneben ist ein Wald, der heißt Ircana. Darin sind Vögel, die leuchten des Nachts ganz wie das Feuer.

Daneben sind zwei Berge, die heißen Armenii. Darauf steht Noahs Arche. Das Holz kann niemand mit irgendwelchem Feuer verbrennen.

Da liegt eine Gegend, die heißt Kapadocia. Da bekommen die Rösser Fohlen von dem Wind. Die Fohlen werden nicht älter als drei Jahre.

Daneben ist das kleinere Asien. Darin ist Ephesus, wo Sankt Johannes ruht.

Danach ist Phrygien. Da liegt das berühmte Troja.

Daneben liegt Lyconia. Da heraus rinnt ein Wasser, das heißt Hermus. Bei dem findet man goldene Sandkörner.

Daneben rinnt das Meer Ponticum. Da liegt eine Insel, die heißt Pont. Dahin ward Ovid und Sankt Clemens versandt.

Diese Länder liegen alle in Asien. – Das ist ein Drittel der Welt.

---

67 *Cui connectitur Armenia, in qua est mons Arath, super quem arca Noe post diluvium requievit, cuius usque hodie ligne ibi videntur*. Imago.
68 *Illi vero Cappadocia (copulatur) [...] in hac equae a vento concipiunt, sed foetus non amplius triennio vivunt*. Imago.
69 *Euxinus Pontus regio multarum gentium, a qua et Ponticum mare appellatur. In quo Ovidius, est postea Clemens exilio relegantur*. Imago.

I.59 Do sprach der junger:
Nv sage mir von deme andirin teile der welte.

Do sprach der meister:
Daz andir teil heizit Evropa.

hier hat Gö eine größere Lücke

[*Da inne ligent vil wite gegine: terracona, cartago,*][70] Lvsitana,[71] Galatia, Betica,[72] Twinget.[73] Die stete habint alle namin von den grozin burgin, die da inne ligint.

Da stat Hispania, ein lant, daz lit vil nahe dem mere. Ze deme lande horit Britannia vñ Engellant, Hybernia,[74] vñ Tanatos.[75] Vz der insvla, swaz holcis braht wirt, daz virtribit daz eitergift, daz ez endet, *an welhen enden* ez iemir bichvmet.[76]

In deme lande ist ein gegine div heizit Scotia. Obe dem lande wendit sih div svnne. vmbe der svnnin wendin ist da vierzig tage statecliche tag vmbe wihenahtin ist also lange naht. da bi ist ein insvla,[77] alle die bo̊me die in der sint, die virlant niemir lo̊b.[78]

---

70 Fehlt Gö, ergänzt nach Gottschall/Steer.
71 ***Lvsitana*** : Portugal. Der deutsche Lucidarius, Bd. 1, Glossar.
72 ***Betica***: Baetica, südwestliches Spanien, heute Andalusien. Der deutsche Lucidarius, Bd. 1, Glossar.
73 ***Twinget*** Tingitana: Tuwingen (Teil Mauritaniens). Der deutsche Lucidarius, Bd. 1, Glossar.
74 ***'Ybernia:*** Hibernia, Irland. Der deutsche Lucidarius, Bd. 1, Glossar.
75 ***Tanatos***: Landschaft in England, Nordosten der Grafschaft Kent. Der deutsche Lucidarius, Bd. 1, Glossar.
76 *e ez iemir bichvmet* Gö; emendiert nach Gottschall/Steer.
77 ***insvla:*** gemeint ist Thilus/Thule (Island, Mitttelnorwegen, Shetlandinseln?). Hamm, Der deutsche Lucidarius, Bd. 3.
78 *cuius arbores nunquam folia deponunt, et in qua sex mensibus, videlicet aestivis, est continuus dies, sex hibernis continua nox.* Imago.

I.59 Do sprach der Jünger:
Nun sage mir von dem zweiten Teil der Welt.

Do sprach der Meister:
Das zweite Teil heißt Europa.

hier hat Gö eine größere Lücke

[*Darin liegen sehr weite Gegenden: Tarragonien, Cartago,* Portugal, Galizien, Andalusien, Tuwingen. Die Stätten haben ihren Namen alle von den großen Städten, die darin liegen.

Da besteht Spanien, ein Lant das liegt sehr nahe dem Meer. Zu dem Land gehört Britannien und England, Irland und Tanatos. Was aus der Insel an Holz gebracht wird, das vertreibt das Gift, an welchen Enden auch es jemals ankommt

In dem Land ist eine Gegend, die heißt Schottland. Über dem Land wendet sich die Sonne. Zur Zeit der Sonnenwende ist da vierzig Tage lang beständig Tag, um Weihnachten ist genauso lange Nacht. Dabei ist eine Insel, alle Bäume die auf der sind, die verlieren nie jemals das Laub.

I.60 Do sprach der Junger:

Nv hastv mir geseit von den zwein teilin dirre welte. Nv sage mir von deme drittin teile, daz da heizit Affrica.

Do sprach der Meister:

Affrica hebit sih an dem wazzire, daz da heizit Indus, vñ reichit westirt an daz wendilmer.[79] In dem teile sint michiliv lant.

Libia, daz ist vol wůrme.

Da bi lit ein lit ein lant, daz heizit Pentapolis,[80] vñ Brice,[81] vñ anderiv micheliv lant.

Da bi lit ein lant, daz heizit Bizaze.[82] Da inne sint zwo kreftige burge. Div eine heizit Idromeus,[83] div andire Bizantium.

Da bi lit Ceusis[84] vñ div michil Carthago.

Da bi ist ein lant, daz heizit Genilia[85] vñ Mũda,[86] da inne herre was Jvgurta.[87] Die livte in den landen, die ezzint die ros vñ rovch der tiere.

Da bi ist daz Morlant.[88] In dem lande ist ein burc, div heizit Saba. Dannan waz div kvninginne Saba, div da kom ze Salomone.[89]

Da bi ist ein burc, div heizit Garama.[90] Da inne ist ein brvnnen, der ist tagis so kalt, daz in nieman mac getrinkin, vñ des nahtis so heiz, daz in nieman gerůrin mac.[91]

Bi deme Morlant ist ein michil wusti. Div ist vol drachon vñ natoren.[92]

An daz lant stozit daz wallinde[93] mer. Daz ist so virbrennit von der svnnin, daz iz wallit alse ein kezzil.[94] In dem selbin wallinde mer ist der hohiste berc, der in der welte ist. Der ist so hoch, daz er vbir div wolchin get. Der heizit Atlas. Da enist der welte niht mere.[95]

Nv habin wir geseit, wie dise welt geteilit ist. Nv svln wir sagin, von den insӱlen, die in dem mere sint.

---

79 *Haec in Oriente Indii fluminis surgit, et per meridiem vergens in occidentem tendit*. Imago.
80 ***Pentapolis***: Landschaft Cyrenaica am lybischen Meer, heute das Hochland von Barqat. Hamm, Der deutsche Lucidarius, Bd. 3.
81 ***Brice***: *Berete*: Der deutsche Lucidarius, Bd. 1, Glossar.
82 ***Byzacium***: östlichste Landschaft in Afrika. Der deutsche Lucidarius, Bd. 1, Glossar.
83 ***Idromeus***: *Adromeus* Der deutsche Lucidarius, Bd. 1, Glossar.
84 ***Ceusis***: *Zeugis*, Landschaft in Nordafrika. Glossar; Stadt in Cyrenaica, heute Bengasi. Hamm, Lucidarius, Kommentar.
85 ***Getulia***: Gaetulia. Der deutsche Lucidarius, Bd. 1, Glossar.
86 ***Mũda***: *Numidia*. Der deutsche Lucidarius, Bd. 1, Glossar.
87 *Huius prima provincia est Libya [...] Haec et Pentapolis [...] Post hanc Bisace, a duabus urbibus dicta, id est Adromeus et Bizantium. Deinde est Heusis, in qua est magna Carthago [...] Post hanc est Getulia. Indxe Numidia, in qua regnavit Iugurta*. Imago.

I.60 Da sprach der Jünger:

Nun hast du mir gesprochen von den zwei Weltteilen dieser Welt. Nun sag mir von dem dritten Weltteil, der da Afrika heißt.

Da sprach der Meister:

Afrika erhebt sich bei dem Wasser, das da Indus heißt, und reicht gegen Westen an das Wendelmeer heran. In diesem Weltteil sind große Länder.

Lybien, das ist voller Schlangen.

Daneben liegt ein Land, das heißt Pentapolis, und Berete und andere große Länder.

Daneben liegt ein Land, das heißt Bizare. Darin sind zwei mächtige Städte. Die eine heißt Idromeus, die andere Byzanz.

Daneben liegt Ceusis und das große Karthago.

Daneben liegt ein Land, das heißt Genilia und Munda, in dem Jugurta Herrscher war. Die Leute in diesen Ländern essen Pferde und rohe Tiere.

Daneben ist Äthiopien. In dem Land ist eine Stadt, die heißt Saba. Von dort war die Königin Saba, die da kam zu Salomo.

Daneben ist eine Stadt, die heißt Garama. Darin ist eine Quelle, die ist tagsüber so kalt, dass aus ihr niemand trinken kann, und des nachts so hieß, dass sie niemand berühren kann.

Neben Äthiopien ist eine große Wüste. Die ist voller Drachen und Nattern.

An das Land stößt das kochende (oder: Wellen schlagende?) Meer. Das ist so verbrannt von der Sonne, dass es aufwallt wie ein Kessel. In diesem selben kochenden Meer ist der höchste Berg, der auf der Welt ist. Der ist so hoch, dass er über die Wolken geht. Der heißt Atlas. Es gibt in der Welt nichts größeres.

Nun habe wir gesagt, wie diese Welt aufgeteilt ist. Nun werden wir sprechen von den Inseln, die in dem Meer sind.

---

88 ***Morlant***: *Môrenlant, Äthiopien*. Der deutsche Lucidarius, Bd. 1, Glossar.

89 III Rg. 10,1–10. – *Versus meridiem vero est Aethiopia [...] in qua est Saba, de qua fuit illa regina, quae ad Salomonem venit*. Imago.

90 ***Garama***: Landschaft im inneren Afrika, heute Fessan. Hamm, Der deutsche Lucidarius, Bd. 3.

91 *Inter quas sunt Garamantes, a Garama civitate dicti. Apud quos est fons tam frigidus diebus, ut non bibatur, tarn fervidus noctibus, ut non tangatur*. Imago.

92 *Intra Aethiopiam sunt maxima loca deserta, ob solis ardorem, et diversi generis serpentia hominibus incognita*. Imago.

93 ***wallinde***: „wallend, kochend", das an Äthiopien grenzende, kochend heiße Meer der Äquatorialzone? Oder nach anderer Lesart *wellende* „Wellen schlagend". Hamm, Der deutsche Lucidarius, Bd. 3.

94 *Deinde est maximus oceanus, solis calore dicitur fervere ut cacabus*. Imago.

95 *In ipso vero Oceano est mons Atlas altissimus*. Imago.

I.61 Do sprach der Junger:

Daz virneme ich gerne, wan got hat michiliv wunder in den insilen virborgin.

Do sprach der Meister:

Div erste *insvla* div heizit Cýprus.

[*Da bi lit eine, die heizet Creta.*][96]

Dabi lit einv div heizit *Colcos.*[97] Div ist vol edilis goldis.

Dabi ist einv, dv heizit Delos. Daz waz div erste, div nah dem sintgewege[98] ie[99] in dem mer lac.

Da bi lit Param.[100] Dannan kvmit der allirbeste marmilstein *sardivs.*[101]

Da bi ist ein *insula* div heizit Samvs. Dannan was Sibilla geborn.

Da bi ist ein *insula,* div heizit *Sicilia.*[102] Da inne ist ein berc, der heizit Ethna. Vz deme berge sihet man den zwebel brennen.[103] Da werdint die sela inne gewizzegot.

In dem mere sint zwene berge. Der eine heizit Scilla, der andir Karibdis.[104] An die stete enkvmet dechein schef, ez ensi virlorin.

Da bi ist ein *insula*, da sint inne smide. Daz sagint div heidinischiv bvch, daz die smident die donrestrale. Wan div *insvla* div ist volliv fivris, vñ stent die smide enmittin in deme fivre. Die smide heizint Ciclopes.

In der selbin insvlin was Vulcanus, der der helle porte phligit. Vnseriv buch wellint, daz iz tivuele sin, vñ sie die sela wizzegon.

---

96 fehlt Gö.

97 *Gö* Yleos *emendiert nach Gottschall/Steer,* Der deutsche Lucidarius, Bd. 1, Glossar. – *Colcos*: wahrscheinlich verwechselt mit der Insel Koos. Hamm, Der deutsche Lucicarius, Bd. 3.

98 *nah dem sintgewege*: *sintgewege* hier „Sintflut".

99 *Gö* ê; *emendiert nach Imago.*

100 ***Param*:** Paros.

101 *Paron [...] Haec gignit mamor candidissimum, quod Parium dicitur, et Sardium lapidem*. Imago.

102 *Gö* Cilia; *emendiert nach Gottschall/Steer.*

103 *Sicilia [...] In hac est mons Aethna cuius sulfurea exaestuant incendia*. Imago.

104 *In huius freto est Scylla et Charybdis*. Imago. – Quellenhinweise zum Folgenden bei Wilhelm, Kommentar S. 233, Hamm, Lucidarius, Bd. 3.

I.61 Da sprach der Jünger:

Das vernehme ich gern, denn Gott hat viele Wunder in den Inseln verborgen.

Da sprach der Meister:

Die erste Insel die heißt Zypern.

Daneben liegt eine, die heißt Kreta.

Bei der liegt eine, die heißt Kolchos. Die ist voll edlen Goldes.

Bei der ist eine, die heißt Delos. Das war die erste, die nach der großen Flut jemals in dem Meer lag.

Bei der liegt Paros. Von da kommt der allerbeste Marmorstein Sardin.

Bei der ist eine *Insel*, die heißt Samos. Von da war Sibilla geboren.

Bei der ist eine Insel, die heißt Sizilien. Darin ist ein Berg, der heißt Ätna. Aus diesem Berg sieht man den Schwefel brennen. Darin werden die Seelen gestraft.

In dem Meer sind zwei Berge. Der eine heißt Scilla, der andere Charybdis. An die Stätte kommt kein Schiff, es sei denn verloren.

Dort ist eine Insel, darinnen sind Schmiede. Das sagen die heidnischen Bücher, dass die schmieden die Donnerstrahlen. Denn diese Insel ist voll Feuers, und es stehen die Schmiede mitten in dem Feuer. Die Schmiede heißen Zyklopen.

In der selben Insel war Vulcanus, der die Pforte der Hölle versieht. Unsere Bücher wollen, dass es die Teufel seien, und sie die Seelen strafen.

Da bi ist ein *insula*, div heizit Sardinia. Dar inne zimborote der kvnic Sardinius eine vil veste burc. In der *insvla* wirt weder natere noh wolf geborn. In der ist ein wurm, der heizit *solifvga*.[105] Der ist als ein spinne. Vor dem wurme enmac nechein menische genesin. In der *insvla* ist ein krvt, swer daz krut gizzit, der lachit sins vndanchis, vnz er tot lit. In der *insula* ist ein brvnne, swelch sieche des brunnín getrinkit, der wirt gesvnt. Vñ swelch dieb des brunnin getrinkit, der mvz als balde irblinden.[106]

Da bi ist ein *insvla*, div heizit Balgaris.[107] Da wurdin die slangin[108] allirerst fvndin. In der *insvla* sint niwan wizziv scaf. Vzir der wolle wurkit man den allir beston purpirphellol.[109]

Da bi was ein *insvla*, div besanc mit livte betalle. Div waz merre danne zehin lant. Da swebit nv daz lebirmer.[110]

Da bi ist ein *insula*,[111] da inne ist ein holz, daz heizit ebenus. Daz enfvlit niemer, daz virbrennit niemer.

Bi der ist ein burc, div heizit Sine. Da bi grvb man hiebevor einin brunnin, der waz sehszigs eln tief. Der waz so wisliche irgrabin, daz div svnni rehte an den grvnt schein.[112]

In dem wendilmer ist ein *insvla*, div heizit Perdita. Div ist ebinscone vñ ebingrvne vñ wahsit ebinsvze alse daz paradýse. In die insile komen einis heilige livte von geschithe. Der gewant smahte nah dem smacke fvnfzehin iar. Niemir sit nemohte dechein menische drin komin, vnz got den gvtin sante Brandanum dar in sante.[115]

Nv han ich dir geseit, wie disiv welt gescaffin ist, vñ wie sie geteilit ist. Swez div mich nv fragist, des berihte ich dih gerne mit gotis helfe.

---

105 ***Solifuga***: *Tarantel*. Der deutsche Lucidarius, Bd. 1, Glossar.

106 *In hac nec serpentes nec lupi gignuntur. In ea est solifuga animal ut aranea, morsu homines perimens. In ea est et herba similis apiastro, quae comedentibus rictus contrahit, et quasi ridentes interimit.* Imago. Wahrscheinlich der Gifthahnenfuß (*ranunculus sceleratus=apiastellum*), weitere Hinweise bei Hamm, Der deutsche Lucidarius, Bd. 3. – *In hac sunt fontes calidi, infirmis medelam, furibus inferentes caecitatem*. Imago.

107 Die Balearen, Mallorca und Menorca. Hamm, Der deutsche Lucidarius, Bd. 3.

108 *slangin*: verschrieben für *slingen*. Hamm, Der deutsche Lucidarius, Bd. 3.

109 *Iuxta has Hesperides [...] In his oves albis velleribus abundabant, quae ad purpuram optime valebant*. Imago.

110 *Inter has fuit illa magna, quae Platone scribente cum populo est erries, quae Africam et Europam sua magnitudine vicit, ubi nunc est concretum mare*. Imago. – Der merkwürdige Brunnen erlangte bei Erattosthenes Bedeutung für die Berechnung des Erdumfangs. Hamm, Der deutsche Lucidarius, Bd. 3.

111 Gemeint ist Meroe, Nilinsel in Äthiopien, heute Provinz Atbar. Hamm, Der deutsche Lucidarius, Bd. 3.

112 Syene, heute Assuan – *juxta quam est civitas Syene, in qua est puteus a philosophus factus, sexaginta cubitorum altus: in cujus fundum splendet sol recto radio in mense iunio*. Imago.

Dabei ist eine Insel, die heißt Sardinien. In der zimmerte König *Sardinius* eine sehr feste Burg. In dieser Insel wird weder Natter noch Wolf geboren. In der ist ein Insekt, das heißt *Solifuga*. Die ist wie eine Spinne. Von dem Insekt kann kein Mensch genesen. In dieser Insel ist ein Kraut, wer das Kraut isst, der lacht gegen seinen Willen, bis er tot darniederliegt. In dieser Insel ist ein Brunnen, jeder Kranke der aus diesem Brunnen trinkt, der wird gesund. Und welcher Dieb aus dem Brunnen trinkt, der muss alsbald erblinden.

Dabei ist eine Insel, die heißt Balearis. Da wurden die Schlingen zu allererst erfunden. In der Insel sind nur weiße Schafe. Aus dieser Wolle wirkt man den allerbesten Purpurstoff.

Dabei war eine Insel, die versank mit allem Volk. Die war mehr als zehn Länder. Da wogt jetzt das Lebermeer.

Da bei ist eine Insel, darin ist ein Holz, das heißt Ebenholz. Das fault nie, das verbrennt nie.

Bei der ist eine Stadt, die heißt Syene. Bei der grub man hiebevor einen Brunnen, der war sechzig Ellen tief. Der war so weislich ergraben, dass die Sonne direkt an den Grund schien.

In dem Wendelmeer ist eine Insel, die heißt Perdita. Die ist gleichmäßig schön und gleichmäßig grün gleichmäßig süß, ganz wie das Paradies. Auf diese Insel kamen eines Tagen von Ungefähr heilige Leute. Deren Kleidung duftete nach dem Duft fünfzehn Jahre. Niemals mehr konnte irgendein Mensch darein kommen, bis Gott den guten Sankt Brandan darein sandte.

Nun habe ich dir gesagt, diese Welt beschaffen ist und wie sie aufgeteilt ist. Was auch immer du mich fragst, darüber gebe ich dir gern Bescheid mit Gottes Hilfe.

113 *Est quaedam Oceani insula dicta Perdita, amaenitate et fertilitate omnium rerum prae cunctis terris longe praestantissima hominibus ignota. Quae aliquando casu inventa, postea quaesita non est inventa, et ideo dicitur Perdita. Ad hanc fertur Brandanus venisse*. Imago; zu Brandan s. Wilhelm Kommentar S. 234, besonders: *nam sepe fragrantiam vestimentorum abbatis nostri XL dierum spatio in revertenti probavimus redolentem.*

I.62 Do sprach der Junger:

Nv hastv mir geseit, daz von dem manen vnz an daz gestirne, daz der either viurin si, vñ *ob*[114] dem fivre gefruernis wazzir.[115] Daz sage mir, wie daz komin si.

Do sprach der Meister:

Dich endarf niht wundiron, swaz got mit sinin wundiren dv̊t. Ovch sagint vns div buch, daz daz fivr von ime selbin necheine krefte nehabe, ez enhabe die fvhten materie: so wirt ez allirerist heiz. Daz soltv merkin bi der svnnin: So div ie tiefir nider schinet in daz tal, so siv ie *heizer*[116] ist. So siv ie hohir ist, so[117] si siv chŏlir ist.

I.63 Do sprach der Junger:

Wie svln wir daz merkin?

Do sprach der Meister:

Wir sehin wol, daz der sne vf den hohin bergin niemir zirgat. In dem tale ist er schiere inwec.[118]

I.64 Do sprach der Junger:

Welhe nature het daz wazzir?

Do sprach der Meister:

Daz wazzir hat drie nature: Ez ist *nabilis, lauilis, potabilis*. Daz tvtet, daz man da inne swimet, daz man da mite waschit, vñ daz man daz trinkit.

I.65 Do sprach der Junger:

Wie stat ez vmbe daz mer?

Do sprach der Meister:

Daz mer wandelot sin nature mit dem manin. So der mane wahsit, so get daz mer vz sibin tage. So der mane abe nimet, so vellit daz mer zesamene sibin tage.[119]

---

114 Gö *vnder*; emendiert nach Gottschall/Steer.

115 Die Frage nimmt Bezug auf Gn.1,7: *divisitque aquas, quae erant sub firmamento, ab his, quae erant super firmamentum. – Ignis igitur est spatium a luna sursum, quod idem aether dicitur. Ortus vero illius est, quidquid super lunam videtur, scilicet, stellae tam infixae quam erratice. Sed forte quaeret aliquis, utrum aquae congelatae sint ibi, super quas sunt aliae aquae. Dicunt enim quidam super aethera esse aquas congelatas [...]* Imago.

116 Gö *hohir*; emendiert nach Gottschall/Steer.

117 *so* fehlt Gö; ergänzt nach Gottschall/Steer. – *Dicunt enim quod ignea non sint calida, nisi quae conjuncta sint alicui spissae et humidae naturae, quam in sui substantiam commutent. Unde, si alicui igneo desit vicinitas spissi humoris, deficit in eo calor. Hoc autem probant per solem, quia in convallibus montium, ubi est aer spissior, magnum exercet calorem, in superioribus propter aeris subtilitatem non exercet. Huius rei sunt indicium perpetuae nives existentes*. Philos.

118 *Hoc autem probant per solem, qui in convallibus montium, ubi aer spissior est, magnum exercet calorem, in superioribus vero propter aeris subtilitatem non exercet; huius rei sunt indicium nives perpetuae ibi existentes*. Philos. Hamm, Der deutsche Lucidarius, Bd. 3.

119 *Aestus Oceani, id est accessus et recessus, lunam sequitur, cuius aspiratione retro trahitur, eius impulsu refunditur. Quotidie autem bis affluere et remeare videtur. Cum luna crescente crescit, cum de-*

I.62 Da sprach der Jünger:

Nun hast du mir gesagt, dass von dem Mond bis an den das Gestirn der Äther feurig sei und über dem Feuer gefrorenes Wasser. Das sage mir, wie das gekommen sei.

Da sprach der Meister:

Dich braucht nicht zu wundern, was Gott mit seinen Wundern tut. Auch sagen uns die Bücher, dass das Feuer von sich selbst aus keine Kräfte habe, es sei denn, es habe die feuchte Materie: dann wird es allererst heiß. Das kannst du bemerken bei der Sonne: Je tiefer die hernieder scheint in das Tal, desto heißer ist sie. Je höher sie ist, desto kühler ist sie.

I.63 Da sprach der Jünger:

Wie können wir das bemerken?

Da sprach der Meister:

Wir sehen genau, dass der Schnee auf den hohen Bergen niemals zergeht. In dem Tal ist er bald hinweg.

I.64 Da sprach der Jünger:

Welche Eigenschaft hat das Wasser?

Da sprach der Meister:

Das Wasser hat drei Eigenschaften: *nabilis, lauilis, potabilis.* Das bedeutet, dass man darin schwimmt, dass man damit wäscht und dass man das trinkt.

I.65 Da sprach der Jünger:

Wie steht es um das Meer?

Da sprach der Meister:

Das Meer wandelt seine Beschaffenheit mit dem Mond. Wenn der Mond wächst, so steigt das Meer sieben Tage. Wenn der Mond abnimmt, so fällt das Meer zusammen sieben Tage.

---

crescente decrescit Imago ; vgl. auch *unde in primis septem diebus lunationis fluctus illius decrescant, videamus.* Philos. – Die Stelle beschreibt den Gezeitenwechsel bei Voll- und Neumond. Hamm, Der deutsche Lucidarius, Bd. 3.

I.66 Do sprach der Junger:

Wa von kvmet daz?

Do sprach der Meister:

In dem mer sint vil groze berge, vñ gent in daz gebirge vil groziv lochir. So daz wazzir an dem grvnde vihtet in div lochir, so hebit sich div welle an deme grunde. Div welle tribit daz mer vbir daz stat. Der selbe strit irgat an dem sibenden tage. So stilli denne wirt an dem grvnde, so *uellet*[120] daz mer zesamenne sibin tage. Also kvmet, daz daz daz mer niemir geriwet.[121]

I.67 Do sprach der Junger:

Wa von kvmint die winde?

Do sprach der Meister:

Der meiston winde sint viere. Die heizint *cardinales*. Von der iegelichemen koment zwene, die heizint *collaterales*.[122] Daz wendilmer vellit in vier ende an daz abgrvnde. Da daz sintgewege denne stozit zesamine, da wirt ie von deme stoze der wint. So die vier winde denne obene in deme livfte zesamine stozint, so werdint sie so kreftig, daz ir zwelfe werdint. Ovch sint manige lant, da inne sint vil groziv lochir. So der luft denne tringet in div lochir, so tringet der ander luft dar vz. Da vone komint die anderin winde, die tagelich bi vnz sint.

I.68

I.69

I.70 fehlen Gö

120 *Gö* hebit sih; *emendiert nach Gottschall/Steer.*

121 *Ampotis quoque, id est vorago in oceano, in exortu lunae maiori estu fluctus involvit et revomit. Haec autem vorago, quae totas aquas et naves absorbet et revomit, hinc fit. Est in terra abyssus profundissima [...] Iuxta hanc sunt cavernosa loca et speluncae latae patentes. In his, venti de spiramine aquarum concipiuntur, qui etiam spiritus procellarum dicuntur. Et hi suo spiramine aquas maris per patentes terrarum cavernas introrsus in abyssum attrahunt, et ea exundante iterum magno impetu repellunt.* Imago.

122 *Et quia nostra sententia est ex illis refluxionibus (sc. oceani) ventos nasci, de ortu illorum disseramus tam cardinalium quam collaterarium. Cum igitur [...] in occidente ex illo fonte totius humoris duae refluxiones, una ad austrum, alia ad septemtrionem, dividantur, in illa separatione aquarum movetur aer. Sunt qui dicunt cavernas terrae esse causas ventorum. Cum enim eas subintrant partes aeris, ex labilitate una intrante alia nititur exire fitque conflictus, quo aer commotus generat ventum.* Philos.; Hamm, Der deutsche Lucidarius, Bd. 3.

I.66 Da sprach der Jünger:

Wovon kommt das?

Da sprach der Meister:

In dem Meer sind viele große Berge, und es gehen in das Gebirge viele große Höhlen. Wenn das Wasser an dem Grunde in die Höhlen Feuchtigkeit bringt, so hebt sich die Welle bei auf dem Grunde. Die Welle treibt das Meer über das Gestade. Derselbe Streit ergeht an dem siebenten Tag. Wenn dann Stille entsteht an dem Grunde, so fällt das Meer zusammen sieben Tage lang. Genau so kommt es, dass das Meer niemals ruht.

I.67 Da sprach der Jünger:

Woher kommen die Winde?

Da sprach der Meister:

An größten Winden gibt es vier. Die heißen *cardinales*. Von einem jeden dieser kommen zwei. Die heißen *collaterales*. Das Wendelmeer fällt an vier Enden in den Abgrund. Wenn diese große Flut (das Wendelmeer) dann zusammenstößt, dann entsteht von dem Zusammenstoß der Wind. Wenn die vier Winde dann oben in der Luft zusammenstoßen, dann werden sie so kräftig, dass ihrer zwölf entstehen. Auch gibt es zahlreiche Länder, in denen viele Höhlen drinnen sind. Wenn diese Luft dann in die Höhlen dringt, so dringt die andere Luft da heraus. Davon kommen die anderen Winde, die täglich bei uns sind.

I.69
I.69 fehlen Gö
I.70

I.71 Do sprach der Junger:

Wie kvmet ez vmbe daz lant Siciliam?

Do sprach der Meister:

Sicilia daz lant ist vnder der erde so hol vn̄ ist swebilis so vol, daz ez rvchit, vn̄ in manigen stetin daz fivr hohe vf brinnit. Daz chvmet da von, daz div erde durvol ist, vn̄ slehit der helle tǒm dur die erde.

I.72 Do sprach der Junger:

In dem mer ist ein stat, da bellint hvnde vndir dem wazzir. Daz sage mir, wie daz chome.

Do sprach der Meister:[123]

Div selbe stat heizit Scilla. Daz sagint div buch, daz daz mer an der stete in die helle valle. So wirt daz gedoze so dicke, da daz mer vallit dur die scrowen, daz die scheflivte des dvnket, daz die hvnde bellin in dem wazzire.

I.73 Do sprach der Junger:

Wa von kvmet der frost?

Do sprach der Meister:[124]

Alse div hitze kvmit von dem fivre, also kvmit div kelti von deme wazzire; vn̄ swenne vns div svnne nahe ist, so haben wir die hitze. So sie vns denne verre ist, so habin wir den frost. Von disen dingin teilit sich daz iar in dem svmere vn̄ in dem winthere.

I.74 Do sprach der Junger:

Sit div svnne des svmers so nider ist vn̄ des wintheres so hohe, wie kvmet ez danne, daz die tage des svmers sint so lanc, des wintheres abir so kvrz?

Do sprach der Meister:

Disiv welt ist rehte sinuel,[125] vn̄ sin wir rehte an der lengi dirre welte. So div svnne allirniderist get, so lǒfit sie rehte obe vns. So sehin wir sie allirlangist, so ist uns der tag lanc. Des wintheres so lǒfit sie allirhohist in dem himili, so dvnkit vns daz sie twerhis lovfe. So ist sie sciere vnder die erde, daz wir ir niht sehin. So habin wir dan kvrzin tag.

---

123 Redeansage fehlt Gö.

124 Redeansage fehlt Gö.

125 *sin-welb* wörtlich „immer, überall gewölbt“ (‚wölbig‘).

I.71 Da sprach der Jünger:

Wie steht es um das Land Sizilien?

Da sprach der Meister:

Sizilien das Land ist unter der Erde so hohl und ist an Schwefel so voll, dass es raucht und an manchen Stellen das Feuer hoch auf brennt. Das kommt davon, dass die Erde durch und durch morsch ist, und es schlägt der Qualm der Hölle da durch.

I.72 Da sprach der Jünger:

In dem Meer ist eine Stelle, da bellen die Hunde unter dem Wasser. Das sage mir, wie das komme.

Da sprach der Meister:

Eben diese Stelle heißt Scilla. Das sagen uns die Bücher, dass das Meer an der Stelle in die Hölle falle. Dann wird das Getöse so stark, wo das Meer durch die Felsspalten fällt, dass es die Schiffsleute dünkt, dass die Hunde bellen in dem Wasser.

I.73 Da sprach der Jünger:

Wovon kommt der Frost?

Da sprach der Meister:

Wie die Hitze von dem Feuer kommt, ganz so kommt die Kälte von dem Wasser; und wenn uns die Sonne nahe ist, so haben wir die Hitze. Wenn sie uns dann fern ist, so haben wir den Frost. Wegen dieser Dinge teilt sich das Jahr im Sommer und im Winter.

I.74 Da sprach der Jünger:

Da die Sonne im Sommer so nieder ist und im Winter so hoch, wie kommt es dann, dass die Tage im Sommer so lang sind, im Winter aber so kurz?

Da sprach der Meister:

Diese Welt ist ganz kugelrund, und wir sind genau an der Länge dieser Welt. Wenn die Sonne zu allerniederst geht, so läuft sie genau über uns. Wenn wir sie am allerlängsten sehen, dann ist der Tag für uns lang. Im Winter wenn sie am allerhöchsten an dem Himmel läuft, dann dünkt uns, dass sie quer[126] laufe. Dann ist sie bald unter der Erde, so dass wir sie nicht sehen. So haben wir dann kurzen Tag.

126 *twerhis:* „quer, schief, schräg"; gemeint ist die Schiefe der Ekliptik.

I.75
I.76 fehlen Gö

I.78 Do sprach der Junger:
Wie chvme, daz div svnne so twerhis lǒfit in dem himel?

Do sprach der Meister:
Der himel ist sinuel. An ime lǒfit div svnne vñ daz gestirne. Vñ lǒfit ir dewediris[127] die straze, die daz andire lǒfit. So div svnne lǒfit die twerhi, so lǒfit daz gestirne die rihte. Wan liefin sie eine straze, so irrten sie einanderiv, daz sie alliv zeberstin.[128]

I.79 *Do sprach der Junger:*[129]
Dur was gescvf got diz also?

Do sprach der Meister:
Also verre, so von der erde ist vnz an den manin, driestvnt also verre ist von der svnnin vnz an daz gestirne. Von div hat daz gestirne allirmeiste kraft, wan der himel ime allirnahist ist. Swaz div svnne krefti hat, div wanddelot sich nach dem gestirne. Der strazin sint zwelfe an deme himili,[130] da div svnne inne lǒfit vbir iar. Die strazin heizint div bvch zwelf zeichin. Daz sint die zwelf manode. In iegelicheme manode wandelot sich div svnne nach dem zeichene, daz in der straze lǒfit. Daz hat got dur daz gescaffin, wan liefi dv svnne statecliche in einime zeichine, so virwandelote sich daz iar niemir. So hetin wir iemir svmer oder wintir.

I.80 *Do sprach der Junger:*[131]
So lange, so div svnne niemir kvmet vz dem zwelf zeichin, wie kvmet, daz die manode alliv iar niht gelich sint?

Do sprach der Meister:
Die zwelf zeichin sint svmelichiv hohe, sumelichiv nidere. So sint die planetin dar obe. Dar nach wandelont sich div zeichin. Swelher nature daz gestirne si, daz allirnahost deme zeichine denne lǒfit: dar nah wandelot sich der manot.

---

127 Gö *newediris*; emendiert nach Gottschall/Steer.
128 *Movetur ergo sol et alii planetae ab occidente ad orientem non recto modo, sed obliquando (modo, scilicet descendendo ad australia, modo ascendendo ad borealia secundum praedictam signorum dispositionem). Sed dicet aliquis : „Quae necessitas fuit, quod sol obliquando, non recto moveretur?“ Respondemus: magna. – Cum firmamentum ab ortu in occasum volvitur, si planetae similiter moverentur, tantus esset impetus, quod in terra nihil stare vel vivere posset. Ut ergo rapido motu obviarent et ut impetum illius temperarent, in contrarietatem motus retorti sunt.* Philos. Hamm, Der deutsche Lucidarius, Bd. 3.
129 Redeansage fehlt Gö.
130 Mit den zwölf Himmelsstraßen sind hier die zwölf Tierkreiszeichen des Zodiaks gemeint. In I.47 steht das Wort *strâze* dagegen für die Klimazonen der Erde.
131 Redeansage fehlt Gö.

I.75
I.76 fehlen Gö
I.77

I.78 Da sprach der Jünger:
Wie komme es, dass die Sonne so schräg läuft an dem Himmel?

Da sprach der Meister:
Der Himmel ist kugelrund. An ihm läuft die Sonne und das Gestirn. Und es läuft keines von beiden die Straße, die das andere läuft. Wenn die Sonne in der Schräge läuft, dann läuft das Gestirn in der Geraden. Denn liefen sie ein und dieselbe Straße, so beirrten sie einander, so dass sie alle zerbrächen.

I.79 *Da sprach der Jünger:*
Warum erschuf Gott dies genau so?

Da sprach der Meister:
Genauso weit wie es von der Erde ist bis zu dem Mond, genau dreimal so weit ist es von der Sonne bis an das Gestirn. Deswegen hat das Gestirn die allergrößte Kraft, weil der Himmel ihm zu allernächst ist. Was die Sonne an Kräften hat, die ändert sich nach dem Gestirn. Der Straßen sind zwölf an dem Himmel. Das sind die zwölf Monate. In einem jeden Monat ändert sich die Sonne gemäß dem Tierkreiszeichen, das in der Straße läuft. Das hat Gott deswegen geschaffen: wenn die Sonne ständig in ein und demselben Tierkreiszeichen liefe, so würde sich das Jahr nie jemals wandeln. Dann hätten wir immer Sommer oder Winter.

I.80 *Da sprach der Jünger:*
Solange die Sonne nie jemals aus den zwölf Tierkreiszeichen heraus kommt: wie kommt es, dass die Monate in allen Jahren nicht gleich sind?

Da sprach der Meister:
Die zwölf Tierkreiszeichen sind manche hoch, manche nieder. So sind es auch die Planeten darüber. Dem gemäß verändern sich die Tierkreiszeichen. Von welcher Art das Gestirn sei, das dann dem Tierkreiszeichen zu allernächst läuft: dem gemäß ändert sich der Monat.

I.81 Do sprach der Junger:
Nu sage mir von den planetin.

Do sprach der Meister:
Der planetin sint sibene. Also manigin tac habin wir in der wochin. Der allir minnist ist der mane, dar nach div svnne. Die zwene dienont vns allir meist. Die andiren fvnve loͮfint vnder deme gestirne. Der eine heizit *Saturnus*. Der loͮfit so hohe in dem himile, daz er drizzig iar loͮfit, e daz er sinen loͮf irvulle. Der ander heizit *Venus*. Der loͮfit zwei iar. Den sternin heizin wir den abintsternin vñ den morginsternin.

I.82 Do sprach der Junger:
Wie mac daz sin, daz der eine sterne sie beidv: abintsterne vñ morginsterne?[132]

Do sprach der Meister:
Svmeliche sprechint, daz der selbe sterne taz eine iar vor der svnnin loͮfe, daz ander dar nah.

I.83 Do sprach der Junger:
Welch sterne si denne der morginsterne, so *Venus* ist der abintsterne?

Do sprach der Meister:
Daz ist der fvnfte planete. Den heizin wir *Martem*. Der ist *Veneri* so gelich, daz sie nieman bi ein anderin wol irkennin mac. Svmelichiv buch sprechint, daz derselbe so vm̃azin ho in dem himile ge, daz wir in sehin des morgines vor der svnnin vñ abints nah der svnnin.

I.84 Do sprach der Junger:
Nv volle sage mir von den planetin.

Do sprach der Meister:
Der sehste planeti heizit *Mercurius*. Der loͮfit sibin iar. Von dem sternin sagint vns div bůch, daz er wistvm̃is plege. Wie daz chome, daz sage ih dir her nah. Der sibinde planete heizit *Iupiter*.[133] Der loͮfit zwelf iar. Der get nah dem Saturne allirhohist.

I.85 Do sprach der Junger:
Welhir michele sint die planetin?

Do sprach der Meister:
Die philosophi ahtint den manen, daz er alse breit si, same div blozi dirre welte vnz an daz wazzir, daz daz sintgewege bedeckit hat. So ist div svnne zwirent alse breit. Alse breit so div svnne ist, alse breit sint die planetin.

---

132 *Unde est quaestio, an in eodem tempore anni possit esse Lucifer et Hesperus. Dicunt quidam hoc esse non posse [...] In uno ergo tempore anni praecedit solem et tunc Lucifer est, in alio subsequitur et tunc est Hesperus.* Philos. Hamm, Der deutsche Lucidarius, Bd. 3.
133 Gö. *Mercurius*; emendiert nach Gottschall/Steer.

I.81 Da sprach der Jünger:

Nun sprich mir von den Planeten.

Da sprach der Meister:

An Planeten sind es sieben. Genau so viele Tage haben wir in der Woche. Der allerkleinste ist der Mond, danach kommt die Sonne. Die zwei dienen uns am allermeisten. Die anderen fünf laufen unter dem Gestirn. Der eine heißt Saturn. Der läuft so hoch an dem Himmel, dass er dreißig Jahre läuft, bis er seinen Lauf erfülle. Der zweite heißt Venus. Der läuft zwei Jahre. Den Stern nennen wird den Abendstern und den Morgenstern.

I.82 Da sprach der Jünger:

Wie kann das sein, dass der eine Stern beides sei: Abendstern und Morgenstern?

Da sprach der Meister:

Manche sagen, dass der selbe Stern das eine Jahr vor der Sonne laufe, das andere nach ihr.

I.83 Da sprach der Jünger:

Welcher Stern sei dann der Morgenstern, wenn Venus der Abendstern ist?

Da sprach der Meister:

Das ist der fünfte Planet. Den nennen wir Mars. Der ist der Venus so gleich, dass sie niemand voneinander gut erkennen kann. Manche Bücher sagen, dass eben dieser so maßlos hoch an dem Himmel gehe, dass wir ihn sehen des Morgens vor der Sonne, des Abends nach der Sonne.

I.84 Da sprach der Jünger:

Nun sprich mir vollständig von den Planeten.

Da sprach der Meister:

Der sechste Planet heißt Merkur. Der läuft sieben Jahre. Von dem Stern sagen uns die Bücher, dass er über Weisheit verfügt. Wie das komme, das sage ich dir hernach. Der siebente Planet heißt Jupiter. Der läuft zwölf Jahre. Der geht nach dem Saturn am allerhöchsten.

I.85 Da sprach der Jünger:

Von welcher Größe sind die Planeten?

Da sprach der Meister:

Die *philosophi* meinen, dass der Mond sei genauso breit, wie das bloße Land dieser Welt bis an das Wasser, das das Großgewässer bedeckt hat. Dann ist die Sonne ganz zweimal so breit. Genau so breit, wie die Sonne ist, genau so breit sind die Planeten.

I.86 Do sprach der Junger:
Wie dvnkit vns denne die sternin so smal?

Do sprach der Meister:
Daz machot div michil hohi. Ware div svnne also hoh so die sternin, so duhte[134] sie vns als smal so daz gestirne.

I.87 Do sprach der Junger:
Welhir nature ist daz gestirne?

Do sprach der Meister:
Daz ist wizzentliche von der scrift, daz die sela chomint von gote. Der ist obe dem gestirne. So div sele denne vert dur daz gestirne, bi swelheme sternin sie denne allirnahist vert, von dem sternin vahet sie die nature.

I.88 Do sprach der Junger:
Wie chvmet daz?

Do sprach der Meister:
Svmeliche sternin sint caltir nature, svmelicher nazzir, svmeliche truchenir, svmeliche heizir. Die selbin nature zvhet der menische von dem gestirne.

Swelhic menische ist caltir vñ truchenir nature, der swigit gerne vñ ist vngetrivwe,

swelhis[135] ist caltir vñ nazzir nature, der redet vil vñ ist lancrache vñ virseit lihte.

Swer heizir vnde truchenir nature ist, der ist gachmůte vñ chvne vñ hat gerne vil wibe vñ ist an der minne vnstete.

Swelhir heizir vñ nazzir nature ist, der ist der bestvn nature vñ ist gerne *eregirich*[136] vñ milte vñ minnet vil div wip vñ ist doh stete vñ liep an der minne.

Da von sprechint div buch, daz der sterne, der wir da heizin *Martem* des vrlovges phlege, wan er ist heizir vñ truchenir nature. Div nature kvmit rehte ze deme vrlovge. Div heidenischiv buch sagint, daz *Venus* der minne phlege, wan der sterne ist heiz vñ naz. Div nature kvmet ze der minne allirbeste.

134 Gö *duhtin*; emendiert nach Gottschall/Steer.
135 Gö *swelhis*; emendiert nach Kontext.
136 Gö *rivlich*; emendiert nach Gottschall/Steer.

I.86 Da sprach der Jünger:

Wie dünken uns die Sterne so klein?

Da sprach der Meister:

Das macht die große Höhe. Wäre die sonne genauso hoch wie die Sterne, so dünkte sie uns so klein wie das Gestirn.

I.87 Da sprach der Jünger:

Von welcher Natur ist das Gestirn?

Da sprach der Meister:

Das ist zu wissen von der Schrift, dass die Seelen kommen von Gott. Der ist über dem Gestirn. Wenn die Seele dann durch das Gestirn fährt: bei welchem Stern sie dann zu allernächst fährt, von dem Stern empfängt sie die Natur.

I.88 Da sprach der Jünger:

Wie kommt das?

Da sprach der Meister:

Manche Sterne sind von kalter Natur, manche von nasser, manche von trockner, manche von heißer. Eben diese Naturen zieht sich der Mensch von dem Gestirn zu.

Welcher Mensch von kalter und trockener Natur ist, der schweigt gern und ist untreu.

welcher ist kalter und nasser Natur, der redet viel und ist nachtragend und lehnt leicht ab.

Wer heißer und trockener Natur ist, der jähzornig und kühn und hat gern viele Frauen und ist in der Liebe unstet.

Welcher heißer und nasser Natur ist, der ist von der besten Natur und ist gerne nach Ehre strebend und freigiebig und liebt die Frauen sehr und ist doch stetig und angenehm in der Liebe.

Deshalb sagen die Bücher, dass der Stern. den wir da heißen *Martem*, des Krieges pflege, denn er ist heißer und trockener Natur. Diese Natur kommt ihm gerade recht zu dem Krieg. Die heidnischen Bücher sagen, dass *Venus* der Liebe pflege, denn dieser Stern ist heiß und nass. Diese Natur bekommt der Liebe am allerbesten.

I.89 Do sprach der Junger:
Nv sage mir von dem manin.

Do sprach der Meister:
Der mane ist allirinnost vndir den planetin. Er lǒfit ovch allirniderost bi der erde. Von div rihtit sich div welt alliv nah dem manin.

I.90 Do sprach der Junger:
Wie kvmit daz?

Do sprach der Meister:
Div himilsche nature ist so starc, daz siv die irdische vbirwindet. Ovch han ih dir geseit, daz der mane also breit si same alle disiv erde. So nimet der mane die craft von der svnnin. Von div ist ez dechein wundir, daz sich daz mere vñ daz menische rihtint nah deme manin. Wan der mane ist vz den selbin elementin gescaffin.

I.91 Do sprach der Junger:
Wie chvmit daz, daz der mane zvnímet vñ abenimet?

Do sprach der Meister:
Do die planetin wurdin gescaffin, do gevie der mane des wazzires vñ der erden ze vil. Von div mvž sih div erde vñ wazzir rihton nah dem manen. Ǒh nehat er nechein lieht von im selbin, wan als *er ez von der svnnin nimet,*[137] nimet von der svnnin. Swenne er nahe ist bi der svnnin, so wirt er lieht vñ vol. So er denne von deme svnnen kvmet, so irlischet ime daz lieht, vñ nimet abe, vnz im div svnne beginnit nahin. So nimet er aber zv.[138]

I.92 Do sprach der Junger:
Wie kvmet, daz der mane div selbin zeichin lǒfit, die div svnne lǒfit, vñ doch der mane der svnnin niht gevolgin mac?

Do sprach der Meister:
Ez lǒfit div svnne die crvmbi, der mane die *rehte.*[139] Wan div zeichin, die div svnne dvrlǒfit in dem iar, die durlǒfit der mane in iegelicheme manode. Vñ in *den*[140] zeichin, da div svnne inne ist ein manot, da ist der mane inne niht wan einin tac.

I.93 Do sprach der Junger:
Waz ist der swarze flecke, *den*[141] wir in deme manen sehin?

Do sprach der Meister:
Alse der mane daz lieht hat von der svnnin, als hat er ǒch die hitze. Von div kvmet, daz, swie vol der mane werde, iedoch belibet iemir der altvn chelti ein teil in dem liehti. Daz ist daz swarze in dem manon.

---

137 Gö *wan als nimet von ime selbin. wan alser nimet von ds svnnin*; emendiert nach Gottschall/Steer.
138 *Luna ea parte lucet qua sole est opposita, ea autem parte est obscura qua sole est aversa. A sole vero longius remota, lucet tota.* Imago. Hamm, Der deutsche Lucidarius, Bd. 3.
139 Gö *sínvelli*; emendiert nach Gottschall/Steer.
140 Gö *dem*; emendiert nach Gottschall/Steer.
141 Gö *daz*: emendiert nach Gottschall/Steer.

I.89 Da sprach der Jünger:

Nun sprich mir von dem Mond.

Da sprach der Meister:

Der Mond ist der allernächst unter den Planeten. Er läuft auch am allerniedersten bei der Erde. Deshalb richtet sich die ganze Welt nach dem Mond.

I.90 Da sprach der Jünger:

Wie kommt das?

Da sprach der Meister:

Die himmlische Natur ist so stark, dass sie die irdische überwindet. Auch habe ich dir gesagt, dass der Mond genauso breit sei wie diese Erde. So nimmt der Mond die Kraft von der Sonne. Von daher ist es kein Wunder, dass sich das Meer und der Mensch richten nach dem Mond. Denn der Mond ist aus denselben Elementen geschaffen.

I.91 Da sprach der Jünger:

Wie kommt das, dass der Mond zunimmt und abnimmt?

Da sprach der Meister:

Als die Planeten geschaffen wurden, da erfasste der Mond des Wassers und der Erde zu viel. Deshalb muss sich die Erde und das Wasser richten nach dem Mond. Auch hat er kein Licht von sich selbst außer ganz wie er es von der Sonne nimmt. Wenn er nahe ist bei der Sonne, so wird er licht und voll. Wenn er dann weg von der Sonne kommt, so erlischt ihm das Licht, und er nimmt ab, bis ihm die Sonne beginnt, nahe zu kommen. Dann nimmt er wieder zu.

I.92 Da sprach der Jünger:

Wie kommt es, dass der Mond dieselben Zeichen durchläuft, die die Sonne durchläuft, und doch der Mond der Sonne nicht folgen kann?

Da sprach der Meister:

Es verläuft die Sonne in Krümmung, der Mond in gerader Richtung. Denn die Zeichen, die die Sonne durchläuft in dem Jahr, die durchläuft der Mond in einem jeden Monat. Und in den Zeichen, in denen die Sonne einen Monat lang ist, in denen ist der Mond nicht länger als einen Tag.

I.93 Da sprach der Jünger:

Was ist der schwarze Fleck, den wir in dem Mond sehen?

Da sprach der Meister:

Ganz so wie der Mond das Licht hat von der Sonne, ganz so hat er auch die Hitze. Von daher kommt es, dass, wie voll der Mond werde, dennoch bleibt immerzu von der alten Kälte ein Teil in dem Licht. Das ist das Schwarze in dem Mond.

I.94 Do sprach der Junger:

Waz sprihistv da von, so sih der mane virwandelot.

Do sprach der Meister:

So der mane wirt vierzehin tag alt, so chvmit iz vil dicke, daz div svnni ist einhalb *der erde*,[142] der mane anderalb, vñ gestent als geliche obe ein rige gienge dur die erde, *vñ*[143] sie gienge rehte von der svnnin dur den manen. So ist div svnne so kreftig, daz sie dem manen sinin schin beturit, daz er wirt rot. Swenne er sich vírwandelot, so daz er hohe stat an dem himili, daz kvmit von den gotis wunderin. Daz bezeichenot einwedir hagel oder sterbot oder slat oder strit in dem riche.

I.95 Do sprach der Junger:

Waz sprichiz div von der *cometa*?

Do sprach der Meister:

Conmeta ist ein sterni. Der selbe sterni irschinet niemir, wan so sich daz riche wandelon sol. Den sternin sol man kiesin, daz er den schim von im sendit alse der mane. Der sterne *loufet niht vnder anderme gestirne. Die bůch wellen aber, daz ez ein lieht si, daz got mit sinem gewalte het enzundet in dem lufte.*[144]

---

142 *der erde* fehlt Gö; emendiert nach Gottschall/Steer.

143 Gö *e*; emendiert nach Gottschall/Steer.

144 Der Text in Schrägdruck fehlt Gö und ist hier nach Gaottschall/Steer ergänzt. – *Cometae sunt stellae flammis crinitae, in lactea zona versus aquilonem apparentes, regni mutationem, aut pestilentiam, aut bella, vel ventos, estusve portendentes.* Imago. Hamm, Der deutsche Lucidarius, Bd. 3. – *De cometa vero, quae in mutatione imperii apparet, hoc sentimus, quod stella non est, quia nec de infixis est neque aliquis planeta. Quod vero de infixis non est, ex hoc apparet, quod motus illius sentitur. Planeta vero non est, cum extra zodiacum saepe videtur nec motum planetarum sequitur [...]. Non est ergo stella, sed ignis iuxta voluntatem creatoris ad aliquid designandum accensus.* Philos.; Hamm, Der deutsche Lucidarius, Bd. 3.

I.94 Do sprach der Jünger:

Was sagst du davon, wenn der Mond sich verwandelt?

Do sprach der Meister:

Wenn der Mond wird vierzehn Tage alt, dann kommt es sehr oft, dass die Sonne auf einer Seite der Erde ist, der Mond auf der anderen und sie stehen ganz so gleich, als ob eine Linie ginge durch die Erde und sie ginge geradewegs von der Sonne durch den Mond. Dann ist die Sonne so kräftig, dass sie dem Mond seinen Schein schmälert, so dass er rot wird. Wenn er sich verändert, so dass er hoch steht an dem Himmel, das kommt von den Wundern Gottes. Das bedeutet entweder Hagel oder großes Sterben oder Schlacht oder Streit in dem Reich.

I.95 Do sprach der Jünger:

Was sagst du von dem Kometen?

Do sprach der Meister:

Cometa ist ein Stern. Dieser selbe Stern erscheint niemals, außer wenn sich das Reich ändern soll. An dem Stern soll man erkennen, dass er den Schein von sich sendet ganz so wie der Mond. Der Stern läuft nicht zwischen anderem Gestirn. Die Bücher wollen aber, dass er ein Licht sei, das Gott mit seiner Macht entzündet hat in der Luft.

Naturkunde / Medizin

45 Drei Basler Rezepte Steinmeyer Nr. 7

[2]**VL** 1 (1978), Sp. 628–629 (Hans-Hugo Steinhoff). – **VL** ahd. und as Lit. (2013), S. 32–34 (Stefanie Stricker).
Ü.: Basel, UB, Hs. F. III. 15a; aus Fulda (Hauptinhalt: Isidor, De ordine creaturarum), insulare Minuskel, fol. 17r, linke Spalte und unterer Rand.
Abb.: vollständiges Digitalisat der Hs. in Farbe: https://www.e-codices.unifr.ch/de/list/one/ubb/F-III-0015a.
Dat.: Hs. noch vor 800 (Bischoff, Paläographische Fragen, S. 112).
Spr.: Rezept A lateinisch; Rezept B bair. mit ae. Merkmalen; Rezept C altenglisch-bair. Mischung.
Ed.: [4]MSD I Nr. 62, S. 222–223 (Text). – Steinmeyer Nr. 7, S. 39–42 (Text). – Müller, S. 278–281 (Text). – Roe-Merrill S. Heffner, Basel Recipe.
Lit.: Kelle, LG 1, S. 47 und S. 307. – Kögel, LG I,2, S. 497–499. – Ehrismann LG 1, S. 362–363. – Haubrichs, Die Anfänge, S. 349. – [4]MSD II, Nr. 62, S. 356–357 (Kommentar). – Müller, S. 400–401 (Kommentar). – Heffner, The Third Basel Recipe, S. 248–253, hier besonders S. 253. – Haubrichs, Die Angelsachsen S. 400–412, hier S. 400–401. (mit Text und Übersetzung). – Nedoma, Basler Rezept. – Riecke, Frühgeschichte, hier S. 37–38 und S. 116–117.

Rezept A: Gegen Fieber 1
Rezept B: Gegen Fieber 2
Rezept C: Gegen (Krebs-)Geschwür

Text nach Steinmeyer und dem Digitalisat. Steinmeyer zählt A und B als ein Rezept, C als ein zweites. Der Augenschein des Digitalisats spricht aber m. E. eindeutig für drei Stücke.

Rezept A
Gegen Fieber 1

lateinisch

II putdiglas, III, si plus necessarium est.
murra,
sulffor,
piperus,
plantagines tuos,
sabina,
incensum tuos,
fenuglus,
pipaoz,
absintia,
antor. II stauppo in uno die.

XL dies ieiunet, quod nullus, quod in eadem die adquesitum sit,
non manducat neque bibat,
non panem, non aqua,
non leguminum, non carnem.

non oculos lauet.
in eadem die adquesitum cullentrum non manducat. III nocte stet.[1]

1 ***III noctes stet*:** Hs. *III noctestet*; dies ist ein Nachtrag, der hinter *antor* (Zeile 11) stehen sollte, s. ^{4}MSD II, S. 356.

Rezept A
Gegen Fieber 1

Zwei Flaschen, drei, wenn mehr nötig ist.
Myrrhe,
Schwefel,
Pfeffer,
zwei Wegerich,[2]
Sadebaum,
zwei Weihrauch[3]*,*
Fenchel,
Beifuß,
Wermut,
Antdorn. [Drei Nächte soll es stehen.[4]] *Zwei Becher an einem Tag.*

Vierzig Tage soll er fasten, dass er nichts, was an diesem Tag erworben sei,
weder isst noch trinkt,
weder Brot, noch Wasser,
nicht Gemüse, nicht Fleisch.

Er soll die Augen nicht waschen.
Den an diesem Tage erworbenen Koriander isst er nicht.

---

2 Wegebreite und Wegerich; s. u. den deutschen Text.
3 Roten und weißen Weihrauch; s. u. den deutschen Text.
4 Vgl. o., Anm. 1: Nachtrag zu Z. 11.

Rezept B bairisch mit altenglischen Merkmalen
Gegen Fieber 2

murra,
seuina,
uuiroh daz rota,
peffur,
uuiroh daz *uuizza*,
uueramote,
antar,
suebal,
fenuhal,
pipoz,
uuegabreita,
uuegarih,
heimuurz,
zua flasgun uuines, deo uurzi ana zi ribanne, eogiuuelihha suntringun.
enti danne geoze zisamane
enti laze drio naht gigesen
enti danne trincen,
stauf einan in morgan, danne in iz fahe,
andran in naht, danne he en petti gange.

feorzuc nahto uuarte he e tages getanes, daz he
ni protes
ni lides
ni neouuihtes, des e tages gitan si,
ni des uuazares
nenpize, des man des tages gisohe,

ni in demo niduuahe
ni in demo nipado,
ni cullantres niinpiize
ni des eies, des in demo tage gilegit si.

ni eino nisi,
ni in tag ni in naht,
eino nislaffe,
ni neouuiht niuuirce,
nipuz de gisehe, de imo daz tranc gebe enti simplum piuuartan habe.

Rezept B
Gegen Fieber 2

Myrrhe,
Sadebaum,
roten Weihrauch,
Pfeffer,
weißen Weihrauch,
Wermut,
Antdorn,
Schwefel,
Fenchel,
Beifuß,
Wegebreite,
Wegerich,
Bingelkraut,
zwei Flachen Wein, um die Kräuter hinein zu reiben, jede von beiden extra.
Und dann gieße (es) zusammen
und lasse (es) drei Nächte gären
und dann trinken,
einen Becher am Morgen, wenn es (das Fieber) ihn erfasst,
den anderen in der Nacht, wenn er ins Bett gehen soll.

Vierzig Tage hüte er sich vor dem früher am Tag Erworbenen, dass er
weder vom Brot
noch vom Most,
noch nichts von dem zuvor am Tag (etwas) erworben sei,
und nichts vom Wasser
zu sich nehme, das man an diesem Tag erlange,

(dass er)
sich in dem nicht wasche,
in dem nicht bade,
nichts vom Koriander esse
und nichts von dem Ei, das an diesem Tag gelegt sei.

(dass er) nicht allein sei,
nicht am Tag, nicht in der Nacht,
nicht allein schlafe,
nichts bewerkstellige,
außer es sehe der, der ihm den Trank gebe und immer auf ihn geachtet habe.

erist do man es eina flasgun, unzin dera giuuere;

ipu iz noh danne fahe, danne diu nah gitruncan si,
danne gigare man de antra flasgun folla.

Rezept C
Gegen (Krebs-)Geschwür

altenglisch-bair. Sprachmischung

uuidar cancur[5]

braenni salz
endi saiffun
endi hrôz aostor scala, al zesamene gimisci

mid aldu uuaiffu aer dhui hreine.
rip anan daz simple, unz dez iz blôde.
filu oft analegi,
simble dhui ana:
od dê itzs arinne,
lôg daz al aba arinne,
ende ne laz iz naezen,
nesmeruen,
hrinan daemo dolge.

Dhanne iz al ob sî arhreinôt,
dô zesamene aegero dez uuizsae aende huonog.

hrene lachina mid diu daz dolg.

5 Text und Übersetzung dieses in der Überlieferung sehr problematischen Rezepts stützen sich ganz auf die Rekonstruktion von Heffner, Basel Recipe, hier besonders S. 253. – Vgl. auch Haubrichs, Die Angelsachsen, S. 400–401 (mit Text und Übersetzung).

Zuerst gebe man davon eine Flasche, solange es ihm von dieser reicht.

Wenn es ihn dann (immer) noch erfasst, wenn diese nahezu ausgetrunken sei,
dann bereite man die zweite Flasche voll.

Rezept C
Gegen (Krebs-)Geschwür

Gegen (Krebs-)Geschwür

Verbrenne Salz,
und Seife,
und Ruß von Austernschalen, mische alles zusammen.

Mit alter Wolle (vom Spinnrocken) drücke (es) zuerst rein.
Reibe darauf beständig, bis dass es blutet.
Sehr oft lege auf (Salbe),
immer drücke darauf,
oder wenn etwas herab rinnt,
sieh zu, dass alles herab rinne,
und lass es nicht nässen,
nicht schmieren,
rinnen auf die Wunde.

Wenn es (die Wunde) bis ganz oben gereinigt ist,
tue zusammen von Eiern das Weiße und Honig.

Auf reine Weise heile damit die Wunde.

46 Prüller Steinbuch Wilhelm Nr. 10

[2]**VL** 7 (1989), Sp. 875–876 (Gundolf Keil). – [2]**VL** 11 (2004), Sp. 1279.

Ü.: a: München, BSB, clm 536, fol. 82v-83v (aus dem Prüller Veits-Kloster, Regensburg).
b: München, BSB, cgm 5248/11 (Fragment).

Abb.: clm 536:
https://daten.digitale-sammlungen.de/bsb00007208/images/index.html?id=00007208&groesser=&fip=fsdrxdsydxdsydeayafsdrxdsydenyztseayayztssdas&no=&seite=169.
cgm 5248/11:
https://daten.digitale-sammlungen.de/0002/bsb00022141/images/index.html?id=00022141&groesser=&fip=193.174.98.30&no=&seite=4.

Dat.: beide Hss. 12. Jh., drittes Viertel.

Spr.: bair.-österr.

Ed.: [4]MSD I Nr. 10, S. 37–39, (Text). – Wilhelm I, S. 37–39 (Text). – Schnell, Religiöse Dichtung. – Referenzkorpus Mittelhochdeutsch (1050–1350). http://www.linguistics.rub.de/rem/ (beide Hss.).

Lit.: Ehrismann, LG II,1, S. 234. – [4]MSD II Nr. S. 79–88, (Kommentar). – Wilhelm II, S. 79–88 (Kommentar). – Schnell, Vorüberlegungen. – Schnell, Religiöse Dichtung, hier S. 7–8. – di Venosa, Steinbücher hier S. 25–28. – di Clemente, Testi medico-farmaceutici, S. 120, 1312, 191 und 286–288. – S. auch die Hinweise zu Nr. 47, Nr. 48.

Dem deutschen Text geht im clm 536 unter dem Titel *De XII lapidibus* ein lateinischer Steinkatalog voraus, dem der Hymnus *Cives coelestis patriae* zugrunde liegt. Wilhelm edierte diesen lateinischen Katalog als Anfangsteil des deutschen ‚Prüller Steinbuchs'. Schnell, Religiöse Dichtung, erkennt in dem lateinischen Katalog eine Bearbeitung der Hymne. Im Folgenden wird nur der deutsche Text ohne den einleitenden Katalog wiedergegeben.

Text nach Wilhelm unter Benutzung des Digitalisats und nach Schnell, Religiöse Dichtung.

De XII lapidibus

01 ***Jaspis*** *multum ualet ad fluxum sanguinis; si imponitur uino et hoc biberit, ualet.*

Ob daz wib daz getrinchet, da der selbo stein in geworfen wirdet, is si nieht maget, ŏf ir *vüeze*[1] nezet; ist, daz si magat ist, iz ne wirret ir nîet.

Ob *du*[2] diu plater, da du wanist, daz iz daz freislich sie, mit dem selben steine *berizis*:[3] iz zegêt.

Er ist ôch gút wider die saligensuht, ob er den uuîn trinchet, da der stein in liget.

Er ist ôch gût dem, der daz starke viber hat, ob er dar abe trinchet.

Er ist gût den wiben, die des chindes genesen sol, ob si danne getrinchet oder uber den nabel gebintet.

Er ist gût, dem gahes an den ŏgen we wirdet, ob er sich drie morgen damit gesegenet *in nomine patris et filii et spiritus sancti.*

Er ist guŏt fur aller slahte wrmbaize; ob du in dar an gelegist, da iz gehechet sie: daz eiter verit uz der wnden.

Er ist ohc guŏt, dem da uergeben wirt; ob er cheruelen sohc trinchet, da der selbe stein inne liget: er spibet daz aiter sa.

Er ist ouch guŏt des, daz er daz plůt verstrettet, daz uz der wnten oder den nasan fliuzzet, ob er dar ane gebunten wirdet.

Swelech wib den stain hât an dem uingir, daz er die hut da durch ruret: si wirt niet swanger.

Er ist och gût dem miselen suthtegen, ob er in alzen treiht samit imo.

1 ***vüeze***: *Hs.* wize.
2 ***du***: *fehlt Hs.*
3 ***berizis***: *Hs.* beriziziz.

Von 12 Steinen

01 *Der **Jaspis** vermag viel gegen den Blutfluss. Wenn er in Wein gelegt wird und man das trinkt, hilft er.*

Wenn die Frau das trinkt, wohinein der Stein geworfen wird, ist sie nicht Jungfrau, so benetzt sie ihre Füße[4]; ist sie Jungfrau, schadet es ihr nicht.

Wenn du die Blatter, wo du meinst, dass es das Schlimme sei, mit dem selben Stein umritzt: es vergeht.

Er ist auch gut gegen die „Saligensucht"[5], wenn er (der Kranke) Wein trinkt, in dem der Stein liegt.

Er ist auch gut für den, der starkes Fieber hat, wenn er davon trinkt.

Er ist auch gut für Frauen, die eines Kindes genesen sollen, wenn sie davon trinkt oder (ihn) über den Nabel bindet.

Er ist auch gut, wenn jemandem plötzlich Augenschmerz entsteht, wenn er sich an drei Morgen damit segnet *im Namen des Vaters und des Sohnes und des heiligen Geistes.*

Er ist gut für alle Arten von Wurmbiss[6]; wenn du ihn daran legst, wo es gebissen sei: das Gift schießt aus der Wunde.

Er ist auch gut, wenn jemand vergiftet wird. Wenn er Kerbelsud trinkt, in dem dieser Stein drinnen liegt: er speit das Gift sofort aus.

Er ist auch gut dafür, dass er das Blut zum Stehen bringt, das aus der Wunde oder aus den Nasenlöchern fließt, wenn er daran gebunden wird.

Jede Frau, die den Stein an dem Fingerring so hat, dass er die Haut da durch[7] berührt: sie wird nicht schwanger.

Er ist auch gut für den Aussätzigen, wenn er ihn zu jeder Zeit mit sich trägt.

---

4 Mit Harn.
5 Unklar, welche Krankheit hier gemeint ist.
6 D. h. gegen alle Arten von Schlangenbiss und Insektenstich; auch gegen den Biss von Kröten und Eidechsen (Parzival 481,9 f.).
7 Durch den Ring.

02 ***Jacincti***, der sint trie slaht:

einir ist rôt unte gruzelot; der ist och aller staine tiurost. dize ist sin *natura*: Ob er in daz fiur geworfen werde: so man ie mere zuo blaset, so er ie roter wirdet. ist ieht suarzes dar ane, daz prennet daz fiur ǒz, unte wirt luter.

Der ander slahte Iechant, der haizet *Cytrinvs*; der dolt nieth daz fiur.

Der drite slaht Iechant, déir heizit *Venetus*; der dolt daz fiur furnams nieht.

Der rot Iochant ist guot, dem daz plut wirret. Er ist guot dem, der in ein wrmegez lant vert, daz ungesunt ist, ob er in mit imi hât.

03 ***Smaragdus*** der ist grǒne unte ist den sichen ǒgen gǒt, ob in der siche trage: so er in oftêr ane sihet, so er ie baz sihet; vnte werdent imo luter dar abe.

04 ***Saphirus*** der ist laszůruar unte ist dem gǒt, dér daz vel unte cinche in demo ǒgen hat.

05 ***Onichinus*** der ist gǒt puluerot vvr den grint des mennischen, vnte uur die masen, vnte uur die zaihere der ǒgen.

06 ***Topazius*** ist gǒt, taz er chalt machet daz wallent wazzer; unte ist dem gǒt, der in treit wr di firgift des aitters, vnte ist goltuar.

07 ***Crisolitus*** ist gǒt vnte ist lihtfare; sver in treit, der wirdet geminnet vone friu*n*ten[8] ioch vôn vianten.

08 ***Berillus*** der ist vare, same div sunna in daz wazzer scienet; ist gǒt, sver in treit, des rede ist lobesam in allen dingen; in *fl*ihent[9] die tiphele.

09 ***Sardonix*** ist prvnirôt; ist gǒt den tifilsuhtegen.

10 ***Sardius*** ist tunchilrǒt, scinit nahtes; ist gǒt, der in treit uor di uallensuht.

11 ***Crisopasvs*** ist purpuruar; der in treit, er ist zer uuerl*te* rihselih; sihet in sin uihant an im: er minnet in sa ze stunte.

12 ***Ametistus*** der ist tuncheluarwere denne purpurwarwe; er machet *urtranch*[10] der in gepulueret; der in treit, der wirt geminnet uon den edelen urowen, unte wirdet fersmahet von den diuwen.

8 *friunten*: Hs. *friuten*
9 *flihent*: Hs. *stihent*
10 *urtranch*: Hs. *rurtranch*

02 Die **Hyazinthen,** derer gibt es drei Arten.

Einer ist rot und sandförmig. Der ist auch der wertvollste der (drei) Steine. Dies ist seine Natur: Wenn er in das Feuer geworfen wird: je mehr man da hinein bläst, desto röter wird er. Wenn irgend etwas Schwarzes daran ist, das brennt das Feuer heraus, und er wird rein.

Die zweite Art des Hyazinth die heißt *Cytrinus*. Der verträgt das Feuer nicht.

Die dritte Art des Hyazinth die heißt *Venetus*. Der verträgt das Feuer ganz und gar nicht.
Der rote Hyazinth ist gut für den, dem das Blut Beschwerden macht. Er ist gut für den, der in ein schlangenreiches Land fährt.

03 Der ***Smaragd*** ist grün und ist für die kranken Augen gut. Wenn ihn der Kranke trägt: je öfter er ihn ansieht, desto besser sieht er, und (die Augen) werden ihm klar davon.

04 Der ***Sapir*** der ist lasurfarben (blau) und ist für den gut, der den Star und ein Geschwür in dem Auge hat.[11]

05 Der ***Onyx*** der ist pulverisiert gut für den Grind des Menschen, und für die Narben, und für die Tränen der Augen.

06 Der ***Topas*** ist (dafür) gut, dass er das kochende Wasser kalt macht, und ist gut für den, der ihn trägt, gegen die Vergiftung des Eiters,[12] und er ist goldfarben.

07 Der ***Chrysolith*** ist gut und ist lichtfarben. Wer ihn trägt, der wird geliebt von Freunden und von Feinden.

08 Der ***Beryll*** der hat eine Farbe, als ob die Sonne in das Wasser scheint. Er ist gut, wenn ihn jemand trägt: dessen Rede ist löblich in allen Dingen, und ihn fliehen die Teufel.

09 Der ***Sardonyx*** ist braunrot. Er ist gut für die vom Teufel Besessenen.

10 Der ***Sardius*** ist dunkelrot. Er leuchtet des nachts. Er ist gut, wenn ihn jemand gegen die Fallsucht trägt.

11 Der ***Chrysopas*** isst purpurfarben. Wer ihn trägt, der ist auf der Welt mächtig. Sieht ihn sein Feind an ihm: er liebt ihn sogleich zur Stunde.

12 Der ***Amethyst*** der ist dunkler gefärbt als purpurfarben. Er macht (den Berauschten) nüchtern, der ihn pulverisiert. Wer ihn trägt,[13] der wird geliebt von den edlen Herrinnen und wird verachtet von den Mägden.

---

11 *vel* = Glaukom? *cinche* = Leukom? Vgl. Wilhelm, Kommentar S. 85.

12 Blutvergiftung.

13 Z. B. als Stein in einem Ring.

47 Innsbrucker (Prüller) Kräuterbuch ‚*YSOPO* ist gůt chrut'
Wilhelm Nr. 12

²VL 4 (1983), Sp. 396–398 (Gundolf Keil).

Ü.: A: Innsbruck, UB und LB, Hs. 652, fol. 78v (Z.1)-79r (Z. 6); aus dem Schottenkloster Regensburg.
B: München, BSB, clm 536, fol. 86r-87r; aus Regensburg, Prüll.

Abb.: A: Digitalisate der Seiten des Kräuterbuchs in Farbe:
http://www.marburger-repertorien.de/abbildungen/pr/Innsbruck_ULB_Cod_652_Bl_78v.jpg. und
http://www.marburger-repertorien.de/abbildungen/pr/Innsbruck_ULB_Cod_652_Bl_79r.jpg.

B: vollständiges Digitalisat der Handschrift in Farbe:
https://daten.digitale-sammlungen.de/bsb00007208/images/index.html?id=00007208&groesser=&fip=fsdrxdsydxdsydeayafsdrxdsydenyztseayaeayafsdr&no=21&seite=177.

Dat.: A: 12. Jh., 3. Viertel.
B: 1143–1147.

Spr.: bair.-österreichisch.

Ed.: Wilhelm I, S. 42 und 44 (Text). – Referenzkorpus Mittelhochdeutsch (1050–1350), https://www.linguistics.rub.de/rem/pub/texts//M126_norm.pdf.

Lit.: Ehrismann, LG II,1, S. 234. – Wilhelm II, S. 104–115 (Kommentar). – Piper, Nachträge, S. 262–265 (Transkription des Textes). – Schnell, *Von der wurzen.*, hier S. 59–74. – Schnell, Prüller Kräuterbuch. – Schnell, Religiöse Dichtung. – Schnell, Zur Überlieferung. – Di Clemente, Testi medico-farmaceutici), S. 99–130, S. 188–191 und S. 285–287. – S. auch die Hinweise zum ‚Innsbrucker Arzneibuch' (Nr. 48).

Text nach Wilhelm und dem Digitalisat.
In der Übersetzung ist Lateinisches in Schrägschrift gegeben.

1 ***YSOPO*** ist gůt chrut. ǒbe diu gebǒrt stirbe[s]t in demo wibe, trinche iz mit warmem wazzer. so uert iz uone ire. Er ist gǒte vvr den ste*chen* unte hilfet och den, den der mage svirt.

2 ***Bibinella*** ist gǒt zu allen arbaiten des herzen, der si mit eziche sǒdit unt si so niuzet.

3 ***Genciana*** unte diu **hemere** gesoteniu mit eziche ist gǒt den tobentegen.

4 **Steinfar** genozzen mit prote ist den gǒte, den lanche we tuoint.

5 **Scellewurze** soch ist gǒt den tunchelen ǒgen, ǒbe si getempert wirt mit wine unte mit *oleo* unte mit wizem ingeber.

6 **Biboz** ist gǒte zeme waganten zane. ist dem wib ze diu gǒt: da si da geniset, bint irz uf den buch: si geniset sa ze stunte. nim iz ab scire, daz daz innader iht nahc ge.

7 **Senef** genvwen mit honege gemisket ist gǒt ze der uzgebliuhten huͥte.

8 **Minze** ist gǒt wr di gelust des hures.

9 **Ebom** ist gǒt wr den trǒfen, ob er daz sôch trinchet.

10 **Ephih** ist gǒt den zornegen liuten unten der buch we tuot, ob er in trinchet in demo bade.

11 **Huswrze** sohc ist gǒt den der ubele gehǒret. trophet im iz inz ore. misk *iz* mit hiuner smalze.

12 Daz **galagan** ist warmer nature. iz doivvet unte losit, machet den munt uil siuze stinkent unte bringet den mân unte daz wib ze mihchelen minnen.

1 Der **Ysop** ist ein gutes Kraut. Wenn die Leibesfrucht stirbt in der Frau, trinke es mit warmem Waser, so geht sie von ihr ab. Er ist auch gut für das (Seiten-) Stechen und hilft auch denen, denen der Magen Beschwerden macht.

2 Die **Bibinelle** (der Wiesenknopf) ist gut für alle Beschwerden des Herzen, wenn man sie mit Essig siedet und so genießt.

3 **Enzian** und die **Hemera** (Weißer Germer) mit Essig gesiedet ist gut für die Tollwütigen.

4 **Steinfarn** mit Brot genossen ist gut für die, denen die Lenden (Nieren) weh tun.

5 Der Saft der **Schellwurz** ist gut für die schwachen Augen, wenn er gemischt wird mit Wein und mit *Öl* und mit weißem Ingwer.

6 **Beifuß** ist gut für den wackelnden Zahn; ist für die Frau dazu gut: wo sie niederkommt, binde ihn ihr auf den Bauch: sie genest (des Kindes) sogleich zur Stunde. Nimm ihn schnell von ihr, damit das Eingeweide nicht hinterher komme.

7 **Ackersenf**, genügend mit Honig gemischt, ist gut für die ausgebläute Haut[1].

8 **Minze** ist gut für die Lust zum Geschlechtsverkehr.

9 **Ebenholzbaum** ist für die triefenden Augen, wenn er (der Kranke) den Saft (davon) trinkt.

10 **Sellerie** ist gut für die zornigen Leute und für den, dem der Bauch weh tut, wenn er ihn in dem Bad trinkt.

11 Der Saft vom **Hauswurz** ist für den gut, der schlecht hört. Träuft es ihm ins Ohr, mischt es mit Hühnerschmalz.

12 Die **Galgantwurzel** ist von warmer Natur. Sie verdaut und löst (die Nahrung), macht den Mund sehr wohlriechend und bringt den Mann und die Frau zu großer Liebe.

---

1 Hiebmale, Hämatome.

13 **Citwar** ist alsam vvar, daz iz sterchet den magen ze dem ezzene unte ist gǒt vvr di hechune der eiterwrm unt ist gǒt wr dei wib.

14 Daz **ingeber** ist och warmer naturę. ist gǒt ioch alten uuiben unte alten livten. iz suuentet allan den sihtv̊m der ineder. ist och gǒt wr den zandeswern.

15 **Perthtram** ist gǒt wr daz roz. iz suentet daz unte ist gvot vvr anderen sihtǒm des mundes unte der chelen.

16 ***Nux muscata*** ist uuarmer nature. si sterchet den man, [si][2] machet siuzez kussen. si ist gǒt wr den sihtǒm der lebere unte des milzes.

17 ***Peonia*** ist gǒt fur ze bringen den wiben ir naturę blǒt. si dewinget unt ist gǒt wir di gith unte wir die swellunge des libes.

18 ***Liquiricia*** ist gǒt uur die hůsten unte wr den brustsweren.

---

2 *si* ist zu tilgen; vgl. Schnell, Prüller Kräuterbuch, S. 197 f.

13 Der **Zitwer** (die Zaunrübe) ist so ausgerichtet, dass er den Magen für das Essen stärkt und ist gut für den Biss der Giftschlange und ist gut für die Frauen.

14 Der **Ingwer** ist auch von warmer Natur, ist auch gut für die alten Frauen und für alte Leute. Er lässt alle Krankheit der Eingeweide verschwinden. Er ist auch gut für den Zahnschmerz.

15 **Bertram** ist gut für den Schleim (Rotz); er lässt ihn verschwinden und ist gut für weitere Krankheiten des Mundes und des Rachens.

16 ***Muskatnuss*** ist von warmer Natur. Sie stärkt die Manneskraft, macht süßes Küssen und ist gut für die Krankheit der Leber und der Milz.

17 Die ***Päonie*** ist gut, um den Frauen die natürliche Blutung hervorzubringen. Sie führt ab (?) und ist gut für die Gicht und für die Schwellung des Leibes (Blähungen).

18 Die ***Liquiricia*** ist gut für den Husten und für die Brustbeschwerde (Lungenleiden).

48 Innsbrucker Arzneibuch ‚Ad dolorem capitis' Wilhelm Nr. 11

[2]**VL** 4 (1983), Sp. 395–396 (Gundolf Keil).
Ü.: Innsbruck, UB und LB, Hs. 652, fol. 76v (Z. 9 von unten)-78v (letzte Zeile).; aus dem Schottenkloster Regensburg.
Abb.: Digitalisate der Seiten des Arzneibuchs in Farbe:
http://www.marburger-repertorien.de/abbildungen/pr/Innsbruck_ULB_Cod_652_Bl_76v.jpg, http://www.marburger-repertorien.de/abbildungen/pr/Innsbruck_ULB_Cod_652_Bl_77r.jpg, http://www.marburger-repertorien.de/abbildungen/pr/Innsbruck_ULB_Cod_652_Bl_77v.jpg, http://www.marburger-repertorien.de/abbildungen/pr/Innsbruck_ULB_Cod_652_Bl_78r.jpg und http://www.marburger-repertorien.de/abbildungen/pr/Innsbruck_ULB_Cod_652_Bl_78v.jpg.
Dat.: 12. Jh., 3. Viertel.
Spr.: bair.-österr.
Ed.: Wilhelm I, S. 39–42 (Text). – Referenzkorpus Mittelhochdeutsch (1050–1350). http://www.linguistics.rub.de/rem/.
Lit.: Ehrismann, LG II,1 S. 234. – Wilhelm II, S. 88–104 (Kommentar). – Paul Piper, Nachträge, S. 262–265 (Transkription des Textes). – Schnell, ‚Prüller Kräuterbuch'. – Schnell, Zur Überlieferung. – Di Clemente, Testi medico-farmaceutici, S. 99–130, S. 188–191 und S. 285–287. – S. auch die Hinweise zum ‚Innsbrucker (Prüller) Kräuterbuch' (Nr. 47).

Text nach Wilhelm und dem Digitalisat.

1 *AD DOLOREM Capitis.* Swemo daz hǒbet we tuo, der mule den wegerich *cum uino et* nezze *caput suum cum hoc. et faciat illud sepe: statimque liberabitur.*

*

2 *ITEM.* Mule daz ephǒwe *cum uino, et tolle oleum et acetum.* daz sîut al cezamne *et unge caput cum eo: statim saluus eris.*

*

3 *CONTRA DOLOREM OCULORUM. Vnge oculos cum felle leporis et cum melle.*

*

4 *ALITER.* Daz sot der ruten *debes per pannum* sihen *et cum melle; et unge oculos cum eo.*

*

5 *AD DOLOREM AVRIVM. Tolle mentam,* maden, die dir sin under den amezen, unte trǒf ez *infirmo in aures.*

*

6 *AD DOLOREM DENTIVM. Tolle piper* und senif *et acetum; misce hoc totum, pone super dentes intus: statimque fugit morbus.*

7 *Iterum: Tolle sal* unde den deih die seifan *et misce totum;* bestrich din wange.

*

8 *CONTRA Fluxum sanguinis de naribus. Dicat sic:*[1]

Der lange *Longinus*
transfixit Christi latus;
statimque fluxit
sanguis de latere.
in ipsius nomine
stet sanguis iste.

9 *Iterum: Deseruit* reiten eines [*eies*][2] scala scol man ze puluere prennen, *et sufflare cum arundine in nares, multum ualet.*

*

1 Longinus-Segen.

2 Vgl. die Besserungsvorschläge für den entstellten Text bei Wilhelm, II, S. 90–91.

1 *FÜR KOPFWEH.* Wem der Kopf weh tut, der zerstoße den Wegerich *mit Wein und* netze *seinen Kopf damit und tue das oft: sogleich wirst du befreit sein.*

*

2 *FÜR DASSELBE.* Zerstoße den Epfich *mit Wein und nimm Öl und Essig.* Das siede alles zusammen *und salbe den Kopf damit: sogleich wirst du gesund sein.*

*

3 *GEGEN AUGENSCHMERZ. Salbe die Augen mit der Galle eines Hasen und mit Honig.*

*

4 AUF ANDERE WEISE. Den Sud der Raute *musst du durch ein Tuch* seihen *und mit Honig. Und salbe die Augen damit.*

*

5 *FÜR OHRENWEH. Nimm Minze,* Maden, die bei den Ameisen sind, und träufle es *dem Kranken in die Ohren.*

*

6 *FÜR ZAHNWEH. Nimm Pfeffer* und Senf *und Essig, vermische das Ganze. Bringe es innen auf die Zähne: und sogleich weicht die Krankheit.*

7 *Wiederum. Nimm Salz* und Brei von Seife *und mische das Ganze.* Bestreiche deine Wange.

*

8 *GEGEN NASENBLUTEN. Er soll so sprechen:*

Der lange *Longinus*
durchbohrte die Seite Christi
Sogleich floss Blut aus der Seite
in desselben Namen
stehe dieses Blut.

*

9 *Wiederum [...]* Eine Eierschale soll man zu Pulver verbrennen *und mit einem Rohr in die Nasenlöcher blasen: es hilft sehr.*

*

10 *AD GLANDINES.* Der nezze sie des nahtes mit temo harne et duhe sie . mit dem chalten chiselinge *et mane eos tangat cum rore.*

*

11 *Iterum. Tolle* daz div swin getuon unte rich iz *in ignem ut calidum ualde fiat et pone in pannum* vile naz et *liga super dentes et fac assidue ualet.*

*

12 *QUI INFIRMATUR IN PVLMONE. Debet herbam, quę dicitur* hirzeszunga ze puluere mulen; *et assidue manducet. et bibat polegium cum vino: et sanabitur.*

*

13 *QUI DOLET in corde. Manducet polegivm.*

*

14 *Cui in manibus nocet* daz flehten. *Laua eas vrina et sale. Tolle acetum et pone in eo radicem* der menewem. so siut si vile wole. *in acetum* gebeze se. so bestrich dine hente mitter wrzo unte mit demo suren sode.

*

15 *QUI SVBITO OBMVTVIT. Huic pone inter linguam* ein espine rinten: *et statim loquitur.*

16 Den die suren[3] an den hanten gezzent. Der neme daz sot der skellewrze unde bestriche die hende damít.

*

17 *QVI IN STOMACHO INFIRMATVR. Ille debet bibere* den andorn unde sevinon *cum uino. et bibat sepe calidum uinum cum pipere et manducet assidue* wizwrz. Mule ovch die wermo̊te *et bibe ieiunans* oder siut sie *in aqua et pone circa stomachum: valet.*

*

18 *QVI infirmatur* in den lenden oder rippen. Der mule den mirratich. unde legen in ein tuoch unde bindin da dir we sie. *Tolle* daz ancsmero *et ungue te ad ignem* und bistrich dich mit *sale* unde mit honige.

*

3 Wilhelm, S. II, S. 92 verweist auf Höfler, Krankheits-Namenbuch, S. 651 unter Sir.

10 *FÜR GESCHWÜRE.* Der nässe sie des Nachts mit Harn und drücke sie mit dem kalten Kiesel *und morgens berühre er sie mit Tau.*

⋆

11 *Wiederum. Nimm* was die Schweine machen,[4] und scharre es *in Feuer, dass es sehr heiß wird und lege es in ein* sehr nasses *Tuch und binde es über die Zähne und tu das häufig; es hilft.*

⋆

12 *WER LUNGENKRANK IST. Er soll das Kraut, das* Hirschzunge *heißt, zu Pulver zerstoßen. Und ständig esse und trinke er Polei (Flohkraut) mit Wein: und er wird gesund werden.*

⋆

13 *WER HERZSCHMERZEN HAT. Er soll Polei essen.*

⋆

14 *Wem an den Händen schadet die Flechte. Wasche sie mit Harn und Salz. Nimm Essig und lege in ihn die Wurzel* des Meerrettichs / die Mengelwurz. Dann siede sie sehr gründlich. Beize sie *in Essig.* Dann bestreiche deine Hände mit der Wurzel und mit dem sauren Sud.

⋆

15 *WER PLÖTZLICH STUMM WIRD. Diesem lege unter die Zunge* eine Espenride: *und sogleich spricht er.*

16 Den die [...] an den Händen fressen. Der nehme den Sud des Schellkrauts und bestreiche die Hände damit.

⋆

17 *WER MAGENKRANK IST. Der soll trinken den* Andorn (schwarze Taubnessel) und den Sadebaum (Wacholder) *mit Wein und trinke oft warmen Wein mit Pfeffer und esse ständig* Weißwurz. Er zerstoße auch den Wermut *und trinke ihn nüchtern*, oder er siede ihn *in Wasser und lege ihn in die Magengegend: es hilft.*

18 *WER krank ist an* den Lenden oder Rippen. Der zerstoße den Meerrettich. Und lege ihn in ein Tuch und binde ihn dort, wo es dir weh tut, an. *Nimm* das Butterschmalz *und salbe dich beim Feuer* und bestreiche dich mit *Salz* und mit Honig

⋆

4 Schweinedreck.

19 *QUI infirmatur in iecore. Manducet* den wolgesmalzten hirse.

*

20 *QVI DOLET IN VENTRE.* É dan er nathes geslafen, *debet* andorn sieden *in vino cum lacte caprino* unte scol iz ze iungest ezzen.

*

21 DER VERLENCHET WIRT *in manibus uel in pedibus.* Der scól nemen der eiterwrz timul unte den linsamin unte den pungel. daz scol er samne mulen unte scol iz legan vber daz irlenchita.

*

22 DEM DIV VRfun[5] *nocent. Ille debet per integrum annum cottidie manducare* eine cluft des cnofelǒches unte rokkine sniten *antquam tangat ignem uel aquam.* gelichiz imo,[6] ê daz îa erge: er scol doch volvaren. vermidet er *unum diem in anno: statim incipiat a principio.*

*

23 FVRE DIE VBILEN negle. Zeflǒzze daz wahs *et oleum* in der phannen *et pone super ungues. Tolle lac* der eiterwrze unte trǒfe sie under daz flesch ze ende des nageles, unte pindiz *cum panno super ungues.*

*

24 *CONTRA CALCULUM*: Brenne daz plǒt unte die hv̂t des hasen unte gibiz demo siechin *in uino calido uel in aqua ad bibendum.* so bristet der stein unte chvmet vone imo. Des petressilines wrze scol tu vile diche niezzen. des helphantes pein scol tu scaben *et debes in aqua bibere:* so bristet *lapis.*

*

25 FVRE DI RO^{V}DEN. Nim ein buntel des peteresiles *et* nescelen *et* ringelen *et fac puluerem et da ouibus tuis.*

*

26 *EQVIS, quibus vermes nocent. Liga circa collvm unum os mortui equi: statim uermes moriuntur.*

*

5 *urfun*: Name einer nicht identifizierten Krankheit; = *ruf*, „Geschwür, Grind, Ausschlag" Wilhelm, II, S. 91.

19 *WER krank ist an der Leber. Er esse* wohlgeschmälzte Hirse.

*

20 *WER BAUCHSCHMERZEN HAT.* Bevor er nachts schläft, *soll er* Andorn sieden *in Wein mit Ziegenmilch* und soll es als Letztes essen.

*

21 WER VERRENKT WIRD *an Händen oder an Füssen.* Der soll nehmen vom Schierling (und von der) Wolfsmilch (?) und den Leinsamen und die Bachbunge (Gänsedistel). Und das soll er zusammen zerstoßen und soll es legen über die Verrenkung.

*

22 WEM DIE URFUN *Beschwerde machen. Der soll das ganze Jahr hindurch täglich essen* eine Zehe vom Knoblauch und eine Roggenschnitte, *bevor sie Feuer oder Wasser berührt.* Glättet es ihm (die Haut), bevor das Jahr vergeht: er soll doch bis zum Ende (des Jahres) fortfahren (mit der Kur). Unterlässt er es *einen Tag im Jahr: sogleich beginnt es (‚das Leiden, wieder) von Anfang an.*

*

23 FÜR DIE ÜBLEN Nägel. Verflüssige das Wachs *und Öl* in der Pfanne, *und gib es auf die Nägel. Nimm die Milch* des Schierlings und träufle sie unter das Fleisch am Ende des Nagels und verbinde es *mit einem Tuch über den Nägeln.*

*

24 *GEGEN DEN STEIN.* Verbrenne das Blut und die Haut des Hasen und gib es dem Kranken *in warmem Wein oder in Wasser zu trinken.* Dann bricht der Stein und geht ab von ihm. Von der Petersilienwurzel sollst du sehr oft genießen. Vom Elfenbein sollst du schaben *und du sollst es in Wasser trinken:* dann bricht *der Stein.*

*

25 FÜR DIE RÄUDE. Nimm ein Bündel aus Petersilie *und* Nesseln *und* Ringelblumen *und mache Pulver (daraus) und gib es deinen Schafen.*

*

26 *FÜR PFERDE, denen Würmer schaden. Binde um den Hals einen Knochen eines toten Pferdes: sogleich sterben die Würmer.*

*

---

6 ***gelichiz imo:*** der Text ist gestört. Wilhelm, S. *94, schlägt vor *gelücke ez im* zu lesen. Oder könnte es heißen *gelichit iz imo,* „glättet es ihm" (die Haut, nämlich von einem Ausschlag)? Vgl. Übersetzung.

27 *QVEM VERMIS mordet.*[7]

'Adiutorium nostrum in nomine domini, qui fecit celum et terram.' (Ps. 123,8).

Christus in petra sedebat,
et uirgam in manu tenebat

et dixit:

„Domine, si uermes isti sunt viui, moriantur; et si mortui, exeant foras. nonne eo meatu – per angelum maiestatis – plus escare."

Canta 'pater noster' tribus vicibus et dic:

„Domine, libera seruum istum uel ancillam N. vone demo wurme, *cancro et talpone et omnibus uermibus."*

„wrm, ich gebivte dir bi gotes worten *et sancti Iob* unte siner heligen chinde, daz du disen man *uel* dizes viibes mer enbizzest noch tages nohc nahtes!"

*

28 *CONTRA CADENTEM morbvm.Tolle hirundines de nido et capita eorum abscide. et misce albvm tus cum eo sanguine* unz iz werde also diche so der deich. welliz al cesamene, *et dum primum luna crescat uel decrescat, da ad bibendum.*

*

29 FVRE DIE GELWEN suht. Siuth die hedernezzelen *cum radice et da sibi ad bibendum nouem dies: una die* ein leffil, *in secundo die duos, in tertia die tres;* aller tagiliche einis mere. *in nono die nouem sibi da.* Nim die egedehsen unte lege sie *uiuentem infirmo super umbelicum et liga: omnis morbus, qui est in egro,* der chumit in die egedehsen.

*

30 *SI INFIRMUS subito obmutescat.* So sivt die *poleion in aceto et pone ante nares eius: statimque loquitur.*

*

7 Wurmsegen.

27 *WEN DER WURM beisst.*

‚Unsere Hilfe steht im Namen des Herrn, der Himmel und Erde gemacht hat.' (Ps. 123,8)

Christus saß auf einem Felsen
und hielt eine Rute in der Hand.

und sagte:

„Herr, wenn diese Würmer lebendig sind, sollen sie sterben; und wenn sie tot sind, sollen sie herausgehen. (Sie sollen) nicht auf diesem Gang – bei der Erhabenheit des Engels – mehr essen."

Singe ‚Vater unser' drei Mal und sage:

„Herr, befreie diesen deinen Knecht oder diese deine Magd N. von dem Wurm *und Krebs und Maulwurf und von allen Würmern!"*
„Wurm, ich gebiete dir bei Gottes Worten *und des heiligen Hiob* und seiner heiligen Kinder, dass du diesen Mann *oder* dieses Weib nicht mehr beißest, weder tags noch nachts!"

*

28 *GEGEN DIE FALLSUCHT. Nimm aus dem Nest der Schwalbe (die Jungvögel) und schneide ihre Köpfe ab und mische weißen Weihrauch mit diesem Blut,* bis es so dick werde wie der Teig. Koche es alles zusammen, *und sobald der Mond zunimmt oder abnimmt, gib es zu trinken.*

*

29 FÜR DIE GELBSUCHT. Siede die Hedernessel *mit der Wurzel und gib sie dir zu trinken neun Tage: Einen Tag* einen Löffel, *am zweiten Tag zwei, am dritten Tag drei,* täglich einen mehr; am neunten Tag gib dir neun. *Nimm die Eidechse und lege sie lebendig dem Kranken auf den Nabel und binde (sie da an). Alle Krankheit, die in dem Kranken ist,* die kommt in die Eidechse.

*

30 *WENN EIN KRANKER plötzlich stumm wird.* Dann siede die Polei (Flohkraut) *in Essig und lege es vor die Nasenlöcher: und sogleich spricht er.*

*

31 *QVI INFIRMATUR* in der blatern *nec possit urinam soluere. Bibat* die swertelen *cottidie et sanabitur.*

*

32 *CVI FICUS SICCUM*[8] *NOCET.* Der nemo *centauriam* unte wermŏte unte side die zesamnen *in uino et bibat. et exurat caput leporis ad puluerem et bibat in calido vino. et nouem dies bibat caprinum lac. alteram carnem interea ne comedat, nisi caprinam.*

*

33 Svver unsanfte dowe. *Tollat* den alant, den fenchil, *betoniam, salbeiam,* andornes samen. daz mule al zesamene *et bibe sepe in uino.*

*

34 *QVI DOLET IN OCVLIS.* Der siede *fęniculum.* zuo demo sode heizer daz honig misken unte lazze sin ŏgen hiemit salben. Die scellewirz sieden scol die nathes uber diu ŏgen binden.

---

8 Höfler, Krankheits-Namenbuch.

31 *WER KRANK WIRD an der Blase und den Harn nicht lassen kann. Er soll die* Schwertlilie *täglich trinken: und er wird gesund werden.*

*

32 *WEM EINE TROCKNE WARZE (?) BESCHWERDE MACHT.* Der nehme *Tausendgüldenkraut* und Wermut und siede die zusammen *in Wein und trinke es. Er verbrenne den Kopf eines Hasen zu Pulver und trinke es in warmem Wein. Und neun Tage trinke er Ziegenmilch. Anderes Fleisch esse er währenddessen nicht, außer von der Ziege.*

*

33 Wer unsanft verdaue. *Er nehme* den Alant, den Fenchel, *Betunie, Salbei,* Samen vom Andorn. Das zerstoße er alles zusammen *und trinke es oft in Wein.*

*

34 *WER AUGENSCHMERZEN HAT.* Der siede *Fenchel.* Zu dem Sud befehle er, den Honig zuzumischen und lasse seine Augen hiermit salben. Das gekochte Schellkraut soll er nachts über die Augen binden.

49 Frauengeheimnisse
Wilhelm Nr. 13

[2]**VL** 8 (1992) unter ,Secreta mulierum' Sp. 986, Ziffer 5, Sp. 992 (Margaret Schleissner).
Ü.: Innsbruck, UB Hs. 652, fol. 79v; aus dem Schottenkloster Regensburg.
Dat.: Text 12. Jh., drittes Viertel.
Abb.: farbiges Digitalisat der Seite:
http://www.marburger-repertorien.de/abbildungen/pr/Innsbruck_ULB_Cod_652_Bl_79v.jpg.
Spr.: bair.-österr.
Ed.: Wilhelm I, S. 46 (Text). – Referenzkorpus Mittelhochdeutsch (1050–1350) https://www.linguistics.rub.de/rem/pub/texts//M072_mod.pdf
Müller, S. 280–291.
Lit.: Ehrismann, LG II,1, S. 124. – Zingerle, Rezepte. – Piper, Nachträge, S. 262–265. – Wilhelm II, S. 115–116 (Kommentar). – Schnell, ,Prüller Kräuterbuch'. – Di Clemente, Testi medico-farmaceutici S. 99–130, 188–191 und 285–287. – Müller, S. 401–402 (Kommentar). – S. auch die Hinweise zu Nr. 46, Nr. 47, Nr. 48.

Der Titel „Frauengeheimnisse" passt nur für Teile der Rezeptsammlung.

Text und Lesarten nach Wilhelm und dem Referenzkorpus Mittelhochdeutsch unter Beiziehung des Digitalisats.

In der Übersetzung ist Lateinisches in Schrägschrift gegeben.

01 *AD INFIRMITATEM MVLIERVM POST PARTVM.* Nim in der hirzis prunfte eines hirzzes gemahte, *quod dicitur ‚priapum'*, unte derr iz fil harte unte senid iz file cleine unte puluer iz unte iz iz nun nath. in einem[1] aie. so wirt dir sin buz vnte wirt dir din lîep.

02 *Tolle de radicibus saluatoris, – id est de regum herba, quod dicitur* alant *urze,*[2] *– iij. dies* ante[3] *sancti Petri apostoli. et caue, ne ueniat illa die in domum tuam. altera die seca*[4] *aliquid*[5] *radicem ad rotundum et mitte in mel; III dies suspende illam*[6] *sine fumo, usque siccata sit, et tere usque ad puluerem et benedic illam VIIII cursiliis*[7] *et manduca siue bibe pro omnibus doloribus siue egrotas interius aut exterius, siue in uenis aut in cruribus siue aliqua infirmitate detineris. bibe illam cum melle et uino calido. ualet.*

03 *Herba. ... cion*[8] *in nocte, uel ut stella lucet sicut peonia, quam qui secum habuerit, nunquam in malum accidit.*

04 *Tolle testam de capite cornicis ac deinde, quando infans est natus, antequam sugat matris infantis uel alicuius feminę,*[9] *exprime mamillas lac matris*[10] *in supradictam testam cornicis. admitte ex testa lac in os infantis, et ita pasce tribus continuis diebus absque alio victu. – Audiui abbatem de superiori scocia cum magna affirmatione dicere, quod postea, quando creuerit infans, possit discernere omnes uoces cornicorum et significationes earum.*

Zu 01: Wilhelm bietet zum Vergleich aus Placidus Papirensis an: *Ad cubitum excitandum. Cerui testicuolrum siccorum aliqua pars pota. Sed hoc non agit, nisi uoluntas sibi praeueniat.* „Um zum Beischlaf anzureizen. Etwas getrocknete Teile der Geschlechtsorgane des Hirsches trinke! Aber das wirkt nicht, wenn nicht dem der Wille zuvorkommt."

zu 03: Wilhelm bietet zum Vergleich aus Vincentius an: *peonia in summitate habet mali granati magnitudinem; que noctu lucet quasi lucerna et habet granum cocci similem. Noctu a pastoribus inuenitur; res est saluberrima.* „Die Päonie hat zuoberst die Größe eines Granatapfels; sie leuchtet in der Nacht wie eine Laterne und hat dem Scharlach ähnliche Kerne. Bei Nacht wird sie von Hirten gefunden; sie ist eine höchst gesunde Sache."

---

1 Hs. ***eine***
2 ***urze***: so Referenzkorpus Mittelhochdeutsch *ante* oder *urze*? Wilhelm.
3 ***ante***: Referenzkorpus Mittelhochdeutsch; fehlt Hs.
4 ***seca***: so Referenzkorpus Mittelhochdeutsch. – *lodd* zu *lodn*? Verbum *seclode?* Wilhelm, Apparat.
5 ***seca aliquid radicem***: so Referenzkorpus Mittelhochdeutsch.
6 ***illo***: so Referenzkorpus Mittelhochdeutsch. – *illam* Wilhelm.
7 ***cursiliis:*** zu *cursilium* „Menstruationsperiode" (?).
8 ***Herba. ... cion:*** so Referenzkorpus Mittelhochdeutsch. – Unleserlich. *Hibercion* Zingerle, *Mercion* Piper; der Anfang des Wortes könnte auch *optim* gelesen werden. Wilhelm.
9 ***sugat ** matris infantis uel alicuius feminę:*** so Wilhelm Text – Wilhelm Apparat: „*sug* sehr undeutliche Reste von *s* und *g*", *sugat illa* Zingerle, statt Zingerles *illa* möglicherweise *aut*. – *ante quam se [.... ...] matris* Referenzkorpus Mittelhochdeutsch.

Übersetzung[11]

01 *FÜR DIE KRANKHEIT DER FRAUEN NACH DER GEBURT.*[12] Nimm während der Brunft des Hirsches die Geschlechtsteile eines Hirschen, *was ‚Priapus' genannt wird;* und dörre es gar sehr; und schneide es sehr fein; und pulverisiere es; und iss es neun Nächte in einem *Ei*[13], dann wird es dir davon Besserung bringen, und es bringt dir Deinen Geliebten wieder.

02 *Nimm von den Wurzeln des Salvator, – das heißt vom Königskraut, das* „Alant-Wurzel" (Helmenkraut) *genannt wird, – drei Tage vor (?) dem Tag des heiligen Apostels Petrus; und verhindere, dass er*[14] *an jenem Tag*[15] *in dein Haus komme. Am zweiten Tage schneide etwas von der Wurzel rund aus;*[16] *und gib es in Honig. Drei Tage hänge sie*[17] *auf ohne Rauch, bis sie getrocknet ist; und reibe sie zu Pulver und segne sie mit neun* cursiliis[18] *und iss oder trinke sie gegen alle Schmerzen, seien es innere oder äußere Krankheiten, in den Adern ebenso wie im Blut, sei es in welcher Krankheit du auch immer befangen bist.*[19] *Trinke sie mit Honig und warmem Wein. Es hilft.*

03 *Das Kraut [...] cion*[20] *leuchtet bei Nacht wie ein Stern gleich wie die Päonie;*[21] *wer es bei sich hätte, dem stößt nie etwas Böses zu.*

04 *Nimm die Schale vom Kopf der Krähe, und danach, wenn das Kind geboren ist, bevor es die Brüste der Mutter oder einer anderen Frau saugt, drücke die Milch der Mutter in den oben genannten Kopf der Krähe. Gib aus diesem Kopf die Milch in den Mund des Kindes und nähre es so nacheinander drei Tage lang ohne andere Nahrung. – Über das oben genannte Rezept hörte ich den Abt mit großem Nachdruck sagen, dass später, wenn das Kind erwachsen wäre, es alle Worte und Zeichen der Krähen verstehen kann.*

---

10 ***mamillas ***exprime mamillas*:** so Wilhelm Text.– Wilhelm Apparat: nach *mamillas* unleserlich – *inice matris infantis* Zingerle und nach ihm Piper, aber wohl kann man vor *in lac matris*, doch nicht *infantis* erkennen. Vor *lac* Raum für 11 Buchstaben.

11 Der in mehreren Punkten schwer verständliche Text wurde meines Wissens bisher nie vollständig übersetzt; Müller übersetzt nur den deutschen Anfangsteil. Die hier gebotene Übersetzung stellt nur einen vorläufigen Versuch dar.

12 Die Überschrift passt nur sehr bedingt zu den folgenden Texten.

13 ***in eine aie***: unerklärt – Ei?

14 ***er***: der Mann, dessen Liebe wieder gewonnen werden soll?

15 am Tag des Apostels Petrus?

16 oder nach Wilhelm, Apparat *seclode* zu *secludere* „einsperren", „abschließen": „verschließe die Wurzel in einen runden, geschlossenen Topf"?

17 ***sie***: die präparierte Wurzel.

18 ***cursilium***: „mit neun magischen Formeln"? („Flüchen")?

19 Stil magischer Formeln.

20 Der vollständige Name des Krautes ist in der Hs. nicht leserlich.

21 Pfingstrose.

50 Rezept gegen Stein Aus dem Codex Falkensteinensis Wilhelm Nr. 24

²VL 1 (1978), Sp. 1292–1293 (Ruth Schmidt-Wiegand).
Ü.: München, Hauptstaatsarchiv, Klosterliteralien Weyarn 1, fol. 40v; aus Stift Herrenchiemsee.
Abb.: vollständiges Digitalisat der Hs. in Farbe: https://daten.digitale-sammlungen.de/bsb00003355/images/index.html?id=00003355&groesser=&fip=193.174.98.30&no=&seite=94.
Dat.: Hs. 12. Jh. von 1168 bis 1195, hier Nachtrag vom Ende des 12. Jh.s (ungeübter Schreiber).
Spr.: südbair.
Ed.: Wilhelm I, S. 53 (Text). – Referenzkorpus Mittelhochdeutsch (1050–1350). https://www.linguistics.rub.de/rem/pub/texts//M202_norm.pdf. – Noichl (s. Lit.), S. 165.
Lit.: Wilhelm S. II, S. 135–137 (Kommentar). – Noichl, Codex Falkensteiniensis. – Vera Di Clemente, Testi medico-farmaceutici, hier S. 147–150 und 193–194.

Zum Codex Falkensteinensis s. Nr. 56.

Text Nach Wilhelm und Noichl unter Berücksichtigung des Digitalisats und des Referenzkorpus Mittelhochdeutsch.

Wir tuon iv chunt, waz uůr den stain gut ist.	01	Wir machen euch kund, was gegen den Stein gut ist.
wan sol nemen di wurzen des testralac[1] unde di wurzen des swertellac[2]; unde sol daz mit einander in einem wine siden unde sol daz trinchen.	02	Man soll nehmen die Wurzel des *testralac* und die Wurzel der Gladiole (?) und soll das miteinander in einem Wein sieden und soll das trinken.
unde nim saluai unde phersic chernen; unde iz div beidu; div sint gvt gaz; unde di wurzen, der vil an ein ander hanget; unde sint alle enhopelot.	03	Und nimm Salbei und Pfirsichkern, und iss die beide; gegessen sind die gut; und die Wurzeln, von denen viele dicht aneinander hängen;[7] und sie sind alle rauh und knollig.
nim wegericsamen in deme habersnite unde sagsif*ervm*[3]; div nim beidiv unde menge si beidiv mit einander unde mache si *h*eiz unde trinc si vil ofte.	04	Nimm Wegerichsamen zur Zeit der Haferernte, und Steinbreche; und nimm die beide und vermenge sie beide miteinander und mache sie heiß und trink sie oft.
unde nim we*he*dornsam*e*n[4] unde mal den unde nivz den alle tage; daz ist gut.	05	Und nimm Wehedornsamen und mahle den und nimm ihn alle Tage ein; das ist gut.
unde nim eimcrut[5]; daz stet in deme *wage*[6] unde hat lange stile; daz soltu ezzen.	06	Und nimm *eimkrut*; das steht in dem Wasser und hat lange Stiele; das sollst du essen.[8]

1 ***testralac***: nicht nachgewiesener deutscher Pflanzenname, s. Wilhelm, II, S. 136.
2 ***swertellac*** wohl *gladiola*, Wilhelm S. II, 136.
3 ***sagsifervm*** : *saxifraga* „Steinbreche“ Wilhelm S. II, 136.
4 Wilhelm II, S. 136, verweist für *wehedorn* auf *bedegar* bei Dieffenbach, Glossarium, S. 70.
5 Für *Strationes aloides* gebraucht, s. Wilhelm II, S. 136: „ältere Benennungen der Pflanze scheinen zu fehlen. Sie kommt aber in Bayern in Seen und Altwässern vor.“
6 Hs. ***wege***; verschrieben für *wage*? Wilhelm II, S. 136–137.
7 Zur Übersetzung s. Wilhelm II, S. 136.
8 Zur Übersetzung s. Wilhelm II, S. 136–137.

51 Aus dem althochdeutschen Physiologus (auch ‚Älterer Physiologus' genannt)

Steinmeyer Nr. 27
²**VL** 7 (1989), Sp. 619–634 (Christian Schröder), hier besonders Sp. 628, 11 (2003), Sp. 1241. – **VL** ahd. und as Lit. (2013), S. 366–368 (Stefanie Stricker).
Ü.: Wien, ÖNB, Cod. 223, fol. 31r-33r, wohl aus Hirsau.
Abb: farbige Digitalisate der Physiologus-Seiten:
http://www.marburger-repertorien.de/abbildungen/pr/Wien223_Bl31r.jpg,
http://www.marburger-repertorien.de/abbildungen/pr/Wien223_Bl31v.jpg,
http://www.marburger-repertorien.de/abbildungen/pr/Wien223_Bl32r.jpg,
http://www.marburger-repertorien.de/abbildungen/pr/Wien223_Bl32r.jpg,
http://www.marburger-repertorien.de/abbildungen/pr/Wien223_Bl32v.jpg,
http://www.marburger-repertorien.de/abbildungen/pr/Wien223_Bl33r.jpg.
Dat.: Hs. vor 1091. Textentstehung wohl wenig früher.
Spr.: alem., nahe der südrheinfr. Grenze.
Ed.: MSD I, Nr. 82, S. 262–266 (Text). – Wilhelm I, S. 4–28 (Text in Paralleldruck mit dem ‚Jüngeren Physiologus'). – Steinmeyer Nr. 27, S. 124–134. – Referenzkorpus Mittelhochdeutsch (1050–1350), https://www.linguistics.rub.de/rem/pub/texts//M155_norm.pdf.
Lit.: Kelle, LG 2, S. 60–62 und S. 280–281. – Ehrismann, LG 2,1, S. 224–231, besonders S. 228–229. – ⁴MSD II Nr. 82, S. 408–411 (Kommentar). – Wilhelm II, S. 13–52 (Kommentar, auch zum ‚Jüngeren Physiologus'). – Mann, Physiologus. – Lauchert, Physiologus. – Henkel, Physiologus, hier S. 86–87, 137, 164–185. – Grubmüller, Physiologus. – Physiologus. Griechisch/Deutsch.

Text nach Steinmeyer und den Digitalisaten.

1. [De leone]

Hier begin ih einna reda umbe diu tier, uuaz siu gesliho bezehinen.

01 Leo bezehinet unserin trohtin turih sine sterihchi, unde be diu uuiret er ofto an heligero gescrifte genamit.

02 Tannan sagita Iacob, to er namæta sinen sun Iudam. Er choat ‚*Iudas min sun ist uuelf des leuin*‘.[1]

03 Ter leo hebit triu dinc ann imo, ti dir unserin trotinin bezeichenint. Ein ist daz: so ser gat in demo uualde un er de iagere gestincit, so uertiligot er daz spor mit sinemo zagele, ze diu, daz sien ni neuinden. So teta unser trotin, to er an der uuerilte mit menischon uuas, ze diu, daz ter fient nihet uerstunde, daz er gotes sun uuare.

04 Tenne: so der leo slafet, so uuachent sinu ougen. An diu, daz siu offen sint, dar ana bezeichenit er abir unserin trotin, als er selbo quad an demo buhche cantica canticorum, – ‚*Ego dormio et cor meum uigilat*‘.[2] – Daz er rasta an demo menisgemo lihamin un er uuahcheta an der gotheite.

05 So diu leuin birit, so ist daz leuinchelin tot, so beuuard su iz unzin an den tritten tag. Tene so chumit ter fater unde blaset ez ana, so uuirdit ez erchihit. So uuahta der alemahtigo fater sinen einbornin sun uone demo tode an deme triten tage.

---

1 Gen. 49,9.

2 Cant. Cant. 5,2.

1. Über den Löwen

Hier beginne ich eine Erörterung über die Tiere, was sie in geistlicher Weise bedeuten.

01 Der Löwe bedeutet unseren Herrn wegen seiner Stärke, und deshalb wird er oft in der heiligen Schrift genannt.

02 Daher sagte Jakob, als er seinen Sohn Juda nannte, er sagte: „Juda, mein Sohn, ist das Junge des Löwen."

03 Der Löwe hat drei Dinge an sich, die unseren Herrn bedeuten. Eines ist dies: wenn er in dem Wald umhergeht, und er die Jäger wittert, so vertilgt er die Spur mit seinem Schwanz, damit sie ihn nicht finden. So tat unser Herr, als er auf der Welt bei den Menschen war, zu dem Zweck, dass der Feind nicht verstünde, dass er Gottes Sohn war.

04 Dann: wenn der Löwe schläft, so wachen seine Augen. An dem, dass sie offen sind, damit bedeutet er wiederum unseren Herrn, wie er selbst sagt im Buch des Hohen Liedes, – „Ich schlafe, und mein Herz wacht." – dass er rastete in dem menschlichen Leib und (dass) er wachte in seiner Gottnatur.

05 Wenn die Löwin gebiert, dann ist das Löwlein tot; dann behütet sie es bis zum dritten Tag. Sodann kommt der Vater und bläst es an, dann wird es zum Leben erweckt. So weckte der allmächtige Vater seinen eingeborenen Sohn von dem Tode am dritten Tage.

2. [De pantera]

01 Ein tier heizet pantera un ist manegero bilido un ist uile scone un ist demo drachen fient. Tes sito ist so gelegin, so ez sat ist misseliches, so leget es sich in sin hol unde slafet trie taga. Tene so stat ez uf unde furebringet unmezlihche lutun unde hebit so suzzen stanc, daz er uberuuindit alle bimentun. Tenne so diu tier uerro unde naho tie stimma gehorrint, so samenont siu sih unde uolgen imo turih di suzzi des stanhes. Unde der dracho uuiret so uor*h*tal[3], daz er liget, alsor tot si, under der erdo.

02 Pantera diu bezeichenet unseren trotin, ter al manchunne zu zimo geladita turih tie suzi sinero genadon. Er uuas miteuuare, also Esaias chat: ‚*Gaude et letare, Hierusalem, quia rex tuus uenit tibi mansuetus*!‘[4] Er uuas alsor manigero bilido uuare, turih sinen manigualten uuistuom unde durih tiu uunder, diu er uuorhta. Er uuas schone den imen io uurde. After diu, do er gesatot uuard mit temo harme unde mit temo spotte unde mit uillon der Iudon un er gecrucigot uuard, to raster in demo grabe trie taga, also dir tet pantera, un an dem tritten tage dorstun er uon dien toton, vnde uuard daz sar so offenlîhin gehorit uber alle disa uuerilt, unde uberuuand den drachin, den mihchilin tieuel.

3. [De unicorni]

01 So heizzit ein andir tier *rinocerus*, daz ist einhurno, un ist uile lucil, un ist so gezal, daz imo niman geuolgen nemag, noh ez nemag ze neheinero uuis geuanen uuerdin. So sezzet min ein magitin, dar tes tiris uard ist. So ez si gesihit, so lofet ez ziro. Ist siu denne uuarhafto magit, so sprinet ez in iro parm unde spilit mit iro. So chumit der iagere unde uait ez.

02 Daz bezeichenet unserin trotin Christin, der dir lucel uuas durih di deumuti der menischun geburte. Daz eina horin daz bezeichenet einen got. Also demo einhurnin niman geuolgen nemag, so nemag ouh nehein man uernemin daz gerune unsiris totinis, noh nemahta uone nehenigemo menislichemo ougin geseuin uuerdin, er er uon der magede libe mennesgen lihhami fînc, dár ér únsih mite lôsta.

---

3 Hs. *uordtal*.

4 Mischung von Threni 4,21 und Matth. 21,5 (Steinmeyer).

2. Über die Panterin

01 Ein Tier heißt Panterin und ist sanftmütig und ist von vielerlei Gestalt[5] und ist sehr schön und ist dem Drachen feind. Dessen Verhalten ist so beschaffen: wenn es satt ist von vielerlei, so legt es sich in seine Höhle und schläft drei Tage. Sodann steht es auf und lässt unmäßig lautes Gebrüll hören und verbreitet (dabei) so süßen Duft, dass er alle Duftkräuter übertrifft. Wenn dann die Tiere fern und nah die Stimme hören, so versammeln sie sich und folgen ihm wegen der Süße des Duftes. Und der Drache wird so furchtsam, daz er unter der Erde liegt, als ob er tot sei.

02 Die Panterin bedeutet unseren Herrn, der das ganze Menschengeschlecht zu sich einlud durch die Süße seiner Gnade. Er war sanftmütig, wie Jesaias sagte: ‚*Gaude et letare, Hierusalem, quia rex tuus uenit tibi mansuetus*!'[6] Er war (es), ganz wie er von vielerlei Gestalt war wegen seiner mannigfaltigen Weisheit und wegen der Wunder, die er wirkte. Er war so schöner, als irgend jemand jemals wurde. Danach, als er gesättigt worden war mit dem Leid und mit dem Spott und mit Geißeln der Juden und (als) er gekreuzigt worden war, da rastete er in dem Grab drei Tage, ganz wie es dort die Panterin tat, und an dem dritten Tage, da stand von den Toten auf, und da wurde das sogleich so offenbar gehört über all diese Welt (hin), und er überwand den Drachen, den großen Teufel.

3. Über das Einhorn

01 Sodann heißt ein anderes Tier *Rinocerus*, das heißt Einhorn, und (es) ist sehr klein und ist so schnell, dass ihm niemand folgen kann, noch kann es auf irgendeine Weise gefangen werden. Darum setzt man eine Jungfrau dorthin, wo die Fährte des Tieres ist. Wenn es sie sieht, so läuft es zu ihr. Ist sie dann wahrhaftig Jungfrau, so springt es in ihren Schoß und treibt sein Spiel mit ihr. Dann kommt der Jäger und fängt es.

02 Das bedeutet unseren Herrn Krist, der da klein war wegen der Demut seiner menschlichen Geburt. Das eine Horn, das bedeutet den einen Gott. Ganz wie dem Einhorn niemand folgen kann, so kann auch kein Mensch verstehen das Geheimnis unseres Herrn, noch konnte er von irgendeinem menschlichen Auge gesehen werden, bevor er vom Leib der Jungfrau einen menschlichen Leib empfing, mit dem er uns erlöste.

5 „vielerlei Gestalt" auf das gefleckte Fell des Panters zu beziehen, doch das kommt im ahd. Text nicht deutlich heraus.

6 „Freue dich und sei fröhlich, Jerusalem, denn dein König kommt zu dir sanftmütig." s. Anm. 4.

5. [De sirenis et onocentauris]

01 Ín demo mére sínt uunderlihi uuihtir, diu heîzzent Sirenę unde Onocentauri. Sirȩne sínt méremanniu unde sint uuíbe gélîh únzin zé démo nábilin, dannan ûf uogele, unde múgin uíle scóno sînen. Só sí gesehînt [man][7] án demo mére uarin, so sinen io uílo scôno, únzin si des uúnnisamin lîdes so gelustigot uuerdin, daz si inslâfin. Só dáz mermanni daz gesîhít, so uerd es in únde bríhit si.

02 An diu bezeinet ez den fîánt, dér dés mannis muôt spénit ze din uueriltlihen lusten.

03 Ter Ónócentaurus, ér ist hâlb man, halb ésil, únde bézeichinet dí dir zuîuáltic sínt ín ír zûnon ún in íro hêrzon, unde daz pílide dés réhtis habin, ún ez doh an ir uuerchin nîht eruullint.

8. [De elephante]

01 Sô heîzzit ein tier *eleuas*, daz ist ein hélfant, ter hebit mihela uerstannussida án ímo únde nehebit neheina lihhamhaftiga gerun[g]a.[8] Tenne soser chînt hábin uuíle, só uérit er mít sinemo wîbe zé demo paradyse, dar diu *mandragora*[9] uâsset, dáz íst chídelina uúrz: so ízzet dér helfant tîe uûrz unde sin uûib. Vnde so sî after diu gehîȩn, so phaet siu. Tene so sîu berin sol, gât siu in eina grûba uôlla uuâzzeres unde birit dar durih den drâchen, dér iro uáret.

02 Ter helfant únde sin uuîb bezeichenent Adam und Euun, tî dir dirnun uuarin, er sí daz obiz azzin, daz in got uerbôt, unde frémede uuâren uón allen unrehlihon *gérungon.*[10] Únde sâr so sîu dáz âzzin, só uúrdin sîo uértribin án dáz êllende tes kagænuuartigen lîbes.

03 Tiû grûba uólliu uuazzeres bézeichenet, dâz ér chât ‚*Saluum me fac, deus.*'[11]

---

7 ***man:*** ergänzt von Scherer.
8 Hs. *geruna.*
9 Zur Mandragora s. auch Hohes Lied VII,13 und das St. Trudperter Hohe Lied (Nr. 25,2).
10 Hs. *gérunon.*
11 Ps. 68,2.

5. Über die Sirenen und die Onocentauren

01 In dem Meer sind seltsame Wesen, die heißen Sirenen und Onocentauren. Sirenen sind Meerwesen und sind der Frau gleich bis zu dem Nabel, von dort aufwärts Vögel,[12] und sie können sehr schön singen. Wenn sie Menschen auf dem Meer fahren sehen, dann singen sie immer sehr schön, bis sie (die Menschen) von dem wonnevollen Lied so eingelullt werden, dass sie einschlafen. Wenn das Meerwesen das sieht, dann verfügt des sich hin und zerreißt sie.

02 Damit bedeutet es den Feind, der den Sinn des Menschen verlockt zu weltlichen Lüsten.

03 Der Onocentaurus, er ist halb Mann, halb Esel und bedeutet die da zwiefältig sind in ihrer Zunge und in ihrem Herzen und den Anschein der Rechtschaffenheit haben und ihn doch an ihren Werken nicht erfüllen.

8. Über den Elefanten

01 Sodann heißt ein Tier *eleuas*, das ist „ein Elefant". Der hat große Verständigkeit an sich und hat gar keine leibliche Begierde. Wenn er dann ein Kind haben will, so geht er mit seinem Weibe zu dem Paradies, wo die *mandragora* wächst, das ist die kindbringende Wurzel: dan isst der Elefant die Wurzel und sein Weib. Und wenn sie danach heiraten, dann empfängt sie. Und wenn sie gebären soll, geht sie in eine Grube voll Wassers – wegen des Drachens, der sie verfolgt.

02 Der Elefant und sein Weib bedeuten Adam und Eva, die da jungfräulich waren, bevor sie das Obst aßen, das ihnen Gott verboten hatte, und fremd waren ihnen alle unrechten Begierden. Und gleich als sie das Obst aßen, da wurden sie vertrieben in das Fremdland des gegenwärtigen Lebens.

03 Die Grube voll Wassers bedeutet, dass er sagte: ‚*Saluum me fac, deus!*' [...][13]

---

12 Der ahd. Text hat seine lat. Vorlage missverstanden, vgl. MSD II, S. 410.

13 „Hilf mir, o Gott! [Schon reicht mir das Wasser bis an die Kehle.] Ps. 68 [69],2.

10. De serra

01 In demo mere ist einez, hêizzet *serra*. daz hébet vile lánge dorne án ímo. Soséz div schéf gesihet, so rihtéd ez v̂f sine uedera unde sînen zagel vnde uuíl dîe ségela ántderôn. Denez só eîné vuîle geduôt, so vuird ez sâ muôde unde glôbét sih.

02 Daz mére bezêihchenet díse uuérelt, du schêf bizeichenent dîe hêilígen boten, dîe dir uberuôren unde vberuundan alliu diu uuíderuuártdiû giuuél dirro uuerelde; diu serra bizêichenét den, der dir ist unstâdes muôdés, der dir eîné uuile schînet ánnen réhdên uuerchán undé áber an diên nîeht neuollestêt.

11. De vipera

01 Eîn sclahda naderôn ist, heîzzet *uipera*, fóne déro zélet Phisiologus: so siu suanger uuérdán scúle, daz er sînén mûnt dûoge in dén íro: so uerslindet siû daz *semen* unde uuird so gér, daz siu ímo ábebîzét sîne gimáht under sa tôd liget. So danne div iungîde giuuáhssent in iro uuanbe, so durehbîzzent sîe sî unde gant so ûz.

02 Dîe nadérûn sint gagenmâzzot diên Iudôn, diê síh iu beuuúllan mit unsûberen uuerchan vnde dúréhâhton[14] íro fadér *Christum* únde iro mûotér dîe heilîgun christanheid.

03 Oûh gibûdét uns gót in einemo euangelio, daz uuír also frûotá sin samé die selbén nâterûn.

04 Drîa slahta natérôn sínt:

05 ein slahta ist, so siû aldêt, so suînét íro daz gisûne: so uastâd siu uêrcég dágo unde uiêrcég náhtô, so losét sih alliu íre hût ábo; so suôhchét siu einen lóche-róhten stein unde slîuffét dâr duréh unde strêifet diê hûd ábo unde iungét síh so.

---

14 ***dúréh-âhton***: intensiviertes *âhten*, „überall hindurch verfolgen“.

10. Über die *Serra*

01 In dem Meer gibt es ein (Tier), das heißt *Serra*,[15] das hat sehr lange Stacheln an sich. Wenn es die Schiffe sieht, dann richtet es seine Federn auf und seinen Schwanz und will die Segel nachahmen. Wenn es das eine Weile tut, dann wird es sogleich müde und entfernt sich.

02 Das Meer bedeutet diese Welt, die Schiffe bedeuten die heiligen (Glaubens) Boten, die hinter sich ließen und überwanden all die widerwärtigen Fallen dieser Welt; die *serra* bedeutet den, der da unbeständigen Sinnes ist, der da eine Weile erscheint an den rechten Werken, und wiederum an denen nicht beständig ist.

11. Über die Viper

01 Eine Schlangenart gibt es, die heißt *uipera*. Von der erzählt der Physiologus: wenn sie schwanger werden soll, dass er (die männliche Schlange) sein Maul drücke in das ihre. Dann verschlingt sie den Samen und wird so begierig, dass sie ihm sein Geschlechtsteil abbeißt, und er sogleich tot liegen bleibt. Wenn dann die Jungen wachsen in ihrem Bauch, dann durchbeißen sie sie und gehen so heraus.

02 Diese Schlangen entsprechen den Juden, die sich immer beschmutzten mit unreinen Werken und ihren Vater Christus verfolgten und ihre Mutter, die heilige Christenheit.

03 Auch gebietet uns Gott in einem *euangelio*, dass wir genauso klug sein sollen wie die Schlangen.[16]

04 Drei Arten Schlangen gibt es.

05 Es gibt eine Art, wenn die alt wird, so schwindet ihr die Sehkraft. Dann fastet sie vierzig Tage und vierzig Nächte. Dann löst sich ihre ganze Haut ab. Dann sucht sie einen löcherigen Stein und schlüpft da hindurch und streift die Haut ab und verjüngt sich so.

---

15 Lat. ***serra***: eigentlich „Säge“ aber auch Name eines Fisches, „Sägefisch“.
16 Mt. 10,16.

06 Ein ander slahta íst, so siu uuíle drinkán, so uzspîget siu zêrest dáz eitér. Den ûrm sculen uuír biledon: so uuír uuellên drinkán daz geîstlîche uuázzer, daz uns giscenket uuirt fone demo munde unsérro éuuartôn, so sculén uuír uzspîuuén zaller êrist alle diê unsûberheit, da míte uuír beuuóllen sîn.

07 Dîu drittá slahtá ist, so diu den man gésíhet nákédan, so flûhet siu ín, gesíhet siu in áber giuuâtoten, so springét sí annen in.

Alsámo unser fatér Adám, unz ér nakedêr uuas *in paradyso*, do négimahta der dîufal nieht uuider ímo.

06 Eine andere Art gibt es, wenn die trinken will, so speit sie zuerst das Gift aus. Die Schlange sollen wir nachbilden. Wenn wir trinken wollen das geistliche Wasser, das uns eingeschenkt wird aus dem Mund unserer Priester, dann sollen wir zu allererst all die Unreinheit ausspeien, mit der wir beschmutzt sind.

07 Die dritte Art ist: Wenn die (Viper) den Mann nackt sieht, so flieht sie ihn; sieht sie ihn aber bekleidet, dann fällt sie ihn an.

Ganz ebenso unser Vater Adam. Solange er im Paradies nackt war, vermochte der Teufel nichts gegen ihn.

Moral-Lehre

52 Aus Alkuins Traktat ‚De virtutibus et vitiis' Wilhelm Nr. 9

²VL 1 (1978) Sp. 241 (Achim Masser).
Ü: München, BSB, clm 7637, fol. 46r-48r; unmittelbar davor steht in der Handschrift Notkers Vaterunser-Bearbeitung (Nr. 77); aus Indersdorf.
Abb.: farbige Digitalisate zu fol. 46r-48r:
http://www.marburger-repertorien.de/abbildungen/pr/Muenchen_StB_Clm7637_Bl_46r.jpg,
http://www.marburger-repertorien.de/abbildungen/pr/Muenchen_StB_Clm7637_Bl_46v.jpg,
http://www.marburger-repertorien.de/abbildungen/pr/Muenchen_StB_Clm7637_Bl_47r.jpg,
http://www.marburger-repertorien.de/abbildungen/pr/Muenchen_StB_Clm7637_Bl_47v.jpg,
http://www.marburger-repertorien.de/abbildungen/pr/Muenchen_StB_Clm7637_Bl_48r.jpg.
Dat.: Hs. 12. Jh., 1. Hälfte.
Spr.: alem.
Ed.: Wilhelm I, S. 33–37 (Text). – Referenzkorpus Mittelhochdeutsch (1050–1350), https://www.linguistics.rub.de/rem/pub/texts//M010_mod.pdf.
Lit.: Kelle LG Bd. 2, S. 81 und S. 289. – Ehrismann LG 2,1, S. 77–78. – Brunhölzl LG 1, S. 280 und S. 548. – Wilhelm II, S. 70–79 (Kommentar). – Schaller im Hauptartikel über Alkuin ²VL 1 (1978), Sp. 251. – LexMa 1 (1980), Sp. 418 (W. Heil). – LexMa 10 (1998), Sp. 67 (Eduard Hlawitschka).

Den Traktat, der zu einem europaweiten Erfolg wurde, hatte Alkuin für den westfränkischen Grafen Wido (Präfekt der bretonischen Mark unter Karl d. Gr. 799–803/813) verfasst (PL 101, 613–638). Bemerkenswert ist die Tatsache, dass es sich mit Wido um einen adligen Laien der Prominenz im Umkreis Karls d. Gr. handelt, bei dem Alkuin literarische Bildung voraussetzen konnte. Es liegt nicht eigentlich eine moraltheologische Abhandlung vor, eher die praktische Anleitung zu einem christlichen Leben. In 36 Kapiteln werden je eine Tugend oder ein Laster behandelt, zum Teil in wörtlichen Auszügen aus Augustins Sermones, Caesarius von Arles und dem mit Alkuins Traktat typverwandten ‚Liber scintillarum' des sog. Defensor, der ebenfalls im clm 7637 enthalten ist; vgl. die Angaben bei Wilhelm, Kommentar, S. 71. Ob der ganze Traktat Alkuins einmal ins Deutsche übersetzt war, lässt sich nicht klären. Die deutsche Bearbeitung verfährt, soweit sie vorliegt, zum Teil kürzend, zum Teil sehr wörtlich, dann aber auch wieder recht frei. Das macht den Eindruck, als handle es sich im clm 7637 um den abgebrochenen Versuch einer ursprünglich als vollständig beabsichtigten Übersetzung, der im clm 7637 aber abgebrochen wurde zugunsten einer in der Handschrift alsbald folgenden, vollständigen Kopie von Alkuins Original (der freilich ein Kapitel fehlt, das fünfte, De lectionis studio).

Die Du-Anreden des Traktats richteten sich ursprünglich an Wido. In der deutschen Bearbeitung ist das stellenweise noch spürbar, ohne dass Wido genannt wäre; meist ist aber aus dem personalen Du ein kollektives geworden.

Texte: der deutsche Text nach Wilhelm und dem Digitalisat. – Das Original Alkuins, das im clm 7637 fol. 48v-65v gleich auf die deutsche Übersetzung folgt, hier nach dem Abdruck von Wilhelm, Kommentar S. 72–77, wo nach dem clm 7637 nur die Parallelkapitel zu der deutschen Bearbeitung abgedruckt sind; vollständig PL 101, 613–638.

De sapientia
De fide
De caritate
De spe
De pace
De misericordia
De indulgentia
De patientia

lateinischer Text und Übersetzung

De sapientia[1]
lateinischer Text

01 Primo omnium querendum est homini, quę sit uera scientia ueraque sapientia, quia sapientia huius seculi stultitia est apud deum (I Cor. 3,19).

02 Scientia uera est, a diaboli seruitio, quod sunt peccata, recedere. Et sapientia perfecta est, deum colere secundum mandatorum illius ureritatem.

03 Et in his duobus uita beata acquiritur, sicut psalmist ait: ‚Diuerte a málo et fac bonum.' (Ps. 33,15) Nec etiam sufficit cuiquam, mala non facere, nisi etiam et bona faciat.

04 Omnis ergo, qui sic sapiens est, procul dubio beatus erit in ętернum.

04 Beata quidem uita est cognitio diuinitatis, uirtus boni operis fructus est ęternę beatitudinis.

Über die Weisheit
Übersetzung des lateinischen Textes

01 Vor allem anderen muss der Mensch fragen, welches das wahre Wissen sei und die wahre Weisheit, denn die Weisheit dieser Welt ist Torheit bei Gott. (I Cor. 3,19)

02 Das wahre Wissen ist, vom teuflischen Dienst, welches die Sünden sind, zurück zu weichen. Und die wahre Weisheit ist, Gott zu dienen gemäß der Wahrheit seiner Gebote.

03 Und in diesen beiden wird das glückselige Leben erlangt, wie der Psalmist sagt: ‚Kehre dich ab vom Bösen und tu das Gute.' (Ps. 33,15) Es genügt nämlich für niemanden, Böses nicht zu tun, wenn er nicht auch Gutes tut.

04 Jeder also, der auf solche Weise weise ist, wird ohne Zweifel in der Ewigkeit glückselig sein.

05 Das glückselige Leben aber ist die Erkenntnis der Gottheit, die Tugend des guten Werkes ist Frucht der ewigen Glückseligkeit.

1 Quelle: Sermo 302 im Anhang zu Augustins Sermones PL 39,2323–24.

mittelhochdeutscher Text und Übersetzung

De sapientia
mittelhochdeutscher Text

01 Uór állen dingen sol der mennesche eruorscon, uueliciu sîge diu wâre gewízzeda unte diu wâre wîsheit, wante diu wîsheit dirre werlte ist ein tumbheit uore gote. (I Cor. 3,19)

02 Diu wâre gewizzede ist, daz du dich pecherest uon den sunton, die des tiuueles dienest sint; unte diu wâre wîsheit ist, daz du gót ûbest nach der warheit siner gebote.

03 In disen zeuuan dingen
so wirt der ewige lîb gewnnen,
alse Dauid sprichet: „Chere dich uon dem ubele unte tû daz guôt. (Ps. 33,15) Wan ez engenûget neheineme, daz er daz ubel uermîdet, er newelle daz guôte tuon. Noh enhilfet niecht, daz er daz guôte tûot, er neuvelle daz ubele uerlâzen.

04 Aller der sus uuîse ist, der ist ane zwiuel îmer salich.

05 Daz ist auer der salige lîb, daz tu gót erchennest.

De sapientia
Übersetzung des mhd. Textes

01 Vor allem soll der Mensch erforschen, welches das wahre Wissen sei und die wahre Weisheit, denn die Weisheit dieser Welt ist eine Torheit vor Gott. (I Cor. 3,19)

02 Das wahre Wissen ist, dass du dich abkehrst von den Sünden, die Teufelsdienst sind; und die wahre Weisheit ist, dass du Gott dienst gemäß der Wahrheit seiner Gebote.

03 In diesen zwei Dingen wird das ewige Leben gewonnen,
wie David spricht: ‚Kehre dich ab von dem Bösen und tu das Gute.' (Ps. 33,15) Denn es genügt keinem einzigen, dass er das Böse vermeidet, wenn er das Gute nicht tun will.

04 Jeder, der in solcher Weise weise ist, der ist ohne Zweifel für immer selig.

05 Das ist aber das selige Leben, dass du Gott erkennest.

lateinischer Text und Übersetzung

De fide
lateinischer Text

01 Sed hęc cognitio diuinitatis et scientia ueritatis per fidem discenda est catholicam, quia ‚sine fide impossibile est, deo placere'. (Hebr. II,6)

02 Vere beatus est, qui et recte credendo bene uiuit, et bene uiuendo fidem rectam custodit. Igitur sicut otiosa est fides sine operibus bonis, ita nihil proficiunt bona opera sine fide recta.

03 Vnde et beatus Iacobus apostolus dicit:

‚Quid proderit, fratres mei, si fidem quis dicat se habere, opera autem bona non habeat? Numquid poterit fides saluare eum?' (Jac. 2,14), si fides sine operibus ociosa est. ‚Sicut enim corpus sine spiritum mortuum est, ita fides sine operibus mortua est.' (Jac. 2,26)

04 De cuius excellentia alterius est temporis disputare, quia breuiarium, quod de mandatis dei tibi petisti, stricto sermone fieri, profundissimas de fide catholica rationes explicare non poterit.

De Fide
Übersetzung des lateinischen Textes

01 Aber diese Erkenntnis der Gottheit und das Wissen der Wahrheit muss durch den allgemein verbindlichen Glauben erlernt werden, denn ‚ohne den Glauben ist es unmöglich, Gott zu gefallen.' (Hebr. II,6)

02 Wahrhaft glückselig ist, wer richtig glaubend gut lebt, und durch gut Leben den richtigen Glauben hütet. Wie also Glauben müßig ist ohne gute Werke, so nützen gute Werke nichts ohne den richtigen Glauben.

03 Daher sagt der selige Apostel Jakobus:

‚Was würde es nützen, meine Brüder, wenn jemand sage, dass er den Glauben hat, aber gute Werke nicht habe'. Könnte denn der Glaube ihn retten', (Jac. 2,14) wenn der Glaube ohne Werke müßig ist? ‚So nämlich wie der Körper ohne Seele (Atem) tot ist: so ist der Glaube ohne Werke tot.' (Jac. 2,26)

04 Über dessen Vorzüglichkeit[2] ist zu anderer Zeit zu disputieren, denn eine kurze Abhandlung, die du dir über die Gebote erbeten hast, könnte in knapper Rede nicht die allertiefsten Vernunftgründe des allgemeinverbindlichen Glaubens entwickeln.

---

2 Gemeint ist die Vorzüglichkeit des allgemeinverbindlichen Glaubensbekenntnisses, der *fides catholica* (Symbolum Apostolicum).

mittelhochdeutscher Text und Übersetzung

De fide
mittelhochdeutscher Text

01 Diu channusse des gotes unte diu gewízzede der warhêite diu scoltu auer gelirnan durch die allichen geloube, wan ane sie so nemach niemen gote gelichen. (Hebr. II,6)

02 Der ist warliche sâlich, der in der rechtun geloube uuol lébeth unt in demo guoten lébenne die rechtun geloube behûtet. Wan also diu geloube ubbik ist ane guotiu uverch, also sint diu guoten werch nieht ane rehte geloube.

03 Dannan sprichit sanctus Iacobus, mines trehtenes bote, alsus:

‚Waz hilfet, mine broͮdere, ob ir sprecchent, daz ir geloubich sigent, enhabent ir der guoten werche nicht? (Jac. 2,14) Mak denne diu geloube imen behalten, diu nieht ist an diu werch?

‚Also der lichaname erstírbet,
so der geist in uerlât,
also ist diu geloube tôt,
so siu der werche niene hât.‘ (Jac. 2,26)

04 ---

Über den Glauben
Übersetzung des mittelhochdeutschen Textes

01 Aber die Erkenntnis Gottes und das Wissen der Wahrheit – das sollst du lernen durch den allgemeinverbindlichen Glauben, denn ohne den (so) kann niemand Gott gefallen. (Hebr. 2,6)

02 Der ist wahrhaftig selig, der in dem richtigen Glauben auf gute Weise lebt und in diesem guten Leben den richtigen Glauben behütet. Denn wie der Glaube überflüssig ist ohne gute Werke, so sind die guten Werke nichts ohne den richtigen Glauben.

03 Daher spricht Sankt Jakob, der Apostel meines Herrn, so:

‚Was hilft es, meine Brüder, wenn ihr sprecht, dass ihr gläubig seid, wenn ihr nichts an guten Werken habt? Kann denn der Glaube jemanden retten‘, (Jac. 2,14) der nichts ist ohne die Werke? ‚Ganz wie der Körper stirbt, wenn der Geist ihn verlässt, ganz so ist der Glaube tot, wenn er von Werken nichts hat‘. (Jac. 2,26)

04 ---

lateinischer Text

De Caritate

01 In preceptis uero dei caritas obtinet principatum, sine cuius perfectione nihil deo placere posse.

02 Paulus testatur apostolus; qui nec martyrium nec seculi contemptum nec elemosinarum largitionem sine caritatis officio quicquam proficere posse ostendit, ut ipse dominus á quodam scriba interrogatus, quod esset maximum mandatum, respondit: ‚Diliges dominum deum tuum ex toto corde tuo, et ex tota anima tua, et ex tota mente tua.' Addidit quoque: ‚Secumdum simile huic: Diliges proximum tuum sicut te ipsum. In his duobus mandatis tota lex pendet et prophetę.' (Mt. 22,39–40)

03 Quod uero ait ‚ex toto corde et tota anima et tota mente' (Mt. 22,39–40) id est: toto intellectu, tota uoluntate et ex omni memoria deum esse diligendum.

04 Dei uero dilectio in obseruatione mandatorum eivs tota consistit, sicut alibi ait: ‚Si quis diligit me, sermones meos seruat.' (Joh. 14,23)

05 Vnde ipsa ueritas alibi ait: ‚In hoc cognoscent omnes, quia mei discipuli estis, si dilectionem habueritis ad inuicem.' (Joh. 13,35)

06 Item apostolus ait: ‚Plenitudo legis est dilectio.' (Rom. 13,10)

07 Item et Iohannes euangelista: ‚Hoc mandatum habemus a deo, ut, qui diligit deum, diligat et proximum.' (I Joh. 4,21)

08 Si forte quilibet querat, quis sit proximus, sciat omnem christianum recte dici proximum, quia omnes in baptismo filii dei sacrificamur, ut fratres simvs sprirtaliter in caritate perfecta. Nobilior quidem est generatio spiritalis quam carnalis.

09 De qua in euangelio ueritas ipsa ait: ‚Nisi quis renatus fuerit ex aqua et spiritu sancto, non potest introire in regnum dei.' (Joh. 3,5)

10 Discat homo, quę sint precepta dei, et custodiat ea, quantum ualet; et sic se agnoscat habere caritatem dei.

11 Horum uero preceptorum aliqua tuę, dilectissime fili, deuotioni ostendere nominatim curabo, ut paucis intellectis facilius aliorum uirtutes intellegere ualeas.

Übersetzung des lateinischen Textes

Über die Karitas

01 Unter den Geboten Gottes nämlich nimmt die Liebe die oberste Stellung ein, ohne deren Vollendung Gott nichts gefallen kann.

02 Der Apostel Paulus bezeugt es; er zeigt, dass weder das Martyrium, noch die Weltverachtung, noch große Almosenspenden ohne den Dienst der Liebe irgendetwas voranbringen können; wie auch der Herr selbst, gefragt von einem Schriftgelehrten, was das größte Gebot sei, antwortet: ‚Du sollst deinen Gott lieben aus deinem ganzem Herzen und aus deiner ganzen Seele und aus deinem ganzen Sinn.' Er fügte auch hinzu: ‚Gemäß diesem Entsprechenden: Du sollst deinen Nächsten lieben wie dich selbst. An diesen beiden Geboten hängt das ganze Gesetz und die Propheten.' (Mt. 22,39–40)

03 Dass er aber sagt: ‚aus ganzem Herzen und ganzer Seele und ganzem Sinn' (Mt. 22,39–40) das ist, dass Gott zu lieben sei mit ganzem Verstand, mit ganzem Willen und aus ganzer Erinnerung.

04 Die Liebe zu Gott besteht in der ganzen Beachtung seiner Gebote, wie er anderswo sagt. ‚Wenn jemand mich liebt, beachte er meine Reden.' (Joh. 14,23)

05 Daher sagt die Wahrheit selbst an anderer Stelle: ‚An diesem mögen alle erkennen, dass ihr meine Jünger seid, wenn ihr gegenseitige Liebe hättet.' (Joh. 13,35)

06 Ebenso sagt der Apostel: ‚Die Fülle des Gesetzes ist die Liebe.' (Rom. 13,10)

07 Und ebenso der Evangelist Johannes: ‚Dieses Gebot haben wir von Gott, dass, wer Gott liebt, liebe auch den Nächsten.' (I Joh. 4,21)

08 Wenn vielleicht jemand frage, wer der Nächste sei, so wisse er, dass jeder Christ mit Recht ‚Nächster' genannt werde, weil wir alle in der Taufe als Söhne Gottes geheiligt werden, damit wir geistlich Brüder seien in vollkommener Liebe. Denn edler ist die geistige Abstammung als die fleischliche.

09 Über die sagt im Evangelium die Wahrheit selbst: ‚Wer nicht wiedergeboren wäre aus Wasser und heiligem Geist, kann nicht in das Reich Gottes hineingehen.' (Joh. 3,5)

10 Es lerne der Mensch, welche die Gebote Gottes sind, und hüte sie, soweit er es vermag; und so erkenne er, dass er die Liebe Gottes hat.

11 Einige von diesen Geboten, sehr geliebter Sohn, werde ich mich im besonderen bemühen, deiner Andacht aufzuzeigen, damit du, einige wenige verstanden habend, um so leichter die Kräfte der anderen erkennen mögest.

mittelhochdeutscher Text

De Charitate

01 In allen gotes geboten ist diu minne de hereste; ane die, so sanctus Paulus sprichet, daz [...][3] gote nieth gelichen muge, da er sprichet, daz weder diu mártere noch dirre werlte uermanunge noch almuosen wrume sîge an die minne. Dannan sprach ouch got selbo, do in der wise iûde urâgete, welehez uuare daz maieste gebot in der ewe: ‚Du minnegest dinen gót uon allemo dineme herzen unte uon aller diner sela unte uon allem dinem muote unte minnegest dinen nahesten also dich selben. In disen zeuuein geboten so hanget ellu div é unte aller der wîssagone bûoch.' (Mt. 22,39–40)

02 Disiu minne diu gestêt in der behuotunge der gotes gebote. Also er selbo sprichet: ‚Der mich minnet, der behaltet mine réde'. (Joh. 14,23)

03 ---

04 ---

05 ---

06 ---

07 So sprichet ôuch sanctus Iohannes: ‚Wir haben daz gebot uone gote, daz, der got minnot, daz er ouch sinen nahesten minnon scol.' (I Joh. 4,21)

08 Wildu auer wizzen, wer din naheste sîge? Daz ist ein igelich geloubigêr, wane wir werden alle in dem toufe ze gotes chinden geheiligôt, daz wir geistliche gebrudere sîgen in der durnachtigun minne. Disiu geistliche geburt ist uil micheles édelere danne diu uleschliche.

09 ---

10 Nu gelirne mennesche, welihu sigen diu gotesgebot, unde behûte se also uile er mege, wante so mag er einerhafte gehen, daz er die gotesminne habe.

11 ---

3 *ane die, so sanctus Paulus sprichet, daz gote nieht gelichen muge* hier ist der Text gestört. Zu erwarten wäre eine Entsprechung zu *cuius perfectione* des lat. Quellentextes.

Übersetzung des mittelhochdeutschen Textes

Über die Karitas

01 Unter allen Gottesgeboten ist die Liebe das höchste, ohne die, wie Sankt Paulus spricht, Gott […][4] nicht gefallen könne, wo er spricht, dass weder das Martyrium noch die Verachtung dieser Welt noch Almosen nützlich sei ohne die Liebe. Daher sprach auch Gott selbst, als ihn der weise Jude fragte, welches das größte Gebot wäre im Gesetz: ‚Du liebest deinen Gott von deinem ganzem Herzen, von deiner ganzen Seele und von deinem ganzen Denken und liebest deinen Nächsten ganz so wie dich selbst. In diesen zwei Geboten ist das ganze Gesetz enthalten und alle Bücher der Propheten.‘ (Mt. 22,39–40)

02 Diese Liebe besteht in der Beachtung der Gottesgebote. Wie er selbst sprich: ‚Wer mich liebt, der hält sich an meine Rede.‘ (Joh. 14,23)

03 ---

04 ---

05 ---

06 ---

07 So spricht auch Sankt Johannes: ‚Wir haben das Gebot von Gott, dass, wer Gott liebt, dass er auch seinen Nächsten lieben soll.‘ (I Joh. 4,21)

08 Willst Du aber wissen, wer dein Nächster sei? Das ist ein jeder Gläubige, denn wir werden alle in der Taufe zu Gottes Kindern geheiligt, auf dass wir geistliche Brüder seien in der vollkommenen Liebe. Diese geistliche Geburt ist um vieles edler als die menschliche.

09 ---

10 Nun erlerne der Mensch, welches die Gottesgebote seien und behüte sie, so viel er könne, denn so kann er allein behaupten, dass er die Gottesminne habe.

11 ---

4 Vgl. Anm. 3.

lateinischer Text und Übersetzung

De Spe
lateinischer Text

01 Tria quędam proposuit animę nostrę necessaria egregius gentium doctor dicens: ‚Spes, fides, caritas – tria hęc sunt, maior autem his est caritas‘. (I Cor. 13,13)

02 Nemo igitur, quamuis ingenti peccatorum pondere prematur, de bonitate diuinę pietatis desperare debet, sed spe certa misericordię illius indulgentiam sibi cottidianis deprecari lacrimis.

03 Quam quidem recte sperare possunt, qui ab actione praui operis cessabunt. Nec ideo tamen propter spem uenię perseueranter peccare debemus, neque, quia deus iuste peccata punit, ueniam desperare debemus. Sed utroque periculo euitato et a malo declinemus et de pietate dei ueniam speremus.

04 Similiter et in omni tribulationum angustia ad solatium spei supernę pietatis currendum est, quia in illo solo omnis spes et salus sine dubio consistit, dicente propheta: ‚In deo salutare meum et Gloria mea; deus auxilium mei, et spes mea in deo est‘ (Ps. 61,8).

Über die Hoffnung
Übersetzung des lateinischen Textes

01 Drei Dinge setzte als notwendige unserer Seele der erhabene Lehrer der Völker vor, indem er sagte. ‚Hoffnung, Glaube, Liebe – diese drei sind, größer aber als sie ist die Liebe. (I Cor. 13,13)

02 Nun soll niemand, wie ungeheuer ihn das Gewicht seiner Sünden drücke, wegen der Güte des göttlichen Mitleids die Hoffnung aufgeben, sondern in sicherer Hoffnung auf Erbarmen dessen Lossprechung sich mit täglichen Tränen erbeten.

03 Diese nämlich können mit Recht erhoffen, die vom Tun bösen Werkes ablassen werden. Gleichwohl aber – wegen der Hoffnung auf Gnade dürfen wir nicht unentwegt sündigen, und auch nicht, weil Gott zu Recht die Sünden straft, dürfen wir die Hoffnung auf Gnade aufgeben.

04 Ähnlich muss man auch in aller Bedrängnis von Heimsuchungen zu dem Trost der erhabenen Güte laufen, weil allein in ihr Hoffnung und Heil ohne Zweifel besteht, indem der Prophet sagt. ‚In Gott ist mein Heil und meine Herrlichkeit; Gott ist meine Hilfe und meine Hoffnung ist auf Gott.‘

mittelhochdeutscher Text und Übersetzung

De Spe
mittelhochdeutscher Text

01 Sanctus Paulus lêret unsich driu dinch notdurftiu unserre sêle, da er sprichet: ‚Driu sint: de gedinge, unte geloube, unte minne – der drîe ist aller maiste diu minne. (I Cor. 13,13)

02 Daz ist diu rechte gedinge, daz niemen sîge, swie uil er gesuntot habe, – daz er uon diu minês trechtines gnaden misstruve, sunter daz er in demo gedingen siner rebarmede antlazzes bitte.

03 Zeme antlazze mugen auer die gedingen,
die uon ubelen werken gestillen.
Wan wir nesculen durch des antlazzes gedingen
daz unreth weder tuon noch minnen.
Unte obe wir ez auer getun,
so ne sculen wir gotes gnadon nieht misstrûon.
Vnte nieht einerhaft in unseren sunton,
sunter in allen unseren arbeiten
sculn wir in demo gedingen gotes helfe enbeiten.

04 ---

Über die Hoffnung
Übersetzung des mittelhochdeutschen Textes

01 Sankt Paulus lehrt uns drei notwendige Dinge für unsere Seele, wo er spricht: ‚Drei sind, die Hoffnung und Glaube und Liebe – von den dreien ist am größten die Liebe. (I Cor. 13,13)

02 Das ist die richtige Hoffnung, dass niemand sei, wie viel er gesündigt habe, – dass er deswegen meines Herrn Gnade misstraue, sondern dass er in der Hoffnung auf sein Erbarmen um Vergebung bitte.

03 Auf Vergebung können aber die hoffen, die von üblen Werken ablassen. Denn wir sollen wegen der Hoffnung auf den Ablass das Unrechte weder tun noch lieben. Und wenn wir es aber tun, so sollen wir Gottes Gnade nicht misstrauen. Und nicht allein in unseren Sünden, sondern in allen unseren Nöten sollen wir in der Hoffnung auf Gottes Hilfe warten.

04 ---

lateinischer Text

De Pace

01 Saluator noster ad patrem rediens speciale munus discipulis precepta pacis dedit, dicens: „Pacem meam do uobis." (Joh. 14,27) In pace uos dimisi, in pace uos inueniam. Proficiscens uoluit dare, quod rediens desiderabat in omnibus inuenire.

02 Cuius pacis ornamenta alio loco ostendit, dicens: „Beati pacifici, quoniam filii dei uocabuntur." (Mt. 9,5). En filius dei uocari incipit, qui pacificus esse iam cępit. Non uult filius dei dici, qui pacem noluit amplecti. Negat sibi deum patrem, qui pacificus esse contempnit.

03 Sed hęc pax cum bonis et dei precepta seruantibus custodienda est, non cum iniquis et sceleratis, qui pacem inter se habent in peccatis suis.

04 Pax Christi ad salutem proficit sempiternam;
pax qui in diabolo est, ad perpetuam peruenit perditionem.
Pax cum bonis, et bellum cum uiciis semper habendum est.

05 Mala siquidem hominum impiorum odio habenda sunt non homines ipsi, quamuis mali sint, quia creatura dei est.

06 Pax uero, quę cum bonis est, concordiam fratrum et caritatem copulat proximorum,
pax spiritum dei specialibus[5] promeretur.
Pax dilectionis mater est,
pax indicium est sanctitatis. De qua dominus per prophetam ait:
„Pacem et ueritatem diligite!" (Zach. 8,19)
Pax plebis est sanitas,
Pax est
  gloria sacerdotis,
  patrię lęticia,
  terror hostium
    uisibilium
    et inuisibilium.

07 Omnibus uiribus pax est custodienda.

08 Quicunque in sancta pace manet, in deo manet et cum sanctis eius.

5 ***specialibus***: s. o. 01 *speciale munus*.

Übersetzung des lateinischen Textes

Über den Frieden

01 Als unser Erlöser zum Vater zurück ging, hinterließ er seinen Jüngern als besondere Gabe die Gebote des Friedens, indem er sagte: „Meinen Frieden gebe ich euch." (Joh. 14,27) In Frieden ließ ich euch zurück, in Frieden will ich euch finden. Weggehend wollte er geben, was er zurückkehrend wünschte in allen zu finden.

02 Die Schmuckstücke dieses Friedens zeigte er an anderer Stelle auf, indem er sagte: „Selig die Friedfertigen, denn sie werden Kinder Gottes genannt werden." (Mt. 9,5) Siehe, Kind Gottes beginnt der genannt zu werden, der schon anfängt friedfertig zu sein. Nicht Sohn Gottes will der genannt werden, der den Frieden nicht wert halten will. Er leugnet Gott als Vater, wer es verachtet, friedfertig zu sein.

03 Aber dieser Frieden mit den Guten und den die Gesetze Gottes einhaltenden muss bewahrt werden, nicht mit den Ungerechten und den Verbrechern, die Frieden halten untereinander in ihren Sünden.

04 Der Frieden Christi, zum immerwährenden Heil verhilft er. Der Frieden der im Teufel ist, kommt zum immerwährenden Verderben hin. Frieden ist mit den Guten, und Krieg mit den Lastern immer zu halten.

05 Die Bosheiten freilich der Unfrommen sind im Hass zu halten, nicht die Menschen selbst, obwohl sie böse sind, denn er ist ein Geschöpf Gottes.

06 Der Frieden aber, der mit den Guten ist, verbindet die Eintracht der Brüder und die Liebe der Nächsten,
der Frieden erwirbt den Geist für die Freunde Gottes.
Der Frieden ist Mutter der Liebe,
der Frieden ist Kennzeichen der Heiligkeit. Über die sagt der Herr durch den Propheten:
„Den Frieden und die Wahrheit liebt!" (Zach. 8,19)
Der Frieden ist die Gesundheit des Volkes,
der Frieden ist
Herrlichkeit des Priesters,
des Vaterlandes Fröhlichkeit,
Schrecken der Feinde,
der sichtbaren
und der unsichtbaren.

07 Mit allen Kräften ist der Frieden zu bewahren.

08 Jeder der im heiligen Frieden bleibt, bleibt in Gott und mit seinen Heiligen.

09 Sacerdotis est,
in pace populum admonere, quid debeat agere.
Populi est
cum humilitate audire, quę monet sacerdos.

10 Quicquid non licet,
pastoris est prohibere,
ne fiat.
Plebis est audire,
ne faciat.

09 Pflicht des Priesters ist es,
in Frieden das Volk zu ermahnen, was es tun solle.
Pflicht des Volkes ist es,
mit Demut darauf zu hören, wozu der Priester mahnt.

10 Was nicht erlaubt ist,
muss der Priester verhindern,
damit es nicht geschieht.
Das Volk muss darauf hören
damit es das nicht tue.

mittelhochdeutscher Text

De Pace

01 Do der gotessun hinnan ze sineme vater wider wor, da gab er sinen iungeron zeiner sunterlichen gebe diu gebot des wrides, da er zin sprach: ‚Ich gib iu minen wride.' (Joh. 14,27) ‚Ich laz iu minen wride.' Do er von in ẘr, do liezzer sie umbe daz in demo wride, daz er sie ouch uvolte uinden in demo wride.

02 Des wrides hêrscaft zeiget er in einer anderer stete, da er sprichet:

„Die sint uile salich, die vvridesame sint,
wante sie geheizzen uverdent gotes chint." (Mt. 9,5)
Die newellen nieth werden gotes chint,
die unuuridesame sint.

03 Wir sculen auer daz wizzen, daz dirre wride ist ze habenne mitten guoton unt den rehton, nieht mitten unrehton, die den ublen wride untrin hant in ir sunton.

04 ---

05 Daz sculen uuir auer so tun, daz wir sie selben nieth hazzen, sunter ir unreth. vvane sigen ouch sie ubel, sie sint iedoch gotes gescaft.

06 Der uuride, den wir auer mitten guoten haben, der gestatit die ebenhellin unt bruderlichen minne, wante er ist ein muoter der minne.

07 Disen wride behûten mit aller unserer chrefte, wante er ist ein bruttesalin der gesunlichen unter ungesunlichen uigente.

08 ---
09 ---
10 ---

Übersetzung des mittelhochdeutschen Textes

ÜBER DEN FRIEDEN

01 Als der Gottessohn von hier fort zu seinem Vater wieder fuhr, da gab er seinen Jüngern als besondere Gabe die Gebote des Friedens, als er zu ihnen sagte: ,Ich gebe euch meinen Frieden.' (Joh. 14,27) ,Ich hinterlasse euch meinen Frieden.' Als er von ihnen fuhr, da verließ er sie deswegen im Frieden, damit er sie auch wollte (wieder)finden in dem Frieden.

02 Die Erhabenheit des Friedens zeigt er an einer anderen Stelle, wo er spricht:

„Die sind sehr selig, die friedfertig sind,
denn sie werden geheißen Gottes Kinder." (Mt. 9,5)
Die wollen nicht Gottes Kinder werden,
die unfriedfertig sind.

03 Wir sollen aber das wissen, dass dieser Frieden zu halten ist mit den Guten und Gerechten, nicht mit den Ungerechten, die bösen Frieden haben untereinander in ihren Sünden.

04 ---

05 Das sollen wir aber so tun, dass wir sie selbst nicht hassen, sondern ihre Ungerechtigkeit; denn sind sie auch böse, sie sind doch Gottes Geschöpf.

06 Der Frieden, den wir aber mit den Guten haben, der gestattet die einmütige und brüderliche Liebe, denn er ist eine Mutter der Liebe.

07 Diesen Frieden sollen wir mit unserer ganzen Kraft behüten, denn er ist ein Schrecken der sichtbaren und der unsichtbaren Feinde

08 ---
09 ---
10 ---

lateinischer Text

De misericordia[6]

01 Precipuum est miericordię bonum, de qua ipse ait saluator: ‚Beati misericordes, quoniam misericordiam consequentur.‘ (Mt. 5,7)

02 Non potest misericordiam a deo sperare, qui misericordiam non facit peccantibus in se. Ergo dimittat homo temporale debitum, ut mereatur recipere ęternale bonum.

03 Si animas nostras cupimus peccatorum sordibus emundari, misericordiam in nos peccantibus non negemus, ut in die retributionis ad promerandam misericordiam domini misericordię operibus adiuuemur.

04 Quomodo misericordiam adeo expectat, qui crudelis est in conseruos suos?

05 Sicut quiuis deum cupit sibi misereri, ita et misereatur debitoribus suis. Certissime indulgentiam exspectare poterit, qui aliis indulgere nouit.

06 Ad misericordię opus optime nos in euangelio dominus exemplo corroborat, ubi ait: ‚Estote misericordes, sicut pater uester cęlestis misericors est, qui solem suum oriri facit super bonos et malos, et pluít super iustos et inivstos.‘ (Luc. 6,36; Mt. 5,45)

07 Omnis misericordia facit locum unicuique secundum meritum operum suorum. Qui facit misericordiam, deo sacrificium offert satis placabile.

08 In iudice misericordia esse debet et disciplina, quia una sine altera bene esse non poterit. Si enim sola fuerit misericordia, *securitatem facit peccandi subiectis*[7]; iterum si disciplina sola semper fuerit, animus uertitur in desperationem,

09 et iudex non merebitur a deo misericordiam.

10 Sed hanc misericordiam a se ipso debet homo incipere, quia quomodo in alios misericors est, qui in se ipso crudelis est?

11 In se ipsum crudelis est, qui sibi perpetuas peccatis suis parat flammas.

12 Bene misericors est, qui á se ipso incipit, et se diligenter custodit, ne puniatur cum diabolo, et sic aliis prestet, quod sibi bonum esse perspicit.

---

6 Sermo 302,2 Appendix zu den Sermones Augustins, PL 39,2324.
7 *misericordia securitatem facit [...] subiectis* clm 7637: *securitatem facit [...] subiectis* Alcuin PL.

Übersetzung des lateinischen Textes

Über die Barmherzigkeit

01 Vorzüglich ist das Gut der Barmherzigkeit, über die der Heiland sagt: ,Selig die Barmherzigen, denn sie erlangen die Barmherzigkeit.' (Mt. 5,7)

02 Es ist niemandem möglich, Barmherzigkeit von Gott zu erhoffen, wenn einer Barmherzigkeit nicht leistet gegenüber denen, die sich versündigen an ihm. Also vergebe der Mensch zeitliche Schuld, damit er verdiene zu empfangen des ewige Gut.

03 Wenn wir danach verlangen, dass unsere Seelen von den Beschmutzungen der Sünden gereinigt werden, sollen wir Barmherzigkeit gegenüber denen, die sich gegen uns versündigen, nicht ablehnen, damit am Tag der Vergeltung für die Erlangung der Barmherzigkeit des Herrn wir durch unsere Werke unterstützt werden.

04 Wie denn erwartet einer Barmherzigkeit, der grausam ist gegenüber seinen Mitknechten?

05 So wie ein jeder begehrt, Gott möge sich seiner erbarmen, so soll er sich auch seiner Schuldner erbarmen. Ganz gewiss kann Nachsicht erwarten, wer es versteht, gegenüber anderen nachsichtig zu sein.

06 Zum Werk der Barmherzigkeit stärkt uns der Herr im Evangelium, wo er sagt: ,Seid barmherzig, wie euer himmlischer Vater barmherzig ist, der seine Sonne aufgehen lässt über Guten und Bösen und es regnen lässt über Gerechte und Ungerechte.' (Luc. 6,36; Mt. 5,45)

07 Alle Barmherzigkeit findet statt für einen jeden gemäß dem Verdienst seiner Werke. Wer Barmherzigkeit leistet, bietet Gott ein sehr gefälliges Opfer dar.

08 Beim Richter soll Barmherzigkeit sein und Strenge, denn das eine kann ohne das andere nicht gut sein. Wenn nämlich nur die Barmherzigkeit da wäre, dann bewirkt das den Betroffenen Bedenkenlosigkeit zum Sündigen; wenn wiederum immer nur Strenge da wäre, würde der Geist zur Verzweiflung hin gewendet werden,

09 und der Richter würde von Gott keine Barmherzigkeit verdienen.

10 Aber mit dieser Barmherzigkeit muss der Mensch bei sich selbst beginnen, denn wie ist jemand gegen andere barmherzig, der gegen sich selbst grausam ist?

11 Gegen sich selbst ist der grausam, welcher sich durch seine Sünden ewige Flammen bereitet.

12 In rechter Weise barmherzig ist der, welcher bei sich selbst beginnt und sich sorgsam hütet, auf dass er nicht mit dem Teufel gestraft wird, und so anderen Gewähr bietet für das, was er für sich selbst als gut erkannt hat.

mittelhochdeutscher Text

De misericordia

01 Daz guot der rebármede, daz ist uile hêre, wan dannan sprichet der gotessun, unser haltere: „Die sint uile salik, die barmherzze sint, wante die gotes erbarmede gewinnent." (Mt. 5,7)

02 Nehein menneske endarf auer ze dirre goteserbarmede gedingen, der erbarmede nie will *erbieten*[8] sineme wideruuinnen.
Von diu uergeben wir unseren uigenten diu zitlichun sculde,
daz wir gewinnin mugin die ewigun goteshulde.

03 ---

04 Wanne wie getar menniske ánderes uone gote, sineme herren, der gnâdon gebitten, er newelle ouch gnade sineme ebenscalche *erbieten*?[9]

05 ---

06 Ze dirre erbarmede scuntet unsich gót selbo, da er sprichet in sinemo euangelio: ‚Wesênt gnadic, also iuver himelisker uater ist gnadic, der sinen sunnen lât skinen uber guote unte uber úbele, unte der régenot uber rehte unte uber unrehte.' (Luc. 6,36; Mt. 5,45)

07 ---

08 In eineme igelichen urteildare sol erbarmede unte meigisterscaft sin, wane ir newederes mac wol ane daz ander sin. Wane ist ein diu *erbarmede an ime*[10], diu gebirt die sicherheit ze den sunton. Hat er auer aine die serpfin der maisterscefte, diu machet die untertanen missetruic der gotesgnâdon.

09 ---

10 Diese erbarmede scol menneske aller erist ime selben erbítten. Wane wie mak der eineme andereme gâdik sin, der íme selben grimme will sîn?

11 Der ist in sik selben grimme, der mit sinen sunton garnat den ewigen tôt.

12 Vone diu beginnen dirre gnâde *an unsich selben*[11]
unte behûten unsich uile gnote,
daz wir enflihen die helle nôte.

---

8 clm 7637 *erbítten.*
9 clm 7637 *erbitten.*
10 *sicherheit anîme* clm 7637 : *misericordia securitatem facit ... subiectis* clm 7637: *securitatem facit [...] subiectis* Alcuin PL.
11 Hs. *annumselben.*

Übersetzung des mittelhochdeutschen Textes

Über die Barmherzigkeit

01 Das Gut der Erbarmung, das ist sehr erhaben, denn davon spricht der Gottessohn, unser Heiland: „Die sind sehr selig, die barmherzig sind, denn sie gewinnen das Erbarmen Gottes. (Mt. 5,7)

02 Kein Mensch darf aber auf das Erbarmen Gottes hoffen, der Erbarmen nicht will erbieten seinem Widersacher. Deshalb sollen wir vergeben unseren Feinden die zeitlichen Schulden, au dass wir gewinnen mögen die ewige Gotteshuld.

03 --

04 Denn wie wagt ein Mensch anders von Gott, seinem Herrn, Gnade zu erbitten, wenn er nicht wolle auch Gnade seinem Mitknecht erbieten?

05 ---

06 Zu dieser Erbarmung ermuntert uns Gott selbst, wo er spricht in seinem Evangelium: ‚Seid gnädig, wie eurer himmlischer Vater ist gnädig, der seine Sonne lässt scheinen über Gute und über Üble und über Gerechte und Ungerechte.' (Luc. 6,36; Mt. 5,45)

07 ---

08 Bei einem jeglichen Richter soll Erbarmung und Strenge sein, denn keines von beiden kann gut ohne das andere sein. Denn ist einzig die Erbarmung bei ihm, die gebiert Sicherheit zu den Sünden. Hat er aber allein die Schärfe der Strenge, die macht die Untertanen für die Gottesgnade misstrauisch.

09 ---

10 Diese Erbarmung soll der Mensch zu allererst für sich selbst erbitten. Denn wie kann der einem anderen gnädig sein, der sich selbst grimm will sein?

11 Der welcher mit sich selbst grimmig ist, der erwirbt mit seinen Sünden den ewigen Tod.

12 Von daher beginnen wir mit dieser Gnade an uns selbst,
und hüten uns sehr bemüht
auf dass wir entfliehen der Not der Hölle.

lateinischer Text

De indulgentia

01 Dominus dicit in euangelio: ‚Dimittete, et dimittetur uobis. Siquidem dimiseritis hominibus peccata eorum, dimittet et uobis pater uester cęlestis peccata uestra. Si autem non remiseritis hominibus, nec pater uester cęlestis dimittet uobis peccata uestra.‘ (Matth. 6,14f) Hęc uero sententia domini magnam super nos misericordiam sonat his, qui recte eam intelligere possunt.

02 Igitur ex nostro iudicio iudicat nos deus, et quodammodo in nostra est potestate, quomodo iudicemur a iudice deo. Si uero misericorditer iudicamus in nos delinquentes, misericorditer *in*[12] nobis iudicat deus in se peccantibus.

03 Intendamus exemplo illius, sicut gentium doctor ait: ‚Donate uobismetipsis, si quis aduersus uos aliquam habet querelam. Sicut deus in Christo donauit uobis, ita et uos facite!‘ (Col. 3,13) Quomodo deus in Christo nobis nostra peccata donauit, sic et nos illis, qui in nos peccant dimittamvs,

04 „nulli malum pro malo reddentes." (Rom. 12,17) Et in alio loco dicitur: „Noli uinci á malo, sed uince in bono malum!“ (Rom. 12,21)

05 Sciendum est certissime, quod unusquisque talem accepturus est a deo indulgentiam, qualem et ipse dederit proximo suo.

06 Oratio uero pro peccatis nostris ad aures omnipotentis cito perueniet, si in nos delinquentium preces auribus nostris acceptabiles erunt.

07 Quicunque peccantibus clementer nouit ignoscere, diuinę pietatis clementiam accipiet certissime. Tantum enim adeo nobis remittitur, quantum nos eis remiserimus, qui nobis quacunque malignitate nocuerint.

12 *in*: *de* Alcuin PL.

Übersetzung des lateinischen Textes

Über die Vergebung

01 Der Herr sagt im Evangelium: ‚Vergebt, und es wird euch vergeben werden. Wenn ihr vergeben haben werdet den Menschen ihre Sünden, wird auch euch euer himmlischer Vater vergeben eure Sünden.' (Mt. 6,14f) Dieser Sinnspruch des Herrn lässt große Erbarmung über uns ertönen, wenn wir ihn richtig versstehen können.

02 Also nach unserem Urteil richtet uns Gott, und auf gewisse Weise steht es in unserem Vermögen, auf welche Weise wir von Gott als Richter beurteilt werden. Wenn wir also mit Erbarmen Urteil sprechen über die, welche gegenüber uns schuldig sind, mit Erbarmen urteilt dann Gott über uns als Sünder gegen ihn.

03 Lasst uns nach seinem Beispiel streben, wie es der Lehrer der Heiden sagt: ‚Vergebt euch, wenn jemand eine Klage gegen euch hat. So wie Gott in Christus euch vergeben hat, so tut es auch ihr!' (Col. 3,13) Auf dieselbe Weise, wie Gott in Christus uns unsere Sünden vergeben hat, so lasst auch wir jenen, die gegen uns gesündigt haben, vergeben,

04 ‚niemandem Böses mit Bösem vergeltend.' (Rom. 12,17) Und an anderer Stelle wird gesagt: ‚Lass dich nicht vom Bösen besiegen, sondern besiege im Guten das Böse!'(Rom. 12,21)

05 Man soll ganz gewiss wissen, dass jeder einzelne von Gott solche Nachsicht bekommen wird, wie er sie selbst seinem Nächsten gegeben haben wird.

06 Das Gebet für unsere Sünden wird schnell zu den Ohren des Allmächtigen hinkommen, wenn die Bitten der gegen uns sich Vergehenden unseren Ohren annehmbar sein werden.

07 Jeder der es versteht, den Sündern gütig zu verzeihen, wird ganz sicher die Güte der göttlichen Gnade empfangen. Ebenso viel nämlich wird uns vergeben, wie wir denen vergeben haben werden, die uns mit irgendeiner Bosheit geschadet haben werden.

mittelhochdeutscher Text

De indulgentia

01 Gót gebiutet uns in sineme evangelio, daz wir uergeben, so werde ouch uns uergeben. Vnte sprichet, enwellen wir unseren scóleren nieth uergeben, so newerden ouch uns unsere sculde nieth uergeben. (Mt. 6,14)

02 In dirre gotesréde mugen wir die uil michelun sine guotin bechennen,
daz er daz an unsere selbchur lât,
obe wir wellan, daz uns unsere sculde werde rât.
Wane also wir urtéilen, also werden ouch uvir erteilet.

03 Vone diu tugen, also unsik sanctus Paulus manet, da er sprichet: ‚Vergebent ain anderen, suaz ir wider sie hábent, also iu gót durch sinen sun uergeben habe iuuer unreht. (Col. 3,13)

04 Vnte enlant iuch niecht uberwnten werden uon demo ubele, sunter iruberwintent mit demo guoten daz ubele.‘ (Rom. 12,17; Rom. 12,21)

05 Daz sculen wir uaste gelouben, daz gót unser gebet niemmer uerniemet, unze er in uns deheinen ummuot wider im ensihet.

06 ---

07 ---

Übersetzung des mittelhochdeutschen Textes

Über die Vergebung

01 Gott gebietet uns in seinem Evangelium, dass wir vergeben (sollen), dann werde auch uns vergeben. Und er spricht, wollen wir unseren Schuldigern nicht vergeben, so werden auch uns unsere Schulden nicht vergeben. (Mt. 6,14)

02 In dieser Gottesrede können wir die sehr große, seine Güte erkennen, dass er das unserer Eigenwahl überlässt, wenn wir wollen, dass uns Abhilfe von unserer Schuld zuteil werde. Denn ganz so wie wir urteilen, ebenso werden auch wir verurteilt.

03 Deshalb soll taugen, wie uns *Sankt Paulus* mahnt, wo er spricht. ‚Vergebet einander, was ihr gegen sie habt, ganz wie euch Gott durch seinen Sohn vergeben habe euer Unrecht. (Col. 3,13)

04 Und lasst euch nicht überwunden werden von dem Bösen, sondern überwindet mit dem Guten das Böse.' (Rom. 12,17; Rom. 12,21)

05 Das sollen wir fest glauben, dass Gott unser Gebet niemals vernehmen wird, solange als er in uns einen Zorn gegen ihn (nicht) sieht.

06 ---

07 ---

lateinischer Text und Übersetzung

De patientia[13]

01 De patientia igitur, ut dicitur in euangelio, ‚[In patentia vestra] possidebitis animas uestras.' (Luc. 21,19)

02 In omni enim uita humana necessaria est patientia. Sicut itaque ab aliis in nos delatas *iniurias*[14] patienter sufferre debemus, ita et pariter, quę nobis euueníunt tribulationes sufferere necesse est.

03 Sepissime quidem in hoc seculo boni a reprobis tribulationes patiuntur, et ideo, si post bona opera tribulationes aliquis patiatur, non debet in cogitatione dicere: ‚perdidi bona opera mea, quę faciebam.'

De patientia
Übersetzung des lateinischen Textes

01 Von der Geduld also, wie es im Evangelium heißt: ‚[In eurer Geduld] werdet ihr eure Seelen besitzen.' (Luc. 21,19)[15]

02 In allem menschlichen Leben nämlich ist Geduld notwendig. Wie wir also von anderen gegen uns herbeigebrachte Beleidigungen geduldig aushalten müssen, so und auf gleiche Weise ist es notwendig auszuhalten die Drangsale, die uns widerfahren.

03 Sehr oft nämlich leiden in dieser Welt die Guten von den Bösen Drangsale, und ebenso, wenn jemand nach guten Werken Drangsale erleidet, darf er nicht in Gedanken sagen: ‚ich habe meine Guten Werke verloren, die ich tat.'

---

13 Sermo 302,1 Appendix zu den Sermones Augustins, PL 39,2323.
14 *iniurias* fehlt clm; *delatas injurias* Alcuin PL.
15 „Wenn ihr standhaft bleibt, werdet ihr das Leben gewinnen", Luk. 21,19.

mittelhochdeutscher Text und Übersetzung

De patientia

01 Min trehten sprichet in dem euangelio zuo uns: ‚In der gedult besizzent ir ivver sele.' (Luc. 21,19) Wane so uvir durch die gedult gelirnen, wie wir unsik sculen gedoubon[16], so besizzen wir aller êrest, daz wir selbe sigen.

02 In alleme unsereme lebenne bedurfen wir der gedúlte. Wane also wir sculen uertragen, obe unsik got mit deheiner note ruochet zē manene, also sculn wir gedultig sin, so uvir uon unsereme ebenmenneschen áhtesalin líden.

03 Wane daz geschihet ofte, daz guoten werdent gemúeth; uone diu sculen sie auer nieth gedenchen, daz sie [...].

De patientia
Übersetzung des mittelhochdeutschen Textes

01 Mein Herr spricht im Evangelium zu uns: ‚in der Geduld besitzt ihr eure Seele.' (Luc. 21,19) Denn wenn wir durch die Geduld lernen, wie wir uns bezähmen sollen, dann besitzen wir erst, das wir selbst sind.

02 In all unserem Leben bedürfen wir der Geduld. Denn ebenso sollen wir es vertragen, wenn uns Gott mit irgendeiner Not gedenkt zu mahnen, ebenso sollen wir geduldig sein, wenn wir von unserem Ebenmenschen Verfolgung leiden.

03 Denn es geschieht oft, dass die Guten mit Mühe beladen werden; deshalb sollen sie aber nicht denken, dass sie [...].

16 BMZ: *touben*, swv. „zähmen, zwingen," ahd. *doubôm* Graff, Sprachschatz 5,96.

Recht

53 Aus der ahd. Interlinearversion der Benediktinerregel mit Anhang aus der Zwiefaltener Benediktinerregel Steinmeyer Nr. 36 – Masser

²**VL** 1 (1978), Sp. 704–707 (Stefan Sonderegger). – ²**VL** 11 (2004), Sp. 237. – **VL** ahd. und as Lit. (2013), S. 49–54 (Achim Masser).
Ü.: St. Gallen, Stiftsbibliothek, Cod. 916.
Abb.: vollständiges Digitalisat der Hs. in Farbe: https://www.e-codices.unifr.ch/de/csg/0916/2/0/
Dat.: Hs.: 9. Jh., früh, St. Gallen (Bischoff, Paläographische Fragen, S. 108). Werkentstehung: letzte Jahre des 8. Jh.s im Kloster Reichenau.
Spr.: alem.
Ed.: Steinmeyer Nr. 36 (Text). – Masser, Cod. 915 (Text). – Schlosser, S. 294–299 (Text),. – Müller S. 58–61 (Text).
Lit.: Kelle, LG 1, S. 104 und S. 343. – Kögel, LG I,2, S. 465–468. – Ehrismann 1, LG, S. 266–267. – Haubrichs, Die Anfänge, S., 198–200. – Schlosser S. 369 (Kommentar). – Müller S. 301 (Kommentar). – Simmler, deutschsprachige Überlieferung, hier S. 142–143. – Masser, Achim Masser, Regula Benedicti, St. Gallen Cod. 915. – Masser, Kommentar St. Gallen Cod. 916.

Text zeilengleich mit der Handschrift nach der Ausgabe von Achim Masser in vereinfachter Form und nach dem Digitalisat. Die Randbezifferung bezieht sich auf die Seiten und Zeilen der Handschrift; die für Zitate aus der Beneditkinerregel üblichen Ziffern sind hier in ( ) in die Textzeilen eingefügt.

Die Seitensynopse zeigt rechtsseitig in der Hauptspalte den Text des Sankt Galler Cod. 916, in den die Satzzählung der kritischen Ausgabe der Benediktsregel nach Hanslik inseriert ist; in der Nebenspalte dazu die Seiten- und Zeilenzählung der Handschrift nach Masser (17,8; 17,9 usw.); linksseitig der lat. Text mit Übersetzung und der Satzzählung nach Hanslik, Regula Benedicti; dazu synoptisch die kommentarbedürftigen Varianten des St. Galler Textes.

cap. I: De generibus monachorum – Von den Arten der Mönche. Masser, S. 93–97
cap. VI: De taciturnitate – Von der Schweigsamkeit. Masser, S. 133–135
Anhang: Aus der Zwiefaltener Interlinearversion der Benediktinerregel

Lateinischer Text nach der kritischen Ausgabe von Rudolf Hanslik[1] mit den Varianten des Cod. Sg. 916

Text Hanslik	Cod SG 916 17,8–17,17
Cap I	
De generibus monachorum	
1 Monachorum quattuor esse genera manifestum est.	
2 Primum coenouitarum, hoc est monasteriale, militans sub regula vel abbate.	
3 Deinde secundum genus est anachoritarum, id est heremitarum, horum qui non conseruationis feruore **novicio**, sed monasterii probatione diuturna,	**nouitię**
4 qui didicerunt contra diabolum multorum solacio iam docti pugnare,	

Übersetzung
Über die Arten von Mönchen

1 Bekanntlich gibt es vier Arten von Mönchen. **2** Die erste ist die der Zönobiten, die klösterliche, die unter einer Regel bzw. unter einem Abt Kriegsdienst (gegen den Teufel) leistet. **3** Die zweite dann ist die Art der Anachoreten, das heißt der Eremiten, jener die nicht aufgrund eben erst entflammter Leidenschaft für (diesen) Lebenswandel, **4** sondern die aus täglicher Erprobung durch das Kloster gelernt haben, und bereits unterwiesen durch den Beistand Vieler, unterwiesen sind, gegen den Teufel zu kämpfen.

1 Hier nach Hanslik, Regula Benedicti S. 18–20 und S. 41–42.
2 Ahd. Genitiv, wohl unter Einfluss des voranstehenden Gen. *monachorum*; vgl. Masser, Kommentar St. Gallen Cod. 916.
3 ***coenobitarum*** „der Mönche" (von *coenobita*, „Mönch") ist verwechselt mit *coenobiorum* „der Klöster", (von *coenobium* „Kloster"), zu den Folgen der Fehlübersetzung s. Masser, Kommentar St. Gallen Cod. 916 und unten zu 19,12.
4 Die Charakterisierung der Anachoreten ist etwa folgendermaßen zu verstehen: Sie durften es wagen, nach gründlicher spiritueller Reifung durch die Unterstützung eines klösterlichen Konvents die Gemeinschaft zu verlassen und auf sich allein gestellt den körperlichen und mentalen Anfechtungen zu widerstehen. Der Text des St. Galler Cod. 916 ist hier teilweise gestört, s. dazu im einzelnen unten.
5 ***feruore nouitię***: Der Text des St. Galler Cod. 916 ist hier falsch; es müsste *conversationis fervore* novicio „in der ersten Begeisterung für das Mönchsleben" heißen. Die Interlinearversion übersetzt ohne Rücksicht auf den Zusammenhang die falsche Lesart *novitię*.

cap. I pag. 17

Von (den) Arten (der) Mönche fona chunnu*m* municho
De generib*us* monachorum

		(der) Mönche	vierer	sein	
		municho	**fioreo**[2]	**vvesan**	
17,8	(1)	**Monachorum**	**quattuor**	**esse**	**ge-**

	Geschlechter	bekannt	ist		(die) erste
	chunni	**chund**	**ist**		**erista**
17,9	**nera**	**manifestum**	**est.**	(2)	**Prjmum**

	(der) Versammlungen	das	ist	klösterliches
	samanungono[3]	**daz**	**ist**	**munistrilih**
17,10	**coenobitar*um*,**	**hoc**	**est**	**monasterjale,**

	(ein) kämpfendes	unter	(einer) Regel	oder	dem Vater.
	chamffanti	**untar**	**regulu**	**edo**	**demv fatere**
17,11	**militans**	**sub**	**regula**	**uel**	**abate.**

		Danach	zweites	Geschlecht	ist
		danaan	**andraz**	**chunni**	**ist**
17,12	(3)	**Deinde**	**secundum**	**genus**	**est ana-**

	(der) Einsiedler	das	ist	(der) Waldbewohner	derer
	einchoranero	**daz**	**ist**	**vvaldlihhero**	**dero**
17,13	**chorjtarum,**[4]	**id**	**est**	**heremitarum,**	**ho-**

	die		gar nicht	des Lebens	(mit der) Glut
		die	**nalles**	**des libes**	**vvalme**
17,14	***rum*,**	**qui**	**non**	**conuersationis**	**feruore**

	der Neuheit[5]	sondern	des Klosters	(mit der) Prüfung
	dera nivvi	**vzzan**	**des munistres**	**chorungu**
17,15	**nouitię**	**sed**	**monasterji**	**probatione**

	langandauernder		die	lernten	gegen
	lancsameru		**die**	**lirn&on**	**vvidar**
17,16	**diuturna,**	(4)	**qui**	**didicerunt**	**contra di-**

	(den) Teufel	(durch) Vieler	Hilfe	schon	(als) Gelehrte
	diubil	**managero**	**helfu**	**giv**	**kileerte**
17,17	**abolum**	**multorum**	**solatio**	**iam**	**doc-**

Lateinischer Text mit den Varianten des Cod. Sg. 916

Text Hanslik	**Cod SG 916 17,18–18,10**
5 et bene extructi **fraterna ex acie** ad singularem pugnam	**fraterno examine**
heremi securi iam sine consolatione alterius sola manu uel	
brachio contra uitia carnis uel cogitationum deo auxiliante	
pugnare sufficiunt.	**sufficiunt pugnare**
6 Tertium vero monachorum **teterrimum** genus est	**deterrimum**
sarabaitarum, qui nulla regula adprobati experientia	
magistra sicut aurum fornacis, sed in **plumbi** natura molliti	**magistrj**
	plumbo

5 und gut trainiert aus der Schlachtreihe der Brüder zum Einzelkampf des Eremiten als sichere (Streiter) bereits ohne die Hilfeleistung eines anderen allein mit eigener Hand oder eigenem Arm mit Gottes Hilfe fähig sind, die Sünden des Fleisches und der Gedanken zu bekämpfen.

6 Die dritte und ganz üble Art von Mönchen aber ist die der Sarabaiten; von ihnen weiß man, dass sie mit der Tonsur Gott den Glauben vorlügen, nicht wie Gold im Schmelzofen und von keiner Regel durch Erfahrung als Lehrmeisterin erprobt, sondern nach der Natur des Bleis verweichlicht,

---

6 ***fraterno examine***: Korrekt müsste der Text lauten *fraterna ex acie* „(heraustretend) aus der brüderlichen Schlachtreihe"; vgl. zur Stelle Masser, Kommentar St. Gallen Cod. 916.

7 Lat. Genitiv, (*vitia [...]*) *cogitationum* „(die Sünden [...]) der Gedanken". ahd. *kidancha* Akk. Plur. „die Gedanken", dadurch geht der spezielle Sinn verloren: nicht Gedanken überhaupt waren gemeint, sondern Gedankensünden im besonderen, im Unterschied zu denen des Fleisches; vgl. Masser, Kommentar St. Gallen Cod. 916.

8 Ahd. Genitiv, lat. Ablativ.

9 ***plumbo***: das *o* ist in der Hs. senkrecht durchgestrichen, aber eine Berichtigung zu *plumbi* ist nicht ausgeführt.

		fechten		und	gut	Gelehrte	(durch) brüderliche
		fehtan		Jndi	uuela	kileerte	pruaderlihhera
17,18	ti	pugnare	(5)	&	bene	instructi	fraterno

	Erforschung	zu	einzelnem	Gefecht
	ursuahhidv	ze	einluzlihheru	fehtvn
18,1	examine[6]	ad	singulare*m*	pugna*m*

	des Waldes	(als) Sichere	schon	ohne	Hilfe
	des vvaldes	sihhure	giv	ano	helfa
18,2	heremi	securj	iam	sine	consolatio-

		(eines) anderen	(mit)	einer	Hand	oder	
		andres		einera	henti	edo	
18,3	ne	alterjus		sola	manu	uel	bra-

	Arm	gegen	(die) Laster	des Fleisches	oder
	arame	vvidar	achusti	des fleiskes	edo
18,4	chio	contra	uitia	carnis	uel cogi-

	(die) Gedanken	(mit) Gott	(als) Helfendem	fähig
	kidancha[7]	cote	helfantemv	kenuht-
18,5	tationu*m*	deo	auxiliante	suffici-

	sind	(zu) fechten		drittes	gewiss	(der) Mön-
	samont	fehtan		dritta	k*euuisso*	muni-
18,6	unt	pugnare.	(6)	Terciu*m*	uero	mona-

	che	schlechtestes	Geschlecht	ist	
	cho	vvirsista	chunni	ist	
18,7	cho*rum*	deterrjmu*m*	genus	est	sara-

	(der) Heuchler	die noch nicht	(der) Regel	
	lihhisarro	die noh	dera rehtungu[8]	
18,8	baitarum,	qui nulla	regula	ad-

	(als) geprüfte	(der) Erprobung	des Meisters	so wie	Gold
	kechorote	pifindungu	des meistres	soso	cold
18,9	p*ro*batj,	experientia	magistrj	sic*ut*	auru*m*

	des Ofens	sondern	in	Bleies	Art	
	des ouanes	uzzan	in	plivves	chnuati	
18,10	fornacis,	sed	in	plu*m*bo[9]	natura	mol-

Text Hanslik **Cod SG 916 18,11–18,16**

7 adhuc operibus **seruantes** saeculo **fidem** mentiri deo per tonsuram noscuntur. **seruientes – fide mentire**

8 Qui bini aut terni aut certe singuli sine pastore, non dominicis, sed suis inclusi obilibus pro lege eis est desideriorum uoluptas,

7 leisten sie mit ihren Werken der Welt nach wie vor Sklavendienste.

8 Zu zweit oder zu dritt oder sogar als Einzelne, ohne Hirten eingeschlossen nicht etwa in die Hürden des Herrn, sondern in ihre eigenen Selbstbefangenheiten, gilt ihnen das Verlangen ihrer Süchte als Gesetz,

	weichgemachte		jetzt noch	(den) Werken	Dienende	(der) Welt
	kevveihhete		**nu noh**	**vverchu*m***	**deononte**	**vveralti**
18,11	**liti,**	(7)	**adhuc**	**operjbus**	**seruientes**	**s*aecu*lo**

	(mit) dem Bekenntnis	sie lügen	(dem) Gott	durch	Tonsur	sind
	kelaubv	**liugant**[10]	**cote**	**duruh**	**scurt**	**sint**
18,12	**fide**	**mentire**[11]	**d*eo***	***per***	**tunsura*m***	**noscun-**

	gewusst		die	zu zweit	oder zu dritt	oder	gewiss
	kevvizzan		**die**	**zuuiske**	**edo driske**	**edo**	***keuuisso***
18,13	**tur.**	(8)	**Qui**	**bini**	**aut terni**	**aut**	**certe**

	einzelne	ohne	Hirten	gar nicht	(den) herrscherlichen
	einluzze	**ano**	**hirti**	**nalles**	**truhtinlihem**
18,14	**singuli**	**sine**	**pastore,**	**n*on***	**dominicis**

	sondern	ihrer	(den) eingeschlossenen	(den) Schafhürden	statt	(dem) Gesetz
	vzzan	**iro**	**pilohhaneem**	**evvistun**	**fora**	**euu**
18,15	**sed**	**suis**	**inclusi**	**ouilibus,**[12]	**Pro**	**lege**

	ihnen	ist	(der) Begierden	Wonnelust		wenn	
	im	**ist**	**kiridono**	**vvnnilust**		**denne**	
18,16	**eis**	**e*st***	**desiderjoru*m***	**uoluptas,**	(9)	**cu*m*,**	**quic-**

---

10 Ahd. 3. Person Sg. Ind. Präs., lat. Infinitiv.

11 Falscher Text in der St. Galler Hs. 916: statt *fidem mentiri [...] noscuntur* („sie werden erkannt als den Glauben Vortäuschende") *fide mentiri [...] nocsuntur* „sie werden durchschaut als Lügner im Glauben(sbekenntnis)": das wird von der ahd. Übersetzung behelfsweise verstanden als „sie lügen (*liugant*, 3. Pers. Plur.) [...] mit dem Bekenntnis"; die Tonsur ist metonymisch als Bekenntnis zum Mönchtum verstanden; vgl. Masser, Kommentar St. Gallen Cod. 916 zu 18,11–12.

12 ***inclusi*** Nom. „die Eingeschlossenen", *pilohhaneem* Dat. „den eingeschlossenen". Die Konstruktion *Qui [...] non dominicis, sed suis inclusi (sc. sunt) ouilibus* wurde nicht durchschaut. Sie wäre so aufzulösen: *Qui [...] non dominicis, sed suis ovilibus inclusi (sc. sunt),* was heißen müsste „die nicht in den Hürden des Herrn, sondern in ihren eigenen Hürden eingesperrt sind" (d. h. in den Befangenheiten des eigenen Selbst, statt in der Aufgehobenheit der klösterlichen Gemeinschaft). Stattdessen wird übersetzt als ob dastünde: *Qui [...] non dominicis, sed suis inclusis ouilibus (sc. sunt)*: „die nicht in den (Schutz bietenden) Hürden des Herrn geborgen sind, sondern in ihren eigenen, Einschränkung bewirkenden gefangen sind"; vgl. Masser, Kommentar St. Gallen Cod. 916 zu 18,15.

Text Hanslik	Cod SG 916 18,17–19,8
9 cum, quidquid putauerint uel elegerint, hoc dicunt sanctum et, quod noluerint, hoc putant non licere.	
10 Quartum uero **genus** monachorum, quod nominatur gyrovagum, qui **tota uita sua** per diuersas prouincias ternis aut quaternis diebus per diuersorum cellas hospitantur	**genus est** **totam uitam suam**
11 Semper uagi et numquam stabiles et propriis uoluntatibus et **guilae** inlecebris seruientes et per omnia deteriores sarabaitis.	**gule**

9 indem sie alles heilig nennen, was sie selbst dafür halten oder sich aussuchen, und was ihnen nicht behagt, davon meinen sie, es sei unerlaubt.

10 Die vierte Art von Mönchen nun ist jene, welche die gyrovagische genannt wird. Diese Mönche lassen sich ihr ganzes Leben lang in verschiedenen Landstrichen für drei oder vier Tage in verschiedenen Klöstern beherbergen,

11 immer als Herumtreiber und niemals ortsfest sind sie den eigenen Begehrlichkeiten und den Verlockungen des Gaumens versklavt und bei alledem schlimmer als die Sarabaiten.

---

13 ***kenemmin*** wohl verschrieben statt *kenemmit*; so auch Masser, Kommentar St. Gallen Cod. 916 zu 18,15.

14 ***driskeem [...] feoriskeem tagum***: ahd. Dat. Plur. für lat. Ablativ.

15 ***per diversorum* (sc. etwa *generum*) *cellas***: „durch Klöster verschiedener (sc. etwa Arten)" – *missilihho cello*: „verschiedene Klöster"; zum alem. Akk. Plur. auf *-o*; Masser, Kommentar St. Gallen Cod. 916 zu 19,5.

16 *gast-luaman*, „als Gast aufgenommen sein"; das Bildungselement *-luam* enthält einen Bedeutungskern „häufig", s. Graff, Ahd. Sprachschatz II, S. 212; StWG buchen unter *gi-luomo* Glossenbelege mit der Bedeutung „frequenter"; vgl. ae. *ge-lom* „häufig, beständig" Splett, Ahd.Wb. führt *gi-luomo* „Gastfreundschaft" unter *lam* „lahm".

17 *gule* (Gen.) *inlecebris*, (Dat.) *servientes*, Subst. + Subst. „den Verlockungen des Gaumens dienend" – *chelun* (Dat.) *vnerlaubantlihheem* (Dat.) *servientes*, Subst. + Adj. „für die Kehle unerlaubten (Dingen) dienend."– Das seltene Substantiv *inlecebra* „Verlockung" war dem Übersetzer wohl unbekannt; mit dem Adj. *vnerlaubantlihh* hat er den Sinn erraten; vgl. Masser, Kommentar St. Gallen Cod. 916 zu 18,8.

	was auch nur	(sie) glauben	oder	(sie) erwählen	das
	so huuaz zo	**vvannant**	**edo**	**kiuuellant**	**daz**
18,17	**quid**	**putauerjnt**	**uel**	**elegerjnt,**	**hoc**

	(sie) nennen	heilig	und	das (was)	(sie) nicht wollen	das
	qhuedant	**vvihaz**	**Jndi**	**daz**	**niuuellant**	**daz**
18,18	**dicunt**	**s*a*nct*um*,**	**et**	**quod**	**noluerjnt,**	**hoc**

	(sie) glauben	keineswegs	erlaubt sein		viertes	gewisslich
	uuannant	**nalles**	**erlaubpan**		**fiorda**	**k*euuizzo***
19,1	**putant**	**non**	**licere.**	(10)	**Quartum**	**uero**

	Geschlecht	ist	(der) Mönche,	das	ist genannt
	chunni	**ist**	***muni*cho**	**daz**	**ist kenem-**
19,2	**genus**	**e*st***	**monachor*um*,**	**quod**	**nomina-**

		(der) Wandermönche	die	ganzes	Leben	ihrer
	min[13]	**suuihharro**	**die**	**allan**	**lib**	**iro**
19,3	**tur**	**gyrouagu*m*,**	**qui**	**totam**	**uita*m***	**sua*m***

	durch	verschiedene	Länder	dreien	oder
	duruh	**missilihho**	**lantscaffi**	**driskeem**	**edo**
19,4	***per***	**diuersas**	**prouincias**	**ternis**	**aut**

	vieren	Tagen[14]	durch	verschiedene	Klosterzellen
	feoriskeem	**tagum**	**duruh**	**missilihho**	**cello[15]**
19,5	**quaternis**	**diebus**	***per***	**diuersorum**	**cel-**

	sind als Gast (häufig) aufgenommen		stets	Umherschweifende	und niemals
	sint kecastluamit[16]		**simblu*m***	**suuihhonte.**	**Indi neonaldre**
19,6	**las hospitantur,**	(11)	***semper***	**uagi**	**& nu*m*quam**

	fest Ansässige	und	(den) eigenen	Wünschen	und	(der) Kehle
	statige	**indi**	**eiganeem**	**vvilloom**	**indi**	**cheluun**
19,7	**stabiles**	**et**	**p*r*oprjis**	**uoluntatibus**	**&**	**gule[17]**

	unerlaubten (Dingen)	Dienende	und	durch	alle (Dinge)	
	vnerlaubantlihheem	**deononte**	**indi**	**duruh**	**alliv**	
19,8	**inlecebrjs**	**seruientes,**	**et**	***per***	**omnia**	**d&e-**

Text Hanslik **Cod SG 916**
19,9–19,14

12 De quorum omnium horum miserrima conuersatione melius est silere quam loqui.

13 His ergo omissis ad coenobitarum fortissimum genus disponendum adiuuante domino ueniamus

12 Es ist besser, über die ganz miserable Lebensweise all dieser zu schweigen, als darüber zu reden.

13 Wir wollen sie also übergehen und mit Hilfe des Herrn zur Einsetzung einer Ordnung für die stärkste Art von Mönchen kommen, nämlich für die der Zönobiten.

	schlechtere	den Heuchlern		von	derer	aller	dieser
	vvirsirun	**lihhisarum**		**fona**	**dero**	**alleru**[18]	**desero**
19,9	**rjores**	**sarabaitis.**	(12)	**De**	**quor*um***	**omniu*m***	**hor*um***

	schlechteren	Leben	besser
	vvirsirin	**libe**	**pezzira**
19,10	**miserrjma**	**conuersatione**	**Melius**

	ist	(zu) schweigen	als	gesprochen	sein		diesen	gewisslich	weggelassenen
	ist	**suuigeen**	**denne**	**kisprohhan**	**uuesan**[19]		**desem**	***keuuisso***	**farlazzanem**
19,11	**est**	**silire**	**qua*m***	**loqui.**		(13)	**His**	**ergo**	**omissis,**

	zu	(der) Versammlung[20]	stärksten
	ze	**samanungu**	**starachistin**
19,12	**ad**	**coenobitarum**	**fortissimum ge-**

	(dem) Geschlecht[21]	(wollen wir) setzen[22]	(mit) zu helfendem	Herrn
	chunne	**kesezzamees**	**zuahelfantemv**	**truhtine**
19,13	**nus**	**disponendu*m***	**adiuuante**	**d*omi*no**

	(wollen wir) kommen	
	qhuememees	
19,14	**ueniamus.**	**am*en*.**

18 ***alleru***: korrekt müsste die Form *allero* lauten.
19 *loqui* wird mit *kisprohhan uuesan* passivisch wiedergegeben, um die Form des Deponens nachzuahmen.
20 Vgl. zu 17,10.
21 Lat. Akk., ahd. Dat.!
22 Lat. Akk. des Gerundivs, ahd. 1. Pers. Plur., Optativ Präsens.

Text Hanslik **Cod SG 916**
37,9–37,16

Cap. VI
De taciturnitate
1 Faciamus, quod ait propheta: *Dixi: custodiam uias meas, ut non delinquam in lingua mea. Posui ori meo custodiam, obmutui et humiliatus sum et silui a bonis.*

2 Hic ostendit propheta si a bonis eloquiis interdum propter taciturnitatem **debere tacere<t>**, quanto magis a malis uerbis propter poenam peccati debet cessari. **debet taceri**

6. Kapitel

Vom Schweigen

1 Tun wir, was der Prophet sagt: „Ich sprach: ‚ich will auf meine Wege achten, dass ich mich nicht mit meiner Zunge verfehle. Ich habe meinem Mund einen Wächter vorgesetzt. Ich bin verstummt und habe mich erniedrigt, und ich schwieg von guten Dingen‘."

2 Hier zeigt der Prophet, wenn es sich um der Schweigsamkeit willen bisweilen gehört, selbst gute Reden zu verschweigen, um wie viel mehr gehört es sich dann,

cap. VI pag. 37
Von (der) Schweigsamkeit
De taciturnitate

		tun (wir)	das (was)	sagte[23]	(der) Prophet	sagte ich
		tuamees	**daz**	**qhuad**	**vvizzago**	**qhuad ih**
37,9	(1)	**Faciamus**	**q*uo*d**	**ait**	***pro*pheta:**	**„Dixi:**

	möge ich halten	Wege	meine	auf dass	keineswegs	(ich) fehlhandle
	kehalte	**vveka**	**mine**	**daz**	**nalles**	**missitue**
37,10	**custodia*m***	**uias**	**meas,**	**ut**	**non**	**delin-**

		in	(der) Zunge	meiner	(ich) setzte	Munde	meinem
		in	**zungun**	**mineru**	**sazta**	**munde**	**minemv**
37,11	**qua*m***	**in**	**lingua**	**mea.**	**Posui**	**orj**	**meo**

	Bewachung	(ich) verstummte	und	erniedrigt
	kehaltida	**ertumb&a**	**indi**	**kedeomuatit**
37,12	**custodiam,**	**obmutui**	**&**	**humilia-**

		bin	und	schwieg	von	guten (Dingen)		Hier	zeigt
		pim	**indi**	**suuik&a**	**fona**	**cuateem**		**hiar**	**keaugit**
37,13	**tus**	**sum**	**&**	**silui**	**a**	**bonis.“[24]**	(2)	**Hic**	**ostendit**

	(der) Prophet	wenn	von	guten	Reden	oft
	uuizzago	**Ibu**	**fona**	**cuateem**	**sprahhom**	**ofto**
37,14	***pro*pheta,**	**si**	**a**	**bonis**	**eloquiis**	**interdu*m***

	wegen	des) Schweigens	(man) solle[25]	schweigen
	duruh	**suuigalii**	**sculi**	**suuigeen[26]**
37,15	**propter**	**taciturnitate*m***	**deb&**	**taceri,**

	um wieviel	mehr	von	üblen	Worten	wegen
	huueo	**meer**	**fona**	**vbileem**	**vvortu*m***	**duruh**
37,16	**quanto**	**magis**	**a**	**malis**	**uerbis**	***pro*pt*er***

---

23 Lat. Präsens, ahd. Präteritum.
24 Ps. 38(39) 2,3.
25 Lat. Indikativ, ahd. Konjunktiv.
26 Im Lat. *taceri* Passiv, im Ahd. *suuigeen* Aktiv; ebenso 37,17.

Text Hanslik **Cod SG 916 37,17–38,7**

3 Ergo quamuis de bonis et sanctis et aedificationum eloquiis perfectis discipulis propter taciturnitatis grauitatem rara loquendi concedatur licentia,

4 quia scriptum est: *In multiloquio non* ***effugies*** *peccatum.* **effugis**

5 et **alibi:** *Mors et uita in manibus linguae.* **alibi dicitur**

6 Nam loqui et docere magistrum condecet, tacere et audire discipulum conuenit.

3 So mag denn für gute und heilige und auferbauende Reden selbst vorbildlichen Schülern um der Würde der Schweigsamkeit willen nur selten Erlaubnis zum Sprechen gegeben werden,

4 denn es steht geschrieben: „Bei vielem Reden wirst du der Sünde nicht entgehen."

5 Und anderswo: „Tod und Leben sind in der Hand der Zunge."

6 Denn Reden und Lehren ziemt sich für den Lehrer, Schweigen und Zuhören ist dem Schüler angemessen.

27 Lat. Indikativ, ahd. Konjunktiv.
28 Lat. Infinitiv Passiv, ahd. Infinitiv Aktiv; vgl. 37,15.
29 Ahd. *seltkaluaffo* Adverb zu *farkeban ist*; *rara* Adj. zu *licentia* 38,3.

(der) Strafe der Sünde (man) solle[27] ablassen gewisslich obwohl
vvizzi dera sunta sculi pilinnan[28] k*euuisso* dohdoh
37,17 **poena*m* peccati deb& cessarj.** (3) **Ergo qua*m*-**

von guten und heiligen und (der) Erbauungen
fona cuateem Indi uuiheem Indi zimbirrono
37,18 **uis de bonis & s*anct*is & edificationu*m* elo-**

Reden (den) vollkommenen Schülern wegen
sprahhoom duruhnohteem discoom duruh
38,1 **quiis pe*r*fectis discipulis p*ro*pter taci-**

Schweigens Würde selten
suuiglii fruatii seltkaluaffo[29]
38,2 **turnitatis grauitate*m* rara loquen-**

zu sprechen gegeben ist Erlaubnis denn geschrie-
ze sprehhanne farkeban ist vrlaubii danta kescri-
38,3 **di concedatur licentia,** (4) **quia scrjptu*m***

ben ist in Vielrednerei nicht entlfliehst
ban ist Jn filusprahhu ni erfliuhis
38,4 **est: „Jn multiloquio non effugis pec-**

(die) Sünde und anderer Stelle (er) sagt Tod -- Leben
sunta Jndi andreru st&i qhuuidit[30] tod -- liib
38,5 **catu*m*;“[31]** (5) **Et alibi dicitur: „Mors & uita**

6 in Händen der Zunge gewisslich Sprechen --
in hantum dera zungun k*euuisso* sprehhan --
38,6 **in manibus linguae.“[32]** (6) **Na*m* loqui &**

Lehren (dem) Lehrer[33] geziemt Schweigen
leerran meistre kerisit suuigeen
38,7 **docere magistrum condec&, tacere**

---

30 *dicitur* : *qhuuidit*: lat. Passiv, „es heißt“, ahd. Aktiv „er sagt“; gedacht ist an Salomon/Jesus als Sprecher.

31 Prov. 10,19.

32 Prov. 18,21.

33 *magistrum* ist lat. im Akk. zu *condecet*, ahd. *meistre* im Dat. passend zu zu *kerisit*.

Text Hanslik	Cod SG 916 38,8–38,16
7 Et ideo si qua requirenda sunt a priore, **cum omni humilitate et subiectione reuerentiae requirantur.**	**con summa reuerentia, ne uideatur plus loqui quam expedit**
8 **Scurilitates** uero **uel uerba** otiosa et risum mouentia aeterna **clusura** in omnibus locis damnamus et ad talia eloquia discipulum aperire os non permittimus.	**Scurilitatis uero et uerba clausura**

7 Und übrigens: Wenn etwas vom Vorgesetzten erbitten ist, soll es mit aller Demut und Untergebenheit erbeten werden.

8 Albernheiten aber oder müßige, zum Lachen aufreizende Worte verbannen wir allerorts zu ewiger Einschließung und lassen den Schüler zu solchen Reden den Mund nicht öffnen.

34 ***Scurjlitatis***: wohl als spätlateinischer Akk. Plur. zu *scurilitas* zu verstehen; entsprechend ahd. *skern* Akk. N. Plur. „Albernheiten".

35 Der kritische Text (Hanslik) hat *uel* statt *et*; *et* bleibt in der interlinearen Übersetzung regelmäßig unübersetzt.

36 *aeterna clausura* (Ablativ) *[...] damnamus* „durch ewigen Ausschluss (= ein für allemal) [...] verdammen wir"; die ahd. Wiedergabe als Akk. (Nom.?) *euuigiv piloh* „ewige Einschließung (Klausur)" ist falsch und ergibt keinen Sinn; vgl. Masser, Kommentar St. Gallen Cod. 916 zu 38,13.

	und	Hören	(für) (den) Schüler	(es) gehört sich		--	deshalb
	Indi	**horran**	**diskin**	**kelimfit**		**--**	**pidiu**
38,8	**&**	**audire**	**discipulum**	**conuenit.**	(7)	**Et**	**ideo**

	wenn	irgendwelche (Dinge)	zu verlangen	sind	von (dem)	Vorgesetztem	mit der
	Ibu	**huuelihhiv**	**ze suahhanne**	**sint**	**fona**	**heririn**	**mit dera**
38,9	**si**	**qua**	**requirenda**	***sunt***	**a**	**prjore,**	**cum sum-**

	höchsten	Ehrerbietung	damit nicht	sei gedünkt	mehr
	furistun	**eruuirdii**	**min**	**si keduht**	**meer**
38,10	**ma**	**reuerentia,**	**ne**	**uideatur**	**plus**

	(zu) sprechen	als	dienlich ist		Albernheiten
	sprehhan	**denne**	**piderbit**		**skern**
38,11	**loqui**	**qua*m***	**expedit.**	(8)	**Scurjlitatis**[34] **ue-**

	gewisslich	--	Worte	überflüssige	--	Gelächter	weckende
	ke*uuisso*	**--**	**vvort**	**vppigiv**	**--**	**hlahtar**	**vveckentiv**
38,12	**ro**	**&**[35]	**uerba**	**otjosa**	**&**	**rjsu*m***	**mouentja,**

	ewige	Einschließung[36]	an	allen	Orten
	euuigiv	**piloh**	**Jn**	**alleem**	**st&im**
38,13	**a&erna**	**clausura**	**in**	**o*m*nib*us***	**locis**

	(wir) verdammen	und	von	solcher	Rede[37]
	nidarremees	**indi**	**fona**[38]	**solihheru**	**sprahhv**
38,14	**da*m*na*mus*,**	**Et**	**ad**	**talia**	**eloquia**

	(den) Schüler	öffnen	(den) Mund	nicht (wir) zu-
	discun	**intluhhan**	**mund**	**nifarlazza-**
38,15	**discipulum**	**aperjre**	**os**	**non pe*r*mitti-**

	lassen
	mees
38,16	**mus.**

---

37 *talia eloquia* Akk. Plur., abhängig von *permittimus*; *solihheru sprahhv* Dat. Sing., abhängig von *farlazzamees [...] fona*.

38 ***ad talia***: *fona solihheru*: zu erwarten wäre *ze solihheru*; vielleicht hat der Übersetzer *a* statt *ad* gelesen, daher dann *fona* statt *ze*; dagegen spricht, dass bei *a* nicht *talia* sondern *talibus* hätte stehen müssen, wogegen wiederum der Sing. *solihheru* spricht; vgl. Masser, Kommentar St. Gallen Cod. 916 zu 38,14.

Anhang
Aus der Zwiefaltener mhd. Interlinearversion der Benediktinerregel

[2]**VL 1** (1978) Sp. 707 (Norbert Richard Wolf). – [2]**VL** 11 (2000) Sp. 237.
Ü.: Stuttgart, LB cod. theol. et phil. 4° 230, hier fol. 10v-11r
Abb.: vollständiges Digitalisat der Hs. in Farbe: http://digital.wlb-stuttgart.de/sammlungen/sammlungsliste/werksansicht/?no_cache=1&tx_dlf%5Bid%5D=969&tx_dlf%5Bpage%5D=24&tx_dlf%5Bdouble%5D=0&cHash=66833b1283797eb3aff7451844f09641.
Dat.: 13. Jh., 1. Viertel (Karin Schneider, Gotische Schriften I, S. 105–107).
Spr.: ostalem.
Ed.: Selmer, Middle High German Translations. – Referenzkorpus Mittelhochdeutsch (1050–1350), http://www.linguistics.rub.de/rem/.
Lit.: Simmler, Benediktinerregeln. – Simmler, deutschsprachige Überlieferung.

Text nach Selmer und Digitalisat. Die Bezifferung bezieht sich auf die für die Benediktsregel übliche.

39 ***spriht***: Hs. *sprich*.
40 ***debet***: *debere* RB.

cap. 6
Vom Schweigen
Von der svigunge.
De taciturnitate

Tun wir das da spricht der Weissager ich sprach ich möge behüten die Wege meine
Wir tv̊gen daz da sprih*t*[39] der wissag. ih sprah ih behv̊te di weg min.
1 Faciamus quod ait propheta: Dixi custodiam uias meas,

auf dass nicht ich sündige an der Zunge mein Ich setzte dem Munde mein die Behütung
daz nit ih sunde an der zungun min. Jh sazt dem mūde mī di hv̊hte.
ut non delinquam in lingua mea. Posui ori meo custodiam,

Ich verstummte und gedemütigt ich bin und schweige von guten
Jh stummet vñ gedemv̊th ih bin vñ svigh vō gv̊ten.
obmutui et humiliatus sum et silui a bonis.

Hier zeigt der Weissager wenn von guten Reden unterweilen
Hie ovget der wissag. ib vō gv̊ten redin understunden
2 Hic ostendit propheta, si a bonis eloquiis interdum

umwillen die Verschweigung soll versstummt werden
durh di svigunge sol gesviget werdī
propter taciturnitatem debet[40] taceri,

viel mehr von üblen Worten umwillen die Strafe der Sünde
uil me vō ublen wortin durh di wize der sunde
quanto magis a malis uerbis propter penam peccati

soll werden vermieden
sol werden virmitē.
debet cessari

Davon wie immer von guten und heiligen und (der) Besserungen Reden
Davō svieso von gv̊ten vñ hailigñ vñ bezzirunge redin
3 Ergo quamuis de bonis et sanctis et edificationum eloquiis

den vollkommenen Jüngern umwillen der Schweigung Schwere
den vollekomnē iungirn dvrh der svigunge svâri
perfectis discipulis propter taciturnitatis grauitatem

(die) seltene zum Reden werde verliehen Erlaubnis
seltiniv ze redende werde uirlihen urlob.
rara loquendi concedatur licentia,

denn geschrieben ist in Vielheit (des) Geredes nicht du entflöhest die Sünde
wā gescribē ist in vil redunge nit dv inphluhes di sunde.
4 quia scriptum est: In multiloquio non effugies peccatum;

und anderswo: der Tod und das Leben in den Händen der Zunge
vñ anderswa. der tot vñ daz leben in den hendī der zungṽ.
5 Et alibi: Mors et uita in manibus linguae.

denn reden und lehren den magister wohl ziemt (sich)
wan redin vñ leiren den maister wol zimet
6 Nam loqui et docere magistrum condecet,

Schweigen und Hören dem Jünger wohl(be)kommt
swigen vñ horin dem iungir wolkumit.
tacere et audire discipulo[41] conuenit

und davon wenn etwaige (Dinge) zu (er)fragende seien von dem *priore*
vñ davō ib etslichiv ze uragende sin vō dem priore
7 Et i deo, si qua requirenda sunt a priore,

mit alle Demut und Untertanheit der Ehre sie sollen werden gefragt
mit alle demv̊thi vñ vndertani der êre si werdin vraget
cum omni humilitate et subiectione reuerentie requirantur

auf dass nicht werde bedünkt mehr reden denn es zugute kam
daz nit werde bidunkit mer redin dan ez kom
ne uideatur plus loqui quam expedit.

Albernheiten aber oder Worte müßige und das Gelächter erregende
schimflihtin aber oder wort mv̊zigiv vñ daz lahtir weginde
8 Scurilitates uero uel uerba ociosa et risum mouentia

mit ewigem Schloss an allen Stätten (wir) verdammen
mit ewigē slozze in allen stetin wirdamnen
eterna clausura in omnibus locis damnamus

und zu solcher Rede den Jünger auftun den Mund nicht wir verhängen
vñ zi selcheri rede den iungir vfhtv̊n den mūt nit wir virhengñ.
et ad tale eloquium[42] discipulum aperire os non permittimus.

41 ***discipulo***: *discipulum* RB
42 ***tale eloquium***: *talia eloquia* RB

54 Althochdeutsches Bruchstück der Lex Salica und Malbergische Glossen Steinmeyer Nr. 10 MGH LL nat. Germ. 4,1 und 4,2

[2]**VL** 1 (1978), 303–305 **‚Althochdeutsche Lex Salica'** (Stefan Sonderegger). – **VL** ahd. und as Lit. (2013), S. 236–238. (Ruth Schmidt-Wiegand, Falko Klaes). – Weitere Lexikon-Artikel: Lateinische Lex Salica: LexMa 5 (1991), Sp. 1931–1932 (Ruth Schmidt-Wiegand). – Lex Salica RGA 18 (2001), S. 326–332 (Ruth Schmidt-Wiegand). – Malbergische Glossen: [2]VL 5 (1985), 1193–1198 (Ruth Schmidt-Wiegand). – Malbergische Glossen: HRG 1. Aufl. Bd. 3 (1978), Sp. 211–215 (Ruth Schmidt-Wiegand). – Malbergische Glossen: RGA 19 (2001), S. 184–187 (Ruth Schmidt-Wiegand), mit reicher Bibliograhie.

Ü.: Trier, StB, Ahd. und mhd. Fragmenten-Mappe X, Fragment 1; das innere Doppelblatt einer Lage; Mainzer Schreibschule (nicht Fulda); Rest einer ehemals vollständigen Übersetzung der ‚Lex' aus einer Handschrift des Klosters St. Maximin, Trier (Laufner).

Das Fragment lässt auf eine ehemals vollständige Handschrift der ahd. Lex Salica schließen, deren Texte davor und/oder danach im Verbund mit weiteren Texten vergleichbarer Art (Leges) gestanden haben werden. Vor dem erhaltenen Stück werden mindestens zwei Blätter der ahd. Übersetzung mit dem Anfang des Titelverzeichnisses verloren sein; danach muss der komplette Text der ahd. ‚Lex Salica' gestanden haben. Aus dem Umfangsvergleich der ‚Lex' in anderen Handschriften, etwa der K-Klasse, ergibt sich, dass danach noch ca. 20–30 Blätter ihres Textes verlorengegangen sind. Mit den ca. 20–30 Blättern dieser Handschrift hat die ahd. Lex Salica zu den wenigen ahd. Texten größeren Umfangs gehört, die zu dieser Zeit verschriftet wurden.

Abb.: farbiges Volldigitalisat des ahd. Fragments: https://mrfreidank.de/abbildungen/Trier_SB_MappeX_Fragm_1_recto.jpg.
https://mrfreidank.de/abbildungen/Trier_SB_MappeX_Fragm_1_verso.jpg.

Dat.: Hs. der Althochdeutschen Lex Salica: 9. Jh., 2. Viertel, Mainzer Schreibschule. – Textentstehung: ahd. nach sprachlichen Kriterien frühes 9. Jh.; die lat. Quelle 802/803.

Spr.: fränk.-bair. Sprachmischung (oder rheinfr.?).

Ed.:
Althochdeutscher Text:
[4]MSD I Nr. 65, S. 226–228 (Text). – Steinmeyer Nr. 10, S. 55–59 (Text). – Schlosser, S. 282–285 (Text). – Müller, S. 40–43 (Text). – Sonderegger, Lex-Salica-Übersetzung. – Eckhardt, Pactus. (s. Lit.; der ahd. Text ist hier im Zusammenhang der Editionen der lat. Pactus-Texte ediert).
Lateinische Texte:
Hessels, The ten Texts. (10 Lex Salica-Texte in synoptischem Druck).

Als Referenztext gilt heute die monumentale, in zwei Bänden der MGH veröffentlichte Ausgabe von Karl August Eckhardt (MGH LL nat. Germ.; zit. Eckhardt MGH 4,1 und MGH 4,2). Auch diese Ausgabe bietet die ‚Lex'-Texte in synoptischem Druck der von Eckhardt unterschiedenen Textklassen:

- Eckhardt, MGH 4,1: Pactus Legis Salicae

  Dieser Band (MGH 4,1) enthält auch das ahd. Fragment, das der Textklasse K (= Lex Karolina) des ‚Pactus' als Klasse V (=volksprachlich) zugeordnet wird, ebd. S. 12–14 (ahd. Titelverzeichnis) und S. 18–25 (ahd. Texte zu Titel 1 und 2 als Kopftexte der Edition).[1]
- Eckhardt, MGH 4,2: Lex Salica

Lateinische Textklassen und Editionen

Eckhardt unterscheidet 8 Textklassen der Überlieferung außer H:

A, B, C (merowingische Pactus legis Salicae, 65 Titel-Text)

D, E (frühkarolingische Lex Salica, 100 Titel-Text, mit Übersetzung)

K, S, V (Formen der nach der Kaiserkrönung Karls d. G. entstandenen Lex Salica, 70 Titel-Text)

Eine eigene, H genannte Klasse der ‚Lex'-Überlieferung bildet die Edition des Frühdrucks von:

- Basilius Johannes Herold: Basilii Ioan. Herold Originum ac Germanicarum antiquitatum libri [...] Basilea 1557.

  Der Wert dieses Frühdrucks besteht darin, dass Herold noch über heute verschollene Handschriften verfügte (näher zu Herolds Ausgabe: Eckhardt MGH 4,1, S. XXVIII, zum textkritischen Wert von H ebd., S. X).

Zu verweisen ist noch auf die älteren Ausgaben Eckhardts, die auch deutsche Übersetzungen der lat. Texte bzw. in II/2 des ahd. Fragments bieten:

Karl August Eckhardt,

- Pactus legis Salicae. Bd. I,1. Einführung und 80 Titel-Text. Göttingen 1954. zit. Eckhardt I,1
- Pactus legis Salicae. Bd. I,2. Systematischer Text. Göttingen 1957. (Germanenrechte N. F. [1,] 2)
- Pactus Legis Salicae. II,1. 65-Titel-Text. Göttingen 1955 (Germanenrechte NF. Westgermanisches Recht) (mit Übersetzung, zit. Eckhardt II,1).
- Pactus Legis Salicae. II,2. Kapitularien und 70 Titel-Text. Göttingen 1956 (mit dem Fragment der ahd. Übersetzung und nhd. Übersetzung).
- Lex Salica, 100 Titel-Text. Weimar 1953 Germanenrechte N. F. Westgermanisches Recht; zum ‚Pactus' gezählt als Bd. I,3, mit Übersetzung).

Verwirrend ist, dass die Bezeichnung ‚Lex Salica' als Oberbegriff sowohl für die Handschriftenklassen des textgenetisch, aber nicht immer auch überlieferungsgeschichtlich älteren ‚Pactus legis Salicae' gebraucht werden (Textklassen A, B, C und K mit V; Eckhardt MGH 4,1), als auch für die textgenetisch jüngeren Textlassen der ‚Lex Salica' (Textklassen D, E und S, Eckhardt MGH 4,2).

Lit.: [4]MSD II, Nr. 65, S. 361–365 (Kommentar). – Kelle, LG 1, S. 131 und S. 353. – Kögel, LG I,2, S. 418–424 (malbergische Glosse) und S. 499–502 (ahd. Übersetzung). – Ehrismann, LG 1, S. 263–264 (Die Malbergische Glosse), S. 352–353 (Bruchstück der ahd. Übersetzung). – Baesecke, LG II,2, hier S. 52–55 (immer noch lesenswert). – Haubrichs, Die Anfänge, S. 152–155. – Geffcken, Lex Salica. – Kern, Glossen

1 Hier steht das ahd. Fragment auf den Seiten S. 12–14 (Verzeichnis der Titel) und 18–25 (Text der Titel) als Textklasse V (volksprachlich) zusammen mit seiner als Textklasse K (karolingisch) oder ‚Lex Salica Karolina' bezeichneten lat. Quelle. Zur editorischen Problematik von Eckhardts MHG-Ausgaben Ruth Schmidt-Wiegand, Die kritische Ausgabe der Lex Salica – immer noch ein Problem? Zeitschrift der Savigny-Stiftung für Rechtsgeschichte: Germanistische Abt. 76 (1959), S. 301–318.

(1869). – Kern Frankish words in the ‚Lex salica‘ (1880). – van Helten, Zu den malbergischen Glossen. – Schlosser, S. 394 (Kommentar). – Müller, S. 292–294 (Kommentar). – Schmidt-Wiegand, Stammesrecht

Von den Arbeiten aus diesem Sammelband sind hier benutzt:
- Untersuchungen zur Entstehung (1951/52),
- Zur Geschichte (1957),
- Das fränkische Wortgut (1967),
- Die malbergischen Glossen (1968),
- Westfränkisch (1968),
- Soziale Schichten (1972),
- Der „Bauer" (1975),
- Die volksprachigen Wörter (1979),
- Chrenecruda (1980),
- Rechtssprache (1989).–

Schmidt-Wiegand, Sermo rusticus. –
Seebold,
seit 2007 und bis 2019 dreizehn Beiträge zu Malbergischen Glossen in der Lex Salica und anderen Stammesrechten; s. im Einzelnen das Literatur- und Abkürzungsverzeichnis. –
Simone, Lex Salica. – Sonderegger, Die ahd. Lex-Salica-Übersetzung. – Steiner-Wetz, Schrift. – Ubl, Sinnstiftungen. – Wich-Reif, Malbergische Glossen. – Fischer Drew, The Laws. – Gysseling De Germaanse woorden. – Hilker-Suckrau, Hausbau. – Kiesler, Einführung. – Laufner, Trierer Klosterbibliothek. – Maas, Freilassung. – Quak, Freilassungsformel 2008. – Quak Freilassungsformel 2016.

Für den gegenwärtigen Forschungsstand stehen zur Verfügung Seebold, Die malbergischen Glossen, Einführung, und Seebolds eben erwähnten, seit 2007 und bis 2019 erschienene dreizehn Beiträge zu Malbergischen Glossen in der Lex Salica und anderen Stammesrechten. Für den Fußnotenkommentar zu der ahd. Übersetzung des zweiten Titels der Lex Salica *Fon điubu suino* konnte hier glücklicherweise Seebold, Tierdiebstähle ausgewertet werden.

Methodisch wichtig sind die phonologischen Analysen bei van Doorn, The Malberg Glosses.

Beiträge in Lexika

- Ahd. Lex Salica ²VL1 (1978), Sp. 303–305 (Stefan Sonderegger).
- Lex Salica. LexMa 5 (1991), Sp. 1931–1932 (Ruth Schmidt-Wiegand).
- Lex Salica. RGA 18 (2001), S. 326–332 (Ruth Schmidt-Wiegand).
- Recapitulatio legis Salicae. HRG 1. Aufl (1990), S. 223–224 (Ruth Schmidt-Wiegand)
- Rechtssprache. HRG 1. Aufl. 4 (1996), Sp. 344–360. (Ruth Schmidt-Wiegand)
- Chrenecruda. HRG 1, 2. Aufl. (2008), Sp. 839–840. (Ruth Schmidt-Wiegand).
- Denar. RGA 5 (1984), S. 309–312 (Peter Berghaus).
- Pfennig. LexMa 6, Sp. 2028–2029 (Peter Berghaus).
- Solidus. LexMa 7 (1995), Sp. 2034 (Peter Berghaus);
- Solidus. RGA 29 (2005), 229–230 (St. Krmnicek)
- Merowingische Münzen. RGA 19 (2001), S. 598–600 (Arent Pol).
- Freigelassene. RGA 9 (1995), S. 537–548, besonders S. 538–542 (Gabriele von Olberg).
- Freilassung. LexMa 4 (1989), Sp. 901–902 (Pierre Bonnassie).
- Lite RGA 18 (2001) S. 516–519 (Gabriele von Olberg).
- Liten LexMa 5 (1991), Sp. 2016–2017 (Dieter Hägermann, A. Hedwig).
- Schatzwurf – LexMa 7 (1995), Sp. 1442–1443 (Karl Kroeschell)

Wörterbücher
ChWdW8
ChWdW9
Grimm DWB

Einführung

Der Vorspann zu diesem Stück ist mit Rücksicht darauf ausführlicher gehalten, dass das leider sehr kleine Fragment des ahd. Textes für sich allein dem germanistischen Mediävisten bei allzu knapper Kommentierung wohl wenig sagen würde.

Die ‚Lex Salica' ist ein Gesetzeswerk, das von der Forschung überwiegend in die Zeit zwischen 507 und 511 datiert wird, wobei eine (erheblich?) frühere Datierung nicht gänzlich ausgeschlossen ist. Das Werk soll, wie meist, aber nicht unumstritten, angenommen wird, im Auftrag des Frankenkönigs Chlodowech I. (482–511) in lateinischer Sprache das salfränkische, zuvor mündlich und volkssprachig tradierte Stammesrecht verschriftet haben. Spuren von Anlehnung an das römische Recht sind dabei kaum auszumachen. Dennoch war die Schriftlichkeit der römischen Gesetzesbücher Vorbild für die lateinische Verschriftung des salfränkischen Rechts. Die Prologe und Epiloge des Werks machen Angaben zu Ursprung und Weiterentwicklung des Werks. Es wird eine mythisch gefärbte Entstehungsgeschichte erzählt. Der Sage nach sollen vier in der mündlichen Tradition des Frankenrechts bewanderte Männer zusammengekommen sein, um das Werk für die schriftliche Aufzeichnung bereit zu stellen: Salegast aus aus Saleheim, Arogast (ohne Herkunftsangabe), Bodogast aus Bodoheim und Widogast aus Widoheim. So berichten es noch die späten Prologe des Werkes. Die „sprechenden" Personen- und Herkunftsnamen verweisen darauf, dass alle vier Stände mit den für sie kennzeichnenden Wohnformen und regionalen Herkünften als Garanten dafür beansprucht sind, dass die Gesetze des Buches allen Ständen, Lebensformen und Siedlungsgebieten der Salfranken gerecht werden. (Seebold, Die malbergischen Glossen, Einführung, S. 397–400).

In der jahrhundertelangen Tradierung dieses Rechtsbuches bildeten sich von der zweiten Hälfte des 8. bis zum Beginn des 10. Jahrhunderts mit Ausläufern bis ins 16. Jahrhundert nach der Darstellung von Karl August Eckhardt die o. g. unterschiedlichen Textklassen mit über 80 Handschriften des ‚Pactus' bzw. der ‚Lex' heraus. ‚Pactus' wie ‚Lex' bestehen aus zwei Arten von sog. „Titeln": zum einen aus den häufigeren sog. „Bußtiteln" oder „Bußweistümern", die jeweils bestimmte Straftaten und die ihnen zugemessenen Bußen (Strafmaße) behandeln, zum andern aus sog. „Konstitutionstiteln", das sind solche Titel, in denen nicht Straftaten, sondern die nach Rechtsbrauchtum einzuhaltende Ordnung des gerichtlichen Prozedere für bestimmte Rechtssetzungen beschrieben wird. Die Buß- wie auch die Konstitutionstitel wiederum sind in einzelne Paragraphen unterteilt. Dem Textkorpus der ‚Lex' geht in den Handschriften regelmäßig ein Verzeichnis der jeweils aufgenommenen Titel voraus. Die Titel werden dann immer vor den Texten als Überschriften wiederholt. Mit mehr als 60 Handschriften am reichsten überliefert ist die entstehungsgeschichtlich jüngste Klasse K (Karolina), in der Forschung ‚Lex Salica Karolina' genannt. Eckhardt ordnet sie den ‚Pactus'-Klassen zu. Die Übersetzung des ahd. Bruchstücks, Klassen-Sigle V (volkssprachig), vertritt als „Unterklasse" und einzig volkssprachiger Text die Klasse K (Lex Karolina), der die lateinische Vorlage der ahd. Übersetzung angehört haben soll.

Die Forschung geht davon aus, dass die K-Handschriften als sprachliche und sachliche Revision der älteren Texte eine Version des ‚Pactus legis Salicae' überliefern, die von Karl d. Gr. in Auftrag gegeben wurde, selbstverständlich in lateinischer Sprache. Das lässt sich in Zusammenhang bringen mit einer Nachricht der Lorscher Annalen zum Jahr 802, wo man über eine Reichssynode in Aachen erfährt:

et ipse imperator [...] congregavit [...] duces, comites et reliquo christiano populo cum legislatoribus, et fecit omnes leges in regno suo legi, et tradi unicuique homini legem suam, et emendare ubicumque necesse fuit, et emendatam legem scribere, et ut iudices per scriptum iudicassent, et munera non accepissent.
Lorscher Annalen zum Jahr 802: MGH SS in Folio 1 [Annales et chronica aevi Carolini], S. 39.

Der Kaiser selbst versammelte [...] Herzöge, Grafen, und für das übrige christliche Volk veranlasste er auch mit den Rechtskundigen, dass alle Gesetze in seinem Reich jedem Manne (vor) gelesen und übergeben (übersetzt?) werden sollten, jedem Manne sein Gesetz, und dass gebessert würde, wo immer es nötig war, und das verbessertes Gesetz aufzuschreiben, und dass die Richter aufgrund des Geschriebenen urteilen und keine Geschenke annehmen sollten.

Wohl kann dies als Zeugnis dafür gewertet werden, dass Karl eben K, diese lateinische Erneuerung des alten Gesetzeswerks und seine Beachtung, zu Anfang des 9. Jahrhunderts in Auftrag gegeben und verordnet hätte. Durchaus nicht deutlich scheint mir aber, dass hier zugleich der Auftrag für eine volkssprachige Übersetzung des Gesetzestextes bezeugt ist, wie oft angenommen wird. Das hängt davon ab, ob man *tradi* in der Wendung *fecit legi et tradi* als „übersetzen" verstehen darf. Dafür steht mittellateinisch normalerweise *transferre* oder auch *interpretari*, während *tradere* im gegebenen Kontext auch bloß „zur Verfügung stellen" bedeuten kann. Man sollte also nicht ohne weiteres annehmen, dass hier ein Auftrag Karls zur Übersetzung der Lex Salica in die Volkssprache bezeugt ist, und darüber hinaus, dass unser ahd. Lex-Salica-Fragment eben diese Übersetzung sei und gar, dass sie auf seine Verordnung hin zum mündlichen Vortrag in der Öffentlichkeit bestimmt gewesen sei.

Auch die Verordnung eines Kapitulars, das Karl anscheinend wenig später, nämlich bald nach 803 erlassen hat, könnte hierauf bezogen werden. Danach sollten nicht nur die Geistlichen verschiedenen Standes auf „Kenntnis und Verständnis" ihrer jeweiligen lateinischen „Leges" hin examiniert werden, sondern ebenso auch die Laien für die sie betreffenden „Leges" auf deren „Kenntnis und Verständnis" hin, wobei dieses Mal offenbleibt, ob darunter lateinisch schriftliche oder volkssprachig mündliche bzw. sogar schriftliche Texte vorausgesetzt sind:

Interrogationes examinationis:

Interrogo vos, presbyteri, quomodo [...] Canones vestras, nostis vel intellegitis. [...].
Canonicos interrogo, si secundum canones vivant an non [...].
Abbates interrogo, si regulam (sc. Benedicti) scitis vel intellegitis [...].
Laicos etiam interrogo, quomodo legem ipsorum sciant vel intellegant.
MGH Capitularia 1, S. 234–235.

Prüfungsfragen:

Ich frage euch Priester, wie weit ihr eure Canones kennt und versteht, [...].
Die Kanoniker frage ich, ob sie gemäß den den Kanoniker-Regeln leben oder nicht.
Euch Äbte frage ich, ob ihr die Regel Benedikts kennt und versteht [...]
Und auch die Laien frage ich, wie weit sie ihr eigenes Recht kennen und verstehen.

Nach sprachgeschichtlichen Kriterien könnte die als Fragment erhaltene ahd. Übersetzung zwar am Anfang des neunten Jahrhunderts entstanden sein. Überlieferungsgeschichtlich weisen paläographische Merkmale die Handschrift aber erst in das zweite Viertel des neunten Jahrhunderts und auf Herkunft aus einer Mainzer Schreibschule. Aus regionalsprachlichen Gründen könnte, wenn schon nicht die Handschrift, so doch der Text recht wohl in Fulda entstanden sein. Beides, die regionalsprachliche Lokalisierung und der chronologisch-paläographische Ansatz der Handschrift, könnte entstehungsgeschichtlich für die Herkunft der Übersetzung aus dem Umkreis des Hrabanus Maurus als Abt von Fulda (822–842) und späterem Erzbischof von Mainz (847–856) sprechen. Karl August Eckhardt spricht mit Bezug auf Handschrift und Text des ahd. Fragments vorsichtig von einer „Privatarbeit" (Eckhardt MGH 4,1 S. XL) aus der Zeit Ludwigs des Frommen, also nicht von einem obrigkeitlichen Auftrag, die Lex zu übersetzen, sie offiziell zu verbreiten und damit rechtlich verbindlich zu machen.

Nun kommt einigen lateinischen Texten der ‚Lex Salica'-Überlieferung unabhängig von alledem philologisch, sprach-, rechts- und kulturgeschichtlich eine ganz besondere Bedeutung zu. Sechs Handschriften enthalten in unterschiedlichem Ausmaß die sog. „malbergischen Glossen", das sind im einzelnen die Handschriften (mit paläographischer Bestimmung ihrer Herkunft)

A 1 (zwischen 800 und 814, Nähe Tours)
A 2 (nach 751 und vor 768, Burgund, in Nord- oder Ostfrankreich)
C 6 (9. Jahrhundert, 2. Viertel, mittelalterliche Herkunft unbekannt, wohl französisch)
D 7 (9. Jahrhundert, 2. Viertel, Troyes)
D 8 (9. Jahrhundert, 1. oder 2. Viertel, aus der Nähe des Aachener Hofes)
D 9 (793, Westschweiz)

Außerdem begegnen die malbergischen Glossen noch im Druck des Basilius Ioannes Herold (s. o.), der noch über heute verlorene mittelalterliche Handschriften verfügte.

> Sehr schöner Überblick über die Handschriften mit den malbergischen Glossen van Doorn, The Malberg Glosses, S. 2–4.

Die malbergischen Glossen sind volkssprachige Ausdrücke der alten salfränkischen Fachsprache des Rechts, die ihrem Ursprung nach als Sprachzeugnisse des fünften oder frühen sechsten Jahrhunderts anzusehen sind und damit zur ältesten deutschen, oder genauer west- bzw. salfränkischen Sprachüberlieferung gehören. Die Forschung nimmt an, dass diese Wörter zunächst an einschlägiger Stelle am Rand der Handschriften des lateinischen Gesetzestextes standen, vielleicht mit Verweiszeichen zur Verlinkung von Textstelle und Textrand. So hätten sie dem Richter die Auffindung des einschlägigen Paragraphen für den Fall erleichtern können, über den er Urteil sprechen sollte. Später wären diese Wörter vom Rand in den Text gewandert, wo man sie fortan nur noch antrifft, manchmal auch an falscher Stelle. Das fränkische Rechtswort steht im typischen Fall zwischen *mallobergo* und *hoc est*, es ist also nicht eine Glosse im Sinne der Verdeutschung eines in seiner Umgebung stehenden lateinischen Wortes. Wenn z. B. die Straftat *mosido* heißt, was als Beraubung zu verstehen ist, dann sieht die Aufzeichnung so aus:

> *mal. ‚mosido' hoc est*:
> auf dem Malberg ‚Beraubung' ist das

„Malberg" ist dabei als *mahalberg* „Gerichtsplatz auf einem Berg" zu verstehen, *in mallobergo* steht also formelhaft für „vor Gericht" überhaupt, also für die Institution, nicht mehr, wie wohl ursprünglich, für einen bestimmten Ort, an dem sie sich befand.

Über die im engeren Sinn malbergischen Glossen hinaus gibt es in den Texten der ‚Lex'-Paragraphen auch noch sogenannte „Restwörter" oder „Einsprengsel" volkssprachiger Wörter, im Folgenden zur Unterscheidung von den „eigentlichen" malbergischen Glossen „Textwörter" genannt; diese „allgemeinsprachlichen", nicht unbedingt rechtsterminologischen Wörter sind dann im lateinischen Gesetzestext – sei es in latinisierter Form, sei es in originaler Lautung/Schreibung – beibehalten worden, wenn sich für sie keine passende lateinische Übersetzungsgleichung einstellen wollte oder das nicht erforderlich schien. Die malbergischen Glossen sind in einem „Glossar" und die „Textwörter" in einem „Wortregister" der MGH-Ausgabe Eckhardts alphabetisch erfasst. Bei den malbergischen Glossen des Glossars zähle ich 159 Einträge; dabei sind nur die mit * gekennzeichneten gezählt, für die durch sprachwissenschaftliche Analysen versucht wurde, die ursprüngliche Form und Bedeutung des Wortes zu ermitteln. Jedes dieser Wörter stellt die sprachhistorische Forschung vor mehr oder weniger große Probleme, deren versuchte Lösungen im Einzelfall oft problematisch sind. Anzuwenden ist dabei eine komplexe Methodik: Beachtung des historisch-kulturellen, des rechtsgeschichtlichen und des Sachzusammenhanges, in dem die Glossen begegnen (Schmidt-Wiegand, Westfränkisch), reiche Kenntnisse der älteren und rezenten germanischen Sprachen, gelegentlich auch des Keltischen, des Vulgär- und Mittellateinischen, Beachtung paläographischer Eigentümlichkeiten, typischer Schreibversehen und manches andere mehr (s. Eckhardt, II,1, S. 73–89).

Denn die Franken, oder genauer: die Menschen, die unter der Geltung der ‚Lex' lebten, auch wenn sie nicht im gentilen Sinn Franken waren, haben während des Überlieferungszeitraums ihrer ‚Lex' vom sechsten bis zum achten Jahrhundert in den von ihnen eroberten, heute französischen oder belgischen Siedlungsgebieten die fränkische Sprache aufgegeben und sprachen allmählich nur noch ein regionales, Vulgärlatein, d.h. ein „frankolateinisches" Idiom, ein Latein also, das auch fränkische Elemente enthielt. Lange vor Beginn der erhaltenen Verschriftlichung der ‚Lex', die erst mit dem letzten Viertel des achten Jahrhunderts einsetzt (Hs. A 2), haben die sprachlich bald romanisierten Schreiber die malbergischen Glossen und auch manche der „Einsprengsel" bzw. „Rest-" oder „Textwörter" nicht mehr verstanden, haben sie manchmal in falsche Kontexte gesetzt und in sehr entstellten Formen abgeschrieben, sei es versehentlich, sei es in der Absicht den Texten durch „Besserungen" aufzuhelfen, also durch Konjekturen oder Emendationen. Erstaunlich ist eigentlich, dass sie die malbergischen Glossen überhaupt so lange abschrieben, noch mindestens bis ins zweite Viertel des neunten Jahrhunderts (Hss. C 6, D 7). Vielleicht war das zunächst eine Geste der Hochachtung vor der altehrwürdigen, mit einem auratischen Nimbus umgebenen und autoritativen Fachsprache des uralten Stammesrechts, oder auch eine Vorsichtshaltung, um auf jeden Fall Fehler zu vermeiden, die bei der Rechtsprechung ungünstige Folgen haben konnten. Es gibt aber auch schon in der wohl ältesten Handschrift A 2 den kuriosen Fall, dass sich ein Schreiber über die seltsamen Rechtstitel und unglaublich hohen Bußleistungen, die durch sie verlangt werden, einfach amüsiert und sich zur Parodie eines Bußtitels inspirieren lässt (sog. *Additamentum ioculare*, Text unten im Anhang 2, S. 749), nachdem er die malbergischen Glossen in seiner Abschrift der ‚Lex' allerdings treulich kopiert hat. – Übrigens scheint dem Kauderwelsch dieser entstellten Wörter das – ebenfalls fachsprachliche – Abrakadabra unverstandener Zauberworte im magischen Fachschrifttum vergleichbar; auch für sie sind ja ursprünglich durchaus verständliche Formen und Bedeutungen später missverstandener Wörter vorauszusetzen.

Tatsächlich wurden aber schon seit ca. 800 in den meisten Handschriften der ‚Lex' die malbergischen Glossen mehr oder weniger komplett fortgelassen, so z. B. in den sechs Handschriften der Klasse E. Die volkssprachigen oder latinisierten volkssprachigen „Textwörter" bleiben aber oft bewahrt; sie wurden sicherlich oft noch verstanden, manche sind sogar als Lehnwörter in den Sprachgebrauch des Mittellateinischen eingegangen. So hat Handschrift A 3, um 800 in Deutschland geschrieben, zwar die malbergischen Glossen für griechisch gehalten und wegen ihrer Unverständlichkeit und Nutzlosigkeit komplett fortgelassen: *propter utilitatem intelligendi abstulimus hinc verba grecorum*, nicht so aber die volkssprachigen oder latinisierten volkssprachigen Textwörter. Ebenso verfahren die über 60 Handschriften der Klasse K, in der man wohl die o. erwähnte offizielle Revision der ‚Lex' erkennen darf, wie sie Karl der Große in Auftrag gegeben hat. Und eine nicht näher bestimmte Handschrift dieser Textversion soll der ahd. Übersetzung zugrunde liegen. Sie ist der K-Klasse („karolina" genannt) als einziger Repräsentant einer V („volkssprachig") genannten „Unterklasse" zugeordnet, nicht zuletzt wohl, weil auch in ihr, wie in den K-Handschriften, die malbergischen Glossen weggelassen sind.

Die Gestalt, in der das Fragment der ahd. Übersetzung hier angeboten wird, ist ungewöhnlich. Erhalten sind in ihr ja nur der Schluss des Titelverzeichnisses mit den Titelüberschriften LXI-LXX ohne deren Text, der ja erst nach dem Titelverzeichnis folgt. Die Überschriften I – LX des Titelverzeichnisses, die in der Handschrift einmal vor den erhaltenen Überschriften standen, sind verloren (vgl. die schematische Übersicht unten, S. 702–704). Vom Textanfang der ‚Lex' selbst erhalten sind dann nur der erste Titel (*De mannire / Herist fon meni*) und vom zweiten (*De furtis porcorum / điubiu suino*) nur dessen §§ 1–9 mit dem Anfang von § 10; die Texte der §§ 11–18 dieses Titels fehlen bereits ganz und danach natürlich alle weiteren Titel der ‚Lex'.

Damit der Leser erfährt, was sich hinter den erhaltenen Titel**überschriften** LXI-LXX inhaltlich verbirgt, sind in der vorliegenden Textpräsentation die zugehörigen lateinischen Titel**texte** (mit nhd. Übersetzung) nach der Textklasse K wiedergegeben, denn deren Text gilt als Quelle der ahd. Übersetzung. Die Textklasse K hat nun, wie erwähnt, die malbergischen Glossen fortgelassen. Für jeden germanistischen Philologen sind aber nicht zuletzt gerade sie das Besondere an der ‚Lex Salica', präsentieren sie doch nach der gotischen Bibel (4. Jh.; Handschriften 6.–8. Jh.) mit ihren Handschriften (Textklassen A, C und D: 8. und 9. Jh., s. o.) die älteste Überlieferung einer germanischen Sprache, wie sie dem Ursprung nach bis an den Anfang des 6. Jh.s zurückreicht. Für alle lateinischen Texte wird als Grundlage die MGH-Ausgabe von Karl Augst Eckhardt benutzt (MHG LL nat. Germ. 4,1 und 4,2). Sie bietet für alle Textklassen kritisch hergestellte Texte in Paralleldruck und immer oben auf den Seiten einen diese Klassen zusammenfassenden *textus compositus* der Gesamtüberlieferung, den ich „Kopftext" nenne. Mit Blick auf das ahd. Übersetzungsfragment ist in der folgenden Textpräsentation Eckhardts K-Text ausgezogen, mit Blick auf die malbergischen Glossen synoptisch dazu der „Kopftext". Dem ahd. Text selbst liegt die auch bei Eckhardt wiedergegebene, unübertreffliche Ausgabe von Elias von Steinmeyer zugrunde (Ahd. Sprachdenkmäler Nr. 10).

Die nhd. Übersetzungen stützen sich auf die Übersetzungen bei Eckhardt II,1 (wie o.). Allerdings war ich pedantisch genug, um die pompösen Potentialis-Konjunktive der lateinischen Texte nachzuahmen. Ich sehe in ihnen – bei aller Befremdlichkeit – ein Stilprinzip der Rechtsprache der ‚Lex', das bemerkt werden sollte. Bei den malbergischen Rechtswörtern selbst hat sich in der Forschung vielfach ein Übersetzungskonsens gebildet, der den wirklichen Übersetzungsschwierigkeiten zum Teil auf merkwürdige Weise ausweicht, seinerseits mit einem manchmal seltsam deutschtümelnden, juridischen Deutsch jüngeren, hoch-und spätmittelalterlichen Gebrauchs (z. B. „Magenhaftung" bei *se de parentilla tollere*), manchmal auch, indem für sachadäquat erachtete Ausdrücke des Nhd. unabhängig von den Originalwörtern gewählt werden (z. B. „Erdwurf" für *chrenedruda* statt – vielleicht besser? – „Reinigungskrume"). Ich bin mir bewusst, dass ich diesen Schwierigkeiten nicht zur Genüge gerecht geworden bin. Hier liegt noch eine Aufgabe.

Eckhardts MHG-Ausgabe weist in ihrem „Glossar" für die malbergischen Glossen und in ihrem „Wortregister" für alle übrigen volkssprachigen Wörter die sprachhistorischen Beiträge der älteren Forschung nach. Den gegenwärtigen Forschungsstand stellen allerdings (neben anderem) die bei Eckhardt noch nicht erfassten 13 Beiträge Seebolds seit 2007 und bis 2019 dar. In der Übersetzung übernehme ich öfters die Bedeutungsansätze von Eckhardts nhd. Übersetzung des lateinischen Textes und die seines „Glossars" bzw. „Wortregisters" in der MGH-Ausgabe und in: Lex Salica. 100-Titel-Text (II,1 wie o.); auch dort sind die älteren Beiträge der sprachgeschichtlichen Forschung nachgewiesen.

Benutzt wurde ferner Seebolds Chronologisches Wörterbuch (s. o. Lit.). Der zweite Band dieses Werkes musste freilich die Erfassung der im 9. Jahrhundert zahlreicher belegten malbergischen Glossen für die lexikographische Behandlung zurückstellen. Die komplexen Probleme dieses Materials, das mit lexikographischen Mitteln schwer fassbar ist, wurden in die genannten (und hoffentlich weitere) Einzelstudien Seebolds ausgelagert. Zuletzt ist hier auf die neueste Behandlung des Gegenstandes mit phonologisch-paläographischen Mitteln bei van Doorn, The Malberg Glosses (2018) hinzuweisen.

Der Anhang bietet wegen ihrer besonderen Bedeutung die vollständigen Texte zu Titel XXVI („Von Freilassung Halbfreier und Sklaven") sowie den in der Überlieferung und bei Eckhardt MGH 4,1 nicht gezählten, fingierten „Titel" mit der erwähnten Parodie auf die ‚Lex', einem *Additamentum ioculare.*

Althochdeutscher Text nach Steinmeyer und den Kopftexten der MGH-Ausgabe (Eckhardt MGH 4,1 und MGH 4,2); den laufend verwendeten Begriff „Kopftext" verstehe ich, wie eben erläutert.

Vorangestellt ist eine schematische Abbildung zum handschriftlichen Befund des ahd. Fragments.

Lex Salica, Bruchstück einer ahd. Übersetzung
Hs. Trier Transkription
fol. 1v – 2v

davor ca. 2 Seiten Prolog (=1 Blatt) + ca. 2 Seiten Titelverzeichnis Titel I–XXXV (=1 Blatt)

	[fol. ?v fehlt]		**[Fragment fol. 1r]**
*XXXVI	*[Titelverzeichnis]	LXI	đer, scazloos man, anđran arslahit
*XXXVII	---	LXII	fon alode ;
*XXXVIII	---	LXIII	đe sih fon siné magun
*XXXIX	---	LXIIII	đer fon anđres henti eo v̄ih nimit ;
*XL	---	LXV	hv̄e man v̄eragelt gelte ;
*XLI	---	LXVI	đer man in here slahit
*XLII	---	LXVII	So hv̄er so anðran mit losii biliugit ·
*XLIII	---	LXVIII	đer andres hros bifillit
*XLIV	---	LXVIIII	đer man fon galgen forlaazit .
*XLV	---	LXX	đer v̄iib gimahalit in ti ni v̄il sea halon ; [EXPLICIT
*XLVI	---		INCIPIT LIBER LEGIS SALICAE
*XLVII	---	I	HERIST FON MENI]
*XLVIII	---	§1	So hv̄er so anđran zi ðinge
*XLIX	---		gimenit, inti er nicuimit .
*LX	---		

[Fragment fol. 1v]

ibu ini sunne nihabet ;
I §2 gelte scillinga · XV · ; |đer anđran
gimenit ibu er nicuimit in
ti sunne nihabet ; sosama
I §3 gelte sol. XV ; |đer anđran me
nit mit urchunđeom ze sine
mo huuse cueme · inti đan
ne gibanni ini erđo sina
cuenun · erđo sinero hi
v̄ono ettesv̄elihemo gi
sage đaz iz emo gikunđe v̄eo
I §4 her gimenit ist ; | ibu er in
cuninges đeonoste haft
ist · đanne nimag er ini
I§5 gimenen |ibu er inan đes
gev̄es in sinemo arunte
ist · đanne mag er ini
menen soso iz heer obana

[Fragment fol. 2r]

giscriban ist ;
II §1 Fon điubu suino |so hv̄er
so · suganti farah forstilit ·
fon đeru furistun stigu ;
erđo in metalostun · inti đes
gi v̄unnan wirđit ; gelte sol. III ;
foruzan haubitgelt ; inti
v̄irđriun · | ibu đanne in đrit
II §2 tiun stigu forstolan v̄irđit
gelte sol. XV · foruzzan hau
pitgelt inti v̄irđriun ; |so hv̄er
II §3 so farah forstilit fon đemo
sulage đer slozhaft ist · gel
te sol. · XLV · foruzan haupit
II §4 gelt indi v̄irđriun ; | so hv̄er so
farah in felde đaar hirti
mit ist · forstilit gelte sol. XV ·
foruzan haubitgelt inti v̄irđ*riun* ;

	[Fragment fol. 2v]	**[Fragment fol. 3r fehlt]**
II §5	So hv̄er so farah forstilit	---
	đaz biuzan đeru mooter	---
	leben mag · feorzug pentin	---
	ga · đe tuent sol. I · gelte	---
	foruzan haubitgelt inti v̄irđ*riun*	---
II §6	So hv̄er so sui bistoozzit in điu	---
	biu gelte sol. VII foruz*an*	---
	haubitgelt inti v̄irđ*riun*	---
II §7	So hv̄er so su mit farahum	---
	forstilit, gelte sol. XVII ·	---
	foruzan haubitgelt inti v̄irđ*riun*	---
II §8	So hv̄er so farah iarigaz for	---
	stilit gelte sol. III · foruzan	---
	haubitgelt inti v̄irđ*riun* .	---
II §9	So hv̄er so zuiiari suin for	---
	stilit gelte sol. XV · foruzan	---
	haubit inti v̄irđ*riun* ;	---
II §10	So hv̄er so hantzugiling ·	---

Pactus legis Salicae (MGH 4,1): LVIII. De chrenecruda Lex Karolina (MGH 4,1): LXI. De chrenechruda[2] V (MGH 4,1): LXI. đer, scazloos man, anđran arslahit

Kopftext
LVIII. De chrenecruda

§ 1. Si quis hominem occiderit et, tota facultate data, non habuerit, unde <componat, ut> totam legem impleat, XII iuratores donet, quod nec super terram nec subtus terram plus de facultate non habeat quam iam donauit.

§ 2. Et postea *sic* debet in casa sua intrare et de quattuor angulos terrae [*puluerem*] in pugno collegere <debet> et sic portet in **duropello**,[3] hoc est in limitare, stare debet; intus in casa respiciens et sic de sinistra manu de illa terra trans suas scapulas iactare super illum, quem proximiorem parentem habet.

Lex Karolina
LXI. De chrenechruda

§ 1. Si quis hominem occiderit et in tota facultate sua non habuerit, unde legem totam implere ualeat, duodecem iuratores donet, ut nec super terram nec sub terra amplius de facultate non habeat, nisi quod donatum habet.

§ 2. Postea intrare debet in casam suam et de quattuor angulis de terra illa in pugno suo colligat et stare <debet> in **durpilo**, hoc est in liminare, et intus captare et cum sinistra manu de illa terra ultra suas scapulas iactare super quem proximiorem parentem habet.

---

2 ***chrenechruda***: ChWdW8, S. 358, s. v. ***krenecruda*** „Wurf von Hauserde über die Schulter auf denjenigen, auf den die Schuld übertragen wird". rechtshistoriswche Monographie zu diesem Titel: Goldmann, Chrenecruda. – Die ahd. Übersetzung meidet schon hier im Titelverzeichnis (anders als noch ihre Quelle K) das malbergische Glossenwort zugunsten der Anfangsworte des Titeltextes. Es handelt sich um ein sehr altes, aber nie sprachüblich gewesenes „Kunstwort" der Rechtssprache, das zu Anfang des 9. Jahrhunderts seiner „wörtlichen" Bedeutung nach kaum noch verstanden wurde. Entsprechendes gilt für die ahd. Fassung von Titel LXIII und LXVIII. Auch hier werden in der Übersetzung die nicht sprachüblichen alten rechtssprachlichen Kunstwörter gemieden (*charoena, hereburgium, bargo, furca)*; hierzu Schmidt-Wiegand, Chrenecruda S. 261 (490) – 262 (491) und dies., Rechtssprache, wo im Blick auf die malbergischen Glossen verschiedene Typen von Rechtswörtern unterschieden werden: Rechtswörter im eigentlichen Sinn (zu diesen gehört Chrenecruda), Rechtswörter in einem weiteren Sinn (Wörter der Allgemeinsprache, die erst in einem situationsbedingten Kontext eine speziell rechtliche Bedeutung erhalten) und allgemeinsprachliche „Nichtrechtswörter", die selbstverständlich

Übersetzung §§ 1–4
nur Kopftext

Pactus legis Salicae (MGH 4,1): LVIII. De chrenecruda
Lex Karolina (MGH 4,1): LXI. De chrenechruda
V: LXI wer als besitzloser Mann einen anderen erschlägt (Vom Erdwurf)

§ 1. Sollte jemand einen Mann getötet haben, und nachdem er sein ganzes Vermögen gegeben hat, nichts mehr haben, um das Gesetz im ganzen Umfang zu erfüllen, stelle er zwölf Schwurhelfer dafür, dass er weder über der Erde noch unter der Erde mehr an Vermögen habe, als er schon gab.[4]

§ 2. Und dann muss er in sein Haus eintreten und aus den vier Ecken Erdstaub in der Faust sammeln, und so trage er sie an die Türschwelle / den Türpfosten, das heißt, er muss auf der Schwelle stehen; und indem er nach innen in das Haus schaut, so aus der linken Hand von jener Erde etwas über seine Schultern werfen über jenen, den er als nächst Verwandten hat.

---

auch in Rechtstexten vorkommen, ohne speziell rechtsteminologisch fixiert zu sein; vgl. Rechtssprache, HRG 4 (1996), Sp. 344–360 (Ruth Schmidt-Wiegand); hieran anschließend Wich-Reif, Malbergische Glossen. – Rechtshistorischer Kommentar Geffcken, Lex Salica, S. 217–222. Zweck des Titels ist es, die katastrophalen Mechanismen des alten, sippenüblichen Blutrachewesens, auch des Fehdewesens durch eine neue, finanziell drastische Regelung der Sippenhaftung außer Kraft zu setzen; vgl. zu dem Titel über die Lösung eines Totschlägers aus der Sippenbindung im gleichen Sinn Anm. 7.

3 ***duropello***: (Hss. *duropello/duropalo/durpilo hoc est in limitare*) aus **dur, duru* und **pal* „a pile, pale“ Kern, Frankish Words § 257 mit rezenten Belegen. – Anders van Helten, Zu den malbergischen Glossen § 164, S. 485: mit rezenten Belegen (mndt. *dorpel, durpel* usw.), salfränkisch **duropil* bzw. **durupil* zur Bezeichnung von „Schwelle“ dienendes Textwort; in *duropalo* liege nicht Anlehnung an lat. *palus* „Pfahl“ vor, deshalb verbiete sich die Zerlegung des Wortes in *duru-pal*. – Zur Sachkunde („Türpfosten“) s. aber: Hilker-Suckrau, Hausbau, S. 68–71.

4 Zur Buße.

§ 3. Quod si iam pro illo et mater et frater solserunt, tunc super sororem matris aut super suos filios debet *de* illa terra iactare. <Quod si ille non fuerit, de(bet) illa terra iacta(re)>, id est super tres de generatione matris <et super tres de generatione patris>, qui proximioressunt.

[§ 3. Quod si iam pater aut mater seu frater pro ips soluerunt, tunc super sororem matris aut super eius filios debet illam terram iactare; quod si isti non fuerunt, super tres de generatione patris et matris, qui proximiores sunt.]

§ 3. Quod si iam pater aut mater uel frater soluerunt, tunc super sororem matris aut super suos filios debet illam terram iactare, id est super tres de generatione matris qui proximiores sunt.

§ 4. Et sic postea in camisa discinctus <et> discalci<at>us, palo in manu <sua>, sepe sallire debet, ut pro medietate, quantum de conpositione diger est aut quantum lex addicat, *et* illi tres soluant [*de generatione*]; hoc et illi alii, qui de paterna generatione veniunt, *similiter* facere debent.

§ 4. Et postea in camisa discinctus et discalciatus cum palu in manu supra sepem sallire debet, ut pro medietate, quantum de conpositione diger est aut quantum lex dicat, illi tres soluant, id est illi alii, qui de paterna generatione ueniunt, facere debent.

§ 3. Haben aber für ihn schon Mutter und Bruder gezahlt, dann muss er auf die Schwester der Mutter oder auf ihre Söhne etwas von jener Erde werfen, das heißt auf drei aus der Verwandtschaft der Mutter <und auf drei aus der Sippe des Vaters>, die jeweils die Nächstverwandten sind.

§ 3. Haben aber schon Vater oder Mutter oder Bruder für ihn gezahlt, dann muss er auf die Schwester der Mutter oder auf ihre Söhne etwas von jener Erde werfen; wenn es diese aber nicht gegeben hat, auf drei aus der Verwandtschaft des Vaters und der Mutter, welche die Nächstverwandten sind.

§ 4. Danach muss er im Hemd, ungegürtet und unbeschuht, einen Pfahl in der Hand, den Zaun überspringen, auf dass für die Hälfte, wieviel er an Buße schuldet, oder wieviel das Gesetz dazusetzt, jene drei [*von der mütterlichen Verwandtschaft*] die Buße leisten sollen; das müssen in gleicher Weise auch jene anderen tun, die aus der Verwandtschaft von Vaterseite kommen.

Kopftext

§ 5. Et si *quis* uero de illis quicumque pauperior fuerit, ut non habeat, unde integrum debitum soluat, quicumque de illis plus [*alio*] habet, exsoluat et iterum super illum **chrenecruda** ille, qui pauperior est, iactet, ut ille totam legem <per>soluat.

§ 6. Quod si uero nec ipse habuerit, unde totam legem <per>soluat,

[§ 6. Quod si hic etiam non habet, ut legem soluat et totam legem componat,]

tunc illum, qui homicidium fecit, <ille> qui eum sub <*sua*> fide habet, in **mallo** praesentare debet, et sic postea eum per quatuor **mallos**[5] ad suam fidem tollant. Et sic eum in conpositione nullus ad fidem tulerit, hoc est ut eum redemat de <hoc>, quod non persolserit, <tunc> de sua uita conponat.

[*§ 6a. At praesentibus temporibus, si de suis propriis rebus non habuerit, unde tran(s)soluere aut se de lege defensare possit, omnis caussa superius comprehensa ad caput suum pertinet obseruare.*]

Lex Karolina

§ 5. Si uero aliquis ex illis pauperior fuerit et non habet, unde ad integrum debitum soluat, quicumque de illisa amplius habet, iterum super illum **chrenechruda** ille, qui pauperior est, iactet, et ille totam legem conponat.

§ 6. Quod si nec ipse habuerit, ut totam legem persoluat,

tunc illum, qui homicidium fecit, ille qui eum in fide sua habet, per quattuor **mallos** praesentem faciat. Et si eum per conpositionem nullus suorum uoluerit redimere, de uita conponat.

5 ***mallos: mallum***: latinisiert „Gerichtstermin“ ChWdW8, S. 203 s. v. *mahal* und S. 361; vgl. ChWdW9, S. 1026 s. v. *mahal*; *mallum* < **maþla-* „Volksversammlung“, ahd. *mahal* „Gerichtsversammlung“; van Doorn, The Malberg Glosses, S. 25.

Übersetzung §§ 5–6a
nur Kopftext

§ 5. Wenn aber einer von jenen zu arm sein und nichts haben sollte, womit er die vollständige Buße leisten könnte: wer immer von ihnen mehr [*als der andere*] hat, [*er bezahle und*], werfe wiederum auf jenen, der noch ärmer ist, die Bußerde, damit dieser gemäß dem ganzen Gesetz die geforderte Buße leiste.

§ 6. Sollte aber auch dieser nicht haben, womit er die ganze Gesetzesbuße leiste,

§ 6. Sollte aber auch dieser nichts haben, dass er gemäß dem Gesetz zahle und die ganze Gesetzesbuße leiste,

dann muss jenen, der den Totschlag beging, derjenige der ihn bei <seiner> Treue hält, vor das Thing bringen, und so bringe man ihn unter seiner Bürgschaft später noch vor vier Thingtermine. Und falls für ihn zur Buße niemand bürgt, das heißt, dass er ihn loskaufe von <dem>, was er nicht zur Buße geleistet haben sollte, <dann> büße er mit seinem Leben.

§ 6a. Zu den gegenwärtigen Zeiten, wenn er aus seinem Eigentum nichts hat, womit er zahlen oder sich vor dem Gesetz schützen könnte, dann betrifft alles oben umfasste allein seinen Kopf (ihn).

Pactus legis Salicae (MGH 4,1): LIX. De alodis
Lex Karolina (MGH 4,1): LXII. De alode
V(MGH 4,1): LXII. fon alode[6]

<table>
<tr><td colspan="2">Kopftext
LIX. De alodis
§ 1. Si quis mortuus fuerit et filios non dimiserit</td><td>Lex Karolina
LVIIII. De alode
§ 1. Si quis homo mortuus fuerit et filios non dimiserit, si pater aut mater superfuerint, ipsi in hereditate succedant.</td></tr>
<tr><td>si pater aut mater sua superfuit, ipsa in hereditatem succedat.</td><td>si pater aut mater superstites fuerint, in ipsam haeriditatem succedant</td><td></td></tr>
<tr><td colspan="2">§ 2. Si pater aut mater non fuerit et fratrem aut sororem dimiserit, ipsi in hereditatem succedant.</td><td>§ 2. Si pater et mater non superfuerint et fratres uel sorores reliquerit, ipsi hereditatem obteneant.</td></tr>
<tr><td colspan="2">§ 3. Si isti non fuerint, tunc soror matris in hereditatem succedat.</td><td>§ 3. Quod si nec isti fuerint, sorores patris in hereditatem eius succedant.</td></tr>
<tr><td colspan="2">§ 4. [Si uero sorores matris non fuerint, sic sorores patris in hereditate(m) succedant.</td><td>§ 4. Si uero sorores patris non extiterint, sorores matris eius hereditatem sibi uindicent.</td></tr>
<tr><td colspan="2">§ 5. Et inde <si> patris <soror> non fuerit, sic de illis progenerationibus, quicumque proximior fuerit, ille in hereditatem succedat, qui ex paterno genere ueniunt.]</td><td>§ 5. Si autem nulli horum fuerint, quicumque proximiores fuerint de paterna generatione, ipsi in hereditatem succedant.</td></tr>
<tr><td>§ 6. De terra uero Salica nulla in muliere <portio aut> hereditas est, sed ad uirilem sexum, qui fratres fuerint, tota terra pertineat.</td><td>§ 6. De terra uero Salica in mulierem nulla portio haeriditatis transit, sed hoc uirilis sexus acquirit, hoc est filii in ipsa haeriditate succedunt.</td><td>§ 6. De terra uero Salica nulla portio hereditatis mulieri ueniat, sed ad uirilem sexum tota terrae hereditas perueniat.</td></tr>
</table>

6 **De alodis / *alode*:** im lateinischen Titel (Lex Karolina) latinisiert, im deutschen Titel (V) die deutsche Form; ChWdW9, S. 131 s. v. **al** „Eigentum, Erbgut"; ahd. ***alôd*** aus *al* „ganz" und *ôt* „Besitz, Reichtum". ChWdW8, S. 366 s. v. *ot*; latinisiert *alodis* „Erbgut". – Ausführlicher rechtshistorischer Kommentar Geffcken, Lex Salica, S. 222–228. – Zusammengefasst geht es vor allem um den Unterschied der Erbfolge in Bezug Fahrhabe gegenüber Grundeigentum. Vom Erbe an Grundeigentum sind Frauen ausgeschlossen; dieser Punkt sollte seit dem 14. Jahrhundert zu einer neuen interessegelenkten Rezeption der ‚Lex Salica' führen: im französisch-englischen Streit um die Thronfolgeberechtigung von Frauen; dazu Ubl, Sinnstiftungen S. 22–23 – Eckhardt II,1 S. 338–341.

Übersetzung
nur Kopftext

Pactus legis Salicae (MGH 4,1): LIX. Vom Erbgut
V (MGH 4,1): LXII. Vom Erbgut

§ 1. Wenn jemand tot sein sollte und keine Söhne hinterließe,

sei es, der Vater, sei es die Mutter hätte überlebt, so soll diese im Erbe folgen	[wenn der Vater oder die Mutter Überlebende wären, so sollen sie im Erbe folgen.

§ 2. Wenn Vater oder Mutter nicht da wären und er Bruder oder Schwester hinterlässt, so sollen diese im Erbe folgen.

§ 3. Wenn diese nicht da sein sollten, dann soll die Schwester der Mutter im Erbe folgen.

§ 4. [Wenn aber Schwestern der Mutter nicht da sein sollten, so sollen die Schwestern des Vaters im Erbe folgen.]

§ 5. Und sodann wenn keine Schwester des Vaters da wäre, so soll, der von diesen Verwandten wer immer Nähere wäre, so soll jener im Erbe folgen, der aus dem väterlichen Geschlecht folge.

§ 6. Von der salfränkischen Erde gehöre kein Teil oder Erbe zu einer Frau, sondern die ganze Erde soll zum männlichen Geschlecht gehören, die als Brüder da wären.	§ 6. *Von der salfränkischen Erde gehe kein Teil zu Erbe auf eine Frau über, sondern das nimmt das männliche Geschlecht an sich, das heißt, die Söhne folgen in diesem Erbe.*

Pactus legis Salicae (MGH 4,1): LX. De eo qui se de parentilla tollere uult
Lex Karolina (MGH 4,1): LXIII. De eo qui se de parentilla sua tollere uoluerit
V (MGH 4,1): LXIII. đe sih fon sinem magun [...][7]

Kopftext

§ 1. [*Si quis de parentilla tollere se uoluerit,*] in **mallo** <autem> ante **thunginum**[8] *aut centenarium* ambulare debet et ibi<dem> quatuor fustes alninos super caput suum frangere debet, et illos in quatuor partes *per quatuor angulos* in <ipso> **mallo** iactare debet et ibi dicere <debet>, quod <se de> iuramento et de hereditate et <de> tota ratione illorum tollat.

§ 2. Et sic postea <si> aliquis de suis parentibus aut moriatur aut occidatur, nulla ad eum nec hereditas nec conpositio pertineat.

§ 3. Si uero ille aut moriatur aut occidatur, conpositio aut hereditas *suis parentibus non pertinet causa, sed* ad fisco perueniat *aut cui fiscus dare uluerit.*

[§ 3. simili modo si ille moriatur, ad suos parentes non pertineat caussa nec haereditas eius, sed amodo cum duodecim iuratoribus se exinde educat.]

Lex Karolina

§ 1. Si quis de parentilla tollere se uoluerit, in **mallo** ante **tunginum** aut centenarium ambuletet ibi quattuor fustes alninos super caput suum frangat et illas quattuor partes <per angulos coram omnibus> in **mallo** iactare debet et ibi dicere, ut et de iuramento et de hereditate et de tota illorum se ratione tollat.

§ 2. Et si postea aliquis de parentibus suis aut moritur aut occiditur, nihil ad eum de eius hereditate uel de conpositione pertineat.

§ 3. Si autem ille occiditur aut moritur, conpositio aut hereditas eius non ad heredes eius sed ad fiscum pertineat aut cui fiscus uoluerit.

---

7 Rechtshistorischer Kommentar Geffcken, Lex Salica, S. 228–229. Der Titel handelt von einem Rechtsritual, durch dass ein Totschläger sich und seine Sippe mit Bezug auf die Rachezwänge von den Rechten und Zwängen/Pflichten seiner Sippenzugehörigkeit lösen kann, („Entsippung"), entsprechendes gilt für das Fehdewesen. Über den hierbei zu leistenden Eid, Goldmann, Beiträge, hier S. 28–29. – Zum *centenarius* s. Gerhard Theuerkauf, HRG 5 (1998), Sp. 1113–1665. – Die Rechtshandlung hat deutlich magisch-rituellen Charakter, darin ganz entsprechend der des „Erdwurfs". Beide Titel können paradigmatisch dafür stehen, welche Rolle magische Praktiken im spätantik-frühmittelalterlichen Rechtsleben spielen konnten, sei es durch eine „Konstitution" mit Bezug auf ein juristisches Procedere, sei es in einem „Bußtitel" mit Bezug auf eine Straftat. Bei beiden Titeln steht in Handschrift A 2, entstanden zwischen 751 und 768, am Textrand ein Kreuz als apotropäisches Zeichen zur Warnung vor Ausübung der als heidnisch angesehenen Praktik, die hier verordnet wird. Bei ‚*De Chrenecruda*' steht das Kreuzeszeichen auch in Handschrift A 17 (9. Jh., 2. Hälfte). In den D-Handschriften ist auf den heidnischen Charakter des Titels hingewiesen, in den E-Handschriften ist er ausdrücklich als heidnisch, nutzlos oder gar schädlich schließlich ganz weggelassen; vgl. Goldmann, Chrencruda, S. 91–99 und wieder Schmidt-Wiegand, Chrenecruda, S. 484–485 (255–256); zur Symbolik des Stabes RGA 29 (205), s. v. „Stab" S. 411–414 (Ruth Schmidt-Wiegand). – Der Titel steht genau komplementär zu dem

Übersetzung §§ 1–3
nur Kopftext

Pactus legis Salicae (MGH 4,1): LX. De eo qui se de parentilla tollere uult
Lex Karolina (MGH 4,1): LXIII. De eo qui se de parentilla sua tollere uoluerit
V (MGH 4,1) : LXIII. wer sich von seinen Verwandten [...]

LXII. Von einem, der sich aus der Verwandtschaft herausnehmen will.
§ 1. Wenn jemand sich aus seiner Verwandtschaft herausnehmen will, muss er zum Thing vor den Thingrichter oder vor den Zentenarius gehen und muss dort vier Erlenknüppel über seinem Kopf zerbrechen und diese nach vier Ecken in diesem Thing werfen und muss dort sagen, dass er sich sowohl vom Schwören als auch aus der Erbschaft und aus jedem Verhältnis zu jenen herausnimmt.

§ 2. Und so, wenn später jemand von seinen Eltern stürbe oder getötet würde: keine Erbschaft und auch kein Bußgeld falle an ihn.

§ 3. Wenn er aber entweder stürbe oder getötet würde, fällt weder Bußgeld noch Erbe an seine Verwandten, sondern es falle an den Fiskus oder an wen der Fiskus es geben wollte.

§ 3. In entsprechender Weise, wenn er stürbe, falle an seine Verwandten kein Anspruch auf sein Erbe, es sei denn, dass er sich davon mit zwölf Eideshelfern ausnehme.

„Erdwurf"-Titel. Wenn dort die Blutrachezwänge durch finanzielle Indienstnahme der Sippe außer Kraft gesetzt werden sollten, so hier das Prinzip der Sippenhaftung durch die Lösung eines Straftäters aus der Sippe, einerseits zur Entlastung der Sippe und des Täters, andrerseits zum Vorteil des Königs, wenn man annimmt, dass der Täter aus dem Schutz der Sippe sich nun in den Schutz des Königs (Fiskus) und in eine entsprechend feste Bindung an den König begibt. Auch der König gewinnt dabei beträchtlich: Er gewinnt nicht nur einen besonders zuverlässigen Gefolgsmann und Krieger, sondern ist diesem gegenüber auch noch erbberechtigt. – Eckhardt II,1 S. 340–342. – Bei der Suche nach Informationen zur magischen Valenz der Erlenknüppel (*fustes alninos*) bin ich für den hier gegebenen Kontext im Internet vorerst nur auf einen einschlägigen Hinweis Hinweis gestoßen. Dort wird u. a. darauf hingewiesen, dass der Saft der frisch gefällten Erle sich an der Schnittstelle blutrot färbt. Das Brechen der Erlenknüppel, bei dem an den Bruchstellen ein bluroter Saft austritt, scheint im Sinne magischer Analogie für die Zerreißung der Blutsbande desjenigen zustimmen, der sich hier aus allen verwandtschaftlichen Bindungen lösen will. – https://www.bo.de/lokales/ortenau/die-erle-ihr-holz-ist-enorm-wasserbestaendig#.
8 ***thunginus*** (< **þungina-*) „Thingrichter"; mit Suffix *-în*; zu ahd. *thwingan* „zwingen, (be)herrschen" *dungino* „Thingrichter" ChWdW8, S. 348; van Doorn, The Malberg Glosses, S. 21 und öfter.

Pactus legis Salicae (4,1): LXI De charoena
Lex Karolina (MGH 4,1): LXIV. De charoena[9]
V (MGH 4,1): LXIV. đer fon anðres henti eowiht nimit [...]

Kopftext

§ 1. Si quis alteri de manu <sua> desuper illum aliquid inripuit, rem in caput reddat et insuper **mallobergo alcham** hoc est,[10] MCC denarios qui faciunt solidos XXX culpabilis iudicetur

§ 1. Si quis alteri de manu aliquid per uim tulerit et **raubauerit**,[11] <MCC denarios qui faciunt> solidos XXX culpabilis iudicetur et rem pro capitale restituat.

Lex Karolina

§ 1. Si quis alteri de manu aliquid per uim tulerit aut rapuerit, rem pro capitale restituat et insuper MCC denarios, qui faciunt solidos XXX, conponat.

<§ 2. Si quis uero *hominem mortuum expoliauerit uiolenter MM(D) denarios qui faciunt solidos LXII (semis) culpabilis iudicetur. Similiter (si) super hominem uiu(um) aliqua expolia tulerit uiolenter, **mallobergo mosido hoc est**,[12] solidos LXII (semis) culpabilis iudicetur>

> *C 6 *hominem dormientem expoliauerit malb. **freomosido**[13] sunt den. IIIIM qui faciunt solidos XXX culpabilis iudicetur.

§ 3. Si quis uero quicumque homo quemlibet rem desuper hominem in tertia manu miserit et ei <quod se agnoscere dicit> per uirtutem tulerit, mallobergo **charoena** *sunt*, MCC denarios qui faciunt solidos XXX culpabilis iudicetur.

§ 2. Si quis homini aliquid quod ei in tertia manu missum fuerat, per uim tulisse conuincitur, MCC denariis, qui faciunt solidos XXX, culpabilis iudicetur.

---

9 ***charoena***: „Handraub", veraltetes Kunstwort, das hier im Titel des Lex-Karolina-Textes (noch verstanden?) bewahrt ist; s. Anm. 2. – ***charoena***: < ***harwennô***, vgl. ahd. *giroubi* „Raub, Beute"; ChWdW8, S. 370 s. v. *roub*; nach van Helten, Zu den malbergischen Glossen § 68 < **tarjan*, vgl. ahd. *zerren*; ***charin-*** <*harjan* „to plunder" van Doorn, The Malberg Glosses, S. 30, oder zu **harjan* als Derivativ von **harja* „Heer". – Auch hier wie bei ***chrenecruda*** (s. Anm. 2) meidet der Titel der ahd. Übersetzung das malbergische Wort und verwendet den Anfang des Titeltextes als Überschrift. – Rechtshistorischer Kommentar Geffcken, Lex Salica, S. 229 – 230. – Eckhardt II,1 S. 342–345.

Übersetzung
nur Kopftext

Pactus legis Salicae (MGH 4,1): LXI De charoena
Lex Karolina (MGH 4,1): LXIV. De charoena
V (MGH 4,1): LXIV. wer von eines anderen Hand etwas nimmt [...]

§ 1. Wenn jemand einem anderen etwas, worüber der seine Hand hat, entreißt, – **auf dem Malberg ‚Beraubung' ist dies** – gebe er die Sache zurück und werde außerdem 1200 Denare, die 30 Solidi machen, zu schulden verurteilt.

§ 1. Wenn jemand einem anderen aus der Hand etwas mit Gewalt geraubt haben sollte, 1.200 Denare, die machen 30 Solidi, zu schulden werde er verurteilt und die Sache gebe er nach ihrem Wert zurück.

§ 2. Wenn jemand einen *toten Mann gewaltsam ausgeplündert haben sollte, 2.500 Denare, die machen 62 Solidi, zu schulden werde er verurteilt. Entsprechend wenn er von einem Lebenden irgendwelche Beuten gewaltsam genommen haben sollte – **auf dem Malberg ‚Beraubung eines Freien' ist dies** – 72 Solidi ½ schuldig zu sein werde er verurteilt.

*C 6 *schlafenden Mann ausgeplündert haben sollte, – **auf dem Malberg ‚Beraubungen eines Freien'** – 96 Denare, die machen 30 Solidi, zu schulden werde er verurteilt.

§ 3. Wenn aber ein Mann, wer auch immer, irgendeine Sache in eine dritte Hand veräußert haben sollte und ihm, was er wiederzuerkennen angibt, mit Gewalt weggenommen haben sollte, – **auf dem Malberg ‚Beraubungen' sind dies** – 1.200 Denare, die machen 30 Solodi, zu schulden werde er verurteilt.

---

10 ***alcham: alcham*** < **falchîn*: mit Suffix *-în* zu **falgiu* „ich beraube"; vgl. ahd. *felgen* „sich aneignen"; ChWdW8, S. 349, II, S. 116 s. v. *falgan*.

11 ***raubauerit:*** *raubaverit* < **raubôn* latinisiert < *raubare* „berauben". – ChWdW8 s. v. *roub*.

12 ***mosid-o***: < **musiða-* zur aind. Wurzel *meus-* „stehlen"; van Doorn, The Malberg Glosses, S. 26 und öfter; *musen* ChWdW8, S. 366, ChWdW9, S. 1028.

13 ***freomosido***: „Beraubung eines Freien", van Helten, Zu den malbergischen Glossen § 67.

Pactus legis Salicae (MGH 4,1)

Kopftext	Lex Karolina
LXII. De conpositione homicidii <paterni, qualiter parentes inter se diuida(n)t>	**LXII. De conpositione humicidii**

Lex Karolina (MGH 4,1): LXV. De conpositione homicidii V (MGH 4,1): LXV. hwe man weragelt gelte[14]

Kopftext	Kopftext	Lex Karolina
§ 1. Si <quis> cuiuscumque pater occisus fuerit, medietatem conpositionis filii collegant et aliam medietatem parentes, qui proximiores sunt tam de patre quam <et> de matre, <ad se recolligant uel> inter se diuidant.	[§ 1. Si cuius pater occisus fuerit, medietate conpositionis filii ad se collegant et illa alia medietate parentis, qui proximiores sunt, tam de patre quam et de matre, inter se deuidant.]	§ 1. Si alicuius pater occisus fuerit, medietatem conpositionis filii colligant et aliam medietatem parentes, qui proximiores fuerint, tam de paterna quam de materna generatione, diuidant.
§ 2. Quod si de una parte, seu paterna seu materna, nullus parens fuerit, illa portio in fisco colligatur *aut cui fiscus dare uoluerit.*	[§ 2. Quod se de una parte seu materna nullis parentis fuerit, illa porcio fiscus adquerat.	§ 2. Quod si de una parte uel paterna uel materna nullus proximus fuerit, portio illa ad fiscum perueniat uel cui fiscus concederit.

14 Der Titel ist kein „Bußtitel", er regelt nicht, wie hoch das Wergeld für einen Erschlagenen ist, das der Täter an dessen Sippe zu entrichten hat, sondern als „Konstitution" regelt er das Verfahren, wie eine fällige Bußgeldzahlung unter den hinterbliebenen Verwandten des Erschlagenen zu verteilen ist. – Rechtshistorischer Kommentar Geffcken, Lex Salica, S. 230–231. – Zum Begriff „Wergeld" ***weragelt*** (auch ***leod***) RGA 33 (2006) S. 457–463 (Ruth Schmidt-Wiegand). s. v. Wergeld. Die ‚Lex Salica' veranlagt als Buße für die Erschlagung eines freien Mannes ein Wergeld von 200 Solidi, was angeblich dem Wert von 100 gesunden Rindern entspricht (Schmidt-Wiegand, RGA 33, S. 461; s. auch u. Anm. 45). Im vorliegenden Titel geht es also um die Verteilung von 200 Solidi unter den Hinterbliebenen des Erschlagenen je nach Höhe ihres Anspruchs. Die Wergeld-Buße gilt aber nicht nur für Totschlag im besonderen, sondern wird zum Maßstab der Bußen aller Straftaten, die je nach Wert oder Umständen des Personen- oder auch Sachschadens als Teil oder Vielfaches des Wergeldes berechnet werden (s. u. Anm. 17). – Eckhardt II,1 S. 344–347.

Übersetzung
(nur Lex Karolina)

Lex Karolina LXV. Über Wergeld V: LXV. wie man Wergeld verteile

Lex Karolina
§ 1. Wenn jemandes Vater erschlagen worden sein sollte, sollen die Söhne die Hälfte des Wergeldes einsammeln, und die andere Hälfte sollen die aufteilen, die sowohl aus der väterlichen Verwandtschaft als auch der mütterlichen näher verwandt sind.

§ 2. Wenn aber von einer Seite, weder von väterlicher, noch von mütterlicher, einer nächstverwandt sein sollte, komme jener Anteil an den Fiskus oder wem der Fiskus ihn zugestehen würde.

Pactus legis Salicae (MGH 4,1)

LXIII. De homine <ingenuo> in hoste occiso

LXIII De homine in oste occiso

Lex Karolina (MGH 4,1): LXVI. De homine in hoste occiso
V (MGH 4,1): LXVI. đer man in here slahit[15]

Kopftext

§ 1. Si quis hominem ingenuum in hoste *in conpanio de conpaniones suos* occiderit <et in **truste**[16] dominica non fuit ille, qui occisus est> <cui fuerit adprobatum>, **mallobergo leude**[17] **hoc est**, XXIVM denarios qui faciunt solidos DC culpabilis iudicetur.

Kopftext

§ 1. Si quis hominem *ingenuum* qui lege Salica uiuit,[18] <dum est> in hoste, occiderit, **mallobergo leodardi**[19] ***trespellia,***[20] <*XXIVM denarios qui faciunt*> solidos DC culpabilis iudicetur.

Lex Karolina

§ 1. Si quis hominem in hoste occiserit, triplici conpositione conponat sicut in patria conponere debuit, excepto si ex **truste** regale non fuerit ille homo.

Kopftext

§ 2. Si <quis> uero in **truste** dominica fuerit ille, qui occisus est <cui fuerit adprobatum>, **mallobergo mother**[21] **hoc est**, <(LXXII)M denarios qui faciunt> solidos MDCCC culpabilis iudicetur.

Lex Karolina

§ 2. Nam si ex **truste** regale fuerit, eandem quam conpositionem infra patriam facere debuit, culpabilis iudicetur, hoc sunt denarii LXXIIM, qui faciunt solidos MDCCC.

---

15 Rechtshistorischer Kommentar Geffcken Lex Salica, S. 231; Der Titel setzt das Bußgeld für einen Freien fest, der auf Kriegsfahrt, d. h. im „Heerfrieden" des Königs, erschlagen wurde: § 1 dreifach (***leodardi trespellia***), wenn der Getötete zur Gefolgschaft (***trust***) der *gens* des Königs gehörte, das ist dann ***mother***, oder § 1: einfach (***leude***), wenn der Getötete ein von anderswoher Angeworbener (z. B. Römer, s. Anm. 18) war. – Zu ***mother*** in anderem Zusammenhang Seebold, Beraubung, S. 392–396. – Eckhardt II,1, S. 346–349.

16 ***truste***: ***trustis*** latinisiert aus salfränkisch **trust*, „Gefolgschaft (des Königs)" Eckhardt Wortregister MGH 4,1; Geffcken, Lex Salica, S. 162, 165, 231; van Helten, Zu den malbergischen Glossen § 175; vgl. as. *gi-trôst* „Gefolge".

17 ***leude***: das Wort für „Wergeld", Seebold, Schutz, S. 416; van Doorn, The Malberg Glosses, S. 18; vgl. van Helten, Zu den malbergischen Glossen § 87; s. auch o. Anm. 14.

18 ***qui lege Salica uiuit***: „der Zusatz ist durch die schon unter Chlodwigs Söhnen erfolgte Einreihung der Römer in das fränkische Heer veranlasst worden." Geffcken, Lex Salica, S. 231.

Pactus legis Salicae (MGH 4,1)

LXIII. Über einen auf der Heerfahrt erschlagenen Freien

LXIII Über einen auf der Heerfahrt Erschlagenen

Lex Karolina (MGH 4,1): LXVI. Über einen auf der Heerfahrt Erschlagenen
V (MGH 4,1): LXVI. Wer einen Mann im Heer erschlägt

Kopftext

§ 1. Wenn jemand einen freien Mann auf der Heerfahrt in Speisegemeinschaft einen Mann von seinen Speisegenossen getötet haben sollte, und jener, der getötet worden ist, nicht in der königlichen **Gefolgschaft** war, wenn das bewiesen wäre, – **auf dem Malberg ‚Wergeld' ist das** – 24.000 Denare, die machen 600 Solidi, zu schulden werde er verurteilt.

Kopftext

§ 1. Wenn jemand einen freien Mann, der nach salischem Gesetz lebt, während er auf der Heerfahrt ist, getötet haben sollte, – **auf dem Malberg ‚im Stich lassen' (?) ist das** – dreifach 24.000 Denare, die machen 600 Solidi, zu schulden werde er verurteilt.

Lex Karolina

§ 1. Wenn jemand einen Mann auf der Heerfahrt getötet haben sollte, mit dreimal so hohem Wergeld muss er büßen wie in der Heimat, es sei denn, jener Mann wäre nicht aus der königlichen **Gefolgschaft** gewesen.

Kopftext

§ 2. Sollte aber dieser, der getötet wurde, aus der königlichen **Gefolgschaft** gewesen sein, wenn es jenem bewiesen sein sollte, – **auf dem Malberg ‚Mordtat' ist das** – 72.000 Denare, die machen 18.000 Solidi zu schulden werde er verurteilt.

Lex Karolina

§ 2. Denn sollte er aus der königlichen **Gefolgschaft** gewesen sein, die gleiche Buße, wie er sie in der Heimat leisten musste, zu schulden werde er verurteilt, das sind 72.000 Denare, die machen 18.000 Solidi.

---

19 ***leodardi***: zur sprachlichen Herleitung des Wortes Seebold *leodardi*, S. 17 nach ausführlicher Diskussion der Forschung ist als Silbenschnitt nicht wie bei van Helten, Zu den malbergischen Glossen § 39 *leod-ardi* anzusetzen, sondern *leo-dardi*; so ergibt sich als Bedeutung „Beschädigung durch Verletzung, im Stich lassen, Missachtung der Rücksicht auf den Besitz des Anderen oder auf die Folgen der Tat"; *leodardi* steht im Kontext dieses Titels der ‚Lex' in B 10 seiner ursprünglichen Bedeutung nach also eigentlich falsch anstelle eines Wortes für Wergeld (*leod*, so in A 1). Allerdings hat *leodardi* im Lauf der Zeit anstelle der Bezeichnung der Straftat die Bedeutung des Strafmaßes für die Tat angenommen (Schmidt-Wiegand, Zur Geschichte, S. 41 [222]).
20 ***trespellia***: < **þrî-spillja-* „dreifach" (hier vom Wergeld); ChWdW9, S. 1035 s. v. *spelli* („Stier" ?); vgl. „spalten", van Doorn, The Malberg Glosses, S. 11 und öfter; vgl. mhd. *zwispil* „zwiefach".
21 ***mother***: van Helten, Zu den malbergischen Glossen § 167, erschließt **morthes leudi* „verdreifachtes Wergeld".

Pactus legis Salicae (MGH 4,1): LXIV. De herburgium[22] Lex Karolina (MGH 4,1): LXVII De eo qui alterum hereburgium[23] clamauerit V (MGH 4,1): LXVII so hwer so anđran mit losii biliugit [...]

Kopftext	Lex Karolina
§ 1. Si quis alterum **herburgium** clamauerit, hoc est strioportium, aut illum, qui inium portare dicitur, ubi strias coccinant,[24] et non potuerit adprobare, **mallobergo ‚humnis'fith[25] hoc est**, MMD denarios, qui faciunt solidos LXII semis, culpabilis iudicetur.	§ 1. Si quis alterum **hereburgium** clamauerit, hoc est strioportium aut qui aeneum portare dicitur, ubi striæ concinnunt, et conuincere non potuierit, MMD denariis, qui faciunt solidos LXII semis solidos, culpabilis iudicetur.
§ 2. Si quis <uero> mulierem <ingenuam> striam clamauerit *aut meretricem* et non potuerit adprobare, ***mallobergo faras***[26] <MMD> denarios, qui faciunt <in triplum> solidos (C)LXXVII et semis, culpabilis iudicetur.	§ 2. Si quis mulierem ingenuam striam clamauerit aut meretricem et conuincere non potuerit, VIIMD denariis, qui faciunt solidos CLXXXVII semis, culpabilis iudicetur.
§ 3. Si stria hominem commederit et ei fuerit adprobatum, ***mallobergo granderba,***[27] *sunt denarii VIIIM, qui faciunt solidos CC, culpabilis iudicetur.*	§ 3. Si stria hominem comederit et conuicta fuerit, VIIIM denariis, qui faciunt solidos CC culpabilis iudicetur.

22 Rechtshistorischer Kommentar Geffcken, Lex Salica, S. 231–232. – Eckhardt II,1, S. 348–35.

23 ***herburgium***: ausführlich zu ***heriburgium*** Seebold, Schmähungen, S. 336–340: ***hereburgium***: veraltetes, von der Lex Karolina und in der ahd. Überschrift beibehaltenes Kunstwort, s. Anm. 2; **hweriburj-(ōn)* „Hexensohn, männliche Hexe"; vgl. zu verwandten Bildungen ChWdW9, S. 1012 s. v. *bergan*.

24 Seebold, Schmähungen, S. 336–340 schlägt vor ***strio-portio*** als missglückten Latinisierungsversuch des nicht mehr verstandene ***her-burgium*** durch den Glossators zu deuten. Dabei entspräche ***strio-*** (zu lat. *striga* „Hexe") dem noch verstandenen ***her-*** von ***her-burgium*** und das wäre mit ***-portio*** (zu lat. *portare* „tragen") als Entsprechung zu ***-burgium*** verbunden worden, welches irrtümlich als Ableitung von ***beran*** „tragen" aufgefasst wäre; das so erschlossene Bedeutungselement „tragen" hätte dann die Erläuterung ***qui inium portare dicitur, ubi strias coccinant*** nach sich gezogen. – ***inum*** zu ***aeneus*** „eherner Kessel", ***strio-portium*** also „Träger des Hexenkessels"; vgl. Kern, Frankish Words § 262, van Helten, Zu den malbergischen Glossen § 168.

Pactus legis Salicae (MGH 4,1): LXIV. Vom Hexensohn Lex Karolina (MGH 4,1): LXVII Von dem, der einen anderen als Hexensohn ausschreit V (MGH 4,1): LXVII Wenn irgendwer einem anderen mit Leichtfertigkeit lügnerisch nachsagt [...]

Kopftext

§ 1. Wenn jemand einen anderen als **Hexensohn** ausschreien sollte, das ist Hexenkesselträger, oder als einen, dem man nachsagt, dass er den Kessel trägt, worin die Hexen kochen, und es nicht beweisen könnte, **– auf dem Malberg ‚als Teufel befunden' ist das** – 2.500 Denare, die machen dreifach 187 ½ Solidi, zu schulden werde er verurteilt.

§ 2. Wenn jemand aber eine freie Frau als Hexe ausschreien sollte oder als Hure und es nicht beweisen könnte, **– auf dem Malberg ‚Fahrende' ist das** – 2.500 Denare, die machen dreifach 187 ½ Solidi, zu schulden werde er verurteilt.

§ 3. Wenn eine Hexe einen Mann verzehrt haben sollte und es nachgewiesen sein sollte, **– auf dem Malberg ‚Zermalmungsruchlosigkeit'** *– es sind 8.000 Denare, die machen 200 Solidi, die zu schulden werde sie verurteilt.*

Lex Karolina

§ 1. Wenn jemand einen anderen als **Hexensohn** ausschreien sollte, das ist Hexenkesselträger, oder als einen, dem man nachsagt, dass er den Kessel trägt, worin die Hexen zusammenbrauen, und es nicht beweisen kann, 2.500 Denare, die machen 62 ½ Solidi, zu schulden werde er verurteilt.

§ 2. Wenn jemand eine freie Frau als Hexe ausschreien sollte, und davon nicht überzeugen könnte, 7.500 Denare, die machen 187 ½ Solidi, zu schulden werde er verurteilt.

§ 3. Wenn eine Hexe einen Mann verzehrt haben sollte und es nachgewiesen sein sollte, sind es 8.000 Denare, die machen 200 Solidi, die zu schulden werde sie verurteilt.

---

25 ***humnisfith***: ***-fith***: andfr. *fith* möglicherweise „Sohn, Tierjunges"? Seebold, Schmähungen, S. 342, andfr. *humis fith* „Teufelssohn (Hexensohn)"? Revidierte Deutung bei Seebold, Tierdiebstähle, S. S. 52: **humn-* < *huh-mn-* „Teufel, unreiner Geist" + *fith* „Fund", hier „richterlicher Befund", der Richter erkennt auf den Befund „Teufelsdiener".

26 ***faras***: an „fahren" anzuschließen, weil Hexen zum „fahrenden Volk" gehören? oder zu „Gefahr", vgl. ahd. *fârâri* „Verfolger" ChWdW9, S. 1016 s. v. *faran*; zum ganzen Komplex Seebold, Schmähungen, S. 343.

27 ***granderba***: < **granda-herbo-* „menschenfressende Hexe", vgl. altnordisch *grand* „böse" und altnordisch *djarfr* „ruchlos", as. *derbi* „böse, ruchlos"; s. dagegen Seebold, Schmähungen, S. 336–337 *grand-derba* zu ae. **grindan** „zermalmen" (vgl. lat. *frendere* „mit den Zähnen knirschen") „Zermalmungs-Ruchlosigkeit". – Kern, Frankish Words § 264; van Helten, Zu den malbergischen Glossen § 168, S. 489.

Pactus legis Salicae (MGH 4,1): LXV. De caballo mortuo extra consilium domini sui decorticato
Lex Karolina (MGH 4,1): LXVIII. De caballo excortigato
V (MGH 4,1): LXVIII. đer andres hros bifillit [...][28]

Kopftext

§ 1. Si quis caballum alienum extra consilium domini sui decorticauerit et interrogatus confessus fuerit, caballum *ip(sum)* in capite reddat.

Kopftext

§ 1. Si quis caballum alienum extra consilium domini sui decorticauerit [***mallobergo leodardi***[29] *<DC (denarios) qui faciunt> solidos XV culpabilis iudicetur excepto capitale et delatura,*[30] *et si confessus fuerit, capitale tantum restituat.*]

Lex Karolina

§ 1. Si quis caballum alienum sine consensu possesoris decortigauerit et interrogatus fuerit confessus, caballum ipsum in capite restituat.

Kopftext

§ 2. Si uero negauerit et ei fuerit adprobatum,* **mallobergo secthis**[31] **hoc est**, MCCCC denarios qui faciunt solidos XXXV culpabilis iudicetur excepto capitale et dilatura.

Lex Karolina

§ 2. Si uero negauerit et conuictus fuerit, DC denariis, qui faciunt solidos XV, culpabilis iudicetur excepto capitale et delatura.

* C 6 **malb. turnechroso**[32]

---

28 Die hier behandelte Straftat setzt die Bußen dafür fest, dass jemand den Kadaver eines Pferdes ohne die Erlaubnis von dessen Eigentümer abhäutet, unterschiedliche Strafmaße je nachdem, ob der Täter die Tat leugnet oder gesteht; rechtshistorischer Kommentar Geffcken, Lex Salica, S. 232–233. – Eckhardt II,1, S. 350–352.

29 ***leodardi*** hier zur Bezeichnung nicht der Tat, sondern des Strafmaßes, s. Anm. 19; das Wort scheint hier in einen falschen Textzusammenhang geraten zu sein.

30 ***excepto capitale et delatura***: ***capitale***: Rückgabe der gestohlenen Sache oder Erstattung ihres (Geld)werts; ***delatura***: eine Gebühr, welche der Eigentümer als Entschädigung für den Nutzungs-

Pactus legis Salicae (MGH 4,1): LXV. Vom toten Pferd, das ohne Zustimmung seines Herrn, abgehäutet wurde
Lex Karolina (MGH 4,1): LXVIII. Vom abgehäuteten Pferd
V (MGH 4,1): LXVIII. Wenn jemand eines andern Ross abhäutet [...]

Kopftext

§ 1. Wenn jemand ein fremdes Pferd ohne Zustimmung seines Herrn abgehäutet haben sollte und befragt gestanden haben sollte, leiste er Werterstattung für dieses Pferd.

Kopftext

§ 1. Wenn jemand ein fremdes Pferd ohne Zustimmung seines Herrn abgehäutet haben sollte [**auf dem Malberg *leodardi*-** 600 Denare, die 15 Solidi machen, zu schulden werde er verurteilt außer Rückerstattung/Wertersatz und Entgelt für Nutzungsausfall.]

Lex Karolina

§ 1. Wenn jemand ein fremdes Pferd ohne Zustimmung des Eigentümers abgehäutet haben sollte und befragt gestanden haben sollte, leiste er Werterstattung für dieses Pferd.

Kopftext

§ 2. Wenn er es aber geleugnet haben sollte und es ihm bewiesen* sein sollte, – **auf dem Malberg ‚Leugnung' ist das** – 1.400 Denare, die machen 35 Solidi, zu schulden werde er verurteilt außer Rückerstattung/Wertersatz und Entgelt für Nutzungsausfall.

Lex Karolina

§ 2. Wenn er es aber geleugnet haben sollte und es ihm bewiesen sein sollte, 600 Denare, die machen 15 Solidi, zu schulden werde er verurteilt außer Rückerstattung/Wertersatz und Entgelt für Nutzungsausfall.

* C 6 **auf dem Malberg ‚Rossschinden' ist das**

---

ausfall des Gestohlenen erhält. Das Bußgeld selbst, hier die 120 Denare oder 3 Solidi, wird (nach einem bestimmten Satz) aufgeteilt zwischen dem Fiskus (König) und dem Gericht; genauer hierzu u. Anm. 53. – Fischer Drew, S. 233, Anm. 45; rechtshistorischer Kommentar Geffcken, Lex Salica, S. 109.

31 ***secthis*:** „Leugnung", vgl. ae. ***and-sacan*** Kern, Frankish Words § 266; Strafmaß, wenn der Beschuldigte die Tat leugnet.

32 ***turne-chroso*:** „Rossschinden", ***-chroso*** „Ross"; zum Bestandteil ***turn-*** „zerreißen, wegreißen" Seebold, Beraubung, S. 391; „trennen" van Helten, Zu den malbergischen Glossen § 169; van Doorn, The Malberg Glosses, S. 30.

Pactus (MGH 4,2) Lex Karolina LXIX. De eo qui hominem de bargo uel de furca dimiserit

Lex Salica (MGH 4,2) LXXV: De homine de bargo uel de furca demisso[33]
V (MGH 4,1): LXVIIII. đer man fon galgen forlaazit [...][34]

Kopftext

L. S. (MGH 4,2, S. 123): § 1. Si quis hominem <ingenuum> de bargo uel de furca[35] sine uoluntate iudicis* dimittere presumpserit, soledos XLV culpabilis iudicetur.

*D 7–9: **mal. sabanc heo, sambacheo, sabancheo**

L. S. (MGH 4,2): § 2. Si quis caput de homine, quem suus inimicus in palo misisset, aliquis eum exinde sine permisso iudicis aut illius, qui eum ibidem misit, tollere presumpserit, **mallobergo banchchal**,[36] <DC dinarius qui faciunt> solidus XV culpabilis iudicetur.

Lex Karolina

Pactus (MGH 4,1): § 1. Si quis hominem de bargo uel de furca sine uoluntate iudicis dimiserit*, MDCCC denariis qui faciunt solidos XLV culpabilis iudicetur.

Pactus (MGH 4,1): § 2. Si quis hominem sine consensu iudicis de ramo, ubi incrocatur, praesumpserit, MCC denariis qui faciunt solidos XXX culpabilis iudicetur.

Pactus (MGH 4,1): § 3. Si quis caput hominis, quod inimicus suus in palo miserit, sine permissu iudicis aut illius, qui eum ibi posuit, tollere praesumpserit, DC denariis qui faciunt solidos XV culpabilis iudicetur.

Pactus (MGH 4,1): § 4. Si quis uiuum hominem de furca dimiserit, IVM denariis qui faciunt solidos C culpabilis iudicetur.

---

33 Die Überschrift in Eckhardt 4,2 S. 22 im Titelverzeichnis mit der Titelnummer LXXV; der Text des Titels ohne Überschrift mit der Nummer LXXIV.

34 Der Titel nennt die Bußen dafür, dass jemand einen Gehenkten ohne Erlaubnis des Richters vom Galgen losmacht (§1) und (§ 2) von der Strafe dafür, dass jemand den auf einen Pfahl gespießten Kopf eines Hingerichteten / seines Feindes ohne Erlaubnis des Richters oder dessen, der in aufgespießt hat, wegnimmt. – Eckhardt II,1 --. Der Text des Titels steht mit der malbergischen Glosse ***sabancheo*** nur in der Lex Salica (Eckhardt 4,2), im Pactus Legis Salicae die Textwörter mlat. ***bargo*** und und mlat. ***furca*** sowohl in MGH 4,1 als auch in MGH 4,2. – Rechtshistorischer Kommentar Geffcken, Lex Salica, S. 234: „Der Delikt besteht in der Entfernung des Zeichens der rechtmäßigen Tötung und stellt somit diese Rechtmäßigkeit in Frage." Nach anderer Deutung hätte die Tat ursprünglich religiöse Bedeutung gehabt, da es den Toten der Gottheit entzog, welcher der Verbrecher geopfert wurde.

Pactus (MGH 4,2) Lex Karolina LXIX: Von jemandem, der einen Mann vom Gabelgalgen oder vom Baumgalgen heruntergenommen haben sollte
Lex Salica LXXV (MGH 4,2): Von einem Mann, der vom Gabelgalgen oder vom Baumgalgen heruntergenommen wurde
V (MGH 4,1): Wenn jemand einen Mann vom Galgen herunterlässt [...]

Kopftext

Lex Salica (MGH 4,2): § 1. Wenn jemand einen freien Mann vom Gabelgalgen oder vom Baumgalgen ohne den Willen des Richters herunter zu nehmen* sich herausgenommen haben sollte, 45 Solidi zu schulden werde er verurteilt

* D 7–9: **auf dem Malberg ‚Gehenkter' ist das**

Lex Salica (MGH 4,2): § 2. Wenn jemand danach den Kopf eines Mannes, den sein Feind auf einen Pfahl gesteckt haben sollte, ohne Erlaubnis des Richters oder dessen, der den dorthin steckte, wegzunehmen sich herausgenommen haben sollte – **auf dem Malberg ‚Gehenkter'** – 600 Denare, die machen 15 Solidi, zu schulden werde er verurteilt.

Lex Karolina

Pactus (MGH 4,1): § 1. Wenn jemand einen Mann vom Gabelgalgen oder vom Baumgalgen ohne den Willen des Richters herunter genommen haben sollte, 1.800 Denare, die machen 45 Solidi, zu schulden werde er verurteilt.

Pactus (MGH 4,1): § 2. Wenn jemand einen Mann ohne die Zustimmung des Richter von dem Ast, wo er aufgehängt wird, wegzunehmen sich herausgenommen haben sollte, 1.200 Denare, die machen 30 Solidi, zu schulden werde er verurteilt.

Pactus (MGH 4,1): § 3. Wenn jemand den Kopf eines Mannes, den sein Feind auf einen Pfahl gesteckt haben sollte, ohne Erlaubnis des Richters oder dessen, der ihn dorthin steckte, wegzunehmen sich herausgenommen haben sollte, 600 Denare, die machen 15 Solidi, zu schulden werde er verurteilt.

Pactus (MGH 4,1): § 4. Wenn jemand einen lebenden Mann vom Gabelgalgen heruntergenommen haben sollte, 96 Denare, die machen 100 Solidi, zu schulden werde er verurteilt.

---

35 ***de bargo uel de furca*: *bargo*:** mlat. *bargus* „Baumgalgen", „Gerüst", Geffcken, Lex Salica, S. 131; Eckhardt, Wortregister 4,1 s. v. *barcus* und 4,2 s. v. *bargus*. – ***furca***: „Gabelgalgen" Galgen aus zwei Pfosten mit Gabelungen am oberen Ende und darüber gelegtem Querbalken. – Eckhardt Wortregister 4,1 und 4,2 s, v. *furca*. Abbildung bei Steiner-Welz, Schrift, S. 29.

36 ***sabanc heo, sambacheo, sabancheo, banchchal*:** „Gehenkter". Kern, Frankish Words § 267: „misreading for *rahancheo, rahangal* „a body hanging on a yard." (*yard* hier „Stange", „Rahe"); vgl. van Helten, Zu den malbergischen Glossen, § 134.

Lex Salica (4,2):[37] LXLVII
De eo qui filiam alienam spunsauerit et se retraxerit
Lex Karolina (MGH 4,1) LXIX.
De eo qui filiam alienam adquisierit et se retraxerit

V (MGH 4,1)
đer wiib gimahalit inti niwil sea halon [Explicit][38]

Kopftext

Si quis filiam alienam spunsauerit et se retraxerit et eam noluerit prendere, **mallobergo frifastina***[39] <MMD dinarius qui fanciunt> solidus LXII semis culpabilis iudicetur.

Lex Karolina

§ 1. Si quis filiam alienam ad coniugium quæsierit præsentibus suis et puellæ parentibus et postea se retraxerit et eam accipere noluerit, MMD denariis, qui faciunt solidos LXII culpabilis iudicetur.

*D 9 malb. ***fri bastina***

37 Im Pactus, Eckhardt 4,2 S. 234 unter [Nr.LXVa]. – Eckhardt II,1, S. 352–353.

38 Das zwischen [ ] stehende ist in der Handschrift ausradiert.

39 ***frifrasigena, frifastina, fri bastina***: „Vermählungsbruch"; Kern, Frankish Words § 294, S. 559: ***frifastina*** (D 7 und 8) zusammengesetzt aus as. ***fri*** „junge Frau" und ***fastina***, Nomen actionis zu *fastian*

Pactus legis Salicae (MGH 4,2) LXLVII
Von jemandem der eine fremde Tocher sich verlobt hätte und sich zurückgezogen haben sollte
Lex Karolina (MGH 4,1): LXIX.
Von jemandem, der eine fremde Tocher zur Ehe angeworben hätte und sich zurückgezogen haben sollte

V (MGH 4,1)
wenn sich jemand mit einer Frau verlobt und will sie nicht heimholen [...]

Kopftext
Wenn jemand sich eine fremde Tochter verlobt und sie nicht nehmen will – **auf dem Malberg ‚Vermählungsbruch'* ist das** – 2.500 Denare, die machen 62 ½ Solidi zu schulden werde er verurteilt.

*D 9 malb. **Vermählungsbruch**

Lex Karolina
§ 1. Wenn jemand eine fremde Tochter zur Ehe geworben haben sollte in Gegenwart seiner und des Mädchens Eltern und später sich zurückgezogen haben sollte und sie nicht annehmen wollte, 2.500 Denare, die machen 62 Solidi, zu schulden werde er verurteilt.

„befestigen", speziell „verloben"; anders van Helten, Zu den malbergischen Glossen § 182, S. 506–507: er erschließt *frifrasebina* und vergleicht damit vgl. altnordisch *frasegena* / *frasegian* und ahd. *fersagen* (*renuntiare*); van Doorn, The Malberg Glosses, S. 16 und öfter. – Rechtshistorischer Kommentar Geffcken, Lex Salica, S. 282–283 mit Verweisen.

Pactus legis Salicae (MGH 4,1)
<In nomine domini> incipit pactus legis Salicae.
I. De manire
Lex Karolina (MGH 4,1): Incipit liber legis Salicae
I. De mannire[40]
V (MGH 4,1) [I. Herist fon meni.][41]

V	Lex Karolina
[§ 1.] So hwer so anđran zi đinge gimenit,	§ 1. Si quis ad **mallum**[44] legibus dominicis
inti er nicuimit,	**manitus** fuerit et non uenerit,*
ibu ini **sunne**[42] nihabet,	si eum **sunnis** non detenuerit,
	mallobergo[45] **reapten(a)**[46] hoc est
gelte scillinga[43] XV.	DC denariis,
	qui faciunt solidos[47] XV, culpabilis iudicetur.
[§ 2.] đer anđran gimenit,	§ 2 Ille vero, qui alium **mannit**,
ibu er nicuimit	si non venerit
inti **sunne** nihabet,	et eum **sunnis** non detenuerit,
	ei quem **mannivit**,
sosama	similiter DC denarios,
gelte sol. XV.	qui faciunt solidos XV, conponat.

---

40 ***mannire***: Rechtshistorischer Kommentar, Geffcken, Lex Salica, S. 107–109; „*mannitio* = rechtsförmliche Ladung des Beklagten durch den Kläger. Gegensatz: *bannitio* = richterliche Ladung.“– Eckhardt II,1, S. 116–119.

41 Das zwischen [ ] stehende ist in der Handschrift ausradiert.

42 ***sunne***: Textwort, ahd. ***sunna*** „gesetzlich anerkannter Hinderungsgrund“ („echte Not“); ChWdW8, S. 286 und 440; ChWdW9, S. 828; s. auch ausführlich Seebold, Titel I, S. 72–73; rechthistorischer Kommentar Geffcken, Lex Salica, S. 108.

43 ***scillinga***: Schilling, hierzu RGA 2 (2004), S. 114–115 (Peter Ilisch / Sigrid Engeler); „Schilling“ im ahd. Text nur hier, sonst immer „Solidus“, geschrieben als Kürzel *soł*.

44 ***mallum***: Gerichtsversammlung, Gerichtsstätte, Gerichtstermin: rechtshistorischer Kommentar, Geffcken, Lex Salica, S. 107.

45 ***mallobergo***: s. Anm. 44; van Doorn, The Malberg Glosses, S. 25.

46 ***reapten(a)***: eigentlich keine malbergische Glosse, sondern ursprünglich ein am Rande stehender Hinweis, dass die Berechtigung von *sunnis* zu prüfen sei: r (für *require*) + *eapten(a)* < **aiwa haftina* „prüfe gesetzmäßigen Entschuldigungsgrund“. Seebold, Titel I, S. 66–68.

47 ***denarii*** (Pfennige) / ***solidos*** (Schillinge): Für die ‚Lex Salica‘ kurz zum Münz- und Währungswesen im fränkischen Reich des 6. Jahrhunderts Fischer Drew, The Laws, S. 233. Anm. 30. – Ausführlich: **Denar**. RGA 5 (1984), S. 309–312 (Peter Berghaus). – **Pfennig**: LexMa 6, Sp. 2028–2029 (Peter Berghaus).

Pactus legis Salicae (MGH 4,1)
Im Namen des Herrn beginnt der Pactus legis Salicae
I. Über das Vorladen
Lex Karolina (MGH 4,1): Es beginnt der Liber legis Salicae
I. Über das Vorladen
V (MGH 4,1) [I. Zuerst vom Vorladen]

V	Lex Karolina
§ 1. Jeder, der einen anderen zum Thing vorlädt,	§ 1. Wenn einer zum **Thing** nach königlichen Gesetzen **vorgeladen** wäre
und falls er nicht kommt,	und nicht käme,
wenn er keinen **Hinderungsgrund** hat,	wenn ihn nicht **echte Not** abhält,*
	auf dem Malberg [...]
	„prüfe Hinderungsgrund!"
	600 Denare,
zahle er 15 Schillinge.	die machen 15 Solidi,
	werde er zu schulden verurteilt.
§ 2. Wenn jemand einen anderen zum Thing vorlädt,	§ 2. Jener aber, der einen anderen **vorlädt,** soll,
	wenn er selbst nicht käme,
und er nicht kommt,	und ihn nicht ein **echte Not** abhält,
falls er keinen **Hinderungsgrund** hat,	dem, den er **vorgeladen** hat,
	ebenso 600 Denare,
ebenso	die machen 15 Solidi, zahle er.
zahle er 15 Solidi.	

– **Solidus**: LexMa 7 (1995), Sp. 2034 (Peter Berghaus); RGA 29 (2005), 229–230 (St. Krmnicek). – **Merowingische Münzen** RGA 19 (2001), S. 598–600 (Arent Pol). – Die Kaufkraft eines spätantiken Solidus (Schilling) war sehr hoch, s. Anm. 14: Im 5. und 6. Jahrhundert betrug der Jahressold eines römischen Soldaten 4 bis 5 Solidi; nach Ubl entsprach der Gegenwert eines Wergeldes (200 Solidi) dem von 200 Kühen oder dem Preis von 10–15 Sklaven (Ubl, Sinnstiftungen, S. 92), nach Schmidt-Wiegand kommen dafür 100 gesunde Rinder in Anschlag (Schmidt-Wiegand, RGA 33, S. 461); s. auch u. Anm. 14. Die meisten alltäglichen Transaktionen wurden sicherlich, wenn überhaupt monetär, mit kleineren Münzen (*denarii*) getätigt, sonst in Sachgütern, deren Wert offiziell geschätzt wurde. Dass hier und im Folgenden regelmäßig die Umrechnung von Denaren in Solidi angegeben wird, ist merkwürdig. Hierzu eine Bemerkung der Handschrift A 3 (Eckhardt 4,1, S. 15): *Hoc autem super omnia consederandum est, quod in lege salica unusquisque solidus quadraginta denarius habet, ita ut centum uiginti dinarii faciant solidos tres*. Das lässt Handschrift A 3 (gegen 800) konsequent fort, um Platz zu sparen (ebda.), *propter prolixitatem uoluminis uitandum* und *seu fastidio legentium uel propter utilitatem intelligendi*; ebenso entfällt die Wertangabe nach Denaren im ahd. Text außer an einer Stelle, wo *feorzug pentinga, đe tuent sol. I* vorkommt (Titel II § 5), während die Vorlage K die Wertstellung der Solidi in Denaren noch überall beibehalten hat. – Nach Eckhardt, I,1, S. 186–192 waren im Merowingerreich des 6. Jahrhunderts zwei Solidi unterschiedlichen Werts im Umlauf. Der ‚Pactus' musste also angeben, welcher dieser beiden Solidi gemeint war: der zu 40 Denaren; vgl. zur ganzen Thematik Ubl, Sinnstiftungen, S. 79.

V	**Lex Karolina**
[§ 3.] đer anđran menit, mit urchunđeom ze sinemo huuse cueme inti đanne gibanni ini, erđo sina cuenun, erđo sinero hiwono etteswelihemo gisage,	§ 3 Ille autem, qui alium **mannit**, cum testibus ad domum[48] illius ambulet, et sic eum **manniat** aut uxorem illius, vel cuicumque de familia illius denuntiet,
đaz iz emo gikunđe, weo her gimenit ist.	ut ei faciat notum, quomodo ab illo est **mannitus**.
[§ 4.] ibu er in cuninges đeonoste haft ist,	§ 4 Nam si in iussione regis occupatus fuerit,
đanne nimag er ini gimenen.	**mannire** non potest.
[§ 5] ibu er innan đes gewes in sinemo arunte ist, đanne mag er ini menen, soso iz heer obana giscriban ist.	§ 5 Si vero infra pago[49] in sua ratione fuerit, potest **manniri**, sicut superius dictum est.

48 ***ad domum***: rechtshistorischer Kommentar hierzu bei Geffcken, Lex Salica, S. 108–109: „Der außergerichtliche Formalakt muss in der Wohnung des Gegners vorgenommen werden."
49 ***pago:*** rechtshistorische Erläuterung zum Begriff des Gaus Geffcken, Lex Salica, S. 109.

§ 3. Wenn einer einen anderen vorlädt,
soll er mit Zeugen zu seinem Hause kommen
und dann fordere er ihn vor Gericht
oder seiner Frau;
oder irgendeinem seiner Hausgenossen
sage er
dass er es ihm ausrichte,
wieso er vorgeladen ist.

§ 4. Wenn er in des Königs Dienst festgehalten ist,

dann kann er ihn nicht vorladen.

§ 5 Wenn er innerhalb des Gaues
in seiner eigenen Angelegenheit [tätig] ist,
dann kann er ihn vorladen,
wie es hier oben geschrieben ist.

§ 3 Jener aber, der einen anderen **vorlädt**,
soll mit Zeugen zu dessen Haus gehen,
und ihn so **vorladen**
oder seiner Frau;
oder jedem beliebigen aus dessen Familie
melde er,
dass er ihm kund machen solle,
in welcher Sache er von jenem **vorgeladen** ist.

§ 4. Denn wenn er auf königlichen Befehl beschäftigt wäre,
kann er [ihn] nicht **vorladen**.

§ 5 Wenn er aber innerhalb des Gaus
in eigener Angelegenheit wäre,
kann er **vorgeladen werden**,
wie weiter oben gesagt wurde.

Pactus legis Salicae (MGH 4,1)
II: De furtis porcorum[50]
Lex Karolina (MGH 4,1)
II: De furtis porcorum
V (MGH 4,1): Fon điubiu suino.

V

[§ 1.] so hwer so suganti farah forstilit
fon đeru furistun stigu[51] erđo in metalostun,

inti đes giwunnan wirđit,

gelte solidos III

foruzan haubitgelt inti wirđriun.

Lex Karolina

§ 1. Si quis porcellum lactantem furaverit
de **hranne**[52] prima aut de mediana,

et inde fuerit convictus,*

CXX** denariis,
qui faciunt solidos III, culpabilis iudicetur,

excepto capitale et delatura.[53]

* C 6 H 10 § 1: **mallobergo chrannechaltio, -chala (chranalteo/rhannechala)**[54] **lescalti / lerechala**[55] hoc est.
C 6 / H 10 **unum tualepti / unum ahe lepte[56] **sunt.**

---

50 Rechtshistorischer Kommentar Geffcken, Lex Salica, S. 109–110. – Eckhardt II,1, S. 118–125 (§§ 1–10 S. 118–121).

51 ***stigu:*** „Hürde", „Pferch". „Stall": nach Seebold, Tierdiebstähle, S. 44 ist *stigu* ein ahd. Ersatzwort für das wahrscheinlich nicht mehr verstandene fränkische Textwort *chranne* (K § 1); s. die folgende Anm.

52 ***hranne:*** siehe die neu ermittelte, ausführlich begründete Bedeutung „Muttersau, Wurf Ferkel, Abteil der Muttersau", germ. **hra-mna-* Seebold, Tierdiebstähle, S. 47; *hranne* bezeichnet demnach den unterschiedlichen Wert der Spanferkel je nachdem ob sie aus dem ersten, zweiten oder dritten Wurf der Muttersau stammten, und danach ist der Platz als *hranne* nummeriert und bezeichnet, an dem die Tiere im Stall gehalten wurden: *hranne prima aut mediana* (§1) *aut tertia* (§ 2) „Abteil der Muttersau"; von daher erklärt sich dann der große Unterschied der Bußgeldhöhen in § 1 und § 2 (drei gegenüber fünfzehn Solidi); Seebold, Tierdiebstähle, S. 45–46; zum keltischen Ursprung des Wortes ebd. S. 46 und 59.

53 ***et delatura*: *capitale*:** s. Anm. 30; zu dieser Formel Ubl, Sinnstiftungen, S. 80 mit Anm. 73–75. Es geht zum einen um Schadenersatz: (1) als *capitale* in Gestalt der Rückgabe der gestohlenen Sache oder der Erstattung ihres (Geld)werts, (2) als *delatura,* das ist eine Gebühr, welche der Bestohlene als Entschädigung für den Nutzungsausfall des Gestohlenen erhält. Zum anderen und darüber hinaus hat das in Denaren/Solidi bezifferte Bußgeld Strafcharakter: es kommt zu (1) und (2) hinzu, hier also zu

Pactus legis Salicae (MGH 4,1)
II: Über Diebstähle von Schweinen
Lex Karolina (MGH 4,1)
II: Über Diebstähle von Schweinen
V (MGH 4,1): Über Diebstähle von Schweinen

V	**Lex Karolina**
§ 1. Wer ein saugendes Ferkel stiehlt aus dem ersten Aufzuchtsplatz oder aus dem mittleren	§ 1. Wenn einer ein saugendes Ferkel aus dem ersten oder aus dem mittleren **Aufzuchtplatz** gestohlen haben sollte,
und dessen überführt wird,	und es ihm nachgewiesen würde,*
	120** Denare,
zahle drei Solidi	die machen drei Solidi, werde er zu schulden verurteilt.
außer Rückerstattung/Wertersatz und Entgelt für Nutzungsausfall	außer Rückerstattung/Wertersatz und Entgelt für Nutzungsausfall.
	*vor Gericht wird dies **‚junges Schwein bei der Muttersau oder im Wurf'** genannt
	****zehn Zwölfheiten**, sind das.

den 120 Denaren oder 3 Solidi. Ein Drittel des Bußgeldes erhält der Amtsträger (Graf, Richter) als *fredus* „Friedensgeld" (*fretus*); die beiden anderen Drittel gehen an den Fiskus. Die Strafzahlung macht den Amtsträger und den König zu Nutznießern der Straftat; rechtshistorischer Kommentar zu *fretus / fredus / fritus* vs. *faidus* Geffcken, Lex Salica, S. 200 im Zusammenhang des Titels über Schuldeneintreibung (*de fides factas*, Eckhardt 4,1 S. 189–195) und Register s. v. *fredus*. – Zu den speziellen Setzungen der Bußtaxen für jede Straftat speziell statt nach einem allgemein gültigen Richtsatz s. Ubl, Sinnstiftungen, S. 79–80 (nach Esders): diese Setzungen „haben dazu gedient, den Verhandlungsspielraum der Parteien vor Gericht einzuschränken und damit Erwartungssicherheit zu vermitteln."

54 ***chrannechaltio, -chala***: *chranne-chalteo* < *germ. *hramna-galtjon* „junges Schwein bei der Muttersau" oder „im Wurf", Seebold, Tierdiebstähle, S. 59; vgl. ChWdW8, S. 354; II, S. 1020 s. v. *gelza* „junges Schwein"; Grimm DWB gelze, f. „verschnittene oder junge Sau"; *-chalt* van Doorn, The Malber Glosses, S. 15 und öfter; vgl. zu *hranne*, Anm. 52.

55 ***lescalti / lerechala***: s. Seebold Tierdiebstähle, S. 47–48 und S. 60 *chranne-chalteo* >germ. **laizigaltjon* „zum Wurf gehöriges Ferkel"; *lere-chala*, van Doorn, S. 15.

56 ***unum tualepti / unum ahe lepte***: *tualepti* / *ahalepte*: durch Verschreibung des *unum* aus **tian* + *tualifti* „zehn Zwölfheiten /Zwölfer", bezogen auf das Bußgeld von 10 mal 12=120 Denaren; van Helten, Zu den malbergischen Glossen § 12, S. 265.

[§ 2.] ibu đanne in đrittiun stigu forstolan wirđit,	§ 2. Si vero in tertia **hramne** furaverit,*
	DC denariis,
gelte sol. XV,	qui faciunt solidos XV, culpabilis iudicetur,
foruzzan haupitgelt inti wirđriun.	excepto capitale et delatura.[57]
	*C 6 § 2: mallobergo **chranchaltio**
[§ 3.] so hwer so farah forstilit fon đemo sulage, đer slozhaft ist,	§ 3. Si quis porcellum de **sude***[58] furaverit, quae clavem habet,[59]
gelte sol. XLV,	MDCCC denariis, qui faciunt solidos XLV, culpabilis iudicetur,
foruzan haupitgelt indi wirđriun.	excepto capitale et delatura.
	***sude**: *dazu die Glosse*: id est ara porcorum.

57 Der große Unterschied der Bußen nach § 1 bzw. § 2 (drei gegenüber fünfzehn Solidi) ist auf den unterschiedlichen Wert der Tiere nach der unterschiedlichen Fertilität der Muttersau und nach dem unterschiedlichen Aufzuchtsalter der Ferkel zu verstehen. Das bedeutet zugleich: Sau und Ferkel wurden je nach Wert an verschiedenen Stellen des Stalls gehalten; ausführlich dazu Seebold, Tierdiebstähle, S. 45.

58 ***sude:*** *sutis* „Schweinestall", gallisches Wort, s. Seebold, Tierdiebstähle, S. 43 und S. 60; dazu die Glosse der Hs. K 79: *id est ara porcorum*, „das ist der Schutzort der Schweine", Eckhardt 4,1 S. 21, Apparat.

59 ***de sude furauerit, quae clauem habet:*** rechtshistorischer Kommentar Geffcken, Lex Salica, S. 109–110.

§ 2. Falls dann im dritten Aufzuchtsplatz gestohlen wird,

15 Solidos
zu schulden werde er verurteilt

außer Rückerstattung/Wertersatz
und Entgelt für Nutzungsausfall

§ 3. Wer ein Ferkel stiehlt
aus dem Schweinestall,
der mit einem Schloss versehen ist,

bezahle 45 Solidi

außer Rückerstattung/Wertersatz
und Entgelt für Nutzungsausfall.

§ 2. Wenn er aber im dritten **Aufzuchtsplatz** gestohlen haben sollte,*

600 Denare,

die machen 15 Solidi,
werde er zu schulden verurteilt,

außer Rückerstattung/Wertersatz und Entschädigung für Nutzungsausfall.

*C 6 § 2: vor Gericht wird dies **‚junges Schwein bei der Muttersau oder im Wurf‘** genannt.

§ 3. Wenn einer ein Ferkel
aus dem **Schweinestall*** gestohlen haben sollte,
der einen Verschluss hat,

1800 Denare,
die 45 Solidi machen,
zu schulden werde er verurteilt

außer Rückerstattung/Wertersatz
und Entgelt für Nutzungsausfall.

***Schweinestall**, dazu die Glosse: „das ist der Schutzort für die Schweine.“

V	Lex Karolina
[§ 4.] so hwer so farah in felde, đaar hirti mit ist, forstilit,	§ 4g'.(MGH 4,1, S. 25) Si quis porcellum in campo inter porcos ipso porcario custodiente furaverit,*
gelte sol. XV	DC denariis, qui faciunt solidos XV, culpabilis iudicetur
foruzan haubitgelt inti wirđriun.	excepto capitale et delatura.
	*C 6 § 4, H 10 § IIII. mallobergo **soagne chalt(e)**[60] sunt.
[§ 5.] So hwer so farah forstilit, đaz biuzan đeru mooter leben mag,	§ 5. Si quis porcellum furaverit, qui sine matre vivere potest,*
feorzug pentinga,	XL denariis,
đe tuent sol. I, gelte	qui faciunt solidum I, culpabilis iudicetur
foruzan haubitgelt inti wirđriun.	excepto capitale et delatura.
	* A 2 § 2 mallobergo **in cymus** * A 3 § 2 mallobergo **imnis fit**[61] sunt * C 6 § 5 mallobergo. **hinni fliht** siue **tertega** sunt * H 10 § V. mallobergo **ymnisfith siue thertesun**[62]

60 ***soagne chalt(e)***: < *swaigine galt* „zu einer Schwaige gehörendes (aus einer Schwaige stammendes) Schwein" van Doorn, The Malberg Glosses, S. 15; Seebold, Tierdiebstähle, S. 57–58; vgl. zu *son-*, *sun-* „group of animals" van Doorn, The Malberg Glosses, S. 27.

61 Hier fehlt ***tertega/ thertesun***, das Rechtswort, auf das hin der Tatbestand „befunden" wird; vgl. Anm. 62.

V	Lex Karolina
§ 4. Wer ein Ferkel auf dem Feld, wo der Hirte bei (ihm) ist, stiehlt,	§ 4g'.(MGH 4,1, S. 25) Wenn einer ein Ferkel auf dem Feld unter Schweinen gestohlen haben sollte, während der Sauhirt gehütet hätte,*
zahle 15 Solidi	600 Denare, die 15 Solidi machen, werde er zu schulden verurteilt
außer Rückerstattung/Wertersatz und Entgelt für Nutzungsausfall.	außer Rückerstattung/Wertersatz und Entgelt für Nutzungsausfall.
	*C 6 § 4, H 10 § IIII. auf derm Malberg die zu einer Schwaige gehörend sind.
§ 5. Wer ein Ferkel stiehlt, das ohne die Mutter leben kann:	§ 5. Wenn einer ein Ferkel gestohlen haben sollte, das ohne Mutter leben kann,*
40 Pfennige,	40 Denare,
die machen einen Solidus, werde er zu schulden verurteilt	die machen einen Solidus, werde er zu schulden verurteilt
außer Rückerstattung/Wertersatz und Entgelt für Nutzungsausfall.	außer Rückerstattung/Wertersatz und Entgelt für Nutzungsausfall.
	*auf dem Malberg **‚Jungschwein'** *auf dem Malberg **befunden als [‚...']** sind das *auf dem Malberg **befunden als ‚Jungtier'** oder **‚zarte'** sind das. *auf dem Malberg **befunden als ‚Jungtier' oder ‚zarte'** sind das.

62 ***in cymus/imnis fit/hinni fliht/ymnisfith***: zu *humnis* < germ. **humna-* „Jungtier" (hier also „Jungschwein") Seebold, Tierdiebstähle, S. 51–52 und S. 60; *inzymus (ingismus)* < germ. **aina-gim-a* „einwintrig" Seebold, Tierdiebstähle, S. 60; ***-fit*** <germ. *fenþa-* „Fund, Findung, Befund" Seebold, Tierdiebstähle, S. 60; van Doorn, The Malberg Glosses, S. 21 und öfter. – ***tertega/ thertesun*** (Nebenglosse): Seebold Tierdiebstähle, S. 53 und S. 60 „zart" aus dem Keltischen entlehnt. – ***in cymus / imnis fit*** zu ***hymnisfith*** Seebold Tierdiebstähle, S. 51; vgl. Anm. 25 zu *humnisfith*.

V	**Lex Karolina**
[§ 6.] So hwer so sui bistoozzit in điubiu,	§ 6. Si quis scrovam subbattit in furtu* hoc est porcellos a matre subtrahit,
gelte sol. VII	CCLXXX denariis, qui faciunt solidos VII, culpabilis iudicetur
foruzan haubitgelt inti wirđriun.	excepto capitale et delatura.
	*C 6 § 6 mallobergo **narechalte** sunt *H 10 § VI mallobergo **uarachalt** hoc est.[63]
[§ 7.] So hwer so su mit farahum forstilit,	§ 7. Si quis scrovam cum porcellis furaverit*
gelte sol. XVII	DCC denariis, qui faciunt solidos XVII semis culpabilis iudicetur
foruzan haubitgelt inti wirđriun.	excepto capitale et delatura.
	*C 6 § 7 mallobergo **focifale** *H 10 § VII mallobergo **focichalta**[64]
[§ 8.] So hwer so farah iarigaz forstilit,	§ 8 Si quis porcellum anniculum furaverit,*
gelte sol. III	CXX denariis, qui faciunt solidos III, culpabilis iudicetur
foruzan haubitgelt inti wirđriun.	excepto capitale et delatura.
	*C 6 § 8 mallobergo **incymis natariæ** *H 10 § VIII **in Zymis ethatia**[65]

63 ***nare-chalte / uarachalt***: ChWdW9, S. 1020 *nare-chaltio* „Mutterschwein" s. v. *gelza*; zu *chalti*; „Nährgalt"; van Doorn, The Malberg Glosses, S. 28 und öfter.

64 ***focifale / focichalta*** zu ***focichalte*** ChWdW9, S. 1020 „Zuchtgalt"; *foci-* zu niederländisch *fokken* „zeugen" Kern, Frankish Words § 17; anders van Helten, Zu den malbergischen Glossen nach Grimm: *foci*, entstellt aus *fodi*, zu as. *fodian* „nähren", *foci-chalte* demnach „Nährgalt" (synonym mit *nare-chaltio*).

V	**Lex Karolina**
§ 6. Wer Säue stößt beim Diebstahl,	§ 6. Wenn einer ein Mutterschwein stößt beim Diebstahl, d. h. die Ferkel aus der Mutter abtreibt,*
zahle 7 Solidi	280 Denare, die machen 7 Solidi, werde er zu schulden verurteilt
außer Rückerstattung/Wertersatz und Entgelt für Nutzungsausfall	außer Rückerstattung/Wertersatz und Entgelt für Nutzungsausfall.
	*Auf dem Malberg wird dies **Mutterschwein** genannt.
§ 7. Wer eine Sau mit Ferkeln stiehlt,	§ 7. Wenn einer ein Mutterschwein mit Ferkeln* gestohlen haben sollte,
zahle 17 Solidi	120 Denare, die machen 17 ½ Solidi, zu schulden werde er verurteilt
außer Rückerstattung/Wertersatz und Entgelt für Nutzungsausfall	außer Rückerstattung/Wertersatz und Entgelt für Nutzungsausfall.
	*auf dem Malberg **Zuchtschwein**
§ 8. Wer ein (ein)jähriges Ferkel stiehlt,	Wenn einer ein einjähriges Ferkel gestohlen haben sollte,*
zahle 3 Solidi	120 Denare, die machen 3 Solidi, werde er zu schulden verurteilt
außer Rückerstattung/Wertersatz und Entgelt für Nutzungsausfall	außer Rückerstattung/Wertersatz und Entgelt für Nutzungsausfall
	*auf dem Malberg **einwintriges Ferkel Altersstufe**

65 ***incymis natariæ / in Zymis* ethatia: *incymis*** „einwintriges (Schwein)" Kern, Frankish Words § 13 (vgl. lat *hiems*), van Helten, Zu den malbergischen Glossen §§ 17–18, Seebold, Tierdiebstähle, S. 57–58, dabei geht *ethatia* auf das merowingisch-lateinische Wort: **aetatia* „Altersstufe" zurück und ist als versehentlich in die Glosse geratene Randbemerkung anzusehen; *natariæ* scheint daraus entstellt zu sein. – Kern, Frankish Words § 19, van Helten, Zu den malbergischen Glossen § 9, van Doorn, S. 33.

V	**Lex Karolina**
[§ 9.] So hwer so zuiiari suin forstilit	§ 9. Si quis porcum bimum* furaverit,
gelte sol. XV,	DC denariis, qui faciunt solidos XV, culpabilis iudicetur
foruzan haubitgelt inti wirđriun.	excepto capitale et delatura.
	*mallobergo **ingimus suaini** C 6 § 9: mallobergo **inzymis senio** H 10 § 9: mallobergo **in Zymissoagni**[66]
[§ 10]. So hwer so hantzugiling [...]	§ 10. Si quis **tertussum**[67] porcellum furaverit, usque ad anniculatum,*
	CXX denariis, qui faciunt solidos III,
	culpabilis iudicetur
	excepto capitale et delatura.
	*A 1 § 13, C 6 § 12/13: mallobergo **drache** H 10 § XIIII.: mallobergo **drachechalt**[68]

66 ***ingimus/inzymus*** : vgl. Anm. 62; ***senio*** < **senj-* „alt" (als Bezeichnung für das hier gemeinte Schwein: „älterer Jährling"); **zimi*, **gimi* „Winter" van Doorn S. 20. -***soagni*** „zu einer Schwaige gehörig" (germ. *swaiga-) Seebold, Tierdiebstähle, S. 60 und S. 61. Vgl. van Doorn, The Malberg Glosses, S. 27: *son-*, *sun-* gl. *grex* ‚group of animals' < **sunu-*

67 Textwort ***tertussum:*** „zart", s. Anm. 61; van Doorn, The Malberg Glosses, S. 18 und öfter.

68 ***drache / drachechalt:*** <**drage* zu idg. *d^{h}reg^{h} – „laufen"; „Läufer(schwein)", Seebold Tierdiebstähle, S. 56–57 und S. 60; anders **ChWdW8.** – van Doorn, S. 18 und öfter (< **dragjō-*?).

V	**Lex Karolina**
§ 9. Wer ein zweijähriges Schwein stiehlt,	§ 9. Wenn einer ein zweijähriges Schwein* gestohlen haben sollte,
zahle 15 Solidi	600 Denare, die machen 15 Solidi, werde er zu schulden verurteilt
außer Rückerstattung/Wertersatz und Entgelt für Nutzungsausfall.	außer Rückerstattung/Wertersatz und Entgelt für Nutzungsausfall.
	*auf dem Malberg **‚älterer Jährling, zu einer Schwaige gehörig‘**
§ 10. Wer ein mit der Hand aufgezogenes [...]	Wenn einer ein (einjähriges) **zartes Ferkel*** gestohlen haben sollte,
	120 Denare, die machen 3 Solidi,
	werde er zu schulden verurteilt
	außer Rückerstattung/Wertersatz und Entgelt für Nutzungsausfall.]
	*auf dem Malberg **Läufer(schwein)**

Anhang
1 Freilassingsformel
2 Additamentum ioculare

1
Freilassungsformel

Der Titel, ein „Konstitutionstitel", behandelt in zwei §§ das Verfahren bei Freilassung (*manumissio*) von Unfreien („Liten") bzw. Sklaven (*serui*), genauer, welche Buße fällig ist, falls die Freilassung einer Person unberechtigt, *extra consilium domini sui*, geschah, durch jemanden, dem sie nicht zustand. Damit wären die Rechte des wahren Besitzers schwer geschädigt. Der Titel ist hier besonders deswegen aufgenommen, weil er die einzige unter den malbergischen Glossen enthält, die einen vollständigen volkssprachig-salfränkischen Satz zitiert, und zwar einen zum mündlichen Gebrauch bestimmten. Über den Glossen- ist damit auch ein minimaler Textstatus erreicht. So ist das Stück sowohl rechts- und kultur- als auch sprachgeschichtlich von besonderer Bedeutung.

Lit.: Rechtshistorischer Kommentar: Geffcken, Lex Salica, S. 186–187. – Ute Maas, Freilassung. – Hendrik Kern, Glossen, hier S. 2–11 (schön zu lesen, methodisch grundlegend) und Kern, Frankish words. – Daran anschließend mit Ergänzungen van Helten, Zu den malbergischen Glossen, hier § 96, S. 390–392. – Quak, Freilassungsformel 2008, S. 139–148. – Ders.: Freilassungsformel 2016. – von Olberg, Freigelassene, besonders S. 538–542. – Bonnassie, Freilassung. – von Olberg, Lite. RGA 18 (2001) S. 516–519.

Text nach dem Kopftext MGH LL nat. Germ. 4,1, S. 96–97; dazu sind für die Freilassungsformel selbst die Rekonstruktionen Kerns, Frankish Words (1880) und Quaks (2016) angegeben.

Texte MGH, Kern (1880) und Quak

Titel XXVI De libertis <extra consilium domini sui> dimissis[69]

Pactus Kopftext MGH 4,1, Eckhardt S. 96–97
§ 1. Si quis <homo ingenuus> alienum **letum**[70], *qui apud domino suo in hoste fuerit*, extra consilium domini sui ante regem per denarium[71] ingenuum dimiserit et ei fuerit adprobatum,

mallobergo **maltho:**[72] **thi atomeo**[73] **leto** hoc est[74]

IVM denarios, qui faciunt solidos C, culpabilis iudicetur. Res uero **leti** ipsius legitime reformetur.

Varianten der Glosse
A 1 **malthoitus meo letu**
A 2 **malteo hiatus meo lexum**
C 6 **maltho chiado freoledo**[75]
H 10 **maltho theato meolito**

Lex Salica Kopftext MGH 4,2, Eckhardt S. 76–77
§ 1. Si quis **litum** alienum, *qui aput domino suo in oste fuerit*, extra consilio domini sui ante rege per dinario ingenuum demiserit,

mallobergo **maltho: itho frio blito**

<sunt dinarii IVM qui faciunt> solidus C culpabilis iudicetur. Res uero ipsius **lito** legitimo domino reformetur.

Varianten der Glosse
D 7 **maltholitho frioblito**
D 8 **malcho itto frio blito**
D 9 **maltho hithofrio blito**

Kern (1880): maltho: the atomeo, lito!
Quak (2016): maltho: thi ātōmeo / āfrīo leto![76]

Pactus Kopftext MGH 4,1, Eckhardt S. 96–97
§ 2. Si quis uero seruum alienum per denarium ante regem ingenuum dimiserit et ei fuerit adprobatum,

mallobergo **malthuo thi atomeo theo**[77] hoc est,

MCCCC denarios, qui faciunt solidos XXXV, culpabilis iudicetur et <insuper> praetium serui domino suo reddat. *Res uero ipsius serui*[78] *proprius dominus recipiat.*

Varianten der Glosse
A 1 **maltholatu metho**
A 2 **maltho hait ho mitto** [oder **homitto**]
C 6 **maltho chiado moetheo**
H 10 **maltho theatha meotheos**

Lex Salica Kopftext MGH 4,2, Eckhardt S. 76–77
§ 2. Si quis seruum alienum per dinarium, ante regem ingenuum demiserit,

mallobergo **maltho friatho**[79] **meotho**,

<sunt dinarii MCCCC, qui faciunt > solidus XXXV culpabilis iudicetur et capitale in loco restituat.

Varianten der Glosse
D 7 **maltholitho frioblito**
D 8 **malcho itto frio blito**
D 9 **maltho hithofrio blito**

---

69 Eckhardt II,1 S. 196–199; Lex Salica, rechtshistorischer Kommentar Geffcken, S. 186–187.

70 ***lethum***: ***lethus (litus)***, frankolateinisches Lehnwort aus germ. ***lêt.***; ChWdW9, S. 1024. ***let(i)*** „Lete, Halbfreier"; van Doorn, The Malberg Glosses, S. 16. – Lite RGA 18 (2001), S. 516–519 (Gabriele von Olberg). Der soziale Status des Liten ist je nach Belegquelle sehr unterschiedlich definierbar. Der *lite / lete* steht als „Halbfreier", (lat. ähnlich *libertus* „Freigelassener") sozial irgendwo zwischen dem Freien (*ingenuus*) und dem Sklaven (*seruus*). – Vgl. zur sozialen Stellung auch Liten LexMa 5 (1991), Sp. 2016–2017 (Dieter Hägermann, A. Hedwig).

Von Halbfreien (Liten), die jemand ohne Zustimmung ihres Herrn freilässt

§ 1. Wenn jemand, <ein freier Mann>, den Halbfreien eines anderen, *der mit seinem Herrn auf Kriegszug sein sollte*, ohne Erlaubnis seines Herrn vor dem König durch Pfennigwurf als Freien entlässt, und es ihm nachgewiesen wird,

vor Gericht: „Ich verkünde:[80] ‚ich lasse dich frei, Lite'!",

400 Denare, die machen 100 Solidi, zu schulden werde er verurteilt. Das Gut aber dieses Halbfreien werde dem Herrn nach Gesetz zurückerstattet.

§ 2. Wenn jemand aber den Sklaven eines anderen durch Pfennigwurf vor dem König als Freien entlässt,

vor Gericht: „Ich verkünde: ‚ich lasse dich frei, Sklave'!" ist das,

4.000 Denare, die machen 35 Solidi, zu schulden werde er verurteilt. Das Gut aber dieses Sklaven bekomme der eigene Herr zurück.

---

71 ***per denarium***: lat. *denariatio* „Pfennigwurf" oder „Schatzwurf" (Denar = „Pfennig"; Schatz = as. *skatt*, ahd. *scaz* hier „Münze" [nicht „Hort"], also eigentlich „Münzwurf"). In korrekter Form fand die Freilassung eines Leten in Gegenwart des Königs statt. Geffcken, Lex Salica, S. 137: „Der Freilasser schüttelt einen ihm vom Freizulassenden dargebotenen Denar so aus dessen flacher Hand, dass er dem Darbietenden über den Kopf fliegt. Symbolik des Aktes: der Freilasser verschmäht den ihm rechtsmäßig vom Liten zu leistenden Zins." S. auch LexMa 7 (1995), s. v. Schatzwurf Sp. 1442–1443 (Karl Kroeschell).
72 ***maltho***: 3. Pers. Sg. Konj. zu as. ***malthon/ malthoian*** „(sei es, dass) ich sage (verkünde)"; van Doorn The Malberg Glosses, S. 25 und öfter.
73 ***atomeo***: vgl. as. ***a-tomian** „befreien".
74 *mallobergo* ***malthuo thi atomeo theo*** *hoc est*: Lateinisch würde der ganze Satz lauten: *mallobergo (si quis) publice pronuntiet: ‚te libero, lite.' hoc est* (Kern) – „wenn jemand öffentlich verkünden würde: ‚ich lasse dich frei, Lite.'"
75 ***chiado freoledo***: < *(chiad)* ***afreo ledo*** zu ****a-frio*** „ich lasse frei" entsprechend den Lesarten D 7–9; van Helten, Zu den malbergischen Glossen § 96; Quak, Freilassungsformel 2016, S. 458.
76 ***ātōmeo / āfrīo***: Quak (2016, S. 458) nimmt an, dass den späteren Abschreibern der D-Handschriften das Verbum *ātōmian* nicht mehr vertraut war und in der ‚Lex Salica' durch ein anderes Verb (also **ā-frīan*) ersetzt wurde; auch die Pactus-Handschrift C 6 (2. Viertel 9. Jh., also gleichzeitig mit dem ahd. Bruchstück) hat das *fr*-Wort, das auf **a-frian* schließen ließ.
77 ***theo***: „Slave"; van Doorn, The Malberg Glosses, S. 25.
78 ***Res uero ipsius serui***: Geffcken, Lex Salica, S. 137: „Streng genommen ist der Sklave vermögensunfähig, da er rechtlich Sache ist und mithin nur Objekt, nicht Subjekt von Rechten sein kann. [...] Der Zusatz deutet jedoch bereits auf die Entwicklung hin, die den Sklaven je mehr und mehr zur Rechtsperson gemacht hat."
79 ***friatho:*** zu ***â-frio***, (mit den Varianten D 7–9) s. Anm. 75.
80 ***maltho*** die Ankündigung der Formel steht im Konjunktiv, so dass die Übersetzung eigentlich lauten müsste: „Wenn ich verkünden würde: [...]"; oder: „(sei es, dass) ich sage (verkünde): [...]". – van Doorn, The Malberg Glosses, S. 25.

2
Additamentum ioculare

Ü.: Wolfenbüttel, Herzog August-Bibliothek Cod. Guelf. Weiss 97, fol. 37v.
Farbdigitalisat der Seite: http://diglib.hab.de/mss/97-weiss/start.htm?image=00086.
Lit.: Kiesler, Einführung, hier S. 144–147 (Text und Kommentar).

Im Cod. Guelf. Weiss. 97 der Herzog August Bibliothek Wolfenbüttel steht auf fol. 37v von der Hand des ‚Lex'-Schreibers Agambert diese „lustige Dreingabe" des Schreibers selbst; sie bildet dort auf freigebliebener Seite einen ulkigen Nachtrag zum ‚Lex Salica'-Text. Von fol. 38r bis zum Ende der Handschrift auf fol. 87r folgen weitere Leges-Texte.[81] Die Handschrift entstand in Burgund, in Nord- oder Ostfrankreich um das Jahr 770. Sie enthält, obwohl im Wolfenbütteler Fond der Weißenburger Handschriften enthalten, kein Zeichen ursprünglicher Zugehörigkeit zur Weißenburger Bibliothek.

Ganz am Schluss auf fol. 87v empfiehlt sich Agambert noch der frommen Fürbitte des Lesers mit dem Verslein

Quisquis nescit scribere
nulluni pot[est] bibere.

Ora pro Agamberto![82]

Wer nicht schreiben kann,
kann niemandem zuprosten.

Bete / bitte für Agambert!

Der fromme Fürbitte-Wunsch verbindet sich ganz handfest mit der Bitte um ein Trinkgeld für die geleistete Schreiberarbeit. Agambert bezeugt also hier noch einmal sein Schreiber-Interesse an zünftigen Trink-Sitten.

Das *Additamentum ioculare* nimmt, den pompösen Stil von ‚Pactus' und ‚Lex' parodierend, deren gängige Formeln und Formelstrukturen auf:

si quis homo, [...]
in casa aut foris casa [...]
tam de eorum quam de aliorum [...]
hoc facire presumserit [...]
Sic conuinit obseruare [...]
culpabilis iudicetur.

Text nach MGH LL nat. Germ. 4,1, S. 254 und Digitalisat.

Übersetzung nach Kiesler, Einführung, S. 144.

---

81 Summa breviarii Alariciani. Tituli legum corpore theudosiani de constitutione principum. Theodosiani libri XVI. – Zu dem nicht näher identifizierten Schreiber Agambert Hinweise bei Ubl, Sinnstiftungen, S. 138 mit Anm. 3.
82 Farbdigitalisat der Seite: http://diglib.hab.de/mss/97-weiss/start.htm?image=00186.

Incipit totas mal[bergos]
MGH 4,1, Eckhardt S. 254

01 In nomine dei patris omnipotentis.

02 Sic[83] placuit volumtas Laidobranno et Adono.

03 Ut pactum salicum, de quod titulum non abit:[84]

gratenter suplicibus aput gracia
Fredono
una cum uxore sua
et optimatis eorum,

04 in ipsum pactum titulum unum cum deo adiutorio pertractare debirent:

Ut si quis homo
aut in casa
aut foris casa
plena botilia abere potuerint
tam de eorum
quam de aliorum:
in cuppa non mittant ne gutta.

05 Se ullo hoc facire presumserit,

– mal. **leodardi**,[85] –

sol. xv con<ponat>.

06 Et ipsa cuppa frangant la tota,
ad illo botiliario frangant lo cabo,
at illo scanciono tollant lis potionis.

07 Sic conuinit obseruare:
aput staubo[86] bibant
et intus suppas faciant.

08 Cum senior bibit duas uicis,
sui uassalli la tercia bonum est.

09 Ego qui scribsi, meum[87] nomen non hic scripsi.

10 cul<pabilis> iud<icetur>.

---

83 ***sic***: Hs. *sit*.
84 ***abit*** : ***habet***.
85 Zu ***leodardim*** hier gegebenen Kontext Schmidt-Wiegand, Zur Geschichte, S. 39 [220]; im übrigen vgl. Anm. 19. Ich lasse das Wort im Kontext dieser Parodie unübersetzt, denn es ist hier tatsächlich nicht übersetzbar. In der ‚Lex' erscheint es an zahllosen Stellen in ganz unterschiedlichen Kontexten (s. den Index bei Kern, Frankish Words, Sp. 628–629), manchmal sicherlich falsch eingesetzt, manchmal ohne klar erkennbaren Sinn im gegebenen Zusammenhang. Nur durch seine Bedeutung

Alle malbergischen (Gesetze). Anfang

01 Im Namen Gottes des allmächtigen Vaters.

02 Wie folgt waren gern zu Diensten Laidobrand und Ado.

03 Indem doch der Pactus Salicus dazu keinen Titel hat,

auf freundliche Bitten ihrer Gnaden,
des Fredo,
und seiner Gattin,
und ihrer edlen Gefolgschaft,

04 sollten sie bitte für diesen Pactus mit Gottes Hilfe einen Titel verfassen.

Dass: wenn irgendwelche Leute,
sei es im Haus,
sei es außerhalb des Hauses,
eine volle Flasche haben sollten,
sei sie gefüllt mit ihrem eigenen Getränk,
sei sie es mit dem Anderer:
sie in den Becher nicht einen einzigen Tropfen gießen dürften.

05 Und: wenn irgendjemand dies zu tun sich herausnähme,

– auf dem Malberg heißt das: **leodardi** –

zahle er 15 Solidi Strafe.

06 Und jenen Becher soll man ganz zertrümmern,
und dem Kellermeister soll man den Kopf zertrümmern,
und dem Schenken soll man die Getränke wegnehmen.

07 Nach folgendem Beschluss verhalte man sich:
man trinke aus einem einzigen Pokal,
und in den tunke man die Brotschnitten.

08 Hat der Herr zweimal getrunken,
so ist es beim dritten Mal seinen Vasallen genehm.

09 Ich, der dies schrieb, unterschrieb mit meinem Namen nicht.

10 Der Schuldige werde verurteilt.

---

als Bezeichnung des horrend hohen Bußgeldes von 600 Denaren oder 15 Solidi hat es nachträglich, wie auch hier, den festen Sinn einer fürchterlichen Strafe angenommen. Damit entpuppt es sich als eine Art Joker auch der Handschriften-Kopisten für ganz verschiedene Zusammenhänge, wenn man nicht so recht versteht oder schockieren möchte. Und so ist es geradezu prädestiniert für parodistische Verwendung, es ist fast eine Art Witz in sich selbst.

86 staubo: *Hs.* staubo.

87 meum: *Hs.* mea.

55 Bruchstück eines Kapitulars Ludwigs des Frommen vom Jahr 818/819 (‚Trierer Capitulare') Steinmeyer Nr. 40

[2]**VL** 9 (1995), Sp. 1040–1041(Ruth Schmidt-Wiegand). – **VL** ahd. und as Lit. (2013), S. 467–469 (Ruth Schmidt-Wiegand / Falko Klaes).
Ü.: A: Hs.: Trier, StB Hs. 1362 /110 a 4°, fol. 33v-34r.
B: Druck: Brower, Annalium Trevericorum Tomus I, S. 35, Sp. b – S. 36, Sp. a.
Abb.: beide Textzeugen bei Tiefenbach (s. u. Lit.) zwischen den Seiten 280 und 281.
Dat.: Die Trierer Handschrift (A) entstand vor 1617 und war vielleicht als Material zur Vorbereitung des oben genannten Drucks gedacht, der jedoch im lateinischen Text von ihr abweicht (Tiefenbach); zur Datierung des Drucks s. o. Die nicht erhaltene Erstquelle des lat. Kapitulars ist datiert auf 818/819. deren ahd. Übersetzung wird in die Mitte des 10. Jh. im Raum Trier (St. Maximin?) gesetzt; es scheint, dass man dort Bedarf für eine solche Quelle und deren Übersetzung empfand; vielleicht handelt es sich auch um eine Schulübung. Dafür spräche die erstaunliche Fehlerhaftigkeit.
Spr.: südl. Mittelfr. (Trier?)
Ed.: MGH Capitularia regum Francorum Nr. 182, S. 378–381 (Text). – [4]MSD I Nr. 66, S. 229–230 (Text). – Steinmeyer, Nr. 40, S. 305–308 (Text). – Schlosser, S. 286–289 (Text). – Müller, S. 48–53 (Text). – Tiefenbach, ‚Trierer Capitulare', S. 283–286.
Lit.: Kelle LG, S. 131 und S. 353. – Kögel, LG I,2, S. 571–572. – Ehrismann, LG 1, S. 353–354. – Haubrichs, Die Anfänge, S. 155–156. – [4]MSD II, Nr. 66, S. 363–365 (Kommentar). – Schlosser, S. 394 (Kommentar). – Müller, S. 296–297 (Kommentar). – Tiefenbach, ‚Trierer Capitulare'. – Knaus, Urhandschrift. – Klaes, Trierer Überlieferung, hier S. 563–567 (Nr. 3.5.3). – Ganshof, Was waren die Kapitularien?

Das Kapitular Ludwigs des Frommen von 818/819 regelt hier in seinem sechsten Kapitel die rechtliche Absicherung von Schenkungen zugunsten Verwandter (*propinquo suo* § 2), besonders aber *ad aliquem uenerabilem locum*, also an geistliche Institutionen (Klöster, Kirchen) durch weltliche Stifterpersonen zur Sicherung ihres Seelenheils durch das Fürbittgebet der Begünstigten für den Stifter. Die rechtliche Geltung der Eigentumsübertragung soll zum einen für den Begünstigten zu Lebzeiten des Stifters und besonders auch über dessen Tod hinaus gesichert werden, zum andern auch für den Stifter selbst sowohl zu seinen Lebzeiten als auch besonders nach seinem Tod gegenüber An- oder Einsprüchen vorgeblich anderer, besonders verwandter Erbberechtigter, welche die Rechtmäßigkeit der Stiftung bestreiten und eigene Erbansprüche rechtlich geltend machen könnten. Geeignete Personen sollen die Stiftung durch Zeugen und Bürgen urkundlich absichern, sowohl für den Begünstigten als auch für den Stifter selbst.

Mit diesen Regelungen soll im besonderen der Entfremdung von geistlichen Gütern, die auf Stiftungen von weltlicher Hand beruhten, durch etwaige Anfechtungen Anderer, insbesondere Verwandter des Stifters, entgegengewirkt werden, die etwa Erbansprüche aufgrund weltlich-rechtlicherer Erbregelungen geltend machen könnten. Mit dem Kapitular will der Kaiser die vor und nach seiner Zeit immer wieder beklagten Entfremdungen von geistlichem Stiftungseigentum durch weltliche Machthaber verhindern.

Ursprünglich erhielten die Kapitularien Rechtsverbindlichkeit erst durch ihre Verkündigung in der Volkssprache durch die *missi* oder Königsboten (in der Kirche? in der Predigt?). So verhält es sich aber sicherlich nicht bei dem vorliegenden Text. Dieser folgt zwar eng der Erstquelle aus der Zeit Ludwigs des Frommen, ist aber seiner Übersetzungstechnik nach ganz in der Art von Interlinearversionen gefasst, die zur öffentlichen Verlesung alles andere als geeignet, vielmehr für schulische Übersetzungsübungen bestimmt sind. Auch fehlen z. B. Vortragzeichen, wie sie die ahd. ‚Lex salica' hat. Möglicherweise lag aber der Überlieferung durch Brower der Schriftform nach gar keine bilinguale Interlinearversion zugrunde, wie es die durch ihn erhaltenen Fassungen nahelegen, sondern einsprachig eine Art ahd. Übersetzungsentwurf, dem Brower erst für seine Edition einen lat. Text (nach Ansegis?) selbständig und nachträglich unterlegt hat. Dennoch ist die Technik der Übersetzung zweifellos jene der Interlinearversionen. Zu diesem Fragenkomplex im Einzelnen s. Tiefenbach, S. 277 und S. 305–306. Als Zweckbestimmung der vorliegenden ahd. (mfr.) Bearbeitung des Kapitulars, das auch seinen sprachlichen Merkmalen nach für Entstehung im 10. Jh. spricht, nimmt Tiefenbach (S. 306–310) einen Zusammenhang mit dem Urkundenwesen der Trierer Abtei St. Maximin in der Zeit zwischen 960 und 963 als wahrscheinlich an. Demnach wäre das Stück noch etwa 150 Jahre nach seiner Entstehung nach wie vor als rechtsrelevant angesehen worden.

Text nach Steinmeyer in Anlehnung an Tiefenbach, ‚Trierer Capitulare'.

1.

Dass ein jeder Mann freier Vollmacht habe wohin er will Besitztümer seine zu geben

That ein iouuelihc man frier geuualt haue, so uuar sose er uuilit, sachun sinu ce geuene.

Ut omnis homo liber potestatem habeat, ubicunque uoluerit, res suas dare.

2.

Jeder der Besitztümer seine um willen des Heils Seele seiner entweder zu anderer[1]

Souerse sachun sine thuruh[c] salichedi selu sineru athe ce anderr[u]

Si quis res suas pro salute animae suae uel ad aliquem

ehrenhafter Stätte oder Verwandtem seinem oder wem anderem (immer) übereignen will

eraftlicheru stat, athe gelegenemo sinemo, athe se uuemo andremo versellan vuillit,

uenerabilem locum, uel propinquo suo, uel cuilibet alteri tradere uoluerit,

und zu dieser Zeit innerhalb derselben Grafschaft ist

inde ce themo cide innenuuendiun theru selueru graskeffi vuisit,[2]

et eo tempore intra ipsum comitatum fuerit,

1 Richtig wäre der lat. Satz so zu übersetzen: „Wenn jemand seine Besitztümer für das Heil seiner Seele sei es an irgendeinen ehrenhaften Ort, sei es an seinen Verwandten, sei es wem anders auch immer würde übereignen wollen [...]" Die ahd. Übersetzung verwechselt *aliquem* fehlerhaft mit *alium.* und übersetzt mit *anderru [...] locum* durch „(einem) anderen (Ort)".

2 Ahd. Präsens, lat. Perfekt; vgl. noch mehrfach u.

in der diese Besitztümer gelegen sind
in theru sachun thiae gesat sint,
in quo res illae positae sunt,

rechtmäßige Übereignung zu tun bemühe er sich.
vuizzetathia[3] sala ce gedune geulize.
legitimam traditionem facere studeat.

3.
Dass wenn (er) zu der selben Zeit, dass er diese (Besitztümer) übereigenen will
That auo[4] themo seluemo cide, that er thui[5] sellan vuilit,
Quod si eodem tempore, quo illas tradere uult,

außerhalb dieser Grafschaft ist, das heißt entweder im Heer,[6] oder in der Pfalz,
vzzenauuendiun theru grasceffi vuisit, that ist in here athe in palice,
extra eundem comitatum fuerit, id est siue in exercitu, siue in palatio,

oder an anderer irgendeiner Stätte, herbei nehme er zu sich entweder von seinen Landsleuten
athe in anderu sumeuuelicheru stedi, samant neme himo athe vane sinen gelandun
siue in alio quolibet loco, adhibeat sibi uel de suis pagensibus,

oder von anderen, die nach demselben Recht[7] leben, nach dem er selbst lebt, Zeugen rechtsfähige.
athe vane andern, thie theru seluerui vuiizzidi leue(n), theru er seluo leuith, vrcundun retliche.
uel de aliis, qui eadem lege uiuant, qua ipse uiuit, testes idoneos.

Aber wenn er die haben nicht kann, dann von anderen,
Auur auo'r[8] thie hauan [ni] mach, thanne vane andern,
uel si illos habere non potuerit, tunc de aliis,

---

3 *uuizz-et-athia* mit *-th-* statt *-ht-* (für *-ft-* wie auch sonst im vorliegenden Text): vgl. *wizz-od-haft-ig*, „rechtmäßig", *wizz-od-haft-lih* „rechtlich festgelegt" (Splett, S. 1150).
4 *That auo* mechanisch wörtliche Übersetzungsgleichung für *Quod si* durch *That, si*; zu *auo* vgl. engl. *if*.
5 *thui* muss dem Zusammenhang nach auf das Femininum *sachun*, „Besitztümer" (s. unter 2.), zurück bezogen werden; korrekt müsste die Form dann *theo* oder *thio* (Akk. Plur. Fem.) lauten. Schreibvariante für *thiu*, „diese", hier Nom. Plur. Fem. bezogen auf *sachun*.
6 Gemeint ist „im Heeresdienst".
7 Gemeint ist dasselbe Stammesrecht.
8 ***auo'r*** zusammen gezogen aus *auo er*.

welche immer da (als) bessere gefunden können werden.
souuoliche thar bezzera uundan mugen vuertha(n).
quales ibi meliores inueniri possunt:

Und vor ihnen seiner Besitztümer Übereignung tue (er).
Inde vora hin sachunu sineru salunga gedue.
et coram eis rerum suarum traditionem faciat.

4.

Und Bürgen für die Einkleidung[9] gebe er ihm, der die Übereignung empfängt,
Inde burigun theru geuueri geue himo, ther thia sala infahit,
et fideiussores uestiturae donet ei,[10] qui illam traditionem accipit,

die Einkleidung mache (er).
geuueri gedue.
uestituram faciat.

5.

Und nachdem die Übereignung so getan wird, (der) Erbe seiner selbst,
Inde ahter[11] thiu thiu sala so getan vuirthit, geaneru[o] [s]in selues
Et postquam haec traditio ita facta fuerit, heres illius

(auf) nicht eines von den besagten Besitztümern könne (er) tun Rückforderung.
neieina vona then vora gequetanen sachun mugi gedua[n] iruangida.
nullam de praedictis rebus ualeat facere repetitionem.

6.

Darüber hinaus und selbst für sich einen Bürgen er beschaffe ebendieser Einkleidung,
Thara vviri inde seluo thuruch sich burigun gedue theru selueru geuueri,
Insuper et ipse per se fideiussionem faciat eiusdem uestiturae,

---

9 *giwerî* „Einkleidung" zu *werien* „kleiden"; *geuueri* ist altes volkssprachiges Rechtswort, daraus ist lat. *uestitura*, die „Investitur", „Einkleidung" entlehnt, als rechtssymbolische Handlung der Eigentumsübertragung.

10 Vor *ei* ist in der Vorlage der ahd. Übersetzung ein *ut* ausgefallen, vgl. St., S. 306, Anm. 2 zum lat. Text. Sinngemäß sollte es heißen: „und Bürgen für die Einkleidung gebe er, damit er dem, der die Übereignung empfängt, die Einkleidung mache." Die ahd. Übersetzung gibt jedoch Wort für Wort ihre fehlerhafte Vorlage wieder.

11 Schreibung für *ahter* (vgl. u.).

damit nicht dem Erben irgendeine Ursache bleibe, diese Übereignung rückgängig zu machen,
nio themo geaneruen thegein ursach beliue thia sala ce bekerine,
ne heredi ulla occasio remaneat hanc traditionem immutandi,

sondern (viel)mehr Notwendigkeit vorliege, diese durchzuführen.
sunder mera not analige thia thuruch ce gefremine.
sed potius necessitas incumbat illam perficiendi.

7.
Und wenn noch dann Besitztümer seine mit den Miterben seinen geteilt er nicht hatte,
Inde auo nohc thanne sachun sinu bit geaneruun sinen gesunduruth nehauoda,
Et si nondum res suas cum coheredibus suis diuisas habuit,

nicht ihm dies sei (zum) Hindernis, sondern Miterbe seiner, wenn er freiwillig nicht will,
nesi himo that ce ungeuuorsamithu,[12] sunder geaneruo siner auo er gerno neuuilit,
non ei hoc sit impedimento, sed coheres eius, si sponte noluerit,

entweder durch den Grafen oder durch (den) Boten seinen gezwungen werde,
athe thuruh then grauun athe thuruch bodun sinin bethungen vuerthe,
aut per comitem aut per missum eius distringatur,

dass die Teilung mit diesem (er) mache, zu dem der Verstorbene Hinterlassenschaft seine
that thia sundrunga bit themo due, ce themo ther geendido eruetha sina
ut diuisionem cum illo faciat, ad quem defunctus hereditatem suam

wollte ganz zukommen (lassen).[13]
vuolda vollocoman.
uoluit peruenire

8.
Und wenn irgendeiner Kommunität diese zu übereignen (er) bat,
Inde auo sumeuuelicheru samonungun[14] thia sellan bat,
et si cuilibet ecclesiae eam tradere rogauit,

---

12 Schreibung für *un-ge-vuor-sam-idu*, „Hinderungsgrund".
13 Lat. Aci. *defunctus hereditatem suam uoluit pervenire* im Ahd. nachgeahmt: *ther geendido eruetha sina uuolda uollocaman.*
14 Für *ecclesia* neben *samonunga / samununga* auch *ladunga*; vgl. Anm. 33 zum Weißenburger Katechismus Nr. 75) und Götz, Lat.-ahd.-nhd. Wb. s. v. *ecclesia*.

Miterbe seiner (eben) dieses Gesetz mit der Kirche von dem zuvor genannten Erbe einhalte,
ganeruo siner then vuizzut bit theru kirichun vona themo vora gesprochenemo erue haue,
coheres eius eam legem cum illa ecclesia de praedicta hereditate habeat,

das (er) mit (einem) anderen Miterben seinem einhalten sollte.
that[15] bit andremo geaneruen sinemo hauan solda.
quam cum alio coherede suo habere debebat.

9.

Und dieses eingehalten werde betreffend den Vater und den Sohn und den Neffen
Inde thaz behaldan vuerthe vmbe then vader inde then sun inde then neuun
Et hoc obseruetur erga patrem et filium et nepotem

bis zu den Jahren den gesetzlich (vereinbarten).
vnce cen iarun vuizzethallikhen.[16]
usque ad annos legitimos:

Danach ebendiese Besitztümer zu der Immunität eben dieser Kommunität herausgeben.[17]
atther thiu selue sachun ce theru muzzungu theru selueru samunungun ergeuen.[18]
postea ipsae res ad immunitatem ipsius ecclesiae redeant.

---

15 Lat. *quam* bezieht sich auf *eam* (*legem*), *that* ist in der Übersetzung falsch auf *erue* bezogen, statt auf *then vuizzut*; korrekt müsste es *then* statt *that* heißen.
16 *uuizzethallikhen* = *wizzôdhaftîg* „am Gesetz haftend".
17 Mit „herausgeben" statt „zurückgeben" ist die falsche Übersetzung von *redeant* nachgeahmt; s. Anm. 18.
18 Die Übersetzung von *redeant* durch *ergeuen* „herausgeben" verwechselt *redeant* fehlerhaft mit *reddant* „zurückgeben".

56 Codex Falkensteinensis Verzeichnis von Wertgegenständen des Grafen Siboto

Wilhelm Nr. 39
Noichl Nr. 104

[2]**VL** 1 (1978) Sp. 1292–1293 (Ruth Schmidt-Wiegand).
Ü.: München, Hauptstaatsarchiv, Klosterliteralien Weyarn 1, aus Stift Herrenchiemsee, hier fol. 38v. – **Abb.:** Vollständiges Digitalisat der Handschrift in Farbe: https://daten.digitale-sammlungen.de/bsb00003355/images/index.html?id=00003355&groesser=&fip=193.174.98.30&no=&seite=57.
Dat.: der Kodex wurde 1166 angelegt und bis ca. 1196 weitergeführt. Der aktuelle Eintrag nachträglich Obing, ca. 1168-ca. 1175.
Spr.: südbair.
Ed.: Wilhelm I, S. 111 (Text). – Noichl, Codex Falkensteinensis, hier Nr. 104, S. 67–68. Referenzkorpus mittelhochdeutsch: https://www.linguistics.rub.de/rem/pub/texts//M047_mod.pdf.
Lit.: Wilhelm II, S. 203–209 (Kommentar). – Bergmeier, Deutsche Übersetzung. – Bumke, Höfische Kultur, hier S. 621–624. – LexMa 2, Sp. 2204 (Pankraz Fried). – Kerstin Möller, Falkensteiner Codex, hier S. 208, Nr. 8 mit S. 30. – Werner Rösener, Codex Falkensteinensis, hier S. 35–55.

Vgl. die Vorbemerkungen zum Weistum über die Abgaben des Pfarrers von Obingen (Nr. 57).

Der ‚Codex Falkensteinensis' ist ein prachtvoll gestaltetes Traditionsbuch der oberbayerischen Grafenfamilie von Neuburg-Falkenstein. Graf Siboto IV. ließ es im Herbst 1166 vor seinem Aufbruch zur vierten Italienreise Friedrichs Barbarossa im Stift Chiemsee zur Sicherung des Familienbesitzes für seine unmündigen Kinder aufzeichnen (Schmidt-Wiegand). „Der Codex ist das einzige erhaltene Traditionsbuch einer weltlichen Herrschaft [...] Eine der bedeutendsten Quellen für die mittelalterliche Wirtschafts- und Rechtsgeschichte." (Fried im LexMa). Beim vorliegenden Stück handelt es sich um einen Nachtrag von ca. 1179–1181/82.

Ab der 2. Hälfte der 1190er Jahre wurde der Kodex ins Deutsche übersetzt und fortgeführt bis mindestens 1231. Diese Übersetzung ist verschollen.

Zur Identifizierung der Orts- und Personennamen s. das Register bei Noichl.

Text nach Wilhelm und Noichl unter Hinzuziehung des Digitalisats.

1 **Apud Neuuenpurch sunt**
VI ciphi[1] cum copertoriis argentei
et V craterę argentee sine copertoriis
tria peccaria argentea cum opertoriis
et IIII sine opertorio
[.....] argenteus
et coclearia duo argentea

hec sunt sedecim vasa argentea. Nullum horum vasorum non aliter vendatur, nisi duppliciter rependeretur

2 **Comes Sigboto habet**
XV loricas,
etiam octo ocreas ferreas
[.............]
filiis suis serventur

3 **comes** [...............]
Duodecim loricas
et (X?) ferreas caligas
et IIII galeas
[.........................]

4 **in Austria**
Unam loricam
et decem ferreę caligę
[.........................]
filiis suis serventur.

5 Sexaginta hastilia id est **spîzze**
Quatuor galeę
Sex tubę
Viginti **federpete**
Tria **wurfzâbel**[2]
Tria **scâhzâbel**[3]
Elefantei lapides
tam ad **wurfzâbel**
quam ad **scahzabel** pertinentes

6 **Apud Ualchenstein**
XXX **spîsze** ad ursos capiendos
Decem **federpete**
Duo **scâhzâbel**
et II **wrfzâbel**

---

1 *ciphus* : *cyphus*, griechisch, „Becher".
2 Spielbrett für Würfelspiel (Tricktrack).
3 Schachbrett.

1 **In Neuenburg sind**
6 Becher mit Deckeln, silberne
und 5 Trinkschalen, silberne, ohne Deckel
drei Kelche, silberne, mit Deckeln
und 4 ohne Deckel
[.....] silberner
und Löffel, zwei, silberne

Dies sind sechzehn silberne Gefäße. Keines dieser Gefäße soll zum Kauf angeboten werden, außer für den doppelten Wert.

2 **Graf Sigboto hat**
15 Harnische
und auch acht Beinschienen, eiserne,
[......]
sie sollen für seine Söhne aufbewahrt werden.

3 **Graf** [...............]
Zwölf Harnische
und (zehn?) eiserne Schuhe
und 4 Helme
[.......................]

4 **in Österreich**
einen Harnisch
und zehn eiserne Schuhe
[..........]
sie sollen für seine Söhne aufbewahrt werden.

5 Sechzig Lanzen, das heißt Spieße
Vier Helme
Sechs Hörner
Zwanzig Federbetten
Drei Wurfzabel
Drei Schachzabel
sowohl auf Wurfzabel
als auch auf Schachzabel bezüglich

6 **In Falkenstein**
30 Spieße um Bären zu fangen
Zehn Federbetten
Zwei Schachzabel
und 2 Wurfzabel

7 **Apud Hademarsperch**
XXX **spîsze**
Decem **federpete**
Vnum **scahzâbel**
Vnum **wurfzabel**

7 **In Hademarsberg**

30 Spieße
Zehn Federbetten
Ein Schachzabel
Ein Wurfzabel

57 Codex Falkensteinensis Weistum über die Abgaben des Pfarrers von Obingen Wilhelm Nr. 39 Noichl Nr. 161

[2]**VL** 1 (1978) Sp. 1292–1293 (Ruth Schmidt-Wiegand).
Ü.: München, Hauptstaatsarchiv, Klosterliteralien Weyarn 1, aus Stift Herrenchiemsee, hier fol. 13r.
Abb.: Vollständiges Digitalisat der Handschrift in Farbe: https://daten.digitale-sammlungen.de/bsb00003355/images/index.html?id=00003355&groesser=&fip=193.174.98.30&no=&seite=35.
Dat.: der Kodex wurde 1166 angelegt und bis ca. 1196 weitergeführt. Der aktuelle Eintrag wurde im Frühjahr 1182 vorgenommen (Noichl, S. 135).
Spr.: südbair.
Ed.: Wilhelm I, S. 111 (Text). – Noichl, Codex Falkensteinensis, hier Nr. 161, S. 140.
Referenzkorpus mittelhochdeutsch: https://www.linguistics.rub.de/rem/pub/texts//M047_mod.pdf.
Lit.: Wilhelm II, S. 203–209 (Kommentar). – Kerstin Möller, Falkensteiner Codex., hier S. 208, Nr. 8, bis S. 30. – Werner Rösener, Codex Falkensteinensis, S. 35–55.

Der ‚Codex Falkensteinensis' ist ein prachtvoll gestaltetes Traditionsbuch der oberbayerischen Grafenfamilie von Neuburg-Falkenstein. Graf Siboto IV. ließ es im Herbst 1166 vor seinem Aufbruch zur vierten Italienreise Friedrichs Barbarossa im Stift Chiemsee zur Sicherung des Familienbesitzes für seine unmündigen Kinder aufzeichnen (Schmidt-Wiegand). „Der Codex ist das einzige erhaltene Traditionsbuch einer weltlichen Herrschaft [...] Eine der bedeutendsten Quellen für die mittelalterliche Wirtschafts- und Rechtsgeschichte." (Fried im LexMa). Beim vorliegenden Stück handelt es sich um einen Nachtrag von ca. 1179–1181/82.

Ab der 2. Hälfte der 1190er Jahre wurde der Kodex ins Deutsche übersetzt und fortgeführt bis mindestens 1231. Diese Übersetzung ist verschollen.

Zum Obinger Weistum: „Der älteste Beleg für ein urkundliches Stück in deutscher Sprache aus Oberdeutschland." (Wilhelm II S. *204).

Zur Identifizierung der Orts- und Personennamen s. das Register bei Noichl.

Text nach Wilhelm und Noichl unter Hinzuziehung des Digitalisats.

1 Der phaffe von Obingen sol geb*en*[1] vier mûte rôtgen von deme huse, dar da vffe sitzet, vnd von dem weiere vnd von deme garten vnd von der wise.[2]

2 Vnd wart daz also gelobet, swelh sin afterqûnft nach ime chome, er gæb ime daz selbe reht oder er lieze ime sin gût.[3]

3 Die rede gesach da ze Obingen zeime daidinge vnd ist des gezivch:

4 der herre Heinrich, phaffe von Geren
Hezwin
Perntharth von Pheffingen
Adelbreth von Lvze
Helbolt
Otto
Hoholt von Endorft
Alberh von Gûntharzberc
Uverherh Vûrstein
Ekkehart Gelle
Cvnrahte von Steuengirhet
Ortvvvin von Celle
Marqwart Altvil

1 Der Phaffe von Obingen soll geb*en* vier Mütten Roggen von dem Haus, dort worauf er sitzt, und von dem Weiher und von dem Garten und von der Wiese.

2 Und es ward das ganz so gelobt, welche seiner Nachkommenschaft nach ihm komme, er gäbe ihm das selbe Recht oder er überließe ihm sein Gut.

3 Die Verhandlung geschah da zu Obingen auf einem Gerichtstag und es ist dessen Zeuge:

4 der Herr Heinrich, Pfaffe von Geren
Hezwin
Perntharth von Pheffingen
Adelbreth von Lvze
Helbolt
Otto
Hoholt von Endorft
Alberh von Gûntharzberc
Werherh Vûrstein
Ekkehart Gelle
Cvnrahte von Steuengirhet
Ortvvvin von Celle
Marqwart Altvil

1 ***geben***: Hs. *gebt*.
2 Diese Abgaben schuldet der Pfarrer dem Grafen Sibot von Falkenstein. Obingen ist also eine Eigenkirche Sibots.
3 Hier wird das Weistum für den Nachfolger des Pfarrers im Amt verbindlich gemacht. Wilhelm (Kommentar) meint, unklar sei, wer dann wem etwas geben, oder wer wem etwas (über)lassen soll. Der Nachfolger des Obinger Pfarrers soll gegenüber Sibot wieder abgabenpflichtig sein.

58 Traditio Kuonradi Wilhelm 35

[2]**VL** kein Eintrag.
Ü.: München, BSB, clm 3714, fol. 1r (Nachtrag auf frei gebliebener Seite).
Abb.: --
Dat.: um 1200.
Spr.: alem.-schwäbisch.
Ed.: Maßmann, Abschwörungsformeln, S. 189 (Text). – Wilhelm I, S. 107–108 (Text). – Referenzkorpus Mittelhochdeutsch (1050–1350), https://www.linguistics.rub.de/rem/pub/texts//M229_mod.pdf.
Lit.: Wilhelm II, S. 197–198 (Kommentar). – Roth, Schenkung Baldshausen. Verdeutschte Urkunde (Textedition und viele Erläuterungen zur Geschichte, zur Orts- und Personennamenkunde).

Der Text, selbst in Urkundenschrift aufgezeichnet (Wilhelm), ist die Übersetzung einer älteren, sicher lateinischen Urkunde. Das ergibt sich aus der Namensnennung Embriko als Bischof von Augsburg aus dessen persönlichem Besitz die Handschrift stammen soll. Embriko war Augsburger Bischof von 1064–1077. Anscheinend bestand um 1200, als die Übersetzung der Urkunde niedergeschrieben wurde, beim Münster St. Moritz Rechtfertigungsbedarf für seine Eigentumsansprüche am Besitz am Besitz von Baldeshausen.

Text nach Wilhelm.

01 Cuonrat salte solih eigin, so er ze *Baldeshusin*[1] hate mit sinis wibis hante ze Ougistburch dar ze niuuuin munestere[2] gote unde *scō Mauricio* unde den bruoderin, die da dînont ze phruonte.

02 Unde tete daz ce uergifte[3]
den bischoffe *Embriconi*[4]
unde den uogite Adelgozze
un den prouiste Anselme
un den bruodernen da dienontin.

03 Unde der sale was lere[5] Isanger uone Winterbach unde sint urchunder.

04 Ôtgoz uon Hegisbůrch
Hartman uone *Hennunhouin*[6]
Etech uon Waltbach
Diemar uon Tureheim
Gebeno uon Wintirbach
& *filius eius* Gebehart
Ǒdalrich uon Bennunhouin
Ǒdalrich *de* Biberbach
Winechere *de* Búoch
Volcmar *de* Tudebach
[...]phart *de* Vischa[.]
Ebo uon Miminhusin
Hartman & Reginhart & Anshelm uon Buoron
Gumpred uon Liebhoun
& Volcmar uone Harthusin [...][7]

1 ***Baldeshusin***: Hs. *Haldeshusin.*
2 ***niuuuin munestere***: das Augsburger „Neue Münster" St. Moritz war 1019 gegründet worden.
3 ***uergifte***: Hs. *urgifte.*
4 ***Embriconi***: Bischof Embriko von Augsburg, 1064–1077.
5 ***lere***: derjenige, der durch seinen Rat (*lêre*) die Schenkung veranlasst hat? Wilhelm denkt auch an Verschreibung aus *mitelere* (= *mediator*).
6 ***Hennunhouin***: *Hs. Bennunhouin.*
7 Der Text bricht hier unvollständig ab.

01 Konrad übergab jenes Eigengut, das er zu *Baldeshusen* hatte mit der Herrschaft seines Weibes nach Augsburg dort an das Neue Münster Gott und dem *sancto Mauricio* und den Brüdern, die da auf Pfründe dienen.

02 Und er tat das zur Schenkung
dem Bischof *Embriconi*
und dem Vogt Adelgoz
und dem Probst Anselm
und den Brüdern, die da dienten.

03 Und für Übergabe war *lere* Isanger von Winterbach, und es sind Beurkunder (Zeugen):

04 Ôtgoz von Hegisbůrch
Hartman von *Hennunhouin*
Etech von Waltbach
Diemar von Tureheim
Gebeno von Wintirbach
und sein Sohn Gebehart
Ǒdalrich von Bennunhouin
Ǒdalrich *von* Biberbach
Winechere *von* Búoch
Volcmar *von* Tudebach
[...]phart *von* Uischa[.]
Ebo uon Miminhusin
Hartman *und* Reginhart *und* Anshelm von Buoron
Gumpred von Liebhoun
& Volcmar uone Harthusin [...]

59 Die älteste deutsche Siegellegende Wilhelm Nr. 46

[2]VL: kein Eintrag.
Ü: Heiligenkreuz im Wienerwalde, Stiftsarchiv, Urkunde mit Siegel.
Abb.: --
Dat.: Wien 1197, 9. Dezember.
Spr.: bair.-österr.
Ed.: Weis, Urkunden, S. 30. – Wilhelm I, S. 123 Text dort nach M. Vancsa, Deutsche Geschichtsblätter 4 (1903), S. 111.
Lit.: Vancsa, Deutsche Geschichtsblätter, S. 111. – Wilhelm II, S. 243 (Kommentar).

Leopold, Herzog von Steiermark, bestätigt der Abtei Heiligenkreuz die ihr von seinem Vater als Herzog von Steiermark bewilligte Mautfreiheit an den steirischen Grenzen.

Die auf den 9. Dezember datierte Siegellegende ist wenig älter als der ‚Erfurter Judeneid' (Nr. 64) und stehe hier als bei aller Unscheinbarkeit denkwürdiges Stück der Diplomatik unter den Texten zum Recht neben den unter die Eide gestellten Stücken, obwohl sie nur aus vier deutschen Wörtern besteht. Es handelt sich um eine Urkunde des Zisterzienserstifts Heiligkreuz im Wienerwalde. Beide Dokumente, der ‚Erfurter Judeneid' und die Urkunde aus dem Zisterzienserstift Heiligenkreuz sind mit Siegeln versehene Originale. Der prächtig verschriftete Judeneid scheint für die Pragmatik der Eidesleistung hergerichtet zu sein, seine Siegellegende ist freilich lateinisch. Bei der für das Stiftsarchiv bestimmten Heiligenkreuzer Urkunde ist es umgekehrt: mit dem Text des Dokuments verbrieft Herzog Leopold dem Stift lateinisch Mautfreiheit in der Steiermark und attestiert dies mit seinem deutschsprachigen Siegel:

Text und Hinweise nach Wilhelm.

† Herzoge · Liupold von · Styre.

Eide

60 Straßburger Eide Steinmeyer Nr. 15 Gärtner/Holtus

[2]**VL** 9 (1995), Sp. 377–380 (Ruth Schmidt-Wiegand). **VL** ahd. und as Lit. (2013), S. 439–441 (Rolf Bergmann).
Ü.: Paris, BN, Ms. lat. 9768, fol. 12v, Sp. b – fol. 13, Sp. a, aus St.-Riquier oder St. Médard-Soissons (?).
Dat.: Hs. 10. Jh., Ende (Gärtner, s. u.); Text nach der Schlacht von Fontenoy (25. 06. 841) geschworen am 14. 02. 842 in Straßburg.
Spr.: Lateinisch / altfranzösisch (mit okzitanischen Elementen) / deutsch (westliches Rheinfränkisch).
Abb.: vollständiges Digitalisat der Hs. in Farbe: https://gallica.bnf.fr/ark:/12148/btv1b84238417/f29.image.r=.langFR. – Francesco Lo Monaco (s. Lit.), Beilage (Farbfacsimile). – Lauer (s. Ed.). – Gärtner/Holtus (s. Ed.).
Ed.: MGH Capit. 2, Nr. 107 (Text). – [4]MSD I, Nr. 68, S. 231–232 (Text). – Steinmeyer Nr. 15, S. 82–84. – StSG Bd. V, S. 517–524 (Text). – Lo Monaco/Villa, I giuramenti, testi e tradizione. – Schlosser S. 290–291 (Text). – Müller, S. 44–47 (Text). – Nidhard, Geschichten (die Eide hier S. 438–443). – Nithhard, Histoire, S. 105 ff. – Gärtner/Holtus, Die erste deutsch-französische ‚Parallelurkunde', S. 97–127 (mit s/w Abb.). – Roberto Gusmani, Altdeutsche Gespräche. Testo e Glossario (s. Lit.), S. 131–143.
Lit.: Bibliographie der französischen Straßburger Eide vom Jahre 842: Richter, Bausteine. – Kelle, LG 126–128, S. 141 und S. 351–352. – Kögel, LG I,2, S. 557–562. – Ehrismann LG 1, S. 354–355. – [4]MSD II, Nr. 68, S. 365–366 (Kommentar). – Schlosser, S. 394 (Kommentar). – Müller, S. 294–295 (Kommentar). – Classen, Die Verträge. – Huisman, Die Pariser Gespräche. – Schmidt-Wiegand, Eid und Gelöbnis, hier S. 62–72. – Kolmer, Promissorische Eide, S. 171–173, S. 266–268 u. ö. – Hellgardt, Mehrsprachigkeit, hier S. 20–24. – Lo Monaco, Francesco. I giuramenti di Strasburgo (mit ausführlicher Bibliographie und Farbfaksimile als Beilage).

Nidhard berichtet in seinen ‚Geschichten' als prominenter Zeitzeuge ausführlich von den schweren Auseinandersetzungen, die nach dem Tode Ludwigs des Frommen zwischen dessen Söhnen Kaiser Lothar, König Ludwig („dem Deutschen") und König Karl („dem Kahlen") um die Herrschaft im fränkischen Reich gewütet haben. Ludwig und Karl verbünden sich gegen Lothar durch wechselseitige Bündniseide in Gegenwart ihrer beider Heere/Gefolgschaften. Die Heere leisten darauf hin jedes den Gefolgschaftseid gegenüber seinem König. Dieser Gefolgschaftseid bindet sie untereinander und den Königen gegenüber unter der Bedingung, dass die Könige ihrerseits ihre Bündniseide einhalten.

Text und Übersetzung nach Nidhard, Geschichten (s. Ed.); die volkssprachigen Teile nach dem Digitalisat und Gärtner/Holtus (s. Ed.).

Der Schreiber der Handschrift hat den deutschen Text wohl nicht überall verstanden, wie sich aus manchen Fehlern seiner Abschrift ergibt.

Aus den „Vier Bücher Geschichten" Nitharts[1]

01 [...] Ergo XVI. Kal. Marcii[2] Lodhuvicus et Karolus in civitate, quae olim Argentaria vocabatur, nunc autem Strazburg vulgo dicitur, convenerunt; et sacramenta, quae subter notata sunt, Lodhuvicus Romana, Karolus vero Teudisca lingua iuraverunt. Ac sic ante sacramentum cicumfusam plebem, alter Teudisca, alter Romana lingua alloquuti sunt. Lodhuvicus autem, quia maior natu, prior exorsus sic coepit:

02 „Quotiens Lodharius me et hunc fratrem meum post obitum patris nostri insectando usque ad internecionem delere conatus sit, nostis. Cum autem nec fraternitas nec Christianitas nec quodlibet ingenium, salva iustitia, ut pax inter nos esset, adiuvare posset, tandem coacti rem ad iuditium omnipotentis Dei detulimus, ut suo nutu, quid cuique deberetur, contenti essemus. In quo nos, sicut nostis, per misericordiam dei victores[3] extitimus, is autem victus una cum suis quo valuit secessit. Hinc vero fraterno amore correpti nec non et super populum christianum conpassi persequi atque delere illos noluimus, sed hactenus sicut et antea, ut saltem deinde cuique sua iusticia cederetur, mandavimus. At ille post haec non contentus iudicio divino sed hostili manu iterum et me et hunc fratrem meum persequi non cessat, insuper et populum nostrum incendiis, rapidis cedibusque devastat; quam ob rem nunc necessitate coacti convenimus et, quoniam vos de nostra stabili fide ac firma fraternitate dubitare credimus, hoc sacramentum inter nos in conspectu vestro iurare decrevimus. Non qualibet iniqua cupiditate illecti hoc agimus, sed ut certiores, si Deus nobis vestro adiutorio quietem dederit, de communi profecto simus. Si autem, quod absit, sacramentum, quod fratri meo iuravero, violare praesumpsero, a subditione mea nec non et a iuramento, quod mihi iurastis, unumquemque vestrum absolvo."

1 Nithard: um 800–845, Sohn Angilberts und Bertas, einer Tochter Karls d. G.; Geschichtsschreiber und wichtiger Zeitzeuge des 9. Jahrhunderts, Teilnehmer an der Schlacht von Fontenoy (841), gefallen 845 im Kampf gegen die Normannen. [2]VL 6 (1987), Sp. 1164–1166 (Marie-Luise Bulst-Thiele).

2 14. Februar [842].

3 Bezieht sich auf den Sieg Ludwigs und Karls über Lothar in der Schlacht von Fontenoy 25. Juni 841, s. LexMa 4 (1989), 626–627 (L. Weinrich).

01 So kamen am 14. Februar [842] Ludwig [der Deutsche] und Karl [der Kahle] in der Stadt, die einstmals Argentaria genannt wurde, jetzt aber in der Landessprache Straßburg heißt, zusammen und schworen die Eide, die unten aufgezeichnet sind, Ludwig in der romanischen, Karl in der theodisken Sprache. Und folgendermaßen haben sie zu dem versammelten Volk vor dem Eid gesprochen, der eine in theodisker, der andere in romanischer Sprache. Ludwig aber, weil er der Ältere war, hub als erster an und begann so:[4]

02 „Wie oft Lothar mich und diesen meinen Bruder nach dem Tod unseres Vaters verfolgt und bis zur Vernichtung zu verderben gesucht hat, wisst ihr. Da aber weder brüderliche noch christliche Gesinnung, noch irgendeine vermittelnde Idee helfen konnte, so dass unter Wahrung der Gerechtigkeit Frieden unter uns gewesen wäre, haben wir schließlich gezwungenermaßen die Sache dem Urteil des allmächtigen Gottes übergeben, um uns mit seinem Willen darüber, was jedem zustehen sollte, zufrieden zu geben. Aus dieser Entscheidung (Gottes) sind wir, wie ihr wisst, durch Gottes Erbarmen als Sieger hervorgegangen. Er aber ist als Besiegter mit den Seinen geflohen, soweit er konnte. Hierauf haben wir, ergriffen von brüderlicher Liebe und nicht zuletzt auch aus Mitleid mit dem christlichen Volk, jene nicht verfolgen und vernichten wollen, sondern haben jetzt und schon vorher verlangt, dass daraufhin wenigstens jetzt einem jeden sein Recht zugestanden werde. Aber nach all dem ist er (immer noch) nicht zufrieden mit der Entscheidung Gottes, sondern hört nicht auf, mich und diesen meinen Bruder mit feindlicher Hand zu verfolgen, und obendrein misshandelt er unser Volk mit Brand, Raub und Mord. Deswegen sind wir jetzt notgedrungen zusammengekommen und haben beschlossen, weil wir glauben, dass ihr an unserer beständigen Treue und festen brüderlichen Gesinnung zweifelt, uns in eurer Gegenwart diesen Eid gegenseitig zu schwören. Wir tun dies nicht verlockt von irgendwelcher unrechten Begehrlichkeit, sondern damit wir hinsichtlich des Allgemeinwohls umso sicherer sein können, wenn Gott uns mit euerm Beistand Ruhe gibt. Sollte ich aber, was fern sei, mich vermessen, den Eid, den ich meinem Bruder schwören werde, zu brechen, so spreche ich einen jeden von euch los vom Gehorsam gegen mich und insbesondere von dem Eid, den ihr mir geschworen habt."

4 Auch die hier folgende Ansprache, die Nidhard in lateinischer Fassung aufzeichnet, ist ursprünglich volkssprachig gehalten worden, von Ludwig dem „Deutschen" in romanischer, von Karl dem Kahlen in theodisker Sprache, wie die dann folgenden, nun die zweisprachig zitierten Eide Ludwigs und Karls.

03 Cumque Karolus haec eadem verba Romana lingua perorasset, Lodhuvicus, quoniam maior natu erat, prior haec deinde se servaturum testatus est:

„Pro deo amur et pro Christian poblo et nostro commun saluament, d'ist di in auant, in quant Deus sauir et podir me dunat, si saluarai eo cist meon fradre Karlo et in aiudha et in cadhuna cosa, si cum om per dreit son fradra saluar dift[5]*, in o quid il mi altresi fazet; et ab Ludher nul plaid numquam prindrai, qui meon uol cist meon fradre Karle in damno sit.“*

04 Quod cum Lodhuvicus explesset, Karolus Teudisca lingua sic haec eadem verba testatus est:

„In godes minna ind in thes christanes folches ind unser bedhero gealtnissi,[6] *fon thesemo dage frammordes, so fram so mir got geuuizci indi madh furgibit, so haldih t[h]esan minan bruodher [...],*[7] *soso man mit rehtu sinan bru[d]her scal, in thiu thaz er mig so soma duo; indi mid Lu[d]heren in nohheiniu thing ne gegango, the minan uuillon imo ce scadhen uuer[d]hen.“*

05 Sacramentum autem, quod utrorumque populus, quique propria lingua, testatus est, Romana lingua sic se habet:[8]

„Si Lodhuuigs sagrament, quę son fradre Karlo iurat, conseruat, et Karlus meos sendra de suo part non †lof tanit†,[9] *si io returnar non lint pois, ne io ne neuls, cui eo returnar int pois, in nulla aiudha contra Lodhuuuig nun li iu er.“*

---

5 Hs. ***dist***; hierzu Gärtner/Holtus, S. 111.

6 ***gealtnissi***: zu gi-halt-nissi, st. F. „Erlösung“.

7 Hier ist der Name Ludwig ausgespart.

8 Es ist wohl anzunehmen, dass die folgende Formel von einem Vertreter Ludwigs (einer der *primores populi*, s. Abschnitt 7) dem romanischsprachigen Volk Karls in romanischer Sprache zugesprochen wurde.

03 Und nachdem Karl die gleichen Worte in romanischer Sprache gesagt hatte, schwur Ludwig als erster, weil er der Ältere war, das Folgende fortan einzuhalten:

[Ludwigs des Deutschen Eid in romanischer Sprache]

„Bei der Liebe zu Gott und bei der Erlösung des Christenvolkes und unser beider: von diesem Tag an, soweit mir Gott Wissen und Können verleiht, so werde ich schützen diesen meinen Bruder Karl, sowohl mit Hilfeleistung als auch in jeder Sache, so wie man von rechtswegen seinen Bruder schützen soll unter der Bedingung, dass er mich ebenso [schützen] tue. Und ich werde mit Lothar niemals Verträge schließen, die mit meinem Willen diesem meinem Bruder Karl zum Schaden seien."

04 Nachdem Ludwig dies vollständig ausgesprochen hatte, schwur Karl in theodisker Sprache mit diesen, genau gleichen Worten:

[Karls des Kahlen Eid in theodisker Sprache]

„Bei der Liebe zu Gott und bei der Erlösung des Christenvolkes und unser beider: von diesem Tag an, soweit wie mir Gott Wissen und Vermögen verleiht, so schütze ich diesen meinen Bruder [...],wie man mit Recht seinen Bruder (schützen) soll, unter der Bedingung, dass er mich ebenso [schützen] tue. Und (ich) gehe mit Lothar keine Verhandlungen ein, die mit meinem Willen ihm zum Schaden werden."

05 Der Eid aber, den jedes der beiden Völker, ein jedes in der eignen Sprache, schwur, lautet in romanischer Sprache so:

[Eid der romanischen Sprecher]

„Wenn Ludwig den Eid, den er seinem Bruder Karl schwur, hält, und Karl, mein Herr, nicht die Aufgaben seiner Seite erfüllt, [und] wenn ich ihn davon nicht abwenden kann, weder ich noch irgendwer, den ich davon abwenden kann, werde ich zu keiner Hilfe gegen Ludwig für ihn (Karl) zur Stelle sein."

9 ***lof tanit*** Schreibfehler; ungeklärter Ausdruck, s. z. B. Schmidt-Wiegand in: Eid und Gelöbnis, S. 71 und Gärtner/Holtus, Die erste deutsch-französische ‚Parallelurkunde', S. 118–119.

06 Teudisca autem lingua:[10]

„Oba Karl then eid, then er sinemo bruodher Ludhuuuige gesuor, geleistit, indi Ludhuuuig min herro, then er imo gesuor, forbrihchit, ob ih inan es iruuenden ne mag, noh ih noh thero nohhein, then ih es iruuenden mag, uuidhar Karle imo ce follusti ne uuirdhit.“[11]

07 Quibus peractis Lodhuwicus Renotenus per Spiram et Karolus iuxta Wasagum per Wizzunburg Warmatiam iter direxit. [...] Ac eadem die, qua praedicti fratres nec non et primores populi praefatum pepigere pactum, subsequente gelu nix multa cecidit.

---

10 Es ist wohl anzunehmen, dass die folgende Formel von einem Vertreter Karls (einem der *primores populi*, (s. lat. Text und Übersetzung Segment 7) dem deutschsprachigen Volk Ludwigs auf deutsch zugesprochen wurde.

11 Anakoluth, Numerusinkongruenz *noh ih [...] uuirdhit*; Merkmal gesprochener Sprache.

06 In theodisker Sprache aber:

[Eid der theodisken Sprecher]

„Wenn Karl den Eid, den er seinem Bruder Ludwig geschworen hat, hält, und (wenn) Ludwig, mein Herr, den (Eid, den) er ihm (Karl) geschworen hat, bricht, und wenn ich ihn davon nicht abwenden kann, werde weder ich noch wird irgendeiner, den ich davon abwenden kann, gegen Karl ihm (Ludwig) zur Unterstützung gereichen."[12]

07 Nachdem dies geschehen war, nahm Ludwig rheinabwärts über Speyer und Karl den Wasgau entlang über Weißenburg seinen Weg nach Worms. [...] Und an demselben Tag, als die vorgenannten Brüder und auch die Ersten des Volkes das genannte Bündnis schlossen, fiel starker Schnee, auf den Frost folgte. [...]

12 Zum Anakoluth s. o. Anm. 11.

Zeilenkonkordante Darstellung der romanisch / deutschen Eidesformeln

1. Ludwigs und Karls Eid

(L) Pro deo amur et pro Christian poblo et nostro commun saluament,
(K) In godes minna ind in thes christanes folches ind unser bedhero gealtnissi,

---

(L) dist di in auant, in quant Deus sauir et podir me dunat,
(K) fon thesemo dage frammordes, so fram so mir got geuuizci indi madh furgibit,

---

(L) si saluarai eo cist meon fradre Karlo
(K) so haldih t[h]esan minan bruodher [...],

(L) et in aiudha et in cadhuna cosa,
.. ..

(L) si cum om per dreit son fradra saluar dift[13]*, in o quid il mi altresi fazet;*
(K) soso man mit rehtu sinan bru[d]her scal, in thiu thaz er mig so soma duo;

(L) et ab Ludher nul plaid numquam prindrai,
(K) indi mid Lu[d]heren in nohheiniu thing ne gegango,

(L) qui meon uol cist meon fradre Karle in damno sit.
(K) the minan uuillon imo ce scadhen uuer[d]hen.

---

2. Die Eide der Vertreter der Heere Karls (rom.) und Ludwigs (theod.)

(rom.) *Si Lodhuuigs sagrament, quę son fradre Karlo iurat, conseruat,*
(theod.) *Oba Karl then eid, then er sinemo bruodher Ludhuuuige gesuor, geleistit,*

(rom.) *et Karlus meos sendra de suo part non †lof tanit†*[14]
(theod.) *indi Ludhuuuig min herro, then er imo gesuor, forbrihchit,*

---

13 Hs. *dist*; hierzu Gärtner/Holtus, S. 111.
14 †*lof tanit*† s. Anm. 9.

(rom.) *si io returnar non l'int pois, ne io ne neuls, cui eo returnar int pois,*
(theod.) *ob ih inan es iruuenden ne mag, noh ih noh thero nohhein, then ih es iruuenden mag,*

(rom.) *in nulla aiudha contra Lodhuuuig nun li iu er.*
(theod.) *uuidhar Karle imo ce follusti ne uuirdhit.*

---

61 Althochdeutscher Klerikereid (früher ‚Priestereid' oder ‚Obödienzeid')

Steinmeyer Nr. 13

[2]**VL** 7 (1989), Sp. 827–828 (Ruth Schmidt-Wiegand). – **VL** ahd. und as Lit. (2013), S. 230–231 (Stephan Müller).

Ü.: a: München, BSB clm 6241 fol. 99rv.
b: München, BSB clm 27246. fol. 91v; beide Hss. aus Freising, Domstift.

Dat.: a: 10. Jh., zweites oder letztes Drittel (Vorlage von b).
b: 10. Jh., spät (Abschrift von a). – Textentstehung Anfang des 9. Jh.s.

Spr.: bair.

Ed.: [4]MSD I Nr. 68, S. 232 (Text). – Steinmeyer Nr. 13, S. 64–65 (Text). – Schlosser S. 300–301 (Text). – Müller S. 60–61 (Text). – Esders/Mierau (Text).

Abb: Esders/Mierau S. 284 und 285. – Vollständige Digitalisate beider der Hss. in Farbe:
a: https://daten.digitale-sammlungen.de/0007/bsb00078562/images/index.html?id=00078562&groesser=&fip=193.174.98.30&no=&seite=207.
b:
https://daten.digitale-sammlungen.de/0010/bsb00105943/images/index.html?id=00105943&groesser=&fip=fsdrxdsydxdsydeayafsdrxdsydenyztswsdas&no=17&seite=186.

Lit.: Kelle, LG 1, S. 132 und 353–354. – Kögel, LG I,2, S. 562–563. – Ehrismann, LG 1, S. 355–357. – [4]MSD II, Nr. 68, S. 366–369 (Kommentar). – Schlosser, S. 369 (Kommentar). – Müller, S. 302 (Kommentar). – Esders/Mierau, Klerikereid. – Schmidt-Wiegand, Eid und Gelöbnis. – Hellgardt, Althochdeutsche Texte.

Die herkömmliche Bezeichnung des Stückes als ‚Priestereid' / ‚Obödienzeid' ist nicht passend. Das *qui ordinandi sunt* im lateinischen Titel des Eides ist nicht auf die Priesterweihe zu beziehen, sondern auf die Situation einer Lehensübergabe des Bischofs an jemanden, der nicht Priester sein musste oder werden sollte. Vielmehr ist der Eid auch für Kleriker geringeren Weihegrades oder sogar einen Laien formuliert. Esders/Mierau analysieren die Formel im weiten Rahmen des Freisinger Benefizialwesens des 9./10. Jahrhunderts. Es ist anzunehmen, dass sie bei einer Lehensübergabe des Bischofs, für die in beiden Handschriften der Ausdruck *ordinare* im Titel des Textes steht, an einen seiner geistlichen oder laikalen Lehensnehmer in der Volkssprache geleistet werden musste, damit der Eidleistende selbst und die laikalen Zeugen des Rechtsgeschäfts seinen Inhalt verstanden und in einem Streitfall bezeugen konnten. So erst erklärt sich auch seine sonst nicht verständliche Volkssprachlichkeit.

Der Eid steht in Hs. a in einer kanonistischen Sammelhs., in Hs. b im Kontext des liturgischen Reisehandbuchs eines Bischofs (Glauche, Katalog).

Text nach Steinmeyer und den Digitalisaten.

De sacramento episcopis. Qui ordinandi sunt ab eis

Daz ih dir hold pin .N.[1], demo piscophe,
so mino chrephti enti mino chunsti sint,

si[2] minan vuillun
fruma frummenti enti scadun vuententi,
kahorich enti kahengig[3]

enti statig in sinemo[4] piscophtuome,

so ih mit rehto aphter canone scal.[5]

Den Bischöfen (zu leistender) Eid (derer), die von ihnen ordiniert werden sollen

(Ich schwöre,) dass ich dir treu bin N., dem Bischof,
gemäß meinen Kräften und meinen Fähigkeiten

(dass ich) sei mit meinem Willen
Förderliches fördernd und Schaden abwendend;
gehorsam und anhängig

und Wohnsitz haltend in seinem Bistum,

wie ich es von rechtswegen nach dem kanonischen Recht soll.

1 Entweder ist nach *ih* ein *.N.* als Platzhalter für den Namen des eidesleisten Kleriker ausgefallen, oder das *.N.* vor *demo piscophe* steht sowohl für den Eidesleistenden Klerikers als auch für den Namen des eidnehmenden Bischofs. Oder der Name des Bischofs brauchte bei der Eidesleistung nicht genannt zu werden.

2 ***si*** Hs. a, ***so*** Hs. b.

3 Stabende und endreimende Formeln *mino chrephti enti mino chunsti / kahorich enti kahengig / fruma frummenti*; zu *kahorich enti kahengig* vgl. die lat. Rechtsformel *obediens et consentiens*. – *fruma* bis *kahengig* Reimverse (?).

4 *dineme* statt *sinemo*? Vgl. Anm. 5.

5 Der Text schwankt zwischen ich- und er-Rede, ich-Rede: *Daz ih dir* bis *enti kahengig*, gegenüber er-Rede *enti statig in sinemo piscophtuome*, und wiederum ich-Rede *so ih mit rehto aphter canone scal*. Im aktuellen Fall der Eidesleistung wäre die er-Rede umzuformulieren zu *in dinemo piscophtuome*.

62 Verfahren beim Gottesurteil (Bruchstück)

Wilhelm Nr. 38

[2]**VL** 3 (1981) Sp. 117–118 (Ruth Schmidt-Wiegand).
Ü.: Trier, StB, cod. 1917 / 1514 (vormals 744) 8°, fol. 50v.
Abb.: vollständiges Digitalisat der Hs. in Farbe: http://dfg-viewer.de/show?tx_dlf%5Bdouble%5D=0&tx_dlf%5Bid%5D=http%3A%2F%2Fzimks68.uni-trier.de%2Fstmatthias%2FT1917%2FT1917-digitalisat.xml&tx_dlf%5Bpage%5D=110&cHash=10cd73591b55a823962f9d3a6e1d9f99.
Dat. 13. Jh., erstes Viertel.
Spr.: oberdt. (bair.)
Ed.: Carl Zeumer, MGH Leg. sect. V Formulae S. 628–629 (Text). – Wilhelm I, S. 109–110 (Text). – Referenzkorpus Mittelhochdeutsch (1050–1350). https://www.linguistics.rub.de/rem/pub/texts//M236_mod.pdf (Text).
Lit.: Wilhelm II, S. 200–202 (Kommentar). – Franz, Benediktionen, S. 369. – Gottesurteil HRG I (1971), Sp. 1769 (A. Erler). – Ruth Schmidt-Wiegand, Eid und Gelöbnis, hier S. 82–84.

Text nach Wilhelm und dem Digitalisat.

01 *Ea die, qua accusati pro aliquo crimine sunt examinandi, primo hec missa dicenda est:*

„Iustus es, domine!“

02 ***Oratio:** „Da, quesumus, omnipotens deus, (sic nos gratiam tuam promereri, ut nostros corrigamus excessus; sic confitentibus relaxare peccata, ut coerceamus in suis prauitatibus obstinatos).“*
***Lectio** Esaye prophete: „In diebus illis locutus est Esayas propheta dicens: Querite dominum, dum inueniri potest ....“ (Jes. 55,6 f.).*

03 ***Graduale:** „Custodi me ...“* (Ps. 16,8 f.). – *Alleluja. – Domine refugium ...* (Ps. 89,1)
04 ***Euangelium** secundum Lucam: „In illo tempore: Respondens*[1] *Ihesus discipulos suos ait illis: ‚Amen, amen, dico uobis, quia quicumque dixerit huic monti ...‘“* (vgl. Mk. 11,22)
05 ***Offertorium:** „De profundis ...“* (Ps. 129,1 f.)
06 ***Secreta:** „Ab omni nos reatu (domine, sancta, que tractamus, absoluant et eadem nos muniant a totius prauitatis [et diabolice inlusionis] incursu).“*

---

1 Die Handschrift schreibt *respiciens* („indem er anblickte“) mit falscher Auflösung von abgekürztem *respondens*.

01 *An dem Tag, an dem die eines Verbrechens Angeklagten geprüft werden sollen, soll zuerst diese Messe gelesen werden:*

„Herr, sei gerecht!"

02 ***Gebet:** „Wir bitten dich, allmächtiger Gott, gib, (dass wir so deine Gnade verdienen, wie wir unsere Übertretungen wieder gut machen; dass wir so den Bekennenden ihre Sünden erlassen, wie wir die in ihren Verfehlungen Hartnäckigen in die Schranken weisen.)"*[2]

***Lesung:** Prophet Jesaja: „An jenen Tagen sprach der Prophet Jesaja und sagte: Sucht den Herrn, solange er gefunden werden kann ..."* (Jes. 55,6 f.).

03 ***Graduale:** „Schütze mich ..."* (Ps. 16,8 f.). – *Alleluja.* – *„Herr, (unser) Schutz ..."* (Ps. 89,1 f.).

04 ***Evangelium** nach Lukas: Zu jener Zeit, antwortete Jesus seinen Jüngern und sagte: „Amen, amen, ich sage euch, dass, wenn jemand zu diesem Berg sagen würde ..."* (vgl. Mark. 11,22 f.).

05 ***Offertorium:** „Aus der Tiefe ..."* (Ps. 129,1 f.).

06 ***Secreta**[3]: „Von aller Schuld, die wir begehen (Herr, mögen uns lösen deine Heilsmittel*[4]*, und ebendiese mögen uns schützen vor Anfechtung durch jede Verfehltheit [und teuflische Trügerei)."*[5]

---

2 *Da, quesumus, omnipotens deus, sic nos gratiam tuam promereri, ut nostros corrigamus excessus; sic confitentibus relaxare peccata, ut coerceamus in suis prauitatibus obstinatos.* Oratio im St. Florianer Ordal (Franz, Benediktionen 2, 369–397). Dieselbe Oratio in Muratori, Liturgia I, Sp. 694.

3 Stilles Gebet während der Wandlung beim Abendmahl.

4 Gemeint ist hier das Sakrament des Abendmahls.

5 *Ab omni reatu nos, domine, sancta, que tractamus, absoluant et eadem nos muniant a totius prauitatis [et diabolice inlusionis] incursu.* – „Von allem Anklagezustand, Herr, mögen uns lösen die heiligen Handlungen, die wir begehen, und diese mögen uns schützen vor allem Anschlag jeglicher Schlechtigkeit [und teuflischer Täuschung]." Ordal von St. Florian. Ohne die Worte in [ ] auch im Sacramentarium Gelasianum (Muratori, Liturgia I, Sp. 733). – Vor der Communio (hier Segment 7) fügt das Ordal von St. Florian ein: *Cum autem ad communionem uenerit, dicat sacerdos ad hominem sceleratum hanc coniurationem: „Adiuro uos, homines, per patrem et filium et spiritum sanctum et per sanctam trinitatem et per inuocationem unigeniti filii dei et per uestram christianitatem, quam suscepistis, et per sanctum euangelium et per reliquias, que in ista continentur ecclesia: ut non presumatis ullo modo communicare necque ad altare accedere, si hoc fecistis aut consensistis aut scitis, qui fecerint." – Deinde sacerdos dans ei corpus et sanguinem domini dicens: „Corpus et sanguis domini nostri Jesu Christi sit tibi hodie ad comprobationem. Amen."* – „Wenn er aber zur Kommunion kommt, soll der Priester zu dem beschuldigten Menschen diese Beschwörung sagen: ‚Ich beschwöre euch, ihr Menschen, bei dem Vater und dem Sohn und dem heiligen Geist und bei der heiligen Dreifaltigkeit und bei Anrufung des eingeborenen Sohnes Gottes und bei eurem Christentum, das ihr empfangen habt (Taufe), und beim heiligen Evangelium und bei den Reliquien, die in dieser Kirche aufbewahrt werden, dass ihr euch nicht anmaßt, in irgendeiner Weise die Kommunion zu nehmen noch zum Altar zu gehen, wenn ihr dies getan habt oder (der Tat) zugestimmt habt oder wisst, welche (Leute sie) getan haben.' Danach gibt der Priester ihm den Leib und das Blut des Herrn und sagt: ‚Leib und Blut unseres Herrn Jesu Christi sei dir heute (ein Mittel) zum Beweis. Amen.'".

07 ***Communio:*** *„Amen, dico uobis, ...“* (Mk. 11,23).

08 ***Post communionem:*** *„Conspirantes, domine, (contra tuae plenitudinis firmamentum dextera tue uirtutis prosterne, ut per huius sacramenti mysterium iusticie non dominetur iniquitas, sed subdatur semper falsitas ueritati).“*

09 ***Expleta missa*** *itur ad aquam, ubi examinandi sunt accusati. et aqua benedicta et accusatis adiuratis simul et accusator et accusatus statuuntur iuxta eandem aquam contra orientem uterque tenens baculum in manu, qui dicitur* sunnestab,[6] *hec uerba inchoante et accusatore eadem repetente:*

10 „Cůnrad – oder svi so du heizzest –, ich spriche dir zu umbe min ros, daz mir uerstolen wart. ich zihe dich, daz du daz stalist, un̄ bite dich durch got un̄ durch dez recht, daz du mir wider gebest. un*de* zihestu mich darubere, daz ich minen mutwillen an dich uordere, da bůte ich tir umbe minen uoreit.“

11 *Respondeat accusatus:*

„Den uoreit den wil ich uerchisen durch got, daz er mir deste genadiger si zu diseme mineme rechte.“

12 *et addet hec uerba:*

„Also mich Rudolf, der hie gagenwartic stat, ane gesprochen hat umbe sin ros, daz ich ime daz stale, des nehan ich niwet getan un̄ bute ime dar ein recht lǒgen zi siner gagenwarte ze diseme gesegenoten wage, ob er ez geloben un̄ gelǒben wil.“

---

6 *suonestab* „Versöhnungsstab“.

7 *Complenda: Consprirantes, domine, contra tue plenitudinis firmamentum dextera tue uirtutis prosterne, ut per huius sacramenti mysterium iustiticie non dominetur iniquitas, sed subdatur semper falsitas ueritati.* Ordal von St. Florian. Sacramentarium Gelasianum (Murtori I 734. Kollecte aus der Missa contra obloquentes).

8 Vgl. Ordal von St. Florian: *Finita missa qui discutiendus est in se delinquentibus peccata dimittat. Deinde pergant ad locum, in quo discussio agenda est, et data sibi aqua benedicta dicat sacerdos hec uerba: „Hec aqua fiat tibi hodie ad comprobationem.“* (Nach der Messe vergebe der zu Prüfende den

07 ***Kommunion:*** *„Amen, ich sage euch, ...'“* (Mark. 11,23)

08 ***Nach der Kommunion:*** *„Die sich verschwören, Herr, (gegen die Fülle deiner Stärke strecke mit der Rechten deiner Kraft nieder, damit durch das Geheimnis dieses Sakraments der Gerechtigkeit nicht das Unrecht herrsche, sondern die Falschheit der Wahrheit immer unterworfen werde).“*[7]

09 ***Nach Beendigung der Messe***[8] *geht man zu dem Wasser, wo die Angeklagten zu prüfen sind. Und nach der Weihung des Wassers und der Vereidigung der Angeklagten werden der Kläger und der Angeklagte zugleich neben das Wasser mit dem Gesicht nach Osten gestellt, indem beide einen Stab in der Hand halten, der* Sühnestab[9] *genannt wird, und indem der Priester mit diesen Worten anhebt, während der Kläger sie wiederholt:*

10 „Konrad – oder wie auch immer du heißt – ich spreche zu dir wegen meines Pferdes, das mir gestohlen wurde. Ich beschuldige dich, dass du es stahlst, und bitte dich um Gottes willen und um des Rechtes willen, dass du mir Ersatz leistest (?). Und beschuldigst du mich deswegen, dass ich willkürlich Forderung gegen dich erhebe, dagegen biete ich dir meinen Voreid.“

11 *soll Angeklagte antworten:*

„Auf den Voreid will ich verzichten um Gottes willen, damit er mir um so gnädiger sei in diesem meinem Recht.“

12 *Und er soll diese Worte hinzufügen:*

„Wie mich Rudolf, der hier anwesend steht, angeschuldigt hat wegen seines Pferdes, dass ich ihm das gestohlen haben soll, das habe ich nicht getan und ich biete ihm ein rechtmäßiges Leugnen an in seiner Gegenwart bei diesem geweihten Wasser, wenn er dem zustimmen und dem glauben will.“

Sündern gegen ihn. Danach sollen sie zu dem Ort gehen, an dem die Prüfung vollzogen werden soll, und nachdem ihm das geweihte Wasser gegeben wurde, soll der Priester diese Worte sagen: „Dieses Wasser werde dir heute zum Beweis[mittel].“).

9 „Sühnestab“ oder „Gerichtsstab“, ein Stab den im weltlichen Gerichtsverfahren der Richter während der Verhandlung trägt, womit seine richterliche Vollmacht symbolisiert ist. Beim Eid wird der Stab vom Schwörenden berührt. Das hier angedeutete Verfahren stimmt freilich nicht zu dem hier beschriebenen Ritual: s. die §§ 1–3 unter dem Stichwort „Stab“ im RGA 29 (2005), S. 411–414 (Ruth Schmidt-Wiegand).

13 *Respondet accusator:*

„Ich gelobe un*de* gelŏbe un̄ sezze in dine hant, mir also ze leistenne, also du mir hie gewettet hast.“

14 *Postea puer, qui uice accusati mittendus est in aquam consignatus cum euangelio ‚In principio e(rat) v(erbum)‘, simul cum accusato statuatur et sacerdos dicat hec uerba:*

„Disen cristanen mennescen, den lih ich dir, daz er dich uurwese zu disme gotesrechte, also du selbe soltist. also tun ŏh ich un̄ aische ein phant.“

15 *Postea accusatus simul cum vicario suo statuatur et dextro pede uicarii super dextrum ...*

13 *Der Ankläger wird antworten:*

„Ich stimme zu und glaube und setze durch Handschlag mit dir fest, dass ich (dies) meinerseits leisten werde, so wie du mir hier ein Pfandversprechen gegeben hast."

14 *Danach werde der Knabe, der anstelle des Angeklagten in das Wasser getaucht werden soll, das geweiht ist mit dem Evangelium ‚Am Anfang w(ar) das W(ort) ...'* (Ev. Joh. 1,1) *zugleich mit dem Angeklagten aufgestellt. Und der Priester sage die folgenden Worte:*

„Diesen Christenmenschen verleihe ich dir, damit er dich vertrete bei diesem Gottesurteil so wie du (dich) selbst (vertreten) solltest. So tue auch ich (es) und verlange ein Pfand."

15 *Danach werde der Angeklagte zugleich mit seinem Stellvertreter aufgestellt und mit dem rechten Fuß des Stellvertreters über den rechten ...*

63 Schwäbische Trauformel
Wilhelm Nr. 14

[2]**VL** 8 (1992), Sp. 909–911 (Ruth Schmidt-Wiegand).
Ü.: München, BSB, clm 2, fol. 38v, aus Augsburg.
Abb.: vollständiges Digitalisat der Hs. in Farbe: https://daten.digitale-sammlungen.de/0010/bsb00103609/images/index.html?id=00103609&groesser=&fip=fsdrxdsydxdsydeayafsdrxdsydenyztswsdas&no=11&seite=78.
Dat.: 12. Jh., 3. Viertel (Karin Schneider, Gotische Schriften 1, S. 47–48).
Spr.: alem.
Ed.: [4]MSD I Nr. 99, S. 319–320 (Text). – Wilhelm I, S. 47–48 (Text). – Maßmann, Abschwörungsformeln, S. 179–180. – Referenzkorpus Mittelhochdeutsch (1050–1350), https://www.linguistics.rub.de/rem/pub/texts//M230_mod.pdf.
Lit.: [4]MSD II, Nr. 99, S. 462–465 (Kommentar). – Wilhelm II, S. 462–465 (Kommentar). – Ehrismann, LG I, S. 358–359. – Rosenfeld, Handschuh, hier im Neudruck S. 24–26 (mit reichen Hinweisen auf die ältere Forschung zum Handschuh als Rechtssymbol bei Verlobung und Eheschließung). – Ruth Schmidt-Wiegand, Eid und Gelöbnis, hier S. 77–81. – Weikmann, Heimo von Bamberg, hier S. 13–22.

Text nach Wilhelm, nach dem Digitalisat und nach dem Referenzkorpus Mittelhochdeutsch.

01 Da ein fri swebenne ewet ain swab, der ist ain fri man, da mȯz *er*[1] im siben hantscȯhe han. Mit ten git er siben wete nach dem swabeschen rehte.

02 Vnde sprichet zem eresten alsus:
[I.] „Wa,[2] ich iw erwette
den rethen munt,
den gewerten munt,
den gewaltigen munt,
nah swabe e, nah swabe rehte,
so uon rethe ain vri swab ainer vrien swabin sol,

03 mir ze mineme rethe,
iv zv̊ ivwereme rethe,
mit mineme uolle werde,
engegen ivvereme uollen werde.

04 II. Wa, ich iv verwette so getaniu aigen,
so ich in swabe herschepte han,
so ich in des kuniges riche han
nah swabe e, nah s[wabe] r[ethe],

05 III. Wa, ich iv erwette
chvrichen ūn chuzal,
als ic en swabe herschepte han,
ūn in des chuniges riche han
nah swabe e, n[ah] s[wabe] r[eth],

06 IIII. Wa, ich iw erwete
zůn ūn gecimbere
ūn ouzvart ūn invart
nah swabe e, nah s[wabe] r[ethe],

07 V. Wa, ich iv erwette
stȯt ūn stůtwaide
ūn swaner ūn swaige
ūn rethe ganswaide
ūn chorter scaphe
n[ah] s[wabe] e

08 VI. Wa, ich iw erwette
scaz ūn schillinch
ūn golt ūn gimme
ūn allen den tresen, den ich hute han oder vurbaz gewinne,
ūn scharph egge
n[ah] s[wabe] e,

---

1 ***er***: *fehlt Hs.*
2 Zu *wâ* als Interjektion „seht her" mit ausgespartem „seht" [4]MSD II, S. 463.
3 Der Handschuh wird als Rechtssymbol für die Garantie, die „Wette" eines versprochenen Gutes, einer versprochenen Leistung übergeben. Die sieben Handschuhe des Folgenden stehen als Symbol für die entsprechenden Garantien, welche in der Vertragsurkunde für die Eheschließung formuliert werden sollen. – Schwineköper, Handschuh.

01 Wenn eine freie Schwäbin ein Schwabe zur Ehe nimmt, der ein freier Mann ist, so muss er sieben Handschuhe[3] haben. Mit denen leistet er sieben Wetteinsätze nach dem schwäbischen Recht.

02 Und er spricht zum ersten so:
[I.][4] „Seht her,[5] ich setze euch als Wetteinsatz ein
den rechten Schutz,
den versprochenen Schutz,
den machtvollen Schutz,
nach der Schwaben Gesetz, nach der Schwaben Recht,
wie es von rechtswegen ein freier Schwabe einer freien Schwäbin soll,

03 mir zu meinem Recht,
Euch zu Eurem Recht
mit meinem vollen Vermögen
gegenüber Eurem vollen Vermögen.

04 II. Seht her, ich Euch verwette so beschaffene Besitztümer,
wie ich sie im schwäbischen Herrschaftsgebiet habe,
wie ich sie im Reich des Königs habe
nach der Schwaben Gesetz, nach der Schwaben Recht

05 III. Seht her, ich setze Euch als Wetteinsatz
Einfriedungen für Kühe und Kuhbestand,
soweit ich in Schwaben Herrschaft habe,
und im Reich des Königs
nach der Schwaben Gesetz, nach der Schwaben Recht.

06 IIII. Seht her, ich verpfände Euch
Zaun und Zimmer
und Ausfahrt und Einfahrt
nach der Schwaben Gesetz, nach der Schwaben Recht.

07 V. Seht her, ich verpfände Euch
Stuten und Stutenweide
und Herde und Weide
und berechtigte Gänseweide
und Schafhürden
nach der Schwaben Gesetz.

08 VI. Seht her, ich verpfände Euch
Schatz und Schilling
Gold und Gemme
und den ganzen Schatz, den ich heute habe oder künftig gewinne,
und scharfe Schneide
nach der Schwaben Gesetz,

---

4 Bei den Ziffern I bis VII überreicht der ehewillige Mann jeweils einen Handschuh, der die jeweils formulierte Garantie (den „Wetteinsatz"") symbolisiert.

5 Im Folgenden spricht der ehewillige Mann in ich-Rede zu der Frau, die ihm ehelich verbunden werden soll. Er spricht in Anwesenheit von Zeugen, die hier im Text nicht genannt, deren Gegenwart aber vorauszusetzen ist.

09 VII. Wa, ich iu wette aller der wette, der ich iv getan han,
widembǒche ze vrūmene
ūn diu ze gelůtene
ze houe
un ze gedinge
vn̄ ze allen steten, da ich ze rethe sol
nah s[wabe] r[ethe], so ain vri swab ainer vrien swabin sol,

mir ze mineme rethe,
iv ze iwerem rethe,
mit minem wolwerde,
engegen[6] iwerē vollen werde,

ob ir mir den canzelare gewinnēt."

10 Div wete elliu diu niemet diu froᷱe un̄ ir voget.

Nu nimet der uoget, ir geborn voget, diu wete
vn̄ die frǒwen
vn̄ ain swert,
un̄ ain guldin uingerlin,
un̄ ainen phennich,
un̄ ain mantel,
vn̄ ain hǒt,
ovf daz swert, daz uingerlin an die helzen,

11 un̄ antwrtet si den man vn̄ sprichet:

„Wa, ich iu beuilhe mine muntadele zivueren triwon vn̄ ze iueren gnaden un̄ bit ivch durch die triwe, als ich si iu bevilhe,
daz ir ir rethe uoget sint
un̄ ir genadich uoget sit,
vnde daz ir nit palemunt[7] ne werdent."

12 so er si un̄ enphahet un̄ habes ime.

---

6 *engegem* Hs.
7 *palemunt* < *bale* „Unrecht" + *munt* „Schutzherr".
8 ***cancellarius*** meint den schreib- und rechtskundigen Mann, der die Urkunde über den Ehevertrag aufsetzt und niederschreibt, nach heutigem Sprachgebrauch den „Notar". Die Frau bzw. der Schutzherr, der vonseiten ihrer Familie für sie verantwortlich ist, wird aufgefordert, einen Notar zu beschaffen, der dem hier in schriftlosem Rechtsritual mündlich geschlossenen Ehevertrag nachträglich die Schriftform einer Urkunde geben soll.
9 Kommentartext, Rede in dritter Person: Hier und im Folgenden Kommentar des „Autors", d. h. desjenigen, der die vorliegende Beschreibung des Rechtsritus' verfasst hat.
10 Der „geborene Vogt" ist der Verwandte der Frau, ihr Vogt von geburtswegen. Er ist vonseiten der Frau befugt und verantwortlich für den Abschluss des Ehevertrags.

09 VII. Seht her, ich verwette Euch alle die Wetteinsätze, die ich Euch geleistet habe:
Witwenbücher zu machen
und die zu veröffentlichen
bei Hof
und vor Gericht
und an allen Stätten, wo ich es von rechtswegen soll
nach der Schwaben Recht, wie ein freier Schwabe es einer freien Schwäbin soll,

mir zu meinem Recht,
Euch zu Eurem Recht,
mit meinem vollen Vermögen
entsprechend Eurem vollen Vermögen,

wenn Ihr mir den *cancellarius*[8] gewinnt."

10 Die ganze Wette bezieht sich auf die Herrin und ihren Vogt.[9]

Jetzt nimmt der Vogt, ihr geborener Vogt,[10] den Wetteinsatz
und die Frau
und ein Schwert
und einen goldenen Ring
und einen Pfennig
und einen Mantel
und einen Hut
auf das Schwert, den Ring an den Schwertgriff[11]

11 und überantwortet sie[12] dem Mann und spricht:[13]

„Seht her, ich befehle Euch meine Schutzbewaltete zu Eurer Treue und zu Euren Gnaden,
und ich bitte Euch um der Treue willen, wenn ich sie in Euren Schutz befehle,
dass Ihr ein gerechter Vogt[14] seiet
und ein gnädigen Vogt seiet,
und dass Ihr nicht ein ungerechter Schutzherr werdet."

12 Dann empfängt er sie und habe sie für sich.

---

11 Dazu Ruodlieb, Frg. XIV (V), Vers 63–68; Haug/Vollmann, S. 526/527,: *Sponsus at extraxit ensem ve piramide tersit; / Anulus in capulo fixus fuit aureus ipso, / Affert quem sponsae sponsus dicebat et ad se: / „Anulus ut digitum circumcapit undique totum, / Sic tibi stringo fidem firmam vel perpetualem, / Hanc servare mihi debes aut decapitari."* „Der Bräutigam zog sein Schwert und wetzte es am Stufensockel. Auf dem Schwertgriff war ein goldener Ring befestigt, den der Bräutigam der Braut übergab, wobei er zu ihr sagte: ‚wie der Ring den ganzen Finger rundherum umschließt, so lege ich das Gebot fester und ewiger Treue wie eine Fessel um dich. Du hast mir die Treue zu wahren, oder du verlierst deinen Kopf'."
12 Gemeint ist die Frau, mit der die Ehe geschlossen werden soll.
13 Sprecherwechsel: ich-Rede des Verwandten der Frau, des „geborenen Vogts", der für den korrekten Vollzug des Rechtsakts der Eheschließung befugt und verantwortlich ist.
14 „Vogt" hier nun der Ehemann als neuer Schutzherr der Frau von wegen der Ehe.

64 Erfurter Judeneid
Wilhelm Nr. 36

[2]**VL** 2 (1980), Sp. 574–576 (Ruth Schmidt-Wiegand).
Ü.: Erfurt, Stadtarchiv, 0-0/A XLVII Nr. 1; zu den späteren Abschriften B, C und D s. [2]VL Sp. 574.
Abb.: Zahlreiche Abbildungen in Einzelpublikationen; hier sei nur auf Endermann verwiesen (s. Lit.).
Dat.: um 1200; erste Ausstellung der Urkunde zwischen 1183 und 1200 (s. Anm. 6 zum Text).
Spr.: thüringisch.
Ed.: [4]MSD I Nr. 100, S. 320–321 (Text). – Wilhelm, I, S. 108 (Text). – Beyer, Urkundenbuch Erfurt, Nr. 51, S. 23. – Wilhelm, Corpus, Nr. 1, S. 1. – Referenzkorpus Mittelhochdeutsch (1050–1350). https://www.linguistics.rub.de/rem/pub/texts//M117_mod.pdf.
Lit.: Ehrismann LG 1, S. 357–358. – [4]MSD II, Nr. 100, S. 465–474 (Kommentar). – Wilhelm II, S. 198–200 (Kommentar). – Zimmermann, Judeneid. – Classen, Eid und Gelöbnis, S. 84–88. – Kolmer, Promissorische Eide, S. 253–258 (mit reichen Lit.-Hinweisen zum Texttyp ‚Judeneid'). – Bruchhold, Zum Erfurter Judeneid. – Curschmann, Das Buch, hier S. 54–55 und S. 77 (mit Abb.). – Herz, Der Erfurter Judeneid. – Endermann, Der Erfurter Judeneid, S. 13–23 (mit Farb-Abb.). – Magin, Historischer Kontext.

Es handelt um das Formular eines Reinigungseides, durch den sich ein Jude der Stadt Erfurt von der Schuld an einer ihm vorgeworfenen Straftat reinigen konnte, deren Nennung hier ausgespart ist, und auf die der Schwörende sich erst bei der Eidesleistung an passender Stelle beziehen sollte. Der Text des Formulars sollte dem Schwörenden bei der Eidesleistung aus dem Dokument vorgelesen werden – daher die durchlaufende Du-Anrede des Formulars – oder von ihm in Ich-Rede einem Vorleser nachgesprochen werden. Das Stück ist mit seinen Reimen, seinen Parallelismen und seinen etymologischen Wortrepetitionen feierlich gestaltet.

Dem Dokument, das oft als die erste deutschsprachige Urkunde angesprochen wird, fehlen alle Merkmale einer Urkunde im strengen Sinne: es zeigt paläographisch keine Urkundenschrift, es hat keine Urkundeneinleitung (Arenga), keine Datierung/Lokalisierung, keine Unterschrifts- und Zeugenliste. Das *wie* eine Urkunde äußerlich prachtvoll gestaltete Dokument – goldene, in Rot eingefasste Randlinien und goldene, in Rot eingefasste Abschnittsinitialen – ist allenfalls in einem hybriden Sinn dadurch eine Urkunde, dass es vom Rat der Stadt Erfurt *wie* eine Urkunde mit einem Siegel an rot-grün-gelbseidener Schnur versehen ist.

Das erhaltene Dokument darf man sich im jeweils aktuellen Gebrauch der Formel bei einer Eidesleistung als wirklich verwendet vorstellen. Die Formel beruft sich in Ziffer 07 des hier gegebenen Textes auf die Autorität des Erzbischofs von Mainz, Konrad von Wittelsbach (zweite Amtsperiode 1183–1220). Erfurt gehörte zur Erzdiözese Mainz, Konrad war als Mainzer Erzbischof Erfurts geistlicher und weltlicher Ober- und Rechtsherr. Er hat der Stadt den Text der Formel offiziell verliehen.

Das Siegel zeigt das Bildnis des thronenden heiligen Martin, kopfständig zum Text der Formel. Martin war Patron und Schirmherr der Stadt Erfurt. Mit seinem Bildnis auf dem Siegel ist der Heilige bei der Eidesleistung symbolisch gegenwärtig. Vor ihm, oder besser noch: ihm wird der Eid geleistet. Der Schwörende hat bei falschem Eid die Bestrafung des Heiligen zu gewärtigen, wie sie im Text der Formel angedroht wird (Ziffer 03–06). Das garantiert der Rechtshandlung und dem Eidnehmer die Wahrhaftigkeit des geleisteten Eides und vor Gericht seine rechtliche Gültigkeit als Beweismittel.

Martins Bildnis ist kopfständig zum Text des Reinigungseides angebracht. Das konnte von Bedeutung sein, wenn das Schriftdokument bei der Eidesleistung so gehalten wurde, dass dem Schwörenden bei Verlesung der Formel oder bei ihrem Nachsprechen das Bildnis Martins aufrecht vor Augen war.

Der Typus des Judeneides ist im späteren Mittelalter in vielen Dokumenten reich überliefert. Der Handschriftencensus verzeichnet 60 Denkmäler.

Text nach Wilhelm und der Abbildung bei Endermann, jedoch mit eigener Absatzsetzung.

01 **D**es dich dirre sculdegit,
des bistu[1] vnsculdic.

So dir got helfe.

02 **D**er got, der himil vnde erdin gescuf,
loub, blumen vnde gras,
des da uore nine was

03 **V**nde ob du unrechte sweris,
daz dich di erde uirslinde,
di Datan vnde Abiron uirslant.

04 **V**nde ob du unrechte sveris,
daz dich di muselsucht biste,
di Naamannen liz vnde Iezi bestunt.

05 **V**nde ob du unrechte sweris,
daz dich di e uirtilige,
di got Moisy gab in dem berge Synai,
di got selbe screib mit sinen uingeren
an der steinir tabelen.

06 **V**nde ob du unrechte sweris,
daz dich uellin alle di scrift,
di gescriben sint
an den uunf buchen Moisy.

07 **D**it ist der Iuden eit[2],
den di biscof Cuon rat
dirre stat gegebin hat.

Siegelinschrift:

ERFORDIA FIDELIS EST FILIA MOGUNTINE SEDIS

Links und rechts der Inschrift ist das Bildnis des heiligen Martin so umschriftet:

SCS · MAR – (Bildnis) – TINVS

---

1 ***bistu***: Hs. *bistur*.
2 ***eit***: Hs. *heit*.
3 Biblische Formel, für Gottes Schöpfung, s. Schmidt-Wiegand, ²VL 2 (1980), Sp. 575.
4 Datan und Abiram sind die Namen zweier Juden, die sich beim Auszug des Volkes Israel aus Ägypten gegen Moses auflehnten. Zur Strafe lässt Gott diese Männer mitsamt ihrem ganzen Anhang von der Erde verschlingen. 4. Mos., 16, 23–34.

01 An dem, wofür dich dieser beschuldigt,
daran bist du unschuldig.

So dir Gott helfe.

02 Der Gott, der Himmel und Erde schuf,
Laub, Blumen und Gras,[3]
wovon es davor nichts gab.

03 Und wenn du falsch schwörst,
dass dich die Erde verschlinge,
die Datan und Abiram verschlang.[4]

04 Und wenn du falsch schwörst,
dass dich der Aussatz befalle,
der Naaman verließ und Gehasi befiel.[5]

05 Und wenn du falsch schwörst,
dass dich das Gesetz vertilge,
das Gott dem Moses gab auf dem Berg Sinai,
das Gott selbst schrieb mit seinen Fingern
auf der steinernen Tafel.

06 Und wenn du falsch schwörst,
dass dich zu Fall bringen alle die Schriften,
die geschrieben sind
in den fünf Büchern Mosis.

07 Dies ist der Judeneid,
den der Bischof Konrad
dieser Stadt gegeben hat.[6]

Siegelinschrift:

Erfurt ist eine getreue Tochter des Mainzer (Erzbischofs-)Sitzes.

Rechts und links der Inschrift ist das Bildnis des heiligen Martin so umschriftet:

Sankt Mar – (Bildnis) – *tin*

5 Der syrische Offizier Naaman war vom Aussatz befallen und fand auf den Rat einer jüdischen Sklavin Heilung beim Propheten Elischa. Elischa lehnt jede Belohnung ab, doch sein Diener Gehasi nimmt heimlich und gegen Elischas Willen reiche Geschenke an. Zur Strafe geht Naamans Aussatz auf ihn und seine ganze Nachkommenschaft über. 2. Kön. 5.

6 Konrad von Wittelsbach, Erzbischof von Mainz 1161–1165 und 1183–1200; ursprüngliche Ausstellung der Urkunde nach der Datierung der Schrift wohl zwischen 1183 und 1200.

Verwaltung und Wirtschaft

65 Die Hammelburger Markbeschreibung Steinmeyer Nr. 12

²**VL 3** (1981) Sp. 427–428 (Ruth Schmidt-Wiegand). – **VL** ahd. und as Lit. (2013), S. 146–147 (Rolf Bergmann).
Ü.: Würzburg, Staatsarchiv, Bestand Würzburger Urkunden Nr. 1201, Urkunde, ein Blatt, früher München, Hauptstaatsarchiv, Urkunde 1201 Würzburg, aus Fulda.
Abb.: Chroust, Taf. 7 und Arndt/Tangl Taf. 73; Bauer, Grenzbeschreibungen, Taf. 1.
Dat.: Hs. abschriftlich in Urkundenschrift, 9. Jh., erste Hälfte, nach einem Text vom 8. Oktober 777.
Spr.: ostfr.
Ed.: MGH Diplomata. Die Urkunden der Karolinger I, Nr. 116, S. 162, Anm. 1 (Text). – ⁴MSD I Nr. 63, S. 223–224 (Text). – Steinmeyer Nr. 12, S. 62–63 (Text).
Lit.: Kelle, LG 1, S. 109 und S. 346. – Kögel, LG I,2, S. 502. – Ehrismann LG 1, S. 349–350. – Haubrichs, Die Anfänge, S. 155–156. – ⁴MSD II Nr. 63, S. 357–359 (Kommentar). – Bauer, Grenzbeschreibungen. – Gerlach, Grenzverlauf. – Wagner, Scaranfirst.

Mit einer Urkunde vom 7. Januar 777 (MGH, s. Ed.) hatte Karl der Große dem Kloster Fulda unter seinem ersten Abt Sturmi (744–779) Ländereien im Raum Fulda-Würzburg geschenkt.[1] Am 8. Oktober 777, also neun Monate später, erschienen dann als Beauftragte Karls dessen *vasalli dominici* Finnold und Guntramn vor Ort, um die Einweisung (*vestitura traditionis*) Fuldas in seinen neuen Besitz durch die Festlegung der Grenzen des übereigneten Landbesitzes mit Hilfe von 34 Ortskennzeichnungen in Anwesenheit der Grafen Nidhard und Heimo und vor 21 *nobiliores terrae* als Zeugen vorzunehmen. Den Einweisungsakt, die *vestitura traditionis*, eine Art Anlage zur eigentlichen Schenkungsurkunde, beurkundete dieses Schriftstück, dessen Kopie aus der ersten Hälfte des neunten Jahrhunderts hier wiedergegeben ist.

Gliederung nach offiziellem Urkundenformular

A Datierung und Intitulatio
- Name und Titel des Ausstellers und seiner Stellvertreter (hier: Karl der Große, Nidhard und Heimo sowie Finnold und Gunthramn, die Vasallen des Königs).
- Name und Titel dessen, an den die Urkunde gerichtet ist (hier: Abt Sturm von Fulda).

B Namentliche Nennung der 21 Zeugen.

C Narratio (Bericht über die Vereidigung und die nachfolgende Begehung).

D Dispositio (Gegenstand der Urkunde).

1 Hierzu näher Bauer, Grenzbeschreibungen, S. 5.

Text nach Steinmeyer und der Abbildung bei Bauer, Grenzbeschreibungen (Tafel 1); die Nummerierungen sind hinzugefügt. Die Interpunktion Steinmeyers wurde übernommen; sie folgt der Punktsetzung in der Handschrift, die Namen allerdings wie handschriftlich in Kleinschreibung. Die Fußnotenerläuterungen nach Bauer, Grenzbeschreibungen.

Als Typen der Grenzmarkierungen werden angegeben:

Gewässernamen bzw. Appellative	Bergnamen bzw. Appellative
Sala Teitenbah Staranbah Scuntra Lûtibah Lutibrunnon Uuînessol [?] Blenchibrunnon thie teofun clingun [?] Hunzesbah Eltingesbrunnon [?] lintinon seo [?]	Bergnamen: Scaranuirst Ennesfirst Perenfirst, Eichinaberg Steinfirst thaz marchóug (?)

Burgnamen bzw. Appellative	Flurnamen bzw. Appellative	Talnamen bzw. Appellative	Wegnamen bzw. Appellative	topographische Auffälligkeiten
Hiltifridesburg	Nendichenueld	Uuînestal, Otital	(ther) burguueg	thie michilun buochun die teofun gruoba Uuînessol ein sol thaz (ein) steinina(z) houg (ther) elm

Beziehbarkeit auf heutige Namen lässt sich vielfach nur mit Mühe erweisen, Bauer, Grenzbeschreibungen, hat das Äußerste versucht (vgl. die Fußnoten zur Übersetzung).

Text nach Steinmeyer.

A Anno *nono et*[2] tertio regni piissimi regis Caroli mense octobris VIII idus octobris reddita est uestitura traditionis praedicti regis in hamalunburg[3] sturmioni abbati per nidhardum et heimonem comites, et finnoldum atque gunthramnum uasallos dominicos coram his testibus:

Im 39. Jahr des allerfrömmsten Königs Karl im Monat Oktober zu den 8. Iden[4] wurde das Übereignungsprotokoll der Schenkung des vorgenannten Königs zu Hammelburg dem Abt Sturmi durch die Grafen Nidhard und Heimo sowie durch Finnold und Gunthramn, die Vasallen des Königs übergeben, in Anwesenheit dieser Zeugen:

B

01. Hruodmund,
02. Fastolf,
03. Uuesant,
04. Uuigant,
05. Sigibot,
06. Suuidberaht,
07. Sigo,
08. Hasmar,
09. Suuidger,
10. Elting,
11. Egihelm,
12. Geruuig,
13. Attumar,
14. Bruning,
15. Engilberaht,
16. Leidrat,
17. Siginand,
18. Adalman,
19. Amalberaht,
20. Lantfrid,
21. Eggiolt.

C Et descriptus est atque consignatus idem locus undique his terminis, postquam[5] iurauerunt nobiliores terrae illius, ut edicerent ueritatem de ipsius fisci quantitate:

Niedergeschrieben und besiegelt wurde dieser Ort durch folgende Grenzbezeichnungen, nachdem die Vornehmeren jenes Landes geschworen haben, dass sie die Wahrheit über den Umfang dieser Ländereien aussagen würden:

2 Weggelassen sind in dieser Kopie des Originals hinter *Anno* versehentlich die Worte *nono et* der Originalurkunde vom 7. Januar 777, zu der die Hammelburger Markbeschreibung als Anlage zählte.
3 ***hamalunburg*:** aus dem Dat. des Adj. *hamal* „verstümmelt" (zu *hamal* st. M. „Hammel, verschnittenes Schaf") *hamal* + *burg*? Oder ahd. **hamal-* „Schroffe Anhöhe, Fels, Klippe" + *burg*?
4 8. Oktober 777.
5 Postquam] P Großbuchstabe, deutlich auf zwei Zeilen Höhe vergrößert.

D 01 primum de salu iuxta teitenbah in caput suum,
02 de capite teitenbach in scaranuirst,
03 de scaranuirste in caput staranbah,
04 de capite staranbah in scuntra,
05 de scuntra in nendichenueld,
06 deinde in die teofun gruoba,
07 inde in ennesfirst then uuestaron,
08 inde in perenfirst,
09 inde in orientale caput lûtibah,
10 inde in lutibrunnon,
11 inde in obanentig uuînessol,
12 inde in obanentig uuînestal,
13 inde in then burguueg,
14 inde in otitales houbit,
15 deinde in thie michilun buochun,
16 inde in blenchibrunnon,
17 inde ubar sala in thaz marchóug,
18 inde in den matten uueg
19 inde in thie teofun clingun
20 inde in hunzesbah,
21 inde in eltingesbrunnon,
22 inde in mittan eichinaberg,
23 inde in hiltifridesburg,
24 inde in thaz steinina houg,
25 inde in then lintinon seo,
26 inde in theo teofun clingun unzi themo brunnen,
27 inde in ein sol,
28 inde in ein steininas houg,
29 inde in steinfirst,
30 inde in sala in den elm.

---

6 ***salu***: Akk. zum Flussnamen *sala*; die Fränkische Saale. Hier beginnt die Grenzumgehung der Mark und hierher kehrt sie am Ende zurück, s. Anm. 34 (zu Nr. 30).
7 ***Teitenbah,*** jetzt Waizenbach.
8 ***teitenbach***: *Teito* PN, also „Teitos Bach"; jetzt Siedlung Deitenbach.
9 ***Scaranfirst***: ON *scara* st. F. „Schar", *first* st. M. „First, Gipfel"; jetzt Scharfritz.
10 ***Staranbahes***: *stara* F. „Star", also Starenbach; jetzt Ringbach oder Ringgraben.
11 ***Scuntra***: alteur. FN, Bedeutung wohl „die Eilende"; jetzt Schondra.
12 ***Nendichenueld***: *Nendicho* PN, also „Nendichos Feld"; nicht sicher lokalisierbar.
13 ***in die teofun gruoba***: *teof* Adj. „tief", *groba* st/sw. F. „Grube", hier also „in den tiefen Abgrund".
14 ***Ennesfirst***: **Enni* PN? – dann also „Ennis Gipfel"; nicht sicher lokalisierbar.
15 ***Perenfirst***: *ber* st. M. „Bär", also „Bärengipfel"; nicht sicher lokalisierbar.
16 ***lûtibah:*** *luti* F. „Lautstärke", also „der laute Bach"; jetzt wahrscheinlich der Leibbach.
17 ***Lutibrunnon***: Quelle des „Lauterbaches".
18 ***Uuînessol***: *swînes* (?) „Schweines" + *sol* „Suhl", jetzt wohl als „Schweinspfütze" lokalisierbar.
19 ***Burguueg***: nicht öffentlicher Weg zu oder innerhalb einer Burg. frühmittelalterliche Reste von Erdbefestigungen auf dem Hammelberg.
20 ***Otitales***: PN *Oti* + *tal*, also „Otis Tal"; jetzt Öttel.

D 01 Zuerst von der *Saale*[6] bei der Einmündung des *Teitenbah*[7] bis zu dessen Quelle
02 von der Quelle des *Teitenbah*[8] zum *Scaranfirst*
03 vom *Scaranfirst*[9] zur Quelle des *Staranbahes*[10]
04 von der Quelle des *Staranbaches* in die *Scuntra*[11]
05 von der *Scuntra* im *Nendichenueld*[12]
06 von dort aus *in die teofun gruoba*,[13]
07 von dort zum westlichen *Ennesfirst*[14]
08 von dort nach *Perenfirst*[15]
09 von dort zum östlichen Ende des *Lutibaches*[16]
10 von dort nach *Lutibrunnon*[17]
11 von dort zum oberen Ende des *Uuînessol*[18]
12 von dort nach *Uuînestal*
13 von dort zu dem *Burguueg*[19]
14 von dort zu der höchsten Stelle *Otitales*[20]
15 von dort zu der großen Buche
16 von dort zum *Blenchibrunnon*
17 von dort über die Saale an das *Marchóug*[21]
18 von dort an den *Mattenweg*[22]
19 von dort *in thie teofun clingun*[23]
20 von dort an den *Hunzesbah*[24]
21 von dort zum *Eltingesbrunnon*[25]
22 von dort mitten in den *Eichinaberg*[26]
23 von dort zur *Hiltifridesburg*[27]
24 von dort an das *steinina houg*[28]
25 von dort an den *lintinon seo*[29]
26 von dort in *theo teofun clingun unzi themo brunnen*[30]
27 von dort *in ein sol*[31]
28 von dort an das *steinina houg*[32]
29 von dort zum *Steinfirst*[33]
30 von dort zur Saale an den *Elm*[34]

---

21 ***Marchóug***: *marc* st.F. „Grenzland" + *houg* st. N. „Hügel", also „Grenzhügel".

22 ***matten uueg:*** entweder zu ahd. sw. F. **matta* „Wiese" + *uueg* „Weg", dann „Wiesenweg" oder zu PN *Matto* + *uueg*, dann „Mattos Weg".

23 ***in thie teofun clingun***: *teof* Adj. „tief", *clinga* st/sw F .Sturzbach" oder „Taleinschnitt", also „in die tiefe Talschlucht".

24 ***Hunzesbah***: zu PN *hunci* + *bah*, also „Hunzis Bach"; jetzt Hundsbach.

25 ***Eltingesbrunnon***: *Elting* PN auch in der Zeugenliste Nr. 10.

26 ***Eichinaberg*:** *eichin* Adj. „aus Eichenholz, eichen" also „der eichenbestandene Berg".

27 ***Hiltifridesburg*:** *Hiltifrid* PN, also „Hiltifrids Burg".

28 ***thaz steinina houg*:** *steinin* Adj. „aus Stein, steinern", *houg* wie 24 „Hügel"; jetzt „der Steinknüppel, Gem. Höllrich.

29 ***lintinon seo***: *lintîn* „lindenumstanden".

30 ***theo teofun clingun unzi themo brunnen***: *clinga*, s. Anm. 23 (zu Nr. 19) und Anm. 25 (zu Nr. 21).

31 ***in ein sol***: *sol* s. Anm. 18 (zu Nr. 11), hier also „zu einem Sumpf".

32 ***steinina houg*:** s. Anm. 28 (zu Nr. 24).

33 ***steinfirst*:** *stein* st. M. „Stein" + *first* „Gipfel".

34 **Saale:** hier kommt die Grenzumgehung zu ihrem Ausgang zurück, s. Anm. 6 (zu Nr. 1); ***elm*:** *elm* st. M. „Ulme".

66 Die beiden Würzburger Markbeschreibungen Steinmeyer Nr. 24

[2]**VL** 10 (1999) Sp. 1455–1458 (Ruth Schmidt-Wiegand). – **VL** ahd. und as Lit. (2013), S. 528–529 (Wolfgang Beck).
Ü.: Würzburg, UB, M. p. th. f. 66, fol. 1rv, fol. 208v; aus Fulda; Nachträge der Zeit um 1000 auf den frei gebliebenem Beschriftungsraum des ersten und letzten Blattes einer einer prächtig ausgestatten Evangelienhandschrift des 9. Jahrhunderts.
Abb.: vollständiges Digitalisat der Hs. in Farbe:
http://vb.uni-wuerzburg.de/ub/mpthf66/pages/mpthf66/1.html.
http://vb.uni-wuerzburg.de/ub/mpthf66/pages/mpthf66/2.html.
http://vb.uni-wuerzburg.de/ub/mpthf66/pages/mpthf66/416.html.
Dat.: Schrift beider Markbeschreibungen um 1000, Entstehung der ersten Markbeschreibung 14. Okt. 779 (Bischof Berowelf, 779–800). Für die zweite Markbeschreibung wird neuerdings die Auffassung vertreten, dass ihre Entstehung nicht mit der der ersten etwa zeitgleich sei, sondern erst um 1000 zeitgleich mit ihrer Schrift unter Bischof Heinrich I. von Würzburg (995–1018) verfasst wurde (Wolfgang Beck).
Spr.: ostfr.
Ed.: [4]MSD I, Nr. 64, S. 224–226 (Text). – Steinmeyer, Nr. 24, S. 115–117 (beide Texte). – Schlosser, S. 302 (Text Zweite Markeschreibung). – Müller, S. 54–57 (Text, von der ersten Markbeschreibung nur die lateinische Einleitung).
Lit.: Kelle, LG 1, S. 109 und S. 346. – Ehrismann, LG 1, S. 350–352. – Haubrichs, Die Anfänge, S. 153–154. – [4]MSD II, Nr. 64, S. 359–361 (Kommentar). – Schlosser, S. 395 (Kommentar). – Müller, S. 298–299 (Kommentar). – Wagner, Chistesbrunno. – Bauer, Grenzbeschreibungen, hier S. 28–66. – Willner, Würzburger Markbeschreibungen (sehr detaillierte und anschauliche Beschreibung der Rundgänge aufgrund der mittelalterlichen und rezenten Verhältnisse). – Herweg, Die Würzburger Markbeschreibungen. – Beck, Die Würzburger Markbeschreibungen.

Das Stück ist typverwandt mit Nr. 65 und Nr. 68.

Zur Gliederung der Markbeschreibungen

Die **erste Markbeschreibung** (W1) besteht aus elf paläographisch deutlich markierten Teilen und beschreibt einen ersten Geländeumgang (in etwa) von Nordwesten nach Südosten wie folgt:

1A und 1B: Anrufung Christi und Bekanntgabe an alle Gläubigen.

1C erste Teilstrecke: von *ôtuuines brunno* bis *scelen houc*.
1D Zeugen für diese Teilstrecke.

1E zweite Teilstrecke: von *scelenhouc* bis *chistesbrunno*.
1F Zeugen für diese Teilstrecke.

1G dritte Teilstrecke: von *chistesbrunno* bis zum Main.
1H Zeugen für diese Teilstrecke.

1I vierte Teilstrecke: von *brezzulunseo* bis zum Main mit Zeugen für diese Teilstrecke.

1H Vollzugsvermerk: Ort und Datum der Bekanntgabe.

1K Unterschrift des Urkundenausstellers: Priester Bernger.

Die **zweite Markbeschreibung** (W2) hat die Teile 2A, 2B und 2C und beschreibt einen zweiten Geländeumgang (in etwa) von Nordosten nach Südwesten:

2A: Umgang vom *rabanesbrunnon* über 35 Stationen bis zurück zum Ausgangspunkt *rabanesbrunno*.

2B: Bestätigung der Streckenstationen als Kirchengut des Heiligen Kilian bzw. Erbgut freier Franken in der Mark Würzburg und Heitingesfeld.

2C: Zeugenliste.

In den beiden Markumgängen wird zusammengerechnet eine Strecke von ca. 30 km abgegangen.

Zur Datierung

Die erste Markbeschreibung ist abschriftlich nach einem viel älteren, auf den 13. Okt. 779 datierten Original erhalten; sie ist lateinisch abgefasst bis auf die Nennung deutscher Namen.

Die zweite Markbeschreibung nennt kein Datum und ist rein deutsch, „wohl das erste urkundenähnliche Dokument dieser Art in der Volkssprache (Schmidt-Wiegand).“ „Die Veranlassung zur Anwendung der deutschen Sprache gab die Gepflogenheit, solche die gesamte Markgenossenschaft interessierenden Urkunden öffentlich vorzulesen.“ (Ehrismann).

Die Namen der Zeugen stehen in jeder der beiden Markbeschreibungen W1 und W2 nur je für eine Person, d. h. jeder Zeuge kommt in jeder Markbeschreibung als Person nur einmal vor (s. Tabelle 1). Scheinbare Ausnahme *Fredthant*: Dieser Name taucht nicht nur in einer, sondern sogar in beiden Markbeschreibungen je zweimal auf, meint aber innerhalb der Texte immer nur eine Person.

In W1 kommt er einmal als Name eines Zeugen (1H 1) vor, das andere Mal außerhalb der Zeugenlisten als Name des Anführers der Gruppe, die die Grenzbegehung 1I vornimmt. Man wird kaum bezweifeln, dass hier ein und derselbe Namensträger gemeint ist. Kaum anders in W2. Hier fällt der Name innerhalb der Zeugenliste 2C als Nr. 4, vorher aber schon in topographischem Zusammenhang, wo Fredthant als Eigentümer eines Weingartens genannt wird, den man auf dem Begehungsrundgang durchschreitet. Sollte das nicht dieselbe Person sein, die in der Zeugenliste 2C 4 geführt wird?

Wenn also in jeder der Markbeschreibungen pro Namensträger nur je eine Person auftritt, dann legt das die Annahme nahe, dass die sowohl in der ersten als auch in der zweiten Markbeschreibung geführten gleichen Namen – es sind insgesamt 12 – solche Namen sind, die sich auf identische Namensträger zeitgenössischer Personen beziehen und nicht auf namensgleiche Personen verschiedener Zeiten. Da nun die Entstehung der ersten Würzburger Markbeschreibung zweifelsfrei auf das Jahr 779 datiert ist, so kann diese Zeitgenossenschaft nur diejenige eben dieses Jahres sein. Damit würde ein wichtiges Argument für die Annahme Wolfgang Becks fortfallen, dass die zweite Würzburger Markbeschreibung erst in der Zeit um 1000 unter Bischof Heinrich I. von Würzburg verfasst wurde und ihre Entstehung nicht etwa gleichzeitig mit W1 zu datieren wäre.

Tabelle 1: Mehrfach genannte Zeugen-Namen

	W1: Markbeschreibung 1	W2: Markbeschreibung 2
	1. Zeugenreihe	
keine Mehrfachnennung	1 D --	
	2. Zeugenreihe	
01 marcuuard	1 F 05	2C 1
02 hiltiberaht, helitberaht	1 F 21	2C 3
03 ruotberaht	1 F 22	2C 15
	3. Zeugenreihe	
04 fredthant*	1 H 01	2C 4
	4. Zeugenreihe	
05 batto, bazo	1I 02	2C 13
06 ortuuin	1I 03	2C 09
07 liutberaht	1I 05	2C 12
08 berehtolf, berahtolf	1I 06	2C 14
09 reginberanht	1I 09	2C 08
10 iuto	1I 011	2C 11
11 fridurih	1I 22	2C 07
12 unuuan	1I 26	2C 06

* *fredthant* wird außerdem in W1 unter 1I 0 als Zeuge genannt (*fredthanto*): *alii testes, qui simul cum fredthanto ducebant* und in W2 in dem topographischen Abschnitt 2A (*fredthantes uuingarton*); hier ist sicherlich derselbe Namensträger gemeint wie in W2, der Zeugenliste der zweiten Markbeschreibung unter 2C Nr. 4 (*fredthant*).

Tabelle 2: Typen von Grenzmarkierungen

1 bzw. 2: Markbeschreibung W1 bzw. W2.
mf: mehrfach

Gewässernamen bzw. Appellative	Bergnamen bzw. Appellative	Ortsnamen bzw. Appellative
moin (1.2.mf)	scelenhouc (1 mf)	vuirziburg (1.2 mf)
uuidinen seo (1)	ruotgises houc (1)	herostat (1)
heibistesbiunta (1)	brunniberg (1.2)	heitingesueld (2)
chistesbrunno (1 mf)	daz steinina houc (2)	
rorin seo (1)	grimberg (2)	
brezzulunseo (1 mf 2)	quirnberg (2)	
anutseo (2)	stacchenhoug (2)	
blidheresbrunno (2)	eburesberg (2)	
pleihaha (2)		
quirnaha (2)	daz houc in dero heride (2)	
egalseo (2)		
unzen den brunnon, so dar uuesterun halba moines (2)		
brunniberg (2)		
gozoluesbah (2)		
rabanesbrunnon (2)		

Wald-, Flurnamen bzw. Appellative	Talnamen bzw. Appellative	Wegnamen bzw. Appellative	topographische Auffälligkeiten
haganina sol (1)	clinga (1 mf)	altuuiggi (1)	moruhhesstein
nottenlôh (1)	habuchotal (1)	diotuueg (2 mf)	moruhhesstafful (2)
heibistesbiunta (1)	druhiclingon (2)		
amarlant (1)		steinina furt (2)	die sundora erdburg
druhireod (1.2)	tiufingestal ze demo seuuiu (2)		spirboum (2)
			uuolfgruoba (2)
die huruuinun struot, diu dar heizzit giggimada (2)			rabanes buohha (2)
			die niderosta urslaht furtes (2)
grimensol (2)			
geruuines rod (2)			
haganina hulia (2)			ezzilenbuohhun (2)
fredthantes uuingarton (2)			

Text nach Steinmeyer. Die Fußnoten-Erläuterungen nach Bauer, Grenzbeschreibungen; die Nummerierungen sind hinzugefügt.

PN = Personenname

Text

Erste Würzburger Markbeschreibung

1A In nomine domini nostri Ihesu Christi.

1B Notum sit omnibus sanctae dei ecclesiæ fidelibus, qualiter eburhardus, missus domini nostri karoli excellentissimi regis, cum omnibus obtimatibus et senibus istius prouinciae in occidentali parte fluuii moin marcham vuirziburgarensium iuste discernendo et ius iurantibus illis subter scriptis optimatibus et senibus circumduxit.

1C Incipientes igitur in loco, qui dicitur ôtuuinesbrunno,
danan in daz haganina sol,
danan in herostat
in den uuidinen seo,[1]
danan in mittan nottenlôh,
danan in scelenhouc.[2]

1D Isti sunt, qui in his locis suprascriptis circumduxerunt et iuramento firmauerunt:

01	zótan	09	hiltuuin
02	ephfo	10	eburkar
03	lantolt	11	germunt
04	sigiuuin	12	arberaht
05	runzolf	13	folcger
06	diotmar	14	theotger
07	artumar	15	theodolt
08	eburraat		

1E Incipiebant uero in eodem loco alii testes preire et circumducere. Id est

fon demo scelenhouge in heibistesbiunta,[3]
danan in daz ruotgises houc,
danan anan amarlant,[4]
danan in moruhhesstein,[5]
danan after dero clingun unzan chistesbrunnon.[6]

---

1 ***uuidinen seo***: „mit Weiden umstandenen See".
2 ***houg***: vgl. u. *fon dem Scelenhouge, Ruotgises houc*, st. N. „Hügel".
3 ***Heibistesbiunta***: „Heibists Grund" aus **heibist* (PN?) Superlativ zum Adj. * *heib* „streitlustig" + *biunta* „umzäuntes Grundstück".

Übersetzung

Erste Würzburger Markbeschreibung

1a *Im Namen unseres Herrn Jesu Christi.*

1b *Allen Gläubigen der heiligen Kirche Gottes sei zur Kenntnis (gegeben), wie* Erburhard, *der Gesandte unseres Herrn, des erhabenen Königs* Karl, *mit allen Würdenträgern und Ältesten dieser Provinz an der westlichen Seite des Flusses mit Namen* Main *die Mark* der *Würzburger in gerechter Abgrenzung und mit Beeidigung jener unten unterschriebenen Würdenträger und Ältesten abschritt.*

1c *Sie begannen also an dem Ort, der* Ôtwinsbrunnen *heißt, (und gingen)*
von dort zu dem mit Dornengestrüpp bewachsenen Sumpf,
von dort nach Herostat
an den von Weiden umgebenen See,
von dort mitten in (das Gehölz) Nottenloh,
von dort nach Scelenhoug.

1d *Die folgenden sind es, die an diesen oben schriftlich genannten Stellen (die Grenzen) abschritten und mit Eid festsetzten*:

01	Zótan,	09	Hiltwin,
02	Epho,	10	Eburkar,
03	Lantolt,	11	Germunt,
04	Sigiwin,	12	Árberaht,
05	Runzolf,	13	Folcger,
06	Diotmar,	14	Theotger,
07	Artumar,	15	Theodolt.
08	Eburraat,		

1e *Es begannen aber an ebendieser Stelle andere Zeugen voranzugehen und (die Grenzen) abzuschreiten. D. h.*
von dem Scelenhoug nach Heibistesbiunta,
von dort auf den Ruotgiseshügel,
von dort in Richtung auf Amarlant,
von dort nach Moruhhesstein,
von dort hinter dem Bach bis nach Chistesbrunnen.

---

4 ***-amar***: *amar* st.M. – eine Weizenart.
5 ***Moruhhesstein***: *Moruh* (PN) +*stein.*
6 ***Chistesbrunnen***: **Chist* PN zum Adj. *chistic* „fest, ausdauernd, hartnäckig".

Text

1F **H**ucusque preibant et circumducebant et iuramento firmabant, qui subter numinati sunt: hoc est

01	batolf,	15	strangolf,
02	gerfrid,	16	haamo,
03	haduger,	17	francho,
04	lanto,	18	einstriit,
05	marcuuart,	19	gerhart,
06	vodalmaar,	20	gatto,
07	adalbraht,	21	hiltiberaht,
08	utto,	22	ruotberaht,
09	hatto,	23	hanno,
10	saraman,	24	nantger,
11	húnger,	25	hunbald,
12	vuigbald,	26	rihholf,
13	aato,	27	ramftger.
14	eggihart,		

1G **I**ncoati sunt uero tertii testes ducere et girum pergere peracto iuramento.
Ducebant ergo
de loco, qui dicitur chistesbrunno,
anan den rorinon seo,
danan in daz altuuiggi,
danan in brezzulunseo,[7]
danan in de sundorun erdburg mitta,[8]
danan in moruhhesstein,
danan in druhireod,[9]
danan in brunniberg,
danan in mittan moin.

---

7 ***Brezzelunsee***: **Brezzula* fem. PN zu mask. PN **Brezzo.* + *seo*, „See".
8 ***erdburg***: vorgeschichtliche Wallanlage beim Forsthaus Irtenberg.
9 ***druhireod***: *druh* st.F. „Kette, Fessel" + *riod, reod* N. „Ried, Schilf" (*druh* vermutlich mit Bezug auf eine Tierfalle).

Übersetzung

1f *Bis hierher gingen voran, umschritten und befestigten (die Grenze) mit Eid, die unten genannten: d. h.*

01	Batolf,	15	Strangolf,
02	Gerfrid,	16	Haamo,
03	Haduger,	17	Francho,
04	Lanto,	18	Einstriit,
05	Marcwart,	19	Gerhart,
06	Vodalmaar,	20	Gatto,
07	Adalbraht,	21	Hiltiberaht,
08	Utto,	22	Ruotberaht,
09	Hatto,	23	Hanno,
10	Saraman,	24	Nantger,
11	Húnger,	25	Hunbald,
12	Wigbald,	26	Rihholf,
13	Aato,	27	Ranftger.
14	Eggilhart,		

1g *Es fingen aber die dritten Zeugen zu führen an und nach Ableistung eines Eides einen Kreis zu abzuschreiten. Sie führten also*

von dem Ort, der Chistesbrunnen *heißt,*
an den mit Rohr umwachsenen See,
von dort zu dem Altweg,
von dort nach Brezzelunsee,
von dort mitten in die südliche Erdburg,
von dort nach Moruhhesstein,
von dort nach Druhireod,
von dort nach Brunniberg,
von dort an die Mitte des Mains.

Text

1H **H**aec loca suprascripta circumducebant et preibant iuramento asstricti, ut iustitiam non occultarent sed proderent, hi, qui subter positi sunt:

01 fredthant,
02 adalhart,
03 gerhart,
04 manuuin,
05 uualtger,
06 rooholf,
07 nordberaht,
08 zutto,
09 bernhere,
10 uualtheri,
11 ruotger,
12 uuarmunt,
13 meginberaht.

1I **I**terum alii testes, qui simul cum fredthanto ducebant sociisque eius de loco, qui dicitur brezzulunseo, qui et ipsi fuerunt de pago, qui dicitur padanahgeuue, eodem ritu, quo superius dictum est,[10] usque ad fluuium moines. Et haec nomina eorum:

01 adalberaht,
02 batto,
03 ortuuin,
04 uualtberaht,
05 liutberaht,
06 berehtolf,
07 albuuin,
08 ruotger,
09 reginberaht,
10 cnûz,
11 iuto,
12 marcolt,
13 gundeloh,
14 lello,
15 folcger,
16 hûnrih,
17 ermanrih,
18 otfri[h]t,
19 drahholf,
20 diedolt,
21 rahhant,
22 fridurih,
23 gisalmar,
24 dancrat,
25 lantberaht,
26 unuuan,
27 liutfrit.

1J **A**ctum publice in pago uualtsazzi uocato et in finibus badanahggouuono coram omnibus his, quorum nomina haec notitia in se continet scripta.

sub die .II. idus octobris facta fuit. Anno .XII. regni domini nostri karoli gloriosissimi regis.[11]

1K **E**go Bernger indignus presbiter hanc notitiam scripsi, diem et tempus notaui.

10 D. h. nach Ableistung eines Eides. s. 1g.
11 13. Okt. 779.

Übersetzung

1h *Diese oben schriftlich genannten Stellen umschritten und gingen voran als eidlich Gebundene, damit sie das Recht nicht verdunkelten, sondern zutage brächten, diese, die unten hingesetzt sind:*

01 Fredthant,	08 Zutto,
02 Adalhart,	09 Bernhere,
03 Gerhart,	10 Waltheri,
04 Manwin,	11 Ruotger,
05 Waltger,	12 Warmunt,
06 Rooholf,	13 Meginberaht.
07 Nordberaht,	

1i *Wiederum (gab es) andere Zeugen, die zugleich mit Fredthant und seinen Genossen von der Stelle (aus) führten, die* Brezzulunsee *heißt, und die selbst aus dem Gau waren, der* Padanagau *heißt, (sie führten) mit demselben Rechtsritus, der oben genannt wurde, bis zum Fluss Main. Und dies sind ihre Namen:*

01 Adalberaht,	15 Folcger,
02 Batto,	16 Hûnrih,
03 Ortwin,	17 Ermanrih,
04 Waltberaht,	18 Otfrit,
05 Liutberaht,	19 Drahholf,
06 Berehtolf,	20 Diedolt,
07 Albwin,	21 Rahhant,
08 Ruotger,	22 Fridurih,
09 Reginberaht,	23 Gisalmar,
10 Cnûz,	24 Dancrat,
11 Iuto,	25 Lantberaht,
12 Marcolt,	26 Unwan,
13 Gundeloh,	27 Liutfrit.
14 Lello,	

1j *Öffentlich vollzogen im* Waltsazzi *genannten Gau, innerhalb der* Badanahgaue *in Gegenwart all dieser, deren Namen diese geschriebene Kundmachung enthält.*

Am zweiten Tag der Iden des Oktober ist sie ausgefertigt worden. Im XII. Jahre der Regierung unseres Herrn Karl, *des allerruhmreichsten Königs.*

1k *Ich, der unwürdige Priester* Bernger, *habe diese Kundmachung geschrieben, den Tag und die Zeit angezeigt.*

Text

Zweite Würzburger Markbeschreibung

MARCHIA AD VVIRZIBVRG

2A In rabanesbrunnon,[12] nidarun halba uuirziburg, ostarun halba moines,

danan in anutseo,[13]
danan in blidheresbrunnon,[14]
danan in habuchotal,[15]
danan in daz steinina houc,
danan in den diotuueg,[16]
in die huruuinun struot, diu dar heizzit giggimada,[17]
danan in pleihaha[18] in den steininon furt,
danan ŷffan grimberg in daz grimensol,[19]
danan in quirnaha[20]
ze demo geruuines rode,
dannan ŷffan quirnberg
ze dero haganinun huliu,[21]
danan in den ostaron egalseo, dar der spirboum stuont,
dannan in stacchenhoug,[22]
danan in uuolfgruoba,
danan duruh den fredthantes uuingarton mittan
in die egga, sosa diu rabanes buohha stuont,
oba heitingesueld in mittan moin
in die nideroston urslaht furtes,[23]
in mitten moin unzen den brunnon, so dar uuesterun halba moines,
ŷf in brunniberg
in druhiriod,

---

12 ***Rabansbrunnen:*** *raban* PN + *brunno* „Brunnen, Quelle".
13 ***anutseo:*** *anut* „Ente" *seo* „See".
14 ***Blidheresbrunnen:*** *Blidher* PN + *brunno.*
15 ***Habuchotal:*** *habuh* st.M. „Habicht" + *tal.*
16 ***Heerstraße:*** *diot* „Volk" + *uueg* „Weg".
17 ***Giggimada:*** *gig, giki* PN + *matta* „Wiese".
18 ***Pleichach:*** Flussname *pleich* „hell" + *aha* „Wasser".
19 ***Grimensumpf:*** *grimo* PN + sol st. N. „Sumpf".
20 ***Quirnach:*** *quirn* F. „Mühle" + *aha* „Fluss".
21 ***haganinun huliu:*** *haganin* „dornig" *hulia* st. F. „Sumpf".
22 ***Stachenshügel:*** PN *stacco* + *houg* „Hügel".
23 ***urslaht furtes:*** *urslaht* st. F. „Vertiefung" + *furt* – „wo die Furt am flachsten ist".

Übersetzung

Die Würzburger Mark & Zweite Würzburger Marktbeschreibung

Grenzverlauf bei Würzburg

2a (Die Grenze verläuft) beim Rabansbrunnen, unterhalb Würzburgs, östlicherseits des Mains,
von dort nach Anutsee,
von dort nach Blidheresbrunnen,
von dort nach Habuchotal,
von dort auf den steinernen Hügel
von dort an die Heerstraße
in das sumpfige Moor, das Giggimada heißt,
von dort zur Pleichach an die steinerne Furt
von dort auf den Grimberg in den Grimensumpf
von dort nach Quirnach
zu der Gerwins-Rodung
von dort auf den Quirnberg
zu dem Dornbuschsumpf
von dort an den östlichen Blutegelsee, wo der Vogelbeerbaum stand,
von dort an den Stachenshügel,
von dort an die Wolfsgrube,
von dort mitten durch den Weingarten des Fredthant
in die Ecke, wo die Rabansbuche stand,
oberhalb Heidingsfeld mitten in den Main
in die niederste Vertiefung der Furt
mitten im Main bis zu dem Brunnen, der auf der Westseite des Mains (ist),
(Main)aufwärts nach Brunniberg
nach Druhiriod

Text

in druhiclingon,
in moruhhesstafful,
danan in brezelunseo,
danan in den diotuueg,
danan in eburesberg,
danan in tiufingestal ze demo seuuiu,
danan in huohhobura,[24]
danan in ezzilenbuohhun,
dar in daz houc in dero heride,[25]
in gozoluesbah,[26]
danan in mitten moin
auur in rabanesbrunnon.[27]

2B **S**o sagant, daz so si vuirziburgo marcha vnte heitingesueldono, vnte quedent, daz in dero marchu si ieguuedar,

Ióh chirihsahha sancti kilianes,
ióh frono, ióh friero franchono erbi.[28]

2C **D**iz sageta:

01	marcuuart,	10	gozuuin,
02	nanduuin,	11	iuto,
03	helitberaht,	12	liutberaht,
04	fredthant,	13	bazo,
05	heio,	14	berahtolf,
06	unuuan,	15	ruotberaht,
07	fridurih,	16	sigifrid,
08	reginberaht,	17	reginuuart,
09	ortuuin,	18	folcberaht.

24 ***Huohhobura***: **huoh* st. M. „Haken, Winkel" + *bur* „kleines Haus", also wohl: „Häuschen an einer Straßenecke".

25 **Hügel *in der heride:*** *herid* st. F. „Gemeindebezirk (?), Allmende (?)" oder „Hügel in dem Weidewald"?

Übersetzung

nach Druhiclingen
nach Moruhhestaffel,
von dort an den Brezelunsee,
von dort an die Heerstraße
von dort nach Eburesberg,
von dort in das Tiufingestal zu dem See,
von dort nach Huohhobura
von dort zur Ezzilenbuche,
dorthin auf den Hügel *in der heride*
zum Gozolfsbach
von dort mitten im Main
wieder zum Rabansbrunnen.

2b So sagen sie, dass so die Mark von Würzburg und der Heitingesfelder sei, und sie sagen, dass in der Mark jedes von beidem sei:

sowohl Kirchengut des heiligen Kilian,
als auch (das Gut) von Herren und freier Franken Erbland.

2c Das sagte:

01	Marcwart,	10	Gozwin,
02	Nandwin,	11	Iuto,
03	Helitberaht,	12	Liutberaht,
04	Fredthant,	13	Bazo,
05	Heio,	14	Berahtolf,
06	Unwan,	15	Ruotberaht,
07	Fridurih,	16	Sigifrid,
08	Reginberaht,	17	Reginwart,
09	Ortwin,	18	Folcberaht.

26 ***Gozolfsbach***: *Gozolf* PN.
27 Hier beim Rabansbrunnen ist der Kreis des Umgangs abgeschlossen.
28 stabende Formeln: Ióh **ch**irihsahha sancti Kilianes, / ióh **fr**ono, ióh **fr**iero / Franchono erbi.

67 Das ‚Essener Heberegister' (Die sog. Essener Heberolle)

Wadstein Nr. 7

[2]**VL 2** (1978), Sp. 634–635 (Ruth Schmidt-Wiegand). – **VL** ahd. und as Lit. (2013), S. 79–81 (Heinrich Tiefenbach).
Ü.: Düsseldorf, ULB Cod. B 80, fol. 152v (‚Einkünfteverzeichnis') und 153v (‚Heberegister'); aus dem Essener Kanonissenstift. – Die Hs., deren Hauptinhalt die Evangelienhomilien Gregors des Großen (Buch 1) bilden, überliefert von gleicher Hand die ‚Altsächs. Allerheiligenpredigt' (Nr. 106), und direkt davor von von anderer Hand das überwiegend lateinische ‚Einkünfteverzeichnis'. – Das ‚Heberegister' steht auf der Rückseite des folgenden Blattes (153v) von wiederum anderer Hand.
Abb.: vollständiges Digitalisat der Hs. in Farbe:
https://digital.ub.uni-duesseldorf.de/man/content/pageview/5588758.
https://digital.ub.uni-duesseldorf.de/man/content/pageview/5588760.
Dat. Hs.: 10. Jh. zweite Hälfte oder Ende. – Textentstehung: 10. Jh., erste Hälfte.
Spr.: altsächs. mit altnfr. Elementen.
Ed. [4]MSD II, Nr. 69, S. 232–233 (Text, ohne das ‚Einkünfteverzeichnis'). – Galleé, Sprachdenkmäler, I, in Nr. 3, S. 116 (beide Texte). – Wadstein, Nr. 7, S. 21–22 (beide Texte).
Lit.: Kelle, LG 1, S. 131 und S. 353. – Kögel, LG I,2, S. 572. – Ehrismann LG 1, S. 360. – [4]MSD II, Nr. 69, S. 369–371 (Kommentar, nur Heberegister). – Galleé, Sprachdenkmäler I, in Nr. 3, S. 115 (Kommentar, beide Texte). – Wadstein, Nr. 7, S. 131–132 (Kommentar). – Jahn, Essener Heberegister. – Zu Essen: LexMA 4 (1998), Sp. 22–23 (H. Schoppmeyer). – Tiefenbach, Volkssprache im Frauenstift Essen, hier S. 117–118. – Kössinger, Schriftrollen, S. 204, Anm. 127. – Esders, Te usero herano misso. – Esders, Vernacular Wrtiting.

Es handelt sich eigentlich um zwei Stücke: ‚Einkünfteverzeichnis' und ‚Heberegister'. – Die Stücke sind nicht als Rotuli (in Rollenform) erhalten, sondern als Bucheinträge; sie wären deswegen besser als „Register" bezeichnet. Das ‚Heberegister' listet nicht sämtliche Lieferungen auf, zu denen die in ihm genannten Höfe verpflichtet waren, sondern nur die Lieferungen an das Brauamt des Stiftes Werden (Malz, Gerste, Holz; darüber hinaus Brot und Erbsen); der Hof Drehn im besonderen ist zu Honiglieferungen verpflichtet. – Das ‚Einkünfteverzeichnis' enthält als deutsche Bestandteile nur Orts- und einen Personennamen (Eila). Es nennt keine Abgaben in Naturalien, sondern nur in Geld (in Sekel – kleine Münzeinheit, hebräisch *šęqęl* – oder in Denaren/Pfennigen).

Text nach Wadstein.

Einkünfteverzeichnis (Bruchstück) mit Übersetzung

De predio Eilę prope Creiea: x siclos.[1]

Vom Landgut des Eila (PN), nahe bei Kray (Essen-Kray): 10 Sekel.

De nouo predio: v siclos an Rohhusen.

Vom neuen Landgut: 5 Sekel Von Rotthauson.[2]

v siclos von Ladthorpa.

5 Sekel Von Lochtrop (Elslohe).

An Hamuuinkile xxx denarios.[3]

Von Hamminkeln 30 Denare.

An Lindenun v siclos.

Von Linden (Bochum) 5 Sekel.

An Berghalehtrun iii siclos et sex denarios.

Von Berghaltern (Haltern) 3 Sekel und sechs Denare.

An Hupelesuuik iii siclos et iiii denarius.

Von Upwig (Lippramsdorf, Haltern) 3 Sekel und 4 Denare.

An Brehton xxx denarios.

Von Brechten (Dortmund) 30 Denare.

An Driuere unum siclum.

Von Drewer (Marl) einen Sekel.

An Uueteringe vi siclos.

Von Wettringen (Steinfurt) 6 Sekel.

An Haneuvik iiii siclos et vi denarios.

Von Hennewich (Darfeld) 4 Sekel und 6 Denare.

An Vunnincthorpa iii siclos.

Von Wintrup (Münster-Hiltrup) 3 Sekel.

An Rinherre iii siclos.

Von Rhynern (Unna) 3 Sekel.

An Bekehem ii.

Von Beckum 2.

An Ahtinesberga v siclos.

Von Echtberg (Wickede) 5 Sekel.

An Stengrauon iiii.

Von Steingraven 4 Sekel.

An Hannine [...]

Von Hennen (Schwerte) [...]

---

1 *siclus*: Wort hebräischer Herkunft, kleine Gewichts- oder Münzeinheit; deutsch „Sekel", „Silberling".

2 Alle rezenten Namen nach den Verzeichnissen bei Tiefenbach, AsHWb.

3 *denarius*: deutsch gewöhnlich „Pfennig".

Heberegister

Van uehus ahte ende ahtedeg mudde maltes ende ahte brod, tuena sostra erito, uiar mudde gerston, uiar uother thiores holtes, te thrim hogetidon ahtetian mudde maltes ende thriuu uother holtes ende uiarhteg bikera, ende usero herino misso tua crukon.

Van ekanscetha *similiter.*

Van rengerengthorpa *similiter.*

Van hukretha *similiter* ana that holt te then hogetidon: that ne geldet thero ambahto neuuethar.

Van brokhuson te then hogetidon nigen mudde maltes ende tuenteg bikera ende tua crukon.

Van horlon nigen ende uiftech mudde maltes ende tue uother thiores holtes, tue mudde gerston, uiar brot, en suster erito, tuenteg bikera endi tua crukon, nigen mudde maltes te then hogetidon.

Van nianhus *similiter*.

Van borthbeki *similiter.*

Van drene te usero herano misso tian ember honegas, te pincoston siuondon haluon ember honegas endi ahtodoch bikera endi uiar crukon.

Übersetzung

Von Vêhus (Viehof)[4] achtundachtzig Mütten[5] an Malz und acht Brote, zwei Sechter[6] an Erbsen, vier Mütten an Gerste, vier Fuder dürren Holzes, zu den drei Hochfesten achtzehn Mütten an Malz und drei Fuder an Holz und vierzig Becher und zur Messe unserer Heiligen[7] zwei Krüge.[8]

Von Êkanscêth (Eickenscheid) *similiter* (ebenso).

Von Rêngerengthorp (Ringeldorf) *similiter* (ebenso).

Von Hukreth (Huckarde) *similiter* (ebenso) ohne das Holz zu den Hochfesten: das entrichtet keines der beiden Ämter.[9]

Von Brôkhûson (Brochausen) zu den Hochfesten neun Mütten an Malz und zwanzig Becher und zwei Krüge.

Von Horl (Horl) neunundfünfzig Mütten an Malz und zwei Fuder dürren Holzes, zwei Mütten an Gerste, vier Brote, ein Sechter an Erbsen, zwanzig Becher und zwei Krüge, neun Mütten an Malz zu den Hochfesten.

Von Nianhûs (Nienhaus) *similiter* (ebenso).

Von Borthbeki (Borbeck) *similiter* (ebenso).

Von Drene (auf dem Drehn[10]) zur Messe unserer Heiligen zehn Eimer an Honig, zu Pfingsten sechseinhalb Eimer an Honig und achtzig Becher und vier Krüge.

---

4 In () stehen die heutigen Hofnamen nach MSD II, S. 370; vgl. jetzt auch Tiefenbach, AsHWb. – Zu Vêhûs vgl. Freckenhorster Heberegister.

5 *mudde*: Mütte, ein Hohlmaß, lat. *modius*.

6 *soster /suster (sesteri)*: Sechter, ein Hohlmaß, lat. *sextarius*.

7 Drei Hochfeste: Weihnachten, Ostern, Pfingsten; Messe unserer Heiligen: 27. September, Tag der Heiligen Cosmas und Damian, der Patrone des Stifts Essen.

8 Becher, Krug und Eimer sind genormte Hohlmaße.

9 Gemeint sind die Ämter Ringeldorf und Huckarde.

10 Bei Ahlen.

68 Aus dem Werdener Urbar (sog. ‚Werdener Heberegister')

Wadstein Nr. 8

Die altsächsischen Stücke

[2]**VL:** 10 (1998), S. 886–889 (Schmidt-Wiegand). – **VL** ahd. und as Lit. (2013), S. 509–510 (Heinrich Tiefenbach).
Ü.: Duisburg, Landesarchiv, Abteilung Rheinland, Bestand AA 0546 Werden, Akten 9 a 1a aus dem Damenstift Essen; hier Lage 5 des Konvoluts, darin fol. 34v Nachtrag auf freigebliebenem Beschriftungsraum.
Abb.: Farbdigitalisat einzelner Seiten über PadRep., hier:
http://www.marburger-repertorien.de/abbildungen/pr/DussHstAWerdenIXa1a_Bl34v.jpg.
Dat.: Nachtrag vom Ende des 9. oder Anfang des 10. Jahrhunderts in einer lateinischen Trägerhandschrift, die zwischen 880 und 890 angelegt wurde; nach einer Vorlage, die schon vor 790 verfasst worden sein könnte.
Spr.: altsächsisch.
Ed.: [4]MSD II Nr. zu Nr. 59, S. 371 (Text und Kommentar). – Wadstein Nr. 8, S. 23 (Text). – Rudolf Kötzschke, s. Lit., S. 73–74.
Lit.: [4]MSD II, zu Nr. 59, S. 371 (Text und Kommentar). – Wadstein, Nr. 8, S. 132–133 (Kommentar). – Jahn, Werdener Heberegister. – Kötzschke, Urbare Werden, besonders S. CIX–CXXII und S. 4–87, Text S. 73–74. – Ehrismann, LG I, S. 360. – Metz, Güterverzeichnisse. – Gerchow, Liutger. – Zu Werden s. LexMa 8 (1997), Sp. 2196–2197 (H. Seibert). – Zu Bischof Liutger LexMa 5 (1991), Sp. 2038 (E. Freise). – Stüwer, Werden. – Tiefenbach, Mimigernaford. – Angenendt, Liutger. – Esders, Te usero herano misso. – Esders, Vernacular Wrtiting.

Das Stück ist als Texttyp vergleichbar den Würzburger und Hammelburger Markbeschreibungen (Nr. 65, Nr. 66). Es beschreibt jedoch nicht die Grenzverläufe des Grundbesitzes einer Grundherrschaft, sondern verzeichnet zum Kloster Werden gehörige Liegenschaften und Einrichtungen (Fischwehre) im westlichen Friesland als Nachtrag im ältesten Verzeichnis des Werdener Klosterguts (angelegt zwischen 880 und 890) nach einer alten volkssprachigen Vorlage. Der hier mehrfach genannte Liutger (um 742–809), war ab 805 erster Bischof von Münster gewesen; er hatte 799 das Kloster Werden gegründet und mit Eigenbesitz ausgestattet. Liutger stammte aus einem westfriesischen Adelsgeschlecht und war geboren in Suecsnon (Swezen=Zuilen/Utrecht), was der Text bei der Anführung dieser Liegenschaft besonders erwähnt. Er war Schüler Alkuins in York gewesen und später in der Friesenmission tätig. Wahrscheinlich ist die auffallende Volkssprachigkeit dieses Nachtragsstückes der Handschrift von einem entsprechenden Brauch altenglischer Schriftstücke dieses Typs her erklärbar.

Text nach Wadstein und Heranziehung des Digitalisats; Nummerierung hinzugefügt.

Text

01. An naruthi thiu kirica endi kiricland fan almeri te tafalbergon.
02. An uuerinon thiu kirica endi al that gilendi.
03. Te amuthon thiu kirica endi kiricland.
04. an theru fehtu En uuérr *sancti liudgeri, alterum sancti martini.*
05. Utermeri *sancti liutgeri totum.*
06. spilmeri *Similiter.*
07. pulmeri half.
08. Suecsnon, *ubi natus est sanctus liudgerus, totum.*
09. An upgoa siuun hofstadi, siuun uerrstadi.
10. Te aiturnon *sancti liutgeri.*
11. Te kinleson. En alt giuuarki.

Übersetzung[1]

01. In Naruthi die Kirche und das Kirchland von Almeri bis Tafalbergon.[2]
02. In Werinon die Kirche und das ganze Land.[3]
03. Zu Amuthon die Kirche und das Kirchland.[4]
04. An der Fehta ein Wehr[5] *Sancti Liutgeri*, ein zweites *Sancti Martini.*[6]
05. Ûtermeri *Sancti Liutgeri totum.*[7]
06. Spilmeri *similiter* (ebenso).[8]
07. Pulmeri zur Hälfte.[9]
08. Suecsnon, *ubi natus est Liutgerus, totum* (wo Liutger geboren ist,) das Ganze.[10]
09. In Upgôa sieben Hofstätten, sieben Wehrstellen.[11]
10. Zu Aiturnon [...] *sancti Liutgeri.*[12]
11. Zu Kinleson ein alter Bau.[13]

---

1 Die rezenten Ortsnamen in den Fußnoten nach Tiefenbach, AsHWb., S. 491–497.
2 In Naruthi (Naarden, Nordholland) [gehört dem Kloster] die Kirche und das Kirchland von Almeri [=Teil der Zuidersee] bis Tafalbergon (bei Naarden?).
3 In Werinon (bei Utrecht?) [gehört dem Kloster] die Kirche und das ganze Land.
4 Zu Amuthon (Muiden, Nordholland) [gehört dem Kloster] die Kirche und das Kirchland.
5 Wehr: Querdamm in einem Fluß, der zum Fischfang angelegt wurde.
6 An der Fehta (Fluss bei Utrecht) [gehört dem Kloster] ein Wehr des Heiligen Liutger und ein zweites des Heiligen Martin.
7 Ûtermeri (Uitermeer [Naardermeer]) *Sancti Liutgeri totum* [gehört]ganz dem heiligen Liutger).
8 Spilmeri (bei Utrecht? Nordholland?) *similiter* [gehört ebenso] ganz dem Heiligen Liutger).
9 Pulmeri (bei Utrecht?) [gehört] dem Heiligen Liutger zur Hälfte.
10 Suecsnon (Swezen=Zuilen/Utrecht), *ubi natus est Liutgerus, totum* (wo Liutger geboren ist), [gehört ihm] zur Gänze.
11 In Upgôa (Het Gooi, Utrecht) [gehören dem Kloster] sieben Hofstätten, sieben Wehrstätten.
12 Zu Aiturnon (Eiteren, Ijsselstein/Utrecht) [...] *sancti Liutgeri* ([liegt das Land] des Heiligen Liutger); *aiturnon* ist auch als Verschreibung von *artyrion* „Brothaus, Backhaus" gedeutet worden.
13 Zu Kinleson (bei Medemblick, Nordholland) [gehört dem Kloster] ein alter Bau.

69 Aus dem ‚Freckenhorster Heberegister' Wadstein Nr. 9

²VL 2 (1979), Sp. 885–887 (Ruth Schmidt-Wiegand). – **VL** ahd. und as Lit. (2013), S. 88–91 (Ernst Hellgardt).

Ü.: a: (Sigle M) Münster, Staatsarchiv, Msc. vii, 131a, fol. 1v-8r (Sigle M) (das ist Teil II der vierteiligen Hs.; zu deren Zusammensetzung s. PadRep.)
b: (Sigle K) Fragment Kindlinger (Sigle K, Rotulus, verloren).

Abb.: a: Farbdigitalisate zu fol. 1–11:
http://www.marburger-repertorien.de/abbildungen/pr/Muenster_StA_msc_VII_nr1316a_Bl_1v_2r.jpg.
http://www.marburger-repertorien.de/abbildungen/pr/Muenster_StA_msc_VII_nr1316a_Bl_2v_3r.jpg.
http://www.marburger-repertorien.de/abbildungen/pr/Muenster_StA_msc_VII_nr1316a_Bl_3v_4r.jpg.
http://www.marburger-repertorien.de/abbildungen/pr/Muenster_StA_msc_VII_nr1316a_Bl_4v_5r.jpg.
http://www.marburger-repertorien.de/abbildungen/pr/Muenster_StA_msc_VII_nr1316a_Bl_5v_6r.jpg.
http://www.marburger-repertorien.de/abbildungen/pr/Muenster_StA_msc_VII_nr1316a_Bl_6v_7r.jpg.
http://www.marburger-repertorien.de/abbildungen/pr/Muenster_StA_msc_VII_nr1316a_Bl_7v_8r.jpg.
b: Ausschnitt bei Baßler/Hellgardt S. 253 (nach ‚). – Kössinger, Schriftrollen, Abb. 24 (Tafel 2).

Dat.: a: (Sigle M): Text 11. Jh., zweite Hälfte, Hs. wohl wenig früher;
b: (Sigle K): Text und Handschrift 11. oder schon 10. Jh.? Jedenfalls früher als M. – Friedlaender (S. 18) anhand von Fischers Faksimile: „Nach paläographischen Gesetzen muss ich sie [die Fragmente der Rolle] dem 10. Jahrhundert zuschreiben."– Hessmann, Asteronhus. – Zur Datierung s. jetzt Kössinger, Schriftrollen, S. 206–207.

Spr.: spätaltsächsisch mit Merkmalen des späteren Nord-Westfälischen.

Ed.: Fischer, Typographische Seltenheiten (Text K). – Friedlaender, Freckenhorster Heberegister (Text M). – Galleé, Sprachdenkmäler I, in Nr. 5, S. 172–191 (Text in spaltigem Paralleldruck beider Handschriften). – Wadstein I, Nr. 9, S. 24–45 (Texte M und K). – Müller, S. 56–57 (Text M). – Kössinger, S. 194–209 (beide Texte als Rekonstruktion der Rollenform, Stellenkommentar und Untersuchung).

Lit.: Kelle, LG S. 132 und S. 353. – Kögel, LG I,2, S. 572–573. – Ehrismann LG 1, S. 360–361. – Galleé, Sprachdenkmäler I, in Nr. 5, S. 169–171 (Kommentar). – Wadstein I, Nr. 9, S. 133–137 (Kommentar). – Müller, S. 299–300 (Kommentar). – Zu Freckenhorst: LexMa 4 (1989) Sp. 883–884 (G. Ruppert). – Kohl, Das (freiweltliche) Damenstift Freckenhorst. – Kohl, Geschichte des Klosters und Stifts Freckenhorst, hier S. 28. – Metz, Güterverzeichnisse. – Hartig, Freckenhorster Heberegister. – Hellgardt, Freckenhorster Heberegister. – Baßler/Hellgardt, Freckenhorster Heberolle. – Peters/Roolfs, Plattdeutsch. (mit Karte zum Heberegister nach der Karte von Friedlaender, s. o. aber stark verkleinert). – Kössinger, Schriftrollen, S. 193–209 (Text mit Stellenkommentar).

Das ‚Freckenhorster Heberegister' und die ‚Freckenhorster Heberolle' sind ist Verzeichnisse der Abgaben und Leistungen (nicht der Liegenschaften, vgl. ‚Werdener Urbar', Nr. 68), zu denen die in der Grundherrschaft Freckenhorst lebenden, namentlich genannten Eigenhörigen gegenüber der Grundherrschaft verpflichtet waren. Verzeichnet wird eine Vielfalt von Natural- und gelegentlich auch von handwerklichen sowie von Geldabgaben. Zugleich zeigt sich eine Fülle von Indizien für die interpersonalen Beziehungen und Lebensverhältnisse der Freckenhorster Grundherrschaft vor und um 1100.

Für die Rolle errechnet Friedlaender eine ursprüngliche Lange von dreieinhalb m bei einer Höhe von 20 cm. Vielleicht war die ältere Aufzeichnung in Rollenform pragmatisch begründet: eine Rolle ließ sich bei Visitationen der Höfe leichter mitführen und handhaben als ein Kodex; neu zu dieser Frage jetzt Kössinger, S. 208.

Die hier getroffene Auswahl soll die klare Systematik des Registers aufzeigen und möglichst viele von den zur Abgabe verzeichneten Gütern und Leistungen exemplarisch erfassen.

Systematik des Registers

1. Abgaben des Haupthofes Viehof bzw. des jeweiligen Fronhofes (Enningerloh, Balhorn, Jochmaring, Vadrup) **an das Stift**.

1.1 Abgaben des Haupthofes Viehof bzw. des jeweiligen Fronhofes (Enningerloh, Balhorn, Jochmaring, Vadrup) **an die Äbtissin** zum persönlichen Gebrauch (bei Vadrup siehe 2.1).

2. Abgaben der vom jeweiligen Fronhof verwalteten Einzelhöfe an das Stift.

3. Zusammenfassung der vom jeweiligen Fronhof verwalteten Einzelhöfe (fehlt bei Vadrup).

4. Abgaben, die dem Haupthof Viehof bzw. dem jeweiligen Fronhof (Enningerloh, Balhorn, Jochmaring, Vadrup) selbst zustanden.

Kurze Zusammenstellung der zu liefernden Güter

Getreidearten: Weizen, Roggen Hafer, Gerste, Malz aus Gerste, Hirse.
Hülsenfrüchte: Bohnen, Erbsen.
Vieh und Fisch: Schweine unterschiedlichen Wertes: Säue, Mutterschweine, Ferkel, 8-Pfennigschweine, 16-Pfennigschweine, Speckschweine, Eber. – Kühe, Schafe, Hühner, Lachse.
Nahrungsmittel: Brot (aus Hafer), Schmalz (roh und ausgelassen), Eier, Käse, Honig.
Handwerkliches Erzeugnis: Laken.
Weiteres: Reisig-Garben.
Geld: Schillinge (Solidi), Pfennige (Denare).

Termine für die Lieferung von Abgaben

30. Januar (Heilige Thiathildis, † vor 882, erste Äbtissin des Stifts).
3. Mai (Tag der Kreuzesauffindung).
28. Sept. (Heiliger Meinhard von Hersfeld).

Text M nach Wadstein und dem Digitalisat.

Uehus/Viehof
Wadstein 24,7 bis 29,6

Thit sint thie sculde uan thiemo urano uehusa: (24,7)

1
Abgaben vom Haupthof Viehof an das Stift
Wadstein 24,8–13

uan themo houe seluomo: (24,8)

tuulif gerstena malt; ende X. malt huetes ende IIII^or muddi; ende IIII^or malt roggon ende áhte muddi; end thruu muddi banano; ende ueir kogíí; ende thue specsuin; quattuor cosuin; IIII^or embar smeras; ende alle thie uerscange, the hirto hared; otherhalf hunderod honero; thue mudde eiero; thriu muddi penikas; enon salmon; (24,8–13)

1.1
Abgaben vom Haupthof Viehof an die Äbtissin
Wadstein 24,13–15

ende thero abdiscon:

tuulif sculdlakan; ende thue embar hánigas; ende en suín sestein penniggo uuerht; ende en scap; ende ses muddi huetes; ende tein scok garuano;

Viehof

Dies sind die Abgaben von dem herrschaftlichen Hof Vehus (Viehof):[1] (24,7)

1
Abgaben vom Haupthof Viehof an das Stift
(Wadstein 24,8–13)

Von dem Hof selbst: (24,8)

zwölf Malter[2] aus Gerste; und *decem* (zehn) Malter an Weizen und *quattuor* (vier) Mütten; und *quattuor* Malter an Roggen und acht Mütten; und drei Mütten an Bohnen; und vier Mutterschweine; und zwei Speckschweine; *quattuor* (vier) Säue; *quattuor* (vier) Eimer an Schmalz; und all die Ferkel, die dem Hirten gehören; anderthalb Hundert an Hühnern; zwei Mütten an Eiern; drei Mütten an Hirse; einen Lachs; (24,8–13)

1.1
Abgaben vom Haupthof Viehof an die Äbtissin
(Wadstein 24,13–15)

und für die Äbtissin:

zwölf Schuldlaken;[3] und zwei Eimer an Honig; und ein Schwein im Wert von sechszehn Pfennigen; und ein Schaf; und sechs Mütten an Hirse; und zehn Schock an Garben;[4]

1 Die rezenten Ortsnamen nach Heinrich Tiefenbach, AsHwb, Ortsnamenregister, S. 491–497.
2 *malt*: Maßeinheit für Getreide, Maltersack.
3 *sculdlakan*: Laken, wie es als Abgabe geschuldet ist („Schuld").
4 Ein Schock = 60 Stück; Garben: Reisigbündel (Holz zum Anschüren)?

2
Abgaben der vom Haupthof Viehof verwalteten Fronhöfe/Ämter an das Stift
Wadstein 24,16 bis 28,21

Ande to themo asteronhus:

uif gerstena malt gimelta. [*In natiuitate domini et in resurrectione domini* to then copon;[5]] – ende ses muddi; ende tuentigh muddi gerston; ende uiertih muddi haueron; ende ses muddi érito; ende uier malt rokkon ende en muddi; ende en muddi huetes; ende tue specsuin; ende tue suin iro iehuethar ahte penniggo wehrt;

Van lacseton:

uif malt gersina malt gimelta; ende uier malt rokkon ende en muddi; ende tue specsuin; ende tue suin iro gehuetar
ahte pinniggo werht;

Van emisaharnon:

viertein muddi gerston gimelta; ende en specsuin; ende tue suin iro gehuethar ahte pinnigo werht;

Van sutharezzchon:

ricbraht tue malt rokkon; tue gerstina malt gimalana;
ende Iunggi uuan themo seluon thorpa thrithig muddi rokkon; ende ahtethein muddi gerstinas maltas;(24,16–25,12) [...]

usw.; es werden noch vierzig Hofnamen mit den Namen der Bauern und den geschuldeten Abgaben genannt, zuletzt:

Van brocsethon:

Eizo fierthic muddi hauoron;

Van Rammeshuuila:

Acelin *XIIII modios ordei;* (28,20–21)

5 ***copa***: „Braukessel, Kufe", lat. *cupa/copa*, aus dem Griechischen entlehntes Wort.

2
Abgaben der vom Haupthof Viehof verwalteten Fronhöfe/Ämter an das Stift
(Wadstein 24,16 bis 28,21)

und zu dem Asteronhus (Freckenhorst):

fünf gemälzene Malter aus Gerste – [*in nativitate domini et in resurrectione domini* (zum Geburtsfest des Herrn und zur Auferstehung des Herrn) zu dem Braukessel][6] – und sechs Mütten; und zwanzig Mütten an Gerste und vierzig Mütten an Hafer; und sechs Mütten an Erbsen; und vier Malter an Roggen und eine Mütte; und eine Mütte an Weizen; und zwei Speckschweine; und zwei Schweine, jedes der beiden acht Pfennige wert;

Von Lacseton (Loxten [Telgte]):

fünf Malter aus Gerste, gemälzt; und vier Malter an Roggen und eine Mütte; und zwei Speckschweine; und zwei Schweine, jedes der beiden (sei) acht Pfennige wert;

Von Emesaharnon (Emshorn [Warendorf]):

vierzehn Mütten an Gerste, gemälzt; und ein Speckschwein; und zwei Schweine, jedes der beiden (sei) acht Pfennige wert;

Von Sutharezzchon (Sudersche [Telgte]):

Ricbraht (schuldet) zwei Malter an Roggen; zwei gemahlene Malter aus Gerste; und Junggi aus demselben Dorf dreißig Mütten an Roggen; und achtzehn Mütten an Malz aus Gerste; (24,16–2512) [...]

usw.; es werden noch vierzig Hofnamen mit den Namen der Bauern und den geschuldeten Abgaben genannt, zuletzt:

Von Brocsethon (Broxten [Venne]):

Eizo (schuldet) vierzig Mütten an Hafer;

Von Rammeswila (Ramshövel [Sendenhorst/Oelde]):

Accelin *quattordecim modios ordei* (vierzehn Mütten an Gerste); (28,20–21)

6 Zwischen [ ] steht ein Einschub, der aus der Satzkonstruktion fällt und in der Vorlage vielleicht als Randbemerkung gestanden hat; die Handschrift K (Rolle) enthält den Einschub nicht.

3
Zusammenfassung zum Haupthof Viehof und den von ihm verwalteten Höfen
(Wadstein 28,22–24)

Van themo uehusa sculon geldan med then foreuuercon *Septuaginta V* houa uppan thena spikare; thie geldad XXVIIII malto gerstinas maltes ane thena ásthóf.

4
Abgaben („Gefälle"), die dem Haupthof Viehof selbst zustanden
(Wadstein 28,25–28)

Thit sint thie sculdi, the an thena hof geldad:

Van walegardon:

> Haddo en malt gerston; ende tuenthig muddi hauoron. Reingier uan uualegardon ses muddi gerston; ende tue muddi huetes; [...]

usw.; es werden noch 13 Höfe mit den Namen der Bauern und den geschuldeten Abgaben genannt.

3
Zusammenfassung zum Haupthof Viehof und den von ihm verwalteten Höfen
(Wadstein 28,22–24)

Aus dem (Amt) Vehus (Viehof, Haupthof von Freckenhorst) sollen Abgabe leisten mit den Vorwerken *septuaginta quinque* (fünfundsiebzig) Höfe auf den Speicher; die entrichten *undetriginta* (neunundzwanzig) Malter an Malz aus Gerste, ausgenommen den Asthof.

4
Abgaben („Gefälle“), die dem Haupthof Viehof selbst zustanden
(Wadstein 28,25–28)

Dies sind die Abgaben, die (sie) an den Hof entrichten:

Von Walegardon (Walgern):

Haddo ein Malter an Gerste; und zwanzig Mütten an Hafer; Reingier von Walegardon sechs Mütten an Gerste; und zwei Mütten an Weizen;

[...]

usw.; es werden noch 13 Höfe mit den Namen der Bauern und den geschuldeten Abgaben genannt.

Aningeralo/Enningerloh

1
Abgaben vom Fronhof Enningerloh an das Stift
(Wadstein 29,7 bis 32,21)

Thit sint thie sculdi uan themo houa seluamo te Aningeralo:

tuelif gerstina malt; ende tein malt huetes ende siuon muddi; ende fiertich muddi gerston; ende antahtoda muddi hauoron; ende ahtotein muddi erito; ende fier malt rockon ende ahte muddi; ende fier koíí; ende fier kosuín; ende tue specsuín; ende tue suín, the iro iehuuethar si ahto penningo uuerth; ende thru embar smeras ende tue muddi penikas; ende otherhalf hunderod honero; ende thie uerscunga ende thie kiesos, the to themmo thienosta harad; ende thuulif sculdlakan; ende tue muddi eiro; ende tue embar hanigas; (29,7–17)

1.1
Abgaben vom Fronhof Enningerloh an die Äbtissin
(Wadstein 29,15–17)

Ende thero abdiscon:

en suin sestein penningo uuerth; ende en scáp; ende ses muddi huetes; ende tue embar hanigas.

2
Abgaben der vom Fronhof Enningerloh verwalteten Höfe/Ämter an das Stift
(Wadstein 29,18–31,13)

Van steltingtharpa:

fier malt rockon *discipulis* ende en muddi ende fif malt to then copon; ende sestahalf malt gerstinas maltas; ende ses muddi érito; ende thru muddi huetes; ende én [...][7]; ende tue specsuin; ende tue suin, the iro ieuuethar si ahto penningo uuerth; [...] (29,18–21)

usw.; es werden noch 28 Hofnamen mit den Namen der Bauern und den geschuldeten Abgaben genannt.

---

7 Hier fehlt etwas ohne Lücke in der Hs.

8 ***discipulis***: für die Schülerinnen (des Klosters); Nachtrag am Rande der Handschrift.

Enningerloh

1
Abgaben vom Fronhof Enningerloh an das Stift
(Wadstein 29,7 bis 32,21)

Dies sind die Abgaben von dem Hof selbst zu Aningerolo (Enningerloh [Beckum]):

zwölf Malter aus Gerste; und zehn Malter an Weizen und sieben Mütten; und vierzig Mütten an Gerste; und achtzig Mütten an Hafer; und achtzehn Mütten an Erbsen; und vier Malter an Roggen und acht Mütten; und vier Kühe; und vier Säue; und zwei Speckschweine; und zwei Schweine, von denen jedes der beiden acht Pfennig wert sei; und drei Eimer an Schmalz; und zwei Mütten an Hirse; und anderthalb Hundert an Hühnern; und die Ferkel und die Käse, die zu dem Dienst gehören; und zwölf Schuldlaken; und zwei Mütten an Eiern; und zwei Eimer an Honig; (29,7–17)

1.1
Abgaben vom Fronhof Enningerloh an die Äbtissin
(Wadstein 29,15–17)

und für die Äbtissin:

ein Schwein im Wert von sechszehn Pfennigen; und ein Schaf; und sechs Mütten an Weizen; und zwei Eimer an Honig;

2
Abgaben der vom Fronhof Enningerloh verwalteten Höfe/Ämter an das Stift
(Wadstein 29,18–31,13)

Von Steltingtharpa (Suttrup [Meschede]):

vier Malter an Roggen *discipulis* (Schülerinnen)[8] und eine Mütte und fünf Malter in den Braukessel; und fünfeinhalb Malter an Malz aus Gerste; und sechs Mütten an Erbsen; und drei Mütten an Erbsen; und drei Mütten an Weizen; und ein ...;[9] und zwei Speckschweine; und zwei Schweine, von denen jedes der beiden acht Pfennige wert sei. (29,18–21) [...]

usw.; es werden noch 28 Hofnamen mit den Namen der Bauern und den geschuldeten Abgaben genannt.

9 Hier ist in der Handschrift wohl versehentlich etwas ausgelassen.

3
Zusammenfassung zum Fronhof Enningerloh und den von dort verwalteten Höfen
(Wadstein 31,12–13)

Van themo houa to aningeralo sculon geldan III ande fiftich houa uppan thena spikare mid themo foreuuerca.

4
Abgaben („Gefälle"), die dem Fronhof Enningerloh selbst zustanden:
(Wadstein 31,14 bis 32,21)

Thit sint thie sculdi, the an then hof seluon geldad to Aningeralo themo meira seluomo:

Van datinghouon:
    Haddo tue malt hauoron ende tue muddi huetes;
Van aldonhotnon:
    Sizo enon sclilling[10] penningo uan enoro uuostun houa;
Van liueredingtharpa:
    Hizel ses muddi gerston; Ende uan themo uuostun landa en malt gerston.
Van gronhurst:
    Makko ses penninga; Ende an themo seluon tharpa Lieuikin ses muddi érito;
Van vrilingtharpa:
    Wenni ahte penninga. [...]

usw.; es werden noch 17 Höfe mit den Namen der Bauern und den geschuldeten Abgaben genannt.

10 ***sclilling***: verschrieben für *scilling*.

3
Zusammenfassung zum Fronhof Enningerloh und den von dort verwalteten Höfen
(Wadstein 31,12–13)

Von dem Amt (Hof) zu Enningerloh sollen Abgabe leisten *tres* (drei) und fünfzig Höfe auf den Speicher mit dem Vorwerk.

4
Abgaben („Gefälle“), die dem Fronhof Enningerloh selbst zustanden:
(Wadstein 31,14 bis 32,21)

Dies sind die Abgaben, die (sie) an den Hof selbst entrichten, zu Enningerloh an den Meier selbst:

Von Datinghovon (Schulte Deitinghof [Beckum]):
    Haddo (schuldet) zwei Malter an Hafer; und zwei Mütten an Weizen;
Von Aldonhotnon (Althoetmar):
    Sizo einen Schilling an Pfennigen von einem öden Hof;
Von Livordingtharpa (Lentrup [Herzfeld]):
    Hitzel sechs Mütten an Gerste; und von dem öden Land ein Malter an Gerste
Von Ghronhurs (Gronhorst):
    Makko sechs Pfennige; und in demselben Dorf Lievikin sechs Mütten an Erbsen;
Von Vrilingtharpa (Flintrup):
    Wenni acht Pfennige; [...]

usw.; es werden noch 17 Höfe mit den Namen der Bauern und den geschuldeten Abgaben genannt.

Baleharnon/Balhorn

1
Abgaben vom Fronhof Balhorn an das Stift
(Wadstein 32,22 bis 33,1)

Thit sint thie sculdi uan themo houa seluomo to baleharnon:

tuilif gerstina malt gimalana [...]; (32,22–23)

usw. die übrigen Abgaben des Hofes selbst; u.a.:

ende sesse ende nichentein muddi saltes; (33,1)

am Schluss der Aufzählung:

1.1
Abgaben vom Fronhof Balhorn an die Äbtissin
(Wadstein 33,2–4)

Ende thero abdisscon:

> en suin, the si sestein penningo uuerth; ende en scáp; ende tue embar hanigas; ende ses muddi huetes.

2
Abgaben der vom Fronhof Balhorn verwalteten Höfe/Ämter an das Stift
(Wadstein 33,5 bis 35,34)

Ende uan thes meiras huse ende uan then hóuan, the thar in hared; uan thero hóua bi themo díca ende uan rugikampon enan *uaccam*; ende tue gerstina malt gimalana; ende fier muddi huetes; ende tue maldar brodes Euéninas to Meinhardes gerasdaga; (33,58)

usw., u. a.:

Balhorn

1
Abgaben vom Fronhof Balhorn an das Stift
(Wadstein 32,22 bis 33,1)

Dies sind die Abgaben von dem Hof selbst zu Baleharnon (Balhorn [Enniger]):

zwölf Malter aus Gerste, gemahlen [...]

usw. die übrigen Abgaben des Hofes selbst; u. a.:

und sechsundneunzig Mütten an Salz;

am Schluss der Aufzählung:

1.1
Abgaben vom Fronhof Balhorn an die Äbtissin
(Wadstein 33,2–4)

Und für die Äbtissin:
ein Schwein, das sechzehn Pfennige wert sei; und ein Schaf; und zwei Eimer an Honig; und sechs Mütten an Weizen;

2
Abgaben der vom Fronhof Balhorn verwalteten Höfe/Ämter an das Stift
(Wadstein 33,5 bis 35,34)

und von dem Hause des Meiers; und von den Hufen, die da hinein gehören; und von der Hufe bei dem Deich; und von Rugikampon (Nordkirchen): (je) eine *vaccam* (Kuh); und (je) zwei Malter aus Gerste, gemahlen; und (je) vier Mütten an Weizen; und (je) zwei Malter an Brot von Hafer zu Meinhards Jahrestag;[11]

usw.; u. a.:

---

11 Wohl Heiliger Meinhard von Hersfeld † 26. September 1059 in Hersfeld; der 26.09 ist sein Gedenktag.

Van suihtinhouile:
Mannikin [...] fierthic muddi hauoron to tegathon [...]; (33,9–11)
Van stenhurst:
Hoyko thrie scillinga penningo thero samnanga to thero *missa sancte crucis* [...]: (34,1–2)
Van paneuuik:
Inggizo tuena scillinga penningo;
ende tuena Azelin
uan bierahurst tó uuinscatte [...]; (34,9–10)
Van meclan:
Fizo en malt erito then gimenon iungeron [...]; (34,12)
Van gestlan: [...]
Ibiko [...] en suín to gersdage *sancte* thiethilda alemonsnon[12] [...]; (35,1–4)
Van narthliunon:
Azelin tuene scilling penningo thero samnanga uischkapa [...]; (35,30–31)
Van kiediningtharpa:
Eilikin ende Wizo ende Vaderiko ende Burchheri ende Mannikin iro allero gihuilik en biersuín; (35,33–34)

3
Zusammenfassung zum Fronhof Balhorn und den von dort verwalteten Höfen: (Wadstein 35,35–38)

fan themo ambahte te balehornon sculun kumen XXXIIII uppan thenæ spicare gerstinas maltes; ende II pund hraro gerston IIII^{or} malt. – *de* balehornon sculon uppan thena spikare geldan sexaginta IIII^{or} houa med themo forewerca to suihtenhuuile.

12 *alemonsnon*: verschrieben für *alemosnon*.

Von Suihtinhovile (Schwichtenhövel [Freckenhorst]):
Mannikin [...] vierzig Mütten an Hafer als Zehnten; (33,9–11) [...]
Von Stenhurst (Schulte Steinhorst [Ascheberg]):
Hoyko drei Schillinge aus Pfennigen für den Konvent zu der *missa sanctae crucis* (Messe am Tag der Kreuzauffindung);[13] (34,1–2)
Von Panewik (Pannewick [Walstedde]):
Inggizo zwei Schillinge aus Pfennigen;
und zwei von Azelin (PN)
von Bierahurst (Berhorst [Altahlen]) zur Weinsteuer; [...]
Von Meclan (Mecheln [Altahlen]):
Fizo ein Malter Erbsen für die Gemeinde der Novizinnen [...]; (34,12)
Von Gestlan (Geißler [Beckum]: [...]
Ibiko [...] ein Schwein zum Jahrestag *sanctae* (der Heiligen) Thiethilda[14] zum Almosen [...]; (35,1–4)
Von Narthliunon (Altlünen [Lünen]):
Azelin zwei Schillinge dem Konvent zum Fischkauf [...]; (35,30–31)
Von Kiediningtharpa (Köntrup [Ostenfelde]):
Eilikin und Wizo und Vaderiko und Burchheri und Mannikin, jeder von ihnen allen einen Eber; (35,33–34)

3
Zusammenfassung zum Fronhof Balhorn und den von dort verwalteten Höfen
(Wadstein 35,35–38)

Aus dem Amt zu Balehornon sollen kommen *triginta quattuor* (vierunddreißig) Malter aus Gerste auf den Speicher und *duo* (zwei) Pfund rohe[15] Gerste (und) *quattuor* (vier) Malter. – *De* (von) Balehornon sollen auf den Speicher Abgabe leisten *sexaginta quattuor* (vierundsechzig) Höfe mit dem Vorwerk zu Suihtenhuuile (Schwichtenhövel [Freckenhorst]).

13 Der Tag der Kreuzauffindung wurde in der römisch-katholischen Kirche am 3. Mai begangen.
14 30. Januar; die Heilige Thiathildis († vor 882) war die erste Äbtissin von Freckenhorst und Patronin des Stifts, s. Kohl, Geschichte des Klosters, S. 28.
15 roh: ungemälzt.

4
Abgaben („Gefälle"), die dem Fronhof Balhorn selbst zustanden:
(Wadstein 36,1 bis 37,12)

Thit scal themo meira seluamo ieldan an then hóf:

Sin chebur Eppo tuentich muddi gerston ende tuentich muddi hauaron;

Van utilingon

  Witzo ende Witzo iro iahuethar tuentich muddi gerston; Razo an themo seluon tharpa en malt hauoron [...]; (36,1–4)

usw.; es werden noch 32 Höfe mit den Namen der Bauern und den geschuldeten Abgaben genannt, u. a.:

Van humbrathtinghuson:
  Liuzo ende sin gebur iro iahuethar tuentich muddi saltes; [...] (36,28–29)
Van hamerethi:
  Vokko thrie scillinga *denarios* to kietelkapa; (36,40)
ende uan balleuo:
  tue malt hauoron Vockilin, *I solidum* eht te kietelcapa; (36,41–42)
Van elmhurst:
  Sahsger enon scilling penninga themo bathere; (37,1)
Van Liuzikon ammahte uan Bócholte:
  Tiediko tue malt rockon then batheron; [...] (37,2–3)
Van themo ammahte te uaretharpa:
  Wizo uan Uariti ses muddi rockon then batheron; [...] (37,6–7)
Van aningeralo themo ammahte:
  Vocko an Gronhurst ende Boio uan Teltingtharpa:
    iro iahuethar enon scilling penningo then muleniron. (37,10–12)

4
Abgaben („Gefälle"), die dem Fronhof Balhorn selbst zustanden
(Wadstein 36,1 bis 37,12)

Dies soll (man) dem Meier selbst als Abgabe leisten an den Hof:

Sein Bauer Eppo zwanzig Mütten an Gerste und zwanzig Mütten an Hafer;

Von Utilingon (Ottelingen [Enniger]):
Witzo und Witzo jeder der beiden zwanzig Mütten an Gerste; Razo in demselben Dorf ein Malter an Hafer; [...] (36,1–4)

usw.; es werden noch 34 Höfe mit den Namen der Bauern und den geschuldeten Abgaben genannt, u. a:

Von Humbrathtinghuson (Humbrechting [Ostinghausen]):
Liuzo und sein Bauer, jeder der beiden zwanzig Mütten an Salz; [...] (36,28–29)
Von Hamerethi (Hemmerde [Unna]):
drei Schillinge *denarios* (in Denaren)[16] zum Kauf von Kesseln;[17] (36,40) und
Von Ballevo (Balve [Arnsberg]):
zwei Malter an Hafer Vockilin, *unum solidum* (einen Solidus [Schilling]) ferner zum Kauf von Kesseln; (36,41–42)
Von Elmhurst (Elmenhorst [Sendenhorst]):
Sachsger, einen Schilling aus Pfennigen für den Bader; (37,1)
Von Liuzikons Amt: von Bokholta (Bockholt [Altwarendorf]):
Tiediko, zwei Malter an Roggen für die Bader; [...] (37,2–3)
Von dem Amt zu Varetharpa (Vadrup [Westbevern]):
Wizo (PN) von Variti (Verth [Telgte]): sechs Mütten an Roggen für die Bader; [...] (37,6–7)
Von dem Amt Aningeralo (Ennigerloh [Beckum]):
Vocko (PN) in Gronhurst (Gronhorst [Freckenhorst]) und Boio von Teltingtharpa (Telgei [Ahlen]): jeder von beiden einen Schilling aus Pfennigen für den Müller. (37,10–12)

---

16 Vgl. zu viel früherer Zeit o. Nr. 54, ‚Lex salica', Titel II, § 5: *XL denariis, qui faciunt solidum I.*
17 **Kesselkauf**: das meint wohl eine Gebühr für das Betreiben des Braukessels.

Jekmare

1
Abgaben vom Fronhof Jochmaring an das Stift
(Wadstein 37,13–18)

Thit sint thie sculdi uan themo houa seluamo uan Iecmari:

ses muddi gerstinas maltes uppen spikeri; ende en kó; ende en kosuín; ende tue specsuín; ende tue suín iro iahuethar ahte penningo uuerth; ende thrio an ger fieri ande thritich kieso; ende thriuhalf embar smeras, én giscéthan ende tue huite; ende fieri ende thritich honero; ende tue muddi eiro;

1.1
Abgaben vom Fronhof Jochmaring an die Äbtissin
(Wadstein 37,18–21)

Ende thero Abdisscon

sie tuene, uan Iecmeri ende uan Uaretharpæ:
en suín sestein penningo uuerth; ende én scáp; ende tue embar hanigas; ende én malt rockon.

Ende Attiko uan uuerst fif sculdlacan thero abdisscon.

2
Abgaben der vom Fronhof Jochmaring verwalteten Höfe/Ämter an das Stift:
(Wadstein 37,22–38,26)

Van Smithehuson:

Azeko tuentich muddi rockon; Manniko uan themo seluon tharpa fiftein muddi rockon; ende tue muddi melas; [...] (37,22–25)

usw.; es werden noch 21 Hofnamen mit den Namen der Bauern und den geschuldeten Abgaben genannt.

Jochmaring

1
Abgaben vom Fronhof Jochmaring an das Stift
(Wadstein 37,13–18)

Dies sind die Abgaben von dem Hof selbst von Jecmari (Jochmaring [Greven]):

sechs Mütten an Malz aus Gerste auf den Speicher; und eine Kuh; und eine Sau; und zwei Speckschweine; und zwei Schweine, jedes von beiden acht Pfennige wert; und dreimal im Jahr 34 (Stück) an Käsen; und zweieinhalb Eimer an Schmalz, einer (davon) ausgelassen und zwei weiß (unausgelassen); und vier und dreißig an Hühnern; und zwei Mütten an Eiern;

1.1
Abgaben vom Fronhof Jochmaring an die Äbtissin
(Wadstein 37,18–21)

und für die Äbtissin:

sie zwei, von Jecmari (Jochmaring [Greven]) und von Varetharpe (Vadrup [Westbevern]):

ein Schwein sechzehn Pfennige wert; und ein Schaf; und zwei Eimer an Honig; und ein Malter an Roggen;

und Attiko von Werst (Werst [Greven]): fünf Schuldlaken für die Äbtissin.

2
Abgaben der vom Hof Jochmaring verwalteten Höfe/Ämter an das Stift
(Wadstein 37,22–38,26)

Von Smithehuson (Schmedehausen [Greven]):

Azeko zwanzig Mütten an Roggen; Manniko von demselben Dorf fünfzehn Mütten an Roggen; und zwei Mütten an Mehl; [...] (37,22–25)

usw.; es werden noch 21 Hofnamen mit den Namen der Bauern und den geschuldeten Abgaben genannt.

3
Zusammenfassung zum Fronhof Jochmaring und den von dort verwalteten Höfen
(Wadstein 38,26–27)

Fan themo ambahte to iukmare sculon geldan uppan thena spicare XXXII houa.

4
Abgaben („Gefälle"), die dem Fronhof Jochmaring selbst zustanden:
(Wadstein 38,28 bis 39,8)

Thit sint thie sculdi, the themo meira seluamo an thena hof geldad: (38,28–29) [...]

es werden 13 Höfe mit den Namen der Bauern und den geschuldeten Abgaben genannt.

3
Zusammenfassung zum Fronhof Jochmaring und den von dort verwalteten Höfen
(Wadstein 38,26–27)

Aus dem Amt zu Jukmare (Jochmaring [Greven]) sollen Abgabe leisten auf den Speicher *triginta duo* (zweiunddreißig) Höfe.

4
Abgaben („Gefälle"), die dem Fronhof Jochmaring selbst zustanden
(Wadstein 38,28 bis 39,8)

Dies sind die Abgaben, die (sie) dem Meier selbst an den Hof entrichten: [...]

es werden 13 Höfe mit den Namen der Bauern und den geschuldeten Abgaben genannt.

Vadrup

1
Abgaben vom Fronhof Vadrup an das Stift
(Wadstein 39,9–40,27)

Thit is thiu sculd, the uan houa seluamo geldid te uaretharpa uppen spikare:

ses muddi gerstinas maltes gimalenas; ende ena kó; ende en kosuín; ende en suín sestein penningo uuerth; ende tue suín iro iauuethar ahte penningo uuerth; ende thru malder kieso; ende tuuliua ...; ende thriuhalf embar smeras, én giscethan ende tue huíte; ende fieri ende thritich hónero; ende tue muddi eiro. [...] (39,9–14)

usw.;

2
Abgaben des vom Fronhof Vadrup verwalteten Hofs Gröblingen an die Äbtissin
(Wadstein 40,4)

Es folgt die Auflistung von 18 durch den Hof Vadrup verwalteten Höfen/Ämtern mit ihren dem Stift geschuldeten Abgaben. Darunter an 17. Stelle:

Van grupilinga:
  Wizel tuentich muddi rockon uppan spikare (40,3)

2.1
Abgaben vom Fronhof Vadrup an die Äbtissin
(Wadstein 40,3–4)

ende thero abdisscon
  tein muddi rockon ende én embar hanigas [...]

Vadrup

1
Abgaben vom Fronhof Vadrup an das Stift
(Wadstein 39,9–40,27)

Dies ist die Schuld, die von dem Hof selbst zu entrichten ist, zu Varetharpa (Vadrup [Westbevern] auf den Speicher:

sechs Mütten an Malz aus Gerste, gemahlen; und eine Kuh; und eine Sau; und ein Schwein, sechzehn Pfennige wert; und zwei Schweine, jedes der beiden acht Pfennige wert; und drei Malter an Käse; und zwölf ...;[18] und zweieinhalb Eimer an Schmalz, einer ausgelassen und zwei unausgelassen; und vierunddreißig an Hühnern; und zwei Mütten an Eiern. [...]

usw.;

2
Abgaben der vom Fronhof Vadrup verwalteten Höfe/Ämter an das Stift:
(Wadstein 39,9–40,3)

Es folgt die Auflistung von 18 vom Hof Vadrup verwalteten Höfen/Ämtern mit ihren an das Stift geschuldeten Abgaben. Darunter an 17. Stelle:

Von Grupilinga (Gröblingen [Warendorf]):
Wizel zwanzig Mütten an Roggen auf den Speicher

2.1
Abgaben des vom Fronhof Vadrup verwalteten Hofs Gröblingen an die Äbtissin
(Wadstein 40,4)

und für die Äbtissin
zehn Mütten an Roggen und ein Eimer Honig [...]

18 Hier fehlt die Angabe der zu entrichtenden Abgabe.

3
Eine Zusammenfassung vom Fronhof Vadrup verwalteter Höfe wie zu Viehof, Enningerloh, Balhorn und Jochmaring fehlt für den vom Fronhof Vadrup.

4
Abgaben („Gefälle“), die dem Fronhof Vadrup selbst zustanden
(Wadstein 40,7–27)

Thit sint thie sculdi, the thamo meira seluamo an than hof geldid: (40,7)

Es werden 18 Höfe mit den Namen der Bauern und den geschuldeten Abgaben genannt.

3
Eine Zusammenfassung der vom Fronhof Vadrup etwa verwalteten Höfe wie zu Viehof, Enningerloh, Balhorn und Jochmaring fehlt für den vom Fronhof Vadrup.

4
Abgaben („Gefälle"), die dem Fronhof Vadrup selbst zustanden
(Wadstein 40,7–27)

Dies sind die Abgaben, die (man) dem Meier selbst an den Hof entrichtet: [...] (40,7)

Es werden 18 Höfe mit den Namen der Bauern und den geschuldeten Abgaben genannt.

70 ‚Füssener Sprachproben' Des Küsters Siboto von St. Mang nachgelassene Bemerkungen zur Landwirtschaft Wilhelm Nr. 40

[2]**VL** kein Eintrag.
Ü.: Innsbruck, UB und LB, cod. 88, fol. 58rv (Nachtrag auf freigebliebenen Schriftraum); wohl aus St. Mang, Vorbesitzer Stams, Zisterzienserkloster; theologische Sammelhandschrift.
Abb.: --
Dat.: 1200 (datiert, s. Segment 19).
Spr.: alem.
Ed.: Wilhelm I, S. 111–113 (Text). – Referenzkorpus mhd. https://www.linguistics.rub.de/rem/pub/texts//M217_mod.pdf.
Lit.: Wilhelm II, S. 209–210 (Kommentar). – Seemüller, Füssener Sprachprobe (Beschreibung der Handschrift und Textabdruck der ‚Füssener Sprachproben'. – Christa Bertelsmeier-Kierst, Kommunikation.

Theologische Sammelhandschrift der zweiten Hälfte des zwölften Jahrhunderts. Der freigebliebene Schreibraum fol. 57vb-58r enthält auf das Jahr 1200 datierte (s. Segment 18), abschriftliche Nachträge mit urkundlichem Material zum Kloster St. Mang. Darunter die hier folgenden, teils deutschen Bemerkungen, die Siboto, der Küster des Klosters (Segmente 01 und 19), am Ende seines Lebens (*in fine suo* 01) zu Liegenschaften von St. Mang und ihrer Bewirtschaftung niederschreiben ließ. Der Text wirkt in seiner Sprechsprachlichkeit wie nach Diktat aufgezeichnet. Er vermittelt lebendigen Einblick in die organisatorische und verwalterische Arbeit Sibotos für St. Mang.

Lateinisches in Schrägschrift, Deutsches in Geradschrift.

Text nach Seemüller und Wilhelm.

fol. 57vb

01 *Hec sunt reditus ad sacrarium sancti Magni pertinentes, a Sibotone in fine suo prenotati et hactenus ab eo congregati:*

02 *Hic notatum est predium sancti Magni, quod est in filiis datum ab Ŏlrico Alrunun et Eginonis libero homine:*
Duo agri,
quinque partes pratorum
et pars una in alba Stabils.
Hec predicta dant
xl caseos, qui dimidii sint schotic, *ceteri* lengizzic.

03 *Eiusdem predii dati sex partes pratorum sunt in* Nudirs, *et sex agri,*
que similiter dant xx caseos in predicto modo; quorum summa est xl.

04 *Eiusdem predii est uinea in* Tussi,
dans bene urnam.

05 *Et homines ad hec omnia pertinentes sunt*
Fridirun
et soror eius Minia
et unus seruus,
et una domus et fundus eius.

06 *Aliud predium est illic, quod dedit domina* Agnes *libera de* Teluis,
quod soluit LVI caseos,
dimidios schotic et reliquos lengizzic.

07 *Dominus* Dieto *de* Richinbach *conuersus dedit*
in Wilęri
unum mansum et dimidium

et in Gisilhartisriet *et* in der Owi
dimidium mansum.

In Wilęri *datur.*
In Gisilhartisriet *datur.*

08 Mæigi ich ainis wisi, so helf erz rechin, und tailen ez.

In der Uaiztun eu *dantur*
xxx casei [.......]
Stokkingin
[........] casei.

01 *Dies sind die Einkünfte die an die Sakristei St. Martins fallen, von Sibot an seinem Lebensende bezeichnet und bisher von ihm eingesammelt:*

02 *Hier soll das Besitztum St. Mangs bezeichnet werden, das den Söhnen der Alrun und Eginos gegeben wurde von Ulrich, einem freien Mann:*
Zwei Äcker
fünf Teile an Wiesen
und ein Teil im Osten von Stabil
Diese Vorgenannten geben ab
11 Käse, davon sollen die Hälfte quarkförmig *sein, die übrigen* vom Frühjahr.

03 *Von seinem Grundbesitz sind gegeben sechs Teile an Wiesen in* Nudirs *und sechs Äcker*
die ähnlich abgeben 20 Käse in der vorgenannten Weise; deren Summe ist 40.

04 *Zu seinem Grundbesitz gehört ein Weingarten in* Tussi
er gibt gut eine Urne ab.

05 *Und die Leute, die zu all dem gehören sind*
Friderun
und ihre Schwester Minia
und ein Knecht
und ein Haus und sein Grund und Boden.

06 *Ein anderer Grundbesitz liegt dort, den gegeben hat die Herrin Agnes, Freie von* Teluis,
der hat einen Erlös von 56 Käsen
zur Hälfte quarkförmig *und die übrigen* vom Frühjahr.

07 *Herr* Dieto *von* Richinbach, *ein Konverse, gibt ab*
in Wileri
den Zins einer Hufe und die Hälfte davon

und in Giselhartsried *und* in der Au
den halben Zins einer Hufe.

In Wileri *fällt Abgabe an.*
In Giselhartsried *fällt Abgabe an.*

08 Mähe ich jemandes Wiese, dann helfe er es zu rechen, und soll es teilen.

In der Feisten Au *werden abgegeben*
30 Käse [.....]
Stokkingen
[......] Käse.

09 Ergich ainis andirn mannis akir vnd segin,
so nim ich dim pfluogi aini garbi,
dimi samin die andirun,
dim akiri die drittun;

10 tungin ouch, al daz selbi.

11 Dim roggin vnd dim waizzin vnd dimi kernin vnd gerstun vnd bonon muozimi alsi diki tungin somisi sęt.

12 Den habirn sętimi wol nah in ungitvngit; er ist abir ie bosir vnd bosir; vnd ærwizzi.

13 Rossimist vnd gaizimist sint allirbesti.
Dehsimist ist bezzir denni mosiheuwis.

14 *De libra maiore*
cupri,
plumbi,
cęre,
adipis
et lane,
taliumque rerum

15 *due marce, sunt unum talentum,*
lxxii talenta sunt una libra,
scilicet unus magnus lapis, quem uir uix tollit.

15 *Quarum librarum quatuor sunt una sagma,*
id est soum *cupri quam portat unus equus.*

16 *Vnam libram adipis bouini vidi dare pro quinque solidis et dimidio solido Augustensis monetę.*

17 *In* Albigeu
decem oues,
duę uaccę; sex capre ęquipollent.

18 *Vnum cornu est duodecimus bos in aratro,*[1] *id est unus mansus.*
Zweni scheffili desimi spicheri ist ain maltir vnd ain metzi.
Driv maltir ain burcscheffil.
Ain burcscheffil ist driv maltir vnd ain metzi roggin oldir kernin iezŏ, *id est anno M. CC.*
Zweni scheffili desimi spicheri sint ain maltir.

1 Ein Flächenmaß (Ar?).

09 Ackere ich eines anderen Mannes Acker und besäe ihn,
so nehme ich für den Pflug eine Garbe,
für den Samen die zweite,
für den Acker die dritte;

10 dünge ich ihn auch, ganz das selbe.

11 Dem Roggen und dem Weizen und dem Korn und der Gerste und den Bohnen muss man ebenso oft Dung geben wie man sie sät.

12 Den Hafer sät man gut nach ihnen ungedüngt; er ist sooft wiederholt immer schlechter und schlechter; und Erbsen (ebenso).

13 Rossmist und Geißenmist sind am allerbesten.
Mulchenmist ist besser als Mist von Moorschilf.

14 *Von der größeren Libra*
an Kupfer,
an Blei
an Wachs
an Schmalz
an Wolle
und solcher Dinge

15 *Zwei Mark sind ein Talent*
72 Talente sind eine Libra

15 *Vier von diesen Libren entsprechen einer Saumtierlast*
das heißt eine Saumtierlast *Kupfer, die ein Pferd trägt.*

16 *Eine Libra Schmalz vom Rind sah ich geben für fünf Solidi und einen halben Augsburger Geldes.*

17 *In* Albingäu
zehn Schafe
zwei Kühe; mit sechs Ziegen sind sie gleichwertig.

18 *Ein cornu ist ein Zwölftel bos in aratro, das heißt ein zinspflichtiges Gut.*
Zwei Scheffel für diesen Speicher ist gleich einem Malter und ein Maß.
Drei Malter ein Burgscheffel.
Ein Burgscheffel ist gleich drei Malter und ein Maß Roggen oder Korn zur Zeit,
das heißt im Jahr 1200

19 Dir herri Sibot dir custir sprach, swenner minnir heti denni sehs wagi unslidis zainimi iari, des werimi zi lutzil, vnd coufti die umbi *santi Martinis missi*
ainwedir umbi ahtodin halbin schillinc
oldir æhtiv
oldir nvni
oldir cehin schillingi,

20 vnd ain phunt wahsis, daz ist zwo marc,
vmbi aehtiv
oldir nvni
oldir cehin pfenningi Ouspurgeri.

21 Erniwissi nihaini giwishait umbi daz wahs, wie uil er des bidorfti.

19 Der Herr Sibot der Küster sagte, wenn er weniger hätte als sechs Gewichte an Unschlitt für ein Jahr, das wäre ihm zu wenig, und er würde die kaufen bei der St. Martins Messe

entweder um siebeneinhalb Schilling
oder acht
oder neun
oder zehn Schillinge,

20 und ein Pfund an Wachs, das ist zwei Mark,

um acht
oder neun
oder zehn Augsburger Pfennige.

21 Er wisse keine Gewissheit wegen des Wachses, wieviel er davon bedürfte.

Vom St. Galler Abrogans zum Erfurter Judeneid:
Frühe deutsche Prosa von ca. 800 bis ca. 1200

Band 2: Geistliche Gebrauchstexte

Vom St. Galler Abrogans zum Erfurter Judeneid: Frühe deutsche Prosa von ca. 800 bis ca. 1200

Texte, Übersetzungen, Einführungen und Erläuterungen

Band 2: Geistliche Gebrauchstexte

Herausgegeben von Ernst Hellgardt

DE GRUYTER

Dieser Band ist text- und seitenidentisch mit der 2022 erschienenen gebundenen Ausgabe.

ISBN 978-3-11-017609-4 (Broschur)
ISBN 978-3-11-017610-0 (Gebunden)
e-ISBN (PDF) 978-3-11-073941-1

Library of Congress Cataloging-in-Publication Data
A CIP catalog record for this book has been applied for at the Library of Congress.

Bibliografische Information der Deutschen Nationalbibliothek
Die Deutsche Nationalbibliothek verzeichnet diese Publikation in der Deutschen Nationalbibliografie; detaillierte bibliografische Daten sind im Internet über http://dnb.dnb.de abrufbar.

Einbandabbildung: Translatio barbarica psalterii Notkeri tertii (Althochdeutscher Psalter Notkers des Deutschen), Stiftsbibliothek St. Gallen, Cod. Sang. 21, p. 485.
Satz: Dörlemann Satz, Lemförde
Druck und Bindung: CPI books GmbH, Leck

www.degruyterbrill.com
Fragen zur allgemeinen Produktsicherheit:
productsafety@degruyterbrill.com

MIX
Papier | Fördert gute Waldnutzung
FSC® C083411

Inhaltsverzeichnis

Band 1:
Literarisierung der Volkssprache
Die Anfänge und Fortschritte theoretischen und pragmatischen Wissens

Band 2: **Geistliche Gebrauchstexte**

Band 2:
Geistliche Gebrauchstexte

Mission, Bekehrung

71 Indiculus superstitionum et paganiarum Wadstein Nr. 13

²**VL** 4 (1983), Sp. 376–378 (Ruth Schmidt-Wiegand). – **VL** ahd. und as Lit. (2013), S. 192–195 (Ernst Hellgardt). – RGA 15 (2000), S. 369–384 (Holger Homann, Eckhard Meineke, Ruth Schmid-Wiegand).
Ü.: Rom, Bibl. Vat., Cod. Pal. Lat. 577, fol. 7r; aus St. Martin in Mainz und hier oder in Fulda gegen Ende des 8. Jh.s in „vortrefflicher" dt.-ags. Minuskel geschrieben (Bischoff, Paläographische Fragen, S. 109–111); Hs. des unmittelbar vorausgehenden ‚Sächsischen Taufgelöbnisses', auch und besser ‚Abschwörungsformel' genannt (Nr. 72,1) davor die Beschlüsse von Karlmanns Synode, dem ‚Concilium Germanicum' das im Jahre 742 von Bonifatius geleitet wurde. – Kanonistische Sammelhandschrift, vielleicht das Reisehandbuch für einen Bischof auf Visitationsreise.
Abb.: vollständiges Digitalisat der Hs. in Farbe
https://digi.ub.uni-heidelberg.de/diglit/bav_pal_lat_577/0016.
Dat.: Hs. 8. Jh., Ende / 9. Jh. Anfang (Bischoff, Paläographische Fragen, S. 110.111). – Textentstehung in der überlieferten Form 8. Jh., vermutlich 2. Hälfte (um 772–779).
Spr.: lat. und einzelne as./afries. Wörter.
Ed.: MGH Capit. 1 (1883), Nr. 10, S. 24–26.

Zu diesem Kapitular steht der ‚Indiculus' als Additamentum Nr. 108 der MGH-Edition auf S. 222–223 (zuvor das as. Taufgelöbnis samt Glaubensbekenntnis als Additamentum Nr. 107 auf S. 222, s. Nr. 72). Diese Additamenta stehen nur in der o. genannten vatikanischen Handschrift des ‚Concilium Germanicum', das die von Bonifatius im Jahr 742 geleitete Synode in „offizieller" Fassung ohne die Additamenta festhält. Im Unterschied zu der übrigen Überlieferung des Kapitulars gilt die vatikanische Handschrift als „Privatkopie" eines Besitzers aus der altsächsisch/friesischen Region, der sich aus „privatem" Interesse auch die sonst und anderswo nicht überlieferten und nicht zur offiziellen Verbreitung bestimmten ‚Additamenta' aufgezeichnet haben soll.

Galleé, Sprachdenkmäler I, in Nr. 11, S. 253–255 (Text und Vergleichstexte in den Fußnoten). – Wadstein Nr. 13, S. 66 (Text). – Lange, Texte, S. 166–167. – Gysseling, Doopbelofte. – Text mit Übersetzung und Fußnotenkommentar bei Rau, Bonifatii Epistulae, S. 444–449.
Lit.: Kelle, LG 1, S. 68 und S. 328–325. – Kögel, LG I,2, S. 445. – Ehrismann LG 1, S. 296. – Haubrichs, Die Anfänge, S. 32. – Galleé, Sprachdenkmäler I, in Nr. 123, S. 249–252 (Kommentar). – Wadstein Nr. 13, S. 142–144 (Kommentar mit Vergleichstexten). – Caspari, Homilia. – Saupe, Indiculus. – Leitzmann, Saxonica 1. – O. Haid, Notfeuer. – Boudriot, S. 17–18 und öfter. – Machielsen, De angelsaksische herkomst. – Machielsen, De Indiculus superstitionum. – Homann, Indiculus. – Harmening, Superstitio. – Gysseling, Doopbelofde. – Staiti, Agli inizi. – Staiti, ‚Indiculus' und ‚Gelöbnis'. – Dierkens, Superstitions. – Hellgardt, Althochdeutsche Texte.

Der Titel ‚Indiculus superstitionum et paganiarum' steht nicht in der Handschrift; er stammt von Lukas Holste (Holstenius 1596–1661), seinerzeit Bibliothekar der vatikanischen Bibliothek. – Das Stück verzeichnet eine Liste von heidnischen Bräuchen, gegen die ein Missionar oder Prediger vorgehen sollte. Man hat seit Jacob Grimm auch vermutet, es handle sich um das Inhaltsverzeichnis einer als solcher verlorenen Schrift über religiöse Bräuche der antik-altgläubigen und/oder germanischen Heiden, bestimmt für Missionszwecke und Zwecke kirchlicher Aufsicht. Mir scheint es, wenn die Handschrift wirklich ein Reisehandbuch für den Bischof auf Visitationsreise war, eher eine Liste für Fragen nach paganen Bräuchen zu sein, die der Bischof unterwegs nach Verdacht und Bedarf vor Ort stellen sollte.

Ob es dabei um „germanische" oder antik-altgläubige Superstitionen geht, ist für den Missionar und für den Prediger von untergeordneter Bedeutung. Auf diese Frage hat sich die Forschung polarisierend mehr als nötig konzentriert und gegensätzliche Standpunkte eingenommen. So möchte Homann den ‚Indiculus' als Quelle für die germanische Religion auswerten, während Boudriot fast alle Stücke aus den Bußpredigten des Cäsarius von Arles (um 470–542) und verwandtem Schrifttum gegen spätantik-römischen Aberglauben herleiten will. Wie auch immer, der ‚Indiculus' lässt eine Vielfalt heidnisch-religiösen Brauchtums gallorömischer oder frankogallisch-germanischer Superstitionen erahnen, mit dem sich christliche Prediger vor dem oft schon bekehrten, aber immer noch altem, paganem Brauchtum anhängenden Volk im weiten merowingisch-karolingischen Reich vom 6. bis zum 8. Jahrhundert auseinander zu setzen hatten (sog. „Nachmission"). Die Regionen, auf die der ‚Indiculus' ursprünglich gewirkt haben mag, sind eher im westfränkischen, heute belgisch-französischen Raum oder in der Provence zu vermuten als in bayrisch-alemannisch-ostfränkisch-sächsisch-friesischen Gebiet des späteren Deutschland. In der Version der vatikanischen Handschrift allerdings wird man es sich im Einsatz der Glaubensreform und Mission der nördlichen, austrasischen Regionen um die Rheinmündung und den mittleren Rhein vorstellen können, wo Bonifatius energisch die Reform der verkommenen fränkischen Kirche und die Mission noch nicht bekehrter Bevölkerungsteile betrieben hatte. Der sicherlich schon früher entstandene lateinische ‚Indiculus' wird aber in der jetzt überlieferten Form vermutlich für die Zwecke der frühen Sachsenmisson (772–779) unter Karl dem Großen (MSD 2, 319) überarbeitet worden sein. Denn er enthält vier volkssprachige, sonst gar nicht oder sehr selten belegte Wörter:

dadsidas (2)	*dôthsisu* st. M., wa-St.	
nimidas (6)	*nimid* st. M.	
nodfyr (15)	*nodfiur* st. N.	
yrias (24) :	*îri* st. M., ja-St.	(lemmatisiert nach Tiefenbach, AsHwb)

sisa : tôt-sisas, S. 371	
nimit : nimid, S. 366	
fiur : niedfyr, S. 351 und s. v. nôt, S. 426	
yrias (?), S. 381	(lemmatisiert nach Seebold ChWdW8)

Eines von ihnen, nämlich *nodfyr*, belegt die ‚Indiculus'-Handschrift selbst in der Schreibung *nied fyr* noch einmal im voranstehenden Kapitular Karlmanns (s. o.). In Kontext des Kapitulars steht das Wort mit verschiedenen Schreibungen auch in anderen Handschriften;[1] zu *dadsidas* ist auch das nur in der as. Beichte und in Glossen belegte Wort *sespilon* zu stellen, s. Nr. 88.

Vergleichstexte sind nach Gallée, S. 249–252 (Gal) und Wadstein S. 142–144 (Wad) die folgenden:
- das in der gleichen Hs. (Cod. Pal. Lat. 577) fol. 4r enthaltene Kapitular Karlmanns[2] von 742 (Wad) MGH Capit. 1 (1883), S. 24–26.
- das Capitulare Paderbrunnense von 782, (Wad) – MGH LL 1 (1885), S. 48–50.
- eine ps.-augustinische ‚Homilia de sacrilegiis' aus dem 8. Jahrhundert (Caspari, Homilia, einschlägige Stellen daraus bei Gallée) (Gal); und
- die handschriftlichen ‚Notationes ad indiculum superstitionum' des Bischofs von Antwerpen

1 MGH Capit. 1, S. 25, Zeile 45 im Variantenapparat bei Buchstabe o.

2 Karlmann, (vor 714–745), Sohn Karl Martells, Großonkel Karls des Großen, als karolingischer Hausmeier (741/742–747) Herrscher in den Ostteilen des fränkischen Reiches (Austrasien, Alemannien, Thüringen).

Franciscus de Nelis, der 1783 in St. Maximin, Trier, in Stavelot und in Echternach Exzerpte aus Handschriften genommen hat, die in der Königlichen Bibliothek in Brüssel aufbewahrt werden (Gal).

Zahlreiche, für Aberglauben einschlägige Texte vom 8. bis ins 19. Jh. unter der Rubrik „Aberglauben" bei Grimm, Mythologie III, S. 401–492.

Karlmann, (vor 714–745), Sohn Karl Martells, Großonkel Karls des Großen, als karolingischer Hausmeier (741/742–747) Herrscher in den Ostteilen des fränkischen Reiches (Austrasien, Alemannien, Thüringen).

Text nach Wadstein, nach MGH Capit. 1 und dem Digitalisat; die volkssprachigen Wörter übersetzt nach Tiefenbach, AsHwb.

[1.] De sacrilegio ad sepulchrum mortuorum.
Über Frevel am Grabmal / Begräbnis von Toten.

s. Boudriot, S. 50–51.

[2.] De sacrilegio super defunctos id est **dadsisas.**[3]
Zum Frevel über Toten, genannt Totengesang.

s. Boudriot, S. 50.

Zu 1 und 2 vgl. Capitulare Paderbrunnense 7 (Wad, S. 143): *Si quis corpus defuncti hominis secundum ritum paganorum flamma consumi fecerit, et ossa eius ad crinerem redierit ....*
„Wenn jemand den Leichnam eines Verstorbenen nach Brauch der Heiden von der Flamme verzehren lässt und seine Knochen zu Asche verbrennt."

Capitulare Paderbrunnense 9 (Wad, S. 143): *Si quis hominem diabulo sacrificaverit, et in hostiam more paganorum daemonibus obtulerit [...]*
„Wenn jemand einen Menschen dem Teufel weiht und ihn nach dem Brauch der Heiden als Opfer den Dämonen darbringt."

Capitulare Paderbrunnense 22 (Wad, S. 143): *Iubemus ut corpora christianorum Saxanorum ad cimiteria ecclesiae deferantur, er non ad tumulus paganorum.*
„Wir befehlen, dass die Leichname der christlichen Sachsen bei den Begräbnisstätten der Kirche bestattet werden und nicht im Grabhügel der Heiden."

Franciscus de Nelis, ‚Notationes' (Wad, S. 143): *I. De sacrilegio ad sepulchra mortuorum synodus habita sub Carlomanno in vita S. Bonifacii lib. 1:*

3 ***dadsisas***: *dôthsisu* st. M. wa-St. „Totengesang"; nur hier belegt.

Ut populus Dei paganias non faciat sed ut omnes spurcitas gentilitatis abjiciat sive sacrificia mortuorum. An ergo sacrificia mortuorum erant sacrificia?
„I Synode, über Frevel an den Grabmälern/Begräbnissen der Toten abgehalten unter Karlmann nach der Vita Bonifacii, Buch I: Dass das Volk Gottes heidnisches Brauchtum nicht begehe, sondern dass alle unflätigen Bräuche der Heidenschaft verworfen werde wie etwa Opfer für die Verstorbenen. Oder ob etwa Opfer für die Verstorbenen wahrhaft heilige Opfer seien?"

[3.] De spurcalibus in februario.
Über Unflätigkeiten im Februar.

Franciscus de Nelis ‚Notationes' (Wad, S. 143): *II. De Spurcalibus in Februario, Nos hodie Februarium Spurekal(endas).* „Über unflätige Handlungen im Februar, wir nennen heute den Februar ‚Unflatmonat'."

Caspari, Homilia § 17 (Gal, S. 253) *[...] qui in mense februario hibernum credit expellere vel qui in ipso mense spurcos ostendit [...].* „[...] wer glaubt, im Monat Februar den Winter zu vertreiben oder in diesem Monat etwas Unflätiges vorzeigt [...]."

s. Boudriot, S. 61, S. 65.

[4.] De casulis id est fanis.
Über kleine Hütten, d. h. Tempel.

s. Boudriot, S. 76.

[5] De sacrilegiis per aecclesias.
Über Frevel im Umkreis von Kirchen.

s. Boudriot, S. 71.

[6] De sacris siluarum quae **nimidas**[4] vocant.
Über Heiligtümer in den Wäldern, die sie heilige Haine nennen.

nimid: Zum Wort Grimm, Mythologie S. 540 [615], wo etymologische Erläuterungen versucht werden.

s. Boudriot, S. 38.

Capitulare Paderbrunnense 21 (Wad, S. 143): *Si quis ad fontes aut arbores vel lucos votum fecerit, aut aliquit more gentilium obtulerit, et ad honorem daemonum commederet ...* „Wenn jemand Quellen oder Bäumen oder Hainen ein Gelübde machen sollte oder ihnen etwas nach Brauch der Heiden darbringen sollte und zur Verehrung der Dämonen verzehren sollte [...]." – Vgl. auch zu [6], [7], und [18].

4 ***nimidas:*** *nimid* st. M. „heiliger Hain", nur hier belegt.

[7] De hiis quae faciunt super petras.
Zu solchen Handlungen, die sie über Steinen machen.

s. Boudriot, S. 24

Zu [6] und [7]: Caspari, Homilia § 2 (Gal, S. 253): *[...] qui ista observare uoluerit: id est antiqua aras aut lucos, ad arbores et ad saxa et ad alia loca uadet, uel de animalibus siue aliut ibi offert, uel ibi epulatur [...]* „wer diese [heidnischen Bräuche] einhalten wollte: das heißt alte Altäre und (heilige) Haine, und zu Bäumen und Steinen und anderen Orten hingehe oder von Tieren oder Anderem dort Opfer darbringt oder dort Opfermahl hält [...]." – Vgl. auch zu [18].

[8] De sacris. mercurii. uel. iouis.
Über die Heiligtümer des Merkur oder des Iuppiter.

Franciscus de Nelis, ‚Notationes' (Wad, S. 143): *III. De sacris Mercurii et Iovis. Dicta s. Augustini: quia audivimus quod aliquos viros et mulieres ita diabolus circumveniat ut quinto sabbati nec viri opera faciunt, nec mulieres laneficiunt [...].* „III. Über Heiligung des Merkur- und des Juppitertages [Mittwoch und Donnerstag]. Worte des heiligen Augustinus: ‚weil wir gehört haben, dass der Teufel gewisse Männer und Frauen dergestalt umgarnt hätte, dass am fünften Tag nach Samstag [dieser ist mitgezählt] weder die Männer arbeiten noch die Frauen spinnen' [...]."

Caspari, Homilia § 12 (Gal, S. 253): *Qui [...] ipsum diem, quem ioues dicunt, propter iouem colet et opera in eum non facit [...].* „Wer [...] diesen Tag, den sie den des Juppiter [das ist Donnerstag] nennen, heiligt und an ihm nicht arbeitet [...]."

s. auch Boudriot, S. 58–60, S. 69.

[9] De sacrificio quod alicui sanctorum.
Über das Opfer, das irgendeinem Heiligen (dargebracht wird).

s. Boudriot, S. 50.

[10] De filacteriis et ligaturis.
Über Amulette und Anhänger.

Caspari, Homilia § 22 (Gal, S. 253): *[...] qui per incantationes et radices et pociones herbarum et anolum et brachiales in corpore suo portando [...].* „[...] wer sowohl durch Zaubersprüche [magisch aufgeladene] Wurzeln als auch Zaubertränke aus Kräutern [gebraucht] oder durch das Tragen eines [magisch aufgeladenen] Ringes oder einer [magisch aufgeladenen] Armspange an seinem Körper [sich zu schützen sucht] [...]."

Caspari, Homilia § 19 (Gal, S. 253): *Quicumque salomoniacas scripturas facit et caracteria in carta siue in bergamena, siue in laminas aereas, ferreas, plumbeas uel in quacumque christum uel scribi hominibus uel animalibus mutis ad collum alligat [...]* „Jeder, der salomonische Schriften macht und wer Amulette auf Papyrus oder auf Pergament oder auf Blättern aus Kupfer, aus Eisen, aus Blei oder woraus sonst Christus schreiben lässt oder stummen Tieren um den Hals hängt [...]"

Caspari, Homilia § 21 (Gal, S. 253): *Et qui de anulo aureo uulnus circat, uel qui propter dolorem oculorum annolum qualecumque sibi super ipsum oculum ligat, et qui cornu aut lorum ceruinum propter effugiandos serpentes sibi ligat [...]* „Und wer mit einem Goldring eine Wunde einfasst, oder wer wegen Augenschmerzen irgendeinen Ring sich um den Hals bindet, oder wer mit Hirschhorn oder -riemen um Schlangen zu entkommen sich versieht [...]"

s. Boudriot, S. 29 und S. 65–66.

[11] De fontibus sacrificiorum.
Über Quellen, an denen geopfert wird.

s. Boudriot, S. 34–35.

Caspari, Homilia § 3 (Gal, S. 254): *Si quis nepturnalia in mare obseruat, aut ubi fons aut riuus de capite exsurget, quicumque ibi orauerit [...]* „Wenn jemand die Neptunsverehrung am Meer einhält, oder betet, wo eine Quelle oder ein Bach auf einem Gipfel entspringt [...]"

[12] De incantationibus.
Über Zauberlieder.

Caspari, Homilia § 14 (Gal, S. 254): *Quicumque [...] in animalibus mutis aut in hominibus incantat et prodesse aliquid aut contra esse iudicat; et qui ad serpentes morsos uel ad uermes in (h)orto uel in aliquas fruges carminat et quodcumque aliut facit [...]* „Wenn jemand stumme Tiere oder Menschen magisch bespricht und meint, dass es etwas nützen oder schaden könne, und wer magische Sprüche über Schlangen oder Würmern im Garten oder auf irgendwelchen Feldern singt, oder irgendetwas anderes [dieser Art] tut [...]"

Caspari, Homilia § 15 (Gal, S. 254): *Carmina uel incantationes, quas diximus, haec sunt: ad fascinum, ad spalmum, ad furunculum ad dranunculum, as aluus [...]* „Zaubersprüche oder -lieder, von denen wir geredet haben, sind diese: gegen Behexung, gegen Krampf gegen Furunkel, gegen Krebs, gegen Durchfall, [...]"

s. Boudriot, S. 66–67.

[13] De auguriis uel auium uel equorum uel bouum stercora uel sternutationes.
Über Wahrzeichen aus der Beobachtung von Vögeln, Pferden oder aus dem Kot von Rindern oder aus dem Niesen.

Caspari, Homilia § 9 (Gal, S. 254): *Et qui cum* ***orcios*** *diuinare confingit, et qui cum lanas et* ***acias*** *ad diuinandum trahit, et qui passeres et quascumque aues uel latratus canum et reclamationes hominum per sibelos et iubilos et sternudus auguria colit, [...]* „Und wer, sobald er Wolle und **grobe Fäden** zum Wahrsagen zieht, und wer Sperlinge und irgendwelche Vögel oder das Bellen von Hunden oder die Äußerungen von Menschen durch Zischen und Jubeln und das wahrsagende Niesen beachtet, [...]"

s. Boudriot, S. 45, S. 77.

Caspari, Homilia § 10 (Gal, S. 254): *Et qui signa caeli et stellas ad auratum (aratum?) inspiciet, et qui boues, quando primum arare incipit, et cum arietes et hircos in grege dimittit, qui ista omnia obseruare se dicit, [...]* „und wer die Zeichen des Himmels und die Sterne beim Morgengrauen (Pflügen?) betrachtet und wer die Ochsen, gleich sobald er zu pflügen beginnt, und wenn er die Hammel und die Ziegenböcke in der Herde umherschickt, wer sagt, dass er all dieses beachtet [...]"

Caspari, Homilia § 27 (Gal, S. 254): *Sternudationes considerare et obseruare nolite nec nullas auiculas cantantes nolite adtendere.* „Beobachtet und beachtet das Niesen nicht und haltet euch nicht an das Singen irgendwelcher kleinen Vögel."

[14] De diuinis uel sortilogis.
Über heidnische Priester oder Losdeuter.

Capitulare Paderbrunnense 23 (nach Wadstein, S. 143): *Divinos et sortilegos ecclesiis et sacerdotibus dare constituimus.* „Wir verfügen, dass heidnische Priester den Kirchen und den (christlichen) Priestern übergeben werde."

Homilia de sacrilegiis § 5 (Gal, S. 254): *Et qui diuinos uel diuinas, id est pitonissas, per quos demones responsa dent, [consulit], qui ad eos interrogandum uadet et eis que dixerint credet, uel ad [au]scultandum uadet, ut aliquit de demoneis audeat, [...]* „Und wer Priester oder Priesterinnen um Rat fragt, das heißt Wahrsagerinnen (und Wahrsager), durch welche die Dämonen Antworten geben, wer zu ihnen geht um Fragen zu stellen, und ihnen glaubt, was sie sagen, oder zum Ausforschen dorthin (?) geht, damit er etwas von den Dämonen hört ...

Homilia de sacrilegiis § 6 Gal, S. 254): *Et qui sortilegia obseruat et qui manum hominis greue aut leue, uel quando accipit calicem, in ipso aspicet [...]* „Und wer Lossprüche beachtet, und wer die Hand eines Menschen, die rechte oder die linke (anschauen lässt), oder wann er den Kelch empfängt, [...]

[15] De igne fricato de ligno id est id est **nodfyr.**[5]
Über Feuer, das durch Reiben von Holz erzeugt wird, genannt „Notfeuer".

s. Boudriot, S. 31–34 und ausführlich Haid.

[16] De *cerebro*[6] animalium.
Über Hirn von Tieren.

s. Boudriot, S. 45.

5 ***nodfiur***: st.N. „Notfeuer" (durch Reiben von trockenem Holz erzeugtes Feuer; Heilmittel bei Viehkrankheiten); Belege in der Form *nied fyr* auch in Kapitularien des 8. Jahrhunderts, s. Seebold, ChWdW8, S. 351s. v. *fiur* und S. 366s. v. *nôt*.
6 ***cerebro***: Hs. *sbro*.

[17] De obseruatione paganorum in foco uel in incoatione rei alicuius. *Über heidnischen Brauch am Herd oder beim Anfangen von irgendetwas.*

s. Boudriot, S. 33, S. 75.

[18] De Incertis locis quae colunt pro sanctis. *Über ungewisse Orte, die sie um der Heiligen willen verehren.*

Homilia de sacrilegiis § 2 (Gal, S. 254): *qui ista obseruare uoluerit: id est antiquas aras aut lucos, ad arbores et ad saxa et ad alia loca uadet [...]* „Wer diese Dinge beachten will: das heißt alte Altäre oder (heilige) Haine, zu Bäumen und Steinen und anderen Orten geht [...]

[19] De petendo quod boni uocant sanctae Mariae. *Über eine Forderung, welche die Guten solche der heiligen Maria nennen.*

[20] De feriis quae faciunt ioui uel mercurio.

Vgl. zu [8]. – s. Boudriot, S. 43.

[21] De lunae defectione quod dicunt uinceluna. *Über das Abnehmen des Mondes, das sie „den Mond besiegen“ nennen.*

Homilia de sacrilegiis § 2 (Gal, S. 254): *Quicumque signaculum crucis oblitus fuerit, uana adtendit et nouam lunam contralunium uocat, et in aliqua utilitate operis sui, siue ad agendam uiam, siue ad agrum arandum uel letamen uehendum aut uineam potandam atque colendam, aut in silua ligna incidenda, aut ad domum continuandam aut quocumque aliud agendum, et per lunam sibi fieri impedimentum credit, [...]* „Jeder der das Kreuzeszeichen vergessen hat, leere Dinge anstrebt und den Neumond *contralunium* („Mondgegner) nennt und glaubt, ihm geschehe durch den Mond irgendeine Behinderung für irgendeinen Nutzen seiner Arbeit, sei es um sich auf den Weg zu machen, sei es um den Acker zu pflügen, oder Dünger auszufahren, oder den Weinberg zu wässern und zu pflegen, oder im Wald Hölzer zu schneiden, oder das Haus weiter zu bauen, oder was auch immer sonst zu tun, [...]“

Homilia de sacrilegiis § 16 (Gal, S. 255): *Quicumque defeccionem lunae, quando [ob]scuriscere solet, per clamorem populi uasa lignea et erea amentes battent, ab strias depositam ipsa luna reuocare in caelum credentes [...]* „Jeder der das Abnehmen des Mondes, wenn er dunkel zu werden pflegt, (und) die Leute wegen Lärmens unsinnig auf hölzerne und erzene Gefäße schlagen im Glauben, diesen von Hexen niedergelegten Mond an den Himmel zurückzurufen [...]“
s. bei Gallée die Hinweise auf Vergleichstexte bei Livius, Seneca, Tacitus, im Poenit. Vindob., Poenit. Ps.-Theod. und bei Hrabanus Maurus; Weiteres bei Saupe, Indiculus, S. 26.

s. Boudriot, S. 30, S. 36–37.

[22] De tempestatibus et cornibus et cocleis.
Über Gewitter und Hörner und Schnecken.

s. Boudriot, S. 30.

Homilia de sacrilegiis § 16 (Gal, S. 255): *Uel qui grandinem per laminas plumbeas scriptas et per cornus incantatos auertere potant, [...]* „Und wer Hagel durch beschriebene Blätter aus Blei und durch Hörnerblasen abwenden können (?) [...]

[23] De sulcis circa uillas.
Über Furchen um die Ortschaften herum.

s. Boudriot, S. 52.

[24] De pagano cursu quem **yrias**[7] nominant scisis pannis uel calciamentis.
Über den heidnischen Lauf, den sie **yrias** *nennen, mit zerrissenen Lumpen oder Schuhen.*

s. Boudriot, S. 72; Saupe, Indiculus S. 28 (sicher abwegig).

[25] De eo quod sibi sanctos fingunt quoslibet mortuos.
Darüber, dass sie sich irgendwelche Toten als Heilige einbilden.

[26] De simulacro de consparsa farina.
Über ein Götzenbild aus hingestreutem Mehl.

[27] De simulacris de pannis factis.
Über aus Lumpen gemachte Götzenbilder.

s. Boudriot, S. 72.

[28] De simulacro quod per campos portant.
Über ein Götzenbild, das sie über die Felder tragen.

s. Boudriot, S. 72–73.

[29] De ligneis pedibus uel manibus pagano ritu.
Über Füße oder Hände aus Holz nach heidnischem Brauch.

s. Boudriot, S. 68.

7 ***yrias*:** *îri* st. M., ja-St. „(kultische) Ekstase“; nur hier belegt, Deutung unsicher.

[30] De eo quod credunt quia femine lunam *comedent*[8] quod possint corda hominum tollere iuxta paganos.
Darüber, dass sie – wie die Heiden – glauben, dass es Frauen gibt, die den Mond verzehren, damit sie die Herzen von Menschen wegnehmen können.

Vgl. Capitulare Paderbrunnense (Wad, S. 143): *Si quis a diabulo deceptus crediderit, secundum morem paganorum, virum aliquem aut feminam strigam esse et homines comedere, et propter hoc ipsam incenderit, vel carnem eius ad commedendum dederit, vel ipsam commederit [...]* „Wenn jemand vom Teufel betrogen nach dem Brauch der Heiden glauben sollte, dass irgendein Mann oder eine Frau Hexe sei und Menschen esse, und diese Person deswegen verbrennen würde, oder ihr Fleisch zum Essen darreiche, oder sie selbst esse [...]"

s. Boudriot, S. 53–56.

8 ***comedent***: Hs. *comendet*.

72 Drei Abschwörungsformeln (sog. Taufgelöbnisse) mit Glaubensbekenntnissen

Zu allen drei Stücken s. den zusammenfassenden Artikel ‚Taufgelöbnis' im RGA 30 (2005), S. 306–38 (Wolfgang Beck).

1 ‚Sächsische Abschwörungsformel mit Glaubensbekenntnis' Seinmeyer Nr. 3

²**VL 8** (1992), Sp. 471–472 (Achim Masser). – **VL** ahd. und as Lit. (2013), S. 21–22 (Achim Masser).
Ü.: Rom, Biblioteca Apostolica Vaticana, Cod. Pal. lat. 577, fol. 6v-7v; aus dem Mainzer Domstift und hier oder in Fulda gegen Ende des 8. Jh.s in „vortrefflicher" dt.-ags. Minuskel geschrieben (Bischoff, Paläographische Fragen, S. 109–111); Hs. des ‚Indiculus superstitionum' (Nr. 71).
Abb.: vollständiges Digitalisat der Hs. in Farbe:
https://digi.ub.uni-heidelberg.de/diglit/bav_pal_lat_577/0016.
Maßmann, Abschwörungsformeln, Abb. im Anhang.
Dat.: Hs. 8. Jh., Ende / 9. Jh. Anfang. (Bischoff, Paläographische Fragen, S. 109). Textentstehung 8. Jh. 2. Hälfte.
Spr.: altniederländ. mit hochdt. Einschüben und altenglischen Merkmalen (Gysseling).
Ed.: Maßmann, Abschwörungsformeln S. 67 (Text). – ⁴MSD I Nr. 51, S. 200 (Text). – Steinmeyer, Nr. 3, S. 20–22. – Galleé, Sprachdenkmäler I, in Nr. 11, S. 253–255 (Text). – Wadstein Nr. 1, S. 3 (Text). – Schlosser, S. 212 (Text). – Haug/Vollmann, S. 18 (Text). – Müller S. 9–101 (Text). – Gysseling, doopbelofte (Text).
Lit.: Maßmann, Abschwörungsformeln, S. 28–29 (Kommentar). – Kelle, LG 1, S. 43–44 und S. 305. – Kögel. LG I,2, S. 444–448. – Leitzmann, Saxonica 1. – Ehrismann, 1, S. LG, S. 296–298. – Haubrichs, Die Anfänge, S. 232–235. – ⁴MSD II, Nr. 51, S. 316–319 (Kommentar). – Galleé, Sprachdenkmäler I, in Nr. 11, S. 249–252 (Text). – Wadstein Nr. 1, S. 119–121 (Kommentar). – Haug/Vollmann, S. 1039 (Kommentar). – Müller, S. 317 und 319 (Kommentar). – Boudriot, S. 17–18. – Lasch, Taufgelöbnis. – Baesecke, Taufgelöbnisse. – Foerste, RL² I, 40. – Foerste, Untersuchungen, S. 92–98. – Staiti, Agli Inizi. – Staiti, ‚Indiculus' und ‚Gelöbnis'. – Machielsen, Angelsaksische herkomst. – Tiefenbach, Saxnot. – Gusmani, Teufelsbezeichnung.

Zur Christianisierung Europas im Mittelalter allgemein: von Padberg, Christianisierung. – Mission, Missionar, Missionspredigt, RGA 20 (2002), S. 81–89 (Lutz von Padberg).

Was hier, wie üblich, auch ‚Glaubensbekenntnis' heißt, ist nicht zu verwechseln mit den offiziellen, in der Liturgie gebrauchten Bekenntnisformeln etwa des apostolischen Glaubensbekenntnisses oder des ps.-athanasianischen ‚Quicumque vult salvus esse [...]' Statt derer handelt es sich hier um ganz kurze Formeln in denen nur das Allerwichtigste gesagt ist, wie es als erste Maßnahme für die Mission ausreichen durfte oder musste.

Das hier in drei Fassungen wiedergegebene Taufgelöbnis wurde „zum Zwecke der Sachsenmission im Mainzer Missionsbezirk zwischen Elbe, Harz und Weser von einem Angelsachsen aus dem anglischen

Teil Englands dürftig ins Altsächsische übersetzt." (Foerste, RL I, 40). – Vgl. eine Aufzeichnung des Antwerpener Bischofs Franciscus de Neli aus dem Jahre 1783 nach einer Urkunde aus der Zeit Karls d. Gr. über die Christianisierung eines Heiden (nach Wadstein, S. 144):

... Primitus enim paganus catecuminus fit; catecuminus enim dicitur imbutus vel instructus, accedens ad baptismum ut renuntiet maligno spiritui et omnibus dampnosis eius pompis. Pompas autem nos dicimus ***siniu gelp anda sinen uuillon****. Tunc fiunt scrutinia ut exploretur serius an post renunciationem Satanae, sacra verba data fidei radicitus corde defixerint sicut in sacramentorum* [hier ist wohl zur ergänzen: *libris*] *continentur etc.*

„Zuerst wird der Heide zum Katechumenen. Katechumene heißt nämlich ein Eingeweihter oder Unterrichteter, der zur Taufe kommt, um dem bösen Geist abzusagen und allen seinen Riten. Die Riten aber nennen wir ***siniu gelp anda sinen uuillon*** (seine Riten und seinen Willen). Dann werden die Untersuchungen angestellt, so dass er strenger ausgeforscht wird, ob nach der Absage an den Satan die angegebenen heiligen Worte des Glaubensbekenntnisses wurzelhaft festgemacht sind, wie es in den Sakramentaren enthalten ist."

Der Text zeigt im Lautstand Spuren einer hochdt. Vorlage. Im einzelnen:
- hochdt. *t* : altsächs. *d* in *got, gotes;*
- hochdt. *ch* : altsächs. *k* in *forsachistu, forsachu,*
- hochdt. *x* : altsächs. *ss* in *Saxnote.*

Auffällig sind in der Abschwörungsformel besonders die Nennungen der germanischen Gottheiten (Segment 4: Donar, Wodan und Saxnot).

2
‚Kölner Abschwörungsformel mit Glaubensbekenntnis' aus St. Caecilien mit Glaubensbekenntnis
Foerste

²VL 5 (1985), Sp. 61–62 (Achim Masser). – **VL** ahd. und as Lit. (2013), S. 233–234 (Achim Masser).
Ü.: zwei Abschriften des verlorenen Originals:

a: Köln, Historisches Archiv, Chroniken und Darstellungen Bd. 74, 314r-314v.
b: Köln, Historisches Archiv, Chroniken und Darstellungen Bd. 75, 312r-312v.
(= handschriftliche Wiedergabe des Textes durch den Kölner Juristen Stephan Broelmann [1551–1622] nach einer Abschrift, die ihm Anfang des 17. Jh.s ein Gewährsmann aus einem dann verlorenen Sakramentar des Kölner Kanonissenstiftes St. Caecilien mitgeteilt hatte; dort war der Text wohl am Ende des 10. Jh.s (nachträglich?) inseriert worden.

Abb.: keine bekannt.
Dat.: erschlossene Originalhs. vermutlich 10. Jh., Ende. – Text: vielleicht 9. Jh., Mitte; vielleicht aus Werden.
Spr.: altwestfälisch.
Ed.: Foerste, Untersuchungen, S. 90/91 (Text hiernach).
Lit.: Foerste, Untersuchungen, S. 90–125; im übrigen s. zum as. Taufgelöbnis. – Haubrichs, Die Anfänge, S. 232–235.

3
‚Fränkische Abschwörungsformel mit Glaubensbekenntnis', aus Fulda/Speyer
Steinmeyer Nr. 4

[2]**VL** 2 (1980), Sp. 822–824 (Achim Masser). – **VL** ahd. und as Lit. (2013), S. 86–88 (Achim Masser).

Ü.: a: Merseburg, Domstiftsbibliothek Hs. 136, fol. 16r aus Fulda, 9. Jh., 2. oder 3. Jz. (Bischoff, Paläographische Fragen, S. 111); in einem anderen Teil von Hs. A stehen die ‚Merseburger Zaubersprüche' und das ‚Gebetsbruchstück zur Elevation des Messkelchs' (unten Nr. 79).
b: München, BSB, Germ. g. 37, S. 174 = Exemplar von Melchior Goldasts, Alamannicarum rerum Scriptores II, Frankfurt 1606: dort wurde das Taufgelöbnis nach 1607 von Dr. jur. Dionysius Campius handschriftlich eingetragen nach einer dann verlorenen Hs. des Speyerer Domstifts.

Abb.: a: Fischer, Schrifttafeln, Taf. 8 (fol. 16r). – Vollständiges Digitalisat der Hs. in Farbe: https://archive.thulb.uni-jena.de/korax/rsc/viewer/Korax_derivate_00002549/VDS_Ms%20Cod%20I%20136_021.tif.
b: Maßmann, Abschwörungsformeln Abb. III a.

Dat.: a: 9. Jahrhundert, 2. oder 3. Jahrzehnt, Text Anfang 9. Jh. (Bischoff, Paläographische Fragen, S. 111.
b: nach 1607 (s. o.).

Spr.: a: ostfr. Umschrift.
b: ursprünglich rheinfr., aber bair. überformt (Steinmeyer, S. 26).

Ed.: Maßmann, Abschwörungsformeln, Nr. 2, S. 68 (Text). – [4]MSD I Nr. 52, S. 199 (Text). – Steinmeyer Nr. 4, S. 23–26. – Schlosser, S. 212 (Text). – Haug/Vollmann, S. 18 – 21, (Text). – Müller, S. 98–99 (Text).
Lit.: Maßmann, Abschwörungsformeln, S. 28–33 (Kommentar). – Kelle, LG 1, S. 44 und S. 305–306. – Kögel, LG I,2, S. 449–451. – Ehrismann, LG 1, S. 298–301. – Haubrichs, Die Anfänge, S. 232–235. – [4]MSD II, Nr. 52, S. 319–323 (Kommentar). – Schlosser, S. 357 (Kommentar). – Haug/Vollmann, S. 1040 (Kommentar). – Müller, S. 318 (Kommentar); s. auch zum as. Taufgelöbnis. – Hellgardt, Althochdeutsche Texte.

Texte nach Wadstein bzw. Foerste, Untersuchungen, nach Steinmeyer und den Digitalisaten bzw. der Abb. bei Maßmann, Abschwörungsformeln Abb. IIIa.

a Abschwörungsformel

00	1 a ‚Sächsische Abschwörungs-formel' Mainz, Dom Text Wadstein	2 a Kölner Abschwörungs-formel, Köln, St. Caecilien Text Foerste	3 a ‚Fränkische Abschwörungs-formel' Fulda/Speyer Text Steinmeyer
01			*Interrogatio sacerdotis:*[1]
02	Forsa^{i}chistu[2] diabolae?[3]	Farsakis thu unaholdon?[4]	Forsahhistu unholdun?
	et resp*ondeat*: ec forsacho diabolae.	Farsaku.	Ih fursahu.
03	end allum diobolgeldę?[5] resp*ondeat*:	Farsakis thu unaholdon uuerkon endi uuillion?	Forsahhistu unholdun uuerc indi uuillon?
	end ec forsacho allum diobol-geldae.	Farsaku.	Ih fursahhu.

1 In Hs. b (aus Speyer): *Interrogatio fidei habet, Spirę in Bibliotheca Cathedr. in Scamno 8°* (= in der achten Bank).

2 ***forsachan*** „abschwören, widerstreiten" regiert den Dat. (vgl. *sacha* „[Streit-]Sache"); es ist etymologisch nicht zugehörig zu „sagen" wie dagegen frühmhd. *widersagen* in Nr. 92, Segment 001 „sich lossagen". – Im Altsächs. wäre statt der hochdt. Schreibung *-ch-* in *forsachan* die Schreibung *-k-* zu erwarten; es liegt also hochdt. Schreibeinfluss vor. (vgl. im Glaubensbekenntnis Segment 07 *gotes*[2] statt *godes* in und *allum,* korrigiert aus *allem*, [Segment 04], s. Anm. 8).

3 Die Endung *-ae* im altsächs. „Lehnnamen" *diabolae* ist als Schreibung für die Dativendung des Sg. zu verstehen (vgl. die *e caudata* in *diobolgeldę* [Segmente 03], die in *diobolgeldae* [kurz davor] zu *-ae* aufgelöst ist. – Im Altsächs. wäre statt der hochdt. Schreibung *-ch-* in *forsachan* die Schreibung *-k-* zu erwarten; es liegt also hochdt. Schreibeinfluss vor (vgl. *allum,* korrigiert aus *allem* im Segment 4 [s. Anm. 7] und im Glaubensbekenntnis *gotes* statt *godes* [Segment 07]. Vgl. dazu aber Gusmani, Teufelsbezeichnung.

4 *unaholdon* lässt sich nach dem Vorbild des ‚Sächsischen Taufgelöbnisses' und nach dem Singular *immunde spiritus* des anschließenden Exorzismus (s. u.) auch als Singular „dem Unhold" (= „dem Teufel") deuten.

5 Vgl. ae. *deófolgield* für lat. *idolatria*, „Götzendienst".

a Abschwörungsformel

00	1 a ‚Sächsische Abschwörungsformel' Mainz, Dom	2 a ‚Kölner Abschwörungsformel' Köln, St. Caecilien	3 a ‚Fränkische Abschwörungsformel' Fulda / Speyer
01			*Befragung durch den Priester*
02	Bist du dem Teufel ein Widersacher?	Bist du ein Widersacher gegen die bösen Geister?	Bist du ein Widersacher den bösen Geistern?
	und er/sie antworte: Ich bin dem Teufel ein Widersacher.	Ich bin ein Widersacher (gegen sie).	Ich bin ein Widersacher (gegen sie).
03	Und allen Teufelsopfern? *er/sie antworte*:	Bist du ein Widersacher gegen Werke und Willen der bösen Geister?	Bist du ein Widersacher gegen Werk und Willen der bösen Geister?
	Und ich bin ein Widersacher allen Opfern für den Teufel.	Ich bin ein Widersacher (dagegen).	Ich bin ein Widersacher (dagegen).

04	end allum dioboles uuercum? resp*ondeat*:	Farsakis thu allon hethinussion?	Forsahhistu allem them bluostrum indi den gelton indi den gotum, thie im heidene man zi bluostrum indi zi geldom enti zi gotum habent?
	end ec forsacho allum dioboles uuercum and uuordum, Thunaer ende Uuoden ende Saxnote[6] ende allvm[7] them unholdum, the hira genotas sint.	Farsaku	Ih fursahhu.
05		Farsakis thu allon hethinon geldon endi gelpon, that hethina man te geldon ende te offara haddon? Farsaku.	

6 ***Saxnote***: Bedeutung „Schwertgenosse", sächsischer Sondername für den germanischen Kriegsgott *Ziu*. – Die Form der hier belegten Götternamen ist nicht, wie bisher angenommen, angelsächsisch, sondern altsächsisch, s. Tiefenbach, Saxnot. – Zu den Götternennungen s. Boudriot, S. 57–58. Die Nennung der Götternamen ist hier kaum als nachträgliche Interpolation (Scherer, MSD) zu verstehen, eher wohl als „Eventualzusatz" (Kögel, LG I, 2, S. 446–447); vgl. dazu Steinmeyer, S. 21–22.

7 ***allvm***: korrigiert aus *allem*.

04	Und allen Werken des Teufels?	Bist du ein Widersacher gegen alle Heidentümer?	Bist du ein Widersacher all den Götzendiensten und den Opfern und den Göttern, die heidnische Leute für sich als Götzendienst und als Opfer und als Götter haben?
	er/sie antworte:		
	Und ich bin ein Wider- sacher allen Werken und Worten des Teufels, dem Donar, dem Wodan und dem Saxnot und allen bösen Geistern, die ihre Genossen sind.	Ich bin ein Widersacher (gegen sie).	Ich bin ein Widersacher (all dem).
05		Bist du ein Widersacher allen heidnischen Opfern und Riten, welche heid- nische Leute zu Opfern und Riten hatten?	
		Ich bin ein Widersacher (all dem).	

b Glaubensbekenntnis

00	1 a ‚Sächsisches Glaubens-bekenntnis' Mainz, Dom	2 b ‚Kölner Glaubens-bekenntnis' Köln, St. Caecilien	3 b ‚Fränkisches Glaubensbekenntnis' Fulda / Speyer
	Text Wadstein	Text Foerste	Text Steinmeyer
06	gelobistu in got alamehtigan fadaer?	Gilouis thu an god fader alomahtigan?	Gilaubistu in got fater almahtigan?
	ec gelobo in got alamehtigan fadaer.	Gilouiu.	Ih gilaubu.
07	gelobistu in Crist,[8] godes suno?	Gilouis thu an thena helagon godas sunu, that he geboren endi gemartyrod uuari?	Gilaubistu in Christ gotes sun nerienton?
	ec gelobo in Crist, gotes suno.	Gilouiu.	Ih gilaubu.
08	gelobistu in halogan gast?[9]	Gilouis thu an thena helagon gest endi an thia hilagon samunga endi helagero gimenitha, fleskas astandanussi, that thu an themo fleska, the thu nu an bist, te duomesdaga gistandan scalt, endi gilouis thu livas ahtar dotha?	Gilaubistu in heilagan geist?
	ec gelobo in halogan gast.	Gilouiu.	Ih gilaubu.

8 *Christ* / *Crist* ist hier als Eigenname „Krist" aufzufassen. Das Appellativ „Christ" („Bekenner des christlichen Glaubens") wird im Ahd. durch das substantivierte Adjektiv ahd. *christanî* oder *christîn*, „Christlicher" wiedergegeben.

9 ***halogan gast***: als normale as. Schreibung wäre *helagan gest* zu erwarten. Die vorliegende Schreibung ist auf ae. Einfluss zu deuten, denn im Ae. entspricht dem as. *ê* in Stammsilben ein *â*. Als ae. Schreibeinfluss wird auch *and* für *end* in Segment 04 (*uuercum and uuordum*) gedeutet. – Zur Übersetzungsterminologie: *gast* bedeutet im Germanischen ursprünglich „Geist" im Sinne von „Gespenst, Wiedergänger". Die Wiedergabe von *spiritum sanctum* durch *halogan gast* gilt als Zeichen ae. Übersetzungstradition.

b Glaubensbekenntnis

0	1 a ‚Sächsisches Glaubens-bekenntnis' Mainz, Dom	2 b ‚Kölner Glaubens-bekenntnis' Köln, St. Caecilien	3 b ‚Fränkisches Glaubensbekenntnis' Fulda / Speyer
	Text Wadstein	Text Foerste	Text Steinmeyer
06	Glaubst du an Gott, den allmächtigen Vater? Ich glaube an Gott, den allmächtigen Vater.	Glaubst du an Gott, den allmächtigen Vater? Ich glaube.	Glaubst du an Gott, den allmächtigen Vater? Ich glaube.
07	Glaubst du an Krist, Gottes Sohn?	Glaubst du an den heiligen Gottes Sohn, dass er geboren und gemartert wäre?	Glaubst du an Krist, Gottes Sohn, den Erlöser?
	Ich glaube an Krist, Gottes Sohn.	Ich glaube.	Ich glaube.
08	Glaubst du an den heiligen Geist?	Glaubst du an den heiligen Geist und an die heilige Kirche und an die Gemeinschaft der Heiligen, die Auferstehung des Fleisches, dass du in dem Fleisch, in dem du nun drinnen bist, zu dem Tag des Gerichts erstehen wirst, und glaubst du an das Leben nach dem Tod?	Glaubst du an den heiligen Geist?
	Ich glaube an den heiligen Geist.	Ich glaube.	Ich glaube.

09			Gilaubistu einan got almahtigan in thrinisse inti in einisse? Ih gilaubu.
10			Gilaubistu heilaga gotes chirichun? Ih gilaubu.
11			Gilaubistu thuruh taufunga sunteono forlaznessi? Ich gilaubu.
12			Gilaubistu lib after tode? Ih gilaubu.
13		*Sequitur hic: Suffla in faciem et dic hanc orationem:* *„Exi ab eo,* *immunde spiritus,* *et redde honorem* *deo vivo et vero."*	*Deinde exsufflas in faciem eiusdem et dices:* *„Exi ab eo,* *spiritus immunde,* *et redde honorem deo* *vivo et vero!"* *et dices tribus vicibus.*[10]

10 ***et dices tribus vicibus*:** Dieser Zusatz nur in Hs. b (Speyer).

09			Glaubst du (an) den einen allmächtigen Gott in Dreiheit und in Einheit? Ich glaube.
10			Glaubst du an die heilige Kirche Gottes? Ich glaube.
11			Glaubst du (an) die Vergebung der Sünden durch die Taufe? Ich glaube.
12			Glaubst du an das Leben nach dem Tod? Ich glaube.
13		*Es folgt hier: Hauche ins Gesicht und sprich dieses Gebet: „Weiche von ihm, unreiner Geist, und erweise die Ehre dem lebendigen und wahren Gott!“*	*Danach hauchest du aus in sein Gesicht und sagest: „Weiche von ihm, unreiner Geist, und erweise die Ehre dem lebendigen und wahren Gott!“* *Und du sollst es dreimal sagen.*

Katechese (s. auch Theologie)

73 Sankt Galler Paternoster und Credo Steinmeyer Nr. 5

[2]**VL** 2 (1980), Sp. 1044–1047 (Stefan Sonderegger) und [2]VL 10 (1999), Sp. 170–182 (Bernd Adam). – [2]**VL** 11 (2000), Sp. 529–542, hier Sp. 533. – (Georg Steer). – **VL** ahd. und as. Lit., S. 100–103 (Stefan Sonderegger/Elvira Glaser).
Ü.: St. Gallen, Stiftsbibliothek Cod 911, pag. 320 (319) – 322 (321), im Anschluss an den deutschen ‚Abrogans' (pag. 4–322) und an Gennadius, De ecclesiasticis dogmatibus (pag. 292–322).
Abb.: Fischer, Schrifttafeln, Taf. 2. – vollständiges Digitalisat der Hs. in Farbe: https://www.e-codices.unifr.ch/de/csg/0911/320.
Dat.: Hs. letzte Jahre des 8. Jh.s (Bischoff, Paläographische Fragen, S. 119), unbekanntes Skriptorium in deutschen Südwesten. – Text Ende des 8. Jh.s, nach Karls d. Gr. *Admonitio generalis* (23. März 789), zwischen 780 und 793, Steinmeyer, S. 28.
Spr.: jüngeres frühahd. mit alemannischer Prägung.
Ed.: [4]MSD I Nr. 57, S. 299 (Text). – Bd. II, S. 342–344. – Steinmeyer Nr. 5, S. 27–28 (Text). – Schlosser S. 222 (Text, nur Vaterunser)). – Abrogans, Faksimile (Bischoff). – Haug/Vollmann S. 24 (Text). – Müller S. 182–183 (Text).
Lit.: Kelle, LG 1, S. 55 und S. 314. – Kögel LG I,2, S. 451–452. – Ehrismann, [2]LG 1, S. 306. – Haubrichs, Die Anfänge, S. 237. – [4]MSD II Nr. 57, S. 342–344 (Kommentar). – Schlosser S. 359 (Kommentar, nur Vaterunser). – Haug/Vollmann, S. 1050–1051 (Kommentar). – Müller, S. 353–354 (Kommentar). – Masser, Vaterunser, hier S. 39–41. – Adam, Vaterunserauslegungen. – Pfältzer, Vaterunserauslegungen. – Vaterunserauslegungen in der Volkssprache, [2]VL 10 (1999), Sp. 170–182 (Bernd Adam). – Glaubensbekenntnisse. [2]VL 11 (2002), Sp. 529–542 (Georg Steer). – Greule, Die Anfänge deutscher Sprachkultur. – Betz, St. Galler Paternoster. – Betz, Lingua theodisca. – Betz, St. Galler Credo. – Betz, Ahd. kiscaft ‚creator'. – Must, St. Galler Paternoster. – Must, altalemannisch ‚kiscat'. – Must, St. Galler Credo.

Die unmittelbaren lat. Vorlagen von ‚St. Galler Paternoster und Credo' sind unbekannt. Daher ist es schwierig, zu beurteilen, inwieweit die beiden Texte an einigen Stellen „falsch" oder „korrekt" übersetzen.

Texte nach Steinmeyer und dem Digitalisat.

Pater noster

1 Fater unseer, thu pist in himile.
2 uuihi namun dinan.
3 qhueme rihhi din.
4 uuerde uuillo diin so in himile sosa in erdu.

5 prooth unseer emezzihic kip uns hiutu.
6 oblaz uns sculdi unsero, so uuir oblazem uns sculdikem.
7 enti ni unsih firleiti in khorunka.
8 uzzer losi unsih fona ubile.

Credo in deum[1]

1 Kilaubu in kot fater almahticun,[2]
kiscaft[3] himiles enti erda.

2 enti in Ihesum Christ,
sun sinan ainacun,
unseran truhtin,

der inphangan ist fona uuihemu keiste,
kiporan fona Mariun macadi euuikeru,
kimartrot in kiuualtiu[4] Pilates,[5]

---

1 Bisherige Lesung *deo* falsch, s. Abrogans, Faksimile S. 307 (Bischoff mit Hinweis auf Fischer, Schrifttafeln).

2 Hs. *almahticum*

3 Hs. *kiscat*; möglich in der Bedeutung „Schöpfer"? S. dazu Must, altalemannisch ‚kiscat'.

4 *kiuualtiu* ahd. instrumentaler Abl. Sg. von *kiuualt*, st. Fem. i-Stamm; *pontio* scheint missverstanden als *potentia* ^{4}MSD II, S. 343.

5 Pilates] *-tes* in der Hs. untergeschrieben.

Vater unser[6]

1 Vater unser, du bist in (dem) Himmel[7].
2 Weihe[8] deinen Namen.
3 Es komme dein Reich.
4 Es werde dein Wille wie in (dem) Himmel, ebenso auf (der) Erde.

5 Unser ständiges Brot gib uns heute.
6 Erlasse uns unsere Schuldtaten, so [wie] wir [sie] erlassen den uns Schuldigen.
7 Und verleite uns nicht in Versuchung,
8 sondern löse uns von (dem) Üblen.

Ich glaube an Gott

1 (Ich) glaube an Gott, (den) allmächtigen Vater,
(die) Schöpfung[9] (des) Himmels und (der) Erde.

2 Und an Jesus Krist,
seinen eigenen[10] Sohn,
unseren Herrn,

der empfangen ist von (dem) Weihe habenden Geist,
geboren von Maria, (der) immerwährenden Jungfrau,
gemartert durch (die) Gewalt[11] (des) Pilat,[12]

---

6 Die hier erhaltenen ahd. Texte, in deren altertümlichem Sprachstand die nominalen und verbalen Flexionsendungen noch hinreichend bewahrt sind, kommen noch weitgehend ohne den Artikel bzw. das Personalpronomen aus. In den Übersetzungen sind diese Wörter unentbehrlich; auf ihr Fehlen im Ahd. wird aber durch Einklammerung ( ) hingewiesen.

7 Singular statt Plural.

8 ***uuihi*** Imperativ zu *uuîhjan* „weihen" [4]MSD II, S. 343; statt *sanctificetur* wurde *sanctifica* übersetzt? Vielleicht ist Verlesung von abgekürztem *santificet(ur)* der Vorlage die Ursache; *uuihi* wäre dann wohl besser durch „er weihe" zu übersetzen. Zu diesem und den folgenden „Übersetzungsfehlern" vgl. aber Betz und Must, s. Lit. – Zweifel bei Adam, Katechetische Vaterunserauslegungen S. 6–8 und Adam, Vaterunserauslegungen [2]VL 10 (1999). – Allgemein vgl. Masser, Vaterunser sowie Pfälzer, Vaterunserauslegungen.

9 Wohl Übersetzungsfehler: statt *creatorem* wurde *creaturam* übersetzt; vielleicht stand mit Schreibfehler *creaturem* in der Vorlage. [4]MSD II, S. 343.

10 SchWb setzt für *einag/einig* u. a. auch die in meiner Übersetzung gewählte Bedeutung „eigen" an; zum hier unterstellten lat. *unicus* (nicht *unigenitus*!) würde eher „alleinig", „einzig", „einzigartig" passen.

11 Übersetzungsfehler: *Pontio* (von „Pontius", der „Pontier", Name einer römischen Gens des Ritterstandes) wurde mit *potentia* verwechselt [4]MSD II, 343.

12 „Pilats" als Wiedergabe des lat. Genitivs *Pilati*, von *Pilatus*, dem *cognomen* des Pontius, Bedeutung: „mit dem Speer bewaffnet" oder „der Pfeiler".

in cruce pislacan,
tot enti picrapan,
stehic in uuizzi,[13]
in drittin take erstoont fona totem,
stehic in himil,
sizit az zesuun cotes fateres almahtikin,
dhana chuumftic ist sonen qhuekhe enti tote.

3 kilaubu in uuihan keist,
in uuiha khirihhun catholica,
uuihero kemeinitha,
urlaz suntikero
fleiskes urstodali,
in liip euuikan. Amen.

---

13 Für „Hölle“ (in der Vorlage vermutlich *ad inferna*) steht *wîzzi* Neutrum, st. ja-Stamm, Akk. (wohl Sg.), eigentlich „Strafe“, „Qual“, hier hilfsweise in der Bedeutung „Strafort“ angesetzt; ab dem 9. Jh. setzt sich bald *hella* durch, so schon im ‚Weißenburger Katechismus‘(Nr. 75,6).

an (einem) Kreuz angeschlagen,
tot[14] und begraben,
(er) stieg[15] in (den) Strafort (hinab),
am dritten Tage (auf)erstand (er) von den Toten,
(auf)stieg (er) in (den) Himmel,
(er) sitzt zu der Rechten Gottes, (des) allmächtigen Vaters,
von wo (er) künftig ist, zu sühnen (die) Lebendigen und (die) Toten.

3 (Ich) glaube an (den) Weihe habenden Geist,
an (die) Weihe habende katholische Kirche,
(die) Gemeinde (der) Weihe habenden,
(das) Erlassen (der) Sünder,[16]
(des) Fleisches (die) Auferstehung,
an (den) ewigen Leib. Amen.

---

14 Statt als Perfekt *mortuus (est)* „gestorben" des Deponens *morior* wird *mortus*, als Adj. „tot" verstanden, ebenso im ‚Weißenburger Katechismus' (Nr. 75,6); dieses Adj. gibt es lat. nicht.
15 ahd. *stehic* (*steig*) hier einmal im Sinne von „hinabstieg" (*descendit*), dann im Sinne von „hinaufstieg" (*ascendit*).
16 *peccatorum* von *peccator* („Sünder") abgeleitet statt von *peccatum* („Sünde") MSD II, S. 343.

74 Altbayerisches Paternoster mit Auslegung (aus Freising und aus St. Emmeram, Regensburg) nach Hs. A und B Steinmeyer Nr. 8

[2]**VL 2**, (1980), Sp. 905–907 (Achim Masser) und [2]VL 10 (1999), Sp. 170–182 (Bernd Adam). – **VL** ahd. und as Lit. (2013), S. 91–92 (Achim Masser).
Ü.: A: München, BSB, clm 6330, fol. 70v-71r, aus Freising, Domstift.
B: München BSB, clm 14510, fol. 78r-79r, aus Regensburg, St. Emmeram.
Abb.: vollständiges Digitalisat der Hs. A in Farbe:
https://daten.digitale-sammlungen.de/0005/bsb00054500/images/index.html?id=00054500&groesser=&fip=193.174.98.30&no=&seite=145.
Vollständiges Digitalisat der Hs. B in Farbe:
https://daten.digitale-sammlungen.de/0004/bsb00046285/images/index.html?fip=193.174.98.30&id=00046285&seite=157. A und B nebeneinander: Lebendiges Büchererbe, S. 146, S. 147 (Abbildungen in Farbe).
Dat.: A: 9. Jh., früh. – B: 9. Jh., erstes Viertel.
Spr.: A und B bair.
Ed.: [4]MSD Nr. 55 I, S. 201–203 (Text). – Steinmeyer Nr. 8, S. 43–54. – Schlosser, S. 224–227. – Haug/Vollmann, 24–27. – Müller, S. 172–176; S. 180. (Texte).
Lit.: Kelle, LG 1, S. 58–59 und S. 31–317. – Kögel, LG I,2, S. 458–461. – Ehrismann, LG 1, S. 304–305. – Haubrichs, Die Anfänge, S. 239–240. – [4]MSD II, Nr. 55, S. 331–335 (Kommentar). – Achim Masser, Die ahd. Übersetzungen des Vaterunsers. PBB 85 (1963), S. 35–45 hier S. 39–41. – Adam, Vaterunserauslegungen. – Pfältzer, Vaterunserauslegungen. – Schlosser, S. 359 (Kommentar). – Haug/Vollmann, S. 1052–1053 (Kommentar). – Müller, S. 349, S. 351 (Kommentare). – Zur Katechetik s. auch die Hinweise bei Nr. 73.

Die hier erhaltenen ahd. Texte, in deren altertümlichem Sprachstand die nominalen und verbalen Flexionsendungen noch hinreichend bewahrt sind, kommen noch weitgehend ohne den Artikel bzw. das Personalpronomen aus. In den Übersetzungen sind diese Wörter unentbehrlich; auf ihr Fehlen im Ahd. wird aber durch Einklammerung ( ) hingewiesen.

Texte nach Steinmeyer unter Beiziehung der Digitalisate; A gerade, B kursiv.

.... = keine Entsprechung in der Parallelüberlieferung

1. **Pater noster qui es in celis.**
   Pater noster qui es in celis.

Ü. fater unser, du pist in himilum.
fater unser, der ist in himilom.

K. mihhil gotlich ist, daz der man
mihil guotlihi ist, daz der man

den almahtigun truhtin sinan fater uuesan quidit.
den almahtigun truhtin sinan fater uuesan quidit.

karisit denne, allero manno uuelih sih selpan
des uuirdican gatoe, cotes sun ze uuesan.
....
....

2. **Sanctificetur nomen tuum.**
   Sanctificetur nomen tuum.

Ü. kauuihit si namo din.
kæuuihit uuerde din namo.

K. Nist uns des duruft, daz uuir des dikkem,
Nist uns des durft, daz uuir des pittem,

daz der sin namo kauuihit uuerda
daz der sin namo kaeuuihit uuerde

der eo uuas uuih enti eo ist;
....

uzzan des dikkames,
uzzen daz uuir des dickem,

daz der sin namo in uns kauuihit uuerda,
daz er in uns kęuuihit uuerde,

enti de uuihnassi,
daz uuir de uuihnessi kæhaltem,

de uuir in deru taufi fona imo intfengun,
de uuir dar fona imo in deru taufi infiengun,

daz uuir de ze demu suonotakin
daz uuir die kæhaltana in demo sonategin

furi inan kahaltana pringan muozin.
furi inan pringan muozin.

1. **Vater unser, du bist in den Himmeln.**
Vater unser, der ist in den Himmeln.

Ü Vater unser du bist in (den) Himmeln
Vater unser der ist in (den) Himmeln

K. Große Ehre ist es, dass der Mensch
Große Ehre ist es, dass der Mensch

sagt, dass der allmächtige Herr sein Vater ist.
sagt, dass der allmächtige Herr sein Vater ist.

Es gebührt sich deshalb, dass von allen Menschen jeder sich selbst dessen würdig mache, Gottes Sohn zu sein.
....
....

2. **Geweiht werde dein Name.**
Geweiht werde dein Name.

Ü geweiht sei Name dein
geweiht werde dei Name

K. Nicht besteht für uns daran (ein) Bedarf, dass wir darum flehen sollen,
Nicht besteht für uns daran (ein) Bedarf, dass wir darum bitten sollen,

dass (der) sein Name geweiht werde,
dass (der) sein Name geweiht werde,

der immer heilig war und (es) immer ist;
....

aber wir bitten darum,
außer dass wir darum bitten,

dass (der) sein Name in uns geweiht werde
dass er in uns geweiht werde,

und (dass) die Weihung,
auf dass wir die Weihung bewahren mögen,

die wir in der Taufe von ihm empfingen,
die wir da von ihm in der Taufe empfingen,

auf dass wir die zu dem Sühnetag
auf dass wir die als bewahrte an dem Sühnetag

vor ihn hin als bewahrte bringen mögen.
vor ihn hin bringen mögen.

3. **Adueniat regnum tuum.**
Adueniat regnum tuum.

Ü. piqhueme rihhi din.
piqueme rihhi din.

K. sin rihhi uuas eo enti eo ist:
sin rihhi eino uuas eo:

uzzan des dikkames,
uzzan uuir sculun des pitten.

.... daz daz sin rihhi
den almahtigun truhtin, ...

uns piqhueme enti er in uns richisoia,
.... *daz er in uns rihiso,*

nalles der tiuual, enti sin uuillo in uns uualte,
....

nalles des tiuuales kaspanst
nalles des tiuules kęspanst.

4. **[Fiat uoluntas tua sicut in celo et in terra.[1]]**
Fiat uoluntas tua sicut in cęlo et in terra.

Ü. uuesa din uuillo, sama so in himile est, sama in erdu,
uuesse uuillo din, sama ist in himile enti in erdu,

K. daz nu – so unpilipono enti so erlicho, soso de engila
daz – so unscripulo enti so uuerdliho so de dine engila

in demu himile dinan uuillun arfullant, –
den dinan uuillun in himile æruullent, –

des mezzes uuir inan arfullan muozzin.
daz uuir inan des mezzes in erdu ærfullen muozzin.

1 In der Freisinger Hs. (A) am Rand nachgetragen *Fiat uol(untas).*

3. **Es komme herbei dein Reich.**
Es komme herbei dein Reich.

Ü. Es komme herbei Reich dein
Es komme herbei Reich dein

K. Sein Reich war immer und immer ist (es);
Sein Reich allein war immer;

aber (wir) bitten darum,
aber wir sollen darum bitten,

.... dass das sein Reich
den allmächtigen Herrn, ...

(für) uns herbeikomme und er in uns mächtig sei,
.... *dass er in uns mächtig sei,*

keineswegs der Teufel und sein Wille in uns walte
....

keineswegs des Teufels Verlockung.
keineswegs des Teufels Verlockung.

4. **Es geschehe dein Wille, so wie (er) im Himmel (ist) und auf (der) Erde,**
es geschehe dein Wille, so wie (er) im Himmel (ist) und auf der Erde,

Ü es sei dein Wille, so wie (er) im Himmel ist und auf der Erde
es sei dein Wille, so wie (er) im Himmel ist und auf der Erde

K. auf dass nun – ebenso unablässig und so ehrerbietig wie die Engel
auf dass nun – ebenso ununterbrochen und so würdig wie die deine Engel

K. in dem Himmel deinen Willen erfüllen –
den deinen Willen im Himmel erfüllen –

in diesem Maß wir ihn erfüllen mögen.
in diesem Maß wir ihn auf (der) Erde erfüllen mögen.

5. **Panem nostrum cottidianum da nobis hodie.**
Panem nostrum cottidianum da nobis hodie.

Ü. Pilipi unsraz emizzigas kip uns eogauuanna.
pilipi unsaraz kip uns emizicaz.

K. In desem uuortum sint allo unsro licmiscun
....

durufti pifankan. Nu auar, euuigo, forkip uns, truhtin,
....

....
des sculu uuir pitten den halmahtigun truhtin

den dinan lichamun enti din pluot,
den sinan lihamun enti daz sin pluot,

daz uuir fona demu altare intfahames,
daz uuir fona demu altare infahemes,

daz iz uns za euuigera heili
daz iz uns mera ze euuigeru heli

enti za euuikemo lipe piqhueme, nalles za uuizze.
.... *piqueme denne ze uuizze.*

enti din anst enti dino minna in uns follicho kahalt.
....

5. **Unser tägliches Brot gib uns heute,**
Unser tägliches Brot gib uns heute,

Ü. Unsere regelmäßige Leibesnahrung gib uns zu aller Zeit.
Unsere Leibesnahrung gib uns immer.

K. In diesen Worten sind alle unsere leiblichen
....

Bedürfnisse umfasst. Nun aber, ewiger, verleihe uns, Herr,
....

....
um die sollen wir bitten den allmächtigen Herrn

den deinen Leichnam und dein Blut
um seinen Leichnam und um das sein Blut,

das wir von dem Altar empfangen,
das wir von dem Altar empfangen,

dass es uns zum ewigen Heil
dass es uns mehr zum ewigen Heil

zum ewigen Leben herbeikomme, keineswegs zur Strafe (der Hölle);
.... *herbeikomme als zur Strafe (der Hölle).*

und deine Gunst und deine Liebe zu uns bewahre gänzlich.
....

6. **Et dimitte nobis debita nostra, sicut et nos dimittimus debitoribus nostris.**
Et dimitte nobis debita nostra, sicut et nos dimittimus debitoribus nostris.

Ü. enti flaz uns unsro sculdi, sama so uuir flazzames unsrem scolom.
enti flaz uns unsero sculdi,[2] *sama so uuir flazzemes unserem scolom.*

K. makannotduruft[3] allero manno uuelihhemo,
............................*allero mannoliih*

sih selpan desem uuortum za pidenchennæ,
scal sih pidenchen in desem uuortom,

daz allero manno uuelih sinemu kanoz
daz allero manno uuelih

enti sinemu proder er allemu hugiu enti hercin
sinemo pruoder enti sinemo gnoz

sino missitati flazze,
sino sculdi flazze,

daz imu der truhtin sam deo sino flazze.
daz uns der halmahtigo truhtin deo unsero flazze.

danna er demu sinemu kanozze
so uuer so sinemo gnoz sino ulazzit,

flazan niuuilli, danna [*niflazzit imu sama der truhtin, danna*][4]
....

....
denne pittit er, daz imo der truhtin deo sino ulazze,

er qhuidit: „flaz uns sama so uuir flazames."
dene pittit er, daz imo der truhtin deo sino ulazze denne quidit: „flaz mir sama ih andermo flazzu."

---

2 ***unser osculdi*** bei St. Druckfehler.
3 ***makannotduruft***: das Wort ist nur hier belegt.
4 ***niflazzit imu sama der truhtin, danna***: keine Lücke in der Hs.; notdürftige Ergänzung von Scherer.

6. **Und vergib uns unsere Schuldtaten, wie auch wir vergeben unseren Schuldigern.**

Ü und erlasse uns unsere Schuldtaten, ebenso wie wir erlassen unseren Schuldnern.
Und erlasse uns unsere Schuldtaten, ebenso wie wir erlassen unseren Schuldnern.

K. Machtvoller Bedarf (besteht) für jeden aller Menschen
....*jeder aller Menschen*

sich selbst (bei) diesen Worten zu bedenken
soll sich bedenken bei diesen Worten

dass jeder von allen Menschen seinem Genossen
dass jeder aller Menschen

und seinem Bruder aus allem Sinn und Herzen
seinem Bruder und seinem Genossen

seine Missetaten erlasse,
seine Schuld erlasse

auf dass ihm der Herr ebenso die seinen erlasse.
auf dass uns der allmächtige Herr die unseren erlasse.

Wenn er seinem Genossen (die Schuld)
Jeder der seinem Genossen seine (Schuld) erlässt,

nicht erlassen will, [dann erlässt (sie) ihm ebenso nicht (der) Herr, wenn]
(der) bittet dann, dass ihm der Herr die seine erlasse,

(er) sagt: „Erlasse uns (sie), so wie wir (sie) erlassen."
wenn er sagt: „Erlasse mir (sie), so wie ich (sie) dem anderen erlasse."

7. **Et ne nos inducas in temptationem** ....
Et ne nos inducas in temtationem, set libera nos a malo.

Ü. enti niprinc unsih in chorunka. ....
enti niuerleiti unsih in die chorunga, uzzan ærlosi unsih fona allem suntom.

....

K. *des sculu uuir den truhtin pitten,*

niflaz unsih, truhtin, den tiuual so fram gachoron,
daz unsih niulazze den tiuual so uram kæchoron,

soso sin uuillo si, uzzan soso uuir
so siner upiler uuillo ist, uzzan so uilo so uuir

mit dinero anst enti mit dinem ganadon ubaruuehan[5] mekin.
mit dineru ensti upærqhueman megin.

8. **Sed libera nos a malo.**
....

Ü. uzzan kaneri unsih fona allem sunton,

K. kalitanem enti antuuartem enti cumftichem. Amen.
....

5 ***ubaruuehan:*** stV. „sich abmühen", zu *wîhan*, stV. „zerkämpfen".

7. **Und verleite uns nicht in die Versuchung.**
Und verleite uns nicht in die Versuchung, sondern erlöse uns vom Bösen.

Ü. und bringe uns nicht in Versuchung ....
und verleite uns nicht in die Versuchung, sondern erlöse uns von allen Sünden

....

K. *Darum sollen wir den Herrn bitten,*

nicht lass uns, Herr, den Teufel so weit versuchen,
dass (er) uns nicht lasse den Teufel so weit versuchen

wie (es) sein Wille sei, sondern nur so (weit), wie wir
wie (es) sein übler Wille ist, sondern nur so viel, wie wir

mit deinen Gnaden (uns) abmühen können.
mit deiner Gunst überwinden können.

8. **sondern erlöse uns vom Bösen.**
....

Ü sondern errette uns von allen Sünden

K. erlittenen und gegenwärtigen und künftigen. Amen.
....

75 ‚Weißenburger Katechismus'
Steinmeyer Nr. 6
Haubrichs, Weißenburger Katechismus

[2]**VL 10** (1996), Sp. 824–828 (Achim Masser). – [2]**VL** 11 (2000), Sp. 529–542, Glaubensbekenntnisse (Georg Steer). – **VL** ahd. und as. Lit. (2013), S. 506–508 (Achim Masser).
Ü.: Wolfenbüttel, HAB, Cod. 91 Weißenburg, fol. 149v-154r; wahrscheinlich aus Worms.
Abb.: Fischer, Schrifttafeln, Taf. 7 (fol. 154r/v). – Vollständiges Digitalisat der Hs. in Farbe: http://diglib.hab.de/wdb.php?pointer=311&dir=mss%2F91-weiss.
Dat.: Hs. 9. Jh., erste Hälfte, näherhin wohl um/nach 800 (Haubrichs, Weißenburger Katechismus, S. 135). – Text 9. Jh., früh (Haubrichs, Weißenburger Katechismus, S. 147); nach Steinmeyer (S. 36–37) ist Karls d. Gr. ‚Admonitio generalis' vom Jahre 789 als *terminus post quem* auszuschließen.
Spr.: westliches Südrheinfr.
Ed.: [4]MSD I, Nr. 56, S. 204–209 (Text). – Steinmeyer Nr. 6, S. 29–38. – Schlosser, S. 220 und S. 221 (Texte von Apostolischem Glaubensbekenntnis und Vaterunser-Auslegung). – Haug/Vollmann, S. 28–31 (Text Vaterunser mit Auslegung). – Müller, S. 172–174 (Text Vaterunser ohne Auslegung), S. 178–179 (Text der Auslegung des Vaterunsers), S. 184–189 (Texte des Apostolischen und des Athanasianischen Glaubensbekenntnisses), S. 188 (Text Gloria). – Textabdruck des ganzen Katechismus mit Übersetzungen auch bei Haubrichs, Weißenburger Katechismus (s. u.), S. 154–157, S. 161–166.
Lit.: Kelle, LG 1, S. 56–57 und S. 316. – Kögel, LG I,2, S. 454–458. – Ehrismann LG 1, S. 306–399. – Haubrichs, Die Anfänge, S. 238–239. – [4]MSD I, Nr. 56, S. 204–209 (Text). – Steinmeyer, Nr. 6, S. 29–38. – Schlosser, S. 220 und S. 221 (Texte von Apostolischem Glaubensbekenntnis und Vaterunser mit Auslegung). – Heffner, Weißenburger Katechismus. – Haug/Vollmann, S. 28–31 (Text Vaterunser mit Auslegung). – Müller, S. 172–174 (Text Vaterunser ohne Auslegung), S. 178–179 (Vaterunser mit Auslegung), S. 184–189 (Texte des Apostolischen und des Athanasianisches Glaubensbekenntnisses), S. 188 (Text Gloria). – Textabdruck des ganzen Katechismus mit Übersetzungen auch bei Haubrichs, Weißenburger Katechismus (s. u.), S. 154–157, S. 161–166.

Literatur zur Katechetik allgemein: Adam, Vaterunserauslegungen. – Pfältzer, Vaterunserauslegungen. – Göbl, Katechese. – Kretschmar, Taufgottesdienst. – Sprockhoff, Ahd. Katechetik. – Steer, Glaubensbekenntnisse. – Denzinger/Hünermann, Glaubensbekenntnisse.

Die hier erhaltenen ahd. Texte, in deren altertümlichem Sprachstand die nominalen und verbalen Flexionsendungen noch hinreichend bewahrt sind, kommen noch weitgehend ohne den Artikel bzw. das Personalpronomen aus. In den Übersetzungen sind diese Wörter unentbehrlich; auf ihr Fehlen im Ahd. wird aber durch Einklammerung ( ) hingewiesen.

Zum Zeichen $^{+}$, dem sog. Glossenzeichen, s. Anm. 12.

Der Kodex besteht aus sechs früh[1] zusammengebundenen, ursprünglich selbständigen Handschriften,[2] deren fünfte (fol. 127–160) u. a. die Stücke des sog. ‚Weißenburger Katechismus‘ enthält.

01	fol. 149v, Z. 22–27	ein ahd. Vaterunser ohne Auslegung
02	fol. 149v, Z. 27 – fol. 150v, Z. 4	noch ein ahd. Vaterunser mit ahd. Auslegung
03	fol. 150v, Z. 4 – 150v, Z. 13	eine lat.-ahd. Liste von Hauptsünden (*criminalia peccata*), größtenteils nach Paulus, Gal. 5, 19–21
04	fol. 150v, Z. 14 – fol. 151v, Z. 10	ein lat. Paternoster mit Auslegung
05	fol. 151v, Z. 11 – fol. 152v, Z. 19	ein lat. *symbolum apostolorum* (nicht das Apostolische, richtiger am Schluss bezeichnet als *fides omnium recte credentium*)
06	fol. 152v, Z. 20 – fol. 153r, Z. 2	ein ahd. Apostolisches Glaubensbekenntnis, hier richtig als solches bezeichnet
07	fol. 153r, Z.3 – fol. 154v, Z. 5	eine ahd. Übersetzung des sog. Athanasianischen Glaubensbekenntnisses ‚*Quicumque vult salvus esse*‘
09	fol. 154v, Z. 6 – 154v, Z. 20	eine ahd. Übersetzung des Gloria (*guallichi*) der Messe.[3]

Die Bindeeinheit der sechs Teile des Kodex und insbesondere deren fünfter Teil, der den ‚Weißenburger Katechismus‘ umfasst, lassen sich als eine Art Lehrbuch und Prüfungsunterlage für die Ausbildung und Examination deutschsprachiger Priester denken, etwa in der Hand eines Bischofs (vielleicht des Wormser?) in seiner Residenz oder auf der Visitationsreise durch seine Diözese (Haubrichs, Weißenburger Katechismus).

Texte nach Steinmeyer und Haubrichs, Weißenburger Katechismus unter Hinzuziehung des Digitalisats.

1 Haubrichs, Weißenburger Katechismus, S. 147.

2 Ausführliche Analyse bei Haubrichs, Weißenburger Katechismus, S. 133–167, zum sechsten Teil S. 143–144.

3 Die einzige ahd. Bearbeitung dieses Stückes der Messe.

1. Althochdeutsches Pater Noster ohne Auslegung[4]

Pater noster, qui es in caelis
Fater unser, thu in himilom bist,
Vater unser, (der) du in (den) Himmeln bist,

sanctificetur nomen tuum.
giuuihit si namo thin.
geweiht sei dein Name.

adveniat regnum tuum
quåeme richi thin.
(es) möge dein Reich kommen.

fiat voluntas tua, sicut in caelo, sicut in terra.
uuerdhe uuilleo thin, sama so in himile endi in erthu.
(es) werde dein Wille, ebenso im Himmel wie in (der) Erde.

panem nostrum cottidianum da nobis hodie.
Broot unseraz emezzigaz gib uns hiutu.
Unser ständiges Brot gib uns heute.

et dimitte nos debita nostra, sicut et nos dimittimus debitoribus nostris.
endi farlaz uns sculdhi unsero, sama so uuir farlazzem scolom unserem.
Und erlasse uns unsere Schuldtaten, ebenso wie wir (sie) erlassen unseren Schuldnern.

et ne nos inducas in tentationem.
endi nigileidi unsih in costunga.
Und leite uns nicht in Versuchung.

sed libera nos a malo.
auh[5] arlosi unsih fona ubile.
Sondern erlöse uns von (dem) Übel.

---

4 Text Haubrichs, S. 154. Die Handschrift enthält nur den ahd. Text. Der lat. Text ist hier nur zum Vergleich beigegeben. Unmittelbar danach, wie auch hier, das Vaterunser mit Auslegung.

5 zu *auh* „sondern“ [4]MSD II, S. 336.

2. Althochdeutsches Pater Noster mit Auslegung[6]

Fater unser, thu in himilom bist, giuuihit si namo thin.

Gotes namo ist simbles giuuihit: auh thanne uuir thiz quedhem, thanne bittem uuir, thaz sin namo in uns mannom uuerdhe giuuihit thuruh guodiu uuerc.

Quaeme richi thin.

Richi gotes ist simbles endi eogihuuar: thes bittem uuir thoh, thanne uuir thiz quedem, thaz gotes richi si in uns, endi thes diufles giuualt uuerdhe arfirrit fona uns.

Uuerdhe uuillo thin, sama so in himile endi in erthu.

Thes sculun uuir got simbles bitten, thaz sin uuilleo uuerdhe samalih in erdhu in mannom, soso her ist in himile in engilom, ci thiu thaz man in erthu sinan uuilleon giuuurchen megin, sama so engila in himile magun.

Broot unseraz emetzigaz gib uns hiutu.

Allo mannes thurfti sintun[7] in themo brotes namen gameinito, thero er ci thesemo antuuerden libe bitharf. bi thiu scal man dago gihuueliches thiz gibet singan,[8] so huuer so uuili, thaz imo got gidago sinero thurfteo helphe.

Indi farlaz uns sculdhi unsero, sama so uuir farlazzem scolom unserem.

So huuer so thiz quidhit, so bitharf, thaz er so due, so her quithit; huuanda her fluochot imo mer, thanne her imo guodes bitte, ibu her so niduat, so her quidhit: huuanda so huuer so andhremo arbolgan ist endi thiz gibet thanne singit, ther bidit imo selbemo thanne ubiles.

Indi nigileiti unsih in costunga.[9]

Nileitit got eomannan in ubilo thohheinaz, uzzar thanne her then man farlazzit, so ist her sar in costungom. thaz meinit thaz uuort, thaz her unsih nifarlazze, ci thiu thaz uuir in ubil gileitte niuuerdhen.

---

6 Text Haubrichs, S. 154–155. Hs. ohne den lat. Text.

7 Die Form *sintun* entspricht altenglischer und altsächsischer Flexion. Im Ahd. begegnet sie nur noch im ahd. ‚Isidor'. [4]MSD II, S. 336–337.

8 Auch lat. begegnet *cantare* als Bezeichnung der Vortragsweise des Vaterunsers und des Glaubensbekenntnisses, vgl. [4]MSD II, S. 337 zur Stelle; trotz der dort gegebenen Deutung darf man doch wohl auf liturgisch rezitativen, psalmodierenden Vortrag schließen.

9 *costunga* statt sonst ahd. üblichem *chorunga* nur hier und im Tatian für *temptatio*. Vgl. ae. und as. *costung, costnung.* [4]MSD. II, S. 336.

Vater unser, du bist in den Himmeln, geweiht sei dein Name.

Gottes Name ist immer geweiht: aber wenn wir dies sagen, dann bitten wir, dass sein Name in uns Menschen geweiht werde durch gute Werke.

Es komme dein Reich.

(Das) Reich Gottes ist immerwährend und überall: darum bitten wir jedoch, wenn wir dies sagen, dass Gottes Reich in uns sei und (dass) die Gewalt des Teufels von uns ferngehalten werde.

(Es) geschehe dein Wille, ebenso in (dem) Himmel und auf (der) Erde.

Darum sollen wir Gott immer bitten, dass sein Wille geschehe ebenso auf (der) Erde in (den) Menschen, wie er (es) ist in (dem) Himmel bei (den) Engeln, damit (die) Menschen seinen Willen auf (der) Erde mögen wirken können, ebenso wie (die) Engel (es) in (dem) Himmel können.

Unser ständiges Brot gib uns heute.

Alle notwendigen Dinge (des) Menschen sind die in diesem Namen (des) Brotes gemeinten, derer er zu diesem gegenwärtigen Leben bedarf. Deshalb soll (der) Mensch an jedem der Tage dieses Gebet singen, ein jeder der da wolle, dass ihm Gott Tat für Tag zu allen notwenigen Dingen (ver)helfe.

Und erlasse uns unsere Schuldtaten, ebenso so wie wir (sie) unseren Schuldnern erlassen.

Jeder der dieses spricht, (der) ist entsprechend verpflichtet, dass er so handle, wie er spricht, denn er flucht sich (selbst) mehr, als er sich (des) Guten erbittet. wenn er nicht so handelt, wie er spricht: denn jeder, der (einem) anderen zürnt, und dann dieses Gebet singt, der erbittet sich selbst dann (des) Üblen.

Und geleite uns nicht in Versuchung.

Es leitet Gott nicht irgendjemanden in (der) Übel irgendeines, außer wenn er den Menschen verlässt, dann ist er sogleich in (den) Versuchungen. Das meint dieses Wort, dass er uns nicht verlassen möge, damit wir nicht in (ein) Übel geleitet würden.

Auh[10] arlosi unsih fona ubile.

In thesemo uuorde ist bifangan allero ubilo gihuuelih, thero manne giterian megi. bi thiu so huuer so thiz gibet hluttru muatu singit, gilouban scal her, thaz inan got thanne gihorie: huuanda her nibitit thar ana ellies eouuihtes, nibu thes got selbo giboot ci bittanne, endi thar sintun thoh allo mannes thurfti ana bifangano.

10 zu *auh* „sondern" [4]MSD II, S. 336.

Sondern erlöse uns von (dem) Übel.

In diesem Wort ist aller (der) Übel ein jedes umfasst, von denen Menschen geschädigt werden könnte. Deswegen: jeder der dieses Gebet (mit) lauterem Sinn singt, glauben soll er, dass ihn Gott dann erhöre. Denn er bittet damit ganz und gar nicht um irgendetwas, außer um was Gott selbst gebot zu bitten, und darin jedoch sind alle (dem) Menschen nötigen Dinge umfasst.

3. Lateinisch-althochdeutsche Liste der schweren Sünden[11] (*Criminalia peccata*)

Ista sunt criminalia peccata,
per quos diabolus mergit homines in infernum.

Dieses sind schwere Sünden,
durch welche der Teufel die Menschen in die Hölle versenkt.

Uitia carnis (Sünden des Fleisches) – **acusti thes lichamen:**
Lasterhaftigkeiten des Leibes

Inmunditia (Unreinigkeit) – **unhreinitha:** Unreinigkeit
Fornicatio (Unzucht) – **huar:** Hurerei
Luxuria (Ausschweifung) – **firinlusti:** verbrecherische Lüste (Unzucht)
Idolorum seruitus (Götzendienst) – **abgoto theonost:** Dienst an Abgöttern (Abgötterey)
Ueneficia (Giftmischereien) – **eittarghebon:** Giftverabreichungen (Zeuberey)
Inimicitia (Feindschaft) – **fiantscaf:** Feindschaft (Feindschafft)
Contentiones (Streitereien) – **baga:** Streitereien (Hadder)
Emulationes (Eifersüchte) – **anthruoft:** Eifersucht, Feindseligkeit, Hass
Irae (Zornausbrüche) – **nidha:** Hassausbrüche
Rixae (Zänkereien) – **secchia:** Zänkereien
Dissensiones (Zwieträchtigkeiten) – **fliiz:** Streitsucht
Sectae (Spaltungen) – **striiti:** Ketzereien
Inuidia (Hass, Neid) – **abunst:** Missgunst
Obstinatus,[+12] *beharrlich, starrsinnig* – **einuuillig:** hartnäckig, starrsinnig
Homicidia, Morde – **manslagon:** Morde[13]
Anxius,[14] *ängstlich, besorgt* – **angustenter:** sich ängstigender
Ebrietas Trunksucht – **truncali:**[15] Trunksucht
Adulteria, Ehebrüche, – **merhuara:**[16] mehrfache Hurereien (Ehebruch)
Furta, Diebstähle, – **thiubheit:** Diebstahl

---

11 Vgl. die lockere, nicht systematische Aufzählung der paulinischen Lastertafel Gal. 5, 19–21 und der ‚Admonitio generalis' Karls d. Gr. des Jahres 789 (⁴MSD II, S. 340) und was Steinmeyer S. 36 hierzu erläutert. – Die (griechisch-)lateinischen Lasterbezeichnungen sind im folgenden zum Teil in Anlehnung an die Lutherbibel (Wittenberg 1525) verdeutscht.

12 Zu erwarten wäre hier *obstinatio*, ⁴MSD II, S. 338 und Steinmeyer, S. 36. – Das Zeichen [+] besagt, dass die Handschrift an den bezeichneten Stellen ein sog. „Glossenzeichen" hat, durch welches ein Korrektor der Handschrift andeutet, dass er an diesen Stellen Korrekturen für nötig hält. Manchmal sind sie ausgeführt, manchmal nicht. – Zu den „Glossenzeichen" Steinmeyer, S. 37–38.

13 „des Mörders, dem/den Mörder" – Plur. Nom. / Akk. oder Gen.? Die Übersetzung träfe auf einen obliquen Kasus von *homicida* zu; unklar ist, ob hier ein sw. Fem. *manslaga* „Mord" vorliegt oder ein sw. Mask. *manslago* „Mörder". (Nach Heffner, Weißenburger Katechismus, S. 104 mask. n. p.).

14 Zu erwarten wäre *anxietas*, ⁴MSD II, S. 338 und Steinmeyer, S. 36.

15 Hs. *trunclai*.

16 *merhuara*: nur hier belegt. SchWb setzt die Bedeutung „Ehebruch" an; Zu *merhuara* hier neben *huara* ⁴MSD II, S. 338.

Tafel zu 3: Sündenliste nach Gal. 5,19–21[17]

	NT griechisch	Vulg.	WK	Luther 1545
	φανερὰ δέ ἐστιν τὰ ἔργα τῆς σαρκός, ἅτινά ἐστιν:	Manifesta sunt autem opera carnis, quae sunt:	Ista sunt criminalia peccata, per quos diabolus mergit homines in infernum. Uitia carnis acusti thes lichamen:	Offenbar sind aber die werck des Fleisches / als da sind:
01	πορνεία, s.03	fornicatio, s. 03	immunditia / **unhreinida** s. 03	Ehebruch, s. 03 und 24
02	ἀκαθαρσία, s. 04	immunditia, s. 04	fornicatio /**huar** vgl. 24	Hurerei, vgl. 24
03				Vnreinigkeit, s. 01
04	ἀσέλγεια	impudicitia[18]		
04		luxuria	luxuria / **firinlusti**	Vnzucht
05	εἰδωλολατρία	idolorum servitus	idolorum seruitus / **abgoto theonost**	Abgötterey
06				Zeuberey (= 07 veneficia?)
07	φαρμακεία	veneficia	Ueneficia / eittargebon	(= 06 Zeuberey?)
08	ἔχθραι	inimicitiae		Feindschafft
09	ἔρις	contentiones	Contentiones / **baga**	Hadder
10				Neid, s. 18
11		aemulationes	aemulatiuones / **anthruoft**[19]	
12	ζῆλος	irae	irae / nidae	Zorn
13	θυμοί	rixae	rixae / **sechia**	Zanck
14	ἐριθεῖαι (= 19 obstinatus / einuuillig?)			
15	διχοστασίαι	dissensiones	**fliiz**	Zwietracht
16				Rotten
17	αἱρέσεις	sectae	**striiti** vgl. 09	vgl. 09
18	φθόνοι	invidiae	inuidia / **abunst**	Hass, vgl. 10
19			obstinatus / **einuuillig** (= 14 ἐριθεῖαι?)[20]	
20		homicidia	homicidia / **manslagon**	Mord
21			anxius / **angustenter**[21]	
22	μέθαι	ebrietates	ebrietas / **truncali**	Sauffen
23	κῶμοι	commessationes[22]		Fressen
24			adulteria / **merhuara**	s. 02
25			furta / **thiubheit**	
	καὶ τὰ ὅμοια τούτοις	et his similia		und dergleichen

17 Zur Fassung der Sündenliste im ‚Weißenburger Katechismus' im Vergleich mit Gal. 5,19–21 siehe ^{4}MSD II, S. 337–338 und Steinmeyer, S. 36.

18 Zum Fehlen von ***impudicitia*** im ‚Weißenburger Katechismus' s. Steinmeyer, S. 36.

19 ***anthruoft***: st. Mask., SchWb „Missgunst", Glossenwort, nur hier belegt; die Bedeutung, erschlossen über die hier gegebene Entsprechung zu *aemulatio* („Nacheiferung, Wetteifer; „Eifersucht, Rivalität") ist jedoch unsicher.

20 Zum Vorkommen von ***obstinatus*** im ‚Weißenburger Katechismus' s. Steinmeyer, S. 36.

21 Zum Vorkommen von ***anxius*** im ‚Weißenburger Katechismus' s. Steinmeyer, S. 36.

22 Zum Fehlen von ***commessationes*** im ‚Weißenburger Katechismus' s. Steinmeyer, S. 35.

Es folgen in der Handschrift nach der Liste der schweren Sünden

4. ein lateinisches Paternoster mit Auslegung[23]
und
5. ein lateinisches ‚Symbolum Apostolorum'[24]

6. Althochdeutsches apostolisches Glaubensbekenntnis[25] (Symbolum apostolorum)

Credo in deum omnipotentem,
Gilaubiu in got fater almahtigon,
(Ich) glaube an Gott, (den) allmächtigen Vater,

creatorem caeli et terrae.
scepphion himiles enti erda.
(den) Schöpfer (des) Himmels und (der) Erde.

Et in Iesum Christum,
Endi in heilenton[26] Krist,
und an (den) heilbringenden Krist,

filium eius unicum,
suno sinan einagon,
seinen eigenen[27] Sohn,

23 Text Haubrichs, Weißenburger Katechismus, S. 157–159.

24 Text Haubrichs, S. 159–161. Es handelt sich hier nicht um das heute so genannte ‚Apostolische Glaubensbekenntnis', sondern um die jetzt als ‚Apostelsymbol', bezeichnete Formel, s. Haubrichs, Weißenburger Katechismus, S. 159 mit Anm. 48. – Text Haubrichs, Weißenburger Katechismus, S. 159–161. – Zu den christlichen Bekenntnisformeln LThK, und TRE und Denziger/Hünermann, Glaubensbekenntnisse. – Zu mittelalterlichen deutschen Bearbeitungen s. Steer, Glaubensbekenntnisse, ²VL 11, Sp. 529–543.

25 Text Haubrichs, S. 161. Die Handschrift enthält hier nur den ahd. Text. Der lat. Text, dieses Mal wirklich das Apostolische Glaubensbekenntnis, folgt an nächster Stelle der Handschrift. – Zu diesem LThK.

26 ***heilento*** „der Heilbringende", „Erlöser", im ‚Weißenburger Katechismus' immer in der Stellung vor *christ*. MSD II, S. 338.

27 SchWb setzt für ***einag/einig*** u. a. auch die in meiner Übersetzung gewählte Bedeutung „eigen" an; zum hier unterstellten lat. *unicus* (nicht *unigenitus*!) würde eher „alleinig", „einzig", „einzigartig" passen.

dominum nostrum,
truhtin unseran.
unseren Herrn,

qui conceptus est a spiritu sancto,
Ther infanganer ist fona heilegemo geiste,
der empfangen(er) ist von (dem) heiligen Geist,

natus ex Maria virgine,
giboran fona Mariun magadi,
geboren von Maria (der) Jungfrau,

passus sub Pontio Pilato,
giuuizzinot bi pontisgen[28] Pilate,[29]
gepeinigt von (dem) pontischen Pilate,

crucifixus,
In cruci bislagan,
an (einem) Kreuz angeschlagen,

mortuus et sepultus,
toot[30] endi bigraban.
tot und begraben.

descendit ad inferna,
Nidhar steig ci helliu,
Nieder stieg (er) zur Hölle,

tertia die resurrexit a mortuis,
in thritten dage arstuat fona tóotem,
am dritten Tage (auf)erstand (er) von (den) Toten,

ascendit in caelos
Úf steig ci himilom,
(er) stieg auf zu (den) Himmeln,

---

28 Der Name Pontius ist hier als Adj. „der pontische Pilatus" missverstanden. Der gleiche Fehler begegnet auch im Ahd. und Ae. Hinweise [4]MSD II, S. 338.
29 ahd. Dat. *Pilate* Wiedergabe des lat. Dativs *Pilato.*
30 Statt als Perfekt *mortuus (est)* „gestorben" des Deponens *morior* wird *mortus*, als Adj. „tot" verstanden, ebenso im Sankt Galler Credo (Nr. 73). Dieses Adj. gibt es lat. nicht; vgl. die Parallelstellen in Nr. 75, Nr. 77, Nr. 78.

sedet ad dexteram dei patris omnipotentis
gisaaz[31] ci cesuun gotes fateres almahtiges,
(er) saß[+32] zur rechten Gottes, (des) Vaters (des) allmächtigen,

inde venturus est iudicare vivos et mortuos.
thanan quęmendi ci ardeilenne quecchem endi dóodem.[33]
von wo (er) kommend (ist), Urteil zu erteilen (den) Lebenden und (den) Toten.

credo in spiritum sanctum,
gilaubiu in atum uuihan,[34]
(Ich) glaube (den) Atem (den) Weihe habenden,

sanctam eccelisam catholicam,
uuiha ladhunga[35] allicha,
(an) (die) Weihe habende „Ladung", (die) allgemeine,

sanctorum communionem,
Heilegero gimeinidha,[36]
(die) Gemeinde (der) Heiligen,

remissionem peccatorum,
Abláz sundeono,
(den) Ablass (der) Sünden,

carnis resurrectionem,
Fleisges arstantnissi,
(des) Fleisches Auferstehung,

---

31 Das ahd. Prät. *gisaaz* anstelle des lat. Präs. *sedet* entweder Übersetzungsfehler oder durch *sedit* als Schreibfehler einer gemutmaßten lat. Vorlage verursacht. Ein „Glossenzeichen" weist auf den Korrekturbedarf hin.

32 Vgl. Anm. 31.

33 Siehe Anm. 30.

34 Die hier vorliegende Übersetzung von *spiritum sanctum* durch *atum uuihan* „Weihe habenden Atem" gilt als Zeichen kontinentaler, nicht ae. Übersetzungspraxis. Vgl. aber gleich unten im ‚Athanasianum' „heiliger Geist" für *spiritus sanctus* (Nr. 74, Segment 4); s. etwa Eggers, Deutsche Sprachgeschichte I, S. 168 und S. 215–217.

35 ***ladhunga*** ist mit „Glossenzeichen" versehen und durch das gebräuchlichere *samanunga* ersetzt. [4]MSD II S. 338, Steinmeyer, S. 37; *ladunga* „Kirche", ein Wort aus der juristischen Fachsprache; es bezeichnet hier den Ort an den die Gläubigen „geladen" wurden, sich zu versammeln, und wird daher auch in der Bedeutung der Institution „Kirche" gebraucht, s. Eggers, Deutsche Sprachgeschichte I, S. 118.

36 ***gimeinidha:*** vgl. Anm. 35.

et vitam aeternam. amen.

Liib euuigan. amen.

(den) ewigen Leib. Amen.

7. sog. Athanasianisches Glaubensbekenntnis althochdeutsch[37] (Quicumque uult saluus esse)

Quicumque uult saluus esse et reliqua[38]

Quicumque vult salvus esse, ante omnia opus est, ut teneat catholicam fidem. Quam nisi quisque integram inviolatamque servaverit, absque dubio in aeternum peribit.

1. **S**o huuer so uuilit gihaldan uuesan, fora allu thurft ist, thaz er habe allicha gilauba. Thia uzzar eogihuuelih alonga endi ganza gihalde, ano ibu in euuidhu faruuirdhit.

--

Fides autem catholica haec est, ut unum deum in trinitate et trinitatem in unitate veneremur, neque confundentes personas neque substantiam separantes.

2. **G**ilauba allichu thisu ist, thaz einan got in thrinisse, endi thrinissi in einnissi eremes, Noh nigimisgente thio gomoheiti+[39] noh thea cnuat[40] citeilente.

Alia est enim persona patris, alia filii, alia spiritus sancti,

3. **A**ndher ist giuuisso gomaheit fateres, andher sunes, andher thes heilegen geistes,

sed patris et filii et spiritus sancti una est divinitas, aequalis gloria, coaeterna maiestas.

4. **U**zzar fateres endi sunes endi heilegen geistes ein ist gotchundi, gilih diuridha,[41] ebaneuuigu craft.[42]

Qualis pater, talis filius, talis spiritus sanctus.

5. **H**uueolih fater, sulih sún, sulih ther heilogo geist.

---

37 Die Handschrift enthält außer der lateinischen Überschrift und Schlussformel nur den ahd. Text, Haubrichs, S. 162–165. Die lateinische Formel selbst ist hier nach Steinmeyer zum Vergleich beigegeben. – Die Nummerierung der Segmente folgt der handschriftlichen Textauszeichnung. Zum Bekenntnis ‚Quicumque vult' LThK und Drekoll, Symbolum Quicumque. – Die in der griechischen Väterüberlieferung nicht belegte Formel stammt mit Sicherheit nicht von Athanasius. Als Autoren wurden Ambrosius oder mit größerer Wahrscheinlichkeit Augustinus diskutiert. – Vgl. die Bearbeitung des Stückes bei Notker dem Deutschen (Nr. 33) und die Fassung im Windberger Psalter (Nr. 34).

38 Übersetzung des Grundtextes in Nr. 33, Fußnoten (Notker, Fides Athanasii).

39 *gomoheiti* Plur. / *personas*. Vgl. dagegen Anm. 44 *heiti* für *persona*.

40 *thea cnuat* / *substantiam*. Als Korrektur für *cnuat* am Rand der Handschrift mit „Glossenzeichen" *eouuist* „Wesenheit", vgl. die Hinweise ⁴MSD II, S. 338. Vgl. auch Vgl. auch Segment 29 *cnuati edho samanuuisti* für *substantia*.

41 ***diuridha / gloria***. Statt *diuridha* im ‚Gloria', vgl. Anm. 60 *guatlichi* für *gloria*.

42 ***craft / maiestas***.

Übersetzung des althochdeutschen Textes

Jeder, der erlöst sein will usw.

1. Für jeden der erlöst sein will, ist es vor allem nötig, dass er (den) allgemeinverbindlichen Glauben habe. Diesen, wenn (ihn) nicht ein jeder unversehrt und ganz bewahre, ohne Wenn (und Aber) wird (er) in Ewigkeit zugrunde gehen.

--

2. (Der) allgemeinverbindliche Glaube ist dieser, dass (wir) einen (einzigen) Gott in (der) Dreiheit, und (die) Dreiheit in (der) Einheit verehren, (dass wir) weder vermischende (sind) diese „eine einzelne Wesenheit seienden[43] (drei Personen)", noch diese „Eine-Wesenheit-Sein (jedes der drei)"[44] zerteilende (sind).[45]

3. (Eine) andere ist gewisslich (das) „eine einzelne Wesenheit seiende"[46] (des) Vaters, (eine) andere (die des) Sohnes, (eine) andere (die) (des) heiligen Geistes.

4. Aber (es ist) (des) Vaters und (des) Sohnes und (des) heiligen Geistes eine (einzige) (die) Göttlichkeit, gleich (die) Kostbarkeit, gleichewig (die) Kraft.

5. Welcherart (der) Vater, solcherart (der) Sohn, solcherart der heilige Geist.

---

43 ***gomaheiti***.

44 ***cnuati***.

45 ***gomaheiti*** (Plur.) (aus *gomo* „Mann", „Mensch" + *-heiti* „Wesenheit"); *heiti* (Seebold ChrWb9) als eigenständiges Wort unten bei Satz 34 umschreibt die drei trinitarischen „Personen" (*personas*), von denen jede als numerisch eine zu denken ist, wenn man auf jede einzelne als Substanz (*substantia*) blickt; *cnuat*, in Glossen selten, in Texten des 9. Jh. nur hier und in der ahd. Benediktsregel belegt (Seebold ChWdW9), beide Male für *substantia* stehend, meint im ‚Weißenburger Katechismus' ebenfalls die numerisch eine Substanz, nun aber die der drei *personae* als Dreiheit, das Paradox der numerisch einen, „substanzhaften" Dreiheit, es meint die numerisch eine, dennoch aber „dreiheitliche" Substanz der Trinität als ganzer. Die lateinische Formulierung sucht mit der Terminologie der aristotelischen Kategorienlehre das Paradox der Einheit in der Dreiheit, der Dreiheit in der Einheit, verständlich zu machen. Im Hintergrund stehen die Bergriffe *substantia-spezies-genus* im Sinne der aristotelischen Kategorienschrift. Alle drei Personen sind Substanzen im Sinne eines numerisch Einen, Konkreten. Zugleich sind sie als Dreiheit eine numerisch eine, einmalig-einzige Substanz.

46 *gomaheit*.

Increatus pater, increatus filius, increatus et spiritus sanctus;

6. **U**ngiscaffan fater, ungiscaffan sun, ungiscaffan endi ther heilogo geist;

immensus pater, immensus filius, immensus spiritus sanctus;

7. **U**ngimezzan fater, ungimezzan sun, ungimezzan ther heilogo geist;

aeternus pater, aeternus filius, aeternus spiritus sanctus:

8. **E**uuig fater, euuig sun, euuig heilogo geist:

et tamen non tres aeterni, sed unus aeternus,

9. **E**ndi thoh nalles thri euuige, uzzar einer ist euuiger,

sicut non tres increati nec tres immensi, sed unus increatus et unus immensus.

10. **S**o nalles thri ungiscaffene noh thri ungimezzene, uzzar einer ist ungiscaffaner endi einer ungimezzener.[+47]

Similiter omnipotens pater, omnipotens filius, omnipotens et spiritus sanctus,

11. **S**o sama almahtigo fater, almahtigo sun, almahtigo endi heilago geist,

et tamen non tres omnipotentes, sed unus omnipotens.

12. **E**ndi thoh nalles thri almahtige, uzzar einer ist almahtiger.

Ita deus pater, deus filius, deus spiritus sanctus,

13. **S**o sama got fater, got sun, got heilago geist,

et tamen non tres dii, sed unus est deus.

14. **E**ndi nalles thoh thri gota, uzzar einer ist got.

Ita dominus pater, dominus filius, dominus spiritus sanctus,

15. **S**o sama truhtin fater, truhtin sun, truhtin heilago geist,

et tamen non tres domini, sed unus est dominus:

16. **E**ndi thoh nalles thri truhtina, uzzar einer ist truhtin:

---

47 Es ist nicht ersichtlich, warum das „Glossenzeichen" hier Korrekturbedarf anzeigt.

Übersetzung des althochdeutschen Textes

6. Ungeschaffen (der) Vater, ungeschaffen der Sohn ungeschaffen auch (der) heilige Geist.

7. Ungemessen (der) Vater, ungemessen (der) Sohn, ungemessen der heilige Geist.

8. Ewig (der) Vater, ewig (der) Sohn, ewig (der) heilige Geist.

9. Und doch (sind es) keineswegs drei Ewige, sondern einer ist (der) Ewige.

10. Ebenso keineswegs drei Ungeschaffene noch drei Ungemessene, sondern einer ist (der) Ungeschaffene und einer (der) Ungemessene.

11. Ebenso allmächtig der Vater, allmächtig (der) Sohn und allmächtig (der) heilige Geist.

12. Und doch (sind es) keineswegs drei Allmächtige, sondern einer ist (der) Allmächtige.

13. Ebenso (ist) Gott (der) Vater, (ist) Gott (der) Sohn, (ist) Gott (der) heilige Geist.

14. Und doch (sind es) keineswegs drei Götter, sondern ein (einziger) ist Gott.

15. Ebenso (ist) Herr (der) Vater, Herr (der) Sohn, Herr (der) heilige Geist.

16. Und doch (sind es) keineswegs drei Herren, sondern ein (einziger) ist (der) Herr.

quia sicut singillatim unamquamque personam deum et dominum confiteri christiana veritate compellimur,

17. **H**uuanda so selp einezem eina eogihuuelicha gomaheit got endi truhtin ci gigehanne fona thera christinheiti uuarnissi ginotames,[+48]

ita tres deos aut dominos dicere catholica religione prohibemur.

18 **S**o sama thri gota ertho truhtina ci quedhanne thiu rehta christinheit farbiutit edho biuuerit.

Pater a nullo est factus nec creatus nec genitus,

19. **F**ater fona niuuuihtu[49] ist gitan noh giscaffan noh giboran,

filius a patre solo est non factus nec creatus, sed genitus,

20. **s**un fona fatere einemo ist nalles gitan noh giscaffan, uzzan giboran,

spiritus sanctus a patre et filio non factus nec creatus nec genitus, sed procedens.

21. **H**eilago geist fona fatere endi sune nalles gitan noh noh giscaffan noh giboran, uzzar arfaran.

Unus ergo pater, non tres patres, unus filius, non tres filii, unus spiritus sanctus, non tres spiritus sancti.

22. **E**iner giuuisso fater, nalles thri fatera, einer sun, nalles thri suni, einar heilago geist, nalles thri heilage geista.

Et in hac trinitate nihil prius aut posterius, nihil maius aut minus,

23. **E**ndi in theseru thrinissi niuuuiht eriren erdho afteren, niuuiht meren erdho minneren,

sed totae tres personae coaeternae sibi sunt et coaequales,

24. **S**untar allo thrio heiti[50] ebaneuuige im sint endi ebangiliche,

---

48 ***ginotames*** 3. P, Pl. Ind. Akt. „wir nötigen"; richtig wäre passives *ginotat uuerdan* „wir werden genötigt". Nach Steinmeyer ist hier durch das hier notierte „Glossenzeichen" eine Fehlübersetzung angezeigt. Der Fehler sei entstanden, weil der Übersetzer *compellimur* als *compellimus* verlesen habe.
49 Die Übersetzung von *a nullo* durch *fona niuuuihtu* ist falsch; richtig wäre *fona niomanne* „von niemandem". Steinmeyer (Fußnote zur Stelle) meint, *nullo* sei fälschlich als Neutrum angesehen worden.
50 ***heiti*** für *persona*. Vgl. Anm. 45 *gomaheiti* für *persona*.

Übersetzung des althochdeutschen Textes

17. Denn wie (wir) selbst einem jeden einzelnen (der drei) „eine einzelne Wesenheit seienden“ (*gomaheit*) (als) Gott und Herr zu bekennen von dieser christlichen Wahrheit[51] genötigt werden,[52]

18. ebenso drei Götter oder Herren zu nennen, diese rechte Christlichkeit verbietet oder verwehrt.

19. (der) Vater ist von Nichts[53] (weder) gemacht, noch geschaffen, noch gezeugt;

20. (der) Sohn ist von (einem) Vater weder gemacht noch geschaffen, sondern gezeugt;

21. (der) heilige Geist (ist) vom Vater und vom Sohn weder gemacht noch geschaffen, noch gezeugt, sondern hervorgegangen.

22. Einer (ist) gewisslich (der) Vater, keineswegs (sind) drei Väter, keineswegs ein (einziger ist) (der) Sohn, keineswegs (gibt es) drei Söhne, ein (einziger) ist (der) heilige Geist, keineswegs (gibt es) drei heilige Geister.

23. Und in dieser Dreiheit (ist) nichts früher oder später, nichts größer oder kleiner,

24. sondern alle drei Wesenheiten sind sich gleichewig und völlig gleich,

---

51 „diese christliche Wahrheit“ meint hier und im Folgenden wohl das hier formulierte ‚Quicumque‘-Bekenntnis.

52 Zum Passiv „genötigt werden“ für ***ginotames*** „wir nötigen“ s. Anm. 47.

53 Richtiger müsste es lauten „von niemandem“; vgl. Anm. 48.

ita ut per omnia, sicut iam supra dictum est, et trinitas in unitate et unitas in trinitate veranda sit.

25. **S**o thaz ubar al – so giu obana giquetan ist – thaz thrinissi in einnisse endi thaz einnissi in thrinissi ci erenne si.

Qui vult ergo salvus esse, ita de trinitate sentiat.

26. **T**her uuili giuuisso heil uuesan, so fona thrinisse henge +edho farstande.

--

Sed necessarium est ad aeternam salutem, ut incarnationem quoque domini nostri Iesu Christi fideliter credat.

27. **S**untar notthurft ist ci euuigeru heili, thaz in fleiscnisse[54] gihuuelih truhtin unseran heilanton Christ gitriulicho gilaube.

Est ergo fides recta, ut credamus et confiteamur, quia dominus noster Iesus Christus, dei filius, deus et homo est.

28. **I**st giuuisso gilauba rehtiu, thaz gilaubames endi biiehames, bi thiu truhtin, unser heilanto Christ, gotes sun, got endi man ist.

Deus est ex substantia patris ante saecula genitus, et homo est ex substantia matris in saeculo natus:

29. **G**ot ist fona cnuati edho samanuuisti fateres er uueroldem giboran, endi man ist fona cnuati muater in uuerolti giboran:

perfectus deus, perfectus homo, ex anima rationali et humana carne subsistens,

30. **T**huruhthigan got, thuruhthigan man, fona selu redhihafteru endi mannisginimo fleisge untaruuesenter,

aequalis patri secundum divinitatem, minor patre secundum humanitatem.

31. **E**baner fatere after gotcundnisse, minniro fatere after mennisgi.

54 Die Lesung ***fleiscnisse*** ist hier unsicher, vgl. Steinmeyer, Fußnote zur Stelle; Steinmeyer setzt für die o. übersetzte Lesart in der Vorlage des ahd. Übersetzers *in carnatione quisque dominum nostrum Iesum Christum* voraus. In MSD I, S. 207, Z. 82–83 steht dagegen zugunsten der Übereinstimmung mit der üblichen Lesart des lat. Textes *thaz fleiscnissi gihuuelîh truhtînes unseres heilanten Christes gitriulicho gilaube* „dass die Fleischwerdung ein jeder des Herrn, des uns Heil bringenden Christs, getreulich glaube“. MSD II S. 339 verweist dazu auf ags. *onflæscness* und ahd. Isid. 12 b, 1 *infleiscnissa* für *incorporationem.*

Übersetzung des althochdeutschen Textes

25. so dass überall, wie schon oben gesagt ist, (die) Dreiheit in (der) Einheit und diese Einheit in (der) Dreiheit zu ehren sei.

26. Wenn einer gewisslich im Stand des Heils sein will, so denke oder+[55] verstehe (er) von (der) Dreiheit.

--

27. Aber notwendig ist zum ewigen Heil, dass als fleischlichen ein jeder (den) Herrn unseren heilbringenden Krist zuverlässig glaube.

28. (es) ist gewisslich (der) rechte Glaube, dass (wir) glauben und bekennen, dass (der) Herr, (der) uns heilbringende Krist, Gottes Sohn, Gott und Mensch ist.

29. Gott ist von (dem) „eine-Wesenheit-Sein"[56] oder von (dem) Zusammensein mit (dem) Vater vor (den) Weltaltern gezeugt, und Mensch ist von (dem) „eine-Wesenheit-Sein"[57] (der) Mutter in (der) Weltzeit gezeugt

30. als (einen) vollkommenen Gott, als (einen) vollkommenen Menschen, aus vernünftiger Seele und menschlichem Fleisch bestehend,

31. gleich (dem) Vater nach (der) Göttlichkeit, geringer als (der) Vater nach (der) Menschheit.

---

55 „Glossenzeichen" zum Doppelausdruck; vgl. Anm. 31.
56 ***cnuati.***
57 ***cnuati.***

Qui licet deus sit et homo, non duo tamen, sed unus est Christus,

32. Ther thoh thiuuidero si got endi man, nalles zuuene thiuuideru, suntar eino ist Christ,

unus autem non conversione divinitatis in carnem, sed assumptione humanitati in deum,

33. Einer auur nalles gihuuerbithu thera gotcundhi in fleisg, sundar arhabani thera mennisgi in gode,+[58]

unus autem non conversione divinitatis in carnem, sed assumptione humanitati in deum,

34. Einer giuuisso nalles gimiscnissi thera cnuati, suntar einnissi thera heiti.

Nam sicut anima rationalis et caro unus est homo, ita deus et homo unus est Christus.

35. Thoh so sama so thiu sela redhihaftiu endi lichamo einer ist man, so got endi man einer ist Christ.

Qui passus est pro salute nostra, descendit ad inferos et resurrexit a mortuis,

36. Ther gimartorot ist bi heili unsera, nithar steig ci helliuuizze endi arstuant fona totem,

ascendit in caelos, sedet ad dexteram dei patris omnipotentis,

37. Uf steig ci himilom, sizzit ci cesuun gotes fateres almahtiges,

inde venturus iudicare vivos et mortuos.

38. Thanan cumftiger ci suananne lebente endi tote.+

Ad cuius adventum omnes homines resurgere habent cum corporibus suis

39. Ci thes cumfti alle man ci arstandanne eigun mit lichamon iro

et qui bona egerunt, ibunt in vitam aeternam, qui vero mala, in ignem aeternum.

40. Endi geltanti sint fona gitatem eiganem redina:

et redditurí sunt de factis propriis rationem:

41. Endi thie gŏat datun, farent in euuig liib,

---

58 Das „Glossenzeichen" bezieht sich auf die handschriftliche Zeile *in fleisg sundar arhabani thera mennisgi in gode*. Es scheint Anstoß zu nehmen an dem altertümlichen Instrumentalis *arhabani* und damit auch an dem unmittelbar vorausgehenden Instrumentalis *gihuuerbithu*.

Übersetzung des althochdeutschen Textes

32. welcher hingegen Gott sei und Mensch, keineswegs zwei hingegen (Wesen), sondern ein (einziger) ist Krist.

33. Einer (ist er) aber keineswegs durch (die) Verwandlung dieser Gottheit in Fleisch, sondern durch (die) Erhebung dieser Menschheit im Gott.

34 Einer gewisslich keineswegs (als) Vermischung der Wesenheit, sondern (als) Einheit der Person.

35. Jedoch ebenso wie diese vernünftige Seele und (der) Leib ein (einheitlicher) Mensch ist, so (ist) Gott und Mensch ein (einheitlicher) Krist.

36. Dieser wurde gemartert um unseres Heils willen, niederstieg (er) zu (der) Höllenstrafe und auferstand (er) von (den) Toten,

37. aufstieg (er) zu (den) Himmeln, (er) sitzt zu (der) Rechten Gottes (des) allmächtigen Vaters,

38. von wo (er) künftig ist, zu richten (die) Lebenden und (die) Toten,

39. Bei dessen Kommen alle Menschen aufzuerstehen haben mit ihrem Leib

40. und erstattende sind von (ihren) eigenen Taten Rechenschaft:

41. und die Gutes taten, fahren in (das) ewige Leben,

qui vero mala, in ignem aeternum.

42. **Endi** thie ubil datun, in euuig fuir.

--

Haec est fides catholica, quam nisi quisque fideliter firmiterque crediderit, salvus esse non poterit.

43. **Thisu** ist gilauba allichu, thia nibi eogihuuelihher triulicho endi fastlicho gilaubit, heil uuesan nimag.

Expl[icit] fides cath[olica]

Übersetzung des althochdeutschen Textes

42. und die Böses taten, in (das) ewige Feuer.

--

43. Dieses ist (der) allgemeinverbindliche Glaube, den, wenn nicht ein jeder (ihn) getreulich und fest glaubt, wird (er) nicht im Stand des Heils sein können.[59]

[Ende des katholischen Glaubensbekenntnisses].

59 Umschreibung des Futurs mir dem Verbum *mugan*.

9. Althochdeutsches Gloria[60]

Gloria in excelsis deo
Guatlichi[61] in hohostem gote.
Ehre in (den) höchsten Höhen Gott.

et in terra pax hominibus bonae voluntatis
Endi in erdhu fridhu mannom guates uuillen.
Und auf (der) Erde Friede (den) Menschen guten Willens!

Laudamus te, glorificamus te,
Lobomes thih,
(wir) loben dich,

benedicimus te.
Uuelaquædhemes dhir,
(wir) wohlreden dir,

adoramus te, glorificamus te.
Betomes[62] thih,
(wir) beten dich an,

glorificamus te.
Hruamames thih.
(wir) rühmen dich.

Gratias agimus tibi propter magnam gloriam tuam.
Thancomes thir thuruh michila guatlichi thina.
(wir) danken dir um deiner großen Ehre willen.

Domine deus, rex caelestis,
Truhtin got, cuning himilisger,
Herr Gott, himmlischer König,

---

60 Sog. „große Doxologie" (‚Gloria in excelsis'), im Unterschied zum Text der „kleinen Doxologie" (‚Gloria patri', s. Nr. 99, Zusatz) mit dem kurzen Wortlaut: *Gloria Patri et Filio et Spiritui Sancto, sicut erat in principio et nunc et semper et in saecula saeculorum, amen.* – Die Handschrift enthält nur den ahd. Text. Die lat. Formel ist hier nach Steinmeyer zum Vergleich beigegeben.

61 *Guatlichi*: zur ahd. Wiedergabe von *gloria* vgl. Anm. 40.

62 Zu *Betomes* „beten wir an" am Rand die (falsche) Korrektur *pittemes*, Imperativ „bitten wir", „lasst uns bitten".

deus pater omnipotens,
Got fater almahtiger,
Gott Vater, allmächtiger,

domine fili unigenite Iesu Christe,
Truhtin suno einboraner
Herr einziggezeugter Sohn,

Iesu Christe,
Heilanto *Christ*,
Heilbringender Krist,

domine deus,
Truhtin got,
Herr Gott,

agnus dei, filius patris,
Lamp gotes, suno fateres,
Lamm Gottes, Sohn (des) Vaters,

Qui tollis peccata mundi,
Ther nimis sunta uueruldi,
Der (du) wegnimmst die Sünden der Welt,

miserere nobis,
Ginadho uns.
Sei uns gnädig!

Qui tollis peccata mundi, suscipe deprecationem nostram
Ther nimis sunta uueruldi, intfah gibet unser.
Der (du) wegnimmst (die) Sünden der Welt, empfange unser Gebet!

Qui sedes ad dexteram patris, miserere nobis.
Ther sizzis az cesuun fateres,
Der (du) du sitzt bei (der) rechten (des) Vaters,

miserere nobis.
ginadho uns.
sei uns gnädig!

Quoniam tu solus sanctus,
Bi thiu thu eino uuiho,
Denn du (bist) einzig heilig,

tu solus dominus,
Thu eino truhtin,
Du (bist) einzig Herr,

tu solus altissimus,
Thu eino hohosto,
Du (bist) einzig (der) Höchste,

Iesu Christe, cum sancto spiritu
Heilento **C**hrist, mit uuihen adume[63]
Heilbringender Krist, mit (dem) Weihe habenden Atem

in Gloria dei patris. Amen.
In guatlichi gotes fateres. Amen.
In (der) Ehre Gottes (des) Vaters. Amen.

63 Zu *uuihen adume* vgl. Anm. 34.

76 Vaterunser aus dem althochdeutschen Tatian Masser

[2]**VL** 9 (1995), Tatian, Sp. 620–628 (Achim Masser). – VL ahd. und as. Lit. (2013), S. 459–466 (Achim Masser).
Ü.: St. Gallen, Stiftsbibliothek, Cod. 56, pag. 68 Z. 3–14; aus Fulda.
Abb.: vollständiges Digitalisat der Hs. in Farbe: https://www.e-codices.unifr.ch/de/csg/0056/68/0/. Fischer, Schrifttafeln, Taf. 9.
Dat.: Hs. St. Gallen: 2. Viertel 9. Jh., Text 2. Viertel 9. Jh.
Spr.: ostfr.
Ed.: Sievers, Tatian. – Masser, Tatianbilingue. – Schlosser, S. 222. – Müller, S. 172 (Text)..
Lit.: s. auch unter Tatian (Nr. 29). – Zur Katechetik s. außerdem die Hinweise bei Nr. 73. – Schlosser, S. 359 (Kommentar). – Müller, S. 349–350 (Kommentar).

Die St. Galler Handschrift ist eine zweispaltige lat.-dt. Bilingue, links lateinisch, rechts deutsch. Die Zeilen sind synoptisch so angeordnet, dass sich jeweils ein lateinisches und ein deutsches Syntagma in genau gleicher Abgrenzung gegenüberstehen. Innerhalb der Zeilen läuft die deutsche Wortfolge möglichst genau parallel mit der lateinischen. Die Vorlage wird also nicht ein interlinearer Text gewesen sein, der sich exakt an die lateinische Wortfolge hätte halten müssen. Doch gibt es kleine Lizenzen. Hier im Vaterunser z. B. an dieser Stelle:

panem nostrum cotidianum	unsar brót tagalihhaz

Die Wortstellung *brót tagalihhaz* ist undeutsch. Sie lehnt sich an das lateinische *panem [...] cotidianum* an, um zu erreichen, dass am Ende beider Halbzeilen die einander entsprechenden Wörter stehen: *cotidianum : tagalihhaz*. Aber zugleich übernimmt die deutsche Wortfolge im selben Kontext nicht die lateinische Nachstellung des Pronomens in *panem nostrum*; die Handschrift schreibt gut deutsch *unsar brót*. Dadurch entsprechen sich auch hier – wie möglichst immer – die ersten **und** (zusammen genommen) die letzten Wörter der Halbzeilen: *panem nostrum* : *unsar brót* gegenüber *cotidianum* : *tagalihhaz*.

Text zeilengleich nach dem St. Galler Digitalisat (pag. 68) und nach Masser (S. 150/151) mit Auflösung der Abkürzungen im Latein und moderner Orthographie und Zeichensetzung.

Mt. 6, 9–3 (Luk. 11,2–4)

pag. 68 Z. 2–14

Et ait illis: „Cum oratis
dicite: ‚Pater noster,
qui in caelis es,
sanctificetur nomen tuum,
adueniat regnum tuum,
fiat uoluntas tua,
sicut in caelo et in terra,
panem nostrum cotidianum
da nobis hodie,
et dimitte nobis debita nostra,
sicut et nos dimittimus debitoribus
nostris,
et ne inducas nos in temptationem,
sed libera nos a malo.'"

Tho quad her in: „thanne ir betot
thanne quedet sús: ‚fater unser,
thu thar bist in himile,
si giheilagot thin namo,
queme thín rihhi,
si thín uuillo,
só hér in himile ist, só si hér in erdu
unsar brót tagalihhaz
gíb uns hiutu,
inti furlaz uns unsara sculdi,
só uuír fúrlazames
unsaren sculdigon,
inti ni gileitest unsih in costunga,
úzouh árlosi unsih fón ubile.'"

Übersetzung des althochdeutschen Textes

Da sprach er (zu) ihnen: „Wenn ihr betet,
dann sprecht so: ‚Vater unser,
du dort bist in (dem) Himmel[1],
sei geheiligt dein Name,
komme dein Reich,
sei dein Wille,
wie er im Himmel ist, so sei er auf (der) Erde,
unser Brot tägliches
gib uns heute
und erlasse uns unsere Schuldtaten,
wie wir (sie) erlassen
unseren schuldigen,
und nicht mögest (du) leiten uns in Versuchung,
sondern erlöse uns von (dem) Üblen.'"

Die ( ) deuten an, dass hier die ahd. Formen noch regulär ohne den Artikel bzw. das Personalpronomen auskommen.

1 ***himile***: ahd. Dativ Singular „dem Himmel" anstelle des lat. Dat. Plural *caelis* „den Himmeln".

77 Notker: Paternoster und Apostolisches Glaubensbekenntnis

1 Notkers Paternoster mit Auslegung
Tax

²VL 6 (1987), Sp. 1212–1236 (Stefan Sonderegger). – **²VL** 11 (2000), Sp. 529–542 (Georg Steer). – **VL** ahd. und as Lit. (2013), S. 293–315 (Sonja Glauch).

Ü.: a: St. Gallen, Stiftsbibliothek, Cod. 21, pag. 563, Z. 18 – pag. 564, Z. 20; aus der Benediktinerabtei Einsiedeln.
b: München, BSB, clm 7637, fol 45rv; aus dem Augustiner Chorherrenstift Indersdorf. Exzerptüberlieferung; unmittelbar danach steht in der Handschrift Alkuins Traktat (Nr. 52).

Abb.: vollständiges Digitalisat der St. Galler Hs. in Farbe:
https://www.e-codices.unifr.ch/de/csg/0021/563/0/Sequence-238
zum clm 7637: http://www.marburger-repertorien.de/abbildungen/pr/Muenchen_StB_Clm7637_Bl_45r.jpg.

Dat.: Hss.: a: 12. Jh., erstes Drittel.
b: 12. Jh., erste Hälfte.
Textentstehung: um 1015.

Spr.: alemannisch (beide Hss.).

Ed.: Tax, Notker der Deutsche, Der Psalter, hier Bd. 10, S. 563. – Müller, S. 172–174 (Text).

Lit.: Tax, Notker, Der Psalter 101–150, Notker Latinus 10 A, S. 734–747. – S. auch Nr. 20 zum Psalter Notkers. – Zur Katechetik s. außerdem die Hinweise bei Nr. 73.

Notkers Bearbeitung bietet die Übersetzung nur in Ansätzen, die gleich mit einem kleinen, gemischtsprachigen Kommentar (K) zu der jeweiligen Bitte verbunden werden.

Text nach Tax, Bd. 10, S. 563,18–564,26 (= Cod. Sg. pag. S. 563,18–564,26) mit einer an die St. Galler Handschrift angeglichenen Textstrukturierung und moderner Interpunktion unter Beiziehung des Digitalisats der St. Galler Hs. – Zur Strukturierung des Textes s. Hellgardt, Singet dem Herrn ein neues Lied.

2 Notker der Deutsche
Apostolisches Glaubensbekenntnis
Tax

[2]**VL** 11 (2001) Sp. 529–543, hier Sp. 533 (Georg Steer).

Ü.: a.: St. Gallen, Stiftsbibliothek, Cod. 21, pag. 565–566; aus aus der Benediktinerabtei Einsiedeln.
b: Wien, ÖNB, Cod. 2681, fol. 277ra-fol. 227vb; aus Wessobrunn (‚Wiener Notker')

Abb.: a: vollständiges Digitalisat der Hs. SG Cod. 21 in Farbe: https://www.e-codices.unifr.ch/de/csg/0021/565/0/Sequence-238.
b: http://www.marburger-repertorien.de/abbildungen/pr/Wien_OeNB_Cod_2681_Bl_227r.jpg
und http://www.marburger-repertorien.de/abbildungen/pr/Wien_OeNB_Cod_2681_Bl_227v.jpg

Dat.: Hs. a zwischen 1125 und 1150; Hs. b um 1100. – Werk um 1015.

Spr.: Hs. a: alem.; Hs. b: bair.

Ed. Notker der Psalter, ed. Tax, S. 565–566. – Heinzel/Scherer, Notkers Psalmen, S. 318–319. – Firchow, Cod. Vind. 2681, S. 451–452. – [4]MSD I Nr. 79, S. 250–251.

Lit.: Kelle LG 1, S. 233–274, hier S. 236–242 sowie 395–412. – Kögel LG 1,2, S. 598–626, besonders S. 606–611. – Ehrismann LG I, S. 416–458, besonders s. 436–448. – Haubrichs, Dier Anfänge, S. 221–226, besonders 209–211. – [4]MSD II, Nr. 79, S. 402–404 (Kommentar). – Notker, Der Psalter 101–150, Notker Latinus 10 A, S. 737–739 (Kommentar).

Text nach Tax, Notker der Psalter, 51–100, S. 565–566.

1. Oratio dominica

1. ***Pater noster qvi es in cælis.* Fater unser, dû in himele bist.**
K. *O homo*, skêine an guoten uuerchen, daz du sin sun sîst, so heîzest du ín mit rehte fáter. Hábe *fraternam caritatem*; diu tuot dih uuesen sînen sún.

2. ***Sanctificetur nomen tuum.* Dîn namo uuerde geheîligot.**
K. Vuer sol in geheîligon? Neíst ér heilig? Vuir biten áber, daz er in únseren herzon geheiligot uuerde, so daz uuir in *colendo* gehêiligoen.

3. ***Adueniat regnum tuum.* Dîn rîche chome,**
K. daz êuuiga, dára alle guote zuo dingent, daz uuir dih kesêhen súlen unde – *angelis* keliche uuordene – lîb âne tôd háben sullen.

4. ***Fiat uoluntas tua sicut in cælo et in terra.* Dîn uuillo gescéhe**
K. in erdo fone menniscon, also in himele fone *angelis*.

5. ***Panem nostrum cottidianum da nobis hodie.* Vnser tágelicha brôt. kib uns hiûto.**
K. Kib uns dina lêra, déro únser sêla gelabot uuerde, uuanda dero bedarf si tageliches, also der lichamo bedárf prôtes.

6. ***Et dimitte nobis debita nostra, sicut et nos dimittimus debitoribus nostris.* Vnde únsere sculde belâz uns, also ouh uuir belazen unseren sculdigen.**
K. Dísa gedíngun ferneme mánnelîh, unde si gáro, ze fergebenne daz lúzzela,
also er uuelle, daz imo fergeben uuerde daz míchela.

7\. a ***Et ne nos inducas in temptationem.* Vnde in chorunga neleîtest dû únsih.**
K. Daz chit: nelâzest únser gechórot uuerden nah unseren sundon. Den du nescírmest, den uuirfet *temptatio* níder, der uuirt ze huôhe sînen fienden.

7\. b ***Sed libera nos a malo.* Nube lôse unsih fóne ubele.**
K. lôse unsih fone des tiêfeles chorungo unde fone sînemo geuuálte.

Sîben béta churze sint dise; an in uuirt doh funden al daz, tes uns turft ist.

Herrengebet

1. ***Vater unser, (der) du in den Himmeln bist.*** **Vater unser, du im Himmel bist.**
K *O homo*, zeige an guten Werken, dass du sein Sohn seiest, so nennst du ihn mit Recht „Vater". Habe *fraternam caritatem*,[1] die macht, dass du sein Sohn bist.

2. ***Dein Name werde geheiligt.*** **Dein Name werde geheiligt.**
K. Wer soll ihn heiligen? Ist er nicht heilig? Wir bitten aber, dass er in unseren Herzen geheiligt werde, so dass wir ihn *colendo*[2] heiligen sollen.

3. ***Dein Reich komme.*** **Dein Reich komme**
K. das ewige, auf das alle Guten hoffen, auf dass wir dich sehen werden und – als den *angelis*[3] gleich gewordene – Leben ohne Tod haben werden.

4. ***Dein Wille geschehe wie Himmel so (auch) auf der Erde.*** **Dein Wille geschehe**
K. auf (der) Erde von (den) Menschen, ganz wie im Himmel von (den) *angelis*.[4]

5. ***Unser tägliches Brot gib uns heute.*** **Unsere täglichen Brote gib uns heute.**
K. Gib uns deine Lehre, mit der unsere Seele gelabt werde; denn derer bedarf sie täglich, wie der Leib bedarf (des) Brotes.

6. ***Und unsere Schuld(taten) erlasse uns, wie auch wir (sie) erlassen unseren Schuldigern.***
K. **Und unsere Schuld(taten) erlasse uns, ganz wie auch wir (sie) erlassen unseren Schuldigen.**
Diese Bedingung möge jeder Mensch vernehmen; und sei bereit, zum Vergeben das Kleine, so wie er wolle, dass ihm vergeben werde das Große.

7. a ***Und in Versuchung mögest du uns nicht leiten.*** **Und in Versuchung nicht leiten mögest**
K **du uns.**
Das heißt: nicht mögest du lassen unser (einen) versucht werden zu unseren Sünden. Den du nicht beschirmst, den wirft *temptatio*[5] nieder, der wird zum Spott seinen Feinden.

7. b ***Sondern erlöse uns von dem Üblen.*** **Sondern erlöse uns von (dem) Üblen.**
K. Erlöse uns von des Teufels Versuchung und von seiner Gewalt.

Sieben kurze Bitten sind diese: an ihnen wird dennoch gefunden all das, dessen wir Bedarf haben.

---

1 ***fraternam caritatem*:** brüderliche Liebe (Akk. Sg.).
2 ***colendo*:** durch Anbeten
3 ***angelis*:** den Engeln (Dat. Pl.).
4 ***angelis*:** den Engeln (Dat. / Abl. Pl.).
5 ***temptatio*:** die Versuchung (Nom. Sg.).

2. Symbolum apostolorum

Daz gręci chedent symbolum und latini collationem, daz chenden uuir geuuérf, wanda iz apostoli gesámenoton unde zesámene geuuúrfen, daz iz zeichen si christianę fidei; also ouh in prelio symbolum heizzet daz zeichen, daz an scîlten alde an gêinoten uuorten ist, dannen iegeliche iro socios irchénnent.

01 **Credo in deum patrem omnipotentem creatorem cęli et terrę**
Ih keloubo an Got álmáhtigen fáter, sképhenhimeles unde érdo.

02 **Et in Iesum christum filium eius unicum, dominum nostrum.**
Vnde an sînen sún, *den geuuiêhten háltare,* eînigen unseren hêrren.

03 **Qui conceptus est de spiritu sancto, natus ex MARIA uirgine.**
Der fone démo heîligen geîste inphangen uuard, fone MARIA dero mágede geborn uuard,

04 **Passus sub Pontio Pilato.**
Kenôthaftot uuard pî Pontio Pilato.
Ziu chit iz Pontio und Pilato?, ane daz er zuuêne námen habeta nâh rômiskemo site; alde iz ist nomen patrię, daz er fone Ponto heizet Pontius.

Crucifixus, mortuus,[6] et sepultus.
Vnde bî imo an crucem gestáfter irstárb, unde begrában uuard.

05 **Descendit ad inferna, tertia die resurrexit a mortuis.**
Ze hello fuôr, an demo drítten tâge fóne tôde irstuônt.

06 **Ascendit ad cęlos, sedet ad dexteram dei patris omnipotentis.**
Ze hímele fuôr, dâr sízzet ze Gotes zéseuuun des almáhtigen fáter
Vuaz ist diû zeseuua? Âne ęterna uita. Humana, fone dero er fuôr, uuas imo diu uuínstra.

---

6 Zu *mortuus* „tot“ statt „gestorben“ s. Nr. 73, Anm. 14.

Apostolisches Glaubensbekenntnis

Das, was die Griechen *symbolum* nennen und die Lateiner *collatio*, das nennen wir „zusammengeworfenes“, denn es sammelten die *apostoli* und warfen es zusammen, auf dass es Zeichen sei *christinae fidei*, wie auch in *proelio* das Zeichen *symbolum* heißt, das an Schilden oder an vereinbarten Worten ist, woran jegliche (Männer) ihre *socios* erkennen.

01 **Ich glaube an Gott den Vater den allmächtigen Schöpfer des Himmels und der Erde**
Ich glaube an Gott den Vater (den) allmächtigen (den) Schöpfer (des) Himmels und der Erde

02 **Und an Jesus Christus seinen einzigen Sohn unseren Herrn.**
Und an seinen seinen Sohn, *den geweihten Erhalter*, den einzigartigen, unseren Herrn.

03 **Der empfangen ist vom heiligen Geist, geboren aus Maria der Jungfrau.**
Der von dem heiligen Geist empfangen ward, von Maria der Jungfrau geboren ward,

04 **Gelitten unter Pontius Pilatus.**
mit Not behaftet ward durch *Pontio Pilato*.

> *Wozu heißt es Pontio und Pilato, wenn nicht darum, dass er zwei Namen hatte nach römischer Sitte; oder es ist ein* nomen patriae, *dass er* Pontus *von* Pontius *heißt.*

Gekreuzigt, gestorben und bestattet.
Und von ihm an das Kreuz gehefteter verstarb und begraben ward.

05 **Hinabstieg zu den Unterwelten, am dritten Tage wieder (auf)erstand von den Toten.**
zur Hölle fuhr, an dem dritten Tage vom Tode erstand.

06 **Hinaufstieg zu den Himmeln, sitzt zur Rechten Gottes des Vaters, des Allmächtigen.**
zum Himmel fuhr, dort sitzt zu Gottes Rechter, des allmächtigen Vaters.

> *Was ist die Rechte, wenn nicht das ewige Leben? Das menschliche (Leben), von dem er (weg)gefahren war, war ihm die Linke gewesen.*

07 **Inde uenturus iudicare uiuos et mortuos.**
Dannan chunftiger ze irtêillenne *die er danne findet* lebente alde tôte.

08 **Credo in spiritum sanctum.**
Geloubo an den hêiligen Geîst,
der fone patre et filio chumet, unde sament in eîn Gót ist.

09 **Sanctam ęcclesiam catholicam** – *id est: uniuersalem congregationem christianorum.*
Keloubo heîliga dîa állichun sámenunga diû christianitas heîzet. Diû fone diu állîch heîzet,
uuanda sî álliû sament
ein geloubet
unde eines iiêhet,
unde dâr ana úngeskêiden ist.

10 **Sanctorum communionem.**
Geloubo ze hábenne dero heiligen gemeînsami.

11 **Remissionem peccatorum.**
Ablâz sundon.

12 **Carnis resurrectionem.**
Geloubo des flêiskes ursténdida.

Vitam ęternam.
Geloubo êwígen lîb.

Amen.
Daz tuon ih keuuâro.

07 **Von dort wird er kommen zu richten die Lebendigen und die Toten.**
von dort künftig (um) Gericht zu halten über die, *(welche) er dann* als Lebende oder als Tote *findet*.

08 **Ich glaube an den heiligen Geist.**
(Ich) glaube an den heiligen Geist,
der von patre et filio *kommt und samt ihnen ein (einziger) Gott ist.*

09 **Die heilige katholische Kirche** – *id est: uniuersalem congregationem christianorum.*
(Ich) glaube (an) die allenthalbige Herdengemeinschaft,[7] *die christianitas heißt. Die heißt*
von daher allenthalbig, weil sie[8] *all zusammen*
ein einziges glaubt
und eines einzigen Bekenntnisses ist
und daran ununterschieden ist.

10 **Der Heiligen Gemeinschaft.**
(Ich) glaube teilzuhaben an der Heiligen Gemeinschaft,

11 **Die Vergebung der Sünden.**
(an den) Ablass der Sünden,

12 **Des Fleisches Wiedererhebung**
(Ich) glaube (an) des Fleisches (Auf)erstehung.

Das ewige Leben.
(Ich) glaube (an das) das ewige Leben.

Amen.
Das tue ich wahrlich.

7 *allenthalbige Herdengemeinschaft* – *niuersalem congregationem.*
8 ***sie***: *diû christianitas.*

78 Windberger Paternoster und Apostolisches Glaubensbekenntnis Schmeller

[2]**VL** 11 (2001), Sp. 533 (Georg Steer).
Ü: München, BSB, cgm. 17, fol. 218 rv (Paternoster), fol. 218v-219r (Apostolisches Glaubensbekenntnis); aus dem Prämonstratenser Kloster Windberg.
Abb.: vollständiges Digitalisat der Hs. in Farbe: https://daten.digitale-sammlungen.de/0008/bsb00088326/images/index.html?id=00088326&groesser=&fip=qrsqrsxdsydeayaxseayaqrseayaxsfsdr&no=1&seite=441.
Dat.: Hs. 12. Jh., Anfang des 4. Viertels (Karin Schneider, Gotische Schriften I, S. 36); Werk nicht viel früher.
Spr.: nördl. Westmittelbair.
Ed.: Schmeller, Deutsches des XXII Jahrhunderts, hier S. 140 (Paternoster), S. 141 (Apostolisches Glaubensbekenntnis). – Referenzkorpus Mittelhochdeutsch (1050–1350) https://www.linguistics.rub.de/rem/pub/texts//M195_mod.pdf.
Lit.: Allgemeine Hinweise zur Katechetik s. bei Nr. 73.

Auffallend ist hier das selbst für eine Interlinearversion niedrige Übersetzungsniveau. Die neuhochdeutsche Übersetzung des interlinearen Textes will dem Rechnung tragen.

Texte nach Schmeller und dem Digitalisat.

Paternoster

Gebet das herrische
Bete diu heriske
Oratio dominica

	Vater	unser	du der	bist	in den	Himmeln
	Uater	**unser**	**du der**	**bist**	**in den**	**himilen**
01	Pater	noster	qui	es	in	excelis.

	Geheiligt werde	Name	dein
	Geheiliget werde	**name**	**din**
02	Sanctificetur	nomen	tuum.

	zu komme	Reich	dein
	Zuo chome	**riche**	**din**
03	Adueniat	regnum	tuum.

	Werde	Wille	dein	ganz so	in dem	Himmel	und	an	der Erde
	Werde	**wille**	**din**	**also**	**in deme**	**himile**	**unde**	**an**	**der erde**
04	Fiat	uoluntas	tua	sicut	in	cęlo	et	in	terra

	Brot	unser	das tägliche	gib	uns	heute
	Brot	**unser**	**daz tageliche**	**gib**	**uns**	**hiute**
05	Panem	nostrum	cottidianum	da	nobis	hodie.

	Und	vergib	uns	Schuldigkeiten	unsere
	Vnde	**uergib**	**uns**	**sculde**	**unsere**
06	Et	dimitte	nobis	debita	nostra

ganz so	auch wir	vergeben. erlassen	Schuldnern	unseren
also	**ouh wir**	**uergeben . uerlazzen**	**scolaren**	**unseren**
sicut	et nos	dimittimus	debitoribus	nostris.

	Und dass	irgend nicht	uns	in verleitest du	in	die Versuchung
	Vnde daz	**iht**	**unsih**	**in uerleittes du**	**in**	**die bechorunge**
07	Et	ne	nos	inducas	in	temptationem.

Sondern	du erlöse	uns	von	dem Übeln	(es) sei.(es) sei
Halt	**du erlose**	**unsih**	**uon**	**dem ubilen.**	**si.si**
Sed	libera	nos	a	malo.	Amen.

Apostolisches Glaubensbekenntnis

Das Glaubensbekenntnis der Apostel
Daz samentrugele[1] dere boten
Symbolum apostolorum

	Ich glaube	an	Gott (den)	Vater	allmächtigen	den Schöpfer (des)	Himmels	und	(der) Erde
	Ih gloube	**an**	**got**	**uater**	**almahtigen**	**den scephare**	**himilis**	**unde**	**erde**
01	**C**redo	in	deum	patrem	omnipotentem	creatorem	cęli	et	terrę .

	Und	an	den Heiland	Krist	(den) Sohn	seinen	einzigen	(den) Herrn	unseren
	Unde	**an**	**den heilant**	**christ**	**sun**	**sinen**	**einigen**	**herren**	**unseren**
02	**E**t	in	Iesum	Christum	filium	eius	unicum,	dominum	nostrum .

	Der welcher	empfangen	ward	von	(dem) Geiste	dem heiligen
	Derder	**enphangen**	**wart**	**uon**	**geiste**	**deme heiligen**
03	**Q**ui	conceptus	est	de	spiritu	sancto .

	Geboren	von	Maria	der Jungfrau
	Geborn	**uone**	**Marien**	**dere magede,**
04	**N**atus	ex	Maria	uirgine .

	Gemartert	unter	dem bitteren Grafen
	Gemartiret	**unter**	**dem bitteren grauen[2]**
05	**P**assus	sub	Pontio Pilato .

	an das	Kreuz	gehefteter	toter	und	begrabener
	Ze dem	**cruce**	**gehefteter**	**toter**	**unde**	**begrabener**
06	**C**rucifixus .			mortuus .	et	sepultus .

	Er	nieder	fuhr	zu	den Höllen
	Er	**nider**	**fuor**	**ze**	**den hellen,**
07	**D**escen	/219r/	dit	ad	inferna .

---

1 ***samentrugele***: *samantregil* st. N. „Symbolum" (das „Zusammengetragene") Glossenwort, StWG Bd. 2, S. 507.

2 ***dem bitteren grauen***: Legendenerzählungen über Pontius Pilatus berichten, dass er ein grausamer Richter über das wilde Volk auf der Insel Pontus gewesen sei. So das mhd. Pilatus-Fragment, Maßmann, Deutsche Gedichte, Vers 325–445. Vgl. auch Legenda Aurea, Bentz, S. 232.

an dem dritten Tage erstand er von den Toten
an dem dritten tage erstunt er uon den toten
08 tertia die resurrexit a mortuis .

er auffuhr zu den Himmeln
er uffuor ze den himilen,
09 Ascendit ad cęlos .

er sitzt zu der Rechten Gottes (des) Vaters allmachtwaltendes
er sizzet ze der zeswen gotes uater almahwaltentes
10 sedet ad dexteram dei patris omnipotentis .

von dort künftig ist er (zu) urteilen Lebendige und Tote
dannen chumftich ist er erteilen lebentige unde tote
11 Inde uenturus est iudicare uiuos et mortuos .

Ich glaube an (den) Geist den heiligen
Ih gloube an geist den heiligen
12 Credo in spiritum sanctum .

(an) die heilige Christenheit (an die) allgemeine
die heiligen christenheit alliche
13 Sanctam ecclesiam catholicam .

der Heiligen Gemeinde
dere heiligen gemeinde
14 Sanctorum communionem .

Ablass . Vergebung der Sünden
antlaz . uergebunge dere sunten
15 Remissionem peccatorum .

des Fleisches Auferstehung
des fleiskes urstende
Carnis resurrectionem .

und Leib den ewigen wahrhaftig
unde lib den ewigen . Wærliche
Et uitam ęternam . Amen .

Liturgie

79 Merseburger Gebetsbruchstück zur Elevation des Messkelches Steinmeyer Nr. 84

[2]**VL:** 6 (1987) Sp. 409–410 (Achim Masser). – **VL** ahd. und as Lit. (2013), S. 255–256 (Achim Masser).
Ü.: Merseburg, Domstiftsbibl., Hs. I 136, fol. 53r, aus Fulda, Nachtrag am oberen und rechten Rand der ersten Seite des 4. Faszikels einer wohl am Anfang des 11. Jh.s aus sechs älteren Faszikeln zusammengebundenen Hs. – In anderen Teilen der Hs. stehen die Merseburger Zaubersprüche und das Fränkische Taufgelöbnis a.
Abb.: vollständiges Digitalisat der Hs. in Farbe: https://dfg-viewer.de/show?tx_dlf%5Bdouble%5D=0&tx_dlf%5Bid%5D=https%3A%2F%2Farchive.thulb.uni-jena.de%2Fkorax%2Fservlets%2FMCRMETSServlet%2FKorax_derivate_00002549%3FXSL.Style%3Ddfg&tx_dlf%5Bpage%5D=55&cHash=1a83a50ca366d7fc10f049f11802fd54.
Dat.: Der Eintrag des Gebetsbuchstückes: 9. Jh., bald nach der Mitte.
Spr.: ostfrk.
Ed.: [4]MSD II, S. 42 (Text; im Kommentar zu MSD Nr. 4). – Steinmeyer Nr. 84, S. 402 (Text).
Lit.: Kögel, LG I,2, S. 563–564. – Haubrichs, Die Anfänge, S. 242. – Henkel, Gebetsbruchstück. – Hellgardt, Althochdeutsche Texte.

Das Bruchstück zitiert aus dem zentralen, auch heute noch gebrauchten Gebet der Opfermesse, das vom Priester unmittelbar im Anschluss an die Wandlung gesprochen wird. Ausführich dazu Matthias Henkel.

Es ist umstritten, ob es sich bei dem Bruchstück um einen spontanen oder einen abschriftlichen Eintrag in die Hs. handelt, dem eine Interlinearversion des lat. Textes zugrunde gelegen hätte.

Text nach Steinmeyer und dem Digitalisat.

Mit der Handschrift zeilengetreue Wiedergabe des ahd. Eintrags

nec non et ab inferis resurrectionis
ioh ouh fon hellu arstantennes . íoh ouh In himilun diurliches
ufstiges . brengemes *praeclare* berehtero dinero heri . fon dinan gebon
ac datis .
inti giftin.

Rekonstruierter Text mit Hervorhebung der ahd. Worte[1]

[Unde et memores, domine,	*[Und deshalb eingedenk, Herr,*
nos tui serui,	*wir, deine Diener,*
sed et plebs tua sancta	*aber auch dein heiliges Volk,*[3]
Christi filii tui,	*Christi, deines Sohnes*
domini dei nostri,	*des Herrn, unseres Gottes*
tam beatae passionis]	*gleichermaßen deiner glückseligen Passion]*
nec non & ab inferis resurrectionis	und ebenso der Auferstehung aus der Hölle,
ioh ouh fon hellu arstannesses	
[sed et in caelos gloriosae ascensionis	und auch deiner ruhmreichen Himmelfahrt,
íoh ouh In himilun diurliches ufstiges	
offerimus] praeclaræ [maiestati tuae]	
brengemes	bringen wir dar
berehtero dinero heri	deiner hellstrahlenden Majestät
[de tuis donis] ac datis	
fon dinan gebon	von deinen Geschenken
Inti giftin	und Gaben
[hostiam †[2] *puram †*	*[die † reine † Hostie,*
hostiam † sanctam,	*die heilige † Hostie,*
hostiam immaculatam,	*die unbefleckte Hostie,*
panem sanctum uitae aeternae	*das heilige Brot des ewigen Lebens*
et calicem † salutis perpetuae.]	*und den Kelch des ewigen Heils.]*

1 Nach den Vorgaben Steinmeyers; in [ ] stehendes von Steinmeyer ergänzt nach Text Nr. 9 des Fuldaer Sakramentars.

2 † bedeutet, dass der Priester an diesen Stellen das Kreuzeszeichen machen soll.

3 Unter den am Messopfer teilhabenden bezieht sich „Diener" auf die Kleriker, „Volk" auf das Laienvolk.

80 Drei Stücke aus den ,Murbacher Hymnen'
Simbolotti, Siewerts, Gerhards

[2]**VL** 6 (1987) Sp. 804–810 (Stefan Sonderegger). – **VL** ahd. und as Lit. (2013), S. 272–288 (Lotar Voetz).
Ü.: Oxford, Bodleian Libr., MS Jun. 25, fol. 116r-117v: Murbacher Hymnen (Schriftheimat Murbach), fol. 122v-129v: Reichenauer Hymnen (Schriftheimat Reichenau). – Dazwischen fol. 118r-121r: verschiedene Glossare, s. BStK Nr. 725.
Abb.: Fischer, Schrifttafeln, Taf. 6 (fol. 122v). – Das Hymnar des MS Junius 25 vollständig in Farbe faksimiliert bei Simbolotti und bei Gerhards; vollständiges Digitalisat der Hs. in Farbe:
https://digital.bodleian.ox.ac.uk/objects/4df4cdd2-14d8-4256-ae07-a09917b3408e/surfaces/3e4aaf72-f394-4d49-b074-98855ce95dc9/.
und
https://digital.bodleian.ox.ac.uk/objects/4df4cdd2-14d8-4256-ae07-a09917b3408e/surfaces/e631022d-8763-43ae-b4ef-f4bd7c7ced54/.
Dat.: Handschrift:
fol. 116r-117v (Murbacher Teil, Sigle Hb): 9. Jh., Anfang oder noch erstes Viertel.
fol. 122v-129v (Reichenauer Teil, Sigle Ha) 9. Jh., ca. zweites Viertel, Schreiberhand teilweise vielleicht Reginbert von Reichenau (786–806 zu Abt Waldos Zeit, Schreiber und Leiter des Reichenauer Skriptoriums, † 9.5.847).
Werk: nicht lange vor dem Text der Handschrift.
Spr.: alem.
Ed.: Sievers, Die Murbacher Hymnen. – Simbolotti, Gli ,Inni di Murbach'. – Siewerts, s. Lit. – Gerhards, Die Murbacher Hymnen. – Schlosser, S. 228–232 (Text). – Müller, S. 208–213 (Text).
Lit.: Kelle, LG, 98–99 und S. 339–340. – Kögel, LG I,2, S. 468–471. – Ehrismann LG I, S. 267–269. – Bulst, Hymni, hier S. 37–52 die Hymnen des Ambrosius. – Gneuss, Hymnar. – Gneuss, Zur Geschichte des Hymnars. – Siewerts, Qualität und Funktion. – Fontaine, Ambroise de Milan, Hymnes. – Franz, Tageslauf und Heilsgeschichte. – Zerfass, Mysterium mirabile. – Schlosser, S. 390–391 (Kommentar). – Müller, S. 365–367 (Kommentar).

Die Hs. Junius 25 hat den Textbestand eines kompletten Hymnars für die Hymnen, die im monastischen Stundengebet gesungen werden sollten. Der Reichenauer Teil (Ha) trägt fol. 122v die Überschrift:

INCIPIUNT HYMNI CANENDAE (!) PER CIRCULUM ANNI

Das mit einer Interlinearversion versehene Hymnar war nicht für den liturgischen Gebrauch bestimmt, sondern für den klösterlichen Unterricht wenig lateinkundiger Novizen. Die Handschrift ist Teil eines Konvoluts von Texten für die Schule.

Hymne 03: Splendor paterne Gloriae
- Siewerts, Qualität und Funktion S. 186–187; Gerhards, Die Murbacher Hymnen, s. 69–71 und S. 107–108.

Hymne 22: Aeterna Christi munera
- Siewerts, Qualität und Funktion S. 385–386; Gerhards, Die Murbacher Hymnen, S. 57 und S. 95–96.

Hymne 25: Aeternę rerum conditor
- Siewerts, Qualität und Funktion S. 247–248; Gerhards, Die Murbacher Hymnen, S. 59–61 und S. 99–100.

Über den Glossen deren möglichst wörtliche nhd. Übersetzung, unter dem lat. Text freiere Übersetzung des Grundtextes.

Text auf der Grundlage der genannten Ausgaben und des Oxforder Digitalisats.

Hymne 03
Splendor paternae gloriae[1]
(AH 50, S. 11, Bulst, S. 40) zur Matutin am Montag[2]

Ambrosius, Bischof von Mailand[3]

Schein väterlicher Herrlichkeit
schimo faterlicher tiurida
1 **Splendor paternę glorię,**
Glanz väterlicher Herrlichkeit

von Licht Licht voran bringender
fona leoht leoht fram pringanter
de luce lucem proferens,
von Licht Leuchten hervorbringend

Licht Lichtes und Brunnen Lichtes
leoht leohtes inti prunno leohtes
Lux lucis et fons luminis,
Licht Lichtes und Quelle des Leuchtens

Tag Tage leuchtender
tak tago leohtanter
dies dierum inluminans
den Tag der Tage erleuchtend

wahrhaft und Sonne einschleife
uuarhaft ioh sunna in slifanne
2 **Uerusque sol inlabere**
und wahre Sonne gleite ein

scheinender Schein ewigem
scinanter scimun emazzigemo
micans nitore[4] perpeti
clizze
Glitzer
funkelnd mit Glanz unaufhörlichem

und Klarheit weihen Atems
ioh heitarnissa uuihes atumes
iubarque sancti spiritus
und Glanz des heiligen Geistes

ein gieße unseren Innengedanken
in giuz unserem inhuctim
infunde nostris sensibus.
eingieße unseren Sinnen

---

1 Zu dieser Hymne Sieverts, S. 186–187 (Text) und S. 191–195 (Interpretation). – Michel Perrin in: Fontaine, Ambroise de Milan Hymnes, S. 179–204. – Franz, Tageslauf und Heilsgeschichte. S. 277–386.
2 Die Zuweisung der Hymnen zu ihren Terminen hier nach Firchow bei Sievers, Die Murbacher Hymnen, S. XXIX–XXXV; vgl. aber auch Siewerts, Qualität und Funktion S. 248–251.
3 Dass die typgemäß anonym tradierte Hymne von Bischof Ambrosius von Mailand (339–397) gedichtet wurde, ist durch das Zeugnis des Augustinus gesichert; s. Siewerts, Qualität und Funktion S. 248.
4 ***nitore:*** doppelt über und unter der Zeile glossiert durch *scimun* und *clizze*.

mit Gelübden wir wollen nennen und Vater
hantheizzom[5] namoem inti fateran
3 **Uotis uocemus et patrem,**
mit Gelübden lasst uns anrufen den Vater

den Vater der ewigen Herrlichkeit
fateran euuigera tiurida
patrem perennis glorię,
den Vater der ewigen Herrlichkeit

Vater mächtiger Gunst
fateran mahtigera hensti
patrem potentis gratię,
den Vater der mächtigen Gnade

Sünde losbinde schlüpfrige
sunta kapinte sleffara
culpam religet lubricam,
die Schuld er löse die schlüpfrige

4 schaffe Taten kraftvolle
kascafoe katati kambaro
Informet actus strinuos,
er gestalte Taten kraftvolle

Zahn zurückstoße abgünstigem
zan uuidar pliuue apanstigamu
dentem retundet[6] inuidi,
den Zahn möge er zurückstoßen des Neiders

Fälle sanft mache scharfe
falli kapruche sarfę
casus secundet asperos
bei rauhem Unglück sei er Beistand

gebe Ertragens Gunst
gebe tragannes anst
donet gerendi gratiam.
er gebe die Gnade des Ertragens

Gemüt steure und richte
muat stiurre inti rihte
5 **Mentem gubernet et regat**
den Geist möge er lenken und leiten

keuschem am Glauben haftendem Körper
kadiganemu triuaftemu lihamin
casto fideli corpore
im keuschen gläubigen Körper

Glaube durch Hitze erglühe
kalauba hizzu strede
fides calore ferueat,
der Glaube mit Wärme sei heiß

Raubes Eiter nicht wisse
notnunfti heitar ni uuizzi
fraudis uenena nesciat.
des Truges Gifte kenne er nicht

5 ***hantheizzom***: zu *antheiz* „Gelübde".
6 ***retundet***: *retundat Bulst*; die ahd. Übersetzung gibt dennoch *retundet* wieder (Konj.).

	Krist und uns sei Muß	Trank und unser sei Glaube
	christ ioh uns si muas	lid ioh unser si kalauba
6	**Christus que nobis sit cybus**	**potusque noster sit fides**
	und Christus sei uns Speise	und Trank, sei unser der Glaube
	frohe trinken geziemend	Trunkenheit Atems Geistes
	froe trinchem urtruhlicho[7]	trunchali atumes.keistes[8]
	lęti bibamus subrię	**ebriętatem spiritus.**
	als Frohe lasst uns nüchtern trinken	die Trunkenheit des Geistes

	froher Tag dieser durchfahre	Keuschheit sei immer wie früh am Morgen
	frauuer tac deser duruh fare	kadigani si eo so frua in morgan
7	**Laetus dies hic transeat,**	**podor sit ut diluculo,**
	Als froher dieser Tag vergehe,	Scham sei wie die Morgendämmerung
	Glaube immer wie Mittag	Dämmer Gemüt nicht wisse
	kalauba eo so mittitac	dhemar muat ni uuizzi
	fides uelut meridies,	**crepusculum mens nesciat.**
	Glaube wie die Mittagsstunde	abendliches Dämmerlicht der Geist nicht kenne

	Tagesrot Lauf vorwärts führt	Tagesrot alle beschirme
	tagarot lauft fram fuarit	tagarot alle scirme
8	**Aurora cursus[9] prouehit,**	**aurora totus protegat,**[10]
	Morgenröte des Tages Verlauf befördert	die Morgenröte schützt als ganzer (Sohn)
	im Vater aller Sohn	und aller (Sohn) im Wort Vater
	in fatere aller sun	inti aller in uuorte fater
	in patre totus filius	**et totus in uerbo pater.**
	im Vater ist der ganze Sohn	und der ganze Vater im Wort.

7 ***urtruhlicho***: *ur-truht-licho* „dem Herrn gemäß, maßvoll“, Adv.

8 ***atumes.keistes:*** innerhalb der Zeile Doppelglosse zu *spiritus*, welche die Varianz der kontinental/insularen Wiedergabe von *spiritus* „heiliger Geist“ spiegelt.

9 ***cursus:*** Akk. Plur., eigentlich also „die Läufe“; doch kann der Akk. Plur. bei Ambrosius auch in der Bedeutung des Singulars stehen, dazu Siewerts, Qualität und Funktion S. 195 mit Verweisen auf die Forschung.

10 ***protegat***: *prodeat* Bulst „sie gehe voran“, der Sinn wäre dann „die Morgenröte schreite als ganzer (Sohn) voran“; dazu Siewerts, Qualität und Funktion S. 195 mit Verweisen auf Forschung und ausführlich Gerhards, Die Murbacher Hymnen, S. 151–152.

Hymne 22
Aeterna Christi munera[11]
(AH 50, S. 19, Bulst, S. 52) an den Festtagen der Märtyrer[12]

Ambrosius, Bischof von Mailand[13]

	ewige	Krists	Belohnungen	und	der Zeugen	?
	euuige	[chris]tes	lon	inti	urchundono	kauuirich[14]
1	**Aeterna**	**Christi**	**munera**	**et**	**martyrum**	**uictoria**[15]
	Die ewigen Gaben Christi			und die Siege der Märtyrer		

Lobsagungen	bringende	geschuldete	mit frohen	lasst uns singen	Sinnen
lop	pringante	sculdigiu	frouuem	singem	muatum
laudes	**ferentes**	**debitas**	**letis**	**canamus**	**mentibus.**
geschuldete Loblieder darbringend			lasst uns mit frohen Sinnen singen.		

	der Kirchen	Fürsten	und	Krieges	siegnehmendes	Leiter
	chirichone	furistun	inti	uuiges	siganumftliches[16]	leitida
2	**Ecclesiarum**	**principes**	**et**	**belli**	**triumphales**	**duces**
	der Kirchen Fürsten		und triumphierende Kriegs-Herzöge			

der himmlischen	Kammer	Knechte	und	wahre	der Welt	Lichter
himiliskera	chamara	chnechta	inti	uuariu	uueralti	leoht
celestis	**aule**	**milites**	**et**	**uera**	**mundi**	**lumina,**
des himmlischen Hofes Soldaten			und wahre Leuchten der Welt			

---

11 Zu dieser Hymne Siewerts, Qualität und Funktion S. 385 (Text) und S. 386–394 (Interpretation). – Alain Goulon, in: Ambroise de Milan. Hymnes, S. 561–621.

12 Zur Zuweisung dieser Hymne s. Anm. 2.

13 Ambrosius ist als Dichter dieser Hymne nicht zweifelsfrei gesichert aber sehr wahrscheinlich; dazu Siewerts, Qualität und Funktion S. 386, Anm. 6.

14 ***kauuirich***: nur hier belegt, Bedeutung unbekannt; zur Forschungsdiskussion s. Sievers, S. 387. Gerhardts, S. 128.

15 ***uictoria***: *uictorias* Bulst; zur Forschungsdiskussion des falschen Kasus s. Sievers, S. 387. Gerhardts, S. 128.

16 ***siganumftliches***: die ahd. Übersetzung versteht *triumphalis* als attributiven Genitiv zu *belli* „siegnehmender Krieg".

17 ***eçisin***: so ediert bei Gerhards, Die Murbacher Hymnen; in der Hs. wohl verschrieben statt *egisin*.

	den Schrecken	den beherrschenden	der Welt	den Strafen und	verachtenden	des Körpers
	eçisin[17]	kirichante	uuaralti	uuizzum ioh	fermanentem	lichamin
3	**Terrore**	**uicto**	**seculi**	**poenisque**	**spretis**	**corporis**
	Nach Besiegung der Gräuel der Welt			und bei Verachtung körperlicher Qualen		

Todes	weihes	Aufwandes	Leib	seligen	sie besitzen
todes	uuihes	kafuarre	lip	saligan	pisizzant
mortis	**sacre**	**conpendio**	**uitam**	**beatam**	**possident.**
durch das Gegengewicht heiligmäßigen Todes			besitzen sie das selige Leben.		

	gesellt werden	dem Feuer	die Zeugen	und	der Tiere	den Zähnen
	kiselit uuerdant	fiure	urchundun	inti	tioro	zenim
4	**Traduntur**	**igni**	**martyres**	**et**	**bestiarum**	**dentibus**
	Übergeben werden dem Feuer die Märtyrer			und den Zähnen der Bestien.		

(die) gewaffnete	mit den scharfen	Klauen	(die) Folterer	(die) Rasenden	Hände
kiuuaffantiu	sarfem	chlauuon	uuizzinarra[20]	unheilara[21]	henti
armata	**seuis**[18]	**ungulis**[19]	**tortores**[22]	**insani**	**manus,**
Es wütet (*saeuit*) bewaffnet mit „Klauen"			des rasenden Peinigers Hand		

	nacktgemachte	hangen	haben	Eingeweide	Blut	geheiligt	gegossen ist
	kinachtotiu	hangent	han[23]	innodi	pluat	keheiuligot	kicozan ist
5	**Nudata**	**pendens**		**uiscera**	**sanguis**	**sacratus**	**funditur**
	Bei entblößt hängenden Eingeweiden				wird das geheiligte Blut vergossen,		

aber	durch wesend	unbewegliche	Lebens	ewiges	durch Gunst
uzan	durah uuesant	ungaruorige	libes	euuiges	ensti
sed	**permanent**	**inmobiles**	**uite**	**perennis**	**gratia.**
aber sie bleiben unbewegt			aufgrund der Gnadengabe des ewigen Lebens		

---

18 ***seuis***: *saeuit* („er wütet") *Bulst*; die falsche Lesart *seuis* versteht die ahd. Übersetzung als Adjektiv attributiv zu *ungulis* (instrumentaler Ablativ) „mit scharfen Klauen"; zum ganzen Vers und zum Scheitern des Übersetzers angesichts des ihm vorliegenden, verderbten Textes s. Siewerts, Qualität und Funktion S. 390 und Gerhards, Die Murbacher Hymnen, S. 129.

19 ***ungulis***: *ungulae* „Klauen", metaphorisch gebraucht für ein Marterwerkzeug aus eisernen Nägeln, die bei der Peinigung der Märtyrer verwendet wurden, Siewert, S. 390–391.

20 ***uuizzinarra:*** nur hier belegt, Nom. Plur. zu *uuizzinari* st. M. „Folterknecht".

21 ***unheilara:*** Nom. Plur. zu *unheilari* st. M. „Wahnsinniger".

22 ***tortores***: *tortoris Bulst* („des Peinigers"); *tortores* in der ahd. Übersetzung als Nom Plur. „die Peiniger" verstanden; dann daran anschließend *insani manus* „die rasenden Hände"; Siewerts, Qualität und Funktion S. 390–391; Gerhards, Die Murbacher Hymnen, S. 129.

23 ***han***: Nachtrag von späterer Hand.

	ergebene	der Heiligen	Gläubigkeit	unüberwundene	Hoffnung	der Glaubenden
	kideht	uuihero	kelauba	unuparuuntan	uuan	keloubentero
6	**Deuota**	**sanctorum**	**fides**	**inuicta**	**spes**	**credentium**
	Der fromme Glaube der Heiligen			die unbesiegte Hoffnung der Glaubenden		

vollkommene	Krists	Liebe	der Welt	besiegt	die Fürsten
duruhnohtiu	christes	minna	uueralti	ubarsigirot	furistun
perfecta	**christi**	**caritas**	**mundi**	**triumphat**	**principes.**
die vollkommene Liebe zu Christus			triumphiert über die Fürsten der Welt.		

	in	diesen	väterliche	Ehre	in diesen	Wille	Hauches
	in	deam	faterlichiu	tiurida	in deam	uuillo	atumes
7	**In**	**his**	**paterna**	**gloria**	**in his**	**uoluntas**	**spiritus**
	In ihnen jauchzt die väterliche Gloria,				in ihnen der Wille des Geistes		

freut sich	in	diesen	Sohn	Himmel	erfüllt ist	Freude
feginot	in	deam	sun	himil	erfullit[24]	mendi
exultat	**in**	**his**	**filius**	**caelum**	**repletur**	**gaudiu.**
es jauchzt in ihnen der Sohn				der Himmel wird mit Jubel erfüllt.		

	dich	nun	Käufer	wir bitten	dass	der Zeugen	durch Gemeinschaft
	thih	nu	chaufo	pittemes	thaz	urchundono	kamachadiu
8	**Te**	**nunc**	**redemptor**	**quesumus**	**ut**	**martyrum**	**consortio**
	Dich nun, Rück-Käufer, bitten wir,				dass durch die Gemeinschaft der Märtyrer		

mögest machen	die Betenden	Knechtlein	in	ewige	Welten
kamachoes	pittante	schalchilun	in	euuigo	uueralti
iungas	**precantes**	**seruuolos**	**in**	**sempiterna**	**secula. amen**
verbinden mögest die Betenden Knechtlein			in immerwährenden Weltzeiten.		

---

24 ***erfullit***: Nachbildung des Passivs *repletur* Part. Perf. zu *irfullen*, sw. V. *irfullit ist* (*ist* ausgespart); vgl. Siewerts, Qualität und Funktion S. 393.

Hymne 25
Aeternae rerum conditor[25]
(AH 50, S. 11, Bulst, S. 39) zur Nokturn um Mitternacht[26]

Ambrosius, Bischof von Mailand[27]

	ewiger	(der) Dinge	befehlender[28]	Die Nacht	(den) Tag und	der (du)	regelst
	euuigo	rachono	felahanto	naht	tac ioh	ther)	rihtis
1	**Aeternę**[29]	**rerum**	**conditor,**	**noctem**	**diemque**	**qui**	**regis**
	Ewiger	der Dinge	Erschaffer,	die Nacht	und den Tag	der (du)	regierst

und	der Zeiten	gebender	die Zeiten,	auf dass	(du) mögest aufheben
inti	ziteo	kepanti	ziti	thaz	erpurres
et	**temporum**	**dans**[30]	**tempora,**	**ut**	**adleues**
und	der Zeiten	gebender	die Zeiten,	damit	du mögest aufheben

(den) Widerwillen
urgauuida
fastidium,
den Überdruss.

	Ausschreier	Tages	schon	gibt Laut	der Nacht	(der) tiefen (der)	Durchwacher
	foraharo	tages	giu	lutit	thera naht	tiufin	thurahuuachar
2	**Preco**	**diei**	**iam**	**sonat**	**noctis**	**profunde**	**peruigil,**
	Herold	Tages	schon	tönt	der Nacht	der tiefen	dauernd wacher,

nächtlich	Licht	den unterwegs seienden	von (der) Nacht	Nacht	sondernd
nohtlih	lioht	uuegontem	fona nahti	naht	suntaronti
nocturna	**lux**	**uiantibus**	**a nocte**	**noctem**	**segregans.**
nächtlich	Licht	den unterwegs seienden	von der Nacht	Nacht	trennend.

---

25 Zu dieser Hymne Siewerts, Qualität und Funktion, S. 247 (Text) und S. 247–262 (Interpretation). – Fontaine, Ambroise de Milan Hymnes, S. 143–175. – Franz, Tageslauf und Heilsgeschichte, S. 147–275.

26 Zur Zuweisung dieser Hymne s. Anm. 2.

27 Dass die typgemäß anonym tradierte Hymne von Bischof Ambrosius von Mailand (339–397) gedichtet wurde, ist durch das Zeugnis des Augustinus gesichert; s. Siewerts, Qualität und Funktion, S. 248.

28 ***felahan***: meint als Übersetzung von *conditor* (wörtlich „Zusammensetzer") den durch das Wort „fehlend" schaffenden Schöpfergott; an anderen Stellen hat das Hymnar das Substantiv *felaho* oder vom Verbum *sceffan* abgeleitet Subst. *sceffo* bzw, Part. Präs. *sceffant, sceffento*.

29 ***Aeternę***: *Aeterne* (Vokativ) *Bulst;* dem entspricht die Übersetzung *euuigo* (Nom.); *Aeternę = aeternae* (Gen.) falscher Kasus.

30 ***dans***: *das* Bulst. Die Murbacher Hs. hat vor der Übersetzung von *dans* durch *kepanti* unter Rasur stehendes *kipis*, also die Übersetzung von *das*. Dem Übersetzer war also eine andere Version des Textes bekannt als die, für die er sich entschied, Siewerts, Qualität und Funktion S. 252.

	(durch) diesen	erwachter	Tagesstern	(sie) entbinden	(den) Himmel	(von) Dunkelheit
	them	ueruuahter	tagestern	intpintant[31]	himil	tunchli
3	**Hoc**	**excitatus**	**lucifer**	**soluit**	**polum**	**caligine,**
	Durch diesen	als erweckter	Luzifer	löst	den Pol	von Dunkelheit,

(durch) diesen	jedwelche	(der) Irrtümer	Sammlung	(den) Weg	Schadens	verlässt
themu	iokiuuelih	irrituomo	samanunga	uuec	terrennes	ferlazit
hoc	**omnis**	**errorum**[32]	**chorus**	**uiam**[33]	**nocendi**	**desserit.**
(durch) diesen	(der) ganze	(der) Irrtümer	Chor	(den) Weg	Schadens	verlässt

	durch diesen	Ferge	Kräfte	zusammenliest	Sees	und	stillen werden
	themu	ferro	chrefti	kelisit	seuues	ioh	kistillent
4	**Hoc**	**nauta**	**uires**	**colegit,**[34]	**pontique**		**mitescunt**
	durch diesen	der Seemann	Kräfte	sammelt,	und des Meeres		mild werden
						Güsse	
						kiozun	
						freta,	
						Fluten	

bei diesen	die selbst	Peters	Versammlung	singendem	Sünde
themu	selbiu	pietres	samanunga	singantemo	sunta
hoc	**ipsa**	**petri**	**ecclesia**[35]	**canente**	**culpam**
durch diesen	selbst	Petri	Kirche	(durch) den Singenden	
				abwäscht	
				uuaskit	
				diluit.	
				die Schuld abwäscht	

31 ***intbintant***: so Hs., s. Sievers, Apparat zur Stelle; die Form, 3. P. Sg. Ind. Präs. ist nicht kongruent mit *soluit* 3. P. Sg. Ind. Präs.; Sievers emendiert >*intpintit*; danach auch Simbolotti und Gerhardts, nicht so Siewerts, Qualität und Funktion.

32 ***errorum***: *erronum* AH „der Herumschweifenden, der Landstreicher"; das Murbacher Hymnar hat mit *errorum* die *lectio difficilior*, dazu ausführlich Siewerts, Qualität und Funktion S. 257–258; Gerhards, Die Murbacher Hymnen, S. 137.

33 ***uiam***: *uias* (Akk. Plur.) AH; die Übersetzung *uuec* (Akk. Sg.) entspricht dem lat. Text des Murbacher Hymnars; Siewerts, Qualität und Funktion S. 252.

34 ***colegit***: *colligit* Bulst, zu *colligare* „zusammenbinden"; *colegit* MH von *col-legere* „zusammenlesen", Siewerts, Qualität und Funktion S. 252; Gerhards, Die Murbacher Hymnen, S. 134.

	Lasst uns also aufstehen	rasch	Hahn	liegende	weckt
	arstantem auur	snnellicho	hano	lickante	uuechit
5	**Surgamus ergo**	**strenue:**	**gallus**	**iacentes**	**excitat**
	Lasst uns also aufstehen	wacker	der Hahn	liegende	herausruft

und	Schläfrige	schilt	Hahn	Verleugnende	schilt
inti	slaffiline	refsit	hano	laugenente	refsit
et	**somnolentos**	**increpat,**	**gallus**	**negantes**	**arguit.**
und	Schläfrige	schilt	Hahn	Verweigernde	anklagt

	(bei dem) Hahn	singendem	Hoffnung	zurück gegeben [ist]	(den) Kranken	Gesundheit
	henin	singantemo	uuan	erkepan [ist]	siuchem	heili
6	**Gallo**	**canente**	**spes**	**rediit,**[36]	**egris**	**salus**
	(bei dem) Hahn	singendem	Hoffnung	zurückgegeben [ist]	(den) Kranken	Gesundheit

wieder ausgegossen ist
auur kicoz[an ist][37]
refunditur,
wieder ausgegossen [ist]

Waffe	Diebes	abgebunden	ausgeglittenen	Glaube	wendet sich
uuaffa[n]	thiupes	intpuntan	pisliften	kilauba	uuiruit
mucro	**latronis**	**soluitur**[38]	**lapsis**	**fides**	**reuertitur.**
Dolch	Räubers	wird weg getan	Ausgeglittenen	Glaube	kehrt wieder

---

35 ***hoc ipsa petri ecclesia canente*:** *hoc ipse petra ecclesiae canente* Bulst; diese Lesart führt auf den Sinn: „Indem er dieses singt (*hoc canente*), wäscht selbst der Fels der Kirche (*ipsa petra ecclesiae*) die Schuld ab (*culpam diluit*)." Der lat. Text des Murbacher Hymnars führt auf den Sinn: „Indem die Kirche des Petrus selbst (*ipsa petri ecclesia*) dieses singt, wäscht sie die Schuld ab." An diese Lesart hält sich auch die Interlinearversion. In der Lesart nach Bulst ist Petrus, der „Fels der Kirche" (*petra ecclesiae*) das Subjekt von *canente*, in der Lesart des Murbacher Hymnars ist die Kirche selbst (*ipsa ecclesia*) das Subjekt. Die Lesart nach Bulst bietet auch im weiteren Zusammenhang der Hymne offensichtlich den besseren Sinn; vgl. Siewerts, Qualität und Funktion S. 259; Gerhards, Die Murbacher Hymnen, S. 134.

36 ***rediit:*** *redit* Bulst, Ergänzung *[ist]* von Sievers, eher passend zu *redit*, Siewerts, Qualität und Funktion S. 252, Gerhards, Die Murbacher Hymnen, S. 134.

37 ***kicoz[an ist]*** Ergänzung von Sievers.

38 ***soluitur*:** *conditur* („wird verborgen") Bulst; Siewerts, Qualität und Funktion S. 260 bevorzugt *soluitur* („wird erlöst"); anders Gerhards, Die Murbacher Hymnen, mit *conditur*, S. 135.

	Heiland	Fürchtende	sieh an	und uns	ansehend	mache recht
	heilant	furahtante	kasih	inti unsih	kesehanto	kirihti
7	**Ihesu,**	**pauente[*s*][39]**	**respice**	**et nos**	**uidendo**	**corrige.**
	Jesus	Fürchtende	beachte	und uns	ansehend	mache recht

wenn	uns	ansiehst	Ausgeglittene	nicht	fallen
ibu	u*n*sih[40]	kisihis	pislifte	ni	fallant
si	**nos**	**respicis,**	**lapsi**	**non**	**cadunt,**[41]
wenn	uns	ansiehst	Ausgeglittene	nicht	fallen

(mit) Klage und	(von der) Sünde	entbunden wird
uuofte ioh	sunta	inpu[n]tan uuirdit
fletuque	**culpa**	**soluitur.**
und mit Weinen	(von der) Sünde	gelöst wird

	du Licht	aufscheine	(den) Gedanken	der Nacht und	(den) Schlaf	erschüttere
	thu lioht	ar skin	huctim	thera naht ioh	slaf	arscuti
8	**Tu lux**	**refulge**	**sensibus**	**noctisque**[42]	**somnum**	**discute,**
	Du Licht	strahle zurück	den Sinnen	und der Nacht	den Schlaf	verjage

dich	unsere	Stimme	zuerst	laut mache	und	Münder	lasst uns entgelten
thih	unsriu	stimma	erist	lutte	inti	munda	keltem
te	**nostra**	**uox**	**primum**	**sonet,**	**et**	**ora**[43]	**soluamus**
dich	unsere	Stimme	zuerst	töne	und	(die) Münder	lasst uns lösen

dir	
thir	
tibi!	
dir	inti stunto[44]
	und (die) Stunde

39 ***pauentes*:** *labantes* Bulst.
40 ***unsih*:** Hs. *usih*.
41 ***si nos respicis, lapsi non cadunt*:** *si respicis, lapsus cadunt* Bulst; der Nom. Plur. *lapsi* im Murbacher Hymnar ist grammatisch falsch, *lapsus* Bulst, richtig.
42 **noctisque:** *mentisque* Bulst.
43 ***ora*:** *uota* („die Gelöbnisse") Bulst.
44 ***inti stunto*:** am Rande, wohl als Bekräftigung zu der problematischen Lesart *ora* gemeint, dazu Siewerts, Qualität und Funktion S. 253; Gerhards, Die Murbacher Hymnen, S. 135–136.

81 Vier Stücke aus den ‚Millstätter Hymnen‘

Törnquist

²**VL 6** (1986) Sp. 534–538, besonders 537–538 (Klaus Kirchert).
Ü.: Wien, ÖNB, cod. 2682, fol. 135v-178v; aus Admont (Wind).
Abb.: einzelne Seiten bei Törnquist 1934 und 1937, weitere s. Handschriftencensus.
Dat.: Hs. 12. Jh., Ende; Schrift der Interlinearversion nicht vor 1200 (Karin Schneider, Gotische Schriften I, S. 37), Werkentstehung wohl im 4. Viertel des 12. Jahrhunderts; wahrscheinlich aus Admont.
Spr.: bair.-österreich.
Ed.: AH (s. zu den einzelnen, hier aufgenommenen Stücken). – Törnquist, Cod. Pal. Vind. 2682. – Kritische Edition der beiden Hymnen des Ambrosius (‚Deus creator omnium‘ 30 und ‚Apostolorum passio‘ 77): Bulst, Hymni.
Lit.: Szövérffy, Hymnendichtung. – Gneuss, Hymnar. – Janota, Studien. – Wind, Lokalisierung und Datierung des ‚Millstätter Psalters‘. – März, Von der Interlinea zur Linea, hier besonders S. 82–84. – Hellgardt, Bemerkungen. – Weitere Hinweise s. Nr. 21 zum Millstätter Psalter. – Kommentare zu den Hymnen des Ambrosius in: Fontaine, Ambroise de Milan, Hymnes.

1. Deus creator omnium 30 (AH 50, Nr. 7)
2. Ave maris stella 52 (AH Nr. 51, Nr. 123)
3. Veni creator spiritus 71 (AH 50, Nr. 144)
4. Apostolorum passio 77 (AH 50, Nr. 15)

Text nach Törnquist und eigenem Digitalisat der Handschrift.

30[1]
Deus creator omnium

Ambrosius[2]
(AH 50, Nr. 7 Bulst S. 42)

	Gott	Schöpfer	aller	und Himmels	Lenker	bekleidend
	Got	**schepfar**	**aller**	**vñ himels**	**rihter**	**wâtund**
1	**DEVS**	**Creator**	**omnium**	**polique**	**rector**	**vestiens**
	den Tag	mit zierlichem	Lichte	die Nacht	Schlafes	Gnade
	den tach	**zierlichem**	**lihte**	**die naht**	**slafes**	**genade**
	diem	**decoro**	**lumine**	**noctem**	**soporis**	**gratia .**

1 Zählung der Hymnen nach der Millstätter Handschrift.
2 Ambrosius ist als Autor dieser Hymne durch Zitate und Zuschreibungen bei Augustinus zweifelsfrei gesichert, s. Michel Perrin, Hymne 4, in: Fontaine, Ambroise de Milan, S. 234.

	Glieder	die geösten	auf dass	die Ruhe	wieder gebe	der Arbeit	Nutzen
			daz	**div růwe**	**wider gebe**	**der arbeite**	**nutze**
2	**Artus**	**solutos**	**ut**	**quies**	**reddat**	**laboris**	**usui**

und Gemüter	müde	leicht mache	und Klagen	löse	sorgsam .
vñ mv̊te	**mv̊de**	**ringe mache**	**vñ chlage**	**zelœse**	**sorcsam .**
mentesque	**fessas**	**alleuet**	**luctusque**	**soluat**	**anxios .**

	Dank	vergangenem	schon	Tag	und	der Nacht	Aufgang	Gebete
	Genade	**zergangem**	**alzan**	**tage**	**vnd**	**der naht**	**vfrunst**	**gebet**
3	**Grates**	**peracto**	**iam**	**die**	**et**	**noctis**	**exortu**	**preces**

Versprechen	Schuldigen	dass	helfe	---	singende	erbieten wir
antheizen	**schuldige**	**daz**	**helfe**		**singende**	**erbieten wir .**
uotis[3]	**reos**	**ut**	**adiuuet**	**ymnum**	**canentes**	**soluimus .**

	dich	des Herzens	Tiefe	singe	dich	Stimme	helle	mithalle
	dich	**des herzen**	**tiefe**	**singe**	**dich**	**stimme**	**helliv**	**mit helle**
4	**Te**	**cordis**	**ima**	**concinat**	**te**	**uox**	**canora**	**concrepet**

dich	liebe	keusche	Liebe	dich	Sinn	anbete	nüchterner
dich	**minne**	**chuschev**	**minne**	**dich**	**mv̊t**	**anbete**	**nv̊hter .**
te	**diligat**	**castus**	**amor**	**te**	**mens**	**adorat**	**sobria .**

	auf dass	wenn	Tiefe	versperre	den Tag	Dunkelheit	Nächte
	daz	**swenne**	**tiefiv**	**gesperre**	**den tac**	**tunchelheit**	**nahte**
5	**Vt**	**cum**	**profunda**	**clauserit**	**diem**	**caligo**	**noctium**

Glaube	Finsteres	nicht wisse	und	Licht	Gläubigem	leuchte
gelovbe	**finster**	**newizze**	**vnd**	**lieht**	**geloͮbigem**	**lv̊hte .**
fides	**tenebras**	**nesciat**	**et**	**lux**	**fideli**	**luceat .**

	schlafen	dem Geist	nicht	erlaubst	schlafen	Schuld	erkenne
	slafen	**den mv̊t**	**niht**	**verhengest**	**slafen**	**schulde**	**erchenne**
6	**Dormire**	**mentem**	**non**	**sinas**	**dormire**	**culpa**	**nouerit**

Keusche	Glaube	erkühle	Schlafes	Trägheit	mäßige
chusche	**geloͮbe**	**erchv̊le**	**slafes**	**slewecheit**	**maze**
castos	**fides**	**refigeret**	**somni**	**saporem**	**temperet .**

3 *uotis*: *uoti* Bulst, Hymni.

ausgetan Sinn trägem
vz getan sinne trægem
7 **Exuta sensu lubrico**

dich Herzens hohe träume
dich herzen hohe travme
te cordis alta somniet

dass nicht Feindes neidigen Arglist
daz niht viendes nidiges honchust
ne hostis inuidi dolo

Furcht Ruhige erwecke
vorchte rv̊wige erweche .
pauor quietos suscitet .

Krist lasst uns bitten und den Vater
christ bitten wir vn den vater
8 **Christum rogemus et patrem**

Krists und Vaters Geist
christes vñ vaters geist
christi patrisque spiritum

einen gewaltig über alles
einen gewaltic vber elliv
unum potens per omnia

lenke Bittende Dreifaltigkeit
rihte bittvnde trivaltichei .
foue precantes trinitas .

52 Ave maris stella (AH 51, Nr. 123)

Ave Meeres Stern
mers sterne
1 **Ave Maris stella**

Gottes Mutter heilige
gotes mv̊ter heiligiv
dei mater alma

und immer Meid
vnd iemer meit
atque semper uirgo

selige Himmels Pforte
sæligiv himels borte .
felix celi porta .

empfangend den Gruß
enphahende den grv̊z
2 **Sumens illud aue**

des Engels Munde
des engeles mvnde
Gabrielis ore

festige uns in Frieden
vestene vns in vride
funda nos in pace

wandelnd Namen der Herrin
wandelvnd namen der vrouwen .
mutans nomen Eue

zerlöse die Bande (den) Schuldigen
zelœse div bant schuldigen
3 **Solue uincula reis**

bringe hervor Licht (den) Blinden
brinc vur lieht blinden
profer lumen cecis

Leid unser vertreibe
leit vnser vertribe
mala nostra pelle

Gutes alles erbitte
gv̊t elliv bite .
bona cuncta posce .

zeige dich sein Mutter
zeige dich sîn mv̊ter
4 **M onstra te esse matrem**

empfange durch dich Bitte
enphahe durh dich dige
sumat per te precem

der wegen uns Sohn
der vmbe vns svn
qui pro nobis natu

ertug sein dein .
vertrv̊c sîn dîn .
tulit esse tuus .

Meid einmalige
meit ein
5 **Uirgo singularis**

unter allen sanfte
vnder allen senfte
inter omnes mitis

uns Sünden erlöste
vns schulden zeloste
nos culpis solutos

sanfte mache und keusche .
senfte macche vnd chvsche .
mites fac et castos .

Leben verleihe reines
leben verlîch reinez
6 **Uitam presta puram**

Fahrt bereite sicher
vart bereite sicher
iter para tutum

dass wir sehende Jesus
daz wir sehende
ut uidentes Iesum

immer zusammen froh sein mögen
iemer ensament vrevn .
semper collaetemur .

sei Lob Gott Vater
si lop gote vater
7 **Sit laus deo patri**

oberstes (dem) Krist Zierde
oberistiv Christe gezierde
summum Christo decus

Geist heiligem Ehre
geiste heiligem ere
spiritui sancto honor

dreifaltig und einer .
trivaltic vnd einer .
trinus et unus . Amen .

71
Veni creator spiritus
Pfingsthymnus

Hrabanus Maurus
(AH 50, Nr. 144)

komm Schöpfer Geist — Seelen der Deinen besuche
chvme schepfær geist — mv̊te diner erwise
1 **VENI Creator spiritus — mentes tuorum uisita**

erfülle (mit der) oberen Gnade — die du hast geschaffen (die) Brüste
ervulle oberen genade — div du hast geschaffen bruste .
imple superna gratia — que tu creasti pectora .

der Tröster wirst genannt — Gabe Gottes des Höchsten
der trœster wirdest genant — gabe gotes des hœhesten
2 **Qui paraclitus diceris — donum dei altissimi**

Quelle lebendiges Feuer Liebe — und geistliche Salbe
vrsprinc lebendigez vivr minne — vnd geistlich salbe
fons uiuus ignis caritas — et spiritalis unctio .

du siebenfältiger an der Gnade — der Rechten Gottes du Finger
dv sibenvaltic an der gâbe — zeswen gotes dv vinger
3 **Tu septiformis munere — dextre dei tu digitus**

du rechtens verheißen des Vaters — (durch das) Wort kräftigst Zungen
dv sitelichen gehaizen des vaters — chœse richest zvngen .
tu rite promisso patris — sermone ditas[4] guttura .

entzünde Licht (den) Gedanken — gieße ein Liebe den Herzen
erzunde lieht sinnen — gv̊z in minne den herzen
4 **Accende lumen sensibus — infunde amorem cordibus**

Krankheit unseres Leibes — (mit) Tugend festigend ewiger
siecheit vnsers lichnamen — tvgende festinvnde ewiger .
infirma nostri corporis — uirtute firmans perpeti .

---

4 *ditas*: AH *ditans*.

	gib	der Freuden	Belohnungen	gib	(der) Gnaden	Gaben
	gib	**der vrevde**	**lon**	**gib**	**genaden**	**gabe**
5	**Da**	**gaudiorum**	**premia**	**da**	**gratiarum**	**munera**

zerlöse	Streites	Fesseln	füge	des Friedens	Bündnisse
zerlœse	**strites**	**gebende**	**vůge**	**des vrides**	**gelubde .**
dissolue	**litis**	**uincula**	**astringe**	**pacis**	**federa .**

	durch dich	wollen wissen wir	gib	(den Vater)	wollen erkennen wir	und	Sohn
	durh dich	**wizzen wir**	gib	---	**erchennen wir**	**vnd**	**svn**
6	**Per te**	**sciamus**	**da**	**patrem**	**noscamus**	**atque**	**filium**

dich	und jedes beider	Geist	glauben wir	in aller	Zeit
dich	**iewederes**	**geist**	**gelŏben wir**	**allem**	**zite .**
te	**utriusque**	**spiritum**	**credamus**	**omni**	**tempore . Amen**

77
Ambrosius
Apostolorum passio[5]

Hymne zum Fest Peter und Paul
(AH 50, Nr. 15, Bulst S. 50)

	der Apostel	Martyrium	(den) Tag	hat geheiligt	(der) Welt
	der boten	**marter**	**tac**	**hat geheiliget**	**werlte**
1	**Apostolorum**	**passio**	**diem**	**sacrauit**	**seculi**

Peters	Sieg	edlen	(Pauls)	Krone	voran tragend
---	**sig**	**edelen**	---	**chrône**	**voratragend**
Petri	**triumphum**	**nobilem**	**Pauli**	**coronam**	**preferens**

	hat gefügt	gleiche	Männer	(das) Blut	siegnehmenden	Todes
	hat gevůget	**geliche**	**manne**	**blůt**	**sigenvnftiches**	**todes**
2	**Coniunxit**	**equales**	**uiros**	**cruor**	**triumphalis**	**necis**

Gott	nachfolgende	Bischof[6]	Christs	hat gekrönt	Glaube
got	**nachvolgvnde**	**bischof**	**christes**	**hat gechronet**	**gelovbe**
deum	**secutos**	**presulem**	**Christi**	**coronauit**	**fides .**

---

5 Zur nicht ganz sicheren Zuschreibung dieser Hymne an Ambrosius s. Yves-Marie Duval, Hymne 12, in: Fontaine, Ambroise de Milan, Hymnes, S. 515–520.

6 ***praesul:*** eigentlich „der Vortänzer“; hier im mittelalterlichen Verständnis im Sinne der Amtsbezeichnung „Bischof“ verstanden.

der erste (Petrus) Apostel und nicht (Paulus) ungleich (aufgrund von) Gnade
der erste --- bote noh --- vngelich genade
3 **Primus Petrus apostolus nec Paulus impar gratia**

(der) Erwählung Fass heiliger (Peters) hat gleich gemacht (den) Glauben
erwelvnge vaz heiliger --- hat gelichet gelovben
electionis uas sacre Petri adequauit fidem .[7]

verkehrtem Kreuzes Fußspur Simon Ehre gebend Gott
verchêrtem chrvcis vůzspor --- êre gebende gote
4 **Verso crucis uestigio Symon honorem dans deo**

erhängter aufstieg gegebener niht uneigedenk (der) Weissagung
erhangener vfsteic gegebener niht vngehvge wissagvnge
suspensus ascendit dati non immemor oraculi .

gegürteter wie (voraus)gesagt ist (der) Alte emporgehoben von dem anderen
gegurter als geseit ist alter vferhaben von dem andern
5 **Precinctus ut dictum est senex eleuatus ab altero**[8]

wohin nie wollte ging sondern begehrend (den) Tod niedertrat scharfen
dar niene wolde gie svnder gerende tôt undertrat scherphen
quo nollet iuit sed uolens mortem subegit asperam .

davon die Stadt hohen Scheitel gutes Willen auf erhob
davon div stat hohen obenende gv̊tes willen vf erhv̊b
6 **Hinc Roma celsum uerticem deuotionis extulit**

grundgefestet (mit) solchem Blute und (mit) Prophet so großem (die) edle
grvntfestet solhem blv̊te vnd wissagen so grozem edele .
fundata tali sanguine et uate tanto nobilis .[9]

---

7 ***electionis uas sacrae Petri adaequauit fidem***: „Das Gefäß heiliger Erwählung wog auf der Glaube (Pauls).“

8 Richtig müsste der Vers so lauten: *et éleuátus ab áltero* (Bulst), dabei sind *-tus* und *ab* zu einer Silbe zu verschleifen.

9 *nobilis* rückbezüglich auf *Roma*, ebenso *edele* auf *div stat*. „Von daher richtete Rom den erhabenen Gipfel der Frömmigkeit empor, gegründet auf solches Blut und den so großen Propheten, die edle.“

	so großer	durch	(der) Stadt	Umfang	scharenweise	laufen	Mengen
	so grozer	**durh**	**stete**	**umbe[...]**[11]	**scharhafte**	**lovent**	**menige**
7[10]	**Tante**	**per**	**urbis**	**ambitum**	**stipata**	**tendunt**	**agmina**
	an dreien	wird begangen	Wegen		(das) Fest	heiliger	Märtyrer
	an drin	**wirt begangen**	**wegen**		**tvlt**	**heiliger**	**marterære**
	trinis	**celebratur**	**uiis**[12]		**festum**	**sacrorum**	**martyrum .**

	vor gehen	wer	die Welt	meine	zusammenlaufen	das Volk	Himmels
	vur gên	**wer**	**die werlt**	**wæne**	**zesamenlovfen**	**daz livt**	**himels**
8[13]	**Prodire**	**quis**	**mundum**	**putet**	**concurrere**	**plebem**	**poli**[14]
	auserwählt	der Völker	Haupt		Glaube	Lehrers	der Völker
	erwelt	**der diet**[15]	**hovbet**		**triwe**	**maisters**	**der diete**
	electa	**gentium**	**caput**		**fides**[16]	**magistri**	**gentium .**

---

10 In dieser Strophe ist wohl auf eine römische Prozession am Tage Peters und Pauls Bezug genommen.

11 ***umbe[...]***: unvollständige Glosse, vermutlich sollte *umbevanc* stehen.

12 ***trinis [...] uiis***: gemeint sein könnten die die Via Aurelia, die Via Ostensis und die Via Appia. Zu den Anspielungen der Strophe auf Örtlichkeiten Roms s. Yves-Marie Duval, in: Fontaine, Ambroise de Milan, Hymnes, hier S. 542–543.

13 Die Strophe ist als ganze in der Interlinearversion nicht verstanden. Das wird unter anderen an der falschen Lesart *fides* statt *sedes* im letzten Halbvers liegen (s. die folgenden Anmerkungen).

14 *Prodire quis mundum putet*
concurrere plebem poli:
„Ein jeder könnte meinen, dass die Welt voranschreite,
zusammenlaufe das Volk des Himmels."

15 ***der diet***: in Übereinstimmung mit *gentium* müsste *diete* stehen wie im folgenden Halbvers.

16 ***fides***: richtig müsste *sedes* stehen (ed. Bulst):
Electa gentium caput!
sedes magistri gentium!
„O du erwählte, Haupt der Völker!
Sitz des Lehrers der Völker!"

Zu *fides*/*triwe* vgl. die Glosse *fides*/*gelovbe* in Str. 2, letzter Halbvers.

82 Acht Stücke aus den Millstätter Jesaias-Lektionen der ‚Millstätter Interlinearversion zum Psalter und zu den Hymnen des Römischen Breviers' Törnquist

[2]**VL 6** (1985/87) Sp. 534–538 (Klaus Kirchert).
Ü.: Wien, ÖNB, Cod. 2682, fol. 179r-187v; nach Wind (s. u.) aus dem Benediktiner Doppelkloster Admont (Steiermark).
Abb.: einige bei Törnquist 1934 und 1937; ferner und zu einzelnen Seiten s. Handschriftencensus.
Dat.: um 1200/nicht vor 1200, s. zu Nr. 81.
Spr.: bair.-österr.
Ed.: Törnquist, Cod. Pal. Vind. 2682.
Lit.: Wind, Lokalisierung und Datierung des ‚Millstätter Psalters'. – Buber, Bücher der Kündung.

Die Handschrift enthält außer der Interlinearversion des ‚Millstätter Psalters' Nr. 81 (mit Cantica und katechetischen Stücken) und der Interlinearversion Hymnen des Stundengebets als Besonderheit auch insgesamt 24 Lektionen aus dem Alten Testament mit Interlinearversion, darunter zwölf aus Jesaias; acht von diesen wurden hier ausgewählt und zum ersten Mal übersetzt.

1. Is. 09,02–07 **POPULUS** qui ambulat in tenebris (Weihnachten)
2. Is. 33,02–10 **DOMINE MISERERE NOSTRI** (Advent)
3. Is. 40,10–17 **ECCE** dominus deus in fortitudine ueniet (Advent)
4. Is. 42,10–16 **CANTATE** domino canticum nouum (Advent)
5. Is. 49,7–13 **HEC** dicit dominus redemptor Israel (Advent?)
6. Is. 61,06–09 **VOS** sancti domini uocabimini ministri (liturgische Verwendung unbekannt)
7. Is. 61,10–11 **GAUDENS Gaudebo** in domino:´(liturgische Verwendung unbekannt)
8. Is. 63,01–05 **QUIS** est iste qui uenit (Mittwoch der Karwoche)

Über die liturgische Verwendung der Perikopen gibt die Handschrift keine Auskunft. Soweit Törnquist sie erschlossen hat (S. XXIII–XXV), ist das oben angegeben. Wahrscheinlich ist, dass die Lektionen im Besonderen für den Gebrauch der Frauen des Stiftes bestimmt waren und auch im Schulunterricht verwendet wurden. Dass die Lektionen im liturgischen Gebrauch jeweils verbunden mit einem Stück im vorderen Teil der Handschrift (Psalm, Canticum, Hymne) rezitiert wurden, darf sicherlich angenommen werden.

Interpunktion und Textauszeichnung in Anlehnung an die Handschrift nach Törnquist.

Die Übersetzung von Martin Buber und Franz Rosenzweig ist hier jedem Stück beigegeben, um einen Eindruck von der herausragenden poetischen Qualität der Jesaias-Texte zu vermitteln.

Text nach Törnquist und eigenem Digitalisat der Handschrift.

1
Jesaias 9,2–7

fol. 182r
(Törnquist 7)

Weihnachten

	Volk	das	ging	in den Finsternissen	sah	Licht	großes
	livt	**daz**	**gie**	**in den vinstern**	**sach**	**lieht**	**michelz.**
02	POPULUS	qui	ambulat	in tenebris,	uidit	lucem	magnam:

wohnenden	in	der Gegend	Schattens	des Todes	Licht	entstanden	ist	ihnen
bůwenden	**in**	**der gegende**	**schaten**	**des todes**	**lieht**	**vfgerunnen**	**ist**	**in.**
Habitantibus	in	regione	umbre	mortis,	lux	orta	est	eis.

	freuen sich	vor	dir	wie	die	sich freuen	bei	der	Ernte
	gevrevnt sich	**vor**	**dir**	**als**	**die**	**sich vrevvent**	**an**	**dem**	**snite**
03	Letabuntur	coram	te,	sicut	qui	letantur	in	messe.	

wie	sich freuen	Sieger	(bei) ergriffener	Beute
als	**sich vrewent**	**sigenvnfter**	**gevangen**	**rŏbe.**
Sicut	exultant	uictores	capta	preda,

wenn	(sie) teilen	die Beute
swenne	**teilent**	**den rovb.**
quando	diuidunt	spolia.

	Joch	nämlich	der Bürde	seiner
	ioh	**wande**	**burde**	**siner**
04	Iugum	enim	oneris	eius,

und	(die) Gerte	(der) Achsel	seiner	und	(das) Szepter
vnd	**gerten**	**ahseln**	**siner**	**vnd**	**chunicgerten**
et	uirgam	humeri	eius,	et	sceptrum

Schergen	seines	überwunden hast	wie	am Tage	Midians[1]
schergen	**sines**	**vberwunden hast**	**als**	**an dem tage**	**des livtes.**
exactoris	eius	superasti,	sicut	in die	Madian.

---

1 ***Midians***: s. Richter 7 (Kampferfolg Gideons gegen die Midianiter).

weil alle gewaltsame Beute mit Ungestüm wie Gewand
wand aller gewaltic rovb mit vngestv̊me als ein gewant
05 **Q**uia omnis uiolenta[2] predatio cum tumultu, ut uestimentum

gemischt mit Blut wird (sein) in Verbrennung und Speise Feuers
gemischet mit blv̊te wirt in verbrennvnge vnd spîse vivres.
mixtum sanguine erit in combustione et cibus ignis.

kleiner denn geboren ist uns und Sohn gegeben ist uns
weniger wand geborn ist vns vnd sun gegeben ist uns.
06 **P**aruulus enim natus est nobis, et filius datus est nobis.

und geworden ist Fürstentum über (die) Achsel seine und wird geheißen
vnd worden ist vurstv̊m vber anhselen sine vnd wirt geheizen
Et factus est principatus super humerum eius, et uocabitur

Name seiner wundersam Ratgeber Gott der Starke Vater
name sîn wunderlich ratgebe got der starche vater
nomen eius: admirabilis, consiliarius, deus, fortis, pater

künftiger Welt Fürst Friedens
chunftiger werld vurste vrides.
futuri seculi, princeps pacis.

manigfaltig wird sein Reich und Friedens nicht wird Ende
manicvalt wirt sîn rich vnd vrides niht wirt ende
07 **M**ultiplicabitur eius imperium, et pacis non erit finis;

auf den Stuhl (Davids) und über Reich seines sitzt
vf den stv̊l --- vnd vber rich sinez gesitzet
super solium Dauid, et super regnum eius sedebit,

auf dass fest mache jenes und kräftige in dem Gericht und Recht
daz veste mache daz vnd chreftige in dem gerihte vnd rehte
ut confirmet illud et corroberet in iudicio et iustitia,

fürderhin und bis in Ewigkeit
hinnenvur vnd vnze ewiclichen.
amodo et usque in sempiternum:

Zorn des Herrn der Heere tut das
ernest herren der here getv̊t daz.
Zelus domini exercituum faciet hoc.

---

2 ***uiolenta***: *violentia* Vulgata.

Buber, Bücher der Kündung, S. 32–33.

02 Das Volk, die in Finsternis gehen,
ersehen ein großes Licht,
die Siedler im Todschattenlande,
Licht erglänzt über sie.
03 Reich machst du den Jubel,
groß machst du die Freude,
sie freun sich vor deinem Antlitz,
wie beim Erntefreudenfest,
gleichwie man jubelt beim Beuteverteilen.

04 Denn das Joch seiner Fron
das die Schulter ihm beugt,
den Stock, der es antreibt,
du zerknickst sie wie am Midjantag.

05 Denn alljeder Stiefel,
herstiefelnd mit Gedröhn,
Rock in Blutlachen gewälzt,
zum Brande, Feuerfraß wird's.

06 Denn ein Neugeborner
ist uns geboren,
ein Sohn
ist uns gegeben,
auf seiner Schulter
wird die Fürstenschaft sein.

Seinen Wundernamen ruft man:
Ratsmann des heldischen Gottes,
Vater des Siegesgewinns,
Fürst des Friedens

07 Zu reicher Fürstenschaft
und zum Frieden ohne Ende
über Davids Stuhl
über seiner Königsmacht,
zu gründen die, sie zu stürzen
mit Gerechtigkeit, mit Wahrhaftigkeit,
von jetzt an in die Zeit fort:
vollbringen wird das SEIN des Umscharten
Eifer.

2
Jesaias 33,2–10

(Törnquist 1)
fol. 179r

Advent

	Herr	erbarme	dich unser.	(auf) dich	nämlich	(wir) haben gewartet
	herre	**erbarme**	**dich unser**	**dich**	**wand**	**han gebiten**
2	DOMINE	MISERERE	NOSTRI!	Te	enim	expectauimus.

sei	Arm	unser	an	dem Morgen	und Heil	unseres
wis	**arm**	**unser**	**an**	**dem morgen**	**vnd heil**	**unserz**
Esto	brachium	nostrum	in	mane,	et salus	nostra

in der Zeit	(der) Angst.
an dem zite	**angest.**
in tempore	tribulationis!

	von	(der) Stimme	(der) Engel	(flohen)	(Völker)
	von	**stimme**	**engel**	---	---
3	**A**	uoce	angeli	fugierunt	populi,

und	von	der Erhöhung	deiner	zerstreut	sind	die Völker.
---	**von**	**hohunge**	**diner**	**zeůoret**	**sint**	**diete.**
et	ab	exaltatione	tua	disperse	sunt	gentes.

	Und	werden gesammelt	Beute	eure	wie	(sammelt)	Käfer[3]
	vnt	**werdent gesament**	**rovb**[4]	**iwer**	**also**	---	**cheuer**
4	Et	congregabuntur	spolia	uestra	sicut	colligitur	brucus,

als	wenn	Gruben	voll	(sie) werden	von	ihm.
also	**so**	**grůben**	**vol**	**werdent**[5]	**von**	**im.**
velut	cum	fosse	plene	fuerint	de	eo.

---

3 ***Käfer***: gedacht ist an eine gefräßige Heuschrecke.
4 ***rovb:*** zu erwarten wäre in Übereinstimmung mit *spolia* Nom. Plur. *roube*, „die Beuten".
5 ***werdent***: zu erwarten mhd. *würden* wäre in Übereinstimmung mit *fuerint*.

	Erhaben	ist	Herr	denn	er wohnte
	geeret	**ist**	**herre**	**wand**	**er gebůwen hat**
5	Magnificatus	est	Dominus,	quoniam	habitauit

in der Höhe	er hat erfüllt	(Zion)	mit Gericht	und	Gerechtigkeit.
in der hœhe	**er hat ervullet**	**----**	**mit gerihte**	**unt**	**rehte**
in excelso;	impleuit	Sion	judicio	et	justicia.

	Und	wird sein	Glaubwürdigkeit	in	Zeiten	seinen	Reichtum	des Heils
	vnt	**wirt**	**gelǒbe**	**in**	**ziten**	**sinen**	**richtv̊m**	**heiles**
6	Et	erit	fides	in	temporibus	suis:[6]	Diuicie	salutis

Weisheit	und	Wissen	Furcht	des Herrn	er	ist	Schatz	seiner.
wisheit	**vnt**	**chvnst**	**vorhte**	**herren**	**er**	**ist**	**schatz**	**siner.**
sapientia	et	scientia,	timor	domini	ipse	est	thesaurus	eius.[7]

	Siehe,	Sehende	werden schreien	draußen	Engel	Friedens	bitterlich	weinen.
	sih	**sehende**	**geschrient**	**vzin**	**engel**	**vrides**	**bitterlichen**	**weinent**
7	Ecce	uidentes	clamabunt	foris,	angeli	pacis	amare	flebunt.

	Zerstört	sind	Wege	ist aufgehalten	vorbeigehender	durch	den Weg.
	zestœret	**sint**	**wege**	**ist gelenget**	**vurvarende**	**durh**	**den stîc**
8	Dissipate	sunt	uie,	cessauit	transiens	per	semitam:[8]

nichtig	geworden	ist Vertrag	warf nieder	die Städte
îtel	**worden**	**ist gedinge**	**hinwarf**	**die stete**
Irritum	factum	est pactum,	proiecit	ciuitates,[9]

(missachtete)	(die) Menschen.
--- ---	**livte.**
non reputauit	homines.

6 ***suis:*** *tuis* Vulgata.

7 ***thesaurus eius***: der Schatz Zions.

8 ***Dissipate* bis *per semitam:*** „Die Wege sind verödet, die Straßen sind leer." (Einheitsübersetzung).

9 ***pactum proiecit – homines***: im Sinne von. „Man warf nieder die Städte, man missachtete die Menschen."

	klagte	und	war siech	Erde	verstört	ist	der Berg.
	chlagete	**vñ**	**hat gesichet**[10]	**erde**	**geschendet**	**ist**	**der berc**
9	Luxit	et	elanguit	terra,	confusus	est	Libanus,

und	ward beschmutzt	und	gemacht	ist	(Scharon)[11]	gleichwie	Wüste
vnt	**wart vnsv̊ber**	**vnt**	**worden**	**ist**	**---**	**also**	**div wůste**
et	obsorduit;	et	factus	est	Saron	sicut	desertum,

und	erschüttert	ist	(Baschan)[12]	und	(Karmel)[13]
vnd	**erschutet**	**ist**	**---**	**vnd**	**---**
et	concussa	est	Basan,	et	Carmelus.

	Jetzt	soll ich aufstehen	sagt	der Herr	jetzt	werde (ich) erhöht,
	nu	**sten ich uf**	**sprichet**	**herre**	**nv**	**wirde gehœhet**
10	Nunc[14]	consurgam,	dicit	dominus,	nunc	exaltabor,

jetzt	werde (ich) erhöht
nv	**wirde ich erhebet.**
nunc	subleuabor.

---

10 ***gesichet*:** zu *siechen* „krank sein".
11 **Scharon:** eine fruchtbare Gegend im Ostjordanland zwischen Karmel und Jafo.
12 **Baschan:** Gebiet im Land Kanaan.
13 **Karmel:** Gebirge in Israel.
14 ***Nunc*:** Hs. *Tunc.*

Buber, Bücher der Kündung, S. 104–105.

02 DU,
sei uns günstig,
auf dich hoffen wir!
mochtest du allmorgendlich jenen der Arm sein,
sei nun auch uns Befreiung in der Stunde der Drangsal!
03 Schon entweichen die Völker vom Schall des Getöses,
zerstieben die Stämme vor seiner Erhebung!
Gerafft wird an euch Beute,
wie man Grillen aufrafft,
wie Grashüpfer rennen
rennt man dahin!

05 ER ragt empor
ja, in Erhabenheit wohnend,
füllt er Zion mit Recht und Wahrheit.
06 Er wird das Vertrauen deiner Notstunden sein,
Hort der Freiheiten,
der Weisheit, Erkenntnis,
IHN zu fürchten ist sein Schatzgeschmeid.

07 Da,
die Gottesherdler schreien draußen,
bitterlich weinen die Boten des Friedens:
08 Verödet sind die Straßen,
der des Pfades wanderte feiert!
jener zertrennt das Bündnis,
verwirft die Städte,
achtet die Menschen für nichts!
09 Das Land verfällt, es verfault,
der Libanon schämt sich, er verkümmert,
der Steppe gleich wird der Saron,
laubabschütteln Baschan und Karmel!

10 Jetzt stehe ich auf,
spricht ER,
jetzt erhebe ich mich,
jetzt richte ich mich hoch!

3
Jesaias 40,10–17

fol. 180r
(Törnquist 4)

Weinachten

	siehe	Herr	Gott	in Stärke	kommt	und	Arm	seiner
	sich	**herre**	**got**	**in der sterche**	**chumet**	**vnd**	**arm**	**sîn**
10	ECCE	dominus	deus	in fortitudine	ueniet,	et	brachium	eius

herrscht	siehe	Lohn	seiner	mit	ihm	und	Werk	seins	vor	ihm
geherschet.	**sich**	**lon**	**sin**	**mit**	**im**	**vnd**	**werch**	**sin**	**vor**	**im**
dominabitur.	Ecce	merces	eius	cum	eo,	et	opus	illius	coram	illo.

	so wie	ein Hirte	Herde	seine	bewahrt	an dem Arm	seinem
	als	**ein hirte**	**chorder**	**sin**	**gehaltet**[15]	**an dem arme**	**sinem**
11	Sicut	pastor	gregem	suum	pascet;	in brachi	suo

sammelt	Lämmer	und	auf	Schoß	seinem
gesamenet	**lember**	**vnd**	**in**	**schoze**	**siner**
congregabit	agnos,	et	in	sino	suo

aufhebt	Trächtige	er	trägt
vfgehebet	**berhafte**	**er**	**getreit.**
leuabit,	fetas	ipse	portabit.

	wer	gemessen hat	(mit) hohler Hand	Wässer	und	(die) Himmel	mit der Hand
	wer	**gemezzen hat**	**govfe**	**wazzer**	**vnd**	**himele**	**mit der hant**
12	Quis	mensus est	pugillo	aquas,	et	celos	palmo

hat gewägt	wer	wägte	(mit) drei Fingern	Last	der Erde
hat gewegen	**wer**	**wac**	**drin vingern**	**swære**	**der erden**
ponderabit?	**Q**uis	appendit	tribus digitis	molem	terre,

und	hat gewägt	mit dem Gewicht	Berge	und	Hügel	auf der Waage
vnd	**hat gewegen**	**an dem gewêge**	**berge**	**et**	**pvhel**	**an der wage**
et	librauit	in pondere	montes,	et	colles	in statera?

---

15 ***gehaltet***: zu *halten* im Sinne von „am Leben erhalten".

	wer	hat geholfen	(dem) Geist	(des) Herrn	oder	wer	Ratgeber	seiner
	wer	**hat geholfen**	**geist**	**herren**	**oder**	**wer**	**râtgebe**	**sin**
13	Quis	adiuuit	spiritum	domini?	aut	quis	consiliarius	eius

war	und	zeigt	ihm
was	**vnd**	**zeiget**	**im.**
fuit	et	ostendit	illi?

	mit	wem	ging in	den Rat	und	anwies	ihn	und	lehrte	ihn
	mit	**wem**	**angie**	**den rat**	**vnd**	**wîste**	**in**	**vnd**	**lêrte**	**in**
14	Cum[16]	quo	iniit	consilium,	et	instruxit	eum,	et	docuit	eum

den Weg	Rechtes	und	lehrte	ihn	Künste	und	(den) Weg	der Klugheit
den stîc	**rehtes**	**vnd**	**erwiste**	**in**	**chunste**	**vnd**	**wec**	**der witze**
semitam	iusticie	et	erudiuit	eum	scientia*m*[17]	et	uiam	prudentię

hat gezeigt	dem
hat gezeiget	**dem.**
ostendit	illi?

	siehe	Völker	gleich wie	Tropfen	(Eimers)	und	wie	(Zünglein)
	sich	**diete**	**als**	**tropfe**	**---**	**vnd**	**als**	**---**
15	ECCE	gentes	quasi	stilla	situlę,	et	quasi	momentum

der Waage	geachtet	sind	siehe	(die) Inseln	wie	Staub
der wage	**geahtet**	**sint.**	**sich**	**einlant**	**als**	**stovb**
statere	reputate	sunt.	Ecce	insulę	quasi	puluis

	und	der Berg	nicht	genügt	zum	Anzünden	und	Wildtiere	seine
	vnd	**der berc**	**niht**	**genvget**	**ze**	**anzvnden**	**vnd**	**chunter**[18]	**siniv**
16	Et	Lybanus[19]	non	suficiet	ad	succendendum;	et	animalia	eius

nicht	genügen	zum	Opfer
niht	**genv̂gent**	**ze**	**opfer.**
non	sufficient	ad	holocaustum.

16 ***Cum***: Hs. *Qum*.
17 ***scienta:*** Hs. scientia.
18 ***chunter***: zu kunder „Lebewesen, Ungeheuer".
19 ***Libanon***: wald-, besonders zedernreiches Gebirge in Palästina.

	alle	Völker	wie	nicht	seien	so	sind sie	vor ihm
	alle	**diete**	**als**	**niht**	**sîn**	**also**	**sint si**	**vor im**
17	**O**mnes	gentes	quasi	non	sint,	sic	sunt	coram eo.

und	wie	ein Nichts	und	nichtig	geachtet	sind	ihm
vnd	**als**	**ein niht**	**vnd**	**vppic**	**geahtet**	**sint**	**im.**
et	quasi	nichilum	et	inane	reputate	sunt	ei.

Buber, Bücher der Kündung, S. 126.

10 Da, euer Gott!
da, mein Herr, Er,
er kommt als der Starke,
sein Arm hat für ihn gewaltet,
da, bei ihm ist sein Sold,
vor ihm her sein Werklohn:
11 wie ein Hirt weidet er seine Herde,
Lämmer hält er in seinem Arm,
trägt sie am seinem Busen,
die Mutterschafe leitet er sacht.

12 Wer hat mit seiner Faust die Wasser gemessen,
die Himmel abgegriffen mit der Spanne,
mit dem Dreiling den Staub der Erde gefasst,
mit dem Schwebebalken Berge gewogen,
Hügel mit dem Schalenpaar?
13 Wer hat Seinen Geistbraus begriffen,
ein Mann, dem seinen Ratschluss er kundgibt?
14 Mit wem hat er sich beraten,
der zu unterscheiden ihm hülfe,
der um den Pfad des Rechts ihn belehrte,
der Erkenntnis ihn lehrte,
der den Weg der Unterscheidungen ihm kundgäbe?
15 Stämme da, sie sind wie vom Schöpffass ein Tropfen,
wie fürs Schalenpaar ein Korn gelten sie,
Eilande da, er lüpft sie wie Flocken.
16 Des Libanons wäre zum Brand nicht genug,
17 seines Wilds nicht genug, zur Darhöhung.
Alle Stämme sind wie Nichts vor ihm,
als vom Unding und Irrsal gelten sie ihm

4
Jesaias 42,10–16

fol. 181r
(Törnquist 5)

Advent

	singt	dem Herrn	Gesang	neues	Lob	sein	von	Enden	der Erde
	singet	**de*m* herren**	**gesanc**	**niuwez**	**lop**	**sin**	**von**	**ende**	**der erden**
10	CANTATE	domino	canticum	nouum,	laus	eius	ab	extremis	terrę.

die (ihr)	nieder steigt	in das Meer	und	die Fülle	seine
die	**nider stiget**	**in daz mer**	**vnd**	**div volle**	**sin**
Qui	descenditis	in mare,	et	plenitudo	eius;

Inseln	und	Bewohner	ihrer
einlant	**vnd**	**buvlivt**	**ir.**
insulę	et	habitatores	earum.

	es hebe sich	Wüste	und	Städte	seine	in	Häusern
	heve	**wůste**	**vnd**	**stete**	**sine**	**in**	**den hvsen**
11	Leuet[20]	desertum	et	ciuitates	eius.	in	domibus

in Häusern	wohnt	(Kedar)	lobt	Bewohner	Steines
in den hvsen	**wonet.**	**---**	**lobet**	**bůwære**	**steines**
in domibus	habitabit	Cedar:[21]	Laudate	habitatores	petre,

von	dem Scheitel	der Berge	rufen
von	**der scheitel**	**berge**	**gerv̊fent**
de	uertice	montium	clamabunt.

	(sie) setzen	Herrn	Ehre	und	Lob	sein	in	Inseln	verkünden
	gesetzent	**herren**	**ere**	**vnd**	**lop**	**sin**	**in**	**einlanden**	**gechundent.**
12	Ponent	domino	gloriam,	et	laudem	eius	in	insulis	nunciabunt.

---

20 ***Levet***: *subleuetur* Vulgata.

21 ***Cedar***: Kedar, Nomadenstamm der syrisch-arabischen Wüste.

	Herr	wie	stark	ausgeht	und	wie	Mann
	herre	**als**	**starch**	**vzgegêt**	**vnd**	**als**	**man**
13	Dominus	sicut	fortis	egredietur,	et	sicut	uir

Kämpfer	erweckt	Zorn	ruft	und	schreit
vrlivger	**erchuchet**	**ernest.**	**gerv̊fet**	**vnd**	**geschriet**
preliator	suscitabit	zelum.	Uociferabitur	et	clamabit,

und	über	Feinde	seine	wird gestärkt
vnd	**vber**	**viende**	**sine**	**wirt gesterchet.**
et	super	inimicos	suos	confortabitur.

	ich schwieg	immer	schwieg	geduldig	war
	ich sweic	**ie**	**gedagete**	**gedultic**	**was**
14	Tacui,	semper	silui,	patiens	fui

wie	Gebärende	möge reden	zerstöre	und	verschlinge	zugleich
als	**geberende**	**gerede.**	**zevůre**	**vnd**	**besv̊fe**	**ensament.**
sicut	pariens[22]	loquar.	Dissipabo,	et	absorbebo	simul.

	wüste	mache	Berge	und	Hügel	und	alles	Gras
	wůste	**mache**	**berge**	**vnd**	**pvhel**	**vnd**	**allez**	**graz**
15	desertos	faciam	montes	et	colles,	et	omne	gramen

ihrer	trockne	setze	die Wasser	zu	Inseln
ir	**getruchen**	**gesetze**	**div wazzer**	**in**	**eilant**
eorum	exsiccabo.	Ponam[23]	flumina	in	insulas,[24]

und	Teiche	dürre mache
vnd	**sê**	**durre mache.**
et	stagna	arefaciam.

---

22 ***pariens***: *parturiens* Vulgata.
23 ***ponam***: *et ponam* Vulgata.
24 ***ponam flumina in insulas***: „Flüsse mache ich zu festem Boden.“ Einheitsübersetzung.

	und	führe	Blinde	an den Weg	den	sie nicht wissen
	vnd	**leite**	**blinde**	**an den wec**	**den**	**si niht wizzent**
16	Et	ducam	cecos	in uiam	quam	nesciunt,

und	auf	den Wegen	die	sie nicht kannten	gehen	sie	mache
vnd	**in**	**den stigen**	**die**	**si niht erchanden**	**gên**	**si**	**schaffe.**
et	in	semites	quas	ignorauerunt	ambulare	eos	faciam.

setze	Finsternisse	vor	ihnen	in	Licht	und	Krummes	zu	Geraden
gesetze	**vinster**	**vor**	**in**	**ze**	**liehte**	**vnd**	**chrvmpiv**	**ze**	**gerehten.**
Ponam	tenebras	coram	eis	in	lucem,	et	praua	in	recta.

Buber, Bücher der Kündung, S. 134.

10 Singt IHM einen neuen Gesang,
seinem Preis von Erdrande her,
die ihr auf das Meer auslauft und seine Fülle
Küsten zusamt ihren Siedlern!
Anheben sollen die Wüste und ihre Städte,
11 die Gehöfte, die Kedar besiedelt,
jubeln die Siedler des Geklüfts, juchheien vom Haupte der Berge,
IHM sollen sie Ehren setzen,
12 seinen Preis an den Küsten vermelden.

Er fährt aus als Held,
13 als Kriegsmann weckt er den Eifer,
er schmettert,
ja dröhnt,
erzeigt sich heldisch an seinen Feinden:
14 „Von Zeiten her habe ich geschwiegen,
ich blieb still, ich bezähmte mich,
der Gebärenden gleich will ich stöhnen,
schnaufen und schnauben zumal,
15 öden will ich Berge und Hügel,
all ihr Kraut trocknen lassen,
Stromland umsetzen zu Küsten,
Sümpfe trockne ich aus,
16 aber ich gängle Blinde
auf einem Weg, den sie nicht kennen,
auf Steigen, die sie nicht kennen,
bewege ich sie hin,
Finster mache ich ihnen zum Licht
und das Holperige zur Ebne [...]“

5
Jesaias 49,7–13

fol. 181v
(Törnquist 6)

Advent (?)

	dieses	spricht	Herr	Erlöser	(Israel)	Heiliger	seiner
	ditze	**sprichet**	**herre**	**erlœsær**	**---**	**heilige**	**siner**
07	HEC	dicit	dominus,	redemptor	Israel,	sanctus	eius,

zu	verachtenswürdiger	Seele	und	verabscheutes	Volk
ze	**versmæhelichen**	**sele**	**vnd**	**vnmenniscliche**[25]	**diet**
ad	contemptibilem	animam,	et	abhominatam[26]	gentem.

zu	Knecht	(der) Herren	Könige	sehen	und	aufstehen
ze	**chnehte**	**herren.**	**chunege**	**gesehent**	**vnd**	**vf stent**
ad	seruum	dominorum.	Reges	uidebunt,	et	consurgent

Fürsten	und	anbeten	den Herrn	weil	gläubig	ist
vursten	**vnd**	**angebetent**	**herren**	**wand**	**gelŏbic**[27]	**ist**
principes;	et	adorabunt	dominum,[28]	quia	fidelis	est,

und heiligen	Israel	der	erwählte	dich
vnd heiligen	**---**	**der**	**erwelte**	**dich**
et sanctum	Israel	qui	elegit	te.

	dieses	spricht	Herr	in	der Zeit	gefälligem	erhörte	dich
	ditze	**sprichet**	**herre**	**an**	**dem zite**	**gevelligem**	**erhorte**	**dich**
08	Hec	dicit	dominus:	In	tempore	placito	exaudi	te,

und	an	dem Tage	des Heils	habe geholfen	dir
vnd	**an**	**dem tage**	**des heiles**	**han geholfen**	**dir.**
et	in	die	salutis	auxiliatus sum	tui.

---

25 ***vnmenniscliche***: „unmenschliche" aufgrund falscher Ableitung *ab-hominatus* statt *abominatus* (zu *ab-ominor* „verabscheuen".

26 ***abhominatam***: *abominatam* Vulgata.

27 **gelŏbic:** *fidelis* als „gläubig" statt „getreu" missverstanden.

28 ***adorabunt dominum***: *adorabunt propter dominum* Vulgata.

	und	erhielt	dich	und	gab	dich	zu	Freundvertrag	Volkes	meines
	vnd	**gehielt**	**dich**	**vnd**	**gab**	**dich**	**ze**	**vrivntgedinge**	**livtes**	**mines**
	Et	seruaui	te,	et	dedi	te	in	fedus	populi	mei,[29]

	auf dass	auferweckest	Erde	und	besäßest	Erbgüter	verstreute
	daz	**erchuchtest**	**erde**	**vnd**	**besæzest**	**erbe**	**zefvůrte.**
	ut	suscitares	terram,	et	possideris	hereditates	dissipatas.

	auf dass	sagtest	denen	die	gebunden	sind	geht hinaus
	daz	**seitest**	**den**	**die**	**gebunden**	**sint**	**get vz**
09	**V**t	diceres	his	qui	uincti	sunt:	exite;

	und	denen	die	in den Finsternissen	offen werdet
	vnd	**den**	**die**	**in den vinstern**	**offen werdet.**
	et	his	qui	in tenebris:	reuelamini.

	auf	den Wegen	ernährt werden	und	in	allen	Ebenen	Nahrung	ihrer
	an	**den wegen**	**gevůret werdent**	**vnd**	**in**	**allen**	**ebenen**	**vůre**[30]	**ir.**
	In	uiis	pascentur[31]	et	in	omnibus	planis	pascuę	eorum.

	nicht	hiungert sie	noch	dürsten	und	nicht	schlägt	sie	Hitze	und	Sonne
	niht	**hungert si**	**noh**	**durstent**	**vnd**	**niht**	**sleht**	**si**	**hitze**	**vñ**	**sunne**
10	**N**on	esurient	neque	sicient,	et	non	percutiet	eos	estus	et	sol,

	weil	Erbarmer	ihrer	regiert	sie
	wand	**erbarmær**	**ir**	**grihtet**	**si.**
	quia	miserator	eorum	reget	eos.

	und	bei (den)	Brunnen	der Wasser	tränkt sie
	vnt	**ze**	**brunnen**	**der wazzer**	**getrenchet si.**
	et	ad	fontes	aquarum	potabit eos.

	und	will setzen	alle	Berge	meine	zu	(dem) Weg
	vnd	**setze**	**alle**	**berge**	**mîne**	**ze**	**wege**
11	**E**t	ponam	omnes	montes	meos	in	uiam,

	und	Pfade	meine	erhöht werden
	vnd	**stîge**	**mine**	**gehohet werdent.**
	et	semite	mee	exaltabuntur.

---

29 ***populi mei***: *populi* Vulgata.
30 mit ***vůre*** „Nahrung“ ist *pascue* „die Weiden“ frei wiedergegeben.
31 ***In uiis pascentur***: *Super vias pascentur* Vulgata.

	siehe	diese	von	fern	kommen	und	siehe	die	von	(Norden)
	sich	**diese**	**von**	**verren**	**choment**	**vnd**	**sich**	**die**	**von**	**---**
12	Ecce	isti	de	longe	uenient,	et	ecce	illi	ab	aquilone

und	(dem) Meer	und	diese	von	(der) Erde	von Osten
vnd	**mere**	**vnd**	**diese**	**von**	**erden**	**œstert.**
et	mari,	et	isti	de	terra	australi.

	lobet	Himmel	und	freue sich	Erde	jubelt	Berge	Lob
	lobet	**himel**	**vnd**	**vrev sich**	**erde**	**singet**	**berge**	**lob**
13	Laudate,	celi,	et	exultet[32]	terra;	iubilate	montes	laudem,

weil	getröstet	hat	Herr	Volk	seines
wand	**getrœstet**	**hat**	**herre**	**livt**	**sîn**
quia	consolatus	est	dominus	populum	suum,

und	(der) Armen	seiner	erbarmt sich
vnd	**armen**	**siner**	**erbarmet sich.**
et	pauperum	suorum	miserebitur.

32 ***exultet***: *exulta* Vulgata.

Buber, Bücher der Kündung, S. 157–157.

07 So hat ER gesprochen,
der vom Mutterleib auf mich bildete zum Knecht sich.
Jaakob zu ihm zurückkehren zu lassen,
dass Jisrael zu ihm heimgebracht werde
– gewichtig bin ich in SEINEN Augen
und mein Gott ist mein Sieg nun –,
er sprach:
Zu gering ists dafür, dass du mein Knecht wardst
zu erstellen Jaakobs Stäbe,
die Bewahrten Jisraels umkehren zu lassen, –
den Weltstämmen gebe ich dich zum Licht,
dass meine Freiheit werde bis an den Rand des Erdreichs.

So hat ER gesprochen,
der Auslöser Jisraels,
sein Heiliger,
zu dem Seelenverachteten,
zum Abscheu der Stämmewelt,
zum Knecht der Zwingherrn:

Könige werdens sehn, und aufstehn,
Fürsten, und sich niederwerfen,
um SEINER willen, dass er treu ist,
des Heiligen Jisraels, der dich wählte,

zu denen in Finsternis:
Werdet offenbar!

08 So hat ER gesprochen:
in der Stunde der Gnade
antwortete ich dir,
am Tag der Befreiung
half ich dir, ich will dich aber verwahren,
ich will dich aber begeben
zu einem Volksbund,
das Erdreich herzustellen,
verödete Eigentume einzueignen,
09 zu den Gekerkerten zu sprechen:
Fahret aus!

10 An allen Wegen sollen sie weiden,
auf allen Kahlhängen ist ihnen Weidegrund,
sie werden nicht hungern,
sie werden nicht dürsten,
nicht schlägt sie Samum[33] und Sonne,
denn sie lenkt ihr Erbarmer,
an Wassersprudel leitet er sie.

11 Alle meine Berge mache ich zu Weg,
hoch laufen meine Straßen:
12 diese da kommen von fern,
diese da von Norden, vom Westmeer,
diese vom Ssiniterland.[34]
13 Jubelt, ihr Himmel,
frohlocke, Erde, brechet, ihr Berge, in Jubel aus,
denn ER tröstet sein Volk, seiner Gebeugten erbarmt er sich.

33 ***Samum:*** heißer Wüstenwind und Sandsturm in Nordafrika und Vorderasien.

34 ***Ssiniterland:*** das Land der Siniter – eines Stammes vermutlich ganz im Norden Kanaans, nur hier genannt.

6
Jesaias 61,6–9

fol. 186r
(Törnquist 16)

ihr Heilige des Herrn werdet genannt Diener Gottes unsres
ir heiligen des herren werdet genannt dienstlivte gotes vnsers
06 Uos SANCTI domini[35] uocabimini, ministri dei nostri,

wird gesprochen zu euch die Stärke der Völker sollt essen
wirt gesprochen ze iv. die sterche der diete sult ezzen
dicetur uobis; fortitudinem gentium comedetis,

und in der Ehre ihrer werdet herrschen
vnd in der ere ir sult geherschen
et in gloria earum superbietis.

wegen Schande eurer doppelter und Scham(röte)
vmb schande iwer zwispilder vñ schame
07 Pro confusione uestra duplici et rubore,

werden loben Teil seines (darum) dass in Erde ihrer
suln loben teil sinez. daz in erde ir
laudabunt partem suam. Propter hoc in terra sua

doppelte (sie) besitzen Freude ewige wird ihnen
zwispilde besitzent vrevde ewige wirt in.
duplicia possidebunt, leticia sempiterna erit eis.

Weil ich Herr liebend das kleine Gericht und zum Hass habend
wand ich herre minnvnde daz gerihtel[36] vnd ze haz habvunde
08 Quia ego dominus diligens iudicium, et odio habens

Raub in das Opfer
rovb in daz opfer.
rapinam in holocaustum.[37]

und (ich) gebe Werk ihrer in der Wahrheit
vnd gib werch ir in der warheit
Et dabo opus eorum in ueritate,[38]

---

35 ***Uos sancti domini***: *Vos autem sacerdotes domini* Vulgata.
36 ***gerihtel***: so schreibt die Hs.
37 Vulgata: *in holocausto*, gemeint ist also Raub am Opfer.
38 ***et dabo opus eorum in veritate***: „und gebe ihnen den Lohn." (Einheitsübersetzung).

und	Gelöbnis	ewiges	fest mache	ihnen
vnd	**gelubde**	**ewigez**	**gestætige**	**in.**
et	fedus	perpetuum	feriam	eis.

	und	wird gewusst	bei	den Völkern	Samen	ihrer
	vnd	**wirt wizzelich**	**in**	**den dieten**	**chunne**	**ir**
09	**Et**	scietur[39]	in	gentibus	semen	eorum,

und	Geschlecht	ihrer	in	der Mitte	der Völker	alle	die	sehen	sie
vnd	***geslæhte***[40]	**ir**	**in**	**der mitte**	**der livte.**	**alle**	**die**	**gesehent**	**si**
et	germen	eorum	in	medio	populorum.	**O**mnes	qui	uiderint	eos

erkennen	sie	weil	diese	sind	Samen	dem	gesegnet hat	der Herr
erchennent	**si**	**wand**	**dise**	**sint**	**gesame**	**dem**	**gesegenet hat**	**der herre.**
cognoscent	illos,	quia	isti	sunt	semen,	cui	benedixit	dominus.

Buber, Bücher der Kündung, S. 194–195.

06 ihr aber,
Priester IHM werdet ihr gerufen,
Unserm Gott Amtende spricht man euch an.
Der Erdstämme Reichtum sollt ihr genießen,
mit ihrem Ehrenschein dürft ihr tauschen.
Statt des Doppelmaßes eurer Schande
07 und dass den Schimpf als »ihr Teil« man bejauchze,
darum gilts:
– In ihrem Lande erben sie Doppelmaß,
Weltzeit-Freude soll ihnen werden.
Denn ICH bins,
der das Recht liebt,
08 der das Rauben durch Fälschung hasst,
ihren Werklohn gebe ich ihnen in Treuen,
einen Weltzeit-Bund schließe ich ihnen,
bekannt wird unter Stämmen ihr Same,
ihre Nachfahrn inmitten der Völker,
09 alle, die sie sehn, merken an ihnen:
Ja,
die sind ein Same,
den ER gesegnet hat.

---

39 ***scietur***: *scient* Vulgata.
40 ***geslæhte*** im Grundtext ist ursprünglich mit *chît* „Keim“ glossiert; darunter ist *geslæhte* nachgetragen.

7
Jesaias 61,10–11

fol. 187v
(Törnquist 23)

	freuend	freue mich	an	dem Herrn	und	(wird sich freuen)
	vrev[e]nde	**gevrev mich**	**an**	**[de]m herren**	**vnd**	**---**
10	**G**AUDENS	**G**audebo	in	domino,	et	exultabit

Seele	meine	an	Gott	meinem	Denn	hat angetan
sele	**miniv**	**a[n]**	**gote**	**mine[m].**	**wand**	**hat angeleit**
anima	mea	in	deo	meo.	**Q**uia	induit

mich	(mit) dem Gewand	Heiles	und	dem Kleid	der Freude
mich	**[d]em ge[w]ande**	**heiles**	**vnd**	**inslŏfe**	**[d]er vrevde**
me	uestimento[41]	salutis,	et	indumento	leticie

hat umgeben	mich	wie	den Bräutigam	geschmückten	(mit) Krone
h[a]t vmgeben	**mich.**	**als[e]**	**den [bruteg]on**	**gezierten**	**[ch]rône**
circumdetdit	me.	**Q**uasi	sponsum	decoratum	corona,

und	wie	die Braut	geschmückte	mit Broschen	ihre
vnd	**als**	**die brvt**	**gezierte**	**[mit] [n]uschel**	**ir.**
et	quasi	sponsam	ornatam	monilibus	suis.

	wie	nämlich	Erde	bringt	Keim	seinen
	als	**wand**	**erde**	**bringet**	**chît**	**[sin]**
11	**S**icut	enim	terra	profert	germen	suum,

und	wie	der Garten	Samen seinen	keimen lässt	so	Herr	Gott
vn[d]	**als**	**der garte**	**sam[en] sinen**	**chînet**	**also**	**herre**	**got**
et	sicut	hortus	semen suum	germinat,	sic	dominus	deus

gewuchert hat	das Recht	und	Lob	vor	allen	Völkern
gewuchert hat	**daz reht**	**v[n]d**	**lop**	**vor**	**allen**	**diete[n.]**
germabit	iusticiam	et	laudem	coram	uniuersis	gentibus.

41 ***uestimento*****:** *vestimentis* Vulgata.

Buber, Bücher der Kündung, S. 195.

10 Entzücken will ich mich, entzücken an IHM,
um meinen Gott will meine Seele jubeln,
denn er kleidet mich in Gewänder der Freiheit,
schlägt mich ein in den Mantel der Bewahrheitung,
wie der Bräutigam priestergleich prangt,
wie eine Braut anlegt ihr Geschmeide.
11 Ja,
wie das Land sein Gewächs emporfahren lässt,
wie ein Garten wachsen lässt sein Gesäm,
so lässt wachsen mein Herr ER,
die Bewährung,
den Lobpreis allen Erdstämmen zugegen.

8
Jesaias 63,1–5

fol. 184v
(Törnquist 13)

Mittwoch der Karwoche

	Wer	ist	dieser	der	kommt	von	(Edom)
	wer	**ist**	**dirre**	**der**	**chumet**	**von**	**---**
01	QUIS	est	iste,	qui	uenit	de	Edom,

mit gefärbten	Gewändern	von (Bosra)	dieser	schön	in	Gewand	seinem
mit gevarten	**gewande**	**von ---**	**dirre**	**wolgetan**	**in**	**gewande**	**sinem**
tinctis	uestibus	de bosra?	Iste	formosus	in	stola	sua,

gehend	in	der Menge	der Stärke	seiner
gende	**in**	**der menige**	**sterche**	**siner.**
gradiens	in	multitudine	fortitudinis	suę.

ich	der rede	das (Recht)	und	Vorfechter	bin	zum	Heilen
ich	**der rede**	**daz ---**	**vnd**	**vorvehter**	**bin**	**ze**	**heilen.**
Ego	qui loquor	iusticiam,	et	propugnator	sum	ad	saluandum.

	warum	also	rot	ist	Gewand	dein	und	Gewänder	deine
	warvmb	**von div**	**rot**	**ist**	**gewant**	**din**	**vnd**	**gewant**	**diniv**
02	Quare	ergo	rubrum	est	indumentum	tuum,	et	uestimenta	tua

wie	(der) Tretenden	in der Presse
als	**tretvnder**	**in der presse.**
sicut	calcantium	in torculari?

	Presse	habe getreten	allein	und	von	den Völkern
	bresse	**han getreten**	**eine**	**vnd**	**von**	**den dieten**
03	Torcular	calcaui	solus,	et	de	gentibus

nicht	ist	Mann	mit mir	habe getreten	sie	in Wut	meiner
niht	**ist**	**man**	**mit mir.**	**han getreten**	**si**	**in vnsite**	**minem**
non	est	uir	mecum.	Calcaui	eos	in furore	meo,

und	habe zertreten	sie	in Zorn	meinem	und	angespritzt	ist	Blut	ihrer
vnd	**han zetreten**	**si**	**in zorne**	**minem.**	**vnd**	**gesprenget**	**ist**	**blv̊t**	**ir**
et	conculcaui	eos	in ira	mea.	Et	aspersus	est	sanguis	eorum

	auf	Gewänder	meine	und	alle	Kleider	meine	habe beschmutzt
	vf	**gewant**	**min**	**vnd**	**elliv**	**inslovf**	**miniv**	**han gevnsv̊bert.**
	super	uestimenta	mea,	et	omnia	indumenta	mea	iniquinaui.

	Tag	nämlich	der Rache	in dem Herzen	mein
	tac	**wande**	**der rache**	**in dem herzen**	**min**
04	**D**ies	enim	ultionis	in corde	meo,

	Jahr	der Vergeltung	meiner	ist gekommen
	iar	**geltes**	**mines**	**ist chomen.**
	annus	retributionis[42]	meę	uenit.

	ich sah umher	und	nicht	war	Helfer	ich suchte	und	nicht	war
	ich sach vmbe	**und**	**niht**	**was**	**helfær**	**ich sv̊hte**	**vñ**	**niht**	**was**
05	**C**ircumspexi,	et	non	erat	auxiliator;	quesiui,	et	non	fuit,

	der	hülfe	und	rettete	mich	Arm	mein
	der	**hulfe.**	**vnd**	**geheilte**	**mir**	**arm**	**min**
	qui	adiuuaret.	**E**t	saluauit	michi	brachium	meum

	und	Unwille	meiner	der	geholfen hat	mir
	vnd	**vnwirde**	**miniv**	**div**	**geholfen hat**	**mir.**
	et	indignatio	mea	ipsa	auxiliata est	michi.

Buber, Bücher der Kündung, S. 199.

01 – Wer ist dieser da,
der von Edom, dem »Rotland« herkommt?
grellgefleckt die Gewänder
von Bozra, »Einherbste-Stadt« her?
dieser da
im Blähen seines Kleids
sich bäumend
in der Fülle seiner Kraft?

– Ich bins,
redend in Siegbewährung,
machtvoll, zu befreien.

02 – Weshalb die Röte an deinem Kleid,
deine Gewänder wie eines Keltertreters?

03 – Einsam trete ich die Kufe,
von den Völkern war niemand mit mir,
in meinem Zorn habe ichs zusammengetreten,
in meiner Grimmglut habe ichs zerpresst,
der Saft davon spritzte an meine Gewänder,
all meine Kleider habe ich besudelt.

04 Denn ein Tag der Ahndung war mir im Herzen,
meiner Lösung Jahr war gekommen, –
ich blickte mich um:
keiner der hülfe!
05 ich staunte umher:
keiner, der stützte!
so musste mein Arm mich befreien,
mein Grimm, er musste mich stützen, –

[...]

42 ***retributionis***: *redemptionis* Vulgata.

83 Murbacher ‚Te decet laus' und ‚Te deum'
Simbolotti, Siewerts, Gerhards

[2]**VL** und **VL** ahd. und as Lit. (2013) s. unter Murbacher Hymnen (Nr. 80).
Ü.: Oxford, Bodleian Libr., MS Jun. 25, hier fol. 216v-217r.
Abb.: s. unter Nr. 80 (Murbacher Hymnen), hier
https://digital.bodleian.ox.ac.uk/objects/4df4cdd2-14d8-4256-ae07-a09917b3408e/surfaces/132b9c13-da02-43ca-9618-8840b6ae6cb3/.
Dat.: s. unter Nr. 80 (Murbacher Hymnen, hier Murbacher Teil der Handschrift, Hs. 9. Jh., 1. Viertel, Ende (Schriftheimat Murbach), Textentstehung wenig früher.
Spr.: alem.
Ed.: Sievers, Die Murbacher Hymnen. – Simbolotti, Gli ‚Inni di Murbach'. – Siewerts, s. Lit. – Gerhards, Die Murbacher Hymnen.
Lit.: Kelle, LG, 98–99 und S. 339–340. – Kögel, LG I,2, S. 468–471. – Ehrismann LG I, S. 267–269. – Bulst, Hymni, hier S. 37–52 die Hymnen des Ambrosius. – Gneuss, Hymnar. – Gneuss, Zur Geschichte des Hymnars. – Siewerts, Qualität und Funktion.

Über den Glossen deren möglichst wörtliche nhd. Übersetzung, unter den Glossen freiere Übersetzung des Grundtextes.

Vergleichstext Windberger ‚Te deum' (Nr. 84).

Text nach dem Oxforder Digitalisat bzw. nach den unter Murbach (Nr. 80) genannten Editionen (Simbolotti, Siewerts, Gerhards) und den bei Simbolotti und Gerhards gebotenen Faksimiles.

[Te decet laus]

	dir	gebührt	Lob			Lobgesang	dir	Ehre	(dem) Gott	(dem) Vater
	thir	krisit[1]	lop	---	---	lopsanc	thir	tiurida	cote	fatere
01	**Te**	**decet**	**laus,**	**te**	**decet**	**ymnus,**	**tibi**	**gloria**	**deo**	**patri**
	Dir gebührt		Lob,	dir	gebührt	Lobgesang,	dir	Ehre,	Gott,	dem Vater.

	und	Sohne	mit	geweihtem	(dem) Hauch
	inti	sune	mit	uuihemo	atume
02	**et**	**filio**	**cum**	**sancto**	**spiritu**
	und	dem Sohn	zugleich mit	dem heiligen	Geist

in (die) Jahrhunderte	(der) Jahrhunderte	wahr
in uueralti	uueralteo	uuar
in secula	**seculorum,**	**amen.**
für Jahrhunderte	der Jahrhunderte.	Amen

1 ***krisit***: zu *gi-rîsan*, sw.V. „sich gebühren".

[Te deum laudamus]

	Dich	Gott	wir loben	dich	(den) Herrn	(wir) bekennen
	thih	cot	[lobo]mes	thih	[truhti]nan	gehemes
01	**Te**	**deum**	**laudamus**	**te**	**dominum**	**confitemur**
	Wir loben dich		Gott,	dich,	Herr,	bekennen wir,

	dich	(den) ewigen	Vater	jegwelche	Erde	würdigt	ehrt
	thih	euuigan	fater	eokiuuelih	erda	uuirdet	eret[2]
02	**Te**	**ęternum**	**patrem**	**omnis**	**terra**	**ueneratur**	
	Dich,	den ewigen	Vater	verehrt alle Welt.			

	dir	alle	Engel	dir	(die) Himmel	und	alle	Gewalten
	[thi]r	alle	[angi]la	[thi]r	[himi]la	[int]i	allo	kiuualtido
03	**Tibi**	**omnes**	**angeli,**	**tibi**	**caeli**	**et**	**uniuersę**	**potestates**
	Dir	alle	Engel	dir	die Himmel	und	sämtliche Mächte	

	dir				unaufhörlicher	Stimme	vor schreien
	[thi]r	---		---	unbilibanlicheru	stimmo	f[ora] harent
04	**Tibi**	**cerubin**	**et**	**syraphin**	**incessabili**	**uoce**	**proclamant,**
	dir	die Cherubin	und	die Seraphin	unbilibanlicheru	stimmo	f[ora] harent

	heiliger
	[uuihe]r
05	**sanctus,**
	heiliger

	heiliger
	[uuihe]r
06	**sanctus,**
	heiliger

	heiliger	Herr	Gott	Herr
	[uuihe]r	[truh]tin	[co]t	herro[3]
07	**sanctus**	**dominus**	**deus**	**sabaoth.**
	heiliger	Herr	Gott	der Heerscharen

2 ***uuirdet eret***: Doppelglosse.

3 ***herro***: „Herr“ Fehlübersetzung, das Wort *sabaoth* wurde nicht verstanden.

	volle	sind	(die) Himmel	und Erde	der Großkraft	(der) Glorie	deiner
	folliu	sint	[himi]la	[in]ti [er]da	thera meginchrefti	tiurida	[th]inera
08	**Pleni**	**sunt**	**cęli**	**et terr[a]**	**magestate**[4]	**glorię**	**tuę**
	voll	sind die Himmel		und die Erde	von der Majestät deiner Herrlichkeit		

	dich	ruhmreicher	(der) Boten	(Sing-)Kreis
	[thi]h	tiurlicher	potono	cart
09	**Te**	**gloriosus**	**apostolorum**	**chorus**
	Dich,	ruhmreicher	Chor der Apostel,	

	dich	(der) Weissager	löbliche	Zahl
	[thi]h	uuizagono	loplichiu	ruaua[5]
10	**Te**	**prophetarum**	**laudabilis**	**numerus**
	Dich,	der Propheten	löbliche	Zahl

	dich	(der) Weissager	schön gemachtes	lobt	Heer
	thih	urchundono	kasconnot	lobo[t]	heri
11	**Te**	**martyrum**	**candidatus**	**laudat**	**exercitus**
	dich	der Märtyrer	weißgekleidetes Heer lobt		

	Dich	Umwälzung	(der) Erden	heilige	bekennt	Versammlung
	[thi]h	umbiuuurft	erdono	uuihiu	gihit	sa[manun]ga
12	**Te**	**per orbem**	**terrarium**	**sancta**	**confitetur**	**ęcclesia**
	Dich	durch den Umkreis der Erden hindurch bekennt die heilige Kirche.				

	(den) Vater	(der) ungemessenen	Großkraft
	fater	ungimezenera	meginchrefti
13	**Patrem**	**immense**	**magestatis**
	den Vater	der unermesslichen	Majestät

	Ehre festhaltenden	deinen	wahren	einzigartigen	Sohn
	erhaftan	thinan	uuaran	einagu[n]	sun
14	**Uenerandum**	**tuum**	**uerum**	**unicum**	**filium**
	deinen verehrungswürdigen, wahren, einzigartigen Sohn				

4 ***magestate***: die Interlinearversion übersetzt den Ablativ des Maßes *zu pleni*, deutschem Sprachgebrauch entsprechend ausnahmsweise mit dem Genitiv *thera meginchrefti*; sonst wird der lat. Ablativ mit dem deutschen Dativ wiedergegeben. Es gibt in der lat. Überlieferung allerdings auch die falsche Lesart *maiestatis* im Genitiv des Wortes. Vgl. zur Stelle den Kommentar Gerhards, Die Murbacher Hymnen, S. 138.

5 ***ruaua***: *ruova, ruaba, ruava* „Zahl, Aufzählung".

heiligen auch Trost Hauch
uuihan auh trost atum
15 **Sanctum quoque paraclitum spiritum**
und den heiligen Geist, den Tröster

du König der Herrlichkeit Krist
thu chuninc thera tiurida [chr]ist
16 **Tu rex glorię christus,**
Du, König der Herrlichkeit, Christus

du Vaters immerseiender bist Sohn
thu fateres simbliger pist sun
17 **Tu patri**[6] **sempiternus es filius.**
Du bist des Vaters ewiger Sohn

du zum Erlösen annahmst (den) Menschen nicht
thu za arlosanne anfingi mannan ni
18 **Tu ad liberandum suscepisti hominem non**

nicht scheutest der Jungfrau Schoß
ni leithlichetos thera magidi ref
non orruisti uirgin[i]s uterum
Du, um sie zu befreien, hast die Menschnatur an dich genommen und nicht den Schoß der Jungfrau gescheut.

du (dem) besiegten Todes (dem) Stachel auftatest (den) Glaubenden
thu *kerihtemo todes angin intat[i] calupentem
19 **Tu deuicto mortis aculeo aperuisti credentibus**

(die) Reiche (der) Himmel
richi himilo
regna celorum
Du, nach Besiegung des Todesstachels öffnetest den Glaubenden die Reiche der Himmel.

Nachtrag zu 19 am rechten Rande: (dem) überwundenen
ubaruuunnomo

du zur Rechten Gottes sitzest in (der) Herrlichkeit Vaters
thu za zesuuun [co]tes sizis in tiuridu fateres
20 **Tu ad dexteram dei sedes in gloriam patris**
Du sitzt zur Rechten Gottes in der Herrlichkeit des Vaters

6 ***patri***: Hs. statt *patris*.

	Sühner	(zu) glauben bist	sein	künftiger
	suanari	kelaupanne pist[7]	uuesan	chumftiger
21	**Iudex**	**[cre]deris**	**esse**	**uenturus**
	Richter	wirst du geglaubt	zu sein,	künftiger

	dich	aber	(wir) bitten	deinen	Knechten	hilf
	[thi]h	auuer	p[itte]mes	thinem	s[cal]chun	hilf
22	**Te**	**ergo**	**quesumus**	**tuis**	**famulis**	**subueni**
	Dich	also	bitten wir	deinen	Knechten	hilf,

	die (du)	(mit) kostbarem	Blut	----
	thea	tiuremo	pluate	
	quos	**precioso**	**sanguine**	**redemisti**
	die du	mit kostbarem	Blut	erlöstest.

	(mit) ewiger	tue	mit	Geweihten	deinen	Herrlichkeit	lohnt
	euuigero	tua	mit	uuihem	thinem	tiurida	lonot[8]
23	**Aeterna**	**fac**	**cum**	**sanctis**	**tuis**	**gloria**	**munerare**
	Tu beschenken mit ewiger Herrlichkeit (uns) mit deinen Heiligen						

	gerettet	tue	Volk Leut(e)	deines	Herr		weihe	(dem) Erbe	deinem
	k[ehal]tan	tua	folh liut	thinaz	[truh]tin		[uui]hi	[er]be	[thine]mu
24	**Saluum**	**fac**	**populum**	**tuum**	**domine**	**et**	**benedic**	**ereditati**	**tuę**
	Gerettet	mach	dein Volk,		Herr,	und	segne	dein Erbe.	

	und	regiere	sie		erhebe	sie	bis	in	Ewigkeit
	inti	rihti	sie		erheui	sie	unzi	in	euuin
25	**Et**	**rege**	**eos**	**et**	**extolle**	**illos**	**usque**	**in**	**eternum**
	Und	führe	sie	und	erhebe	sie	bis	in	Ewigkeit

	durch einzelne	Tage	wohl (wir) reden dich
	thurah einluze	taga	uuela quhademes thih
26	**Per singulos**	**dies**	**benedicimus te**
	Durch alle Tage hindurch		Lob sprechen wir dir

7 ***kelaupanne pist***: Versuch einer Nachbildung des lateinischen Passivs *crederis* durch das Gerundium *kalaupanne* und *bist*.
8 ***lonot***: Schreibfehler statt Infinitiv *lonon*.

	und	(wir) loben	(den) Namen	deinen
	inti	lobomes	[na]mun	[thi]nan
27	**Et**	**laudamus**	**nomen**	**tuum**
	Und wir loben deinen Namen			

	(die) Weltalter		(in die) Weltalter	(in die) Weltalter	
	[uueral]ti	-- --	[uueral]ti	[uueral]ti	
in	**seculum**	**et in**	**seculum**	**seculi**	
in Ewigkeit und in Ewigkeit der Ewigkeit.					

	würdige (dich)	Herr	Tag	diesem	ohne	Sünde	uns	bewahren
	kiuuerdo	[truh]in	[ta]ge	[the]mo	ana	[sun]ta	unsih	k[ehal]tan
28	**Dignare**	**domine**	**die**	**isto**	**sine**	**peccato**	**nos**	**custodire**
	Würdige dich,	Herr,	an diesem Tage,		uns ohne Sünde			zu behüten.

	sei gnädig	unser	Herr	sei gnädig	unserer
	kinade	uns]er	[truh]tin	kinade	[un]ser
29	**Miserere**	**nostri**	**domine,**	**miserere**	**nostri**
	Erbarme dich	unser,	Herr,	erbarme dich	unser!

	Gnade		deine	Herr	über	uns	(durch das) Maß
	kinada		thiniu	truhtin	ubar	unsih	thiu mezu
30	**Fiat**	**misericordia**	**tua**	**domine**	**super**	**nos**	**quemadmodum**
	Komme dein Erbarmen,			Herr,	über	uns	gemäß dem, wie

(wir) hoffen	auf dich
uuantomes	in thih
sperauimus	**in te.**
wir gehofft haben	

	dich	Herr	(ich) wähnte	nicht sei	geschändet	in	Ewigkeit
	thih	truhtin	uuanta	ni si	kiskentit	in	euun
31	**In te,**	**domine,**	**spiraui,**	**non**	**confundar**	**in**	**eternum!**
	Auf dich,	Herr,	habe ich gehofft,	möge ich nicht zuschanden werden in Ewigkeit!			

84 Windberger ‚Te deum‘ und ‚Te decet laus‘ Graff

^{2}**VL** nicht erfasst; s. aber die Nachträge in ^{2}**VL 11** (2004), Sp. 1489–95, hier Sp. 1490–1494 (Nicola Zotz).
Ü.: München, BSB, cgm 17, fol. 222r-223r; aus dem Prämostratenser Kloster Windberg.
Abb.: vollständiges Digitalisat der Hs. in Farbe: https://daten.digitale-sammlungen.de/~db/0008/bsb00088326/images/index.html?id=00088326&nativeno=222r.
Dat.: Hs. 12. Jh., Anfang des 4. Viertels (Karin Schneider, Gotische Schriften I, S. 36); Werk nicht viel früher.
Spr.: nördl. Westmittelbair.
Ed.: Graff, Diutisca, S. 493–494.
Lit.: Graff, Diutisca, S. 493–494.

Vergleichstext: Murbacher ‚Te decet laus‘ und ‚Te deum‘, Nr. 83.

Die Handschrift stellt dem Text die legendäre Notiz voran, nach welcher das ‚Te deum‘ zuerst bei der Taufe Augustins von Bischof Ambrosius als Täufer und dem Täufling Augustin wechselweise rezitiert wurde.

Übersetzung des Grundtextes bei Nr. 83.

Text nach dem Digitalisat und Graff.

Windberger ‚Te deum‘ und ‚Te decet laus‘

Der Lobgesang	der seligen	Bischöfe,	(des Ambrosius	und	des Augustinus)
Daz lobesanch	dere saligen	bischoue	--	---	
Ymnus	beatorum	episcoporum	Ambrosii	et	Augustini
Hymnus	der Seligen	Bischöfe,	des Ambrosius	und	des Augustinus,

den	sie sangen	dem Herrn	abwechselnd	unter	ihnen	für	die Bekehrung
den	si sungen	deme herren	wehsellichen	unter	in	fure	die becherde
quem	cantaverunt	domino	vicissim	inter	se	pro	conversione
den	sie sangen	dem Herrn	abwechselnd	untereinander		für	die Bekehrung

des sehr leuchtenden	Lehrers	und	Vaters	(des Augustinus)
des uileheiteren	leraris	unde	uateres	---
preclari	doctoris	et	patris	Augustini.
des hochberühmten	Lehrers	und	Vaters,	des Augustinus.

[Te deum]

	Dich	Gott	wir loben	Dich	Herrn	wir bekennen
	Dih	got	wir loben	Dih	herren	wir ueriehen[1]
01	Te	deum	laudamus	te	dominum	confitemur.

	dich	ewigen	Vater	alle	die erde	ehrwürdigt.
	dih	ewigen	uater	elliu	diu erde	erwirdit
02	Te	ęternum	patrem	omnis	terra	veneratur.

	Dir	alle	Engel	dir	die Himmel	und	alle	Gewalten
	Dir	alle	engile	dir	die himile	unde	alle	gualte[2]
03	Tibi	omnes	angeli	tibi	cęli	et	universe	potestates

	Dir	die Wissensfülle	und	die mimmefeurige	mit unaufhörlicher	Stimme	vorrufen.
	Dir	die guizzeneuolle[3]	unde	die minnefiurige[4]	mit untuallicher[5]	stimme	furruoffent
04	Tibi	cherubim	et	seraphim	incessabile	voce	proclamant.

	Heiliger
	Heiliger
05	Sanctus.

	heiliger
	heiliger
06	sanctus.

	heiliger	Herr	Gott	der Heerscharen
	heiliger	herro	got	dere herre[6]
07	sanctus	dominus	deus	sabaoth.

---

1 ***ueriehen***: zu *ver-jehen*, „bekennen".
2 ***gualte:*** zu *ge-walt* stF „Gewalten".
3 ***guizzeneuolle***: nach Hieronymus Liber interpretationis Hebraicorum nomimum S. 74, Z. 20 wird *cherubim* „übersetzt" durch *scientiae multitude*, „Fülle des Wissens".
4 ***minnefiurige***: „minnefeurige"; Seraphim bedeutet hebräisch „die Brennenden", hier also als „die in Liebe brennenden" verstanden. Hieronymus, Liber interpretationis, *Seraphim ardentes uel incendentes*, S. 121–122.
5 ***untuallicher:*** zu *un-twâllich* „unaufhörlich".
6 ***got dere herre:*** müsste als Übersetzung von *deus sabaoth* „Gott der Heerscharen" eigentlich *got dere here* lauten.

	Voll	sind	(die) Himmel	und	(die) Erde	der Großkraft	(der) Ehre	deiner,
	Voll	sint	himile	unde	erde	dere magenchrefte	eren[7]	diner
08	Pleni	sunt	cęli	et	terra	maiestatis	glorię	tuę.

	Dich	der ehrenvolle	der Boten	Chor,
	Dih	der eruolle	dere boten	chor.
09	Te	gloriosus	apostolorum.	chorus

	Dich	der Weissager	der löbliche	(die) Zahl,
	Dih	dere wihsagen	der lobeliche	zale[8]
10	Te	prophetarum	laudabilis	numerus.

	Dich	der Märtyrer	der weißgekleideten	lobt	Zeugnis	Heer
	Dih	der martirare	der gewizzete	lobet	geziuch[9] .	here
11	Te	martirum	candidatus	laudat	exercitus.	

	Dich	durch	den Umkreis	der Erden	die heilige	bekennt	(die) Christenheit
	Dih	durh	den umberinch	dere erden	diu heilige	ueriehet	christenheit.
12	Te	per	orbem	terrarum	sancta	confitetur	ecclesia.

	Den Vater	der maßlosen	Großkraft
	Den uater	dere unmazzene	magenchreft.
13	Patrem	immense	maiestatis.

	Den ehrwürdigen	deinen	wahren	und	einzigen	Sohn
	Den erwirdigen	dinen	waren	unde	einigen	sun.
14	Venerandum	tuum	verum	et	unicum	filium.

	Den heiligen	auch	den Tröster	Geist.
	Den heiligen	ouh	den trostere	geist.
15	Sanctum	quoque	paracletum	spiritum.

	Du König	der Ehre	oh Krist
	Du chunich	der eren[10]	ó christ
16	Tu rex	glorię	χpiste.

---

7 ***eren:*** *êre*, gewöhnlich stark flektierend, kann auch schwach flektieren, Mhd. Gr. § 183, Anm. 4; die Übersetzung *eren diner* für *glorię tuę* ist korrekt formkongruent übersetzt.
8 ***zale***: ahd. *zala*, das auslautende *-a* ist hier noch zu *-e* abgeschwächt erhalten.
9 ***geziuch***: hat gewöhnlich die Bedeutung „Zeugnis, Zeuge", gelegentlich auch „Waffe"; wegen der ungewöhnlichen Übersetzung für *exercitus* hier wohl die Zweitglosse *here* mit der normalen Bedeutung „Heer".
10 S. die Anm. zu Zeile 8.

	Du	des Vaters	der ewige	bist	Sohn
	Du	des uater	der ewige	bist	sun
17	Tu	patris	sempiternus	es	filius.

	Du	zu	(dem) Erlösen	zum Empfangen Bestimmter	den Menschen
	Du	ze	erlosenne	enphahen solenter[11]	den mennisken
18	Tu	ad	liberandum	suscepturus	hominem

gar nicht	verabscheutest du	der Jngfrau	Bauch
nihne	eregesestu[12]	dere magede	buch
non	horruisti	virginis	uterum.

	Du (dem) Besiegenden	des Todes	(der) Angel . (dem) Haken
	Du besigentem[13]	des todes	angele . hacken.[14]
19	Tu devicto	mortis	aculeo

Du auftatest	den Glaubenden	die Reiche	(der) Himmel
Du uftæte	den gloubenten	die riche	himile
aperuisti	credentibus	regna	cęlorum.

	Du	zu	der Rechten	Gottes	sitzt	in der Ehre	des Vaters
	Du	ze	der zeswen	gotes	sizeist	in der ere	des uater.
20	Tu	ad	dexteram	dei	sedes	in gloria	patris.

	Urteiler	wirst du geglaubt	sein	kommen sollender
	Urteilær	wirdis du gloubet	wesen	chomen solenter.[15]
21	Iudex	crederis	esse	uenturus.

11 ***enphahen solenter***: Nachahmung des Partizips Futur *suscepturus* „zum Empfangen Bestimmter"
12 ***eregesestu***: wohl verschrieben statt *egesestu* zum Vb. **egesen* „verabscheuen" abgeleitet von *egese* stF „Schrecken, *horror*".
13 ***besigentem***: wäre formkongruent zu *deuincente*; eigentlich müsste zu *deuicto* formkongruent *besigetem* „dem Besiegten" stehen; Schreibfehler?
14 ***angele***: Dat. Sg. der mask. Variante von *angel*, „Angel"; auch haken Dat. Sg.; die beiden Dative in Nachbildung des lat. Ablativs *deuicto ... aculeo* „besiegt durch den Haken".
15 ***Urteilær wirdis du gloubet wesen chomen solenter***: wörtlich „Urteiler wirst du geglaubt zu sein kommen werdender", Nachahmung der lateinischen Passiv- und Futurmorphologie.

Dich rechtens wir besuchen deinen Knechten komme unter
Dih greht[16] wir besuochen[17] dinen chnehten underchume
22 Te ergo quesumus tuis famulis subveni

die mit wertvollem.teurem Blut du zurück kauftest
dei mit wertuollem.tiurem bluote du widerchouftest.
quos pretioso sanguine redemisti.

Mit der ewigen tue mit Heiligen deinen Ehre vergabt werden
Mit der ewigen tu mit heiligen dinen ere gegebet[18] werden.
23 Ęterna fac cum sanctis tuis Gloria munerari.[19]

Heilen.Genesenen tue Volk deinen Herr und segne (dem) Erbe deinem
Heilen.Gnesen. tuo liut dinen herro unde segene erbe dinem.
24 Salvum fac populum tuum domine et benedic hereditati tuę.

Und lenke sie und erhebe sie bis zu den Ewigen
Unde rihte sie unde erheue sie unze zen ewen.
25 Et rege eos et extolle illos usque in ęternum.

Durch jegliche Tage wohlspreche(n).lobe(n) ere(n) wir dich
Durh iegeliche tage wolespreche.lobe ere wir[20] dih.
26 Per singulos dies benedicimus te.

Und wir loben Namen deinen in die Weltzeiten und in die Weltzeiten der Weltzeiten
Unde wir loben namen dinen in die werlte und in die werlt dere werlte.
27 Et laudamus nomen tuum in seculum et in seculum seculi.

Geruhe.Würdige Herr (dem) Tage diesem ohne Sünde uns behüte
Geruoche.Gewerde. herro tage diseme ane sunte unsih behuote.
28 Dignare domine die isto sine peccato nos custodire.

16 ***greht***: BMZ s. v. *ge-rehto*, Adv.; als Glosse zu *ergo/igitur* gebräuchlich, vgl. Graff II, 411; StWG s. v. *retho*.

17 ***Dih ... wir besuochen / te ... quesumus***: bei der Übersetzung liegt wohl Verwechslung von *quaero* „aufsuchen" und *quaeso* „erbitten" vor; kann doch auch *quaeso* die Bedeutung „suchen" haben.

18 ***gegebet werden***: *gegebet* zu *geben*, swV. „Geschenke machen, lohnen"; *gegebet werden* Nachahmung des lat. Deponens *muneror* „schenken".

19 ***munerari***: lectio farilior statt lectio difficilior *numerari* im Murbacher Text.

20 ***wolespreche.lobe ere wir***: das fehlende Auslaut-*n* der Verbformen (1. P. Sg. Plur. Ind. ?) bleibt unerklärt.

	Erbarme dih	unser
	Erbarme dih	unser
29	Miserere	nostri.

	(Es) werde	Barmherzigkeit	dein	Herr	über	uns
	Werde	barmherce	din	herro	uber	unsih
30	Fiat	misericordia	tua	domine	super	nos

	ganz zu der Weise	wir gewärtigen	an dich
	alze der wis	wir gewartten	an dih.
	quemadmodum	speravimus	in te.

	An dich	Herr	gewärtige ich	gar nicht	werde ich	geschändet	zu den Ewigkeiten
	An dih	herro	gewarte ih	nihne	werde ih	geschentet	zen ewen.
31	In te	domine	speravi	non	confundar		in ęternum.

[Te decet laus]

(für) Dich	ziemt (sich)	Lob	dir	zusteht	Lobgesang	dir	Ehre.Ruhm
Dih	gezimet	lob	dih	geriset	lobesanch	dir	ere.guotliche.
Te	decet	laus	te	decet	ymnus	tibi	gloria.

Gott	Vater	und	dem	Sohn	mit	dem heiligen	Geiste
gote	uatere	unde	deme	sune	mit	deme heiligen	geiste
deo	patri	et		filio	cum	sancto	spiritu

in	die Weltzeitalter	der Weltzeitalter	getreulich.wahrlich
in	die werlte	dere werlte	getriuliche.warliche
in	secula	seculorum	amen.

Beichten

85 ‚Altbayerische Beichte und Oberaltaicher/Altbairisches (Beicht)gebet' Steinmeyer Nr. 41 und 42

[2]**VL 1** (1978), ‚Altbairische Beichte' (Orléans) Sp. 273–274 (Achim Masser). – [2]**VL 1** (1978), ‚Altbairisches (St. Emmeramer) Gebet' (1978); Sp: 275–276 (Achim Masser). – **VL** ahd. und as Lit. (2013), S. 38–46 (Ernst Hellgardt).

Ü.:

‚Altbairische Beichte'

Orléans, Bibl. Municipale, Hs. 184, S. 328; aus Fleury, dorthin nicht später als im 10. Jh. gekommen, Entstehung in der Salzburger Kirchenprovinz, vielleicht Mondsee oder Kremsmünster? (Bischoff, Paläographische Fragen, S. 125).

‚Altbairisches (Beicht)gebet' (‚St. Emmeramer Gebet')

Hs. A: Tepl/Teplá, ČR, Historische Bibliothek der Prämonstratenserabtei, Cod. b 9, S. 182–186; aus St. Emmeram / Oberaltaich (zur Rückführung der Hs. aus Prag nach Tepl, S. [2]VL 12 [2006], S. 388).

Hs. B: München, BSB, clm 14 345, fol. 117r; aus St. Emmeram, ursprünglich jedoch nicht von dort, sondern vielleicht aus dem Regensburger Frauenkonvent Niedermünster (Bischoff, Paläographische Fragen, S. 124).

Abb.

‚Altbairische Beichte'

Orléans s/w Digitalisat http://www.marburger-repertorien.de/abbildungen/pr/Orleans_StB_Cod_184_p328.jpg.

‚Altbairisches (Beicht)gebet' (‚St. Emmeramer Gebet')

Hs. A (Tepl): vollständiges Digitalisat in Farbe http://www.manuscriptorium.com/apps/index.php?direct=record&pid=AIPDIG-KPTK__0B_9________3FVBQSC-cs#search. – Foerster, Buch- und Urkundenschriften, S. 25 ff und Taf. 12 a und b; Urbánková, S. 65 u. Taf. 123.

Hs. B: (München) vollständiges Digitalisat der Hs. in Farbe: https://daten.digitale-sammlungen.de/0002/bsb00024480/images/index.html?id=00024480&groesser=&fip=193.174.98.30&no=&seite=239.

Dat.:

‚Altbairische Beichte'

Hs. Orléans spätestens gegen 820 (Bischoff, Paläographische Fragen S. 125; Bischoff Kat. Nr. 3781).

‚Altbairisches (St. Emmeramer) Gebet':

Hs. A Tepl (aus St. Emmeram / Oberaltaich): Hs. 9. Jh., vor der Mitte (Bischoff, Paläographische Fragen, S. 123).

Hs. B (Orléans) Schrift spätestens gegen 820 (Bischoff, Paläographische Fragen S. 125, Bischoff Kat. Nr. 3718).

Spr.: bair.

Ed.: ‚Altbairische Beichte' (Orléans): [4]MSD I, Nr. 78 A, S. 247 (Text). – ‚Altbairisches (St. Emmeramer) Gebet': [4]MSD I, Nr. 78 B, S. 248–249. – Steinmeyer Nr. 41, S. 309. – Steinmeyer Nr. 42 A (Oberaltaich/St. Emmeram) und Nr. 42 B (St. Emmeram/Niedermünster?), beide S. 310–314. – Müller, S. 100–101 (Orléans).

Lit.: Kelle, LG 1, S. 135. – Kögel, LG I,2, S. 533–535 und S. 556–557. – Ehrismann LG I, S. 321–322 und S. 337–341. – [4]MSD II, Nr. 78 A, S. 396–397 (Kommentar). – Zu den ahd. Beichten allgemein Hautkappe, Beichten. – Haubrichs, Die Anfänge, 247–250. – **VL** ahd. und as Lit. (2013), S. 38–46 (Ernst Hellgardt). – Hamilton, The Practice of Penance. – Hellgardt, Pragmatik. – Müller, S. 320 (Orléans, Kommentar). – Hellgardt, Althochdeutsche Texte.

Das unter der Hs. Orléans gegebene Stück ist sicherlich nicht für das offizielle Ritual der Beichte, sondern eher als Gebet für die private Andacht bestimmt. Es ist eng verwandt mit dem ersten Teil der Beichten aus Oberaltaich und St. Emmeram (Niedermünster?). Es wird hier wegen seiner engen Verwandtschaft mit diesen beiden Stücken zum Vergleich dargeboten. – Vgl. noch die Bemerkungen zu Nr. 93 und Nr. 94.

Zum ‚Altbairischen (St. Emmeramer) Gebet‘ gibt es eine Übertragung ins Altslowenische, s. die Hinweise bei Masser ²VL. Diese Bearbeitung, die in einer Handschrift des 10. Jahrhunderts unbekannter Herkunft in der Bayerischen Staatsbibliothek München (clm 6426) aus dem Bestand der Freisinger Dombibliothek erhalten ist, wird im Zusammenhang mit der Missionstätigkeit des Freisinger Bischofs Abraham (957–993) und des Bistums Freising in seinen kärntner Besitzungen gesehen, wo eine überwiegend slowenische Bevölkerung lebte. Eine Übersetzung des altslowenischen Textes bei Steinmeyer, S. 313–314. – Kudorfer, Freisinger Denkmäler, S. 233 – 253.

Texte nach Steinmeyer.

	Orléans	Hs. A (Tepl) Oberaltaich	Hs. B (München) St. Emmeram (Niedermünster?)
	Confessio pura		
01	Truhtin,	Trohtin,	Trohtin,
	dir uuirdu ih pigihtik	dir uuirdu ih pigihtik	dir uuirdu ih pigihtig
	allero minero suntiono	allero minero suntono	allero minero suntono
	enti missatatio,	enti missetateo,	enti minero missatateo,
02	alles des ih io	alles deih eo	alles des ih eo
	missasprah	missasprach	missasprahhi
	eddo missateta	edo missateta	oda missatati
	eddo missadahta,[1]	ædo missadahta,[2]	oda missadahti,[3]
03	uuorto	uuorto	uuorto
	enti uuercho	enti uuercho	enti uuercho
	enti kidancho,	enti kadanccho,	enti gadancho,
04	des ih kihukkiu	des ih kyhukkiu	des ih kihugku
	eddo nigahukkiu,	ædo nikihukku,	oda nigihugku,
05	des ih uuizzanto kiteta	des ih uuizzanto	des ih uuizzanto geteta
	eddo unuuizzanto,	[kiteta[4]] ædo unuuizzanto,	oda unuuizzanto,
06	notak eddo unnotak,	notac ædo unnotac,	notag oda unnotag,
07	slafanti eddo uuachenti:	slaffanto ædo uuahento:	slaffanto oda uuahhento:

1 Indikativ.
2 Indikativ.
3 Konjunktiv.
4 ***kiteta***: fehlt in der Hs.; vgl. die Parallelüberlieferung in der Hs. Orléans und St. Emmeram.

	Orléans	**Hs. A** **Oberaltaich**	**Hs. B** **St. Emmeram** **(Niedermünster?)**
	Aufrichtige Beichte		
01	Herr, dir werde ich geständig[5] aller meiner Sünden und Missetaten,	Herr, dir werde ich geständig aller meiner Sünden und Missetaten,	Herr, dir werde ich geständig aller meiner Sünden und meiner Missetaten,
02	alles (dessen), das ich je verfehlt sprach oder verfehlt tat oder verfehlt dachte,	alles (dessen), das ich je verfehlt sprach oder verfehlt tat oder verfehlt dachte,	alles (dessen), das ich je verfehlt gesprochen oder verfehlt getan oder verfehlt gedacht hätte,
03	an Worten und an Werken und an Gedanken,	an Worten und an Werken und an Gedanken,	an Worten und an Werken und an Gedanken,
04	derer ich gedenke oder nicht gedenke,	derer ich gedenke oder nicht gedenke,	derer ich gedenke oder nicht gedenke,
05	dessen, das ich wissend tat oder unwissend,	dessen, das ich wissend [tat] oder unwissend,	dessen, das ich wissend tat oder unwissend,
06	genötigt oder ungenötigt,	genötigt oder ungenötigt,	genötigt oder ungenötigt,
07	schlafend oder wachend:	schlafend oder wachend:	schlafend oder wachend:

5 ***bijihtig werdan eines dinges*** feste Formel für „etwas beichten".

	Orléans	**Hs. A** **Oberaltaich**	**Hs. B** **St. Emmeram** **(Niedermünster?)**
08	meinsuartio enti lugino,	meinsuuarteo enti lukino,	meinsuerto enti lugino,
09	kiridono enti unrehteru fizusheiti,[6]	kyridono enti unrehtero fizusheito,[7]	kiridono enti unrehtero uizusheito,[8]
10	huorono so uuie so ih sio kiteta,	huorono so uue so ih so kiteta,	hurono so uue so ih sio giteta,
11	enti unrehtero firinlustio in muose, in tranche enti in unrechtemo slafe:	enti unrehtero firinlusteo in muose enti in tranche, enti in unrehtemo slaffe;	enti unrehtero firinlusto in musa enti in trancha, enti in unrehtemo slaffa;
12	daz tu mir, truhtin, kinist enti kinada kauuerdos fargepan,	daz du mir, trohtin, kanist enti kanada farkip,[9]	daz du mir, trohtin, kenist enti ginada farkip,[10]
13	daz ih fora dinem augom unskamenti si,	enti daz ih fora dinen augon unscamanti si,	daz ih fora dinen ougun unscamenti mozzi uuesan
14	enti daz ih in deseru uueralti minero missatatio hriuun enti harmskara hapen muozzi,	enti daz ih in derru uueroltti minero suntono riuun enti harmscara hapan mozi	enti daz ih in desaro uueralti minero missatato riuun enti harmscara hapan mozzi,
15	solihho so dino miltida sin, alles uualtantio truhtin!	soliho so dino miltida sin, alles uualtenteo trohtin!	soliho so dino miltada sin, alles uualtanto trohtin!

6 Genitiv Singular.
7 Genitiv Plural.
8 Genitiv Plural.
9 Zum Imperativ *farkip* vgl. Anm. [4]MSD II, 398 zu Z. 7.
10 Zum Imperativ *farkip* vgl. Anm. [4]MSD II, 398 zu Z. 7.

	Orléans	**Hs. A** **Oberaltaich**	**Hs. B** **St. Emmeram** **(Niedermünster?)**
	Aufrichtige Beichte		
08	an Meineiden und Lügen,	an Meineiden und Lügen,	an Meineiden und Lügen,
09	an Begierden und unrechter List,	an Begierden und unrechten Listen,	an Begierden und unrechten Listen,
10	an Hurereien, wie auch immer ich sie verübte,	an Hurereien, wie auch immer ich sie verübte,	an Hurereien, wie auch immer ich sie verübte,
11	und an unrechten Sündenlüsten in Essen, in Trinken und in unrechtem Schlaf;	und an unrechten Sündenlüsten in Essen, in Trinken und in unrechtem Schlaf;	und an unrechten Sündenlüsten in Essen, in Trinken und in unrechtem Schlaf;
12	auf dass du mir, Herr, Rettung und Gnade zu verleihen, für wert hältst,	auf dass du mir, Herr, Rettung und Gnade verleihest,	auf dass du mir, Herr, Rettung und Gnade verleihest,
13	auf dass ich vor deinen Augen (ein sich) nicht Schämender sei,	und auf dass ich vor deinen Augen (ein sich) nicht Schämender sei,	auf dass ich vor deinen Augen (ein sich) nicht Schämender möge sein,
14	und auf das ich in dieser Welt wegen meiner Missetaten Reue und Strafzuteilung haben möge,	und auf das ich in dieser Welt wegen meiner Missetaten Reue und Strafzuteilung haben möge,	und auf das ich in dieser Welt wegen meiner Missetaten Reue und Strafzuteilung haben möge,
15	solche, wie sie von deiner Barmherzigkeit seien, aller Dinge waltender Herr!	solche, wie sie von deiner Barmherzigkeit seien, aller Dinge waltender Herr!	solche, wie sie von deiner Barmherzigkeit seien, aller Dinge waltender Herr!

	Hs. A Oberaltaich	Hs. B St. Emmeram (Niedermünster?)
16	Kot almahtigo	
	kauuerdo mir helfan,	
	enti kauuizzida mir farkepan	
	kanist enti kanada	
	in dinemo riche.	
	Kot almahtigo	Got almahtigo,
	kauuerdo mir helfan,	kauuerdo mir fargeban
	enti kauuizzida mir	keuuizzida
	ia furistentida	enti furistentida,
	ia gaotan uuillun	cutan uillun
	saman mit rehten galaupon	mit rehtan galoupon
	mir fargepan za dinemo deonoste.	za dinem deonosta.
17	Trohtin,	Trohtin,
	du in desa uueralt quami,	du in desa uuerolt quami,
	suntige za ganerienne,	suntiga za generienna,
	kauuerdo mih cahaltan	kauuerdo mih gahaltan enti ganerien.
	enti kanerien.	
18	Christ, cotes sun, uuiho trohtin,	Christ, cotas sun, trohtin,
	soso du uuelles	soso du uuelles
	enti dino canada sin,	enti soso dir gezeh si,
	tuo pi mih suntigon enti	tua pi mih,
	unuuirdigon scalch dinan.	scalh dinan.
19	Uuiho truhtin, kanadigo got,	Trohtin, ganadigo got,
	kauuerdo mir helfan	keuuerdo mir helfan
	suntikemo enti fartanemo	
	dinemo scalhe,	dinemo scalhe.
	uuanentemo dinero kanadono.	
20	Enstigo enti milteo trohtin,	
	du eino uueist,	du eino uuest, trohtin,
	uueo mino durfti sint:	uue mino durfti sint:

	HS. A **Oberaltaich**	**HS. B** **St. Emmeram** **(Niedermünster?)**
16	Gott, allmächtiger,	
	erachte es für wert, mir zu helfen,	
	und erachte es für wert,	
	mir zu verleihen	
	Erlösung und Gnade	
	in deinem Reich.	
	Gott, allmächtiger,	Gott, allmächtiger,
	erachte es für wert, mir zu helfen,	erachte es für wert, mir zu verleihen
	und Gewissen mir	Gewissen
	und Einsicht	und Einsicht,
	und guten Willen	guten Willen
	zusammen mit rechtem Glauben	und rechten Glauben
	mir zu verleihen zu deinem Dienst.	zu deinem Dienst.
17	Herr,	Herr,
	(der) du in diese Welt kamst,	(der) du in diese Welt kamst,
	Sündige zu erretten;	Sündige zu erretten,
	erachte es für wert,	erachte es für wert,
	mich zu erhalten und zu erretten.	mich zu erhalten und zu erretten.
18	Krist, Gottes Sohn, heiliger Herr,	Krist, Gottes Sohn, Herr,
	so wie du (es) wollest	so wie du (es) wollest
	und (so, wie) deine Gnaden seien,	und (so, wie) es für dich richtig sei,
	behandle mich Sündigen	behandle mich,
	und Unwürdigen,	
	deinen Knecht.	deinen Knecht
19	Heiliger Herr, gnädiger Gott,	Herr, gnädiger Gott,
	erachte es für wert, mir zu helfen	erachte es für wert, mir zu helfen,
	mir Sündigem, und Verworfenen,	
	deinem Knecht,	deinem Knecht.
	dem Hoffenden auf deine Gnaden.	
20	Günstiger und barmherziger Herr,	
	du allein weißt,	Du allein weißt, Herr,
	wie beschaffen meine Bedürfnisse	wie beschaffen meine Bedürfnisse
	sind:	sind:

	Hs. A Oberaltaich	Hs. B St. Emmeram (Niedermünster?)
21	in dino kanada enti in dino miltida,	in dino genada,
	uuiho truhtin, pifilhu	trohtin, pifilhu
	min herza	min herza,
	ia minan cadanc	mina gadancha,
	ia minan uuillun	minan uuillun,
	ia minan mot	minan mot,
	ia minan lip	minan lip,
	ia miniu uuort ia miniu uuerh.	miniu uuort, miniu uuerch.
22	Leisti, uuiho truhtin,	Leisti, trohtin,
	dino kanada	dino ganada
	in mir suntigin enti unuuirdigin	uper mih suntigan,
	scalhe dinemo.	dinan scalh.
23	kauuerdo mih canerien	kaneri mih, trohtin,
	fona allemo upile.	fona allemo upila.

	HS. A Oberaltaich	**HS. B St. Emmeram (Niedermünster?)**
21	in deine Gnade und in dein Erbarmen, heiliger Herr, befehle ich mein Herz und mein Denken und meinen Willen und meinen Sinn und mein Leben und meine Worte und meine Werke.	in deine Gnade, Herr, befehle ich mein Herz mein Denken, meinen Willen meinen Sinn, mein Leben, meine Worte, meine Werke.
22	Leiste, heiliger Herr, deine Gnade in mir Sündigem und Unwürdigem deinem Knecht.	Leiste, Herr, deine Gnade über mir Sündigem, deinen Knecht.
23	Erachte es für wert, mich zu erretten von allem Übel.	Errette mich, Herr, von allem Übel.

86–88 Lorscher Beichte / Vorauer Beichte (Bruchstücke) / Sächsische Beichte Steinmeyer Nr. 45, 46, 47

²**VL** 8 (1992), Sp. 467–468: **Sächsische Beichte** (Achim Masser). – ²VL 5 (1985), Sp. 910–911: **Lorscher Beichte** (Achim Masser). – ²VL 10 (1999), Sp. 512–513 (Achim Masser): **Vorauer Beichte** ²VL Sp. 512–513 (Achim Masser). – Zusammenfassend Haubrichs, LG, S. 247–250. – **VL** ahd. und as Lit. (2013), S. 38–46 (Ernst Hellgardt). – Hamilton, The Practice of Penance.

Ü.: Lorscher B.: Rom (Vatikan), Bibliotheca Vaticana, Hs. Pal. lat. 485, fol. 2v-3v; aus Lorsch., Vorauer B.: Straßburg, BN et Univ., cod. 2540 (olim L.germ. 414), fol. 1rb-vb, oberrheinisches Skriptorium.
Sächsische B.: Düsseldorf, Stadt- und Landesbibliothek, Hs. D 2, fol. 204(2)r-205(2)v; aus dem ehemaligen Frauenstift Essen;. Text nach Vorlage des 9. Jh., 2. Viertel. auf Grundlage eines fränkischen Formulars.

Abb.: Lorscher B.: vollständiges Digitalisat der Hs. in Farbe: https://bibliotheca-laureshamensis-digital.de/bav/bav_pal_lat_485/0010.
Fischer, Schrifttafeln, Taf. 10 (fol. 3r).
Vorauer B.: s/w-Abbildungen: fol.1r: http://www.marburger-repertorien.de/abbildungen/pr/Strassburg_NUB_Ms_2540_1r.jpg; fol. 1v: http://www.marburger-repertorien.de/abbildungen/pr/Strassburg_NUB_Ms_2540_1v.jpg.
Sächsische B.: farbiges Volldigitalisat der Handschrift: https://digital.ub.uni-duesseldorf.de/man/content/pageview/4588079.

Dat.: Lorscher B.: Hs. 9. Jh., letztes Viertel (Bischoff, Paläographische Fragen, S. 113).
Vorauer B.: Hs. 9. Jh., Ende, oberrheinisches Skriptorium (Bischoff, Paläographische Fragen, Anm. 66).
Sächs. B.: Hs. 10. Jh., spät (Bischoff, Paläographische Fragen, S. 130).

Spr.: Lorscher B.: südrhfr.
Vorauer B.: bair.
Sächsische B.: altwestfälisch.

Ed.: Lorscher B.: ⁴MSD I Nr. 72ᵇ, S. 238–239 (Text). – Steinmeyer Nr. 46, S. 323–326. – Schlosser S. 214–217 (Text). – Staiti, Agli inizi, hier besonders 686–692 (mit den kompletten Rahmentexten des Beichtordo).
Vorauer B.: ⁴MSD I Nr. 72ᶜ, S. 240 (Text). – Steinmeyer Nr. 47, S. 326–327 (Text).
Sächs. B.: ⁴MSD I Nr. 72, S. 236_238 (Text). – Wadstein Nr. 3, S. 16–17 (Text). – Steinmeyer Nr. 45, S. 318–323 (Text); lat. Vergleichstext dort S. 322–323. – Jahn, Beichtspiegel (mit Übersetzung, Text mit interlinearer Wiedergabe der Lorscher B.). – Foerste, Untersuchungen, S. 15–18 (S. 17–18 Übersetzung).

Lit.: Ahd. Beichten allgemein: Hautkappe, Beichten – Hamilton, The Practice of Penance. – Haubrichs, Die Anfänge, S. 249–250. – Hellgardt, Pragmatik.
Lorscher B.: Kelle, LG 1, S. 134 und S. 355. – Kögel, LG I,2, S. 545. – Ehrismann, LG I, S. 314–315. – ⁴MSD II Nr. 72ᵇ, S. 238–239 (Kommentar). – Schlosser, S. 390 (Kommentar). – Staiti, Agli inizi.
Vorauer B.: Kelle, LG 1, S. 134 und S. 355. – Ehrismann, LG I, S. 315. ⁴MSD II, Nr. 72ᶜ, S. 384–386 (Kommentar).
Sächs. B.: Kelle, LG 1, S. 68. – Kögel, LG I,2, S. 545–556. – Ehrismann, LG I, S. 313–314. – ⁴MSD II, Nr. 72, S. 376–380 (Kommentar). – Wadstein Nr. 3, S. 123–126 (Kommentar). – Jahn, Beichtspiegel, S. 80–94. – Foerste, Untersuchungen, S. 9–89. – Hautkappe, Beichten, S. 23–55. – Bruchhold, Beichten, hier S. 444–446. – Hellgardt, Althochdeutsche Texte.

Texte nach Steinmeyer und Wadstein.

Lorscher Beichte St. 46	Vorauer Beichte St. 47	Sächsische Beichte St. 45
	Kiloupistu in got fater almahtigen? enti sinan sun, den haltentun Christ? enti in den uuihun atum? Kiloupistu,daz die drî einer got almahtig ist, der scuof himil enti erda?[1]	

Titel

Confessio omnium peccatorum[2]		Confessio

Einleitung
Allgemeinbekenntnis

	Lorscher Beichte St. 46	Vorauer Beichte St. 47	Sächsische Beichte St. 45
	ih gihu	Quid nu:[3] Ih gihu	Ik giuhu
01	gote alamahtigen fater inti allen sinen sanctin	gote almahtigin fatere enti allen sinen [...][4] *	goda alomahtigon fadar endi allon sinon helagon
02	inti desen uuihedon[5] inti thir gotes manne[6]		endi theson uuihethon endi thi godes manne

1 Die der Vorauer Beichte vorgeschalteten Bekenntnisfragen gehören in die alte Tradition der Taufgelöbnisse (Nr. 72). Hier und in den späteren Beichtgottesdiensten leben sie fort (Nr. 92, Nr. 109).
2 ***Confessio omnium peccatorum***: Randbemerkung von jüngerer Hand. Steinmeyer, S. 325.
3 Sprecherwechsel. Nach den Antworten des Pönitenten auf die Trinitätsfragen fordert der Priester nun den Pönitenten auf, ihm die Beichte nachzusprechen; vgl. den Sprecherwechsel unten am Ende der Lorscher Beichte.
4 Textverlust wegen Randbeschnitt der Hs.; nachfolgend Textverlust bis Segment 27.
5 Gemeint sind die aktuell vorhandenen Reliquien des Altars.
6 „Mann Gottes“ meint den Priester, den zum Dienst an Gott verpflichteten Mann.

Lorscher Beichte St. 46	Vorauer Beichte St. 47	Sächsische Beichte St. 45
	Glaubst du an Gott, (den) Vater (den) allmächtigen? und seinen Sohn, den erlösenden Krist? und den weihen Atem? Glaubst du, dass die drei einer Gott allmächtig ist, der schuf Himmel und Erde?	

Titel

Bekenntnis aller Sünden		*Bekenntnis*

Einleitung
Erstes Allgemeinbekenntnis

	Lorscher Beichte St. 46	Vorauer Beichte St. 47	Sächsische Beichte St. 45
	Ich bekenne	Sage nun: Ich bekenne	Ich bekenne
01	Gott (dem) allmächtigen Vater und allen seinen Sankten	Gott (dem) allmächtigen Vater und allen seinen [...] *	Gott, (dem) allmächtigen Vater, und allen seinen Heiligen
02	und diesen Heiltümern und dir, dem Manne Gottes,		und diesen Heiltümern und dir, dem Manne Gottes,

	Lorscher Beichte St. 46	Vorauer Beichte St. 47	Sächsische Beichte St. 45
03	allero minero sunteno, thero ih gidahta inti gisprah inti gideda,		allero minero sundiono, thero the ik githahta endi gisprak endi gideda
04	--[7]		fan thiu the ik erist sun- dia uuerkian bigonsta.
			Ok iuhu ik
05	thaz uuidar gote uuari		--
06	inti daz uuidar minera cristan- heiti uuari		so huat so ik thes gideda thes uuithar mineru cristin- hedi uuari[8]
07	inti uuidar minemo gilouben		endi uuithar minamo gilouon uuari
08	inti uuidar mineru uuihun doufi[9]		--
09	inti uuidar mineru bigihdi.[10]		endi uuithar minemo bigihton uuari
10	--		endi uuithar minemo minemo mestra[11] uuari
11	--		endi uuithar minemo herdoma[12] uuari
	*		*
12	--		endi uuithar minemo rehta[13] uuari.

7 -- bedeutet nicht Textverlust, sondern dass die Beichte zu diesem Punkt nichts enthält.

8 Foerste, Untersuchungen, S. 17, bezieht diese Wendung auf das Taufgelübde; sie stimmt wohl eher zu *contra [...] legen christianam et contra sanctos canones* im Codex Sancti Gatiani Turensis, Hautkappe, Beichten S. 24.

9 Jede Sünde beeinträchtigt die in der Taufe erlangte Reinwaschung.

10 Rückfall in früher gebeichtete Sünden und/oder ein uneingelöstes Besserungsversprechen bei einer früheren Beichte.

11 Gemeint ist mit dem *mester* wahrscheinlich der Hl. Benedikt als Lehrer (*magister*) der Mönche, vgl. RB, Prolog: *Ausculta, o fili, praecepta magistri* [...]. Dies ist ein Indiz dafür, dass die Sächsische Beichte für Mönche gedacht war. In der Lorscher fehlt die Stelle.

12 ***herdom*** die „Herrschaft", die „Oberen" im Kloster, insbesondere der Abt und sein Stellvertreter, Hautkappe Beichten, S. 48.

13 ***reht*** kann hier entweder auf ein Amt im Kloster bezogen werden oder auf die Satzungen der Benediktsregel überhaupt, Hautkappe, Beichten, S. 47–48.

	Lorscher Beichte St. 46	Vorauer Beichte St. 47	Sächsische Beichte St. 45
03	alle meine Sünden, an welche ich dachte und die ich sprach und die ich tat,		alle meine Sünden, die an welche ich dachte und die ich sprach und die ich tat,
04	--		von da an, dass ich zu- erst Sünde zu tun begann
			Auch bekenne ich
05	das, was wider Gott wäre		--
06	und wider mein Christsein wäre		alles das, das ich bezüglich dessen tat, das wider mein Christsein wäre
07	und wider mein Glaubensbekenntnis		und wider mein Glaubensbekenntnis wäre
08	und wider meine heilige Taufe		--
09	und wider meine Beichte.		und wider meine Beichte wäre
10	--		und wider meinen Lehrer wäre
11	--		und wider meine Obrigkeit wäre
	*		*
12	--		und wider meine Pflicht wäre.

Sündenbekenntnis im einzelnen[14]

1. Abschnitt
Sünden gegen die zehn Gebote (Dekalogsünden) und Wurzelsünden.

	Lorscher Beichte	Vorauer Beichte	Sächsische Beichte
	Ih giu		Ik iuhu
13	nides, abunstes,		nit, has **s. auch 14** endi auunstes,**s. auch 63**
14	 bispraha,		hetias **s. auch 13** endi bisprakas,
15	sueriennes,[15]		sueriannias endi liagiannias,
16	firinlustio,		firinlustono
17	zitio forlazanero, **vgl. 61**		endi minero gitidio farlata- nero, **vgl. 66**
18	ubermuodi,		ouarmodias
19	geili,		--
20	slafheiti,		--
21	tragi gotes ambahtes, **vgl. 69**		endi tragi godes ambahtas, **vgl. 69**
22	huoro uuilleno,		horuuilliono,
23	farligero,		--
24	inti mordes inti manslahta,[16]		-- manslahtono,
25	ubarazi, ubartrunki.		ouaratas endi ouerdrankas endi ok untidion mos fehoda endi drank.[17]

14 Sicherlich hat der Pönitent nicht alle in diesem Spezialbekenntnis aufgezählten Sünden begangen. Das Sündenverzeichnis ist als Beichtspiegel für den Gebrauch bei der konkreten Einzelbeichte zu verstehen. Über die Möglichkeiten, wie man sich seinen Gebrauch im aktuellen Fall vorstellen kann, ausführlich Hautkappe, Beichten, S. 114–116.

Sündenbekenntnis im einzelnen

1. Abschnitt
Sünden gegen die zehn Gebote (Dekalogsünden) und Wurzelsünden.

	Lorscher Beichte	Vorauer Beichte	Sächsische Beichte
	Ich bekenne		Ich bekenne
13	Neid, Abgunst,		Neid, Abgunst,
14	Verleumdung,		Hass und Verleumdung
15	Schwören,		Schwören und Lügen,
16	verbrecherische Lüste,		verbrecherische Lüste,
17	unterlassene Gebetszeiten, **vgl. 61, 66. 69**		und meine unterlassenen Gebetszeiten, **vgl. 66**
18	Hochmut,		Hochmut,
19	Geilheit,		--
20	Schlafsucht,		--
21	Trägheit im Amt Gottes, **vgl. 69**		und Trägheit im Amt Gottes, **vgl. 69**
22	Willen zur Hurerei,		Willen zur Hurerei,
23	Ehebruch,		--
24	und Mord, Totschlag		Totschlag
25	Überessen, Übertrinken.		Überessen, und Übertrinken, und auch zu Unzeiten nahm ich Speise zu mir und trank.

---

15 ***periuria*** Hautkappe, Beichten S. 41.
16 ***homicidia manifesta et occulta*** Hautkappe, Beichten, S. 41.
17 *ne quis praesumat ante statutam horam vel postea quicquam cibi aut potus praesumere* RB 43, 18; so ist hier auch *ubarazi, ubartrunki* der Lorscher Beichte zu verstehen, Hautkappe, Beichten, S. 48.

	Lorscher Beichte	Vorauer Beichte	Sächsische Beichte
			Ok iuhu ik,
26	--		that ik giuuihid mos endi drank nithar got[18]
27	--		endi minas herdomas raka so negiheld so ik scolda, endi mer terida[19] than ik scoldi.[20]

Sündenbekenntnis im einzelnen

2. Abschnitt
Vergehen gegen das vierte Gebot

	Lorscher Beichte	Vorauer Beichte	Sächsische Beichte
	Ih gihu		Ik giuhu
28	thaz ih minan fater inti mina muater so niereda so ih scolda,	...][21] [enti mina muater só neereta so ih scolta,	that ik minan fadar endi moder so neeroda endi so neminnioda so ik scolda,
29	inti daz ich minan hereron so niereda so ih scolda, inti inan so niminnoda so ih scolda,	--	--
30	--	--	endi ok mina brothar endi mina suestar

18 Nicht an die Eucharistie ist hier gedacht, sondern an die täglichen Speisen und Getränke, die im Kloster vor dem Genuss gesegnet wurden; Hautkappe, Beichten S. 48.

19 ***terida*** „verzehrte" im Sinne von „verbrauchte".

20 Verantwortungsloser Umgang mit dem Klostergut, wie es dem einzelnen Mönch vom Abt zum Gebrauch zugeteilt wurde; dazu mehrere Stellen in der RB, vgl. Hautkappe, Beichten S. 48–50. Keine Entsprechung in der Lorscher Beichte.

21 Textverlust wegen Randbeschnitt der Handschrift; anschließend Segment 31.

	Lorscher Beichte	Vorauer Beichte	Sächsische Beichte
			Auch bekenne ich,
26	--		dass ich geweihte Speise und Trank nieder goss,
27	--		und die Dinge meiner Obrig- keit so nicht hielt, wie ich sollte, und mehr verzehrte, als ich sollte,

Sündenbekenntnis im einzelnen

2. Abschnitt
Vergehen gegen das vierte Gebot

	Lorscher Beichte	Vorauer Beichte	Sächsische Beichte
	Ich bekenne,		Ich bekenne,
28	dass ich meinen Vater und meine Mutter so nicht ehrte, wie ich sollte,	[...] und meine Mutter so nicht ehrte, wie ich sollte,	dass ich meinen Vater und (meine) Mutter so nicht ehrte und so nicht liebte, wie ich sollte,
29	und dass ich meinen Oberen so nicht ehrte wie ich sollte und ihn so nicht liebte wie ich sollte,	--	--
30	--	--	und auch meine Brüder und meine Schwestern,

	Lorscher Beichte	Vorauer Beichte	Sächsische Beichte
31	inti mine nahiston so niminnoda so ih scolda,	enti mina nahistun só neminnota so ih scolta.	endi mina othra nahiston endi mina friund[22] so neeroda endi so ne minnioda so ik scolda
			Thes giuhu ik hluttarliko,
32	--	--	that ik arma man endi othra elilendia so ne eroda endi so ne minnioda so ik scolda.
33	inti min uuip inti min kind so niminnoda inti nileerda so ich scolda	enti min uuip enti miniu chind enti mina iungirun so niminnota so ich scolta enti nilêrta so ich scolta	--
	--	--	Thes iuhu ik,
34	inti mine iungeron so ni leerda inti niminnoda so ih scolda,	enti mina iungirun so niminnota so ih scolta	that ik mina iungeron
35	indi mine fillola so niereda inti nileerda so ih scolda.	 enti nilêrta so ih scolta	endi mina fillulos so nelerda so ik scolda,

22 Mit den *friund* sind wohl im Unterschied zu den Blutsverwandten die Verschwägerten gemeint.

	Lorscher Beichte	Vorauer Beichte	Sächsische Beichte
31	und meine Nächsten so nicht liebte wie ich sollte,	und meine Nächsten so nicht liebte wie ich sollte,	und meine anderen Nächsten und meine Freunde so nicht ehrte und so nicht liebte wie ich sollte,
	--	--	Das bekenne ich auf lautere Weise,
32	--	--	dass ich arme Menschen und andere Ausgestoßene so nicht ehrte und so nicht liebte wie ich sollte,
33	und mein Weib und mein Kind so nicht liebte und nicht lehrte wie ich sollte,	und mein Weib und meine Kinder und meine Schüler so nicht liebte wie ich sollte und nicht lehrte wie ich sollte.	--
		--	Das bekenne ich
34	und meine Schüler so nicht lehrte und nicht liebte wie ich sollte,	und meine Schüler so nicht liebte wie ich sollte,	dass ich meine Schüler
35	und meine Patenkinder so nicht ehrte und so nicht lehrte wie ich sollte.	 und nicht lehrte wie ich sollte.	und meine Patenkinder so nicht lehrte wie ich sollte.

Sündenbekenntnis im einzelnen

3. Abschnitt
Feiertagsheiligung

	Lorscher Beichte	Vorauer Beichte	Sächsische Beichte
	Ich gihu,	--	--
36	thaz ih then uuihon sunnundag inti thia heilagun missa so niereda inti nimarda so ih scolda.	Daz ih die uuihun unnuntaga enti dea heiligun missa so niereta so ih scolta	thena helagon sunnundag endi thia helagun missa nefirioda endi neeroda so ik scolda.[23]
37		//[24] a // scolta	
38	--	--	[...][25] usas drohtinas likhamon endi is blod mid sulikaru forhtu endi mid silikaru minniu neantfeng, so ik scolda, **vgl. 70**

Sündenbekenntnis im einzelnen

4. Abschnitt
Zehntpflicht, Diebstahl

	Lorscher Beichte	Vorauer Beichte	Sächsische Beichte
	Ih gihu,		
39	daz ih minan decemon nifargalt so ih scolda,[26]	--	**s. 43**
40	daz ih stal inti ferstolan fehota.	Daz ih stal enti farstolan uehota.	**s. 54**

---

23 ***helagun missa*** hier im Sinne von Feiertage überhaupt, Hautkappe, Beichten, S. 42.
24 // = nicht mehr lesbare Stelle der Handschrift; anschließend Segment 40.
25 Das folgende hat die Wortstellung eines Nebensatze: Es scheint ein vorgeschalteter Hauptsatz und eine Konjunktion zu fehlen, etwa **Thes iuhu ik, that ik* [...] ; vgl. Hautkappe, Beichten, S. 51–52.

Sündenbekenntnis im einzelnen

3. Abschnitt
Feiertagsheiligung

	Lorscher Beichte	Vorauer Beichte	Sächsische Beichte
	Ich bekenne,	--	--
36	dass ich den heiligen Sonntag und die heilige Messe so nicht ehrte und nicht rühmte wie ich sollte.	dass ich die heiligen Sonntage und die heilige Messe so nicht ehrte wie ich sollte.	den heiligen Sonntag und die heilige Messe nicht feierte und nicht ehrte wie ich sollte.
37		... ... [a] sollte	
38	**s. 70**		unseres Herrn Leichnam und sein Blut mit solcher Furcht und mit solcher Liebe nicht empfing wie ich sollte,

Sündenbekenntnis im einzelnen

4. Abschnitt
Zehntpflicht, Diebstahl

	Lorscher Beichte	Vorauer Beichte	Sächsische Beichte
	Ich bekenne,		
39	dass ich meinen Zehnten nicht entgalt wie ich sollte,	--	**s. 43**
40	dass ich stahl und Gestohlenes aß.	dass ich stahl und Gestohlenes aß.	**s. 55**

26 Die Zehntpflicht galt nur für Laien, nicht für Kleriker und Mönche; Hautkappe Beichten, S. 47. Ohne Entsprechung in der Sächsischen Beichte.

Sündenbekenntnis im einzelnen

5. Abschnitt
Werke der leiblichen und geistigen Barmherzigkeit

	Lorscher Beichte	Vorauer Beichte	Sächsische Beichte
	Ih gihu,		--
41	thaz ich siohero niuuisoda,	Daz ih siohero niuuisota,	siakoro neuuisoda endi im ira nodthurti negaf so ik scolda,
42	serege nigidrosta,	seragon nigitrosta.	sera endi unfraha netrosta so ik scolda,
43	**s. 39**	--	minan degmon so rehto negaf so ik scolda,
44	gast nintfianc so ich scolda,	--	gasti so neantfeng so ik scolda.
			Ok iuhu ik,
45	**--; vgl. 47**	--	that ik thia giuuar, the ik giuuerran[27] nescolda, **vgl. 47**
46	gisahane nigisuonda, thie ih gisuenen mohda,	Daz ih sachana nisuonta, die ih gisuonan mohta,	endi thia negesuonda, the ik gisuonan scolda.
47	thaz ich meer giuuar inti unsipberon[28] gisageda thanne ih scoldi.	Daz ih mer giuuar enti unsipperun gisageta mer dan ih scolti.	--

---

27 ***giuuerran*** wörtlich „verwirren, durcheinander bringen". Die lateinischen Texte haben hier *inter se rixantes et discordantes seu irascentes, quos ad veram pacem perducere poteram* bzw. *inter se discordantes [...] et [...] rixantes plus ad iram quam ad pacem revocavi*, Hautkappe, Beichten, S. 28.

Sündenbekenntnis im einzelnen

5. Abschnitt
Werke der leiblichen und geistigen Barmherzigkeit

	Lorscher Beichte	Vorauer Beichte	Sächsische Beichte
	Ih gihu,		
41	Kranke nicht besuchte	dass ich Kranke nicht besuchte	Kranke nicht besuchte und ihnen nach ihren Bedürf- nissen nicht gab
42	Traurige nicht tröstete,	Traurige nicht tröstete.	Traurige und Unfrohe nicht tröstete, wie ich sollte,
43		--	meinen Zehnten so rechtmäßig nicht gab, wie ich sollte,
44	(den) Gast nicht empfing wie ich sollte,	--	Gäste so nicht empfing, wie ich sollte.
			auch bekenne ich
45	–	--	dass ich die in Verwirrung brachte, die ich nicht verwirren sollte,
46	Zerstrittene nicht versöhnte, die ich versöhnen konnte,	dass ich Zerstrittene nicht versöhnte, die ich versöhnen konnte,	und die nicht versöhnte, die ich versöhnen sollte.
47	dass ich mehr Verwirrung stiftete und unfreundliche Dinge sagte, als ich sollte.	dass ich mehr Verwirrung stiftete und unfreundliche Dinge sagte, mehr als ich sollte,	--; **vgl. 45**

28 *unsibbi*, Adj., „nicht zur Sippe gehörig, unfreundlich".

	Lorscher Beichte	Vorauer Beichte	Sächsische Beichte
	Ih gihu,		
48	thaz ih daz giloupda, thaz ih gilouben niscolda, thaz ih nigiloupta, thaz ih gilouben scolta.[29]	Daz ih giloupta, daz ih giloupan niscolta //	**s. 54**

Sündenbekenntnis im einzelnen

6. Abschnitt
Verschiedenes[30]
Versäumnisse und Fehlhandlungen im liturgischen Dienst

	Lorscher Beichte	Vorauer Beichte	Sächsische Beichte
	Ih gihu[31]		Ik iuhu
49	unrehtero gisihto, unrehtera gihorida	// gisihto,	unrehtaro gisihtio, unrehtaro gihorithano
50	unrehtero gidanco, unrehdero uuordo, unrehdero uuerco,	//	endi unrehtaro githankono, unrehtoro uuordo, unrehtaro uuerko,

51	unrehtero sedelo,
	unrehtero stadalo,
	unrehtero legero,
	unrehtero gango,
		
		// unrehtero stadlo
		// unrehtero //
			unrehtaro sethlo,
			unrehtaro stadlo,
			unrehtoro legaro,

29 Nicht Abfall vom christlichen Glauben, sondern Glauben bzw. Nichtglauben dessen, was über den Nächsten ausgesagt wird. Hautkappe, Beichten, S. 42 mit Verweis auf die lat. Quellen zu diesem Abschnitt: *Mendacium indiscrete credidi. Quod credere debui, non credidi, et quod credere non debui, credidi. Detractationes libenter audivi, aliosque libenter detraxi.* Codex Sancti Gatiani Turonensis. – *Malum omne plus credere quam veritatem audire desideravi. Quod credere debui, non credidi, et quod non debui, credidi.* Egberti liber poenitentialis (zitiert bei Haukappe, S. 28).

30 „Kleinkataloge" in Segment 49–52, 58–60; vor allem aber Versäumnisse und Fehlhandlungen im liturgischen Dienst.

	Lorscher Beichte	Vorauer Beichte	Sächsische Beichte
	Ich bekenne,		
48	dass ich das glaubte, was ich nicht glauben sollte, dass ich das nicht glaubte, das ich glauben sollte.	dass ich glaubte, was ich nicht glauben sollte.	

Sündenbekenntnis im einzelnen

6. Abschnitt
Verschiedenes
Versäumnisse und Fehlhandlungen im liturgischen Dienst

	Lorscher Beichte	Vorauer Beichte	Sächsische Beichte
	Ich bekenne,		Ich bekenne
49	das Sehen unrechter Dinge, das Hören unrechter Dinge,	[...] das Sehen [*unrechter Dinge*]	das Sehen unrechter Dinge, das Hören unrechter Dinge,
50	unrechte Gedanken, unrechte Worte, unrechte Werke	//	unrechte Gedanken, unrechte Worte, unrechte Werke
51	unrechtes Sitzen, unrechtes Stehen, unrechtes Liegen, unrechtes Gehen	// unrechtes Stehen // unrechtes //	unrechtes Stehen, unrechtes Gehen, unrechtes Liegen

31 Den Teilen des hier beginnenden Abschnitts 6 liegt in den lat. Quellen die Einarbeitung einer weiteren, ihrerseits mehrfach überarbeiteten Quelle zugrunde, die als Beichte für Kleriker bzw. Mönche konzipiert war. Sie mahnte die Beichte von Versäumnissen und Fehlhandlungen im liturgischen Dienst an; vgl. Hautkappe, Beichten, S. 42–44. Im deutschen Text ist kaum noch kenntlich, dass ursprünglich solche Sünden gemeint waren.

	Lorscher Beichte	Vorauer Beichte	Sächsische Beichte
52	unrehtes anafanges, unrehtero cosso.		unrehtas cussiannias, unrehtas helsiannias, unrehtas anafangas.[32]
		*	*
53	--	//	Ik gihorda hethinussia endi unhrenia sespilon.[33]
54	**s. 48**	//	Ik gilofda, thes ik gilouian nescolda. **vgl. 48**
55	**s. 40**	//	Ik stal, ik farstolan fehoda,
56	--	//	ana orlof gaf, ana orlof antfeng,[34]
	Ih gihu,		
57	**77** thaz ich minan heit brah,[35] suuor in uuihidon inti bi gotes heilogon.	// Daz ih minin //[36] *	 meneth suor an uuiethon,
	Ih gihu		
58	ungihorsami,	//	**s. 68**

32 Segment Nr. 59–71 lateinischer Beichtkontext: *Ego confiteor, quia in sancta dei ecclesia multa mala cogitavi et locutus fui et perpetravi et ab aliis libenter audivi et audire me dissimulabam. Inordinate et superbe intra sanctam ecclesiam steti, sedi, osculavi, aspexi, perrexi, iacui, consensi, intravi, exivi, tetigi vas sancta et libros et omne ministerium sanctum* (Egberti liber Poenitentiae, Hautkappe, Beichten, S. 30). – Kontexte der RB: *ecclesia stemus ad psallendum* RB 19,7; *residentibus cunctis disposite et per ordinem in subsellis legantur in codice [...] lectiones cum resposoriis suis* RB 11,2 *[...] mox surrexerint a cena, sedant omnes in unum et legat unus collationes* RB 42, 3; *Nam si foris oratorium remaneant, erit forte talis, qui se aut recollocet et dormit aut certe sedit sibi foris [...]* RB 43,8.

33 ***sespilon:*** Sonst ist das Wort nur in den Werdener Glossen zu einem Hymnus des Prudentius belegt, dort als Glosse zu *nenias*; vgl. as. *sisu* „Gesang", „Lied"; vgl. auch zu *dadsidas* im ‚*Indiculus superstitionem*' (Nr. 71).

	Lorscher Beichte	Vorauer Beichte	Sächsische Beichte
52	unrechtes Anfassen, unrechte Küsse	//	unrechtes Küssen, unrechtes Umhalsen, unrech- tes Anfassen
	*	*	*
53	--	//	Ich hörte heidnische Dinge und unreine Totenklagen.
54		//	Ich glaubte, das ich nicht glauben sollte.
55		//	Ich stahl, Gestohlenes aß ich.
56	--	//	ohne Erlaubnis gab ich hin, ohne Erlaubnis empfing ich,
	Ich bekenne,		
57		[...] Dass ich	
	meinen Eid brach, schwur auf Heiltümer und bei Gottes Heiligen.	meinen [...] *	Meineid schwor (ich) auf Heiltümer.
	Ich bekenne		
58	Ungehorsam,	//	--

34 *ne quis praesumat aliquis dare aut accipere sine iussione abbatis*. RB cap. 33; Hautkappe, Beichten, S. 50. Ohne Entsprechung in der Lorscher Beichte.

35 Die Lorscher Beichte hat *minan heit suuor*, auch die Vorauer *minin*, entsprechend noch die Pfälzer Beichte (Nr. 90, Segment 04); Hautkappe, Beichten, S. 44, hält *min-* für akzeptabel und die Emendation der älteren Forschung *mein-* nach der Sächsischen Beichte für unnötig; s. auch Segment Nr. 90, Segment 4.

36 Von hier ab Textverlust bis Segment 76 in der Vorauer Beichte.

	Lorscher Beichte	Vorauer Beichte	Sächsische Beichte
59	ungithulti,	//	--
60	untriuuono,	//	--
61	abulges[37] [zit hielt][38] **vgl. 17** inti strites.	//	abolganhed endi gistridi an mi hadda
62		//	endi mistumft[39]
63	**s. 13**	//	endi auunst. **s. auch 13**
			Ik sundioda
64		//	an luggiomo giuuitscipia
65		//	endi an flokanna,
66	**(s. 61)**	//	[...][40] mina gitidi endi min gibed so negiheld, **vgl. 20** endi so negifulda so ik scolda, **vgl. 17**
67		//	unrehto las, unrehto sang,[41]
68	**s. 58**	//	ungihorsam was,
	Ih gihu,		
69	thaz ih heilac ambaht[42] inti min gibet ruoholoso deda, **vgl. 21**	//	

37 Segment 61–63: Die Einfügung dieses Unterabschnitts fällt aus dem Zusammenhang der speziell klerikalen bzw. monastischen Vergehen heraus.

38 *zit hielt*: der Rest eines Satzes, der nach *strîtes* stehen müsste: *mîna zît ni hielt*, so [4]MSD II, 381 vgl. die Segmente 20 und 87. Ursprünglich wohl Randglosse, die zu Segment 61–63 stehen sollte (vgl. die Sächsische Beichte) und hier an falscher Stelle eingearbeitet wurde. Gemeint ist das Versäumen der monastischen Gebetszeiten; Hautkappe, Beichten, S. 45.

39 Vgl. ahd. *messezumft* „Uneinigkeit, Streit" (Nr. 91 Würzburger Beichte Segment 10) und das ahd. Verbalabstractum *ge-zumft* „Übereinkunft, Vertrag" Verbindung, Bund, Versöhnung" (zu „geziemen").

	Lorscher Beichte		Vorauer Beichte	Sächsische Beichte
59	Ungeduld,	//		--
60	untreue Handlungen	//		--
61	Zorn [meine Gebetszeit *nicht einhielt*] und Streit	//		Erzürntheit und Streitsucht hatte ich an mir
62		//		und Uneinigkeit
63		//		und Abgunst.
				Ich sündigte
64		//		mit lügnerischer Zeugenschaft
65		//		und mit Fluchen.
66		//		[...] meine Gebetszeiten und mein Gebet so nicht hielt und so nicht erfüllte, wie ich sollte, **vgl. 20**
67		//		unrichtig las, unrichtig sang
68		//		ungehorsam war,
	Ich bekenne,			
69	dass ich das heilige Amt und mein Gebet nachlässig ausübte,	//		

40 Wieder fehlt der einleitende Hauptsatz und die Konjunktion.

41 *Si quis, dum pronuntiat psalmum, responsorium, antiphonam vel lectionam, fallitus fuerit, [...] maiori vindictae subiaceat*. RB cap. 45,1; *cantare autem et legere non praesumat, nisi qui potest ipsud officium implere, ut aedificentur audientes*. RB cap. 47,3. Keine Entsprechung in der Lorscher Beichte.

42 Ursprünglich gemeint: Messe-Lesen des Priesters.

	Lorscher Beichte	Vorauer Beichte	Sächsische Beichte
70	inti daz ih daz uuiha uuizzod unbigihtic inti unuuirdic nam, inti daz so nihialt inti so niereda so ih scolta,	//	**s. 38**
71	inti daz heilaga cruci so niereda noh nigidruog **vgl. 72** so ih scolda,	//	--
72	noh thero giben nidero fastono inti thero crucithrahto[43] so nierfulta noh nihialt so ih scolda.	//	--
73	**s. 77**	//	mer sprac, endi mer suigoda than ik scoldi,
74	--	//	endi mik seluon mid uuilon uuordon endi mid uuilon[44] uuerkon endi mid uuilon githankon, mid uuilon luston mer unsuuroda than ik scoldi.

43 „Kreuztragen" und „Kreuztracht" sind redensartlich und nicht wörtlich zu nehmen. Gemeint ist das Gehen hinter dem Kreuz auf Kreuzesprozessionen, die an Buß- und Bitt-Tagen stattfanden; Hautkappe, Beichten, S. 45.

44 As. *mid uvilon*: „mit üblen".

	Lorscher Beichte	Vorauer Beichte	Sächsische Beichte
70	und dass ich das heilige Abend- mahl ohne Beichte und unwür- dig nahm, und das so nicht hielt und so nicht ehrte, wie ich sollte,	//	
71	und das heilige Kreuz so nicht ehrte noch so trug, wie ich sollte,	//	--
72	noch die Gebote der Fasten und des Kreuzestragens so nicht erfüllte noch hielt, wie ich sollte,	//	--
73		//	mehr sprach und mehr schwieg, als ich sollte
74	--	//	und mich selbst mit üblen Worten und mit üblen Werken und mit üblen Gedanken, mit üblen Lüsten mehr verunreinigte, als ich sollte.

7. Abschnitt

Verhalten des Klerikers gegenüber geistlichen Würdenträgern

	Lorscher Beichte	Vorauer Beichte	Sächsische Beichte
	Ih gihu,		Ik iuhu,
75	--	//	that ik an kirikun unrehtas thahta endi othra merda theru helagun lecciun,
76	thaz ih biscoffa inti priesda inti gotes man so niereda inti niminnoda so ih scolda,	Daz ih piscopha enti priestra enti gotes man so neminnota so ih scolta.	biscopos endi prestros neeroda endi neminnioda so ik scolda.
77	meer sprah inti suuigeda thanne ih scolti.[45]	Daz ih mer sprah enti mer suigeta dan ih scolti.	**s. 73**

Schluss

	Lorscher Beichte	Vorauer Beichte	Sächsische Beichte
			Ik iuhu
78	Thes alles inti anderes manages, thes ih uuidar gotes uuillen gifrumita inti uuidar minemo rehde, **vgl. 82**	Des alles enti anderes maneges, des ih uuidar gotes uuillun gifrumita enti uuidar minemo rehte, so ih es gihukke, so ih nigihukke	thes allas, the ik nu binemnid hebbiu endi binemnian ne mag,

45 Dieses Vergehen ist in den hier gegebenen Zusammenhang falsch eingeordnet.

7. Abschnitt

Verhalten des Klerikers gegenüber geistlichen Würdenträgern

	Lorscher Beichte	Vorauer Beichte	Sächsische Beichte
	Ich bekenne		Ich bekenne,
75	--	//	dass ich in der Kirche Unrechtes dachte und andere störte (bei der) heiligen Lesung,
76	dass ich Bischöfe und Priester und Gottesmänner so nicht ehrte und liebte, wie ich sollte,	dass ich Bischofe und Priester und Gottesmänner so nicht liebte, wie ich sollte,	Bischöfe und Priester nicht ehrte und liebte, wie ich sollte.
77	mehr sprach und schwieg, als ich sollte.	dass ich mehr sprach und mehr schwieg, als ich sollte	**s. 73**

Schluss

	Lorscher Beichte	Vorauer Beichte	Sächsische Beichte
			Ich bekenne
78	Dies alles und vieles andere, das ich wider den Willen Gottes vollbrachte und wider meine Pflicht,	Dies alles und vieles andere, das ich wider Gottes Willen vollbrachte und wider meine Pflicht, wie ich mich daran erinnere wie ich mich nicht erinnere	dieses alles, das ich jetzt benannt habe und nicht benennen kann,

	Lorscher Beichte	Vorauer Beichte	Sächsische Beichte
79	so ich iz uuizzantheiti dadi so unuuizzandi, **vgl. 81**		so ik it uuitandi dadi so unuuitandi
80	so ich iz in naht dadi so in dag, so ih iz slafandi dadi so uuahhandi,	so ih iz slafanti gitati só uuachanti, so ih iz in tac tati so in naht,	**s. 83**
81	so ih iz mit uuillen dadi so ana uuillon:	so ih iz mit uuillen tati, so ana uuillun	so mid gilouon[46] so mid ungilouon. **vgl. 79**
82	so uuaz so ih thes alles uuidar gotes uuillen gidadi, **vgl. 78**	// so uuaz so ih des alles uuidar gotes uuillun tati,	so huat so ik thes gideda thes uuithar godas uuillion uuari,
83	**vgl. 80**		so uuakondi so slapandi, so an dag so an nahta, so an huilikaru tidi so it uuari
84	so gan ih es in gotes almahtigen muntburt inti in sino ginada,	so //	so gangu ik is allas an thes alomahtigon godas mundburd endi in sina ginatha,
85	 inti in lutarliha bigiht		endi nu duon ik is allas hlut- tarlikio minan bigihton
86	gote almahtigen inti allen sinen sanctin inti thir[47] gotes manne mit gilouben inti mit riuuuon	 // enti dir //	goda alomahtigon fadar endi allon sinan helagon endi thi godas manna,

46 ***mid gilouon***: Tiefenbach, AsHWb, s. V. gilôvo „absichtlich“.

47 Der Beichtpriester ist angeredet.

	Lorscher Beichte	Vorauer Beichte	Sächsische Beichte
79	so wie ich es wissentlich getan hätte so wie auch unwissentlich	--	wie ich es wissend getan hätte oder unwissend,
80	wie ich es in der Nacht getan hätte, so am Tag, wie ich es schlafend getan hätte, so wachend	wie ich es schlafend täte so wachend, wie ich es in den Nacht täte so am Tag	= **vgl. 83**
81	wie ich es mit Willen getan hätte, so ohne Willen:	wie ich es mit Willen täte so ohne Willen	ebenso vorsätzlich wie unvorsätzlich.
82	was auch immer ich von dem allem wider Gottes Willen getan hätte:	[...] was auch immer von dem allem wider Gottes Willen täte,	Was auch immer ich von dem tat, das wider Gottes Willen wäre
83			ebenso wachend wie schlafend ebenso am Tag wie in der Nacht, zu welcher Zeit es auch gewesen wäre:
84	um dessentwillen begebe ich mich in Gottes, des Allmächtigen, Schutz und in seine Gnade		wegen all dessen gehe ich in des allmächtigen Gottes Schutz und in seine Gnade.
85	und in lautere Beichte		und nun tue ich wegen all dessen auf lautere Weise meine Beichte
86	Gott, dem Allmächtigen, und allen seinen Sankten und dir, dem Manne Gottes, mit Glauben und mit Reue	 [...] und dir [...]	Gott, dem allmächtigen Vater, und allen seinen Heiligen und dir, dem Manne Gottes,

	Lorscher Beichte	Vorauer Beichte	Sächsische Beichte
		[Fragment-Ende der Vorauer Beichte]	
87	inti mit uuillion zi gibuozanne,		gerno an godas uuillion te gibotianna,
88	inti bitdiu thih mit otmuodi, thaz thu giuuerdos gibeton furi mih, thaz druhdtin thuruh sino ginada giuuerdo mir farlazan allo mino sunda.		endi thi biddiu gibedas, that thu mi te goda githingi uuesan uuilleas, that ik min lif endi minan gilouon an godas huldion giendion moti.
89	Inther[48] priast quede thanne[49] ,*Dominus custodiat te ab omni malo.* – *Bendedicat te deus pater,* – *custodiat te deus filius,* – *inluminet te deus spiritus sanctus.* *Indulgeat tibi dominus omnia peccata tua*' – *et cetera.*		

48 ***Inther*** lies *Int ther.*
49 Sprecherwechsel: Der Beichtpriester spricht.

	Lorscher Beichte	Vorauer Beichte	Sächsische Beichte
		Fragment-Ende der Vorauer Beichte	
87	und mit Willen zum Büßen		gern (bereit) nach Gottes Willen zum Büßen.
88	und bitte dich mit Demut, dass du es für wert befinden mögest, zu beten für mich, dass der Herr durch seine Gnade es für wert befinden möge, mir zu erlassen alle meine Sünde.		Und dich bitte ich um (dein) Gebet, dass du mir bei Gott eine Für- sprache sein wollest, dass ich mein Leben und meinen Glauben in Gottes Hulden enden möge.
89	*Und der Priester sage dann:* *„Gott behüte dich vor allem* *Übel.* – *Es segne dich* *Gott, der Vater* – *es behüte dich* *Gott, der Sohn,* – *es erleuchte dich* *Gott, der heilige Geist.* *Es vergebe dir der Herr* *alle deine Sünden.“* – *usw.*		

89 Mainzer Beichte
Steinmeyer Nr. 49

[2]**VL** 5 (1985) Sp. 1178–1179 (Achim Masser). **VL** ahd. und as Lit. (2013), Beichten, Althochdeutsche und altsächsische, S. 38–46, besonders S. 46 (Ernst Hellgardt).

Ü.: a: Wien, ÖNB, Cod. 1888 (Theol. 685), fol. 33r-34r; aus St. Alban (Mainz) oder Klingenmünster (Diözese Speyer).
b: Exzerpt in der aus Lorsch stammenden Hs. Rom, Bibl. Apostolica Vaticana, Cod. Pal. lat.; 14, fol. 171v (s. u. Anm. 3).

Abb.: a: vollständiges Digitalisat der Wiener Hs. in Farbe: https://digital.onb.ac.at/RepViewer/viewer.faces?doc=DTL_4097900&order=1&view=SINGLE.
b: vollständiges Digitalisat der vatikanischen Hs. in Farbe:
https://bibliotheca-laureshamensis-digital.de/bav/bav_pal_lat_14/0346.

Dat.: Hs. a: vor 962.
Hs. b: 9. Jh., 1. Hälfte; das Exzerpt späteres 10. Jahrhundert (Bischoff, Lorsch, S. 93).

Spr.: rheinfr.

Ed.: [4]MSD I, Nr. 74[a], S. 242–243 (Text). – Steinmeyer Nr. 49, S. 329–331.

Lit.: Kelle, LG 1, S. 133 und S. 355. – Kögel, LG I,2, S. 541543. – Ehrismann LG 1, S. 316–317. – Haubrichs, Die Anfänge, S. 249–250. – Zu den ahd. Beichten allgemein s. Hautkappe, Beichten und Hellgardt, Pragmatik. – [4]MSD II, Nr. 74[a], S. 386–388 (Kommentar). – Hamilton, The Practice of Penance. – Hellgardt, Althochdeutsche Texte.

Text nach Steinmeyer und den Digitalisaten.

01 Ih gihun[1] gode almahdigen
unde allen godes engilon
unde allen godes heilegon
unde dir godes boden
allero minero sundino, unde uuili dero bigihdig uuerdan,

02 suo so ih se giuremidi
so uuaz ih unrehdes gisahi
ode unrehdes gihancdi[2]:

03 unrehtero uuordo, unrehtero uuerco, unrehtero gidanco;
ubilero lusto, ubiles uuillen;
fluochonnes, liogannes, bisprachidu;

04 unrehtes stadales, unrehtes sedales;
in uncidin sclaphun, uncidin uuachun,
in uncidigimo mazze, uncidigimo dranche;
maz unmezzon uehonti;
minero spiungu,
huores, thiubu, manslahdu, meinero eido,

05 minero fastu ferbrocheneru,
mina chirichun so nisuohda so ih solda,
sunnondaga unde andere heilega daga so neereda noh nebegienc so ih solta,
heilegan uuizzuth so negihielt so ih solta,
minan curs neirfulta so ih solda.
gihorsam niuuas so ih solta.
thurphtigon nintphiec so ih solta
alamuosan nigab so ih solta.
ana urloub gab unde nam daz ih nisolta,
zuene nibesuonda so ih[3] solta,
sunda niuerliez thien ih[4] solta,
mine nahiston so niminnota so ih solta.

06 Thes alles unde anderes manages, thes ih uuidar got sculdic si,
thes ih in minero cristanheidi gehiezi,
unde ih daz be minen mennisgin ferliezi,
unde be mineru chindesgi geburidi,

---

1 *ih gihun* von *jehan* st. V. mit Gen. „bekennen", im Besonderen auch „beichten".
2 *gi-hengen*, „erlauben, zulassen, zustimmen".
3 Die unterstrichenen Stellen stehen als Zitat in einer Federprobe aus dieser Beichte von ungelenker Hand in der aus Lorsch stammenden Hs. Rom, Bibl. Apostolica Vaticana, Cod. Pal. lat. 14, fol 171v: *Alemuosan |niGabsohoi |DurftiGon | nientphienc sohiscolda |Zuenenibersuonda sohi |sunda*. Die Gestalt des Wortes *besuonda* sichert die Herkunft des Zitats aus der Mainzer Beichte; sonst begegnet das Wort nur in der Gestalt *gisuonda*. Steinmeyer, S. 330, Anm. 14. – Vgl. Handschriftencensus.
4 *thien ih* kontrahiert geschrieben für *ni uerliez thie ne ih* [*uerlazen*] *solta* (doppelte Verneinung).

01 Ich beichte dem allmächtigen Gott
und allen Engeln Gottes
und allen Heiligen Gottes
und dir, dem Boten Gottes,
alle meiner Sünden und will für die beichtig werden,

02 wie auch immer ich sie vollbrachte
was auch immer ich unrechtes gesehen hätte
oder unrechtes zugelassen hätte

03 an unrechten Worten, unrechten Werken, unrechten Gedanken,
an üblen Lüsten, an üblem Willen,
an Fluchen, an Lügen sagen, an übler Nachrede,

04 an unrechtem Stand (Stehen), unrechten Sitz (Sitzen),
an Schlafen zur Unzeit, an Wachen zur Unzeit
an Speise zur Unzeit, an Trank zur Unzeit
Speise unmäßig verzehrend,
meines Erbrechens,
Hurens, Diebstahls, Mordens, an Meineiden,

05 an meinem gebrochenem Fasten,
meine Kirche nicht besuchte, so wie ich sollte,
Sonntage und andere heilige Tage so nicht ehrte und auch so nicht beging, wie ich sollte,
das heilige Abendmahl so nicht einnahm, wie ich sollte,[5]
meinen Kursus[6] nicht erfüllte, wie ich sollte,
gehorsam nicht war, wie ich sollte,[7]
den Bedürftigen nicht empfing, wie ich sollte,
Almosen nicht gab, wie ich sollte,
ohne Erlaubnis gab und nahm, was ich nicht sollte,
Entzweite nicht versöhnte, wie ich sollte,
Sünde zuließ, die ich nicht zulassen sollte,[8]
meine Nächsten so nicht liebte, wie ich sollte.

06 Alles von dem und von anderem Vieles, dessen ich Gott gegenüber schuldig sei,
von dem ich es in meinem Christsein[9] versprochen hätte,
und das ich wegen meiner menschlichen Schwäche zugelassen hätte,
und was wegen meiner Jugend geschehen wäre,

---

5 Oder auch: die heilige Hostie so nicht verwahrte, wie ich sollte.
6 *curs* ahd. Lehnwort mit der Bedeutung „geistliche Übung", insbesondere wird das monastische oder klerikale Stundengebet gemeint sein.
7 Gemeint sein wird im Besonderen das Gehorsamkeitsgebot des Mönchs gemäß der Regel Benedikts.
8 *sunda niuerliez thien ih solta* ahd. Konstruktion mit doppelter Verneinung und Aussparung von *uerlazen*, wörtlich: „Sünde nicht zuließ, die nicht ich [zulassen] sollte".
9 Das meint wohl „im Beug auf mein Glaubensbekenntnis" oder „bei der Taufe".

07 so mir iz slafanti geburiti, so uuachandi,
so ih iz selbo gefremidi
oder anderemo gehancti
oder anderen gespuoni,
so ih es gehuge, so nigehuge,
so ih es gedahti
oder gesahi
oder ih iz gedadi
order gesprachi:

08 so uuirdon ih es alles bigihdig
gode almahdigen
unde allen godes heiligon
unde thir godes manne.

07 soweit es mir schlafend geschehen wäre, soweit wachend,
wenn ich es selbst getan hätte
oder es einem anderen erlaubt hätte
oder (einen) anderen dazu verleitet hätte
soweit ich mich daran erinnern kann, soweit nicht erinnern
soweit ich daran gedacht hätte
oder es gesehen hätte,
oder es getan hätte
oder davon gesprochen hätte:

08 soweit werde ich all dessen geständig
Gott dem Allmächtigen
und allen Heiligen Gottes
und dir dem Manne Gottes.[10]

10 Dem die Beichte abnehmenden Priester.

90 Pfälzer Beichte (Bruchstück) Steinmeyer Nr. 50

[2]**VL 7** (1989) Sp. 553–555 (Achim Masser). – **VL** ahd. und as Lit. (2013), Beichten, Althochdeutsche, S. 38–46, besonders S. 46 (Ernst Hellgardt).
Ü.: Rom, Bibl. Apost. Vat., cod. pal. lat. 555, fol. 40v = pag. 80 (angefangener Nachtrag auf letzter Seite, bis zur Hälfte der letzten Zeile Hand des 10. Jahrhunderts).
Abb.: vollständiges Digitalisat der Hs. in Farbe: https://bibliotheca-laureshamensis-digital.de/bav/bav_pal_lat_555/0088/image?sid=fa899bd491e6f0952317b139c525ee31.
Dat.: Nachtrag Hand des 10. Jahrhunderts.
Spr.: südrhfr.
Ed.: [4]MSD I, Nr. 74[b], S. 243 (Text). – Steinmeyer Nr. 50, S. 331–332.
Lit.: Kelle, LG 1, S. 133 und S. 355. – Kögel. LG I,2, S. 540–541. – Ehrismann LG 1, S. 317. – [4]MSD II, Nr. 74[b], S. 388–389 (Kommentar). – Haubrichs, Die Anfänge, S. 249–250. – Zu den ahd. Beichten allgemein s. Hautkappe, Beichten. – Hamilton, The Practice of Penance. – Hellgardt, Pragmatik.

Text nach Steinmeyer und dem Digitalisat.

Quisquis tibi uoluerit confessionem facere, sinceriter interroga illum prius, si uoluerit omnem emendationem de peccatis suis promittere, his dictis loquere ad illum:[1]

01 Ih uuilla gote almahtigen allero minero suntono bigihtdig uuerdan,
inti allen godes heilegon
inti dir godes manne,

02 so uuaz so ih unrehtes gisahi
odo unrehtes gihancti;
unrehtero uuorto, unrehtero uuerko, ubilero gidanko;
ubilero lusto, ubiles uuillen;
fluachenes, liagennes, bisprachida;

03 unrehtes stadales, unrehtes sedales;
unzin ih gangenti, unzin ih ritanti,
unzin ih slafenti, unzin uuachenti,
unzin ezanti, unzin drinkanti;
maz unmezon fehonti;
minero spiungu,

04 huares, thiuba, manslahda, minero[2] eido,

05 minero fastun firbrochenero.

06 mina kirichun so nisuahta so ih bi rehtemen scolta.
heilege sunnundaga so niereta so ih be rehtemen scolta.
heilega messa so niereta so ih be rehtemen scolta.
heilegan uuizod so nigihialt so ih be rehtemen scolta.
minan curs nigiuulta so ih be rehtemen scolta.
gihorsam niuuas so ih be rehtemen scolta.

06 thurftige nintfiang so ih be rehtemen scolta.
alamusan nigab so ih be rehtemen scolta.
ana urloub gap thaz ih niscolta
ana urlaub infiang thaz ih misolta

07 zuene nigisuanta the ih be rehteme scolta. ...

*

1 Der Priester soll also dem Konfitenten den Text der Beichte vorsprechen, ganz oder teilweise zum Nachsprechen bzw. zur vollständigen oder teilweisen Bestätigung.
2 ***minero:*** so Hs.; [4]MSD halten eine Emendation *meinero* für nötig, nicht so Hautkappe; s. die Anmerkung zu Segment 57 in Nr. 86.

Jeder der dir würde beichten wollen, sorgfältig frage ihn zuerst, ob er jede Besserung seiner Sünden würde versprechen wollen, wenn dies gesagt ist, sprich zu ihm:

01 Ich will Gott dem Allmächtigen aller meiner Sünden beichtig werden
und allen Heiligen Gottes
und dir, dem Manne Gottes,

02 in allem was ich an Unrechtem gesehen hätte
oder an Unrechtem zugelassen hätte,
an unrechten Worten, unrechten Werken, üblen Gedanken,
an üblen Lüsten, an Willen zum Üblen,
an Fluchen, Lügen, Verleumdung;

03 an unrechtem Stehen, unrechtem Sitzen,
wie oft ich (es) gehend (tat), wie reitend,
wie oft schlafend, wie oft wachend,
wie oft essend, wie oft trinkend,
Speise unmäßig zu mir nehmend,
meines Erbrechens,

04 an Huren, an Diebstahl, an Totschlag, an meinen Eiden,

05 am Brechen meine Fasten;

06 dass ich meine Kirche so nie besuchte, wie ich von rechtswegen sollte,
die heiligen Sonntage so nicht ehrte, wie ich von rechtswegen sollte,
die heilige Messe so nicht ehrte, wie ich von rechtswegen sollte,
das heilige Abendmahl so nicht hielt, wie ich von rechtswegen sollte,
meinen *cursus*[3] nicht so erfüllte wie ich von rechtswegen sollte,
gehorsam nicht war, wie ich es von rechtswegen sollte

06 Bedürftige nicht so aufnahm, wie ich von rechtswegen sollte,
Almosen nicht so gab, wie ich von rechtswegen sollte,
ohne Erlaubnis gab, was ich nicht (geben) sollte,
ohne Erlaubnis empfing, was ich nicht (empfangen) sollte,

07 entzweite so nicht versöhnte, die ich von rechtswegen (versöhnen) sollte ...

*

3 Geistliche Übungen (das „Stundengebet“, die „Tagzeiten“ des Klosters).

91 Würzburger Beichte
Steinmeyer Nr. 44

[2]**VL** 10 (1999) Sp. 1453–1454 (Achim Masser). – **VL** ahd. und as Lit. (2013), S. 38–46, besonders S. 46 (Ernst Hellgardt).
Ü.: Ahd. Text: Würzburg, UB, M. p. th. f. 24, fol 1rv; aus Würzburg, ehem. Dombibl.
Ü. Lat. Vergleichstext: St. Gallen, Stiftsbibliothek, Cod. 916, pag. 166–169, am Ende der Handschrift mit der mit Interlinearversion versehenen Benediktsregel (Nr. 53).
Abb. Ahd. Text: vollständiges Digitalisat der Hs. in Farbe:
http://vb.uni-wuerzburg.de/ub/mpthf24/pages/mpthf24/1.html.
Abb. Lat. Vergleichstext: https://www.e-codices.unifr.ch/de/csg/0916/166.
Dat. Ahd. Text: Hs. 9. Jh. Mitte, Texteintrag bald danach (Bischoff, Paläographische Fragen S. 113).
Lat. Vergleichstext: s. Nr. 53.
Spr. ostfr.
Ed.: [4]MSD I, Nr. 76, S. 245–246 (Text). – Steinmeyer Nr. 44, S. 316–318 (Text). – Piper, Nachträge, S. 159–161.
Lit. Kelle, LG 1, S. 134 und S. 355–356. – Kögel, LG I,2, S. 535–537. – Ehrismann LG I, S. 319–321. – Zu den ahd. Beichten allgemein s. Hautkappe, Beichten (hier besonders S. 7–23, 64, 111). – Haubrichs, LG, S. 247–250. – Hamilton, The Practice of Penance. – Hellgardt, Pragmatik.

Texte nach Steinmeyer und den Digitalisaten.

01 Trohtine gote almahtigen bigiho mina sunta
unta sinan heilegon
ente di gotes scalche
fona diud ih bigonda fursta,

02 daz ist in gidancun, in uuortun, in uuerchun,
in eidsuurtin, in fluohun, in bisprahun, in[1] unnuzan uuortun;
in hasze,
in abulge,
in abunste,
in lusti,
in chelegiridu,
in slafe ente in unsubrun gidanchun,
in sgahungu mines muotes umbe unerloubidiu,
in lustin ougonu,
in uuillelustin,
in lustin orono;
in sarphi armaro.

03 ih uuisada drago inbisparta in carcar,
furgoumulosta gestin iro fuozi uuasge,
ente unmahtiga dragor giuuisota danne ih scolta,
ent ungezumftiga noles allemo ente alengomo muote uuider nigiladota ci gizumphti.

04 danna ih scolta faste, inbeiz,
ente danna uurdun gilesan heilego lection in dero chirihun, mit unnuzun spellun ente mit itelen so uuas ih bifangan.
singento ode betento uuola ofto italiu ente unbideruiu gidahta,
unte in goumun nisprah diude heilega enti guotiu uuarun,
nobe oftor huorlustigiu ode bispraha sprah ih.

05 ih iiho óuh gote
[ioh] di gotes scalche
minan ungiloubun,
heidangelt,
diuba,
manslahta,
huor ubar mez en demo lihamen ente in demo muote.

06 ih teta
ubarhiuui,
girida in fremidun sahhun.

07 ih quath luggi uricundi,
ih teta eidsuurt.

---

1 ***in***: fehlt Hs.

01 Dem Herrn, Gott dem allmächtigen, beichte ich meine Sünden
und seinen Heiligen
und dir, dem Knecht Gottes
von da an, dass ich begann zu verstehen;

02 das ist in Gedanken, in Worten in Werken,
in Eidschwüren, in Flüchen, in Verleumdungen, in schädlichen Worten;
in Hass,
in Zorn,
in Neid (Missgunst),
in Begierde,
in Gefräßigkeit,
im Schlaf und in unsauberen Gedanken,
im Umherschweifen meines Sinnes um Unerlaubtes herum,
in Gelüsten der Augen,
in Wollüsten,
in Gelüsten der Ohren,
in Schroffheit gegenüber Armen.

03 Ich war (zu) träge, im Kerker Eingesperrte zu besuchen,
es war mir zuwider, Gästen ihre Füße zu waschen,
und Kraftlose besuchte ich träger als ich sollte;
und ich lud Uneinträchtige keineswegs mit ganzer und aufrichtiger Gesinnung wieder zu Einträchtigkeit ein.

04 Wenn ich fasten sollte, aß ich;
und wenn heilige Lesungen gelesen wurden in der Kirche: mit unnützen Geschichten und mit sinnleeren war ich gefesselt;
singend oder betend gedachte ich oft sinnleerer Dinge und nichtiger,
und beim Essen redete ich nicht von Dingen, die da heilige und gute waren,
vielmehr öfter sprach ich hurlustige und verleumderische Dinge.

05 Ich beichte auch Gott
und dir, dem Knecht Gottes,
meinen Unglauben
(und) Götzendienst
Diebstahl,
Mord,
Unzucht im Übermaß körperlich und in Gedanken,

06 ich beging
Ehebruch;
Begierde nach fremdem Besitz;

07 ich sagte lügnerisches Zeugnis aus;
ich legte Eid ab.

08 ih biuual mih in nozilun ente in uierfiuozun.
ih gifrumita uncusg imo site sodomitico
ente mih rinento in minan lidin in lusti ubilero gitrogo ih biuual mih fora ubilero lusti,

09 ente daz ih mit minan ougun gisah daz mi urloubit niuuas.
ih furgoumolosota gihore gotes gibot.
italiu ente unbideruiu sprah ih mit diude ih scolti guotiu sprehe,

10 ent mit minan hantun uuorhta daz ih niscolta uuirchen.
ih fergoumolosata daz ih sculdic uuas
mit minan fuozun gien ih dar in urloubit niuuas.
ih gisaz dara ih gangen scolta,

11 daz ih uuollenter ode niuuollenter,
uuizenter ode niuuizenter
gidahta uuider gotes uuillen ode sprah ode uuorahta uuider minemo heite
in uberaze,
in ubertrunchini,
in spiuuene,
in notnunfti,
in abulge,
in hasze,
in luginu,
in meszumphti,
in uilosprahu,
in luginu
in runizenne,
in ungihorisamidu,
in sgerne,
in bluote gislizzenemo fona diorerun,
in freuuiden mines[2] naisten ungifores
ente andero unzalahaftliho sunta:[3]

12 elliu in luttero bigihti
trohtine gote almahtige
ente sinen heilegun
ente di gotes man
biiah. [...][4] mina sunta, de ih gifrumita,

13 giluttiri dar uona demo heilegen reue dez[5] brunnen [...][6]
ente after dero uuidersahhungu
ode den inteiz dez gilouben:

14 in gidancun, in tatin, in uuortun
managiu ente unerrimitiu sint mino sunta.

---

2 Hs. *sines*; Besserung Scherers, s. Steinmeyer, Fußnote zur Stelle.

3 Ab hier ist der Text schwer gestört.

4 Keine Lücke in der Hs.

5 *reue dez*: Scherer und Steinmeyer konjizieren *reuuedes* als Genitiv eines nicht belegten Maskulinums *reuuede* („Reuigkeit"?).

08 Ich beschmutzte mich mit Kleintieren und mit Vierfüßern,
ich handelte unkeusch in der sodomitischen Art,
und indem ich mich berührte an meinen Gliedern, im Genießen übler Vorstellungsbilder
beschmutzte ich mich um üblen Genießens willen,

09 und dass ich mit meinen Augen sah, was mir nicht erlaubt war;
es war mir zuwider, Gottes Gebot zu hören,
Sinnleeres und Nutzloses sprach ich, statt dass ich Gutes sprechen sollte,

10 und mit meinen Händen wirkte ich, was ich nicht wirken sollte;
ich hatte keine Lust zu dem, was ich schuldig war,
mit meinen Füßen ging ich dorthin, wo es mir nicht erlaubt war,
ich saß dort, wo ich gehen sollte.

11 was ich wollend oder nicht wollend,
wissend oder nicht wissend
dachte gegen Gottes Willen oder sprach oder wirkte gegen meinen [geistlichen] Stand
in Essensübermaß,
in Trinkensübermaß,
in Erbrechen,
in Raub,
in Zorn,
in Hass,
im Lügen,
in Uneintracht,
in Geschwätz,
im Lügen
in Murren,
in Ungehorsam,
in Albernheit,
in von Tieren vergossenem Blut,
in Freuden über meines Nächsten Missgeschick
und anderer unzählbarer Sünde:

12 alle (diese Dinge) in lauterer Beichte
(dem) Herrn, Gott (dem) allmächtigen
und seinen Heiligen
und dir, (dem) Mann Gottes
beichtete (ich) [...] meine Sünden, die ich tat,

13 läutere da von dem heiligen der Reue Brunnen [...][7]
und nach der Widersagung[8]
oder das Bekenntnis des Glaubens:

14 in Gedanken, in Taten, in Worten
viele und ungezählte sind meine Sünden.

---

6 Keine Lücke in der Hs.
7 da von dem heiligen der Reue Brunnen: gemeint ist wohl: „da durch den heiligen Reuebrunnen" (den Brunnen der Reuetränen).
8 „Abschwörung"?

Lateinischer Vergleichstext Sankt Gallen, Cod. 916, pag. 166–169 Piper, Nachträge S. 159–161

1 Quando uolueris confessionem facere, uiriliter age et noli erubescere, quia inde uenit indulgentia; quia sine confessione non est indulgentia.

Wenn du eine Beichte ablegen willst, handle mannhaft und erröte nicht, denn daher kommt die Vergebung; denn ohne Beichte keine Vergebung.

2 imprimis prosterne te humiliter in conspectu dei in terra ad orationem, et roga dominum deum omnipotentem et beatam Mariam cum sanctis apostolis et martiribus et confessoribus, ut ipsi intercedant pro te; ut dominus omnipotens dignatur tibi dare sapientiam perfectam et intellegentiam ueram ad confitendum peccata tua.

Zuerst wirf dich demütig hin im Anblick Gottes auf die Erde zum Gebet und bitte den Herrn, Gott den Allmächtigen, und die selige Maria mit den heiligen Aposteln und Märtyrern und Bekennern, dass sie selbst Fürbitte für dich leisten; auf dass der allmächtige Herr sich würdige, dir zu geben vollkommene Weisheit und wahre Erkenntnis zum Bekennen deiner Sünden.

3 et postea surge cum fiducia et uera credulitate! dic illo seruo dei, quem confessus es:

Und danach erhebe dich mit Vertrauen und wahrer Zuversicht. Sage jenem Diener Gottes, dem du beichtest:

4 (WB 1) „Domino deo omnipotente confessus sum *peccata mea*[9] et sanctis suis et tibi dei misso, que feci ex quo sapere incipi:

„Gott dem allmächtigen Herrn beichte ich meine Sünden und seinen Heiligen und dir dem Gesandten Gottes, die ich tat von da an, als ich zu wissen begann:

5 (WB 2) in uerbo et in cogitatione et in opere; aud in iuramentis et periuriis; aud maledictis et detractionibus; aut per otiosis sermonibus; et per odium uel iram; aud per inuidiam et concupiscentiam gule; aut per somnolentiam; aut per sordidis cogitationibus; aud in concupiscentia oculorum aud per uoluptiose aurium delectatione;

im Wort, im Denken und im Werk, und sei es in Schwüren, sei es in Meineiden; sei es in Flüchen, sei es in Verleumdungen; sei es in unnützen Reden; und wegen Hass oder Zorn; sei es wegen Neid oder in Begier des Schlundes; sei es wegen Schlafsucht oder wegen schmutzigen Gedanken; sei es wegen Begier der Augen oder wegen lustvoller Ergötzung der Ohren;

6 (WB 3) aud per asperitate pauperum; et tarde Christum in carcere uisitaui; et peregrinos negligenter excipi; et secundum promissionem nostram *in*[10] baptismo hostibus pedes lauare neglegi; et infirmos tardius quam oportet uisitaui; et discordes ad concordiam non toto et integro animo reuocaui;

oder wegen Grobheit gegenüber den Armen; und nachlässig besuchte ich Christus im Kerker; und Pilger nahm ich nachlässig auf; und ich vernachlässigte es, gemäß unserem Versprechen in der Taufe Gästen die Füße zu waschen; und Kranke besuchte ich träger, als es sich gehört; und Zerstrittene rief ich nicht mit ganzem und unverfälschtem Sinn zur Eintracht zurück;

9 Hs. *peccatis meis*
10 *in* fehlt Hs.

7 **(WB 4)** et *ecclesia*[11] ieiunante prandire uolui; et ecclesia stante sancte lectione legunt, otiosis fabulis occupatus fui; quod aut psallendo uel orando aliquotiens aliud quam oportet cogitaui; et in conuiuiis meis non ea semper que sancte sunt sed aliquotiens que sunt luxuriosa;

und als die Kirche fastete, wollte ich essen; und als sie in der Kirche stehend die heilige Lesung lasen, war ich in müßigen Fabeleien befangen; dass ich Psalmen singend oder betend manches Mal anderes, als sich ziemt, dachte, und auch bei meinen Mahlzeiten nicht immer solche Dinge, die heilig sind, sondern manches Mal unzüchtige;

8 uel detractationes locutus fui, **(WB 5)** et confessus sum tibi incredulitatem quod fui sacrilegus; quod furaui; quod fornicaui, **(WB 6–7)** quod adulteraui; et in sacro altare iuraui; quod homicidium feci; et raptus fui; et falsum testimonium dixi;

oder Verleumdungen habe ich gesprochen; und ich beichte dir heidnisch ungläubigen Brauch, den ich frevelhaft beging; dass ich Diebstahl beging; dass ich Hurerei beging, dass ich Ehebruch beging; und bei dem heiligen Altar schwur; dass ich Totschlag beging, und Raub beging; und falsches Zeugnis ablegte;

9 **(WB 8)** et me (in malis et) in membris in concupiscentiam malorum fantasmatum (me) tangendo pro malo delectatione (me) coinquinaui;

und dass ich mich in männlichen Gliedern beschmutzte, indem ich mich in Begier nach sündigen Vorstellungsbildern berührte um sündiger Ergötzung willen;

10 (WB 9–10) et quod cum oculis meis uidi, que mihi licitum non fuit, uel negligens fui, quod uidere debui; et quod cum auribus meis audiui, quod mihi licitus non fuit, aut audire neglegi, quod preceptum est; aut ore locutus fui, quod licitum non fuit; aud silui quod loquere debui; aud manibus meis operatus fui quod licitum non est; aud tardaui, quod preceptum fuit; aut pedibus meis ambulaui, ubi non fuit licitum; aud perrise (?) quod preceptum fuit; **(WB 11)** et quod uolens aud nolens aud sciens[12] aud insciens contra dei uoluntatem cogitaui aut locutus fui uel operatus: **(WB 12)** omnia fiant in pura confessione.

und dass ich mit meinen Augen sah, was mir nicht erlaubt war, und achtlos war für das, was ich sehen sollte; und dass ich mit meinen Ohren hörte, was mir nicht erlaubt war, und achtlos war für das, was mir zu hören befohlen ist; oder mit dem Mund geredet habe, was nicht erlaubt ist, oder das verschwieg, über das ich reden sollte; oder mit meinen Händen gemacht habe, was nicht erlaubt ist; oder vernachlässigte, was vorgeschrieben ist; oder mit meinen Füßen ging, wohin es nicht erlaubt ist; oder verkommen ließ (?), was befohlen ist; oder was ich, sei es wollend, sei es nicht wollend, sei es wissend oder unwissend gegen den Willen Gottes dachte oder geredet habe oder getan: alles sei in reiner Beichte gestanden.

11 Domino deo omnipotente confessus sum et tibi dei amico et sacerdote; et rogo te cum humilitate, ut digneris orare pro me infelice et indigno, ut mihi dignetur per suam misericordiam dominus dare indulgentiam peccatorum eorum."

Gott dem allmächtigen Herrn beichte ich und dir, dem Freund und Priester Gottes; und ich bitte dich mit Demut, dass du dich würdigst, für mich unseligen und unwürdigen zu beten, dass sich würdige durch sein Erbarmen der Herr, Vergebung meiner Sünden zu geben."

11 Hs. *edesia*
12 ***sciens:*** Hs. *adinsciens.*

92 ‚Bamberger Glauben und Beichte' und ‚Erster Wessobrunner Glauben und Beichte' Steinmeyer Nr. 28

[2]**VL** 1 (1978) Sp. 593 (David. D. McLintock).

Ü.: a: Bamberger Glauben und Beichte: München, BSB, clm 4460, fol. 103r-111v; Teil 2 einer aus 4 ursprünglich selbständigen Teilen bestehenden Hs. Ein Quaternio und ein Ternio unbekannter Herkunft, in dem auf ‚Bamberger Glauben und Beichte' unmittelbar ‚Himmel und Hölle' folgt. Mittelalterliche Bibliotheks- und Schriftheimat unbekannt, wohl nicht Bamberg, s. zu ‚Himmel und Hölle' (Nr. 108).
b: Erster Wessobrunner Glauben und Beichte: Wien, ÖNB, Cod. 2681, fol.103rb-107vb. Für die Wiener Handschrift steht immerhin als Bibliotheks- wenn auch nicht als Schriftheimat das Kloster Wessobrunn fest; dort ist die Handschrift spätestens in 16. Jh. nachgewiesen.

Abb.: a: clm 4460: Petzet-Glauning Taf. XVII (nur fol. 111v).
b: ÖNB 2681: farbiges Digitalisat:
http://www.marburger-repertorien.de/abbildungen/pr/Wien_OeNB_Cod_2681_Bl_103r.jpg.

Dat.: a: die Münchener 12. Jahrhundert (Petzet-Glauning), nicht vor 1100, Textentstehung noch im 11. Jahrhundert.
b: Die Wiener Handschrift um 1100,

Spr.: a: bair.
b: ostfränk. mit alem. Elementen aus der Vorlage.

Ed.: [4]MSD I, Nr. 90, S. 292–298 (Text Wessobrunn) und Nr. 91 (Text Bamberg), S. 298–306. – Steinmeyer, Nr. 28, S. 135–148 (beide Texte). – Firchow, Cod. Vind. 2681 (Text Wessobrunn). – Beide Texte im Referenzkorpus Mittelhochdeutsch (1050–1350)
Bamberg: https://www.linguistics.rub.de/rem/pub/texts//M089_mod.pdf
Wessobrunn: https://www.linguistics.rub.de/rem/pub/texts//M097_mod.pdf.

Lit.: Zu den ahd. Beichten allgemein s. Hautkappe, Beichten (hier besonders S. 7–23, 64, 111). – Haubrichs, LG, S. 247–250. – Hamilton, The Practice of Penance. – Hellgardt, Pragmatik; dazu **VL** ahd. und as Lit. (2013), S. 38–46 (Ernst Hellgardt). – Kelle, LG 2, S. 49 und S. 272. – Ehrismann LG I, S. 327–331. – [4]MSD II, Nr. 90, S. 440 (Kommentar zu Wessobrunn) S. 444–446 (Kommentar zu Bamberg). – McLintok, Bemerkungen. – Zu ‚Himmel und Hölle' [2]**VL** 1 (1978) Sp. 593 (David. R. McLintock) mit vielen Bezügen auf ‚Bamberger Glauben und Beichte', ferner McLintok, Bemerkungen. – Hellgardt, Wiener Notker-Hs. – Hellgardt, ‚Wessobrunner Predigten' – Staiti, Agli inizi, hier S. 669, 677 und 712–713. – Bruchhold, Beichten S. 462–464.

B – Bamberger Fassung

W – Wessobrunner Fassung

Die beiden Stücke gehören zur Sippe des ‚Wiener Notker'. Auf ‚Bamberger Glauben und Beichte' folgt im clm 4460 unmittelbar ‚Himmel und Hölle' (Nr. 108). In der Handschrift des ‚Wiener Notker' steht das Fragment von ‚Wessobrunner Glauben und Beichte' (vielleicht gefolgt von ‚Himmel und Hölle') am Ende des ersten Teils des ‚Wiener Notker' (Ps. 1–50). Der Text der Beichte bricht unvollständig an einem Lagenende ab. Danach ist mindestens eine Lage verloren gegangen, in der außer dem Schluss der Beichte auch ‚Himmel und Hölle' gestanden haben könnte (Hellgardt, Wessobrunner Predigten, s. Lit.). Dass beide Texte, ‚Himmel und Hölle' sowie das Bamberg/Wessobrunner Stück, vom selben Autor stammen, ist wahrscheinlich.

Die beiden Fassungen sind in unregelmäßiger Verteilung teils für Männer, teils für Frauen, teils indifferent formuliert:

Wessobrunn		Bamberg	
weiblich	indifferent	weiblich	männlich
	Segment 078	Segment 078	
Segment 064			Segment 064
Segment 065			Segment 065
		Segment 101	

Grammatische Formen für die Benutzung von Frauen gibt es sowohl in der Wessobrunner Fassung (Segment 064, Segment 065) als auch in der Bamberger Fassung (Segment 078, Segment 101), zu der es bei Segment 101 freilich keinen Vergleichstext gibt, weil die Wessobrunner Handschrift hier wegen Lagenverlust abbricht. Formen für männliche Benutzer gibt es nur in der Bamberger Fassung (Segment 064, Segment 065); indifferent ist das grammatische Genus in der Wessobrunner Fassung bei Segment 078; hier ist der Bamberger Text für Frauen formuliert. Ob die Beichte ursprünglich bzw. in der einen oder der anderen Fassung für Männer oder für Frauen als Konfitenten bestimmt war, lässt sich aufgrund dieser Beobachtungen nicht entscheiden. Andere Kriterien (s. u.) sprechen eher für ihre ursprüngliche Ausrichtung auf Männer.

Der Fides-Teil beider Texte wird als eine der volksprachlichen Sonderformen des ‚Apostolischen Glaubensbekenntnisses' betrachtet, wie sie auch in anderen Denkmälern des Typs ‚Glauben und Beichte' begegnen (Steer, Glaubensbekenntnisse ²VL 11, hier Sp. 535). Dem Typ nah gehört dieser Teil in die Tradition der Abschwörungsformeln/Taufgelöbnisse, (s. Nr. 72). Auffällig sind hier die angestrengten Versuche, die schwierigen Trinitätsbegriffe zu verdeutschen (Anklänge an das ps.-athanasianische Bekenntnis), mit ihren vielen preziösen Neubildungen (oft aus Prä- und Suffixen zu bestehenden Wörtern). Die *Confessio* (Beichte) sucht mit überaus zahlreichen Neubildungen bei den Sündenauflistungen zu glänzen. Reiche Wortkaskaden einer grandiosen Scheltrede rauschen herab. Häufig wird das durch die Bildung von Synonymen und Antonymen erzielt. Es entsteht der Eindruck einer Wortschatz- bzw. rhetorischen Übung. Die präzisen Bedeutungen der einzelnen Sünden- bzw. Laster- und Tugendbezeichnungen lassen sich bei dem texttypgemäßen Kontextmangel manchmal nur erahnen – eine starke Herausforderung für den Übersetzer! Die in den Anmerkungen hier beigegebenen Wörterbuchhinweise mögen zur Begründung der Übersetzungsversuche dienlich sein, klar und wirklich gesichert ist aber Manches nicht. Berücksichtigt wurden die zahlreichen lexikographischen Anmerkungen im Kommentar der ‚Denkmäler' (MSD). Sie sind als beachtliche Leistung zu würdigen.

Auffällig ist (wie schon Scherer es in MSD beiläufig angemerkt hat) in 066/077, in 082 sowie in 085, 090 und 096 die Anprangerung von vielen Unwesensarten, wie sie für das habgierige, ehrgeizige, eitle, rauhe und oft gewalttätige Adelsmilieu des Frühmittelalters in der Geschichtsforschung reichlich dokumentiert sind: Großmäuligkeit, Wichtigmacherei, derbe Umgangsformen, Kleiderprunk, Luxus (*in sénftigérni, senftimo légere*) und Verschwendung (*in ubercieride, in wattiuride, in gimeitheite*), üppige weltliche Lebensführung (*in iagides lússami, in uppispîlen, in wúnnespîlen, in huorlieden, in állen scántsângen, in hônreden mánigen*) ... . Obwohl viele dieser Dinge schon im spätantiken Buß- und Beichtschrifttum aufscheinen und somit texttypologisch der Tradition angehören, so scheinen sie doch in ihrer Spezifik und Häufung auch und noch für das Frühmittelalter zuzutreffen. Andrerseits spricht das Differenzierungsstreben bei der Nennung von Lastern und missachteten Tugenden doch auch für eine hohe Sensibilität des Verfassers in sittlichen Dingen. Ähnliches ließ sich in einiger Hinsicht ja auch an dem benachbarten Stück ‚Himmel und Hölle' beobachten (s. Nr. 108). Auch die Beichte scheint auf herrscherliche Rezipienten hin konzipiert zu sein.

Für den liturgischen Gebrauch war die Beichte kaum verwendbar. Es fehlen ihr im besonderen die für diesen Texttyp konstitutiven Einleitungs- und Schlussformeln. Das ist freilich typisch für die Kombination mit dem Glaubensbekenntnis und würde für den Gebrauch als „offene Schuld" im Predigtgottesdienst sprechen. Hier scheint die Doppelung von „Glauben und Beichte" jedoch nur das texttypologische Modell gewesen zu sein, an dem sich der Autor orientiert hat.

Der Übersetzung liegt der Text der Münchner (Bamberger) Handschrift zugrunde. Inhaltliche Abweichungen der Wiener (Wessobrunner) Handschrift werden bei Bedarf in den Fußnoten behandelt und ggf. übersetzt.

Text nach Steinmeyer, Firchow, Referenzkorpus Mittelhochdeutsch und den genannten Abbildungen in eigener Interpunktion und Abschnittssetzung.

Bamberg / Wessobrunn – Glaube

	Bamberg *Vera Fides*	**Wessobrunn**
001	Ihc firsago demo tivuale, allen sinen werchan, und allen sinen gicieridon.	Ih intsago mih demo tiufeli unde allen sinen uuerchen unde allen sinen zierden,
002	Vnde uirgiho dir, trohtin got alemahtige, skalclicher gihorsami, nâh div so du mih gewerdest wisen durh die dîna alemahtigan gnada.	und fergiho dir, trohtin got almahtiger, scalichero gehorsami, nah diu so du mih geuuerdest geuuisen durh dina almahtigun gnada.
003	Ich gloube uaste, trohtin got alemahtige: nu hilf aber, du uile gnadiger herre, al min ungloube.	ih glouba fasto an got almahtigen: nu hilf aua, du uile gnadiger herro, allen minen ungelouben.
004	Ich gloube in der allichun cristinlichun gloube, daz der alemahtige uater unde der sin éinborne sun, unde der von in zvein uramuarente heiligosto geist ein warer lebente trohtin got ist.	Ih gloube[1] an einen got, uater almahtigen, der dir skephari ist himelis unde erda unde allero geskephidi. Ih glouba an sinen einpornen sun, unseren herren *Christum*
005	An der héiligun trínemmide gloub ich und êren, unde giho uasto eina gótelichun ébenselbêwigun einselbwesenti,	unde glouba an den heiligen keist und glouba, daz die dria gennenida ein uuariu gotheit ist, diu dir io uuas ane anagengi unde iomer ist ane ente.
006	und an der éinun gotelichun ebenselbewigun éinselbwesendi glóub ich und éren,	Ih glouba, daz der gotes sun inphangen uuart fone demo heiligen keisti unde geboren uuart uone *sancta* Mariun,
007	unde giho uasto mit ungescéidener ebenselbgliche die uile heiligun trinemmede.	magit uuesentero, uuarer got unde uuarer mennisco.

1 Im Folgenden von 004 bis 007 weicht die Wessobrunner Fassung von der Bamberger ab bzw. bietet keine Entsprechung. Parallellauf setzt ab 021 wieder ein.

Bamberg – Glaube 001–007

Bamberg
Wahres Glaubensbekenntsnis

001 Ich versage mich[2]
dem Teufel, allen seinen Werken
und allen seinen Geprängen,

002 und ich gelobe dir, Herr Gott allmächtiger,
knechtlichen Gehorsam,
gemäß dem wie du würdigst mich zu weisen
durch [die] deine allmächtige Gnade.

003 Ich glaube fest, Herr, Gott allmächtiger:
nun hilf aber, du sehr gnädiger Herr,
gegen all meinen Unglauben.

004 Ich glaube
in dem allgemeinen christlichen Glaubensbekenntnis,
dass der allmächtige Vater
und [der] sein einzig geborener Sohn
und der von ihnen zweien hervorgehende
heiligste Geist
ein einziger wahrer, lebender Herr (und) Gott ist.

005 An diese heilige Dreinamigkeit glaube ich
und ehre (sie) und bekenne fest
eine einzige göttliche,
gleich-selb-ewige,
ein und dieselbe seiende Wesenheit,

006 und an die eine göttliche,
gleich-selb-ewige,
ein und dieselbe seiende Wesenheit glaube ich und ehre (sie);

007 und (ich) bekenne fest
mit ungeschiedener Ebenselbgleichheit
die sehr heilige Dreinamigkeit.

---

2 ***firsagen***: „sich versagen“ im Unterschied zu *firsahhan* „rechtlich ein Gegner sein“ in den älteren Abschwörungsformeln/Taufgelöbnissen (s. Nr. 72). Der Wessobrunner Text hat hier *Ih intsago mih* „ich sage mich los“.

Bamberg – Glaube

	Bamberg	**Wessobrunn**[3]
008	Ich gloube die heiligun tribenemmide an demo ungisceidenen einwesente an einandera unuirwehsellichi unde uncisaminegemisciliche.	
009	Ich glóubo eina gotheit, ebenglîche guotlichi ebenewige maginkraft, eina uurstwesende *natura*, ungesceidena werchunga, ein almahtige, eina ebenewigheit des uater, unde des sunes, unde des héiligoston geistes.	
010	Den einan waren trohtin got alemahtigen glóub ich uor allen werltzîtan dohie wesenten, unde glóubo in an ewa iemer ane einde wesenden.	

3 Von 008 bis 020 keine Entsprechung zum Bamberger Text im Wessobrunner.

Bamberg – Glaube

Übersetzung Wessobrunn – Glaube 004–007

Wessobrunn von 004 bis 007[4]

Ich glaube
an einen einzigen Gott, den allmächtigen Vater, der Schöpfer ist
des Himmels und der Erde und aller Erschaffenheit.

Ich glaube
an seinen einziggeborenen Sohn, unseren Herren *Christum*,
und glaube,
an den heiligen geist
und glaube,
dass die drei Genanntheiten eine einzige wahre Gottheit ist, die da immer war ohne Anfang und immerfort ist ohne Ende.
Ich glaube,
dass der Sohn Gottes empfangen ward von dem heiligen Geist
und geboren ward von *Sankt* Marien, indem sie eine Jungfrau war,
als wahrer Gott und wahrer Mensch.

	Bamberg	**Wessobrunn**
008	Ich glaube. an die heilige Dreibenamtheit in dem ungeschiedenen Einsseienden, an die untereinander (bestehende) Unverwechselbarkeit und Unzusammengemischtheit.	
009	Ich glaube an eine einzige Gottheit, gänzlichgleiche Herrlichkeit, die gleichewige Machtkraft, eine einzige zuerst seiende *natura*, ungeschiedenes Werken, eine einzige allmächtige, einzige Gleichewigkeit des Vaters und des Sohnes und des heiligsten Geistes.	
010	An den einen wahren Herrn, den allmäächtigen Gott, glaube ich, den vor allen Weltzeiten dahier seienden, und glaube dass er in Ewigkeit immerfort ohne Ende seiend ist.	

4 In dieser Passage weicht der Wessobrunner Text vom Bamberger gänzlich ab.

Bamberg – Glaube

Bamberg **Wessobrunn**

011 Den got gloub ich
unerrahlichen,
unmezmichilen,
ebenselbgaginwartigan,
unendigen,
olanglichen allen in aller stéteglich,
ân aller stete biuanginheit,
ebenselbwesentan.

012 Den got einan alemahtigen gloub ich scepffare himilis unde erde
und alles des der ist âne sîn selbes.

013 Ich glóubo,
daz der gotes sun,
durch den dir al gitan ist, svaz giscaffines ist,
und der dohie ebenewicliche uone sinemo heiligin uater giborn was,
unde der uone imo einen waren gote dohie ware gót was,
unde der uone ímo einen wâren liehte daz ebenwesente wâre lieht was,
daz er uone himile héra nider an erda quam,

014 unde
uone demo tougenen wérche des heiligosten geistis
uone dero kiuskistun magide *sancta* Maria
an sih ginam wâre unsunthafta, alla mennislicha *natvra*.

015 Vnde glóubo,
daz diu sîn gotelicha natura geinsamot wart der menisclichun in der
magidlichun wamba,

016 und daz
die zvô *nature* an ímo sint an einandera unzisámineuirmiscta.

017 So gloub ich
daz des gótes sunes suânger wart diu sin kiuskista muoter,
magid ewiga sancta Maria,

018 und daz
er an aller sverodono wê uon iro mennisclicho giborn wart,
íro ie wesenter unvirwartun êwigun magide,

019 bediu sament
durnohte got unde
durnohte mennisco.

Bamberg – Glaube

Bamberg **Wessobrunn**

011 Von diesem Gott glaube ich, dass er
unaussprechlich,
unermesslich,
gleich-selb-gegenwärtig,
unendlich,
gänzlich vollständig an aller Stätte zugleich,
ohne Eingeschlossenheit an aller Stätte,
eben derselbe seiend ist.

012 An den Gott als einzigeinen allmächtigen glaube ich (als) Schöpfer
des Himmels und der Erde
und all dessen, was dort ist, ausgenommen ihn selbst.

013 Ich glaube,
dass der Sohn Gottes,
durch den das alles getan ist, was (als) Geschaffenes ist,
und der dahier (als) gleichewig von seinem heiligen Vater gezeugt war,
und der von dem ihm einzig wahren Gott dahier wahrer Gott war,
und der von dem ihm einzig wahren Licht das ebenso-seiende wahre Licht war,
dass er vom Himmel hierher nieder auf die Erde kam,

014 und
dass er durch das geheime Werk des heiligsten Geistes
von der keuschesten Jungfrau *Sancta Maria*
an sich nahm wahre, unsündhafte, ganze menschliche *natura*.

015 Und ich glaube,
dass [die] seine göttliche *natura* vereinigt wurde der menschlichen
in dem jungfräulichen Mutterleib,

016 und dass
die zwei *naturae* an ihm sind in einander unzusammengemischte.

017 Ebenso glaube ich,
dass mit dem Sohn Gottes schwanger wurde [die] seine keuscheste Mutter,
die immerwährende Jungfrau *Sancta Maria*

018 und dass
er ohne das Weh aller Schmerzen von ihr auf menschliche Weise geboren wurde,
von ihr, der immer seienden, unverletzten, ewigen Jungfrau,

019 deswegen zugleich
vollkommener Gott und
vollkommener Mensch.

Bamberg / Wessobrunn – Glaube

	Bamberg	**Wessobrunn**
020	Vnde gloubo, daz er an den zvein *naturis* ist einer an der binemmide, diu dir ist einer Christus.	
021	Ich gloubo, daz der haltente *Christus* an dîrre werlte lebeta als ein ander mennisco, âz, tránc, slief, hungerota, dursta, douita, weinota, suízta unde arbeitennes muodeta, und er nihie nigisundota.	Ih glouba,[6] daz der heiligi Christ an dirre uuerlte lebete also ein ander mennisco, az, tranc, slief, hungerota, dursta, douti, uueinota, suizta unde er arbeitennes muodoti, unde er nio negesundoti.
022	Ích gloubo, daz er gitoufit wart, do er drizzig iar alt was, in Iordane uone *sancto Iohanne*,	Ih glouba, daz er getoufet uuart an demo drizigistemo iare in Iordane fone *sancto Iohanno*
023	und er sa cistunt in demo éinode geuasteta únezzente samint uirzig taga unte nahta, und er da bichorot wart uone demo unreinesten geiste,	unde er sa ze erist fiercig taga unde naht fastota, unde er bechoret uuart fone demo tiufelo.
024[5]	unde daz er imo do erwelita zveilf iungeren, unde andera maniga, die er uor imo santa den liut toufente unde bredionte in aller stetegilich, dar er selbo chomente was.	
025	Ih gloubo, diu unzalehaftin sîniu zeichen unde wunder, krefte ioh lêra, also die uier euangeliste cellent,	Ih glouba diu unzalahaften siniu zeichun unde die chrefte sinero uundere, ioh lera, also die fier euuangeliste cellent,
026	die ér nâh demo sîn selbis toufe in drin iârin unde in zveín min ahzig tagen hier in erde giworha.	die er nah demo sin selbes toufa in drin iaren unde zuein min ahcig tagen hie in erda geuuorhta.

5 ***unde daz*** bis ***chomente was*** ohne Entsprechung in W.

6 Ab hier läuft das Wessobrunner Glaubensbekenntnis wieder weitgehend parallel mit dem Bamberger.

Bamberg – Glaube

Bamberg

020 Und glaube,
dass er in den zwei *naturis* ist (als) ein einziger
in der Benennung, die da ist „der einzige Christus".

021 Ich glaube,
dass der erlösende Christus in dieser Welt lebte
wie ein anderer Mensch,
    aß, trank, schlief, hungerte, dürstete,
        starb,
    weinte, schwitzte und von Mühen ermüdete
        und dass er nicht je sündigte.

022 Ich glaube,
dass er getauft wurde, als er dreißig Jahre alt war,
im Jordan von dem heiligen Johannes,

023 und dass er sogleich zu dieser Zeit in der Einöde fastete,
nicht Essender insgesamt vierzig Tage und Nächte
und dass er da versucht wurde
von dem unreinsten Geist,

024 und dass er sich da erwählte zwölf Jünger
und viele andere, die er sich voraus sandte
als die Leute Taufende und als Predigende
in aller Stätte gleichermaßen, wohin er selbst ein Kommender war.

025 Ich glaube
an die unzähligen seine Zeichen und Wunder,
Kräfte und Lehren,
ganz wie es die vier Evangelisten erzählen,

026 die er nach der, seiner Taufe seiner selbst
in drei Jahren und in zwei weniger als achtzig Tagen
hier auf der Erde wirkte.

Bamberg / Wessobrunn – Glaube

	Bamberg	**Wessobrunn**
027	Ich glóubo, daz er uone *Ivda*, sînemo iûngeren, uirraten wart, uone den Ivdon giuangen wart, gibunden wart, gispûen wart, gihalslagot wart, biuíllit wárt,[7] an des crucis galgan ginegelit wart, und ér an dêre mártire irstarb.	Ih gloube, daz er fone *Iude*, sinemo iungeren uerraten uuart, uona den Iuden gefangen uuart, gebunten uuart, pespiren uuart, gehalsslagot uuart, geuillet uuart, an daz chruci genegelet uuart, unde irstarb an sinero mennischeite, nieht an dero gotheite.[8]
028	Ích glóubo, daz diu sîn héiligosta sêla do uone demo líchaman zi héllo uuor mit der sîner gótelichun krefte, daz er dánnan lôsti alle sine irwélitan.	Ih glouba, daz diu sin heiligista sela do fone demo lichnamen ze helli nider fuor mit dero sinero gotelichen chrefti, daz er danna irlosta alla sina iruueliten.
029	Ich glóubo, daz ér also tôter in sîna sîttun giwúndot wárt, unde sament da ûz flôz bluot unde wázzer.	Ih glouba, daz er also toter in sine situn geuundot uuart, unde dannan sament zu floz pluot unde uuazer.
030	Ích glóubo, daz sîn lichamo abe demo cruce ginomen wárt, und er bigraben wart, unde an demo drittin táge diu sîn heiligosta sêla ci demo líchamen widere quam, und ér dó érstuont uone demo tode, mit sîn selbes krefte, und ér sînen iungerôn, wîben unde mánnan, irscein, und er in gougta und en manega wîs bewárta die wârheit sîner úrsteindide.	Ih glouba, daz sin lichinamo aba demo chruci genomen uuart, unde begraben uuart, unde an demo driten taga diu sin heiligiste sela ze demo lichinamen uuidere chom, unde er do irstuont fone demo tode, mit sin selbes chrefte, unde er sinen iungeren isrskein, uuiben ioh mannun, unde er in geoucta, in manigi uuis beuuarta die uuarheit sinero urstendidi. Ich gloube fasto, daz er az unde tranc sament sinen iugeron also ein ander mennisco.[9]

---

7 ***gispûen wart, gihalslagot wart, biuíllit wárt***: ohne Entsprechung in W.

8 ***unde irstarb an sinero mennischeite, nieht an dero gotheite***: „und hinsichtlich seiner Menschnatur starb, nicht hinsichtlich der Gottnatur;" ohne Entsprechung in B.

Bamberg – Glaube

Bamberg

027 Ich glaube, dass er
von Judas, seinem Jünger, verraten
wurde,
von den Juden gefangen wurde,
gebunden wurde,
bespien wurde,
an den Hals geschlagen wurde,
gegeißelt wurde,
an des Kreuzes Galgen genagelt wurde
und dass er in dieser Marter starb.

028 Ich glaube, dass
die [seine] heiligste Seele
da von dem Leichnam zur Hölle fuhr
mit [der] seiner göttlichen Kraft,
auf dass er von dort erlöste alle seine Erwählten.

029 Ich glaube,
dass er als so Toter in seine Seite verwundet ward
und dass zusammen da heraus floss
Blut und Wasser.

030 Ich glaube,
dass sein Leichnam von dem Kreuz
genommen wurde
und er begraben wurde
und dass an dem dritten Tage
[die] seine heiligste Seele
zu dem Leichnam wieder kam,

und dass er da erstand von dem Tode
mit seiner eigenen Kraft,
und dass er seinen Jüngern,
Frauen und Männern, erschien,
und dass er ihnen zeigte und in vieler Weise bestätigte
die Wahrheit seiner Auferstehung.

9 ***Ich gloube fasto, daz er az unde tranc sament sinen iugeron also ein ander mennisco***: „Ich glaube fest, dass er aß und trank zusammen mit seinen Jüngern wie ein anderer Mensch." Ohne Entsprechung in B.

Bamberg / Wessobrunn – Glaube

	Bamberg	Wessobrunn
031	Ich gloubo, daz er uone demo táge siner úrstendide án démo uierzigosten táge ci hímile uvor, sînen iúngeron ana sehentén	Ih glouba, daz er fone sinero urstende an demo fiercigosten taga ce himeli fuor, sinen iungeren ana sehenten,
032	und daz er do saz zi der zesuv̂n sînes uáter, gótes alemahtigan,	unde er do saz ze dero cesuun sines uater.
033	unde daz er rîchisot in der guotlíchi der sîner uaterlîchun êwigun ebenmáginkrefte.[10]	
034	Ich gloubo, daz er nóh dannan chúmftig ist in demo iúngistin táge cirteilenne lebente unde tôta, úbela unde guota, réht úrteildâre nah iro giwúrhtan	Ih glouba, daz er uns noh chumftic ist an demo iungisen taga certeilenne lebende unde tode, ubele unde guote, rehter urteilari nah iro geuurhten.
035	Ich gloubo heiliga *die*[11] einun, allichûn christinheit,	Ih glouba eina christenheit heiliga, potelichi unde allicha,[12]
036	unde gemeinsami aller gótis heiligon,	und glouba gemeinsama allero gotes heiligoni,
037	und gího eina toufi in den ántlaz aller slahte súndon.	unde giho eina toufa in den antlaz allero slahta sundona,
038	Ich gloubo die allichûn wârûn úrstendide méinniscinis chúnnis in démo iûngisten táge,	unde glouba die uuarun urstendi mennisgines chunnes in demo iungesten taga,
039	unde gloubo dénne daz réhtista gótes urteila.	unde gloube danne die rehten gotes urteili.

10 ***unde daz er rîchisot in der guotlichi der sîner uaterlîchun êwigun ebenmáginkrefte***: ohne Entsprechung in W.

11 ***die***: ergänzt in [4]MSD, s. Steinmeyer S. 139, Anm. zur Stelle.

12 ***potelichi unde allicha***: „apostolische und allgleiche“ ohne Paralle in B.

Bamberg – Glaube

Bamberg

031 Ich glaube,
dass er von dem Tage seiner Auferstehung an
an dem vierzigsten Tage zum Himmel fuhr,
vor seinen Jüngern als Zuschauenden.

032 und (dass) er da saß zu der Rechten seines Vaters,
Gottes, des allmächtigen,

033 und dass er herrscht in der Herrlichkeit
[der] seiner väterlichen ewigen Gleichmachtkraft.

034 Ich glaube,
dass er noch von dort künftig ist
an dem jüngsten Tage zu urteilen über
die Lebenden und die Toten,
Üble und Gute
als gerechter Richter nach ihren gewirkten Taten.

035 Ich glaube
an die heilige [die] eine, allgemeine, Christenheit

036 und die Gemeinschaft
aller Heiligen Gottes,

037 und bekenne
eine einzige Taufe als die Vergebung aller Arten
von Sünden.

038 Ich glaube
an die allgemeine, wahre Auferstehung
des menschlichen Geschlechtes
an dem jüngsten Tage

039 und glaube dann an das gerechteste Urteil Gottes.

Bamberg / Wessobrunn – Glaube

	Bamberg	**Wessobrunn**
040	Ioh gloubo, daz dénne aller ménnisglich uúre sich selban góte réda gêban sôl, suie ser[13] gilébet hábe, wôla alder ûbelo, unde daz ímo dár nâh gilônot wérde.	Ih gloube, daz danne aller menisclich fure sih selben gote reda geben scol, so uuio er gelebet unde geuurchet habet,[14] uuola oder ubelo, unde daz imo dara nah gelonot uuerde.
041	Herro, got alemáhtige, ích gloubo an durnóhter bicherida und án stater rehter riuwa und an der wârun bígihta aller sláhte sundon ioh méintaton,	Herro, got almahtiger, ih glouba an durnohtigi becherda unde ana rehta riuuua unde an begiht allero sundono unde meintatun,
042	uóllen giwíssen ioh wâren dínen antlaz, nah demo giheizzinan uéstin gidínge,[15]	uollen geuuissen ioh uuaren dinen antlaz.
043	der unsih gihalten toige der alamahtigun gnâde.[16]	
044	Ích glóubo, ube mennisglich nah wârer sîner bígihta die sunda noh die meintat uvrder nigauerit, noh ér ándera meintat uv́rder nigiwúrchit,	Ih glouba, ube mennisclih nah uuarere sinero bigiht die sunta niemer negeauerit, noh er andere meintati furder negeuuurchet,
045	ub er rehto riuonte unde stâtlicho buozzente *lebet*[17]	ube er rehto riuuuonte unde statliche buozet,
046	sos imo uone góte denne gebóten wírt,	so imo fone gote denne geboten uuirdet,
047	und er so lebente disan gáginwártigan lîb uólleuirendôt,	unde er so lebendo disan gagenuuerten lib ferentet,
048	daz imo dihein sîn úbeltat an demo iv́ngistzen táge da giwizzen niwírt.	daz imo dehein sin ubeltat an demo iungisten taga da geuuizen neuuirdet.

---

13 ***ser***: verkürzt aus *so er*.
14 ***unde geuurchet habet***: „und gewirkt habe", ohne Entsprechung in B.
15 ***nah demo giheizzinan uéstin gidínge***: ohne Entsprechung in W.

Bamberg – Glaube

Bamberg

040 Ich glaube,
dass dann von allen Menschen ein jeder für sich selbst
Gott Rechenschaft geben soll, wie immer er gelebt habe,

gut oder übel,
und dass ihm dem entsprechend gelohnt werde.

041 Herr, allmächtiger Gott, ich glaube
an (eine) vollkommene Umkehr,
an beständige, rechte Reue
und an die wahre Beichte
aller Art von Sünden und Freveltaten,

042 (an einen) vollen, gewisslichen und wahren [deinen] Ablass
nach dem verheißenen, festen Vertrag,

043 der uns bewahren tue
der allmächtigen Gnade.

044 Ich glaube,
wenn ein jeder Mensch nach seiner wahrhaftigen Beichte
(weder) die Sünde noch die Freveltat fürderhin
[nicht] wiederholt,
noch (wenn) er andere Freveltat fürderhin
[nicht] wirkt,

045 wenn er in rechter Weise bereuend und beständig
büßend (lebt),

046 so wie es ihm von Gott dann
geboten wird,

047 und (wenn) er so lebend dieses gegenwärtige Leben
ganz vollendet,

048 dass ihm keine [seine] Übeltat
an dem jüngsten Tage [da]
vorgeworfen wird.

---

16 ***der unsih gihalten toige der alamahtigun gnâde***: ohne Parallel in W; *toige* zum Verbum „tun".
17 ***lebet***: bezeichnet Steinmeyer als ergänzt von Scherer, Steinmeyer, S. 140, Anm. 4 zur Stelle. Die Hs. hat hier keine Lücke, s. ^{4}MSD, S. 300, Anm. zu Zeile 77.

Bamberg / Wessobrunn – Glaube

	Bamberg	Wessobrunn
049	Alsámo glóub ich, daz alle menniscin, an den die meintatlichun sunda ioh die houbethaftin achuste uollegirichisônt unde uollewônent,	Also glouba ih, daz alle mennisgen, an den die houbethaften sunda ioh die meintatlichen achuste folgerichisont unde foluuonant
050	unde sie an íro nótdieneste úmbicherto ioh unwarlicho riuonte disan lîb uolleuiréndônt:	*(* unde sie an iro nótdieneste)*[19] unbecherta ioh unuuarlicho riuuuonta disan lib ferentent:
051	daz die uone rehtemo gótes úrteilde denne uiruluohte uarent mit deme tiuuele ioh mit allen den unreinen géisten in daz êwiga uivr der hélle.	daz die fone dero rehtere gotis urteili danni ferfluochoti farent mit demo tiufalo unde mit allen den unreinen keisten in daz euuigi fiur dero hella.
052	Ich glóubo, daz alle rehtglóubige unde rehte lebente ménniscen	Ih geloube, daz alle rehte gloubigi unde rehte lebende mennisgen
053	unde alle, die der durnohtlîche uón únrehte ci réhte sich bichêrent,	unde alle, die durnohtlicho uone unrehte ze rehte sih becherent
054	unde die dir réhto riuonte disan gáginwartîgen lîb uolleuiréndônt,	und die iro sunda rehte riuuonte disan gagenuurtigen lib folferendent,
055	daz die geseginôto aber denne ci demo êwigen himilrîche uarent.	daz die gesegenoti alle ze demo euuigen libe uarent.
056	Ich gloubo alle die wârheit des heiligan ewangelien unde áller dér heiligun scrifte,[18] und allez, daz der hôrit ci réhter gloubo,	Ih gloube alla die uuarheit dero heiligen euangeligun, allez, daz dir horit ze rehtere glouba,
057	dáz glóub ich fasto nâh dên gótes gnadon.	daz gloubo ih fasto nah den gotes gnadun,
	Vnde al daz wíder ist der réhtun glóubo daz lougin ích noch daz niglóub ích.	unde al daz uuidere ist dere rehten gelouba, daz lougene ih noh daz negloubа ih.[20]
058	Sús glóub ích, trohtin gót alemahtige: aber hilf, tu uile gnadie herro, al mîn unglóuba.	Sus gelouba ih, trohtin got almahtiger: nu hilf aua, du filo gnadiger herro, allen minen ungelouben.

---

18 ***unde áller dér heiligun scrifte***: ohne Entsprechung in W.

19 Auslassung in W (Schreibfehler), nach B ergänzt.

Bamberg – Glaube

Bamberg

049 Ganz in gleicher Weise glaube ich, dass alle Menschen,
in denen die freveltathaften Sünden
und die hauptsächlichen Laster
vollkommen mächtig werden und vollständig wohnen:

050 und sie in deren erzwungenem Dienst
unbekehrt
und unwahrhaftig bereuend
dieses Leben ganz vollenden:

051 dass die vom gerechten Urteil
dann als Verfluchte dahinfahren
mit dem Teufel
und mit allen den unreinen Geistern
in das ewige Feuer der Hölle.

052 Ich glaube,
dass alle rechtgläubigen
und in rechter Weise lebenden Menschen

053 und alle, die da vollständig von Unrecht
zu Recht sich bekehren,

054 und die da auf rechte Weise bereuend
dieses gegenwärtige Leben ganz vollenden,

055 dass die (als) Gesegnete wiederum dann
zu dem ewigen Himmelreich fahren.

056 Ich glaube
an all die Wahrheit des heiligen Evangeliums
und aller der heiligen Schriften,
und an alles, das da gehört zum rechten Glaubensbekenntnis,

057 an das glaube ich fest gemäß den Gnaden Gottes.

Und alles das gegen das rechte Glaubensbekenntnis ist,
das leugne ich und das glaube ich auch nicht.

058 So glaube ich, Herr Gott allmächtiger:
aber hilf, du sehr gnädiger Herr,
gegen all meinen Unglauben.

---

20 ***unde al daz uuidere ist dere rehten gelouba, daz lougene ih noh daz neglouba ih*****:** „und alles, das wider den rechten Glauben ist, das leugne ich und glaube ich nicht.“ ohne Entsprechung in B.

Bamberg / Wessobrunn – Beichte

	Bamberg/Beichte	**Wessobrunn/Beichte**
059	*PVRA CONFESSIO*	*CONFESSIO*
060	Nu neháb ich uíle súndige mennisge leidir mir niheina wîs rehto christinlicho in guotemo lebenne	Nu nehan ih filo sundiger mennisco leidir mir neheine uuis rehte christenlicho in guotemo lebenna
061	die heiligûn glouba so giwéret noh bihálten,	die heiligen glouba so geuueret noh pehalten so ih scolta,
062	unde hábe al mit den werchan leidir mir uirlouginet, sués sích[21] uiriehen hábo mit der glóube wôrten.	unde han al mit den uuerchen leidir mir ferlougenot, sues ih fergehen habe mit den uuorten dero gloube.
063	Nu, wande ich uáste glóubo an warer bigihta, unde wand ích gitrûen in wârer riuwa nah dîner gnâdon miltide wâren dînan antlaz:	Uuanda ih fasto gelouba ana uuara pigiheda unde uuanda ih getrua in uuare riuuua nah dinen gnadon den uuaren antlaz:
064	nu fliuh ich ábtrúnne[22] der heiligun glóubo unde áller rehter wérchunge ci demo uile miltin barme der dîner álemahtigûn irbármide	nu fliuhu ih abtrunnigiu[26] dero heiligen glouba unde allero rehtero uuerche ze demo filo milten barmi dero dinero almahtigen irbarmidi
065	unde bitte uone hérzan, daz du, gnâdône uater, unde du, gót âlles trôstis, mir sundigôstemo[23] unde meintatigistimo[24]	unde bito fone herzen, daz du, gnadona uater, unde du, got alles trostes, mir sundigestera[26] unde mir meintatigestero[27]
066	uber alle meintaten nu giwerdest gilâzen dúrch die dîna álemáhtigun erbármida unde gnâda stâte bícherida, wâra bîgihta, unde aller mîner sundôn dúrhóhte riuwa.	uber alla meintatigen nu geuuerdest gelazen durh die dina almahtigen gnada statige becherda, uuara bigiht unde allero minero sundoni durnohtigi riuua.

---

21 ***sích***: zummengezogen aus *so ích*.
22 Männliche Form.
23 Männliche Form.
24 Männliche Form.

Bamberg – Beichte

Bamberg/Beichte
059 *REINE BEICHTE*

060 Nun habe ich sehr sündiger Mensch, leider (für) mich,
in keiner Weise auf rechte christliche Art
in gutem Leben

061 das heilige Glaubensbekenntnis so bewährt,
noch eingehalten wie ich sollte

062 und habe ganz mit [den] Werken leider (für) mich, verleugnet,
alles was ich versprochen habe mit den Worten des Glaubensbekenntnisses.

063 Nun, weil ich fest glaube
vermöge wahrer Beichte,
und weil ich Zutrauen habe
in wahrer Reue
gemäß deiner Gnaden Großzügigkeit
auf deinen wahren Ablass:

064 nun fliehe ich Abtrünniger
von dem heiligen Glaubensbekenntnis
und von allem rechten Wirken
zu dem sehr barmherzigen Schoß
deiner allmächtigen Erbarmung

065 und bitte von Herzen,
dass du, Vater der Gnaden
und du, Gott allen Trostes,
mir Sündigstem und Frevelhaftestem

066 wegen aller Freveltaten
nun es für wert erachtest, zuzulassen
durch deine allmächtige Erbarmung und
Gnade
beständige Umkehr,
wahre Beichte
und wegen all meiner Sünden vollkommene Reue.

25 Weibliche Form.
26 Weibliche Form.
27 Weibliche Form?

Bamberg / Wessobrunn – Beichte

	Bamberg – Beichte	**Wessobrunn – Beichte**
067	Unde wande dú, uile gnâdie, guísse gnâdig bíst,	Uuando du, filo gandic got, geuisso gnadic pist,
068	unde wande du allen dên gantlâzost in allen iro scúldan, suelehe rehte riuwiga gnadig[28] sint, unde gantlâzzont íro scúldiôn	uuando du allen den fergibist iro sculda, so uuelihe rehto riuuont, unde die dir antlazont iro scolaren
069	unde ube sie óuch giríhte unde suona bietant, so siez uerrost gimúgin, wider die óuch sie sculdig sint:	unde ube si ouh gerihte unde suona bietant, so si ferrest mugin, uuider die ouh si sculdic sint:
070	Vone diu bilâzz ich uone hérzan in dáz selba gidínge, nâh diu só dû, gót álemáhtiĝe, mir uerrôst gilâst, állen mínen scúldigôn,	Fone diu ferlazi ih uone herzen in daz selbe gedinge, nah diu so du, got almahtiger, mir frist[29] gelazest, allen minen scolaren,
071	unde wile gérno minna unde hóltscaft giwínnen, ube ich ez, hêrro, gimác unde scól,	unde uuilo gerne minna unde holtscaft geuuinnen, ube ih mac unde scol,
072	umbe álle, wider die íh sie leidir mir uirwórht habe.	umba alla, [30]die ih si leider feruuorht han.
073	Unde uone diu bigih ich nu dír, got alemahtige, unde dir, aller gnâdone uater, nah allen mînen chûnsten, nah diu, só dú werdost ermanon mín gihúgide,	Fone diu bigiho ih nu dir, got almahtiger, unde dir, allero gnadone uater, nah allen minen chunstin, nah diu, so du nu irmanen geuuerdest mina gehugeda,
	dir und állen dînen trûtan aller miner sculdone.	dir unde allen dinen truten allero minero sundeno.

---

28 Steinmeyer: „*gnadic* braucht kein irrtümlicher Zusatz zu sein: man kann erklären ‚die als wahrhaft reumütige zur Vergebung gestimmt sind.' W hat daran Anstoß genommen und *gnadic* beseitigt."
29 ***frist***: gekürzt aus *fer-rist*, vgl. *uerrôst* in B.
30 ***wider***: fehlt in W.

Bamberg – Beichte

Bamberg / Wessobrunn – Beichte

067 Und
weil du sehr Gnädiger gewiss gnädig bist

068 und
weil du all denen Vergebung gewährst in all ihren Schuldigkeiten,
welche als in rechter Weise reuige zur Vergebung gestimmt[31] sind
und Vergebung gewähren ihren Schuldnern,

069 und
wenn diese auch Gerichtsverfahren und Sühne bieten,
wie sie es am allermeisten vermögen
denen gegenüber, vor denen sie auch schuldig sind:

070 deswegen vergebe ich von Herzen
gemäß der selben Bedingung, nach der du,
allmächtiger Gott, mir ganz und gar vergibst,
allen meinen Schuldigen,

071 und will gerne Liebe und Freundschaft gewinnen,
  wenn ich es, Herr, vermag und soll,

072 zu allen,
gegen die ich sie, leider mir verwirkt habe.

073 Und deswegen bekenne ich nun dir
  allmächtiger Gott,
und dir,
  Vater aller Gnaden,
    nach all meinen Fähigkeiten,
    gemäß dem, wie du es für wert erachtest, an
    mein Gedächtnis zu gemahnen,

dir und allen deinen Heiligen
  alles von meinen Schuldigkeiten.

31 s. Fußnote zum B-Text.

Bamberg / Wessobrunn – Beichte

	Bamberg – Beichte	**Wessobrunn – Beichte**
074	Ich hábe leidir uirbrôchen ioh firsûmit	Ih han leidir mir ferbrochen ioh fersumet
	aliiu diniu gibót ioh dîna êwa	elliu diniu gebot ioh dina e
	in sunthafton wíllôn, gilústen,	in sunthaften uuillen, in gelusten,
	gigiridôn, giwizzidôn,[32] giuolgidôn,[33]	gegiridon, geuuizzidon, geuolgeden,
	giurumidôn,	gefrumeden,
	in râten, gidánchen, wôrten ioh	in raten, gedanchon, uuorten unde in
	wêrchan.	uuerchen.
075	Ich bin leidir scúldig	Ih pin leidir sculdic
	in allem ubermuote,	in allero ubermuoti,
	in allem mîchilhohi,	in allero uberhohi,
	in allem áchúste,	in allen achusten,
		in demo flize uuerltlichero uuercho,[43]
076	in máginkrefte[34]	
	uréchi,[35]	
	in adeles giluste,[36] in *in*twerdunga,[37]	in adeles geluste, in *in*tuuerdunga,
	in uirsmáhide, in uirmezzenheite,	in fersmahidi, in fermezzenheite,
	in unhuldie,[38] in hêrgiride, in gibóten,	in unhulde, in ergiridi, in geboten,
	in uberwânide,	in uberhordi, in uberuuanidi,
	in giwaltes giride,	in geuualtes gegirigi,
	in urlobin, an uberhersônne,	in urlouben, in uberheresenne,
	in únruoche, in urabalde,[39]	in unruocha, in frabaldi, [in unruocha,]
	in ungnozsami, in hohuertigîe,	in ungenozsami, in hohferti
	ungihorsamî, an wíderstritigî,[40]	in ungehorsami, in uuidirstritigi
	in unriwa,[41]	in geriuna,
	in hartmuotigi, in ungirihte,[42]	in hartmuotigi, in ungerihti,
	in undiemisthafti	in undienesthafti,[44]

---

32 ***giwizzidôn***: hier „Mitwisserschaft" ^{4}MSD mit Verweis auf Graff, Sprachschatz I,1102 und 1103; anders unten Segment 085 („Unkenntnis") und Segment 109 („Gewissen"); s. auch *ge-wiȝȝede* stfn. „Gewissen" Lexer HdWb.

33 ***giuolgidôn***: „Gefolgschaft," MSD mit Verweis auf *folgida* Graff, Sprachschatz III,513 *secta, sectatio*; s. auch StWG.

34 ***máginkrefte***: *magankraft* stF. „Großkraft", s. Graff, Sprachschatz II,621; ohne Entsprechung in W.

35 ***uréchi***: *frehhî* stF. *avariria, aviditas, ambitio* „Begierde, Habsucht, Ehrgeiz" StWG; ohne Entsprechung in W.

36 Höfisches Motiv.

37 **in *intwerdunga***: Hs. in twerdunga – MSD in twerdunga „Willfährigmachung"; Steinmeyer versteht in MSD *intwerdunga* als Synomym zu *uirsmâhide*; doch dürfte eher *versmæhede* SchWb. „Geringschätzung, Beschimpfung, Verachtung" zutreffen, synonym zum gleich folgenden *uirmezzenheite*: *farmezzanheit arrogantia* Graff, Sprachschatz II,892 vgl. *fer-mezzen arroganter* „vermessen" StWG.

38 ***unhuldi***: stF, „Unehrerbietigkeit" vgl. *unhold, unhuld* Adj. *indevotus, infestus, (offensus)* Graff, Sprachschatz IV, 915, StWG „unehrerbietig, feindlich, abgeneigt".

39 ***urabalde***: stF. *temeritas, presumptio*, „Unbesonnenheit, Vermessenhet" StWG.

Bamberg – Beichte

Bamberg/Beichte

074 Ich habe leider gebrochen und säumig befolgt
alle deine Gebote und dein Gesetz
in sündhaften Willensregungen, Gelüsten, Begierden,
Mitwisserschaft, Gefolgschaft, Tätlichkeiten,
in Ratschlägen, Gedanken, Worten und Werken.

075 Ich bin leider schuldig
in allem Hochmut,
in aller großen Überhebung,
in allem Laster,

076 in gewaltsamer Kraft,
Gier,
in Adelsstolz, in Verächtlichkeit,
in Verschmähung, in Vermessenheit,
in Unehrerbietigkeit, in Herrschsucht, in Befehlen,
in Selbstüberschätzung,
in Begier nach Gewalt,
in Willfährigkeiten, in Gewaltherrschaft,
in Rücksichtslosigkeit, in Übereiltheit,
in fehlendem Gemeinsinn, in Hoffärtigkeit,
in Ungehorsam, in Widerspenstigkeit,
in Reuelosigkeit,
in Hartgesinntheit, in Bosheit (?) / Unordentlichkeit (?),
in mangelnder Dienstbereitschaft,

---

40 ***widerstritigî***: stF. „Widerspenstigkeit"; vgl. Adj. *contumax, pertinax* „widerspenstig, hasstarrig" StWG.

41 W hat hier wohl passender *in geriuna* „in Heimlichkeit".

42 ***ungirihte***: stF. „Unordentlichkeit", vgl. *ungirihtit* Adj. *incompositus (desum)* „ungeordnet" StWG; oder besser zu : *ungireht* Adj. *malus, vitiosus* „böse, lasterhaft" StWG?

43 ***in demo flize uuerltlichero uuercho***: „im Eifer von weltlichen Werken"; ohne Entsprechung in B.

44 ***in undienesthafti***: „in Undienstbarkeit".

Bamberg / Wessobrunn – Beichte

	Bamberg/Beichte	Wessobrunn/Beichte
077	in unmezzigheite, in allemo uberwillen,[45] in ubersprâchi, in ubergiuazzide,[46] in ubergibaride,[47] an demo frauelen uberuánge[48] aller gotis êwa.	in unmezzecheiti, in allemo ubelemo uuillen, in ubersprachi, in ubergefazidi, in ubergebaridi, an demo frauelen uberfangi allero gotes é.
078	Ích nêreta[49] noh nigiwîrta noh mîna uórderen, mîna meistra, miniu hertuom, heithafta liute, noh niwas in gitriwa;[50]	Ih neeroti noh negeuuirdota mina forderon, mina maistere, miniu hertuom, heithaftiu liuta, noh neuuas in getriu;[53]
079	noh nihein gótes hûs, dén gótis líchamen, sîn heilig bluot, die heiligun toufi, den geistlichan chrisamen, gotes dienast, die heiligun lêra, daz hêra heiligtuom, niheina gótes wîhida, uastitága, uirretâga, andere hêre dúltaga,	noh nehein gotes hus, den gotes lichinamen, sin heilic pluot, die toufa den keistlichen chresimon, gote dienist, die heiligen lera, daz hera heilictuom, neheina gotes uuiha, fastataga, firtaga andera hera dultaga,
080	nihein heilic díng noh christinlich noh gótelich háb ich só gêret, sos[51] ich mit réhte scólta.	nehein heilic dinc noh christinlih noh gotelih tinc nehan ih so geeret, so ih mit rehta scolta.
081	Ich bin sculdig in allen offensundôn, in aller gotis uirmânide,[52] in mâniger wirserúngo mînes ebenchristanin, und in áller undeumuoti.	Ih pin sundic in allen offenen sundon, in allero gotes fersmahidi, in manigero uuirserunga mines ebenchristenen, unde in allero undiemuoti.

---

45 ***uberwillen***: lexikographisch nicht erfasst; vermutlich verschrieben für *ubelwillen* (vgl. *ubelemo uuillen* W), s. *ubilwillo* swM. *malitia* „Bosheit, Missgunst" StWG; oder doch „übermäßiger Wille"?
46 ***ubergiuazzide***: zu *vazza* stF. Graff, Sprachschatz III,732, StWG *onus, sarcina, sarcinula* „Last, Bürde, Bündel" „sich wichtig machen"?; „in übermäßigem Schmuck"? ^{4}MSD.
47 ***ubergibaride***: vgl. as. *gibârida habitus, gestus, motus* „Gebären Gebärde, Bewegung" StWG.
48 ***uberuánge***: *ubarfang* stM *invasio, praevaricatio* „gewaltsame Besitznahme, Übertretung" StWG.
49 ***nêreta***: kontrahiert aus *ne êreta*.
50 weibliche Form.

Bamberg – Beichte

Bamberg/Beichte

077 in Unmäßigkeit, in aller Übermäßigkeit des Willens (?) oder: in aller Böswilligkeit (?),
in Großmäuligkeit, in Wichtigmacherei,
in Großspurigkeit,
an frevelhafter Pflichtverletzung gegenüber allem Gesetz Gottes.

078 Ich ehrte weder noch würdigte
meine Eltern,
meine Lehrer,
meine Herrschaft,
Leute geistlichen Standes
noch war ich ihnen eine getreu

079 noch nicht ein Gotteshaus
den Leib Gottes,
sein heiliges Blut,
die heilige Taufe,
das geistliche Salböl,
den Dienst an Gott,
die heilige Lehre,
das erhabene Sakrament,
nicht ein Heiligtum Gottes,
die Fasttage, Feiertage, andere erhabene Festtage,

080 nicht ein heiliges Ding
weder christlich
noch göttlich
habe ich so geehrt, so wie ich von rechtswegen sollte.

081 Ich bin schuldig
an allen öffentlich verübten Sünden,[54]
an aller Verachtung Gottes,
an vieler Schlechtmachung
meines Mitchristen
und an aller Undemut.

---

51 ***sos***: kontrahiert aus *so so*.

52 ***uirmânide***: *firmanida* stF. *despectio* „Verachtung“ StWG; W hat hier *fersmahidi*: *farsmâhidi* stF. *contemtio* „Verachtung“. Graff, Sprachschatz VI,823.

53 Grammtisches Genus unbestimmt m/w.

54 Die öffentlich begangenen Sünden wurden im Bußverfahren anders gesühnt als die heimlich verübten.

Bamberg / Wessobrunn – Beichte

	Bamberg/Beichte	**Wessobrunn/Beichte**
082	Ich habe gisúndôt	Ih han gesundot
	in úppiger guotlichi, in ruome,	in uppigero guotlichi, in ruomesali,
	in únrehter ánadâhti,	in ungerehtere anadahti,
	in lôser ubercieride, in wattiuride,	in losero uberzierda, in uuattiurda,
	in gimeitheite,[55]	in gemeitheite,
	an glîchesunge, in aller bitrôgini,	in gelichesungi, in allero betrogene,
	in aller lôsheite,	in allero losheite,
	in uppiger ehaldie, in sunderewa,[56]	in uppigero ehaltige, in sunterlichero e,
	in lobis gîride,	in lobes giridi,
	in einstrîtigi,[57]	in einstritigi,
	in vuriwizgerni, in niugerni,	in firuuizgerna, in niugerni,
	in zvîualheite,	in zuifilheite,
	in ungiwoniheite,[58]	in ungeuuoneheite,
	in zoubere, in gougile,	in zoubere, in gougelodi,
	in héilside,[59]	ana heilslihtunga,
	in gitrûgide,	in getrugedi,
	an demo uirwázzinen merselie[60]	an demo feruuazenen merresali
	des gótis réhtis,	des gotes rehtes,
	in allemo tiuvalheite,	in allemo tiufelheiti,
	an aller gótis uirlouginide	in allero gotes ferlougenunga
	und an áller unglóubo,	unde in allero ungeloube,
	in tûmwillige,[61]	in tumpuuilliga,
	in únrehter mílti,	in unrehtere milti,
	an allem uberulîzze,	an allemo uberflize,
	in lóbis slîhtelunga,	in lobes slihtunga,
	in strîtlera,	in stritlera,
	in uberarbeite	in uberarbeitunga,
	unde in állem úppigheite.	in allero uppicheiti.

55 ***gimeitheite***: *insolentia* „Verschwendung" MSD mit Hinweis auf Graff, Spracchschatz II,702s. auch StWG; ritterlich.

56 ***sunderewa***: *privilegium* „Sonderrecht" MSD mit Hinweis auf Graff, Sprachschatz I,512, s. auch StWG.

57 ***einstrîtigi***: *einstritigi* stF. *obstinatio, pertinacia* „Hartnäckigkeit, Halsstarrigkeit" StWG.

58 ***ungiwoniheite***: *abusio, diversitas* „das Ungewohnte, Seltenheit" StWG; neben dem folgenden *zoubere*, ... wohl eher als „Missbrauch" MSD mit Hinweis auf Graff, Sprachschatz I,872.

59 ***héilside***: Hs. *héilsite* MSD konjizieren *heilsite* aufgrund von W *heilslihtunga* „Schmeichelei" mit Hinweis auf Graff, Sprachschatz VI,791; Steinmeyer konjiziert in ^{4}MSD zur Stelle wohl treffender *héilside, augurio, auguriando* vgl. StWG *heilisod* stM. *augurium, omen.*

60 ***merselie***: *merrisal, marrisal* stN. *impedimentum, obstaculum laesio* „Hindernis, Verletzung" StWG.

61 ***tûmwillige***: s. *tumbwillig* Graff, Sprachschatz V,425 ohne Bedeutungsangabe; das Wort scheint nur in B und W belegt zu sein.

Bamberg – Beichte

Bamberg/Beichte

082 Ich habe gesündigt
in eitler Selbstverherrlichung, in Rühmen,
in unrechter Andacht,
in zuchtlosem Gepränge, in Kleiderprunk,
in Verschwendung,
in Heuchelei, in allem betrügerischen Wesen,
in aller Zuchtlosigkeit,
in sinnloser Einhaltung von Geboten, in Sonderrecht,
in Begier auf Lob,
in Starrsinn,
in fürwitzigem Begehren, in Neugierde,
in Misstrauen,
in Seltsamkeit,
in Zauber, in Gaukelei,
in Wahrsagerei,
in Trügerei,
in der verfluchten Verletzung
des Rechts Gottes,
in aller Teufelei,
in aller Verleugnung Gottes
und in allem Unglauben,
in gewollter Dummheit,
in unrechter Freigiebigkeit,
in allem Übereifer,
in Lobhudelei,
in Anleitung zum Streit,
in Überanstrengung
und in aller Art von Nichtigkeit.

Bamberg / Wessobrunn – Beichte

	Bamberg/Beichte	**Wessobrunn/Beichte**
083	Ích hábe gisúndôt	Ih han gesundot
	in nîde, in úrbûnste,[62]	in nide, in abunsta,
	in házze, in giuâride,	in hazze, in ungeuuardi,
	in ellinunge,[63]	in elnunge,
	in áller bittirgheite,	in allero ubelero flizzicheite,
	in úbilwílligheite,	in allero bitterheite,
	an uiméldungo,	in fermeldunga,
	in meinrâte, in bísprachide,	in meinrate, in pispracha,
	in murmelôde,	in murmelode,
	in míssiwêndigi,[64] in árgwânide,	in misseuuendigi, in arcuuendigi,
	in íncihtigi,[65]	in incihti,
	an bichorunge,	in bechorunga
	in áller úntriuwa,	in allero untriuua,
	in únchûste,	in unchusti,
	in uirmâride, in uirruogide,	in firmaridi, in firruogidi,
	in uirleitide,	in ferleitidi,
	in bíssvîchide,	in bisuiche,
	in leitsamungo,[66]	in leitsamunge,
	in uîantscéften,	in fiantskefte,
	in áller sláhte gimuogide	in allero slahte gemuogide,
	unde tarehafti,	unde in tarahafti,
	in áller wíderwârti mînes nâhisten	in allero uuidiruuartigi mines nahisten
	und in állen úbeltâten.	unde in allen ubeltaten.

62 ***úrbûnste***: *urbunst* stF. *invidentia* „Missgunst" StWG, Graff, Sprachschatz I,272.

63 ***ellinunge***: StWG *ellinunga* stF, *aemulatio, invidia* „Neid, Eifersucht".

64 ***míssiwêndigi***: „missgünstige Auslegung": s. [4]MSD II, S. 141–142 zur Stelle; vgl. *missewende* stF *dedecus* „schmähliche Tat" StWG; „unrechte Wendung, das Abweichen vom Bessern zum Schlechten" Lexer HdWb.

65 ***íncihtigi***: *zelotypia* „Eifersucht" Graff, Sprachschatz V,588 nach MSD, aber besser wohl zu *inziht* StWG *zelotypia* „Anschuldigung".

66 ***leitsamungo***: wie *leidsamida abominatio* StWG „Greuel, Verwünschung"; vgl. auch *leit-sam* Adj. „Leid verursachend" Lexer HdWb.

Bamberg – Beichte

Bamberg/Beichte

083 Ich habe gesündigt
in Neid, in Missgunst,
in Hass, in Nachstellung,
in Eifersucht,
in aller Bitterkeit,
in Böswilligkeit,
in Denunziation,
in verräterischem Rat, in Verleumdung,
in Murren,
in missgünstiger Auslegung, in Argwohn,
in falscher Bezichtigung,
in Versuchung,
in aller Treulosigkeit,
in Unkeuschheit,
in Verleumdung, in (falscher) Beschuldigung,
in Verleitung,
in Betrügerei,
in Leidzufügung,
in Feindschaften,
in aller Art von Mühsalzufügung
und Schadensanheftung,
in aller Art von Widerwärtigkeit gegen meinen Nächsten
und in allen Übeltaten.

Bamberg / Wessobrunn – Beichte

	Bamberg/Beichte	**Wessobrunn/Beichte**
084	Ich bin scúldig	Ih pin sculdic
	in sunthafter únfroude, in sérmuotigi,	in sunthaftero unfreuuida,
		in sermuotigi,
	an uirtriuwida,[67]	
	in sárphsitigi,	
	in únstatigi,[68]	
	in weihmuotigi,[69] in *in*blándini,[70]	in inblandini,
	in wêscreie, in uúoftin, in únrehter	in uuoftin, in unrehtere
	angiste,	angista,
	in trúrigheite, in chlagasêre,	in truricheite, in chlaga,
	und in álles leides unmezze	unde in alles leides unmezze
	unde míssetroste.	unde in misstroste
085	Ich habe gisúndôt	Ih han gesundet
	in trâgheite, in sûmigheite,	in tracheite, in sumicheiti,
	in sénftigérni,[71]	in semftigerne,
	in irrigheite, in únuirnúnstigi,	in irricheite, in unfernunstige,
	in ungiwîzzide,[72] in túmpheite,	in ungeuuizzidi, in tumpheite
	in allem únrâte,	in allemo unrata,
	in slâffigemo muote,	in slafegemo muota,
	in ábtrunnide,	in abtrunnige,
	in muozzigheite,[73]	
	in úppichôse,	in uppigemo gechose,
	in allem bôsheite,	in allero bosheite,
	in unêrhafti,	in unerhafti,
	in uncîtigi,	in unzitegi,
	in uirsláffini, in senftimo[74] légere,	in ferslafeni, in semftemo legere,
		in ungeuuarheiti,[76]
086	in ágezzile,	in agezzeli,
	in aller úndurnóhti,	in allero undurnohtigi,
	in unundirsceidunge,[75]	in ununterskidunga,
	an demo únulizze aller guottate,	an demo unflize allero guottati,
	und in aller únfrumigheite,	in allero unfrumcheiti,
087	und daz ích mino fillolé ungilêret habe	unda daz ih mina fillola ungeleret habe
	die heiligun glouba.	die heiligen glouba.

67 ***uirtriuwida***: verschrieben aus *ur-triuwida* s. StWG *suscipio* „Treulosigkeit“.

68 ***in sárphsitigi, in únstatigi***: ohne Entsprechung in W.

69 ***an uirtriuwida, in sárphsitigi, in weihmuotigi***: ohne Entsprechungen in W.

70 MSD ***inblándini***: Steinmeyer *in inblándini*: zweites *in* nach W hinzugefügt bei Steinmeyer *inblándini*: *inblandemo* Adj./Part. „hart“ Graff, Sprachschatz III,255.

71 S. unten 085 ***semftimo legere***; höfisches Motiv.

Bamberg – Beichte

Bamberg/Beichte

084 Ich bin schuldig
in sündhafter Unfreudigkeit, in Wehmütigkeit,

in Treulosigkeit,
in schroffer Umgangssitte,
in Wankelmütigkeit,
in Weichmütigkeit, in Hartgesinntheit,
in Wehgeschrei, in Jammern,
in unrechter Angst,
in Traurigkeit, in Schmerzensklagen
und in allen Leides Unmäßigkeit
und in Untröstbarkeit.

085 Ich habe gesündigt
in Trägheit, in Säumigkeit,
in Verlangen nach Bequemlichkeit,
in Verirrung, in Unvernünftigkeit,
in Unwissen, in Torheit,
in aller Ratlosigkeit,
in schläfrigem Sinn,
in Abtrünnigkeit,
in Müßigkeit,
in leerem Gerede,
in aller Bosheit,
in Unehrenhaftigkeit,
in Unpünktlichkeit,
in Verschlafenheit, in weichlichem Lager,

086 in Vergesslichkeit,
in aller Unvollkommenheit,
in Gleichmacherei,
in mangelndem Eifer zu allen Guttaten
und in aller Unnützheit,

087 und dass ich meine Patenkinder nicht gelehrt habe
das heilige Glaubensbekenntnis.

---

72 „Unkenntnis“, vgl. Segment 074, Segment 109.
73 ***in muozzigheite***: ohne Entsprechung in W.
74 s. ***senftigerni*** höfisches Motiv, s. o. 085 ***senftimo légere***.
75 ***unundirsceidunge***: vgl. *underscheidunge* stf. „das Unterscheiden, der Unterschied“ BMZ.
76 ***in ungeuuarheiti***: „in Unwahrhaftigkeit“ ohne Entsprechung in B.

Bamberg / Wessobrunn – Beichte

	Bamberg/Beichte	**Wessobrunn/Beichte**
088	Ich habe gisúndôt	Ih han gesuntit
	in zôrne, in ábulgide, in tobimuote,	in zorne, in abulge, in tobemo muote,
	in frauili,	in frafili,
	in ursinnigheite,[77] in unrédilîchi,[78]	in unsinnicheiti, in unredelichi,
	in lástere,[79] in gibâge, in honchôse,[80]	in lastere, in gebage, in honchose,
	in gáhûnga,[81]	in gahunga,
	in únwîzzin,[82]	
	in unêre,[83] in ráfsunga,[84]	
	in strîtes máchunga,	in strites machunga, in rafsunga
	in wîgis gistúrme,	in uuiges gesturma,
	in uluochin,	in fluochen,
	in giuéhide, in lâgonne,	in gefehida, in lagonne,
	in drôwenne, in râcha,	in drouunga, in racha,
	in allem úngidûlte,	in allero ungedulte,
	in allemo ungizûmfte,[85]	in allero ungezumfti,
	an bistúmbilônne, in bliuwatun,	in bestumbelenne, in zepliuuuenne
089	in mánslahte gitáte ioh wíllen,	in manslahte mit getate ioh mit uuillen,
	in mánnigem mortôde, in uirgífte,	in manigemo mortode, in firgifte,
	in grímmigheite, in tierlicher sárphi,	in grimicheite, in tierlichero sarphi,
	in râzzi,[86]	in razzi,
	in meineide in áller durhahtungo,	in meinan eiden,
	in ungifrîdesami,[87]	
	in sceltvngo, in gibráhte,	in gibrahte,
	in allem ungezâme,	in allemo ungezami,
	in únstuomsami,[88]	in allero ungestuomidi,
	in allem unmamminte,[89]	
	an ungimeinsami,[90]	in ungemeinsami
	und in aller flórinheite.	unde in allero florenheiti.

77 ***ursinnigheite***: *deliramentum* BMZ, „Albernheit".
78 ***unrédilîch***: „unverständig" BMZ.
79 ***lastere***: „das, was die Ehre kränkt" BMZ.
80 Vgl. *in huohe, in spotte* vgl. Segment 096.
81 ***gáhûnga***: s. *gâhmuotekeit* „Eilfertigkeit, Hast". BMZ; „Übereilung" ? [4]MSD.
82 ***únwizzin***: *unwitze* swv. „bin unverständig" BMZ.
83 ***unêre***: *iniuria, dedecus, impudentia* „Sittenverletzung, Unehre, Unverschämtheit" StWG; „Schmähung, Kränkung" Lexer HdWb.
84 ***in únwizzin, in unêre, in râfsunga***: ohne Entsprechungen in W.
85 ***ungizûmfte***: *ungezumft* stF „Uneinigkeit, Zwietracht, Streit" SchWb.
86 ***râzzi***: *raeze* „Schärfe, Heftigkeit, Wildheit" Lexer HdWb.
87 ***ungifrîdesami***: ohne Entsprechung in W.
88 ***únstuomsam***: vgl. *un-stüemecheit* stF. BMZ „Ungestüm" und *unstüemen* swv. *insolescere* „übermütig werden".
89 ***unmamminte***: ohne Entsprechung in W.
90 ***ungimeinsami***: Ungeselligkeit MSD. *un-gemeinde stf.* Ungemeinsamkeit Lexer HdWb.

Bamberg – Beichte

Bamberg/Beichte

088 Ich habe gesündigt
in Zorn, in Wut, in Raserei,
in Frevelhaftigkeit,
in Albernheit, in Unverständigkeit,
in Schmähung, in Zänkerei, in Hohnrede,
in Übereile,
in Unverständigkeit,
in Kränkung, in Beschimpfung,
in Bewirken von Streit,
in Kampfaufreizung,
in Fluchen,
in Fehdeführen, in Hinterhaltlegen,
in Drohen, in Rache,
in aller Ungeduld,
in aller Art von Streit,
an Verstümmeln, an Verbläuung,
089 in Totschlag in Tat und Vorsatz,
in vielem Mordwesen, in Vergiftung,
in Grimmigkeit, in tierischer Grausamkeit,
in Heftigkeit,
in Meineid mit aller Vollkommenheit
in Unfriedfertigkeit,
in Schelten, in Geschrei,
in aller Unziemlichkeit,
in Ungestüm,
in aller Unsanftheit,
in fehlendem Gemeinsinn,
und in aller Verderbtheit.

Bamberg / Wessobrunn – Beichte

Bamberg/Beichte	Wessobrunn/Beichte
Ích bin scúldig	Ih pin sculdic
in scazgîrida, in ríhtuomes uréchi,	in scazgiridi, in richtuomes frechi,
in ábgótgôbide, in heidinscéfte,	in abgotes geuobeda, in heidenskefte,
in meinstâla, in dûbinon,	in meinstala, in diufen,
in únrehtemo hélenne,	in unrehtemo helenne,
in nôtnama, in scahtuome,[91]	in notnumfti, in scahtuoma,
in brande, in roube,	in branta, in rouba,
in állemo hármisale,[92]	
in wuochere, in ubirchoufe,[93]	in urgeuuinna,[101] in uberchoufe,[102]
in árgheite,[94] an uirzádilinne,[95]	in archeite, in ferzadelenne,
in bételônne,	in betelonne,
in scántlichemo giwînne,	in scantlichemo geuuinne,
in der únrehter wála,	in unrehtero uuelunga,
in gírigheite,	in giricheite,
in sunthaften meitôn,[96]	in sunthaftero mieta,
in sunthaften sôrgon,	in sunthaften sorgen,
in sunthaften wûnscen,	in sunthaften uunsgen,
in bitwúnginheite,[97] in pfráginûngo,[98]	in unbeduungenheite,[103] in fragunga,[104]
in ungitriuheite, in biscrénchido,[99]	in untriuun, in bescrenchidi,
in úberwortile,[100]	
in uirdámnungo,	in ferdamnunga,
	in unmezzigero forhtun,[105]

91 ***scâhtuom*:** vgl. *schâch* stM „Raub, Räuberei" Lexer HdWb.

92 ***in állemo hármisale*:** Hs. *harmilsame*: ohne Entsprechung in W; ⁴MSD „wahrscheinlich Schädigung" (s. MSD 2, S. 171, Anm. zu Bd. 1, Z. 171); Steinmeyer verbessert zu *harmisale*; vgl. *harmison calumnior* StWG „verleumden, missshandeln".

93 ***ubirchoufe*:** *über-kouf stm.* „Übervorteilung im Kauf" BMZ.

94 ***árgheite*:** *arkeit* „Geiz" Lexer HdWb.

95 ***uirzádilinne*:** MSD „Mangel", *verzadele* swv. „lasse vor mangel verkommen" BMZ.

96 ***meitôn*:** vgl. *gameitheit* stF. *insolentia* „Verschwendung" StWG. – W hat *mieta*: st.swF. „Lohn".

97 ***bitwúnginheite*:** „Erzwingung"? vgl. *betwungenheit* „Bezwingung" Lexer HdWb.

98 ***pfráginûngo*:** nicht befriedigend erklärtes Wort, „Verstimmung [...]" ⁴MSD; vgl. StWG *pfragenari* (*agoranomus*) „Händler"; s. auch *diu betrungeniste phragina* ‚Himmel und Hölle' Hölle, Nr. 108, Z. 16.

99 ***biscrénchido*:** *be-schrenken swv.* „einschränken, versperren, verstopfen" Lexer HdWb, StWG; vgl. Graff, Sprachschatz VI,584 *hinterscrenchi* (*tergiversationes*) „das Ausflüchte suchen".

100 ***úberwortile*:** ohne Entsprechung in W; „das letzte Wort haben wollen" (?), vgl. *ubarwort* stN. *epilogus* „Nachwort" StWG.

101 ***urgeuuinna*:** *urgiwin, lucrum* „Gewinn" StWG (B *hat in wuochere*).

102 ***uberchoufe*:** Hs. *uberchose* Emendation von Steinmeyer nach B, s. Anm. dort.

103 ***unbeduungenheite*:** „Unbändigkeit", vgl. Adj. *effrenatus* „unbändig" StWG.

104 ***in fragunga*:** s. o. Anm. 101.

105 ***in unmezzigero forhtun*:** „in unmäßiger Furcht", ohne Entsprechung in B.

Bamberg – Beichte

Bamberg/Beichte

090 Ich bin schuldig
in Schatzbegier, in Gier nach Reichtum,
in Abgötterei, in (Anhängen an die) Heidenschaft,
in verbrecherischem Diebstahl, in Dieberei,
in unrechter Hehlerei,
in gewaltsamem Raub, in Räuberei,
in Brandschatzung, in Raub,
in aller Drangsalierung,
in Wucherzins nehmen, in Übervorteilung im Kauf,
in Geiz, in Verelendung bewirken,
in Bettelei,
in schändlichem Gewinn,
in unrechter Wahl,
in Gierigkeit,
in unrechter Verschwendung,
in sündhaften Sorgen,
in sündhaften Wünschen,
in Erzwingung, in betrügerischem Geschäftemachen?
in Veruntreuung, in Ausflüchesuchen (?),
in das letzte Wort haben wollen (?),
in Verdammung,

Bamberg / Wessobrunn – Beichte

	Bamberg/Beichte	**Wessobrunn/Beichte**
091	ín úberteilide[106] an erlôgenemo urchûnde, an úrdanchin,[107] in mániguálten lúgînôn, in únrehter súntualga,[108] in muotuirdeinchede,[109] in aller únwarheite miner ántheize mîner réhteinunge,[110] in der binúmfte,[111] daz ich gilónot nihábe, den ích scúldig bín, in allemo unrehte[112].	in uberteilda, in irlogenenmo urchunde, in urdanchon, in manicfalten lugen, in unrehtero suntfalga, in muotferdenchidi, in allero unuuarheite minero antheize, minero rehton einunga, in dero binumfte, daz ih gelonot nehabe, den ih sculdic bin,
092	in sarpfim antphange, in úngástlichi, in únirbármide, in unwôlauuîlligi, in únrehtemo trise, in únrâwa,[113] in úberárbeite,[114] in únrehten wáchôn,[115] in ungimeinsami,[116]	unde in serphemo antfange, in ungastlichi, in unirbarmidi, in unuuolauuilligi, in unrehtemo trise, in unrauua, in unrehtero uuacha,

---

106 ***úberteilide:*** vgl. *über-teilen swv.* „übervorteilen" BMZ, Lexer HdWb.
107 ***úrdanchin:*** *commentum* „Lüge" Graff, Sprachschatz V,164, s. auch BMZ.
108 ***súntualga:*** *súntualga* zu *falga* stF. *occasio* Graff, Sprachschatz III,500 „rechte Zeit, Gelegenheit".
109 B ***muotuirdeinchede,*** W ***muotferdenchidi*** (Graff, Sprachschatz V,161 zu „denken"), die Bedeutung ist dann schwer erschließbar (etwa „mit dem Verstand ungehörig denken"?); besser wohl zu ***muotfardeckidî*** (Graff V,103 zu „decken") „Verbergen der (bösen) Gesinnung".
110 ***réhteinunge:*** vgl. *einunge* stf. „Vereinigung, Übereinkunft, Bündnis" Lexer HdWb.
111 ***binúmfte:*** *binumft* stF. *distractio* „Entziehnung" StWG; oder besser *be-nunft , benuft* stM. *deprehensio in facinore* „Ergreifung beim Verbrechen" Lexer HdWb.
112 ***in allemo unrehte:*** ohne Entsprechung in W.
113 ***únrâwa:*** *un-ruowe, un-ruo* stf. „Unruhe, Beunruhigung, *inquies, inquietas* BMZ.
114 ***in úberárbeite:*** anscheinend nur hier belegt, Graff, Sprachschatz I,411 „in übermäßiger Anstrengung" Lexer HdWb; ohne Entsprechung in W.
115 Vgl. u. in 093 ***rehter wáche.***
116 ***in ungimeinsami:*** ohne Entsprechung in W; vgl. *ungemeine* stf. „die Ungemeinschaftlichkeit" BMZ.

Bamberg – Beichte

Bamberg/Beichte

091 in Übervorteilung
durch erlogene Zeugenaussage,[117]
in lügnerischer Erfindung,
in vielfältigen Lügen,
in auf unrechte Weise (Gelegenheit zur Sünde suchen?)
in Verbergen böser Gesinnung,
in aller Unwahrheit meiner Versprechungen
(bei) meiner rechtlichen Einigung,
in Wegnahme,
dass ich nicht belohnt habe den,
(dem) ich (etwas) schuldig bin,
in allem Unrecht.

092 in unsanfter Aufnahme,
in Ungastlichkeit,
in Erbarmungslosigkeit, in Unwohlwollenheit,
in unrechtem Schatz(besitz),
in Ruhelosigkeit
in übermäßiger Anstrengung,
in unrechtem Wachen, (Plur.)
in Ungemeinschaftlichkeit

117 Oder mit Steinmeyer bei anderer Zeichensetzung: 091 *in úberwortile, in uirdámnungo*: „in Übervorteilung, in erlogener Zeugenaussage."

Bamberg / Wessobrunn – Beichte

	Bamberg/Beichte	**Wessobrunn/Beichte**
093	an der uirsúmide aller christenlicher	an dero firsumidi allero christenlichero
	éhaldigheite unde gewoniheite:	ehaldigi unde geuuoneheit:
	mînes cehenten,	mines zehenten
	anderes gótis geltes	unde anderes gotes geltes
	und ôpferes,	unde opferes,
	gastuomis,	gastuomes,
	elemuosines,	almuosines,
	gebétes,	gebetes,
	rehter wáche,[118]	rehtero uuacha,
	uîrre[119] gotis dienestes,	fliz gotes dienestis,
	áller gotis banne,	alles gotes [...][121]
	und áller woletate unde minnon,	
	un des[120] rehtes	
	ioh der helfe, der ích sculdig bin allen	
	mînen ébenchristânen.	

094 Ích bin scúldig
in gîtigi úberézzines, úbertrínchinnis,
in úngivágide,[122] in únginuhte,
in unsûbrîgheite, in unmezzigheite
und an úberwônide áller wûnnelúste,
und áller der wôlôn des gilústigan ioh des gírigan lichamen,

095 in wirtsceften,
in uehelîcher satiheite,
in scántlîcher spîungo der gîrigûn uberuulli,
in aller slahte geîlisungo[123] unde wolelîbe,

---

118 vgl. o. in 092 ***in únrehten wáchôn.***

119 ***uîrre***: *fîra, fîrra, fiera feriae, sabbatum, otium* „Feiertag, Sabbat, Ruhe“ Graff, Sprachschatz III,664, StWG.

120 ***un des***: Hs. *undes.*

121 Am Ende einer Lage bricht hier der Wessobrunner Text ab. Danach sind in der ‚Wiener Notker‘-Handschrift wahrscheinlich zwei Lagen verloren gegangen. Hellgardt, Wessobrunner Predigten, S. 22.

122 ***úngivágide***: vgl. *ge-vage* adj. „froh, zufrieden“ BMZ.

123 ***geîlisungo***: *geilsunga* Graff, Sprachschatz IV,131, *geilsunge* stf. „luxuria“ Lexer HdWb.

Bamberg – Beichte

Bamberg/Beichte

093 in der Versäumnis bei aller Einhaltung
christlichen Gesetzes und Brauchs:
meines Zehnten,
anderen Entgelts
und Opfers für Gott,
der Gastfreiheit,
des Almosen(gebens),
des Gebets,
rechten Wachens,
der Feier des Gottesdienstes,
aller Gebote Gottes,
aller Wohltat und (aller) Liebe
und des Rechtes
und der Hilfe, die ich schuldig bin
allen meinen Nebenchristen.

094 Ich bin schuldig
in Begier nach zu vielem Essen, zu vielem Trinken
in Unzufriedenheit, in nicht-genug-Bekommen,
in Unsauberkeit, in Unmäßigkeit
und in übermäßiger Gewohnheit an alle Wonnelüste,
und aller Üppigkeiten des lüsternen und des gierigen Leibes,

095 in Tafeleien,
in frevelhafter Sattheit,
in schändlichem Erbrechen der gierig verschlungenen Überfülle (an Speise),
in aller Art von Schwelgerei und Wohllebens,

Bamberg – Beichte

Bamberg/Beichte

096 und in werltwûnne, und in áller slahte unrehter uroude,
in huohe, in spotte,[124]
in állen úngibâriden,
in únzûhte,
in uirchrônide,[125]
in lúgiságilon, in lúgispéllen,
in huorlieden, in állen scántsângen, in hônreden mánigen,
in uppispîlen, in wúnnespîlen,[126]
in tumpchôsen,
in iagides lússami,
in áller wérltmînno unde min sélbes,
in gotis házze und an siner wíderhôri,[127]

097 in allen mînen sínnen,
an minemo gisûne,
an miner gihoride,
in mînemo stánche,
in minemo smácche,
in mîner bruoride,

098 an der únbiháltini heiliger uastun unde kiuscer mézhafti,
unde bin dâ mite scúldig áller wérltlichî.

099 Ich habe gisúndôt in aller slahte huore:
an huorgilusten ioh in huoris gigîridon,
an áller gétilosi,
an áller úngehébede,[128]
an áller únscamide,
an êrlôsi,

124 s. ***honchose*** in Segment. 088, *úppichôse* in Segment 085, *hônreden*, in Segment 096.

125 ***uirchrônide***: vgl. *crônjan, crônen*: *garrire* („schwätzen") Graff, Sprachschatz IV,613, StWG *krôn* Adj. *garrulus* „geschwätzig", aber auch ebd. *krôni* stF *arrogantia* „Anmaßung".

126 ***wúnnespîlen***: vgl. *wünne-spiel, wunne-spiel* stn. „Freudenspiel, hohe Freude" BMZ.

127 ***wíderhôri***: vgl. *wider-hœre* adj. „sich auflehnend, widerspenstig" Lexer HdWb.

128 ***úngehébede***: *ungehebede* „Ungehabe" BMZ, wohl nicht mit [4]MSD „Unenthaltsamkeit".

Bamberg – Beichte

Bamberg/Beichte

096 in weltlicher Freude und in jeder Art von unrechter Freude,
in Hohn, in Spott,
in allen Ungebärdigkeiten,
in Unzucht,
in Geschwätzigkeit,
in Lügensagen, in Lügengeschichten,
in Hurliedern, in aller Art von schändlichen Gesängen, in vielen Hohnreden,
in lasterhaften Spielen, in wollüstigen Spielen,
in törichten Reden,
in Jagdlüsterneheit,
in jeder Art von Weltliebe und meiner selbst,
in Hass gegen Gott und in Ungehorsam gegen ihn,

097 in allen meinen Sinnen,
in meinem Gesichts-,
in meinem Gehörssinn,
in meinem Geruchssinn,
in meinem Geschmackssinn,
in meinem Berührungssinn,

098 in der Nichteinhaltung heiliger Fasten und enthaltsamer Mäßigkeit,
und bin damit schuldig aller Weltlichkeit.

099 Ich habe gesündigt in jeder Art von Hurerei:
in Hurgelüsten und in Begier nach Hurerei,
in aller Zügellosigkeit,
in allem unpassenden Gehabe,
in aller Schamlosigkeit,
in Ehrlosigkeit,

Bamberg – Beichte

Bamberg/Beichte

100 an huoris gispénsten,
in huormáchungo,
in huoris gimeinide,[129]
in huoris giwízzide,[130]
in huoris únreinide,
mit mir selbemo,
mit mánnen ioh mit wîben,
in uéhelichemo[131] huore,
in síppimo huore,
in mánigemo meinhuore,

101 in allem huorminnon, ioh in huorgibâridon,
an demo mórtôde des únsuângirtuomis,
und án demo meinflore[132] ióh an dero gîrride mîner gibúrte,[133]
in mísseboran mánigen,
an dere biwóllinheite manôtlicher súhte,
an únreinen úntroumen,
und an der gîrrida réhtis gihíleiches,
und in áller únreini und in únkiusci, mit diu ménnisco in huorlichen meinen
in diheina wîs síh sélben biwéllen mác.

---

129 ***gimeinide***: *ge-meinde* stf. *in gemeinde setzen* „gemeinschaftlich machen"? Lexer HdWb.

130 ***giwízzide***: *ge-wiȥȥen* stf. „Mitwissenschaft" Lexer HdWb.

131 ***uéhelichemo***: wie der Kontext vermuten lässt wohl verschrieben für *uihelichemo*, s. *uéhelichemo vihe-lich* adj. „tier-, vieh-artig, viehisch" Lexer HdWb.

132 ***meinflore***: vgl. *ver-lor, vlor* stM. „Verderben", *interitus, internecio, perditio* Lexer HdWb.

133 Weibliche Form.

Bamberg – Beichte

Bamberg/Beichte

100 in Verlockungen zu Hurerei,
im Machen von Hurerei,
in Gemeinschaft bei Hurerei,
in Mitwissen von Hurerei,
in Verunreinigung durch Hurerei
mit mir selbst,
mit Männern und mit Frauen,
in Hurerei mit Tieren
in Hurerei mit Verwandten,
in vieler Art von verbrecherischer Hurerei,

101 in allen Arten von Liebe zur Hurerei und in Hurverhalten:
an der Ermordung unerwünschter Leibesfrucht
und an der verbrecherischen Vernichtung und an der Verhinderung meines Gebärens,
an vielen Fehlgeburten,
an der Unreinheit durch die Monatsblutung,
an unreinen Träumen böser Art,
an der Verhinderung rechten Beischlafs,
und in aller Unreinheit und in Unkeuschheit, mit der ein Mensch in hurerischen Freveltaten in irgendeiner Weise sich selbst beschmutzen kann.

Bamberg – Beichte

Bamberg/Beichte

102 Ích nihabo bihálten nóh réhto giwérit in góte noh an mînemo nâhesten

die réhtun mînna nóh réhta uriuntscaft,
nóh réht gidînge, rehte glóuba,
gotes fôrhta, sîna gihôrsami,
deumuoti, úndirtâni, rehte gidûlt,
subirgheit, ciusgi,
wârheit,
lob,
gnâdigi,
ébenbarmide,[134]
réhte báldsprachi,
uéstmuoti,
mézhafti,
triwa,
únstîgi, wólawílligheit, míltide,
dero únchustône ház, dere tûgidône mînna,
mámminti, réhtgerni, dancbaride,
vúreburtsami,[135] des lîbes mézfuora,

103 die wérltuirmánida,
ungîrida,
suonefrido,
den gótis ándan,[136]
rehta gibârida, réhta zúht,
rehta riwa, rehta buozza, reht weinon, rehta bîgihta, unde bíchêrida miner únzalehafton súndôn,
rehta ánadâht,
rehta einualti,
géistlicha mándunga,
réhta fruotheit,
guot giwizza,
des réhtes huota,
wîstuom, sínnigheit,
guote chûnst,
órdenhafti,
den sculdigen húge áller gotis éwa,

---

134 ***ébenbarmide:*** vgl. *bermde, bermede* stf. „Barmherzigkeit" BMZ.

135 ***vúreburtsami:*** vgl. *furiburt* stF. „Enthaltsamkeit" SchWb.

136 ***ándan:*** *<anta>, anda* swF „Eifer" SchWb. (ist hier allerdings masc.); vgl. aber *an-ado* swM bei Splett, AhdWb „Nacheiferung, Eifersucht".

Bamberg – Beichte

Bamberg/Beichte

102 Ich habe nicht gehalten noch in rechter Weise bewährt (weder) an Gott noch an meinem Nächsten
die rechte Liebe noch rechte Freundschaft
noch rechte Hoffnung, rechten Glauben,
die Furcht Gottes, Gehorsam gegen ihn,
Demut, Untertänigkeit, rechte Geduld,
Reinheit, Keuschheit,
Wahrhaftigkeit,
Lob,
Gnädigkeit,
angemessenes Erbarmen, (?)
rechte Unerschrockenheit im Reden,
Festigkeit der Gesinnung,
Maßhalten,
Treue,
Gunst, Wohlwollen, Freigiebigkeit,
Hass auf die Laster, Liebe zu den Tugenden,
Sanftmütigkeit, Verlangen nach dem Rechten, Dankbarkeit,
Enthaltsamkeit, mäßige Lebensführung,

103 Weltabmahnung,
Unbegehrlichkeit,
Frieden durch Versöhnung,
Eifer für Gott,
rechtes Betragen, rechte Zucht,
rechte Reue, rechte Buße, rechtes Weinen, rechte Beichte, rechte Umkehr bei meinen zahllosen Sünden,
rechte Andacht,
rechte Einfalt,
geistliche Freude,
rechte Gescheitheit,
gutes Gewissen,
Beschützung des Rechts,
Weisheit, Verständigkeit,
gutes Können,
Ordentlichkeit,
das schuldige Denken an alles Gottesgesetz,
rechtes Ermahnen,

Bamberg – Beichte

Bamberg/Beichte

104 reht anizide,[137]
réht uórebîlide,
réhte lêra,
réht undersceidunga,
rehten rât,
lángmuoti,
reht gisprâchide, reht gisvîgide,
reht flîzzigi,
guotlistîgi,
einmuotigi,
réht giríhte, reht úrteilide,
rehtes úrbot,
réhten trôst,
rehta durnohti.

105 Ich nihabo réhte biháltin
daz ambat nóh den líb, dar ích zuo ginámit bín,
noh réht êra,
nóh rein herza,
gihéllesami,[138]
úntárehafti,[139]
reht giwînnigi, réht háben, réht téilan,
daz rehta dienest, reht meistirtuom,
reht úrlob, réhten ántlaz,
réhte síte,
réhta sórgsami,
heiliga bruoderscaft,
mîn reht gisézzide,[140] noh mîn guot bimeinida,[141]
niheina réhtwérchûnga[142]
nóh nihéin tuginhaft léban,
nóh nihéin gótis gibót,
nóh sîn êra,
nóh nihein chrístinlich guottât,
sos ích mit réhte scólta.

---

137 ***anizide***: vgl. *anazzunga* stF StWG *exhortatio* „Anreiz, Anregung".
138 ***gihéllesami***: vgl. *ge-hëlle-sam* Adj. „übereinstimmend, entsprechend" BMZ.
139 ***úntárehafti***: vgl. *tare-haft* adj. „schädlich" Lexer HdWb.
140 ***gisézzide***: vgl. *setze* stf. „das Setzen, die Verpfändung," BMZ.
141 ***bimeinida***: s. *bemeine* swV. „ich theile zu, theile mit, setze vor, biete an" BMZ. vgl.*vermeine* swV. „jemandem etwas zudenken, zumessen" BMZ.
142 ***réhtwérchûnga***: vgl. *wërkunge* stf. „das Inswerksetzen", Lexer HdWb.

Bamberg – Beichte

Bamberg/Beichte

104 rechtes Vorbild,
rechte Lehre,
rechte Unterscheidung,
rechten Rat,
Langmütigkeit,
rechte Beredsamkeit, rechte Verschwiegenheit,
rechte Befleißigung,
gute Verständigkeit
Einmütigkeit,
rechtes Richten, rechtes Urteilen,
rechtes Anbieten,
rechten Trost,
rechte Lauterkeit.

105 Ich habe nicht in rechter Weise bewahrt
die Amtspflicht noch die Lebensweise, zu der ich benannt bin,
noch rechte Ehre,
noch reines Herz,
Einhelligkeit,
Unschädlichkeit,
das Gewinnen des Rechts, Halten des Rechts, Teilen des Rechts,
den rechten Dienst, rechtes Vorgesetztsein,
rechtes Erlauben, rechtes Vergeben,
rechte Sitte,
rechte Sorgsamkeit,
heilige Brüderlichkeit,
meine rechte Festsetzung, noch mein gutes Zubilligen,
nicht irgendein Bewirken des Rechts,
noch irgendein tugendhaftes Leben,
noch irgendein Gebot Gottes,
noch seine Ehre,
noch irgendeine christliche Guttat,
so wie ich es von rechtswegen sollte.

Bamberg – Beichte

Bamberg/Beichte

106 Nu nimág ích noh nichán mit hérzan noh mit múnde
míh só giruogen,[143]
noh so uberteilan,[144]
nóh dír, tróhtin, gót álemahtigie, so uiriéhan,[145] so uêrro sos ích scúldig bín,

107 wande mîner súndôn, unde mîner meindatône
der ist disiu wérlt uól,
die sint leidir úber méz,
uber alla dúsent zala,
úber ménniscen gidánc,
uber engiliscan sín.

108 Dir einemo, herro, sínt si chúnt, du eino máht sie uirgéban,
du weist állez eino, svaz an menniscen íst.

109 Nu ruof ich, uile gnadige got, mit állemo hérzan zi dír,
daz dú durch dîna guoti,
unde durh die díge der frowun *sanctę* Marîvn
und áller diner trûte

mír gistúngide[146] gilazzist,
daz ích ínniglîcho biweinon, ioh biwuoffin, ióh bisûfton muge,
unde mit ten reinen tráhinen nu gitoufan[147] múge
die únreinesten mina giwízzede[148] uon állen mînen súndon,
unde uon áller der biwôllinheite der séla ióh des lîchamen,

110 unde gilá mir, du uile gnâdige gót, dáz ích rehte riuonte uóne dír
enphâhe
gíwissen unde uóllen den dînen tiuren ántlaz
unde den uvrder stâten wíllen des únsundônnis
unde die tiurun státmuoti iemerréhtwérchis, unde álles guoten
lebennes.

Amen.

---

143 ***giruogen*:** vgl. *rüege* stF. „gerichtliche Anklage".
144 ***uberteilan*:** vgl. *ubteilari iudex* „Richter" und *uberteilida iudicium* „Urteil" StWG.
145 ***uiriéhan*:** *ver-jehen* stV. „die Schuld von etwas bekennen" Lexer HdWb.
146 ***gistúngide*:** *gistungida* stF. *punctio, stimulis, impulsus* „das Stechen, der Antrieb, der Anstoß" StWG.
147 Tränen reinigen als Taufe von den Sünden.
148 ***giwízzede*** (hier Plur): *ge-wiȥȥede* stFN. „Gewissen" Lexer HdWb.; vgl. in Segment 074 und Segment 109.

Bamberg – Beichte

Bamberg/Beichte

106 Nun vermag ich nicht noch und kann ich weder mit Herz noch mit Mund
mich so anzuklagen,
noch so zu verurteilen,
noch dir, Herr, Gott allmächtiger, so mich schuldig zu bekennen, so sehr, wie ich schuldig bin,

107 denn meiner Sünden und meiner Freveltaten,
derer ist diese Welt voll,
die sind leider über das Maß,
über jede Tausendzahl,
über menschliches Denkvermögen,
über den Verstand von Engeln.

108 Dir als einzigem, Herr, sind sie kund, du allein kannst sie vergeben,
du weißt alles als einziger, was bei den Menschen ist.

109 Nun rufe ich, sehr gnädiger Gott, mit ganzem Herzen zu dir,
dass du um deiner Güte willen,
und um willen der Fürbitte der heiligen Herrin, *Sanctae* Mariens
und aller deiner Heiligen

mir den Antrieb zulässt,
auf dass ich inniglich beweinen und beklagen und beseufzen könne
und mit diesen reinen Tränen nun taufen könne
die unreinsten meiner Gewissensinhalte von allen meinen Sünden
und von aller Beschmutzheit der Seele und des Leibes,

110 und gestatte mir, du sehr gnädiger Gott, dass auf rechte Weisen bereuend von dir ich empfange
deine gewisse und volle, kostbare Vergebung,
und den fürderhin beständigen Willen des Nichtsündigens,
und die kostbare standhafte Gesinnung zu immerdar rechtem Werk und zu allem guten Leben.

Amen.

Gebete und Andachtstexte

93 Wessobrunner Schöpfungshymnus (Bruchstück) und Gebetsprosa Steinmeyer Nr. 2

²VL: 10 (1999), Sp. 961–964 (Hans-Hugo Steinhoff). – **VL** ahd. und as. Lit., S. 510–515 (Ernst Hellgardt).
Ü.: München, BSB, clm 22053 Cim 20, hier besonders die Prosa fol. 65v-66r im Anschluss an den Schöpfungshymnus; aus Kloster Wessobrunn, Schriftheimat Bistum Augsburg, vielleicht Staffelsee.
Abb.: Fischer, Schrifttafeln, Taf. 14 (fol. 65v-66r). – Vollständiges Digitalisat der Hs. in Farbe: https://daten.digitale-sammlungen.de/0003/bsb00031771/images/index.html?id=00031771&groesser=&fip=193.174.98.30&no=&seite=133.
Dat.: Hs. um 814 (Bischoff, Die südostdeutschen Schreibschulen, S. 18 und 21), Text bald nach 772 oder bald nach 800.
Spr.: bair. (vorwiegend).
Ed.: ⁴MSD I, Nr. 1, S. hier 2 (Text des Prosa-Stückes). – Steinmeyer Nr. 2, S. 16–19 (Text). – Schlosser S. 28–29 (Text). – Haug/Vollmann S. 48–49 (Text). – Müller S. 200–201 (Text)
Lit.: Kelle, LG 1, S. 74–78 und S, 330–332. – Kögel, LG I,1, S. 269–276 (zu den Versen) und I,2, S. 452–453 (zur Prosa). – Ehrismann, LG I, S. 137–147. – Haubrichs, Die Anfänge, S. 245. – ⁴MSD II, Nr. 1, S. 1–8, hier S. 5–7 (Kommentar zum Prosa-Stück). – Ganz, Zeilenaufteilung. – Schlosser S. 342–343 (Kommentar). – Haug/Vollmann, S. 1063–1068 (Kommentar). – Müller S. 359–362 (Kommentar). – Huisman, Wessobrunner Gebet, hier S. 625–636. – Schwab, Sternrune. – Schwab, Wessobrunner Gebet. – Gold, Ein ahd. ‚Spruch vom Weltanfang'.

Voran stehen in der Handschrift die Verse des Hymnus. Die Gebetsprosa folgt mit Großbuchstaben beginnend, aber sonst ohne Markierung im Zeileninneren. Die Prosa hat um ihrer selbst willen als Gebetstext kaum eigene Beachtung gefunden, sondern nur zusammen mit den Stabreimversen des Hymnus. Ute Schwab hat beide Stücke als zusammengehörig im Sinne eines gebetsmagischen Textes gedeutet. Dann stünden die der Gebetsprosa vorangehenden Stabreimverse mit ihrer feierlichen Vergegenwärtigung der Schöpfung Gottes, des allmächtigen und allerfreigebigsten (*manno miltisto*), typologisch für die Vorbildhandlung (*historiola*) eines zweiteiligen magischen Spruches, auf den sich im zweiten Teil die Prosa des Gebets als verbindliche Präzedenzhandlung bezöge,[1] – gewiss eine faszinierende Deutung. Im klassischen Zauberspruch soll aber mit dem zweiten Teil durchaus imperativ fordernd und nicht betend die Wiederherstellung eines durch Unheil verlorenen Zustands magisch erzwungen werden. Die Wessobrunner Gebetsprosa bezieht sich tatsächlich wörtlich auf die Schöpfung als Gnadengabe des allmächtigen Gottes und seiner werkenden Schöpfertätigkeit (*ca*uuorahtos). Was sie aber erbittet, nicht befiehlt – obwohl grammatisch in der Form des Imperativs – richtet sich auf alle frommen Tugenden, die nicht einen verlorenen Heilsstand zurückerzwingen, sondern einen künftigen durch eigene, von Gott in Gnade verliehene Kraft gewinnen möchten. – Beide Texte, Gebet und Hymnus, sind bestimmt für den Gebrauch vor oder nach der Beichte, wie sich aus den in der Handschrift unmittelbar anschließenden lateinischen Texten ergibt, auch wenn diese im einzelnen sicherlich fehlerhaft und schwer verständlich sind, s. Schwab, ‚Wessobrunner Gebet', S. 353.

---

1 Schwab, ‚Wessobrunner Gebet'.

Paläographisch bemerkenswert: für die Vorsilbe *ga-* (*ca-*?), einmal auch für die Stammsilbe (for-*ga*-pi), – ist eine Abwandlung der g-Rune als sog. „Sternrune" verwendet (senkrecht bzw. waagerecht durchstrichenes *x*, hier durch *ca* in Schrägschrift wiedergegeben); außerdem die tironische Note für *et*, (7), hier als *enti* wiedergegeben.

Text nach Steinmeyer und dem Digitalisat.

Schöpfungshymnus

De Poeta

Dat *ga*fregin ih mit firahim
firiuuizzo meista,
Dat ero niuuas
noh ufhimil,
noh paum ...
noh pereg niuuas,
ni [...] nohheinig
noh sunna niscein,
noh mano niliuhta
noh der mareo seo.

Do dar niuuiht niuuas
enteo ni uuenteo,
enti[2] do uuas der eino
almahtico cot,
manno miltisto,
enti dar uuarun auh manake
mit inan
cootlihhe geista
enti cot heilac ...

Übersetzung

Vom Schöpfer

Das erfragte ich bei den Menschen
als das höchste der Wunder,
dass (die) Erde nicht war,
noch (der) Himmel oben,
noch Baum ...
noch Berg nicht war,
noch [...] nicht eines,
(dass) noch (die) Sonne nicht schien,
noch (der) Mond nicht leuchtete,
noch das erhabene Meer (war).

Als da gar nichts war
an Enden noch an Wendepunkten,
und (als) da war der einzige
allmächtige Gott,
von allen Menschen der freigebigste
und (als) da waren auch viele
mit ihm
ehrwürdige Geister,
und Gott heilig ...

2 ***enti***: hier und im Folgenden immer in der Form *7* geschrieben (tironische Note).

Gebetsprosa	**Übersetzung**
Cot almahtico,	Gott, allmächtiger,
du himil *enti* erda *ca*uuorahtos	der (du) Himmel und Erde machtest
enti du mannun so manac	und (der) du (den) Menschen so viel
coot for*ca*pi,	Gutes gabst,
forgip mir in dino ganada	gib mir in deiner Gnade
rehta galaupa *enti* cotan uuilleon,	rechten Glauben und guten Willen,
uuistóm enti spahida *enti* craft,	Weisheit und Verstand und Kraft,
tiuflun za uuidarstantanne	den Teufeln zu widerstehen
enti arc za piuuisanne	und das Böse zu vermeiden
enti dinan uuilleon za *ca*uurchanne.	und deinen Willen zu wirken.

94 Fränkisches Gebet Steinmeyer Nr. 11

²VL: 2 (1980) Sp. 820–821 (Achim Masser). – **VL** ahd. und as Lit. (2013), S. 85–86 (Achim Masser).
Ü.: München, BSB, clm 14468, fol. 110r; aus St. Emmeram, Regensburg.
Abb.: vollständiges Digitalisat der Hs. in Farbe: https://daten.digitale-sammlungen.de/0001/bsb00012957/images/index.html?id=00012957&groesser=&fip=qrsqrsxdsydeayaxseayaqrseayaeayaxsxs&no=5&seite=221.
Dat.: 821 auf Veranlassung des Regensburger Bischofs Baturich aufgezeichnet.
Spr.: rheinfrk. mit bair. Lautungen des Schreibers.
Ed.: ⁴MSD I Nr. 58 S. 209–210 (Text). – Steinmeyer Nr. 11, S. 60–61 (Text). – Müller S. 196–197 (Text).
Lit.: Kelle, LG S. 62 und S. 62–63 und S. 320. – Kögel, LG I,2, S. 453–454. – Ehrismann LG 1, S. 336–337. – Haubrichs, Die Anfänge, S. 243. – ⁴MSD I Nr. 58 S. 344–345 (Kommentar). – Müller S. 359 (Kommentar). – Hellgardt, Althochdeutsche Texte.

Die lat. Fassung, die dem Gebet in der Hs. in der gleichen Zeile unmittelbar folgt, ist an dieser Stelle, wie Masser ²VL 2 anmerkt, als Rückübersetzung des deutschen Textes zu verstehen, der seinerseits Übersetzung einer sehr geläufigen lat. Formel sei, deren Elemente in allerlei Varianten begegnen, auch in Verbindung mit Sündenbekenntnissen; zu vergleichen seien das Altbairische (Beicht)-Gebet (St. 41, Nr. 85) und die Prosa des Wessobrunner Gebets (St. 2). In der Vorlage der Hs. wird das Stück an letzter Stelle als Dankgebet des Schreibers nach getaner Arbeit gemeint gewesen sein. Unmittelbar davor Karls des Großen ‚Admonitio generalis', sonst hauptsächlich kanonistische und einige katechetische Texte. Vom Regensburger Kopisten wurde das Gebet vor dem noch folgenden Text zweier karolingischer Kapitularien in den neuen Kontext automatisch übernommen.

Text nach Steinmeyer und dem Digitalisat.

ahd.	lat.
Truhtin god, thu mir hilp	*id est: domine deus, tu mihi adiuua*[1]
indi forgip mir gauuitzi	*et perdona mihi sapientiam*
indi guodan galaupun,	*et bonam credulitatem,*
thina minna	*tuam dilectionem*[2]
indi rehtan uuilleon,	*et bonam uoluntatem,*
heili indi gasunti	*sanitatem et prosperitatem*
indi thina guodun huldi.	*et bonam gratiam tuam.*

ahd.	lat.
Herr Gott, hilf mir	*d. h.: Herr, Gott, hilf mir*
und verleihe mir Einsicht	*und verleihe mir Weisheit*
und guten Glauben,	*und guten Glauben,*
deine Liebe	*deine Liebe*
und rechten Willen,	*und guten Willen,*
Heil und Gesundheit	*Gesundheit und Wohlergehen*
und deine edle Huld.[3]	*und deine gute Gunst.*

1 ***mihi adiuva*** statt korrektem *me adiuva* ist als Germanismus zu verstehen und zeigt an, dass der lat. Text aus dem deutschen übersetzt ist und nicht umgekehrt.

2 ***tuam dilectionem***: auch dies vielleicht ein Germanismus, weil im Lateinischen *dilectionem tuam* zu erwarten wäre.

3 Vgl. oben ‚Altbayerisches (Beicht)Gebet' (Nr. 85): *ia gaotan uuillun saman mit rehten galaupon* und am Schluss des Wessobrunner Gebets *rehta galaupa enti cotan uuilleon*; danach rekonstruierte Scherer in [4]MSD als Wortlaut der Urfassung *rehtan galaupun, thina minna indi guodan willeon.*

95 ‚Geistliche Ratschläge‘ und ‚Dona spiritus sancti‘ (aus der Wessobrunner Handschrift des ‚Wiener Notker‘)

Steinmeyer Nr. 31, Wilhelm Nr. 7

²**VL 2** (1978/79) Sp. 1174 (David R. McLintock).
Ü.: München, BSB, cgm 5248/4; aus Wessobrunn (Fragment aus der Hs. des ‚Wiener Notker‘).
Abb.: vollständiges Digitalisat des Fragments in Farbe: https://daten.digitale-sammlungen.de/0002/bsb00022144/images/index.html?id=00022144&groesser=&fip=193.174.98.30&no=&seite=10.
Dat.: Hs. um 1000.
Spr.: bair.
Ed.: ⁴MSD I Nr. 85, S. 270–271 (Text). – Wilhelm I, S. 30–31 (Text). – Steinmeyer Nr. 31, S. 164–166. – Referenzkorpus Mittelhochdeutsch. https://www.linguistics.rub.de/rem/pub/texts//M197_mod.pdf.
Lit.: Kelle, LG 2, S. 52 und S. 277–288. – Ehrismann LG 1, S. 348–349. – ⁴MSD II, Nr. 85, S. 417–418 (Kommentar). – Wilhelm II, S. 56–59 (Kommentar). – Hellgardt, Wessobrunner Predigten.

Lateinische Vergleichstexte sind bei Steinmeyer und Wilhelm II, S. 56–59 abgedruckt, insbesondere Gregor d. Gr., Homiliae in Ezechielem, Teil II, Homilia 3, Abschnitt 21 (PL 75, 534B); dazu im Kommentar bei Wilhelm Gregor d. Gr., Moralia in Iob, Praefatio (PL 75, 524B). Diese Quellen sind hier in die Anmerkungen aufgenommen.

Zu beachten ist, dass die ‚Geistlichen Ratschläge‘ im Kontext der Notkerschen Psalter-Bearbeitung innerhalb des ‚Wiener Notker‘ überliefert sind, und damit zugleich auch im Überlieferungskontext der Wessobrunner Predigtsammlungen A, B und C sowie mehrerer Beichten (u. a. Nr. 92) und nachweislich weiterer verlorener geistlicher Texte in deutscher Sprache, unter denen wohl auch das anderwärts erhaltene Stück ‚Himmel und Hölle‘ war (Nr. 108).[1] Im Kontext eines Andachtsbuches, wie es der ‚Wiener Notker‘ war, sind die unscheinbaren, in ihrer Prägnanz leicht memorierbaren Stücke der ‚Ratschläge‘ eine kleine Kostbarkeit, auch gegenüber der opulenten Predigt-Rhetorik von Gregors Homilie, die ihnen letztlich zugrunde liegt.

Die ‚Dona spiritus sancti‘ repräsentieren eine kombinatorisch-spekulative Frömmigkeit, wie sie im 12. Jahrhundert für die viktorinisch-zisterziensische Spiritualität typisch war; s. dazu als Quelle die kleine Tabelle in Anm. 24 nach der Handschrift Innsbruck, UB, Cod. 652, fol. 76r, 12. Jh., 3. Viertel (Wilhelm II, S. 58–59). Digitalisat dazu: http://www.marburger-repertorien.de/abbildungen/pr/Innsbruck_ULB_Cod_652_Bl_76r.jpg.

Text nach Steinmeyer, Wilhelm und dem Digitalisat, s. auch Referenzkorpus.

1 Hierzu zusammenfassend Hellgardt, Wessobrunner Predigten.

01 Vbi du uradriz[2] dolen uuellest uone dinemo nahisten ana uuideruehtunga,
so pilde Abel.[3]

Wenn du eifersüchtigen Zorn von deinem Nächsten ohne Gegenwehr aushalten willst,[4]
so bilde Abel nach.

02 Vbe du kehiter[5] mit reinemo muote uore gote ken uuellest,
so pilde Enoch.[6]

Wenn du als Verheirateter mit reinem Sinn vor Gott gehen willst,
so bilde Enoch nach.

03 Vbe dv gotes uuillen fure dinen uuillon sezzen uuellest,
so pilide Noe.[7]

Wenn du Gottes Willen deinem Willen voranstellen willst,
so bilde Noah nach.

04 Vbe du kehorsame uuellest sin,
so pilide den herron Abraham.[8]

Wenn du gehorsam sein willst,
so bilde den Herrn Abraham nach.

---

2 Hierzu laut Steinmeyer, Anm. 2, in der Hs. eine Glosse des 14. Jh.s *wid'driez* („Verdruss, Ärgernis, Groll"); *uradriz* bleibt jedoch ein ungeklärtes Wort, vermutlich zum Glossenwort *frado*, Adv. „wirksam" und zum Stamm *-drioz-* StWG *efficatia*, *strenuitas* „Wirksamkeit, Eifer", s. auch Götz, Lat.-ahd.-nhd. Wb unter *efficatia* und *strenuitas*; dazu das Kompositum *zorn-fradi* „Eifersucht", Splett, Splett, AhdWb (mit Literatur).

3 *Ad servandam itaque innocentiam etiam laesi a proximo perdurare in humilitate festinamus?* ***Abel*** *ante oculos veniat, qui et occisus a fratre scribitur et non legitur reluctatus.* (Gen. 4,8) – „Um also die Unschuld selbst eines von seinem Nächsten verwundeten zu bewahren, eilen wir in Demut auszudauern? Abel komme dir vor Augen, von dem geschrieben ist, dass er vom Bruder getötet wurde, und man liest nicht, dass er sich widersetzt habe."

4 Im ahd. Text stets der Konj. Präs. *wellest* „du wollest".

5 *kehiter* zu *ge-hîwen* „heiraten".

6 *Mentis munditiam etiam in coniugali copula eligitur?* ***Enoch*** *debet imitari, qui et in coniugio positus ambulavit cum deo et non inveniebatur, quia transtulit illum deus.* (Gen. 5,23) – „Man wählt die Reinheit der Seele auch in der ehelichen Vereinigung? Enoch soll nachgeahmt werden, der, obwohl in die Ehe gesetzt, mit Gott wandelte und nicht gefunden wurde, weil Gott ihn hinwegnahm."

7 *Praecepta dei festinamus praesenti nostrae utilitati?* ***Noe*** *ante oculus veniat, qui cura domestica postposita ex iussione omnipotentis domini per centum annos ad arcae fabricam uixit occupatus.* (Gen. 6,14) – „Möchten wir uns beeilen, Gottes Gebote gegenwärtigem Nutzen vorzuziehen? Noah komme vor Augen, der häusliche Sorgen auf Befehl des Herrn zurückstellte, und hundert Jahre lang beschäftigt mit dem Bau der Arche lebte."

8 *Subire obedientiae uirtutem nitimur? Aspicere* ***Abraham*** *debemus, qui relicta domo, cognatione, patria, obediuit exire in locum, quem accepturus erat in hereditatem, et exiit nesciens quo iret.* (Gen. 12,5) –

05 Vbe dv guot‹a› site uuellest haben,
so pilide Ysaac.[9]

Wenn du gute Sittsamkeit haben willst,
so bilde Isaak nach.

06 Vbe du ana dir keoboren uuellest die fleizslichen kispensta,
so pilide Ioseph.[10]

Wenn du an dir überwinden willst die fleischlichen Verlockungen,
so bilde Joseph nach.

07 Vbe du mammentiger unta kedultig uuellest sin.
so pilide Moysen.[11]

Wenn du (ein) Sanfter und geduldig sein willst,
so bilde *Moses* nach.

08 Vbe du rechare sin uuellest des gotes andon,
so pili*de*[12] Fineen.[13]

Wenn du Rächer sein willst des Gottesfeindes
so bilde *Pinhas* nach. (Numeri 25.11)

„Bemühen wir uns um die Tugend des Gehorsams? Dann müssen wir auf Abraham schauen, der sein Haus, sine Verwandten, sein Heimatland verließ, und gehorsam war, fort zu gehen in ein Land, das er zum Erbe erhalten sollte; und er ging fort, ohne zu wissen wohin."

9 *Morum simplicitas placet?* ***Isaac*** *ad mentem veniat, quem in omnipotentis Dei oculis vitae suae tranquillitas ornavit* (Gen 24 ff). – „Gefällt jemandem ein einfacher Lebenswandel? Isaac komme ihm in den Sinn, der vor den Augen des allmächtigen Gottes geziert war mit Ruhe in seinem Lebenswandel."

10 *Conamur carnis illecebiam uincere?* ***Ioseph*** *ad memoriam redeat, qui tentante se domina studuit carnis continentiam etiam cum uitae periculo custodire.* (Gen. 39, 12; 20). – „Möchten wir die Versuchung des Fleisches besiegen? Joseph komme uns wieder in Erinnerung; als ihn seine Herrin versuchen wollte, der auch bei Lebensgefahr sich mühte, die Enthaltsamkeit des Fleisches zu bewahren."

11 *Mansuetudinem atque patientiam obtinere quaerimus?* ***Moysen*** *ante oculos deducamus, qui exceptis paruulis ac mulieribus sexcenta millia armatorum regens mitis fuisse describitur super omnes homines, qui habitabant super faciem orbis terrae.* (Num. 12,3) – „Suchen wir, Sanftmut und Geduld zu bewahren? Moses sollen wir uns vor Augen führen, der außer seinen Kindern und Frauen über sechshunderttausend Bewaffnete gebot und soll dabei sanftmütig gewesen sein soll mehr als alle Menschen, die auf dem Erdkreis lebten."

12 Hs. *pil* mit durchstrichenem *l*.

13 *Rectitudinis zelo contra uitia accendimur?* ***Phinees*** *ante oulos deducatur, qui coeuntes gladio tranfigens, castitati populum reddidit et iram dei iratus placauit.* (Num. 25,7–15) – „Werden wir entflammt im Zorn gegen die Laster? Pinhas sei uns vor Augen geführt, der die zusammen Schlafenden mit dem Schwert durchbohrte und so das Volk der Keuschheit wiedergewann, und den Zorn des erzürnten Gottes besänftigte."

09 Vbe du in zuiuilichen dingen festen kedingen in gote haben uuellest,
so pilide Iosue.[14]

Wenn du bei verzweifelten Umständen Hoffnung auf Gott haben willst,
so bilde *Josua* nach.

10 Vbe du daz haz dines fiandes in minna pecheren uuellest,
so pilide Samuelen.[15]

Wenn du den Hass deines Feindes in Liebe umwandeln willst,
so bilde *Samuel* nach.

11 Vbe du dinemo fiande liben uuellest, so du imo scaden megest,
so pilide Dauid.[16]

Wenn du deinem Feind lieb werden willst, wo du ihm schaden könntest,
so bilde David nach.

---

14 *De spe omnipotentis dei praesumere in dubiis quaerimus?* ***Iosue*** *ad memoriam reducemus, qui, dum dubia certamina certa mente subiit, ad uictoriam sine dubietate peruenit* (Josue 3,5; 8). – „Versuchen wir, in schwieriger Lage standhaft zu sein in der Hoffnung auf den allmächtigen Gott? Wir mögen uns Josua ins Gedächtnis zurückführen; als er sich in schwierige Kämpfe mit Zuversicht begab, drang er ohne Schwierigkeiten zum sicheren Sieg durch."

15 *In mentis inimicitias ponere cupimus in benignitate animum dilatare?* ***Samuel*** *in cogitationem deducatur, qui de principatu deiectus a populo, cum idem populus peteret, ut pro eo domino preces effunderet, respondit dicens: ‚Absit a me hoc peccatum in domino, ut cessem orare pro uobis‘* (1. Reg. 12,23). – „Verlangen wir bei feindseliger Gesinnung danach, den Sinn in Güte weit zu machen? Möge unserer Erwägung Samuel zugeführt werden. Nachdem ihn das Volk aus fürstlichen Stand vertrieben hatte, bat ihn genau dasselbe Volk, Fürbitte beim Herrn für es zu leisten, und er antwortete er mit den Worten: ‚Fern sei von mir diese Sünde gegen den Herrn, dass ich davon abließe, für euch zu beten‘."

16 Die Tugend der Feindesliebe wird bei Gregor nicht **David**, sondern ebenfalls (*rursus*!) **Samuel** zugeschrieben: *Qui* (sc. **Samuel!**) *rursus cum iubente domino mitteretur, ut Dauid ungeret in regem, respondit: ‚Quomodo uadam? Inueniet enim me Saul et occidet me.* (1. Sam. 16,2) *Et tamen quia iratum Deum eidem Sauli cognoverat, in tanto se luctu afflixerat, ut ei per se Dominus diceret: ‚Quousque tu Saulem luges, cum ego illum abiecerim?‘* (2. Reg. 16,1) *Pensemus ergo eius animum quantus ardor charitatis incenderat, qui et illum flebat a quo timebat occidi.* – „Als er (Samuel) jedoch auf Geheiß Gottes ausgesandt wurde, David zum König zu salben, antwortete er: ‚Wie kann ich dorthin gehen? Saul wird mich doch finden und mich töten.‘ Als er aber Gottes Zorn gegen Saul erkannte, verfiel er in solche Traurigkeit, dass sogar der Herr selbst zu ihm sagte: ‚Warum trauerst du um Sauls willen, wo doch ich selbst ihn verworfen habe?‘ Bedenken wir also, welch eine Liebesglut den Geist dessen entflammte, der sogar jenen beweinte, von dem er fürchtete, getötet zu werden!"

12 Vbe du starcho arbeiten uuellest,
so pilide Iacob.[17]

Wenn du schwer leiden willst
so bilde Jakob nach.

13 Vbe du frilichen gotes reht chosen uuellest mit den fursten dere uuerlte,
so pilide Iohannen baptistam.[18]

Wenn du freimütig Gottes Recht erwählen willst,
so bilde *Johannes den Täufer* nach.

14 Vbe du durch got dinen lichinamin todlichen uuellest,
so pilide Petrum.[19]

Wenn du um Gottes Willen deinen Leib töten willst,
so bilde *Petrus* nach.

15 Vbe du durch got firnamen uuellest dia uuerltlichen uuideruuartiga,
so pilide[20] Paulum.[21]

Wenn du um Gottes Willen die weltlichen Widerwärtigkeiten verachten willst,
so bilde *Paulus* nach.

---

17 *Laboriosa fortitudo, ut obtineri debeat, quaeritur?* ***Iacob*** *ad memoriam deducatur, qui postquam sciuit fortiter seruire homini, ad eam quoque uirtutem perductus est, ut non potuisset a luctante angelo superari* (Gen. 32,23–29). – „Steht die Frage an, ob man sich mühevoller Kraftanstrengung unterwerfen soll, rufe man sich Jakob ins Gedächtnis. Nachdem er es verstanden hatte, einem Manne kraftvoll zu dienen, gelangte er zu solcher Kraft, dass er im Ringkampf mit dem Engel nicht überwunden werden konnte."

18 *Errantibus hujus mundi potentibus libere loqui decernimus?* ***Iohannis*** *auctoritas ad animum reducatur, qui Herodis nequitiam reprehendens, pro uerbi rectitudine occidi non timuit* (Marc. 6, 18 und 27). – „Beschließen wir, den Mächtigen dieser Welt, wenn sie im Irrtum sind, freimütig zu widersprechen? Man rufe sich Johannes als Vorbild vor den Geist. Er tadelte die Ruchlosigkeit des Herodes und fürchtete sich nicht, für die Berechtigung seines Wortes getötet zu werden."

19 *Carnem iam nostram pro deo ponere in morte festinamus?* ***Petrus*** *ad mentem ueniat, qui inter flagella gaudet, qui caesus principibus resistit, qui uitam suam pro uita despicit* (Act. 5,41). – „Sind wir beeilt, schon unser Fleisch im Tod für Gott einzusetzen? Petrus komme uns in den Sinn, der unter Stockschlägen frohgemut blieb, der niedergemacht den Fürsten widerstand, der sein Leben im Namen des (ewigen) Lebens verachtete."

20 Wie vorher: Hs. *pil* mit durchstrichenem *l*.

21 *Cum mortis appetitu disponimus aduersa contemnere?* ***Paulum*** *ante oculos deducamus, qui non solum alligari, sed et mori paratus pro Christo, non facit pretiosiorem animam suam quam se* (Act. 20, 22 und 24). – „Richten wir uns ein, Widerwärtigkeiten mit dem Verlangen nach dem Tod zu verachten? Führen wir uns Paulus vor Augen; er war nicht nur bereit, für Christus sich fesseln zu lassen, sondern auch zu sterben, und seine Seele hielt er für kostbarer als sein Leben."

16 Vbe du inzundet uuellest uuerdun in dere gotis minna,
so uolge Iohanni euanglistę.[22]

Wenn du entzündet werden willst in der Liebe Gottes,
so folge *Johannes Evangelista* nach.

17 Vbe du kedultig uuellest sin in trubesale,
so pilide Iob.[23]

Wenn du geduldig sein willst in Trübsal,
so bilde Hiob nach.

*

22 *Succendi cor nostrum igne caritatis quaerimus?* ***Iohannis*** *uerba pensemus, cuius omne quod loquitur, caritatis igne uaporatur* (I. Joh. erstes bis letztes Kapitel). – „Haben wir Verlangen, dass unser Herz vom Feuer der Liebe entzündet werde? Nehmen wir die Worte des Johannesbriefes in den Sinn. Jedes von ihnen, das er spricht, wird vom Feuer der Liebe durchglüht."
23 Ad ostendandam inter flagella patientiam uenit et **Iob**. – „Um Geduld unter Peitschenhieben zu beweisen, kam Hiob." Gregor, Moralia (nach Wilhelm).

Hęc sunt dona spiritus sancti, die sus keteilit uuvrten unter die patriarchas:[24]

Dies sind die Gaben des heiligen Geistes, die so verteilt wurden unter die Patriarchen:

01 In Adan uuas der keist des uuistuomes.

In Adam war der Geist der Weisheit,

02 In Noe der keist dere firnunste.

in Noah der Geist der Vernunft,

03 In Abraham keist des rates.

in Abraham (der) Geist des Rates,

04 In Ysaac keist dere starchi.

in Isaak (der) Geist der Stärke,

05 In Iacob keist dere keuuizde[25].

in Jakob (der) Geist des Wissens,

06 In Moyse keist dere gnadigheite.

in *Moses* (der) Geist der Gnade,

24 Zum Vergleich hier die kleine Tabelle aus der Hs. Innsbruck, UB, Cod. 652, fol. 76r: tp://www.marburger-repertorien.de/abbildungen/pr/Innsbruck_ULB_Cod_652_Bl_76r.jpg

Dauid	Spiritus timoris	Beati patifici	Dies iudicii	Pater noster
Moyses	Spiritus pietatis	Beati mundo corde	Ascensio domini	Adueniat
Iacob	Spiritus scientiae	Beati misericordes	Resurrectio	Fiat uoluntas
Isaac	Spiritus fortitudinis	Beati qui esuriunt	Sepultura	Panem nostrum
Abraham	Spiritus consilii	Beati qui lugent	Passio Christi	Et dimitte
Noe	Spiritus intellectutis	Beati mites	Baptismus Christi	Et ne nos inducas
Adam	spiritus sapientiae	Beati pauperes	Natiuitas domini	Sed libera nos

25 *keuuizde* Lesung Wilhelm (durch Digitalisat bestätigt); *keuuizele* Steinmeyer

07 In Dauid keist dere gotis forhtin.

in David der Geist der Gottesfurcht.

Disa keba alla uuoneten in Christo Ihesu insament. Mit sinemo uuistuome scuof unta irlosta er unsih unda screib unsera nam in den himelun.

Diese Gaben wohnten in *Jesus Christus* zusammen. Mit seiner Weisheit schuf und erlöste er uns und schrieb unsere Namen in den Himmeln (auf).

96 Gebet Otlohs von St. Emmeram Steinmeyer Nr. 35, Wilhelm Nr. 1

[2]**VL** 11 (2004), Sp. 1116–1152, besonders 1125–1126 und 114–1145 (Benedikt Konrad Vollmann). – **VL** ahd. und as Lit. (2013), S. 345–347 (Stephan Müller).
Ü.: München, BSB, clm 14490, fol. 161v-163v; aus Regensburg, St. Emmeram, gilt als Autograph Otlohs, Zweifel daran bei Steinmeyer.
Abb.: vollständiges Digitalisat der Hs. in Farbe: https://daten.digitale-sammlungen.de/0003/bsb00039032/images/index.html?id=00039032&groesser=&fip=fsdrxdsydxdsydeayafsdrxdsydenyztsxdsydqrs&no=&seite=324.
Dat. Hs. und Text ca. 1070, nach 1067.
Spr. bair.
Ed.: [4]MSD I Nr. 83, S. 267–269 (Text). – Wilhelm I, S. 1–3 (Text). – Steinmeyer Nr. 35, S. 182–189. – Müller S. 190–193 (Text, nur der Anfang). – Referenzkorpus Mittelhochdeutsch. https://www.linguistics.rub.de/rem/pub/texts//M150_mod.pdf.
Lit.: Kelle, LG 2, S. 50–51 und S. 275. – Ehrismann LG I, S. 341–345. – [4]MSD II S. 411–416 (Kommentar). – Wilhelm II, S. 1–12 (Kommentar). – Müller, S. 356–358 (Kommentar). – Zu den lateinischen Fassungen des Gebets Steinmeyer, S. 189, Wilhelm (Kommentar) und Vollmann, [2]VL 11, Sp. 1144–45.

Zu Otlohs Leben (*vor 1010, † bald nach 1070) und Werken s. vor allem Vollmann in [2]VL. Das Gebet liegt in nicht weniger als fünf verschiedenen Fassungen vor, von denen einzig die hier folgende deutsch ist. Die in den lateinischen Fassungen speziell auf monastische Anliegen bezüglichen Stellen sind in dem deutschen Gebet zum Teil fortgelassen.

Text nach Steinmeyer und dem Digitalisat.

Oratio theutonica ex superiori oratione edita[1]

01 Trohtin almahtiger, tu der pist einiger trost unta euuiga heila aller dero, di in dih gloubant iouh in dih gidingant, tu inluihta min herza, daz ih dina guoti unta dina gnada megi anadenchin unta mina sunta iouh mina ubila, unta die megi so chlagen vora dir, also ih des bidurfi.

02 Leski, trohtin, allaz daz in mir, daz der leidiga uiant inni mir zunta uppigas unta unrehtes odo unsubras, unta zunta mih ze den giriden des euuigen libes, daz ih den also megi minnan unta mih dara nah hungiro unta dursti, also ih des bidurfi.

03 Dara nah macha mih also fron unta kreftigin in alle dinemo dionosti, daz ih alla die arbeita megi lidan, die ih in deser werolti sculdi lidan durh dina era unta durh dinan namon iouh durh mina durfti odo durh îomannes durfti. Trohtin, du mir gib mir chraft iouh du chunst dara zua.

04 Dar nah gib mir soliha gloubi, solihan gidingen zi dinero guoti, also ich des bidurfi, soliha minna, soliha vorhtun unta diemuot unta gihorsama iouh gidult soliha, so ih dir alamahtigemo sculi irbieton iouh allen den menniscon, mitten ih wonan.

05 Dara nah bito ih daz du mir gebest soliha subricheit, minan gidanchan iouh minemo lihnamon, slaffentemo odo wachentemo, daz ih wirdiglihen unta amphanglihen zi dinemo *altari* unta zi allen dinemo dionosti megi gen.

06 Dara nah bito ih, daz du mir gilazzast aller dero tugunde teil, ana die noh ih noh nieman dir lichit: ze erist durh dina heiliga burt unta durh dina marta unta durh daz heiliga cruce, in demo du alle die werolt lostost, unta durh dina erstantungana unta durh dina uffart iouh durh di gnada unta trost des heiligun geistes. Mit demo trosti mih unta starchi mih wider alle uara, uuider alle spensti des leidigin uiantes.

07 Dara nah hilf mir durh die diga sanct Mariun euuiger magidi iouh durh die diga *sancti Michaelis* unta alles himilisken hêris unta durh die diga sancti *Iohannis baptist et sancti Petri, Pauli, Andre, Iacobi, Iohannis et omnium apostolorum tuorum* unta durh aller dero chindline diga, die durh dih erslagon wurtun *ab Herode*.

1 Dieser Verweis auf den in der Handschrift unmittelbar voranstehenden Text ist nur eingeschränkt zutreffend. Das Gebet ist die Bearbeitung mehrerer vorausliegender lateinischer Fassungen für volkssprachige Nutzer; hierzu Vollmann ²VL 11 (2000), Sp. 1144–1145.

Deutsches Gebet, gegeben aus dem darüber stehenden

01 Herr allmächtiger, der du bist der einzige Trost und das ewige Heil all derer, die an dich glauben, und auf dich hoffen, du erleuchte mein Herz, auf dass ich deine Güte und deine Gnade bedenken könne, und meine Sünde, und mein Übelsein, und (damit) ich die so beklagen könne vor dir, ganz wie ich dessen bedürfe.

02 Lösche, Herr, alles das in mir aus, das der leidige Feind in mir entzündete, Eitles und Unrechtes oder Unsauberes, und entzünde mich zu den Begierden nach dem ewigen Leben, damit ich das ganz so lieben könne und mich danach hungere und dürste, ganz so, (wie) ich dessen bedürfe.

03 Danach mache mich ganz so zu einem Frohen und Kräftigen in all deinem Dienst, dass ich alle die Mühen erdulden könne, die ich in dieser Welt erdulden solle um deiner Ehre willen, und um deines Namens willen, oder um meiner Bedürftigkeit willen, oder um willen der Bedürftigkeit irgend jemandes. Herr, du gib mir Kraft und das Können dazu.

04 Danach gib mir solchen Glauben, solche Hoffnung zu deiner Güte, ganz wie ich dessen bedarf, und solche Liebe, und solche Furcht und Demut, und (solchen) Gehorsam, und solche Geduld, wie ich dir Allmächtigem erbieten solle und allen Menschen, mit denen ich lebe.

05 Danach bitte ich, dass du mir gebest solche Reinheit, meinen Gedanken und meinem Leib, dem schlafenden und dem wachenden, dass ich in würdiger und annehmbarer Weise zu deinem *Altar* und zu allem deinem Dienst gehen könne.

06 Danach bitte ich, dass du mir gewährst an all den Tugenden Anteil, ohne die weder ich noch irgend jemand dir gefällt. Zuerst um deiner heiligen Geburt willen, und um deiner Marter willen, und um willen des heiligen Kreuzes, an dem du die ganze Welt erlöstest, und um deiner Auferstehung willen, und um deiner Himmelfahrt willen, und um willen der Gnade und des Trostes des heiligen Geistes. Mit dem mögest du mich trösten und mögest du mich stärken gegen alle Nachstellung, gegen alle Verlockung des leidigen Feindes.

07 Danach hilf mir um willen der Fürbitte der heiligen Maria, der ewigen Jungfrau, und um der Fürbitte *Sankt Michaels*[2] willen und des ganzen himmlischen Heeres, und um der Fürbitte des heiligen *Johannes Baptista* willen, und *Sankt Peters, Pauls, Andreas', Jakobs, Johannes' und aller deiner Apostel,*[3] und um der Bitten all jener Kinder willen, die um deinetwillen *von Herodes*[4] erschlagen wurden.

---

2 Alle Heiligennamen von hier an in lat. Genitivform.
3 Die kursiv gegebenen Worte lat.: *et omnium apostolorum tuorum.*
4 Auch hier lat.: *ab Herode.*

08 Dara nah hilf mir durh di diga *sancti Stephani, sancti Laurentii, Viti, Pancratii, Georgii, Mauricii, Dionisii, Gereonis, Kyliani, Bonifacii, Ianuarii, Ypoliti, Cyriaci, Syxti et omnium sociorum suorum.*

09 Dara nah hilf mir durh di diga *sancti Emmerammi, Sebastiani, Fabiani, Quirini, Vincentii, Catuli, Blasii, Albani, Antonini.*

10 Dara nah hilf mir durh die diga *sancti Siluestri, Martini, Remigii, Gregorii, Nicolai, Benedicti, Basilii, Patricii, Antonii, Hylarionis, Ambrosii, Augustini, Hieronimi, Wolfkangi, Zenonis, Symeonis, Bardi, Uodalrici, Leonis papę et per preces sanctarum uirginum Petronellę, Cecilię, Scolasticę, Margaretę.*

11 Dara nah hilf mir durh die diga *omnium sanctorum tuorum*, daz necheina mina sunta noh heina vara des leidigin viantes mih so girran megin, daz mih dina gnada bigeba.

12 Dara nah ruofi ih zi dinen gnadun umbi unser munusturi, daz zistorit ist durh unsere sunta,[5] daz ez rihtet werde durh dina gnada unta durh allero dinero heiligono diga zu unsrun durftin unta zi allero durfti, die hera dionunt odo hie gnada suochunt.

13 Hugi, trohtin, unser allero durh dina managslahtiga gnada unta bidencha desi stat so, daz din era unta din lob hie megi wesen. Hugi ouh, trohtin allero dero samanunge, die îonar sin gisamanot in dinemo nemin, unta bidencha sie *in omnibus necessitatibus suis.*

14 Dara nah bito ih umba alla die, die sih in min gibet haban biuolohon mit bigihto odo mit flegun, suer so si sin, sua so si sin, daz tu si lazzest gniozzen des gidingon, den si zi dinen gnadun habent iouh zi minemo gibeti. Gnada in, trohtin, unta gihugi, daz tu unsih gibvti beton umbe ein andra.

15 Dara nah ruofo ih zi dinen gnadun umbe alla unsre rihtara, phaffon iouh leigun, thaz tu sie soliha gimacchost, daz si sih selbin megin grihten unte alla inen untertana iouh biuolahna.

5 Brand des Klosters St. Emmeram 1062.

08 Danach hilf mir um willen der Bitten[6] *des heiligen Stephan, des heiligen Laurentius, des Vitus, des Pancratius, Georgs, des Mauricius, des Dionysius, Gereons, Kilians des Bonifacius, des Januarius, des Hyppolitus, des Cyriacus, des Sixtus und aller seiner Genossen.*[7]

09 Danach hilf mir um willen der Bitten *des heiligen Emmeram, Sebastians, Fabians, Quirins, des Vinzentius, des Castulus, des Blasius, des Albanus, des Antoninus.*

10 Danach hilf mir um willen der Bitten des *heiligen Silvester, Martins, des Remigius, des Gregorius, des Nikolaus, Benedikts, des Basilius, des Patricius, des Antonius, des Hilarion, des Ambrosius, Augustins, des Hieronymus, Wolfgangs, Zenos, des Symeon, des Bardus, Ulrichs, Leos des Papstes, und um willen der Bitten der heiligen Jungfrauen,*[8] *der Petronella, der Cäcilia, der Scholastika, der Margareta.*

11 Danach hilf mir um willen der Bitten *aller deiner Heiligen*[9], dass keine meiner Sünden noch eine Nachstellung des leidigen Feindes mich so in die Irre führen können, dass mich deine Gnade verlasse.

12 Danach rufe ich deine Gnade an für unser Kloster, das zerstört ist wegen unserer Sünde, damit es wieder errichtet werde um willen der Bitten aller deiner Heiligen nach unseren Bedürfnissen und nach dem Bedarf aller, die hierher Dienst entrichten oder hier Huld suchen.

13 Gedenke, Herr, unser aller um deiner mannigfaltigen Gnade willen und bedenke diesen Ort so, dass deine Ehre und dein Lob hier sein könne. Gedenke Herr, all der Gemeinschaften, die in irgendeiner Hinsicht versammelt sind in deinem Namen, und bedenke sie *in all ihren nötigen Bedürfnissen.*[10]

14 Danach bitte ich für all die, die sich in meine Fürbitte befohlen haben mit Beichte oder mit dringlicher Bitte, wer immer sie seien, wo immer sie seien, dass du sie den Lohn der Hoffnung erhalten lassest, die sie auf deine Gnade und auf mein Gebet haben. Sei ihnen gnädig, Herr, und gedenke daran, dass du uns geboten hast, füreinander zu beten.

15 Danach rufe ich zu deinen Gnaden für all unsere Leiter, Pfaffen wie Laien, auf dass du sie zu solchen machst, dass sie sich selbst zu leiten vermögen und alle ihnen Untergebenen und Befohlenen.

---

6 Zum nun folgenden Heiligen-Katalog Vollmann (Sp. 1145): „Rätselhaft bleibt [...] die Aufschwellung des Heiligenkatalogs durch kaum volksnahe Kirchen- und Mönchsväter." Außer St. Emmeram, dem Patron von Otlohs Kloster, ist aber selbstverständlich auch St. Wolfgang gemeint, der 972 investierte und 924 gestorbene Regensburger Bischof, dessen Gebeine 1052 durch Papst Leo IX erhoben worden waren.

7 Wieder lat.: *et omnium sociorum suorum.*

8 Wieder lat.: *et per preces sanctarum uirginum.*

9 Wieder lat.: *omnium sanctorum tuorum.*

10 Lat.: *in omnibus necessitatibus suis.*

16 Dara nah bito ich umbe alla mine chunlinga, daz tu sie bidenchist nah tinen gnadun.

17 Dara nah bito ih umbi alla die, die der io cheinna gnada mir gitatin odo cheina arbeita umbi mih îo habitin uonna anaginna minas libes unzi an desa uuila, daz tu in lonast, da sîes bezzist bidurfin.

18 Ih bito ouh umba alla die, die der cheinnin wisun vonna mir giwisirit odo ungitrostit wurtin, daz tu sie rihtest unta troistest mit dinero guoti.

19 Dara nah bito ih umba allaz daz ungrihti iouh umba allen den únfrido iouh umba daz ungiwitiri, daz tir ioner si, daz tu, tu der elliu dinc maht, nah dinen gnadun bidenchest allaz.

20 Dara nah ruofo ih umbi alla unsri bruodra virvarana, hie bigrabana, iouh umba alla die der hie sint bigraban mit rehtero glouba viruárna.

21 Dara nah bito ih umba alla die toton, die hîa bruderscaft habant, iouh umba alla die, dero alamuosan wir îo imphiangin.

22 Dara nah bito ih umba alla die, umbi die ioman muoz bitin dina gnada, daz si muozzen gniozzen alla mines lebannes unta des, daz ih bin hie *superstes* hafter iro.

23 Zi lezzist piuiliho ih mih selben unta alla mina arbeita, allen minen flîz in dina gnada umbi daz, da ih selbo nimegi odo nichunna odo niuuella mih bidenchan durh mina brodi unta durh mina unruocha odo durh mina tumpheit, tu mih bidenchast, also du maht unta chanst, unta also din gûita unta din uuistuom ist. *In manus tuas, domine, commendo spiritum et corpus meum.*

16 Danach bitte ich für alle meine Verwandten, dass du ihrer nach deinen Gnaden gedenkst.

17 Danach bitte ich für all die, die mir jemals irgendeine Gunst erwiesen oder meinetwegen jemals irgendeine Mühe hatten vom Anfang meines Lebens an bis zu dieser Zeit, dass du ihnen darin lohnest, worin sie dessen am meisten bedürfen.

18 Ich bitte ich auch für alle die, die da auf irgendeine Weise von mir schlecht gemacht oder ohne Trost gelassen wurden, dass du ihnen die rechte Richtung gibst und sie tröstest mit deiner Güte.

19 Danach bitte ich dich wegen aller Wirrnis und wegen all dem Unfrieden und wegen [dem] Unwetter, das da irgendwo sei, dass du, der du alle Dinge machst, nach deinen Gnaden alles bedenkest.

20 Danach rufe ich zu dir wegen all unsrer verirrten Brüder, die hier begraben sind, und wegen all derer, die da hier sind begraben mit rechtem Glauben als Verirrte.

21 Danach bitte ich für all die Toten, die hier (Gebets)brüderschaft haben und für all die, deren Almosen[11] wir je empfingen.

22 Danach bitte ich für all die, für die jemand deine Gnade bitten muss, dass sie alle Nutzen haben mögen von meinem Leben und davon, dass ich (ihnen) hier als ihr *Oberer* verbunden bin.

23 Zuletzt befehle ich mich selbst und alle meine Mühen, all meinen Fleiß in deine Gnade wegen all dessen, darin ich selbst weder vermöge, noch könne, noch wolle mich bedenken wegen meiner Gebrechlichkeit und wegen meiner Achtlosigkeit oder wegen meines Unverstandes: du mögest mich bedenken, wie du es vermagst und kannst und ganz so wie deine Güte und deine Weisheit ist. *In deine Hände, Herr, übergebe ich meinen Geist und meinen Körper.*

11 Gemeint ist wohl die im Rahmen der Gebetsbrüderschaft von anderwärts erhaltene Fürbitte.

97 Klosterneuburger Gebetsbruchstück Steinmeyer Nr. 34, Wilhelm Nr. 4

[2]VL: 4 (1983), Sp. 1258 (Achim Masser).
Ü.: Klosterneuburg, Stiftsbibl., Cod. 987 (Psalterium), fol. 204r, Z. 8–17 (Nachtrag auf der Vorderseite des letzten Blattes, unvollständig abgebrochen; auf der Rückseite des Blattes ein älterer [?] und ein jüngerer Nachtrag).
Abb.: vollständiges Digitalisat der Hs. in Farbe: https://manuscripta.at/diglit/AT5000-987/0414?sid=9d7ecc6cd81a5e43e8423f0843a460a4.
Dat.: Hs. Haupttext 11. Jh., Anfang, ein Psalterium. Text des Gebetsbruchstückes wenig später.
Spr.: bair.
Ed.: [4]MSD I, Nr. 84, S. 269 (Text). – Wilhelm I, S. 28–29 (Text). – Steinmeyer Nr. 34, S. 181 (Text). – Referenzkorpus Mittelhochdeutsch (1050–1350). https://www.linguistics.rub.de/rem/pub/texts//M075_mod.pdf.
Lit.: Ehrismann LG I, S. 341. – [4]MSD II, S. 416–417 (Kommentar); Wilhelm II, S. 52–53 (Kommentar).

Das Stück steht sicherlich im Zusammenhang von Beichte und Buße.

Text nach Steinmeyer.

Trohtin,	01	Herr,
tu mich arman giscufe		(der) du mich Unwürdigen schufst
ze demo dinan bilidie		nach deinem Bild
unta irlostast		und (mich) erlöstest mit dem deinem
mit temo dinemo heiligemo bluodie,		heiligen Blut,
tu irlose mich arman	02	du erlöse mich armen
uon allen minan sunten,		von allen meinen Sünden,
die ich ie giteta		die ich je tat
unta die ich tagilicha tun		und die ich täglich tue
unta vona den chunftigan.		und von den künftigen.
trohtin, ich bittie dich,	03	Herr, ich bitte dich,
daz tu mir	04	dass du mir
an demo giunstiemo taga helfast,		an dem letzten Tage helfest,
so diu sela sceida	05	wenn die Seele scheide
uona demo lichanamon,		von dem Leib,
daz ich	06	dass ich
mit warero gilouba		mit wahrem Glauben
unta mit lutero biicht		und mit lauterer Beichte
unta mit durnahtigero minna		und mit vollkommener Liebe
dinas unta mines nahisten		zu dir und zu meinem Nächsten
unta mit dero gimeinidie		und mit der Gemeinschaft
dinas lichanamon		deines Leibes
unta dinas bluotas [...]		und deines Blutes ...[1]

1 Wilhelm rekonstruiert als lat. Vorlage zum Anfang des Textes: *Domine, qui me miserum ad imaginem similitudinis tuae fecisti et tuo sacrosancto sanguine liberasti, libera me miserum ab omnibus peccatis meisprateritis, praesintibus et futuris.* Vgl. die weiteren Hinweise dort, S. 53.

98 Drei Andachtstexte aus Benediktbeuern

1. Benediktbeurer Ratschläge bei verschiedenen Anlässen
2. Almosenspenden
3. Ein Engelamt für das eigene Seelenheil oder das eines Freundes
Wilhelm Nr. 33

²VL 1 (1978) Sp. 690–691 (Achim Masser). – Die drei Stücke werden üblicherweise gemeinsam unter dem Titel ‚Benediktbeurer Ratschläge und Gebete' zusammengefasst. In der Hs. folgt auf sie fol. 54ra-va ein viertes deutsches Stück in Versen, das ‚Benediktbeurer Gebet zum Messopfer'.
Ü.: München, BSB, clm 4616, fol. 52va-54ra (Inserat in lat. Sammelhandschrift); aus Benediktbeuern.
Abb.: Petzet-Glauning Taf. XXIII (fol. 53va-54ra).
Dat.: Hs. 13. Jh., erstes Viertel (nicht vor 1200, Karin Schneider, Gotische Schriften I, S. 90–91). – Die drei Prosa-Texte sind sicherlich noch im 12. Jahrhundert entstanden.
Spr.: bair.-österreichisch.
Ed.: Schmeller, Deutsches des 10. bis 12. Jahrhunderts, hier S. 114–117 (Erstdruck). – Wilhelm I, S. 104–107 (Text). – Referenzkorpus Mittelhochdeutsch (1050–1350). Ratschläge und Gebete: https://www.linguistics.rub.de/rem/pub/texts//M196_mod.pdf, (nur deutscher Text bis Wilhelm, Zeile 118; Schluss in der Hs. lat.).
Lit.: Kelle, LG 1, S. 173. – Ehrismann LG II,1 S. 170. – Wilhelm II, S. 193–196 (Kommentar). – Palmer, Prayers, S. 80.

1. Geistliche Ratschläge bei verschiedenen Anlässen (Wilhelm Nr. 33, Z. 1–28).
2. Almosenspenden: 2.1 Von den Almosen für eine gute Reise (Wilhelm Nr. 33, Z. 29–44)
   2.2 Zwölf Almosen das eigene Seelenheil oder das eines Freundes (Wilhelm Nr. 33, Z. 45–66).
3. Ein Engelamt für das eigene Seelenheil oder das eines Freundes (Wilhelm Text Z. 67–124).

Vergleichstexte hierzu im Gebetbuch von Muri (Nr. 99).

Text nach Wilhelm und Referenzkorpus Mittelhochdeutsch (1050–1350).

1
Geistliche Ratschläge bei verschiedenen Anlässen

Wilhelm Text S. 104. Z. 1–28 und Übersetzung

Dise sint die namen die du in dinem mv̂te haben scolt ze allen ziten:		Dies sind die Namen, die du in deinem Sinn haben sollst zu allen Zeiten:
So du morgens ůf stest, sant Michaelem habe in dinem mv̂te: du vvirst allen den tac frô.	01	Wenn du morgens aufstehst, Sankt Michael habe in deinem Sinn: du wirst für den ganzen Tag froh.
So du den tonr horest, sant Gabrielem habe in dinem mv̂te, so ne vvirret dir niht.	02	Wenn du den Donner hörst: Sankt Gabriel[1] habe in deinem Sinn: so bekümmert dich nichts.
So du inder gen vvil, sant Raphahelem habe in dinem mûte: dir vvirt der vvec ringe.	03	Wenn du irgendwohin gehen willst: Sankt Raphael habe in deinem Sinn: der Weg wird dir leicht.[2]
So du izest oder trinchest, sant Raguelem habe in dinem mûte, so vvirstu genuhtsam.	04	Wenn du isst oder trinkst: Sankt Raguel habe in deinem Sinn: so wirst du genügsam.
So du in einem zvviuel bist, Barachielem habe in dinem mûte: ez vvirt dir allez geoffenot.	05	Wenn du in einem Zweifel bist: Barachiel habe in deinem Sinn: es wird dir alles offenbart.
So du ze vvirtscheften chumst, den engel Pantassaron habe in dinem mûte: dir chumet elliv urŏde.	06	Wenn du zu Gastmählern kommst: Den Engel Pantassaron habe in deinem Sinn: Zu dir kommt ganze Freude.
Vrielem hab in dinem mûte vvider viant, so gesiges tu.	07	Uriel habe in deinem Sinn gegen (einen) Feind: dann siegst du.
Barachielen hab in dinem mûte, so du ze gerihte chumst: ez erget allez nah dinem vvillen.	08	Barachiel habe in deinem Sinn, wenn du zu Gericht kommst, es ergeht alles nach deinem Willen.
So du in daz schef tritest, habe in dinen mûte Vrielem vnde Tobielem: du uerst urolichen.	09	Wenn du das Schiff betrittst: habe in deinem Sinn Uriel und Tobias: du wirst fröhlich fahren.

1 Zu den teilweise apokryphen Engel- und Heiligennamen hier und im Folgenden s. Wilhelm, Kommentar.

2 Im biblischen Buch Tobias ist der Engel Raphael Wegbegleiter und Beschützer des Jünglings Tobias.

Vmbe dine not hab in dinen mûte den engel Orielem vñ sprich dinen pater noster uñ die vers Blasien:	10	In deiner Gefahr habe in deinem Sinn den Engel Uriel und sprich dein Paternoster und die Blasius-Verse:
„Domine Ihesu Christe, uerus deus noster, per orationem serui tui Blasíí festina in adiutorium meum."		*„Herr Jesu Christ, unser wahrer Gott, kraft des Gebets deines Knechts Blasius eile herbei zu meiner Hilfe!"*
Svver vazzet oder mazet einen durfigen in ere sant Erasmen: siniv dinch ergent im vvol in dirre vverlt.	11	Wer einen Bedürftigen kleidet oder speist zur Ehre des Heiligen Erasmus: seine Angelegenheiten verlaufen gut für ihn in dieser Welt.

2
Almosenspenden
Von den almůsen

2.1 Von den Almosen für eine gute Reise

Wilhelm Text S. 104, Z. 29–44 und Übersetzung

Du vvis gevvis, svvar du uerst, ob du disiv almosen gist, daz du gůt geuerte hast:		Du sei gewiss, wo immer du unterwegs bist, wenn du diese Almosen gibst, dass du eine gute Reise hast:
ein almůsen in êre des hailigen vveges, den got hin ce himele vůr, daz alle dine vvege gerihtet vverden vridelich.	01	ein Almosen zu Ehren des heiligen Weges, den Gott hin zum Himmel fuhr, auf dass alle deine Wege friedlich bereitet werden
zvvai almůsen in êre des oberisten hirtes, daz er uber dich gerůche ze vvachen mit vvachlichen sorgen vñ vber dine livte.	02	zwei Almosen zu Ehren des obersten Hirten, auf dass er darauf denke, über dich zu wachen mit wachsamen Sorgen und über deine Leute
Driv almvsen den hailigen hirten.[3] bit si, daz si dich behalten mit hirtlicher rûche.	03	Drei Almosen den heiligen Hirten. Bitte sie, dass sie dich behüten mit hirtlicher Sorgfalt.

3 Die Hirten der Weihnachtsnacht sind gemeint.

04 Den uier evvangelisten
gib vier almv̊sen,
daz du, die du hinder dir[4] last,
behalten uindest.

Den vier Evangelisten
gib vier Almosen,
auf dass du (jene), die du zurück
lässt, (bei der Rückkehr)
wohl behalten findest.

05 Gib driv almůsen
den drien chunegen,
daz si dich an den vvech laiten
des hâiles
vñ gůt geuerte machen.

Gib drei Almosen
den drei (heiligen) Königen,
auf dass sie dich leiten an den
Weg des Heils
und guten Weg bereiten.

06 Ain almůsen
in ere des vveges des vrides,
den got sinen iungeren gap,
do er sprach:
„minen vride gib ih iv“[5],
daz si dir vride machen,
ze den du uaren scolt.

Ein Almosen
zu Ehren des Friedensweges,
den Gott seinen Jüngern gab,
als er sprach:
„Meinen Frieden gebe ich euch.“
Auf dass jene dir Frieden machen,
zu denen du fahren sollst.

2.2 Zwölf Almosen für das eigene Seelenheil oder das eines Freundes

Wilhelm Text S. 105, Z. 45–66 und Übersetzung

Svver in iares vrist disiv almusen git
umbe sine sele
oder umbe sines uriundes sele,
der vvirt ze vvar erlost.

Wer zur Jahresfrist diese Almosen gibt
um seiner Seele willen
oder umwillen der Seele seines Freundes,
der wird wahrhaftig erlöst.

01 Ain almusen
in êre der aînecheît unsers herren,
div vvas uor anegenge der vverlte,

Ein Almosen
zu Ehren der Einheit unseres Herrn,
die vor dem Anfang der Welt war,

4 ***dir***: Hs. *din*.
5 Vgl. Mt. 10,13.

02 daz ander almusen
in êre siner unzallicher gůte,
daz er durch uns gerůhte geborn vverden,

das zweite Almosen
zu Ehren seiner unzählbaren Güte,
darum dass er Sorge trug um unsertwillen geboren zu werden,

03 daz drite
in ere siner devmůte,
daz er durch uns vvolte getǒfet vverden,

das dritte zu Ehren seiner Demut,
darum dass er um unsertwillen getauft werden wollte,

04 daz uierde
in ere siner barmunge,
daz er durch uns erstarb
vñ gerůhte ze begraben vverden,

das vierte
zu Ehren seiner Erbarmung,
darum dass er um unsertwillen starb
und Sorge trug, begraben zu werden,

05 daz funfte
in ere der genaden,
daz er ze helle růhte chomen,
losen, die in den noten vvaren.

das fünfte
zu Ehren der Gnade,
darum dass er darauf dachte, zur Hölle zu kommen,
zu erlösen, die in den Nöten waren,

06 daz sexte
in ere siner urstende,
siner v̊fuerte,
vñ der chumfte des hailigen gaistes,

das sechste
zu Ehren seiner Auferstehung,
seiner Himmelfahrt
und der Ankunft des heiligen Geistes

07 daz sibente
in ere sant MARIEN,

das siebente
zu Ehren von Sankt Maria

08 daz ahtode
in ere sant Michaelis
vnde aller engele,

das achte
zu Ehren Sankt Michaels
und aller Engel,

09 daz niunte
in ere sant Iohannes, des hailigen tǒfares,
vñ sant Iohannis euangelisten.
vñ sant Peters
vñ aller boten,

das neunte
zu Ehren Sankt Johannes’ des heiligen Täufers
und Sankt Johannes’ des Evangelisten
und Sankt Peters
und aller Apostel,

10 daz zehente in êre sant Stephans
vñ aller marterere,

das zehnte zu Ehren Sankt Stephans
und aller Märtyrer,

11 daz ainlifte in ere sant Martines
vñ aller bihtǽre,

das elfte zu Ehren Sankt Martins
und aller Bekenner,

12 daz zvvelfe in êre sant Margareten
vnde aller magede
vñ aller hailigen.

das zwölfte zu Ehren Sankt Margaretens
und aller Jungfrauen
und aller Heiligen (Frauen).

3
Ein Engelamt[6]

Für das eigene Seelenheil oder das eines Freundes

Wilhelm Text Z. 67–124 und Übersetzung

Svver in iares vrist disiv almusen git umbe sine sele oder umbe sines uriundes sele, der vvirt ze vvar erlost.		Wer zur Jahresfrist diese Almosen gibt um seiner Seele willen oder um willen der Seele seines Freundes, der wird wahrhaftig erlöst.
Allererst vvurche aine cherzen, die man in nivniv snîde, die niht langer danne ein spanne sin,	01	Zu allererst mache eine Kerze, die man in neun Teile schneide, die nicht länger als eine Spanne seien.
vñ nim ain brôt vñ ainen chæ̂se, vñ trage daz hin ze chirchen, vñ chům barvv̊z zv̊ des heiligen chruces genaden, vñ habe etesvven getrivvven bi dir, der des helfe, daz du daz hailige chruce v̊f ein ort des alters gelegest, vnze du ein mit dinem brote uñ mit dinem chæse daz chruce getregest.		Und nimm ein Brot und einen Käse und trage das zur Kirche hin. Und komm barfuß zum gnaden- vollen heiligen Kreuz.[7] Und habe irgendeinen Getreuen bei dir, der dazu helfe, dass du das heilige Kreuz auf eine Ecke des Altars legest, während du zugleich mit deinem Brot und mit deinem Käse das Kreuz trägst.
So du daz getůst, so sich an daz chrvce vñ brenne die cherzen, vñ sprich:		Wenn du das tust, so sieh auf das Kreuz und entzünde die Kerze und sprich:
„vñ la si dir beuolhen sin, ze div daz du mich armen erlosest uon allen minen noten vñ angesten.“	02	„und lass sie dir befohlen sein, dazu dass du mich Armen erlösen mögest von allen meinen Nöten und Ängsten.

6 Das folgende ist bei Wilhelm, Kommentar S. 195–196 aufgrund der Teilung der Kerze und des Almosens in neun Teile als „Engelamt“ besprochen.

7 Hierzu der Kommentar bei Wilhelm II, S. 196: „Nicht klar ist mir die liturgische Bedeutung [...]. Bringt der Bittende das Kruzifix mit? oder nimmt er es aus der Sakristei?“

Ze der vvinstern hant sprich:	03	Zu der linken Hand sprich:
„Vvol du hailiger Christ,		„Wohlan, du heiliger Krist,
du Adam nach din selbes bilde geschv̊fe,		der du Adam nach deinem eigenen Bild schufst,
du erlose mich uon allen minen angesten,		du erlöse mich von allen meinen Ängsten,
also du mich des durftich vvizzest.“		ganz so wie du mich dessen bedürftig wissest.“
Ze den brusten:		Zu den Brüsten:
„Uil hæiliger Christ,		„Sehr heiliger Krist,
du uerhanctest, daz din hæiliger lichname an daz chrůce gehangen vvart uon den Ivden,		(der) du zuließest, dass dein heiliger Körper an das Kreuz gehängt wurde von den Juden,
du erlose mich uon allen minen angisten,		du erlöse mich von allen meinen Ängsten,
also du mich des durftich vvizest.“		ganz so wie du mich dessen bedürftig wissest.“
Ze den vuozen:		Zu den Füßen
„Vvol du almah[ti]ger Got,		„Wohlan, du allmächtiger Gott,
du allez manchunne vvoldest dinen vůzschamel sin,		(der) du das ganze Menschengeschlecht deinen Fußschemel sein wolltest,
du erlose mih uon den gegenvvertigen angisten vñ uon allen minen noten,		du erlöse mich von den gegenwärtigen Ängsten und von allen meinen Nöten,
also ich des durftich si.“		ganz so wie ich dessen bedürftig sei.“

04 Dar nach sprich funf ‚Confitemini'[8]
vñ sprich ze ieslichem alsus:

„Salua nos, Christe, saluator mundi,

qui tres pueros salvasti[9]

et per crucem mundum redemisti,

exaudi nos!

Kyrieleyson,
Christeleyson,
Kyrieleyson,
Pater noster.

Per signum crucis:
de inimicis nostris libera nos, deus noster!

Domine Ihesu Christe,

qui per crucem tuam mundum redemisti,

redime me ab omnibus peccatis meis et angustiis

presentibus, preteritis et futuris!"

Danach sprich (die) fünf ‚Lasst uns bekennen'
und sprich bei jeglichem genau so:

„Erlöse uns, Christus, Heiland der Welt,

der du (die) drei Jünglinge erlöst hast,

und die Welt durch das Kreuz loskauftest,

erhöre uns!

Kyrieleyson,
Christeleyson,
Kyrieleyson,
Pater noster.

Um willen des Kreuzeszeichens:
von unseren Feinden befreie uns, unser Gott!

Herr Jesu Christus,

der du durch dein Kreuz die Welt loskauftest,

kaufe mich los von allen meinen Sünden und Ängsten,

gegenwärtigen, vergangenen und künftigen!"

---

8 Ps. 104,1; Ps. 105,1; Ps. 106,1; Ps. 117,1; Ps. 135,1.
9 Daniel 3,1–28.

99 Aus dem Gebetbuch von Muri (Sarnen) mit parallelen Überlieferungen aus Hannover, Engelberg und Wien/Uppsala und einem Zusatz aus Zürich/St. Gallen

Wilhelm Nr. 31

a: Sarnen
‚Gebete und Benediktionen von Muri'

²VL 2 (1980) Sp. 1110–1111 (Achim Masser).
Ü.: Sarnen, Bibl. des Benedktinerkollegiums, Cod. membr. 69; aus der Benediktinerabtei (Doppelkloster) Muri (Aargau), hier

- fol. 1v-3v: Gebetsanweisung zur Messe der hl. Trinität (‚*Oratio bona ad deum*')
- fol. 4v-8v Petrusofficium (‚*De sancto Petro*')[1]
- fol. 9r: ‚Waffen- bzw. Ausfahrtssegen 1'
- fol. 9v-10r: ‚Erster Muri (Sarner) Morgensegen'
- fol. 10r-10v: ‚Waffen- bzw. Ausfahrtssegen 2'
- fol. 10v: ‚Waffen- bzw. Ausfahrtssegen 3'
- fol. 10v: ‚Waffen- bzw. Ausfahrtssegen 4'
- fol. 20v-21v ‚*Swer sinis frivndes sele* ...' (Gebet und Almosen für die Seele eines verstorbenen Freundes)
- fol. 36r-41v: ‚*Ewigu magit frŏe sancta Maria*'[2]
- fol. 41–44v: ‚Zweiter Muri (Sarner) Morgensegen'[3]
- fol. 43v-44r: Bitten um Segnungen
- fol. 93r-94r: ‚Dritter Sarner Morgen- und Ausfahrtssegen'
- fol. 94v-95v: ‚Vierter Muri (Sarner) Morgensegen'

Abb.: vollständiges Digitalisat der Hs. in FarbeO:
https://www.e-codices.unifr.ch/de/bks/membr0069/1v/0/Sequence-202.
Dat.: um 1175 (Palmer, Prayers).
Spr.: alem.
Ed.: vollständig ediert ist die Hs. nur durch Piper, Nachträge, S. 318–352 (diplomatische Transkription); dazu Steinmeyer, Muri, S. 323–325 (mit Korrekturen); eine komplette Neuausgabe wäre sehr wünschenswert. – Wackernagel, Predigten und Gebete, hier S. 226–228; s. auch S. 285–288. – Wilhelm I, S. 73–95 (Text, parallel mit den ‚Engelberger Gebeten' [Wilhelm Nr. 30] und dem ‚Kölner Morgensegen' [Wilhelm Nr. 31]). – Dazu Wilhelm, II, S. 173–174 die Parallelüberlieferung der ‚Uppsalaer Gebete' zum ‚Petrusoffizium' (Uppsala/Wien). – Referenzkorpus Mittelhochdeutsch (1050–1350) https://www.linguistics.rub.de/rem/pub/texts//M077_mod.pdf.

---

1 Muri (Sarnen), ‚Petrusoffizium': dazu die Parallelüberlieferung Uppsala/Wien.
2 Muri (Sarnen), ‚*Ewigu magit frŏe sancta* Maria': dazu die Parallelüberlieferung Engelberg.
3 Muri (Sarnen), ‚Zweiter Sarner Morgensegen': dazu die Parallelüberlieferung Hannover (‚Kölner Morgensegen').

Lit.: Kelle, LG 2, S. 46 und S. 270 sowie S. 188 und S. 377. – Ehrismann, LG II,1, S. 170. – Wilhelm II, S. 159–173 ()Kommentar). – Steinmeyer, Muri. – Ochsenbein, Muri. – Kiening, Performativität. – Palmer, Prayers, S. 74–76 und S. 93–94.

b: Hannover ‚Kölner Morgensegen'

²**VL** 5 (1985) Sp. 57–59 (Achim Masser).
Ü.: Hannover, LB, Ms. I 81 zweiter Teil, hier fol. 133r-134r aus dem Raum südl. von Köln, ‚Kölner Morgensegen'[4]
Abb.: Maurer, Religiöse Dichtungen 3, Abb. 6 (fol. 133r, Anfang des Morgesegens). Vollständiges Digitalisat in Farbe http://digitale-sammlungen.gwlb.de/sammlungen/sammlungsliste/werksansicht/?no_cache=1&tx_dlf%5Bid%5D=10230&tx_dlf%5Bpage%5D=273&tx_dlf%5Bdouble%5D=0&cHash=8126596902e47f3b077bcd94c55c466e.
Dat.: Hs. Hannover, zweiter Teil 13. Jh., drittes Viertel (Karin Schneider, Gotische Schriften I, S. 193).
Spr.: mittelrheinisch/südl. von Köln (Karin Schneider, Gotische Schriften I, S. 193).
Ed.: Grimm, Ein Segen (erster Abdruck). – Wilhelm I, Nr. 31, S. 93/95 (Text, parallel mit der Fassung Muri [Wilhelm Nr. 30]). – Referenzkorpus Mittelhochdeutsch (1050–1350) https://www.linguistics.rub.de/rem/pub/texts//M148_mod.pdf.
Lit.: Wilhelm II, S. 179–180 (Kommentar). – Franz, Benediktionen 2, S. 268–271. – Ehrismann, LG I,2. S. 170.

c: Engelberg ‚Mariengebet'

²**VL** 2 (1980) Sp. 528 (Achim Masser).
Ü.: Engelberg, Stiftsbibliothek, Cod. 140, hier fol. 7v-10r: ‚*De sancta Maria oratio*'[5]
Abb.: --
Dat.: 12. Jh., Ende.
Spr: alem.
Ed.: Wilhelm I, S. 87–93 Nr. 30 (Text, Parallel mit der Fassung Muri [Nr. 29]). – Referenzkorpus Mittelhochdeutsch (1050–1350). https://www.linguistics.rub.de/rem/pub/texts//M078_mod.pdf.
Lit: Wilhelm II, S. 177–179 (Kommentar). – Ehrismann, LG II,1, S. 170. – Palmer, Prayers, S. 78–70.

4 Hannover, ‚Kölner Morgensegen': dazu die Parallelüberlieferung Muri (Sarnen), ‚Zweiter Sarner Morgensegen'

5 Engelberg, ‚*De sancta Maria oratio*': dazu die Parallelüberlieferung Muri (Sarnen), (‚*Ewigu magit frŏe sancta Maria*')

d: Uppsala/Wien ‚Petrusoffizium'

[2]VL 10 (1996) (hier s. v. ‚Uppsalaer Frauengebete') Sp. 114–115 (Peter Ochsenbein); vgl. [2]VL 2 (1980), Sp. 1110–1112 zur Parallelüberlieferung in Muri/Sarnen (Achim Masser).
Ü.: Uppsala UB Frag. germ. 1 und, hier Uppsala fol. 1r-3r: ‚Petrusoffizium'.[6]
Abb.: http://www.alvin-portal.org/alvin/imageViewer.jsf?dsId=ATTACHMENT-0002&pid=alvin-record%3A76698&dswid=-3478.
Dat.: 13. Jh., 1. Viertel.
Spr.: ostbair., donauländischer Raum.
Ed.: Sarner Text (‚Petrusoffizium') Wilhelm I, S. 74–76, Wackernagel, Predigten und Gebete, S. 217–219. – Die Parallelüberlieferung Uppsala, Wilhelm II, S. 173–174. – Referenzkorpus Mittelhochdeutsch (1050–1350). Beide, Uppsala und Wien: https://www.linguistics.rub.de/rem/pub/texts//M071U_mod.pdf.
Lit.: Wilhelm II, S. 164–165 (Kommentar zu Muri/Sarnen). – Ehrismann, LG II,1, S. 171. – Palmer, Prayers, hier S. 65–70 und S. 79–80.

Übersicht

1 Gebet an Maria: Muri/Sarnen, fol. 36r-41v – Engelberg fol. 7v-9v.
2 Gebetsanweisung zur Messe der hl. Trinität (‚*Oratio bona ad deum*'): Muri/Sarnen, fol. 1r-3v.
3 Gebet und Almosen für die Seele eines verstorbenen Freundes: Muri/Sarnen, fol. 20v-21v.
  Zusatz: Zürcher (St. Galler) Gebetsanweisung.
4 a und b Petrusoffizium: a Muri/Sarnen – b Uppsala.
5. Bitten um Segnungen: Muri/Sarnen.
6 Vier Morgen- und Ausfahrtssegen.
  6.1 Muri/Sarner Morgensegen 1: Muri/Sarnen, fol. 9v – 10r.
  6.2 Muri/Sarner Morgensegen 2: Muri/Sarnen, fol. 41v-44v – Kölner Ausfahrtssegen, Hannover fol. 133r-134r.
  6.3 Muri/Sarner Morgen- und Ausfahrtssegen 3 (Fragment): Muri/Sarnen, fol. 93r-94r.
  6.4 Muri/Sarner Morgensegen 4: Muri/Sarnen, fol. 94v-95v.
7 Vier Waffen- bzw. Ausfahrtssegen: Muri/Sarnen, fol. 9r-11r.

Texte in Absätzen und mit neuer Interpunktion nach Wilhelm sowie Wackernagel, Predigten und Gebete, unter Hinzuziehung der genannten Digitalisate/Abbildungen.

Die Übersetzungen berücksichtigen bedeutendere Varianten der parallelen Texte in den Fußnoten.

6 Uppsala/Wien, ‚Petrusoffizium': dazu die Parallelüberlieferung Muri (Sarnen). Weitere Fragmente dieser Handschrift in Wien ÖNB Cod. Ser. nova 4242 I. Digitalisat: https://digital.onb.ac.at/RepViewer/viewer.faces?doc=DTL_6740650&order=1&view=SINGLE.

1 Gebet an Maria
Muri (Sarnen), fol. 36r-41v / Engelberg fol. 7v-9v
Wilhelm, S. 86, Z. 534–615
Wackernagel Gebet 74, S. 228 (Text) und S. 288 (Nachweis)

Muri (Sarnen)		**Engelberg** **De sancta Maria oratio**
Ewigu magit frŏe sancta Maria, du da bist ein kuniginne des himils uñ der erde, du da bist ein trost der sundare uñ widersŏnare der schuldigon,	01	Evvigu maget frovve Maria, du da bist ein kungin des himeles un*d* der erde, du da bist ein trost der sundare und ein vvidersuonarin der sculdigen, du da bist ein frovde und ein ere der guoten,
du da bist ein corona uñ ein gizierde allir heiligir magide:		du da bist ein corona und ein zirde aller heiliger magede:
chere du dinv gnadigv ŏgin zi mir uil armun sundarinun uñ rŏche mich zirchenninne uñ allen, die dich livterlche minnont!	02	ker die dine genadigen ovgen ze mir fil armer sundarin unde ruoke mich zerchennene under allen den, die dich luterliche minnen!
Heiligu magit sancta Maria, uogitine uñ helferine allir der, die sich an dich lazint uñ gitruwent:	03	Heiligv maget sente Marie, fogetin und helfarin aller dere, die sich an dich lazent unde dir getruveent:
hilf mir gnade uñ antlazis allir minir sundon umbe din sun *Ihesum Christum*, der dir niet uirseit, des du bittist!	04	hilf mir genaden und antlazes aller miner sunten umbe dinen sun *Ihesum Cristum*, der dir nuvet desen ferseit, des du in gebittest!
Hilf mir frŏwe dur die gnade, die er zi dir hat gitan, do er uon dime reinime libe girŏhte giborn werdin, ware got uñ ware mennische,	05	Hilf mir frovve durch die genade, die ir ze dir hat ge-tan, duo ir fon dime reineme libe geruochte geborn vverden, vvarre got unde vvarre mennesce,
dur daz heil uñ dur die irlosunge allir der welte,		dur taz heil unde dur t*i*e erlosunge aller der vvelde,
daz er mir uirgebe alliz daz ubil, daz ich íe gitet uon anegenge minis libes unz an die stunde!		daz ir mir fergebe alles daz ubel, daz ich ie getede fon des angennes mines libes unz an diese stunde!

01 Ewige Jungfrau, Herrin Sankt Maria,
die du da bist eine Königin des Himmels
und der Erde,
die du da bist ein Trost der Sünder,
und eine Wiederversöhnerin der Schuldigen,
[die du da bist eine Freude
und eine Ehre der Guten,]
die du da bist eine Krone und eine Zierde
aller heiligen Jungfrauen:

02 Wende deine gnädigen Augen
zu mir sehr armen Sünderin
und gedenke mich zu erkennen
unter allen, die dich in lauterer Weise lieben!

03 Heilige Jungfrau Sankt Maria,
Beschützerin und Helferin aller derer,
die sich dir ergeben und anvertrauen:

04 hilf mir zu Gnaden und Ablass
aller meiner Sünden
um deines Sohnes Jesus Christus willen,
der dir nichts versagt,
worum du bittest!

05 Hilf mir, Herrin,
um der Gnade willen, die er dir erwiesen hat,
als er dessen gedachte, von deinem reinen Leib
geboren zu werden,
wahrer Gott und wahrer Mensch

um des Heils willen und der Erlösung
der ganzen Welt,

dass er mir vergebe alles das Böse,
das ich je tat
vom Anfang meines Lebens
an bis an diese Stunde!

Muri (Sarnen)

Heiligu mǒtir,
du einv da bist an der gnade
uñ an der helfe, wir uns uirsehen,
du nah gote
unsir einlichu zǒvirsiht bist:

Hilf mir umbe din sun, daz er
dur dine wirdi,
uñ dur dine underchunft
mine sele uñ minin lichamen
gireine uñ gilutere
uon allir unreinicheit,
uñ uon allir bosheit,
uñ uon allir meintat,
ie daz ich disin lib uirwandele!

Kuniginne der gnade,
bite *Ihesum* din sun,
daz er min lastir uon mir neme
uñ mich irwulle
mit sinen heiligen tugindin,
daz er nít uñ haz uon mir gichere
uñ allin ubilin willin,

daz er
alle hófart uon mir gifromide
uñ mir giwarin mǒt gebe,
daz er
alle unreine gidanche,
uñ ubile giluste,
uñ ubile rede,
uon mime geiste uirtribe
uñ mir reine gidanche
uñ chusce rede gebe!

Engelberg

06 **H**eiligu muoter,
du eine da bist an der genade
und an der helfe, vvir unsich alle fersen,
du nach gote
unser einlichu zuofersicht unde trost bist.

Hilf mir umbe dinen sun, daz ir
dur dine uuirde,
unde dur dine underchunft
min sele unde minen lichamen
gerene unde gelutere
fon aller unreinecheit,
unde fon alen bosheiten,
fon allen mentaten,
e daz ich disses libes fervvandele!

07 **K**ungin der genaden,
bit *Ihesum* din sun,
daz ir minu laster fon mir neme
unde mich erfulle
mit sinen heiligen tugenden,
daz ir nid unde haz fone mir geferre
und allen ubelen vvillen,

daz er mir gebe
bruoderliche minne unde guten vvillen,

daz ir
alle hofart fone mir gefromede
unde mir vvar diemuot gebe,
daz ir
alle unreine gedanke,
und ubel geluste,
und unsufer girde,
fon mineme geiste fertribe
unde mir reine gedanke
und kůsche girde gebe!

06 Heilige Mutter
die du da einzig bist in der Gnade
und in der Hilfe, derer wir uns versehen,
die du da nach Gott
einzig unsere Zuversicht und unser Trost[7] bist,

hilf mir um deines Sohnes willen, dass er
um deiner Würde willen
und um deiner Niederkunft willen
meine Seele und meinen Leib
reinige und läutere
von aller Unreinheit
und von allen Bosheiten[8]
und von aller Freveltat[9]
bevor ich dieses Leben umwandle![10]

07 Königin der Gnade,
bitte *Jesum*, deinen Sohn,
dass er meine Laster von mir nehme
und mich erfülle
mit seinen heiligen Tugenden,
dass er Neid und Hass von mir abwende[11]
und allen bösen Willen,[12]

[dass er mir gebe
brüderliche Liebe und guten Willen]

dass er
alle Hoffart von mir wegtue
und mir wahrhaftige Demut[13] gebe,
dass er
alle unreinen Gedanken
und bösen Gelüste
und unsaubere Begierden[14]
von meinem Geist vertreibe
und mir reine Gedanken
und keusches Begehren[15] gebe!

---

7 M *zỏvirsiht* E *zuofersicht unde trost*
8 M *allir bosheit* E *alen bosheiten*
9 M *allir meintat* E *allen mentaten*
10 bevor ich sterbe.
11 M *uon mir gichere* E *fone mir geferre*
12 E + *daz er mir gebe bruoderliche minne unde guten vvillen*
13 M *giwarin mỏt* E *vvar diemuot*
14 M *ubile rede* E *unsufer girde*
15 M *chusce rede* E *kůsche girde*

Muri (Sarnen)		**Engelberg**
Ware mersterne,	08	Warre mersterne,
uon der uns daz ewige lieht irschinin ist,		fon der uns daz evvige liecht erschin ist,
uon der uns allu gnade chomin ist,		fon der uns allu genade komen ist,
habe mich in dinir hŏte		habe mik in diner geiicht
uñ in dime gibete		und in dineme gebete
zi allir zit uor gote,		en alle zit for gote,
daz ich din giniezin mŏze		daz ich din geniezen muze,
		daz ich alle die freise
uñ daz ubile disses libes imphlie,	09	und daz ubel disses libes enfliehe,
uñ nah diseme libe		und nak diseme libe
den ewigin lib bisizze!		den evvigen lib besize!
Ich bigihe dir frŏwe, minir sunde,	10	Ich begin dir frovve, miner sunte,
ich sende dich an din einbornin sun,		ich sende dich an dinen einbornen sun,
daz du mich umbe in inschuldigest,		daz du mik umb in ensculdigest,
daz du mir umbe in antlaz irwerbest,		daz du mir umb in antlaz ervverbest,
daz du allin sinin zorn,		daz du allen sinen zorn,
swa so ich sin wirdich si,		svva so ik sin vvirdik si,
uon mir cherest		fone mir kerest
uñ in zi irbarmecheit vmbe mich ineigest.		vnd in zerbarmekheit uber mik geneigest.
Nu chere,	11	Nu kere,
himilschu kuniginne,		himeleschv kunegin,
din heitirz antlute an mich sundarinun		din heiteres antluze ane mik suntarin
unde gineige		und geneige
din miltiz uñ din gnadigis gisune		din mildes unde din genadigez gesune
zi mir uil unwirdigun,		ze mir fil unvvirdigun
uñ rŏche	12	und ruoche
mich zirchenninne under allen,		mik cerkennene under allen dien,
dich lobin mŏzen,		die din lob emizegen,
die sich dinir ere frŏwent,		die sik diner ere frovven,
die dich luterliche minnent.		die dik luterlike minnen.
Min herze	13	Min herze
daz gert din slafinde uñ wachinde,		daz ger din slafende unde vvakende,
mine sele		min sele
turstet nach dir frŏ uñ spate;		turste nak dir fruo unde spate;
swenne so ich an dich gidenche,		svvenne so ik an dik gedenke,
so si ich fri uon allime ubile.		so si ik fri fon allem ubele.

08 Wahrer Meeresstern, du,
von der uns das ewige Licht erschienen ist,
von der uns alle Gnade gekommen ist,
behalte mich in deiner Hut[16]
und in deinem Gebet
zu aller Zeit vor Gott,
auf dass ich deiner genießen möge,
auf dass ich die Schrecknis
09 und das Übel[17] dieses Lebens fliehen möge
und nach diesem Leben
das ewige Leben besitzen möge!

10 Ich bekenne[18] dir, Herrin, meine Sünden,
ich sende dich an deinen einzig geborenen Sohn,
auf dass du mich um seiner willen entschuldigst,
auf dass du mir um seinetwillen Ablass erwerbest
auf dass du all seinen Zorn,
soweit ich seiner würdig bin,
von mir wendest
und ihn zum Erbarmen gegen mich geneigt machst.

11 Nun wende,
himmlische Königin,
dein heiteres Antlitz mir Sünderin zu,
und neige
dein mildes und dein gnädiges Gesicht
zu mir ganz Unwürdigen
12 und gedenke
mich zu erkennen unter allen
die mit deinem Lob emsig sind,[19]
die sich deiner Ehre freuen,
die dich in lauterer Weise lieben!

13 Mein Herz
das verlange[20] nach dir schlafend und wachend,
meine Seele
dürste[21] nach dir früh und spät;
wenn ich deiner gedenke,
so sei ich frei von allem Bösen.

16 M *in dinir hŏte* E *in diner geiicht*
17 M *daz ubile disses libes* E *die freise und daz ubel disses libes*
18 M *Ich bigihe* E *Ich begin*
19 M *dich lobin mŏzen* E *die din lob emizegen*
20 M *gert* E *ger*
21 M *tustet* E *Turste*

Muri (Sarnen)		**Engelberg**

Der tieuil
nehabe dichein giwalt ubir mich,
    alle bichorunge uirlazen mich,
    div himilschu gnade bischŏwe mich.
	14	**D**er tufel
		der nehabe nekheinen gevvalt uber mik,
		    alle bekorunge ferlazen mik,
		    du himelesche genade beschovve mich.

Allu minu werc
du werden gifranspŏtigot,
 	
an allen minem wegin,
    so mŏze ich werdin bireit,
 	
uñ alle mine chunst uñ flize
    die bringe ich zi gŏtim ende,
swenne so ich din gidenche.
	15	**A**llu minu vverk
		die vverden gefransputiget,
		
		in allen minen vvegen,
		    so muoz ik vverden berichtet,
		
		und alle mine begunste unde flize
		    die bringe got ze guteme ende,
		svvenne so ik din gedenke.

Nu habe ich min herze
uñ mine hende, uf, vrŏwe, zŏ dir,
 	
uñ bite dich
    dur die liebi dinis sunis,
	16	**N**u hebik min herze
		unde min hende uf, frovve, zuo dir,
		
		unde bitte
		    dich durch die liebi dines trut sunes,

daz girŏchest
zŏ mir zi chominne
    mit dinen heiligin magidin,
    und mit allen heiligon,
swenne so min sele
uon mime libe scheide.
	17	daz du geruokest
		zuo mir ze komene, min ze guvisende
		    mit tinen heiligen mageden,
		    unde mit allen heiligen,
		suuenne so min sele
		fon diseme libe sceide.

Gifrŏwe uñ gitroste,
gotis mŏtir,
denne mine sele mit diner heiligir geginwrti,
uñ lose mich
    uon allir der worte,
    uñ uon deme egisode *Satane*
uñ sinir engile!
	18	Gefrovve unde getroste,
		gotes muoter,
		denne min sele mit diner heiliger gagenvvirti,
		unde lose mik
		    fon aller der forkte
		    unde der egesode *Satane*
		unde siner engele!

Inphach mich undir dine milte hende
    uñ wis
        min leterine
        uñ min bischirmerine,
daz der ubil hellewarte mir
    wedir uor mir
    noh nah mir
gischadin muge odir zŏ chome
	19	Enfak mik denne under dine milden hende
		    unde vvis
		        min leitarin
		        unde min beschirmarin,
		daz der hubele hellewark mir
		    vveder for mir
		    nok nak mir
		gescaden muge olde zuo komen.

---

22 M *bireit* E *berichtet*
23 M *mine chunst* E *mine begunste*
24 M *dinis sunis* E *dines trut sunes*

14 Der Teufel
habe keine Gewalt über mich
alle Versuchungen mögen mich verlassen
die himmlische Gnade schaue auf mich,

15 alle meine Werke
mögen mir gelingen,

auf all meinen Wegen,
möge ich bereitet sein,[22]

und alle mein Können[23] und Eifer
die möge ich zu gutem Ende bringen,
wenn ich deiner gedenke.

16 Nun hebe ich mein Herz
und meine Hände auf zu dir, Herrin, zu dir,

und bitte dich
um der Liebe deines Sohnes[24] willen,

17 dass du gedenkest[25]
zu mir zu kommen, [mich aufzusuchen][26]
mit deinen heiligen Jungfrauen,
und mit allen Heiligen,
wenn meine Seele
von meinem Leib scheiden soll.

18 Erfreue und tröste,
Mutter Gottes,
dann meine Seele mit deiner heiligen Gegenwart,
und erlöse mich
von aller Furcht
und von aller Grässlichkeit[27] Satans
und seiner Engel!

19 Empfange mich unter deinen gnädigen Händen
und sei
meine Leiterin
und meine Beschirmerin
auf dass der Höllenwart[28] mir
weder vor mir
noch hinter mir
schaden möge oder nahe komme.

25 M *daz girŏchest* E *daz du geruokest*
26 M *daz girŏchest zŏ mir zi chominne* E *daz du geruokest zuo mir ze komene min ze guvisende*
27 M *uon deme egisode* E *der egesode*
28 M *hellewarte* E *hellewark*

Muri (Sarnen)		**Engelberg**
Uon der gǒnlichi dinis lutirs antlutes so uliehen uñ zirvaren alle mine uiande alse der morginwolchin uon deme schimin der sunnun.	20	Fon der guolliki dines luteren antluzes so flihen unde zerfaren alle mine fiende als der morgenvvolchen fon deme schimen der sunnen.
Du wis mir denne, frǒwe, ein getruwe uñ giwissir leitare, daz mir niet gibreste, daz mich niet girre, daz uwet chome an die egiberliche bischǒunge der freislicher antlute, die ich da gisehin mǒz.	21	**Du** vvis mir denne, frovve, en getruver und ein gewisser leitare, daz mir uvvet gebreste, daz ik vvvet girre, daz ik vvvet erkome an der eispariger beschovvnge der freiliken antluze, die ik da gesen muoz.
Die porte der himilschun Ierusalem, die mǒz offin uindin uon dinin gnadon unde mǒze braht werdin uon dir, frǒwe, an der obiroston bischǒunge, uñ mǒze dinir gnadon giniezin, daz ich sin forhtsamiz uñ sin angistlichesz urteilde enflihe	22	**Die** porta der himelschen Ierusalem die muoz hik ofen finden fon dinen genaden unde muoze braht werden fon dir, frovve, an des alleroberesten beschovvunge, unde muoze diner genade genizen, daz ik sin forchsam unde sin anklik urtelde enflihe.
Ginadigu magit, *sancta Maria*, daz irwelte gotishus des heiligin geistis, du da bist ein fluht allir, die sich uirwrchint, uñ widirladunge der bicherton, du da bist giheizin div himilschv porte:	23	**G**enaigu maget, sente Maria, daz ervvelte gotes hus des heiligen geistes, du da bist ein flukt aller, die sich fervvrchet hant, und ein vuider ladunge der ferkerten, du da bist geheizen dů himel porta:
Wis denne for gote min furspreche, irgib dv rede fir mich, vndirwint dich minir sache, insculdige mich uñ intrede mih!	24	Wis denne for gote min fuorspreke, ergib tu rede fur mik, undervvint du dich miner sake, enschuldege mik und entrede mik!
Hilf mir denne, heiligu frǒwe, daz ich uon allen heiligon niht gesunderot werde, uñ daz ich wirdecliche irteilt werde der gnoschefte der himilschon chore uon ewon unz ewon! Amen.	25	**Hil**f mir denne, heiligu frouve, daz ik fon dir unde fon allen heiligen nuuet gesunderot vverde, vn daz ik vvirdik ertelt vverde der genoschefte der himeleschen kore fon evven unz euuen! Amen.

---

29 M *chome* E *erkome*
30 M *an der obiroston bischǒunge* E *an des alleroberesten beschovvunge*

20 Von der Herrlichkeit deines Antlitzes
fliehen und zerstieben
alle meine Feinde
wie die Morgenwolke
vor dem Schein der Sonne.

21 Du sei mir dann, Herrin,
ein getreuer und verlässlicher Leiter
auf dass mir nichts mangele
auf dass mich nichts irre,
auf dass ich nicht irgend erschrecke[29]
vor dem entsetzlichen Anblick
der fürchterlichen Antlitze,
die ich da sehen soll.

22 Die Pforte des himmlischen Jerusalem,
die möge ich offen finden
kraft deiner Gnade
und ich möge gebracht werden
von dir, Herrin,
zu des Allerhöchsten
Beschauung[29]
und möge deiner Gnaden genießen
auf dass ich sein fürchterliches
und angstbereitendes
Urteil fliehe.

23 Gnädige Jungfrau, Sankt Maria[31],
du erwähltes Gotteshaus des heiligen Geistes,
die du da bist eine Zuflucht aller,
die sich verwirkt haben
und eine Wiedereinladung der Verirrten,
die du da bist geheißen die Himmelpforte:

24 Sei dann vor Gott mein Fürsprech,[32]
gib du die Verteidigungsrede für mich vor,
nimm dich meiner Streitsache an,
entschulde mich und rechtfertige mich!

25 Hilf mir dann, heilige Herrin,
auf dass ich [von dir] und von allen Heiligen
nicht abgesondert werde,
und auf dass ich für würdig beurteilt werde
der Gemeinschaft der himmlischen Chöre

von Ewigkeit zu Ewigkeit! Amen.

---

31 M sancta Maria E *sente Maria*

32 Im Folgenden sind *fursprече, irgib rede, sache, insculdige, intrede, irteilt* Ausdrücke der Rechtsterminologie; das Jüngste Gericht ist als Rechtshandlung vorgestellt.

2 Gebetsanweisung zur Messe der hl. Trinität
Muri (Sarnen), fol. 1r-3v
Wackernagel Gebet Nr. 76, S. 216–217
Wilhelm, S. 73, Z. 1–41
Text nach Wilhelm

Oratio bona ad deum

01 „Herre, almehtige got,
ich bite dich
dur din heiligis hǒbit,
unde dur alle dine heiligin werch,
uñ dur allv div heiligin wort,
die du den menischon zi gnadon íe gispreche:

02 Du inphach disv lieht,
uñ gibint,
uñ bitwinc
hute an disime tage
alle die zungin, die minen scadin sprechin wellen,
alde die mich hute ansehin suln,
odir diheinen giwalt ubir mich habin suln,

03 uñ chere
ir allir zungin,
uñ ir wort,
uñ ir willin
an mine frǒde,
uñ an mine hulde
uñ an mine minne!“

04 So miz den
ubir din herze *in modum crucis*,
uñ von dem brustleffile zǒ deme nabile;
uñ miz denne
von eime rippe unz an daz andire,

Ein gutes Gebet zu Gott

01 „Herr, allmächtiger Gott,
ich bitte dich
um deines heiligen Hauptes willen,
und um all deiner heiligen Werke willen,
und um all der heiligen Worte willen,
die du den Menschen je zu Gnaden sprachst:

02 „Empfange du diese Lichter[33]
und binde
und bezwinge
heute an diesem Tage
alle Zungen, die zu meinem Schaden sprechen werden,
oder die mich heute ansehen werden,
oder die irgendeine Gewalt über mich haben werden,

03 und wende
ihrer aller Zungen
und ihre Worte
und ihren Willen
an meine Freude
und an meine Huld
und an meine Liebe!“

04 Dann nimm
Maß über deinem Herzen *in modum crucis*[34]
und von dem Knorpel[35] zu dem Nabel,
und nimm dann Maß
von einer Rippe zur anderen,

33 „Lichter“ wird für unangezündete Opferkerzen gebraucht, Wilhelm, Kommentar S. 162.
34 in der Weise des Kreuzes.
35 *brustleffel cartilago* („Knorpel“), BMZ, der unterste Halsknorpel, die Höhlung (Kehle) über dem Brustbein?

05 uñ sprich alsus:

„**H**erre, almehtige got,
ich bite dich, herre,
dur din heiligis herze,
uñ dur die heiligin gidanche, der du do gidahtost,
do du diese welt alle giscǒfe,
uñ do du den menischin nah din selbis bilde giscǒfe
vñ dv gidahtost in zirlosinne mit din selbis libe,
uñ gireindost [in] mit dime heiligin blǒte,
do er dur sin selbis schulde uirlorn hate, herre, din hulde:

06 Nu bite ich dich, herre,
dur die selbun gnade,
uñ dur die gidanche:

07 so bite ich dich, herre,
daz du bicherest
ir allir herze,
uñ ir mǒt,
uñ ir willin
zǒ mir
mit truwon,
uñ mit warheit,
uñ mit gnadon,
uñ mit minnon,

die mich hute
ansehin suln,
odir dicheine rede
sam mir
alde uon mir
suln habin.

05 und sprich so:

„Herr, allmächtiger Gott
ich bitte dich, Herr,
um deines heiligen Herzen willen
und um der heiligen Gedanken willen, die du da dachtest,
als du diese ganze Welt erschufst,
und als du den Menschen nach deinem eigenen Bild erschufst
und als du gedachtest ihn zu erlösen mit deinem eigenen Leib
und ihn reinigtest mit deinem heiligen Blut,
als er wegen seiner eigenen Schuld verloren hatte, Herr, deine Huld:

06 Nun bitte ich dich, Herr,
um eben dieser Gnade willen
und um dieser Gedanken willen:

07 so bitte ich dich, Herr,
dass du hinwendest
ihrer aller Herzen,
und ihren Sinn,
und ihren Willen,
zu mir
mit Treue,
und mit Wahrheit,
und mit Gnaden
und mit Liebe,

(alle) die mich heute
ansehen werden,
oder irgendeine Rede
mit mir mir
oder von mir
haben werden.

08[36] So miz denne
die rehtun hant uon deme lengistin uingere unz an daz re*fti*[37]
uñ miz denne
uon deme dumin zǒ deme minnistin uingere,

09 uñ gib denne diu liet ufin den altir,

uñ sprich alsus:

„Herre, ich bite dich, almehtiger got,
du den himil uñ die herde an diner hant hast,
herre,
du gisezze hute
in mine hant,
uñ in mine giwalt
allu div menischin, diu mir scadin wellen,
daz siv mir undirtan uñ gihoram mǒzin sin
zi allen den dingin, da ich ir zǒ bidurfe.“

10 *Tunc cantetur missa de sancta trinitate*[38]

11 Uñ brenne div lieht allv zi der misse.

12 Alse *sanctus* gisungin werde, so val nidir an dinu baru chnu,
uñ sinc diese salmin:

„Psalmus ‚usque quo [...]‘	(Ps. 12 [13],2)
Psalmus ‚Deus, deus meus, respice [...]	(Ps. 21 [22],2)
Psalmus ‚Ad te, domine, leuaui [...]‘	(PS. 24 [25)],1)
Psalmus ‚In te, domine, speraui [...‘	(Ps. 31 [30],2 bzw. 70 [71],1)
Psalmus ‚Inclina, deus [...]‘	(Ps. 85 [86],1)
Psalmus ‚Deus auribus [...]‘.“	(Ps. 43 [44],2)

36 Zu Segment 08 erläutert Wilhelm, Kommentar S. 164: „Es handelt sich um eine Bekreuzgung mit der rechten Hand, welche die Lichter auf den Altar legt, damit der böse Geist sie nicht entweihe.“
37 Hs. *daz resti* (st. N.), unbekanntes Wort; Wackernagel (S. 217, Z. 21) liest *refti*; bei Wilhelm wohl verlesen, die Hs. erlaubt durchaus die Lesung *refti* (-st- und -ft-Ligatur kaum unterscheidbar); *daz refti*: vgl. zu *ref-t* st. M.: *bein-reft* st.M., „Beinkleid“ (?) und *knioreft* (ohne Genus-Angabe) „Tuch“, Splett, AhdWb.
38 Dann soll die Messe von der heiligen Trinität gesungen werden.

08 So miss dann ab
die rechte Hand von dem längsten Finger bis an den Ärmelrand (?)
und miss dann ab
von dem Daumen bis an den kleinsten Finger.

09 Und lege dann die Lichter auf den Altar

und sprich so:

„Herr, ich bitte dich allmächtiger Gott
der du den Himmel und die Erde in deiner Hand hast,
Herr,
du setze heute
in meine Hand
und in meine Gewalt
alle die Menschen, die mir schaden wollen,
auf dass sie mir untertan und gehorsam sein mögen
in allen Dingen, zu denen ich ihrer bedürfe."

10 *Dann werde die heilige Trinitätsmesse gesungen.*

11 Und brenne die Lichter alle bei der Messe ab.

12 Wenn das Sanctus gesungen werde, so falle nieder an deine bloßen Kniee
und singe diese Psalmen:

„Wie lange noch [...]"
Mein Gott, mein Gott, warum hast du mich verlassen [...]"
Zu dir, Herr, erhebe ich [...]"
Herr, ich suche Zuflucht bei dir [...]"
Wende dein Ohr zu mir [...]"
Gott, wir hörten mit eigenen Ohren [...]"

3 Gebet und Almosen für die Seele eines verstorbenen Freundes Muri (Sarnen), fol. 20v-21v Wilhelm, S. 81, Z. 329–354[39] Wackernagel Gebet 76, S. 286–287 (Text und Nachweis)

01 Swer sinis frivndes[40] sele welle helfin zu ir not,
der sol nemin ein brot,
uñ sol daz teilin in driv,
uñ sol nemin ein teil,

02 uñ sol sprechin diz gibet:

Suscipe, domine, hanc elemosinam
in nomine patris et filii et spiritus sancte
et sanctae crucis
et sanctae Mariæ
et sancti Michahelis
et omnium supernorum ciuium
et celestium uirtutum
et sancti Iohannis baptiste
et omnium patriarcharum et prophetarum.

03 Du solt ŏc nemin den andirn teil,

04 uñ solt sprechin diz gibet:

In honore sancti Petri
et omnium sanctorum et apostolorum et septuagina duorum discipulorum,
et in honore sancti Stephani et sancti Laurentii
et omnium sanctorum martirum,
in honore sancti Nycolay
et omnium sanctorum confessorum,
et in honore sancte Cecilie et sancte Agate
et omnium sanctarum uirginum,
et in honore sancte Felicitatis
et omnium uiduarum siue continentium.

---

39 Zusammen mit Z. 358–360 „Teil einer Messe die der Seele eines verstorbenen Freundes im Fegefeuer helfen soll.“ (Wilhelm, Kommentar S. 168). Es folgt in der Handschrift S. 82, Z. 358–360 die Aufforderung *Nv tǒ dine bihte uñ uirgih dinir sundon, so uigit dir got dine sculde, uñ lis die sibin salmin [...]* „Nun leiste deine Beichte und bekenne deine Sünden, so vergibt dir Gott deine Sünden und sprich die Sieben (Buß-)Psalmen [...].“

40 „Freund“ hier wohl im Sinne des Verwandten überhaupt, im Unterschied zum Blutsverwandten im besonderen; oder auch als Bezeichnung für den „Mitmenschen.“

01 Wer der Seele seines Freundes helfen wolle in ihrer Not,
der soll nehmen ein Brot,
und soll das teilen in drei,
und soll nehmen ein Teil

02 und soll sprechen dieses Gebet:

Empfange, Herr, dieses Almosen
im Namen des Vaters und des Sohnes und des heiligen Geistes,
und des heiligen Kreuzes,
und der heiligen Maria,
und des heiligen Michael,
und aller Bürger des Himmels,
und aller himmlischen Tugendchöre,
und des heiligen Johannes Baptista,
und aller Patriarchen und Propheten!

03 Du sollst auch nehmen den zweiten Teil

04 und sollst sprechen dieses Gebet:

Zur Ehre des heiligen Petrus
und aller Heiligen und Apostel und der zweiundsiebzig Jünger,
und zu Ehren des heiligen Stephan und des heiligen Lorenz
und aller heiligen Märtyrer,
und zu Ehren des heiligen Nikolaus
und aller heiligen Bekenner,
und zu Ehren der heiligen Cäcilie und der heiligen Agate
und aller heiligen Jungfrauen,
und zur Ehre der heiligen Felizitas
und aller Witwen oder Enthaltsamen.

05 Du scolt ŏc nemin den dritten teil,

06 uñ solt sprehin diz gibet:

‚In honore sanct Benedicti
et omnium sanctorum monachorum,
in honore sancti Pauli[41]
et omnium heremitarum,
in honore omnium
sacerdotum,
diaconorum,
subdiaconorum,
ceroferiarorum,
lectorum,
orphanorum
et omnium sanctorum spirituum,
in honore omnium fidelium defunctorum. Amen.‘

07 Uñ solt sprechin

Psalmum Miserere ... (Ps. 4,2),
Psalmum Domine probasti ... (Ps. 138,1),
Psalmum Quicumque uult ... (das ps.-athanasianische Credo).

08 Swer diz almŏsin u^{n} diz gibet ein iar tŏt umbe alle meintage[42] vmbe sinis frivndes sele, der sol daz wizzin, daz si giwisliche irlosit ist zu ir not.

41 Paulus von Theben nach der Legende erster ägyptischer Einsiedler und Wüstenvater († ca. 341).
42 magentac/meintac „großer Tag“, d.h. die einunddreißig Tage des Monats Mai (Wilhelm, Kommentar S. 170).

05 Du sollst auch nehmen den dritten Teil

06 und sollst sprechen dieses Gebet:

‚Zur Ehre des heiligen Benedikt
und aller Mönche und heiligen Mönche,
zur Ehre des heiligen Paulus
und aller Eremiten,
zur Ehre aller
Priester,
Diakone,
Subdiakone,
Kerzenträger,
Lektoren,
Orphani,
und aller im Geiste heiligen
zur Ehre aller im Glauben Gestorbenen. Amen‘

07 Und sollst sprechen:

Den Psalm ‚Erbarme dich …‘
den Psalm ‚Herr, du hast mich erforscht …‘
den Psalm ‚Jeder der …‘

08 Wer dieses Almosen und dieses Gebet in einem Jahr an allen „Meintagen“ leistet um der Seele seines Freundes willen, der soll das wissen, dass sie gewisslich erlöst ist aus ihrer Not.

Zusatz
Zürcher Gebetsanweisung
(zum Gedenken an das Heil eines Verstorbenen)
Wilhelm 34

²VL kein Eintrag.
Ü: Zürich, ZB, Ms. C 171, fol. 106v; aus St. Gallen.[43]
Abb.: http://www.marburger-repertorien.de/abbildungen/pr/Zuerich_ZB_Cod_C171_Bl_106v.jpg.
Dat.: 12. Jh., Ende.
Spr.: alem.
Ed.: Piper, Aus St. Galler Hss., hier S. 476–477 (Text). – Wilhelm I Nr. 34, S. 107, S. (Text).
Referenzkorpus Mittelhochdeutsch (1050–1350), http://www.linguistics.rub.de/rem/.
Lit.: Wilhelm II S. 196–197 (Kommentar).

Dieses kleine Stück sei hier inseriert, weil es in mancher Hinsicht dem voranstehenden entspricht (Taschenformat, Funktionstyp).

Es handelt sich innerhalb eines lateinischen Gebetbuchs winzigsten Formats (130 × 95 mm) um einen seitenfüllenden Eintrag auf radiertem lateinischem Text. Der Titel ist bei Wilhelm freilich unglücklich gewählt. Denn auch hier liegen Gebet und Almosen für die Seele eines verstorbenen Freundes vor.

Text nach Piper, Wilhelm und dem Digitalisat.

43 Neuzeitlicher Stempel des St. Galler Klosters auf fol. 90v.

Sinc den saltare und tů dine uenie zu iegelichemo salmen, unt sprih *‚Gloria patri‘* unt *‚Requiem eternam‘*.[44]	Rezitiere den Psalter und tu deinen Kniefall bei jedem Psalm und sprich ‚Gloria patri‘ und ‚Requiem eternam‘.
Gip zu iegelicher uenie ein almv̊sen unt ein cherzen gemezzen nah demo mitteristemo uingere diner zesewen hant.	Gib bei jedem Kniefall ein Almosen und eine Kerze gemessen nach dem mittelsten Finger deiner rechten Hand.
Unt tů daz des nahtes unt friume des morgenes alle die selmisse die dů megest.	Und tu das des Nachts und frühmorgens bei all den Seelmessen, die du vermagst.
Unt bit die brieste, daz si die sele dines friuntes[45] dem almahtigen gote beuelhen mit uollemo ambahte, alsame da men den lichnamen der erde beualch.	Und bitte die Priester, dass sie die Seele deines Freundes dem allmächtigen Gott anbefehlen mit voller Amtskraft, genauso wie als man den Leichnam der Erde anbefahl.
Daz tu an dem sibenten unt zu iegelichemo drizegisten;[46] so chumit dir diu sele ze gesihte alnah diu, so ir dinc stet.	Das tu an dem siebenten (Tag) und zu jedem dreißigsten; dann kommt zu dir die Seele im Gesicht ganz gemäß dem, wie ihre Sache steht.

44 *Gloria patri Gloria Patri et Filio et Spiritui Sancto, sicut erat in principio et nunc et semper et in saecula saeculorum, amen.* „Ehre sei dem Vater und dem Sohn und dem heiligen Geist, wie es war im Anfang, jetzt und für alle Zeit, und von Ewigkeit zu Ewigkeit. Amem.“ Das ist die „kleine Doxologie“, der „kleine Lobpreis“ im Unterschied zum großen (*Gloria in excelsis deo [...]*), s. Nr. 75,9. Im Stundengebet wird sie am Ende der Psalmen gebetet. – *Requiem aeternam dona eis, Domine: et lux perpetua luceat eis*, „Gib ihnen die ewige Ruhe, Herr, und immerwährendes Licht leuchte ihnen.“ Eingangsvers der Totenmesse.

45 ***friuntes:*** „Freund“ hier wohl im Sinne des Verwandten überhaupt, im Unterschied zum Blutsverwandten im besonderen; oder auch als Bezeichnung für den „Mitmenschen.“

46 Der siebente und der dreißigste Tag nach dem Tod eines Verstorbenen haben im Totengedenkbrauchtum besondere Bedeutung. Franz, Die Messe, S. 243–244.

4a
Petrusoffizium Muri/Sarnen
Muri/Sarnen fol. 4v-8v
nach Wilhelm, Nr. 29, S. 74–76, Z. 59–128 (außer dem Einschub Z. 114–120)

Text und Übersetzung

De sancto Petro		An *Sanct* Peter
Herre *sancte* Petir, du den giwalt hest zigebindenne uñ zinbindinne: dine gnade sŏch ich sundigu, dines wegennis geron ich.	01	Herr, *Sanct* Peter, der du die Gewalt hast zu binden und zu entbinden: Deine Gnade suche ich Sündige, deine Fürbitte begehre ich.
Ich bite dich unwirdigu umbe alle mine sunde uñ umbe alle mine not unde mine angiste da mite ich biuangin bin oft uñ mir geginwartich sint:	02	Ich unwürdige bitte dich wegen all meiner Sünde und wegen all meiner Not und meiner Angst, in der ich befangen bin, und die mir bis zu:
Ich bite dich, herre *sancte* Petir dur die gnade, die got dir tate, do er dich uon der erde zi einim menischin gibildote, als er uns alle hat gitan:	03	Ich bitte dich, Herr, *Sanct* Peter, um der Gnade willen die Gott an dir tat als er dich von Erde zu einem Menschen bildete, wie er es mit uns allen getan hat:
daz du mir gnadest in allen nŏtin uñ angistin, alse got dir tate, do er dich ime selbin ginande swestir uñ mŏtir, frivnt, niet ein shalc.		dass du mir gnädig bist in allen Nöten und Ängsten, wie Gott es dir tat, als er dich ihm selbst nante Schwester und Mutter Blutsfreund nicht einen Sklaven.

Text und Übersetzung

04

Hilf mir, herre *sancte* Petir,
in allen notin
uñ angistin,
als unsir trehtin dir den giwalt
hat gigebin.

Hilf mir Herr, *Sanct* Peter,
in allen Nöten
und Ängsten,
wie unser Herr dir die Macht
gegeben hat.

05

Ich bite dich, herre *sancte* Petir,
dur die gnade
die got ubir dich tate,
do du sin uirlǒgenotost
in einir naht driestunt,

Ich bitte dich, Herr, *Sanct* Peter,
bei der Gnade,
die Gott über dich tat,
als du ihn verleugnetest
in einer Nach drei Mal,

unde din heilich herze
mit sere
uñ mit leide bivangin wart

und als dein heiliges Herz
mit Schmerz
und mit Leid befangen ward

umbe den tivrin tot unsiris trehtin
uñ umbe die sunde,
die du hatost gitan,

wegen des teuren Todes unseres Herrn
und wegen der Sünde,
die du getan hattest,

daz unsir trehtin
uirhangte uns zitroste
so wir uielin in die sunde.

darum dass unser Herr
uns Trost verhieß,
wenn wir in Sünde verfielen.

06

Nu irhuge herre *sancte* Petir,
wie unsir trehtin zi dir sprac,
do du in fragetost,
wie diche du in soltist virlazin,
die in die sunde givielin:

Nun gedenke, Herr, *Sanct* Peter,
wie unser Herr zu dir sprach,
als du ihn fragtest,
wie oft du ihnen verzeihen solltest,
die in Sünde fielen:

do antwurte er dir uñ chat:

da antwortete er die und sagte:

Non dico tibi, Petre,
dimittendi septies,
sed usque septuagies septies.

„*Nicht sage ich dir, Peter,*
siebenmal verzeihen,
sondern bis hin zu sieben Mal siebzig.“

Text und Übersetzung

Text		Übersetzung
Dur die gnade so bite ich dich unde manon dich dur den heiligin namin des heiligin Cristis dinis liebin meistirs uñ dur die sigenuste des heiligin crucis da allv div cristinheit ane wart irlosit:	07	Um dieser Gnade willen bitte ich dich und mahne dich um des heiligen Krists heiligen Namens willen, deines lieben Lehrers und um des Sieges des heiligen Kreuzes willen, an dem alle Christenheit erlöst ward:
in dien gnadon so irlose mich uon allen minen sundon!		bei diesen Gnaden erlöse mich von all meinen Sünden!
Gihuge herre *sancte* Petir der mandunge uñ des trostis, da din heilich herze mite gefrŏit wart,	08	Gedenke, Herr, *Sankt* Peter der Freude und des Trostes mit dem dein heiliges Herz erfreut ward,
do unsir trehtin uon deme grabe irstŏnt uñ dir uñ anderen sinen boton daz hiez chundin,		als unser Herr von dem Grab auferstand und dir und den anderen Aposteln das verkünden gehieß,
daz er zi Galilea in daz lant fŏre, uñ siv in da mit mandunge gisehin mŏsin.		dass er in das Land Galiläa ginge, und sie ihn da mit Freuden sehen sollten.
Herre *sancte* Petir, ich bite dich dur die mandunge, der ich dich nu gimanit han,	09	Herr, *Sankt* Peter, ich bitte dich um der Freude willen, an die ich dich nun gemahnt habe,
daz du mir zi unsirme trehtine arnebote siest, daz min ser uñ min not, da mite ich biuangin bin,		dass du mir zu unserem Herrn Lohnbote seiest auf dass mein Schmerz und meine Not, in denen ich befangen bin,
in mandunge bicherit werde.		in Freude verwandelt werde.

Text und Übersetzung

Ovch bite ich dich herre *sancte* Petir
in mines trehtinis namin
uñ dur minne des heiligin cristis,
daz du gihugest der gnadon,
der got ubir dich tete,
do dich Herode gibant
in sibin stetin
mit isinin chetin.

10

Auch bitte ich dich, Herr, *Sanct* Peter
in meines Herren Namen
und bei der Liebe des heiligen Krists,
dass du der Gnaden gedenkst,
die Gott über dich tat,
als dich Herodes band
an sieben Stätten
mit eisernen Ketten

Gihuge herre *sancte Petir*,
wie dich got irloste
von der fiende giwalt ,

uñ irbite mir umbe den selbin irlosere,

daz er mich irlose
dur sine gnade
uñ dur sine minne
uon allir der not
uñ uon den angistin,

da mite ich biuangin bin
uñ die ich dir giclagit han!

Uñ irlose mich, als unsir trehtin dich irloste
uon der vinstri des karcharis
uñ uon den banden, herre!

11

Gedenke, *Sankt* Peter,
wie dich Gott erlöste
aus der Gewalt der Feinde,

und erbitte mir umwillen des selben Erlösers,

dass er mich erlöse
um seiner Gnade willen
und um seiner Liebe willen
von all der Not
und von den Ängsten,

mit denen ich befangen bin,
und die ich dir geklagt habe!

Und erlöse mich, wie unser Herr dich erlöste
aus der Finsternis des Kerkers
und von diesen Banden, Herre!

Text und Übersetzung

Der warin sibinv.[47]	12	Derer waren sieben.
uon den banden allen		Von diesen Banden allen
so loste dich unsir trehtin:		erlöste dich unser Herr:
also tŏ ŏch dv mich nu		ganz so tue auch du mir nun
dur sine gnade		um seiner Gnade willen
uñ dur sine minne		und um seiner Liebe willen [erlöse mich]
uon		von
allin angistin		allen Ängsten
uñ		und von
der not, der ich dir nv giclagit han,		der Not, die ich dir nun geklagt habe,
uñ uon		und von
allin ubilen menischin uñ wibin,		allen bösen Menschen und Frauen,
die mir diheine not tŏnt,		die mir irgend Not zufügen
uñ mit diheinir freise		und mit irgendwelcher Drangsal
mir wellen zŏchomin!		zu mir kommen wollen
*		*
[Zusatz Z. 114–120]	13	[Zusatz Z. 114–120]
*		*
Daz ewige lieht,		Das ewige Licht,
daz chome zi minen ŏgon!		das komme zu meinen Augen!
Div heilige stimme		Die heilige Stimme,
chome zi mime munde!		komme zu meinem Munde!
Der heilige geist		Der heilige Geist
chome zi minir bruste,		komme zu meiner Brust,
uñ gebe mir got die globe,		und gebe mir Gott den Glauben,
die *sancte* Petir habete,		den *Sanct* Peter hatte,
do er in diseme libe was!		als er in diesem Leben war!
Uñ helfe mir *sancte* Petir der gnadon,		Und helfe mir *Sanct* Peter zu der Gnade,
daz min lib		dass mein Leib
uñ min sele		und meine Seele
biwart werden		bewahrt werden
zi diseme libe		in diesem Leben
uñ zi deme ewigin libe!		und in dem ewigen Leben!

47 Ap. 12, 6 werden zwei Ketten genannt; s. u. zu Petrusoffizium Uppsala, Segment 9.

4b
Petrusoffizium Uppsala-Wien nach Wilhelm, S. 173 (Anhang)

Text und Übersetzung

Herre *sancte Petre,*	01	Herr, *Sancte Petre,*
din gnade		deine Gnade
such ich sundigiv,		suche ich Sündige;
dines gewægedes		um deine Fürbitte
unt dines gedinges		und um dein Zeugnis
bit ich unwirdige		bitte ich Unwürdige
umbe die not		wegen der Not
unt umbe die angest,		und wegen der Angst
da ich bin mit beuangen:		in denen ich befangen bin.
Gehuge wol, herre *sancte Petre,*	02	Gedenke wohl, Herr, *Sancte Petre,*
der gnaden,		der Gnade,
die unser herre uber dich tet,		die unser Herr über dich tat,
do er dich uon erde		als er dich aus Erde
ze menneschen bildot,		zum Menschen bildete,
sam er uns sundigen hat getan:		wie er es uns Sündigen getan hat:
daz du mir gnadest,		auf dass du mir gnädig bist,
als unser herre gnadete,		wie unser Herr gnädig war,
do er dich im selbem nande		als er dich für ihn selbst nannte
muter		Mutter
unt swester		und Schwester
unt dar nach friunt!		und danach Freund!
Hilf mir, herre *sancte Petre,*	03	Hilf mir, Herr *Sancte Petre,*
uon allen minen noten,		von allen meinen Nöten,
uon allen minen angesten,		von allen meinen Ängsten,
als du den gewalt enphangen hast uon		wie du die Gewalt empfangen hast von
unserme herren, dem almehtigen gote!		unserm Herrn, dem allmächtigen Gott!

Text und Übersetzung

04 Gehuge wol, herre *sancte Petre*,
der gnaden, die unser herre ubir dich tet,

dar nach,
do du sin uirlovgnetes
eines nahtes dristunt,

unt dar nach
din herze
mit sere unt mir smerzen
beuienge umbe
den tivren tot unsers herren,
unt umbe
die sunte, die du an im getan hete,

wie er dir do gnadete
in allen dinen angesten
unt in allen dinen noten:

also
hilf du mir, herre *sancte Petre*,
durch minne des heiligen cruces
unsers herren, des almehtigen gotes,
uon den noten
unt uon den angisten,
da ich mit beuangen bin!

Gedenke wohl, Herr, *Sancte Petre*,
der Gnade, die unser Herr über dich tat,

nach dem,
als du ihn verleugnet hattest
eines Nachts dreimal,

und nach dem
dein Herz
mit Leid und mit Schmerz
sich erfüllt hatte wegen
des teuren Todes unseres Herrn,
und wegen
der Sünde, die du ihm getan hattest,

wie er dir da gnädig war
in allen deinen Ängsten
und in allen deinen Nöten:

ganz so
hilf du mir, Herr *Sancte Petre*,
bei der Liebe des heiligen Kreuzes
unseres Herrn, des allmächtigen Gottes
von den Nöten
und von den Ängsten,
in denen ich befangen bin!

Text und Übersetzung

05

Gehuge, herre *sancte Petre,*

der mandunge,
do din heiligez herze mit getrostet wart,
do unser herre uon dem tode erstunt
unt dir daz kunden hiez
mit den heiligen apostolis,
wie er hin in Galileam fure,
wie er in da gesæhin solde!

Gedenke Herr, *Sancte Petre,*

der Freude,
mit der dein heiliges Herz getröstet wurde,
als unser Herr von dem Tod auferstand
und dir das künden hieß
zugleich mit den heiligen Aposteln,
wie er nach Galiläa hin führe,
wie er ihn dort sehen sollte!

06

Herre *sancte Petre,*
ich bite dich,
unt leswer dich
durch die gnaden,
der ich [*dich*][48] gemant han:

daz du mir umbe unseren herren
helfest,
daz er
min ser,
unt min angest,
unt alle mine not
gesemfte,
da ich nu mit beuangen bin!

Herr, *sancte Petre,*
ich bitte dich,
und beschwöre dich
um der Gnade willen,
an die ich [dich] gemahnt habe:

dass du mir um unseres Herrn willen
helfest,
dass er
mein Leid,
und meine Angst,
und alle meine Not
sanft mache,
mit der ich jetzt befangen bin!

48 *d*ich: fehlt Hs.

Text und Übersetzung

07 Ich bitte dich, herre *sancte Petre*,
in unseres herren namen,
unt in der minne des heiligen Kristes,
daz du gehůgende sist der gnaden,

die unser herre got uber dich tet,

do dich Herodes gebant
in sibin steten,
den dinen uil heiligen lichnamen
mit den isenen keten.[49]

Ich bitte dich, Herr, *sancte Petre*,
beim Namen unseres Herrn,
und bei der Liebe des heiligen Krists,
dass du eingedenk seiest der Gnade,

die unser Herr, Gott, über dich tat,

als dich Herodes fesselte
an sieben Stellen,
deinen hochheiligen Leib
mit den eisernen Ketten.

08 Gehuge wol, herre *sancte Petre*,
wie dich unser herre entbant
und erloste uon der uiende gewalt!

Nu erbite mir uon dem selbin urlosære, daz er mich erlose
durch sine gnade,
und durch sine minne
uon den noten,
da ich mit beuangen bin,
also
dich unser herre got erloste
uon der uinsternisse des karchæres,
unt uon den gebenden *Herodis*.

Gedenke wohl, Herr *Sancte Petre*,
wie dich unser Herr losband
und erlöste von der Feinde Gewalt!

Jetzt erbitte mir von dem Erlöser selbst,
dass er mich erlöse
um seiner Gnade willen,
und eingedenk seiner Liebe
von den Nöten,
mit denen ich befangen bin,
ganz so
wie dich Gott unser Herr erlöste
von der Finsternis des Kerkers
und von den Fesseln *Herodis*.

49 ***keten:*** zur Siebenzahl der Ketten vgl. u. zu Uppsala, Segment 9.

Text und Übersetzung

De gebende waren sibenev:[50]	09	Die Fesseln waren sieben:
der lach einez umbe den dinen uil heren hals, einez umbe den dinen lichnamen, zwei umbe dinen ellebogen, einez umbe dine hende, einez umbe dine fůze.		deren lag eine um deinen hochheiligen Hals eine um deinen Leib zwei um deine Ellbogen eine um deine Hände eine um deine Füße.
Uon den gebenden allen samen erloste dich unser herre.		Von den Fesseln allesamt löste dich unser Herr.
Also erlose du mich uon allen mannen unt wiben, die mir dekein not tun ode dekeiner freise uaren!	10	Ganz so erlöse mich von allen Männern und Frauen, die mir irgendeine Not zufügen oder mit irgendetwas Schrecklichen nachstellen.
[Zusatz][51]		[Zusatz]
Herre, hilf mir umbe alle mine not [umbe][52] *sancti Petri* gnade unt der heiligen zwelf boten unt aller gotes heiligen,	11	Herr, hilf mir wegen all meiner Not [bei] *sancti Petri* Gnade, und der heiligen Zwölfboten, und aller Heiligen Gottes,
umbe alle die not. unt umbe alle die angest, da ich nu mit beuangen bin!		wegen all der Not, und all der Angst mit denen ich jetzt befangen bin!
Ich bitte dich, herre got, diner gnaden unt aller diner heiligen geweges des, daz miner uiende wille an mir icht irfullet werde!	12	Ich bitte dich, Herr Gott, um deine Gnade und aller Heiligen Fürbitte darum, dass meiner Feinde Wille an mir nicht erfüllt werde!
Des bit ich alwaltunder got.		Darum bitte ich, allwaltender Gott.

50 Vgl. o. zu Petrusoffizium Sarnen, Segment 12; im Petrusoffizium Uppsala werden ebenfalls sieben Ketten genannt, aber nur sechs aufgezählt. Die Siebenzahl scheint weder literarisch noch ikonographisch nachweisbar und hier nur ihrer symbolischen Bedeutung wegen angenommen zu sein.

51 Zusatz bis zum Ende des Gebets.

52 umbe *fehlt in der Hs.*

5 Bitten um Segnungen

Muri (Sarnen), fol. 43v-44r
Wilhelm, S. 94, Z. 645–658
vgl. Wackernagel S. 285; Text S. 227, Zeile 23–35 (Teil von Gebet 88)

Nu gisegine mich daz her cruce!		Nun segne mich das erhabene Kreuz!
Vor mir si der gotis segin mit dem selbin segine, da mite got was giseginot, do er uŏr zi himile.	01	Vor mir sei der Segen Gottes mit dem selben Segen, mit dem Gott gesegnet war, als er zum Himmel fuhr.
fró Elisabet mit ir heiligim sune gisegine mich.	02	Herrin Elisabet, mit ihrem heiligen Sohn möge mich segnen.
sancta Cilina[53] mit ir sune gisegine mich.	03	*Sankt Cilina*, mit ihrem Sohnen möge mich segnen.
Sancta Felicitas[54] ir sibin sune giseginen mich.	04	*Sancta* Felicitas, ihre sieben Söhnen möge mich segnen.
mit deme selbin segine si ich giseginot, da mite die drie kunige wan giseginot, die der kunich Herodes wollte martyron.	05	Mit dem selben Segen sei ich gesegnet, mit dem die drei Könige gesegnet waren, die der König Herodes *martern* wollte.
Der heilige sun sancte Mariun der si hute min halsperge minis libis, uñ minir sele, uñ minir weltlichun ere.	06	Der heilige Sohn Sankt Mariens der sei heute meine Rüstung, meines Leibes, und meiner Seele und meiner Ehre in der Welt.
Der gitrŏwe sancte Petir si min wegewise, minis libis, uñ minir sele.	07	Der getreue Sankt Peter sei mein Wegweiser, meines Leibes, und meiner Seele.
Mit dem selbin segine si ich giseginot, so got die drie knappin giseginote, die der chunich Nabuchodonosor wollte virbrennin:	08	Mit dem selben Segen sei ich gesegnet, mit dem Gott die drei Knaben segnete, die der König Nabuchopdonosor verbrennen wollte:
Sidrac, Mimisaac, Abdenago		Sidrac, Mimisaac, Abdenago
kiriel' x. k. *Pater noster* · † ·		*Kyrie eleison, Christe eleison, Kyrie eleison.* *Pater noster* · †·

53 ***Cilina***: sie gebar nach der Weissagung eines blinden Einsiedlers auf wunderbare Weise in hohem Alter den merowingischen Bischof Remigius von Reims. Durch ihre Muttermilch gewann der Einsiedler sein Augenlich zurück. Legenda aurea.

54 ***Felicitas***: eine im zweiten Jahrhundert heilgmäßig lebende Witwe; sie musste das Martyrium ihrer sieben Söhnen erleben, die sie in standhaftem Glauben gestärkt hatte. Legenda aurea.

6 Vier Morgen- und Ausfahrtssegen

6.1 Erster Muri (Sarnen) Morgensegen
Muri (Sarnen) fol. 9v – 10r
Wilhelm, S. 76–77, Z. 139–149

Herre got, an dine gnade irgibe ich mich dir hute mit libe uñ mit sele,	01	Herr Gott, in deine Gnade ergebe ich mich heute mit Leib, und mit Seele,
in dine gnade uñ in miner frŏwn sancte Mariun,		in deine Gnade und in meiner Herrin *Sanct* Mariens,
uñ spriche dir einin salmin hute in dine gnade, uñ in dine irbarmide, uñ in diner heiligun mŏtir ere,	02	und spreche dir einen Psalm heute auf deine Gnade, und auf deine Erbarmung, und zu deiner heiligen Mutter Ehre,
in den wortin[55],	03	in den Sorgen,
daz du nie mir uirhengest, daz ich iemir giscendet werde uon deheime irdischin menischin,		dass du mit nie verhängst, dass ich jemals geschändet werde von irgendeinem irdischen Menschen,
uñ mir des gunnist mit diner gnade, daz ich diese welt uirwandelon mŏze ungischendet,	04	und (dass) du mir das vergönnst in deiner Gnade dass ich diese Welt vertauschen möge ungeschändet,
uñ min wiblich ere an mir niemir ginideret werde.	05	und meine weibliche Ehre an mir niemals erniedrigt werde.
Uñ rŏche, allen minin fienden ir horferti widir mich zi bicherinne!	06	Und denke darauf, allen meinen Feinden ihre Hoffahrt gegen mich abzuwenden!
Ps. Ad te domine leuaui [...] (Ps. 24,1)		Psalm *Zu dir, Herr, erhebe ich [...]*

55 ***wortin*:** vorhtin ?

6.2
Zweiter Muri (Sarner) Morgensegen – Kölner Morgen-/Ausfahrtssegen (Hannover) fol. 41v-44v
Wilhelm, S. 92/94, Z. 617–645

Muri (Sarnen),		**Hannover**
Ich bivil mich .N.[56] dem almehtigin gote in die selbun gnade, so er sancto Iohanni bival sine mŏtir do er an dem cruce stŏnt.	01	Ich bivelích dich hude .N. deme almetigín gode den selbín truwen, dat he síne muder sente Johanne bíval;
Ich bivil mich in die selbun gnade, so er sin geist sime vatir bival, do er an dem cruce solte irsterbin;	02	 vndí an di selvín gnadí, so he sinín geíst síníme vadíre bíval, do he an dem heílígen cruce soldí stervín;
in die selbun gnade uñ in die trŏwe, so er sancte Marien ime[57] zi einir mŏtir irchos, uñ si in zi eme heiligin sune;	03	vndí ín dí selvín gnadí undi mit den seluín truwen do her[58] sente Maríen íme selu íme zu enír mudír írkos, vnde *si*[59] ín zu eníme sunne;
in die selbun gnade, so ime der gŏte sancte Iacob sin sun bival, do ern sante in *Egyptum*;	04	vnde ín dí gnade, da íme der gude Jacob sínen sun bíval, do he ín zu Egypten ín dat lant santhe;
in die selbun gnade so ime der gŏte Tobias sinin sun bival, do er in sante in [daz lant] *regionum gentium*	05	vnde ín dé seluín gnade, so der gude Tobias sínín sun bíval, du he ín sante ín dat lant ce Medínríche
Ich bivil mich hute in die heiligun hant,	06	Ich bívelin dích .N. dem almetígín gode unde ín síne helígín hant;
 den heiligin fivnf trahin blŏtigin, den heiligin nagilin, dem heiligin cruce.	07	Ich bivelín dích hude .N. den helígín vůnf vunden unsís herrín.

56 .N. steht für den Namen des/der Betenden.
57 *ime*: gemeint ist Johannes.
58 S. u. Segment 9.

Muri (Sarnen),		**Hannover**
Ich befehle mich .N. dem allmächtigen Gott in die selbe Gnade, in die er *Sancto Johanni* befahl seine Mutter, als er bei dem Kreuz stand.	01	Ich befehle dich heute .N. dem allmächtigen Gott in die selbe Treue, in die er seine Mutter Sankt Johannes befahl;
Ich befehle mich in die selbe Gnade, in die er seinen Geist seinem Vater befahl, als er an dem Kreuz sterben sollte;	02	 und in die selbe Gnade, in die er seinen Geist seinem Vater befahl, als er an dem heiligen Kreuz sterben sollte;
in die selbe Gnade und in die Treue, in die er *Sankt* Marien ihm als Mutter erwählte, und sie ihn sich als einen heiligen Sohn;	03	und in die selbe Gnade, mit derselben Treue, als er Sankt Marien ihm selbsst zu einer Mutter erwählte, und sie ihn zu einem Sohn;
in die selbe Gnade, in die ihm der gute Sankt Jakob seinen Sohn befahl, als er ihn sandte nach Ägypten;	04	und in die Gnade, in die ihm der gute Jakob seinen Sohn befahl, als er ihn nach Ägypten in das Land sandte;
in die selbe Gnade, in die ihm der gute Tobias seinen Sohn befahl, als er ihn sandte in das *Gebiet der Heiden*.	05	und in die selbe Gnade, in die der gute Tobias' seinen Sohn befahl, als er ihn sandte in das Land im Medierreich.
Ich befehle mich heute in die heilige Hand,	06	Ich befehle dich .N. dem allmächtigen Gott und in seine heilige Hand;
 den heiligen fünf blutigen Tränen, den heiligen Nägeln, dem heiligen Kreuz.	07	Ich befehle dich heute .N. den heiligen fünf Wunden unseres Herrn.

59 ***si***: fehlt in der Hs.

Muri (Sarnen),		**Hannover**
Ich bivil mich dem getruwen sancte Petir in die selbun gnade, so ime der heilige crist bival sinu scaf unde die sluzil des himils.	08	Ich bívelín dích . N. deme gítruíme sente Petre vnde ín dí seluín gnadín, so íme der helígí kríst síne schaf bíval undí dí sluzíle des hímílís
	09[61]	Ich bivelín dích . N. sente *Iohanní* vndí ín dí gnadí, so he íme síne mudír bival.
ich bivil mich hute unde iemir in den heiligin segin des almehtigin gotis.	10	Ich bivelin dich hude .N. den heligen worden unsis herren
Noh[60] niemir inhein min viant mir muge gischadin, gisihtich, unde ungisihtich.	11	dat hude díhein víent dír ínmuge gíschadín, gísíchtích, noch ungisíchtích,
Ich biswere mich bi deme uatire, unde bi deme sune, unde bi deme heiligin geiste,	12	 mít deme helígen vader unde mít deme sune vn dem helígen geíste,
	13	mit der helíger gíveilde,[62] du he von deme hímíle zu der erden wůr vnde von der er*de* zu deme hímíle,
 daz div ǒgin nien haben, da mite su sehen, daz mir scade si,	14	Sí sín hude gíbunden, dat sí ovgín ínhavín, da míde he gísín muge, dat dír schaden muge,
noh der munt, da mite su sprechen, daz mir giscadin muge,	15	dat sí den munt níd en*h*avín, dat si ínsprichín, dat dír schadín muge,

60 ***Noh***: Nach dem Paralleltext sicherlich zu ergänzen: *daz noch hiute noh*
61 S. o. Segment 3.

Muri (Sarnen),		**Hannover**
Ich befehle mich dem getreuen Sankt Peter in die selbe Gnade, in die ihm der heilige Krist befahl seine Schafe und die Schlüssel des Himmels.	08	Ich befehle dich . **N.** dem getreuen Sankt Peter und in die selbe Gnade, in die ihm der heilige Krist seine Schafe befahl und die Schlüssel des Himmels.
	09	Ich befehle dich . **N.** Sankt *Iohanni* und in die Gnade, in die er ihm seine Mutter befahl.
ich befehle mich heute und für immer in den heiligen Segen des allmächtigen Gottes.	10	Ich befehle dich .N. den heiligen Worten unseres Herrn
noch je irgendeiner meiner Feinde mir schaden könne, sichtbar, und unsichtbar.	11	auf dass heute nicht ein Feind dir könne schaden weder ein sichtbarer, noch ein unsichtbarer.
Ich verschwöre mich bei dem Vater, und bei dem Sohn, und bei dem heiligen Geist,	12	mit dem heiligen Vater, und mit dem Sohn, und dem heiligen Geist
	13	mit der heiligen Gefolgschaft (?), als er von dem Himmel zu der Erde fuhr, und von der Erde zu dem Himmel.
dass die Augen nichts haben, womit sie sähen, was mir schädlich sei,	14	Sie seien sie heute gebunden, sodass sie Augen nicht haben mit denen er sehen könne, was dir schaden könne,
noch der Mund, womit sie sprächen, was mir schaden könne,	15	dass sie den Mund nicht haben sollen, das sie nicht sprächen, was dir schaden könne,

---

62 ***giveilde***: = *geverde* „Gefolgschaft" (?) Wilhelm, Kommentar S. 180; als Fremininum ist das Wort aber lexikalisch nicht nachweisbar.

Muri (Sarnen)		**Hannover**
noh div orin noh daz herze, da mite su horen odir gidenchen, daz mir scade,	16	Dat si di orin nít hauín inmuzsen, dat sí gíhorín dat, dat dír scadín inmuge.
	17	Dat sí dat herze nít ínhavín, dat sí gídenken díchen dínc, dat dír schadin muge.[63]
	18	Dat sín hende avi sin gíhowín, dat sí nít ínruren, dat dír schadín muge.
noh die fǒze, da mite siv gien odir stein, daz mir scade si.	19	Dat sí nít vůzse ínhavín zu ganne joch zu stanne, dat dír schaden muge.
Div vil heiligu zesue des almehtin gotis, der bevil ich hute mich unde iemir min lib, unde mine sele, unde mine weltliche ere,	20	Der víl heligen zuesiwen unsís herrín, des almetígín godís, der bívelín ich hude dínín líb, undí díne sele, vnd díne wertlich ere.
daz ich mit gnadon lebin mǒze unde mit fride minis libis, unde minre sele.	21	

63 *Hs.* mugin

Muri (Sarnen),		**Hannover**
und weder die Ohren, noch das Herz, womit sie hören oder denken, was mir schade,	16	Dass sie die Ohren nicht haben sollen sodass sie das hören das das dir schaden nicht könne.
	17	Dass sie das Herz nicht haben sollen dass sie an irgendein Ding denken, das dir schaden könne.
	18	Dass seine Hände abgehauen seien, auf dass sie nichts berühren, das das dir schaden könne.
noch die Füße, womit sie gehen, oder stehen, das mir schädlich sei.	19	Das sie Füße nicht haben sollen zu gehen oder auch zu stehen das dir schaden könne.
Die sehr heilige Rechte des allmächtigen Gottes, der befehle ich heute und für immer meinen Leib und meine Seele und meine Ehre in der Welt,	20	Der sehr heiligen Rechten unseres Herrn, des allmächtigen Gottes, der befehle ich heute deinen Leib und deine Seele, und deine Ehre in der Welt.
auf dass ich mit Gnaden leben möge und mit Frieden meines Leibes, und meiner Seele.	21	

6.3
Dritter Muri- (Sarner) Morgen- und Ausfahrtssegen (Fragment)
Muri (Sarnen), fol. 93r-94r
Wilhelm, S. 94, Z. 659–665
[4]MSD 2, S. 286
Wackernagel Gebet 89, S. 228 (Text) und S. 288 (Nachweis)

Ich bin hute uf gistandin, in die ginade dis almehtin gotis gangin.	01	Ich bin heute aufgestanden, in die Gnade des allmächtigen Gottes gegangen.
hute si ich in allir der welte gimŏte als ir herze in ir plŏte,	02	Heute sei ich in all der Welt wohlgefällig wie das Herz in ihrem Blut,
also wol sie ich in allir der welte luste alse ir herze in ir bruste, daz ich inen allen si alse lieb,	03	ganz so angenehm sei ich in aller Lust der Welt wie ihr Herz in der Brust, auf dass ich ihnen allen sei ebenso lieb.
Dar ubir manon ich disen namin, den Adam ana rŏfte, do er die hant sach, div in da machote;	04	Darauf gemahne ich diesen Namen, den Adam anrief, als er die Hand sah, die ihn da machte;
daz dirre adonay.	05	das (ist) dieser: Adonai.

6.4
Vierter Muri- (Sarner) Morgensegen
Muri (Sarnen), fol. 94v-95v
Wilhelm Z. 666–680 (S. 94/96)[64] Kommentar S. 173
Wackernagel Gebet 90, S. 228 (Text), S. 288 (Nachweis)

In nomine patris et filii et spiritus sancti.	01	*Im Namen des Vaters und des Sohnes und des heiligen Geistes.*
Herre, so bevil ich dir hute min lip unde mine sele zi behŏtinne unde zi bischirminne.	02	Herr, in solcher Weise befehle ich dir heute meinen Leib und meine Seele zum Behüten und zum Beschirmen.
Alse dv bischirndost *Danielem*, do er was in deme hole der lŏwon, *Susannam* uon dem lugilichin urchunde, *sanctum Petrum* uon den chetinon, *sanctam Mariam Magdalenam* uon ir sundon:	03	Wie du beschirmtest *Danielem*, als er war in der Höhle der Löwen, *Susannam* vor dem lügnerischen Zeugnis, *sanctum Petrum* vor den Ketten, *sanctam Mariam Magdalenam* vor den Sünden:
Also mŏzistu mich hute bihŏtin uor schandon unde uor uiginde andon.	04	Ganz so mögest du mich heute behüten vor Schanden, und vor der Feinde Zorn.
Des bitte ich dich, herre, dur dinir mŏtir ere,	05	Darum bitte ich dich, Herr, bei der Ehre deiner Mutter,
uon der dv die mennischeit inphienge, die menischeit an daz cruce leitost, mich uon der helle irlostost, zi deme himile mich brahtos. Dannan bin ich giuallin eginis danchis, eginis willin.	06	von der du die Menschnatur empfingst, die Menschnatur auf das Kreuz führtest, mich von der Hölle erlösest, zu dem Himmel mich brachtest. Von da bin ich herabgefallen aus eigenem Verschulden, eigenem Willen.
Nu bit ich dich, herre, widir zi chominne dur din heiligin namin ON, dur den so sint alliv dinc zi deme ewigin libe:	07	Nun bitte ich dich, Herr, zum Wiederkommen bei deinem heiligen Namen ON, durch den da sind alle Dinge zum ewigen Leben:
dv mich bischirmist in disem gegenwartigin zite.	08	du mögest mich beschirmen in dieser gegenwärtigen Zeit.

64 Davor zwei lateinische Sprüche „zur Ausübung von Liebeszauber“, Wackernagel, S. 287–288.

7
Vier Waffen- bzw. Ausfahrtssegen
Muri (Sarnen), fol. 9r-11r
Wackernagel Gebete Nr. 79 und Nr. 80, S. 219–220[65]
Wilhelm, S. 76–77, Z. 129–168

7.1
Muri (Sarnen), fol. 9r
Wilhelm Z. 129–138

Her sancte Michahel, hut wistu .N. sin shilt uñ sin sper,	01	Herr Sankt Michael, heute seiest du dem .N. sein Schild und sein Speer
min frŏwe *sancta Maria* si sin halsperge.	02	meine Herrin Sanct Maria sei seine Rüstung.
Hut mŏze er in dem heiligin fride sin, da got inne ware, do er in daz paradise chame.	03	Heute möge er in dem heiligen Frieden sein, in dem Gott drinnen war, als er in das Paradies kam.
Herre got, du movzist in biscirmin uor wage uñ uor wafine, uor fivre,	04	Herr Gott, du mögest ihn beschirmen vor Wasser und vor Waffe, vor Feuer,
uor allen sinen fianden, gisunlichen uñ ungisunlichin.	05	vor allen seinen Feinden, sichtbaren und unsichtbaren.
Er mŏze als wol geseginot sin, so daz heilige wizzod ware, daz min herre sancte Iohannes mime herrin, dim almehtigin gote, in den munt flozte, do ern in deme Iordane tŏfte.	06	Er möge so gut gesegnet sein, wie das heilige Sakrament war, das mein Herr, Sankt Johannes meinem Herrn, demallmächtigen Gott in den Mund einflößte, als er ihn in dem Jordan taufte.
Amen.		Amen.

65 Zu den komplizierten Parallelüberlieferungen s. ^{4}MSD II, S. 286–289 (mit Texten).

7.2
Muri (Sarnen), fol. fol. 10r-10v
Wilhelm, S. 70, Z. 150–158

Tu gihuge wol, swert uñ wafen, wes dich Crist bat, do er alre erst ufin dich trat.	01	Du gedenke gut, Schwert und Waffe, worum dich Krist bat, als er zum ersten Mal auf dich trat.
In nomine Ihesu Christi.	02	*Im Namen Jesu Christi*
Div wort sin mir war uñ ueste uñ sigehaft. des helfe mir dinu heiligu craft.	03	Diese Worte seien mir wahr und fest, und sieghaft. Dazu verhelfe mir deine heilige Kraft.
div wort sin mir war uñ alse ueste so daz *Pater noster* an der misse:	04	Diese Worte seien mir wahr und ebenso fest wie das Paternoster in der Messe:
Pater noster	05	*Pater noster*
Daz mih hute insnide nihein wafin, daz sit gislagin wrde, sit Crist giborn wrde.	06	dass mich heute keine Waffe schneide, die je geschmiedet wurde, seit Krist geboren wurde.
In nomine patris et filii et spiritus sancti.	07	Im Namen des Vaters und des Sohnes und des heiligen Geistes:
		Pater noster

7.3
Muri (Sarnen), fol. 10v
Wilhelm, S. 77, Z. 159–164

In nomine domini.	01	*Im Namen des Herrn.*
Daz heilige *lignum domini* gisegine mich hute undenan uñ obinan.	02	Das heilige (Kreuzes-)Holz des Herrn segne mich heute von unten her und von oben her
min buch si mir beinin, min herze si mir stahelin, min hǒbit si mir steinin.	03	mein Bauch sei mir aus Knochen, mein Herz sei mir aus Stahl, mein Haupt sei mir aus Stein.
Der gǒte sancte Severin, der phlege min, der gǒte sancte Petir, uñ der gǒte sancte Stephan, gisegineigin mich hute uor allir minir fiande giwafine.	04	Der gute Sankt Severin der pflege meiner, der gute Sankt Peter, und der gute Sankt Stephan, mögen mich segnen heute vor aller meiner Feinde Waffen.

7.4
Muri (Sarnen), fol. 10v
Wilhelm, S. 77, Z. 165–168

In nomine patris *et filii* *et spiritus sancti.*	01	*Im Namen des Vaters* *und des Sohnes* *und des heiligen Geistes*
Alse milte uñ alse linde mǒzestu hute sin ufin mime libe, swert uñ allir slate gismide:	02	Genau so mild und genau so lind mögesst du heute sein auf meinem Leib, Schwert und alle Arten von Schmiedewerk:
so minir frǒwn sancte Mariun sweiz ware, do si den heiligin Crist gibare!	03	wie meiner Herrin Sankt Marien Schweiß war, als sie den heiligen Krist gebar.
Pater noster		*Pater noster*

100 Aus den Rheinauer Frauengebeten Wilhelm Nr. 27

[2]**VL** 8 (1992) Sp. 22–23 (Achim Masser).
Ü.: Zürich, ZB, Ms. Z XIV 11, Fragment, zwei Doppelblätter; aus der Benediktinerabtei, im 12. Jh. Doppelkloster (Männer und Frauen) Rheinau.
Abb.: alle Seiten digital in Farbe:
http://www.marburger-repertorien.de/abbildungen/pr/Zuerich_ZB_Ms_Z_XIV_11_I1_4_II1_4.jpg.
und
http://www.marburger-repertorien.de/abbildungen/pr/Zuerich_ZB_Ms_Z_XIV_11_I2_3_II2_3.jpg.
Dat.: Hs. zwischen 1150 und 1170. – Text 11. Jh. (?).
Spr.: alem.
Ed.: Bachmann, Frauengebet. – Wilhelm I, Nr. 27, S. 64–69 (Text). – Referenzkorpus Mittelhochdeutsch (1050–1350). https://www.linguistics.rub.de/rem/pub/texts//M080_mod.pdf.
Lit.: Wilhelm II, S. 154–156 (Kommentar). – Palmer, Prayers S. 77–78 (mit Abb.).

In der hier gebotenen Auswahl gibt der Text nur in den Zeilen 080–096 zweifelsfrei zu erkennen, dass eine Frau betet. In den übrigen Texten dieser Auswahl sind die grammatisch geschlechtsneutralen Formen, wo eine Entscheidung unumgänglich ist, in den Übersetzungen als weiblich gedeutet, freilich ohne dass sich dafür grammatisch eindeutig argumentieren ließe. Grammatisch eindeutig männliche Formen kommen hier nicht vor.

Text nach Wilhelm und den Digitalisaten.

Text und Zählung nach Wilhelm; s. auch den Text des Referenzkorpus.

Wilhelm, S. 64–65, Z. 012–037

012 **H**erro, firnim mih liehtilosun
alse dv firname den blinden, der da rief: „herre, Davides sun, gnade mir [...]“[1] vnde intlǐhte die blintenissede mis herzen, alse dv intluhtost siniv ougin!

015 **H**erro, intǒ vf div orin mis herzen,
alse dv vf tate iv orin der tǒbon!

017 **H**erro, gereine die unsuferi mis herzen,
alse dv gireindost die miselsuhtigen!

019 **H**erro, girihte die krunbi mis herzen,
alse dv girihtost die halzen vn die lamen!

021 **H**erro, ginere die vngisuntheit mis herzen,
alse dv irnertost die hvngersuhtigen![2]

023 Herro, intslǐz min munt ze dien warhaften kosen,
alse dv intsluze den munt der stummon!

***

027 **H**erro, irkike mih fon allen vnreinen gidanken,
alse dv irkihtost den toten in dem hus![3]

029 **H**erro, irkike mih fon allen vbilen worten,
alse dv irkihtost den toten vnder der porta![4]

030 **H**erro, irkike mih fon allen vbilen werken,
alse dv irkihtost den toten fon dem grabe![5]

032 **H**erro, firnim min eifirlikun[6] trane,
dvr die lieben trane, die dv lieze, do dv Lazarum irkihtost[7]
vnde vmbe die zistorde Ierusalemis![8]

035 **H**erro, firnim min leitlikun stimma,
alse dv firname Susannun, do si irteilt wart ze deme tode![9]

037 **H**erro, irkike mih fon allen minen sundon,
alse dv irkihtost die zungun Danielis!

---

1 Vgl. Mt. 20,30 (Mk. 10,47, Luk. 18,39).

2 Joh. 6,1–15 (Speisung der 5000).

3 Luk. 7,1–7. – Zum folgenden vgl. Nr. 111, Predigt 3, Fassung A (Zürich), Segment 20–24.

4 Luk. 7,11–17 ***vnder der porta***: *cum autem appropinquaret portae ciuitatis* (Auferweckung des Jünglings von Naim). Die *porta* wird bei Beda auf die Sinne als Einfallstore der Sünden verstanden: *Portam civitatis qua defunctus efferebatur, puto aliquem de sensibus esse corporeis*. Noch deutlicher und ausführlicher Ps.-Ambrosius PL 92, 0417B-0418D.

5 Joh. 11,17–44 (Auferweckung des Lazarus).

6 *eifirlikun*: zu ahd. *eifir* Adj. „bitter, scharf, schmerzlich“.

7 Joh. 11,35 (Auferweckung des Lazarus).

8 Luk. 19,41.

9 Vgl. Dan. 13,42.

Wilhelm, S. 64–65, Z. 012–037

012 Herr, vernimm mich Lichtlose
wie du vernahmst den Blinden, der da rief: „Herr, Davids Sohn, sei mir gnädig, …“ und
erleuchte die Blindheit meines Herzens, ganz so wie du seine Augen erleuchtetest!

015 Herr, tue auf die Ohren meines Herzens
ganz so wie auftatest die Ohren der Tauben!

017 Herr, reinige die Unsauberkeit meines Herzens.
ganz so wie du reinigtest die Aussätzigen!

019 Herr, mach gerade die Krummheit meines Herzens,
ganz so wie du gerade machtest Hinkenden und die Lahmen!

021 Herr, heile[10] die Ungesundheit meines Herzens
ganz so wie du Nahrung gabst den Hungerkranken!

023 Herr, schließe auf meinen Mund zu den wahrhaftigen Reden,
ganz so wie du aufgeschlossen hast den Mund der Stummen!

***

027 Herr, mach mich wach von allen unreinen Gedanken,
ganz so wie du den Toten in dem Haus erwecktest!

029 Herr, mach mich wach von allen üblen Worten,
ganz so wie du den Toten unter der Tür erwecktest!

030 Herr, erwecke mich von allen üblen Werken,
ganz so wie du den Toten von dem Grab!

032 Herr, nimm wahr meine bitteren Tränen,
um der lieben Tränen willen, die du ließest, als du Lazarum erwecktest,
und um derer der Zerstörung Jerusalems willen!

035 Herr, vernimm meine leidvolle Stimme,
ganz so wie du Susanna vernahmst, als sie verurteilt wurde zu dem Tod!

037 Herr, erwecke mich von allen meinen Sünden,
ganz so wie erwecktest die Zunge Daniels!

10 Der Doppelsinn von *generien* „ernähren, heilen“ lässt sich in der Übersetzung nicht wiedergeben.

Wilhelm, S. 65–66, Z. 039–056

039 **H**erro, firnim min wǒfindun stimma
alse dv firname Tobiam vnde Sarun![11]

041 **H**erro, firnim den rǒft mis herzen,
alse dv firname daz rǒfinde herze Moyses, do er niewit nesprah!

043 **H**erro, firnim min andahti,
alse dv firname die andaht Marie Magidalenvn, do si din fǒze twǒc mit ir tranin!

046 **H**erro, firnim mih sundigun rǒfarun,
alse dv firnamme daz heidenisce wib, der dv ir tohter for dem tiefile irnertost,
alse firtrib ouh dv fon mime herzen die akuste des leiden tiefiles![12]

050 **H**erro, lakino min herze fon der vbilun siehheit,
alse dv die sieken giheiltost!

052 **H**erro, heile mih
dur die heili, die dv uns gabe an dem heren cruce!

054 **U**nde heile uns, herro,
dvr die heili die dv gabe dem sieken wibe, div dih[13] firborgino an din giwant rǒrta![14]

056 **V**n dvr die heili, die dv tate dem beterisen, der selbe sin bete inweg truc[15]
vnde *duor daz wazzire*,[16] da daz liebe holz inne lac,[17]
vn dvr alle die gnade, die dv ie iemenne gitate, dem is turft was!

***

---

11 Tob. 8,6.
12 Mk. 7,26.
13 ***dih***: Hs. *sih*
14 Mt. 9,21.
15 Joh. 5,1.
16 ***duor daz wazzir***: Hs. *indem wazzire*, darüber Korrektur von anderer Hand *duor daz.* Wilhelm.
17 Nach der Kreuzesholzlegende bewirkte das in den Teich Bethsaida geworfene Kreuz Jesu Krankenheilungen; vgl. Joh. 5,1–9.

Wilhelm, S. 65–66, Z. 039–056

039 Herr, vernimm meine klagende Stimme
ganz so wie du vernahmst Tobias und Sara!

041 Herr, vernimm das Rufen meines Herzens,
ganz so wie du vernahmst das rufende Herz des Moses, als er gar nichts sprach!

Herr, vernimm meine Andacht,
043 ganz so wie du vernahmst die Andacht Maria Magdalenas, als sie als sie deine Füße wusch mit ihren Tränen!

046 Herr, vernimm mich sündige Ruferin,
ganz so wie du vernahmst das heidnische Weib, der du ihre Tochter vor dem Teufel errettetest, ganz so vertreibe du auch von meinem Herzen die Laster des leidigen Teufels!

050 Herr, heile mein Herz von der üblen Krankheit,
ganz so wie du die Kranken heiltest!

052 Herr, heile mich,
um des Heils willen, das du uns gabst an dem erhabenen Kreuz,

054 und heile uns, Herr,
um der Heilung willen, das du gabst dem kranken Weibe, die dich in verborgener Weise an deinem Gewand berührte.

056 Und um der Heilung willen, die du gabst dem Bettlägerigeren, der selbst sein Bett hinweg trug,
und um des Wassers willen, in dem das liebe Holz lag,
und um all der Gnade willen, die du jemals irgendjemanden erwiesest!

***

Wilhelm, S. 66–67, Z. 080–092

080 **I**h manon dih herro,
daz dih in angest brahta daz reine fleis, daz da nie gisundota.

082 **S**it daz also ist, so bit ih dih, herro,
daz dv gnadic sist der armun, div da kreftilos ist allir tvgindon vnde allir gǒtin,
vnde solt vil wol gidenken, daz die fil lîhte mac vbirwinden daz unreine fleis, daz da dvrflozen ist der sundon vn der acuston.

087 **H**erro, daz bin ih armiv sundara, da vbir bignade mih dvr die gǒten gnade, die dv demo tate,
der sih firborgin hata hinder die ture for sinen sundon vnde ir dir rief: „herro, gnade mir armen sundare!“[18]

092 **I**h manon dih vnde lobon dih,
daz ih fil gerne ware reinra vnde kuscera dvr dine minna vnde dvr din era vn dvr diner sǒzun mǒter willen.

095 **N**u nimac ich, e denne daz mir iz gibet der gitruwo vn der mahtigo, der mir ouh den gilust vn den willen gab, daz ih iz gerne tate, vbi ih mahti.

***

Wilhelm, S. 66–67, Z. 080–092

080 Ich gemahne dich daran, Herr,
dass dich in Angst brachte das reine Fleisch, das da nie gesündigt hatte.

082 Weil das ganz so ist, so bitte ich dich, Herr,
dass du gnädig seiest der Armen, die da kraftlos ist an allen Tugenden und aller Güte,
und mögest du sehr gut dessen gedenken, dass [auch] die vielleicht überwinden kann das unreine Fleisch, das da durchflossen ist von den Sünden und den Lastern.

087 Herr, das bin ich arme Sünderin, darüber sei mir gnädig um der guten Gnade willen, die du dem erwiesest, der sich verborgen hatte hinter der Tür von seinen Sünden, und zu dir rief: „Herr, gnade mir armem Sünder!“

092 Ich gemahne dich und verlobe mich dir darin,
dass ich sehr gern reiner wäre und keuscher um deiner Liebe und deiner Ehre willen und um willen deiner süßen Mutter.

095 **N**un kann ich es nicht, bevor denn mir das gibt der getreue und der mächtige, der mir auch das Verlangen und den Willen gab, dass ich es gern täte, wenn ich könnte.

***

18 Luk. 18,13.

Wilhelm, S. 67, Z. 115–129

115 Ih manon dih, herro,
daz ih mih gilih dunko dem fogile, der in dem neste lit bloz vnde blint.
Der nemac tŏn niet fil mera, wan er ginet ingagin sime gitruwen,
wenne ir imo daz as bringet.[19]
119 Herro,
also tŏn ih ingagen dinen gnadon.
Ih bin loz der tugindon vnde bin blint in die*n*[20] sundon.
122 Herro,
daz bŏzit mir niemen, iz nitŏge der kreftigo vn der giwaltigo fon dem himele, dem ih des gitruwen.
125 Herro,
in dinen gnadon ie *** zilih vnde d*** in dem giluste unde in dem willen, daz ih dih fil gerne wollte minnon in der faterlikun sŏze, swenne so dvz an mir maken wilt.
129 Herro,
da mite warten ih hungirliko ingagin dinen gnadon, wenne dv mih asest mit gŏten werken vnde mitter sibenfaltigun giba des heiligen geistes.

***

Wilhelm, S. 67, Z. 115–129

115 Ich gemahne dich daran, Herr,
dass ich mich gleich dünke dem Vogel, der in dem Nest liegt bloß und blind.
Der kann nicht tun viel mehr, als dass er gähnt entgegen seinem Getreuen,
wenn er ihm das Essen bringt.
119 Herr,
ganz so tue ich es, deinen Gnaden entgegen.
Ich bin los aller Tugenden und blind auf die Sünden hin.
122 Herr,
das macht mir niemand gut, wenn es nicht tue der Kraftvolle und der Gewaltige von dem Himmel, dem ich das zutraue.
125 Herr,
in deinen Gnaden *** ... *** in dem Verlangen und in dem Willen, dass ich dich sehr gern würde lieben wollen, in der väterlichen Süße, wenn immer du es an mit tun willst.
129 Herr,
damit schaue ich hungrig deinen Gnaden entgegen, wenn du mich fütterst mit guten Werken und mit der siebenfältigen Gabe des heiligen Geistes.

***

19 Dazu Münchener Museum für Philologie des Mittelalters und der Renaissance 1 (1912), S. 24.
20 **die*n*:** Hs. *die*

Wilhelm, S.69, 176–184

176 **N**v bit ih dih, sǒze herro,
dvr daz reine giwant, daz dih inwant,
do dv fon dem cruce ginomen wrde,

daz du mih anwatest mit der sibenfaltigun giba dis heiligen geistes, als ih dir gizeme in dinem ingiside.

181 **I**h manon dih, rike herro,
daz dv bigrabin woltost werden,

nu irbarme dih mis trurodis dvr allen den trurot, der do ware in himile vnd in erda, do dv bigrabin wrde.

[...]

Wilhelm, S.69, 176–184

176 **N**un bitte ich dich süßer Herr,
um des reinen Gewandes willen, das dich umwand,
als du von dem Kreuz genommen wurdest

dass du mich gewandest mit der siebenfältigen Gabe des heiligen Geistes, ganz so wie ich dir geziemen würde in deinem Ingesinde.

181 Ich gemahne dich daran, mächtiger Herr,
dass du wolltest begraben werden,

nun erbarme dich meiner Traurigkeit um all der Traurigkeit willen, die da war im Himmel und auf der Erde, als du begraben wurdest.

[...]

101 Seckauer (St. Lambrechter) Gebet zur Eucharistie (nach Anselm von Canterbury) Wilhelm Nr. 32

Fassung A

²VL 5 (1984/85), Sp. 511–512 (Achim Masser).
Ü.: Graz, UB, Ms. 1501, Teil II, fol. 70–134, hier fol. 105r-117v; aus dem Augustinerchorfrauenstift Seckau (wohl nicht aus der Benediktinerabtei St. Lambrecht)
Abb.: vollständiges Digitalisat der Hs. in Farbe:
http://143.50.26.142/digbib/handschriften/Ms.1400-1599/Ms.1501/index7.html.
Dat.: Hs. 13. Jh., Anfang; Textentstehung noch im 12. Jahrhundert.
Spr.: bair.-österr.
Ed.: Wilhelm I, S. 96–99. Text in Paralleldruck mit Fassung B (Graz UB Ms. 1550 fol. 67r-72v, 13. Jh., 2. Viertel). – Referenzkorpus Mittelhochdeutsch (1050–1350). https://www.linguistics.rub.de/rem/pub/texts//M081A_mod.pdf.
Lit.: Kelle, LG 2, S. 188 und S. 377. – Ehrismann, LG II,1, S. 169–170. – Wilhelm II, S. 185–193 (Kommentar). – Eichler, angeblich S. Lambrechter Handschriften. – Hellgardt, Seckauer Handschriften, hier S. 103, S. 115 und öfter. – Palmer, Prayers, S. 54–57, S. 71–73 und besonders S. 79.

Aus einem Gebetbuch des Augustiner Frauenkonvents von Seckau, Steiermark (wohl nicht aus St. Lambrecht). Ein lateinisch weit verbreiteter Gebetstext Anselms von Canterbury (1033/34–1109), PL 158, 924–925. Lateinisch auch unter den Gebeten und Benediktionen von Muri (Nr. 79) überliefert (fol. 76v-79v und 88r-90v). – Piper, Nachträge, S. 349–351.

Text nach Wilhelm I, S. 96/98 (deutsch), Wilhelm S. II, 187–189 (lateinisch) und dem Digitalisat der Hs.

		Oratio ad Eucharistiam
[I]ch bit dich, herre, durch ditze wihez und liphaftigez unde erwirdigez tovgen und durch die micheln craft dines heiligen lichnamen und dines heren blůtes, daz uns tagelichen ẘret und trenchet, daz uns luteret unde rainet und uns hailich machet unde uns tailnuftich machet der ewigen gothait:	01	*Rogo te, domine, per sacrosanctum et uiuificum, uenerandumque misterium corporis et sanguinis tui, quo cottidie pascimur et potamur, abluimur et sanctificamur atque unius summe diuinitatis particeps efficimur,*
gib mir, herre, dine hailige tugende, ervulle min herce mit den waren tugenden, daz ich mit liehteme sinne und mit luterem hercen gen ze dinem tiske můzze unde ze dinem uroneme altare, daz ich dich, himelischez hailchtům, also enphahen můze, daz er mir werde ain warez hail und der ewige lip,	02	*Da mihi uirtutes tuas sanctas, quibus repleta bona conscientia ad altare tuum accedam, ita ut hec celestia sacramenta efficiantur mihi salus et uita*
want du uns also, herre, gehaizzen hast:	03	*Tu enim dixisti ore tuo sanctissimo et benedicto:*
„Daz prot, daz ich gibe, daz ist min fleiske und min plůt durch dirre werlt leben; der mich izzet, der lebet min; er ist in mir, unde ich bin in im.“	04	*‚Panis, quem ego dabo, caro mea est pro mundi uita. Qui manducat me, uiuit propter me, ipse manet in me, et ego in eo. Si quis manducauerit ex hoc pane, uiuet in eternum.‘* (Ev. Joh. 4,52; 6,55)
Aller brote suzzeste, heil den gůmen mines hercen, daz ich innen werde unde uerste der suzze diner minne!	05	*Panis dulcissime, sana palatum cordis mei, ut sentiam suauitatem amoris tui!*

	00	*Gebet zur Eucharistie*
Ich bitte dich, Herr, umwillen dieses heiligen und leibhaftigen und ehrwürdigen Geheimnisses und umwillen der großen Kraft deines heiligen Leichnams und deines erhabenen Blutes, das uns täglich nährt und tränkt, das uns läutert und reinigt und uns heilig macht und uns teilhaftig macht der ewigen Gottheit:	01	*Ich bitte dich, Herr, umwillen des heilig heiligen und lebenspendenden und verehrungswürdigen Geheimnisses deines Leibes und Blutes, durch das wir täglich ernährt und getränkt werden, gewaschen und geheiligt werden und der einen, höchsten Gottheit teilhaftig gemacht werden:*
Gib mir, Herr, deine heiligen Tugenden, erfülle mein Herz mit den wahren Tugenden, auf dass ich mit lichtem Sinn und mit lauterem Herzen gehen zu deinem Tisch möge und zu deinem heiligen Altar, auf dass ich dich, himmlisches Heiligtum, ganz so empfangen möge, dass er mir werde ein wahres Heil und das ewige Leben,	02	*Gib mir deine heiligen Tugenden, von denen erfüllt zu deinem Altar ich hertrete, so dass diese himmlischen Sakramente mir Heil und Leben bewirken.*
denn du hast uns, Herr, ganz so geheißen:	03	*Du nämlich sagtest mit deinem allerheiligsten und gesegneten Mund:*
„Das Brot, das ich gebe, das ist mein Fleisch und mein Blut umwillen des Lebens dieser Welt; wer mich isst, der lebt von mir; er ist in mir, und ich bin in ihm.“	04	*„Das Brot, das ich euch geben werde, ist mein Fleisch, für das Leben der Welt. Wer mich isst, lebt durch mich, er bleibt in mir und ich in ihm. Wenn jemand von diesem Brot äße, wird er in Ewigkeit leben.“*
Aller Brote süßestes, heile den Gaumen meines Herzens, auf dass ich innen werde und verstehe etwas von der Süße deiner Liebe!	05	*Süßestes Brot, heile den Gaumen meines Herzens, auf dass ich fühle die Süße deiner Liebe!*

Hail, herre, min herce von aller slahte sere, daz mir ivwchten[1] smeche oder suzze si, wande du, aller brote wizzest, du hast die ewigen suzse und den hailigen smach, du uns zallen ziten acist vnd din doch niemmer zerinnet.	06	*Sana eum ab omni languore, ut nullam preter te sentiam dulcedinem, panis candissime, habens omne delectamentum et omnem saporem, qui nos reficis et numquam in te deficis!*
min herce muze dich ezzen, mit der sůzze dines smaches werde min herce unde min sel ervullet unde gesatet.	07	*Comedat[2] te cor meum, et dulcedine saporis tui repleantur uiscera anime meę.*
Dich izzet der engel mit vollem munde, der ellende mennisk der ezze dich alnach sinen creften, daz im niht gebrest an dem wege; dirre vůre scol er leben.	08	*Manducat te angelus pleno ore, manducet te peregrinus homo pro modulo suo, ne deficiat in uia; tali recreétur uiatico.*
Heiligez prot, lebentiges brot, duder chome von himele vnd gist der werlt den ewigen lip, chum in min herce vnd raine mich uon aller slahte ubel des flaisces unde des gaistes, chum in min sele vnd mache si heilich, hail si uzzen und innen,	09	*Panis sancte, panis uiue, panis pulcher, panis munde, qui decendisti de celo et das uitam mundo, veni in cor meum et munda me ab omni inquinamento carnis et spiritus intra animam meam, sana et sanctifica me interius et exterius!*

---

1 Hier fehlt eine dem *praeter te* der Quelle entsprechende Wendung.
2 Wilhelm hat unmögliches *conmendat* „er möge empfehlen".

06 Heile, Herr, mein Herz von aller Art Schmerzen, auf dass mir nicht irgendetwas [außer dir] schmecke oder süß sei, denn du, aller Brote weißestes, du hast die ewige Süße und den heiligen Geschmack, (der) du uns zu allen Zeiten zu essen gibst und von dir doch nimmermehr etwas zerrinnt.

Heile es von aller Trägheit, auf dass ich außer dir keine Süße schmecke, weißestes Brot; du hast alle Ergötzlichkeit und allen Wohlgeschmack, der du uns wiederherstellst, und der du nimmermehr aufgebraucht bist.[3]

07 Mein Herz möge dich essen, mit der Süße deines Geschmacks werde mein Herz und meine Seele erfüllt und gesättigt.

Möge mein Herz dich aufessen, und mögen meine Eingeweide mit der Süße deines Geschmacks erfüllt werden.

08 Dich isst der Engel mit vollem Mund, der Mensch in dieser Pilgerschaft, der esse dich ganz nach seinen Kräften, auf dass ihm nichts fehle auf dem Weg; von dieser Nahrung wird er leben.

Es isst dich der Engel mit vollem Mund, es isst dich der Mensch als Pilger gemäß seinem Maß, auf dass es ihm nicht fehle auf dem Weg; durch solche Wegzehrung wird er erquickt werden.

09 Heiliges Brot, lebendiges Brot, das (du) da kamst vom Himmel, und gibst der Welt das ewige Leben, komm in mein Herz und reinige mich von aller Art Übel des Fleisches und des Geistes, komm in meine Seele und mache sie heilig, heile sie außen und innen!

Heiliges Brot, lebendiges Brot, schönes Brot, das du herab kamst vom Himmel, komme in mein Herz und reinige mich von aller Sündhaftigkeit des Fleisches und Geistes im Inneren meiner Seele, heile und heilige mich innen und außen!

---

3 Das Wortspiel des lateinischen Textes *reficis : deficis* lässt sich in der Übersetzung nicht wiedergeben; merkwürdig ist die Konstruktion von *deficio* mit *in* + Akkusativ.

10 wis min hûte unde min schirme, wis ain ewiges hail mines libes unde miner sele, vertribe, herre, uone mir die vigint, die mir lagent sin. vertribe, herre, si uon der gagenwrte miner rivwe, daz ich uzene unde innen also bewart si, daz ich an deme rehten wege uolchome hine zu dinem riche, da man ez nith beget mit tovgen dingen also hie, – da wir gesehen sulen mit unsern ovgen din antlutze, da wir dich scowen warliche, also du bist, so du herre vater unde goth in dineme riche gesizzest, so duz, herre, allez wirst in uns allen, unde du erskinest in uns, unde uns alle verwandelost an dich,

Esto tutamen et continua salus corporis et anime meę, repelle a me insidiantes mihi, hostes recedant procul a presentia penitentię meę, ut foris interiusque munita per te recto tramite ad regnum tuum perueniam, ubi non misteriis sicut agitur in hoc tempore, sed facie ad faciem te uidebimus, cum tradideris regnum deo patri, et dominus eris omnia in omnibus.

11 so gesattest du mich din mit a[i]ner wunderlichen suzze, so bin ich sath uone ewen ze ewen, so gedurstet noch gehungert mich niemmermer.

Tunc enim me de te satiabis suauitate mirifica, ita ut neque esuriam, neque siciam in eternum.

AMEN.

AMEN.

10 Sei meine Hut und mein Schirm, sei ein ewiges Heil meines Leibes und meiner Seele, vertreibe, Herr, von mir die Feinde, die mir auflauernd sind, vertreibe, Herr, sie von der Gegenwart meiner Buße, auf dass ich innen und außen ganz so behütet sei, dass ich auf dem rechten Weg ganz hinkomme zu deinem Reich, wo man es nicht begeht mit verborgenen Dingen ganz so wie hier, – dort wo wir sehen werden mit unseren Augen dein Antlitz, dort wo wir dich schauen in Wahrheit ganz so wie du bist, wie du, Herr, Vater und Gott, in deinem Reich sitzt, wie du, Herr, es alles wirst in uns allen, und du in uns erscheinst und uns alle verwandelst in dich.

Sei mein Schutz und fortwährendes Heil meines Körpers und meiner Seele, vertreibe von mir die mir Auflauernden, die Feinde mögen zurückweichen weit von der Gegenwart meiner Buße, auf dass ich innen und außen verschanzt durch dich auf dem rechten Pfad zu deinem Reich durchkommen möge, wo man nicht in Geheimnissen wie in dieser Zeit handelt, sondern wo wir dich von Angesicht zu Angesicht sehen werden, wenn du übergeben haben wirst das Reich an Gottvater und Herr sein wirst alles in allen.

11 Dann sättigst du mich von Dir mit einer wunderbaren Süße; dann bin ich satt von Ewigkeit zu Ewigkeit; dann dürstet und hungert es mich niemals mehr.
AMEN.

Dann nämlich wirst du mich von dir sättigen mit wunderbarer Süße, so dass ich in Ewigkeit nicht hungere und nicht dürste.

AMEN.

102 Gebet an Maria und Anfang eines Gebetes an Gott
Codex rotundus

[2]VL kein Eintrag.
Ü.: Paris, BN, Ms. lat. 10526, p. 236–241; ein Stundenbuch als Codex rotundus aus der Diözese Passau oder Salzburg.
Abb.: vollständiges Digitalisat der Hs. in Farbe: https://gallica.bnf.fr/ark:/12148/btv1b105157445/f243.image.
Dat.: um 1200/13. Jh., früh (Palmer).
Spr.: bair.
Ed.: bisher nicht ediert.
Lit.: Palmer, Prayers S. 81.

/p. 236/ **Diz ist ein gebet von vnser frowen sancte MARIEN**

01 **H**eilich[1] wis du, heiligiv maget, gewihet sist du reinistv brv̊te!
Gesegenet sist du, mandunge des ewigen libes!
Heilich sin diniv reiniv oren, div da vernamen die himelichen botschaft!
Heilich si din gelovbigz herce!
Heilich si div wambe, da du inne brutest daz heil aller der werlde!

02 **N**u bite ich dich
durch die stimme des ewigen vaters,
vnde durch die chumfte dines lieben sunes,
vnde durch die wonunge des heiligen geistes,

daz du mich vernemest vber die angest mines **/p. 237/** hercen vnde miner frivnde, **.N.**,[2]

03 vnde la vns des genizen,
daz dich der hoheste wistům erhorte durch […][3] ermisten svndær,
daz dich div heiligiv vorbesiht erwelt durch die svntigen werlde.

04 **G**ehuge des, genadigiv́ vrowe,
daz dich der ewige vater minnet,
daz du hulde gewnnest den verworhten schalchen.

05 **G**enædigistiv mvter, gehuge der werche, die der heilige geist an dir worhte durch die *un*schuldigen[4] chinte!

nu wis genædich mir suntigen vnd allen minen frivnden **.N.**,
vmbe die ich armez wip dich vil digelichen flege,
vmbe die miniv ovgen weinent,
vmbe die min sel serwet,
vmbe die min mûte si*e*chet,[5]
vmbe die mine mv̊t arbeitet,
daz ich mich diner genaden an miner angest versten můzze, die ich han von rehter miner garnede!
nu lôse div gebende miner sunden,
nu sterche mich wider die brode mines hercen!

06 **B**eschirme mich in dem cîte miner iugende,
gewise mich in dem zite des angestlichen ellendes,
Geheile **/p. 238/** mich von den wnden miner bechorunge,
Ertot an mir die girde der vnsæligen werlde,
ersterb an mir die fliezende girde mines fleisches,

---

1 Heilich: drei Zeilen hohe Schmuckinitiale H.
2 **.N.** (*nomen*) steht für die Namen derer, welchen die Fürbitte der Betenden gelten soll und die hier eingesetzt werden können.
3 Hier fehlt in der Handschrift vermutlich ein kollektives *uns*.
4 Hs. schuldigen.
5 Hs. *sichet*.

Dies ist ein Gebet von unserer Herrin Sankt Marien

01 **H**eilig sei du, heilige Jungfrau, geweiht seist du, reinste Braut!
Gesegnet seist du, Freude des ewigen Lebens!
Heilig seien deine reinen Ohren, die da vernahmen die himmlische Botschaft!
Heilig sei dein gläubiges Herz!
Heilig sei der Bauch, darin du nährst das Heil all der Welt!

02 **N**un bitte ich dich
eingedenk der Stimme des ewigen Vaters,
und eingedenk der Ankunft deines lieben Sohnes,
und eingedenk der Einwohnung des heiligen Geistes,
dass du mich vernehmest wegen der Angst meines Herzens und meiner Freunde, **.N.**

03 und lass uns davon Nutzen haben,
dass dich die höchste Weisheit erhörte um willen [der] erbarmungswürdigsten Sünder,
dass dich die heilige Voraussicht erwählte um der sündigen Welt willen.

04 Gedenke dessen, gnädige Herrin,
dass dich der ewige Vater liebt
auf dass du Huld gewannst den verfluchten Knechten.

05 Gnädigste Mutter, gedenke der Werke, die der heilige Geist an dir wirkte um der schuldigen Kinder willen!

Nun sei gnädig mir sündigen und allen meinen Freunden **.N.**,
um derentwillen ich armseliges Weib dich sehr flehentlich anflehe,
um derentwillen meine Augen weinen,
um derentwillen meine Seele Schmerzen leidet,
um derentwillen mein Mut geschwächt ist,
um derentwillen mein Mut sich müht,
dass ich deine Gnade in meiner Angst wahrnehmen möge, die ich mit Recht meinem Verdienst gemäß habe!
Nun löse die Bande meiner Sünden,
nun stärke mich gegen die Schwachheit meines Herzens!

06 Beschirme mich in der Zeit meiner Jugend,
weise mich in der Zeit des angstvollen Elends,
heile mich von den Wunden meiner Versuchung,
ertöte an mit die Gier nach der unseligen Welt,
lass sterben an mir die sich über mir ergießende Begier meines Fleisches,

07 Frowe, genadigiv, hilf mir,
daz ich an dem iungisten vrteile des geniezen muze, daz ich mich willechlichen in dinen gewalt ergeben han!

08 **I**ch bevilche mich an dine genade,
ich oppher mich ovf din erbarmede, daz du mir helfest, daz ich mit frowden scheide von dem vrteile,
da da gewnne mit wirt div ewige wnne,
da got ewichlichen schenchet den win der ewigen mandunge.

09 Des bite ich dich, genadigiv frowe,
durch die reine geburt dines lieben sunes,
durch der engil willen, die dich wisten in diner geburte,

10 **I**ch man dich, suzistiv *anima*, durch Iosebes willen,
daz du mir genadich sist.
Ich bite dich, chuniginne des himeles unde der erde,
daz du mich armez wip vernemest vber mine svnde
durch die heiligen tovfe, da got inne ẃsk die meintæt aller der werlde:

11 **N**v ge/**239**/nade mir durch sancte Iohannes willen des heren tovfæres!

12 **G**enædigiv frowe, ich man dich der heiligen marter dines vnschuldigen chindes,
daz dv mich svndigez wip losest von den gebenden miner svnden.

13 **I**ch bitte dich, frowe, durch der zæhere willen, die genuhtchlichen[6] von dinen ovgen fluzen,
daz dich erbarme min træhen, die ich ovzgibe an dine genade durch die angest miner sunden.

14 **G**ehuge, genadigiv frowe, des weges, den du ovf den stein zu im gienge, da er da *dich*[7] genædichlichen bevalch *sancto Ihohanni* in der ivngesten not siner marter!

15 **G**ehuge mines serigen ganges, den ovh ich nach minen schulden nah dir tv̊n!

16 **G**ehuge des hercensweren, daz du sæhe nagelen din vnschuldigiz chint zu dem galgen des heiligen cruces!

17 **I**ch bitte dich
durch die chlæchliche stimme, die er lůte in siner marter,
durch den antlaz, da er sines vater hulde[8] gewan:

18 **N**v vernim mine stimme unde den chlægelichen rv̊ft, den ich tvn in den angesten /**240**/miner sunden und aller miner frivnde!

---

6 Hs. Punkt über *t*, wohl zur Tilgung des *t*.
7 Hs. *da*; *dich* fehlt Hs.
8 *sines vater hulde*: „Vater, vergib ihnen, [...]" Luk. 23,34.

07 Herrin, gnädige, hilf mir,
dass ich beim Jüngsten Gericht den Nutzen davon haben möge, dass ich mich willentlich in deine Gewalt ergeben habe!

08 Ich befehle mich in deine Gnade,
ich opfere mich auf dein Erbarmen hin, dass du mir helfest, auf dass ich mit Freuden scheide von dem (Jüngsten) Gericht,
mit dem da dort gewonnen wird die ewige Wonne,
wo Gott unablässig einschenkt den Wein der ewigen Seligkeit.

09 Darum bitte ich dich, gnädige Herrin,
um der reinen Geburt deines lieben Sohnes willen,
um der Engel willen, die dich bei deinem Gebären aufsuchten,

10 Ich mahne dich, süßeste *Seele*, um Josephs willen,
dass du mir gnädig seiest.
Ich bitte dich, Königin des Himmels und der Erde,
dass du mich armseliges Weib vernehmest wegen meiner Sünde
um der heiligen Taufe willen, in der Gott abwusch die Sünde der ganzen Welt:

11 Nun sei mir gnädig um Sankt Johannes willen, des erhabenen Täufers!

12 Gnädige Herrin, ich mahne dich an die heilige Passion deines unschuldigen Kindes,
auf dass du mich sündiges Weib erlösest von den Banden meiner Sünden.

13 Ich bitte dich, Herrin, um der Tränen willen, die reichlich von deinen Augen flossen,
dass dich erbarme meine Träne, die ich hergebe an deine Gnade wegen der Angst meiner Sünden.

14 Gedenke, gnädige Herrin, des Weges, den du auf den Felsen zu ihm gingst, dort wo er dich gnädig befahl *dem heiligen Johannes* in der letzten Not seiner Passion!

15 Gedenke meines schmerzlichen Ganges, den auch ich gemäß meiner Schuldigkeiten zu dir tue!

16 Gedenke des Herzeleids, dass du sahst nageln dein unschuldiges Kind an den Galgen des heiligen Kreuzes!

17 Ich bitte dich
um willen der kläglichen Stimme, mit der er schrie in seiner Marter,
um willen der Vergebung, da er die Huld seines Vaters gewann:

18 Nun vernimm meine Stimme und das klägliche Schreien, das ich tue in den Ängsten wegen meiner Sünden und all meiner Freunde!

19 **I**ch bitte dich, genædigistiv frowe,
durch den tôt, den du ansahe,
unde durch daz blůte siner siten,
daz du mich erhorest
vber alle die angest miner sunden
unde uber allez mine trůbsal,
heiligistiv trostærinne aller trurigen hercen:

20 **T**růt frowe, du chum mir ze hilfe
durch des heiligen grabes willen, da unser herre inne lach,
durch sine michel dimůt!

21 **N**u gehuge, trůt vrowe, wie dinem hercen wære, do dv von sinem grabe gienge,
vnde erbarme dich vber mich armez wip,
vnde getroste min serigez herce durch willen der heiligen vrstente,
da din herce mit gelabet wart
unde gefrówet wart,
do du in mit dinen ovgen erstanden sæhe,
den du da vor serichlichen gebunden sæhe in sinem tode!

22 **I**ch bitte dich, heiligiv muter, daz du an mir suntigen etlichen trost gebest vnde sendest
durch ere der frovde, do dv din chint erstandez sæhe,

23 und hilf mir, daz ich enzit ersten muze **/241/**
von allen minen sunden
vnde von allen minen angesten,
von aller ubelen gewonheit
vnd von allen angesten mines libes vnde miner sele!

24 **H**erre,[9] genadiger schephære des himeles unde der erde,
du gefrovtest die in dem hellesere waren, do du erstunde von dem tode,

25 nu getroste min serigez herce durch din vrstende,
in der nihtes vergezen wir*d*[10], daz iz an dinem troste lazen werde!

26 **H**erre gehuge nun

durch din heilige ovffart,
durch den michelen amer diner heiligen muter sancte Marien,
unde aller diner minnære, die diner menscheit mit frolichen iamer nah sahen in div ewigen riche, –

nu geruche du gefrowen min bærmichlich gesvn, daz ich dir tv̊n mit ovgen und mit hercen!

27 **N**u getroste mich, herre, durch den heiligen trost, den du sandest dinen iungeren an dem heiligen geist nah diner vfferte!

28 **H**erre himeles unde der erde, ie noh bîte wir [...][11]

---

9 Hier beginnt mit drei Zeilen hoher Schmuckinitiale ein neues, an Gott gerichtetes Gebet, das am Ende der Seite unvollständig abbricht. Auf den folgenden Seiten folgt von anderer Hand ein fremder, lateinischer Text.

10 Hs. *wir*.

11 Der Text bricht in der Hs. unvollendet ab.

19 Ich bitte dich, gnädigste Herrin,
um des Todes willen, den du ansahst,
und um des Blutes willen aus seiner Seite,
dass du mich erhörest
über all die Angst meiner Sünden wegen
und über all meine Trübsal,
heiligste Trösterin aller traurigen Herzen:

20 Liebe Herrin, komme du mir zu Hilfe
um des heiligen Grabes willen, in dem unser Herr lag,
um seiner großen Demut willen!

21 Nun gedenke, liebe Herrin, wie es deinem Herzen erging, als du von seinem Grab gingst,
und erbarme dich über mich armseliges Weib
und tröste mein schmerzvolles Herz um der heiligen Auferstehung willen, mit der dein Herz erlabt und erfreut ward.
als du mit deinen Augen auferstanden sahst, den du davor schmerzvoll gebunden sahst in seinem Tod!

22 Ich bitte dich, heilige Mutter, dass du an mir sündigen einigen Trost geben und senden
mögest um der Ehre der Freude willen, als du dein Kind als auferstandenes sahst,

23 und hilf mir, dass ich zu rechter Zeit auferstehen möge
von allen meinen Sünden
und von allen meinen Ängsten,
von aller bösen Gewohnheit
und von allen Ängsten meines Leibes und meiner Seele!

24 **Herr**, gnädiger Schöpfer des Himmels und der Erde,
du brachtest Freude denen, die im Höllenschmerz waren, als du von dem Tod auferstanden warst,

25 nun tröste mein schmerzvolles Herz um willen deiner Auferstehung,
an der nichts vergessen wird, so dass es an deinem Trost unterlassen werde!

26 Herr, gedenke nun

um deiner heiligen Himmelfahrt willen
und um des großen Jammers willen deiner heiligen Mutter, Sankt Mariens,
und alle derer, die dich lieben, die deiner Menschheit mit fröhlichem Jammer nachsahen in die ewigen Reiche, –

nun wolle du erfreuen mein erbärmliches Sehen, das ich tue mit Augen und mit Herz!

27 Nun tröste mich, Herr, um des heiligen Trostes willen, den du sandtest deinen Jüngern in
dem heiligen Geist nach deiner Himmelfahrt!

28 Herr des Himmels und der Erde, immer warten wir noch [...]

Predigt

103 Aus den ‚Mondseer Fragmenten'
Die sog. ‚Homilia de vocatione gentium'
Hench, The Monsee Fragments

[2]**VL** 1 (1978), Sp. 296–303 (Klaus Matzel). – **VL** ahd. und as Lit. (2013), S. 204–213 (Elke Krotz).

Ü.: Fragmente einer ehemals Mondseer Handschrift in Hannover und Wien:
a: Wien, ÖNB, Cod 3093*, Reste von mindestens 47 Blättern.
b: Hannover, LB I 20b, zwei Blätter aus der selben Handschrift wie a.
c: Wien, ÖNB, Cod. 2997, hinterer Innendeckel Abklatsch aus derselben Handschrift.

Abb.: a: Gesamtbestand der Wiener Fragmente in Farbe:
https://digital.onb.ac.at/RepViewer/viewer.faces?doc=DTL_5736858.
Aus der ‚Homilia de vocatione gentium' Kupferstich-Faksimile einer Seite bei Endlicher/Hoffmann vor dem Titel (Hench, Fragment XXIX).
b: Hannoveraner beide Blätter in Farbe
http://digitale-sammlungen.gwlb.de/sammlungen/sammlungsliste/werksansicht/?no_cache=1&tx_dlf%5Bid%5D=7451&tx_dlf%5Bpage%5D=5&tx_dlf%5Bdouble%5D=0&cHash=c65e3d99371e0551c1226d8a4abda5d9.

Dat.: Hs. 9. Jh., erstes Jahrzehnt oder erstes Drittel (Bischoff, Die südostdeutschen Schreibschulen, S. 21–22 bzw. derselbe, Katalog, Teil I, Nr. 1502); Textentstehung 8. Jh., Ende.

Spr.: lat.-ahd. Bilingue, das Ahd. „bajuwarisierende Abschrift eines Originals im Dialekt der Gegend von Metz" (Krotz, **VL** ahd. und as. Lit.).

Ed.: Endlicher/Hoffmann von Fallersleben, Fragmenta,[1] S. 36–48 (Text: Kupferstich-Frontispiz = Faksimile von Hench, Fragment XXIX); digital: https://digital.onb.ac.at/OnbViewer/viewer.faces?doc=ABO_%2BZ222433201. –
Hench, The Monsee Fragments, Fragment XXVI–XXXI, S. 40–49 (Text). – [4]MSD I Nr. LIX, S. 210–216 (Text). – Schlosser S. 78–81 (Text, Auswahl).

Lit.: Ausführliche Bibliographie in **VL** ahd. und as. Lit., S. 211–213 (Elke Krotz). – [4]MSD II, Nr. 59, S. 346–348 (Kommentar). – Hench, The Monsee Fragments, S. 81–85 (Kommentar). – Schlosser S. 346 (Kommentar). – Kelle, LG 1, S. 91–94. – Kögel, LG I,2, S. 477–497, bes. S 284 – Ehrismann LG I, S. 273–286. – Haubrichs, Die Anfänge S. 252–256. – Krotz, *Hear saget fona godspelle*. – Hellgardt, Killy-Lit. Lex., Isidor.

Lateinischer Text auf der (ehemaligen) Versoseite, dt. Text gegenüber auf der (ehemaligen) Rectoseite (Seitensynopse im Unterschied zur Spaltensynopse des ahd. Isidor Nr. 32).

Das Stück gehört zu den Mondseer Fragmenten der sog. „Isidor-Gruppe" (Nr. 28 ‚Matthäus-Evangelium', Nr. 32 ‚Isidor', Nr. 104, Augustin, Sermo', Reste einer sonst unbekannten, hier nicht berücksichtigen Predigt) und folgt in der Mondseer Handschrift auf die Übersetzung des Matthäusevangeliums (Nr. 28).

1 In zweiter Auflage hg. von Hans Ferdinand Maßmann, Wien 1841 (mit Facsimilia einiger Details).

Die hier folgenden Fragmente sind in ihrer ersten Ausgabe von Endlicher/Hoffmann (S. XI) ohne handschriftliche Grundlage als als *homilia* bezeichnet, auch als Teile eines *tractatus latino-theodiscus* oder als *sermo* wie der in der Handschrift folgende ‚Sermo LXXVI' Augustins; für „Homilia" hat man sich schließlich in der Textüberschrift (S. 35) entschieden. Während diese texttypologischen Bezeichnungen Traktat, Sermo oder Homilia schwanken, steht der dem Stück gegebene Titel, der auch nicht in der Handschrift belegt ist, eindeutig im Bezug auf die Thematik: *De uocatione gentium*. Das ist kein sehr glücklich gewählter Titel, allein schon, weil er fast identisch ist mit ‚De vocatione gentium', einer großen, ganz anders gearteten, in der Nachfolge Augustins stehenden theologischen Schrift Prospers von Aquitanien (etwa 390–455). Was hat man also hier in den Mondseer Fragmenten vor sich: einen „Traktat" im Sinne einer nicht zum Gemeindevortrag, sondern zur Lektüre bestimmten „Abhandlung" zu einem bestimmten Problem; oder handelt es sich um eine Predigt, eine gottesdienstliche Gemeindeansprache also, sei es über ein bestimmtes geistliches Thema (Sermo), sei es als Homilie, die in enger Anlehnung an einen biblischen Text diesen auslegt? Ausschließen kann man nur diese dritte Möglichkeit, denn es liegt dem Stück kein einzelner biblischer Text zugrunde, dessen Verständnis Satz für Satz erschlossen würde. Bleiben also „Sermo" und „Traktat", zwei nicht sehr trennscharfe Termini: beide so bezeichneten Texte ließen sich als zum Vortrag oder zur Lektüre bestimmt verstehen, eines muss das Andere nicht ausschließen. Für Endlicher/Hoffmann war die Frage des Texttyps sicherlich nicht von großer Bedeutung, wie schon das Schwanken der Bezeichnungen zeigt. Sie haben wohl, auch im Blick auf die handschriftliche Nachbarschaft des Stückes, Augustins „Sermo LXXVI", an eine Ansprache in der Art einer Predigt gedacht. Dass alle spezifischen Merkmale einer Predigtrede dem Text fehlen, insbesondere Anreden an eine Hörergemeinde, kann an seinem fragmentarischen Charakter liegen. Und der Terminus „Traktat" ist seinerseits recht unspezifisch. Auch Augustins Predigten zu den Psalmen und zum Johannesevangelium konnten in der späteren Tradition *tractatus* genannt werden, obwohl an ihrer Eigenart als Gemeindeansprachen, also Predigten, kein Zweifel bestehen kann. Sie könnten durchaus auch Homilien genannt werden, wie auch der auf ‚De uocatione gentium' folgende ‚Sermo' Augustins.

Hench hat darauf aufmerksam gemacht, dass die ‚De uocatione gentium' genannten Fragmente wahrscheinlich nicht Reste eines sondern zweier Texte A und B sind. A besteht aus drei kodikologisch und inhaltlich zusammenhängenden Fragmenten (XXVI–XXVIII), ebenso B (XXIX–XXXI), wenn auch hier zu Fragment XXIX die lateinische Seite der Synopse verloren gegangen ist. Anfang und Ende der Texte fehlen sowohl bei A als auch bei B. Aber vor A und zwischen A und B und nach B klaffen Überlieferungslücken ungewissen Umfangs, wie die unvollständig einsetzenden und endenden Anfangsfragmente von A und B zeigen. Hätten wir die zwischen A und B fehlenden Stücke, dann würde man wohl sehen, ob es sich um Predigt(en) und um einen einzigen Text oder um zwei handelt.

Man kann versuchen, die Frage über die inhaltliche Zusammengehörigkeit von A und B zu klären. A setzt damit ein, dass „Zerteilung" menschlicher Sprache in eine Sprachenvielfalt von Gottes *uirtus* selbst bewirkt ist (01) : *eam* (zu ergänzen wäre etwa: *linguarum multitudinem*) *omnipotentis dei uirtus diuisit* (sie – die Vielfalt der Sprachen – hat die Kraft Gottes durch Trennung bewirkt). Das setzt eine ursprüngliche Einheit von Sprache voraus. Die gegebene Verschiedenheit der Sprachen muss dann verstanden werden als durch die schöpferische Allmacht Gottes gesetzt.[2] Der Text assoziiert von hier aus sogleich eine Stelle bei Paulus im ersten Korintherbrief, wo von verschiedenen Sprachen die Rede ist, solchen, die man versteht, und „barbarischen", d. h. – ohne Ab- oder Aufwertung – solchen, die man nicht versteht, also „Fremdsprachen". Nun geht es bei Paulus im Zusammenhang dieser Stelle

2 Der Gedanke findet sich hier nicht, dies sei etwa wie bei der babylonischen Sprachverwirrung als Strafe für die Sünden der Menschen geschehen oder als Folge der Trennung der verschiedenen Söhne Noahs und ihrer Sippen nach der Sintflut.

eigentlich um den Wert oder Unwert der sog. Glossolalie, auch „Zungenrede“ genannt. Die Glossolalie, eine Art unverständlichen Stammelns oder Lallens in religiöser Verzückung kam als ekstatische Stimmäußerung bei manchen Gemeindemitgliedern vor. Solche Glossolalien oder „Zungenreden“ können zwar als Manifestationen göttlicher Eingebungen anerkannt werden. Aber sie sind als Äußerungen für die Gemeinde nutzlos, weil sie sprachlich unverständlich sind, vergleichbar Mitteilungen in einer Fremdsprache (*uox barbara*), die man nicht beherrscht. Paulus äußert sich mit Zurückhaltung zu Glossolalien, weil sie wie unverständliche Botschaften in einer fremden Sprache ungeeignet zur Mitteilung geoffenbarter Eingebungen sind. Mehr Beachtung verdienen sprachlich klar und verständlich geäußerte Mitteilungen höherer Einsichten, die Paulus Prophetien nennt. Fremde Sprachen werden von Paulus nur wegen Vergleichbarkeit mit der Glossolalie und ihrer Unverständlichkeit in Betracht gezogen. Auch das Fremdsprachenproblem als Problem missionarischer Arbeit bleibt unberührt.

So auch das Mondseer Fragment. Es reflektiert, soweit man sehen kann, die Erscheinung der Sprachenverschiedenheit weder wie Paulus im Hinblick auf die Glossolalie, was sich aber doch, zu welchem Zweck auch immer, nicht ausschließen lässt. Die Rede ist hier, soweit man sehen kann, vom Phänomen der Sprachenvielfalt, aber es bleibt unausgesprochen weswegen. Nur soviel ist ersichtlich, dass das Thema Sprachenvielfalt in den Rahmen einer Frömmigkeitshaltung und einer Aufforderung zum Gotteslob gestellt ist. Dabei ist aber nicht etwa gesagt, dass man Gott nur in einer der sog. heiligen Sprachen Hebräisch, Griechisch, Latein loben könne, so gern man dies auch vielleicht durchhören möchte. Dieses Thema bleibt im erhaltenen Text außerhalb des Diskurses. Auch die vielleicht naheliegende Annahme muss Spekulation bleiben, dass mit der hier immerhin auffällig detaillierten Thematisierung des Fremdsprachenproblems darauf abgezielt wäre, im Frankenreich den Klerikern in Predigt und Mission den Gebrauch der Volkssprachen zu empfehlen oder vorzuschreiben, die für die Zielgruppen von Predigt und Mission freilich allein verständlich wäre. Für die Predigt gibt es übrigens bessere Quellen, in denen solches verlangt wird. Nur soviel ist im erhaltenen Text gesagt: Bei Gott gibt es kein Sprachenproblem. Er kennt aufgrund seiner Schöpferkraft durch das Wort und in seiner Allmacht die Gedanken und Worte der Menschen wie auch ihre Taten und Vorsätze jederzeit und überall, bevor sie ausgesprochen oder verwirklicht werden. So erforscht und leitet er „Herzen und Nieren“ (Ps. 7,10) der Menschen, die sein Lob bei allen Völkern singen und seine Heilstaten[3] preisen sollen. Damit schließt die Fragmentengruppe A.

Die Fragmentengruppe B greift das Sprachenthema überhaupt nicht mehr auf. An ihrem Anfang geht es um die Gottdeskindschaft „aller“ Menschen durch den Glauben und die Taufe. Durch beide werden „alle“ Menschen in der vom heiligen Geist eingegossenen Liebe (*caritas*) miteinander vereint wie Haupt und Glieder „eines“ Leibes mit Christus als Haupt (XXIX, 01–05). Universalität in der Einheit ist also das Thema. Dass die vom heiligen Geist eingegossene *caritas* „alle“ miteinander vereint, gibt jetzt das Stichwort für eine längere Passage, die sich als eine Art Exkurs herausstellen wird. Denn nun folgt ein Zitat des „Hohen Liedes der Liebe“ (*caritas*), wie es Paulus im ersten Korintherbrief (I. Cor. 13,4–6) angestimmt hat (Fragment XXIX, 07) und das im im Hiob-Kommentar Gregors des Großen (Moralia in Iob, X, 6; PL 75, 925 D) aufgegriffen ist, aus dem nun ein recht ausführliches Zitat mit einer rhetorisch intensivierten Paraphrase des paulinischen Textes folgt und noch bis in das folgende Fragment (XXX, 14–18) reicht. Wie zur Vervollständigung des *caritas*-Themas werden dort noch kurz die zentralen Stellen des Evangeliums einbezogen, an denen Jesus die Gottesliebe und die Liebe (*dilectio*) zum Nächsten wie zu sich selbst als oberstes Gebot verkündet (XXX, 19–23).

---

3 In diesen Zusammenhang ist übrigens auch ein Stückchen aus Isidors ‚De fide'-Traktat einkompiliert, dem Haupttext der „Isidor-Gruppe“; s. die Fußnote zu Fragment XXVIII, 19.

Aber nun (XXX, 24) kommt der Text auf das Thema „Universalität" zurück. Hier und im Folgenden zeigt sich, dass dies das Hauptthema der Fragmentgruppe B ist. Das scheinbar so dominante *caritas/dilectio*-Thema bildet in diesem Rahmen trotz seiner relativ ausführlichen Behandlung in Wirklichkeit eine Art Exkurs im Rahmen des Themas „Universalität". Zitiert wird nun (Fragment XXX, 25) eine Stelle des Epheserbriefes (Eph. 45), an der Paulus die Einheit „aller" im Bekenntnis zu „einem" einzigen Gott, zu „einem" einzigen Glauben, zu „einer" einzigen Taufe beschwört; in dieser Einheit ist Gott der Vater „aller", der über „alle" und durch „alle" und in „uns allen" in Ewigkeit gesegnet sei.

Der Predigtton, der hier einmal in dem „uns alle" anklingt, gehört zwar zunächst einmal Paulus, dem Schreiber des Epheserbriefes: er wendet sich seiner Gemeinde zu, der er sich mit dem „uns" selbst zurechnet. Aber die Hörer/Leser des Monseer Fragments konnten sich hier sicherlich als mit Angesprochene fühlen.

Inhaltlich also wird hier die universelle Einheit der Christenheit beschworen. Das setzt nun gegenüber der *caritas/dilectio*-Thematik den entscheidenden Akzent. Indem die Universalität in der Einheit herausgehoben wird, kann man sich zwar entfernt an den A-Text erinnern, in dem dann kontrastiv hierzu das Thema der verschiedenen Sprachen in „aller" Welt, also universelle Diversität angesprochen wäre. Das ist aber ein schwaches Band, kaum ausreichend, um die Zusammengehörigkeit der A- und der B-Fragmente überzeugend zu begründen.

Das Thema Universalität wird im Folgenden als das maßgebliche weiterverfolgt. Der Textautor nimmt im Übergang von Fragment XXX zu XXXI ein Malachias-Zitat auf, in dem es um das rechte Opfern für Gott in „aller" Welt geht, räumlich vom Aufgang der Sonne bis zu ihrem Niedergang, bei den Juden wie bei den nichtjüdisch-vorderasiatischen *gentes* des Alten Testamentes, also unter alttestamentlichem Aspekt. Wieder also das Stichwort „Universalität", aber nun mit Schwerpunkt auf dem Thema „alle Völker/*gentes*". Fasst man den entsprechenden neutestamentlichen Aspekt ins Auge, so ist damit für unseren Text der Zusammenhang mit der Apostelgeschichte hergestellt, d. h. mit der Mission des Paulus bei griechisch/römisch-altgläubigen *gentes* Kleinasiens. Dabei geht es hier aber vorrangig um die Rechtfertigung der Lehre des Paulus gegenüber deren Ablehnung bei den Diaspora-Juden Kleinasiens im Unterschied zu ihrer gläubigen Annahme bei den griechisch-römischen altgläubigen Nichtjuden Kleinasiens. Die Verstocktheit der Diasporajuden Kleinasiens gegenüber der christlichen Lehre als Erfüllung der jüdischen Prophetien im Kontrast zur Christus-Gläubigkeit der bekehrten griechisch/römisch/kleinasiatischen Altgläubigen ist das eigentliche Thema. So wird es durch die Zitate unseres Textes aus der Apostelgeschichte belegt. Die Stoßrichtung zielt also nicht vorrangig auf „heidnische" Gentes, sondern auf (nach wie vor) unbekehrte Juden, ein Thema, das auch im Frankenreich des achten Jahrhunderts immer wieder aktuell war.

Nach dieser Analyse-Skizze von Inhalt und Thematik der A- und B-Fragmente und nach ihrer kodikologischen Beschaffenheit ergibt sich mit hoher Wahrscheinlichkeit, dass man hier wirklich, wie schon Hench meinte, die Reste zweier Stücke hat, die nicht ehemals eine Texteinheit gebildet haben. Der in den beiden Fragmentkomplexen jeweils bewahrte Inhalt, macht es schwierig, ihnen passende Titel zu geben. Aus praktischen Gründen bleibe ich bei dem seit Endlicher/Hoffmann in der Forschung üblichen Titel, obwohl mit ihm nicht erkennbar ist, dass er die Fragmente nicht eines, sondern zweier Texte bezeichnet und obwohl er nichts mit der fast gleichlautend betitelten Schrift ‚De vocatione gentium' Prospers von Aquitanien zu tun hat.

Was die Textsorte angeht, so scheint mir die Annahme, dass es sich um Predigten handle, nicht ausgeschlossen, obwohl es (fast) keine typischen Predigtmerkmale in ihnen gibt. Das könnte daran liegen, dass Anfang und Ende der Stücke nicht erhalten sind, also gerade diejenigen Stellen, an denen sich eine Predigt am deutlichsten als solche zu erkennen gibt: mit der Gemeindeanrede am Anfang und mit der abschließenden Fürbitte des Predigers am Ende.

Auch in der Zweckbestimmung der A-Fragmente möchte ich eher zurückhaltend sein. Wem sollten sie gepredigt werden, falls sie zu einer Predigt gehörten? Sicherlich nicht dem ungebildeten Volk, dem man selbstverständlich nicht anders als in einer verständlichen Sprache die christliche Lehre nahebringen konnte. Also Predigt für eine Klerikergemeinde? Warum dann die Übersetzung in die Volkssprache? Nimmt man dennoch Kleriker als intendierte Rezipienten an, so mag es naheliegen, dass ihnen auch hier für die Predigt der Gebrauch der Volkssprache empfohlen werden sollte, ebenso wie das durch gesetzgeberische Erlasse der Könige und Bischöfe gut belegt ist. Doch ist in den Fragmenten von solcher Zweckbestimmung des Stückes an keiner Stelle die Rede. Oder ist im Besonderen an die missionarische Heidenpredigt gedacht, aktuell an die Sachsenbekehrung Ende des 8. Jahrhunderts? Das ist, obwohl die eher gewaltsam stattfand, wie man weiß, ein verlockender Gedanke, zu dem aber wiederum der Text keinen klaren Anhaltspunkt gibt.

Die Heidenbekehrung ist aber in der Tat das Thema, auf das die B-Fragmente gegen Ende hinlenken, wenn auch nicht als Hauptthema, sondern eingebettet in den Rahmen des Themas „Universalität und Einheit der christlichen Kirche“. Man könnte auf den Gedanken kommen, dass die ursprünglich selbständigen A- und B-Fragmente vielleicht doch nachträglich zu einer sekundären Einheit zusammengeführt worden wären, die als eine Art Orientierungsschrift den Klerus auf die Aufgabe der Mission vorbereiten sollte. Das aber erscheint mir als allzu spekulativ. Auch wenn man dann, und nicht nur dann, der Charakterisierung dieser von Endlicher/Hoffmann ‚De vocatione gentium‘ genannten Fragmente zustimmen wird. Sie nennen diese (S. XI) recht despektierlich einen *tractatus ex Augustino, Gregorio M. et Isidore potissimum consarcinatus*, also „einen hauptsächlich aus Augustin, Gregor dem Großen und Isidor zusammengefledderten Traktat.“

Text nach Hench und den genannten Abbildungen unter Berücksichtigung von Endlicher/Hoffmann und [4]MSD.

A 1
Hench, S. 40, Zeile 9–17, Fragment XXVI[4] (01–03)
Wiener Digitalisat
links: Bild 90 – rechts: kein Bild, das Blatt ist verschollen.

https://digital.onb.ac.at/RepViewer/viewer.faces?doc=DTL_5736858&order=1&view=SINGLE.

uoce quemadmodum eam[5] omnipoten- tis dei uirtus diuisit.	01	....
Et ideo in universo orbe inter gentes et homines est barbara locutio in partita uoce, multiplex et uaria.	02	(*Et ideo*) ubar allan mittigart untar (*gentes et*) mannum (*est*) elidiutic[6] spraha in gateilteru stimnu,[7] missalih enti manacfalt.
Sicut et ille, qui post Christus fuit in mundo, magister gentium insignis de illa barbara uariaque locutione Paulus apostolus ait:	03	(*Sicut et ille* *qui*) after Christe uuas in mittingarte (*magister gentium insignis*) (*de illa barbara uariaque*) medili[8] meinita. (*Paulus*) apostolus, quad:

---

4 „The leaf containing this page has disappeared since 1841, when Maßmann made use of it in preparing his edition." Hench, The Monsee Fragments, S. 81. Hieran hat sich seitdem nichts geändert. Der linke Rand des Blattes war abgeschnitten. Hench, S. XXI, charakterisiert den Inhalt der Seite etwas verdrießlich als „a rambling discourse on the separation of tongues." Der ahd. Übersetzer scheint hier erhebliche Schwierigkeiten mit der Übersetzung/dem Verständnis des Textes gehabt zu haben – oder liegt die geringe Textqualität an Problemen des Schreibers mit der Vorlage?

5 ***eam*:** im Digitalisat nicht mehr lesbar; Endlicher/Hoffmann S. 36 und ihnen folgend Hench haben ***eum***; ***-um*** ist also Rekonstruktion; passend zu *uoce* wäre aber ***eam***; so ist es auch paläographisch denkbar: das *a* in *eam* war dann wahrscheinlich ein sog. „offenes" *a* (*e cc m*), das leicht als *u* verlesen werden konnte; so wie im Digitalisat gleich davor deutlich bei *quem* ***a****dmodum* (*quem* ***cc****dmodum*).

6 ***elidiutic***: *eli- : elidiutig* Adj.; als Entsprechung zu *barbarus* im lat. Text, vgl. Seebold, ChWdW9, S. 251 (vorliegender Beleg nicht erfasst).

7 ***in gateilteru stimnu***: als Entsprechung zu *in partita uoce* im lat. Text; gedacht ist an die „Parteien" der in verschiedenen Sprachen je für sich oder zueinander Redenden; sie sind „abgeteilt" im Sinne von „zertrennt, voneinander getrennt".

8 ***medili***: *medili* st. N. „Sprache" (?) wohl als Entsprechung zu *locutio* im lat. Text (nur hier belegt, s. Seebold, ChWdW9, S. 572).

A 1
Hench Fragment XXVI (01–03)

(*uoce*) auf welche Weise sie des allmächtigen Gottes Kraft zerteilt hat.	01	....
Und ebenso auf dem ganzen Erdkreis unter den Völkern und Menschen ist die barbarische Rede in zerteilter Stimme, vielfältig und verschieden.	02	(*Et ideo*) über (den) ganzen Erdkreis unter ... (gentes et) Menschen (*est*) andersdeutige Sprache in zerteilter Stimme, vielfältig und verschieden.
So sagte auch er, der nach Christus auf der Welt gewesen ist, der herausragende Lehrer der Heiden über jene barbarische und verschiedene Rede, Paulus, der Apostel:	03	(*Sicut et ille* *qui*) nach Krist war in (dem) Erdkreis (*gentium*) Lehrer (*insignis*) über die andersdeutige (*uariaque*) Sprache sprach. (*Paulus*) *apostolus*,[9] sagte:

9 ***apostolus***: hier im Ahd. als Fremdwort gebraucht.

A 1
Hench, S. 40/41, Fragment XXVI, Zeile 18–30 (04–07)
Wiener Digitalisat
links: Bild 90 – rechts: kein Bild, das Blatt ist verschollen.

Textbefunde der originalen, handschriftlichen Zeilenumbrüche nach Hench

Si ergo nesciero uirtutem uocis, ero ei	04	.... des meginis giuuanta ni uueiz
cui loquor barbarus, et is qui loqui		.... sprihhu ih bim imo danne elidiutic
tur mihi barbarus.		.... sprihhit mir ist elidiutic minera
Hoc autem in eorum persona dictum est hominum et gentium,	05	.... auh ist so galihho dem ga quetan mannum enti deotum
qui quamuis in rebus cognitis pro bar-		.... odihuuila umbi chunda sahha meinant
barica tamen partitaque uoce et lo-		.... uueiz huuaz ander
quella alternantes inter se humana		.... elidiutiga sprahha
uerba non sciunt.		.... stimna
Quia homo mentis aliene nescit uolunta-	06	.... ni uueiz andres
tem, nisi eo uerbo aut aliquo ille sua		.... nibu aer imo uuortum
indicet signo secreta.		.... sahha gachunde
Solus autem dominus omnipotens, qui	07	.... almahtic got der gascuof enti

Eine Übersetzungssynopse ist auf dieser Seite wegen der besonders im Ahd. ganz korrupt erhaltenen Texte und ihrer Darstellung bei Endlicher/Hoffmann und Hench nicht möglich. Es sei auf die Übersetzung des unten folgenden Rekonstruktionsversuchs verwiesen.

A 1
Hench, S. 40, Fragment XXVI (04–07)

Texte: Rekonstruktion
A 1, 04 – 07

‚Si ergo nesciero uirtutem uocis, ero ei, cui loquor, barbarus, et is, qui[10] loquitur mihi, barbarus.' (I Kor. 14,11)	04	‚*(Si ergo nesciero)* [11]**des meginis**[12] **giuuanta**[13] **ni uueiz,** *(ero ei, cui)* **sprichu, ih bim imo danne**[14] **elidiutic.**[15] *(et is, qui)* **sprichit mir** **ist elidiutic minera** **[*sprahhun*]**[16]**.**
Hoc autem in eorum persona dictum est, hominum et gentium, qui – quamuis in rebus cognitis pro barbarica tamen partitaque uoce et loquella alternantes inter se humana uerba non sciunt.	05	*(Hoc)* **auh ist so galihho dem gaquetan** **mannum enti deotum**[17] *(qui)* **odohuuila** **umbi chunda sahha meinant**[18] *(pro barbarica tamen* *partitaque)* **stimna** *(et loquella)* *(alternantes inter se)* **[*ni*] uueiz huuaz ander**
Quia homo mentis aliene nescit uoluntatem, nisi eo uerbo aut aliquo ille sua indicet signo secreta.	06	*(Quia homo* *mentis aliene)* **ni uueiz andres** *(uoluntatem)* **nibu aer imo uuortum** *(aut aliquo signo)* **sahha gachunde.**
solus autem dominus omnipotens, qui [...]	07	*(solus autem)* **almahtic got der gascuof enti [...]**

---

10 ***et is qui***: *et qui* Vulgata.

11 Im Bereich der hier fettgedruckten Zeilen ist bei Hench der auf Endlicher/Hoffmann beruhende Text ziemlich unverständlich. Auf S. 1226 habe ich ihn wiederholt. Meine hier nun gegebene neue Rekonstruktion kann nur als einigermaßen wahrscheinliche Lösung gelten.

12 ***meginis***: zu *magan : magan* st. N. „Gewalt, Vermögen, Ansehen" als Entsprechung zu *uirtus* im lat. Text, s. Seebold, ChWdW9, S. 552.

13 ***giuuanta***: zu wintan : giwanta st. F. „Bewandtnis, Beschaffenheit" als Entsprechung zu *uox* im lat. Text, s. Seebold, ChWdW9, S. 955.

14 ***(ero ei, cui) sprichu, ih bim imo danne***: „*ich werde für den* [*elidiutic*] *sein, zu dem ich spreche, ich bin ihm dann* elidiutic; der Text wäre mit dieser gedoppelten Aussage hier gestört; vielleicht handelt es sich um eine Übersetzungsvariante?

15 *[...]* ***sprichu*** bis ***elidiutic***: etwa in dem Sinne: „und er, der zu mir spricht, ist unverständlich für meine Sprache."

A 1
Hench Fragment XXVI (04–07)

Übersetzungen nach der Rekonstruktion

‚Wenn ich also nicht wüsste die Kraft der Stimme, werde ich für den, zu dem ich spreche, ein Barbar sein, und der, der zu mir spricht, ein Barbar.'	04	(‚Si ergo nesciero) **von der Kraft**[19] **die Bewandtnis nicht weiß** (*ero ei, cui*) **spreche, ich bin für ihn dann** **anderdeutig**[20], (*et is, qui*) **zu mir spricht,** **ist anderdeutig für meine** **[*Sprache].'**
Dies aber ist in der Rolle derer gesagt, der Menschen und Völker, die – obwohl in der Sache sich auskennend – doch wegen der barbarischen und verschiedenen Stimmlautung und Rede sich untereinander austauschend nicht verstehen die Worte der Menschen.	05	(*Hoc*) **auch ist genauso für die genannten** **Menschen und Völker** (*qui*) **[wenn sie] etwa** **über eine bekannte Sache sprechen** [und dennoch] (*pro barbarica tamen* *partitaque*) **Stimme** (*et loquella*) (*alternantes inter se*) [einer] **[*nicht] versteht, was der Ander...**
Denn der Mensch des fremden Sinnes Willen nicht erkennt. wenn nicht ihm jener durch ein Wort oder irgendein anderes Zeichen sein Verborgenes anzeigt.	06	(*Quia homo*) (*mentis aliene*) **nicht versteht, des Anderen** (*voluntatem*), **wenn er ihm nicht mit Worten** (*aut aliquo ille signo*) **die Sache kundmache.**
Einzig aber der allmächtige Herr, der [...]	07	(*Solus autem*) **der allmächtige Gott, der erschuf und [...]**

---

16 ***[*sprahhun*]***: dieses oder ein entsprechendes Wort wird hier ausgefallen sein.

17 ***ist elidiutic minera [*sprahhun*] ... auh ist so galihho dem gaquetan mannum enti deotum:*** Zu erschließen wäre dem Sinne nach: „(er, der zu mir spricht, ist unverständlich meiner Sprache,) und ebenso ist es auch für die genannten Menschen und Völker".

18 ***meinant***: *meinan* hier in der Bedeutung „etwas kundtun" (*dicere*, s. Seebold ChWdW9, S. 574, aber hier ohne Entsprechung im lat. Text).

19 ***Kraft***: Aussagekraft der Sprache.

20 *eli-*(zu lat. *alius* „anderer, fremder") *-diutic*: „anders-deutig", (d. h. „unverständlich").

A 2
Hench, S.40/41, Fragment XXVII Zeile 9–16 (08–10)
Wiener Digitalisat
links: kein Bild – rechts: Bild 96

https://digital.onb.ac.at/RepViewer/viewer.faces?doc=DTL_5736858&order=1&view=SINGLE.

.... et sine ipso factum est nihil.	08	... fona gotes uuorte katan daz katanes ist enti ano inan nist eouuiht katanes.
Ille enim cognouit cogitationes hominum mundas et immundas, uerborum et operum uarietates in corde latentes, et diuisas uoces in barbaricas locutiones.	09	Er selbo uueiz kauuisso manno gadancha hluttre so unhreine uuorto enti uuercho gimang[21] so huueo fech[22] so iz in muote ist kalegan, ioh dea gateiltun stimna in deru elidiutigun sprahhu.
Sicut et omnia creat, ita et ei uniuersa liquide patent.	10	so ær iz al gauuisso gascuof, so sama ist iz imo al slehto offan.

21 ***gimang***: *gima [...]* Hench; s. die Anm. Steinmeyers zur Stelle in ^{4}MSD: *gimang*, „Haufe“.
22 ***fech***: Adj. „verschieden, ungleich“.

A 2
Hench Fragment XXVII (08–134)

.... und ohne ihn ist nichts geschaffen	08	.. von Gottes Wort geschaffen, was geschaf- fen ist, und ohne ihn ist nichts geschaffen.
Jener nämlich kannte die Gedanken der Menschen, reine wie unreine, der Worte und Werke Verschiedenheiten die im Herzen verborgenen, und die zerteilten Stimmen in die barbarischen Sprachen.	09	Er selbst weiß gewisslich der Menschen Gedanken, lautere wie unreine, der Worte und der Werke Masse, wie verschieden es auch im Sinne gelegen ist, und die zerteilten Stimmen in der anderdeutigen Sprache.
Und wie er alles erschafft, so stehen ihm auch alle Dinge durchsichtig offen.	10	Und wie er alles erschuf, so stehen ihm auch alle Dinge durchsichtig offen.

A 2
Hench, S.42/43, Fragment XXVII Zeile 17–30 (11–13)

Et sicut sapientissimus regum Salomo de illo ait: ‚Tu enim solus nosti cogitationes omnium filiorum hominum.‘ (3. Reg, 8,39)	11	Enti so selb auh Salomon der chuningo uuisosto fona demo quad: ‚Du eino truhtin uueist allero manno gadancha.‘
Et iterum idem ipse de uirtute diuina in ‚Sapientia‘ et in spiritu sancto ait: ‚In omni loco oculi domini speculantur bonos et malos‘. (Prov. 15,3)	12	Enti der selbo in sinemo uuistome umbi gotes megin quad: ‚In einerueo gahuuelihheru steti gascauuuont enti gasehant gotes augun guote ioh ubile.‘
Et iterum de illo idem egregius doctor gentium, Paulus apostolus, Ebreis scribens ait: ‚Vivus est enim dei sermo et efficax et penetrabilior omni gladio ancipiti, et pertingens usque ad diuiionem animae et spiritus, conpagum quoque et medullarum.‘ (Hebr. 4,12)	13	Enti auh der edili meistar deotono, Paulus apostolus, dem Hebreiscum quad: ‚Queh ist kauuisso gotes uuort [...a] so durahfarentera ist allem zuiecchem uuafnum enti iz galangot untaz demo gascheite sela enti geistes, enti in[23] des mannes marc enti gafuogita.

23 ***in***: von Scherer in ^{4}MSD ergänzt.

Und so wie der weiseste der Könige, Salomo, sagte über jenen: ‚Denn du allein weißt die Gedanken aller der Söhne der Menschen.'	11	Und ebenso Salomo. der Könige weisester, von diesem sagte er: ‚Du als einziger, Herr, weißt aller Menschen Gedanken.'
Und wiederum ebenderselbe über die göttliche Kraft in der ‚Sapientia' und im heiligen Geist sagte er: ‚An jedem Ort erspähen die Augen des Herrn die Guten und die Bösen.'	12	Und ebenderselbe in seiner ‚Weisheit,' über Gottes Kraft sagte er: ‚In einer jeglichen Stätte erschauen und erblicken Gottes Augen die Guten und die Bösen.'
Und wiederum über jenen denselben herausragenden Lehrer der Heiden, Paulus apostolus, den Hebräern schreibend, sagte ‚Lebendig ist nämlich Gottes Rede und wirksam und durchdringender als jedes zweischneidige Schwert und sich durchtastend bis zur Zerteilung der Seele und des Geistes, der Gelenke und der Nerven.'	13	Und auch der edle Lehrer der Heiden, Paulus apostolus, zu den Hebräern sagte er: ‚Lebendig ist gewisslich Gottes Wort [...a] so durchdringender ist als alle zweischneidigen Waffen und es gelangt bis an die Grenze (der) Seele und (des) Geistes, und des Menschen Mark und Gelenk.'

A 3
Hench, S. 42/43, Fragment XXVIII Zeile 9–22 (14–18)
Wiener Digitalisat
links Bild 97 rechts Bild 100

https://digital.onb.ac.at/RepViewer/viewer.faces?doc=DTL_5736858&order=1&view=SINGLE.

†

‚et diriges iustum scrutans corda et renes, deus.‘ (Ps. 7,10)	14	rihtit enti … ar …. herzun ioh lentin,
Et iterum post ipsa diuisione dictum est in psalmo: ‚Laudate dominum omnes gentes, et commendate[24] eum omnes populi.‘ (vgl. Ps. 116,1)	15	(*Et iterum post*) demo selbin gescheite gaquetan ist in (*psal*)mom: ‚Loboen truhtin, allo deotun[25] enti so selb inan loboen alle liuti!.‘
Et in ipsius prophetia: ‚Omnes gentes plaudite manibus, iubilate deo in uoce exultationis.‘ (Ps. 46,2)	16	(*Et in*) selbin forasagin spellum kaquetan ist: ‚Hantslagot allo deotun enti haret za gote (*in exultationis*) stimnu.‘
Et idem ipse scribit: ‚Omnis terra adoret te, et psallet tibi, psalmum dicat nomine tuo, altissime.‘ (vgl. Ps. 65,4)	17	Enti so der selbo auch kascribit ‚(*Omnis terra*) uuirde enti lobsanc dir singe (*psalmum dicat nomine tuo*), dir hohisto.‘
Nam deus propter hominem et eius lamentabilem uocem misericors dignatus fuit – in humanitate ad terras descendere, – mortalitatem induere, – passionem sustinere, – mortem pati.	18	(*Nam deus*) durah mannan enti dea sina charalihhun (*uocem*) armherz gauuerdota – fona himile nidar steic za erdom, – maniscnissa (*induere*), – (passionem) dulten, – do(d)h gatauuen.

24 ***commendate***: *laudate* Vulgata.
25 ***deotun***: zu diesem Nom. Plur. mit der Sonderbedeutung „die Heiden“ s. Ahd. Gr. § 208, Anm. 4.

A 3
Hench Fragment XXVIII (14–21)

‚und du leitest den Gerechten prüfend die Herzen und die Nieren.‘ (Ps. 7,10)	14	leitet und .... (*ar*) .... (*scrutans*) die Herzen und die Lenden,
Und wiederum nach diesem Abschnitt ist gesagt im Psalm: ‚Lobt den Herrn, alle Völker, und vertraut euch ihm an, alle Völker!‘	15	(*Et iterum post*) dem selben Abschnitt gesagt ist in (den) (Psal)men: ‚Lobt (den) Herrn, alle Heiden und ebenso sollen loben ihn alle Menschen!‘
Und in desselben Prophetie: ‚Alle Völker, klatscht in die Hände, jubelt Gott zu mit der Stimme der Begeisterung!‘	16	(*Et in*) (des) selben Propheten Reden gesagt ist: ‚Klatscht alle Völker mit den Händen jubelt Gott zu mit der Stimme der Begeisterung!‘
Und ebenso schreibt derselbe: ‚Die ganze Erde bete dich an und psalliere dir, einen Psalm sage sie in deinem Namen, Höchster!.‘	17	Und ebenso schreibt derselbe: ‚(*Omnis terra*) möge würdigen und Lobgesang möge dir singen (*psalmum dicat nomine tuo*) dir, Höchster!‘
Denn Gott um des Menschen willen und seiner jämmerlichen Stimme barmherzig hat er sich gewürdigt – in Menschnatur zu den Erden hinabzusteigen, – Sterblichkeit anzuziehen, – die Passion auf sich zu nehmen, – den Tod zu erleiden.	18	(*Nam deus*) um des Menschen willen und umwillen der seinen kläglichen (*uocem*) barmherzig würdigte sich – vom Himmel hernieder stieg er zu den Erden – Menschnatur (*induere*), – (*passionem*) zu erdulden, – (den) Tod zu sterben.

Hench, S. 42/43 und 44/45, Fragment XXVIII Zeile 23–30 (19–21)

[26]Discendit enim sicut homo	19	Steic so sama so man nidar
in infernum,		za *inferne*,[27]
sed solus inter mortuos		(*sed solus*) untar totem
liber fuit,		frii aluualtento,
quia mors illum		(*quia mors illum*)
tenere non potuit.		bihaben nimahta.
Et inde liberauit		Enti fona diu arlosta
genus humanum.		manchunni.
Et sic	20	(Et sic) sigihaft gihuuorfan
		in mannes lihhamin
ad		za demo sinemo
caelestem sedem		himilischin sezzale
cum carne humana		
remeauit		(*remeauit*
et aperuit nobis		*et aperuit nobis*)
paradisi portas.		paradises portun.
Et a caelo	21	(*Et a caelo*)
		himilischin kauualte
missus		kasentit
sanctus spiritus.		heilac geist.

26 Von hier bis *tenere non potuit* aus Isidor, ‚De fide catholica contra Iudeos', Buch 1, auch De nativitate domini genannt, hier PL 83, Sp. 491 B.

27 ***inferne***: *in-* vor *ferne* bei Hench in Schrägschrift, dann Fremdwort „Infernum"; [4]MSD zur Stelle halten *ferne* (wie as. *fern*) als Lehnwort von lat. *infernum* für möglich; s. as. *fern*, „Hölle" bei Tiefenbach, AsHWb.

Er stieg nämlich als Mensch in die Hölle, aber einzig unter den Toten ist er frei gewesen, weil der Tod ihn nicht halten konnte. Und von daher befreite er das menschliche Geschlecht.	19	(Er) stieg gleich wie (ein) Mensch nieder zur Hölle, (*sed solus*) unter den Toten frei allwaltend, (*quia mors illum*) festhalten nicht konnte. Und von daher erlöste er (das) Menschengeschlecht.
Und so zum himmlischen Thron mit menschlichen Fleisch ging er zurück und öffnete uns des Paradieses Pforten.	20	(Et sic) sieghaft gestürzt in (eines) Menschen Leib zu dem seinem himmlischen Thron (*remeauit* *et aperuit nobis*) des Paradieses Pforten.
Und vom Himmel ist gesandt worden der heilige Geist.	21	(*Et a caelo*) durch himmlische Gewalt gesendet (wurde) (der) heilige Geist.

B 1
Hench, S. 44, Fragment XXIX Zeile 1–16 (01–07)
Wiener Digitalisat
links Überlieferungslücke, rechts Bild 104

https://digital.onb.ac.at/RepViewer/viewer.faces?doc=DTL_5736858&order=1&view=SINGLE.

	01	Umbi daz quad der deotono meistar[28]
[29]*Omnes enim filii dei estis* *per fidem quae est in Christo Iesu.*	02	Alle birut ir gauuisso gotes suni durah festea galaupnissa in nerrentan Christ.
Quicumque enim *in Christo baptizati estis,* *Christum induistis.* (Gal. 3,26–27)	03	So huuelihhe iuuuer gauuisso, so in Christes nemin gataufite sintun, Christan gauueridont.
	04	Enti so auh gascriban ist, daz Christ ist haubit allero cristanero, enti alle dea gachoranun gote sintun sines haubites lidi.
‚*Caritas dei diffusa est in cordibus nostris* *per spiritum sanctum, qui datus est nobis.*‘ (Rom. 5,5)	05	Enti auh selbo apostolus diz quad: ‚Gotes minni ist gagozan in unsere muotuuillon durah heilagan geist, der uns gageban uuarth.‘
	06	Huuanta ano dea nist dir eouuiht bidarbi, des du hapen maht, uuanta siu ist samahafti mit demo heilagin geiste.
Caritas patiens est, – *benigna est,* – *caritas non aemulatur,* – *non inflatur,* – *non agit perperam,* – *non est ambitiosa,* – *non quaerit quae sua sunt,* – *non inritatur,* – *non cogitat malum,* – *non gaudet super iniquitatem,* – *congaudet autem ueritati.* (1 Kor. 13,4–6)	07	Gotes minni dultic ist, – Frumasam ist, – Nist apulgic, – Nizaplait sih, – Nihabet achust, – Nist ghiri, – Nisohhit daz ira ist, – Nibismerot, – Nidenchit ubiles, – Ni frauuit sih ubar unreht, – Frauuit sih gameino mit uuarnissu.

28 ***meistar***: „Meister, Lehrer"; *meitar* bei Hench Druckfehler.

29 Das im Folgenden in Schrägschrift Gegebene fehlt in den Monseer Fragmenten und ist von Hench nach der Vulgata (Gal. 3,26–27; Rom. 5,5) bzw. nach Gregor ergänzt.

B 1
Hench Fragment XXIX (01–07)

	01	Über das sagte der Lehrer der Heiden:
Denn alle seid ihr Söhne Gottes durch den Glauben in Christo Jesu.	02	Alle seid ihr gewisslich Söhne Gottes durch festen Glauben an den rettenden Krist.
Jeder von euch nämlich in Christo seid ihr getauft, Christum habt ihr angezogen.	03	Welcher von euch gewisslich, die ihr in Krists Namen getauft seid, sie ziehen Krist an.
	04	Und so ist auch geschrieben, dass Krist ist (das) Haupt aller Christen, und alle die Erwähltem (für) Gott sind seines Hauptes Glieder.
‚Die Liebe Gottes ausgegossen ist in unseren Herzen durch den heiligen Geist, der uns gegeben ist.'	05	Und auch der Apostel selbst sagte dieses: ‚Gottes Liebe ist gegossen in unsere Gesinnungen durch (den) heiligen Geist, der uns gegeben ward.'
	06	Denn außer dieser ist dir nicht irgendetwas nützlich, wovon du etwas haben kannst, denn sie ist zusammenhaftend mit dem heiligen Geiste.
Die Liebe ist geduldig, – wohlwollend ist sie, – die Liebe ist nicht eifersüchtig, – macht nicht aufgeblasen, – handelt nicht falsch, – nicht ist sie ehrgeizig, – nicht sucht sie, was das ihre ist, – nicht lässt sie sich aufreizen, – nicht sinnt sie Böses, – nicht freut sie sich über Unrecht, – Mitfreude hat sie vielmehr mit der Wahrheit.	07	Gottes Liebe ist geduldig, – sie ist förderlich, – ist nicht neidisch, – bläst sich nicht auf, – nicht hat sie Falschheit, – ist nicht gierig, – nicht sucht sie, was das ihre ist, – sie erbittert sich nicht, – nichts Böses denkt sie, – nicht freut sie sich über Unrecht, – (sie) freut sich gemeinsam mit (der) Wahrheit.

B 1
Hench, S. 44, Fragment XXIX Zeile 17–30 (08–13)
Wiener Digitalisat
links Überlieferungslücke, rechts Bild 104

https://digital.onb.ac.at/RepViewer/viewer.faces?doc=DTL_5736858&order=1&view=SINGLE.

– [30]Patiens quippe est caritas, quia illata mala aequanimiter tolerat.	08	– Dultic ist gauuisso diu gotes minni, huuanta siu ira uuidarmuoti ebano gatregit.
– Benigna uero est, quia pro malis bona largiter ministrat.	09	– Frumasam ist, huuanta siu miltlihho giltit guot uuidar ubile.
– Non aemulatur, quia per hoc quod in praesenti mundo nihil appetit, inuidere terrenis successibus nescit.	10	– Nist abulgi, bidiu huuanta siu in desemo mittigarte neouuiht ueraltehteo niruohhit, noh niuueiz desses ærdlihhen habennes einiga abanst.
– Non inflatur, quia cum praemium internae retributionis anxia desiderat, de bonis se exterioribus non exaltat.	11	– Ni zaplait sih, huuanta siu angustlihho gerot dera euuigun fruma des inlihhin itlones, enti bidiu sih ni arheuit in desem uzzsrom otmahlum.
– Non agit perperam, quia quo se in solum dei ac proximi amorem dilatat, quidquid a rectitudine discrepat, ignorat.	12	– Ni heuit achust, bidiu huuanta siu in eines gotes minnu enti in des nahistin sih gabreitit, neo uuiht archennit, des sih fona rehte scheidit.
– Non est ambitiosa, quia quo ardenter intus ad sua satagit, foras nullatenus aliena concupiscit.	13	– Nist ghiri, huuanta des siu inuuerthlihho ist brinnanti ira za zilenne[31] uzana einicuuis framades ni gerot.

30 Ab hier bis *prouectus hilarescit* (18) wörtlich aus Gregor, ‚In Iob Moralia' Buch 10, Kap. 6, PL 75, 925 D.
31 ***zilenne***: zu *zilên* sw.V.„ängstlich bemüht sein".

B 1
Hench Fragment XXIX (08–13)

– Geduldig freilich ist die Liebe, weil sie zugefügte Bosheiten mit Gleichmut erträgt.	08	– Geduldig ist gewisslich die Liebe Gottes, weil sie ihr Zuwideres mit Gleichmut erträgt;
– Wohlwollend aber ist sie, weil sie gegenüber Bösen gute Dinge freigiebig darreicht.	09	– Förderlich ist sie, weil sie großmütig gut gegen böse vergilt;
– Nicht ist sie eifersüchtig, weil sie um dessentwillen dass sie in der gegenwärtigen Welt nichts erstrebt, zu neiden irdischen Erfolgen nicht weiß.	10	– Nicht ist sie neidisch, deswegen weil sie in diesem Erdkreis sich um gar keine Weltgüter bemüht, noch etwas weiß von einer einzigen Missgunst wegen dieser irdischen Habseligkeiten;
– Sie wird nicht aufgeblasen, denn weil sie angstvoll den Lohn innerer Rückerstattung begehrt, wegen äußerer Güter tut sie sich nicht groß.	11	– Sie bläst sich nicht auf, weil sie angstvoll begehrt den ewigen Nutzen des innerlichen Gegenlohnes, und deswegen sich nicht großtut in diesen äußeren Reichtümern;
– Sie handelt nicht falsch, weil, wohin sie sich allein wegen der Liebe Gottes und des Nächsten ausbreitet, alles ihr unbekannt ist, was von der Rechtschaffenheit abweicht.	12	– Nicht hat sie Laster, weil sie allein in der Liebe Gottes und des Nächsten sich ausbreitet, bemerkt sie gar nichts, was sich vom Rechten abscheidet;
– Sie ist nicht ehrgeizig, denn dadurch dass sie innerlich brennend um ihre Dinge besorgt ist, begehrt sie nach draußen überhaupt nicht nach Fremdem.	13	– Nicht ist sie habgierig, denn indem sie innerlich brennend ist, sich um das Ihre zu bemühen, von außen in keiner einzigen Weise begehrt sie nach Fremdem;

B 2
Hench, S.46/47, Fragment XXX Zeile 1–13 (14–16)
Wiener Digitalisat
links Bild 105, rechts Bild 109

https://digital.onb.ac.at/RepViewer/viewer.faces?doc=DTL_5736858&order=1&view=SINGLE.

14

– Non querit, que sua sunt,
quia
cuncta, que hic transitoriæ possedit,
uelud aliena neglegit,
cum nihil sibi esse proprium,
nisi quod secum permanet, agnoscit.

– Nisouhhit daz ira ist,
huuanta
al daz siu habet deses zafarantin,[32]
diu maer es nirohit, danne des siu nihabet;
huuanta siu eouuiht ira eiganes niarchennit,
nibu daz eina daz mit iru durahuueret.

15

– Non inritatur,
quia
et iniuriis lacessita
ad nullius[33] se ultionis suae motus excitat,
dum
magnis[34] laboribus
maiora post premia expectat.

– Nibismerot,
huuanta
doh siu mit arbeitim sii gauuntot,
zi noheinigeru rahhu sih nigah(r)orit,
bidiu huuanta
siu hear in demo mihhilin gauinne[35]
bitit after diu merin itlones.

16

– Non cogitat malum,
quia
in amore munditiae
mentem solidans.
Dum omnem odium
radicitus eruit,
uersare in animo,
quod inquinat, nescit.

– Nigadenchit ubiles,
huuanta
siu in hreinnissu
ira muot ist festinonti.
Alle nidi
fona iru biuuentit,
neouuiht niarchennit,
daz unreht in iru arto.[36]

---

32 ***zafarantiu***: zu *zifaran* st.V. „zergehen, zugrunde gehen".
33 ***nullius***: *nullos* Gregor.
34 ***magnis***: pro *magnis* Gregeor.
35 ***gauinne***: *gawin* st. M., hier in der Bedeutung „Mühe".
36 ***arto***: zu *artôn* sw.V., „wohnen".

B 2
Hench Fragment XXX (14–18)

– Nicht sucht sie, was das Ihre ist, denn alle Dinge, die sie hier vergänglich besitzt, missachtet sie gleichsam als fremde, weil sie nichts als ihr eigenes anerkennt, außer was für sie Bestand hat.	14	– Nicht sucht sie, was das Ihre ist, denn alles das sie hat an diesen dahin fahrenden Dingen, nicht mehr kümmert sie sich darum, als um das, was sie nicht hat; denn sie betrachtet überhaupt nichts als ihr eigenes außer das einzige, das mit ihr weiter währt.
– Nicht lässt sie sich aufreizen, denn auch durch Ungerechtigkeiten aufgereizt reizt eine Erregung zur Rache für keinen sie auf. Denn bei großen Leiden erwartet sie später umso größere Belohnungen.	15	– Sie erbittert sich nicht, denn obwohl sie mit Plagen verwundet ist, auf keine einzige Rache sinnt sie, denn weil sie hier in dieser großen Mühe (ist), erwartet sie danach umso größeren Lohn.
– Nicht sinnt sie Böses, denn in Liebe zur Reinheit den Sinn festmachend bis sie allen Hass mit der Wurzel ausgerissen hat, dass im Geist etwas wohne, das beschmutzt, weiß sie nicht.	16	– Nichts denkt (sie) Böses, weil sie in Reinheit ihre Gesinnung festigend ist. Alle Hassregungen wendet (sie) von sich, ganz und gar nicht erkennt sie dass Unrecht in ihr wohne.

Hench, S. 46/47, Fragment XXX Zeile 14–17 (17–18)

Latin		Althochdeutsch
– Non gaudet super iniquitatem,[37]	17	– Nimendit unrehtes
quia		huuanta
quod[38] sola dilectione		siu in eineru minnu
erga omnes inhiat,		umbi alle man sufteot,
ne(c de) perditione aduersantium exultat.		neo sih frauuuit in dero uuidarzuomono forlornissu.
– Congaudet autem ueritati,	18	– Frauuuit sih ebano mit uuarnissu,
quia,		huuanta
ut se ceteros diligens,		so sih selba so minnot andre,
per hoc rectum in aliis conspicit,		Enti so huuaz so siu in andremo guotes gasihit,
quasi de augmento proprii prouectus hilarescit.[39]		so sama so ira selbera frumono des mendit.

37 ***iniquitatem***: *iniquitate* Gregor.

38 ***quod***: *quo* Gregor.

39 Bis hierher Gregor.

– nicht freut sie sich über Unrecht, denn weil sie mit alleiniger Liebe zu allen begierig ist, jubelt sie nicht über das Verderben von Gegnern.	17	– nicht freut sie sich über Unrecht, weil sie in einer einzigen Liebe zu allen Menschen seufzt, freut sie sich nicht bei dem Verderben der Zuwideren.
– mitfreut sie sich vielmehr mit der Wahrheit. weil sie, sich selbst wie andere liebend, hierdurch das Gerechte in Anderen erblickt; wie durch Vermehrung des Eigenen gefördert wird sie fröhlich.	18	– sie freut sich gemeinsam mit (der) Wahrheit. denn wie sich selbst, so liebt (sie) Andere, und was immer sie in einem Anderen an Gutem sieht, ebenso wie ihrer eigenen Vorzüge freut sie sich daran.

B 2
Hench, S. 46/47, Fragment XXX Zeile 17–30 (19–26)
Wiener Digitalisat
links Bild 105, rechts Bild 109

https://digital.onb.ac.at/RepViewer/viewer.faces?doc=DTL_5736858&order=1&view=SINGLE.

Et ita in illo primo mandato dei, de quo in euangelio interroganti se respondens dominus ait:	19	Enti so sama in demo eristin gotes gabote in gotspelle meinit, daz fragentemo sih[40] truhtin antuurta, quad:
Diligis[41] dominum deum tuum – ex toto corde – et ex tota anima tua – et ex tota mente tua – et ex tota uirtute tua. (Mt. 22,37; Mc. 12,30; Luc. 20,27)	20	Minno dinan truhtin got – allu hercin – enti anauualgeru[42] dineru selu – enti allu dinu muotu – ioh maganu.
Deinde est aliud mandatum simile huic:	21	After diu ist auh ander gabot anagalih demo:
‚Diligis[43] proximum tuum sicut te ipsum.‘ (Mt. 22,39)	22	‚Minno dinan nahistun so sama so dih selban.‘
Proximos utique uult omnes christianos et iustos intellegi, quia in una uoluntate mandatorum legem domini custodiunt.	23	Nahistun zelit untar im heilac gascrip alle christane enti rehtuuisige,[44] dea in einemo uuillin sintun, gotes gabot za gahaltanne.
Quia sicut ait apostolus Paulus:	24	Huuanta (*sicut ait apostolus Paulus*)
‚Unus dominus, una fides, unum baptisma, Unus deus et pater omnium, qui[45] super omnes et per omnia, et in omnibus nobis, (Eph. 4,5) qui est benedictus in secula seculorum.	25	Ein got (*una fides,* *unum baptisma* *unus deus et pater omnium*) (*qui super*) durah (*omnia* *et in omnibus nobis,* *qui est benedictus in secula seculorum.*)
Et Malachias sanctus	26	(*Et Malachias sanctus*)

---

40 ***meinit, daz fragentemo sih truhtin antuurta***: die Übersetzung ist hier unverständlich.
41 ***Diligis***: *diliges* Vulgata.
42 ***ana-walg***: „ganz, heil“ (eigentlich „rund“), s. Splett AhdWb 1056 mit Verweis auf Holthausen, Ae. et. Wb., S. 386.

B 2
Hench Fragment XXX (19–26)

Und so auch in jenem ersten Gebot Gottes, über das im Evangelium dem ihn Fragenden antwortend der Herr sagte:	19	Und ebenso in dem ersten Gebot Gottes im Evangelium, (er) meint, das (dem) Fragenden sich (der) Herr antwortete, (er) sagte:
Du sollst lieben den Herrn, deinen Gott – von ganzem Herzen – und mit deiner ganzen Seele – und mit deinem ganzen Denken – und mit deiner ganzen Kraft.	20	Liebe deinen Herrn, Gott – mit ganzem Herzen – und mit deiner ganzen Seele – und mit deinem ganzen Gemüt – und Kraft.
Danach ist ein anderes Gebot dem ähnlich:	21	Nach diesem ist auch (ein) anderes Gebot ähnlich diesem;
‚Du sollst lieben deinen Nächsten so wie dich selbst.‘	22	‚Liebe deinen Nächsten ebenso wie dich selbst‘.
‚Die Nächsten‘, das will verstanden werden: ‚wie alle Christen und Gerechten‘, weil sie in einem einzigen Willen das Gesetz der Gebote des Herrn hüten.	23	‚(Als) (die) Nächsten‘ zählt unter ihnen die heilige Schrift alle Christen und richtig unterwiesenen, die in einem einzigen Willen sind, Gottes Gebot einzuhalten.
Denn wie der Apostel Paulus sagt:	24	Denn (*sicut ait apostolus Paulus*)
‚Ein Herr, ein einziger Glaube, eine einzige Taufe, ein einziger Gott und Vater aller, der über allen und durch alle und in uns allen, der gesegnet ist von Ewigkeit zu Ewigkeit.	25	Ein einziger got (*una fides,* *unum baptisma* *unus deus et pater omnium*) (*qui super*) durah (*omnia* *et in omnibus nobis,* *qui est benedictus in secula seculorum.*)
Und der heilige Malachias,	26	(*Et Malachias sanctus*)

---

43 ***Diligis***: *diliges* Vulgata.
44 ***rehtuuisige***: das meint wohl die „richtig unterwiesenen“ im Unterschied zu den Häretikern.
45 ***qui***: *qui est* Vulgata.

B 3
Hench, S. 48/49, Fragment XXXI Zeile 1–13 (27–29)
Wiener Digitalisat
links Bild 110, rechts Bild 112

https://digital.onb.ac.at/RepViewer/viewer.faces?doc=DTL_5736858&order=1&view=SINGLE.

Propheta scripsit, (Mal. 1, 10–11)	27	forasago (*scripsit*),
quomodo dominus de iudeorum sacrificiis ait:		huueo truhtin umbi (*iudeorum sacrificis*) [... a][47] quad:
‚Non est mihi uoluntas in uobis,		‚Nist mir uuillo in iu
dicit dominus exercituum,		(*dicit*) truhtin (*exercituum*)
ut[46] munus non suscipiam de manu uestra.		enti geba ni antfahu ih (*de*) henti (*uestra*).
Ab ortu enim solis	28	Fona diu sunna ōst uphgengit
usque ad occasum,		untaz siu sizzit,
magnum est nomen meum in gentibus.		mihhil enti mari ist (*nomen meum*) in deotom.
In omni loco sacrificatur et offertur		In steteo gahuuelihheru (*sacrificatur et offertur*)
nomini meo oblatio munda.		[t] minemo nemin hreina geba.
Quia magnum nomen meum in gentibus,		(*Quia magnum*) miin namo untar deotom‘,
dicit dominus exercituum.‘ (Mal. 1, 10–11)		quad (*dominus exercituum*).‘
Sicut legimus in ‚Actibus apostolorum‘:	29	So uuir auh lesemes in ‚Actibus (*apostolorum*)‘:
quando Iudei		huuanta Iudealiuti
repleti sunt		nides folle
zelo et inuidia,		abanstotun[48]
et contradicebant		(*et contradicebant*), daz dea heilagun Christes iungirun
praedicanti Paulo gentibus		(*predicantes*) uuarun dea heitniscun deotun
cum fiducia uerbum dei:		mit (*fiducia*) ... uuortu.

46 ***ut***: *et* Vulgata.
47 *[...] -**a***: letzter Buchstabe von *propheta*, das aus der lateinischen Zeile vorher wiederholt wäre?
48 ***abanstotun***: zu *ab-anston* „missgünstig sein“.

B 3
Hench Fragment XXXI (27–34)

der Prophet hat geschrieben, wie der Herr über die Opfer der Juden sagt:	27	der Prophet (*scripsit*), wie der Herr über (*iudeorum sacrificis*) [*a] sagte:
‚Nicht ist es mein Wille mit euch, sagt der Herr der Heere, dass ich (nicht) eine Gabe empfange von eurer Hand.		‚Nicht ist es mein Wille mit euch (*dicit*) (der) Herr(*exercituum*) und ich (eine) Gabe nicht empfange (*de*) Hand (*uestra*).
Vom Aufgang der Sonne nämlich bis zum Untergang, groß ist mein Name bei den Völkern.	28	Von da her, wo die Sonnen im Osten aufgeht , bis wo sie untergeht, groß ist und berühmt (*nomen meum*) bei den Heiden.
An jedem Ort wird geopfert und zugetragen		An jeder Stätte (*sacrificatur et offertur*)
meinem Namen eine reine Darbringung. Denn mein Name ist groß bei den Völkern,		[t] meinem Namen reine Gabe. (*Quia magnum*) (ist) mein Name bei den Heiden,
sagt der Herr der Heere.‘		sagte (*dominus exercituum*).‘
So auch lesen wir in den ‚Taten der Apostel‘,	29	Wie wir auch lesen in den ‚Taten (*apostolorum*)‘,
als die Juden erfüllt gewesen sind mit Zorn und Hass und widersprachen		weil das Judenvolk voll des Hasses missgünstig war (et contradicebant,) dass die heiligen Jünger Krists
dem Paulus, weil er den Heiden predigte		(*predicantes*) waren die heidnischen Völker
mit Treue das Wort Gottes:		mit (*fiducia*) ... (durch das) Wort:

Hench, S. 48/49, Fragment XXXI Zeile 13–25 (30–34)

„Tunc constanter Paulus et Barnabas dixerunt: ‚Uobis oportebat primum loqui uerbum dei, sed quoniam reppulisti(s)[49] illud, et indignos uos iudicastis aeternæ uite: ecce, conuertimur ad gentes.	30	„Duo saar einmuote Paulus (*et Barnabas*) quatun: ‚Iu garisti[50] erist gotes uuort (*loqui*) (*sed*) uuanta ir daz uuidaruurfut[51] (*et*) unuuirdige arteiltut des saligin (*uite*): seenu, bidiu huueruemes uuir za (gentes),
sic enim praecepit nobis dominus, et sicut de eo scriptum est:	31	(*sic*) gauuisso (*praecepit nobis*) truhtin, Enti so (*de eo*) gascriban (est):
‚Posui te in lumen gentium,	32	‚Sezzita dih deotom za leohte,
ut sis in salutem usque ad extremum terre.‘ (Is. 49,6)		daz (*sis in salutem*) untaz ærda enti.‘
Audientes autem gentes gauisi[52] sunt et glori(fi)cabant uerbum dei. Et crediderunt quotquot erant praeordinati ad uitam ęternam.“ (Act. 13,46–48)	33	So duo diz (*audientes autem gentes*), uuarun des mendente, enti ærlihho[53] (*uerbum dei*). Enti galauptun so huuelihhe so e (*praeordinati*) uuarun za demo euuigin libe.“
Et nunc iam impletum est sicut per psalmistam domino dicente Paulus quem non	34	(*Et nunc iam impletum est*) so gascriban uuarth durah (*psalmistam*). ……………………………………………………

49 ***reppulisti(s)***: *repellitis* Vulgata.
50 ***garisti***: zu *chi-rîsan* „sich ziemen“.
51 ***uuidaruurphut***: zu *widar-werphan* „zurückweisen“.
52 **gauisi**: *gavisae* Vulgata.
53 ***ærlihho***: so nur bei Otfrid als Adv. *(h)êrlihho* „herrlich, mächtig“ belegt und in einer Glosse (Seebold ChWdW9, S. 412); darf man hier mit *ærlihho* auf eine entstellte Form *ærlihhotun* von *ærlihhon* „verherrlichen“ schließen?

„Da haben standhaft Paulus und Barnabas gesagt: ‚Euch ziemte es zuerst, Gottes Wort zu sagen, aber da ihr es zurückgewiesen habt und als unwürdig euch verurteilt habt des ewigen Lebens: siehe, wenden wir uns zu den Heiden.	30	„Da sagten sogleich einmütig Paulus (*et Barnabas*): ‚Euch ziemte es zuerst, Gottes Wort (*loqui*), (*sed*) weil ihr das zurückwieset, (*et*) (als) unwürdige (*uos*) verurteiltet des seligen (*uite*): siehe, deswegen wenden wir uns zu den (*gentes*).
so nämlich hat es uns der Herr befohlen, und so ist über dieses geschrieben:	31	(*sic*) gewisslich (*praecepit nobis*) (der) Herr: und so (*de eo*) geschrieben (*est*):
‚Ich habe dich als Licht für die Heiden eingesetzt, damit du seiest ein Heil bis ans Ende der Erde.‘	32	‚(Ich) setzte dich den Heiden zum Licht, auf dass (*sis in salutem*) bis an der Erde Ende.‘
(Das) aber hörend haben sich die Heiden gefreut und verherrlichten das Wort Gottes. Und es haben geglaubt so viele wie vorher bestimmt waren zum ewigen Leben.“	33	Als da dieses (*audientes autem gentes*), (sie) waren darüber sich freuende und verherrlichten (*uerbum dei*), Und (es) glaubten alle welche zuvor waren (*praeordinati*) zu dem ewigen Leben.“
Und nun ist schon erfüllt wie durch den Psalmisten, indem der Herr redet, Paulus, den nicht	34	(*Et nunc iam impletum est*), wie geschrieben ward durch (*psalmistam*).

104 Aus den ‚Mondseer Fragmenten'

Augustins Sermo LXXVI[1]
Hench, The Monsee Fragments

²**VL** 1 (1978), Sp. 296–303 (Klaus Matzel). – **VL** ahd. und as Lit. (2013), S. 204–213 (Elke Krotz).
Ü.: aus den Fragmenten einer ehemals Mondseer Handschrift in Hannover und Wien:
a: Wien, ÖNB, Cod 3093*, Reste von mindestens 47 Blättern.
b: Hannover, LB I 20b, 2 Blätter aus der selben Handschrift wie a.
c: Wien, ÖNB, Cod. 2997, hinterer Innendeckel.
Abb.: a: Gesamtbestand der Wiener Fragmente in Farbe: https://digital.onb.ac.at/RepViewer/viewer.faces?doc=DTL_5736858.
Aus der ‚Homilia de vocatione gentium' Kupferstich-Faksimile einer Seite bei Endlicher/Hoffmann vor dem Titel (Hench, Fragment XXIX).
b: beide Hannoveraner Blätter in Farbe
http://digitale-sammlungen.gwlb.de/sammlungen/sammlungsliste/werksansicht/?no_cache=1&tx_dlf%5Bid%5D=7451&tx_dlf%5Bpage%5D=5&tx_dlf%5Bdouble%5D=0&cHash=c65e3d99371e0551c1226d8a4abda5d9.
Dat.: Hs. 9. Jh., erstes Jahrzehnt oder erstes Drittel (Bischoff, Die südostdeutschen Schreibschulen, S. 21–22 bzw. derselbe, Katalog, Teil I, Nr. 1502); Textentstehung 8. Jh., Ende.
Spr.: lat.-ahd. Bilingue, das Ahd. „bajuwarisierende Abschrift eines Originals im Dialekt der Gegend von Metz" (Krotz, **VL** ahd. und as. Lit.).
Ed.: Endlicher/Hoffmann von Fallersleben, Fragmenta,[2] S. 36–48 (Text; Kupferstich-Frontispiz: Faksimile von Hench, Fragment XXIX, Homilia de vocatione gentium); digital: https://digital.onb.ac.at/OnbViewer/viewer.faces?doc=ABO_%2BZ222433201. – Hench, The Monsee Fragments Hench, hier Fragment XXXVII-LX, S. 60–67 (Text).
Lit.: Morvay/Grube T 1. – Ausführliche Bibliographie in **VL** ahd. und as. Lit., S. 211–213 (Elke Krotz). – Kelle, LG 1, S. 91–94 und 336–338. – Kögel LG I,2, S. 477–497. – Ehrismann LG I, S. 273–286. – Haubrichs, Die Anfänge, S. 253. – ⁴MSD II, Nr. 60, S. 348–353 (Kommentar). – Hench, The Monsee Fragments, S. 91–93 (Kommentar). – Krotz, Auf den Spuren des althochdeutschen Isidor. – Hellgardt, Killy-Lit. Lex., Isidor.

Das Stück gehört zum Komplex des „Althochdeutschen Isidor" (s. Nr. 32) und ist eines der sprachlich und intellektuell anspruchsvollsten in dieser Gruppe. Der Thematik nach dürfte ihm entschieden politische Bedeutung zugemessen werden. Denn es thematisiert mit der Petrus-Figur die herausragende Bedeutung des Papstes als Vorbild der Glaubensfestigkeit und Leitfigur der Christenheit, und mit der Paulus-Figur das Thema der Rechtgläubigkeit gegenüber Häretikern, damit also die wichtigsten Themen der Kaiser-Papst-Politik gegen Ende des 8. und zu Beginn des 9. Jahrhunderts.

Die Texte stehen in der Handschrift auf gegenüberliegenden Seiten: links (verso) lateinisch – rechts (recto) deutsch.

---

1 PL 38, Sp. 479–483.
2 In zweiter Auflage hg. von Hans Ferdinand Maßmann, Wien 1841 mit Facsimilia einiger Details.

Zum lateinischen Text: Wo der lateinische Text Augustins in den Mondseer Fragmenten nicht erhalten ist, wird er mit Hench nach PL 38, Sp. 479–483 hinzugefügt. Diese Hinzufügungen stehen in Schrägschrift. In gerader Schrift steht, was die Mondseer Fragmente bieten. Entsprechend bei den Übersetzungen des lat. und des ahd. Textes.

Texte nach Hench und dem Digitalisat, zeilengleich mit der Handschrift, s. auch Anm. 3.

Hench, S. 60/61, Fragment XXXVII[3] Zeile 14–28
Wiener Digitalisat
Bild 147 (deutscher Text)

https://digital.onb.ac.at/RepViewer/viewer.faces?doc=DTL_5736858&order=1&view=SINGLE.

01	*Rursus in Matthaeum XIV de domino* *Wieder zu Matthäus XIV über den Herrn*	Hear saget Fona Got spelle, hueo Christus Hier sagt er vom Evangelium wie Christus
02	*ambulante super aquas maris* *gehend über die Wasser des Meeres*	oba seuues uuazarum geng, über des Sees Gewässer ging
03	*et de Petro titubante.* *und über den wankenden Petrus*	enti fona apostole Petre. und von dem Apostel Petrus.
04	*(cap. I) Euangelium, quod recentissime recitatum* *(cap. I) Das Evangelium, das gerade eben vorgelesen*	Diz gotspel, daz nu niuuuost hear galesan Dieses Evangelium, das nun eben hier gelesen
05	*est de domino Christo, qui* *wurde[4] von dem Herrn Christus, der*	uuarth fona unseremo truhtine Christe, huueo er ward von unserem Herrn Krist, wie er
06	*super aquas maris ambulauit, et de apostolo Petro,* *über die Gewässer des Meeres ging, und vom Apostel Petrus*	genc oba seuues uuazarun, enti fona apostole Petre, ging über die Gewässer des Sees und von dem Apostel Peter,
07	*qui ambulans timendo titubauit, et diffidendo mersus,* *der im Gehen sich fürchtete und schwankte, und zweifelnd eingesunken war,*	der genc in forhtun plugisonto, enti ungalaubento bisau- der ging in Ängsten zweifelnd, und als Unglaubender ver-

---

3 Hench, The Monsee Fragments, S. 60–61. – Die Segment-Zählungen entsprechen den Zeilenanfängen der Handschrift und bei Hench. Der lateinische Text ist in den Mondseer Fragmenten zu diesem Fragment nicht erhalten; hier ist er in Schrägschrift ergänzt mit Hench nach der PL. Ahd. Text: Digitalisat Bild 147.

4 Der ursprünglichen Predigt Augustins war die gottesdienstliche Lesung der Evangelieneperikope Mt. 14,24–33 unmittelbar vorangegangen.

08	*confitendo rursus emersit, admonet* *und Glauben fassend wieder auftauchte, ermahnt*	fita, enti galaubento auuar uph quam, irmanot sank und als Glaubender wieder auf kam, ermahnt
09	*nos, intellegere mare praesens saeculum* *uns, zu erkennen, dass das Meer die gegenwärtige Welt*	unsih, za forstantanne in seuue desan antuurtun mittigart uns, in dem See zu verstehen diese gegenwärtige seiende Welt,
10	*esse, Petrum uero apostolorum ecclesiae* *ist, dass Petrus aber unter den Aposteln der Kirche*	uuesantan, Petrum apostolorum auuar christanheiti chirihhun ... dass Petrus aber unter den Aposteln der Christenheit für die Kirche ...
11	*unicae typum. Ipse enim Petrus in apostolorum* *alleiniger Typus ist. Denn eben dieser Petrus, unter den Aposteln*	einun bauhnunga. selbo Petrus in dero apostolono der einen, das Bedeutungszeichen ist. Der selbe Petrus unter den Aposteln
12	*ordine primus, in Cristi amore promptissimus* *der Ordnung nach der erste, in der Liebe zu Christus der Bereitwilligste*	antreitin furisto, in Christes minniu batas[5] ... garauuo vorderster in der Rangfolge, in der Liebe zu Krist am eifrigsten bereit
13	*saepe unus respondet pro omnibus. Ipse denique* *antwortet oft allein für alle. Kurz, ebendieser,*	Oftlihho einer antuurtit furi alle. Er, unseremo oft als einer antwortet (er) für alle.
14	*domino Iesu Christo requirente, quemnam homines* *als der Herr Christus fragte, wer denn die Leute*	truhtine Iesum Christum eiscontemo, huuenan inan man als unser Herr Jesus Christus fragte, wen ihn die Menschen
15	*dicerent eum esse, et opiniones uarias* *sagten, dass er sei, und als mit verschiedenen Meinungen*	meinitin, daz aer uuari, enti mislihhero .... ment .. meinten, dass er wäre, und als mit verschiedenen [Meinungen]

5 *batas* wohl zu verbessern in *batosto* Adv. „am eifrigsten“, Seebold, ChWdW9 S. 152 mit Literaturverweisen.

Hench, S. 60/61, Fragment XXXVII Zeile 29–30

16	*hominum discipulis respondentibus* *der Leute die Jünger antworteten*	manno uuarun dea iungirun antuurtente, der Menschen die Jünger antworteten,
17	*rursusque domino interrogante et dicente:* *und als wieder der Herr fragte und sagte:*	auuar unsaremo truhtine fragentemo enti quedantemo als unser Herr wieder fragte und sagte:

Hench, S. 60/61–62/63, Fragment XXXVIII[6]
Wiener Digitalisat
Bild 148 (lateinischer Text), Bild 151/153 (lateinischer/deutscher Text)

https://digital.onb.ac.at/RepViewer/viewer.faces?doc=DTL_5736858&order=1&view=SINGLE.

01	„Uos autem, quem me esse dicitis?" respondit „Ihr aber, wer glaubt ihr, dass ich sei?" antwortete	„Inu, huuenan meinit ir, daz ih sii?" antuurta Petrus: „Nun, wen meint ihr, dass ich sei?" antwortete Petrus:
02	Petrus: „Tu es Christus, filius dei uiui." Unus pro Petrus: „Du bist Christus, Sohn des lebendigen Gottes." Ein einziger für	„Du bist Krist, quehhes gotes sunu." Einer gab ant- „Du bist Krist, des lebendigen Gottes Sohn." Ein einziger gab Ant-
03	multis dedit responsum, unitas in multis. viele gab Antwort, die Einheit in Vielen.	uurti furi manage, einnissi in managem. wort für Viele, Einheit in Vielen.
04	Tunc ei Dominus ait: „Beatus es Simon, Bar-Iona, Da sagte ihm der Herr: „Selig bist du Simon Bar-Jona	Duo quad imo truhtin: „Salic du bist ..., Da sagte ihm der Herr: „Selig bist du, [Simon Bar-Jona],

6 Hench, The Monsee Fragments, S. 60–61. – Das Fragment XXVIII schließt ohne Textverlust unmittelbar an Fragment XXVII an.

05	quia non reuelauit (tibi)[7] caro et sanguis, sed denn nicht offenbarte (es) dir Fleisch und Blut, sondern	huuanta ni araugta dir diz fleisc ... denn nicht zeigte dir dieses (das) Fleisch ...
06	pater meus, qui in caelis est." Deinde addidit: sondern mein Vater, der in den Himmeln ist." Dann fügte er hinzu:	fater, der in himilun ist." Fona diu ... . Vater, der in (den) Himmeln ist, deshalb .... :
07	„Et ego tibi dico," Tamquam diceret: „quia „Und ich sage dir – so wie er sagte „weil	„Enti ih quidu dir" – so er quati Huuanta ... „Und ich sage dir" – so wie er (Petrus) gesagt habe, weil ...
08	tu dixisti mihi: ‚Tu es Christus, filius dei uiui', du zu mir gesagt hast: ‚Du bist Christus, der Sohn des lebendigen Gottes'	quati ‚Du bist Christ, quehhes gotes ...' gesagt hast ‚du bist Krist, (des) lebendigen Gottes .....
09	Et ego dico tibi: Tu es Petrus. Simon (so) sage auch ich zu dir: Du bist Petrus." Simon	quidu dir: ‚Du bist Petrus.' Simon ...[8]" (so) sage (ich) dir: Du bist Petrus." Simon [Bar-Iona nämlich hieß (er)]
10	quippe antea uocabatur. Hoc autem ei nämlich wurde er vorher genannt. Dieser aber ihm (gegebene)	aer za uuare. Dese ..., zuvor .... in Wirklichkeit. Dieser ......,
11	nomen, ut Petrus appellaretur, Name, dass er Petrus genannt wurde,	daz er Petrus ... dass er Petrus ....
12	et hoc in ea figura a domino positum est, auch hier Gleichnisrede von dem Herrn wurde gesetzt	uuarth imo ga ..., wurde ihm ge....

7 ***tibi*** in der Hs. ausgelassen (Hench).

8 Sicherlich ist zu ergänzen *Bar-Iona*.

13	ut significaret aecclesiam. Qia enim damit er bezeichnen sollte die Kirche. Denn gewiss	thaz er bauhniti .... auf dass er bezeichnen sollte ....
14	Christus petra, Petrus populus christianus. Christus (ist) der Fels, Petrus das christliche Volk.	ist gauuisso felis .... [kris-] ist gewiss (der) Fels, ... christ-
15	Petra enim principale nomen est. petra („der Fels") nämlich ist der zugrundeliegende Name.	tane liuti. Huuanta ... lichen Leute. Denn ....
16	Ideo Petrus a petra, non petra a Petro,[9] Deshalb (ist abgeleitet) ‚Petrus' von Stein (petra), nicht ‚Stein' (petra) von ‚Petrus'.	Bidiu steines ... deshalb ‚des Steines' ....
17	quomodo non a christiano Christus, sed a Christo christianus auf welche Weise nicht von ‚christiano' ‚Christus', sondern von ‚Christus' ‚christianus'	steines, so selb so ... des Steines, ebenso wie
18	uocatur. „Tu es ergo", inquit, „Petrus et genannt wird. „Du bist also," „sagt er, „Petrus und	so fona Christe christani ... wie von ‚Krist' ‚Christen' ....
19	super hanc petram, quam confessus es, über diesen Felsen, den du bekannt hast	enti oba demo steine ... und über diesem Stein, ...

9 *Quia enim Christus ‚petra', ‚Petrus' populus christianus; ‚petra' enim principale nomen est. Ideo ‚Petrus' a ‚petra', non ‚petra' a ‚Petro'.* Der nicht leicht durchschaubare Sinn des Satzes lässt sich etwa so umschreiben: „Es ist nämlich so, dass Christus ‚petra' ist („ein Stein, ein Fels"); er ist nämlich im übertragenen Sinn ‚der Stein'. Und wiederum ist es so, dass im eigentlichen Sinn der mit dem Personennamen ‚Petrus' benannte im übertragenen Sinn das Christenvolk bedeutet. Nun ist doch ‚petra' (als Appellativ = „Stein, Fels", im übertragenen Sinn = „Christus") das Grundwort (*principale nomen*); also ist ‚Petrus' (im übertragenen Sinn = das christliche Volk) von ‚petra' (im übertragenen Sinn = Christus) abgeleitet, nicht umgekehrt ‚petra' (im übertragenen Sinn = Christus) von ‚Petrus' (im übertragenen Sinn = Christenvolk)."– Zur linguistisch-semantischen Erläuterung von *petra / Petrus*, s. unten Anm. 16.

20	super hanc petram, quam cognouisti, dicens: über diesen Felsen, den du erkannt hast, sagend:	selbin steine ... ebendemselben Stein, ...
21	„Tu es Christus, filius dei uiui," aedifi- cabo çcclesiam „Du bist Christus, Sohn des lebendigen Gottes" werde ich bauen meine	„Du bist Christus, quehhes .... [chirih-] „Du bist Christus, des lebendigen .... [Kir-]
22	meam, id est: super me ipso[10], filium dei uiui, aedi- Kirche, das heißt: über mich selbst, den Sohn Gottes des lebendigen,	hun. Daz ist: oba ... che. Das ist: über ....
23	ficabo ecclesiam meam,[11] super me aedifi- werde ich bauen meine Kirche, über mich	gazimbriu mina ... baue (zimmere) ich meine ....
24	cabo te, non me super te. (cap. II)[12] Nam uolentes [homines aedificari super][13] erbaue ich dich, nicht mich über dich. Denn (gewisse) Menschen, die erbaut werden wollten über	dih, nalles mih ... dich, keineswegs mich
25	homines[14] dicebant:[15] „Ego quidem sum Pauli, Menschen, sagten: „Ich bin des Paulus.	sume man quatun ...... manche Menschen sagten ....

10 *ipsum* Augustin.

11 Matth. XVI, 13–18. – Augustin schiebt nachdrücklich wiederholend ein: *„id est, super me, ipsum Filium Dei vivi, aedificabo Ecclesiam meam."*

12 Vor dem Folgenden steht bei Augustin: *Ecclesia non super homines, sed super Christum aedificata.*

13 Das in [ ] stehende ist Textverlust in der Mondseer Handschrift; abirren des Schreiberauges bei *homines*; so wohl auch die Vorlage der Mondseer Hs. (Hench, The Monsee Fragments, S. 92).

14 Augustin schiebt ein: *aedificari super homines.*

15 Zum Folgenden s. I Cor. 1,10–12.

26	ego autem Appollo, ego uero Caephae,[16] (ipse est „Ich aber des Appolos, ich aber des Cepha (dieser ist	Ih auh Appoles .... ich aber des Appolos, ...
27	Petrus) et alii, qui nolebant aedificare[17] Petrus) – und andere, die nicht bauen wollten	Petrus enti andre ... Petrus, und andere, ...
28	sub[18] Petro sed super petram. „Ego autem unter Petrus, sondern über den Felsen (*petram*). „Ich aber	untar Petre nibu ... unter Peter, sondern ....
29	sum Christi.“[19] Apostolus autem Paulus, ubi cogno- bin Christi.“ Der Apostel Paulus jedoch, als er er-	Christes. Apostolus ... Krists. (Der) Apostel ....
30	uit se elegi et Christum contemni: diuisus est [Christus?[20]] kannte, dass er erwählt werde, Christus aber missachtet werde, (sagte): „Ist [Christus] zerteilt?“	sih cheosan[21] enti Christan ... dass er wählte und den Krist ....

***

16 Cepha: aramäisch Kefa, Appellativ mit der Bedeutung ‚Stein, Fels‘; in griech. Umschrift Appellativ κηφᾶς, im Gebrauch als Bei-Name Κηφᾶς (‚Stein‘ als Bei-Name); auch das griech. Appellativ πέτρα, (ins Lateinische als Lehnwort petra ‚Stein‘ übernommen) bedeutet ‚Stein, Fels‘; davon abgeleitet ist Πέτρος, (lat. Petrus) als Bei-Name ‚Stein‘.

17 ***aedificare*** falsche Lesart, Augustin hat *aedificari*.

18 ***sub Petro*** ist falsche Lesart des Mondseer Textes, Augustin hat *super Petrum*. Der deutsche Text der Mondseer Hs. folgt mit *untar petre* der falschen Lesart.

19 Dem Paulus in den Mund gelegte Worte, s. I Cor. 1,10–13 und I Cor. I, 12–28.

20 I Cor. 1,13: *divisus est Christus?* Das Wort wird in Augustins Predigt mit Bezug auf die Körperteilparabel I Cor. 12, 12–27 verstanden.

21 ***cheosan*** „wählen“ (Infinitiv) setzt eine falsche Lesart *elegere* „wählen“ voraus, nicht die richtige des Mondseer Textes *elegi* „gewählt werden“.

Hench, S. 62/63–64/65, Fragment XXXIX[22]
Wiener Digitalisat
Bild 155 (deutscher Text)

https://digital.onb.ac.at/RepViewer/viewer.faces?doc=DTL_5736858&order=1&view=SINGLE.

01	*(cap. III)*[23] *figura nostra: modo fidit, modo* *Gleichnis von uns: einmal glaubte er, einmal*	unser galihnissi: huuilom baldi(ta), huuilom unser Gleichnis: zuweilen war er mutig, zuweilen
02	*titubat, modo immortalem confitetur* *schwankte er, einmal bekennt er den Unsterblichen*	blugisota, huuilom gatrueta in desan un- zweifelte er, zuweilen vertraute er auf diesen Un-
03	*modo timet, ne moriatur.* *einmal fürchtet er, dass er sterbe.*	arsterbantiun, huuilom forahta, ni er arsturbi. sterblichen, zuweilen fürchtete er, dass er stürbe.
04	*Proinde, quia ecclesia Christi habet infirmos,* *Von daher, weil die Kirche Christi Schwache hat,*	Bithiu ęr so huuanta Christes chirihha habet unfeste, Deshalb, in soweit wie Krists Kirche Schwache hat,
05	*habet et firmos, nec sine firmis potest esse, nec sine* *hat sie auch Starke, und weder ohne Starke kann sie sein, noch ohne*	habet ioh feste. Ni mac uuesan ano feste noh ano hat sie auch Starke. Nicht kann sie sein ohne
06	*infirmis. Unde dicit Paulus apostolus:* *Schwache. Deshalb sagt Paulus, der Apostel:*	unfeste. So umbi daz quad auh Paulus apostolus: Schwache. Um dessentwillen sagte auch Paulus, der Apostel:

22 Hench, The Monsee Fragments, S. 62–65. – Der lateinische Text ist in den Mondseer Fragmenten zu diesem Fragment nicht erhalten; hier ist er in Schrägschrift ersetzt nach Hench und PL 34, Sp. 479–483. – Ahd. Text: Digitalisat Bild 155.

23 Der Satz beginnt bei Augustin so: *Illum tamen videte Petrum, qui tunc erat* ... „Seht jedoch jenen Petrus, der damals war ...“

07	*„Debemus autem nos firmi infirmorum onera* *„Es müssen aber wir Starken der Schwachen Lasten*	„Sculdige auh uir festun unfestero burdi „Schuldige auch wir Starken, der Schwachen Bürden
08	*sustinere.“[24] In eo quod Petrus* *tragen. In dem, dass Petrus*	za anthabenne.“ In diu auh daz Petrus zu tragen. Damit einerseits, dass Petrus
09	*dixit: „Tu es Christus, filius dei uiui“ firmos* *sagte: „Du bist Christus, der Sohn Gottes, des lebendigen“ die Starken*	quad: „Du bist quehhes gotes sun“, feste sagte: „Du bist des lebendigen Gottes Sohn“
10	*significat. In eo autem quod trepitat, et* *bezeichnet er. In dem aber, dass er zittert und*	bauhnita. In diu auh daz er forhta, enti Starke bezeichnete er, damit andrerseits dass er fürchtete und
11	*titubat, et Christum pati non uult,* *schwankt, und Christus nicht erleiden will*	blugisota, enti Christan gamartrotan ni uuelta, zweifelte, und Krist, den Gemarterten, nicht wollte,
12	*mortem timendo, uitam non agnoscendo, infirmos* *den Tod fürchtend, das Leben nicht beachtend: die Schwachen*	do(d)th forahtento, liph unchennento, unfestea ki- den Tod fürchtend, das Leben nicht erkennend: die Schwachen der Kir-
13	*ecclesiae significat. In illo ergo uno apostolo,* *der Kirche bezeichnet er. In jenem also einen Apostel,*	rihhun bauhnita. In demo einin apostole, che bezeichnete er. In dem einen Apostel,
14	*id est Petro, in ordine* *das ist: Petrus, in der Rangordnung*	daz ist Petrus, in antreitin dero das ist: Petrus, in der Reihenfolge der

24 Rom. XV, 1.

15	*apostolorum primo et praecipuo, in quo figurabatur* *der Apostel dem ersten und vorzüglichsten, in dem vorgebildet wird*	apostolono eristo enti furisto, in diu gabauhnita Apostel der erste und vorderste, dadurch bezeichnete er
16	*eccelsia, utrumque genus significandum* *die Kirche, sollte beider Geschlecht bezeichnet*	christanheiti kirichun; gahuuedera zilun uuas der Christenheit Kirche; jede der beiden Arten war er
17	*fuit, id est: firmi et infirmi, quia* *sein, das heißt: (das) der Starken und (das) der Schwachen, weil*	bauhnenti, daz ist: feste enti unfeste, huuanta bezeichnend, das ist: Starke und Schwache, denn
18	*sine utroque non est ecclesia.*[25] (Cap. V) *Hinc est ergo* *ohne welche beiden die Kirche nicht ist. Von daher ist es also*	ano gahuuedere nist kirihha. Enti danan ist ohne jede derer nicht ist (die) Kirche, und von daher ist
19	*et, quod modo lectum est: „Domine, si tu es,* *auch, was eben gerade gelesen wurde: „Herr, wenn du es bist*	ioh, so nu gelesan ist: „Truhtin, ibu tu iz sis, auch, wie eben gelesen worden ist: „Herr, wenn du es seiest,
20	*iube me uenire ad te super aquas. Si tu* *befiehl mir, zu kommen zu dir über die Gewässer. Wenn du*	gabiut mir za dir queman oba uuazarum. Ibu du is gebiete mir, zu dir zu kommen über die Gewässer. Wenn du es
21	*es, iube me. Non enim possum hoc in me, sed* *es bist, befiehl mir. Nicht nämlich kann ich dies von mir aus, sondern*	sis, gabiut mir. Nimac gauuisso ih diz fona mir, nibu seiest, gebiete mir. Nicht kann gewiss ich dies von mir aus, sondern
22	*in te." Agnouit, quid sibi esset a se, quid ab* *von dir aus." Er erkannte, was ihm von sich aus (möglich) wäre, was von*	in dir." Archennita sih, huuaz imo uuas, huuaz fona von dir aus. Er erkannte (für) sich, was (von) ihm war, was von

25 Augustin schaltet vor: *Homo in se infirmus, potens in Domino.*

23	*illo, cuius uoluntate credidit se posse, quod* *jenem aus, durch dessen Willen er glaubte, er könne, was*	Christe. In des uuillun er sih gatrueta magan, daz Krist. In dessen Willen getraute er sich, zu können das, was
24	*nulla infirmitas humana possit.* *keine menschliche Unfestigkeit könne.*	einiges mannes unfesti fleisc nimahta. irgendeines Menschen schwaches Fleisch nicht konnte.
25	*Ergo, „si tu es, iube! Quia cum iusseris, fiet.* *Also: „wenn du es bist, befiehl! Denn wenn du befehlen würdest, wird es geschehen.*	Inu, „ibu du iz sis, gabiut! Huuanta so du gabiutis, uuirdit. Nun denn, „wenn du es seiest, gebiete!" Denn wenn du gebietest, wird es.
26	*Et quod ego non ualeo praesumendo, tu potes* *Und was ich nicht kann durch Wagen, du kannst es*	Huuanta daz ih nimac nendento, du, truhtin, maht ga- Denn was ich nicht (als) Wagender vermag, du, Herr, vermagst es (als) Ge-
27	*iubendo." Et dominus: „Ueni!" inquit. Et sine ulla dubitatione* *durch Befehlen." Und der Herr sagte: „Komm!" Und ohne jegliches Zögern*	beontanto." Enti truhtin quad: „Quim!" Ano einiga blucnissa bietender." Und der Herr sagte: „Komm!" Ohne irgendeinen Zweifel
28	*Petrus ad uerbum iubentis, ad praesentiam sustentantis,* *– Petrus auf das Wort des Befehlenden, auf die Gegenwart des Emporhaltenden hin,*	Petrus za uuorte gabeotantemo andres[26] anthabentes, – Petrus zum Wort dem Gebietenden, ... des hinauf Hebenden
29	*ad praesentiam regentis, sine ulla cunctatione* *auf die Gegenwart des Herrschenden hin – ohne jegliches Zögern*	az antuurtin des gauualtes, ano einiga gungida bei der Gegenwart des Herrschers – ohne ein einziges Zaudern
30	*desiluit in aquas, et ambulare coepit.* *sprang er hinab in die Gewässer und begann zu gehen.*	arscricta in uuazar enti bigan gangan. sprang er in (das) Wasser und begann zu gehen.

---

26 ***beotantemo andres***: der ahd. Text ist hier gestört. Man würde zu *iubentis* als Entsprechung *beotantendes* erwarten, dem *ad praesentiam* entspricht in der nächsten Zeile *az antuurtin*.

Hench, S. 64/65–66/67, Fragment XL[27]
Wiener Digitalisat
Bild 156 (lateinischer Text), Bild 159 (deutscher Text)

https://digital.onb.ac.at/RepViewer/viewer.faces?doc=DTL_5736858&order=1&view=SINGLE.
https://digital.onb.ac.at/RepViewer/viewer.faces?doc=DTL_5736858&order=1&view=SINGLE.

01	Potuit, quod dominus, non in se, sed in domino. Er konnte, was der Herr (konnte), nicht von sich aus, sondern im Herrn.	Mahta, daz truhtin, nalles fona imo, nibu fona truhtine, Er konnte, was der Herr (konnte), nicht von sich, sondern von dem Herrn,
02	Fuistis autem aliquando tenebrę, nunc autem Ihr seid jedoch einstmals Finsternis gewesen, nun aber	nerrentemo Christe.[28] Uuarut auh iuhuuanne finstri, nu auar leoht dem errettenden Krist. (Ihr) wart nämlich zu einer gewissen Zeit Finsternis, nun aber Licht
03	lux in domino.[29] Quod nemo potest in Paulo, nemo Licht im Herrn. Was niemand kann in Paulus, niemand	in truhtine. Daz neoman nimac in Paule, neoman im Herrn. Was niemand in Paul vermag, niemand
04	in Petro, nemo in alio nullo[30] apostolorum: in Petrus, niemand in irgendeinem der Apostel,	in Petre, neoman in andremo noh einemo apostolono: daz in Peter, niemand in (einem) anderen noch in dem einen einzigen Apostel: das
05	hoc potest in domino. Ideo bene Paulus utiliter se das kann er im Herrn. Deshalb Paulus – gar wohl mit Nutzen sich	mac zeuuare in truhtine. Bidiu uuela Paulus snottar- vermag (er) wahrhaftig im Herrn. Deswegen Paulus – recht ge-

27 Hench, The Monsee Fragments, S. 64–67. – Lateinischer Text: Digitalisat Bild 156 und 154; ahd. Text: Digitalisat Bild 159. Fragment XL schließt unmittelbar an Fragment XXXIX ab, kein Textverlust dazwischen.
28 *nerrentemo Christe* ohne Entsprechung bei Augustin.
29 Augustin: *Nunc autem lux ;* ***sed*** *in domino;* s. Ephes. V, 8. Die Auslassung des *sed* und einer Entsprechung dazu im Mondseer Fragment erschwert das Textverständnis.
30 Augustin *ullo*.

06	contemnens illum commendans: verachtend, jenem sich anvertrauend –	lihho sih uuidarfenc Christe bifalah, quad: scheit sich zurücknehmend – dem Krist befahl, (er) sagte:
07	„Numquid Paulus“, inquid, „pro uobis crucifixus est, sagte: „Ist etwa Paulus für uns gekreuzigt worden,	„Neo Paulus furi iuuuih in cruci gaslagan niuuard, noh Niemals nicht wurde Paulus für euch an (das) Kreuz geschlagen, noch
08	aut in nomine Pauli baptizati estis?“[31] oder seid ihr im Namen des Paulus getauft worden?“	in sinemo nemin gataufti nibirut? Bidiu nalles in seid ihr in seinem Namen getauft worden? Deswegen keineswegs in
09	Non ergo in me, sed mecum. Non sub me, Nicht also in mir, sondern mit mir. Nicht unter mir,	mir, nibu mit mir. Nalles untar mir, mir, vielmehr mit mir. Keineswegs unter mir,
10	sed sub illo.“ (cap.VI)[32] Ergo ambulauit Petrus super sondern unter jenem.“ Also ist Petrus gegangen über	nibu untar truhtine.“ Bidiu genc Petrus obar uuazarum vielmehr unter dem Herrn. Deswegen ging Petrus über den Gewässern
11	aquas in iusso dei. Sciens hoc se a se habere die Gewässer im Befehl Gottes, wissend dass er dieses von sich haben	in gabote gotes. Uuissa, daz er solih magan fona imo im Gebot Gottes. Er wusste, dass er solches Vermögen von sich
12	non posse. Fide ualuit, quod humana infir- nicht könne. Im Glauben vermochte er, wozu die menschliche Schwä-	haben nimahta. In festeru galaupnissu mahta, daz haben nicht konnte. In starkem Glauben konnte (er), was

31 s. wieder I Cor. 1,13.

32 Augustin schaltet vor: *Infirmitatis propriae cognitio necessaria ad gratiam obtinendam.* „Die Erkenntnis der eigenen Schwäche ist nötig, um Gnade zu erlangen.“

13	mitas non ualeret. Hii sunt infirmi aecclesiae, che nicht Kraft gehabt hat. Diese sind die Schwachen der Kirche	mannischen unfesti nimahta. Hear sintun unfeste kirihhun, che nicht Kraft gehabt hat. Hier sind (die) Unfesten der Kirche
14	audite, intellegite, adtendite, agite! hört, erkennt, merkt auf, handelt!	gahorit, forstantet, scauuuot, uurchet! Hört, versteht, schaut, wirkt!
15	Neque enim agendum est cum firmis,[33] ut sint Denn weder darf man handeln mit den Starken, damit sie seien	Neo za gafrummenne nist in ernust mit dem festeom, daz Niemals zu bewirken ist im Ernst mit den Starken, dass sie
16	infirmi, sed agendum est cum infirmis, ut Schwache, sondern man muss handeln mit den Schwachen, damit	sie unfeste siin, oh za gatuoanne ist mær mit dem unfesteom dass sie schwach seien, auch nicht zu bewirken ist mit den Schwachen,
17	sint firmi.[34]Multos autem inpedit a firmitate sie Starke seien. Viele aber hindert an der Festigkeit	daz sie feste siin. Manage auh forscrenchit fona festin dass sie Starke seien. Viele auch hält ab von den Festen,
18	praesumptio infirmitatis. Nemo erit a deo nisi firmus, die Annahme der Unfestigkeit. Niemand wird sein von Gott aus, außer ein Starker,	gameiti(u) nandunc festnissa. Neoman niuuirdit fona die törichte Anmaßung der Stärke. Niemand wird von
19	qui se a se ipso sentit infirmum. Psalmista ait[35]: der sich von sich aus für einen Schwachen hält. Der Psalmist sagt:	gote festi, nibu der sih fona imo selbemo gafolit unfestan. Gott stark, außer wer sich von sich aus als Schwachen fühlt.

33 Augustin: *cum firmis alibi*.

34 *Multos* bis *infirmum*: Der Passus ist in der Mondseer Handschrift sehr entstellt. Augustin hat: *Multos autem impedit a firmitate praesumptio firmitatis. Nemo erit a Deo firmus, nisi qui se a se ipso sentit infirmum*. „Viele hindert an der Festigkeit die Vorwegannahme der Festigkeit. Niemand wird von Gott aus ein Fester sein, außer wer sich von sich selbst aus für einen Unfesten hält.“

35 *Psalmista ait* nicht bei Augustin. – Ps. 67(68),10.

20	„Pluuiam uoluntariam segregans deus heredi- „Willentlichen Regen schied ab Gott für seine	„Regan uuellentan scead got sinemo arbe." Huuaz „Wollenden Regen teilte zu Gott seinem Erbe." Was
21	tati suae." Quid praeceditis, qui, quod dicturus Erbschaft." Was eilt ihr voraus, die ihr, was ich sagen	furirinnit ir, daz ih quedan scal, uuizut? eilt ihr voraus, dass ihr [was] ich sagen werde, wisst?
22	sum, nostis? Temperetur uelocitas, werde, wisst? Möge gemäßigt werden die Geschwindigkeit,	Mezsamoe sih snelheit, daz folgee spatin. Möge sich mäßigen die Schnellheit, auf dass folgen möge Langsamkeit.
23	ut sequatur tarditas. Hoc dixi, et hoc dico: damit folge Langsamkeit.. Da sagte ich und das sage ich:	Diz quad, enti diz quidu: gahoret, forstantet, Dieses sagte ich, und dieses sage ich: Hört, versteht,
24	Audite, capite, facite! Nemo a deo fit firmus, nisi Hört, versteht, tut! Niemand wird von Gott aus stark, außer	uurchet! Neoman fona gote uuirdit festi, nibu der sih wirkt! Niemand wird von Gott aus stark, außer der sich
25	qui se a se ipso sentit infirmum. wer sich von sich selbst aus schwach fühlt.	fona imo selbemo gafuolit unfestan. von sich selbst aus fühlt (als) einen Schwachen.
26	‚Pluuiam ergo uoluntariam', sicut psalmus dicit, ‚Willentlichen Regen', wie der Psalm sagt,	‚Regan ioh uuellentan' so psalmscof quidit, ‚Regen als wollenden', wie der Psalmdichter sagt,
27	‚uoluntariam' non ‚meritorum nos- ‚Willentlichen', nicht ‚um unserer	‚uuellentan', nalles ‚unsarero sculdeo', nibu ‚Wollenden', nicht ‚um unseren Anspruchs willen', sondern
28	trorum', sed ‚uoluntariam'. Verdienste willen', sondern ‚willentlichen'	‚uuellentan'. ‚wollenden'.

29	Pluuiam ergo uoluntariam segregans deus Regen also willentlichen schied Gott ab	Regan ioh uuellantan arscheat got sinemo Regen auch wollenden schied ab Gott
30	hereditatis[36] suae; „etenim infirmata est, seiner Erbschaft; denn sie wurde geschwächt.	arbe, enti gauuisso „unfesti uuard, duo auuar seiner Erbschaft, und gewiss, schwach wurde (sie), du aber
31	tu uero perfecisti eam.“[37] du aber hast sie vollkommen gemacht.	....

Die Predigt hat bei Augustin noch die Abschnitte 8 (im cap. V) und 9 (cap. VI), PL 38, Sp. 0481–0483.

---

36 ***haereditati*** Augustin.

37 Ps. 67(68),10. – Die Zeile hat auf dieser Seite des Fragments keine Entsprechung im Althochdeutschen.

105 ‚Exhortatio ad plebem christianam' (Ermahnung an das Christenvolk)

Von der Zulassung zu Taufe und Patenamt (Vaterunser und Glaubensbekenntnis) Steinmeyer Nr. 9

[2]**VL** 2 (1980), Sp. 666–667 (Achim Masser). – **VL** ahd. und as Lit. (2013), S. 83–85 (Achim Masser).

Ü.: Hs. A: Kassel, UB / LMB 4° Ms. theol. 24, fol. 13v-15r; aus Fulda, aber bayerischer Herkunft.
Hs. B: München, BSB clm 6244, fol. 144v-146r; aus Freising, jedoch aus einem anderen bayerischen Skriptorium).

Abb.: Hs. A: vollständige Digitalisate der Hss. in Farbe:
https://orka.bibliothek.uni-kassel.de/viewer/image/1296741392003/28/.
Hs. B: vollständiges Digitalisat der Hs. in Farbe: https://daten.digitale-sammlungen.de/~db/0005/bsb00054485/images/index.html?id=00054485&nativeno=144v.

Dat.: Hs. A: 9. Jh., 1. Viertel.
Hs. B: 9. Jh., Anfang (805 fertig gestellt).
Text: 9. Jh., Anfang.

Spr.: bair.

Ed.: [4]MSD I, Nr. 54, S. 200–201 (Text). – Steinmeyer Nr. 9, S. 49–54 (Text). – Schlosser S. 208–357 (Text). – Müller, S. 96–97 (Text).

Lit.: Morvay/Grube, Bibliographie, T 2. – Kelle, LG 1, S. 50–54 und S. 309–314. – Kögel, LG I,2, S. 461–465. – Ehrismann, LG 1, S. 301–304. – Haubrichs, Die Anfänge, S. 240–241. – [4]MSD II, Nr. 54, S. 323–331 (Kommentar). – Schlosser S. 390 (Kommentar). – Müller S. 315–317 (Kommentar). – Grimm, Exhortatio. – Hellgardt, Althochdeutsche Texte.

Hs. A (aus Fulda, kanonistische und liturgische Texte) hier in geradem, Hs. B (aus Freising, kanonistische Texte) hier in Schrägdruck; beide Handschriften sind Bilinguen, die den lat. Text links neben dem deutschen bieten, A in Spalten, B auf gegenüberliegenden Seiten (verso: lateinisch, recto: deutsch). A hat eine sprachlich altertümlichere, B eine sachlich korrektere Fassung des ahd. Textes. Die korrekten Formen sind nach Steinmeyer in Fettdruck hervorgehoben. – Der Titel ‚Exhortatio ad plebem christianam' stammt von Dietrich von Stade (s. Steinmeyer, S. 52); er steht nicht in den Handschriften.

Schon der Vater Karls des Großen, König Pippin der Jüngere (744–768), hatte verordnet, dass jeder Geistliche die ihm anvertrauten Gläubigen das apostolische Glaubensbekenntnis und das Vaterunser als Grundtexte des christlichen Glaubens zu lehren habe, so dass jeder diese kleinen Texte kennen und auswendig aufsagen könne. Insbesondere vor der Taufhandlung mussten die Täuflinge bzw. bei Kindertaufe die Taufpaten diese Texte rezitieren. Nicht im vorliegenden Stück, aber in anderen Quellen wird vermerkt, dass dies nötigenfalls auch in der Volkssprache geschehen könne. Schon Karls Vater Pippin stand damit in einer uralten kirchlichen Tradition, die sich bis auf das das Konzil von Laodicea (um 400) zurück verfolgen lässt. Karl selbst verankerte die Vorschrift dann in der von ihm 789 verordneten römischen Liturgie und sorgte seit der Aachener Reichsversammlung des Jahres 802 offiziell für deren Verbreitung und möglichste Durchsetzung. Dazu ausführlich und mit Nachweis zahlreicher Quellen Kelle, LG 1, S. 50–54 und S. 309–314; vgl. Ehrismann, LG 1, S. 290–295.

Text nach Steinmeyer und den Digitalisaten.

Texte und Übersetzungen

	lat.	A	B	Übersetzung des ahd. Textes
01	**Audite filii,** **regulam fidei,**	Hloset ir, chindo liupostun, rihti dera calaupa,	*Hloset ir, chindo liupostun,* *rihtida dera calaupa,*	Hört, der Kinder liebste, die Richtschnur des ‚Glaubens',[1]
02	**quam in corde memoriter habere debetis,**	dera ir in herzin cahuctliho hapen sculut,	***the*** *ir in herzin kahuctlicho hapen sculut,*	die ihr auswendig im Herzen behalten sollt,
03	**qui christianum nomen accepistis:**	ir den christaniun ...[2] intfangan eigut:	*ir den christanun* ***namun*** *intfangan eigut:*	ihr, die ihr den Namen Christen[3] empfangen habt:
04	**quod est uestrę indicium christianitatis,**	daz ist chundida iuuerera christanheiti,	*thaz ist chundida iuuerera christanheiti,*	das ist das Zeichen eures Christseins,
05	**a domino inspiratum,**	fona demo truhtine in man caplasan,	*fona demo truhtine in man gaplasan,*	von dem Herrn in die Menschen[4] eingeblasen,[5]
06	**ab apostolis institutum.**	fona sin selpes iungiron casezzit	*fona sin selpes iungiron kasezzit.*	von dessen Jüngern[6] selbst [ein]gesetzt.
07	**Cuius utique fidei pauca uerba sunt,**	dera calaupa cauuisso faoiu[7] uuort sint,	*thera galaupa gauuisso fohiu uuort sint,*	Zu dem Glauben gehören gewiss nur wenige Worte,
08	**sed magna in ea concluduntur mysteria:**	uzan drato mihiliu caruni dar inne sint pifangan.	*uzan drato michilu garuni dar inne sint piuangan.*	aber sehr große Geheimnisse sind darin umfasst.

1 Gemeint ist das (apostolische) Glaubensbekenntnis.

2 ***namun*** ist hier durch Versehen des Schreibers ausgefallen, s. Apparat Steinmeyer.

3 Wörtlich „den christlichen Namen".

4 ***man***: Akk. Plur. des Wurzelnomens.

5 Das Glaubensbekenntnis, auch „Symbolum" genannt, ist das „Erkennungszeichen" der Christen; sein Text ist den Aposteln durch göttliche Inspiration eingegeben („eingeblasen").

6 Lat. Entsprechung der Vorlage ursprünglich vielleicht *discipuli* statt *apostoli*; vgl. u. *uuihom potom* als Entsprechung zu *apostolis*.

7 Hs. versehentlich ***faoi*** statt ***faoiu*** s. Apparat Steinmeyer.

	lat.	A	B	Übersetzung des ahd. Textes
09	**sanctus etenim spiritus magistris ecclesiae,**	uuiho atum cauuisso dem maistron dera **christanheiti**,	*uuiho atum gauuisso dem meistrun thera .....,*[8]	Der Heilige Geist[9] gewisslich den Lehrern der Christenheit,
10	**sanctis apostolis,**	dem uuihom potom sinem,	dem uuihom potom sinem	seinen heiligen Boten,
11	**ista dictauit uerba tali breuitate,**	deisu uuort thictota suslihera churtnassi,	*theisu uuort tihtota suslihera churtnassi,*	sagte diese Worte in solcher Kürze vor,
12	**ut, quod omnibus credendum est christianis**	daz diu allem christanem za galauppenne ist,	***za diu, daz***[10] *allem christanem za galaupian ist,*	auf dass, was für alle christlichen [Menschen] zu glauben ist,
13	**semperque profitendum,**	ia auh simplun za pigehanne,	*ia auh simplun za pigehan,*	und auch immer zu bekennen,
14	**omnes possent intellegere**	daz alle farstantan mahtin	*thaz mathin alle farstantan*	das alle verstehen könnten
15	**et memoriter retinere.**	ia in hucti cahapen.	*ia in gahuhti gahapen.*	und im Gedächtnis behalten.
16	**Quomodo enim se christianum dicit,**	In huueo quidit sih der man christanan,	*In huueo chuidit sih ther man christanan,*	In welcher Weise nennt sich derjenige Mensch [einen] christlichen,
17	**qui pauca uerba fidei,**[11]	der deisu foun uuort dera calaupa,	*ther theisu fohun uuort thera galaupa,*[12]	der diese wenigen Worte des ‚Glaubens',

8 ***christanheiti*** am Zeilenrad der Hs. vom Schreiber versehentlich ausgelassen, s. Apparat Steinmeyer.
9 Zu *uuiho atum – spiritus sanctus* s. Anm. 33 zu Nr. 75.
10 ***daz*** fehlt Hs., Steinmeyer, App.
11 Die ***verba fidei*** meinen hier das Glaubensbekenntnis. Ebenso kann dann gleich darauf (und öfter) im Ahd. calaupa/*galaupa* diese Bedeutung haben; s. die folgende Anm.
12 **calaupa/ *galaupa*:** das Wort bezeichnet im Ahd. das Glaubensbekenntnis, ebenso wie im Lateinischen das Glaubensbekenntnis *fides* genannt werden kann.

	lat.	A	B	Übersetzung des ahd. Textes
18	**qua saluandus est,**	dera er caheilit scal sin ia dera er canesan scal,	*thera er gaheilit scal sin* *ia dera er* *ganesan scal,*	[aufgrund] dessen er zum Heil gelangen soll und [aufgrund] dessen er gerettet werden soll,
19	**etiam et orationis dominicae,**	ia auh dei uuort des fraono[13] capetes,	*ia auh thei uuort thes frono gapetes,*	und auch die Worte des Herrengebetes,
20	**quae ipse dominus ad orationem constituit,**	dei der truhtin selpo za gapete casazta,	*thei der thrutin selpo za pete gasazta,*	die der Herr selbst als Gebet [ein]setzte,
21		uueo mag er christ-ani sin, der dei	*uueo mag er christani sin, ther dei*	– wie kann er christ-lich sein, der die
22	**neque discere neque uult in memoria retinere?**	lirnen niuuili noh in sinera cahucti hapen?	*lirnen niuuili noh in sinera gahukti hapen?*	nicht lernen wolle und nicht in seinem Gedächtnis behalten?
23	**Uel quomodo pro alio**	odo uue mac der furi andran	*odo uueo mak ther furi andran*	Oder wie kann der für [einen] anderen
24	**fidei sponsor existat,**	dera calaupa purgeo sin, ado furi andran caheizan,	*thera galaupa purgio sin* *odo furi andran gaheizan,*	des Glaubens Bürge sein oder für [einen] anderen [den Glauben] geloben
25	**qui hanc fidem nescit?**	der deo[14] calaupa noh imo niuueiz?	*ther* **the** *galaupa noh imo niuueiz?*	der diesen Glauben noch für sich [selbst] nicht weiß?
26	**Ideoque nosse debetis, filioli mei,**	pidiu sculut ir uuizan, chindili miniu,	*pidiu sculut ir uuizzan, chindili miniu,*	Deswegen sollt ihr wissen, meine Kind-lein,
27	**quia, donec unusquisque uestrum**	uuanta, eo unzi **daz** iuuer eogaliher	*uuanta eo unzi daz thaz iuuer eogaliher*	dass, allzeit bis dass ein jeglicher von euch

13 ***fraono***: Gen. Plur. des Substantivs *frao*, „Herr", in der Funktion eines indeklinablen Adjektivs mit der Bedeutung „zum Herrn gehörig"; Ahd. Gr. I § 222, Anm. 4.

14 ***deo***: in Hs. A irregulär für *de*; s. die Vergleichsstellen des Textes.

	lat.	A	B	Übersetzung des ahd. Textes
28	**eandem fidem** **filiolum suum**	de selpun calaupa den sinan fillol	***the*** *selpun galaupa* *sinan fillol*	eben diesen Glauben sein Patenkind
29	**ad intellegendum** **docuerit,**	calerit za farne- manne	*kalerit za farne-* *manne,*	lehrt zu verstehen,
30	**quem de baptismo** **exceperit,**	**den** er ur deru taufi intfahit,	*ther er ur deru tauffi* *intfahit,*	den er aus der Taufe empfängt,
31	**reus est** **fidei sponsionis.**	daz er sculdig ist uuidar gaotes[15] caheizes,	*thaz er sculdig ist* *uuidar* ***got*** ***thes*** *gaheizes,*	dass er schuldig ist gegenüber Gott mit diesem Versprechen,[16]
32	**Et qui hanc filiolum** **suum** **docere neglexerit,**	ia der den sinan filleol leren farsumit,	*ia der* ***de*** *sinan fillol* *leran farsumit,*	und der diesen sein Patenkind [zu] lehren versäumt,
33	**in die iudicii** **rationem redditu-** **rus erit.**	za demo sonatagin redia urgepan scal.	*za suonutagin* *redia urgepan scal.*	an dem Sühnetag Rechenschaft abgeben soll.
34	**Nunc igitur omnis,** **qui christianus esse** **uoluerit,**	Nu allero manno calih, der christani sin uuelle,	*Nu allero manno* *galih,* *ther christani sin* *uuelle,*	Nun, jedermann,[17] der christlich sein wolle,
35	**hanc fidem** **et orationem domi-** **nicam**	de galaupa iauh daz frono gapet	*the galaupa* *ia auh thaz frono* *gapet*	diesen ‚Glauben' und das Herrengebet
36	**omni festinatione** **studeat *discere***[18]	alleru ilungu[19] ille calirnen		mit aller Eile eile (er) zu lernen
			alleru ***zilungu***[20] *ille* *galirnen ia*	mit allem Eifer eile er zu lernen und

15 ***gaotes***: Genitiv des Adjektivs *gaot/guot* „gut", also Verschreibung von *gotes* „Gottes".
16 Übersetzt ist *reus est dei sponsionis* statt *fidei sponsionis*.
17 ***calih***, „gleich"; mit Gen. Plur., hier *allero manno calih* – „jeder".
18 ***discere***: Hs. *didicere*.
19 Hs. A übersetzt *festinatione* korrekt mit *ilungu*, (Dat. Sg.) „Eile".
20 Hs. B übersetzt *festinatione* interpretierend mit *zilunga* „Eifer".

	lat.	A	B	Übersetzung des ahd. Textes
37	**et eos, quos de fonte exceperit, edocere,**	iauh de kaleren, de er ur tauffi intfahe,	*auh the galeran, the er ur tauffi intfahe,*	und die zu lehren, die er aus der Taufe empfange,
38	**ne ante tribunal Christi cogatur rationem exsoluere**	daz er za sonatage niuuerde canaotit radia urgepan,	*thaz er za suonutage niuuerde ganotit redia urgepan,*	auf dass er am Sühnetag nicht werde genötigt, Rechenschaft abzugeben
39	**quia dei iussio est**	uuanta iz ist cotes capot	*uuanta iz ist kotes kapot*	denn es ist Gottes Gebot,
40	**et salus nostra et dominationis nostrae mandatum,**	ia daz ist unser heli ia unsares herrin[21] capot,	*ia daz ist unser heili ia unseres herrin gapot,*	und das ist unser Heil und unseres Herren Gebot
41	**nec aliter possumus**	noh uuir andaruuis nimagun	*noh uuir anderuuis nimagun*	und wir können nicht auf andere Weise
42	**ueniam consequi delictorum.**	unsero sunteono antlaz cauuinnan.	*unsero suntiono antlaz kauuinnan.*	für unsere Sünden Ablass gewinnen.

21 Im lat. Text steht nicht *domini* „des Herrn", sondern *dominationis*, „der Herrschaft"; dies wird seit Scherer ⁴MSD auf die verschiedenen Erlasse Karls des Großen bezogen, mit denen dieser die Kenntnis des apostolischen Glaubensbekenntnisses und des Vaterunsers für jedermann, insbesondere aber für Taufpaten anbefahl.

106 Altsächsische Allerheiligenpredigt

Wadstein Nr. 4

[2]**VL** 1 (1978), Sp. 317–318 (Willy Sanders); s. auch [2]**VL** 4 (1983), Sp. 1 (Korrekturnachtrag = VL 11, Sp. 81). – **VL** ahd. und as Lit. (2013), S. 16–18 (Heinrich Tiefenbach).
Ü.: Düsseldorf, LB cod. B 80, fol. 153r-152v (rückläufig, Schluss fol. 152v!); aus dem Essener Frauenstift; dort auch von gleicher Hand das ‚Essener Heberegister' und von anderer Hand das ‚Essener Einkünfteverzeichnis' (beide in Nr. 67). – Nachtrag in einer Hs. mit den Evangelienhomilien Gregors des Großen.
Abb.: vollständiges Digitalisat der Hs. in Farbe:
http://digital.ub.uni-duesseldorf.de/ms/content/pageview/5588759.
Dat.: Hs. im ganzen 10. Jh., 1. Hälfte; Eintrag der Predigt „etwas später" (Bischoff, Paläographische Fragen, S. 130). Der Text der Predigt ist wohl noch im 9. Jh. entstanden oder bald nach 900.
Spr.: altsächs, altwestfälisch.
Ed.: [4]MSD I, Nr. 70, S. 233 (Text). – Gallée, Sprachdenkmäler I, in Nr. 3, S. 117–119 (Text). – Wadstein Nr. 4, S. 18 (Text). – Schlosser, S. 248–249 (Text). – Müller, S. 216–217 (Text).
Lit.: Morvay/Grube, Bibliographie T 3. – Kelle, LG 1, S. 138 und S. 358. – Kögel, LG I,2, S. 564–566. – Ehrismann, LG I, S. 346. – Haubrichs, Die Anfänge, S. 252. – [4]MSD II, Nr. 70, S. 371–372 (Kommentar). – Galleé, Sprachdenkmäler I, in Nr. 3, S. 117 (Kommentar). – Wadstein, Nr. 4, S. 126–127 (Kommentar). – Müller, S. 369 (Kommentar). – Schlosser, S. 362 (Kommentar). – Jahn, As. Allerheiligenpredigt. – Ahlsson, As. Allerheilgenpredigt. – Cross, Legimus (Ausgabe der lat. Quelle). – Santoro, As. Allerheiligenpredigt – Hofstra, As. Allerheiligenpredigt. – Bordawé, Sanctimoniales S. 114–117 und öfter. – Seidel, As. Allerheiligenpredigt.

Die Predigt wurde als Lektion in der Matutin zum 1. November verlesen (Wadstein, S. 127, allerdings mit Berufung auf das Dominikanerbrevier; aber der 1. November ist durch die Nennung dieses Termins in der lat. Quelle gesichert: *in capite calendarum novembris*). Auf den 1. November hatte Gregor IV. (Papst seit 827, † 844) das Fest verlegt, das zuvor im Mai gefeiert worden war (s. Anm. 6 zum Text). Das Allerheiligenfest wurde bald nach 835 in Deutschland eingeführt (Wadstein, ebd. mit Nachweisen).

Grundlage des as. Textes ist die inhaltlich in sich geschlossene Einleitung einer Predigt (dazu s. unten), die in Lektionaren auch lateinisch für sich überliefert sein konnte (PL 94, 452–455 ; Abdruck in [4]MSD II, S. 372 und synoptisch bei Wadstein, S. 18; neue, kritische Ausgabe Cross, Legimus). – Die Predigt stammt aber sicher nicht, wie früher angenommen, von Beda, zu dessen Zeit das Allerheiligenfest noch im Mai gefeiert wurde.

Zur immer noch nicht geklärten Frage der Verfasserschaft des lateinischen Quellentextes s. Hofstra, As. Allerheiligenpredigt, S. 106–108.

Zur volkssprachlichen Predigt im 9. Jahrhundert: Bernold von Straßburg bei Ermoldus Nigellus, In laudem Pipini regis I., Vers 153–160, s. Wackernagel, ZfdPh 1 (1868), S. 291.

In [4]MSD II, S. 372 ist darauf hingewiesen, dass die dort nach einem Kölner Druck vom Jahre 1688 abgedruckte Quelle – eine „Homilie Bedas" – von dem as. Stück nicht vollständig bearbeitet sei. Das verstand Wadstein wohl irrtümlich dahingehend, dass es sich bei den as. Stück um ein Bruchstück handle; so der Titel in Wadsteins Inhaltverzeichnis, über dem Text, S. 18, und dann wieder im Kommentar, S. 127). Tatsächlich ist ist der lateinische Text nach der kritischen Ausgabe von Cross sehr viel umfangreicher: von seinen 214 Zeilen entsprechen nur die Einleitungszeilen 1–17 dem as. Text. Dieser ist jedoch bei aller Kürze thematisch ganz abgerundet und daher doch wohl als vollständig zu betrachten, wie auch aus seiner Schlussformel *helpande useme drohtine* zu folgern sein dürfte: deren Dativ entspricht einer geläufigen lateinischen Abschlussformel im Ablativus absolutus (etwa: *adiuvante domino nostro*).

Text lat. nach Cross, as. nach Wadstein und dem Düsseldorfer Digitalisat. Der lateinische Text bei Cross weicht nur unbedeutend von dem bei Wadstein ab.

Text: lateinisch und altsächsisch

Latein		Altsächsisch
Legimus in Ecclesiasticis historiis, quod sanctus Bonifacius, qui quartus à beato Gregorio Romanæ urbis episcopatum tenebat, suis precibus à Phoca Cæsare[1] impetraret, donari Ecclesiæ Christi templum Romæ, quod ab antiquis Pantheon antè vocabatur, quia hoc quasi simulachrum omnium videretur esse deorum:	01	Vui lesed tho sanctus Bonifacius[2] pauos an roma uuas. that he bedi thena kiesur Aduocatum,[3] that he imo an romŏ en hus[4] gefi. that thia luidi uuilon pantheon heton. wan thar uuorthŏn alla afgoda inna begangana.
in quo eliminata omni spurcitia, fecit Ecclesiam sanctæ Dei genitricis atque omnium martyrum Christi, ut exclusa multitudine dæmonum, multitudo ibi sanctorum à fidelibus in memoria haberetur:	02	So he it imo tho iegiuan hadda. so wieda he it an uses drohtines era. ende usero fruon sanctę Mariun. endi allero cristes martiro. te thiu also thar er inna begangan vuarth[5] thiu menigi thero diuuilo. that thar nu inna begangan uuertha thiu gehugd allero godes heligono.
et plebs universa in capite calendarum novembris,[6] sicut in die natalis Domini, ad Ecclesiam in honore omnium sanctorum consecratam conveniret, ibique missarum sollennitate à præsule sedis Apstolicæ celebrata, omnibusque ritè perfectis,[7] unusquisque in sua cum gaudio remearet.	03	He gibod tho that al that folk thes dages also the kalend nouember anstendit te kerikŏn quami. Endi also that gŏdlika thianust[8] thar al gedŏn was. so wither gewarf manno gewilik fra endi blithi te hus.

1 ***Phokas***: oströmischer Kaiser 602–610 (LexMa 6, Sp. 2108).

2 ***Bonifaz***: Bonifaz IV., Papst von 608–615 (LexMa 2, Sp. 413), weihte das Pantheon am 13. Mai 609 (ebd. und LexMA 1, s. v. ‚Allerheiligen') zur christlichen Kirche S. Maria ad Martyres.

3 ***aduocatum***: entstellt aus *a Phoca* des Quellentextes. In der unmittelbaren Quelle des as. Textes wird *aduocatum* gestanden haben; zu Phokas s. o. Anm. 1.

4 ***hus***: Im As. ist *hûs* nur hier in der Bedeutung „heidnischer Tempel" belegt, vgl. das *templum* in der Quelle. Im Ahd. gibt es mehr Belege für das Wort in dieser Bedeutung, s. ChWdW8 und ChWdW9.

5 ***begangan***: „Kultfeier(n) begehen".

6 ***novembris***: novembrium Wadstein.

7 ***perfectis***: peractis Wadstein.

8 ***gŏdlika thianust***: *guodlîk* lat. *gloriosus* oder *solemnis; thianust* lat. *officium* als Bezeichnung für die Messe.

Übersetzungen

Wir lesen in kirchlichen Geschichten, dass Sankt Bonifaz, der als vierter nach den seligen Gregor den Episkopat der Stadt (Rom) innehatte, durch seine Bitten vom Kaiser Phokas erreichte, dass der Kirche Christi ein Tempel Roms geschenkt wurde, der von den Alten vorher Pantheon genannt wurde, weil er sozusagen ein Abbild aller Götter zu sein schien:	01	Wir lesen, als Sankt Bonifaz Papst in Rom war, dass er den Kaiser Avocatus bat, dass er ihm in Rom einen Tempel gebe, den die Leute einstmals Pantheon nannten, denn da wurden alle Abgötter drin verehrt.
Nachdem aus diesem alle (heidnische) Unflätigkeit entfernt worden war, machte er eine Kirche der heiligen Gotteserzeugerin und aller Märtyrer Christi, damit nach Ausschließung der Dämonenvielzahl die Vielzahl dort der Heiligen von den Gläubigen im Gedächtnis behalten würde,	02	Nachdem er ihn ihm da gegeben hatte, da weihte er ihn zu unseres Herrn Ehre und unserer Frauen Sanctae Marieens und aller Märtyrer Krists, dazu dass, wie da drinnen gefeiert wurde die Menge der Teufel, dass dort drinnen nun begangen werde das Gedächtnis aller Heiligen Gottes.
und alles Volk am Anfang der Novemberkalenden sowie am Tag der Geburt des Herrn zur Ehre aller Heiligen bei (dieser) Kirche zusammenkäme, und, nachdem dort die Erhabenheit der Messe vom Bischof des apostolischen Stuhls zelebriert und für alle ordnungsgemäß vollzogen sei, ein jeder mit Freude in sein (Haus) zurück gehe.	03	Er gebot da, dass alles Volk an dem Tag, an welchem die Kalende November ansteht, zur Kirche käme. Und wenn der feierliche Dienst dort getan war, dass zurück ein jeder der Männer sich wendete froh und heiter nach Hause.

Ex hac ergo consuetudine sanctæ Romanæ Ecclesiæ, crescente religione Christiana, decretum est, ut in Ecclesiis Dei, quæ per orbem terrarum longè latèque construuntur, honor et memoria omnium sanctorum, in die qua prædiximus, haberetur:	04	Endi thanana so warth gewonohed that man hŏdigŏ ahter allero thero waroldi beged thia gehugd allero godes heligono.
ut quicquid humana fragilitas per ignorantiam vel negligentiam, seu per occupationem rei secularis, in sollennitate sanctorum minus plenè peregisset, in hac sancta[9] observatione solveretur,	05	te thiu so vuat so vui an allemo themo gera uergomeloson[11] that wi it al hŏdigŏ gefullon[12].
quatenus eorum patrociniis protecti, ad superna polorum[10] gaudia pervenire valeamus.	06	endi that vui thur thero heligono gethingi bekuman te themo ewigon liua. helpandemo usemo drohtine.

9 ***hac sancte observatione***: *hac observatione* Wadstein.
10 ***polorum***: populorum Wadstein.
11 ***uergomeloson***: Konjunktiv (Potentialis).
12 ***gefullon***: Konjunktiv (Optativ).

Aufgrund dieses Brauchs der heiligen römischen Kirche wurde, als die christliche Religion sich ausbreitete, verordnet, dass in den Kirchen Gottes, die über den Erdkreis hin weit und breit erbaut wurden, Verehrung und Gedenken aller Heiligen an dem Tag, den wir zuvor nannten, eingehalten würden:	04	Und von daher so wurde es Gewohnheit, dass man heute nach aller Welt hin begeht das Gedächtnis aller Heiligen Gottes
damit, was auch immer wegen Unkenntnis oder Nachlässigkeit oder wegen Beanspruchung einer weltlichen Angelegenheit bei der Feier der Heiligen weniger vollständig vollbracht worden wäre, in diesem Brauch bewahrt werde,	05	zu dem Zweck, was immer wir in diesem ganzen vielleicht Jahr versäumen, dass wir es alles heute erfüllen können,
soweit dass wir, geschützt durch deren Patronat, zu den hohen Freuden der Völker hin zu gelangen vermöchten.	06	und dass wir durch die Fürsprache der Heiligen hinkommen zu dem ewigen Leben durch unseren helfenden Herrn.

107 Aus den Wessobrunner Predigten (Ahd. Predigtsammlungen A, B, und C) Steinmeyer Nr. 32

Predigtsammlung B, Predigt 2
Das Gleichnis von den Arbeitern im Weinberg (Bruchstück) (Matthäus 20,1–16)

[2]**VL** 1, Sp. 305–308 (David R. McLintock). – Killy-Lit.Lex. 12 (2011), S. 344 (Ernst Hellgardt).
Ü.: Wien, ÖNB, Cod. 2681, fol. 232rb-234va; aus dem Benediktinerkloster Wessobrunn. Von etwa 1100 bis 1220 bestand neben dem Männer- auch ein Frauenkonvent.
Abb.: Digitalbilder zu den Seiten der Predigt in s/w: http://www.marburger-repertorien.de/abbildungen/pr/Wien_OeNB_Cod_2681_Bl_232r.jpg.
Dat.: um 1100.
Spr.: spätahd., bair.
Ed.: [4]MSD I, Nr. 86, S. 277–279 (Text). – Steinmeyer, Nr. 32, S. 169–171 (Text). – Schmid, Predigten, hier S. 8–14. – Green, Manuscript Fragments. – Firchow, Cod. Vind. 2681, S. 461–466. – Wunderle/Schmid, Bruchstück . – Hellgardt, ‚Wessobrunner Predigten' hier S. 44–49. – Referenzkorpus Mittelhochdeutsch (1050–1350), https://www.linguistics.rub.de/rem/pub/texts//M182B_norm.pdf.
Lit.: Bibliographie: Morvay/Grube, T 5. – Kelle, LG 2, S. 51 und S. 275. – Ehrismann LG I, S. 346–348. – [4]MSD II, Nr. 86, S. 421–426 (Kommentar). – Montag, Neue Fragmente. – Vollmann-Profe, Wiederbeginn, S. 64–67. – Schmid, Predigten. – Hellgardt, Wiener Notker-Hs., S. 47–67. – Green, Manuscript Fragments. – Firchow, Cod. Vind. 2681.

Die Wessobrunner Predigten sind überliefert mit anderen volkssprachigen Prosastücken erbaulicher Art zum einen in der um 1100 geschriebenen Handschrift des aus dem Kloster Wessobrunn stammenden sog. ‚Wiener Notker' und zum anderen auf etlichen Fragmenten, welche dieser Handschrift entfremdet wurden. Es handelt sich bei den Predigten um thematische Sermone und um Perikopenhomilien. Sie übersetzen lateinische Originale. Die weitgehend auf quellenkritischen Beobachtungen beruhende Unterscheidung dreier Sammlungen A, B u. C lässt sich nach neuerer Forschung für die sog. Sammlungen B und C wohl nicht aufrechterhalten. Die ursprüngliche Funktion dieser deutschen Predigten ist kaum noch genau auszumachen. Die Lesung der Perikope, die Gegenstand der hier ausgewählten Homilie ist, kann immerhin für den Sonntag in Septuagesima angesetzt werden.[1] Im Überlieferungszusammenhang der ehemals Wessobrunner Handschrift fehlen die für Predigten typischen Anfangs- und Schlussformeln. Der Text diente nun wie der Notkersche Psalter und die anderen Prosastücke der Handschrift wahrscheinlich als Traktat zur privaten Erbauung der weiblichen Konversen des Wessobrunner Doppelklosters.

Für die hier ausgewählte Homilie hat Hans Ulrich Schmid als Quellen die neunzehnte der Evangelien-Homilien Gregors des Großen[2] (Gr) ermittelt und darüber hinaus besonders das sog. ‚Bairische Homiliar' (BH).[3]

1 Schmid, Predigten, Bd. 2, S. 62.
2 Gregorius Magnus, Homiliae in euangelia, Homilia XIX, Corpus Christianorum CC, S. 142–151.
3 Zum BH näherhin Schmid, Predigten, Bd. 1, S. 11–12.

BH = Bairisches Homiliar, Schmid, Predigten, S. 8–14. – Hellgardt, Wessobrunner Predigten, S. 44–49, Gr = Gregor Gregorius Magnus, Homiliae in Evangelia, Homilia XIX, Corpus Christianorum CXLI, S. 63–71.

Text nach Hellgardt, Wessobrunner Predigten S. 44–49 (in neuer Formatierung); die Quellen nach Schmid, Predigten, Bd. 2, S. 8–18 und Hellgardt, Wessobrunner Predigten, S. 86–91.

[Simile est regnum caelorum homini patrifamilias,
qui exit primo mane,
conducere operarios in uineam suam
Mt. 20,1]

01 **D**az ęuangelium zelit uns, daz daz himilrih kelih si dem hûsherro, der des morgenis fruo in sinan uuinkarten samenoti dei uuerchliuti.

02 **V**uer uuirdit rehtere ki kagenmazzit demo husherren denne unser herro der heilige christ, der dir riht*et* alla die er kiscuof, also der hushérro riht*et* die imo unt*er*tanen.

03 **D**er huosherro ladote allen den tac die uuerhliûte in sinan uuinkarten, sumeliche fruo, sumeliche ze mittemo morgene, sumeliche zi mittemo taga, sumeliche ze nona, sumeliche ana demo abanda oder in suêlihemo cite si imo zuo chom*en*.

---

01 **BH** *Simile est regnum coelorum homini patrifamilias, qui exiit primo mane conducere operarios in uineam suam* (Mt. 20,1).

BH In praesenti lectione, fratres karissimi, regnum coelorum simile esse dicitur homini patrifamilias, qui exiit primo mane conducere operarios in uineam suam.

02 **Gr** Quis uero patrisfamilias similitudinem rectius tenet quam conditor noster, qui regit quos condidit, et electos suos in hoc mundo possidet quasi subiectos dominus in domo?

BH Homo iste paterfamilias Christus ipse est, cui coeli et terra quasi una est domus. Familia autem eius coelestium et terrestrium est creatura.

03 **Gr** 12–13] Hic itaque paterfamilias ad excolendam uineam suam mane, hora tertia, sexta, nona et undecima operarios conducit,

BH Qui exiit primo mane conducere operarios in uineam suam, id est in ipso mundi principio homines ad uineae suae posuit culturam.

[Das Himmelreich gleicht einem Hausherrn, der am frühen Morgen hinausging, um Arbeiter in seinen Weingarten zu führen.]

01 Das Evangelium erzählt uns, dass das Himmelreich gleich sei dem Hausherrn, der des morgens früh in seinen Weingarten versammelte die Werkleute.

02

Wer wird auf rechtere Weise verglichen[4] dem Hausherrn als unser Herr, der heilige Krist, der da lenkt alle, die er erschuf, wie der Hausherr lenkt die ihm untergebenen?

03

Der Hausherr lud den ganzen Tag über die Werkleute in seinen Weingarten, manche früh, manche zum mittleren Morgen, manche zum mittleren Tag, manche zur Non[5], manche an dem Abend oder zu welcher Zeit sie zu ihm kamen.

---

01 **BH** Das Himmelreich gleicht einem Hausherrn, der am frühen Morgen hinausging, um Arbeiter in seinen Weingarten zu führen
BH In der jetzigen Lesung, liebste Brüder, ist gesagt, das Himmelreich sei gleich einem Hausherrn der am frühen Morgen hinausging, um Arbeiter in seinen Weingarten zu führen.

02	**Gr** Welcher Hausherr aber hat zutreffender (solche) Ähnlichkeit inne, als unser Schöpfer, der regiert, die er schuf, und seine Erwählten in dieser Welt besitzt, wie ein Herr seine Untergeenen im Hause?	**BH** Dieser Mann und Hausherr ist Christus selbst, dem Himmel und Erde ein einziges Haus sind. Seine Hausgemeinschaft aber ist die Schöpfung von Himmel und Erde.
03	**Gr** Dieser Hausherr also, zur Bestellung seines Weingartens führt am Morgen zur dritten, sechsten, neunten und elften Stunde Arbeiter zusammen.	**BH** Er ging zur ersten Morgenstunde hinaus, um Arbeiter in seinen Weingarten zu führen; das heißt: ganz am Anfang der Welt setzte er Menschen zur Bebauung seines Weingartens ein.

4 Wörtlich: „gegengemessen".
5 Die Gebetszeit der Non, d. h. ca. 15.00 Uhr.

04 **A**lso ne gestilte unser herro der al mahtige got uone anakenge dere uuerlti unzi ana den ente die predigare ci sentenna zi dera lera sinere iruuelitono.

05 **D**er uuinkarte pizeichen*et* die gotis e, in der dir kisezz*et* unde keriht*et* uuerdent elliv reht – also diu uuinréba reht, also diu uuinréba scuzzelinge.

06 **D**ei uuerh, dei man dar inna uuvrchen scol, daz ist div miteuuare, diu chûske, diu kidult, diu guôte, diu ensticheit unte andere tugendi desin keliche.

07 Nv sehen mit uuelichemo flîzza uuir den gotis uuinkarten ûoben.

08 **A**da*m* uuart kescaffen, daz er uuari *û*oberi des paradysi; do er do firbrah daz gotis kebot, do uuart er dannen kistozzen in daz ellentuom disere uuenicheite .

---

04 **Gr** quia a mundi huius initio usque in finem ad erudiendam plebem fidelium praedicatores congregare non destitit.

05 **BH** Vineam enim hic iustitiam uult intellegi, in qua diuersae species iustitiarum positae sunt.

06 **BH** quasi uites plurimae ut puta mansuetudo, castitas, patientia, bonitas, benignitas, ceteraque innumerabilia bona, quae omnia generaliter ‚iustitia' appellantur.

07 **BH** Attendamus ergo, quali studio coelestem uineam colamus!

08 **BH** Adam ergo positus est in paradiso colere et operari eum; sed quia neglexerit eum, proiectus est de eo.

04 Ganz so ließ unser Herr, der allmächtige Gott, nicht ab vom Anfang der Welt an bis an das Ende die Prediger zu senden zu der Lehre seiner Erwählten.

05 Der Weingarten bezeichnet das Gesetz Gottes, in dem da gesetzt und aufgerichtet werden alle Rechtssatzungen wie die Weinrebe in dem Schössling aufgerichtet wird.

06 Die Werke, die man darin wirken soll, das ist die Sanftmut, die Keuschheit, die Geduld, die Güte, die Nachsichtigkeit und andere Tugenden, die (diesen) gleich sind.

07 Nun lasst uns sehen, mit welchem Eifer wir den Weingarten Gottes pflegen (sollen).

08 Adam wurde geschaffen, damit er Bewohner des Paradieses wäre. Als er da das Gebot Gottes brach, da wurde er von dort weg gestoßen in das Exil dieses Elends.

---

04 **Gr** Denn vom Anfang dieser Welt an bis ans Ende ließ er nicht ab, für die Erziehung des Glaubensvolkes Prediger zusammen zu führen.

05 **BH** Denn dieser Weingarten sollte als Recht verstanden werden, in den verschiedene Arten von Rechtspflegern eingesetzt sind.

06 **BH** gleichsam die zahlreichen Weinstöcke werden sozusagen als Keuschheit, Geduld, Güte, Sanftmut und die übrigen zahlreichen Werte insgesamt mit „Recht“ angesprochen.

07 **BH** Lasst uns also achtgeben,mit welchem Eifer wir den Weingarten des Himmels pflegen wollen!

08 **BH** Adam also wurde in das Paradies gesetzt, es zu pflegen und zu bearbeiten; aber weil er es vernachlässigte, wurde er aus ihm hinaus geworfen.

09 **A**lso biren uuir kisezz*et*, daz uuir sin ûobare dere gotis e; uirruochelon uuir die, so uuerde uuir firstozzen uone demo gotis riche also die iuden.

10 **S**uer die sunta uuvrchet, der ziuueib*et* den gotis uuinkarte; der dir aua vuurchet daz gotis reth, der ûob*et* inan wole.

Vuir ne sculen niêth *û*oben dei irdisgen acchera durh den uuerltlichen richtuom, suntir durh den richtuom des euuigen lonis.

11 **D**ie uinf uuile, in den dir dér huosherro ladote dei uuerhliuti in sinan uuinkarten, dei pizeichinet dei uinf uuerlti, dei dir uore Christis kiburte uuaren.

Áua dei uuerhliute pizeichinent diê, die dir der almahtige got in den uinf uuerlten ladite zi demo euuigen lîbe.

12 **D**az uuas in dere eristen Adam unde sin kislahte, in dere anderen Noe unde sin kislahte, in dere dritten Abraha*m* und sin kislahte, in dére uierde Moyses unde sin kislahte.

---

9 **BH** 51–54] Ita et nos positi sumus ad colendam iustitiam. Si neglexerimus eam, proicimur de ea, sicut et Iudaei proiecti sunt.

10 **BH** 58–60] Ideo qui peccatum facit, dissipat iustitiam Dei. Qui autem bona opera facit, colit eam in se.

11 ohne Quelle in **Gr** und **BH**

12 **Gr** 15–18] Mane etenim mundi fuit ab Adam usque ad Noe, hora uero tertia a Noe usque ad Abraham. Sexta quoque ab Abraham usque ad Moysen.

BH Primo ergo mane, ut diximus, in ipso mundi principio uocauit Deus Adam et progenium eius usque ad Noe ad colendam iustitiam; hora tertia Noe et qui cum eo fuerunt, hora sexta Abraham et qui cum eo fuerunt,

09 Ebenso sind wir eingesetzt, damit wir Pfleger des Gottesgesetzes seien. Missachten wir dieses, so werden wir verstoßen von dem Gottesreich ganz wie die Juden.

10 Wer die Sünde wirkt, der zerstört den Weingarten Gottes, wer darin das Recht Gottes wirkt, der pflegt ihn gut.

Wir sollen die irdischen Äcker nicht pflegen um weltlichen Reichtums willen, sondern um des Reichtums des ewigen Lohnes willen.

11 Die fünf Zeiten, in denen der Hausherr die Werkleute in seinen Weingarten lud, die bezeichnen die fünf Weltalter, die da vor Krists Geburt waren.

Wiederum bezeichnen die Werkleute jene, die da der allmächtige Gott in den fünf Weltaltern lud zum ewigen Leben.

12 Das war in dem ersten Adam und sein Geschlecht, in dem zweiten Noah und sein Geschlecht, in dem dritten Abraham und sein Geschlecht, in dem vierten Moses und sein Geschlecht.

---

9 **BH** So sind auch wir eingesetzt, das Recht zu pflegen. Wenn wir es vernachlässigen, werden wir aus ihm (dem Weingarten) hinaus geworfen wie die Juden hinausgeworfen sind.

10 **BH** Ebenso: wer Sünde tut, zersplittert das Recht Gottes. Wer aber gute Werke tut, pflegt es in sich.

11 ohne Quelle in **Gr** und **BH**.

12 **Gr** Denn der Frühmorgen der Welt war von Adam bis Noah, zur dritten Stunde jedoch von Noah bis Abraham. Die sechste wiederum von Abraham bis Moses,

BH Am Frühmorgen, wie gesagt, genau am Anfang der Welt, berief Gott den Adam und sein Geschlecht bis zu Noah zur Pflege des Rechts; zur dritten Stunde den Noah und die mit ihm waren, zur sechsten Stunde den Abraham und die mit ihm waren,

13 **A**n demo *ente* dere uinften uuerlte do gáreti sanctus Ioh*anne*s Baptista den uue*h* demo gotis sune durh dei touffa unde durh dei rivuua.

14 **I**n dere sehsti uuerlti, in der uuir nu piren, do cho*m* selbo unser herro der *filius dei* unte pichêrte mit sinera euangelisgen prediga unte mit sinen zeichenin dei heidinen, uona den dir iruuohs diu heiliga christinheit, diu dir stet unzi an den enti der uuerlte.

15 **F**ore sinere kiburte so santi er dei patriarchas unde dei prophetas;

16 suîe uuole die kiuuorhte nah sinere hulde, so inphiegin si doh sa nieth des lonis; uuande si alla zi helli fuoren.

17 **A**va nu zi gunste sîe*t* sinere kiburti, do santi er dei boton; suîe dei zi iungisti chomen, so inphien*gen* si doh folliz lon, uuande in daz himilrih offen stuont, so si allererist got uolgetin.

18 **S**o iz auh noh uns allen tuot, suenne uuir unsih durhnahtlichen bicherin.

13	**Gr** Nona autem a Moyse usque ad aduentum domini.	**BH** hora nona Moysen et qui cum eo fuerunt usque ad Iohannem per praecepta legis uocauit.
14	**Gr** Vndecima uero ab aduentu domini usque ad finem mundi in qua praedicatores sancti apostoli missi sunt, qui mercedem plenam et tarde uenientes acceperunt.	**BH** Hora undecima per gratiam euangelii omnes gentes uocare dignatus est.

15 **Gr** quia et prius per patres et postmodum per legis doctores et prophetas, ad extremum uero per apostolos, dum plebis suae mores excoluit, quasi per operarios in uineae cultura laborauit.

16 **Gr** quod et recte pro percipiendo regno uixerunt et tamen diu a percipiendo regno dilati sunt. Quos enim post peractam iustitiam inferni loca quamuis tranquilla susceperunt.

17 **Gr** Vndecima uero ab aduentu Domini usque ad finem mundi, in qua praedicatores sancti apostoli missi sunt, qui mercedem plenam et tarde uenientes acceperunt. quod et recte pro percipiendo regno uixerunt et tamen diu a percipiendo regno dilati sunt. Quos enim post peractam iustitiam inferni loca quamuis tranquilla susceperunt.

18 ohne Quelle in **BH** und **Gr**.

13 An dem Ende des fünften Weltalters da bereitete Sankt Johannes Baptista dem Gottessohn den Weg durch die Taufe und durch die Buße.

14 Im sechsten Weltalter, in dem wir jetzt sind, da kam selbst unser Herr, der *filius dei* und bekehrte mit seiner evangelischen Predigt und mit seinen Wunderzeichen die Heiden, von denen da erwuchs die heilige Christenheit, die da bestehen wird bis an das Ende der Welt.

15 Vor seiner Geburt, da sandte er die Patriarchen und die Propheten.

16 So gut wie die auch nach seiner Huld tätig waren, so empfingen sie doch nichts an Lohn, denn sie fuhren alle zur Hölle

17 Aber zuerst nach seiner Geburt, da sandte er die Boten.[6] Obwohl die zuletzt kamen, so empfingen sie doch vollen Lohn, denn das Himmelreich stand ihnen offen, weil sie zu allererst Gott folgten.

18 So tut es auch noch uns allen, sobald wir uns in vollkommener Weise bekehren.

13	**Gr** die neunte aber von Moses bis zur Ankunft des Herrn.	**BH** zur neunten Stunde den Moses und die mit ihm waren bis zu Johannes berief er für die Gesetzesvorschriften,
14	**Gr** Die elfte aber von der Ankunft des Herrn bis zum Ende der Welt, während der als Prediger die heiligen Apostel gesandt worden sind, welche vollen Lohn, obwohl spät kommend, erhielten.	**BH** zur elften Stunde hielt er es für würdig, durch die Gnade des Evangeliums alle Völker zu berufen.

15 **Gr** denn indem er er die Sitten seines Volkes kultivierte, sowohl zur Frühzeit durch die Patriarchen als auch später durch die Gesetzesgelehrten und Propheten, zuletzt aber durch die Apostel, mühte er sich er sozusagen durch sie als Arbeiter in der Pflege seines Weingartens.

16 **Gr** so dass sie, um das Reich zu erlangen, einerseits sowohl auf rechte Weise lebten, dennoch aber lange hingehalten wurden vor dem Erlangen des Reiches. Diese nämlich, nach vollbrachtem Recht, namen höllische Orte auf, wenn auch ruhige.

17 **Gr** Die elfte aber von der Ankunft des Herrn bis zum Ende der Welt, während der als Prediger die heiligen Apostel gesandt worden sind, welche vollen Lohn, obwohl spät kommend, erhielten, so dass sie, um das Reich zu erlangen, einerseits sowohl auf rechte Weise lebten, dennoch aber lange hingehalten wurden vor dem Erlangen des Reiches. Diese nämlich, nach vollbrachtem Recht, namen höllische Orte auf, wenn auch ruhige.

18 ohne Quelle in **BH** und **Gr**.

6 Gemeint sind die Apostel.

19 **D**ie uinf uuila, die da fore pizeichinent die uinf uuerlti, die magen auch uuole kigagenmazzit uuerdun zi demo menniskinen altere.

20 **D**iu friv̂ diu pizeichinet die chindiska,

21 der mittenmorgen diu iúgent,

22 der mittetac die tugent, daz ist diu metilscaft des menniskinen alteres, in demo er allerstarchist ist; also diu sunna ze mittemo taga aller heizzist ist, so si chumet in die métilscaft des himilis.

23 So pizeichinet diu nona daz altir,

24 der abant daz bibint altir.

25 **D**er in dera chindiska nieth pidenchan ni uuella sina heila, der pidenche siâ doh in dera iugende odar in dere tugende odar in demo altere oder doh ana demo enti.

---

19 **Gr** Possumus uero ad easdem diuersitates horarum etiam ad unumquemque hominum per aetatem momenta distinguere.

20 **Gr** Mane quippe intellectus nostri pueritiae est.

21 **Gr** Hora autem tertia adolescentia intellegi potest, quia quasi iam sol in altum proficit, dum calor aetatis crescit.

22 **Gr** Sexta uero iuuentus est, quia uelut in centro sol figitur, dum in ea plenitudo roboris solidatur.

23 **Gr** Nona autem senectus intellegitur, in qua uelut sol ab alto axe descendit, quia aetas a calore iuuentutis deficit.

24 **Gr** Vndecima uero hora est aetas quae decrepita uel ueterana dicitur.

25 **Gr** Et si Deo uiuere in pueritia et in iuuentute noluistis, saltem in ultima aetate respicite, et ad uitae uias cum iam laboraturi multum non estis, uel sero uenite.

19 Die fünf Zeiten, die zuvor die fünf Weltalter bezeichneten, die können auch gut verglichen werden mit dem Menschenalter.

20 Die Frühe, die bezeichnet die Kindheit,

21 der mittlere Morgen die Jugend,

22 der Mittag die Stärke, das ist das mittlere Maß des menschlichen Alters, in dem er am allerstärksten ist, ganz wie die Sonne zur Tagesmitte am allerheißesten ist, wenn sie in die mittlere Höhe des Himmels kommt.

23 So bezeichnet die Non das Alter,

24 der Abend das zitternde Alter.

25 Wer in seiner Kindheit nicht bedenken will sein Heil, der bedenke es doch in der Jugend oder in der Stärke (seines Lebensalters) oder in dem Alter oder doch an dem Ende.

---

19 **Gr** Wir können aber diese Verschiedenheiten bei den Stunden auch bei jedem Menschen nach den Zeitabschnttten des Alters unterscheiden.

20 **Gr** Der Frühmorgen nämlich ist die Erkenntnisfähigkeit der Kindheit.

21 **Gr** Aber die dritte Stunde kann als Jugendalter verstanden werden, weil gewissermaßen die Sonne schon zur Höhe vorrückt, während die Wärme des Alters wächst.

22 **Gr** Die sechste jedoch ist das Mannesalter, weil die Sonne gleichsam im Zentrum haftet, wenn in ihr die Fülle der Kraft sich festigt.

23 **Gr** Die neunte aber wird als Greisenalter erkannt, in der gleichsam die Sonne vom hohen Himmel hinabsteigt, weil das Alter von der Wärme des Mannesalters verliert.

24 **Gr** Die elfte Stunde freilich ist das Alter, das als abgelebt oder abgedient benannt wird.

25 **Gr** Und wenn ihr schon nicht in der Kindheit und im Mannesalter für Gott leben wolltet, so habt wenigstens im letzten Lebensalter acht, und kommt auf die Wege des Lebens, wenn ihr schon längst nicht mehr viel zu arbeiten gedenkt.

26 **I**n suelichemo dero altere er sih durnahtlichen picherit, so si kiuuis uone gote ze inphahenne daz selbi lon, daz ouh er inphahet, der uone sinere chindiska in gote arbeitet unzi an sinen ente.

27 **D**o ana demo abande do sah der hûsherro dei liuti da muozic sten; da frâcti er si, umbe uuaz si allan tac da mûozic stuontun.

28 **D**o antuuurten si, daz sie niem*en* rihti zi demo uuer*ch*i.

29 Do hiez er si gan in sinan winkarten umbe lon.

30 **V**eliche stent muozcic, niuuani die dir nieth durnahtlichen ni uuvrchent alla die gotis e?

31 **Die** huorare, die rovbare, die trinchare, die manslecken, die luginare, die diûbe: die sint piheftit mit des tiufalis uuerhi; uone dannen ni uuerdunt si nieth kinennit muozzige, sunter tode.

32 **D**ie dir aue flizciclichen vurchent die gotis e unte elliu gûotiu uuerh, die sint chom*en* in den uuinkarten dere heiligen christinheite unte uvvrchent samit iri.

---

26 ohne Quelle in **BH** und **Gr**.

27 **BH** Iterum autem exiit circa undecimam horam et uidit alios stantes in foro otiosos et dixit eis: ‚Quid hic statis tota die otiosi?‘ (Mt. 20,6)

28 **BH** Dicunt ei: ‚Quia nemo nos conduxit.‘ (Mt. 20,6–7)

29 **Mt. 20,4]** et dixit illis: ‚Ite et uos in uineam meam et quod iustum fuerit dabo uobis.‘ (vgl. Mt. 20,7+13)

30 **BH** Qui sunt ergo otiosi, nisi qui opus Dei non operantur?

31 **BH** Peccatores autem non otiosi, sed mortui dicuntur.

32 ohne Quelle in **BH** und **Gr**.

26 In welchem der Lebensalter auch immer er sich in vollkommener Weise bekehrt, so sei (er) gewiss, von Gott zu empfangen denselben Lohn, den auch der empfängt, der von seiner Kindheit an sich um Gottes willen müht bis an sein Ende.

27 Da an dem Abend, da sah der Hausherr die Leute müßig dastehen. Da fragte er sie, warum sie den ganzen Tag (lang) müßig dagestanden hätten.

28 Da antworteten sie, dass sie niemand zu der Arbeit herangezogen hätte.

29 Da hieß er sie um Lohn in seinen Weingarten zu gehen.

30 Welche (Leute) stehen müßig, wenn nicht die, die da nicht in vollkommener Weise das Gesetz Gottes wirken?

31 Die Hurer, die Räuber, die Trinker, die Totschläger, die Lügner, die Diebe, die sind gebunden mit den Werken des Teufels. Deswegen werden sie nicht bezeichnet als Müßige, sondern als Tote.

32 Die da aber eifrig wirken das Gesetz Gottes und alle guten Werke, die sind gekommen in den Weingarten der heiligen Christenheit und wirken (zusammen) mit ihr.

---

26 ohne Quelle in **BH** und **Gr.**

27 **BH** Wiederum ging er hinaus ungefähr zur elften Stunde und sah andere stehen auf dem Forum, müßige, und sagte zu ihnen: „Was steht ihr den ganzen Tag als Müßige?"

28 **BH** Sie sagten ihm: „Weil uns niemand geholt hat."

29 **Mt. 20,4** Und er sagte zu ihnen: „Geht auch ihr in meinen Weingarten, und was gerecht wäre, werde ich euch geben."

30 **BH** Wer sind also die Müßigen, wenn nicht die, welche das Werk Gottes nicht wirken?

31 **BH** Die Sünder werden nicht Müßige, sondern Tote genannt.

32 ohne Quelle in **BH** und **Gr.**

33 **D**er huosherro gab in allen kilichi*z* lon unte gab iz doh zerist den, die dir zi gunste chom*en*.

34 **D**az pimurmiloten die eristen, die allen den tac arbeiten, daz er in nieth zi erist ni gab unte in auh nieth mera ni gab.

35 **D**az uuirdet uuole firnom*en* uona den rehtin unte uona den guoten, die uore xpīs kipurte allan íri lib arbeiten nah demo himilriche, unte si doh *dara* nieth ni chom*en*, e der *filius dei* her in uuerlt chom unte in iz intlouh mit sinera martyre.

36 **D**ie phennige pizeichinent daz himelrih,

37 die dir alla uuare einis uuerdis, also daz himelrich ist;

38 den er daz gibet, die nidurfen nieth murmilon,

39 uuande da niheinir ist hereri noh smahere demo anderemo.

40 **M**anige sint dara kiladit durh die kiloube, unmanige choment aue dara uone div, uuande si nieth ni uwrchent daz si kiloubent;

41 also diu heilige scrift chuit: ‚**D**iu kiloube ist tot ane dei uuerh.'

---

33 **BH** Cum sero autem factum esset, dicit dominus uineae procuratori suo: ‚uoca operarios et redde illis mercedem incipiens a nouissimis ad primos.' (Mt. 20,8)

34 **Mt. 20,11–12:** Et accipientes murmurabant aduersus patremfamilias dicentes: ‚Hi nouissimi una hora fecerunt, et pares illos nibis fecissti, qui portauimus pondus diei, et austus.'

35 **BH** *Incipiens a nouissimis usque ad primos* (Mt. 20,8): quia omnes, qui ante aduentum Christi ex operibus suis sancti et iusti fuerunt, dilati sunt a regno Dei, usque dum Christus ueniens sua passione et resurrectione coelestis regni portas aperuit.

36 **BH** singulos denarios, id est praemia beatitudinis sempiternae.

37 **BH** acceperunt enim et ipsi eadem gaudia sempiterna.

38 **BH** et de dato eius nemo murmurat.

39 **BH** et illic in numero sanctorum nemo nouissimus dicitur, nemo primus.

40 **BH** Multi autem per gratiam dei ad regnum coelorum per fidem uocantur, sed iustitia et meritorum sanctitate pauci perducuntur.

41 **Gr** Hinc Iacobus ait: ‚Fides sine operibus otiosa est.' (Jac. 2,20)

33 Der Hausherr gab ihnen allen gleichen Lohn und gab doch zuerst denen, die da zu Beginn kamen.

34 Darüber murrten die ersten, die den ganzen Tag sich mühten, dass er ihnen nicht zuerst (den Lohn) gab und ihnen auch nicht mehr (Lohn) gab.

35 Das wird richtig verstanden in Bezug auf die Gerechten und in Bezug auf die Guten, die vor Christs Geburt ihr ganzes Leben lang sich mühten um des Himmelreichs willen und die doch dorthin nicht kamen, bevor der *filius dei* her in die Welt kam und es ihnen aufschloss mit seinem Martyrium.

36 Die Pfennige bezeichnen das Himmelreich,

37 die da alle waren ein und desselben Wertes ganz so wie das Himmelreich (es) ist.

38 Die, denen er das gibt, die brauchen nicht zu murren,

39 denn da ist nicht einer ein Erhabenerer noch ein Verächtlicherer (gegenüber) dem anderen.

40 Viele sind dorthin geladen um des Glaubens willen, auch kommen nicht viele[7] dorthin deswegen, weil sie nicht wirken was sie glauben,

41 ganz wie die heilige Schrift sagt: „Der Glaube ist tot ohne die Werke."

---

33 **Mt. 20,8** Als es aber Abend geworden war, sagte der Herr des Weingartens zu seinem Verwalter: „Rufe die Werkleute und erstatte ihnen den Lohn, anfangend von den Letzten und bis zu den Ersten."

34 **Mt. 20,11–12:** Und als sie (den Lohn) annahmen, murrten sie gegenüber dem Hausherrn und sagten: „Diese Letzten arbeiteten eine Stunde, und du hast ihnen Gleiches gegeben (wie uns), die wir ertrugen die Last (der Arbeit) und die Hitze."

35 **BH** *Indem er von den Letzten anfing und bis zu den Ersten* (Mt. 20,8): weil allen, die vor der Ankunft Christi wegen ihrer Werke Heilige und Gerechte gewesen sind, Aufschub gegeben wurde vom (Himmel)reich, bis dann, als Christus kam, er mit seiner Passion und Auferstehung die Pforten des himmlichsen Reiches geöffnet hat.

36 **BH** *je einen Denar* (Mt, 20, 10): das ist der Lohn der ewigen Seligkeit.

37 **BH** Denn sie empfingen die gleichen ewigen Freuden.

38 **BH** und über seine Gabe murrt niemand.

39 **BH** und hier wird aus der Zahl der Heiligen niemand der Letzte genannt, niemand der Erste.

40 **BH** Viele aber werden aus Gnade zum Reich der Himmel wegen des Glaubens berufen, aber wenige aufgrund von Recht und und wegen der Heiligkeit von Verdiensten (dorthin) geführt.

41 **Gr** Deshalb sagt Jacobus: „Der Glaube ist müßig ohne Werke."

---

7 D. h. „gar keine".

108 ‚Himmel und Hölle‘ Steinmeyer Nr. 29, Wilhelm Nr. 8

[2]**VL 4** (1983), Sp. 21–24 (David R. McLintock). – Killy-Lit.Lex. 5 (2009), S. 442–443 (Ernst Hellgardt).
Ü.: München, BSB, clm 4460, fol 111v-114r. – Teil 2 einer aus vier ursprünglich selbständigen Teilen bestehenden Hs.: ein Quaternio und ein Ternio unbekannter Herkunft, früher Eigentum des Dominikanerklosters Bamberg, das aber erst 1310 gegründet wurde. Schreibort wohl nicht Bamberg.
Abb.: Petzet/Glauning, Taf. XVII, nur bis Segment 25,1 Himmel und Hölle.
Dat.: Hs. 12. Jh., Text wohl noch im 11. Jh.
Spr.: ostfr.? alem.? südwestdeutscher Raum?
Ed.: [4]MSD I, Nr. 30, S. 67–73 (Text). – Steinmeyer Nr. 29, S. 153–155 (Text). – Wilhelm I, Nr. 8, S. 31–33 (Text). – Haug/Vollmann, S. 672–677 (Text). – Referenzkorpus Mittelhochdeutsch (1050–1350): https://www.linguistics.rub.de/rem/pub/texts//M089_mod.pdf.
Lit.: Kelle, LG 1, S. 49–50 und S. 271–275. – [4]MSD II, S. 158–164 (Kommentar). – Ehrismann, LG II,1 S. 134–138. – Wilhelm II, S. 59–70 (Kommentar). – Haug/Vollmann, S. 1460–1465 (Kommentar). – Peters, Paradiesvorstellungen, S. 63–78. – Schröbler, ‚Himmel und Hölle‘. – McLintock ‚Himmel und Hölle‘, Wortschatz (mit Referat der älteren Lit.). – Hellgardt, Wiener Notker-Hs. – Staiti, Agli inizi, hier S. 669, 677 und 712–713. – Hellgardt, ‚Wessobrunner Predigten‘.

Der Text gehört zur Sippe des ‚Wiener Notker‘ und folgt in der Handschrift unmittelbar auf ‚Bamberger Glaube und Beichte‘ (Nr. 92), mit welchen ‚Himmel und ‚Hölle‘ auffällige Gemeinsamkeiten im Wortschatz hat; vgl. dort. Dass beide Texte vom selben Autor stammen, ist wahrscheinlich.

Das Stück ist einmalig in der ganzen frühen Literatur des deutschen Mittelalters, nicht nur seinem rhetorischen Schwung nach. Dieser zeigt sich u. a. in seinem ungewöhnlichen Wortschatz, der nicht nur die vielbeachteten Neubildungen aufweist, sondern auch im Rückgriff sehr alte Sprachüberlieferung weiter pflegt (s. Anm. 26 zu *haranskara*). Textypologisch einmalig, neigt das Stück einerseits dem Bereich von Confessio-, Beicht- und Bußtexten zu, dies ganz offenkundig und nicht nur durch seine Überlieferungsgemeinschaft mit ‚Bamberger Glauben und Beichte‘ (Nr. 92); andrerseits steht es im Zusammenhang der Predigt im Kontext der Bußliturgie. Doch keinem dieser Bereiche gehört es texttypologisch wirklich zu.

Der Text nimmt seinen Ausgangspunkt bei der Schilderung des Himmlischen Jerusalem der Johannes-Apokalypse (Kap. 21, 10–23), verweilt hier jedoch weniger als man annehmen möchte. Zur Schilderung der Himmelsburg Gottes als *civitas* nach antiken Modell einer Idealstadt vgl. Apoc. 21,10–23; darauf ist mit Wilhelm II, S. 63–65 zu verweisen, s. dort auch II, S. 68–69 (Hinweis auf eine [ps.-?] augustinische Predigt und Quellenmaterial aus der lat. Hymnik und Visionsliteratur). – In ‚Himmel und Hölle‘ liegt der Schilderung der Gottesburg jedoch in manchen Punkten auch das Bild einer prächtigen Ritterburg zugrunde. Theologisch sind Bezüge auf zentrale dogmatische und paulinische Lehrstücke angedeutet (hierzu s. Anm. 10 und 14), auch finden sich wird Anflüge von augustinischer Trinitätslehre (s. Anm. 10, Anm. 15). Und über all das hinaus ist das Thema „Himmel und Hölle“ ganz im Sinne frühmittelalterlicher Adelsmentalität aufgefasst, was bisher kaum gesehen wurde. Dies zeigt sich in vielfältiger Bezugnahme auf die Diskurse Adelskultur (Prachtentfaltung, Sachkultur), Herrschaft (Dienst, Schutz und Lohn) und besonders Erbschaftsthematik, die freilich auch biblisch reich vorgebildet ist, Rechtswesen (Klage, Rechtsbeistand, Gerichtsverfahren, Verurteilung / Begnadigung). Die nähere Ausführung dieser Andeutungen wäre eine eigene Abhandlung wert.

Mit beiden Zählungen soll – wie mit in den entsprechenden Gestaltungen anderer Texte dieses Buches – nicht gesagt sein, dass ‚Himmel und Hölle‘ zur Dichtung in irgend einem metrischen Sinne zu rechnen sei; hierzu auch Steinmeyer in [4]MSD II, S. 162–164.

Text nach Steinmeyer und Wilhelm mit Abteilung der syntaktischen Kola und Sinneinheiten des Textes; Hi=Himmel, Hö=Hölle. Der Abschnitt zum Himmelreich ist nach syntaktischen und Sinneinheiten (Kola) gezählt, die Höllenschilderung nach Zeilen.

Himmel 01–06

01 Diû himilisge gotes burg
diû nebedarf des sunnen noh des manskimen
da ze liehtenne.*
In ire ist der gotes skimo,
der si al durluhtet[1]
in gemeinemo nuzze.

* *egilich uinster* Hö 13.

02 Daz ist in eben allen,
al daz si wellen.

03 Da ist daz gotes zorftel,
der unendige tag,
der burge tiure liêhtfaz.[2]

04 Diu burg ist gestiftet
mit aller tiûride
meist edeler geistgimmon,
der himelmeregriêzzon.[3]

05 Der burge fundamenta,
diê portę ióh diê mure:
daz sint diê tiûren steîna
der gotes fursthelido[4]
un daz[5] eingehellist[6] aller heiligono here,
die der tugentlicho in dem hêililgemo lebenne
demo burgkuninge ze uurston gezamen.

06 Siû stat in quaderwerke,[7]
daz ist ir ewig stift;
und sint oûch dar ana errekket
alle gotestrûtfriûnt,[8]
diê der hant eruullet diê uier euangelia
in stater tugent regula,
in gelíchimo einmuôte.

1 Hs. ***dluhtet*** St. *durluhtet* Wilhelm *derluhtet*. – *Et civitas non eget sole, neque luna, ut luceant in ea.* Apoc. 21,23.
2 *claritas dei illuminavit eam et lucerna eius est agnus*. Apoc. 21,23.
3 ***himelmeregriêzzon*** („Himmel-Meeres-Sandkörner"): *margaritae* Apoc, 21,21; vgl. lat. *celimargaritę* (Wilhelm S. *62).

Himmel 01–06

01 Die himmlische Gottesburg
die bedarf nicht der Sonne noch des Mondglanzes
da zu leuchten.
In ihr ist Gottesglanz,
der sie ganz durchleuchtet
in gemeinsamem Nutzen.

02 Das gehört ihnen allen gleich
alles, das sie wollen.

03 Da ist der Lichtschein Gottes,
der nicht endende Tag,
die kostbare Laterne der Burg.

04 Die Burg ist ausgestattet
mir aller Kostbarkeit
höchst edler Geistjuwelen
der Himmelmeeresperlen.

05 Die Grundfesten der Burg,
die Portale und die Mauern:
das sind die kostbaren Steine
der vornehmen Helden Gottes
und das einmütigste aller Heere der Heiligen,
die dort kraftvoll in heiligmäßigem Leben
für den Burgkönig als Fürsten geziemen.

06 Sie besteht aus Quaderwerk,
das ist ihre ewige Einrichtung;
und es sind auch darauf aufgerichtet
alle lieben Freunde Gottes,
die da erfüllt haben die vier Evangelien
nach beständiger Tugendregel,
in gleichbleibender Einmütigkeit.

---

4 *fundamenta muri civitatis omni lapide pretioso ornata* Apoc. 21,19. – ***fursthelido***: vgl. lat. *protathleta*, *protagonista* (Wilhelm S. *62).
5 **un daz: Hs.** *undaz* St., Wilh., Haug/Vollmann *und daz* [4]MSD.
6 **eingehellist** Hs. *ingehellist* St., Wilh., Haug/Vollmann *eingehellist*.
7 *Et civitas in quadro posita est* Apoc. 21,16.
8 ***errekket***: aufgerichtet wie Standbilder auf den Grundsteinen.

Himmel 07–12

07 Siû ist in iro strâzzon
daz rotlohezonte* golt;[9]
daz meinet, daz da uurstesot
diû tiûre minna uber al,
der goteliche wîstuôm
mit allemo wolewille.*[10]

* *der uersvehelente loûg* Hö 11
* *ubelwillo* Hö 58 *uuê ane wolun* Hö 18;

08 Sîu ist in goldes sconi
samo daz durhliehte glas
allîu durhscôuvig ioh durhluther.[11]

09 Da wizzen al eîn anderen
unuertoûgenlîcho*
diê himilisgen erben,*
diê diê burg buent
in durhskonen tugindan
ân aller missetate pflega.[12]

* *daz scamelicheste offen aller tougenheîte* Hö 36; vgl. Hi 16;
* *der hella erbon* Hö 60

10 Da rîchisôt diû minna
mit aller miltfrowida*
und aller tugidone zála,
mit stâten urasmunde.

* *unfrouwida* Hö 04

11 Da uerselet diû warheit
daz alte gedinge,
da nimet diû glouba
ende aller ir gehéizze,

12 Da nehabet resti der engilo urosank,
daz suôzze goteswnnelob,
diû geîstliche meindi,
der wndertiûro bimentstank* aller goteswolon.**

* *der sterkiste sveuelstank* Hö 7.
** *uuê ane wolun* Hö 18

9 *et platea civitais aurum mundum tanquam vitrum perlucidum* Apoc. 21,21.
10 ***wolewille*** Wilh., ***wolewillen*** Steinm. – Zu 7 und 9–11: Hier schimmern die trinitarischen Appropriationen der augustinischen Trinitätstheologie durch: *charitas* (*minne*), *veritas* (*warheit*), *sapientia*, (*wîstuom*), *voluntas* (*wolewille*), und der Ternar „Glaube, Hoffnung, Liebe“: „Glaube“ (*fides, glouba*), „Hoffnung“ (*spes, gedinge*), „Liebe“ (*charitas, minna*). Wenn die Wahrheit erkannt ist, ist Hoffnung

Himmel 07–12

07 Sie besteht in ihren Straßen
aus rotlohendem Gold;
das meint, dass da fürstlich herrscht
die teure Liebe überall,
die göttliche Weisheit
mit allem guten Wollen.

08 Sie ist in Goldesschöne
wie das durchlichtete Glas
ganz durchsichtig und durch und durch lauter.

09 Da kennen einer den anderen
ohne Geheimnisse
die himmlischen Erben,
die die Burg erbauen
in durch und durch schönen Vorzüglichkeiten
ohne Gewohnheit von allen Missetaten.

10 Mächtig herrscht da die Liebe
mit aller Freue an Freigebigkeit
und der Zahl aller Tugenden
mit beständigem Mut.

11 Da lässt die Wahrheit
die alte Hoffnung hinter sich,
da nimmt der Glaube
das Ende all ihrer Verheißung an sich.

12 Da hat keine Rast der Freudengesang der Engel,
das süße Gottesfreudenlob,
das geistige Liebesgedenken,
der wunderkostbare Pigmentenduft aller Gotteswohltaten

---

nicht mehr nötig/möglich, Glaube und Verheißung (*prophetia, geheizze*) werden überflüssig, die Liebe bleibt; vgl. Hi 15; zu allem Paulus: Rom. 8,24; vgl. I Cor. 13,8–10 und 12.

11 *ipsa verum civitas aurum simile vitro mundo.* Apoc. 21, 18.

12 Hs. Wilh. ***pfleg*** [4]MSD, St. ***pflega***

Himmel 13–20

13 Da ist daz zîreste here
allez in ein hel*,
daz dîenest ewent
sie mit seinftemo[13] ulîzze.

* *grîuelich gesémine* Hö 47.

14 Da ist des frides stâti,
aller gnadone* bú.

* *diû hertiste râcha* Hö 21.

15 Da ist offen uernunst aller dingo,
al gotes toûgen,*[14]
daz ist in allez offen,
siê kunnen alle liste
in selber wârheite;
der nehabent siê agez,
der huge in newenket.[15]

* *daz scamelicheste offen aller tougenheîte* Hö 36.

16 In ist eîn alter,
êines rîches ebentêil.*

* *der hella erbon* Hö 61.

17 Da ist alles guôtes ubergenuht*
mit sichermo habenne,
    der durnohteste trôst,*
    diû meîste sigêra.*

* *alles guôtes atéil* Hö 44.
* *claga uuoft âne trôst* Hö 17.
* *diû uiantliche sigenunft* Hö 46; *aller skandegelîch* Hö 35.

18 Da nist forehtone niêht,
nicheîn missehebeda,

19 Da ist eînmuoti aller mamminde meîst,*
20   der stilleste lust,[16]
    dîu sichere rawa.

* *grîuelich gesémine* Hö 47.

---

13 Hs. [4]MSD, Wilhelm ***semftemo*** St., Haug/Vollmann ***seinftemo***
14 ***gotes tougen***: *mysterium quod absconditum fuit*, s. Paulus Col. 1,26. II Cor. 13, 8: zu *agez* und *huge* s. Anm. 10.
15 Vgl. 9–11 und Anm.; hier kommt noch *memoria* (*huge*) als trinitarische Appropriation hinzu.
16 Pomerius: ***tranquilla iocunditas***, s. Schröbler, Zu Himmel und Hölle, S. 142.

Himmel 13–20

13 Da ist schmuckste aller Heere
in ganzer Einhelligkeit,
den Dienst leisten sie ewig
mit sanftem Eifer.

14 Da ist des Friedens Stätte,
ein Bauwerk aller Gnaden.

15 Da ist offene Erkenntnis aller Dinge,
das ganze Mysterium Gottes,
das ist ihnen ganz eröffnet,
sie verstehen alle Künste
in der Wahrheit selbst,
von der haben sie kein Vergessen,
das Gedächtnis wankt ihnen nicht,

16 sie haben ein und dasselbe Alter,
ein und desselben Reiches gleichen Erbanteil.

17 Da ist Übergenüge an allem Guten
mit sicherem Besitzen,
die aufrichtigste Verlässlichkeit,
die höchste Siegesehre.

18 Da gibt es gar keine Furcht,
keinen einzigen Verdruss.

19 Da ist größte Einmütigkeit aller Sanftmütigen,
20 ungestörteste Lust,
die sichere Ruhe.

Himmel 21–27

21 Da ist der gotes friûndo sundergebiûwe,

22 da nist sundône stat,
sorgono wízzede,

23 da nist ungesundes nîeht,
heîle meîst ist der,[17]

24 der untrîuwon ákust
netaret der nîeht.*

* *alla tarahafti der hella erbon* Hö 60.

25 Da ist diû ueste wineskaft,[18]
aller salidon meist,
dîu miltiste drûtskaft,*
diê kuninglîchen êra,*
daz unerrahliche lon,*
daz gotesebenerbe,**[19]
sin wnniglich mitewist,***
dîu lussamiste anesiht:****[20]
under sîner minnône gebe tiûriste.

* *grîuelich gesémine* Hö 47.
* *aller skandegelîch* Hö 35.

* *marter unerrahlich* Hö 39.
dîu ueuuigliche haranskara Hö 40.
** *der hella erbon* Hö 61.
*** *grîuelich gesémine* Hö 47.
**** *dîu tîuualiche ánasîht* Hö 34.

26 Da ist daz hêreste guôt,
daz der uore gegarewet ist
gotes trûtfriûnden,
mit imo ce nîezzene
iemer in ewa.

27 So ist taz himelriche eînis teîlis getan.

---

17 Vgl. den Hinweis ^{4}MSD II, S 159 und Wilhelm, II, S. 69 auf Frau Ava ‚Jüngstes Gericht‘:
Dâ habe wir daz êwige lieht,
nehaines siechtuomes nieht.
dâ ist diu veste winescaft
diu milteste trûtscaft.
diu chunechlîche êre,
die haben wir iemer mêre.
das unsagelîche lôn
in dem himelisken trôn
habent die gotes erben,
die dâ nâch wollten werven. V. 346–356

Himmel 21–27

21 Da ist das ihnen vorbehaltende Gebäude der Freunde Gottes.

22 Da ist nicht Raum für Sünden,
keine Kenntnis von Sorgen.

23 da ist gar nichts an Krankem,
das höchste an Heilsein ist dort.

24 Das Laster der Wortbrüchigkeit
wagt dort nichts.

25 Da ist die feste Freundschaft,
das höchste aller Glückgüter,
die freigiebigste Zutrauen,
die königliche Ehre,
der unsagbare Lohn,
das gleiche Erbe mit Gott,
das wonnevolle Zusammensein mit ihm,
das wonnevollste Angesicht:
unter den Gaben seiner Liebe das teuerste.

26 Da ist das höchste Gut,
das dort vorbereitet ist
den vertrauten Freunden Gottes,
mit ihm zu genießen
für immer in Ewigkeit.

27 So ist das Himmelreich für sein Teil beschaffen.

---

18 Wilh. ***weneskaft*** St. ***wineskaft***.
19 Frau Ava, ‚Jüngstes Gericht‘ wie Anm. 17.
20 Zu denken ist an die Schau des Angesichts Gottes als höchste Form der Glückseligkeit.

Hölle 01–25

In der hello da ist
dot ane tot[21]
karot unde iamer,
al unfrouwida,*
mandunge bresto,
beches geroûche,
der sterkiste sveuelstank,*
uerwazzenlich genibile,
des tódes scategruôba,
alles truobisales wâga,[22]
der uersvehelente loûg,*
dîe wallenten stredema uiûriner dunste,
egilich uinster,*
dîu iemer ewente brunst,
diû freîssamen dotbant,[23]
diû betuûngeniste phragina,[24]
claga uuoft áne trôst,*
uuê ane wolun,*
uuîzze ane resti,
áller wénigheîte nôt,
diû hertiste râcha,*
der handegóste úrsuoch,
daz serige elelentduom,
aller bittere meîst,
kala ane uriste,

* *miltfrowida* Hi 09.

* *bimentstank* Hi 12.

* *daz rotlohezonte golt* Hi 07.

* *des manskimen da ze liehtenne ...* Hi 01; *daz durhliehte glas allîu durhscôuvig ioh durhluther* Hi 07.

* *der durnohteste trôst* Hi 17.

* *aller goteswolon* Hi 09, *wolewille,* Hi 12.

* *aller gnadone bú* Hi 14. vgl. *ungnadone ulîz* Hö 26.

21 Hs. ***tode*** ^{4}MSD *tot*, St. Wilh. *tod*; vgl. die Anm. zur Stelle bei Haug/Vollmann.

22 ***wâga*** eigentlich „Waage", zur Übersetzung vgl. Haug/Vollmann zur Stelle (S. 1463–64).

23 ***laquei mortis*** „Stricke des Todes". Biblische Similia zu diesem Ausdruck: 2. Reg. 22,6; Ps. 17,6; Prov. 21,6 (Wilhelm S. *70); s. auch Haug/Vollmann zur Stelle (1464).

24 ***betuûngeniste phragina:*** unerklärt; in der ‚Bamberger Beichte' *pfrâginûngo* neben *bitwúnginheit*, s. dort Abschnitt 090. Die hier gewählte Übersetzung „die erzwungendste Nachforschung" hat nur den Wert einer Vermutung, die sich vielleicht aus dem Zusammenhang mit dem gleich folgenden *claga uuoft áne trôst* begründen ließe (Rechtsmotivik). – Zur Erläuterung der Stelle ausführlich McLintock, ‚Himmel und Hölle', Wortschatz, S. 93–99. – Haug/Vollmann, S. 1464 „die unerbittlichste Abrechnung" nach einem Vorschlag von Kurt Gärtner.

Hölle 01–25

In der Hölle da ist
Tod ohne Tod,
Wehklagen und Jammer,
ganze Unfreude,
Fehlen an Seligkeit,
des Peches Geruch,
der stärkste Schwefelgestank,
verfluchte Vernebelung,
des Todes Schattengrube,
aller Trübsal Last,
die verschlingende Lohe,
die wallenden Schwaden feuriger Dünste,
grässliches Finster,
die immer währende Feuersbrunst,
die schrecklichen Todesbande,
die erzwungenste Nachforschung,
der Anklage Geschrei ohne Rechtsbeistand,
Weh ohne Wohl,
Folter ohne Ablass,
Not aller Schwäche,
die härteste Rache,
das unerbittlichste Verhör,
die leidige Verbannung,
aller Bitternis größte,
Qual ohne Befristung,

Hölle 26–64

ungnadone* ulîz,
uppige rîuwa,
karelich gedôzze,
uueinleîches ahchizót,
alles unlustes zálsam gesturme,
fórhtone bîba,
zanokláffunga,[25]
áller wêskreio mêist,
Dîu iemer uuerente angest,
aller skandegelîch,*
daz scamelicheste offen aller tougenheîte,*
leîdes únende,
und áller uuewigelich
marter unerrahlich mit allem unheile,
dîu uueuuigliche haranskara,*[26]
uerdammnunga svereden an aller barmida,
itnîugiv sér ane guôt gedinge,
unuerwandelich úbel,
alles guôtes atéil,*
diû grimmigiste heriscaft,
diû uiantliche sigenunft,*
grîuelich gesémine,*
der uulida unsubrighêit mit allem unscone,
dîu tîuualiche ánesíht,**
aller egesilich,
alles bales unmez,
diû leîtliche hêima der hellekarkáre,
daz richeste trisehus alles unwnnes,
der hízze abgrunde,
umbigebillich flôr,
der tîuualo tobeheit,
daz ursinnigliche zôrn,

* *aller gnadone bú* Hi 14.

* *diê kuninglîchen êra* Hi 17.

* *Da wizzen al eîn anderen unuertoûgenlîcho* Hi 08. *Da ist offen uernunst aller dingo, al gotes toûgen* Hi 15.

* *daz unerrahliche lon* Hi 25.

* *alles guôtes ubergenuht* Hi 17

* *diû meîst sigêra* Hi 17.

* *wnniglich mitewist* Hi 25; *daz zîreste here allez in ein hel* Hi 13; *eînmuoti aller mamminde meîst* Hi 19; *dîu miltiste drûtskaft* Hi 25.

** *dîu lussamiste anesiht* Hi 25.

---

25 ***stridor dentium*** Mt. 8,12.

26 ***haranskara***: „Leid-Zuteilung“: Die Existenz des Wortes lässt sich bis in urwestgermanische Zeit erschließen, d. h. es ist spätestens im fünften Jahrhundert entstanden. Als ursprüngliche Bedeutung ergibt sich „was zur Pein und Qual von der Obrigkeit auferlegt wird“. Zu alledem ausführlich Ilkow, Nominalkomposita, S. 176–178; ChWdW8 und ChWdW9, SchWb. immer s. v. *harm-* . Älteste deutsche Textbelege ‚Heliand‘, ‚Ludwigslied‘ ‚Altbairische Beichte‘ (Nr. 85) und ‚Bamberger Glauben und Beichte‘ (Nr. 92).

Hölle 26–64

Beeiferung in Ungnade,
übermäßiges Leid,
jämmerliches Lärmen,
weinendes Geächze,
aller Widerwärtigkeit gefährliches Anstürmen,
vor Furcht Erbeben,
Zähneklappen,
größtes aller Wehgeschreie,
die immerwährende Angst,
aller Art Schande,
das beschämendste Offenlegen alles Geheimen,
Leides Endlosigkeit,
und alles was schmerzvoll ist,
unsägliche Folter mit allem Unheil,
die wehvolle Strafzuteilung,
der Verbannung Last ohne alle Erbarmung,
immer neues Leid ohne gute Hoffnung,
unabänderliches Übel,
Unteilhaftigkeit alles Guten,
die grimmigste Tyrannei,
die feindliche Siegnahme,
grauenvolle Gesellschaft,
der Fäulnis Unsauberkeit mit allem Unschönen,
das teuflische Angesicht,
alles Scheußlichen,
alles Bösen Unmaß,
die leidige Heimstatt, der Höllenkerker,
das reichste Schatzhaus aller Unwonne,
der Abgrund der Hitze,
unwiedergeblicher Verlust,
der Teufel Raserei,
der irrsinnige Zorn,

und aller ubelwillo* der ist da uerlázen
in aller áhtunga ulîz,
und in aller tarahafti
der hella erbon*

áne cîtes ende, iemer in êwa.

So ist taz hellerîche einis teîles getan.

**wolewille* Hi 07

* *unttrîuwon âkust netaret der nieht* Hi 24,
êines rîches ebentêil Hi 16,
daz gotesebenerbe Hi 25

und alle Böswilligkeit, die da zugelassen ist
in aller Verfolgung Unerbittlichkeit
und in aller Schrecklichkeit
den Höllenerben

ohne Ende in der Zeit, für immer in Ewigkeit.

So ist das Höllenreich für sein Teil beschaffen.

109 St. Galler Beichtpredigt (St. Galler Glauben und Beichte 2)

Steinmeyer Nr. 55

[2]**VL** 2 (1980), Sp. 1038–1040 (Stefan Sonderegger).
Ü.: St. Gallen, Stiftsbibliothek Cod. 1394 (Fragmentensammlung), hier pag. 143 (Fragment; aus einer lateinischen Predigthandschrift).
Dat.: ungelenke Hand des 11./12. Jh.s (Steinmeyer); s. auch Bruckner, Scriptoria II–III (= St. Gallen I–II).
Spr.: alem.
Ed.: [4]MSD I, Nr. 89, S. 290–291 (Text). – Steinmeyer Nr. 55, S. 341–345 (Text).
Abb.: vollständiges Digitalisat des Fragments in Farbe:
https://www.e-codices.unifr.ch/de/csg/1394/143/0/Sequence-748.
Lit.: bei Morvay/Grube nicht erfasst, nicht als Predigt angesehen. – Keine Lit. im Predigtzusammenhang. – Kelle, LG 2, S. 49 und S. 271. – Ehrismann, LG I, S. 326. – [4]MSD II, Nr. 89, S. 438–440 (Kommentar).

Es handelt sich nicht eigentlich um eine Predigt, sondern um um eine predigtartige Ansprache des Priesters zur zur Einstimmung seiner Gemeinde auf die Feier eine Predigtgottesdienstes, ein lateinisches Regieprotokoll für den liturgischen Ablauf eines Predigtgottesdienstes zur Feier des Palmsonntags. Dieser lateinischen Ansprache läuft teilweise über den Zeilen eine deutsche Version parallel, die nicht in der Art einer Interlinearversion, sondern als fortlaufender Text verfasst ist. Dafür war in der Handschrift planmäßig ausreichend Platz gelassen.

1 Segment 1 bis 26, lateinisch und deutsch: Der Priester stimmt die Gemeinde auf die Feier des Palmsonntags ein, der als Hochzeitsfeier des Herrn mit der der Christenheit als Braut verstanden wird. Er gemahnt die Gemeinde exemplarisch in der Art eines Sündenregisters, (Segment 14) an ihre für die Teilnahme an dem Fest unwürdige „Verfasstheit“.[1] Um sich der Teilnahme an dem Hochzeitsfest würdig zu erweisen, soll die Gemeinde sich durch Abschwörungsformel, Glaubensbekenntnis, Beichte mit Reueversicherung und Bußversprechen reinigen und so die verlorene Reinheit ihres durch Sünden beschmutzten Taufkleides wieder herstellen.

2 Segmente 27.1 bis 27.6: Diese Teile stehen ohne lateinischen Entsprechungstext. Der Priester lässt die Gemeinde auf deutsch ihm nachsprechen: die Abschwörungsformel (Segment 27.1), das Glaubensbekenntnis (Segment 27.2 bis 27.4), das Sündenregister als Hauptteil der Beichte (gekürzt „anzitiert“, Segment 27.5) und den Schlussteil der Beichte, Reueversicherung und Bußversprechen (Segment 27.6).

3 Segment 28: Nun folgt lateinisch und ohne deutschen Entsprechungstext das *misereatur*, die vom Priester gesprochene Indulgenzformel.

4 Segment 29: und wieder deutsch ohne lateinischen Entsprechungstext die vom Priester an die Gemeinde gerichtete Verheißung der leiblichen und seelischen Seligkeit, wenn die Abschwörung, das Glaubensbekenntnis und die Beichte ihm in aufrichtiger Gesinnung nachgesprochen war.

---

1 Das metaphorische Stichwort **geuázzet** in Segment 11, s. Anm. 4.

5 Segment 30: Der Priester (oder ein Lektor?) kündigt nun die Lesung des Perikopentextes an: *Audite, fratres carissimi, et intellegite, quid hodierna lectio sancti euangelii nobis insinuet* (die Lesung selbst ist ausgespart).

6 Segment 31: Verlesung des Perikopentextes, wohl durch einen Lektor (ausgespart, wohl lateinisch vorzustellen).

7 Segment 32: Beginn der Predigt (diese selbst bleibt ausgespart: vorzustellen sind wohl versweise lateinische Perikopenzitate gefolgt von deutschen Übersetzungen/Erklärungen)

Die Kolon- bzw. Satzschlüsse des lateinischen Eingangstextes reimen häufig, wie unten durch Unterstreichung markiert. Danach sind auch die Zeilenumbrüche eingerichtet.

Text nach Steinmeyer und dem Digitalisat.

(Der Priester spricht)

O gläubige Leute.
O geloubigin liute,
1 „O fideles populi,

ihr, die ihr Brüder und Schwestern in Gott genannt seid,
ir, der pruodere unte swestere in gote genennet pid,
2 *qui fratres et sorores in Christo uocamini,*

vernehmt das Wort meines Herrn
fernemet daz wort mînes trohtines
3 *audite uerbum domini*

> ‚Der ist selig, der da achtgibt auf seine Kleider, dass er nicht nackt ginge.'
> **‚der ist sâlig, der dir behûttit sîne gewate, daz er nieht naccet negange'.**
> *‚Beatus qui custodit uestimenta sua, ne nudus ambulet'*[2]

Das, was mein Herr spricht von der Instandhaltung des Gewandes
daz mîn trehtin sprichet fone der baháltenusse des gewâtes,
4 *Quod dominus dicit de obseruatione uestimenti,*

von dem die Nacktheit bedeckt werden soll,
fon dánna dér néccettága sol bedekket werden,
5 *unde nuditas debet uelari,*

das sollt ihr vollständig bedenken
daz scólet ier einiclîhe bedengin
6 *diligenter debetis adtendere*

und mit andächtigen Ohren eures Herzen vernehmen:
unte mite anadâhten ôren iures herzen fernemen:
7 *et intenta cordis aure percipere:*

Bevor ihr durch die Heiligkeit[3] der Taufe
ê ir dur die heilicheit der toufi
8 *Priusquam per sacramentum baptismatis*

---

2 Apoc. 16,15.
3 Das Sakrament der Taufe.

zu dem heiligen Glauben kamt –
zeme heiligen geloube chômot –
9 *ad fidem uenissetis,*

von den Gewändern des Rechtes und der Güte wart ihr nackt
fon den gewâten desse rêhtes unte der guoti uuârend ir nakket,
10 *iustitię innocentieque uestibus eratis nudi,*

mit den Sünden von Geburt an, als den von dem ersten Menschen herangewachsene, zu Fall gekommene und eingefasste.[4]
mít dén gebûrtlîchen súnden, fon démo êriste menniskin irwâhssenen, iruállene únt geuázzet.
11 *originalibus tantummodo peccatis ex primo homine pullulantibus obruti.*

Aber in der Taufe wurdet ihr gekleidet mit weißen Gewändern,
áuir in der toufi wúrdind ier gewâtit mit wízzene gewatin,
12 *In baptismo autem albas uestes*

schöneren als das allerlauterste Gold.
scônern dém áller lûtristin golde.
13 *auroque purissimo preciosiores accepistis*[5]

Die selben Gewänder, bei herrschenden Sünden in eurem sterblichen Leib
Die selbe gewate, rîhsenter der sunton in iureme tôtlîcheme lîbe
14 *Quas credo regnante peccato in uestro mortali corpore*

– mit Hurerei,
– mit huore,
– *fornicationibus,*

– mit Ehebrüchen,
– mit úberhuoren,
– *adulteriis,*

– mit Meineiden,
– mit meinen eiden,
– *periuriis,*

4 im Sinne von „bekleidet“, wie man von bemalten Skulpturen sagt, sie seien „gefasst“.
5 wörtliche Übersetzung des lateinischen Textes: „Aber in der Taufe empfingt ihr weiße Kleider, kostbarere als das reinste Gold.“

– mit Mordtaten,
– mit manslâhten,
– *homicidiis,*

– mit Diebstählen,
– mit tiuuen,
– *furtis,*

– mit Raubtaten,
– mit rouben,
– *rapinis,*

– mit Lügereien,
– mit lûgen,
– *mendaciis,*

und mit vielen anderen, diesen gleichen Dingen habt ihr sie befleckt und beschmutzt,
únte mit ander mánegen den gelîchen hábent ir si gemeiligit únte bewóllen,
15 *et in aliis multis his similibus commaculastis*[6]

und wollt mit solcher Unreinlichkeit dabei sein
bei den Brautfesten des himmlischen Königs
unte wéllet mit sóler unreinikheite undirwésen
dés hímilisken chúniges prûtelouften,
16 *et tamen cum tali immundicia ęterni regis nuptiis interesse cupitis,*

der heute mit seiner Braut,
dér híute mit sînere gemahêlan,
17 *qui hodie cum sponsa sua,*

mit der heiligen Christenheit,
mitter heiligen cristinheit,
18 *scilicet sancta ecclesia,*

---

6 wörtliche Übersetzung des lateinischen Satzes: „Von denen ich glaube, bei herrschender Sünde in eurem sterblichen Körper – mit Hurerei, mit [...] und in anderen dergleichen Dingen habt ihr sie alle befleckt."

wahrhaftig und ohne Zweifel geistlich Wirtschaft hält.
wârlîchen unt âna zwiuel keistlichen wirtskéftit.
19 *uere et sine dubio spiritualiter epulatur.*[7]

Liebe Brüder, das fürchte ich, und es ist für euch nicht weniger zu befürchten,
Lieben pruodere, dáz irfúrht ích, unt íst íu níuht min zerfuruhtinne,
20 *Quod, fratres karissimi, ualde pertimesco uobisque nihilominus pertimescendum est,*

dass wegen solcher Verschuldungen euer Gebet hier nicht vernommen werde,
dáz fóne sólichen scúlden íur gebét hie nieht fernomen wérde,
21 *ne pro talibus culpis et hic preces uestrę non exaudiantur,*

und dass ihr an dem künftigen Sühnetag
unt dáz ír in deme khúnftigen suenestága
22 *et in futuro*

von der Gemeinschaft aller Guten und aller erwählten
abgesondert und verurteilt werdet.
fon der genôskeft aller guoten unt allerrweltten gesúntirt unt ferteilet werdet.
23 *ab electorum consortio separemini.*

Wer dies mit wahren Reuegefühlen sorgt zu bedenken,
Swér díz mit wâren ríwen sorget zé bédénkénne
24 *Quicumque istud per ueram pęnitentiam perpendere curauerit*

und in würdiger und wahrhaftiger Weise hinfort büßen will,
unt wirdilîchen unt wârlichen hínnan fúre puezen wile,
25 *et digne post hac emendare uoluerit,*

der hebe sein Herz empor und spreche mir nach:
ter heffe ûf sîn hérce unt spreche nâh mîr:
26 *sursum leuando corda dicat post me:*

7 Gemeint ist die Messfeier des Palmsonntags, s. u. und Anm. 10.

(Die Gemeinde spricht dem Priester die Abschwörungsformel und das Glaubensbekenntnis nach:)

27.1 **‘Íh fesáche dén tíufel unt elliu sinu werc unt alle sîne gezierde fone mînemo lîbe, fone mîner sêla: íhn wil ímo gelôbe, ímo scol niemen gelôbe.**
‚Ich bin dem Teufel ein Widersacher und allem seinem Werk und allem seinem Pomp von meinem Leib und von meiner Seele aus: ich will an ihn nicht glauben, an ihn soll niemand glauben.

27.2 **íh wíl gelôb in got uater almahtigen, an den skepher des himiles unt der erde;**
- **unt gelob án sînen einpórnen sun;**
- **unt gelôb an den heiligen keist;**
- **unt gelob die trî kenennede einin waren got, der dir ie wass ána anagenge unt iemer ist ân ente,**

Ich will glauben an Gott den allmächtigen Vater, an den Schöpfer des Himmels und der Erde;
- und ich glaube an seinen eingeborenen Sohn;
- und glaube an den heiligen Geist;
- und glaube, dass die drei Bezeichnungen[8] ein wahrer Gott sind[9] der da immer war ohne Anfang und immer ist ohne Ende,

27.3
- **unt gelob, daz er geboren wart unt gefangen wart unt gemarterot wart, unt daz er irstarbe, daz er begraben wart unt daz er zere helle fuor unt dannan nam alle, die der wolt;**
- **unt gelob, daz er irstuont an demo trittin taga;**
- **unt gelob, daz er an demo fierzechosten taga after siner urstende ze himile fuore ze sînes fater zesuun, wârer got unt warer mennisk;**
- **unt gelob, daz er dannan chunftig ist an demo iungesten taga ze irteil-inne lebentin unt tôtin;**
- und glaube, dass er geboren wurde und gefangen wurde und gemartert wurde, und dass er verstarb, dass er begraben wurde, und dass er zu der Hölle fuhr, und von dort alle nahm, die er wollte;
- und glaube, dass er auferstand an dem dritten Tage;
- und glaube, dass er an dem vierzigsten Tag nach seiner Auferstehung zum Himmel fuhr zu seines Vaters Rechter, wahrer Gott und wahrer Mensch;
- und glaube, dass er von dort künftig ist an dem jüngsten Tage, Urteil zu sprechen den Lebenden und den Toten.

---

8 Für lateinisch *personae*, also die drei „Personen“ der Trinität Gottes.

9 Nachgeahmt wird deutsch ein als zugrundeliegend gedachter lateinischer Aci, zurückübersetzt etwa: *credo tres personas esse unum verum deum.*

27.4 – **unt gelob ein cristinheit alliche unt poteliche;**
– **ein tôfe;**
– **unt gelobgemeinsamede der heiligon, ub ih si garne;**
– **unt gelob antlâz mîner sundon nâh luttere piihte;**
– **unt gelob, daz ih irsterben scol unt daz ich irsten scol;**
– **unt gelob after disme lîb dene ewegen lîb.“**
– und glaube an eine allgemeine botengemäße Christenheit,[10]
– eine Taufe;
– und glaube an die Glaubensgemeinschaft der Heiligen, wenn ich sie verdiene;
– und glaube an Erlass meiner Sünden nach lauterer Beichte;
– und glaube, dass ich versterben soll und dass ich auferstehen soll;
– und glaube nach diesem Leben an das ewige Leben.

27.5 **In demo gelôb so pigí ih dem allemahtigen got unt disene heiligen unt dir, priest, aller mîner sunton, der îh ie gedahte oder gefrumete fone mîner tôfi unz an disen hiutigen tag.**
In diesem Glauben so beichte ich dem allmächtigen Gott und dir, Priester, von meinen Sünden alle, die ich je beabsichtigte oder beging von meiner Taufe an bis an diesen heutigen Tag.

mit huor,
mit huren,

mit huores gelusten,
mit Gelüsten zu huren,

[...]
[...]

27.6 **Daz riwet mi unt irgibi mi sculdigen**
– **demo almahtigen got**
– **unt disene heiligon**
– **unt allen gotes heiligon**
– **unt tir priestere**
ze warere pikerde unt ze williger puezze. amen.‘
Das reut mich und (ich) ergebe mich als Schuldigen
– dem allmächtigen Gott
– und diesen Heiligen
– und dir, (dem) Priester
zu wahrer Bekehrung und zu wahrer Buße. Amen.‘

10 Wörtlich für *unam catholicam et apostolicam ecclesiam.*

(Der Priester spricht die Indulgenzformel:)

28 ***„Misereatur.“***
Er erbarme sich.

(Abschließende Worte des Priesters:)

29 **Habent îr diz getan míttér innikheit iures muotes unt uuelt ir daz irfollen mittin werken, daz ir mitimund gesprochen habent, sóst iu offene mînes trehttines genade uber allez taz, des irn hie pitint piert, nah der salikheite iurs lîbes unt iur sela.** †
Habt ir dies getan mit der Innigkeit eures Sinnes und wollt ihr das erfüllen mit dem Werken, das ihr mit dem Mund gesprochen habt, so ist euch offen meines Herrn Gnade über alles das, das ihr ihn hier bittend seid, um die Seligkeit eures Leibes und eurer Seele.

(Ansage des Lesetextes:)

30 ***Audite, fratres carissimi, et intellegite, quid hodierna lectio sancti euangelii nobis insinuet:***
Hört, liebste Brüder, und erkennt, was die heutige Lesung des heiligen Evangeliums uns nahebringt:

31 (Verlesung der Palmsonntagsperikope)

(Anfang der Predigt selbst:)

32 ***Audistis, quod dominus noster non super equum, non super grande animal sedit.***[11] ***Et hoc fecit ipse, ut nobis exemplum humilitatis ostenderet. Ait discipulis suis: ‚ite in castellum, quod contra [...]‘***
Ihr habt gehört, dass unser Herr nicht auf einem Pferd, nicht auf einem großen Tier saß. Und das tat er, um uns ein Beispiel der Demut zu zeigen. Er sagte zu seinen Jüngern: „Geht in das Dorf gegenüber, [...]“

---

11 Mt. 21,1–11. – Also eine Palmsonntagspredigt.

110 Predigt von Christi Geburt Priebsch

[2]**VL** 11 (2003), Sp. 1261–1267, hier Sp. 1263 (Nr. 12) (Regina D. Schiewer).
Ü.: London, Univ. Coll., Ms. germ. 16 (früher Cheltenham, Bibl. Pillippica Ms. 18090), früher fol. 137v-141r, jetzt 36v-40r.
Abb. Coveney Plate VII.
Dat.: Hs. zwischen 1145 und 1153. – Text 12. Jh. Mitte.
Spr.: bair.-alemannisch.
Ed.: Priebsch, Deutsche Handschriften in England (s. unter Lit.). – Referenzkorpus Mittelhochdeutsch (1050–1350) https://www.linguistics.rub.de/rem/pub/texts//M159_mod.pdf.
Lit.: Bibliographie: Morvay/Grube T 38. – Coveney, Catalogue, S. 60–62. – Priebsch, Deutsche Handschriften in England, Bd. 1, Nr. 129, S. 125–126; Text S. 301–303) Parallelüberlieferung nach einer ungenannten Hs. des 13. Jh.: Birlinger, Altdeutsche Predigt.

Das Stück kann noch vor den größeren Predigtsammlungen des zwölften Jahrhunderts als älteste mittelhochdeutsche, einzeln überlieferte Predigt gelten. Daneben gibt es nur dürftige Fragmente, die aber vermutlich bereits größeren Sammlungen angehört haben. Aber: „Auch diese Angaben bedürfen der Überprüfung." Palmer, ‚Klosterneuburger Bußpredigten' hier S. 228.

Text nach Priebsch.

Predigt von Christi Geburt

Cum esset desponsata mater Iesu, Maria Ioseph, antequam conuenirent, inuenta est in utero habens de spiritu sancto (Mt. 1,18)

01 Disiu wort sprichit der gůte sanctus Matheus von der geburt unseres herren v̄n von vnserer vrowen sancte MARIEN.

02 Bi deme zite, daz unser herre geborn wollte werden von vnser vrowen sancte MARIEN, Daz er vnsich erloste von deme êwigen tode der hopethaftigen svnde, da vns Adam in gestozen hete, do er vnseren herren vngehorsam wart in paradyso: Do wart vnser vrowe sancte MARIE enpfestenet vñ gemahelet an einen gůten manne, der hiez Ioseph. Da vone sprichet der gv̊te Sanctus Matheus, do vnser vrowe enphestenet wâre, do ware si swanger worden von dem heiligē geiste. Do des Ioseph innen wart, nv was er ein vil gv̊t man *et nolebat tamen ducere eam*, daz chut: er newolde si nivt uermaren. Wan waren sin die Iuden innen worden, daz si an die ê swanger ware worden, so heten si si gesteinet. Nv chom er oůch vngerne[1] zv ir, wan er newesse niht, von weme si des chindes solde genesen, vñ gedahte ime des, er wolt ir tovgenlichē entrinnen. Do er ime des gedahte, do erschein ime der heilige engel in deme slâffe v̄n sprach: „Ioseph, envurchte dir niht ze nemenne MARIA dine chonen. Daz chint, des si da swanger woren ist, daz ist gescehen von dem heiligen gêiste. Daz chint daz solt tu heizen Iesum, daz chv̂t ain hailant aller der werlt. *Ipse saluum faciet populum suum a peccatis eorum*. Daz chvt: er loset sin livt von sinen sunden vñ von dem ewigen tode.“

03 Nv sult ir hivte vil inneclichen bitten den almahtigē got vñ vnser vrowen MARIEN, Daz si iv des helfe vmbe ir trvt svn, daz er vergezze an iv ivrre missetat, vñ daz ir můzet sin sin livt, vmbe die er die menschait an sich habe genomen vñ die hab erloset von deme ewigen tode. Vnser vrowe Sancte MARIE div newart dar vmbe niht enpfestenet Iosebe, Daz si immer solde gemaileget werden von deheinē manne – Si nehete ouch ir niht vur gesetzet, wan daz si immer solde maget sin in dem namen vnsers herren, als *si*[2] oͮch immer Maget ist vñ îe was –, Nvwan daz er *ir*[3] phlage, swa si wâre vñ swellende si vûre, vñ so ovch vnser herre geborn wurde, also ich iv nv sagen will.

---

1 Hs. *vngernee*, Priebsch.

2 *si* fehlt in der Hs., Priebsch.

3 *ir* fehlt in der Hs., Priebsch.

Predigt von Christi Geburt[4]

Als Maria, die Mutter Jesu, mit Joseph verlobt war, wurde sie, bevor sie zusammenkamen, als schwanger vom Heiligen Geist befunden

01 Diese Worte spricht der gute Sankt Matthäus von der Geburt unseres Herren und von unserer Herrin Sankt Marien.

02 Zu der Zeit, als unser Herr geboren werden wollte von unserer Herrin Sankt Marien, auf dass er uns erlöste von dem ewigen Tod wegen der Todsünde, in die uns Adam gestoßen hatte, als er unserem Herren ungehorsam wurde im Paradies: da wurde unsere Herrin Sankt Marie fest zugesagt und versprochen an einen guten Mann, der hieß Joseph. Davon spricht der gute Sankt Matthäus, als unsere Herrin verlobt worden sei, da sei sie schwanger geworden von dem Heiligen Geist. Als Joseph dessen inne wurde, nun er war ein sehr rechtschaffener Mann *und wollte sie dennoch nicht vorführen*, das besagt: er wollte sie nicht ins Gerede bringen. Denn wären die Juden dessen inne geworden, dass sie ohne Ehe schwanger sei, so hätten sie sie gesteinigt. Nun kam er auch ungern zu ihr, denn er wusste nicht, von wem sie des Kindes genesen sollte, und er dachte bei sich dieses, dass er ihr heimlich entrinnen wollte. Als er dieses bei sich dachte, da erschien ihm der heilige Engel im Schlaf und sprach: „Joseph, fürchte es nicht, dir Maria zu deiner Frau zu nehmen. Das Kind, mit dem sie schwanger geworden ist, das ist geschehen von dem Heiligen Geist. Das Kind, das sollst du heißen Jesus, das bedeutet ‚ein Heiland all der Welt'. *Er macht sein Volk gesund von ihren Sünden.* Das besagt: er erlöst sein Volk von seinen Sünden und von dem ewigen Tod.

03 Nun sollt ihr heute sehr inniglich bitten den allmächtigen Gott und unsere Herrin Marien, dass sie euch dazu helfe um ihres lieben Sohnes willen, dass er auf eure Missetat vergesse und dass ihr sein Volk sein müsset, wegen derer er die Menschheit an sich genommen habe, und die er erlöst habe von dem ewigen Tod. Unsere Herrin Sankt Marie, die wurde nicht deswegen dem Joseph fest zugesagt, dass sie jemals beschmutzt werden sollte von nicht einem Mann – sie hatte auch sich nichts vorgesetzt, als dass sie für immer Jungfrau sein sollte im Namen unseres Herrn, wie sie auch für immer Jungfrau ist und es immer war – außer dass er sie in Pflege hätte, wo immer sie sei und sie schwanger seiend ernähre, und dass so auch unser Herr geboren würde, ganz so wie ich es nun sagen will.

4 Die Übersetzung behält bewusst die schlichte, einfältige Redeweise des Textes bei.

04 Do vnser herre geborn wolde werden, do was ze dē selben ziten aîn chunich da ze Rome, der hiez Augustus, der was so geweltich, daz in div we*rlt*[5] elliv was vndertan. Von deme sprichet der gůte sanctus Lvcas an deme heiligeme ewāgelio: „*Exiit edictum a cesare Augusto, vt describeretur vniversus orbis*. Er chvt, er wâre so geweltich, Daz er vz gebvte aller der werlt, daz si im hulde swůre vn̄ ime ŏch den cins gabe. Do vůr mannegelich ze siner hovpetstat vn̄ braht dar dem chvnege den cins vn̄ swuren ime ŏch da hulde. Also tet ouch Ioseph vn̄ vnser vrowe sancte MARIE. Die waren burtich von Nazareth. Si horten auer ze ainer stete, div hiez Bethlehem. Dar furen si ŏch, daz si den cins dem chunige da gaben vn̄ ime ŏch hulde swuren. vn̄ herbergeten in ain gasthus. *Tvnc impleti sunt dies Marie vt pareret*. Daz chvt: do was unserre vrowen cît ervullet, daz si sollte gebern vnseren herren *Iesum Christum*. Vnde genas sin in dem selben gasthus. *Et pannis eum inuoluit et posuit in praesepio*. Daz chvt: si windelet in în vil scone vn̄ lêiten in ain chrippe, wande sine mohte andern stete nieht haben in dem gasthvs.

05 Do wacheten die hirte in dem selben lande bi ir vihe des selben nahtes, wan in deme selben lande ist winters niht. Do vnser vrowe vnsers herren do genas, do chom eîn lieht grozes vmbi si, daz si harte erchom̄. Do chom vnsers herren engel zv zin vn̄ sprach: „vurhtet iv niht. *Ewangelizo vobis gaudium magnum*.“ Er sprach: „Ich chūde iv ein michel vrŏde, div chvnfetich ist aller der werlt. Ez ist geborn der heilant, der die werlt alle erlosen sol. vn̄ habet iv daz ze ainē vrchunde: Ir vindet daz chint in tůch gewindeletez vn̄ geleitez in ainen barnen.“ Also der engel daz vol sprach, do was bi ime ain michel taîl hereges himilisces vn̄ begunden ze singen vn̄ ze lobenne vnseren herren mit grozen vrŏden vnde sungen: „*Gloria in excelsis deo et in terra pax hominibus bonae voluntatis*.“ Si sungen: „Lob vn̄ ere si dir, herre, vf dem hohen himele, vn̄ vride vn̄ genade si vf der erde den mennescen, die gutes willen sin.“

06 Also nam vnser herre die mennescait an sich von vnserre vrowen sancte Marien, daz er vns erloste von dē ewigen tode vn̄ von de*n*[6] banden des leidigen tieueles.

07 Nv bit ir hivt vil innecliché vnsern herren, daz durch siner trut můter willen gedenche an iv der selbē meñescaît vn̄ daz iv beruche ze vergebenne, swaz ir von mennesclicher brode îe wider sinen hulden getatet, *Qui cum patre et spiritu sancto vivit et regnat de saecula. amen.*

---

5 Hs. *welrt*
6 Hs. *dem*

04 Als unser Herr geboren werden wollte, da war zu den selben Zeiten ein König da zu Rom, der hieß Augustus, der war so gewaltig, dass ihm alle Welt untertan war. Von dem spricht der gute Sankt Lukas in dem heiligen Evangelium: *„Es ging ein Gebot aus von dem Kaiser Augustus, dass der ganze Erdkreis aufgeschrieben werden sollte.“* Er sagt, er sei so gewaltig, dass er über alle Welt gebiete, dass sie ihm Huld schwüre und ihm auch den Zins gebe. Da fuhr jeder Mann zu seiner Hauptstadt und brachte dem König den Zins und sie schwuren ihm da auch Huld. So tat auch Joseph und unsere Herrin Sankt Marie. Die waren gebürtig aus Nazareth. Sie gehörten aber zu einer Stätte, die hieß Bethlehem. Da fuhren sie auch, auf dass sie dem König den Zins da gaben und ihm auch Huld schwuren. Und sie herbergten in einem Gasthaus. *Da wurden erfüllt die Tage Marias, dass sie gebären sollte.* Das heißt: „da war die Zeit unserer Herrin erfüllt, dass sie gebären sollte unseren Herrn *Jesum Christum.* Und sie genas seiner in dem selben Gasthaus. *Und in Tücher wickelte sie ihn und legte ihn ein eine Krippe.* Das heißt: „Sie windelte ihn sehr schön ein und legte ihn in eine Krippe, denn sie konnte eine andere Stätte nicht haben in dem Gasthaus.“

05 Da wachten die Hirten in dem selben Land bei ihrem Vieh in der selben Nacht, denn in dem selben Land gibt es keinen Winter. Als unsere Herrin unseres Herrn da genas, da kam ein großes Licht um sie, so dass sie sehr erschraken. Da kam unseres Herrn Engel zu ihnen und sprach: „Fürchtet euch nicht. *Ich bringe euch frohe Botschaft, große Freude.“* Er sprach: „Ich verkünde euch eine große Freude, die künftig ist all der Welt. Es ist geboren der Heiland, der all die Welt erlösen wird. Und habt euch das zu einer Urkunde: Ihr findet das Kind als gewindeltes und gelegtes in eine Krippe.“ Als der Engel das ausgesprochen hatte, da war bei ihm ein großes Teil an himmlischem Heer, und sie begannen zu singen und zu loben unseren Herrn mit großen Freuden und sangen: *„Ehre sei in den Höhen Gott und auf der Erde Friede den Menschen guten Willens.“* Sie sangen: „Lob und Ehre sei dir, Herr, auf dem hohen Himmel, und Friede und Gnade sei auf der Erde den Menschen, die gutes Willens seien.“

06 So nahm unser Herr die Menschheit an sich von unserer Herrin Sankt Marien, auf dass er uns erlöste von dem ewigen Tod und von den Banden des leidigen Teufels.

7 Nun bittet ihr heute sehr inneglich unseren Herrn, dass er um seiner Mutter willen gedenke an euch der selben Menschheit und dass er geruhe, euch zu vergeben, was ihr aus menschlicher Schwäche je gegen seine Huld tatet, *der mit dem Vater und dem Heiligen Geist lebt und herrscht in Ewigkeit. Amen.*

111 Zwei Bußpredigten nach Geoffroi Babion
A Wackernagel
B Palmer

[2]**VL** 10 (1999) ‚Zürcher Predigten', Sp. 1605–1606 (Dagmar Ladisch-Grube). – [2]**VL** 11 (2002) ‚Klosterneuburger Bußpredigten', Sp. 854–855 (Nigel F. Palmer).
Ü.: Zwei, wohl unabhängig voneinander entstandene Versionen:
Zürich, ZB Ms. C 58, fol. 218r-220v und fol. 220v-223r.
Klosterneuburg, Augustiner Chorherrenstift, Stiftsbibl. Cod. 1118, fol. 1r und fol. 159v-160v
1: **Zürich Predigt 6 / Klosterneuburg Predigt 2** nach Babion Sermo 24 *Popule meus, quid feci*. Hs.
A: Zürich (Wackernagel S. 16–18).
B: Klosterneuburg (Palmer S. 239–244).
2: **Zürich Predigt 7 / Klosterneuburg Predigt 3** (Fragment) nach Babion Sermo 23 *Venite filii*.
A: Zürich, vollständig, Wackernagel Predigt 7, S. 18–20.
B: Klosterneuburg, Fragment, Palmer S. 237–238.

A: Zürich, ZB, Ms. C 58, fol. 219b-220c (Angaben Wackernagels).
B: Klosterneuburg, Stiftsbibliothek, Cod. 1118, fol. 1r und 159v-160r (Nachtrag am Anfang und am Schluss einer lat. Predigths.); hier einschlägig nur 159v-160r.
Abb.: A: einzelne Abb. s. Handschriftencensus.
B: keine Abb. nachgewiesen; vgl. Palmer, S. 212, Anm. 10.
Dat.: Entstehung beider Texte wohl im 3. Viertel des 12. Jahrhunderts.
Handschrift A: Ende 12. Jh. / um 1200.
Handschrift B: nicht vor 1190, wahrscheinlich noch 1. Viertel 13. Jh.
Spr.: A: alem. b: bair.-österr.
Ed.: A: Wackernagel, Predigten und Gebete, hier unter den ‚Zürcher Predigten' Nr. VI, S. 16–18 und Nr. VII, S. 18–20. – Referenzkorpus Mittelhochdeutsch (1050–1350). https://www.linguistics.rub.de/rem/pub/texts/M171_mod.pdf.
B: Palmer, ‚Klosterneuburger Bußpredigten', hier S. 235–237 (*Popule meus*) und S. 237–238 (*Venite filii*, Fragment).
Lit.: Bibliographie: Morvay/Grube, T 7 (b) und T 32 (a). – Palmer (s. Ed.). – Zur Zürcher Handschrift Werner, Beiträge, hier S. 1–151 und S. 197–206.

Die Predigt ist bestimmt für den jederzeit denkbaren Anlass (*Sermo cotidianvs* A, Segment 00) eines Beichtgottesdienstes.

Als Quellen hat Palmer zu *Popule meus* den Sermo 24 und zu *Venite filli* den Sermo 23 aus der berühmten und weit verbreiteten Predigt-Sammlung ‚Dicite pusillanimes' des Geoffroi Babion (12. Jh. 1. Hälfte, s. LexMA, 4, 1989, Sp. 1602 [M. Gerwing]) ermittelt und neu hg., S. 239–244 (*Popule meus*) sowie S. 244 (*Venite filii*). – Die deutschen Texte sind systematisch und stark kürzende Bearbeitungen der Predigten Babions.

Text a nach Wackernagel (mit Interpunktion) und nach Referenzkorpus Mittelhochdeutsch. – Text b nach Palmer mit Vereinfachungen der editorisch-typographischen Markierungen.

1
Klosterneuburg Predigt 2

Babion 24
Sermo cotidianus ad populum
Popule meus, qvid feci tibi

Hs. A
Zürich VII: Wackernagel S. 16–18
Hs. B
Klosterneuburg Predigt 2: Palmer S. 239–244

A Zürich Predigt 6 Wackernagel		B Klosterneuburg Predigt 2 Palmer
Sermo cotidianvs ad popvlvm		
Popule meus, qvid feci tibi aut qvid molestus fui tibi? responde mihi!		Popule meus, quid feci tibi [...], aut in quo contristaui te? Responde michi! (Mich. 6,3)
Vil liebin! div erbarmide vnseres herrin hat vns iezo vil lange firtragin vnde het vil lange inthebit den slag, den wir nv alle wile mit den meintatin garnet haben. nv sprichit er vns zuo dvrch den mvnt des wissagin, des herrin *Micheæ*. „*Popule mevs*" „Min livt, waz han ich dir getan?"	01	Liebe brudere, diu irbarmede vnsers herrin hat vil lange vertragen vnde ufgihabit den slac, den wir nu alliwil mit den meintaeten garnit haben. Nu sprihcet[2] er uns zu dur den munt sienes wissagen Mihcee: „*Popule [...]*"· „Min leut, waz han ich dir gidan?"
An deme anegenge der svone heizzet er vns ‚sin livt' vnde zovgit vns da mite, daz er nivwet vngenadegliche mit vns tagedingon will, ob wir[1] vns wellen becherin. Er sprichit alsvs: „*Quid feci tibi*"? „Waz han ich dir getan? War vmbe hast dv mich virlazin? warvmbe bist dv mir vngehorsam? *Responde mihi!*"	02	An dem angengi der sune hezit er uns ‚sin leut' vnde quit uns damid, daz er niht ungnediclihce mit uns degidingin wil, obe wir wollen bikerin. Er sprihcit also: „*Quid feci tibi?*" „Waz *han* ih dir gidan? Warumbe hast du mih uirlazzin? Waz bist du mir ungihorsam?" „*Responde michi!*"

1 ***ob wir:*** Hs. owir
2 Hs. *sprihc[t]et*

Übersetzung nach A

Predigt für alle Tage an das Volk. „Mein Volk, was habe ich dir getan oder womit bin ich dir beschwerlich gewesen? Antworte mir!“ (Mich. 6,3)

01 Liebe Brüder, die Erbarmung unseres Herrn hat sehr lange ertragen und zurückgehalten den Schlag, den wir nun alle Zeit mit den bösen Taten verdient haben. Nun spricht er zu uns durch den Mund des Propheten, des Herrn Michaea: „*Popule meus*“, „mein Volk, was habe ich dir getan?“

02 Zu Beginn der Buße nennt er uns ‚sein Volk‘ und zeigt uns damit, dass er keineswegs gnadenlos mit uns rechten will, wenn wir uns bekehren. Er spricht so: „*Quid feci tibi*“ „Was habe ich dir getan? Warum hast du mich verlassen? Warum bisst du mir ungehorsam? Antworte mir!“

Vil libin, da ist vns gebrostin, da ist vnser rede vz. Grozer genadon manot er vns mit disin wortin: „*Qvia eduxi te de terra Egypti*“, „Vzer den vinsterin dirre werlte, vone der gevanchnvsse des tivveles“ dannen vz hat er vns erlosit vnd hat vns braht *in admirabile suum lumen, qvod est ministrans lucem his, qui permanserunt in agone certaminis.*	03	Vil liben, da ist uns gibresten, da ist unser rede uz. Grozer gnad manit[3] er uns mit disem wort: „*Quia eduxi te de terra Egipti*“ (Mich. 6,4), „wz der vinster dirre werlt, von der giuancnisse des diuvels.“ Dannen hat er uns irlosit unde hat uns braht ‚*in admirabile lumen suum*‘ (1 Petr. 2,9), *quod est ministrans his, qui permanserunt in agone certaminis.*
Vil lebin, vnsir herre hat vns gewarnot, ê er ze iungist mit vns ze rehte ginge. Nv sehe ivwer iegelich, waz er denne ze antwrte habin mege, so wir ze ivngest vore gote gestanden. Des ne si ich ze mineme teile in mime herzin nicht, waz daz sin mvge.	04	Vil liben, vnser herre hat uns giwarnot, e er zi iungist mit uns zi rehte ginge. Nu seh iver iglih, waz er danne zu antwrtene haben muge, so wir denne zi iungist uor gode gistan! Des insih ih zu meinem teil in minem hercen niht, waz daz sin muge.
Er hat vns manege gvoti bescheinit, daz wir neheine gevellige antwrte habin mvgin widir ime. ‚*Solem suum facit oriri svper bonos et malos et pluit super iustos et iniustos*‘ *et* ‚*dat nobis escam in tempore oportuno.*‘ In alleme sineme richtvome gervochit er dvrch vns ze werden ‚*pauper et egenus*‘. Der gvote hirte, vnsir herre, chom in de wstvnge dirre werlte, ze svochinne daz schaph, daz die wolve erzvcchit haton; daz vant er vnde trvog ez widere vf sinen ahselon zvo der genosephte der heiligon engele mit den arbeiten sinis todis an deme galgin des heiligen crvcis.	05	Er hat uns so manhc gut besceinit, daz wir neheine giuellege antwrd haben mogen wider in. ‚*Solem suum facit oriri super bonos et malos et pluit super iustos et iniustos*‘ (Mt. 5,45), *et* ‚*det nobis escam in tempore oportuno*‘ (Ps. 144,15). In alleme sinem rihtum giruht[4] er durhc uns zi werden ‚*pauper et egenus*‘ (2. Cor. 8,9). Der gv̊te hirt, vnser herro, kom in dirre werlte wuost, cu sv̊chene daz scafp, daz di wolve gezuccit hedtin. Daz uant er unde drug ez widir uf sienen ascheln zu der gnozscaft der heiligin engile mit den arbeitin sines dodis an dem galgin des heiligin crucis.

3 Hs. *manit er manet.*
4 Hs. *giruht giruht.*

Übersetzung nach A

03 Sehr geliebte, da gebricht es uns, da ist unsere Gegenrede aus. An große Gnade gemahnt er uns mit diesen Worten: „*Qvia eduxi te de terra Egypti*" „Aus der Finsternis dieser Welt, aus der Gefangenschaft des Teufels", daraus hat er uns erlöst und hat uns gebracht *in sein bewundernswertes Licht, welches ist ein dienendes Lich denen, die ausgehalten haben im Kampf der Schlacht*.

04 Sehr geliebte, unser Herr hat uns gewarnt, bevor er zuletzt mit uns ans Rechten ginge. Nun sehe ein jeder von euch, was er dann zur Antwort haben könne, wenn wir am Letzten vor Gott stehen. Das sehe ich nicht für mein Teil in meinem Herzen, was das sein könne.

05 Er hat uns große Güte erwiesen, so dass wir keine bequem Antwort gegen ihn haben können. *Seine Sonne lässt er scheinen über Gute und Böse und er regnet über Gerechte und Ungerechte und gibt uns Essen zur passenden Zeit*. Bei all seinem Reichtum gedachte er um unsertwillen zu werden *arm und bedürftig*. Der gute Hirte, unser Herr, kam in die Wüstung dieser Welt, zu suchen das Schaf, das die Wölfe gerissen hatten; das fand er und trug es zurück auf seinen Achseln in die Gemeinschaft der heiligen Engel mit den Qualen seines Todes an dem Galgen des heiligen Kreuzes.

	06	*‚Oblatus est, quia ipse uoluit‘* (Is. 53,7),
	07	*et ‚peccata nostra ipse portauit‘* (Is. 53,4).
Hinc qvod homo commiserat, qve non rapuit, tunc exsoluebat.	08	*‚Luit, quod homo commiserat. Que non rapuit, tunc exsoluebat‘* (Ps. 68,5).
Mit allen disen arbeiten chovffte er ime selbin newedir richtvom noch ere, wane daz er ovch habin mahte, obe dissis nivt ware. Daz waren sine genade, do nehein god was wan er eine, daz er vns allen daz erwarb,	09	Mit allen sienen arbeidin cǒfde er niht, uvan daz er uns daz irwrbe,
daz wir gotes chint sin, obe wir selbe wellen, alse da gescribin stat:	10	daz wir gotes kint sin, obe wir selb wollen, also da giscribin stet:
Ego dixi, dii estis et filii excelsi omnes.	11	*‚Ego dixi, dii estis [...] omnes‘* (Ps. 81,6).
	12	Vnd andirswa: *‚Narrabo nomen fratribus meis‘* (Ps. 21,23).
	13	Dar zu sprihcit S. Iohannes: *‚Quodquod autem receperunt eum, dedit eis potestatem, filios dei fieri.‘* (Io. 1,12)

	06	‚Er ist geopfert, wie er selbst es wollte.‘
	07	Und: ‚Er selbst trug unsere Sünden.‘
Daher: egal, was er als Mensch verübt hätte: was er nicht geraubt hat, muss er doch erstatten.	08	‚Er büßt, was der Mensch begangen hatte. Was er nicht geraubt hatte, erstattete er.‘
Mit all diesen Qualen erkaufte er sich selbst weder Reichtum noch Ehre außer dem, was er doch besitzen konnte, wenn diese nicht gewesen wäre. Das waren seine Gnaden, damals als kein Gott war außer er allein, dass er uns allen das erwarb,	09	Mit allen seinen Qualen erkaufte er nichts, außer dass er uns das erwürbe,
dass wir Gottes Kinder seien, wenn wir es selbst wollen, ganz wie da geschrieben steht:	10	dass wir Gottes Kinder seien, wie da geschrieben steht:
„Ich sagte, Götter seid ihr und erhabene Söhne alle.‘	11	‚Ich sagte: Götter seid ihr [...] alle‘
	12	Und anderswo: ‚Ich werde meinen Namen meinen Brüdern verkünden.‘
	13	Dazu sagt Sankt Johannes: ‚Allen die mich annahmen, gab er die Macht, Söhne Gottes zu werden.‘

Da widere svln wir sprechin alle geliche: „*Quid retribuam domino pro omnibus, qve retribuit mihi?*“

14 Da wider sulvn wir sagin alle gilihc: „*Quid retribuam domino pro omnibus, que retribuit michi? calicem salutaris accipiam.*“ (Ps. 115,3–4 / 116,13)

Vil liebin, werdint deme almahtigen gote gehorsam, daz er sine genade vone iv niechet chere, als der herre ze Moyse gesprochin hat: ‚*Abscondam faciem meam ab eis et considerabo nouissima eorum.*‘ *Svbtraham eis presentiam gratiæ meæ et apparebit ad qvem exitum opera eorum eos perdvcant.*

15 Vil liben, wir sullen sin gihorsam, daz er sine gnade uon eu niht ker, also der wissage gisprohcin hat: ‚*Abscondam faciem meam ab eis et considerabo nouissima eorum.*‘ (Deut. 32,20) *Subtraham eis presenciam gracie mee et aparebit, at quem exitum opera eorum perducent.*

Übersetzung nach A

14 Dazu sollen wir alle zugleich sprechen: „*Was soll ich dem Herrn zurückgeben für all die Dinge, die er mir gegeben hat?*“

15 Sehr geliebte, werdet dem allmächtigen Gott gehorsam, auf dass er seine Gnade nicht von euch kehre, wie der Herr zu Mose gesprochen hat: ‚*Ich will mein Angesicht von ihnen wenden und werde erwägen, was mit ihnen zuletzt geschieht.*‘ *Ich entziehe ihnen die Gegenwart meiner Gnade, und offenbart wird werden, zu welchem Ende ihre Werke sie führen wollen.*

	16	Nu habit ir uor augen deu zehhen gibot vnsers herrin, die aht selicheit, deu .vi. werh der heiligin irbarmherc!
‚*Introite portas eius in confessione*‘.	17	Nu uolgit dem radte des Dauid, da er iv zu sprihcit: „*Introite portas eius in* *confessione!*“ (Ps. 99,4).
Alse er sprache: „Nv ir herrin alle sint bislozzin von ivweren svndon vore deme bvrgitor des himilesgin chvnigis, nv stent nivt lange da vor! der tivvel vnde sine werbint dar vmbe, daz sie iv zvogespringen vnde ivch nidir geslahen vor deme bvrgetore.“	18	Alsam er sprehce: ‚Ir birt bisloscen vor dem burgidor des himliscin kunges.‘ Nu stet nit lengir dauor! Der dieuil unde di synen werbint dar umb, daz si eu zugispringen vnde iv nedir gislahin vor dem burgidor.“

Übersetzungen nach A und B

	16	Nun habt vor Augen die zehn Gebote unseres Herrn, die acht Seligkeiten, die sechs Werke der heiligen Barm- herzigkeit!
‚*Geht durch seine Pforten im Bekennt-* *nis!*‘	17	Nun folgt dem Rat Davids, wo er zu euch spricht: ‚*Geht durch seine* *Pforten im Bekenntnis!*‘
Als ob er spräche: „Nun, da ihr Herren alle ausgesperrt seid wegen eurer Sünden vor dem Burgtor des himmlischen Königs, steht nun nicht lange davor!“ Der Teufel und die Seinen sind darin tätig, dass sie euch anspringen und euch niederschlagen vor dem Burgtor.“	18	Als ob er spräche: „Ihr seid ausgesperrt vor dem Burgtor des himmlischen Königs. Nun steht nicht länger davor!“ Der Teufel und die Seinen sind darin tätig, dass sie euch anspringen und euch niederschlagen vor dem Burgtor.

Nv mvgint ir sprechin: „Daz bvrgetor ist beslozzin. Wa svln wir in chomin?“	19	Nu mvgit ir sprehcin: „Daz burgitor ist bespart! Wa svlin wir komin in?“
Daz sagen wir iv: „Div furbvrge slizzent sich vf, swenne ir selbe wellint. Dvrc div fvrbvrge svlnt ir chomin *ad portam, que respicit ad orientem et hec est intelligentia et agnitio dei.*	20	Daz sagin wir eu. Diu furburge slizzent sih uf, swenne ir wolt. Durh deu uurburg solin wir chomin *at portam, que respicit at orientem, et est intelligencia et agnitio dei.*
Er qvit: *„introite portas!“*	21	Er quit: *„Introite portas!“*
„Welez sint div manegen tor, da man hine dvrch sol *ad ianvam regni*?“	22	Welhiz sint deu mangen dor, da man hin durh sol *at ianuam regni?*
Daz ist innegliche rivwe vnde volletaniv bihte vnde ewig inthebede von den svndon, rehte gelovbe mit gvoten werchin, div heilige zvovirsiht, div ware gotis minne.	23	Daz ist der sund riwa, uolletan bihte vnde euvig inthebede[5] von den sunden, reht gloube mit rehten werhcin, deu heilige zuuirsicht, div wareu gotes minne.
Has portas diligit dominus super omnia tabernacula iacob. Der da hinedvr chvmit, der mag follichlike sprechin: *„Et ecce uenio ad te qvem amaui, qvem quesiui, qvem semper optaui.“ Peccata sunt repagvla, qve obstruvnt aditum ab his portis.*	24	*Has portas diligit*[6] *dominus super omnia ‚tabernacula Iacob‘* (Ps. 86,2). Der dahin cumit, der mag urolihc sprehcin: *„Et ecco, uenio at te quem amaui, quem quesiui, quem semper optaui.“ Peccata sunt repagula, que obstrvunt aditum ab his portis.*

5 Hs. *intebede.*
6 Hs. *diligit diligit.*

Übersetzung nach A

19 Nun sagt ihr vielleicht:
Das Burgtor ist geschlossen, wie sollen wir hineinkommen?

20 Das sagen wir euch:
Die Vorburgen schließen sich auf, wenn ihr selbst es wollt. Durch die Vorburgen sollt ihr kommen zum Tor, *das nach Osten schaut, und das ist Erkenntnis und Anerkenntnis Gottes.*

21 Er sagt:
Geht ein durch die Tore!

22 Welche sind die vielen Tore, durch die man eingehen soll zur Haustür des Reiches?

23 Das ist innige Reue und vollständige Beichte und ewige Enthaltung von den Sünden, die heilige Zuversicht, die wahre Gottesliebe.

24 *Diese Tore liebt der Herr mehr als alle Zelte Jakobs.* Wer da hindurchkommt, der kann im vollen Wortsinn sagen: *Siehe, ich komme zu dir, den ich geliebt habe, den ich gesucht habe, den ich immer wünschte. Die Sünden sind die Riegel, welche den Zugang von diesen Toren verrammeln.*

Nv mvgint ire ane zwivel sin, obe ir ivch wellint becherin. der heilige wissage gibit sich selben iv ze bilde an der stete, da er quît: „*Dixi: ‚confitebor aduersvm me iniusticiam meam domino, et tv remisisti impietatem peccati mei.‘ Pro hac orauit ad te sanctus in tempore oportuno.*“	25	Nu mogit ir ane zwiuil sin, obe ir iuhc wolt bikeren. Der heilige wissag gibit sih selben iv zu bild an der stat, da er quit: „*Dixi: ‚confitebor aduersum me iniusticiam meam domino, et tu remisisti impietatem peccati mei.‘ Pro hac orabit ad te omnis sanctus in tempore oportuno.*“ (Ps. 31,5–6).
Qvam magna multitudo dulcedinis tue domine, daz niemin so vbele tvot, becherit er sich rehte uon den svndon, er ne werde geheiligot.	26	*Quam magna multitudo dulcedinis domini*, daz nieman so ubil tuot, er werde geheiligit!
Vil liebin, nv gant gerne ze bihte! div bihte ist daz iungiste vnde daz hereste lachentvom der svndon. Mit deme heiltranche wart gereinit *Sancta Maria Magdalena* vnde *Sanctus Petrus* vnde der schachare. Von div nemissetrvwe vnsir neheine gote nieht, swie svndig er sie, wan er sprichit: „*Post omnes abhominationes tuas reuertere ad me, et ego reuertar ad te*“ *dicit dominus. Festinate, quia ‚securis ad radicem arboris posita est‘, et ne feriamini in mortem!*	27	Vil lieb lute, nu get zu bihte! Deu biht ist daz iungisde lacentum der sunden. Mit dem heildrance war genert uon dem dode *S. Maria Magdalena* vnde *S. Petrus* vnde der scahher. Vnde iver niheiner mistriwe gode, swi sundech er si! „*Post omnes abhominaciones tuas*“ (Ez. 16,22) „*reuertere ad me [...]!*“ *dicit dominus* (Jer. 3,1). *Festinate, quia securis at radicem arboris posita est* (Mt. 3,10; Lc 3,9).
Hoc ipse prestare dignetur, qvi vivit et regnat [...].		

Übersetzung nach A

25 Nun könnt ihr ohne Zweifel sein, wenn ihr euch bekehren wollt. Der heilige Prophet gibt sich selbst euch zum Vorbild an der Stelle, wo er sagt: *„Ich sagte: ‚ich werde vor mir mein Unrecht dem Herrn bekennen, und du hast vergeben die Ruchlosigkeit meiner Sünde.‘ Darum betete zu dir der Heilige zu rechter Zeit.“*

26 *So groß ist die Vielheit deiner Süße, Herr,* dass niemand so böse handelt, wenn er sich aufrichtig von den Sünden bekehrt, so wird er geheiligt.

27 Sehr Geliebte, geht nun gern zur Beichte! Die Beichte ist das endgültige und das vorzüglichste Heilmittel für die Sünden. Mit dem Heiltrank wurde gereinigt *Sancta Maria Magdalena* und *Sanctus Petrus* und der Schächer. Deshalb misstraue Gott nicht einer von uns, wie sündig er auch sei! Denn er spricht *„Nach all deinen Abscheulichkeiten“, ‚bekehre dich zu mir!‘ und ich bekehre mich zu dir,“ sagt der Herr. Eilt, denn die Axt ist an die Wurzel des Baumes gelegt, und mögen wir nicht zu Tode geschlachtet werden! Das gedenke zu gewähren, der da lebt und herrscht [von Ewigkeit zu Ewigkeit].*

2
Klosterneuburg Predigt 3

Babion 23
Sermo cotidianus ad populum
Venite filii audite me

Hs. A
Zürich VII: Wackernagel S. 18–20
Hs. B
Klosterneuburg Predigt 3: Palmer S. 237–238

A Zürich **Wackernagel** *Sermo cotidianus ad Populum*		**B Klosterneuburg** **Palmer**
Venite filii audite me, timorem domini docebo uos!		*Uenite filii, audite me. morem domini docebo vos* (Ps. 33,12).
Virnemint vil lebin, mit wie svozzir stimme, mit wie svozen willin, mit wie miltir ladvnge vns widir ladit in sin riche –	01	Nu horet, uil liben, mit wi sv̊zer stimme vnde willen vnde milder ladunge vns wider ladit in sin rihce unser himmiliscer uater,
Wer?		
Vnsir herre!		
Vnde welche zvovirsit er vns gibit an sine genade, obe wir uns nine svmen an der rviwe?	02	unde welhe zufersiht er uns gibit an sinen gnaden, obe wir uns nienen sumen an der rivve?
Virsvmen abir wir vns in diseme curcime zite, daz wir die svnde niht gerivwen, so virdamnot er vns ze iungist mit dirre vortlichir virteilunge des iungistin vrteilis, so er vns zvo sprichit alsvs: „*Nescio qvi sitis, discedite a me, operarii iniqvitatis!*“ (Luc. 13,27)	03	Virsumen aber uvir uns in disem curcen zite, daz wir di sunden niht giruvvin, so verdampnet er uns zi iungist an der uorhtlihcer uirdeilunge des iungistin urteiles, so er zů sprihcet alsus: „*Nescio qui sitis* (Mt 25,12), *discedite a me, qui operamini iniquitatem!*“ (Mt. 7,23).

Übersetzung nach A

Predigt für alle Tage an das Volk
(Von der Reue und von der Beichte)

Kommt, meine Söhne, ich werde euch die Furcht des Herrn lehren!

01 Vernehmt, viel geliebte, mit wie süßer Stimme, mit wie süßem Willen, mit wie großzügiger Ladung uns zurück lädt in sein Reich –

„wer?“

Unser Herr!

02 Und welche Zuversicht er uns gibt auf seine Gnade, wenn wir nicht säumig sind mit der Reue?

03 Säumen wir aber in dieser kurzen Zeit, dass wir die Sünde nicht bereuen, dann verdammt er uns zuletzt mit der fürchterlichen Verurteilung des letzten Urteils, wenn er zu uns also spricht: *„Ich weiß nicht, wer ihr seid, weicht von mir ihr Werkleute des Unrechts!*

A Zürich **Wackernagel**		**B Klosterneuburg** **Palmer**
Vil liebin, swer in eineme charchare gevangin liget, der nesparet da vor nivwet sinis gvotis, er nelose den lib vone deme anestandime vngemache. Ze gelichir wis, so ez an den tot gat, so gabe der man uile gerne eigin vnde lehin, allez sin varnde gvot, daz er sich erloste vone deme tode.	04	Swer in einim karcher giuangen lit, der sparit[7] dauor niht sienis gůtis, ern lose den liep von den angistlihcim ungimahce. Als ist ovhc, so ez an den dot get, so gebe der man uil gerne eigin unde lehin vnde alliz sien uarend gut, daz er sihc irlosi von dem dode.
Ist daz also?		Ist daz also?
Ez ist warliche so!		Nu ist warlihce also!
Nv schovwent wie tvmbliche daz ist! Der dauore dehein lieb gehaltit, er ne gebez ane twale vmbe die wnne des ewigen tages, der niemir mit neheiner tvnchelin verselwit wirt, uon deme der herre Dauid gesprocin hat: „*Melior est dies vna in atriis tuis super milia*.“ Da nemag nehein naht sin, da der ware svnne gesehin wirt, alsolich so er ist *in terra uiuentium* [...]	05	Nu showent, wi toriht daz ist! Der da uor iht gihaltit, erne gebe ez ane tw*a*l vmbe di wnne des ewigyn tagys, der niemer mit dehei*ner* dunkel niht virsalwet wirt, von dem Dauid gisprohcin hat: „*Melior dies una in atriis super milia*.“ (Ps. 83,11). Dane mahc nehein naht sin, da der ware sun gisehin wirt, alsolihc er ist *in terra uiuentium*. (Ps. 26,13)
Vil liebin, nv svlnt ir merchin, wiz getan ist vmbe daz ellinde, da wir inne schinen, vnde die heinmvote, dar wir gedingen ze chominne.	06	Vil libin [...].

7 ***sparit***: Hs. *sparait*

Übersetzung nach A

04 Viel geliebte, wer in einem Kerker gefangen liegt, der geizt dafür mit nichts von seinem Gut, dass er das Leben nicht löse von dem anstehenden Ungemach. In gleicher Weise, wenn es an den Tod geht, so gäbe der Mensch sehr gern Eigengut und Lehngut, all seine Fahrhabe, auf dass er sich loskaufte vom Tod .

„Ist das so?"

Es ist wahrhaftig so!

05 Nun schaut, wie töricht das ist! Der welcher vorher nichts, das ihm lieb ist, behält, das er nicht ohne Zögern für die Freude des ewigen Tages hingebe, der welcher niemals mit irgendeiner Dunkelheit beschmutzt wird, der, von welchem David gesprochen hat: *„Besser ist ein einziger Tag in deinen Vorhöfen über tausend (andere)!* Da kann nicht eine Nacht sein, wo die wahre Sonne gesehen wird, ganz so wie sie im *Land der Lebenden* ist.

06 Viel geliebte, nun sollt ihr merken, wie es um das Fremdland beschaffen ist, in dem wir erscheinen, und um das Heimatland, dort wo wir hinzukommen hoffen.

A Zürich
Wackernagel

07 Der ellinde sint zwei, ein lihtiz vnde ein swares; der heinmvote sint ovch zwo, ein vil gvotes vnde ein micheles bezzir.

08 Ein ellinde ist disv werlt, da wir inne sin. Daz nimet schiere ende des tages, so wir sterben.

09 Daz sware ellinde daz ist dv helle. Der die bovwen sol, der hat iemer lait an ende.

10 Ein uil gvot heinmvote ist daz grvone paradise, da Adam inne was, e er gesvndoti.

11 Vile micheles bezzer ist div heinmvote des ewigin richis, da got inne erchennit wirt, alsolich so er ist.

12 Vzer deme ellinde dirre welte mvozzen wir uarn eintweder uber uns ze paradise vnde dannan in daz ewige riche; oder aber vnder vnsich zvo deme tivvele in die vinstri der helle.

A Zürich
Wackernagel

07 Der Fremdlande sind zwei, ein leicht und ein schwer erträgliches; der Heimatländer sind auch zwei, ein sehr gutes und ein noch viel besseres.

08 Ein Fremdland ist diese Welt, in der wir drinnen sind. Das nimmt schnell ein Ende an dem Tag, an welchem wir sterben.

09 Das schwer erträgliche Fremdland ist die Hölle. Wer das bewohnen wird, der hat immer Leid ohne Ende.

10 Ein sehr gutes Heimatland ist das grüne Paradies, in dem Adam drinnen war, bevor er sündigte.

11 Um vieles besser ist das Heimatland des ewigen Reiches, in dem drinnen Gott erkannt wird, ganz so wie er ist.

12 Aus dem Fremdland dieser Welt werden wir fahren entweder hinauf über uns zum Paradies und von dort in das ewige Reich; oder aber unter uns hinunter zu dem Teufel in die Finsternis der Hölle.

A Zürich
Wackernagel

13 Vil liebin, wan ir nv hine vf geladit sint in die schonin phalnze des ewigen riches, so bewart ivch, daz ivch der tivvel icht virschvphe in den vnschonin charchare des ewigin todis!

14 Wie sulnt ire ivch bewaren?

15 Vil lihte alsus: „*Declina a malo et fac bonum!*“ (Ps. 36,27) Gelovbe dich des vbelen vnde tvo daz gvote, so vil dv mvgist! Alse da gescribin stat: „*Qui ingreditur sine macula et operatur iustitiam.*“(Ps. 14,2) Dar zvo sprichit sanctus Gregorius: „*Nec bona a deo accipiuntur, que ante oculos dei malorum admixtione maculantur.*“ Daz quît alsus: „Die gvottate helfint niwet umbe got, die man tagelich mischit mit vbelen werkin.“ Von div: „*Venite penitendo, et a pecatis abstinendo!*“

A Zürich
Wackernagel

13 Viel geliebte, da ihr nun hinauf geladen seid in die schöne Pfalz des ewigen Reiches, so bewahrt euch, auf dass euch der Teufel nicht verschaukle[8] in den unschönen Kerker des ewigen Todes.

14 Wie sollt ihr euch schützen?

15 Gar leicht so: „*Neige dich weg vom Bösen und tue das Gute!*“ Enthalte dich vom Bösen und tue das Gute, so viel du könnest! Wie da geschrieben steht: „*Wer einhergeht ohne Makel und das Rechte tut.*“ Dazu sagt Sankt Gregor: „*Nicht werden gute Taten angenommen, die vor den Augen Gottes befleckt werden durch Vermischung mit bösen.*“ Das besagt dieses: „Die guten Taten helfen nichts um Gottes willen, die man täglich mischt mit bösen Werken.“ Daher: „*Kommt zum Büßen und zum Enthalten von Sünden!*“

8 Ein Verbum *ver-schupfen* ist bei Lexer und BMZ nicht verbucht, wohl aber *schüpfen, schupfen* swv. mit den Bedeutungen „durch Stoßen in schaukelnde Bewegung bringen, stoßen, schleudern“. Die hier vielleicht unpassend wirkende Übersetzung „verschaukeln“ für *virschvphen* kann vielleicht doch als angemessen für das Handeln des Teufels mit lockenden Attraktionen vertreten werden. – Vgl. den Beleg in den Windberger Scholien zum Psalter Nr. 23, unter 4.

A Zürich
Wackernagel

16 Wie sulnt ir chomin?

17 Also, daz ivch rivwe, swaz ir ze vbele getan hant, vnde daz ir niemir mere neheine svnde tvogent, noh willin daz zvo habent.

18 In allen disen dingin so ist gote aller genamist vnde aller nahest *volvntaria paupertas*. Daz hat er selbe wole gezovgit damite, so wir iv sagen.

19 Do er drie totin lebinde hiez werdin, do bat in einer siner ivngeron alsus: „Herre, erlovbe mir, daz ich begrabe minin vatir!“ Deme antwurt er alsvs: „Volge mir nach, vnde la die totin ir totin begrabin!“ (Mt. 8,21–22) Alsame er sprache: „Ich[9] hiez in werdin, ich heiz in ovch sterbin, ich heize in ovch vfsten. Ne rvoche dich, wie er lige!“ Die noch in ir getragede sizzint vnde noch niet erstandin sint von den svndon, die sint tot, die begraben ovch ir totin. Swer nv erstan welle vone sinen svndon, der sehe daz ane, wie vnser herre got dri totin hiez vfsten. An den drin toton uindit er offinliche, wie er tot ist, vnde wie er lebinde sol werdin.

A Zürich
Wackernagel

16 Wie sollt ihr kommen?

17 So, dass euch reue, alles was ihr zum Bösen getan habt, und dass ihr niemals mehr irgendeine Sünde weder tut, noch den Willen dazu habt.

18 In all diesen Dingen da ist für Gott das allerangenehmste und nächste *freiwillige Armut*. Das hat er selbst deutlich gezeigt, so wie wir es sagen wollen.

19 Als er die Toten Lebende werden hieß, da bat ihn einer seiner Jünger so: „Herr, erlaube mir, dass ich meinen Vater begrabe!“ Dem antwortete er so: „Folge mir nach und lass die Toten die Toten begraben!“ Ganz als ob er gesprochen hätte. „Ich hieß ihn werden, ich heiße ihn auch sterben, ich heiße ihn auch auferstehen. Bekümmere dich nicht darum, wie er (bestattet) liege!“ Die noch unter ihrer Last sitzen und noch nicht erstanden sind von den Sünden, die sind tot, die begraben auch ihre Toten. Jeder der jetzt aufstehen will von seinen Sünden, der sehe das an, wie Gott, unser Herr, drei Tote auferstehen hieß. An den drei Toten findet er offenkundig (heraus), wie er tot ist und wie er lebend werden soll.

---

9 Hs. *Iich*

A Zürich
Wackernagel

20 Alse ez vmbe der svndare tot getan ist, aldarnach irstant ovch die svndare, ettelicher sanffte, ettelicher vnsanffte.[10] Von div hiez er die magit geswasliche uf stan in deme hvs (Mt. 9,23–26), den iungelinc vor deme bvrgetore (Luc. 7,11–14), Lazarum vzer deme grabe, da er uier tage inne lag (Joh. 11,17).

21 Vil lebin, der ist ‚in dem hvs tot', des svnde dennoc niet vz chomin ist vor der werlte. Der ist ‚fur daz bvrgetor' chomen also toter, der offinliche gesvndot hat. Der liget ‚in deme grabe toter', den div gewonheit dir svndon beswaret hat.

22 Der tovgenliche svndot vnde tovgenliche ze bihte chvmet dvrch gotes forhte, der wirt ovch tovgenliche lebinde. Der ist geswasliche erstorbin, der ist geswasliche irstandin. Der hat gotes hvlde. Vone div sol niemen gewahenen siner scvlde.

A Zürich
Wackernagel

20 Ganz wie es mit dem Tod der Sünder beschaffen ist, ganz danach auferstehen auch die Sünder, etlicher sanft, etlicher unsanft. Deshalb hieß er das Mädchen im Geheimen auferstehen in dem Haus (Mt. 9,23–26), den Jüngling vor dem Stadttor (Luc. 7,11–14), Lazarus aus dem Grab, in dem er vier Tage gelegen hatte (Joh. 11,17).

21 Viel Geliebte, jener ist ‚in dem Haus tot', dessen Sünde noch nicht herausgekommen ist vor der Welt. Jener ist ‚vor das Stadttor gekommen als Toter', der öffentlich gesündigt hat. Jener liegt ‚in dem Grab als Toter', den die Gewohnheit der Sünden beschwert hat.

22 Einer der heimlich sündigt und heimlich zur Beichte kommt aus Gottesfurcht, der wird auch heimlich ein lebender. Einer der im Geheimen gestorben ist, der ist im Geheimen auferstanden. Der hat Gottes Huld, deshalb soll niemand von seiner Schuld reden.

---

10 Zum folgenden vgl. Nr. 100 (Rheinauer Gebete), Segment 27–32.

A Zürich
Wackernagel

23 Der offencliche svndot, der bvozze ovch offenliche. Lazarus, der in deme grabe lag, beceichinot den man, der in den svndon viraltet ist. Der sol gerepsit werden, vber den suln sich alle die erbarmen, die got erchennint, vber den sol man wenen, vber den sol man almvosin geben, daz in got bechere. Daz sint die misilsvhtigen, die man uone dere menige svnderot vnde sol svnderon. Den misilsvhtigen nemag nieman gereinin wan got einne. Der in den svndon viraltet, der chvmet chvme widere vf, ime welle got selbe sine hant biten. Gerivwet in aber, daz er vnrehtis getan hat, swie spate er ze gote chome, so ist er ie doch gehalten.

24 Swie ir nv gesvndot hant, des uindent ir bilde an disen drin toton, wie ir widere chomen svlnt. Der siner svndon gelobit will werdin, daz er sich der vppegheit rvomet, so nerrivwet ez in niet; die wile ovch ez in nine rivwet, so virgibit imo got niemer, daz er zubile hat getan.

25 Vil liebin, nv tvont als iv der wissage geratin habe mit disen worten: „*Iniquitatem meam annuntiabo et cogitabo pro peccato meo semper.*“ (Ps. 37,19) Lant vich rivwin, daz ir ze vbile hant getan, vnde tont nicht mere vbeles, vnde habent den ewigin lib!

26 Daz rvoche er iv ze gebinne, ‚qvi vivit et regnat in secula seculorum.‘

AMEN.

A Zürich
Wackernagel

23 Einer der öffentlich sündigt, der büße auch öffentlich. Lazarus, der in dem Grab lag, bezeichnet einen Menschen, der in den Sünden alt geworden ist. Der soll getadelt werden, über den sollen sich all jene erbarmen, die Gott erkennen, über den soll man weinen, für den soll man Almosen geben, auf dass Gott ihn bekehre. Das sind die Aussätzigen, die man von der Menge absondert und absondern soll. Die Aussätzigen kann niemand reinigen außer einzig Gott. Einer der in den Sünden alt wird, der kommt kaum wieder auf, wenn nicht Gott selbst ihm seine Hand bieten will. Gereut ihn aber, was er Unrechtes getan hat, wie spät er auch zu Gott komme, so ist der doch gerettet.

24 Auf welche Weise auch immer ihr nun gesündigt habt, davon erkennt ihr ein Abbild an diesen drei Toten, wie ihr wieder aufkommen sollt. Einer der wegen seiner Sünden gelobt werden will, sodass er sich seiner Leichtfertigkeit rühmt, dann reut es ihn nicht; solange es ihn auch nicht reut, so lange vergibt ihm Gott niemals, das was er zum Bösem getan hat.

25 Viel geliebte, nun tut, wie euch der Prophet geraten habe mit diesen Worten: *„Mein Unrecht sage ich an und gedenke meiner Sünden immer.“* Lasst euch reuen, was ihr zum Bösen getan habt, und tut nichts an Bösem mehr und habt das ewige Leben!

26 Das wolle er euch geben, *‚der lebt und herrscht von Ewigkeit zu Ewigkeit.‘*

Amen.

Verzeichnisse

Verzeichnis der Texte

Die Zahlen verweisen auf die laufenden Nummern des Inhaltsverzeichnisses.

Verzeichnis der Handschriften und anderen Textträger

Die Zahlen am Ende jedes Eintrags verweisen auf die laufenden Nummern des Inhaltsverzeichnisses.

Admont

Admont, Stifsarchiv, Fragm.-Mappe, noch ohne Signatur – deutscher Abrogans (Fragment) – 5

Augsburg

Augsburg, UB, Cod. I.3.2° 23, – Notker der Deutsche, Bearbeitung von Ps.-Athanasius, ‚Quicumque vult saluus esse ...' (Fragment) – 33

Augsburg, UB, Cod. I.3.4° 15, – Notker der Deutsche, Bearbeitung von Ps.-Athanasius, ‚Quicumque vult saluus esse ...' (Fragment) – 33

Basel

Basel, UB, Hs. F. III. 15a, fol. 17r, linke Spalte und unterer Rand – Zwei Basler Rezepte – 45

Breslau

Breslau, UB, cod. R 347, Kriegsverlust – Willirams Bearbeitung des Hohen Liedes – 24

Brüssel

Brüssel, BR, Cod., 18723 (StSG IV, S. 397; BStK Nr. 84). – Glossen zum Mt.-Ev. – 30

Brüssel, BR, Cod. 10 615–729 fol. 58ra – Brief Notkers des Deutschen an Bischof Hugo von Sitten – 35

Dessau

Dessau, Ehem. Herzogl. Residenzschloss, ohne Signatur, verschollen. Zwei stark zerstörte Blätter – Altsächsische Übersetzung und Auslegung der Psalmen. – 14

Anmerkung: Andere Textträger: Kupferstich (Nr. 1), Gedenkstein (Nr. 2), Münze (Nr. 3), Siegellegende (Nr. 59), Druck (Nr. 55).

Dillingen

Dillingen, Studienbibliothek, Sign. SDL XV Fragm. 3 (ein Doppelblatt) – Altalemannische Interlinearversion des Psalters – 13

Duisburg

Duisburg, Landesarchiv, Abteilung Rheinland, Bestand AA 0546 Werden, Akten 9 a 1a – Werdener Urbar – 68

Düsseldorf

Düsseldorf, ULB, Cod. B 80, fol. 152v, 153v – sog. Essener Heberolle – 67
Düsseldorf, ULB, Cod. B 80, fol. 153r-152v – Fragment einer altsächsischen Allerheiligenpredigt – 106
Düsseldorf, ULB, Cod. D 2, fol. 202(2)r-205(2)r – Sächsische Beichte – 88

Engelberg

Engelberg, Stiftsbibliothek, Cod. 140, fol. 7v-10r – Gebet ‚*De sancta Maria oratio*' – 99

Erfurt

Erfurt, Stadtarchiv, 0-0/A XLVII Nr. 1 – Erfurter Judeneid – 64

Essen

Essen, Münsterarchiv und Münsterschatzkammer, Hs. 1 – Glossen zum Matthäusevangelium – 30

St. Gallen

St. Gallen. Kantonsbibliothek, VadSlg Ms. 70a – St. Galler Interlinearversion zu Joh. 19,38 – 26
St. Gallen, Stiftsbibliothek, Cod. 21, aus Einsiedeln – Psalterbearbeitung Notkers des Deutschen – 20
St. Gallen, Stiftsbibliothek, Cod. 21, aus Einsiedeln, pag. 563–564 – Notker, Vaterunser – 77,1
St. Gallen, Stiftsbibliothek, Cod. 21, aus Einsiedeln, pag. 565–566 – Notker, Apostolisches Glaubensbekenntnis – 77,2
St. Gallen, Stiftsbibliothek, Cod. 21, aus Einsiedeln, pag. 568–575 – Notker Ps.-Athanasius, ‚Quicumque vult salvus esse …' – 33
St. Gallen, Stiftsbibliothek, Cod. 21 aus Einsiedeln, pag. 575 – Ekkehart IV., Fürbittgebet für Notker den Deutschen – 39

Gittelde

Göttingen

Graz

Groningen

Groningen, UB, Hs 404 – 17 – Bruchstücke einer altostfriesischen Interlinearversion des Psalters

Hannover

Hannover, LB, Ms. I 20b (zwei Blätter), aus Mondsee – Fragment einer Übersetzung des Matthäus-Evangeliums – 28
Hannover, LB, Ms. I 81 zweiter Teil, fol. 133r-134r – ‚Kölner Morgensegen' 99

Heiligenkreuz im Wienerwalde

Heiligenkreuz im Wienerwalde, Stiftsarchiv, Urkunde Wien, 1197, 9. Dezember – Älteste deutsche Siegellegende – 59

Innsbruck

Innsbruck, UB und LB, Hs. 88, fol. 58rv, wohl aus der Benediktinerabtei St. Mang, Vorbesitzer Stams, Zisterzienserkloster – Füssener Sprachproben – 70
Innsbruck, UB+LB, Hs. 652, fol. 76v (Z. 9 von unten) – 78v (letzte Zeile) – Innsbrucker Arzneibuch – 47
Innsbruck, UB+LB, Hs. 652, fol. 78v (Z.1) – 79r (Z. 6) – Innsbrucker (Prüler) Kräuterbuch – 47
Innsbruck, UB+LB, Hs. 652, fol. 79v – Frauengeheimnisse – 49

Karlsruhe

Karlsruhe, BLB, Cod. Aug. CXI, fol. 76r-90r – deutscher Abrogans – 5
Karlsruhe, BLB, Cod. Aug. CLXXVIII – Glossen zum Matthäusevangelium – 30

Kassel

Kassel, UB/LMB, Ms. 4° theol. 24, fol. 13v-15r, aus Fulda – Exhortatio ad plebem christianam Hs. B – 105
Kassel, UB/LMB, Ms. 4° theol. 24, fol. 15r-17v, aus Fulda – Kasseler Glossen und Gespräche – 11

Klosterneuburg

Klosterneuburg, Stiftsbibl. Cod. 987, fol. 204r, Z. 8–17 – Klosterneuburger Gebetsbruchstück – 97
Klosterneuburg, Stiftsbibl. Cod. 1118, fol. 1r und 159v-160r – Zwei Bußpredigten nach Geoffroi Babion – 111

Köln

Köln, Historisches Archiv der Stadt, Arnold Mercator, Stadtplan von Köln vom Jahre 1571, Plankammer 2/5/1_2 – Kölner Inschrift – 1

Köln, Kreissparkasse Köln – 1[1]

Köln, Historisches Archiv der Stadt, Chroniken und Darstellungen Bd. 74, 314r-314v – Kölner Abschwörungsformel mit Glaubensbekenntnis 72,2 (Text a)

Köln, Historisches Archiv der Stadt, Chroniken und Darstellungen Bd. 75, 312r-312v – Kölner Abschwörungsformel mit Glaubensbekenntnis 72,2 (Text b)

Leiden

Leiden, UB, BPL 130 – Willirams Bearbeitung des Hohen Liedes – 24

London

London, Univ. Coll., Ms. germ. 16, früher fol. 137v-141r, jetzt 36v-40r, (früher Cheltenham, Bibl. Pillippica Ms. 18090) – Predigt von Christi Geburt – 110

Lutherstadt Wittenberg

Lutherstadt Wittenberg, Bibliothek des Evangelischen Predigerseminars, ein Einzelblatt Signatur 2° H. Th. 677 – Altsächsische Psalmenfragmente. – 18

Mainz

Mainz, Landesmuseum, Grab- oder Memorienstein eines Dietrich S. 3089 – Binger Inschrift – 2

Mainz, SB, Hs. I 371 (früher C 13) (StSG IV, S., 498, Nr. 282. – BStK Nr. 426). – Glossen zum Matthäusevangelium – 30

Mainz, SB, Hs. II 3 (früher ohne Signatur) (StSG Nr. 283. – BStK Nr. 427). – Glossen zum Matthäusevangelium – 30

Merseburg

Merseburg, Domstiftsbibl., Hs. 136, fol. 16r aus Fulda – Fränkische Abschwörungsformel mit Glaubensbekenntnis', aus Fulda / Speyer, Fassung A – 72,3

Merseburg, Domstiftsbibl., Hs. 136 fol. 53r, Nachtrag am oberen und rechten Rand aus Fulda – Gebet zur Elevation des Messkelchs – 79

1 Weitere erhaltene Exemplar in Weimar, Anna Amalia Bibliothek, in der Königlichen Bibliothek Stockholm und bei der Kreissparkasse Köln.

München

Münster (Westf.)

Orléans

Oxford

Paris

Paderborn

St. Paul (Lavanttal)

Prag

Rom, Vatikanstadt

Rom, Bibl. Vat., Cod. Pal. lat. 73, fol. 1r-74r – Willirams Bearbeitung des Hohen Liedes – 24
Rom, Bibl. Vat., Cod. Pal. lat. 485, fol. 2v-3v aus Lorsch, – Lorscher Beichte – 86
Rom, Bibl. Vat., Cod. pal. lat. 555, fol. 40v = pag. 80 – Pfälzer Beichte – 90
Rom, Bibl. Vat., Cod. Pal. lat. 577, fol. 6v-7r, aus Mainz – Sächsische Abschwörungsformel mit Glaubensbekenntnis – 72,1
Rom, Bibl. Vat., Cod. Pal. lat. 577, fol. 7r – Indiculus superstitionum et paganiarum – 71
Rom, Cod. Vatic. Regin Lat. 566, fol. 50b Altdeutsche Gespräche – 12

Sarnen

Sarnen, Bibl. des Benedktinerkollegiums Cod. membr. – Gebete und Benediktionen von Muri – 99a

Straßburg

Straßburg, BN et Univ., cod. 2540 (olim L.germ. 414), fol. 1rb-vb – Vorauer Beichte – 87

Stockholm

Stockholm, Königliche Bibliothek, http://arachne.uni-koeln.de/item/reproduktion/3301150. Mercator, Stadtplan von Köln vom Jahre 1571. Kölner Inschrift – 1

Stuttgart

Stuttgart, LB, cod. theol. et phil. 4° 230, hier fol. 10v-11r, aus Zwiefalten, – Zwiefaltener Interlinearversion der Benediktinerregel – 53 Anhang

Tepl/Teplá ČR

Tepl/Teplá ČR, Historische Bibliothek der Prämonstratenserabtei, Cod. b 9, pag. 182–186, aus St. Emmeram / Oberaltaich – Altbairisches (St. Emmeramer) Gebet – 85

Trier

Trier, StB, Hs. 1362 /110 a 4°, fol. 33v-34r – Kapitular Ludwigs des Frommen Sigle A (‚Trierer Capitulare') – 55
Trier, StB, Hs. 1917/1514 (vormals 744) 8°, fol. 50v – Verfahren beim Gottesurteil – 62
Trier, StB, Ahd. und mhd. Fragmenten-Mappe X, Fragment 1 – Bruchstück der ‚Lex Salica' – 54

Uppsala

Warschau

Weimar

Wien

Wolfenbüttel

Würzburg

Zürich

Privatbesitz

Verzeichnis der Schreibsprachen

Die Zahlen vor den Texttiteln verweisen auf die laufenden Nummern des Inhaltverzeichnisses.

altsächsisch

8. Jh., Ende/ 9. Jh., Anfang	72 Sächsisches Taufgelöbnis,[1] Abschwörungsformel (altwestfälisch) 71 Indiculus superstitionum	Rom, Bibl. Vat., Cod. Pal. Lat. 577
9. Jh., Ende oder 10. Jh., Anfang	68 Werdener Urbar (sog. ‚Werdener Heberegister‘	Duisburg, Landesarchiv, Abteilung Rheinland, Bestand AA 0546 Werden, Akten 9 a 1a aus dem Damenstift Essen; hier Lage 5 des Konvoluts, darin fol. 34v
erste Prägungen nach 965, dann 1056–1062; weitere Prägungen bis um 1080	3 Altsächsische Münzumschrift aus Gittelde	sehr zahlreiche, in der Münzstätte Gittelde am Harz (Kreis Gandersheim) geprägte Exemplare bei verschiedenen Besitzern
Entstehung um 950, Hs. 11. Jh., früh	19 Paderborner Psalter	Paderborn. Erzbischöfliche Bibliothek, Fra 6 (verschollen)
fortgeschrittenes 10. Jh.	18 Altsächsische Psalmenfragmente	a: Warschau, Biblioteka Narodowa Rps. Akc. 6748; aus dem Bernhardinerkloster Radecznica, südl. Lublin. b: Lutherstadt Wittenberg, Bibliothek des Evangelischen Predigerseminars, ein Einzelblatt als nicht aufgeklebtes Vorsatzblatt in einer Inkunabel mit Briefen des Hieronymus (Nicolaus Kesler, Basel 1492) unter der Signatur 2° H. Th. 677.
10. Jh., späte 1. Hälfte,	106 Altsächsische Allerheiligenpredigt 67 Essener Heberegister[2]	Düsseldorf, LB Cod. B 80, fol. 153r-152v
10. Jh., spät	88 Sächsische Beichte[3]	Düsseldorf, Stadt- und Landesbibliothek Hs. D 2
10. Jh., spät	14 Altsächsische Übersetzung und Auslegung der Psalmen aus Gernrode	Dessau, ehem. Herzogl. Residenzschloss, ohne Signatur, verschollen; Bibliotheksheimat: vermutlich Damenstift Gernrode am Harz; Schriftheimat: Essen, Damenstift

1 Für das „Sächsische Taufgelöbnis“ wird auch angegeben „altwestfälisch“.

2 Für das Essener Heberegister wird auch angegeben: „altsächsisch mit altniederfränkischen Elementen.“

3 Für die Sächsische Beichte wird auch angegeben „altwestfälisch“.

11. oder schon 10. Jh. (K)	69 Freckenhorster Heberolle, Hs. K (Rolle)	ehemals Privatbesitz Kindlinger, verschollen
11. Jh. gegen Ende (M)	69 Freckenhorster Heberegister, Hs. M	Münster, Staatsarchiv, Msc. vii, 131a, fol. 1v-8r (M)[4]
17. Jh., Anfang	72,2 Kölner Taufgelöbnis (Abschwörungsformel) aus St. Cäcilien	a: Köln, Historisches Archiv, Chroniken und Darstellungen Bd. 74, 314r-314v. b: Köln, Historisches Archiv, Chroniken und Darstellungen Bd. 75, 312r-312v.

altostfriesisch

Dat. der Hs. unklar, möglicherweise 12. Jh., 3. Viertel oder 13. Jh.	17 Bruchstücke einer altostfriesischen Interlinearversion der Psalmen	Groningen UB Hs 404

hochdeutsch und niederdeutsch (altsächsisch)

Glossen wohl im 10. Jh. in Essen eingetragen	30 Glossen zum Matthäusevangelium	Essen Münsterschatzkammer Hs. 1

oberdeutsch

Glossen wohl im 11. Jh. eingetragen	30 Glossen zum Matthäusevangelium	Mainz SB Hs. I 371 (früher C 13) aus dem Kartäuserkloster Mainz

alemannisch

8. Jh., Ende	26 St. Galler Interlinearversion zu Joh. 19,38	St. Gallen. Kantonsbibliothek VadSlg Ms. 70a, fol. 1r
9. Jh., wohl 1. Viertel	5 Abrogans Ra[5]	Karlsruhe, BLB, Cod. Aug. CXI, Südwestdeutschland, vielleicht Reichenau
Hs. letzte Jahre des 8. Jh.s	73 St. Galler Paternoster und Credo[6]	St. Gallen, Stiftsbibliothek Cod 911 pag. 320 (319) – 322 (321)

4 Für das Freckenhorster Heberegister wird auch angegeben „spätaltsächsisch mit Merkmalen des späteren Nord-Westfälischen“.

5 Für den Abrogans Ra wird auch angegeben „alemannisch mit bairischen Spuren“.

6 Sankt Galler Paternoster und Credo „jüngeres Frühalthochdeutsch mit alemannischer Prägung“.

8. Jh., 2. Hälfte	10 Vocabularius Sancti Galli[7]	St. Gallen, Stiftsbibliothek Cod. 913
8. Jh., Ende	5 Abrogans Sg	St. Gallen, Stiftsbibl. Cod. 911, südwestdt. Minuskel
Wende von 8. zum 9. Jh.	27 St. Pauler Bruchstücken einer Interlinearversion des Lukasevangeliums	Stift St. Paul (Lavanttal), C1/8, möglicherweise von der Reichenau
9. Jh.	5 Abrogans (Palimpsest)	Prag NB Cod. XXIII.E.54, fol. 22r-47v
9. Jh., früh	53 Interlinearversion der Benediktinerregel	St. Gallen, Stiftsbibliothek, Cod. 916
9. Jh., Früh (?)	5 Abrogans-Fragment	Admont, Stifsarchiv, Fragm.-Mappe, Fragm. D1
9. Jh., Anfang und ca. 2. Viertel	80 Murbacher Hymnen und 83 Murbacher ‚Te deum' und ‚Te decet laus'	Oxford, Bodleian Libr., MS Jun. 25
9. Jh., 2. Drittel	13 Altalemannische Interlinearversion des Psalters	a: Dillingen, Studienbibliothek Sign. SDL XV Fragm. 3. b: München BSB cgm 5248/1 Südwestdeutschland, alemannisches Sprachgebiet (Einsiedeln?)
11. Jh.	42 Notker der Deutsche, De interpretatione	St. Gallen, Stiftsbibliothek, Cod. 818
11. Jh.	41 Notker der Deutsche, Martianus Capella	St. Gallen, Stiftsbibliothek Cod. 872
um 1025	40 und 43 Notker der Deutsche, Boethius ‚De consolatione Philosophiae'	St. Gallen, Stiftsbibliothek Cod. 825
11. Jh., früh	4 Zürcher Hausbesegnung – Ad signandum domum	Zürich, ZB, Ms. Car. C 176 (aus St. Gallen), fol. 154r, Z. 3–5
vor 1091	51 Althochdeutscher Physiologus (Prosa)[8]	Wien, ÖNB, Cod. 223; wohl aus Hirsau
11./12. Jh.	109 St Galler Beichtpredigt	St. Gallen, Stiftsbibliothek Cod. 1394 (Fragmentensammlung), hier pag. 143
12. Jh., 1. Hälfte	77 Notker: Paternoster	München, BSB, clm 7637, fol. 45r/v, Exzerpt; (aus Indersdorf)
12. Jh., 1. Hälfte	52 Alkuins Traktat	München, BSB, clm 7637, fol. 46r-48r (aus Indersdorf)
zwischen 1125 und 1150	33 Notker, Fides Athan. ‚Quicumque vult salvus esse …' 77 Paternoster und Apostolisches Glaubensbekenntnis	St. Gallen, Stiftsbibliothek, Cod. 21; aus Einsiedeln
Hs. zwischen 1150 und 1170. – Text 11. Jh. (?)	100 Rheinauer Frauengebete	Zürich, ZB, Ms. Z XIV 11, Fragment, zwei Doppelblätter

7 Für den Vocabularius Sancti Galli wird auch angegeben „teils oberdeutsch, teils fränkisch".

8 Für den ahd. Physiologus wird auch angegeben „alemannisch, nahe der südrheinfränkischen Grenze".

12. Jh., 3. Viertel	63 Schwäbische Trauformel	München, BSB, clm 2, fol. 38v; aus Augsburg
um 1175	99 Gebete und Benediktionen von Muri	Sarnen, Bibl. des Benedktiner-kollegiums, Cod. membr. 69
12. Jh., Ende	in 99 Engelberger Gebete	Engelberg, Stiftsbibliothek, Cod. 140, fol. 7v-10r
12. Jh. Ende	in 99 Zürcher Gebetsanweisung	Zürich, ZB, Ms. C 171, fol. 106v; aus St. Gallen
12. Jh., Ende/um 1200	111 Zwei Bußpredigten Hs. A	Zürich, ZB, Ms. C 58, fol. 219b-220c
um 1200	58 Traditio Kuonradi	München, BSB, clm 3714, fol. 1r
1200	70 Füssener Sprachproben	Innsbruck, UB und LB, Cod. 88; wohl aus St. Mang, Vorbesitzer Stams, Zisterzienserkloster
13. Jh., 1. Viertel	53, Anhang Zwiefaltener Benediktinerregel	Stuttgart, LB, Cod. theol. et phil. 4° 230
Glossen vom 11. Jh. und z. T. vom 13. Jh.	30 Glossen zum Matthäus-evangelium[9]	Karlsruhe, BLB, Aug. CLXXVIII; wohl von der Reichenau
13. Jh. 1. Viertel, nicht vor dem ersten Jahrzehnt	25 St. Trudperter Hohes Lied[10]	Wien, ÖNB Cod. 2719

bairisch

noch vor 800	45 Basler Rezepte	Basel, UB, Hs. F. III. 15a; aus Fulda
9. Jh., 1. Jahrzehnt oder 1. Drittel	28 Matthäusevangelium, Mondseer Fragmente[11] 103 ‚Homilia de vocatione gentium' 104 Mondseer Übersetzung einer Predigt des Augustinus	a: Wien, ÖNB, Cod. 3093*, Reste von mindestens 47 Blättern. b: Hannover, LB, Ms. I 20b, zwei Blätter. c: Wien, ÖNB, Cod 2997, hinterer Innendeckel; alle Fragmente aus Mondsee
9. Jh., 1. Drittel	104 Augustins Sermo LXXVI (Fragment aus Mondsee)	Wien, ÖNB, Cod. 3093*; aus Mondsee
9. Jh., Anfang (805 fertig gestellt)	105 ‚Exhortatio ad plebem christianam' Hs. B	München, BSB, clm 6244, fol. 144v-146r; aus Freising; jedoch aus einem anderen bair. Skriptorium
9. Jh., früh	74 Altbayerisches/Freisinger Paternoster mit Auslegung	A: München, BSB, clm 6330, fol. 70v-71r; aus Freising, Domstift
9. Jh., früh	74 Altbayerisches/Freisinger Paternoster mit Auslegung	B: München, BSB, clm 14510, fol. 78r-79r; aus Regensburg, St. Emmeram

9 Für diese Glossen wird auch angegeben „alemannisch; oberdeutsch mit fränkischen Einschlägen".
10 Für diese Handschrift des St. Tudperter Hohen Liedes wird auch angegeben „alemannisch nach bairischer Vorlage".
11 Für die Mondseer Fragmente des Matthäusevangeliums wird auch angegeben „bajuwarisierende Abschrift eines Originals im Dialekt der Gegend von Metz".

9. Jh., 1. Viertel	11 Kasseler Glossen und Gespräche 105 ‚Exhortatio ad plebem christianam' Hs. A	Kassel, UB / LMB, 4° Ms. theol. 24, fol. 13v-15r; aus Fulda mit altbair. Ursprung
Hs. um 814	93 Wessobrunner Schöpfungshymnus und Gebetsprosa	München, BSB, clm 22053; aus Staffelsee?
spätestens gegen 820	85 Altbairische Beichte	Orléans, Bibl. Municipale, Hs. 184; aus Mondsee? oder Kremsmünster?
gegen 820	85 Altbairisches (St. Emmeramer) Gebet Hs. B (Tepl)	Tepl/Teplá, ČR (aus St. Emmeram / Oberaltaich)
9. Jh, vor der Mitte	85 Altbairisches (St. Emmeramer) Gebet Hs. A (München)	München, BSB, clm 14 345; aus St. Emmeram, ursprünglich jedoch nicht von dort, sondern vielleicht aus dem Regensburger Frauenkonvent Niedermünster
zwischen 840 und 866	6 Das lateinisch-althochdeutsche Reimgebet ‚Sancte sator' (sog. ‚Carmen ad deum')	München, BSB clm 19410, pag. 39–41; aus Passau, später in Ilmmünster, Tegernsee
9. Jh., nach der 1. Hälfte, wohl aus Regensburg	5 Abrogans Pa[12]	Paris, NB ms. lat. 7640, 124r-132v
9. Jh., Ende	87 Vorauer Beichte	Straßburg, BN et Univ., cod. 2540
10. Jh., zweites oder letztes Drittel	61 Ahd. Klerikereid Hs. A	München, BSB, clm 6241, fol. 99rv; aus Freising, Domstift
10. Jh., spät	61 Ahd. Klerikereid Hs. B	München, BSB, clm 27246, fol. 91v; aus Freising, Domstift
Haupttext 11. Jh., Anfang. Text des Gebetsbruchstückes wenig später	97 Klosterneuburger Gebetsbruchstück	Klosterneuburg, Stiftsbibl., Cod. 987, Nachtrag fol. 204r, Z. 8–17
Hs. und Text ca. 1070, nach 1067	96 Otlohs Gebet	München, BSB, clm 14490, fol. 161v-163v; aus St. Emmeram, gilt als Autograph Otlohs
Glossen von zwei Schreibern 11. Jh., Ende (um 1070) und 12. Jh., Anfang	8 Tegernseer Vergil	München, BSB clm 18 059, aus Tegernsee
um 1100	92 Erster Wessobrunner Glauben und Beichte 107 Wessobrunner Predigtfragmente 77,2 Notker, Apostolisches Glaubensbekenntnis	Wien, ÖNB, Cod. 2681; aus Wessobrunn

12 Für den Abrogans Pa wird auch angegeben „bairisch mit alemannischen Einflüssen".

um 1100	95 ‚Geistliche Ratschläge' und ‚Dona spiritus sancti'	München, BSB, Fragment cgm 5248/4; Fragment aus der Wessobrunner Hs. des ‚Wiener Notker'
zwischen 1145 und 1153	110 Predigt von Christi Geburt	London, Univ. Coll., Ms. germ. 16
12. Jh., 3. Viertel	47. 48 und 49 ‚Innsbrucker Arzneibuch' ‚Innsbrucker Kräuterbuch' ‚Frauengeheimnisse'[13]	Innsbruck, UB Hs. 652, fol. 76v-78v und 79v; aus dem Schottenkloster Regensburg
12. Jh., 3. Viertel	46 Prüller Steinbuch[14]	a: München, BSB, clm 536, fol. 82v-83v; aus dem Prüller Veits-Kloster, Regensburg b: München, BSB, cgm 5248/11 (Fragment).
aktuelle Einträge nachträglich Obing, ca. 1168-ca. 1175.	56 Verzeichnis von Wertgegenständen des Grafen Siboto, Cod. Falk. 57 Weistum über die Abgaben des Pfarrers von Obingen	München, Hauptstaatsarchiv, Klosterliteralien Weyarn 1; aus dem Stift Herrenchiemsee
12. Jh., Anfang des 4. Viertels.	22 Windberger Interlinearversion des Psalters[15] 34 ‚Fides Athanasii' 78 Windberger Paternoster und Apostolisches Glaubensbekenntnis und 84 Windberger ‚Te deum' und ‚Te decet laus'[16]	München, BSB, cgm 17; aus dem Prämostratenserkloster Windberg
nicht vor 1190, wahrscheinlich noch 1. Viertel 13. Jh.	111 Zwei Klosterneuburger Bußpredigten, Hs. B[17]	Klosterneuburg, Stiftsbibliothek, Cod. 1118, fol. 159v-160r
1197, 11. Dez.	59 Die älteste deutsche Siegellegende	Stiftsarchiv Heiligenkreuz im Wienerwalde, Urkunde mit Siegel
12. Jh., Ende	81 Millstätter Hymnen und 82 Millstätter Lektionen[18]	Wien, ÖNB, Cod. 2682

13 Für diese drei Texte der Innsbrucker Handschrift UB 652 wird auch angegeben „bairisch-österreichisch".
14 Für das Prüller Steinbuch wird auch angegeben „bairisch-österreichisch".
15 Für die Windberger Interlinearversion des Psalters wird auch angegeben „nördliches Westmittelbairisch".
16 Für Windberger ‚Te deum' und ‚Te decet laus' wird auch angegeben „bairisch-österreichisch".
17 Für die beiden Klosterneuburger Bußpredigten, Hs. B wird auch angegeben „bairisch-österreichisch".
18 Für die Millstätter Hymnen und Lektionen wird auch angegeben „bairisch-österreichisch".

12. Jh., Ende	50 Rezept gegen Stein[19] (Codex Falkensteinensis)	München, Hauptstaatsarchiv, Klosterliteralien Weyarn 1, fol. 40v; aus dem Stift Herrenchiemsee
Schrift nicht vor 1200	21 Millstätter Interlinearversion zum Psalter[20]	Wien, ÖNB, Cod. 2682; nach Peter Wind geschrieben für die Frauen des Doppelklosters Admont
um 1200	31 Evangelienfragmente München/Oxford/Wien	a: BSB, München, cgm 5250/1. b: Oxford, Bodleian Library, MS germ. 6. b., 3, fol. 15. c: Wien, ÖNB, Cod. ser. nova 249
um 1200/13. Jh., früh	102 Gebet an Maria und an Gott (Codex rotundus)	Paris, BN, Ms. lat. 10526, p. 236–241
13. Jh., Anfang	101 Seckauer (St. Lambrechter) Gebet zur Eucharistie[21]	Graz, UB, Ms. 1501, Teil II: fol. 70–134, hier fol. 105r-117v; wohl aus dem Augustinerchorfrauenstift Seckau
13. Jh., erstes Viertel, nicht vor 1200	98 Drei Andachtstexte aus der Handschrift BSB clm 4616, (Benediktbeuern)[22]	München, BSB, clm 4616; aus Benediktbeuern
13. Jh., erstes Viertel	62 Verfahren beim Gottesurteil[23]	Trier, StB, Cod. 1917 / 1514 (vormals 744) 8°
13. Jh., 1. Viertel	in 99 Uppsala-Wiener Gebetbuch[24]	Uppsala, UB, Frag. germ. 1 und Wien, ÖNB, Cod. Ser. nova 4242 I

fränkisch

zu den Glossen keine Datierungsangaben	30 Glossen zum Matthäusevangelium	Mainz, SB, Hs. II 3; aus St. Mauritius, Mainz

Sprache der Gegend von Metz (deutschsprachiges Lothringen)

um 800	32 Ahd. Isidor	Paris, BN, Ms. lat. 2326, fol. 1r-22r

19 Für das Rezept gegen Stein wird auch angegeben „südbairisch".
20 Für die Millstätter Interlinearversion zum Psalter wird auch angegeben „bairisch-österreichisch".
21 Für das Seckauer (St. Lambrechter) Gebet zur Eucharistie wird auch angegeben „bairisch-österreichisch".
22 Für die Andachtstexte aus der Handschrift BSB clm 4616, (Benediktbeuern) wird auch angegeben „bairisch-österreichisch".
23 Für das Verfahren beim Gottesurteil wird auch angegeben „oberdeutsch/bairisch".
24 Für das Uppsala-Wiener Gebetbuch wird auch angegeben „ostbairisch, donauländischer Raum".

ostfränkisch

9. Jh., erste Hälfte	65 Hammelburger Markbeschreibung	Würzburg, Staatsarchiv, Bestand Würzburger Urkunden 1201, Urkunde, ein Blatt, früher München, Hauptstaatsarchiv Urkunde 1201 Würzburg; aus Fulda
9. Jh., 2. oder 3. Jahrzehnt	72 Fränkisches Taufgelöbnis (Abschwörungsformel) Hs. A	Merseburg, Domstiftsbibliothek, Hs. 136; aus Fulda
9. Jh., 2. Viertel	29 Tatian darin Paternoster 76	St. Gallen, Stiftsbibliothek, Cod. 56; aus Fulda
9. Jh., 2. Viertel	54 Ahd. Lex-Salica-Fragment[25]	Trier, StB, Ahd. und mhd. Fragmenten-Mappe X, Fragment 1
9. Jh., Mitte	91 Würzburger Beichte	Würzburg, UB, M. p. th. f. 24, fol. 1rv; aus der Dombibliothek Würzburg
Der Eintrag des Gebetsbuchstückes: 9. Jh., bald nach der Mitte	79 Merseburger Gebetsbruchstück zur Elevation des Messkelches	Merseburg, Domstiftsbibl. Hs. I 136 fol. 53r; aus Fulda
9./10 Jh., Wende	29 Tatian-Exzerpte	Paris, NB, Ms. lat. 7641, fol. 4v-16r, Ränder; aus Nordfrankreich
um 1000	66 Zwei Würzburger Markbeschreibungen	Würzburg, UB, M. p. th. f. 66, fol. 1rv, fol. 208v
um 1100	24 Leidener Willeram[26]	Leiden, UB, BPL 130
11. Jh., zweite Hälfte	24 Williram, Hohes Lied	München, BSB, cgm 10, fol. 9r-fol. 64v; aus Ebersberg
11. Jh., Ende	24 Williram, Hohes Lied	Breslau, UB, Cod. R 347, Kriegsverlust
11. Jh., Ende, nicht vor 1080	24 Williram, Hohes Lied	Rom (Vatikanstadt), Cod. Pal. lat. 73
12. Jh.	108 ‚Himmel und Hölle'[27]	München, BSB, clm 4460, fol. 111v-114r
12. Jahrhundert, nicht vor 1100	92 Bamberger Glauben und Beichte	München, BSB, clm 4460
nach 1607	72 Fränkisches Taufgelöbnis (Abschwörungsformel) Hs. B (Vorlage aus Speyer)	München, BSB, Germ. g. 37, S. 174

25 Für das Lex-Salica-Fragment wird auch angegeben „fränkisch-bairische Sprachmischung (oder rheinfränkisch?)".
26 Für den Leidener Willeram wird auch angegeben „Mischsprache, teilweise aus dem Ostfränkischen umgesetzt ins Nordholländische".
27 Für ‚Himmel und Hölle' wird auch angegeben „ostfränkisch? alemannisch? südwestdeutscher Raum?."

mitteldt./oberdt. Sprachbereich

46 Handschriften des 11./12. bis 15. Jh.	9 Summarium Heinrici‘	zahlreiche Hss. aus dem mitteldt./oberdt. Sprachbereich

rheinfränkisch

Hs. 9. Jh., erste Hälfte, näherhin wohl um/nach 800	75 Weißenburger Katechismus[28]	Wolfenbüttel, HAB, Cod. 91 Weißenburg, fol. 149v-154r; wahrscheinlich aus Worms
821 auf Veranlassung des Regensburger Bischofs Baturich aufgezeichnet	94 Fränkisches Gebet[29]	München, BSB, clm 14468, fol. 110r; aus St. Emmeram, Regensburg
9. Jh., letztes Viertel	86 Lorscher Beichte[30]	Bibliotheca Vaticana, Hs. Pal. lat. 485, fol. 2v-3v; aus Lorsch
Nachtrag 10. Jh.	90 Pfälzer Beichte, Bruchstück[31]	Rom, Bibl. Apostolica Vaticana, Cod. Pal. lat. 555, fol. 40v = pag. 80
vor 962	89 Mainzer Beichte Hs. a	Wien, ÖNB, Cod. 1888 (Theol. 685); aus Mainz, St. Alban oder aus Klingenmünster (Diözese Speyer)
Exzerpt, späteres 10. Jh.	89 Mainzer Beichte Hs. b	Rom, Bibl. Apostolica Vaticana, Cod. Pal. lat. 14, fol. 171v
10. Jh., Ende	60 Straßburger Eide[32]	Paris, BN, Ms. lat. 9768, fol. 12v, Sp. b – fol. 13, Sp. a; aus St.-Riquier oder St. Médard-Soissons (?)
Wende 10./11. Jh. oder spätes 10. Jh.	16 Rheinfränkische Psalmenübersetzung: Cantica-Fragmente	Paris, NB, Ms. Neérl. 107
um 1000	2 Binger Inschrift	Mainz, Landesmuseum, Grabstein des Dietrich S. 3089
13. Jh., 2. Viertel/Mitte	44 ‚Lucidarius‘-Fragmente[33]	Göttingen, S+UB, 2° Cod. Ms. theol. 101^n Cim.
13. Jh., drittes Viertel	in 99 Kölner Morgensegen[34]	Hannover, LB, Ms. I 81 zweiter Teil, fol. 133r-134r

28 Für den Weißenburger Katechismus wird auch angegeben „westliches Südrheinfränkisch“.
29 Für das Fränkische Gebet wird auch angegeben „rheinfränkisch mit bairischen Lautungen“.
30 Für die Lorscher Beichte wird auch angegeben „südrheinfränkisch“.
31 Für das Bruchstück der Pfälzer Beichte wird auch angegeben „südrheinfränkisch“.
32 Für die Straßburger Eide wird auch angegeben „westliches Rheinfränkisch“.
33 Für die Lucidarius-Fragmente wird auch angegeben „westoberdeutsch mit mitteldeutschem Einschlag“.
34 Zum Kölner Morgensegen wird auch angegeben „mittelrheinisch/südlich von Köln“.

mittelfränkisch

Dat. des Originals der Inschrift zwischen 850 und 858 (?)	1 Kölner Inschrift	Köln, Historisches Archiv der Stadt, Arnold Mercator, Stadtplan von Köln vom Jahre 1571, Plankammer 2/5/1, Kupferstich
Glossen wohl im 10. Jh. in Xanten eingetragen	30 Glossen zum Matthäus-evangelium	Brüssel, BR, 18723
spätes 9. / frühes 10. Jh.	12 Pariser und Vatikanische Bruchstücke eines Körperteil-Vokabulars und eines Gesprächsbüchleins (sog. ‚Altdeutsche Gespräche')[35]	a: Paris, BN lat. 7641 b: Rom Cod. Vatic. Regin Lat. 566, fol. 50b
16. Jh./Ende, 17. Jh. Anfang, a Hs. und b Druck	55 Bruchstück eines Kapitulars Ludwigs des Frommen vom Jahr 818/819 ‚Trierer Capitulare'[36]	a: Trier, StB Hs. 1362 /110 a 4°, fol. 33v-34r. b: Druck: Christophorus Brower, Annalium Trevericorum proparasceue et metropoli libri XXIV. Tomus I, XII libris cum proparasceue explicatus. Coloniae 1626, S. 35, Sp. b – S. 36, Sp. a.

thüringisch

um 1200	64 Erfurter Judeneid	Erfurt, Stadtarchiv O-O/A XLVII 1

Altniederfränkisch/Altmittelfränkisch

Frühe Neuzeit, Drucke und Handschriften, s. Quak, Zu den Handschriften, S. 177–181	15 Interlinearversion der Psalmen (und Cantica) sog. ‚Wachtendonckscher Psalter'	s. Quak, Zu den Handschriften, S. 177–181

35 Zu den Pariser und Vatikanischen Bruchstücken eines Körperteil-Vokabulars und eines Gesprächsbüchleins (sog. ‚Altdeutsche Gespräche') wird auch angegeben „mittelfränkisch/ niederfränkisch/ westfränkisch".

36 Für das Kapitular wird auch angegeben „südliches Mittelfränkisch (Trier?)".

Abkürzungs- und Literaturverzeichnis

AbäG – Amsterdamer Beiträge zur älteren Germanistik.

Abb. – Abbildung.

Abrogans, Faksimile – Das älteste deutsche Buch. Die ‚Abrogans'-Handschrift der Stiftsbibliothek St. Gallen. Im Facsimile hg. von Bernhard Bischoff, Johannes Duft, Stefan Sonderegger. Mit Transkription des Glossars und des ahd. Anhangs von Stefan Sonderegger. 2 Bde. St. Gallen 1977.

Adam, Vaterunserauslegungen – Bernd Adam, Vaterunserauslegungen in der Volkssprache. ^{2}VL 10 (1999), Sp. 170–182.

AH – Analecta hymnica medii aevi. Hrsg. von Guido Maria Dreves und Clemens Blume. 55 Bde. Leipzig 1886 bis 1926.

Ahd. Gr. I – Althochdeutsche Grammatik I: Laut- und Formenlehre. Von Wilhelm Braune. 15. Auflage bearbeitet von Ingo Reiffenstein. Tübingen 2004 (Sammlung kurzer Grammatiken Germanischer Dialekte. A. Hauptreihe Nr. 5/1).

Ahlsson, As. Allerheiligenpredigt – Lars-Eric Ahlsson, Die altsächsische Bedahomilie. Niederdeutsche Mitteilungen 29 (1973), S. 30–41.

Alemannia – Alemannia. Zeitschrift für alemannische und fränkische Geschichte, Volkskunde, Kunst und Sprache.

Althochdeutsch I, Althochdeutsch II – Althochdeutsch. In Verbindung mit H. Kolb K. Matzel und K. Stackmann hg. von R. Bergmann, Tiefenbach und L. Voetz. I: Grammatik, Glossen und Texte, S. 872–888. – II: Wörter und Namen. Forschungsgeschichte. Heidelberg 1987.

Angenendt, Liutger – Arnold Angenendt, Liudger. Missionar, Abt, Bischof im frühen Mittelalter. Münster 2005.

Aristoteles, De interpretatione (Aristoteles latinus) – Aristoteles, De interpretatione vel Periermenias. Ed. Lorenzo Minio-Palluelo. Turnhout 1965. (Aristoteles Latinus. Bd. 2, 1/2).

Aristoteles, Kategorien – Aristoteles, Die Kategorien. Griechisch/deutsch. Übersetzt und hg. von Ingo W. Rath. Stuttgart 1998 (RUB 9706).

Aristoteles, Peri Hermeneias (Weidemann) – Aristoteles, Peri Hermeneias. Übersetzt und erläutert von Hermann Weidemann. Berlin 1994 (Aristoteles. Werke in deutscher Übersetzung. Bd. I, Teil II).

Arndt/Tangl, Schrifttafeln – Schrifttafeln zur Erlernung der lateinischen Palaeographie. Hg. von Wilhelm Arndt. Ab 3. Aufl. besorgt von Michael Tangl. 3 Bde. Berlin 1887–1929.

ATB – Altdeutsche Textbibliothek. Ursprünglich im Verlag Niemeyer, heute im Verlag de Gruyter, Berlin. Begründet von Hermann Paul, fortgeführt von Georg Baesecke, Hugo Kuhn, Burghart Wachinger, Christian Kiening. Über 120 Ausgaben deutscher Texte des Mittelalters.

Bachmann, Frauengebet – Albert Bachmann, Bruchstücke eines Frauengebets. ZfdA 32 (1888), S. 50–57.

Backes, Notkers Martian-Übersetzung – Herbert Backes, Die Hochzeit Merkurs und der Philologie. Studien zu Notkers Martian-Übersetzung. Sigmaringen 1982.

Baesecke, Carmen ad Deum – Georg Baesecke, Das lateinisch-althochdeutsche Reimgebet (Carmen ad Deum) und das Rätsel vom Vogel federlos. Berlin 1948 (Probleme der Wissenschaft in Vergangenheit und Gegenwart 1).

Baesecke, Abrogans – Der deutsche Abrogans. Text *ab$_1$. Hg. von Georg Baesecke. Halle (Saale) 1931 (ATB 30).

Baesecke, Lichtdrucke – Georg Baesecke, Lichtdrucke nach althochdeutschen Handschriften Codd. Par. Lat. 7640, S. Gall. 911, CXI, Jun. 25, Lobcow. 434. Halle 1926.

Baesecke LG II,2 – Vor- und Frühgeschichte des deutschen Schrifttums von Georg Baesecke. Zweiter Bd.: Frühgeschichte. Halle 1950. 2. Lieferung. Hg. von Ingeborg Schröbler. Halle 1953.

Baesecke, Vocabularius – Georg Baesecke, Der Vocabularius Sancti Galli in der angelsächsischen Mission. Halle 1933.

Baesecke, Taufgelöbnisse – Georg Baesecke, Die althochdeutschen und altsächsischen Taufgelöbnisse. In: Nachrichten der Akademie der Wissenschaften in Göttingen, phil.-hist. Klasse 3 (1944), S. 63–85. Wieder abgedruckt in: Georg Baesecke, Kleine Schriften zur althochdeutschen Sprache und Literatur. Hg. von Werner Schröder, S. 325–324. Bern. München 1966.

Bartelmez, Williram – Erminnie H. Bartelmez, The ‚Expositio in Cantica canticorum' of Williram Abbot of Ebersberg 1048–1085. A critical edition. Philadelphia 1967 (Memoirs of the American Philosophical Society 69).

Baßler/Hellgardt, Freckenhorster Heberolle – Ellen Baßler/Ernst Hellgardt, Die Freckenhorster Heberolle – eine Fälschung? AbäG 65 (2007), S. 251–266 (berichtige Fassung des Fehldrucks AbäG 63 [2007], S. 29–42)

Bauer, Grenzbeschreibungen – Reinhard Bauer, Die ältesten Grenzbeschreibungen in Bayern und ihre Aussagen für Namenkunde und Geschichte. München 1988.

Beck, Die Würzburger Markbeschreibungen – Wolfgang Beck, Die Würzburger Markbeschreibungen. Aspekte einer Neubewertung. Sprachwissenschaft 38 (2013), S. 211–225.

Befund und Deutung – Zum Verhältnis von Empirie in Sprach- und Literaturwissenschaft. [FS Hans Fromm]. Hg. von Klaus Grubmüller, Ernst Hellgardt, Heinrich Jelissen und Marga Reis. Tübingen 1979.

Bergmann, Ahd. Inschrift aus Köln – Rolf Bergmann, Zu der althochdeutschen Inschrift aus Köln. RhVB 30 (1965), S. 66–69.

Bergmann, Emanzipation – Rolf Bergmann, Die Emanzipation der Volkssprache im Lichte der Überlieferungsgeschichte. Zur traditionellen Rede vom Neubeginn deutscher Schriftlichkeit im 11. Jahrhundert. In: Aufbruch ins zweite Jahrtausend. Innovation und Kontinuität in der Mitte des Mittelalters. Hg. von Achim Hubel und Bernd Schneidmüller. Ostfildern 2004, S. 227–257.

Bergmann, Glossenüberlieferung – Rolf Bergmann, Die althochdeutsche Glossenüberlieferung des 8. Jh.s. Nachrichten der Akademie der Wissenschaften in Göttingen phil.-hist. Klasse 1. Göttingen 1983, S. 1–40.

Bergmann, Mischtexte – Volkssprachig-lateinische Mischtexte und Textensembles in der althochdeutschen, altsächsischen und altenglischen Überlieferung. Mediävistisches Kolloquium des Zentrums für Mittelalterstudien der Otto-Friedrich-Universität Bamberg am 16. und 17. November 2001. Hg. von Rolf Bergmann. Heidelberg 2003 (Germanistische Bibliothek 17).

Bergmann/Tax, Ekkehart IV. – Rolf Bergmann/Petrus W. Tax, Ekkehart IV. von St. Gallen als Glossator. In: BStH, Bd. II, S. 1620–1634.

Bergmeier, Deutsche Übersetzung – Codex diplomaticus Falkensteinensis. Deutsche Übersetzung. In: Der Mangfallgau 11 (1966), S. 5–68.

Bertelsmeier-Kierst, Kommunikation – Christa Bertelsmeier-Kierst, Kommunikation und Herrschaft. Zum volkssprachlichen Verschriftlichungsprozess des Rechts im 13. Jahrhundert. Stuttgart 2008 (ZfdA Beiheft 9).

Betz, Ahd. kiscaft ‚creator' – Werner Betz, Ahd. *giskaft* ‚creator'. Münchener Studien zur Sprachwissenschaft 18 (1965), S. 5–11.

Betz, Lingua theodisca – Werner Betz, Karl der Große und die lingua theodisca. In: Karl der Große. Lebenswerk und Nachleben. Bd. II: Das geistige Leben. Hg. von Bernhard Bischoff, S. 300–306. Düsseldorf 1965.

Betz, St. Galler Paternoster – Werner Betz, Zum St. Galler Paternoster. FS für Elisabeth Karg-Gasterstädt. PBB 82 (1961), S. 153–156.

Betz, Zum St. Galler Credo – Werner Betz, Zum St. Galler Credo. In: Taylor Starck. FS, S. 102–105. Hg. von Werner Betz u. a. London/The Hague/Paris 1964.

Beyer, Urkundenbuch Erfurt – Carl Beyer, Urkundenbuch der Stadt Erfurt. Bd. 1. Halle 1889.

Bibliotheksforum Bayern – Bibliotheksforum Bayern. Hg. vom Bibliotheksverbund Bayern, Bayerische Staatsbibliothek.

Birlinger, Altdeutsche Predigt – Anton Birlinger, Altdeutsche Predigt von Kristi Geburt XII–XIII. Jahrhundert. Alemannia 9 (1881), S. 259–260.

Birt, Das antike Buchwesen – Theodor Birt, Das antike Buchwesen. Berlin 1882. ND Aalen 1974.

Bischoff, Die südostdeutschen Schreibschulen – Bernhard Bischoff, Die südostdeutschen Schreibschulen und Bibliotheken in der Karolingerzeit. Teil I: Die bayerischen Diözesen. 2. Aufl. Leipzig u. a. 1960. Teil II: Die vorwiegend österreichischen Diözesen. Leipzig u. a. 1980.

Bischoff, Foreign Languages – Bernhard Bischoff, The Study of foreign languages in the Middle Ages. Speculum 36 (1961), S. 209–224.

Bischoff, Katalog – Katalog der festländischen Handschriften des neunten Jahrhunderts [mit Ausnahme der wisigotischen]. Teil I: Aachen-Lambach Wiesbaden. Teil II: Laon – Paderborn. Teil III: Padua – Zwickau. Teil IV: Gesamtregister. Alle Teile aus dem Nachlass hg. von Birgit Ebersperger. Wiesbaden 1998, 2005, 2014, 2017.

Bischoff, Paläographische Fragen – Bernhard Bischoff, Paläographische Fragen deutscher Denkmäler der Karolingerzeit, in: Frühmittelalterliche Studien 5 (1971), S. 101–134 (Wieder in: Bernhard Bischoff, Mittelalterliche Studien. Ausgewählte Aufsätze zur Schriftkunde und Literaturgeschichte. Bd. III, S. 73–111. Stuttgart 1981.

Bischoff/Lapidge, Biblical Commentaries – Biblical Commentaries from the Canterbury School of Theodore and Hadrian. Ed. by Bernhard Bischoff (†) and Michael Lapidge. Cambridge 1994 (Cambridge Studies in Anglo-Saxon England 10).

Bischoff, Lorsch – **Bernhard Bischoff**, Die Abtei Lorsch im Spiegel ihrer Handschriften, Zweite, erweiterte Aufl., Lorsch 1989 (Geschichtsblätter Kreis Bergstrasse. Sonderband 10).

BMZ – Mittelhochdeutsches Wörterbuch. Mit Benutzung des Nachlasses von Georg Benecke ausgearbeitet von Wilhelm Müller und Friedrich Zarncke. 4 Teile Leipzig 1854–66. ND Stuttgart 1990.

BZN – Beiträge zur Namenforschung.

Boethius: Aristoteles De interpretatione. PL 64, 293–639

Boethius, Consolatio Philosophiae – Anicius Manlius Severinus Boethius, Philosophiae consolationis Libri V. Hg. von Karl Büchner. 2. erweiterte Auflage. Heidelberg 1960 (Editiones Heidelbergenses 11).

Boethius, Trost der Philosophie, Übersetzung –Boethius. Trost der Philosophie. Deutsch von Karl Büchner. Mit Einführung von Friedrich Klingner. Leipzig, o. J. (Sammlung Dieterich 55).

Bohnert, Textkritik Williram – Niels Bohnert, Zur Textkritik von Willirams Kommentar des Hohen Liedes. Mit besonderer Berücksichtigung der Autorvarianten. Tübingen 2006 (TTG 56).

Bonnassie, Freilassung – Pierre Bonnassie, Freilassung. LexMa 4 (1989), Sp. 901–902.

Bordawé, Sanctimoniales – Katrinette Bordawé, Sanctimoniales litterae. Schriftlichkeit und Bildung in den ottonischen Frauenkommunitäten Essen und Quedlinburg. Münster 2004 (Quellen und Studien. Veröffentlichungen des Instituts für kirchengeschichtliche Forschung des Bistums Essen 10).

Boudriot – Wilhelm Boudriot, Die altgermanische Religion in der amtlichen kirchlichen Literatur des Abendlandes vom 5. bis ins 11. Jahrhundert. Bonn 1928. (Untersuchungen zur allgemeinen Religionsgeschichte 2). ND Darmstadt 1964.

Braune/Ebbinghaus, Ahd. Lesebuch – Althochdeutsches Lesebuch. Zusammengestellt und mit Wörterbuch versehen von Wilhelm Braune. 17. Aufl., bearbeitet von Ernst A. Ebbinghaus. Tübingen 1994.

Braune/Helm, Ahd. Lesebuch – Althochdeutsches Lesebuch. Zusammengestellt und mit Wörterbuch versehen von Wilhelm Braune. 13. Aufl., bearbeitet von Karl Helm. Tübingen 1958.

Braungart, Notkers Boethius – Georg Braungart, Notker der Deutsche als Bearbeiter eines lateinischen Schultextes: Boethius „De consolatione Philosophiae". ZfdPh 106 (1987), S. 2–15.

Broszinski, Kasseler Handschriftenschätze – Hartmut Broszinski, Kasseler Handschriftenschätze. Kassel 1985 (Kasseler Semesterbücher. Pretiosa Cassellana).

Brower, Annalium Trevericorum, Tomus I – Christophorus Brower, Annalium Trevericorum proparasceue et metropoli libri XXIV. Tomus I. Coloniae 1626.

Brown, Book of Cerne – Michelle P. Brown, The Book of Cerne: Prayer, Patronage and Power in Ninth Century England. London, British Library 1996 (The British Library studies in medieval culture).

Bruchhold, Beichten – Ullrich Bruchhold, Deutschsprachige Beichten im 13. und 14. Jahrhundert. Editionen und Typologien zur Überlieferungs-, Text- und Gebrauchsgeschichte vor dem Hintergrund der älteren Tradition. Berlin/New York 2010 (MTU 138).

Bruchhold, Zum Erfurter Judeneid – Ullrich Bruchhold, Vom rituellen Vollzug zum Verständnis. Überlegungen zum Erfurter Judeneid. S. 31–44 in: Literatur und Macht, S. 31–44.

Bruckner, Scriptoria – Scriptoria medii aevi Helvetica. Denkmäler schweizerischer Schreibkunst des Mittelalters. Hg. und bearbeitet von Albert Bruckner. 14 Bde. Genf 1935–1978.

Brunhölzl LG 1 – Geschichte der lateinischen Literatur des Mittelalters. Von Franz Brunhölzl. Erster Band: Von Cassiodor bis zu Ausklang der karolingischen Erneuerung. München 1975.

BStH – Die althochdeutsche und altsächsische Glossographie. Ein Handbuch. Hg. von Rolf Bergmann und Stefanie Stricker. 2 Bde. Berlin/New York 2009.

BStK – Katalog der althochdeutschen und altsächsischen Glossenhandschriften Bearbeitet von Rolf Bergmann und Stefanie Stricker. 6 Bde. Berlin/New York 2005.

BStK Online – Datenbank der althochdeutschen und altsächsischen Glossenhandschriften: https://glossen.germ-ling.uni-bamberg.de/texts/.

Buber, Bücher der Kündung – Bücher der Kündung. Verdeutscht von Martin Buber gemeinsam mit Franz Rosenzweig. 7. Aufl. Heidelberg 1978 (Die Schrift. Verdeutscht von Martin Buber gemeinsam mit Franz Rosenzweig 3).

Büchner, Trost der Philosophie → Boethius, Trost der Philosophie.

Bulst, Hymni – Walther Bulst, Hymni antiquissimi LXXV. Psalmi III. Heidelberg 1956.

Bumke, Höfische Kultur – Joachim Bumke, Höfische Kultur. Literatur und Gesellschaft im hohen Mittelalter. Bd. 2., 4. Auflage München 1987.

Bumke, Lucidarius-Prolog – Joachim Bumke, Heinrich der Löwe und der *Lucidarius*-Prolog. Eberhard Nellmann zum 65. Geburtstag. DVJS 69 (1995), S. 603–633.

Caspari, Homilia – Carl Paul Caspari, Eine Augustin fälschlich beigelegte Homilia de sacrilegiis. Aus einer Einsiedler Handschrift des achten Jahrhunderts hg. und mit kritischen und sachlichen Anmerkungen sowie einer Abhandlung begleitet von Carl Paul Caspari. Christiania 1886.

CCSL – Corpus Christianorum. Series Latina LXX. Turnhout 1953 ff [Kritische Textausgaben lateinischer christlicher Schriftsteller der ersten acht Jahrhunderte]

Chroust – Monumenta palaeographica: Denkmäler der Schreibkunst des Mittelalters. Schrifttafeln in lateinischer und deutscher Sprache [...]. Hg. von Anton Chroust. 10 Bde. München 1902–1940.

ChWdW8 – Chronologisches Wörterbuch des deutschen Wortschatzes. [Erster Band]. Der Wortschatz des 8. Jahrhunderts (und früherer Quellen). Bearbeitet von Elmar Seebold unter Mitarbeit von Brigitte Bulitta, Elke Krotz Judith Stieglbauer-Schwarz und Christiane Wanzeck. Berlin/New York 2001.

ChWdW9 – Chronologisches Wörterbuch des deutschen Wortschatzes. Zweiter Band. Der Wortschatz des 9. Jahrhunderts. Bearbeitet von Elmar Seebold unter Mitarbeit von Brigitte Bulitta, Elke Krotz und Elisabeth Leiss. Berlin/New York 2008.

Classen, Die Verträge – Peter Classen, Die Verträge von Verdun und Coulaines 843 als politische Grundlagen des westfränkischen Reiches. Historische Zeitschrift (1963), S. 1–35.

Clavis patrum Latinorum – Clavis patrum Latinorum qua in Corpus Christianorum [...] a Tertulliano ad Bedam commode recludit Eligius Dekkers opera usus qua rem praeparavit et iuvit Aemilius Gaar. Ed. tertia, aucta et emendata. Steenbrugis 1995 (CC SL 0,])

di Clemente, Testi medico-farmaceutici – Valeria Di Clemente, Testi medico-farmaceutici tedeschi nell' XI e XII secolo. Alessandria 2009 (Alemannica 3).

Codices manuscripti – Codices manuscripti. Zeitschrift für Handschriftenkunde.

Como, Der Dietrichstein – Jacob Como, Der Dietrichstein von Bingen und die Gründung der Pfarrei Mörschbach (Hunsrück). Mainzer Zeitschrift. Zeitschrift der Römisch-Germanischen Zentralmuseums des Vereins zur Erforschung der rheinischen Geschichte und Altertümer 37/38 (1942/43), S. 50–54.

Coveney, Catalogue – Dorothy K. Coveney, A Descriptive Catalogue of Manuscripts in the Library of the University College London. London 1935.

Cristante et alii, traduzione – Martiani Capellae De nuptiis Philologiae et Mercurii libri I–II. A cura di Lucio Cristante. Traduzione di Lucio Lenaz. Commento di Lucio Cristante, Ireneo Filip, Luciano Lenaz. Con un saggio inedito di Pietro Ferrarino. Hildesheim 2011.

Cross, Legimus – J. E. Cross „Legimus in ecclesiasticis historibus." A sermon for All Saints, and its Use in Old English Prose. Traditio. Studies in Ancient and Medieval History, Thought, and Religion 33 (1977), S. 101–135.

Curschmann, Das Buch – Michael Curschmann, Das Buch am Anfang und am Ende des Lebens. Wernhers Maria und Jeans de Joinville. Trier 2008 (Mitteilungen und Verzeichnisse aus der Bibliothek des Bischöflichen Priesterseminars zu Trier 24).

Dat.: – Datierung.

Denzinger/Hünermann, Glaubensbekenntnisse – Heinrich Denzinger, Kompendium der Glaubensbekenntnisse und kirchlichen Lehrentscheidungen. Enchiridion symbolorum definitionum et declarationum de rebus fidei et morum. Verbessert, erweitert, ins Deutsche übertragen und hg. von Peter Hünermann, [37]Freiburg im Breisgau u. a. 1991.

Dieffenbach, Glossarium – Lorenz Dieffenbach, Glossarium latino-germanicum mediae et infimae aetatis. Frankfurt a. M. 1857.

Diehl, Servius, Vergil – Aeneis II mit dem Kommentar des Servius. Hg. von Ernst Diehl. Berlin 1967 (Kleine Texte für Vorlesungen und Übungen 80).

Dierkens, Superstitions – Alain Dierkens, Superstitions, christianisme et paganisme à la fin de l'époque mérovingienne. A propos de l'Indiculus superstitionum et paganiarum. In: Magie, sorcellerie, parapsychologie. Hg. von Hervé Hasquin. Bruxelles 1984, S. 9–26 (Laicité. Série „Recherches" 5).

Dittrich, Lucidarius – Marlies Dittrich, Zur ältesten Überlieferung des deutschen Lucidarius. ZfdA 77 (1940), S. 218–255.

van Doorn, The Malberg Glosses – Adriaan van Doorn, The Malberg Glosses – A Phonolgical Analysis of Frankish. Leiden University 2018. https://studenttheses.universiteitleiden.nl/handle/1887/65930?solr_nav[id]=a79fda62b134efad4de6&solr_nav[page]=0&solr_nav[offset]=1.

Ps.-Dositheus, Hermeneumata – Hermeneumata Pseudodositheana Leidensia. Hg. von Guiseppe Flammini. München [u. a.], 2004 (Bibliotheca scriptorum Graecorum et Romanorum Teubneriana).

Drekoll, Symbolum Quicumque – Volker Drekoll, Das Symbolum Quicumque als Kompilation augustinischer Tradition. Zeitschrift für antikes Christentum 11 (2007), S. 30–56.

Dümmler, Ekkehart – Ekkehart IV. von St. Gallen. ZfdA 14 (1869), S. 1–73.

DVJS – Deutsche Vierteljahresschrift für Literaturwissenschaft und Geistesgeschichte.

DWB – Jacob und Wilhelm Grimm, Deutsches Wörterbuch http://woerterbuchnetz.de/cgi-bin/WBNetz/wbgui_py?sigle=DWB&mode=Vernetzung&lemid=GG00603#XGG00603

von Eckhart, Commentarii – Johann Georg von Eckhart, Commentarii De Rebus Franciae Orientalis et Episcopatus VVirceburgensis [...] Vol. I. Würzburg 1729.

Eckhardt I,1 – Pactus legis Salicae. Bd. I/1. Einführung und 80 Titel-Text. Hg. von Karl August Eckhardt. Göttingen 1954.

Eckhart II,1 – Pactus Legis Salicae. II,1. 65 Titel-Text. Hg. von Karl August Eckhardt. Göttingen 1955 (Germanenrechte NF. Westgermanisches Recht).

Eckhardt, MGH 4,1– Pactus legis Salicae. Hg. von Karl August Eckhardt. Hannover 1962 (MGH LL nat. Germ. 4,1).

Eckhardt, MHG 4,2 – Lex Salica. Hg. von Karl August Eckhardt. Hannover 1969 (MGH LL nat. Germ. 4,2).

Eckstein, Gebildbrot – Franz Eckstein, Gebildbrot, HDA 3 (1931), Sp. 373–405.

Ed.: Edition, edidit.

Eggers, Der ahd. Isidor – Der ahd. Isidor nach der Pariser Hs. und den Monseer Fragmenten neu hg. von Hans Eggers. Tübingen 1964 (ATB 63).

Eggers, Deutsche Sprachgeschichte I – Hans Eggers, Deutsche Sprachgeschichte I. Das Althochdeutsche. Reinbek 1963.

Egli, Ekkehart IV., Liber Benedictionum – Der Liber Benedictionum Ekkeharts IV. nebst den kleineren Dichtungen aus dem Codex Sangallensis 393. Zum ersten Mal vollständig hg. und erklärt von Johannes Egli. St. Gallen 1909 (Mitteilungen zur vaterländischen Geschichte 31=4. Folge, 1).

Ehrismann LG 1– Geschichte der deutschen Literatur bis zum Ausgang des Mittelalters von Gustav Ehrismann. Erster Teil. Die althochdeutsche Literatur. München 1932. ND München 1966.

Ehrismann LG 2,1 – Geschichte der deutschen Literatur bis zum Ausgang des Mittelalters von Gustav Ehrismann. Zweiter Teil: Die mittelhochdeutsche Literatur. I: Frühmittelhochdeutsche Zeit. München 1922 ND München 1959.

Eichler, Angeblich S. Lambrechter Handschriften – Ferdinand Eichler, über die Herkunft einiger angeblich St. Lambrechter Handschriften. Zentralblatt für Bibliothekswesen 35 (1918), S. 49–64.

Einheitsübersetzung – Die Heilige Schrift. Einheitsübersetzung. Stuttgart 1980.

Ekkehart IV., Liber Benedictionum → Egli, Johannes.

Endermann, Der Erfurter Judeneid – Heinz Endermann, Der Erfurter Judeneid. In: Erfurter hebräische Handschriften. Hg. von der Landeshauptstadt Erfurt, Stadtverwaltung, S. 13–24. Erfurt 2010.

Endermann, Tatian-Fragmente – Heinz Endermann, Zu den Tatian-Fragmenten in der Handschrift der Pariser Gespräche. Septuaginta quinque. FS Heinz Mettke. Hg. von Jens Haustein u. a., S. 61–82 Heidelberg 2000.

Endlicher/Hoffmann von Fallersleben, Fragmenta – Fragmenta Theotisca Versionis antiquissimae Evangelii S. Matthaei et aliquot homiliarum. Ed. Stephanus Endlicher et Hoffmann Fallerslebensis. Wien 1834. – In zweiter Auflage hg. von Hans Ferdinand Maßmann, Wien 1841 (mit zusätzlichen Facsimilia einiger Details).

Entstehung des Deutschen – Entstehung des Deutschen. FS für Heinrich Tiefenbach. Hg. von Albrecht Greule, Eckhard Meinecke, Christiane Thim-Mabrey, S. 133–142. Heidelberg 2004. (Jenaer Germanistische Forschungen NF 17).

Esders, Te usero herano misso – Stefan Esders, *Te usero herano misso*. Überlieferungs- und Gebrauchskontext des Essener altsächsischen Heberegisters aus dem 10. Jahrhundert. Frühmittelalterliche Studien 51 (2017), S. 57–68.

Esders, Vernacular Writing – Stefan Esders, Vernacular Writing in Early Medieval Manorial Administration: Two Tenth-Century Documents from Werden and Essen. In: The Languages of

Early Medieval Charters. Latin, Germanic Vernaculars and the Writtten Word. Hg. von Robert Gallagher, Edward Roberts und Francesca Tinti. Leiden/Boston 2021 (Brill's series on the Early Middle Ages 27), S. 378–411.

Esders/Mierau, Klerikereid – Stefan Esders/Heike Johanna Mierau. Der althochdeutsche Klerikereid. Bischöfliche Diözesangewalt, kirchliches Benefizialwesen und volkssprachliche Rechtspraxis im frühmittelalterlichen Baiern. Hannover 2000 (MGH, Studien und Texte 28).

Firchow, Cod. Vind. 2681 – Der Codex Vindobenensis 2681 aus dem bayerischen Kloster Wessobrunn um 1100. Diplomatische Textausgabe der Wiener Notker Psalmen, Cantica, Wessobrunner Predigten und katechetischen Denkmäler. Hg. von Evelyn Scherabon Firchow u. a. Hildesheim/Zürich/New York 2009.

Firchow, Notker-Bibliographie – Evelyn Scherabon-Firchow, Notker der Deutsche von St. Gallen 8950–1022). Ausführliche Bibliographie. Göttingen 2000 (Studien zum Althochdeutschen 38). – Dazu: Ernst Hellgardt und Norbert Kössinger, Notker der Deutsche. Handschriften- und Sachregister zur Bibliographie von Evelyn Scherabon-Firchow. ZfdA 133 (2004), S. 363–380.

Fischer Drew, The Laws – Katherine Fischer Drew, The Laws of the Salian Franks. University of Pennsylvania Press. Philadelphia 1991.

Fischer, Schrifttafeln – Schrifttafeln zum althochdeutschen Lesebuch. Hg. und erläutert von Hanns Fischer. Tübingen 1966.

Fischer, Typographische Seltenheiten – Johann Gotthelf Fischer, Beschreibung typographischer Seltenheiten und merkwürdiger Handschriften nebst Beyträgen zur Erfindungsgeschichte der Buchdruckerkunst. V. Lieferung. 1804, S. 156–168.

Foerste, Altsächsische Literatur – William Foerste, Altsächsische Literatur. In: ^{2}RL (2001), S. 39–46.

Foerste, Untersuchungen – William Foerste, Untersuchungen zur westfälischen Sprache des 9. Jahrhunderts. Marburg a. d. Lahn 1950.

Foerster, Buch- und Urkundenschriften – Hans Foerster, Mittelalterliche Buch- und Urkundenschriften auf 50 Tafeln mit Erläuterungen und vollständiger Transkription. Bern 1946.

Fontaine, Ambroise de Milan, Hymnes – Ambroise de Milan. Hymnes. Texte établi, traduite et annoté sous la direction de Jacques Fontaine. Paris 1992.

Franz, Benediktionen – Adolph Franz, Die kirchlichen Benedictionen im Mittelalter. 2 Bde. Freiburg im Breisgau/München 1909. ND Graz 1960.

Franz, Die Messe – Adolph Franz, Die Messe im deutschen Mittelalter. Beiträge zur Geschichte der Liturgie und des religiösen Volkslebens. Freiburg im Breisgau/ München 1902. ND Darmstadt 1963.

Franz, Tageslauf und Heilsgeschichte – Ansgar Franz, Tageslauf und Heilsgeschichte. Untersuchungen zum literarischen Text und liturgischen Kontext der Tagzeithymnen des Ambrosius von Mailand. St. Ottilien 1994 (Pietas Liturgica Studien 9).

Frau Ava, ed. Schacks – Die Dichtungen der Frau Ava. Hg. von Kurt Schacks. Graz 1986 (Wiener Neudrucke 8).

Friedlaender, Freckenhorster Heberegister – Ernst Friedlaender, Die Heberegister des Klosters Freckenhorst nebst Stiftungsurkunde, Pfründeordnung und Hofrecht. Mit einer Karte. Münster 1872 (Codex traditionum Westfalicarum I). ND Münster 1956 (Veröffentlichungen der Historischen Kommission für Westfalen Bd. 4,1). (Karte im ND erheblich verkleinert).

Frenken, Kölnische Funde – Goswin Frenken. Kölnische Funde und Verluste. ZfdA 71 (1934), S. 117–118 und ZfdA 72 (1935), S. 256.

Fromm, Lücke – Hans Fromm, Bemerkungen zur „Lücke" in der althochdeutschen Literaturgeschichte. In: Vom Mittelalter zur Neuzeit. FS Horst Brunner. Hg. von Dorothea Klein zusammen mit Elisabeth Lienert und Johannes Rettelbach. Wiesbaden 2000, S. 1–14.

Frühmittelalterliche Studien – Frühmittelalterliche Studien. Jahrbuch des Instituts für Frühmittelalterforschung der Universität Münster.

FS – Festschrift.

FSGA – Ausgewählte Quellen zur deutschen Geschichte des Mittealters. Freiherr vom Stein Gedächtnisausgabe. Begründet von Rudolf Buchner, fortgeführt von Franz-Josef Schmale und Hans-Werner Goetz. Wissenschaftliche Buchgesellschaft Darmstadt.

Fuldaer Sakramentar – Sacramentarium Fuldense Saeculi X. Cod. Theol. 231 der k. Universitätsbibliothek zu Göttingen. Text und Bilderkreis (43 Tafeln). Hg. von Gregor Richter und Albert Schönfelder. Fulda 1912 (Quellen und Abhandlungen zur Geschichte der Abtei und der Diözese Fulda 9).

GAG – Göppinger Arbeiten zur Germanistik.

Gallée, Bruchstücke – Johan Hendrik Gallée, Bruchstücke einer altfriesischen Psalmenübersetzung. ZfdA 12 (1888), S. 417–422.

Gallée, Facsimile-Sammlung – Altsächsische Sprachdenkmäler [II]. Hg. von Jan Hendrik Gallée. Facsimile-Sammlung. Leiden 1895.

Gallée, Sprachdenkmäler – Altsächsische Sprachdenkmäler [I]. Hg. von Jan Hendrik Gallée. Leiden 1894.

Gamper u. a., Die Vetus Latina-Fragmente – Die Vetus Latina-Fragmente aus dem Kloster St. Gallen. Faksimile, Edition, Kommentar. Von Rudolf Gamper, Philipp Lenz, Andreas Nievergelt und Eva Schulz-Flügel. Dietikon – Zürich 2012.

Ganshof, Was waren die Kapitularien – François Louis Ganshof, Was waren die Kapitularien (Wat waren de capitularia?), deutsch unter Mitwirkung von Birgit Franz mit Berücksichtigung der französischen Ausg. aus dem Niederländischen übersetzt von Wilhelm A. Eckhardt. Weimar 1961.

Ganz, Gospel Fragments – Peter F. Ganz, Two New Middle High German Gospel Fragments. Life and Letters 16 (1962/63), S. 193–196.

Ganz, Junius 13 – Peter F. Ganz, MS Junius 13 und die althochdeutsche Tatianübersetzung. PBB 91 (1969), S. 28–76.

Ganz, Zeilenaufteilung – Peter F. Ganz, Die Zeilenaufteilung im Wessobrunner Gebet. PBB 95 (1973) [FS für Ingeborg Schröbler], S. 39–51.

Gärtner, Der Hohelied-Kommentar Willirams – Der Hohelied-Kommentar Willirams von Ebersberg. In: Die Bibliothek der Abtei St. Matthias in Trier. Von der mittelalterlichen Schreibstube zum virtuellen Skriptorium: Mit einem Verzeichnis der Mattheiser Urkunden im Stadtarchiv Trier. Hg. von Claudine Moulin und Michael Embach. Trier 2013, S. 67–83 (Beiträge der Vortragsreihe der St.-Matthias-Stiftung und der Stadtbibliothek Trier im Herbst 2011).

Gärtner, Variation im Mittelhochdeutschen – Variation im Mittelhochdeutschen am Beispiel der Handschriften des Hoheliedkommentars Willirams von Ebersberg († 1085). In: The Dawn of the Written Vernacular in Western Europe. Ed. by, Michèle Goyens. Leuven 2003 (Mediaevalia Lovaniensia 33), S. 415–426.

Gärtner, Williram-Hss. – Kurt Gärtner, Zu den Handschriften mit dem deutschen Kommentarteil des Hoheliedkommentars Willirams von Ebersberg, in: Deutsche Handschriften 1100–1400. Oxforder Kolloquium 1985. Hg. von Volker Honemann und Nigel F. Palmer, S. 1–34. Tübingen 1988.

Gärtner/Holtus, Die erste deutsch-französische ‚Parallelurkunde' – Kurt Gärtner/Günter Holtus, Die erste deutsch-französische ‚Parallelurkunde'. Zur Überlieferung und Sprache der Straßburger Eide. In: Beiträge zum Sprachkontakt und zu den Urkundensprachen zwischen Maas und Rhein. Hg. von Kurt Gärtner und Günter Holtus, S. 97–127. Trier 1995 (Trierer Historische Forschungen 29).

Geffcken, Lex Salica – Heinrich Geffcken, Lex Salica. Zum akademischen Gebrauche herausgegeben und erläutert von Heinrich Geffcken. Leipzig 1889.

Gerhards, Die Murbacher Hymnen – Stefanie Gerhards, Die Murbacher Hymnen. Edition nach der Handschrift Junius 25, Bodleian Library, Oxford. München 2018 (English and beyond 5).

Germania – Germania. Vierteljahrsschrift für deutsche Alterthumskunde. Hg. von Franz Pfeiffer und Karl Bartsch. 37 Bde. Stuttgart [später Wien] 1856–1892

Gerchow, Liutger – Jan Gerchow, Liutger, Werden und die Angelsachsen. In: Das Jahrtausend der Mönche, S. 49–58.

Gerlach, Grenzverlauf – Klaus Gerlach, Der Grenzverlauf der Hammelburger Markbeschreibung des Jahres 777. Würzburger Diözesangeschichtsblätter 58 (1996), S. 9–22.

German Quarterly – The German Quarterly. A Journal of the American Association of Teachers of German.

Glauch, Notker, Martianus Capella – Sonja Glauch, Die Martianus-Capella-Bearbeitung Notkers des Deutschen, Bd. I: Untersuchungen. Tübingen 2000 (MTU 116).

Glauche, Katalog Freising – Günter Glauche, Katalog der lateinischen Handschriften der Bayerischen Staatsbibliothek München. Die Pergamenthandschriften aus dem Domkapitel Freising. Bd. 2: Clm 6317–6437. Wiesbaden 2011 (Catalogus codicum manu scriptorum Bibliothecae Monacensis III,2,2).

Glauche, Schullektüre – Günter Glauche, Schullektüre im Mittelalter. Entstehung und Wandlung des Lektürekanons bis 1200 nach den Quellen dargestellt. München 1970 (Münchener Beiträge zur Mediävistik und Renaissance-Forschung 5).

Glück, Deutsch als Fremdsprache – Helmut Glück, Deutsch als Fremdsprache in Europa vom Mittelalter bis zur Barockzeit. Berlin/New York 2002.

Gneuss, Zur Geschichte des Hymnars – Helmut Gneuss, Zur Geschichte des Hymnars. Mittellateinisches Jahrbuch 35 (2000), S. 227–245.

Gneuss, Hymnar – Helmut Gneuss, Hymnar und Hymnen im englischen Mittelalter: Studien zur Überlieferung, Glossierung und Übersetzung lateinischer Hymnen in England. Tübingen 1968 (Buchreihe der Anglia 12).

Göbl, Katechese – Peter Göbl, Geschichte der Katechese vom Verfall des Katechumenats bis zum Ende des Mittelalters. Kempten 1880.

Gold, Ein ahd. ‚Spruch vom Weltanfang' – Julia Gold u. a., Ein althochdeutscher ‚Spruch vom Weltanfang'. Anmerkungen zu Funktionsweise, Gattung und Überlieferungsverbund des sog. ‚Wessobrunner Gebets'. PBB 149 (2018), S. 157–171.

Goldmann, Beiträge – Emil Goldmann, Beiträge zur Geschichte des fränkischen Rechts 1. Wien 1924.

Goldmann, Chrenecruda – Emil Goldmann, Chrenecruda. Studien zum Titel 58 der Lex Salica. Heidelberg 1931 (Deutschrechtliche Beiträge XIII,1).

Götz, Lat.-ahd.-nhd. Wb – Heinrich Götz, Lateinisch-Althochdeutsch-Neuhochdeutsches Wörterbuch. Berlin 1999 (Althochdeutsches Wörterbuch. Im Auftrag der Sächsischen Akademie der Wissenschaften zu Leipzig hg. von Rudolf Grosse. Beiband).

Graff, Diutisca – Eberhard Gottlieb Graff, Diutiska. Denkmäler deutscher Sprache und Literatur. Aus alten Handschriften zum ersten Male herausgegeben. Stuttgart 1829 ND Berlin/New York 1970.

Graff, Sprachschatz – Graff, Eberhard Gottlieb, Althochdeutscher Sprachschatz [...] 6 Bände. Berlin 1834–1842. Band 7: Hans Ferdinand Maßmann, Vollständiger alphabetischer Index [...} Berlin 1846. ND Hildesheim 1963.

Green, Medieval German Manuscript Fragments – Jonathan Green, Medieval German Manuscript Fragments from the University of Illinois at Urbana-Champaign. ‚Althochdeutsche Predigtsammlung C'. ZfdA 133 (2004), S. 356–358.

Gregor, Der hl. Benedikt – Gregor der Große, Der hl. Benedikt. Buch II der Dialoge: ‚De vita et miraculis Benedicti abbatis. Lateinisch/deutsch. Hg. im Auftrag der Salzburger Äbtekonferenz. 2. Aufl. St. Ottilien 2008.

Gregorius Magnus, Homiliae in euangelia – Gregorius Magnus, Homiliae in euangelia. Cura et studio Raymond Étaix. Turnhout 1999 (CCSL 141).

Gretsch/Gneuss, Anglo-Saxon Glosses? – Mechthild Gretsch/Helmut Gneuss, Anglo-Saxon Glosses to a Theodorean Poem? In: Latin Learning and English Lore. Studies in Anglo-Saxon Literature for Michael Lapidge. Vol. I. Hg. von Katherine O'Brien O'Keeffe und Andy Orchard, S. 9–46. University of Toronto Press. Toronto/Buffalo/London 2005 (Toronto Old English series).

Greule, Sprachkultur – Albrecht Greule, Die Anfänge deutscher Sprachkultur und Sprachkultivierung. – In: Entstehung des Deutschen, S. 133–142.

Grimm > DWB.

Grimm, Altdeutsche Gespräche – Wilhelm Grimm, Altdeutsche Gespräche. In: Abhandlungen der königlichen Akademie der Wissenschaften zu Berlin. Phil.-hist. Klasse. Berlin 1849, S. 415–436.

Grimm, Altdeutsche Gespräche, Nachtrag – Wilhelm Grimm, Altdeutsche Gespräche: Nachtrag. In: Abhandlungen der königlichen Akademie der Wissenschaften zu Berlin. Phil.-hist. Klasse. Berlin 1851, S. 235–255. Wieder abgedruckt in: Kleinere Schriften von Wilhelm Grimm. Hg. von Gustav Hinrichs. Bd. 3, S. 472–494 und S. 495–515. Berlin 1883.

Grimm, Exhortatio und Glossae Casselanae – Wilhelm Grimm, Exhortatio ad plebem christianam. Glossae Casselanae. [und:] Über die Bedeutung der deutschen Fingernamen. In: Abhandlungen der Königlichen Akademie der Wissenschaften zu Berlin. Phil.-hist. Klasse, S. 425–537. Berlin 1846. Wieder abgedruckt in: Kleinere Schriften von Wilhelm Grimm. Hg. von Gustav Hinrichs. Bd. 3, S. 425–450. Berlin 1883.

Grimm, Mythologie III – Jakob Grimm, Deutsche Mythologie. 3. Bd. Einleitung Leopold Kretzenbacher. (Um eine Einleitung vermehrter ND der 4. Aufl. besorgt von Elard H. Meyer, Berlin 1875–78 ND Graz 1968.

Grimm, Ein Segen – Wilhelm Grimm, Ein Segen aus dem 12. Jahrhundert. Altdeutsche Blätter 2 (1840), S. 1–2. ND Hildesheim/New York 1978.

Grotans, Reading in Medieval St. Gall – Anna A. Grotans, Reading in Medieval St. Gall. Cambridge University Press 2006 (Cambridge Studies in Palaeography and Codicology 13).

Gruber, Kommentar – Joachim Gruber, Kommentar zu Boethius De consolatione Philosophiae. Berlin/New York 1978 (Texte und Kommentare 9).

Grubmüller, Physiologus – Klaus Grubmüller, Überlegungen zum Wahrheitsanspruch des ‚Physiologus' im Mittelalter. Frühmittelalterliche Studien 12 (1978), S. 160–177.

Gusmani, Analisi linguistica – Roberto Gusmani, Altdeutsche Gespräche, Analisi linguistica. Incontri linguistici 23 (2000), S. 51–82.

Gusmani, Testo e glossario – Roberto Gusmani, Altdeutsche Gespräche. Testo e Glossario. Incontri linguistici 22 (1999), S. 129–174.

Gusmani, Teufelsbezeichnung – Roberto Gusmani, Zum Genus der Teufelsbezeichnung im ‚altsächsischen' Taufgelöbnis. In: Novalis Indogermanica. FS für Günter Neumann zum 80. Geburtstag. Hg. von Matthias Fritz und Susanne Zeilfelder, S. 195–200. Graz 2002 (Grazer vergleichende Arbeiten 17).

Gysseling, Corpus – Corpus van middelnederlandse teksten (tot en met het jaar 1300). Uitgegeven door Maurits Gysseling. Reeks II: Literaire Handschriften. Deel 1: Fragmenten, Utrechtse doopbelofte (Bouwstoffen voor een woordarchief van de Nederlandse taal), s'Gravenhage 1980.

Gysseling, Doopbelofte > Gysseling, Corpus, S. 22–26.

Gysseling, De Germaanse woorden – Maurits Gysseling, De Germaanse woorden in de Lex Salica. Verslagen en mededelingen van de Koninklijke Academie voor Nederlandse Taal- en Letterkunde 1 (1976), S. 60–109.

Gysseling, Groningse Psalmglossen > Gysseling, Corpus, S. 134–135.

Gysseling, Wachtendoncksche Psalmen > Gysseling, Corpus, S. 43–111.

Haefele, FS Wehrli – Hans F. Haefele, Zum Aufbau der Casus Sancti Galli Ekkehards IV. In: Typologia litterarum. Hg. von Stefan Sonderegger u. a. Zürich 1969, S. 155–166.

Haeseli, Magische Performativität – Christa Haeseli, Magische Performativität. Althochdeutsche Zaubersprüche in ihrem Überlieferungskontext. Würzburg 2011 (Philologie der Kultur 4).

Haid, Notfeuer – O. Haid, Notfeuer und Feuerverehrung. In RGA 21 (2002), S. 424–430.

Hamilton, The Practice of Penance – Sarah Hamilton, The Practice of Penance. 900–1050. St Edmundsbury Press, Bury of St Edmunds, Suffolk 2001 (Royal Historical Society. New Series).

Hamm, Lucidarius, Kommentar – Der deutsche ‚Lucidarius'. Band 3: Marlies Hamm, Der deutsche ‚Lucidarius'. Kommentar. Tübingen 2002 (TTG 37).

Händl, Gueliche lande cum en ger? – Claudia Händl, Gueliche lande cum en ger? – Come un galloromano si fa capire nella Germania altomedievale, Du labyrinthe à la toile/Dal labirinto alla rete, Publifarum, n. 26 pubblicato il 2016 http://www.farum.it/publifarum/ezine_articles.php?art_id=342.

Händl, Il tedesco come lingua straniera – Claudia Händl, Il tedesco come lingua straniera nell'alto medioevo? La funzione pragmatica delle *Glosse e conversazioni di Kassel*. In: La Letteratura di istruzione nel Medioevo Germanico. Studi in Onore di Fabrizio D. Raschellà. A cura di Marialuisa Caparrini, Maria Rita Digilio, Fulvio Ferrari. Barcelona/Roma 2017, S. 179–198.

Handschriftencensus – Handschriftencensus. Eine Bestandaufnahme der handschriftlichen Überlieferung deutschsprachiger Texte des Mittelalters. http://www.handschriftencensus.de/. →PadRep.

Hanslik, Regula Benedicti – Benedicti Regula. Editio altera emendata. Recensuit Rudolphus Hanslik. Wien 1977 (Corpus Scriptorum Ecclesiasticorum Latinorum 75).

Harmening, Superstitio – Dieter Harmening, Superstitio. Überlieferungs- und theoriegeschichtliche Untersuchungen zur kirchlich-theologischen Aberglaubensliteratur des Mittelalters. Berlin 1979.

Hartig, Freckenhorster Heberegister – Joachim Hartig, Fragen zum Verhältnis der beiden Handschriften des Freckenhorster Heberegisters. Niederdeutsche Mitteilungen 28 (1972), S. 97–108.

Haubrichs, Die Anfänge – Geschichte der deutschen Literatur von den Anfängen bis zum Beginn der Neuzeit. Hg. von Joachim Heinzle. Bd. I: Von den Anfängen bis zum hohen Mittelalter. Teil I: Die Anfänge: Versuche volksprachiger Schriftlichkeit im frühen Mittelalter (ca. 700–1050/60). Von Wolfgang Haubrichs. 2., durchgesehene Auflage Tübingen 1995.

Haubrichs, Die Angelsachsen – Wolfgang Haubrichs, Die Angelsachsen und die germanischen Stämme des Kontinents im frühen Mittelalter. Sprachliche und literarische Beziehungen. In: Irland und die Christenheit. Bibelstudium und Mission. Kolloquium Dublin 17.–31.8.1984. Hg. von Michael Richter, S. 400–412. Stuttgart 1987.

Haubrichs, Zur Herkunft – Wolfgang Haubrichs, Zur Herkunft der ‚Altdeutschen (Pariser)Gespräche'. ZfdA 101 (1972), S. 86–103.

Haubrichs, Volkssprache – Wolfgang Haubrichs, Volkssprache und volkssprachige Literaturen im lotharingischen Zwischenreich (9.–11. Jahrhundert). In: Lotharingia. Eine europäische Kernlandschaft um das Jahr 1000. Hg. von Hans-Walter Herrmann, S. 181–244. Saarbrücken 1995.

Haubrichs, Weißenburger Katechismus – Wolfgang Haubrichs, Das althochdeutsch-lateinische Textensemble des Cod. Weiss. 91 (‚Weißenburger Katechismus'). In: Bergmann, Mischtexte, S. 131–137.

Haubrichs/Müller, Admonter Abrogans – Wolfgang Haubrichs, Stephan Müller, Der Admonter Abrogans. Edition und Untersuchungen des Glossarfragments der Stiftsbibliothek Admont (Fragm. D1). Mit Beiträgen von Brigitte Bulitta, Martin Haltrich, Sarah Hutterer, Edith Kapeller, Daniela Mairhofer, Karin Schamberger. Berlin/Boston 2021 (Lingua Historica Germanica 24).

Haubrichs/Pfister, „In Francia fui" –„In Francia fui." Studien zu den romanisch-germanischen Interferenzen und zur Grundsprache der althochdeutschen ‚Pariser (Altdeutschen) Gespräche' nebst einer Edition des Textes. Von Wolfgang Haubrichs und Max Pfister. Akademie der Wissenschaften und der Literatur. Abhandlungen der Geistes- und sozialwissenschaftlichen Klasse. Jahrgang 1989. Nr. 6. Wiesbaden 1989.

Haug, Literaturtheorie – Walter Haug, Literaturtheorie im deutschen Mittelalter. Von den Anfängen bis zum Ende der 13. Jahrhunderts. 2. Aufl. Darmstadt 1992.

Haug/Vollmann – Frühe deutsche Literatur und lateinische Literatur in Deutschland 800–1150. Hg. von Walter Haug und Benedikt Konrad Vollmann. Frankfurt a. M. 1991 (Bibliothek des Mittelalters 1).

Haupt, Bruchstücke – Joseph Haupt, Bruchstücke einer althochdeutschen Übersetzung der vier Evangelien. Vierteljahrsschrift für deutsche Alterthumskunde 14 (1869), S. 440–466.

Hautkappe, Beichten – Franz Hautkappe, Über die altdeutschen Beichten und ihre Beziehung zu Cäsarius von Arles. Münster i. W. 1917 (Forschungen und Funde IV, 5). – Nur die ungekürzte Ausgabe benutzen! Sie enthält S. 107–133 den wichtigen Anhang „Über den Gebrauch der Beichten".

HDA – Handwörterbuch des deutschen Aberglaubens. Hg. von Hanns Bächthold-Stäubli unter Mitwirkung von Eduard Hoffmann-Krayer. 10 Bde. Unveränderter photomechanischer Nachdruck der Ausgabe Berlin und Leipzig 1927–1942: Augsburg 2005.

Heffner, The Third Basel Recipe – Roe-Merrill S. Heffner, The Third Basel Recipe. JEGP 46 (1947), S. 248–253.

Heffner, Weißenburger Katechismus – Roe-Merrill S. Heffner, Zum Weißenburger Katechismus. JEGP 40 (1941), S. 545–554 und JEGP 41 (1942), S. 194–200.

hg. – herausgegeben.

Hehle, Boethius in St. Gallen – Christine Hehle, Boethius in St. Gallen. Die Bearbeitung der ‚Consolatio Philosophiae' durch Notker Teutonicus zwischen Tradition und Innovation. Tübingen 2002 (MTU 122).

Heidlauf, Lucidarius – Lucidarius. Aus der Berliner Handschrift. Hg. von Felix Heidlauf. Berlin 1915 (DTM 28). ND Dublin/Zürich 1970.

Heinzel/Scherer, Notkers Psalmen, Wiener Handschrift – Notkers Psalmen nach der Wiener Handschrift. Hg. von Richard Heinzel und Wilhelm Scherer. Straßburg 1876.

Heinzer, Erstlesebuch – Felix Heinzer, Über das Wort hinaus lesen? Der Psalter als Erstlesebuch und die Folgen für das mittelalterliche Verhältnis zum Text. In: Text und Text in lateinischer und volksprachiger Überlieferung des Mittelalters. In Verbindung mit Wolfgang Haubrichs und Klaus Ridder hg. von Eckart Conrad Lutz, S. 147–168. Berlin 2006 (Wolfram-Studien XIX).

Hellgardt, Althochdeutsche Texte – Ernst Hellgardt, Althochdeutsche Texte in liturgischen und kanonistischen Handschriften (8.–12. Jh.). In: Liturgie und Dichtung. Historische Fallstudien. Hg. von Cornelia Herberichs, Norbert Kössinger und Stephanie Seidl. Berlin/Boston 2015, S. 23–46 (Lingua Historica Germanica 10).

Hellgardt, Bemerkungen – Ernst Hellgardt, Bemerkungen zu den lateinisch-deutschen Hymnaren des Cod. Ms. Junius (Bodleian Library, Oxford) und des Cod. Pal. 2682 (ÖNB Wien). In: Symposium zur Geschichte von Millstatt und Kärnten, S. 11–26. Millstatt 2006.

Hellgardt, Ekkehart IV. und Notkers Psalter – Ernst Hellgardt, Ekkehart IV. und Notkers Psalter im Cod. Sang. 21. In: Ekkehart IV. von St. Gallen. Hg. von Norbert Kössinger, Elke Krotz, Stephan Müller, S. 33–57. Berlin / Boston 2015. (Lingua Historica Germanica 8).

Hellgardt, Freckenhorster Heberegister – Ernst Hellgardt, Bemerkungen zum Text des Freckenhorster Heberegisters (Handschrift M). AbäG 52 (1999) [= Speculum Saxonicum. Studien zu den kleineren altsächsischen Sprachdenkmälern], S. 63–95.

Hellgardt, Geographie – Ernst Hellgardt, Geographie und Astronomie im Werk Notkers des Deutschen. In: Reisen und Welterfahrung in der deutschen Literatur des Mittelalters. Vorträge des XI. Anglo-deutschen Colloquiums 11.–15. September 1989. Universität Liverpool. Hg. von Dietrich Huschenbett und John Margetts, S. 54–68. Würzburg 1991 (Würzburger Beiträge zur Deutschen Philologie 7).

Hellgardt, Glossen des clm 18059 zu Vergils Aeneis – Ernst Hellgardt, Exemplarische Analyse und Auswertung der lateinischen und althochdeutschen Glossen des Clm 18059 aus Tegernsee ([fol. 184v] Buch II, Vers 328–377). Oder wie man im deutschen Frühmittelalter Vergils Aeneis las. In: BStH Bd. 1 (2009), S. 398–467.

Hellgardt, Hieronymus und die Folgen – Ernst Hellgardt, Hieronymus und die Folgen. Probleme des Übersetzens im Mittelalter. Hieronymus Brief 57. In: Dasselbe mit anderen Worten? Sprache, Übersetzung und Sprachwissenschaft. Akten des 2. Symposiums des Zentrums historische Sprachwissenschaften (ZhS). München, 11. und 12. April 2014. Hg. von Peter Schrijver und Peter-Arnold Mumm, S. 72–107. Bremen 2015 (Münchner Forschungen zur historischen Sprachwissenschaft 16).

Hellgardt, Interlinearversionen – Ernst Hellgardt, Einige altenglische und althoch- und altniederdeutsche Interlinearversionen des Psalters im Vergleich. Mit 10 Abbildungen. In: Mittelalterliche volkssprachige Glossen, S. 261–296.

Hellgardt, Killy-Lit.Lex. Himmel und Hölle – Ernst Hellgardt, Himmel und Hölle. Killy-Lit.Lex. Bd. 5 (2009), S. 442–443.

Hellgardt, Killy-Lit.Lex. Isidor – Ernst Hellgardt, Isidor, Althochdeutscher, sogenannter. Killy-Lit.Lex. Bd. 6 (2009), S. 59–62.

Hellgardt, Killy-Lit.-Lex. Notker – Ernst Hellgardt, Notker der Deutsche. Killy-Lit.Lex. Bd. 8 (2010), S. 638–640.

Hellgardt, Killy-Lit.Lex., Summarium – Ernst Hellgardt, Summarium Heinrici. Killy-Lit.Lex. Bd. 11 (2011), S. 400–401.

Hellgardt, Killy-Lit.Lex., Tatian – Ernst Hellgardt, Tatian. Killy-Lit.Lex. Bd. 11 (2011), S. 433–435.

Hellgardt, Killy-Lit.Lex., Vocabularius – Ernst Hellgardt, Vocabularius Sancti Galli. Killy-Lit.Lex. Bd. 12 (2011), S. 1.

Hellgardt, Killy-Lit.Lex., Wessobrunner Predigten – Ernst Hellgardt, Killy-Lit.Lex. Bd. 12 (2011), S. 344.

Hellgardt, Mehrsprachigkeit – Ernst Hellgardt, Zur Mehrsprachigkeit im Karolingerreich. Bemerkungen aus Anlass von Rosamond McKittericks Buch ‚The Carolingians and the written word' (Cambridge University Press 1989). PBB 118 (1996), S. 1–48.

Hellgardt, *Mysteria regni celestis* – Ernst Hellgardt, *mysteria regni celestis [...] quasi ruminando conferenda et exponenda.* Die logisch-ästhetische Struktur der lateinisch-deutschen ‚Expositio in Cantica Canticorum' Willirams von Ebersberg. In: De consolatione Philologiae. Studies in Honour of Evelyn S. Firchow. 2 Bde, ed. by Anna Grotans, Heinrich Beck, Anton Schwob, hier Bd. 1, S. 149–160. Göppingen 2000 (GAG 682 I–II).

Hellgardt, *Notker magister* – Ernst Hellgardt, *Notker magister nostrę memorię hominum doctissimus et benignissimus.* Bemerkungen zu den ältesten Lebenszeugnissen über Notker den Deutschen. In: Salierzeit, S. 161–203.

Hellgardt, Notkers Brief – Ernst Hellgardt, Notkers des Deutschen Brief an Bischof Hugo von Sitten. In: Befund und Deutung, S. 169–192.

Hellgardt, Philologische Fingerübungen – Ernst Hellgardt, Philologische Fingerübungen. Bemerkungen zum Erscheinungsbild und zur Funktion der lateinischen und altsächsischen Glossen des Essener Evangeliars (Matthäus-Evangelium). In: Lingua Germanica. Studien zur deutschen Philologie. Jochen Splett zum 60. Geburtstag. Hg. von Eva Schmitsdorf, Nina Hartl und Barbara Meurer, S. 32–69. Münster/New York/München/Berlin 1998.

Hellgardt, Pragmatik – Ernst Hellgardt, Zur Pragmatik und Überlieferungsgeschichte der altdeutschen Beichten (achtes bis zwölftes Jahrhundert). In: Bergmann, Mischtexte S. 61–95.

Hellgardt, ‚Sancte sator' – Ernst Hellgardt, Das lat.-ahd. Reimgebet ‚Sancte sator' (sog. ‚Carmen ad Deum'). Theodor von Tarsus/Canterbury zugeschrieben. ZfdA 137 (2008), S. 1–27.

Hellgardt, ‚Singet dem Herrn ein neues Lied.' – Ernst Hellgardt, ‚Singet dem Herrn ein neues Lied.' Die Bearbeitung des 95. [96.] Psalms bei Notker dem Deutschen. In: helle döne schöne. Versammelte Arbeiten zur älteren und neueren deutschen Literatur. FS für Wolfgang Walliczek. Hg. von Horst Brunner, Claudia Händl, Ernst Hellgardt, Monika Schulz, S. 131–165. Göppingen 1999. Redaktion: Florian Eichberger, Armin Schulz. (GAG 668).

Hellgardt, Seckauer Handschriften – Ernst Hellgardt, Seckauer Handschriften als Träger frühmittelhochdeutscher Texte. In: Die mittelalterliche Literatur in der Steiermark. Akten des Internationalen Symposions Schloss Seggau bei Leibnitz 1984. Hg. von Alfred Ebenbauer, Fritz Peter Knapp und Anton Schwob, S. 103–130. Bern/Frankfurt a. M./New York/Paris 1988 (Jahrbuch für Internationale Germanistik, Reihe A, Bd. 23).

Hellgardt, Die Sprichwörter – Ernst Hellgardt, Die Sprichwörter, kleinen Gedichte und Sentenzen im Korpus der Schriften Notkers des Deutschen. Thematische und überlieferungsgeschichtliche Kontexte. Mit Überlegungen zu Möglichkeiten der editorischen Behandlung. In: Wolfram-Studien XVI, S. 237–281. Berlin 2017.

Hellgardt, ‚Wessobrunner Predigten' – Ernst Hellgardt, Die spätalthochdeutschen ‚Wessobrunner Predigten' im Überlieferungsverbund mit dem ‚Wiener Notker'. Eine neue Ausgabe. Hg. von Ernst Hellgardt. Berlin 2014.

Hellgardt, Wessobrunner Schöpfungshymnus – Ernst Hellgardt, Wessobrunner Schöpfungshymnus und Gebet. In: VL ahd. und as. Lit., S. 510–515.

Hellgardt, Wiener Notker-Hs. – Ernst Hellgardt, Die ‚Wiener Notker'-Handschrift. Überlegungen zum ursprünglichen Bestand und Gebrauch. In: Aspekte der Germanistik. FS für Hans-Friedrich Rosenfeld zum 90. Geburtstag. Hrsg. von Walter Tauber, S. 47–67. Göppingen 1989 (GAG 521).

Hellgardt/Kössinger, Handschriften- und Sachregister – Notker der Deutsche. Handschriften- und Sachregister zur Bibliographie von Evelyn Scherabon-Firchow. ZfdA 133 (2004), S. 363–380.

Hellgardt/Saller, Notker digitalis – Ernst Hellgardt / Harald Saller, Notker digitalis – Kommentierung eines Kommentars im Medium Hypertext. In: Schrift – Text – Edition. Hans Walter Gabler zum 65. Geburtstag. Hg. von Christiane Henkes, Walter Hettche, Gabriele Radecke und Elke Senne, S. 313–329. Tübingen 2003 (Beihefte zu *editio* 19).

Helm, Altgermanische Religionsgeschichte – Karl Helm, Altgermanische Religionsgeschichte. Zweiter Band: Die nachrömische Zeit. Teil II: Die Westgermanen. Heidelberg 1953 (Germanische Bibliothek. 5. Reihe: Handbücher und Gesamtdarstellungen zur Literatur- und Kulturgeschichte).

van Helten, Zu den malbergischen Glossen – Willem Lodewijk van Helten, Zu den malbergischen Glossen und den salfränkischen Formeln und Lehnwörtern in der Lex Salica. PBB 25 (1900), S. 225–524.

Hench, Isidor – Der althochdeutsche Isidor. Facsimile-Ausgabe des Pariser Codex. Nebst critischem Texte der Pariser und Monseer Bruchstücke. Mit Einleitung, grammatischer Darstellung und einem ausführlichen Glossar. Hg. von George A. Hench. Straßburg 1893 (Quellen und Forschungen zur Sprach- und Culturgeschichte der germanischen Völker 72).

Hench, The Monsee Fragments – The Monsee Fragments. Newly collated Text. Introduction, Notes, Grammatical Treatise and exhaustive Glossary. And a photo-lithographic Fac-Simile. Ed. by George Allison Hench. Straßburg 1890.

Henkel, Gebetsbruchstück – Mathias Henkel, Das Merseburger Gebetsbruchstück im literatur- und liturgiegeschichtlichen Kontext. ZfdPh 130 (2011), S. 359–387.

Henkel, Physiologus – Nikolaus Henkel, Studien zum Physiologus im Mittelalter. Tübingen 1976 (Hermaea N.F. 38).

Henkel, Verkürzte Glossen – Nikolaus Henkel, Verkürzte Glossen. Technik und Funktion innerhalb der lateinischen und deutschsprachigen Glossierungspraxis des frühen und hohen Mittelalters. In: Mittelalterliche volkssprachige Glossen, S. 429–451.

Henkel, Text – Glosse – Kommentar – Nikolaus Henkel, Text – Glosse – Kommentar. In: Lesevorgänge. Prozesse des Erkennens in mittelalterlichen Texten, Bildern und Handschriften. Hg. von Eckart Conrad Lutz, Martina Backes und Stefan Matter, S. 237–262. Zürich 2010. (Medienwandel – Medienwechsel – Medienwissen 11).

Hermeneumata – Hermeneumata Pseudodositheana Leidensia hg. von Guiseppe Flammini. München [u. a.], 2004. (Bibliotheca scriptorum Graecorum et Romanorum Teubneriana).

Herold, Basilius Ioannes – Basilii Ioan. Herold Originum ac Germanicarum antiquitatum libri [...] Basileae 1557.

Herweg, Die Würzburger Markbeschreibungen – Mathias Herweg, Die Würzburger Markbeschreibungen von 779. Geschichte, Recht und Sprache vor 1300 Jahren. In: Jahresbericht des Matthias-Grünewald-Gymnasiums. Würzburg 2002/2004, S. 211–215. Würzburg 2004.

Hessels, The ten texts – Lex Salica. The ten Texts with the Glosses and the Lex emendata. Synoptically ed. by Jan Hendrik Hessels. With the Notes on the Frankish Words by Johan Hendrik Kern. London 1880.

Hessmann, Asteronhus – Pierre Hessmann, „Asteronhus" im Freckenhorster Heberegister. ABäG 52 (1999), S. 97–104.

Heyne, Altndt. Denkm. – Kleinere altniederdeutsche Denkmäler. Mit ausführlichem Glossar hg. von Moritz Heyne. 2. Aufl. Paderborn 1877 (Bibliothek der ältesten deutschen Litteratur-Denkmäler IV. Bd., Altniederdeutsche Denkmäler II. Theil).

Hieronymus, Liber interpretationis – Hieronymus, Liber interpretationis Hebraicorum nominum. Hieronymi Presyteri Opera. Pars I. Turnhout. 1959 (CCSL 70).

Hilker-Suckrau, Hausbau – Martina Hilker-Suckrau, Sachbezeichnungen aus dem Bereich des Hausbaus im Frühmittelalter. In: Wörter und Sachen im Lichte der Bezeichnungsforschung. Hg. von Ruth Schmidt-Wiegand, S. 58–73. Berlin/New York 1981 (Arbeiten zur Frühmittelalterforschung 1).

Höfler, Krankheits-Namenbuch – Max Höfler, Deutsches Krankheits-Namenbuch. München 1899. ND Hildesheim 1970.

Hoffmann, Essen – Hartmut Hoffmann, Das Skriptorium von Essen in ottonischer und frühsalischer Zeit. In: Kunst im Zeitalter der Kaiserin Theophanu. Hg. von Anton van Euw und Peter Schreiner, S. 113–153. Köln 1993.

Hofstra, As. Allerheiligenpredigt – Tette Hofstra, *Vui lesed*: Zur volkssprachlichen Allerheiligenhomilie. AbäG 52 (1999) [= Speculum Saxonicum. Studien zu den kleineren altsächsischen Sprachdenkmälern], S. 105–115.

Holthausen, Ae. et. Wb. – Altenglisches etymologisches Wörterbuch von Ferdinand Holthausen. 3. Auflage Heidelberg 1974 (Germanische Bibliothek. 2. Reihe. Wörterbücher).

Holthausen, Altfriesisches Wb. – Ferdinand Holthausen. Altfriesisches Wörterbuch. Zweite, verbesserte Auflage von Dietrich Hofmann. Heidelberg 1985

Holthausen, Elementarbuch – Ferdinand Holthausen, Altsächsisches Elementarbuch. 2. Aufl. Heidelberg 1921 (Germanische Bibliothek. I. Reihe, Bd. 5).

Holzmann, De nativitate domini – Isidori Hispalensis de nativitate Domini [...] versio francica saeculi octavi [...] edidit, annotationibus et glossario instruxit Adolfus Holzmann. Karlsruhe 1836.

Holzmann, „Ich beswer dich" – Verena Holzmann, „Ich beswer dich wurm und wurmin ..." Formen und Typen altdeutscher Zaubersprüche und Segen. Bern u. a. 2001 (Wiener Arbeiten zur germanistischen Altertumskunde und Philologie 36).

Homann, Diss. – Holger Homann, Der ‚Indiculus superstitionum et paganiarum' und verwandte Denkmäler. Diss. Göttingen 1965.

Homann RGA – Holger Homann (mit Eckhard Meinecke und Ruth Schmid-Wiegand), Indiculus superstitionum et paganiarum. RGA 15 (2000), S. 369–384.

Honemann, Beichte und Glauben – Volker Honemann, Kremsmünsterer ‚Beichte' und ‚Glauben'. PBB 102 (1980), S. 339–356.

Horat, Medieval Architecture – Heinz Horat, Medieval Architecture. In: The Culture of St. Gall. Ed. by James Cecil King and Werner Vogler, S. 185–196. Stuttgart, Zürich 1991.

HRG 1. Aufl. – Handwörterbuch zur deutschen Rechtsgeschichte [1. Auflage]. Unter Mitarbeit von Wolfgang Stammler hg. von Adalbert Erler, Ekkehard Kaufmann u. a. 5 Bde. Berlin 1964–1998.

HRG 2. Aufl. – Handwörterbuch zur deutschen Rechtsgeschichte. Hg. von Albrecht Cordes. 2., völlig überarbeitete und erweiterte Auflage. Bisher 4 Bde. Berlin 2008–2017.

Huisman, Die Pariser Gespräche – Johannes A. Huisman, Die Pariser Gespräche. RhVJBll. 34 (1969), S. 272–296.

Huisman, Wessobrunner Gebet – Johannes A. Huisman, Das Wessobrunner Gebet in seinem handschriftlichen Kontext. In: Althochdeutsch I, S. 625–636.

Hurst, Bedae Opera – David Hurst, Bedae Venerabilis Opera, Pars 3, Turnhout 1955 (CCSL 122).

Ilkow, Nominalkomposita – Peter Ilkow, Die Nominalkomposita der altsächsischen Bibeldichtung. Hg. von Wilhelm Wissmann und Hans-Friedrich Rosenfeld. Göttingen 1968 (Ergänzungshefte zur Zeitschrift für vergleichende Sprachforschung auf dem Gebiet der indogermanischen Sprachen 20).

Incontri linguistici – Incontri linguistici. Università degli Studi di Trieste, Scuola Superiore di Lingue Moderne.

Isidor, contra Iudaeos – Sancti Isidori Hispalensis episcopi de fide catholica ex veteri et novo testamento contra Judaeos. Ed. Faustino Arevalo. PL 83 (Rom 1802), Sp. 449–538.

Jahn, Werdener Heberegister – Die ältesten Sprachdenkmäler aus Werden und Essen. In: Beiträge zur Geschichte von Stadt und Stift Essen 60 (1940), S. 72–73.

Jahn, As. Allerheiligenpredigt – Robert Jahn, Die ältesten Sprachdenkmäler aus Werden und Essen. In: Beiträge zur Geschichte von Stadt und Stift Essen 60 (1940), S. 77–80.

Jahn, Beichtspiegel – Robert Jahn, Die ältesten Sprachdenkmäler aus Werden und Essen. In: Beiträge zur Geschichte von Stadt und Stift Essen 60 (1940), S. 80–94.

Das erste Jahrtausend – Das erste Jahrtausend. Kultur und Kunst im werdenden Abendland an Rhein und Ruhr. Hg. im Auftrage des Arbeitsausschusses der Ausstellung „Werdendes Abendland an Rhein und Ruhr". Bd. 2: Tafelband von Victor H. Elbern. 2. Aufl. Düsseldorf 1962.

Das Jahrtausend der Mönche – Das Jahrtausend der Mönche. Kloster-Welt Werden 799–1803 [Ausstellungskatalog]. Hg. von Jan Gerchow/Reinhild Stephan-Maaser. Köln 1999.

Janota, Studien – Johannes Janota, Studien zu Funktion und Typus des deutschen geistlichen Liedes im Mittelalter. München 1968 (MTU 23).

Jeep, Alliterating Word-pairs – John M. Jeep, Alliterating Word-pairs in Old High German. Bochum 1995 (Studien zur Phraseologie und Parömiologie 3).

JEGPh – Journal of English and Germanic Philology.

Johannes Affligensis, De musica – Johannes Allfligensis, De musica cum tonario. Ed. Joseph Smits van Waesberghe, Rom 1950 (Corpus scriptorum de musica 1).

Kelle LG 1 – Geschichte der deutschen Literatur von der ältesten Zeit bis zur Mitte des elften Jahrhunderts. [Erster Band] Berlin 1892.

Kelle LG 2 – Geschichte der deutschen Literatur von der ältesten Zeit bis zur Mitte des elften Jahrhunderts. Zweiter Band. Berlin 1896.

Kern, Frankish words in the ‚Lex salica' – Hendrik Kern, Notes on the Frankish words in the ‚Lex salica'. In: John Henry Hessels, Lex Salica: The ten texts with the glosses and the ‚Lex emendata'. Synoptically edited. With notes on the Frankish words in the ‚Lex Salica' by Johan Hendrik Kern. London 1880.

Kern, Glossen – Hendrik Kern, Die Glossen der ‚Lex Salica' und die Sprache der salischen Franken. Den Haag 1869.

Kern, Notes on the Frankish Words → Hessels, The ten Texts.

Kiening, Performativität – Christian Kiening, Gebete und Benediktionen von Muri (1150/1180). In: Cornelia Herberichs/Christian Kiening, Literarische Performativität. Lektüren vormoderner Texte, S. 101–120. Zürich 2008 (Medienwandel – Medienwechsel – Medienwissen 3).

Kiesler, Einführung – Reinhard Kiesler, Einführung in die Problematik des Vulgärlateins. 2. Aufl. von Volker Noll. Berlin/Boston 2018.

Killy-Lit.Lex. – Killy-Literaturlexikon. Autoren und Werke des deutschsprachigen Kulturraumes. 2., vollständig überarbeitete Auflage. 13 Bände. Berlin [u. a.] 2008–2012.

King, Notker, ‚Categoriae' – Notker der Deutsche, Boethius' Bearbeitung der ‚Categoriae' des Aristoteles [dem Band beigelegt: Notker latinus zu den Kategorien. Zusammengestellt von James Cecil King]. Hg. von James Cecil King. Tübingen 1972. (Die Werke Notkers des Deutschen Bd. 5) (ATB 73).

King, Notker, ‚De interpretatione' – Notker der Deutsche. Boethius' Bearbeitung von Aristoteles' Schrift ‚De interpretatione'. Hg. von James Cecil King. Tübingen 1975 [dem Band beigelegt: Notker latinus zur Schrift ‚De interpretatione'. Zusammengestellt von James Cecil King]. (Die Werke Notkers des Deutschen Bd. 6) (ATB 81).

King, Notker latinus zum Martianus Capella – Notker der Deutsche. Notker latinus zum Martianus Capella. Hg. von James Cecil King. Tübingen 1986. (Die Werke Notkers des Deutschen Bd. 4A) (ATB 98).

King, Notker, Martianus Capella – Notker der Deutsche. ‚De nuptiis Philologiae et Mercurii'. Hg. von James Cecil King. Tübingen 1979 (Die Werke Notkers des Deutschen Bd. 4) (ATB 87).

King/Tax, Notker, Die kleineren Schriften – Notker der Deutsche. Die kleineren Schriften. Hg. von James Cecil King und Petrus W. Tax. Tübingen 1996 (Die Werke Notkers des Deutschen. Bd. 7). (ATB 109).

King/Tax, Notker latinus zu den kleineren Schriften – Notker latinus zu den kleineren Schriften. Hg. von James Cecil King und Petrus W. Tax. Tübingen 2003. (Die Werke Notkers des Deutschen Bd. 7A) (ATB 117).

Kipp, Gittelder Pfennige – Uwe Kipp, Gittelder Pfennige. Die Geschichte der Münzstätte Gittelde und ihrer Prägungen. Im Eigenverlag durch den Heimat- und Geschichtsverein Gittelde. Gittelde 2016.

Kirchert, Der Millstätter Psalter – Klaus Kirchert, Der Millstätter Psalter Cod. Pal. Vind. und die mittelalterlichen deutschen Bibelübersetzungen: In: Symposium zur Geschichte von Millstatt und Kärnten (1982), S. 257–268.

Kirchert, Der Windberger Psalter – Klaus Kirchert, Der Windberger Psalter. Bd. I: Untersuchung. Bd. II: Textausgabe. Beide Bände München 1979 (MTU 59 und 69).

Klaes, Trierer Überlieferung – Falco Klaes, Mittelalterliche Glossen und Texte zur volkssprachigen Trierer Überlieferung von den Anfängen bis zum Ende des 11. Jahrhunderts. Heidelberg 2017.

Kleczkowski, Psalmenfragmente Teil I – Adam Kleczkowski, Neuentdeckte altsächsische Psalmenfragmente aus der Karolingerzeit. Teil 1: Polska Akademia Umiejętności. Kraków 1923 (Prace Komisji Językowej 12,1).

Kleczkowski, Psalmenfragmente Teil 2: – Adam Kleczkowski, Neuentdeckte altsächsische Psalmenfragmente aus der Karolingerzeit. Teil 2: Polska Akademia Umiejętności Kraków 1926 (Polska Akademia Umiejętności 12,2).

Kleiber, Pauline, Notker-Glossator – Pauline Kleiber. Lateinisch-Althochdeutsches Glossar zum Psalter Notkers III. Diss. Freiburg im Breisgau 1962.

Klein, as. Psalmenkommentar – Thomas Klein, Zu Dialekt und Herkunft des as. Psalmenkommentars. Anhang in: Thomas Klein, Studien zur Wechselbeziehung zwischen as. und ahd. Schreibweisen und ihrer sprach- und kulturgeschichtlichen Bedeutung, S. 543–549. Göppingen 1977 (GAG 205).

Klein, Zur Sprache der Pariser Gespräche – Thomas Klein, Zur Sprache der Pariser Gespräche. In: Theodisca. Beiträge zur althochdeutschen und altniederdeutschen Sprache und Literatur in der Kultur des frühen Mittelalters. Hg. von Wolfgang Haubrichs u. a., S. 38–59. Berlin/New York 2000 (Ergänzungsbände zum RGA 22).

Klein, Vocabularius – Thomas Klein, Zu Herkunft, Sprache und Übersetzter des Vocabularius Sti. Galli. ZfdPh 131 (2012), S. 3–32.

Knaus, Urhandschrift – Hermann Knaus, Über die Urhandschrift von Browers Annales Trevirenses. RhVB 39 (1975), S. 272–310.

Kögel, LG I,1 – Geschichte der deutschen Litteratur bis zum Ausgange des Mittelalters von Rudolf Kögel. Erster Bd.: Bis zur Mitte des elften Jahrhunderts. Erster Teil. Die stabreimende Dichtung und die gotische Prosa, Straßburg 1894.

Kögel, LG I,2 – Geschichte der deutschen Litteratur bis zum Ausgange des Mittelalters von Rudolf Kögel. Erster Bd.: Bis zur Mitte des elften Jahrhunderts. Zweiter Teil. Die endreimende Dichtung und die Prosa der althochdeutschen Zeit. Straßburg 1897.

Kohl, Das (freiweltliche) Damenstift Freckenhorst – Die Bistümer der Kirchenprovinz Köln. Das Bistum Münster 3: Das (freiweltliche) Damenstift Freckenhorst. Bearbeitet von Wilhelm Kohl. Berlin 1975 (Germania Sacra NF 10).

Kohl, Geschichte des Klosters und Stifts Freckenhorst – Wilhelm Kohl, Geschichte des Klosters und Stifts Freckenhorst. In: Kirche und Stift Freckenhorst. Jubiläumsschrift zur 850. Wiederkehr des Weihetages der Stiftskirche in Freckenhorst am 4. Juni 1979, S. 25–56. Freckenhorst 1979.

Kolmer, Promissorische Eide – Lothar Kolmer, Promissorische Eide im Mittelalter. Kallmünz 1989 (Regensburger Historische Forschungen 12).

Kössinger, Diesseits des Codex – Norbert Kössinger. Diesseits des Codex. Eine Skizze zu deutschsprachigen Texten des Mittelalters auf alternativen Schriftträgern am Beispiels der Kölner Inschrift. In: Kulturen des Buches in Spätantike, Mittelalter und früher Neuzeit. Hg. von Michael Brauer unter Mitarbeit von Birgit Karl und Claudia Maria Kraml, S. 57–67. Heidelberg 2017 (Interdisziplinäre Beiträge zu Mittelalter und Früher Neuzeit 8).

Kössinger, Schriftrollen – Norbert Kössinger. Schriftrollen. Untersuchungen zu deutschsprachigen und mittelniederländischen Rotuli. Wiesbaden 2020 (MTU 148).

Kötzschke, Urbare Werden – Rudolf Kötzschke (Hg.), Die Urbare der Abtei Werden an der Ruhr. Einleitung und Register. Rheinische Urbare. Sammlung von Urbaren und anderen Quellen zur Rheinischen Wirtschaftsgeschichte. Bonn 1958 (Publikationen der Gesellschaft für Rheinische Geschichtskunde 20). ND 1978.

Kragl, Neue Thesen – Florian Kragl, Deutsch/Romanisch – Lateinisch/Deutsch. Neue Thesen zu den Pariser Gesprächen und zu den Kasseler Glossen. Interfaces: A Journal of Medieval European Literatures 1 (2015), S. 291–317. https://doi.org/10.13130/interfaces-4917.

Kretschmar, Taufgottesdienst – Georg Kretschmar, Die Geschichte des Taufgottesdienstes in der alten Kirche. Kassel 1966.

Kriedte, Bibelfragmente – Deutsche Bibelfragmente in Prosa des XII. Jahrhunderts. Hg. von Horst Kriedte. Halle 1930.

Krois, Inschrift – Daniel Krois, Die älteste datierte Inschrift in deutscher Sprache. ZfdA 146 (2017), S. 41–53.

Krotz, Auf den Spuren – Elke Krotz, Auf den Spuren des althochdeutschen Isidor. Studien zur Pariser Handschrift, den Monseer Fragmenten und zum Codex Junius 25. Mit einer Neuedition des Glossars Jc. Heidelberg 2002 (Beiträge zur älteren Literaturgeschichte).

Krotz, *Hear saget fona godspelle* – Elke Krotz, *Hear saget fona gotspelle*. Zur äußeren und inneren Kohärenz einer lateinisch-althochdeutschen Sammelhandschrift. In: Bergmann, Mischtexte, S. 175–186.

Krotz/Kaska, ein neues Fragment – Elke Krotz, Katharina Kaska, ein neues Monseer Fragment. ZfdA 145 (2016), S. 82–88.

Kruse, Die Kölner volksprachige Überlieferung – Norbert Kruse, Die Kölner volksprachige Überlieferung des 9. Jahrhunderts. Bonn 1976 (Rheinisches Archiv 95).

Kudorfer, Freisinger Denkmäler – Dieter Kudorfer, Die historische und literarische Bedeutung der Handschrift mit den „Freisinger Denkmälern". Bibliotheksforum Bayern 32 (2004), S. 233–253.

Kuhn, Gestalten und Lebenskräfte – Hugo Kuhn, Gestalten und Lebenskräfte der frühmittelhochdeutschen Dichtung. Ezzos Lied, Genesis, Annolied, Memento mori. In: Hugo Kuhn, Dichtung und Welt im Mittelalter, S. 112–132. Stuttgart 1959. – Zuerst DVJS 27 (1953), S. 1–30.

Küsters, Der verschlossene Garten – Urban Küsters, Der verschlossene Garten. Volkssprachliche Hohelied-Auslegung und monastische Lebensform im 12. Jahrhundert. Düsseldorf 1985 (Studia humaniora 2).

Lähnemann, „Neniae meae" – Henrike Lähnemann, „Neniae meae, quas in Cantica Canticorum lusi": the poetic and aesthetic treatment of the Song of Songs by Williram of Ebersberg. In: Il Cantico dei Cantici nel Medioevo. Atti del convegno internazionale dell'Università degli Studi di Milano e della Società Internazionale per lo Studio del Medioevo Latino. Gargnano sul Garda, 22 – 24 maggio 2006. A cura di Rossana E. Guglielmetti, S. 255–275. Firenze 2008.

Lähnemann, Reimprosa – Henrike Lähnemann, Reimprosa und Mischsprache bei Williram von Ebersberg. Mit einer kommentierten Ausgabe und Übersetzung seiner Aurelius-Vita. In: Salierzeit, S. 206–238.

Lähnemann/Rupp, Leiblichkeit – Henrike Lähnemann/Michael Rupp, Von der Leiblichkeit eines ‚gegürteten Textkörpers'. Die ‚Expositio Willirams von Ebersberg in ihrer Überlieferung. In: Wolfram-Studien XIX, S. 95–116. Berlin 2006.

Lähnemann/Rupp, Williram – Williram von Ebersberg, Expositio in Cantica Canticorum und das ‚Commentarium in Cantica Canticorum' Haimos von Auxerre. Hg. und übersetzt von Henrike Lähnemann/Michael Rupp. Berlin/New York 2004.

Langbroek, Altfriesische Psalmen – Erika Langbroek, *Condensa atque tenebrosa*. Die altfriesischen Psalmen: Neulesung und Rekonstruktion (UB Groningen Hs 404). AbäG 30–32 (1990) [Aspects of Old Frisian Philology], S. 255–284.

Lange, Texte – Wolfgang Lange, Texte zur germanischen Bekehrungsgeschichte. Tübingen 1962.

Lapidge, Theodore and Anglo-Latin Octosyllabic Verse – Michael Lapidge, Theodore and Anglo-Latin Octosyllabic Verse. In: Michael Lapidge, Anglo-Latin Literature 600–899. The Hambledon Press 1996, S. 225–245.

Lasch, Die altsächsischen Psalmenfragmente – Agathe Lasch, Die altsächsischen Psalmenfragmente. In: Niederdeutsche Studien. FS für Conrad Borchling. Neumünster 1932, S. 229–272. Wiederabdruck in: A. L., Ausgewählte Schriften zur niederdeutschen Philologie. Hg. von Robert Peters und Timothy Sodmann. Neumünster 1979, S. 60–103. –

Lasch, Taufgelöbnis – Agathe Lasch, Das altsächsische Taufgelöbnis. Neuphilologische Mitteilungen 36 (1935), S. 92–113.

Lauchert, Physiologus – Friedrich Lauchert, Geschichte des Physiologus. Straßburg 1889. ND Genf 1974.

Laufner, Trierer Klosterbibliothek – Richard Laufner, Vom Bereich der Trierer Klosterbibliothek St. Maximin im Hochmittelalter. In: Armaria Trevirensia. Beiträge zur Trierer Bibliotheksgeschichte. Bibliotheca Trevirensis 1. Hg. von Gunther Franz. 2. Aufl. Wiesbaden 1985, S. 15–43.

Lebendiges Büchererbe – Lebendiges Büchererbe, Säkularisation, Mediatisierung und die Bayerische Staatsbibliothek. Ausstellungskatalog. Hg. von Cornelia Jahn und Dieter Kudorfer. München 2003. (Bayerische Staatsbibliothek. Ausstellungskataloge Nr. 74).

Legenda Aurea, Bentz – Die Legenda aurea aus dem Lateinischen übersetzt von Richard Bentz. Köln/ Olten 1969.

Legenda Aurea, Graesse – Jacobi de Voragine Legenda Aurea. Hg. von Theodor Graesse. Dritte Auflage Breslau 1890.

Leitzmann, Saxonica 1 – Albert Leitzmann, Saxonica 1. Das Taufgelöbnis und der Indiculus superstitionum. PBB 25 (1900), S. 567–591.

Leuvense bijdragen – Leuvense Bijdragen. Tijdschrift voor germaanse filologie.

LThK – Lexikon für Theologie und Kirche. In Verbindung mit Fachgelehrten und mit Konrad Hofmann als Schriftleiter hrsg. von Michael Buchberger. 2., neu bearbeitete Auflage.

Lexer, HdWb. – Matthias Lexer, Mittelhochdeutsches Handwörterbuch [...] 3 Bände. Leipzig 1872.1876.1878. ND Stuttgart 1970.

LexMa – Lexikon des Mittelalters. Neun Bde. und ein Registerband München/Zürich u. a. 1980–1999.

Lindgren, Gerbert – Uta Lindgren, Gerbert von Aurillac und das Quadrivium. Untersuchungen zur Bildung im Zeitalter der Ottonen. Wiesbaden 1976 (Sudhoffs Archiv Beihefte 18).

Lippert, Isidorgruppe, Tatian – Jörg Lippert, Beiträge zur Technik und Syntax althochdeutscher Übersetzungen unter besonderer Berücksichtigung der Isidorgruppe und des althochdeutschen Tatian. München 1974.

Lit.: – Literatur

Literatur und Macht – Literatur und Macht im mittelalterlichen Thüringen. Hg. von Ernst Hellgardt, Stephan Müller und Peter Strohschneider. Köln, Weimar, Wien 2002.

Love, Latin Commentaries on Boethius's De consolatione – Love, Rosalind C. Love, The Latin Commentaries on Boethius's ‚De consolatione philosophiae' from the 9th to the 11th Centuries. In: A Companion to Boethius in the Middle Ages. Ed. by Noel Harold Kaylor Jr. & Philip, Edward Phillips, S. 75–133. Leiden/Boston 2012 (Brill's Companions to the Christian Tradition 30).

Lucidarius, Der deutsche – Der deutsche ‚Lucidarius'. Band 1: Kritischer Text nach den Handschriften. Hg. von Dagmar Gottschall und Georg Steer. Tübingen 1994 (TTG 35). – Band 3: Kommentar von Marlies Hamm. Tübingen 2002 (TTG 37). – Band 4: Der deutsche ‚Lucidarius': Die mittelalterliche Überlieferungsgeschichte. Von Helgard Ulmschneider. Berlin/New York 2011 (TTG 38).

Maas, Freilassung – Ute Maas, Die Freilassung durch Schatzwurf in den Urkunden der karolingischen, sächsischen und salischen Kaiser und Könige. Studien zur Freilassungspraxis frühmittelalterlicher Herrscher. Diss. Bochum 2007.

Machielsen, Angelsaksische herkomst – Dom Lambert Machielsen, De Angelsaksische herkomst van de zogenaamde Oudsaksische doopbelofte. Leuvense Bijdragen 50 (1961), S. 97–124.

Machielsen, De Indiculus superstitionum – Dom Lambert Machielsen, De indiculus superstitionum et paganiarum (742–754). Een capitulare van Karloman of Pepijn de Korte. Leuvense Bijdragen 51 (1962), S. 129–149.

Magin, Historischer Kontext – Christine Magin, So dir Gott helfe: Der Erfurter Judeneid im historischen Kontext. In: Die Erfurter jüdische Gemeinde im Spannungsfeld zwischen Stadt, Erzbischof und Kaiser. Jena/Quedlinburg 2016, S. 14–28.

Mainzer Urkundenbuch – Mainzer Urkundenbuch 1: Die Urkunden bis zum Tode des Erzbischofs Adalbert I. (1137). Darmstadt 1932.

Der Mangfallgau – Der Mangfallgau. Heimatkundliche Zeitschrift für Bad Aibling und Umgebung. Hg. vom Historischen Verein Bad Aibling.

Manitius LG 2 – Max Manitius, Geschichte der lateinischen Literatur des Mittelalters. Zweiter Teil: Von der Mitte des zehnten Jahrhunderts bis zum Ausbruch des Kampfes zwischen Kirche und Staat. München 1923 (Handbuch der Altertumswissenschaft 9, 2. Abt.).

Mann, Physiologus – Max Friedrich Mann, Die ahd. Bearbeitungen des ‚Physiologus'. PBB 11 (1886), S. 310–329.

Martianus Capella, Ed. Dick – Martianus Capella. Ed. Adolfus Dick. Leipzig 1925 (Bibliotheca scriptorum Graecorum et Romanorum Teubneriana). ND mit Addenda et corrigenda von Jean Préaux. Stuttgart 1978 (Graecorvm et Romanorvm Tevbneriana).

Martianus Capella, neue Ausgabe – Les noces de Philologie et de Mercure. Bd. 1: Livre 1. Hg. von Jean-Frédéric Chevalier. Paris 2014. – Bd. 4: La dialectique. Hg. von Michel Ferré. Paris 2004. – Bd. 6: La géometrie. Paris 2007. – Bd. 7: L'artithmétique. Hg. von Jean-Yves Guillaumin. Paris 2003. – Bd. 9: L'harmonie. Hg. von Jean-Baptiste Guillaumin. Paris 2011. (Collection des Universités de France. Série latine 372, 388, 389, 401, 407).

Martianus Capella, Zekl, Übersetzung – Martianus Capella. Die Hochzeit der Philologia mit Merkur. Übersetzt, mit einer Einleitung, Inhaltsübersicht und Anmerkungen versehen von Hans Günter Zekl. Würzburg 2005.

Martianus Capella → Stahl et al.

März, Von der Interlinea zur Linea – Christoph März, Von der Interlinea zur Linea. Überlegungen zur Teleologie althochdeutschen Übersetzens. In: Wolfram-Studien XIV, S. 73–86. Berlin 1996.

Masser, Benediktinerregel Cod. 916 – Die lateinisch-althochdeutsche Benediktinerregel Stiftsbibliothek St. Gallen Cod. 916. Hg. von Achim Masser. Göttingen 1997 (Studien zum Althochdeutschen 33).

Masser, Kommentar St. Gallen Cod. 916 – Kommentar zur lateinisch-althochdeutschen Benediktinerregel des Cod. 916 der Stiftsbibliothek St. Gallen. Untersuchungen, philologische Anmerkungen, Stellennachweis, Register und Anhang. Göttingen 2002 (Studien zum Althochdeutschen 42).

Masser, Regula Benedicti Cod. 915 – Achim Masser, Regula Benedicti des Cod. 915 der Stiftsbibliothek von St. Gallen. Die Korrekturvorlage der lateinisch-althochdeutschen Benediktinerregel. Göttingen 2000 (Studien zum Althochdeutschen 37).

Masser, Tatianbilingue – Die lat.-ahd. Tatianbilingue Stiftsbibliothek St. Gallen Cod. 56. Hg. von Achim Masser. Göttingen 1994 (Studien zum Althochdeutschen 2).

Masser, Vaterunser – Achim Masser, Die ahd. Übersetzungen des Vaterunsers. PBB 85 (1963), S. 35–45.

Maßmann, Abschwörungsformeln – Die deutschen Abschwörungs-, Glaubens-, Beicht- und Betformeln vom achten bis zum zwölften Jahrhundert. Nebst Anhängen und Schriftnachbildungen hg. von Hans Ferdinand Maßmann. Quedlinburg/Leipzig 1839. (Bibliothek der gesammten deutschen National-Literatur 7). ND Hildesheim 1969.

Maßmann, Deutsche Gedichte – Deutsche Gedichte des zwölften Jahrhunderts und der nächstverwandten Zeit. Erster Theil: Die Straßburg-Molsheimische Handschrift. Hg. von Hans Ferdinand Maßmann. Quedlinburg/Leipzig 1837. (Bibliothek der gesammten deutschen National-Literatur 3,1). ND Hildesheim/New York 1969.

Matzel, Isidor-Sippe – Klaus Matzel, Untersuchungen zur Verfasserschaft, Sprache und Herkunft der althochdeutschen Übersetzungen der Isidor-Sippe. Bonn 1979 (Rheinisches Archiv 75).

Matzel, Zum Windberger Psalter – Zum Windberger Psalter. Einige Bemerkungen anlässlich der Neuausgabe. PBB 105 (1983), S. 177–191.

Maurer, Religiöse Dichtungen 3 – Die religiösen Dichtungen des 11. und 12. Jahrhunderts nach ihren Formen besprochen und hg. von Friedrich Maurer. Bd. 3. Tübingen 1970.

McLintock ‚Himmel und Hölle', Wortschatz – David R. McLintok, ‚Himmel und Hölle'. Bemerkungen zum Wortschatz. In: Studien zur frühmittelhochdeutschen Literatur. Cambridger Colloquium 1971. Hg. von L. P. Johnson H. H. Steinhoff und R. A. Wisbey, S. 83–102. Berlin 1974.

Meinecke, Pariser Gespräche – Eckhard Meinecke, Althochdeutsche Prosasyntax und die ‚Pariser Gespräche'. In: Althochdeutsch. Syntax und Semantik. Akten des Lyonner Kolloquiums zur Syntax und Semantik des Althochdeutschen (1.–3. März 1990). Hg. Yvon Desportes. S. 324–57. Lyon Univ. Jean Moulin Lyon III. Lyon 1992.

Menhardt, St. Trudperter HL – Das St. Trudperter Hohe Lied. Bd. 1: Einleitung. Bd. 2: Kritische Ausgabe. Text, Wörterverzeichnis und Anmerkungen von Hermann Menhardt. Halle 1934 (Rheinische Beiträge und Hülfsbücher zur germanischen Philologie und Volkskunde 21 und 22).

Mettke, Zum Kasseler Codex – Heinz Mettke Zum Kasseler Codex theol. 4º 24 und zur Herleitung des Vocabularius Sti. Galli aus Fulda. In: Althochdeutsch I, S. 500–507.

Metz, Güterverzeichnisse – Wolfgang Metz, Zur Geschichte und Kritik der frühmittelalterlichen Güterverzeichnisse Deutschlands. Archiv für Diplomatik, Schriftgeschichte, Siegel- und Wappenkunde 4 (1958), S. 183–206.

MGH – Monumenta Germaniae Historica. → Walahfrid, Gallus-Vita .→ Wetti, Gallus-Leben .→ Eckhardt, MGH 4,1 .→ Eckhardt, MGH 4,2.

Minis, Bibliographie – Cola Minis, Bibliographie zu den Altmittel- und Altniederfränkischen Psalmen. Amsterdam. 1971.

Mittelalterliche volkssprachige Glossen – Mittelalterliche volkssprachige Glossen. Internationale Fachkonferenz des Zentrums für Mittelalterstudien der Otto-Friedrich-Universität Bamberg 1. bis 4. August 1999. Hg. von Rolf Bergmann, Elvira Glaser, Claudine Moulin-Frankhänel, S. 261–296. Heidelberg 2001 (Germanistische Bibliothek 13).

Möller, Falkensteiner Codex – Kerstin Möller, Falkensteiner Codex. Neuburg-Falkenstein. In: Herzöge und Heilige. Das Geschlecht der Andechs-Meranier im europäischen Hochmittelalter [Ausstellungskatalog]. Hg. von Josef Kirmeier und Evamaria Brockhoff, S. 208 (Nr. 8) mit S. 30. Regensburg 1993. (Veröffentlichungen zur bayerischen Geschichte und Kultur 24).

Lo Monaco, Francesco. I giuramenti di Strasburgo. – I giuramenti di Strasburgo. (Nidhard, Historiae III, 5). Riflessioni sui testi e la loro conversazione. A cura di Francesco Lo Monaco. Bergamo University Press 2002 (Edizioni Sestante).

Lo Monaco/Villa, I giuramenti testi e tradizione – Francesco Lo Monaco/Claudia Villa, I giuramenti di Strasburgo: testi e tradizione. The Strasbourg oaths: texts and transmission. Firenze 2009.

Montag, Neue Fragmente – Ulrich Montag, Neue Fragmente der Wessobrunner Predigten. In: Befund und Deutung, S. 228–239. Tübingen 1979.

Morvay/Grube, Bibliographie – Karin Morvay und Dagmar Grube. Bibliographie der deutschen Predigt des Mittelalters. Veröffentlichte Predigten. München 1974 (MTU 47).

⁴MSD I – Denkmäler deutscher Poesie und Prosa aus dem VIII–XII Jahrhundert. Hg. von Karl Müllenhoff und Wilhelm Scherer. 4. Ausgabe von Elias Steinmeyer. Berlin/Zürich 1964 (unveränd. ND der 3. Ausgabe Berlin 1892.).[Erster Bd.: Texte].

⁴MSD II – Denkmäler deutscher Poesie und Prosa aus dem VIII–XII Jahrhundert. Hg. von Karl Müllenhoff und Wilhelm Scherer. 4. Ausgabe von Elias Steinmeyer. Berlin/Zürich 1964 (unveränd. ND der 3. Ausgabe Berlin 1892). [Zweiter Bd.: Anmerkungen].

Müller – Althochdeutsche Literatur. Eine kommentierte Anthologie. Übersetzt, hg. und kommentiert von Stephan Müller. Stuttgart 2007 (RUB 18491).

Müller, Die Schrift zwischen den Zeilen – Stephan Müller, Die Schrift zwischen den Zeilen. Philologischer Befund und theoretische Aspekte einer deutschen ‚Zwischen-Schrift' am Beispiel der

Windberger Interlinearversion zum Psalter. In: Bergmann, Mischtexte und Textensembles, S. 315–330.

Müller, Klippdachs – Stephan Müller, Vom Klippdachs zum Murmeltier: Transformation und Akkulturation der Bibel im Mittelalter an einem Beispiel aus Notkers Psalter (Ps. 103,18). In: Inszenierungen der Heiligen Schrift: Jüdische und christliche Bibeltransformationen vom Mittelalter bis in die Moderne. Hg. von Marion Keuchen, Stephan Müller, Annegret Thiem, S. 31–39. München 2009.

Müller, Deutsche Glossen – Stephan Müller, Deutsche Glossen und Notkers Psalter im Cod. Sang. 21. Oder: Was können wir über die Identität des Notker-Glossators sagen? In: Ekkehart IV. von St. Gallen. Hg. Von Norbert Kössinger, Elke Krotz, Stephan Müller. Berlin/Boston 2015, S. 59–68.

Münchener Museum – Münchener Museum für Philologie des Mittelalters und der Renaissance.

MTU – Münchener Texte und Untersuchungen zur deutschen Literatur des Mittelalters. Hg. von der Kommission für Deutsche Literatur des Mittelalters der Bayerischen Akademie der Wissenschaften. München u. a.

Muratori, Liturgia 1 – Liturgia Romana Vetus. Ed. Ludovico Antonio Muratori. Bd. 1. Venedig 1748.

Must, St. Galler Paternoster – Gustav Must, Das St. Galler Paternoster. In: Akten des V. Internationalen Germanisten-Kongresses Cambridge 1975. 2. Heft. Hg. von Leonard Forster und Hans-Gert Roloff, S. 396–403. Bern u. a. 1976.

Must, Altalemannisch ‚kiscat' – Gustav Must, Das altalemannische Wort ‚kiscat'. In: Akten des VI. Internationalen Germanisten-Kongresses Basel 1980 II. Hg. von Heinz Rupp, S. 399–403. Bern 1980.

Must, St. Galler Credo – Gustav Must, Das St. Galler Credo. Frühmittelalterliche Studien 15 (1981), S. 371–386.

Naaber, Die Quellen von Notkers Boethius – August Naaber, Die Quellen von Notkers: „Boethius de consolatione philosophiae". Diss. Münster in Westfalen/Borna-Leipzig 1911.

Naumann, Notkers Boethius – Hans Naumann, Notkers Boethius. Untersuchungen über Quellen und Stil. Straßburg 1913 (Quellen und Forschungen 121).

ND – Neudruck, Nachdruck.

Nedoma, Basler Rezept – Robert Nedoma, *enti danne geoze zisamane*. Die althochdeutsche Fassung des ersten Basler Rezepts (BR Ib). Die Sprache. Zeitschrift für Sprachwissenschaft 39 (1997), S. 168–200.

Neuphilologische Mitteilungen – Neuphilologische Mitteilungen. Bulletin de la Société Néophilologique de Helsinki.

Nidhard, Geschichten – Hg. und übersetzt von Reinhold Rau. In: Quellen zur karolingischen Reichsgeschichte I. Darmstadt 1965 (FSGA V). > Rau, Nithard

Nithard, Histoire – Nithard. Histoire des fils de Louis le Pieux. Ed. et trad. par Philippe Lauer avec un facsimilé des ‚Serments de Strasbourg'. Paris 1964.

Niederdeutsche Mitteilungen – Niederdeutsche Mitteilungen. Hg. von der Niederdeutschen Arbeitsgemeinschaft (Sällskapet för lågtysk forskning) zu Lund.

Noichl, Codex Falkensteiniensis – Elisabeth Noichl, Codex Falkensteiniensis. Die Rechtsaufzeichnungen der Grafen von Falkenstein. München 1978 (Quellen und Erörterungen zur bayerischen Geschichte N.F. 29).

Notker der Deutsche → King .→ King/Tax .→ Tax.

Notkers des Deutschen Werke, Sehrt/Starck – Notkers des Deutschen Werke. Nach den Handschriften neu hg. von Edward Henry Sehrt und Taylor Starck. Zweiter Bd.: Martianus Capella, De nuptiis Philologiae et Mercurii. Halle (Saale) 1935. (ATB 37). Unveränderter ND Halle (Saale) 1966.

Notker-Glossar – Edward Henry Sehrt, Notker-Glossar. Ein ahd.-lat.-nhd. Wörterbuch zu Notkers des Deutschen Schriften. Tübingen 1962.

Notker-Wortschatz – Notker-Wortschatz. Das gesamte Material zusammengetragen von Edward Henry Sehrt und Taylor Starck. Bearbeitet und hg. von Edward Henry Sehrt und Wolfram Karl Legner. Halle (Saale) 1955.

Ochsenbein, Muri – Peter Ochsenbein, Das Gebetbuch von Muri als frühes Zeugnis privater Frömmigkeit einer Frau um 1200. In: Gotes und der werlde hulde. Literatur in Mittelalter und Neuzeit. FS für Heinz Rupp. Hg. von Rüdiger Schnell, S. 175–199. Bern/Stuttgart 1989.

Ochsenbein/Schmucki, Notker der Deutsche – Peter Ochsenbein/Karl Schmucki, Notker der Deutsche. In: Die Notkere im Kloster St. Gallen. Ausstellungsführer, S. 66–75. Gossau 1991.

Ohly, Eine Lehre – Das St. Trudperter Hohelied. Eine Lehre der liebenden Gotteserkenntnis. Hg. von Friedrich Ohly unter Mitarbeit von Nicola Kleine. Frankfurt a. M. 1998 (Bibliothek des Mittelalters 4).

von Olberg, Freigelassene – Gabriele von Olberg, Freigelassene. RGA 9 (1995), S. 537–548.

von Olberg, Lite – Gabriele von Olberg, Lite. RGA 18 (2001) S. 516–519.

ON – Ortsname

Osterwalder, Das althochdeutsche Galluslied – Peter Osterwalder, Das althochdeutsche Galluslied Ratperts und seine lateinischen Übersetzungen durch Ekkehart IV. Einordnung und kritische Edition. Berlin/New York 1982. (Das Althochdeutsche von St. Gallen 6).

von Padberg, Christianisierung – Lutz E. von Padberg, Die Christianisierung Europas im Mittelalter. 2. überarbeitete und aktualisierte Ausg. Stuttgart 2009 (RUB 18641).

PadRep – Paderborner Repertorium der deutschsprachigen Textüberlieferung des 8. bis 12. Jahrhunderts http://www.paderborner-repertorium.de/. Seit 2020 → Handschriftencensus.

Palmer, ‚Klosterneuburger Bußpredigten' – Nigel F. Palmer, Die ‚Klosterneuburger Bußpredigten'. Untersuchung und Edition. In: Überlieferungsgeschichtliche Editionen und Studien zur deutschen Literatur des Mittelalters. Kurt Ruh zum 75. Geburtstag. Hg. von Konrad Kunze, Johannes G. Mayer und Bernhard Schnell, S. 210–244. Tübingen 1989 (TTG 31).

Palmer, Prayers – Manuscripts of the Earliest Middle High German Prayers, c. 1150–1250. In: Vernacular manuscript culture 1000–1500. Ed. by Erik Kwakkel, S. 50–103. Leiden 2018 (Studies in Medieval and Renaissance Book Culture).

Palmer, Vortragsweise – Nigel Palmer, Zur Vortragsweise der Wien-Münchner Evangelienübersetzung. ZfdA 114 (1985), S. 95–118.

PBB – Beiträge zur Geschichte der deutschen Sprache und Literatur.

Penzl, „Gimer min ros" – Herbert Penzl, „Gimer min ros": How German was Taught in the Ninth and Eleventh Centuries." German Quarterly 57 (1984), S. 394–400.

Penzl „Stulti sunt Romani" – Herbert Penzl „Stulti sunt Romani". Zum Unterricht im Bairischen des 9. Jahrhunderts. Wirkendes Wort 35 (1985), S. 240–48.

Peters, Paradiesvorstellungen – Elisabeth Peters, Quellen und Charakter der Paradiesvorstellungen in der deutschen Dichtung vom 9. bis 12. Jahrhundert. Breslau 1915 (Germanistische Abhandlungen 48).

Peters/Roolfs, Plattdeutsch – Robert Peters / Friedel Helga Roolfs (Hg.), Plattdeutsch macht Geschichte. Niederdeutsche Schriftlichkeit in Münster und im Münsterland im Wandel der Jahrhunderte. Münster 2008.

Petzet/Glauning – Deutsche Schrifttafeln des IX. bis XVI. Jahrhunderts aus Handschriften der Bayerischen Staatsbibliothek in München. Hg. von Erich Petzet und Otto Glauning. 5 Bde. Leipzig 1924–1930.

Pfältzer, Vaterunserauslegungen – Norbert Pfältzer, Die deutschen Vaterunserauslegungen von den Anfängen bis ins 12. Jahrhundert. Vergleichende Studie auf Grund von quellenkritischen Einzelinterpretationen. Diss. Frankfurt a.M. 1959.

Physiologus. Griechisch/Deutsch – Physiologus. Griechisch/Deutsch. Übersetzt und hg. von Otto Schönberger. Stuttgart 2001 (RUB 18124).

Piper, Aus St. Galler Hss. – Paul Piper, Aus St. Galler Handschriften. ZfdPh 13 (1882), S. 445–479.

Piper, Nachträge – Paul Piper, Nachträge zur älteren deutschen Literatur von Kürschners deutsche National-Litteratur Stuttgart o. J. [1898] (Deutsche National-Litteratur 162). ND Tübingen/Tokyo 1974.

PL – Patrologiae cursus completeus [...] accurante Jacques-Paul Migne. Bd. 1–161. Paris 1857–1866.

PN – Personenname

Priebsch, Deutsche Handschriften in England – Deutsche Handschriften in England. Beschrieben von Robert Priebsch. Erlangen 1896.

Prudentius, Psychomachie ed. Cunningham – Aurelii Prudentii Clementis Carmina. Hg. von Maurice P. Cunningham. Turnhout 1966 (CC SL 126).

Prudentius, Psychomachie ed. Frisch – Psychomachia. Einleitung, Text, Übersetzung und Kommentar. Hg. von Magnus Frisch. Berlin/Boston 2020 (Texte und Kommentare 62).

Ptolemäus, Handbuch – Des Claudius Ptolemäus Handbuch der Astronomie. Erster Band. Aus dem Griechischen übersetzt von Karl Manitius. Leipzig 1912.

Quak, Die altmittel- und altniederfränkischen Psalmen – Arend Quak, Die altmittel- und altniederfränkischen Psalmen und Glossen. Nach den Handschriften und Erstdrucken neu hg. Amsterdam 1981 (Amsterdamer Publikationen zur Sprache und Literatur 47).

Quak, Freilassungsformel 2008 – Arend Quak, Zur Freilassungsformel in den Malbergischen Glossen der ‚Lex Salica'. In: Northern voices. Essays on Old Germanic and Related Topics. Offered to Prof. Tette Hofstra. Hg. von Kees Dekker u. a. Leuven u. a. 2008, S. 139–148. (Mediaevalia Groningana 11).

Quak, Freilassungsformel 2016 – Arend Quak, Bemerkungen zur salfränkischen Freilassungsformel. AbäG 76 (2016), S. 455–463.

Quak, Zu den Handschriften – Arend Quak, Zu den Handschriften der ‚Wachtendonckschen Psalmen.' In: Raum und Sprache. FS für Elvira Glaser zum 65. Geburtstag. Hg. von Andreas Nievergelt, Ludwig Rübekeil unter Mitarbeit von Andi Gredig, S. 175–194. Heidelberg 2019.

Quak, Nachträge – Nachträge zum Paderborner Fragment einer altsächsischen interlinearen Psalmenübersetzung. Germanistische Schlaglichter 4 (1999), S. 213–220.

Quak, Paderborner Fragment – Arend Quak, Zum Paderborner Fragment einer altsächsischen interlinearen Psalmenübersetzung. ABÄG 26 (1987), S. 1–10.

Quak, Psalmenfragmente – Arend Quak, Zum lateinischen Text der altsächsischen Psalmenfragmente aus Lublin. AbäG 53 (1999), S. 197–206.

Quak, Studien – Arend Quak, Studien zu den altmittel- und altniederfränkischen Psalmen. Amsterdam 1973 (Amsterdamer Publikationen zur Sprache u. Literatur. 12).

Rahner, Mandragora – Hugo Rahner, Mandragora, die ewige Menschenwurzel. In: Hugo Rahner, Griechische Mythen in christlicher Deutung. 2. Auf. Basel 1984, S. 197–238.

Rathofer, Diatessaronforschung – Johannes Rathofer, Die Einwirkung des Fuldischen Evangelientextes auf den althochdeutschen ‚Tatian'. Abkehr von der Methode der Diatessaronforschung. In: Literatur und Sprache im europäischen Mittelalter. FS für Karl Langosch zum 70. Geburtstag. Hg. von Alf Önnerfors, Johannes Rathofer und Fritz Wagner. Darmstadt 1973, S. 256–380.

Rau, Nithard – Nithard, Geschichten. In: Quellen zur karolingischen Reichsgeschichte. Erster Teil. Neu bearbeitet von Reinhold Rau. Darmstadt 1955 (FSGA V).→ Nidhard, Geschichten.

Rau, Bonifatii Epistulae – Briefe des Bonifatius. Willibalds Leben des Bonifatius nebst einigen zeitgenössischen Dokumenten. Neu bearbeitet von Reinhold Rau. 3. Aufl. Darmstadt 1994 (FSGA IVb).

RB – Regula Benedicti → Hanslik, Benedicti Regula.

Referenzkorpus Mittelhochdeutsch (1050–1350). http://www.linguistics.rub.de/rem/.

Reichert, Das HL – Das Hohelied Salomos. Zweisprachige Ausgabe. [Hebräisch-]Deutsch von Klaus Reichert. 3. Aufl. München 2010 (dtv 12545).

Remigius, Commentum – Remigii Autissiodorensis Commentum in Martianum Capella. Libri I–II. Ed. with an Introduction by Cora Lutz. Leiden 1962. 1965.

RGA – Reallexikon der Germanischen Altertumskunde, begründet von Johannes Hoops, 2., völlig neu bearbeitete und stark erweiterte Auflage. 35 Bde. und 2 Registerbde. Berlin/New York. 1973–2008.

RhVB – Rheinische Vierteljahrsblätter.

^{2}RL – Reallexikon der deutschen Literaturgeschichte. begründet von Paul Merker und Wolfgang Stammler. Hg. von Werner Kohlschmidt und Wolfgang Mohr. 2. Auflage. 5 Bde. Berlin [u. a.] 1958–1988. Bd. 4–5 hrsg. von Klaus Kanzog und Achim Masser.

Richter, Bausteine – Elise Richter, Bausteine zur romanischen Philologie. In: Festgabe für Adolfo Mussafia zum 15. Februar 1905, S. 9–26. Halle 1905.

Riecke, Frühgeschichte – Jörg Riecke, Die Frühgeschichte der mittelalterlichen medizinischen Fachsprache im Deutschen. Zwei Bde. Berlin/New York 2004.

Romanobarbarica – Romanobarbarica. Contributi allo studio dei rapporti culturali tra mondo latino e mondo barbarico.

Rosenfeld, Handschuh – Hans-Friedrich Rosenfeld, Handschuh und Schleier. Zur Geschichte eines literarischen Symbols. Helsingfors 1957. (Commentationes humanarum litterarum 23,2). Wieder In: Hans-Friedrich Rosenfeld, Ausgewählte Schriften [...] Zwei Bände, Göppingen 1974. (GAG 124,1 und 2), hier Bd. 1., S. 3–38.

Rösener, Codex Falkensteinensis – Werner Rösener, Codex Falkensteinensis Zur Erinnerungskultur eines Adelsgeschlechts im Hochmittelalter. In: Werner Rösener: (Hg.): Adelige und bürgerliche Erinnerungskulturen des Spätmittelalters und der Frühen Neuzeit, S. 35–55. Göttingen 2000 (Formen der Erinnerung 8).

Roth, Schenkung Baldshausen – Karl Roth, Schenkung Baldshausen. In: Karl Roth, Kleine Beiträge zur deutschen Sprach-, Geschichts- und Ortsforschung Heft 15, S. 201–216. München 1862.

RUB – Reclams Universal-Bibliothek.

Sacramentarium Gelasianum – Sacramentarium Gelasianum. In: Liturgia Romana Vetus, ed. Ludovico Antonio Muratori. Bd. 1, Sp. 695–764. Venedig 1748.

Saenger, Space between words – Paul Henry Saenger, Space between words. The origin of silent reading. Stanford 1997 (Figurae: reading medieval culture).

Salierzeit – Deutsche Texte der Salierzeit. Neuanfänge und Kontinuitäten im 11. Jahrhundert. Hg. von Stephan Müller und Jens Schneider. München 2010 (MittelalterStudien 20).

Saller, De interpretatione – Harald Saller, Ein neues Editionskonzept für die Schriften Notkers des Deutschen anhand von *De interpretatione*. Frankfurt a.M. 2003 (Kultur, Wissenschaft, Literatur, Beiträge zur Mittelalterforschung 4).

Sallust, Catilinae coniuratio – Sallusti Crispi Catilina, Iugurta, fragmenta amplior. 3. Ed.: Alfons Kurfess. Stuttgart 1991 (Bibliotheca scriptorum Graecorum et Romanorum Teubneriana).

Santoro, As. Allerheiligenpredigt – Verio Santoro, La versione in sassone antico della prima ‚lectio' del sermone ‚In festiuitate omnium sanctorum'. Romanobarbarica 12 (1992–1993), S. 223–249.

Saupe, Indiculus – Heinrich Albin Saupe, Der Indiculus superstitionum et paginiarum, ein Verzeichnis abergläubischer und heidnischer Gebräuche und Meinungen aus der Zeit Karls des Großen. Aus zumeist gleichzeitigen Schriften erläutert. In: Programm des städtischen Realgymnasiums zu Leipzig für das Schuljahr von Ostern 1890 bis Ostern 1891, S. 3–34. Leipzig 1891.

Scherer, Leben Willirams – Wilhelm Scherer, Leben Willirams von Ebersberg in Baiern: Beitrag zur Geschichte des 11. Jahrhundert. In: Sitzungsberichte. Akademie der Wissenschaften in Wien. Phil.-hist. Klasse. Bd. 53,2 (1866), S. 198–303.

Scherer, Musterpredigt – Wilhelm Scherer, Eine lateinische Musterpredigt aus der Zeit Karls des Großen. ZfdA 12 (1865), S. 436–446.

Schilter, Thesaurus – Joannis Schilteri [...] Thesaurus Antiquitatum Tevtonicarum [...] Bd. I. Ulm 1728.

Schlosser – Althochdeutsche Literatur. Ausgewählte Texte mit Übertragungen, Hg., übersetzt mit Anmerkungen und einem Glossar von Horst Dieter Schlosser. Erweiterte Neuausgabe Frankfurt a. M. 1989.

Schmeller, Deutsches des X–XII Jahrhunderts – Johann Andreas Schmeller, Deutsches des X–XII Jahrhunderts aus Münchener Handschriften. ZfdA 8 (1851), S. 106–155.

Schmid, Predigten– Hans Ulrich Schmid: Althochdeutsche und frühmittelhochdeutsche Bearbeitungen lateinischer Predigten des ‚Bairischen Homiliars'. 2 Bde. Frankfurt a.M. u. a. 1986 (Regensburger Beiträge zur deutschen Sprach- und Literaturwissenschaft 29/1.2).

Schmid, Tatian-Zitate – Hans Ulrich Schmid, Die Pariser Tatian-Zitate. Edition, Analysen, Überlegungen. In: Entstehung des Deutschen, S. 395–425.

Schmid, Unum ex quattuor – Ulrich B. Schmid, Unum ex quattuor. Eine Geschichte der lateinischen Tatianüberlieferung. Freiburg u. a. 2005 (Vetus Latina 37).

Schmidt-Wiegand, Eid und Gelöbnis – Ruth Schmidt-Wiegand, Eid und Gelöbnis, Formel und Formular im mittelalterlichen Recht: In: Recht und Schrift im Mittelalter. Hg. von Peter Classen, S. 55–90. Sigmaringen 1977, (Vorträge u. Forschungen. Konstanzer Arbeitskreis f. Mittelalterliche Geschichte. 23.)

Schmidt-Wiegand, Sermo rusticus – Ruth Schmidt-Wiegand, Der Sermo rusticus und die Lex Salica. In: Entstehung des Deutschen. S. 427–432.

Schmidt-Wiegand, Stammesrecht – Ruth Schmidt-Wiegand, Stammesrecht und Volkssprache. ausgewählte Aufsätze zu den Leges barbarorum. Hg. von Dagmar Hüpper u. a. Weinheim 1991.

Von den Arbeiten aus diesem Sammelband sind hier benutzt:

- Untersuchungen zur Entstehung der Lex Salica, S. 3–38 (1951/52).
- Zur Geschichte der malbergischen Glosse, 39–50 (1957).
- Die Malbergischen Glossen der Lex Salica als Denkmal des Westfränkischen, S. 51–77 (1969).
- Die Malbergischen Glossen eine frühe Überlieferung germanischer Rechtssprache, S. 78–98 (1989).
- Das fränkische Wortgut der Lex Salica als Gegenstand der Rechtssprachgeographie, S. 99–117 (1967).
- Die volkssprachigen Wörter der Leges Barbarorum als Ausdruck sprachlicher Interferenz, S. 181–212 (1979).
- Fränkische und frankolateinische Bezeichnungen für soziale Schichten und Gruppen in der Lex Salica, S. 355–391 (1972).
- Der „Bauer" in der Lex Salica, S. 404–428 (1975).
- Chrenecruda. Rechtswort und Formalakt der Merowingerzeit, S. 481–500 (1980).

Schneider, Karin, Gotische Schriften I – Karin Schneider, Gotische Schriften in deutscher Sprache. I. Vom späten 12. Jahrhundert bis um 1300. Textband. Tafelband. Wiesbaden 1987.

Schneider, Neue Funde – Karin Schneider, Neue Funde frühmittelhochdeutscher Handschriftenfragmente. In: Philologische Untersuchungen. Elfriede Stutz zum 65. Geburtstag. Hg. von Alfred Ebenbauer, S. 392–397. Wien 1984 (Philologia Germanica 7).

Schnell, Arzneibücher – Bernhard Schnell, Arzneibücher, Kräuterbücher, Wörterbücher. Kleine Schriften zur Text- und Überlieferungsgeschichte mittelalterlicher Gebrauchsliteratur. Hg. von Dorothea Klein. Würzburg 2019 (Publikationen aus dem Kolleg ‚Mittelalter und frühe Neuzeit 7).

Schnell, ‚Prüller Kräuterbuch' – Bernhard Schnell, Das ‚Prüller Kräuterbuch'. Zum ersten Herbar in deutscher Sprache. ZfdA 120 (1991) S. 184–202.

Schnell, Religiöse Dichtung – Bernhard Schnell, Religiöse Dichtung und medizinisches Schrifttum im frühen Mittelalter. Das ‚Prüller Steinbuch' und der Hymnus *Cives coelestis patriae*. Text und Untersuchung. In: Studien zur deutschen Sprache und Literatur. FS Konrad Kunze zum 65. Geburtstag. Hg. von Václav Bok, Ulla Williams und Werner Williams-Krapp, S. 1–19. Hamburg 2004 (Studien zur Germanistik 10). – Wieder in: Bernhard Schnell, Arzneibücher, S. 181–204.

Schnell, *Von der wurzen* – Bernhard Schnell, *Von der wurzen*. Text- und überlieferungsgeschichtliche Studien zur pharmakographischen deutschen Literatur des Mittelalters. Habilschrift (masch.) Würzburg 1989.

Schnell, Vorüberlegungen – Bernhard Schnell, Vorüberlegungen zu einer „Geschichte der deutschen Medizinliteratur des Mittelalters." am Beispiel des 12. Jahrhunderts. Sudhoffs Archiv 78 (1994), S. 90–97.

Schnell, Zur Überlieferung – Bernhard Schnell, Das ‚Prüller Kräuterbuch'. Zu Überlieferung und Rezeption des ältesten deutschen Kräuterbuchs, in: Mittelhochdeutsch. Beiträge zur Überlieferung, Sprache und Literatur. FS Kurt Gärtner zum 75. Geburtstag. Hg. von Ralf Plate und Martin Schubert in Zusammenarbeit mit Michael Embach, Martin Przybilski und Michael Trauth, S. 282–294. Berlin 2011.

Schönbach, Carmen ad Deum – Anton E. Schönbach, Über das ‚Carmen ad Deum'. ZfdA 42 (1898), S. 113–120.

Schöndorf, Psalmenübersetzung – Kurt Erich Schöndorf, Die Tradition der deutschen Psalmenübersetzung. Untersuchungen zur Verwandtschaft und Übersetzungstradition der Psalmenverdeutschung zwischen Notker und Luther. Köln/Graz 1967 (Mitteldeutsche Forschungen 46).

Schröbler, St. Galler Wissenschaft – Ingeborg Schröbler, Die St. Galler Wissenschaft und Gerbert von Reims. ZfdA 81 (1944), S. 32–43.

Schröbler, Notkers Boethius – Ingeborg Schröbler, Notker III von St. Gallen als Übersetzer und Kommentator von Boethius' De consolatione Philosophiae. Tübingen 1953 (Hermaea NF 2).

Schröbler, Zu ‚Himmel und Hölle' – Ingeborg Schröbler, Zu ‚Himmel und Hölle'. In: Altdeutsches Wort und Wortkunstwerk. Georg Baesecke zum 65. Geburtstage. Hg. von Ferdinand J. Schneider und Karl Wessel, S. 138–152. Halle/Saale 1941.

Schröder, Edward, Münzinschrift – Edward Schröder, Eine altsächsische Münzinschrift. AfdA 29 (1902), S. 174.

Schubert, 1200 Jahre Deutsch als Fremdsprache – Martin J. Schubert, 1200 Jahre Deutsch als Fremdsprache. Dumme Witze im Fremdsprachenunterricht seit den Kasseler Glossen. Poetica. Zeitschrift für Sprach- und Literaturwissenschaft 28 (1996), S. 48–65.

Schulz, Beschwörungen – Monika Schulz, Beschwörungen im Mittelalter. Einführung und Überblick. Heidelberg 2003 (Beiträge zur älteren Literaturgeschichte).

Schulz, Magie – Monika Schulz, Magie oder: die Wiederherstellung der Ordnung. Frankfurt a.M. 2000 (Beiträge zur europäischen Ethnologie. Reihe A: Texte und Untersuchungen 5).

Schupp, Williram – Volker Schupp, Studien zu Williram von Ebersberg. Bern/München 1978 (Bibliotheca Germanica 21).

Schützeichel/Meineke, Williram – Rudolf Schützeichel/Birgit Meineke, Die älteste Überlieferung von Willirams Kommentar des Hohen Liedes. Edition – Übersetzung – Glossar. Göttingen 2001 (Studien zum Althochdeutschen 39).

Schwab, Sternrune – Ute Schwab, Die Sternrune im Wessobrunner Gebet. Beobachtungen zur Lokalisierung des clm 22053, zur Hs. BM Arundel 393 und zu *Rune Poem* V. 86–89. Amsterdam 1973 (Amsterdamer Publikationen zur Sprache und Literatur 1).

Schwab, Wessobrunner Gebet – Ute Schwab, Zum ‚Wessobrunner Gebet': Eine Vorstellung und neue Lesungen. In: Ute Schwab, weniger wäre. Ausgewählte Kleine Schriften. Hg. von Astrid van Nahl und Inga Middel, S. 349–384. Wien 2003 (Studia Medievalia Septentrionalia 8).

SchWb – Rudolf Schützeichel. Althochdeutsches Wörterbuch. 5., überarbeitete und erweiterte Aufl. Tübingen 1995.

Schwineköper, Handschuh – Berent Schwineköper, Der Handschuh im Recht, Ämterwesen, Brauch und Volksglauben. Berlin 1938 (Neue deutsche Forschungen 5). 2., unveränd. Aufl. Sigmaringen 1981.

Elmar Seebold, (chronologisch)

-- **Die malbergischen Glossen, Einführung** – Die malbergischen Glossen. Untersuchungen zu den malbergischen Glossen: Einführung. PBB 129 (2007), S. 1–7.

-- ***leodardi*** – Malb. *leodardi* und die altfriesischen Gesetze. Untersuchungen zu den malbergischen Glossen I. PBB 129 (2007), S. 8–17.

-- **Entstehung** – Zur Entstehung der ‚Lex Salica'. PBB 129 (2007), S. 387–401.

-- ***texaca*** – Der germanische Rechtsterminus *texaca*. PBB 130 (2008), S. 438–458.

-- **Frauenraub** – Frauenraub, Unzucht und Heirat mit Unfreien in der ‚Lex Burgundionum' und der ‚Lex Salica'. PBB 132 (2010), S. 366–377.

-- **Textstruktur** – Die Textstruktur der ‚Lex Burgundionum' und der ‚Lex Salica'. PBB 132 (2010), S. 18–25.

-- **Schutz** – Der Schutz unmündiger Kinder in der ‚Lex Salica'. PBB 133 (2011), S. 413–420.

-- **Schmähungen** – Die Behandlung der Schmähungen und Verleumdungen in der ‚Lex Salica'. PBB 134 (2012), S. 330–343.

-- **Titel I** – Titel I der ‚Lex Salica' und seine Weiterungen. Untersuchungen zu den malbergischen Glossen VI. PBB 136 (2014), S. 66–75.

-- **Tierdiebstähle** – Die Behandlung von Tierdiebstählen in der ‚Lex Salica'. PBB 137 (2015), S. 42–62.

-- **Beraubung** – Die Beraubung von Toten und die Acht in vor- und frühchristlicher Zeit. Lex Salica XIV, 9–10; LV,1 und 4; D XVIII/XIX,1. AbäG 78 (2018), S. 389–414.

-- **Migranten** – Raub, Überfall und die Abwehr von Migranten in der Lex Salica. Untersuchungen zu den malbergischen Glossen XII. AbäG 78 (2018), S. 1–31.

-- **Sklaven** – Der Diebstahl von Sklaven, von Sachen und von Frauen in der ‚Lex Salica'. Sprachwissenschaft 43 (2018), S. 455–484.

-- **Brandstiftung** – Brandstiftung und Mordversuch in den malbergischen Glossen (XVI, C XXf.) Sprachwissenschaft 88 (2019), S. 363–383.

-- **Grabfrevel** – Grabfrevel und Wiedergänger in der Lex Salica. *Lex Salica XIV,12; LV,5; D XIX,2.* AbäG 79 (2019), S. 1–11.

Seemüller, Füssener Sprachprobe – Joseph Seemüller, Füssener Sprachprobe vom Jahr 1200. Zeitschrift des Ferdinandeums für Tirol und Vorarlberg. 44 (1900), S. 177–185.

Sehrt, Notker-Glossar → Notker-Glossar.

Sehrt, Notker-Wortschatz → Notker-Wortschatz.

Seidel, As. Allerheiligenpredigt – Kurt Otto Seidel, „*Vui lesed* ..." Geistiges Leben im Essener Damenstift im Spiegel einer Handschrift des 10. Jahrhunderts. Essener Unikate 26 (2005), S. 50–59.

Selmer, Middle High German Translations – Middle High German Translations of the Regula Sancti Benedicti. The Eight Oldest Versions. Ed. by Carl Selmer. Cambridge. Mass. 1933 (The Medieval Academy of America Publication 7).

Sievers, Die Murbacher Hymnen – Die Murbacher Hymnen. Nach der Handschrift hg. von Eduard Sievers. Mit zwei lithographischen Facsimiles. Halle 1874. ND mit einer Einführung von Evelyn Scherabon Firchow. Johnson Reprint Corporation New York/London 1972.

Sievers, Tatian – Eduard Sievers. Tatian, lateinisch und altdeutsch mit ausführlichem Glossar. Hg. von Eduard Sievers. 2. neubearbeitete Aufl. Paderborn 1892. ND Paderborn 1960.

Siewerts, Qualität und Funktion – Ute Siewerts, Qualität und Funktion althochdeutscher Übersetzungen am Beispiel der Murbacher Hymnen. Berlin 2010 (Berliner sprachwissenschaftliche Studien 17).

Simbolotti, Gli ‚Inni di Murbach' – Chiara Simbolotti, Gli ‚Inni di Murbach'. Edizione critica, commento e glossario (ms. Junius 25). Edizioni dell'Orso. Alessandria 2009.

Simmler, Beneditkinerregeln – Aus Benediktinerregeln des 9. bis 20. Jahrhunderts. Quellen zur Geschichte einer Textsorte. Hg. von Franz Simmler. Heidelberg 1985 (Germanische Bibliothek 7. Reihe. Quellen zur deutschen Sprach- und Literaturgeschichte).

Simmler, deutschsprachige Überlieferung – Franz Simmler, Zur deutschsprachigen handschriftlichen Überlieferung der Regula Benedicti. Regulae Benedicti Studia. Annuarium 16 (1987), S. 137–204.

Simone, Lex Salica – Giulio Simone, LS vs. LF. La traduzione frammentaria in antico alte tedesco [=LF] della *Lex Salica* [=LS] e la sua base latina. Bologna 1991 (Biblioteca del Dipartimento di Lingue e Letterature Straniere Moderne dell'Università degli Studi di Bologna 5).

de Smet, Weißenburger Katechismus – Gilbert de Smet, Zum Weißenburger Katechismus. In: Mediaevalia litteraria. FS Helmut de Boor, S. 39–53. München 1971.

Sonderegger, Althochdeutsch in St. Gallen – Stefan Sonderegger, Althochdeutsch in St. Gallen. St. Gallen/Sigmaringen 1970 (Bibliotheca Sangallensis 6).

Sonderegger, Lex-Salica-Übersetzung – Stefan Sonderegger, Die althochdeutsche Lex-Salica-Übersetzung. In: Festgabe Wolfgang Jungandreas. Beiträge zur deutschen Sprachgeschichte, Landes-, Volks- und Altertumskunde. Hg. von Richard Laufner, S. 113–123. Trier 1964 (Schriftenreihe zur Trierischen Landesgeschichte und Volkskunde 13).

Speculum – Speculum. A journal of medieval studies. Published by the Mediaeval Academy of America.

Splett, Abrogans-Glossar – Jochen Splett, Das Abrogans-Glossar. In: BStH Bd. 1 (2009), S. 725–741.

Splett, Abrogans-Studien – Jochen Splett, Abrogans-Studien. Kommentar zum ältesten deutschen Wörterbuch. Wiesbaden 1976.

Splett, AhdWb – Jochen Splett, Althochdeutsches Wörterbuch. Bd. I,1 und 2, sowie Bd. II. Analyse der Wortfamilienstrukturen des Althochdeutschen. Zugleich Grundlegung einer zukünftigen Strukturgeschichte des deutschen Wortschatzes. Berlin/New York 1993.

Splett, Arbeo von Freising – Jochen Splett, Arbeo von Freising, der deutsche Abrogans und die bairisch-langobardischen Beziehungen. In: Die transalpinen Verbindungen der Bayern, Alemannen und Franken bis zum 10. Jahrhundert. Hg. von Helmut Beumann und Werner Schröder, S. 105–123. Sigmaringen 1987 (Nationes. Historische und philologische Untersuchungen zur Entstehung der europäischen Nationen im Mittelalter 6).

Splett, Einsetzen althochdeutscher Schriftlichkeit – Jochen Splett, Der Abrogans und das Einsetzen althochdeutscher Schriftlichkeit im 8. Jahrhundert. In: Typen der Ethnogenese unter besonderer Berücksichtigung der Bayern. Berichte des Symposions der Kommission für Frühmittelalterforschung 27. bis 30. Oktober 1986 Stift Zwettl, Niederösterreich. I. Hg. von Herwig Wolfram und Walter Pohl. Wien 1990, S. 235–241 (Österr. Akad. der Wiss. Phil.-hist. Kl. Denkschriften 101. Veröffentlichungen der Kommission für Frühmittelalterforschung 12).

Spr.: – Sprache.

Die Sprache – Die Sprache. Zeitschrift für Sprachwissenschaft. Im Auftrag der Wiener Sprachgesellschaft herausgegeben.

Sprockhoff, Ahd. Katechetik – Paul Sprockhoff, Althochdeutsche Katechetik. Literarhistorisch-stilistische Studien. Diss. Berlin 1912.

Stackmann, Die Göttinger Abschriften – Karl Stackmann, Die Göttinger Abschriften des St. Galler ‚Tatian' oder Über die Mühsal althochdeutscher Studien in napoleonischer Zeit. In: Althochdeutsch II, S. 1504–1520. Wieder in: Karl Stackmann, Kleine Schriften, 2 Bde. Hg. von Jens Haustein. Göttingen 1997.1998, hier Bd. 2, S. 298–316.

Stahl et al., Martianus Capella – Martianus Capella and the Seven Liberal Arts. Vol. II: The Marriage of Philology and Mercury. Translated by William Harris Stahl and Richard Johnson with E. L. Burge. New York 1977.

Staiti, Agli inizi – Chiara Staiti, Agli inizi della produzione catechetica in volgare tedesco. L' „ordo" per la confessione dei peccati del codice Pal. lat. 485. Studi Medievali 36 (1995), S. 657–719.

Staiti, ‚Indiculus' und ‚Gelöbnis' – Chiara Staiti, ‚Indiculus' und ‚Gelöbnis'. Altsächsisches im Kontext der Überlieferung. Nebst einer Edition einiger Texte des Cod. Vat. Lat. 577. In: Volkssprachig-lateinische Mischtexte und Textensembles, S. 331–384.

Steer, Glaubensbekenntnisse – Georg Steer, Glaubensbekenntnisse. ²VL 11 (2002), Sp. 529–542.

Steer, Lucidarius – Georg Steer, Der deutsche Lucidarius. Ein Auftragswerk Heinrichs des Löwen? DVJS 64 (1990), S. 1–25.

Steer, Replik – Georg Steer, Der A-Prolog des deutschen Lucidarius – das Werk eines mitteldeutschen Bearbeiters? Eine Replik. DVJS 69 (1995), S. 347–375.

Steiner-Welz, Schrift – Sonja Steiner-Welz, Von der Schrift und den Schriftarten. Mannheim 2002.

Steinmeyer, Muri – Elias Steinmeyer, Zum Gebetbuch von Muri. AfdA 24 (1898), S. 323–325.

StSG – Die althochdeutschen Glossen. Gesammelt und bearbeitet von Elias Steinmeyer und Eduard Sievers. 5 Bde. Berlin 1898–1922. Nd. Dublin/Zürich 1969.

St. – Steinmeyer – Die kleineren althochdeutschen Sprachdenkmäler. Hg. von Elias von Steinmeyer. 2. Aufl. Berlin /Zürich 1963. ND der 1. Aufl. Berlin 1916.

Stricker, Der Vocabularius Sti. Galli Galli – Stefanie Stricker, Der Vocabularius Sti. Galli Galli In: BStH Bd. 1 (2009), S. 749–759.

Studia neophilologica – Studia neophilologica. A journal of Germanic and Romance languages and literature.

Sturlese, Philosophie – Loris Sturlese, Philosophie im deutschen Lucidarius? Zur Vermittlung philosophischer und naturwissenschaftlicher Lehre im deutschen Hochmittelalter. PBB 114 (1992), S. 249–277.

Stüwer, Werden – Die Bistümer der Kirchenprovinz Köln. Das Erzbistum Köln. 3: Die Reichsabtei Werden an der Ruhr. Bearbeitet von Wilhelm Stüwer. Berlin/New York 1980 (Germania Sacra: Neue Folge 12).

StWG – Taylor Starck † und John C. Wells, Althochdeutsches Glossenwörterbuch. 3 Bände. Heidelberg 1980. 1983.1990.

Summarium Heinrici, ed. Hildebrandt/Ridder – Reiner Hildebrandt, Summarium Heinrici. Bd. I: Textkritische Ausgabe der ersten Fassung Buch I–X. – Bd. II: Textkritische Ausgabe der zweiten Fassung Buch I–VI sowie des Buches XI in Kurz- und Langfassung. – Reiner Hildebrand, Klaus Ridder, Summarium Heinrici Bd. III: Wortschatz. Register der deutschen Glossen und ihrer lateinischen Bezugswörter auf der Grundlage der Gesamtüberlieferung. Berlin/New York 1974, 1982, 1995. (Quellen und Forschungen 61, 78, 109).

Suolahti, Rezension zu Kriedte – Hugo Suolahti, Rezension über: Horst Kriedte, Deutsche Bibelfragmente in Prosa des XII. Jahrhunderts, Halle (Saale 1930). In: Neuphilologische Mitteilungen 32 (1931), S. 154–157.

s. v. – sub voce.

Szövérffy, Hymnendichtung – Josef Szövérffy, Die Annalen der lateinischen Hymnendichtung. Bd. 2: Die lateinischen Hymnen vom Ende des 11. Jahrhunderts bis zum Ausgang des Mittelalters. Berlin 1965.

Tax, Notker, Athanasianisches Glaubensbekenntnis – Petrus W. Tax, Notkers Erklärung des Athansianischen Glaubensbekenntnisses und seine angebliche Schrift *De sancta trinitate*. In: Germanic Studies in Honour of Edward Henry Sehrt. Ed. by Frithjof Andersen Raven,

Wolfram Karl Legner, James Cecil King. Miami Linguistic Series 1. Coral Gables (Florida) 1968, S. 219–228.

Tax, Einleitung zu den Stufenpsalmen – Petrus W. Tax, Wer hat die Einleitung zu den Stufenpsalmen in Notkers Psalter verfasst? In: Althochdeutsch I, S. 872–888.

Tax, Notker, Boethius I/II– Notker der Deutsche. Boethius, ,De consolatione Philosophiae' Buch I/II. Hg. von Petrus W. Tax. Tübingen 1986 (Die Werke Notkers des Deutschen Bd. 1) (ATB 94).

Tax, Notker, Boethius III – Notker der Deutsche. Boethius, ,De consolatione Philosophiae' Buch III. Hg. von Petrus W. Tax. Tübingen 1988 (Die Werke Notkers des Deutschen Bd. 2) (ATB 121).

Tax, Notker latinus zu Boethius I/II– Notker latinus zu Boethius, ,De consolatione Philosophiae'. Buch I/II. Hg. von Petrus W. Tax. Tübingen 2008. (Die Werke Notkers des Deutschen Bd. 1A.) (ATB 120).

Tax, Notker latinus zu Boethius III – Notker der Deutsche. Notker latinus zu Boethius ,De consolatione Philosophiae'. Buch III. Hg. von Petrus W. Tax. Tübingen 2008. (Die Werke Notkers des Deutschen Bd. 2A.) (ATB 121).

Tax, Notker, Der Psalter 1–50 – Die Werke Notkers des Deutschen. Der Psalter. Hg. von Petrus W. Tax. Psalm 1–50. Tübingen 1979. (Die Werke Notkers des Deutschen Band 8) (ATB 84)

Tax, Notker, Der Psalter, 1–50, Notker Latinus – Die Werke Notkers des Deutschen. Der Psalter. Hg. von Petrus W. Tax. Notker Latinus. Die Quellen zu den Psalmen. Tübingen 1972. (Die Werke Notkers des Deutschen Band 8 A) (ATB 74).

Tax, Notker, Der Psalter 51–100 – Die Werke Notkers des Deutschen. Der Psalter. Hg. von Petrus W. Tax. Psalm 51–100. Tübingen 1981. (Die Werke Notkers des Deutschen Band 9) (ATB 91).

Tax, Notker, Der Psalter, 51–100, Notker Latinus – Die Werke Notkers des Deutschen. Der Psalter. Hg. von Petrus W. Tax. Notker Latinus. Die Quellen zu den Psalmen 51–100. Tübingen 1973. (Die Werke Notkers des Deutschen Band 9A) (ATB 75).

Tax, Notker, Der Psalter 101–150 – Die Werke Notkers des Deutschen. Der Psalter. Hg. von Petrus W. Tax. Psalm 101–150, die Cantica und die Katechetischen Texte. Tübingen 1975. (Die Werke Notkers des Deutschen Band 10) (ATB 93).

Tax, Notker, Der Psalter 101–150, Notker Latinus – Die Werke Notkers des Deutschen. Der Psalter. Hg. von Petrus W. Tax. Psalm 101–150, die Cantica und die Katechetischen Texte. Die Quellen zu den Psalmen 51–100, den Cantica und den katechetischen Texten (mit einem Anhang zum Wiener Notker) Tübingen 1975. (Die Werke Notkers des Deutschen Band 10A) (ATB 80).

Tiefenbach, AsHWb – Heinrich Tiefenbach, Altsächsisches Handwörterbuch. A Concise Old Saxon Dictionary. Berlin/New York 2010.

Tiefenbach, Die Altsächsische Psalmenübersetzung – Heinrich Tiefenbach, Die Altsächsische Psalmenübersetzung im Lublin/Wittenberger Psalter. Mit einer Neuedition des Textes. In: Bergmann, Mischtexte S. 384–465.

Tiefenbach, Die altsächsische Schreiblandschaft. In: BStH 2 (2009) S. 1203–1234.

Tiefenbach, Binger Inschrift – Heinrich Tiefenbach, Zur Binger Inschrift. Mir drei Abbildungen und einer Karte. RhVB 41 (1977), S. 124–137.

Tiefenbach, Exemplarische Interpretation – Heinrich Tiefenbach, Exemplarische Interpretation altsächsischer Evangelienglossierung. In: BStH Bd. 1 (2009), S. 387–397.

Tiefenbach, Glossen zur Psychomachie – Heinrich Tiefenbach, Die altsächsischen Glossen zur Psychomachie des Prudentius im Pariser Codex lat. 18554. Sprachwissenschaft 28 (2003), S. 57–85.

Tiefenbach, Mimigernaford – Heinrich Tiefenbach, Von Mimigernaford nach Regenaspurg. Gesammelte Schriften zu altsächsischen und althochdeutschen Namen. Hg. von Albrecht Greule und Jörg Riecke. Regensburg 2009 (Regensburger Schriften zur Namenforschung 6).

Tiefenbach, Saxnot – RGA 26 (2004), S. 546–549.

Tiefenbach, ‚Trierer Capitulare' – Heinrich Tiefenbach, Ein übersehener Textzeuge des ‚Trierer Capitulare'. Mit vier Abbildungen. RhVB 39 (1975), S. 272–310.

Tiefenbach, Volkssprache im Frauenstift Essen – Heinrich Tiefenbach, Frühmittelalterliche Volkssprache im Frauenstift Essen. In: Essen und die sächsischen Frauenstifte. Hg. von Jan Gerchow. Essen 2003 (Essener Forschungen zum Frauenstift 2).

Tomanetz, Bruchstücke – Karl Tomanetz, Zu den Bruchstücken einer Evangelienübersetzung. ZfdPh 14 (1882), S. 257–285.

Törnquist, Cod. Pal. Vind. 2682 – Cod. Pal. Vind. 2682. I: Eine frühmittelhochdeutsche Interlinearversion der Psalmen aus dem ehemaligen Benediktinerstifte Millstatt in Kärnten. Zum ersten Male hg. von Nils Törnquist. Lund/Kopenhagen 1934. II: Hymnen und Perikopen. Lund/Kopenhagen 1937. III: Glossar. Lund/Kopenhagen 1953 (Lunder Germanistische Forschungen 3, 7 und 26).

TRE – Theologische Realenzyklopädie. in Gemeinschaft mit Horst Balz [...] hg. von Gerhard Krause und Gerhard Müller. 2. überarbeitete und erweiterte Auflage. Berlin/New York 1994.

TTG – Texte und Textgeschichte. Würzburger Forschungen. Herausgegeben von: Klaus Grubmüller, Konrad Kunze und Georg Steer.

Ü.: – Überlieferung.

Ubl, Sinnstiftungen – Karl Ubl, Sinnstiftungen eines Rechtsbuchs. Die Lex Salica im Frankenreich. Ostfildern 2017 (Quellen und Forschungen zum Recht im Mittelalter 9).

Ulmschneider, Überlieferungsgeschichte → Der deutsche Lucidarius (Bd. 4).

Ulmschneider, Weltkarte – Helgard Ulmschneider, *Von der ordenunge dirre welte.* Zur ältesten Weltkarte in einem deutschsprachigen Text. In: Vom vierfachen Schriftsinn im Mittelalter. FS für Dietrich Schmidtke. Hg. von Freimut Löser und Ralf G. Päsler, S. 579–605. Hamburg 2005 (Schriften zur Mediävistik 4).

Unterkircher, Der deutsche und der lateinische Millstätter Psalter – Franz Unterkircher, Der deutsche und der lateinische Millstätter Psalter und sein Text. In: Studien zur Geschichte von Millstatt und Kärnten (1997), S. 269–277.

Urbánková – Emma Urbánková, Rukopisy a vzácné pražské universitní knihovny. Prag 1957. [Handschriften und wertvolle Drucke der Prager Universitätsbibliothek].

Vancsa, Deutsche Geschichtsblätter – Max Vancsa, Deutsche Geschichtsblätter. Monatsschrift zur Förderung der landesgeschichtlichen Forschung 4 (1903), S. 111.

Velthuis, De Tegernseer Glossen – Hendrik Jacob Velthuis, De Tegernseer Glossen op Vergilius, Proefschrift ter verkrijging van den graad van doctor in de Nederlandse letterkunde aan de Rijksuniversiteit te Groningen. Groningen 1892.

di Venosa, Steinbücher – Elena Di Venosa, Die deutschen Steinbücher des Mittelalters. Magische und medizinische Einblicke in die Welt der Steine. Göppingen 2005 (GAG 714).

Vergil, Aeneis. Vergil. Aeneis. Lateinisch-Deutsch. In Zusammenarbeit mit Maria Götte hg. und übersetzt von Johannes Götte. 2. Auflage München 1965.

VL ahd. und as. Lit. – Althochdeutsche und altsächsische Literatur. Hg. von Rolf Bergmann. Berlin/Boston 2013.

²VL – Die deutsche Literatur des Mittelalters. Verfasserlexikon. Zweite völlig neu bearbeitete Auflage unter Mitarbeit zahlreicher Fachgelehrter hg. von Kurt Ruh u. a. 14 Bände. Berlin/New York 1978–2008.

Voetz, Durchgehende Textglossierung – Lothar Voetz, Durchgehende Textglossierung oder Übersetzungstext. Die Interlinearversionen. In BStH 1 (2009), S. 887–926.

Voetz, Joh. 19,38 – Lothar Voetz, Die althochdeutschen ‚Glossen' zu Joh. 19,38 (St. Gallen, Kantonsbibliothek (Vadiana), Vadianische Sammlung, Ms. 70a) – eine Interlinearversion. In: Grammatica ianua artium. FS für Rolf Bergmann zum 60. Geburtstag. Hg. von Elvira Glaser und Michael Schlaefer unter Mitarbeit von Ludwig Rübekeil, S. 185–195. Heidelberg 1997.

Voetz, St. Pauler Lukasglossen – Lothar Voetz, Die St. Pauler Lukasglossen. Untersuchung, Edition, Faksimile. Studien zu den Anfängen althochdeutscher Textglossierung. Göttingen 1985 (Studien zum Althochdeutschen 7).

Vollmann-Profe, Wiederbeginn – Gisela Vollmann-Profe, Wiederbeginn volkssprachlicher Schriftlichkeit (Geschichte der deutschen Literatur von den Anfängen bis zum Beginn der Neuzeit. Bd. 1, Teil 2). Königstein/Taunus 1986.

Wackernagel, Predigten und Gebete – Altdeutsche Predigten und Gebete aus Handschriften. Gesammelt und zur Herausgabe vorbereitet von Wilhelm Wackernagel. Basel 1876.

Wadl, Das Scriptorium von St. Peter/Salzburg – Wilhelm Wadl, Das Scriptorium von St. Peter/ Salzburg an der Wende vom 12. zum 13. Jahrhundert und der Millstätter Psalter Cod. Pal Vind. 2682. In: Symposium zur Geschichte von Millstatt und Kärnten 1982.

Wadstein – Kleinere altsächsische sprachdenkmäler mit anmerkungen und glossar hg. von Elis Wadstein. Norden und Leipzig 1899 (Niederdeutsche Denkmäler 6).

Wagner, Chistesbrunno – *Chistesbrunno* und *Huohhobura*. Zu den althochdeutschen Würzburger Markbeschreibungen. Beiträge zur Namenforschung NF 12 (1977), S. 372–391.

Wagner, Scaranfirst – Norbert Wagner, *Scaranfirst* und *Staranbah*. Zu Toponymen in der Hammelburger Markbeschreibung. Beiträge zur Namenforschung NF 37 (2002), S. 147–156.

Walahfrid, Gallus-Vita – Vita Galli Auctore Walahfrido. Ed. Bruno Krusch. MGH SS rer. merov. 4, S. 280–337.

Walther, Bibelübersetzung – Wilhelm Walther, Die deutsche Bibelübersetzung des Mittelalters. 3 Teile. Braunschweig 1889–1892. ND Nieuwkoop 1966.

Wasserschleben, Bußordnungen – Friedrich Wilhelm Wasserschleben, Die Bussordnungen der abendländischen Kirche nebst einer rechtsgeschichtlichen Einleitung. Hg. von Friedrich Wilhelm Wasserschleben. Halle 1851. ND Graz 1958.

Wegstein, Studien – Werner Wegstein: Studien zum ‚Summarium Heinrici'. Die Darmstädter Hs. 6. Werkentstehung. Textüberlieferung. Edition. Tübingen 1985 (TTG 9).

Weikmann, Heimo von Bamberg – Heimo von Bamberg. De cursu temporum. Hg. von Hans Martin Weikmann. Hannover 2004 (MGH Quellen zur Geistesgeschichte des Mittelalters 19).

Weis, Urkunden – Urkunden des Cistercienser-Stiftes Heiligenkreuz im Wiener Walde. Hg. von Johann Nepumuk Weis. I. Theil. Wien 1854 (Fontes rerum Austriacarum, Zweite Abtheilung Diplomata et Acta XI).

Werner, Beiträge – Jakob Werner, Beiträge zur Kunde der lateinischen Literatur des Mittelalters. Zweite, durch einen Anhang vermehrte Ausgabe. Aarau 1905. ND Hildesheim/New York 1979.

Wetti, Gallus-Leben – Vita Galli auctore Wettini. Ed. Bruno Krusch. MGH SS rer. merov. 4, S. 249–250.

Wich-Reif, Malbergische Glossen – Malbergische Glossen und althochdeutsches Lex Salica-Fragment: Rechts-/Fach- und Allgemeinsprache. Sprachwissenschaft 39 (2014), S. 283–296.

Wickens, Music – Henry Edward Wickens, Music and Music Theory in the Writings of Notker Labeo. Diss. masch. Oxford 1987.

Wiesner, Persona-Begriff – Joachim Wiesner, Notkers Interpretation des ‚persona'-Begriffes. Ein Beitrag zur Entstehung des Person-Verständnisses in der deutschen Sprache. ZfdPh 90 (1971), S. 16–35.

Wilhelm I und II – Denkmäler deutscher Prosa des 11. und 12. Jahrhunderts. Hg. von Friedrich Wilhelm. Abteilung A: Text; Abteilung B: Kommentar (Münchener Texte 8), München 1914/16. ND in einem Band München 1960 (Germanistische Bücherei 3).

Wilhelm, Corpus – Corpus der altdeutschen Originalurkunden bis zum Jahre 1300. Hg. von Friedrich Wilhelm. Bd. 1: 1200–1282. Lahr (Baden) 1932.

Willner, Würzburger Markbeschreibungen – Heinz Willner, Die beiden Würzburger Markbeschreibungen. Valencia 2005.

Wind, Lokalisierung – Peter Wind, Zur Lokalisierung und Datierung des ‚Millstätter Psalters'. Codices manuscripti 8 (1982), S. 115–134.

Winter, Neues zu den altsächsischen Psalmen-Fragmenten – Ursula Winter, „Ginagi drohtin ore thin" – Neues zu den altsächsischen Psalmen-Fragmenten. In: Fata Libellorum. FS für Franzjosef Pensel zum 70. Geburtstag. Hg. von Rudolf Bentzinger und Ulrich-Dieter Oppitz, S. 337–346. Göppingen 1999 (GAG 648).

Wirkendes Wort – Wirkendes Wort. Deutsche Sprache und Literatur in Forschung und Lehre.

Wolf, Ekkehart IV. und Notker Labeo – Alfred Wolf, Ekkehart IV. und Notker Labeo. Studia Neophilologica. A Journal of Germanic and Romance Languages and Literature 33 (1961), S. 145–158.

Wolf, Psalter – Jürgen Wolf, Psalter und Gebetbuch am Hof: Bindeglieder zwischen klerikal-literater und laikal-mündlicher Welt. In: Orality and Literacy in the Middle Ages. Essays on a Conjunction and its Consequences in Honour of D. H. Green. Ed. by Mark Chinca and Christopher Young, S. 139–179 Turnhout 2005, (Utrecht Studies in Medieval Literacy).

Wolfram-Studien – Veröffentlichungen d. Wolfram v. Eschenbach-Gesellschaft.

Wunderle/Schmid, Bruchstück – Elisabeth Wunderle/Hans Ulrich Schmid, Ein neues Bruchstück der ‚Althochdeutschen Predigtsammlung C'. ZfdA 135 (2006), S. 164–172.

Zalewski, Psalterii versionis – Psalterii versionis interlinearis vetusta fragmenta germanica. Edidit, praefatus est notisque illustravit Dr. Ludovicus Zalewski. Prace Komisji Językowej Polskiej Akademji Umiejętności Nr. 11. Krakow 1923.

Zerfass, Die Allegorese Willirams – Christiane Zerfass, Die Allegorese zwischen Latinität und Volkssprache: Willirams von Ebersberg „Expositio in cantica canticorum. Göppingen 1995 (GAG 614).

Zerfass, Mysterium mirabile – Alexander Zerfass, Mysterium mirabile. Poesie, Theologie und Liturgie in den Hymnen des Ambrosius von Mailand zu den Christusfesten des Kirchenjahres. Tübingen/Basel. 2008 (Pietas Liturgica Studien 19).

ZfdA – Zeitschrift für deutsches Altertum und deutsche Literatur.

ZfdPh – Zeitschrift für deutsche Philologie.

Ziegler, Gesamtwerk – Hans Ulrich Ziegler, Das Historische Gesamtwerk des Abtes Williram von Ebersberg (1048–1085). In: Kloster Ebersberg. Prägekraft christlich-abendländischer Kultur im Herzen Altbayerns. Konzeption, Koordination und Redaktion Bernhard Schäfer, S. 161–184. Haar 2002.

Zimmermann, Judeneid – Volker Zimmermann, Die Entwicklung des Judeneids. Untersuchungen und Texte zur rechtlichen und sozialen Stellung der Juden im Mittelalter. Frankfurt a.M. 1973 (Europäische Hochschulschriften I, 56).

Zingerle, Rezepte – Ignaz V. Zingerle, Recepte aus dem XII. Jahrhundert. Germania. Vierteljahrsschrift für deutsche Alterthumskunde 12 (1867), S. 463–469.